Jürgen Wolf

GIMP 2.10
Das umfassende Handbuch

Liebe Leserin, lieber Leser,

für die Version GIMP 2.10 haben sich die Entwickler sechs Jahre Zeit genommen, und das Warten hat sich gelohnt. Die neue Version rechnet dank der GEGL-Grafikbibliothek endlich in hoher Farbtiefe, bietet eine moderne Oberfläche und hat viele neue Funktionen und Verbesserungen im Gepäck. Damit Sie die Software optimal für Ihre Zwecke einsetzen können, hat der GIMP-Experte Jürgen Wolf dieses Buch verfasst. Es bietet alles, was Sie für die tägliche Arbeit mit GIMP 2.10 benötigen.

Als Einsteiger führt Sie dieses Buch Schritt für Schritt in die Software ein. Es beginnt bei der Arbeitsumgebung und beschreibt dann alle Werkzeuge, Funktionen und Techniken. Auf verständliche Art und Weise wird auch das nötige Hintergrundwissen rund um die Bildbearbeitung vermittelt. Dabei geht Jürgen Wolf aber nicht theoretisch vor, sondern zeigt Ihnen in zahlreichen Workshops ganz praktisch mit Beispielbildern, wie Sie mit GIMP arbeiten können.

Fortgeschrittenen GIMP-Anwendern wird dieses Buch als unverzichtbares Nachschlagewerk dienen. Über den ausführlichen Index und das komfortable Inhaltsverzeichnis gelangen Sie schnell zum gesuchten Thema.

Das komplette Beispielmaterial des Buchs finden Sie zum Download unter *www.rheinwerk-verlag.de/gimp-210_4736*. Hier liegt auch das Bonus-Kapitel »Eigene Skript-Fu-Programme schreiben« für Sie bereit. Es ist für Fortgeschrittene interessant, die beispielsweise einen bestimmten Effekt oder Workflow automatisieren möchten.

Das Buch wurde mit großer Sorgfalt geschrieben und hergestellt. Sollten Sie dennoch einen Fehler finden oder wenn Sie Fragen, Lob oder konstruktive Kritik äußern möchten, so freue ich mich, wenn Sie mir schreiben.

Ich wünsche Ihnen viel Erfolg bei der Arbeit mit GIMP!

Ihre Juliane Neumann
Lektorat Rheinwerk Fotografie

juliane.neumann@rheinwerk-verlag.de
www.rheinwerk-verlag.de

Rheinwerk Verlag • Rheinwerkallee 4 • 53227 Bonn

Auf einen Blick

Teil I	Grundlagen	33
Teil II	Bildkorrektur	137
Teil III	Rund um Farbe und Schwarzweiß	247
Teil IV	Auswählen und Freistellen	373
Teil V	Ebenen	433
Teil VI	Zuschneiden, Bildgröße und Ausrichten	567
Teil VII	Reparieren und Retuschieren	629
Teil VIII	Schärfen und Weichzeichnen	669
Teil IX	Pfade und Formen	701
Teil X	Typografie	731
Teil XI	Filter, Effekte und Tricks	777
Teil XII	Präsentieren und Weitergeben	817
Teil XIII	GIMP erweitern	851
Teil XIV	Anhang	867

Impressum

Wir hoffen, dass Sie Freude an diesem Buch haben und sich Ihre Erwartungen erfüllen. Ihre Anregungen und Kommentare sind uns jederzeit willkommen. Bitte bewerten Sie doch das Buch auf unserer Website unter **www.rheinwerk-verlag.de/feedback**.

An diesem Buch haben viele mitgewirkt, insbesondere:

Lektorat Ariane Podacker, Juliane Neumann
Korrektorat Marita Böhm, München
Herstellung Kamelia Brendel
Typografie und Layout Vera Brauner, Maxi Beithe
Einbandgestaltung Mai Loan Nguyen Duy
Coverfoto iStockphoto: 505578698 © shironosov, 810006066 © pixelparticle, 137202960 © shaozi; shutterstock 250222492 © Nomad_Soul
Satz Markus Miller, München
Druck Media-Print Informationstechnologie GmbH, Paderborn

Dieses Buch wurde gesetzt aus der Linotype Syntax (9,25 pt/13 pt) in Adobe InDesign CC 2019. Gedruckt wurde es auf mattgestrichenem Bilderdruckpapier (115 g/m²).
Hergestellt in Deutschland.

Das vorliegende Werk ist in all seinen Teilen urheberrechtlich geschützt. Alle Rechte vorbehalten, insbesondere das Recht der Übersetzung, des Vortrags, der Reproduktion, der Vervielfältigung auf fotomechanischen oder anderen Wegen und der Speicherung in elektronischen Medien.

Ungeachtet der Sorgfalt, die auf die Erstellung von Text, Abbildungen und Programmen verwendet wurde, können weder Verlag noch Autor, Herausgeber oder Übersetzer für mögliche Fehler und deren Folgen eine juristische Verantwortung oder irgendeine Haftung übernehmen.

Die in diesem Werk wiedergegebenen Gebrauchsnamen, Handelsnamen, Warenbezeichnungen usw. können auch ohne besondere Kennzeichnung Marken sein und als solche den gesetzlichen Bestimmungen unterliegen.

Bibliografische Information der Deutschen Nationalbibliothek:
Die Deutsche Nationalbibliothek verzeichnet diese Publikation in der Deutschen Nationalbibliografie; detaillierte bibliografische Daten sind im Internet über *http://dnb.d-nb.de* abrufbar.

978-3-8362-6588-1

3. Auflage 2019
© Rheinwerk Verlag, Bonn 2019

Informationen zu unserem Verlag und Kontaktmöglichkeiten finden Sie auf unserer Verlagswebsite **www.rheinwerk-verlag.de**. Dort können Sie sich auch umfassend über unser aktuelles Programm informieren und unsere Bücher und E-Books bestellen.

Inhalt

Vorwort 29

TEIL I Grundlagen

1 Die Arbeitsoberfläche

1.1	Die Arbeitsoberfläche im Schnellüberblick	35
	1.1.1 Der klassische GIMP-Fenstermodus	36
	1.1.2 Das Thema der Arbeitsoberfläche anpassen	37
	1.1.3 Unterschiede zwischen Windows, Linux und macOS	38
1.2	Die Menüleiste	38
1.3	Der Werkzeugkasten	41
	1.3.1 Werkzeuge im Werkzeugkasten anpassen	43
	1.3.2 Werkzeugkasten weiter anpassen	44
1.4	Die einzelnen Werkzeuge und ihre Funktionen	45
	1.4.1 Auswahlwerkzeuge	45
	1.4.2 Malwerkzeuge	46
	1.4.3 Transformationswerkzeuge	48
	1.4.4 Mess- und Navigationswerkzeuge	49
	1.4.5 Das Text-Werkzeug	49
	1.4.6 Das Pfade-Werkzeug	50
	1.4.7 Vorder- und Hintergrundfarbe im Werkzeugkasten	50
1.5	Die andockbaren Dialoge	51
	1.5.1 Das Menü »Fenster«	51
	1.5.2 Das Menü »Andockbare Dialoge«	52
	1.5.3 Den Reiterstil der Docks anpassen	57
	1.5.4 So können Sie Dialoge an- und abdocken	58
	1.5.5 Die Funktionen der Dialoge im Reitermenü	61

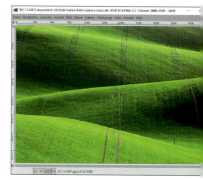

Inhalt

1.6	Das Bildfenster von GIMP	62
1.7	Werte eingeben und verändern	67
1.7.1	Die Steuerelemente	67
1.7.2	Schaltflächen in Dialogen	69

2 Umgang mit Dateien

2.1	Dateien öffnen	71
2.1.1	Mehrere Bilder öffnen	73
2.1.2	Bilder aus dem Web laden	74
2.1.3	Zuletzt geöffnete Bilder	74
2.2	RAW-Dateien mit GIMP öffnen	75
2.3	Neue Dateien anlegen	78
2.3.1	Ein Bildschirmfoto erstellen	79
2.4	Dateien schließen	80
2.5	Geöffnete Bilder verwalten	81
2.6	Dateien speichern bzw. exportieren	83
2.7	Dateiformate und Kompression	86
2.7.1	Datenkompression	86
2.7.2	Wichtige Dateiformate für Bilder	87
2.7.3	Bilder komprimieren	95
2.7.4	Das richtige Format verwenden	96

3 Genaues Arbeiten auf der Arbeitsoberfläche

3.1	Hilfsmittel zum Zoomen und Navigieren	97
3.1.1	Abbildungsgröße und Bildausschnitt	97
3.1.2	Die Bildansicht ändern	98
3.1.3	Der Dialog »Navigation«	102
3.1.4	Das Bildfenster steuern	103
3.1.5	Die Bildansicht drehen	106
3.2	Informationen zum Bild	107
3.2.1	Statusleiste	107
3.2.2	Werkzeugeinstellungen	108
3.2.3	Der Dialog »Zeiger«	108

	3.2.4	Bildeigenschaften	109
	3.2.5	Die Metadaten eines Bildes	109
3.3		**Hilfsmittel zum Ausrichten und Messen**	112
	3.3.1	Lineal am Bildrand	112
	3.3.2	Winkel und Strecken mit dem Maßband bestimmen	114
	3.3.3	Raster einstellen und verwenden	116
	3.3.4	Hilfslinien einstellen und verwenden	118

4 Grundlagen der Bildbearbeitung

4.1		**Pixel- und Vektorgrafiken**	121
	4.1.1	Die Pixelgrafik – Punkt für Punkt	121
	4.1.2	Die Vektorgrafik – das mathematische Bild	122
4.2		**Bildgröße und Auflösung**	122
	4.2.1	Absolute Auflösung	123
	4.2.2	Relative Auflösung	124
4.3		**Grundlagen zu Farben**	125
	4.3.1	Farbmodelle	125
	4.3.2	Farbraum (Bildmodus) ermitteln und ändern	127
	4.3.3	Zerlegen der Farbmodelle	130
	4.3.4	Farbtiefe	134

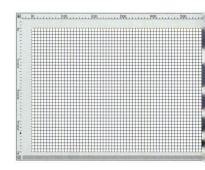

TEIL II Bildkorrektur

5 Grundlegendes zur Bildkorrektur

5.1		**Grundlegende Tipps für eine Bildkorrektur**	139
5.2		**Was kann man noch retten?**	141
5.3		**Rückgängig machen von Arbeitsschritten**	142
	5.3.1	Rückgängig machen per Tastatur und Menü	142
	5.3.2	Der Dialog »Journal« (Historie)	144
	5.3.3	Dialog zurücksetzen	146

| 5.4 | Vorher-Nachher-Ansicht verwenden | 147 |
| 5.5 | Klassischer Workflow | 148 |

6 Tonwerte anpassen

6.1	Histogramm lesen und analysieren	151
	6.1.1 Das Histogramm von GIMP	151
	6.1.2 Histogramme beurteilen	153
6.2	Werkzeuge zur Tonwertkorrektur	156
6.3	Der Belichtung-Dialog	156
	6.3.1 Die Einstellungen speichern und wiederverwenden	158
6.4	Der Schatten-Glanzlichter-Dialog	159
	6.4.1 Der Clip-Warnung-Filter	161
6.5	Der Helligkeit/Kontrast-Dialog	162
6.6	Tonwertkorrektur-Werkzeug	166
6.7	Gradationskurve – der Kurven-Dialog	173
	6.7.1 Kontrast verbessern mit der S-Kurve	180
6.8	Die automatischen Funktionen	182
6.9	Tonwertumfang reduzieren	183
6.10	Werkzeuge zum Nachbelichten und Abwedeln	185

7 Farbkorrekturen

7.1	Übersicht über die Werkzeuge für Farbkorrekturen	189
7.2	Farbanalyse durchführen	189
	7.2.1 Farbwerte messen	190
	7.2.2 Gegenfarben	192
7.3	Farbstich beheben	193
7.4	Farbabgleich durchführen	196
7.5	Farbtemperatur anpassen	198
7.6	Farbton/Sättigung regulieren	199
	7.6.1 Farbton-Buntheit im CIE LCH-Farbraum	199
	7.6.2 Farbton und Sättigung im HSV-Farbraum regulieren	201

	7.6.3	Nur die Farbsättigung regulieren (LCH-Farbraum)	203
	7.6.4	Was ist besser?	204

8 Bilder mit Darktable bearbeiten

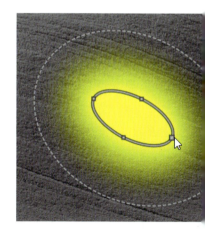

8.1	Der kostenlose Open-Source-RAW-Konverter		211
8.2	Was ist das RAW-Format?		212
	8.2.1	Das Camera-RAW-Format	212
	8.2.2	Zerstörungsfreie Bildbearbeitung	214
8.3	Bildverwaltung mit Darktable		214
	8.3.1	Bilder importieren	215
	8.3.2	Bilder im Leuchttisch-Modus betrachten	217
	8.3.3	Bilder verwalten	219
	8.3.4	Bilder ausfiltern	220
8.4	Die Dunkelkammer von Darktable		221
8.5	Ein einfacher Workflow		223
8.6	Masken von Darktable verwenden		230
	8.6.1	Gezeichnete Masken	230
	8.6.2	Parametrische Masken	238
	8.6.3	Masken kombinieren	242

TEIL III Rund um Farbe und Schwarzweiß

9 Mit Farben malen

9.1	Farben einstellen		249
	9.1.1	Farbwahlbereich: Vordergrund- und Hintergrundfarbe	249
	9.1.2	Der Farbwähler von GIMP	250
	9.1.3	Der andockbare Dialog »Farben«	252
	9.1.4	Der »Paletten«-Dialog	254
	9.1.5	Farben mit der Farbpipette auswählen	259
9.2	Die Malwerkzeuge		262
	9.2.1	Gemeinsame Werkzeugeinstellungen	263
	9.2.2	Das Pinsel-Werkzeug	273
	9.2.3	Das Stift-Werkzeug	273

	9.2.4	Die Sprühpistole	274
	9.2.5	Der Radierer	275
	9.2.6	Eigene Pinselformen erstellen und verwalten	279
	9.2.7	Die Tinte	295
	9.2.8	Das MyPaint-Pinselwerkzeug	297
	9.2.9	Symmetrisches Malen	302
9.3	Flächen füllen		304
	9.3.1	Füllen mit Farben und Muster	305
	9.3.2	Eigene Muster erstellen und verwalten	308
	9.3.3	Menübefehle zum Füllen	313
	9.3.4	Das Farbverlauf-Werkzeug	314
	9.3.5	Eigene Farbverläufe erstellen und verwalten	318

10 Farbverfremdung

10.1	Bilder tonen		335
	10.1.1	»Einfärben«-Dialog	335
	10.1.2	»Kurven«-Dialog	337
	10.1.3	»Werte«-Dialog	337
	10.1.4	Bilder mit Verlauf tonen	338
10.2	Funktionen zum Verändern von Farbwerten		341
	10.2.1	Posterisieren – Farbanzahl reduzieren	341
	10.2.2	Invertieren – Farbwerte und Helligkeit umkehren	342
	10.2.3	Wert umkehren – Helligkeitswerte umkehren	343
	10.2.4	Alien Map – Farben mit trigonometrischen Funktionen ändern	343
	10.2.5	Bilder mit der Palette tonen	345
	10.2.6	Farben drehen oder gegen andere Farben im Bild tauschen	345
	10.2.7	Farbvertauschung	348
	10.2.8	Kolorieren – Schwarzweißbilder mit Farbverlauf oder anderen Bildern einfärben	350
	10.2.9	Farbe transparent machen	351
	10.2.10	Dithern	352

10.2.11	RGB beschneiden	353
10.2.12	Heiß – der PAL- und NTSC-Konverter	354
10.2.13	Dynamikkompressionen	354

11 Schwarzweißbilder

11.1	Was bedeutet Schwarzweiß genau?	357
11.2	Schwarzweißbilder erzeugen	358
	11.2.1 Grau einfärben	358
	11.2.2 Farbe entfernen mit »Entsättigen«	359
	11.2.3 Der Mono-Mixer	361
	11.2.4 Eine Sepia-Tonung verwenden	362
	11.2.5 Graustufen-Modus	363
	11.2.6 Schwarzweiß mit Darktable	364
11.3	Bitmaps erzeugen	364
11.4	Der Schwellwert – schwarze und weiße Pixel trennen	369

TEIL IV Auswählen und Freistellen

12 Auswahlen im Detail

12.1	Die Auswahlwerkzeuge im Überblick	375
12.2	Allgemeine Werkzeugeinstellungen	376
	12.2.1 Modus	376
	12.2.2 Kanten glätten	378
	12.2.3 Kanten ausblenden	379
12.3	Einfache Auswahlwerkzeuge	380
	12.3.1 Rechteckige Auswahl	380
	12.3.2 Elliptische Auswahl	383

13 Auswahlbefehle und -optionen

13.1	Auswahlbefehle	385
13.2	Auswahloptionen	387
	13.2.1 Auswahl ausblenden	387
	13.2.2 Auswahl schärfen	388

	13.2.3	Auswahl verkleinern	388
	13.2.4	Auswahl vergrößern	391
	13.2.5	Auswahl mit Rand	391
	13.2.6	Auswahl füllen mit »Löcher entfernen«	392
	13.2.7	Abgerundetes Rechteck	392
	13.2.8	Auswahl verzerren	393
13.3	Weitere Hilfsmittel für Auswahlen mit GIMP		394
	13.3.1	Der »Auswahleditor« -Dialog	394
	13.3.2	Schwebende Auswahl	395
	13.3.3	Neue Hilfslinien aus Auswahl	396
	13.3.4	Auswahl nachziehen	396
13.4	Auswahl(en) aus Alphakanal erstellen		398
13.5	Auswahlen in Ablagen verwalten		399
	13.5.1	Dialog »Ablagen«	400
13.6	Wichtige Auswahltechniken		402
	13.6.1	Auswahllinien verschieben	402
	13.6.2	Auswahlinhalte verschieben	402
	13.6.3	Auswahlinhalte löschen	403

14 Bildbereiche freistellen mit Auswahlen

14.1	Werkzeuge für komplexe Auswahlen		405
	14.1.1	Freie Auswahl (Lasso-Werkzeug)	405
	14.1.2	Zauberstab	407
	14.1.3	Nach Farbe auswählen	412
	14.1.4	Magnetische Schere	412
	14.1.5	Vordergrundauswahl	416
14.2	Schnellmaske verwenden		419
	14.2.1	Farbe und Deckkraft der Schnellmaske ändern	420
	14.2.2	Eine neue Auswahl mit der Schnellmaske anlegen	421
	14.2.3	Eine vorhandene Auswahl mit der Schnellmaske bearbeiten	423
14.3	Kanäle und Auswahlmasken		426
	14.3.1	Der »Kanäle«-Dialog	427
	14.3.2	Auswahlmasken	428

TEIL V Ebenen

15 Die Grundlagen von Ebenen

15.1	Transparenz (Alphakanal)	437
	15.1.1 Alphakanal hinzufügen oder entfernen	438
	15.1.2 »Farbe nach Alpha«	439
	15.1.3 Alpha-Schwellwert	442
	15.1.4 Teil-Abflachen	443
	15.1.5 Transparenz schützen	444
	15.1.6 Auswahl und Alphakanal	445
15.2	Deckkraft von Ebenen	447
15.3	Typen von Ebenen	448
	15.3.1 Hintergrundebenen	448
	15.3.2 Bildebene	450
	15.3.3 Textebene	450
	15.3.4 Schwebende Auswahl (schwebende Ebene)	451

16 Der »Ebenen«-Dialog – die Steuerzentrale

16.1	Ebenen auswählen	454
	16.1.1 Aktuell zu bearbeitende Ebene	455
	16.1.2 Ebene auswählen	455
	16.1.3 Ebene vor Bearbeitungen sperren	456
	16.1.4 Sichtbarkeit von Ebenen	457
16.2	Ebenen anlegen	459
	16.2.1 Ebenen über »Neue Ebene«	459
	16.2.2 Neue Ebene durch Duplizieren	459
	16.2.3 Neue Ebene durch Einkopieren	460
	16.2.4 Neue Ebenen aus Sichtbarem	463
16.3	Ebenen benennen	463
	16.3.1 Automatische Namensvergabe	463
	16.3.2 Nachträglich benennen	464
16.4	Ebenen löschen	465
16.5	Ebenen verwalten	466
	16.5.1 Ebenen verketten	466
	16.5.2 Ebenen anordnen	466

Inhalt

	16.5.3	Ebenen gruppieren	467
	16.5.4	Farbmarkierungen für Ebenen	473
	16.5.5	Ebenenminiaturansicht ändern	474
	16.5.6	Ebenen zusammenfügen	475
	16.5.7	Bilder mit Ebenen speichern	479

17 Grundlegende Ebenentechniken

17.1	Ebenengröße anpassen		481
	17.1.1	Ebenengröße festlegen	481
	17.1.2	Ebene an Bildgröße anpassen	488
	17.1.3	Ebene skalieren	489
	17.1.4	Auf Auswahl zuschneiden	489
	17.1.5	Transformation von Ebenen	490
17.2	Ebenen ausrichten		494
	17.2.1	Ebenen mit dem Menübefehl ausrichten	494
	17.2.2	Ebenen mit dem Ausrichten-Werkzeug anordnen	496
	17.2.3	Der Klassiker – mit Hilfslinien ausrichten	501
17.3	Verschieben von Ebeneninhalten		502

18 Ebenenmasken

18.1	Funktionsprinzip von Ebenenmasken		504
18.2	Befehle und Funktionen		507
	18.2.1	Eine neue Ebenenmaske anlegen	508
	18.2.2	Ebenenmaske anwenden	512
	18.2.3	Ebenenmaske löschen	512
	18.2.4	Ebenenmaske im Bildfenster anzeigen	512
	18.2.5	Ebenenmaske bearbeiten	513
	18.2.6	Ebenenmaske ausblenden	514
	18.2.7	Auswahlen und Ebenenmasken	515
18.3	Ebenenmaske zur Ebenengruppe hinzufügen		517

19 Ebenenmasken in der Praxis

19.1	Partielle Bearbeitung von Bildern		519
	19.1.1	Weitere Beispiele	522
19.2	Bildmontage mit Ebenenmasken		527

19.3	Freistellen und Einmontieren mit Ebenenmasken	532
19.4	Weitere kreative Techniken mit Ebenenmasken ...	536

20 Ebenenmodus

20.1	Ebenenmodi im Überblick	547
	20.1.1 Normale Ebenenmodi	548
	20.1.2 Aufhellende Ebenenmodi	548
	20.1.3 Abdunkelnde Ebenenmodi	549
	20.1.4 Komplexe Ebenenmodi	549
	20.1.5 Invertierte Ebenenmodi	550
	20.1.6 Farbton, Helligkeit und Sättigung	550
20.2	Ebenenmodi für Ebenengruppen	551
20.3	Kompositionsmodus	551
20.4	Praxisbeispiele	554
	20.4.1 Weiße oder schwarze Hintergründe beseitigen ohne Freistellen	555
	20.4.2 Bilder aufhellen mit den Ebenenmodi	556
	20.4.3 Bilder abdunkeln mit den Ebenenmodi	557
	20.4.4 Kontrastarme Bilder	558

TEIL VI Zuschneiden, Bildgröße und Ausrichten

21 Bilder zuschneiden

21.1	Das Zuschneiden-Werkzeug	569
21.2	Zuschneiden-Befehle	575
	21.2.1 Auf Auswahl zuschneiden	575
	21.2.2 Auf Inhalt zuschneiden	577
	21.2.3 Fanatisch zuschneiden	577
	21.2.4 Guillotine – nach Hilfslinien zuschneiden	578

22 Bildgröße und Auflösung ändern

22.1	Pixelmaße ändern	579
	22.1.1 Pixelmaße ändern über »Bild skalieren« ...	579
	22.1.2 Pixelmaße ändern mit »Ebene skalieren«	583
	22.1.3 Pixelmaße ändern mit dem Werkzeug »Skalieren«	583

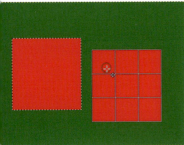

22.2	**Druckgröße bestimmen – relative Auflösung** 586	
	22.2.1	Relative Auflösung für den Druck einstellen 587
	22.2.2	Druckgröße auf dem Bildschirm anzeigen (Punkt für Punkt) 588
22.3	**Leinwandgröße (Bildfläche) erweitern** 589	
	22.3.1	Beispiele in der Praxis 590

23 Bilder ausrichten und transformieren

23.1	**Die Transformationswerkzeuge** 593	
	23.1.1	Werkzeugeinstellungen der Transformationswerkzeuge 593
	23.1.2	Drehen 599
	23.1.3	Scheren 599
	23.1.4	Perspektive 600
	23.1.5	Ankertransformation 600
	23.1.6	Spiegeln 603
	23.1.7	Skalieren 604
	23.1.8	Vereinheitlichtes Transformationswerkzeug 604
	23.1.9	Käfigtransformation und Warptransformation 606
23.2	**Bilder gerade ausrichten mit dem Drehen-Werkzeug** 606	
	23.2.1	Bilder mit dem Maßband gerade ausrichten 609
	23.2.2	Befehle zum Drehen von Bildern 610
23.3	**Objektivfehler korrigieren** 611	
	23.3.1	Kissen- und tonnenförmige Verzerrung ... 611
	23.3.2	Verzeichnung (Kanten) 611
	23.3.3	Vergrößerung 612
	23.3.4	Vignettierung (Aufhellen) 612
	23.3.5	x-Verschiebung und y-Verschiebung 612
	23.3.6	Tonnenförmige Verzerrung 612
23.4	**Bild durch Verzerren korrigieren** 613	
	23.4.1	Verzerren mit dem Perspektive-Werkzeug 613
	23.4.2	Verzerren mit dem Ankertransformation-Werkzeug 617

23.4.3 Verzerren mit dem Warptrans- formation-Werkzeug 619
23.4.4 Das Käfigtransformation-Werkzeug 625

TEIL VII Reparieren und Retuschieren

24 Bildstörungen beheben und hinzufügen

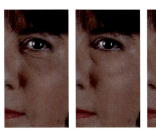

24.1 Bildrauschen reduzieren 631
    24.1.1 Bildrauschen reduzieren mit GIMP 632
    24.1.2 Rauschreduktion mit Darktable 635
24.2 Bildrauschen bzw. Körnigkeit hinzufügen 636
24.3 Flecken und Störungen entfernen 640

25 Retuschewerkzeuge

25.1 Retusche mit dem Klonen-Werkzeug 645
    25.1.1 Klonen über Bildgrenzen hinaus 652
    25.1.2 Transparenz beim Klonen 653
25.2 Retusche mit dem Heilen-Werkzeug 653
    25.2.1 Anregung: Alte Bilder restaurieren 659
25.3 Retusche mit dem Perspektivisches- Klonen-Werkzeug 660

26 Eingescannte Bilder nachbearbeiten

26.1 Dateien einscannen 663
    26.1.1 Auflösung für das Scannen 664
26.2 Bildqualität verbessern 664

TEIL VIII Schärfen und Weichzeichnen

27 Bilder schärfen

27.1 Schärfe im Detail 671
27.2 Häufige Fehler beim Schärfen 672

27.3	Der Klassiker – »Unscharf maskieren«	674
27.4	Schärfen mit dem NL-Filter	677
27.5	Spezielle Schärfetechniken	678
	27.5.1 Hochpass-Schärfen	678
	27.5.2 Schärfen im Lab-Modus	680
	27.5.3 Schärfen mit Kontrastverbesserung	682
27.6	Partielles Schärfen	683
	27.6.1 Werkzeug »Weichzeichnen/Schärfen«	683
	27.6.2 Partielles Schärfen mit Ebenenmaske	684

28 Bilder weichzeichnen

28.1	Gaußscher Weichzeichner	689
	28.1.1 Partielles weichzeichnen	690
28.2	Median-Weichzeichner	692
28.3	Selektiver Gaußscher Weichzeichner	693
28.4	Kachelbarer Weichzeichner	694
28.5	Bewegungsunschärfe	694
28.6	Weichzeichnen mit dem NL-Filter	697
28.7	Verpixeln	697
28.8	Partielles Weichzeichnen und Verschmieren	699

TEIL IX Pfade und Formen

29 Pfade erstellen und anpassen

29.1	Was sind Pfade?	703
	29.1.1 Einsatzgebiete für Pfade	703
	29.1.2 SVG – das Datenformat für Pfade	704
29.2	Das Pfade-Werkzeug	705
	29.2.1 Grundlegende Bedienung des Pfade-Werkzeugs	705
	29.2.2 Werkzeugeinstellungen	706
	29.2.3 Pfade mit geraden Linien	706
	29.2.4 Pfade mit Kurven	707
	29.2.5 Pfad schließen	709
	29.2.6 Pfade und Knotenpunkte verschieben	709

	29.2.7	Pfadsegmente bearbeiten	710
	29.2.8	Knotenpunkte hinzufügen oder entfernen	711
	29.2.9	Pfad füllen	711
29.3	Der »Pfade«-Dialog		712
	29.3.1	Schaltflächen	713
	29.3.2	Kontextmenü	714
29.4	Pfade und SVG-Dateien		718
	29.4.1	Pfade exportieren	721

30 Pfade und Auswahlen

30.1	Pfad aus Auswahl erstellen	723
30.2	Auswahl aus Pfad erstellen	724
	30.2.1 Bilder nachzeichnen	725

TEIL X Typografie

31 Das Text-Werkzeug

31.1	Text eingeben und editieren		733
	31.1.1	Grundlegende Bedienung	733
	31.1.2	Einzeiliger Text	734
	31.1.3	Mehrzeiliger Text	735
	31.1.4	Textrahmen anpassen	737
	31.1.5	Text editieren über den Editiermodus	739
31.2	Text gestalten		741
	31.2.1	Grundlegende Textgestaltung über die Werkzeugeinstellungen	741
	31.2.2	Text mit Styles gestalten	744
31.3	Textebene in eine Ebene umwandeln		747

32 Texteffekte

32.1	3D-Text erstellen		749
32.2	Dem Text Schatten hinzufügen		751
	32.2.1	Schlagschatten	752
	32.2.2	Langer Schatten	752
	32.2.3	Drop Shadow – der Klassiker	753

32.3	Konturen erstellen	754
32.4	Texteffekte selbst erstellen	755

33 Praktische Typografietechniken

33.1	Text-Bild-Effekte	759
33.2	Text mit Verlauf und Muster füllen	765
33.3	Text und Pfade	767
33.3.1	Text in Pfade konvertieren	767
33.3.2	Text auf den richtigen Pfad gebracht	771

TEIL XI Filter, Effekte und Tricks

34 Die Filter von GIMP

34.1	Hinweise zu den Filtern	779
34.1.1	Filtervorschau	780
34.1.2	Gruppen von Filtern	781
34.2	Weichzeichnen	781
34.3	Verbessern	781
34.4	Verzerren	781
34.5	Licht und Schatten	784
34.6	Rauschen	786
34.7	Kanten finden	786
34.8	Allgemein	788
34.9	Kombinieren	788
34.10	Künstlerisch	789
34.11	Dekoration	792
34.12	Abbilden	794
34.13	Render	797
34.14	Web	802
34.15	Animation	802
34.16	GEGL-Operationen	802

35 Effekte und Tricks mit Filtern

35.1 Andy-Warhol-Effekt 805
35.2 Sin-City-Effekt 811

TEIL XII Präsentieren und Weitergeben

36 GIMP für das Internet

36.1 GIF-Animation 819
    36.1.1 Eine eigene Animation erstellen 819
    36.1.2 Animation optimieren 826
    36.1.3 »Animation«-Filter 826
    36.1.4 »Teil-Abflachen« 828
36.2 Eine Image-Map erstellen 829
36.3 Bilder für das Internet 835
    36.3.1 Bildgröße (Pixelgröße) 835
    36.3.2 Für das Web speichern 836

37 Drucken mit GIMP

37.1 Auflösung und Bildgröße ändern 839
37.2 Bildeigenschaften für das Drucken einrichten 840
37.3 Visitenkarten erstellen 841
37.4 Bilderrahmen erstellen 845
    37.4.1 Rahmen von GIMP verwenden 845
    37.4.2 Eigene Rahmen erstellen 846

TEIL XIII GIMP erweitern

38 GIMP erweitern über Plugins und Skript-Fu

38.1 GIMP um Plugins erweitern 854
38.2 GIMP mit Skript-Fu-Programmen erweitern 856

39 Essenzielle GIMP-Erweiterungen für Fotografen

39.1 Must have: G'MIC-Plugin für GIMP 861

39.2 Panorama mit Hugin 862

TEIL XIV Anhang

A Tastenkürzel von GIMP 869

B GIMP installieren 881

C Einstellungen von GIMP ändern 885

Index 912

Workshops

Umgang mit Dateien
▸ RAW-Dateien mit GIMP öffnen 76

Genaues Arbeiten auf der Arbeitsoberfläche
▸ Metadaten zum Bild hinzufügen bzw. ändern 111

Grundlegendes zur Bildkorrektur
▸ Vom unbearbeiteten zum fertigen Bild 149

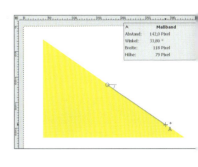

Tonwerte anpassen
▸ Einstellungen von Dialogen wiederverwenden 158
▸ Belichtung, Schatten und Lichter anpassen 164
▸ Flaue Bilder korrigieren 168
▸ Die Gradationskurve – der Tausendsassa 177
▸ Einzelne Bildpartien aufhellen 186

Farbkorrekturen
▸ Graubalance messen 191
▸ Farbstich beheben 193
▸ Farbsättigung von über- oder unterbelichteten
  Bildern wiederherstellen 205
▸ Einzelne Primärfarben verschieben 208

Bilder mit Darktable bearbeiten
▸ Bilder in Darktable importieren 215
▸ Bilder bewerten und verschlagworten 219
▸ Grundlegende Korrekturen mit Darktable 223
▸ Gezeichnete Masken verwenden 233
▸ Parametrische Masken erstellen 238
▸ Gezeichnete und parametrische Maske kombinieren ... 242

Mit Farben malen
▸ Radierer verwenden 277
▸ Fertige Pinsel installieren 280
▸ Eigene Pinselspitze erstellen und verwenden 281
▸ Bild als Pinselspitze 284
▸ Farbigen Pinsel aus Bild erstellen 286

Workshops

- ▶ Animierte Pinselspitze erstellen 289
- ▶ Das MyPaint-Pinselwerkzeug in der Praxis 298
- ▶ Muster nachinstallieren 311
- ▶ Farbverläufe nachinstallieren 321
- ▶ Eigenen Farbverlauf erstellen 327
- ▶ Farbverlauf mit der Verlaufslinie erstellen bzw. anpassen 331

Farbverfremdung
- ▶ Bilder mit Farbverlauf füllen 339
- ▶ Farben tauschen 346

Schwarzweißbilder
- ▶ Bitmaps aus eingescannten Strichbildern erstellen 367

Auswahlbefehle und -optionen
- ▶ Einfachen Bilderrahmen erstellen 388

Bildbereiche freistellen mit Auswahlen
- ▶ Zauberstab verwenden 408
- ▶ Objekt mit Vordergrundauswahl extrahieren 416
- ▶ Auswahl verfeinern mit der Schnellmaske 424
- ▶ Bild mit Hilfe der Auswahlmaske freistellen 430

Die Grundlagen von Ebenen
- ▶ Transparenten Hintergrund mit Farbverlauf füllen 439

Grundlegende Ebenentechniken
- ▶ Ein Foto in mehrere Fotos aufteilen 483

Ebenenmasken in der Praxis
- ▶ Einzelne Bildbereiche bearbeiten 519
- ▶ Bildkorrekturen aufmalen 524
- ▶ Eine einfache Bildmontage 528
- ▶ Freistellen und Einmontieren 532
- ▶ Eine Bildkomposition mit dem Verlaufswerkzeug 536
- ▶ Text aus Bild erstellen 539
- ▶ Bilder halb in Farbe und halb in Schwarzweiß 541

Ebenenmodus
- ▶ Dunkle Bilder mit Ebenenmodus aufhellen 556
- ▶ Glänzende Stellen abdecken 558
- ▶ Bleach-Bypass-Effekt per Ebenenmodi 560
- ▶ Verträumte Atmosphäre erzeugen 562

Workshops

- ▶ Texturen zum Bild hinzufügen 563
- ▶ Farblook mit Ebenenmodi 565

Bilder zuschneiden
- ▶ Bild optimal zuschneiden 573

Bildgröße und Auflösung ändern
- ▶ Bilder strecken 581
- ▶ Eine Auswahl skalieren 584

Bilder ausrichten und transformieren
- ▶ Horizont gerade ausrichten 607
- ▶ Perspektive durch Verzerren anpassen 614
- ▶ Stürzende Linien beheben 617
- ▶ Muskelaufbau mit Warptransformation 622
- ▶ Einzelne Bildteile mit dem Käfigtransformation-Werkzeug transformieren 625

Bildstörungen beheben und hinzufügen
- ▶ Rote Augen gezielt entfernen 643

Retuschewerkzeuge
- ▶ Unerwünschte Objekte entfernen 649
- ▶ Hautunreinheiten korrigieren 655
- ▶ Fältchen entfernen 657
- ▶ »Perspektivisches Klonen« verwenden 661

Eingescannte Bilder nachbearbeiten
- ▶ Scannerschwächen ausgleichen 665

Bilder schärfen
- ▶ Bilder schärfen mit »Unscharf maskieren« 676
- ▶ Schärfen im Hochpass 678
- ▶ Schärfen im Lab-Modus 680
- ▶ Einzelne Bildbereiche schärfen 684

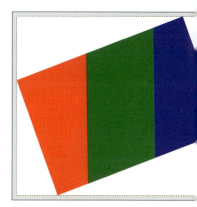

Pfade erstellen und anpassen
- ▶ Kreative Ornamente erstellen 714
- ▶ SVG-Dateien mit Pfaden in GIMP importieren 718
- ▶ Pfade als SVG-Datei exportieren 721

Pfade und Auswahlen
- ▶ Aus Bildern Grafiken erstellen 725

Workshops

Texteffekte
- ▶ Einem Text einen 3D-Effekt hinzufügen 749
- ▶ Konturen zum Text hinzufügen 754
- ▶ Einen transparenten Glastext erstellen 755

Praktische Typografietechniken
- ▶ Bild mit Text versehen 759
- ▶ Text in Foto montieren 762
- ▶ Text mit Verlauf und Muster füllen 765
- ▶ Text als Pfad transformieren 767
- ▶ Text verformen 770
- ▶ Text auf einen Pfad gebracht 772
- ▶ Einen kreisförmigen Text erstellen 774

Effekte und Tricks mit Filtern
- ▶ Warhol-Effekt erstellen 805
- ▶ Sin-City-Effekt erstellen 811

GIMP für das Internet
- ▶ GIF-Animation erstellen 820
- ▶ Verweissensitive Bereiche erstellen 830

Drucken mit GIMP
- ▶ Visitenkarte erstellen 841
- ▶ Eigenen Rahmen über Auswahlen erstellen 846

GIMP erweitern über Plugins und Skript-Fu
- ▶ Plugins installieren 855
- ▶ Skript-Fu installieren 857

Essenzielle GIMP-Erweiterungen für Fotografen
- ▶ Ein Panorama mit Hugin zusammensetzen 863

Tastenkürzel von GIMP
- ▶ Tastenkürzel dynamisch anlegen 877
- ▶ Tastenkürzel mit dem Editor anlegen und bearbeiten ... 879

Einstellungen von GIMP ändern
- ▶ Eigene Werkzeug-Voreinstellung erstellen 910

Materialien zum Buch

Auf der Website zu diesem Buch stehen folgende Materialien für Sie zum Download bereit:

- **Beispielbilder**
  In diesem Ordner finden Sie die Bilder, die unter anderem in den Schritt-für-Schritt-Anleitungen verwendet werden, sortiert nach den einzelnen Buchkapiteln, in entsprechenden Unterordnern wieder. Um die Bearbeitung der Bilder am eigenen Rechner nachzuverfolgen, müssen Sie einfach die jeweilige Datei in GIMP öffnen. In der Randspalte des Buches finden Sie jeweils einen Hinweis zur passenden Datei.
- **Bonuskapitel**
  Wenn Sie wissen möchten, wie Sie eigene Skript-Fu-Programme in der Programmiersprache Scheme schreiben, können Sie sich das Bonuskapitel »Eigene Skript-Fu-Programme schreiben« herunterladen.

Gehen Sie auf *www.rheinwerk-verlag.de/gimp-210_4736*. Klicken Sie auf den Abschnitt **Materialien zum Buch**. Es öffnet sich ein Fenster, in dem Sie die herunterladbaren Dateien samt einer Kurzbeschreibung des Dateiinhalts sehen. Klicken Sie auf den Button **Herunterladen**, um den Download zu starten. Je nach Größe kann es einige Zeit dauern, bis der Download abgeschlossen ist.

Vorwort

Viele GIMP-Anwender hatten die Hoffnung fast schon aufgegeben, und dann, nach mehr als sechs Jahren Entwicklungszeit, kam die Nachricht, dass GIMP 2.10 veröffentlicht wurde. Mich hat diese Nachricht natürlich auch überrascht und ebenso sehr gefreut. Vermutlich brennen Sie schon darauf, mit GIMP 2.10 und dem Buch anzufangen, daher will ich Sie auch gar nicht allzu umfassend mit meinem Vorwort aufhalten.

Was können Sie von diesem Buch erwarten?
Der Funktionsumfang von GIMP ist mittlerweile enorm, und wie immer steht man am Anfang des Buches vor der Frage: Was nimmt man alles mit in das Buch auf? Ziel des Buches ist es, dass Sie eine sehr umfassende Einführung in die Software bekommen, um selbstständig damit arbeiten zu können. Hierzu finden Sie neben den üblichen Beschreibungen der Funktionen und Werkzeuge viele **Workshops**, wo Sie sich anhand eines Bildbeispiels **Schritt-für-Schritt** damit vertraut machen können. Gerade wenn Sie erst kürzlich mit GIMP angefangen haben, empfehle ich Ihnen, diese Workshops durchzuarbeiten. Der Lerneffekt ist auf diesem Weg gewöhnlich am effizientesten. Beachten Sie, dass sich diese Schritt-für-Schritt-Anleitungen im Buch immer nur auf den Anwendungsfall des Beispielbildes beziehen. Um die Anleitungen auf eigene Bilder anzuwenden, werden Sie in der Regel andere Werte verwenden müssen, da jedes Bild anders und in gewisser Hinsicht einzigartig ist. Daher sollten Sie die Anleitungen in diesem Buch (oder generell) immer nur als Anregung sehen, um darauf aufzubauen und sie für Ihre Projekte einzusetzen. Mit Hilfe dieser Kenntnisse werden Sie bald immer eigenständiger mit GIMP arbeiten und eigene Lösungen für neue Anwendungsfälle entwickeln können. Dies ist auch der Grund, warum das Buch nicht nur stur die einzelnen Funktionen rund um GIMP abhandeln kann, sondern auch auf Themen rund um die digitale Bildbearbeitung eingehen muss.

Neben der Möglichkeit, das Buch als Einstieg in GIMP zu verwenden, ist es aufgrund des Aufbaus auch ideal zum Nachschlagen wichtiger Themen geeignet. Wenn Sie Einsteiger in GIMP sind, empfehle ich Ihnen, das Buch zunächst Kapitel für Kapitel durchzuarbeiten.

Vorwort

Kapitelnummer/
Bildname.jpg

Bilder für die Praxis | Auf der Website zum Buch *www.rheinwerk-verlag.de/gimp-210_4736/* können Sie sämtliche Beispieldateien herunterladen. Diese Dateien helfen Ihnen dabei, die Schritt-für-Schritt-Anleitungen nachzuvollziehen oder einfach selbst die verschiedenen Funktionen auszuprobieren. Bilder, die Sie zum Download vorfinden, werden in der Marginalspalte mit einem Download-Icon und dem entsprechenden Dateinamen gekennzeichnet.

Was kann ich von GIMP erwarten

An der Stelle möchte ich ein paar Worte zu GIMP selbst verlieren, um Ihre Erwartungen an diese Software entsprechend einzuordnen. Häufig liest man etwas wie »GIMP, die Photoshop-Alternative?« oder ähnliche Schlagzeilen. Diese Titel wecken zwar Aufmerksamkeit, sind aber in meinen Augen unsinnig. GIMP ist GIMP und Photoshop bleibt Photoshop. Jedes Bildbearbeitungsprogramm hat seine Stärken und Schwächen, und es macht keinen Sinn, jedes Mal Äpfel mit Birnen vergleichen zu wollen.

GIMP ist ein sehr leistungsstarkes Bildbearbeitungsprogramm, und wenn Sie sich intensiv damit befassen, dann kann es zu genauso guten Ergebnissen führen wie jede andere Bildbearbeitungssoftware auf dem Markt. Natürlich muss man hier auch erwähnen, dass der eine oder andere Weg zum Ziel mit GIMP vielleicht etwas steiniger ist. Wenn Sie GIMP jedoch als kostenlose Alternative für große Platzhirsche verwenden wollen, dann sollten Sie der Software eine Chance geben.

Das neue GIMP 2.10

Mit der GIMP-Version 2.10 wurde die Software fast komplett auf die neue GEGL-Bibliothek (*Generic Graphics Library*) umgestellt. Damit hat man ein mächtiges Fundament für die Zukunft der Software geschaffen. Schon jetzt ist es mit GIMP möglich, 16- und 32-Bit-Bilder zu verarbeiten. Auch die Performance von GIMP wurde mit der neuen Bibliothek deutlich erhöht, wenn auch noch (zur Drucklegung) die eine oder andere Funktion etwas mehr Zeit braucht. Seit Erscheinen der Version 2.10.0 bis zur (bei Drucklegung) aktuellen Version 2.10.8 wurde GIMP aber bereits mit jeder Version etwas flotter.

Neben einer neuen Bibliothek sind die Neuerungen in der Version 2.10 von GIMP sehr zahlreich, und die wichtigsten werden im Buch gesondert mit einem Hinweis und dem Wilber-Logo am Seitenrand gekennzeichnet. Erfreulich ist zudem, dass derzeit mit jeder weiteren Version von GIMP 2.10 neue Funktionen hinzu-

Das Wilber-Logo zeigt in diesem Buch die wichtigsten Neuerungen von GIMP 2.10 an.

gefügt werden. Die aktuellste Version können Sie sich von der offiziellen Website *https://www.gimp.org/* laden, wo Sie auch regelmäßig über die Neuerungen informiert werden.

Schlussbemerkung

Jetzt bleibt mir noch übrig, Ihnen viel Spaß mit GIMP und diesem Buch zu wünschen. Ich hoffe, es ist mir gelungen, die Themen und die Aufteilung des Buches nach Ihrem Geschmack zu erstellen. Da GIMP sich stetig weiterentwickelt und ich dann auch (hoffentlich) ein Buch zur nächsten Version (vielleicht 3.0) schreiben darf, bin ich wie immer an einem Feedback zum Buch interessiert. Sie können mich gerne über den Verlag oder über *wolf@pronix.de* kontaktieren.

Ganz zum Schluss will ich mich wieder beim gesamten Verlag mit allen Beteiligten für die Unterstützung bei diesem Buch bedanken. Ganz besonders hervorheben will ich hier meine Lektorin Juliane Neumann, die beim Endspurt noch eine Menge aufgedeckt und verbessert hat.

Jürgen Wolf

TEIL I
Grundlagen

Kapitel 1
Die Arbeitsoberfläche

Dieses Kapitel macht Sie mit der Arbeitsoberfläche von GIMP und den einzelnen Bedienelementen vertraut. GIMP verwendet mittlerweile von Haus aus den Einzelfenster-Modus, und wenn Sie bereits mit anderen Bildbearbeitungsprogrammen vertraut sind, dürfte Ihnen der Einstieg hiermit nicht sehr schwerfallen. Aber auch wenn Sie komplett neu in der Bildbearbeitung sind, werden Sie nach einer kurzen Einarbeitungszeit und der Lektüre dieses Buches GIMP (hoffentlich) mit allen Ecken und Kanten kennen- und schätzen lernen.

1.1 Die Arbeitsoberfläche im Schnellüberblick

Die Oberfläche von GIMP teilt sich in drei Bereiche auf:

- **Werkzeugkasten** ❶: Darin finden Sie alle vorhandenen Werkzeuge als kleine Schaltflächen wieder. Darunter sehen Sie die Werkzeugeinstellungen ❷ zum ausgewählten Werkzeug.
- **Bildfenster** ❸: Öffnen Sie eine Datei oder erstellen eine neue, wird sie Ihnen im Bildfenster angezeigt. Alle Befehle zum Öffnen, Speichern und Bearbeiten von Bildern können Sie über die Menüleiste ❹ aufrufen.
- **Docks** mit verschiedenen Reitern ❺: Dieser Bereich ist ein Ablageplatz für die andockbaren Dialoge. Diesen Bereich können Sie jederzeit um weitere andockbare Dialoge erweitern oder reduzieren. Diese Docks sind sehr flexibel; sie werden in Abschnitt 1.5, »Die andockbaren Dialoge«, näher beschrieben.

◀ Abbildung 1.1
Das Startfenster von GIMP

Kapitel 1 Die Arbeitsoberfläche

▲ Abbildung 1.2
Die Standardansicht der Oberfläche nach dem ersten Start

1.1.1 Der klassische GIMP-Fenstermodus

Wer GIMP schon länger kennt und nutzt, der mag vielleicht den klassischen Fenstermodus verwenden, wo der Werkzeugkasten, das Bildfenster und die Docks separat in einzelne Fenster aufgeteilt und angezeigt werden. In diesen klassischen Modus können Sie mit FENSTER • EINZELFENSTER-MODUS wechseln, indem Sie das Kreuzchen vor dem Menübefehl entfernen. Zurück zum Einzelfenster-Modus gelangen Sie wieder über denselben Menübefehl.

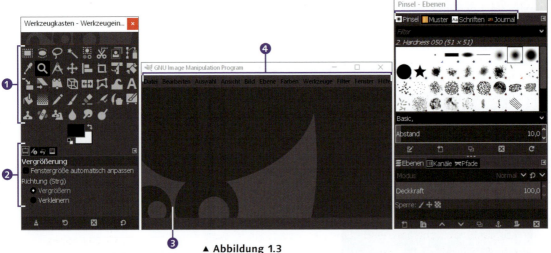

▲ Abbildung 1.3
GIMP kann natürlich nach wie vor den klassischen Fenstermodus.

1.1.2 Das Thema der Arbeitsoberfläche anpassen

An dieser Stelle erfahren Sie kurz, wie Sie das Look & Feel der Arbeitsoberfläche ändern können. Zwar ist diese dunkle Arbeitsoberfläche mittlerweile zu einer Art Standard geworden bei den Bildbearbeitungsprogrammen, dennoch kann es sein, dass diese Oberfläche nicht jedermanns Geschmack ist. Das Thema der Arbeitsoberfläche können Sie über den Menübefehl BEARBEITEN • EINSTELLUNGEN anpassen. Hier finden Sie auf der linken Seite einen Bereich OBERFLÄCHE, wo Sie über THEMA aus verschiedene Einstellungen auswählen können. Ich habe mich hier für das Thema LIGHT entschieden.

Die Möglichkeit, das Thema und die Icons anzupassen, ist in GIMP 2.10 neu hinzugekommen.

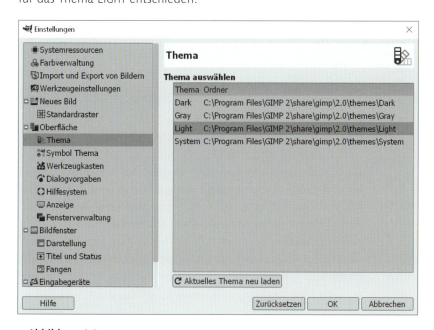

▲ **Abbildung 1.4**
Das Thema von GIMP ändern

Damit hierzu auch die Werkzeugsymbole passend angezeigt werden, finden Sie über SYMBOL THEMA entsprechende Einstellungen, wo ich mich für SYMBOLIC-INVERTED entschieden habe. Hier finden Sie außerdem noch farbige Werkzeugsymbole. Nostalgiker finden hier mit LEGACY die klassischen GIMP-Icons vor. Um die Größe der Werkzeugicons kümmert sich GIMP selbst und versucht, die für Ihren Bildschirm optimale Größe zu verwenden. Sind Sie damit nicht zufrieden oder wollen gerne größere Werkzeugsymbole haben, dann finden Sie darunter ❶ (siehe Abbildung 1.5) auch noch entsprechende Einstellungen dafür. Klicken Sie auf die Schaltfläche OK, werden die Einstellungen übernommen, und Sie haben das Thema geändert.

Screenshots im Buch

Für die Arbeit mit GIMP verwende ich zwar viel lieber die dunkle Oberfläche, aber für Sie als Leser wird es mit dieser Kombination im Buch sehr schwierig, den Text von den Menübefehlen oder anderen Einstellungen auf den Screenshots erkennen zu können. Für ein gedrucktes Buch sind Screenshots mit einer Kombination von hellem Hintergrund mit dunklem Text einfach besser geeignet. Daher werden die restlichen Bildschirmfotos im Buch mit einer hellen Oberfläche und dunklem Text gezeigt.

Kapitel 1   Die Arbeitsoberfläche

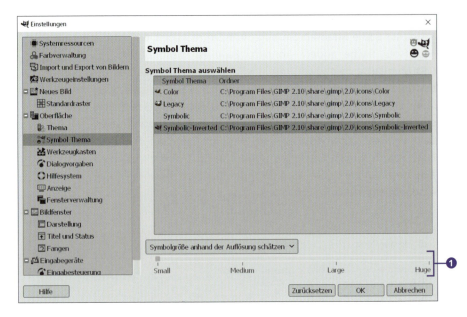

Abbildung 1.5 ►
Auch die Symbole sollten Sie passend zum Thema einstellen.

1.1.3   Unterschiede zwischen Windows, Linux und macOS

Rein funktionell unterscheiden sich die GIMP-Versionen auf den verschiedenen Systemen nicht. Lediglich das »Look & Feel« entspricht logischerweise der entsprechenden Umgebung – bzw. dem auf dem System verwendeten Fenstermanager.

Beim Mac wird statt der [Strg]-Taste die [Cmd]-Taste verwendet. Lesen Sie im Buch daher die Tastenkombination [Strg]/[Cmd]+[O], müssen Sie unter Windows und Linux die Tasten [Strg]+[O] und auf dem Mac [Cmd]+[O] gleichzeitig drücken.

1.2   Die Menüleiste

Inaktive Menübefehle
Viele Menübefehle stehen erst dann zur Verfügung, wenn Sie ein Bild in GIMP geladen haben.

Die Menüs in der Menüleiste des Bildfensters sind bei GIMP recht ähnlich wie bei vielen bekannten anderen Programmen. Bei vielen Menüelementen finden Sie außerdem Tastenkürzel neben dem Befehl, mit denen Sie diesen Befehl auch über die Tastatur aufrufen können. Um beispielsweise eine Datei zu öffnen, können Sie statt des Menübefehls DATEI • ÖFFNEN auch die Tastenkombination [Strg]/[Cmd]+[O] verwenden.

Abbildung 1.6 ►
Die Menüleiste von GIMP

Datei   Bearbeiten   Auswahl   Ansicht   Bild   Ebene   Farben   Werkzeuge   Filter   Fenster   Hilfe

Das Menü »Datei« | Das Menü DATEI bietet, wie bei vielen anderen Programmen auch, Kommandos zum Öffnen, Speichern und

Drucken von Dateien. Sie finden hier praktisch alle Befehle für die Verwaltung und Steuerung von Dateien.

Das Menü »Bearbeiten« | Das Menü BEARBEITEN stellt die Funktionen zum Rückgängigmachen von Befehlen zur Verfügung sowie die Standardbefehle rund um die Zwischenablage zum Ausschneiden, Kopieren, Einfügen, Löschen und spezielle Versionen davon. Auch vereinfachte Befehle zum Füllen von Flächen oder Nachziehen von Konturen sind hier vorhanden. Die grundlegenden Einstellungen zu GIMP selbst lassen sich ebenfalls über diesen Dialog aufrufen.

Das Menü »Auswahl« | Neben Ebenen sind Auswahlen das wichtigste Gestaltungsmittel in der digitalen Bildbearbeitung. Im Menü AUSWAHL finden Sie viele Ergänzungen zu den Auswahlwerkzeugen aus dem Werkzeugkasten, mit denen Sie Auswahlen nachträglich ändern können.

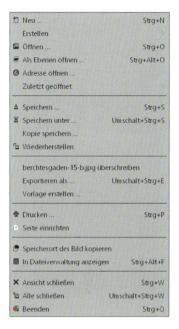

▲ **Abbildung 1.7**
Das Menü DATEI

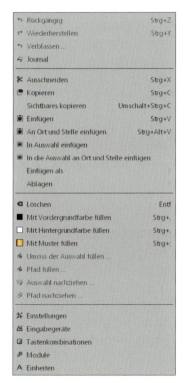

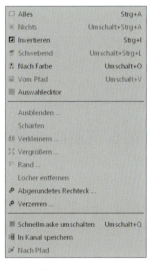

▲ **Abbildung 1.8**
Das Menü AUSWAHL

◀ **Abbildung 1.9**
Das Menü BEARBEITEN

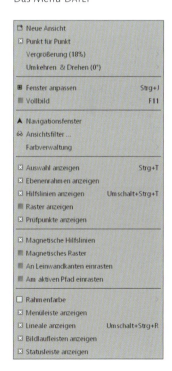

▲ **Abbildung 1.10**
Das Menü ANSICHT

Das Menü »Ansicht« | Das Menü ANSICHT stellt vorwiegend Befehle bereit, die sich auf die Darstellung des aktuellen Bildes, die Hilfsmittel wie Lineale und Raster oder das Anzeigen von Ebenenrahmen und Auswahlen beziehen.

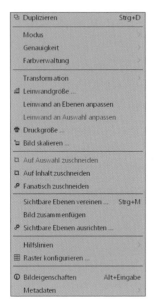

▲ **Abbildung 1.11**
Das Menü BILD

Das Menü »Bild« | Im Menü BILD finden Sie alle Befehle, um ein Bild zu drehen, zu spiegeln oder seine Größe und Form zu ändern. Auch den Bildmodus können Sie über diesen Befehl anpassen. Neben ein paar Befehlen zu den Ebenen können Sie sich hier auch einige Informationen zum Bild anzeigen lassen.

Das Menü »Ebene« | Neben der Auswahl sind die Ebenen eines der – wenn nicht das – Arbeitsmittel in der Gestaltung von Fotomontagen mit GIMP. Dementsprechend umfangreich ist auch das Menü EBENE ausgestattet.

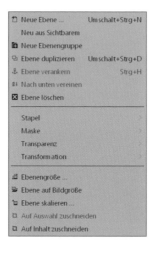

◄ **Abbildung 1.12**
Das Menü EBENE

Das Menü »Farben« | Die wichtigsten Befehle und Dialoge zur Korrektur von Bildern und Anpassung oder Manipulation von Farben sind im Menü FARBEN versammelt.

Das Menü »Werkzeuge« | Im Menü WERKZEUGE finden Sie alle Kommandos, mit denen Sie die GIMP-Werkzeuge, die sich auch im Werkzeugkasten befinden, aktivieren können.

▲ **Abbildung 1.13**
Das Menü FARBEN

◄ **Abbildung 1.14**
Das Menü WERKZEUGE

Das Menü »Filter« | Zusätzlich zu den ersten drei Kommandos zum Steuern von Filtern finden Sie im Menü FILTER verschiedene Plugins und Skript-Fu-Programme, mit denen Sie das Aussehen des Bildes verändern oder verbessern.

Das Menü »Fenster« | Im Menü FENSTER verwalten Sie die verschiedenen Fenster und andockbaren Dialoge in GIMP und rufen sie auf.

Das Menü »Hilfe« | Im Menü HILFE finden Sie verschiedene Kommandos, die Ihnen beim täglichen Arbeiten mit GIMP helfen. Bei den meisten Funktionen müssen Sie entweder das Handbuch von GIMP auf dem Rechner installiert haben, oder Sie lesen das Handbuch oder das entsprechende Thema online (aktive Internetverbindung vorausgesetzt).

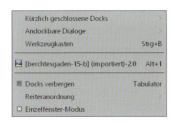 

◂▴ **Abbildung 1.15**
Oben: das Menü FILTER, links: das Menü FENSTER, rechts: das Menü HILFE

1.3 Der Werkzeugkasten

Im Werkzeugkasten von GIMP stehen Ihnen verschiedene Werkzeuge zur Bearbeitung Ihrer Bilder zur Verfügung. Angezeigt wird der Werkzeugkasten im Einzelfenster-Modus auf der linken Seite des Programmfensters. Der Bereich mit dem Werkzeugkasten lässt sich in drei Teilen aufteilen:

▸ **Werkzeugsymbole** ❶: Durch Anklicken eines dieser Symbole aktivieren Sie das entsprechende Werkzeug, um es für weitere Arbeiten im Bild zu verwenden.

▸ **Vordergrund-/Hintergrundfarbe** ❷: Hier sehen Sie, welche Vorder- und Hintergrundfarbe derzeit verwendet wird. Viele Werkzeuge und andere Funktionen machen von diesen eingestellten Farben Gebrauch. Nach Anklicken einer dieser beiden Schaltflächen ändern Sie die Farbe mit dem sich öffnenden Farbdialog.

▸ **Bereich für andockbare Dialoge** ❸: Standardmäßig finden Sie beim Start von GIMP hier gewöhnlich neben weiteren Reitern

Werkzeugkasten aufrufen

Wenn Sie den klassischen Fenstermodus bevorzugen, können Sie das Fenster mit dem Werkzeugkasten dort komplett schließen. Diesen Dialog können Sie aber über das Menü FENSTER • WERKZEUGKASTEN oder den Tastenbefehl ⌃Strg/⌘Cmd+B jederzeit wieder einblenden.

Kapitel 1 Die Arbeitsoberfläche

▲ **Abbildung 1.16**
Gewöhnlich werden zum ausgewählten Werkzeug im Werkzeugkasten die Werkzeugeinstellungen darunter angezeigt.

Abbildung 1.17 ▶
Ich habe bei den Reitern auch gerne den Namen des Dialogs (hier: Werkzeugeinstellungen) neben dem Symbol dabeistehen.

Werte zurücksetzen
Wenn Sie die Standardeinstellungen eines Werkzeugs wiederherstellen wollen, klicken Sie bei den Werkzeugeinstellungen auf die entsprechende Schaltfläche ❹, und die Einstellungen werden zurückgesetzt. Halten Sie während des Anklickens die ⇧-Taste gedrückt, werden die Standardeinstellungen aller (!) Werkzeuge wiederhergestellt.

die Werkzeugeinstellungen zum ausgewählten Werkzeug gruppiert. Allerdings handelt es sich hierbei um einen andockbaren Dialog, den Sie jederzeit aus dem Bereich entfernen können, oder Sie gruppieren dort einen oder gar mehrere Dialoge mit Reitern und fügen Dialoge hinzu. Wie genau das geht, erfahren Sie in Abschnitt 1.5, »Die andockbaren Dialoge«.

Wollen Sie in der Ansicht der einzelnen andockbaren Dialoge eine Kombination aus Symbol und Text haben, dann müssen Sie auf das Reiter-Menü ❺ klicken und dort im Untermenü Reiterstil den entsprechenden Eintrag auswählen.

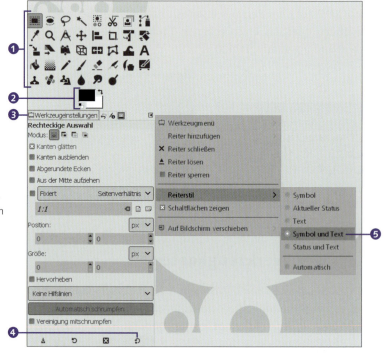

Minihilfen | Wenn Sie im Werkzeugkasten mit der Maus über einer Werkzeugschaltfläche verweilen, wird eine Minihilfe zum Werkzeug angezeigt. Nach dem Werkzeugnamen, gefolgt von einem Doppelpunkt, lesen Sie eine kurze Beschreibung zum Werkzeug. Am Ende finden Sie in fetter Schrift die Tastenkombination, mit der Sie das Werkzeug ebenfalls aktivieren können.

◀ **Abbildung 1.18**
Minihilfe in der Werkzeugleiste

1.3.1 Werkzeuge im Werkzeugkasten anpassen

Über den Dialog BEARBEITEN • EINSTELLUNGEN • WERKZEUGKASTEN können Sie die Reihenfolge der Werkzeuge im Werkzeugkasten ändern oder einzelne Werkzeuge ausblenden.

Wenn Sie im Werkzeugkasten ein Werkzeug anklicken ❻, wird dieses auch gleich als aktives Werkzeug verwendet. Das Werkzeug, das Sie in diesem Dialog aktiviert haben, wird bei den Einstellungen des Werkzeugkastens markiert ❼. Über die Pfeiltasten ❿ unterhalb des Dialogs können Sie das Werkzeug im Werkzeugkasten verschieben. Die Änderung wird sofort sichtbar (wie hier mit dem Werkzeug RECHTECKIGE AUSWAHL gezeigt wird). Über die Schaltfläche rechts unten ❽ stellen Sie den Ursprungszustand wieder her.

Werkzeug ausblenden

Um ein Werkzeug aus dem Werkzeugkasten auszublenden, brauchen Sie nur das Augensymbol ❾ vor dem Werkzeugnamen zu entfernen (wie in Abbildung 1.19 mit dem Werkzeug FREIE AUSWAHL demonstriert wird). Das Werkzeug lässt sich allerdings nach wie vor über das Menü WERKZEUGE oder mit der entsprechenden Tastenkombination aufrufen.

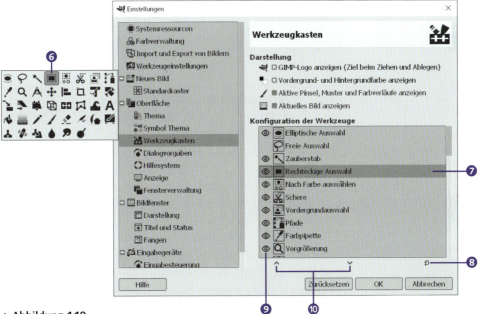

▲ **Abbildung 1.19**
Über den Eintrag WERKZEUGKASTEN im Dialog EINSTELLUNGEN ändern Sie die Reihenfolge der Werkzeuge oder blenden diese aus.

Weitere Werkzeuge hinzufügen | Ebenfalls sehr hilfreich ist die Option, Werkzeuge aus dem Menü FARBEN zum Werkzeugkasten hinzuzufügen. Auch hierfür nutzen Sie den Dialog BEARBEITEN • EINSTELLUNGEN • WERKZEUGKASTEN. Wenn Sie im Dialog EINSTELLUNGEN bei WERKZEUGKASTEN nach unten scrollen, finden Sie Einträge aus dem Menü FARBEN, die Sie ebenfalls mit Hilfe des Augensymbols ⓫ im Werkzeugkasten ein- oder ausblenden können. Gerade bei den sehr häufig verwendeten Dialogen KURVEN und FARBWERTE ist dies sehr komfortabel und sinnvoll.

Kapitel 1 Die Arbeitsoberfläche

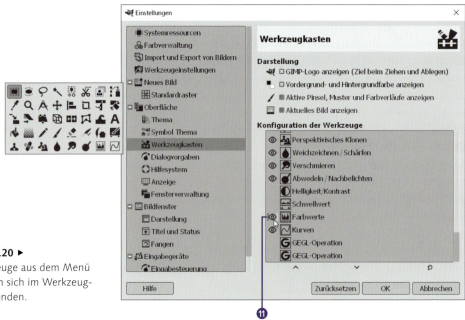

Abbildung 1.20 ▶
Auch Werkzeuge aus dem Menü FARBEN lassen sich im Werkzeugkasten einblenden.

1.3.2 Werkzeugkasten weiter anpassen

Den Bereich ❶ zwischen den Werkzeugsymbolen und den andockbaren Dialogen können Sie ebenfalls geringfügig anpassen. Hierzu wählen Sie im Menü BEARBEITEN • EINSTELLUNGEN die Einstellung WERKZEUGKASTEN ❷ aus und (de-)aktivieren bei DARSTELLUNG ❸ die entsprechenden Checkboxen. Neben der aktuellen Vorder- und Hintergrundfarbe lassen sich hier die Optionen GIMP-LOGO ANZEIGEN, AKTIVE PINSEL, MUSTER UND FARBVERLÄUFE ANZEIGEN und AKTUELLES BILD ANZEIGEN einstellen.

Natürlich handelt es sich bei den beiden letztgenannten Optionen wieder um interaktive Anzeigen, über die Sie durch Anklicken einen entsprechenden Dialog öffnen können.

Abbildung 1.21 ▼
Auch der Bereich zwischen den Werkzeugsymbolen und den andockbaren Dialogen lässt sich anpassen.

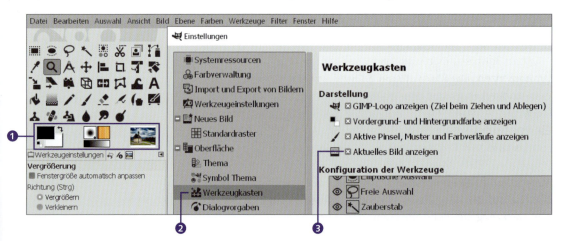

1.4 Die einzelnen Werkzeuge und ihre Funktionen

Grob teilt GIMP seine Werkzeuge in Auswahlwerkzeuge, Malwerkzeuge, Werkzeuge zur Transformation und die restlichen nicht kategorisierbaren Werkzeuge auf. Gegliedert nach diesen einzelnen Gruppen, werden diese Werkzeuge hier kurz vorgestellt.

1.4.1 Auswahlwerkzeuge

Wenn Sie die Reihenfolge im Werkzeugkasten nicht verändert haben, sind die ersten sieben Werkzeuge Auswahlwerkzeuge. Dass Auswahlen ein zentraler und bedeutungsvoller Bereich in der digitalen Bildbearbeitung sind, lässt sich schon daran erkennen, dass es hierfür einen eigenen Menüpunkt AUSWAHL gibt. Sinn und Zweck dieser Werkzeuge ist es, bestimmte Bildbereiche auszuwählen und unabhängig vom übrigen Bild zu bearbeiten. Statt über den Werkzeugkasten können Sie diese Auswahlwerkzeuge auch über das Menü WERKZEUGE • AUSWAHLWERKZEUGE aufrufen.

▲ Abbildung 1.22
Die Auswahlwerkzeuge im Werkzeugkasten

❹ RECHTECKIGE AUSWAHL: Damit wählen Sie rechteckige Bildbereiche aus.

❺ ELLIPTISCHE AUSWAHL: Hiermit lassen sich kreisförmige Bildbereiche auswählen.

❻ FREIE AUSWAHL: Das Werkzeug ist auch als Lassowerkzeug bekannt. Mit ihm wählen Sie Bildbereiche manuell aus.

❼ ZAUBERSTAB: Mit diesem Werkzeug wählen Sie einen zusammenhängenden Bereich einer bestimmten Farbe im Bild aus.

❽ NACH FARBE AUSWÄHLEN: Das Werkzeug funktioniert ähnlich wie der Zauberstab, nur dass bei diesem Werkzeug die ausgewählten Pixel sich nicht nebeneinander im Bild befinden müssen, sondern irgendwo sein können.

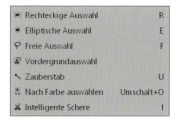

▲ Abbildung 1.23
Auch über das Menü WERKZEUGE • AUSWAHLWERKZEUGE können Sie entsprechende Werkzeuge aktivieren.

❾ MAGNETISCHE SCHERE: Das Werkzeug ist eine Mischung aus dem Lassowerkzeug (FREIE AUSWAHL) und dem PFADE-Werkzeug. Der Zusatz »magnetisch« kommt daher, dass dieses Werkzeug Bildbereiche auswählen kann, die sich deutlich (zum Beispiel anhand von Farbkanten) von anderen Bereichen abgrenzen. Die MAGNETISCHE SCHERE ist nützlich bei der Verwendung von komplexeren Auswahlen. Beachten Sie, dass sie im Menü WERKZEUGE als INTELLIGENTE SCHERE bezeichnet wird.

❿ VORDERGRUNDAUSWAHL: Hiermit lassen sich einzelne Objekte aus einem Bild extrahieren.

In Tabelle 1.1 finden Sie eine Übersicht über die Auswahlwerkzeuge aus dem Werkzeugkasten und das Tastenkürzel, womit Sie das Werkzeug ebenfalls erreichen.

Tabelle 1.1 ▶
Auswahlwerkzeuge und ihre Tastenkürzel

Werkzeug	Symbol	Tastenkürzel
RECHTECKIGE AUSWAHL		R
ELLIPTISCHE AUSWAHL		E
FREIE AUSWAHL		F
ZAUBERSTAB		U
NACH FARBE AUSWÄHLEN		⇧+O
MAGNETISCHE SCHERE		I
VORDERGRUNDAUSWAHL		keines

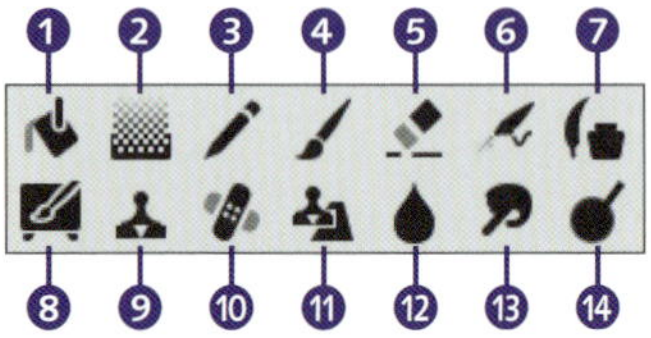

Abbildung 1.24
Die Malwerkzeuge im Werkzeugkasten

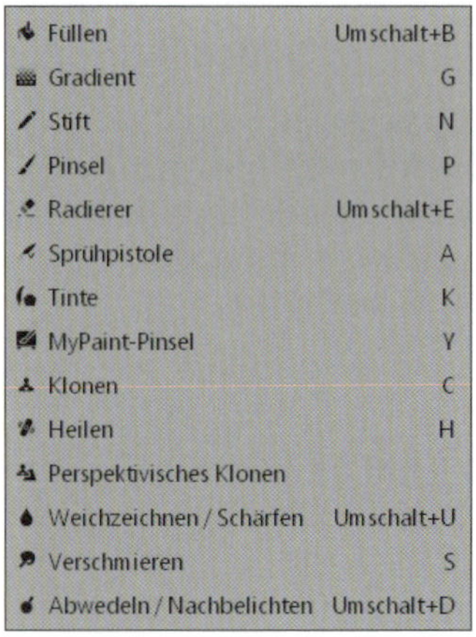

Abbildung 1.25
Auch über das Menü WERKZEUGE • MALWERKZEUGE können Sie die entsprechenden Werkzeuge aktivieren.

1.4.2 Malwerkzeuge

Im unteren Bereich des Werkzeugkastens befinden sich die 14 Malwerkzeuge von GIMP. Natürlich handelt es sich hierbei nicht nur um Malwerkzeuge im klassischen Sinne, sondern ihre Funktionen gehen weit über das alleinige »Malen« hinaus. Allen Werkzeugen gemein ist jedoch, dass Sie mit ihnen Pixeleigenschaften wie Transparenz und Farbe ändern.

Diese Malwerkzeuge können Sie sowohl im Werkzeugkasten als auch über das Menü WERKZEUGE • MALWERKZEUGE aufrufen.

❶ FÜLLEN: Hiermit füllen Sie größere Flächen mit einer Farbe oder einem Muster.

❷ FARBVERLAUF: Mit diesem Werkzeug füllen Sie Flächen mit einem Farbverlauf.

❸ STIFT: Der Stift ist das klassische Malwerkzeug und dient dem Zeichnen.

❹ PINSEL: Zusammen mit dem Stift ist der Pinsel das eigentliche Malwerkzeug, das Sie ebenfalls zum Zeichnen verwenden können.

❺ RADIERER: Wie mit einem echten Radiergummi löschen Sie mit dem Radierer Bildbereiche.

❻ SPRÜHPISTOLE: Mit diesem Werkzeug malen Sie wie mit einem Airbrush farbige Flächen.

❼ TINTE: Damit zeichnen Sie ähnlich wie mit einem Füllfederhalter Striche.

❽ MYPAINT-PINSEL: Damit können Sie aus einer Sammlung von Pinseln des Zeichenprogramms *MyPaint* zurückgreifen und in GIMP verwenden.

❾ KLONEN: Das Werkzeug wird häufig für Bildreparaturen oder Retuschearbeiten verwendet.

1.4 Die einzelnen Werkzeuge und ihre Funktionen

❿ HEILEN: Auch dieses Werkzeug nutzen Sie für Bildreparaturen und Retuschearbeiten, es eignet sich im Gegensatz zum KLONEN-Werkzeug eher für kleinere und feinere Bereiche.

⓫ PERSPEKTIVISCHES KLONEN: Eine Mischung aus dem KLONEN- und dem PERSPEKTIVE-Werkzeug, mit der Sie eine beliebige Perspektive klonen.

⓬ WEICHZEICHNEN/SCHÄRFEN: Damit ändern Sie gezielt den Schärfegrad eines bestimmten Bildbereichs.

⓭ VERSCHMIEREN: Der Name des Werkzeugs spricht für sich – es verschmiert die Farben unter der Werkzeugspitze.

⓮ ABWEDELN/NACHBELICHTEN: Dieses Werkzeug können Sie dazu verwenden, gezielt die Helligkeit von bestimmten Bildbereichen anzupassen. Es kommt häufig bei Fotomontagen zum Einsatz.

In Tabelle 1.2 finden Sie eine Übersicht über die Malwerkzeuge aus dem Werkzeugkasten und das Tastenkürzel, womit Sie das Werkzeug ebenfalls erreichen.

Werkzeug	Symbol	Tastenkürzel
FÜLLEN		⇧+B
FARBVERLAUF		G
STIFT		N
PINSEL		P
RADIERER		⇧+E
SPRÜHPISTOLE		A
TINTE		K
MYPAINT-PINSEL		Y
KLONEN		C
HEILEN		H
PERSPEKTIVISCHES KLONEN		keines
WEICHZEICHNEN/ SCHÄRFEN		⇧+U
VERSCHMIEREN		S
ABWEDELN/ NACHBELICHTEN		⇧+D

◂ **Tabelle 1.2**
Auswahlwerkzeuge und ihre Tastenkürzel

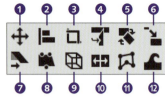

▲ Abbildung 1.26
Die Transformationswerkzeuge im Werkzeugkasten

▲ Abbildung 1.27
Auch über das Menü WERKZEUGE • TRANSFORMATIONEN können Sie die entsprechenden Werkzeuge aktkivieren.

1.4.3 Transformationswerkzeuge

Im mittleren Bereich des Werkzeugkastens finden Sie mehrere Transformationswerkzeuge. Im Gegensatz zu den Malwerkzeugen, mit denen Sie Eigenschaften wie Farbe und Transparenz der Pixel ändern, werden mit den Transformationswerkzeugen Pixel hinzugefügt, gelöscht und verschoben.

❶ VERSCHIEBEN: Das Werkzeug wird zum Verschieben von Ebenen oder Auswahlen verwendet.

❷ AUSRICHTEN: Mit diesem Werkzeug können Sie mehrere Ebenen im Bild ausrichten und verteilen.

❸ ZUSCHNEIDEN: Das Werkzeug verwenden Sie, um rechteckige und nicht benötigte Bildbereiche zu entfernen.

❹ VEREINHEITLICHTE TRANSFORMATION: Das Werkzeug vereint alle Transformationen. Damit können Sie Ebenen, Auswahlen oder Pfade (gleichzeitig) skalieren, rotieren, verschieben, scheren oder perspektivisch verändern.

❺ DREHEN: Das Werkzeug ermöglicht Ihnen, Ebenen, Auswahlen oder Pfade in einem bestimmten Winkel zu drehen.

❻ SKALIEREN: Mit diesem Werkzeug ändern Sie die Größe von Ebenen, Auswahlen oder Pfaden.

❼ SCHEREN: Mit diesem Werkzeug neigen Sie Bilder, Ebenen, Auswahlen oder Pfade.

❽ ANKERTRANSFORMATION: Bei diesem Werkzeug können Sie bis zu vier Ankerpunkte setzen, anhand denen Sie dann die Ebene, die Auswahl oder den Pfad transformieren können. Aktionen können hierbei natürlich nur entsprechend der Anzahl der Ankerpunkte durchgeführt werden. Mit einem Ankerpunkt ist nur das Verschieben, mit zwei Ankerpunkten das Drehen, mit drei Ankerpunkten das Scheren und ab vier Ankerpunkten eine Änderung der Perspektive möglich.

❾ PERSPEKTIVE: Zum perspektivischen Verzerren von Ebenen, Auswahlen und Pfaden verwenden Sie dieses Werkzeug.

❿ SPIEGELN: Dieses Werkzeug spiegelt eine Ebene oder Auswahl vertikal oder horizontal.

⓫ KÄFIGTRANSFORMATION: Mit diesem Werkzeug legen Sie zunächst eine Auswahl (Käfig) um einen Bereich, den Sie anschließend separat transformieren können.

⓬ WARPTRANSFORMATION: Das Werkzeug ersetzt das ehemalige iWarp-Plugin. Damit können Sie alle Aktionen des damaligen Plugins direkt auf dem Bild ohne Vorschau ausführen. Mit dem Werkzeug können Sie lokale Transformationen wie das Vergrößern, Verkleinern oder Verschieben von Pixeln mit Hilfe eines Pinsels durchführen. Solche Arbeiten werden gerne in der Modelfotografie zum Retuschieren verwendet.

1.4 Die einzelnen Werkzeuge und ihre Funktionen

In Tabelle 1.3 finden Sie eine Übersicht über die Transformationswerkzeuge aus dem Werkzeugkasten und das Tastenkürzel, womit Sie das Werkzeug ebenfalls erreichen.

Werkzeug	Symbol	Tastenkürzel
VERSCHIEBEN	✢	M
AUSRICHTEN	▮	Q
ZUSCHNEIDEN	▢	⇧ + C
VEREINHEITLICHTE TRANSFORMATION	▦	⇧ + T
DREHEN	⟲	⇧ + R
SKALIEREN	⬚	⇧ + S
SCHEREN	⇱	⇧ + H
ANKERTRANSFORMATION	⚓	⇧ + L
PERSPEKTIVE	⬚	⇧ + P
SPIEGELN	⇔	⇧ + F
KÄFIGTRANSFORMATION	⌘	⇧ + G
WARPTRANSFORMATION	✋	W

◀ **Tabelle 1.3**
Transformationswerkzeuge und ihre Tastenkürzel

1.4.4 Mess- und Navigationswerkzeuge

Die Werkzeuge, die ich Ihnen in diesem Abschnitt vorstelle, werden von GIMP eigentlich in keiner festen Gruppe versammelt, passen aber bestens zum Thema Mess- und Navigationswerkzeuge. Diese Werkzeuge können Sie auch über das Menü WERKZEUGE aktivieren.

▲ **Abbildung 1.28**
Die Mess- und Navigationswerkzeuge im Überblick

⓭ FARBPIPETTE: Mit diesem Werkzeug wählen Sie die Farbe für den Vorder- oder Hintergrund aus einem Bild aus. Auch einen Informationsdialog zur aktuell ausgewählten Farbe können Sie anzeigen lassen.

⓮ VERGRÖSSERUNG: Damit können Sie in das Bild hinein- oder herauszoomen.

⓯ MASSBAND: Mit diesem Werkzeug messen Sie Entfernungen oder Winkel in einem Bild.

1.4.5 Das Text-Werkzeug

Mit dem Werkzeug TEXT A fügen Sie einen Text zum aktuellen Bild oder zur aktuellen Ebene hinzu. Schrift, Farbe und die ge-

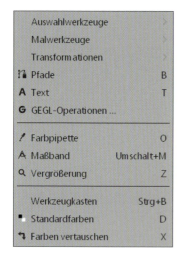

▲ **Abbildung 1.29**
Die restlichen Werkzeuge lassen sich ungruppiert über das Menü WERKZEUGE aktivieren.

Tabelle 1.4 ▶
Die restlichen Werkzeuge und ihre Tastenkürzel

▲ **Abbildung 1.30**
Vorder- und Hintergrundfarbe einstellen

wünschte Form lassen sich dabei einstellen. Das TEXT-Werkzeug können Sie auch über das Menü WERKZEUGE aufrufen.

1.4.6 Das Pfade-Werkzeug

Das Werkzeug PFADE könnte man auch den Auswahlwerkzeugen einordnen, da sich hiermit auch eine gewisse Art von Auswahl, nämlich sogenannte *Bézierkurven*, erstellen lässt. Allerdings sind die Pfade doch etwas spezieller und (auf den ersten Blick) etwas komplexer, um diese einfach zu den Auswahlwerkzeugen hinzuzufügen. Man könnte auch sagen, dass PFADE-Werkzeug ist eine Art Lassowerkzeug mit Bézierkurven. Was es genau damit auf sich hat, erfahren Sie in Teil IX des Buchs.

In Tabelle 1.4 finden Sie eine Übersicht über die restlichen umgruppierten Werkzeuge aus dem Werkzeugkasten und das Tastenkürzel, womit Sie das Werkzeug ebenfalls erreichen.

Werkzeug	Symbol	Tastenkürzel
FARBPIPETTE	✏	O
VERGRÖSSERUNG	🔍	Z
MASSBAND	A	⇧+M
TEXT	A	T
PFADE	🖉	B

1.4.7 Vorder- und Hintergrundfarbe im Werkzeugkasten

Ebenfalls im Werkzeugkasten finden Sie die beiden Farbfelder mit den aktuellen Arbeitsfarben (Vordergrund- und Hintergrundfarbe). Das PINSEL- und das FÜLLEN-Werkzeug verwenden zum Beispiel die aktuell eingestellte Vordergrundfarbe zum Malen. Das Verlaufswerkzeug hingegen benutzt die Vordergrundfarbe ❶ und die Hintergrundfarbe ❹. Der RADIERER wiederum greift auf die Hintergrundfarbe zurück, wenn die Ebene keinen Alphakanal besitzt.

Über das kleine Pfeilsymbol rechts oben ❷ tauschen Sie die beiden Farben. Das Gleiche erreichen Sie auch mit dem Tastenkürzel X (für *ex*change color) oder mit dem Menübefehl WERKZEUGE • FARBEN VERTAUSCHEN. Mit dem Schwarzweißsymbol links unten ❸ stellen Sie die Standardfarben für die Vorder- und Hintergrundfarbe wieder her. Auch hier können Sie das Gleiche mit dem Tastenkürzel D (für *d*efault color) oder dem Menübefehl WERKZEUGE • STANDARDFARBEN durchführen.

1.5 Die andockbaren Dialoge

Jetzt wurde schon des Öfteren über die andockbaren Dialoge geschrieben, deshalb soll hier noch einmal genauer auf sie eingegangen werden. Mit den andockbaren Dialogen können Sie die Arbeitsoberfläche von GIMP sehr flexibel Ihren persönlichen Bedürfnissen anpassen.

Bereich für die Docks | Standardmäßig stehen Ihnen beim ersten Start von GIMP jeweils ein Bereich unterhalb des Werkzeugkastens ❺ und ein Bereich auf der rechten Seite ❻ zur Verfügung, wo die gängigsten andockbaren Dialoge bereits gruppiert sind. Diese Bereiche lassen sich sehr flexibel verändern und den persönlichen Bedürfnissen anpassen. Sie können jederzeit Dialoge aus diesem Fenster herauslösen und frei schwebend verwenden und/oder neue Dialoge hinzufügen.

Dialoge aus-/einblenden
Um alle Dialoge rund um das Bildfenster auszublenden, drücken Sie bei aktivem Bildfenster die ⇥-Taste. Jetzt werden keine Docks mehr das Bildfenster verdecken. Wollen Sie die Dialoge wieder hervorholen, betätigen Sie einfach erneut die ⇥-Taste.

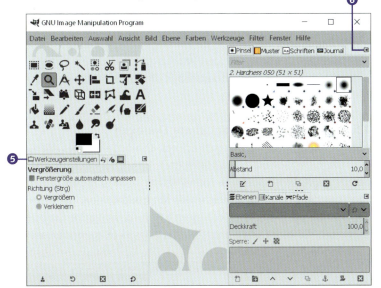

◄ Abbildung 1.31
Die vordefinierten Bereiche für die andockbaren Dialoge von GIMP beim ersten Start

Docks im klassischen Modus
Wenn Sie nicht den Einzelfenster-Modus verwenden sollten, stehen Ihnen ebenfalls diese beiden Bereiche mit den Docks jeweils in einem eigenen Dialogfenster zur Verfügung.

1.5.1 Das Menü »Fenster«
Einen Überblick über geöffnete Fenster und Dialoge können Sie sich jederzeit über das Menü FENSTER verschaffen.
❶ Dock-Befehle: Über die Optionen im ersten Eintrag KÜRZLICH GESCHLOSSENE DOCKS können Sie diese(n) erneut anzeigen. Im Untermenü ANDOCKBARE DIALOGE können Sie alle vorhandenen andockbaren Dialoge von GIMP öffnen. Haben Sie den Werkzeugkasten geschlossen, können Sie diesen auch hier wieder aktivieren (geht auch mit [Strg]+[B]).

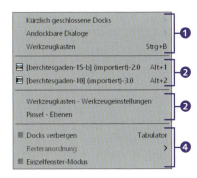

▲ Abbildung 1.32
Das Menü FENSTER liefert einen Überblick darüber, welche Fenster und Dialoge gerade geöffnet sind.

❷ Geöffnete Bilder: Im mittleren Bereich finden Sie eine Liste mit den aktuell in GIMP geöffneten Bildern, die Sie hier durch Anklicken als aktuelles Bild aktivieren können. Alternativ können Sie diese Bilder auch mit [Alt]+[1], [Alt]+[2] bis maximal [Alt]+[0] (für das zehnte Bild) in den Vordergrund holen. Sind keine Bilder geöffnet, ist dieser Bereich leer.

❸ Geöffnete Dialoge: Dieser Teil des Menüs bietet eine Übersicht über alle im Augenblick frei schwebenden Dialoge in GIMP. Befindet sich ein Bindestrich dazwischen wie in der Abbildung bei PINSEL – EBENEN, dann befinden sich diese Dialoge auch im selben Fenster, sind aber übereinander gruppiert. Natürlich können Sie diese (gruppierten) Dialoge auch hier über das Anklicken in den Vordergrund holen. Im Einzelfenster-Modus dürften Sie diesen Bereich nicht vorfinden, außer Sie haben selbst einen frei schwebenden Dialog erzeugt.

❹ Im letzten Viertel finden Sie den Befehl DOCKS VERBERGEN, um alle Dialoge (inkl. Werkzeugkasten) aus- bzw. einzublenden. So erhalten Sie eine uneingeschränkte Sicht auf das Bild im Bildfenster. Als letzten Befehl finden Sie hier EINZELFENSTER-MODUS, womit Sie den Modus (de-)aktivieren können. Der Modus ist aktiv, wenn er neben diesem Befehl angekreuzt ist.

1.5.2 Das Menü »Andockbare Dialoge«

Aufrufen können Sie die verschiedenen Dialoge über das Menü FENSTER • ANDOCKBARE DIALOGE. Aktivieren Sie einen Dialog, der bereits geöffnet ist (siehe im Menü FENSTER), wird dieser in den Vordergrund geholt. Das Gleiche gilt für einen Dialog, der in einem Fenster gruppiert ist. In diesem Fall wird die ganze Gruppe angezeigt, die den Dialog enthält. Allerdings wird zuvor der entsprechende Reiter aktiviert.

Im standardmäßig verwendeten Einzelfenster-Modus werden die andockbaren Dialoge automatisch dem Bereich mit gruppierten Docks als neuer Reiter hinzugefügt. Verwenden Sie hingegen den Nicht-Einzelfenster-Modus, dann werden die einzelnen Dialoge als lose Fenster geöffnet, und Sie müssen diese bei Bedarf selber gruppieren.

Übersicht über die Dialoge | Da GIMP viele Dialoge anbietet, die Sie einzeln aufrufen und gruppieren können, folgt hier ein kurzer Überblick über die einzelnen Dialoge. Detaillierter gehe ich auf diese Dialoge erst im Rahmen der passenden Themen ein.

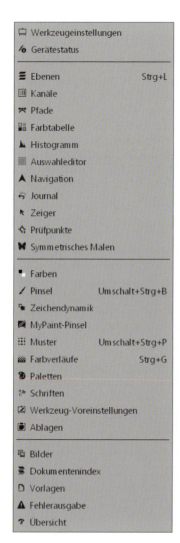

▲ **Abbildung 1.33**
Die andockbaren Dialoge

1.5 Die andockbaren Dialoge

▲ **Abbildung 1.34**
Über den Dialog WERKZEUGEINSTELLUNGEN nehmen Sie die Einstellungen für das ausgewählte Werkzeug vor.

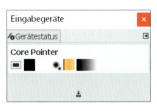

▲ **Abbildung 1.35**
Der Dialog GERÄTESTATUS fasst die aktuellen Einstellungen für Eingabegeräte wie Maus oder (falls vorhanden) Grafiktabletts zusammen. Als CORE POINTER wird die Maus bezeichnet.

▲ **Abbildung 1.36**
Der EBENEN-Dialog wird für die Verwaltung von Ebenen verwendet.

▲ **Abbildung 1.37**
Mit dem KANÄLE-Dialog verwalten Sie die einzelnen RGB-Kanäle.

▲ **Abbildung 1.38**
Der Dialog PFADE dient dem Verwalten von Pfaden.

▲ **Abbildung 1.39**
Mit diesem Dialog bearbeiten Sie die FARBTABELLE eines Bildes im Modus INDIZIERT.

53

Kapitel 1 Die Arbeitsoberfläche

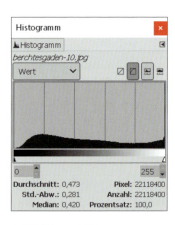

▲ **Abbildung 1.40**
Der Dialog HISTOGRAMM liefert verschiedene Informationen zu Werten der Farb- und Helligkeitsverteilung im Bild.

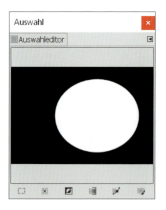

▲ **Abbildung 1.41**
Mit dem AUSWAHLEDITOR verwalten Sie Auswahlen.

▲ **Abbildung 1.42**
Über den ANSICHTSNAVIGATION-Dialog können Sie einfach durch das Bild navigieren und hinein- und herauszoomen.

▲ **Abbildung 1.43**
Der Dialog JOURNAL listet die zuletzt verwendeten Befehle auf. Jeder Eintrag enthält ein Vorschaubild, das den Zustand des Bildes nach der Ausführung des Kommandos zeigt. Durch Anklicken eines Eintrags können Sie jederzeit zu diesem Stand des Bildes zurückkehren.

▲ **Abbildung 1.44**
Der Dialog ZEIGERINFORMATIONEN zeigt die aktuelle Position der Maus und die Werte der Farbkanäle des entsprechenden Pixels an.

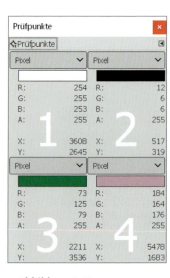

▲ **Abbildung 1.45**
Mit dem Dialog können Sie vier Prüfpunkte gleichzeitig im Bild erstellen und die entsprechenden Farbwerte ermitteln. Prüfpunkte erzeugen Sie, indem Sie mit gehaltener ⌈Strg⌉/⌈Cmd⌉-Taste auf einem der beiden Lineale am Bildrand den Mauszeiger auf die entsprechende Position im Bild ziehen.

1.5 Die andockbaren Dialoge

▲ Abbildung 1.46
Hiermit wird es möglich, gezeichnete Inhalte automatisch auf die gegenüberliegende Position zu projizieren.

▲ Abbildung 1.47
Mit dem Dialog VG/HG-FARBE stellen Sie die Vordergrund- und Hintergrundfarbe, ähnlich wie bei den Farbwählern im Werkzeugfenster, ein.

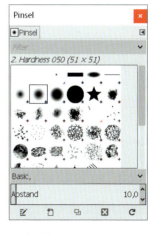

▲ Abbildung 1.48
Mit dem Dialog PINSEL können Sie die Pinselspitzen für die Malwerkzeuge auswählen und verwalten.

▲ Abbildung 1.49
Die ZEICHENDYNAMIK ist in Verbindung mit Pinselwerkzeugen interessant, wo sich Striche oder Pfade dynamisch nachzeichnen lassen. Besonders nützlich ist die Zeichendynamik auch in Verbindung mit einem Grafik-Tablet, wo durch die Druckempfindlichkeit des Stiftes die Dynamiken besonders zur Geltung kommen.

▲ Abbildung 1.50
Mit dem Dialog MYPAINT-PINSEL können Sie die Pinselspitzen für das MyPaint-Pinsel-Malwerkzeug auswählen und verwalten.

▲ Abbildung 1.51
Hiermit wählen und verwalten Sie die MUSTER, die Sie mit den Werkzeugen FÜLLEN, KLONEN oder dem Kommando MIT MUSTER FÜLLEN verwenden können.

▲ Abbildung 1.52
In diesem Dialog wählen und verwalten Sie FARBVERLÄUFE.

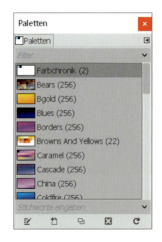

▲ Abbildung 1.53
Mit diesem Dialog können Sie (Farb-)PALETTEN auswählen und verwalten.

▲ Abbildung 1.54
Im Dialog SCHRIFTEN erhalten Sie einen Überblick über die vorhandenen Schriftarten und können diese auch aktivieren, um sie mit dem TEXT-Werkzeug zu verwenden.

▲ Abbildung 1.55
Im Dialog WERKZEUG-VOREINSTELLUNGEN können Sie bestimmte Einstellungen von einem Werkzeug sichern, um so jederzeit mit denselben Einstellungen erneut arbeiten zu können.

▲ Abbildung 1.56
GIMP bietet eine spezielle Zwischenablage an, mit der Sie nicht nur an die normale Zwischenablage des Betriebssystems gebunden sind. Mit Hilfe des Dialogs ABLAGEN können Sie diese ABLAGE komfortabel verwalten.

▲ Abbildung 1.57
Dieser Dialog zeigt alle aktuell in GIMP geöffneten Bilder an. Hier können Sie diese Bilder durch Anklicken in den Vordergrund bringen.

▲ **Abbildung 1.58**
Der DOKUMENTENINDEX listet Ihnen die zuletzt geöffneten Bilder auf.

▲ **Abbildung 1.59**
Hiermit erstellen Sie ein neues Bild aus einer Vorlage oder verwalten die Vorlagen.

▲ **Abbildung 1.60**
In diesem Dialog finden Sie manchmal nützlichere Fehlermeldungen als in den Fehlerdialogen, die Sie von GIMP erhalten. Die Fehlermeldung(en) aus diesem Dialog können Sie separat in einer Datei speichern.

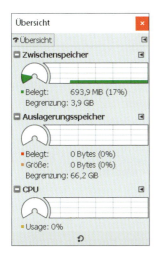

◄ **Abbildung 1.61**
Der Dialog ÜBERSICHT wurde mit GIMP 2.10 eingeführt und ist hilfreich bei der Übersicht über die Systemressourcen wie den Zwischenspeicher, den Auslagerungsspeicher und die CPU-Auslastung.

1.5.3 Den Reiterstil der Docks anpassen

Die Standardeinstellung des Reiterstils bei gruppierten Docks ist auf AUTOMATISCH gestellt. Damit werden, wenn ausreichend Platz vorhanden ist, jeweils das Symbol und der Text angezeigt, wie Sie in Abbildung 1.62 sehen können. Reicht der Platz dafür nicht mehr aus, werden nur noch die Symbole angezeigt, wie es in Abbildung 1.63 der Fall ist.

Es wurde bereits kurz erwähnt, dass Sie diese Einstellung für jeden aktuellen Reiter im Dock separat anpassen können. Hierzu müssen Sie den entsprechenden Reiter auswählen, aktivieren und dann über das Reitermenü ❶ im Untermenü REITERSTIL einen entsprechenden Eintrag markieren.

▲ **Abbildung 1.62**
Ist ausreichend Platz vorhanden, wird standardmäßig neben dem Symbol auch der Text des Dialogs angezeigt.

▲ **Abbildung 1.63**
Reicht der Platz hingegen nicht mehr aus, werden standardmäßig nur noch die Symbole angezeigt.

Kapitel 1   Die Arbeitsoberfläche

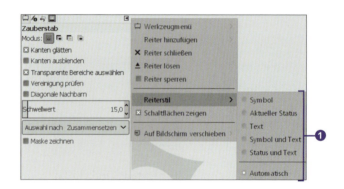

Abbildung 1.64 ▶
Im Untermenü REITERSTIL können Sie aus einem der dort aufgelisteten Einträge wählen und die Einstellung ändern.

▲ **Abbildung 1.65**
Wenn der Platz wegen des ausgewählten Reiterstils nicht mehr passt, werden seitliche Pfeile ❷ zum Scrollen hinzugefügt.

Die folgenden Einstellmöglichkeiten stehen Ihnen hierbei zur Verfügung:

▶ SYMBOL: Es wird immer nur noch das Symbol angezeigt.
▶ AKTUELLER STATUS: Abhängig vom Dialog wird der aktuelle Status als Symbol angezeigt. Bei den Werkzeugeinstellungen ist es das aktive Werkzeug, beim Pinsel-Dialog der ausgewählte Pinsel, beim Muster-Dialog das aktive Muster usw.
▶ TEXT: Hiermit wird nur der Name des Dialogs angezeigt.
▶ SYMBOL UND TEXT: Damit werden immer der Name und das Symbol des Dialogs angezeigt.
▶ STATUS UND TEXT: Mit dieser Einstellung sehen Sie den aktuellen Status des Dialogs sowie den Namen.
▶ AUTOMATISCH: Hiermit überlassen Sie es der Standardeinstellung von GIMP, wie und was bei den Reitern angezeigt wird.

1.5.4   So können Sie Dialoge an- und abdocken

Das An- und Abdocken eines Dialogs funktioniert immer gleich, egal, ob ein Dialog bereits gruppiert wurde oder alleine steht: Sie gehen mit dem Mauszeiger über den rechteckigen Bereich mit dem Namen und/oder Symbol des Dialogs, der auch »sensibler Bereich« genannt wird ❸. Jetzt halten Sie die linke Maustaste gedrückt und bewegen die Maus. Der Dialog ist nun ausgegraut, und Sie haben einen rechteckigen Bereich ❹ mit dem Titel und Icon des Dialogs.

In jedem Modus möglich
Hier sollte natürlich noch hinzugefügt werden, dass alles hier Beschriebene sowohl im Einzelfenster-Modus also auch im Nicht-Einzelfenster-Modus funktioniert.

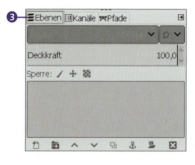 

Abbildung 1.66 ▶
Wählen Sie den »sensiblen Bereich« aus und lösen Sie ihn mit gedrückter Maustaste vom Dock.

1.5 Die andockbaren Dialoge

Ziehen Sie diesen Bereich mit gedrückter Maustaste zu einer der Andockleisten, oder lösen Sie diesen Dialog aus der Gruppe heraus, und lassen Sie ihn fallen (Maustaste loslassen).

Die verschiedenen Andockbereiche | Wenn Sie einen Dialog an einen anderen Dialog oder eine Gruppe von Docks andocken wollen, gibt es zwei Bereiche (wenn bereits Reiter vorhanden sind, dann drei), wo Sie diesen hinzufügen können:

- **In Reiter gruppieren**: Hierbei brauchen Sie lediglich den entsprechenden Dialog oberhalb am rechten Rand im Reiterbereich ❺ fallen zu lassen, und der Dialog wird hinten hinzugefügt, was ein schwarzer Rahmen auch symbolisiert. Lassen Sie hingegen den Dialog direkt auf einen Reiter ❻ fallen, wird dieser vor diesem Reiter eingefügt.

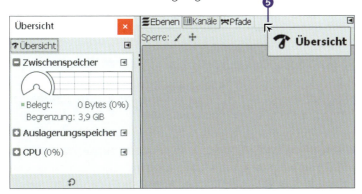

◀ **Abbildung 1.67**
Einen Dialog an das Ende der Gruppe hinzufügen

▲ **Abbildung 1.68**
Lassen Sie einen Dialog direkt auf den Reiter fallen, wird dieser davor eingefügt.

- **Untereinander gruppieren**: Wenn Sie einen Dialog unterhalb eines anderen Dialogs oder einer Gruppierung von Dialogen ziehen, zeigt ein Balken ❼ im unteren Bereich an, wo der Zieldialog hinzugefügt wird, wenn Sie die Maustaste loslassen.

▲ **Abbildung 1.69** ▶
Lassen Sie den Dialog im unteren Bereich des Zieldialogs fallen werden beide Dialoge untereinander gruppiert.

Reiter umgruppieren

Die einzelnen Dialoge, die in mehreren Reitern gruppiert sind, lassen sich jederzeit umsortieren. Ziehen Sie hierzu einfach das entsprechende Reitersymbol mit gedrückt gehaltener Maustaste auf das Reitersymbol, vor dem es eingefügt werden soll, und lassen Sie es fallen.

▶ **Nebeneinander gruppieren**: Dialoge können nicht nur untereinander, sondern auch nebeneinander gruppiert werden. Hierzu müssen Sie lediglich den Dialog im ❶ linken oder rechten Bereich des Zieldialogs fallen lassen. Innerhalb der Spalten nebeneinander können Sie dann selbstverständlich auch wieder Spalten untereinander anordnen.

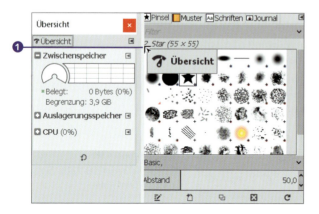

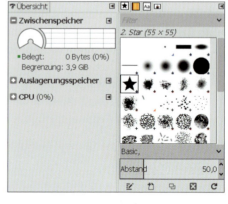

▲ **Abbildung 1.70**
Lassen Sie den Dialog hingegen im linken (oder rechten) Bereich des Zieldialogs fallen …

▲ **Abbildung 1.71**
… werden die Dialoge nebeneinander in Spalten gruppiert.

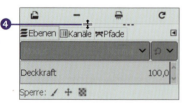

▲ **Abbildung 1.72**
Befinden sich gruppierte Dialoge übereinander, können Sie die Höhe mit dem horizontalen Steg ❹ anpassen.

Abbildung 1.73 ▶
Über den schmalen vertikalen Steg ❸ können Sie die Breite der gruppierten Dialoge anpassen.

Dialoge skalieren | Die Bereiche mit den gruppierten Dialogen auf der linken und rechten Seite können Sie jederzeit über den schmalen Steg ❸ mit gedrückter Maustaste in der Breite vergrößern oder verkleinern. Der Mauscursor wird hierbei zu einem Doppelpfeil ❷. Dasselbe können Sie auch in den übereinandergestapelten Dialogen mit dem horizontalen Steg ❹ machen.

Fensterpositionen dauerhaft speichern | Wenn Sie die Dialoge so angeordnet haben, wie Sie es wollen, dann bleiben diese Positionen gewöhnlich auch beim Beenden von GIMP bestehen, so dass Sie mit derselben Oberfläche beim nächsten Start weiterarbeiten können. Die Einstellungen zu den Fensterpositionen finden Sie über BEARBEITEN • EINSTELLUNGEN im Bereich FENSTERverwaltung. Dort muss die Option Fensterposition beim Beenden speichern ❺ angekreuzt sein. Hierbei finden Sie außerdem noch eine Schaltfläche, um die aktuelle Fensterposition zu speichern ❻, und eine Schaltfläche, um die Fensterposition wieder auf den Standardwert zurückzusetzen ❼.

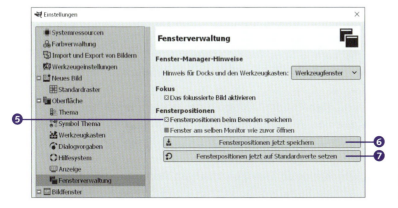

◀ **Abbildung 1.74**
Fensterpositionen speichern oder zurücksetzen

1.5.5 Die Funktionen der Dialoge im Reitermenü

Jeder Dialog hat dockspezifische Funktionen, die sich über das Reitermenü ❽ des entsprechenden Dialogs auswählen lassen. Hier finden Sie auch Funktionen zum Erstellen, Herauslösen oder Schließen von andockbaren Dialogen.

Der erste Menüeintrag in diesem Reitermenü ist immer das Kontextmenü des entsprechenden Dialogs, das sich auch mit einem Rechtsklick auf den Dialog aufrufen lässt. Die restlichen Befehle dienen zur Verwaltung der Dialoge im Allgemeinen und bieten einige weitere Kommandos, bei denen es sich häufig um Ansichtsoptionen der Elemente im Dialog handelt. Hier eine kurze Übersicht über die Kommandos und deren Bedeutung:

▲ **Abbildung 1.75**
Jeder Dialog hat ein Reitermenü, in dem Sie die dockspezifischen Funktionen aufrufen können.

▶ Reiter hinzufügen: Hier können Sie direkt einen Dialog zur Gruppe hinzufügen. Hierbei werden alle andockbaren Dialoge aufgelistet.
▶ Reiter schliessen: Damit können Sie den in der Gruppe aktiven Dialog schließen.
▶ Reiter lösen: Hiermit lösen Sie den Reiter aus der Gruppe, wodurch dieser als frei schwebender Dialog angezeigt wird.
▶ Reiter sperren: Damit sperren Sie den aktiven Reiter, so dass dieser nicht mehr aus der Gruppe herausgelöst oder umsortiert werden kann.
▶ Vorschaugrösse: Einige Dialoge wie Ebenen, Kanäle, Pinsel, Muster usw. enthalten Vorschauen innerhalb des Dialogs. Hiermit können Sie die Größe dieser Vorschauen ändern.

▶ Reiterstil: Hiermit passen Sie den Reiterstil an. Mögliche kombinierbare Werte sind Text, Symbol und Status. Darauf wurde bereits eingegangen.
▶ Als Liste anzeigen, Als Raster anzeigen: Bei einigen Dialogen wie Pinsel, Muster oder Schriften können Sie die Vorschauen als Liste auflisten oder als Raster anzeigen lassen.
▶ Schaltflächen zeigen: Gewöhnlich enthalten die Dialoge am unteren Rand noch Schaltflächen mit weiteren Kommandos, die vom aktiven Dialog abhängen. Mit diesem Kommando können Sie diese Schaltflächen (de)aktivieren.

Wenn außerdem der Dialog auf der rechten oder linken Seite im Einzelfenster-Modus gruppiert ist, finden Sie hier noch den Befehl Auf Bildschirm verschieben, um diesen von der Gruppe herauszulösen und frei schwebend auf dem Bildschirm zu sehen.

Bei losgelösten Dialogen hingegen finden Sie am Ende noch die Befehle Bildauswahl anzeigen und Automatisch dem aktiven Bild folgen vor. Diese beiden Befehle steuern das Verhalten von Dialogen, wenn Sie mehrere Bilder gleichzeitig geöffnet haben.

Mit Bildauswahl anzeigen wird eine Dropdown-Liste ❶ oberhalb mit allen geöffneten Bildern angezeigt. Dies ist recht hilfreich, wenn Sie mit einem Dialog ein Bild bearbeiten und dasselbe auch mit einem anderen Bild machen wollen. Über die Dropdown-Liste brauchen Sie dann nur das entsprechende Bild in der Liste auszuwählen und müssen nicht extra das entsprechende Bildfenster aktivieren. Mit der Schaltfläche Auto ❷ wird automatisch das Bild aktiviert, das im Augenblick den Fokus der Maus hat.

Der Befehl Automatisch dem aktiven Bild folgen macht eben genau dies. Ist dieser Befehl aktiv, können Sie sicher sein, dass sich die Befehle und Funktionen des Dialogs auch immer auf das gerade aktive Bild auswirken.

▲ Abbildung 1.76
Mit Bildauswahl anzeigen wird eine Dropdown-Liste mit allen geöffneten Bildern angezeigt.

Fenstermodus für das Buch
Ob Sie jetzt den Einzelfenster-Modus verwenden oder nicht, ist wohl eher eine Frage des persönlichen Geschmacks. Für den weiteren Verlauf des Buches spielt es keine große Rolle, welchen Fenstermodus Sie bevorzugen und verwenden.

1.6 Das Bildfenster von GIMP

Egal, ob Sie ein Bild geöffnet haben oder nicht, das Bildfenster in GIMP wird immer angezeigt. Das ist auch sinnvoll, denn das Bildfenster ist die Steuerzentrale zu allen in GIMP vorhandenen Kommandos und Funktionen.

1.6 Das Bildfenster von GIMP

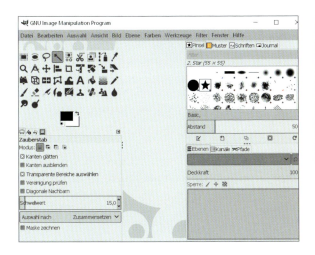

▲ **Abbildung 1.77**
Im (standardmäßigen) Einzelfenster-Modus finden Sie neben dem Bildfenster auch den Werkzeugkasten und die andockbaren Dialoge. Rechts: Das Bildfenster im Einzelfenster-Modus

▲ **Abbildung 1.78**
Dieses Bildfenster bekommen Sie zu sehen, wenn Sie nicht den Einzelfenster-Modus verwenden oder im Einzelfenster-Modus einfach mal die ⇥-Taste drücken.

63

Kapitel 1 Die Arbeitsoberfläche

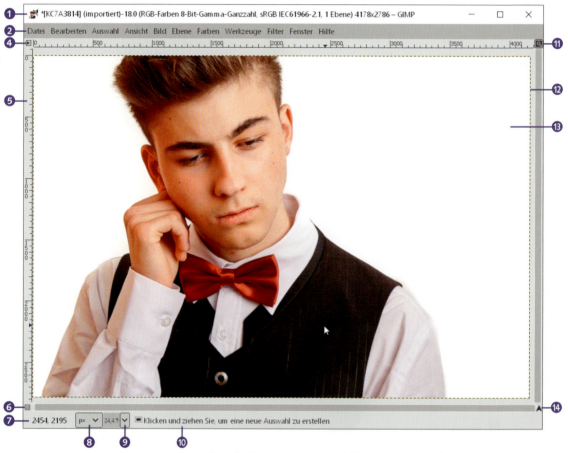

▲ **Abbildung 1.79**
Das Bildfenster im klassischen Modus

Folgende Elemente eines Bildfensters sind in der Standardeinstellung enthalten:

▶ **Titelleiste** ❶: Die Titelleiste zeigt viele Informationen zum Bild auf engstem Raum neben einer Miniaturvorschau und dem Dateinamen (hier »KC7A3814«). Dahinter finden Sie eine eindeutige Bildidentifizierung (hier »18«) und eine spezielle Nummer der Ansicht, auf der das Bild gezeigt wird (hier ».0«). Als Nächstes stehen hier der Bildtyp (hier »RGB«) und die Anzahl der Ebenen (hier »1 Ebene«), gefolgt von der Bildbreite und Bildhöhe in Pixeln. Das Aussehen des Bereichs hängt natürlich vom verwendeten Betriebssystem bzw. Fenstermanager ab. Haben Sie im Einzelfenster-Modus mehrere Bilder geöffnet, werden diese in einem Reiter unterhalb der Menüleiste mit einer kleinen Vorschau angezeigt ❸.

▶ **Menüleiste** ❷: Die Menüleiste unterhalb der Titelleiste ist die Hauptsteuerzentrale von GIMP. Alle Kommandos und Werkzeuge lassen sich über diese Menüleiste aufrufen. Das Menü erreichen Sie auch über einen rechten Mausklick im Bild. Auch über die Menüschaltfläche ❹ links oben direkt unter der Menüleiste können Sie das Menü öffnen. Schneller geht dies mit dem Tastenkürzel ⇧+F10.

- **Lineal** ❺: Standardmäßig erscheint das Lineal mit den aktuellen Koordinaten des Bildes im Bildfenster an der oberen und linken Kante. Die Voreinstellung der Maßeinheit lautet zwar Pixel, lässt sich aber nachträglich ändern.
- **Bild vergrößern** ⓫: Aktivieren Sie diese Schaltfläche rechts oben neben dem Lineal, wird bei der Änderung der Bildfenstergröße automatisch die Bildgröße so angepasst, dass immer das komplette Bild zu sehen ist.
- **Bildrahmen** ⓬: Hierbei handelt es sich um einen inaktiven Bildrahmen. Dieser wird nur dann angezeigt, wenn das Bild oder die Ansicht des Bildes kleiner als das Bildschirmfenster ist. Dieser Bereich kann farblich verändert werden.
- **Bildanzeige** ⓭: Mitten im Bildfenster wird das Bild angezeigt. Die schwarz-gelb gestrichelte Linie um das Bild markiert die Grenzen einer Ebene.
- **Schnellmaske umschalten** ❻: Damit (de-)aktivieren Sie die Schnellmaske. Die Maske ist ein sehr nützliches Hilfsmittel, um Auswahlen zu bearbeiten.
- **Navigationsschaltfläche** ⓮: Wenn Sie die Schaltfläche gedrückt halten, wird eine Miniaturansicht eingeblendet, mit der Sie die Ansicht des Bildbereichs ändern können. Dies ist sehr hilfreich bei größeren Bildern und Bildern in vergrößerter Ansicht.
- **Zeigerposition** ❼: Wenn Sie sich mit dem Mauszeiger im Bildfenster befinden, werden hier die x-/y-Koordinaten der Mausposition angezeigt. Standardmäßig ist als Maßeinheit Pixel eingestellt. Über die Dropdown-Liste daneben ❽ können Sie diese Einheit ändern.
- **Maßeinheit** ❽: Über diese Dropdown-Liste stellen Sie die Maßeinheit ein, die GIMP für Werkzeuge, Lineale und in anderen Dialogen verwenden soll. Standardmäßig wird hier Pixel (px) verwendet.
- **Bildansicht anpassen** ❾: Über diese Dropdown-Liste ändern Sie die Vergrößerungsstufe des Bildes.
- **Statusleiste** ❿: Standardmäßig werden hier der Name der aktiven Ebene und die aktuelle Speichergröße des Bildes angegeben. Wenn Sie andere Operationen ausführen, werden hier auch für ein paar Sekunden entsprechende Informationen angezeigt. Bei rechenintensiveren Aufgaben werden zum Beispiel ein Fortschrittsbalken ⓯ (Abbildung 1.81) und eine Abbrechen-Schaltfläche ⓰ eingeblendet, mit der Sie einen aktiven Arbeitsschritt vorzeitig beenden können.

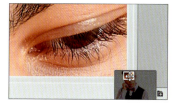

▲ **Abbildung 1.80**
Diese Navigation wird eingeblendet, wenn Sie die Navigationsschaltfläche ⓮ rechts unten im Bildfenster gedrückt halten.

Bildgröße im Speicher
Der Wert, der hier angegeben wird, ist meistens erheblich größer als die tatsächliche Größe der Bilddatei. Ein Bild im Arbeitsspeicher benötigt mehr Speicher, weil GIMP für die Ansicht das Bild zunächst in eine PNG-Datei komprimiert. Zusätzlich werden Informationen zum Rückgängigmachen gespeichert, und es ist immer auch eine Kopie des Bildes im Speicher.

Abbildung 1.81 ▶
Rechenintensivere Aufgaben haben meistens einen Fortschrittsbalken und bieten auch die Möglichkeit, den Vorgang abzubrechen.

Abbildung 1.82 ▶
Andere Aufgaben liefern ein Feedback über den Fortschritt direkt in der Arbeitsfläche.

Menü »Ansicht«

Die Voreinstellungen für Bildfenster über BEARBEITEN • EINSTELLUNGEN können Sie jederzeit über das Menü ANSICHT im Bildfenster ändern. Allerdings sind diese Einstellungen nur im Augenblick gültig. Beim nächsten Neustart von GIMP gelten wieder die Einstellungen von BEARBEITEN • EINSTELLUNGEN.

Vollbildmodus und normaler Modus | Über das Menü ANSICHT • VOLLBILD oder mit der Taste F11 schalten Sie zwischen dem normalen Modus und dem Vollbildmodus hin und her. Standardmäßig wird ein Bild immer im normalen Modus geöffnet.
Im Vollbildmodus erstreckt sich das Bildfenster ohne eine Titelleiste über den gesamten Bildschirm. Durch ein erneutes Drücken von F11 gelangen Sie zurück in die normale Ansicht.

Darstellung des Bildfensters | Wie Bilder im Bildfenster oder im Vollbildmodus dargestellt werden, können Sie jederzeit über das Menü BEARBEITEN • EINSTELLUNGEN • BILDFENSTER • DARSTELLUNG anpassen. Die Einträge des Dialogs sprechen für sich. Mit dem (De-)Aktivieren von Häkchen schalten Sie die entsprechenden Einstellungen ein bzw. ab.

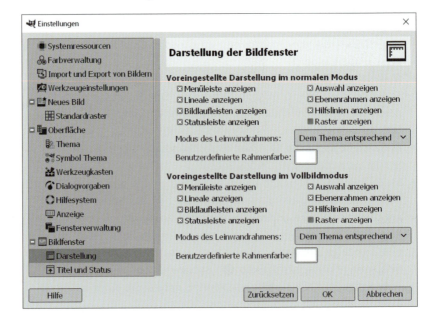

Abbildung 1.83 ▶
Voreinstellungen des Bildfensters anpassen

1.7 Werte eingeben und verändern

Im Grunde dürften Sie die Steuerelemente, mit denen Sie die verschiedenen Werte von Werkzeugen oder Dialogen verändern, von anderen Programmen her bereits kennen.

1.7.1 Die Steuerelemente

In diesem Abschnitt soll genauer auf die Steuerelemente von GIMP und ihre Bedienung eingegangen werden.

Buttons (Schaltflächen) | Die einfachsten Steuerelemente, und fast überall anzutreffen, sind die Buttons (Schaltflächen) zum Anklicken. Nach dem Anklicken eines Buttons wird gewöhnlich immer ein Befehl ausgeführt oder gestartet (oder auch abgebrochen). Andere Buttons, die Sie ebenfalls häufig sehen werden, bleiben nach dem Anklicken niedergedrückt, bis Sie eine andere Schaltfläche in der gleichen Gruppe anklicken, ähnlich wie bei Radioschaltflächen. Solche Buttons werden als *Toggle Buttons* bezeichnet.

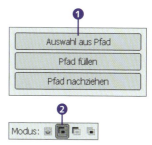

▲ **Abbildung 1.84**
Gewöhnliche Buttons ❶ und sogenannte *Toggle Buttons* ❷ treffen Sie häufig in GIMP an.

Dropdown-Listen | Dropdown-Listen werden in verschiedenen Formen angeboten. In GIMP finden Sie die einfache Textversion ❸ und eine etwas erweiterte Version mit Icons als Vorschaubild ❹, die häufig weitere Schaltflächen und Funktionen enthält. Um ein Element in dieser Liste auszuwählen, klicken Sie den gewünschten Eintrag an.

◄ **Abbildung 1.85**
Links eine typische Dropdown-Liste und rechts eine erweiterte Liste

Klassische Schieberegler | Bei einem Schieberegler lassen sich gewöhnlich die Werte durch Verschieben des Reglers ❺ mit gedrückter Maustaste ändern. Meistens liegt neben dem Schieberegler der Wert als Texteingabefeld ❻ vor, so dass Sie auf Wunsch den Wert auch über dieses Steuerelement ändern können.

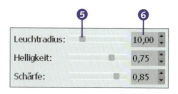

▲ **Abbildung 1.86**
Ein klassischer Schieberegler in GIMP enthält gewöhnlich auch ein Texteingabefeld, um Werte manuell über die Tastatur einzugeben.

Werte per Tastatur ändern
Die Werte der Schieberegler und der Texteingabefelder lassen sich auch über die Tastatur ändern, indem Sie das Steuerelement zunächst aktivieren und die Werte dann mit den Pfeiltasten auf Ihrer Tastatur reduzieren oder erhöhen.

Neue Schieberegler | Die neuen Schieberegler, die Sie vorwiegend in GIMP vorfinden, lassen sich auf drei verschiedene Arten verwenden:

▶ Klicken Sie im unteren Bereich des Schiebereglers, ändert sich der Mauszeiger zu einem Doppelpfeil nach links und rechts ❶. Hierbei können Sie dann den Wert mit gedrückt gehaltener Maustaste in kleinen Schritten in beiden Richtungen ändern.

▶ Klicken Sie hingegen etwas oberhalb des Schiebereglers, ändert sich der Mauszeiger zu einem Pfeil, der nach oben zeigt ❸. Damit können Sie mit einem Mausklick direkt an diese Position springen.

▶ Natürlich gibt es noch die dritte Möglichkeit, den Wert direkt über das Textfeld ❷ der Tastatur einzugeben und zu ändern.

▲ **Abbildung 1.87**
Bei diesem Mauszeiger springen Sie direkt an die angegebene Position, wenn Sie einen Mausklick ausführen.

▲ **Abbildung 1.88**
Sieht der Mauszeiger so aus, können Sie den Wert in kleinen Schritten nach links oder rechts mit gedrückt gehaltener Maustaste ändern.

Texteingabefeld | Über ein Texteingabefeld können Sie den Wert manuell über die Tastatur eingeben. Klicken Sie hierzu lediglich in das Textfeld, und ändern Sie den Wert durch manuelle Eingabe. Häufig befinden sich auch kleine Pfeile neben dem Texteingabefeld, um die Werte durch Anklicken der Pfeile mit der Maus zu ändern.

▲ **Abbildung 1.89**
Eingabe von Werten über die Tastatur oder die kleinen Pfeile auf der rechten Seite

Suchfeld | Bei manchen erweiterten Dropdown-Listen finden Sie neben der Schaltfläche für die Dropdown-Liste ein Suchfeld ❹. Geben Sie hier einen oder mehrere Buchstaben ein, werden die Einträge aufgelistet, die mit diesem (oder diesen) Buchstaben beginnen.

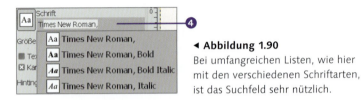

◀ **Abbildung 1.90**
Bei umfangreichen Listen, wie hier mit den verschiedenen Schriftarten, ist das Suchfeld sehr nützlich.

▲ **Abbildung 1.91**
Bei einer Gruppe von Radioschaltflächen lässt sich nur eine Option wählen.

Radioschaltflächen | Bei mehreren Radioschaltflächen, die in einer Gruppe zusammengefasst sind, können Sie immer nur eine Option auswählen. Eine Option ist gewöhnlich per Standard vordefiniert. Klicken Sie mit der Maus auf eine andere Option, wird diese aktiviert und die vorherige deaktiviert.

Checkboxen | Checkboxen lassen sich wie Radioschaltflächen mit einem Mausklick (de-)aktivieren. Im Gegensatz zu den Radioschaltflächen können Sie hierbei allerdings mehrere oder alle Optionen einer Gruppe auswählen.

1.7.2 Schaltflächen in Dialogen

Mit dem Auswählen von Menübefehlen starten Sie häufig ein weiteres (Dialog-)Fenster mit verschiedenen Funktionen, in dem Sie über die Steuerelemente bestimmte Werte ändern und das Aussehen der Bilder beeinflussen können. Diese Funktionen werden Sie im Laufe des Buches kennenlernen. In diesem Abschnitt geht es nur um die grundlegende Ausführung der Dialoge, die fast immer recht ähnlich ist.

Viele Dialoge bieten im unteren Teil ❺ bestimmte Schaltflächen, die ich nicht bei jeder Beschreibung der Funktionen in diesem Buch erneut erwähne. Folgende Schaltflächen sind sehr häufig anzutreffen:

▶ HILFE: Über diese Schaltfläche zeigen Sie die Beschreibung zur entsprechenden Funktion des GIMP-Benutzerhandbuches an. Ist dieses Handbuch nicht installiert, können Sie es auch online lesen.
▶ ZURÜCKSETZEN: Wenn Sie die Werte eines Dialogfensters verändert haben und das Bild in der Vorschau nicht zum gewünschten Ergebnis geführt hat, können Sie mit dieser Schaltfläche die Werte wieder auf den voreingestellten Standard zurücksetzen.
▶ OK: Mit dieser Schaltfläche wenden Sie Funktion(en) des Dialogs mit den gemachten Einstellungen auf das Bild, eine Ebene oder eine Auswahl an.
▶ ABBRECHEN: Damit schließen Sie das Dialogfenster, ohne dass irgendwelche Änderungen am Bild oder einer Auswahl durchgeführt werden.

▲ **Abbildung 1.92**
Bei Checkboxen können Sie verschiedene Optionen gleichzeitig (de-)aktivieren.

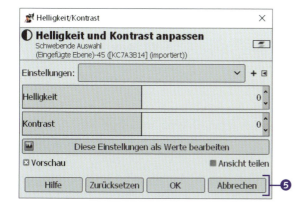

◀ **Abbildung 1.93**
Im unteren Teil des Dialogfensters finden sich bei fast allen Funktionen dieselben Schaltflächen.

Kapitel 2
Umgang mit Dateien

In diesem Kapitel werden Sie die Grundlagen zum Dateimanagement mit GIMP kennenlernen. Dazu gehören Themen wie das Öffnen und Speichern von Dateien in und mit GIMP. Natürlich erfahren Sie auch, wie Sie eine leere Datei anlegen oder ein Bild aus dem Web laden. Selbstverständlich behandle ich hier auch die Themen Speichern und die entsprechenden Dateiformate.

2.1 Dateien öffnen

GIMP bietet mehrere Möglichkeiten an, eine Datei zu öffnen. Die wohl gängigste Variante dürfte das Menü DATEI • ÖFFNEN (oder das Tastenkürzel [Strg]/[Cmd]+[O]) sein.

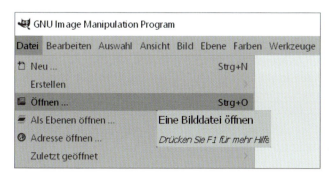

▲ **Abbildung 2.1**
Bild(er) ÖFFNEN über das Menü DATEI

Der GIMP-Dialog zum Öffnen von Dateien bietet eine schöne Anzahl von nützlichen Features und lässt kaum Wünsche offen. Ganz oben wird in einer Liste mit Schaltflächen ❻ (Abbildung 2.2) das Verzeichnis angezeigt, in dem Sie sich gerade befinden. Hierbei können Sie jederzeit in ein übergeordnetes Verzeichnis wechseln, indem Sie auf die entsprechende Schaltfläche klicken.

Datei per Drag & Drop öffnen
Wenn Sie GIMP bereits gestartet haben, können Sie jederzeit eine Bilddatei aus dem Dateimanager (beispielsweise Windows-Explorer) direkt auf das Bildfenster ziehen und fallen lassen, um sie schnell zu öffnen. Bei macOS müssen Sie das Bild auf das GIMP-Icon im Dock ziehen, um dasselbe zu erreichen. Ziehen Sie ein Bild in ein Bildfenster von GIMP, in dem bereits ein Bild geöffnet wurde, wird dieses Bild als neue Ebene hinzugefügt. Ein Bild als neue Ebene in einer bereits geöffneten Datei zu öffnen ermöglicht auch der Menüpunkt DATEI • ALS EBENEN ÖFFNEN (oder [Strg]/[Cmd]+[Alt]+[O]). Mehr zu den Ebenen erfahren Sie in Teil V des Buches.

Tipp: Dateinamen eingeben
Über die Schaltfläche links oben ❶ (oder mit `Strg`/`Cmd`+`L`) im Dialog BILD ÖFFNEN können Sie eine Datei durch die Eingabe des Namens öffnen. Dies ist besonders hilfreich, wenn sich sehr viele Dateien in einem Verzeichnis befinden. Sobald Sie etwas in der sich öffnenden Textzeile eingeben, wird eine Liste mit Vorschlägen angezeigt, die im aktuellen Verzeichnis mit der Tastatureingabe übereinstimmen.

Im Listenfeld ORTE ❷ wählen Sie das Laufwerk oder Verzeichnis aus, in dem Sie ein Bild öffnen wollen. Hier finden Sie häufig auch das Benutzerverzeichnis und die systemspezifischen Verzeichnisse für Bilder und Dokumente. Wenn Sie hierbei ZULETZT VERWENDET anklicken, werden in der Mitte des Dialogs ❾ die Bilder aufgelistet, die Sie zuletzt in GIMP geöffnet haben.

Hätten Sie gerne noch andere Verzeichnisse im Listenfeld ORTE aufgelistet, erzeugen Sie diese über die Plus-Schaltfläche ❹, und unerwünschte Verzeichnisse löschen Sie über die Minus-Schaltfläche ❸.

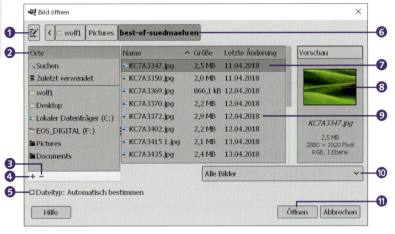

Abbildung 2.2 ▶
Der Dialog zum Öffnen einer Datei

Mehrere Dateien öffnen
Wollen Sie mehrere Dateien auf einmal mit dem Dialog BILD ÖFFNEN in GIMP laden, halten Sie die Taste `⇧` gedrückt, um mehrere Bilder hintereinander zu markieren, oder die Taste `Strg`/`Cmd`, um einzelne Dateien zu markieren. Mit einem Klick auf die Schaltfläche ÖFFNEN ⓫ werden diese Bilder jeweils in einem separaten Bildfenster geöffnet. Das Gleiche erreichen Sie auch, wenn Sie vom Dateimanager (beispielsweise Windows-Explorer) mehrere Dateien auf das Bildfenster von GIMP fallen lassen. Bei macOS müssen Sie diese Dateien auf das GIMP-Icon im Dock fallen lassen.

In der Mitte des Dialogs wird der Inhalt ❾ des ausgewählten Verzeichnisses oder Laufwerks angezeigt. Finden Sie hierbei auch gleich ein Ordnersymbol und klicken dieses an, so zeigt der Dialog diesen Ordnernamen in der Liste mit Schaltflächen an, so dass Sie jederzeit in alle übergeordneten und auch wieder in den untergeordneten Ordner wechseln können. Markieren Sie ein Bild ❼ in der Mitte des Dialogs, erhalten Sie eine kleine VORSCHAU ❽ dazu. Sollte keine Vorschau zu sehen sein, klicken Sie mit der linken Maustaste in den Vorschau-Bereich.

Wollen Sie nicht, dass, wie in der Standardeinstellung vorgegeben, alle Bildformate aufgelistet werden, können Sie den Inhalt mit Hilfe des Dropdown-Menüs ❿ nach bestimmten Datenformaten filtern. Sollte GIMP außerdem einen Datentyp nicht erkennen, weil beispielsweise die Dateiendungen (etwa »*.jpg« oder »*.tiff«) ausgeblendet sind, können Sie den Dialog über DATEITYP: AUTOMATISCH BESTIMMEN ❺ explizit dazu veranlassen, einen bestimmten Datentyp auszuwählen.

Um jetzt eine Datei in GIMP zu öffnen, reicht es aus, wenn Sie diese in der Mitte des Dialogs markiert haben und auf die

Schaltfläche ÖFFNEN ⓫ klicken, oder Sie klicken die gewünschte Datei im mittleren Bereich mit der linken Maustaste doppelt an.

Tipp

Wenn Sie eine Bilddatei auf den Werkzeugkasten von GIMP ziehen und fallen lassen, wird das Bild immer in einem neuen Fenster oder, beim Einzelfenster-Modus, in einem neuen Reiter geöffnet, und Sie müssen nicht aufpassen, dass das Bild nicht über ein anderes Bild als neue Ebene hinzugefügt wird.

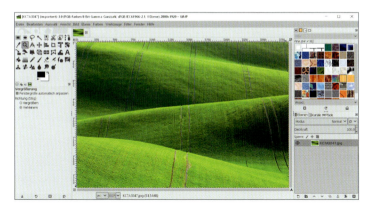

◂ **Abbildung 2.3**
Nach dem Öffnen einer Bilddatei kann es losgehen.

2.1.1 Mehrere Bilder öffnen

Wenn Sie mehrere Bilder im Einzelfenster-Modus öffnen, finden Sie eine Navigationsleiste ⓬ oberhalb des geöffneten Bildes, womit Sie ganz einfach zwischen den geöffneten Bildern mit einem Mausklick wechseln können.

Verwenden Sie hingegen nicht den Einzelfenster-Modus und öffnen mehrere Bilder, wird für jedes Bild ein gesondertes Bildfenster geöffnet. Für den einen oder anderen Leser mag dies ein eigenartiges Feature sein, weil es doch eher üblich ist, dass neue Fenster eines Programms meistens auch innerhalb des Programms selbst angezeigt und verwaltet werden.

▴ **Abbildung 2.4**
Mit Hilfe der Navigationsleiste ⓬ im Einzelfenster-Modus mit einer kleinen Vorschau im Reiter ist es einfach, die Übersicht bei mehreren geöffneten Bildern zu behalten.

Kapitel 2 Umgang mit Dateien

Abbildung 2.5 ▶
Wenn nicht der Einzelfenster-Modus verwendet wird, verwendet GIMP für jedes Bild ein eigenes Bildfenster. Bei zwei geöffneten Bildern werden somit auch zwei Bildfenster verwendet.

Schneller aus dem Web laden
Auch hier können Sie Bilder direkt aus dem Webbrowser in GIMP öffnen, indem Sie das Bild mit gedrückter Maustaste ziehen und auf ein Bildfenster von GIMP fallen lassen. Bei macOS funktioniert dies auch, allerdings müssen Sie hier das Bild auf das GIMP-Icon im Dock fallen lassen.

2.1.2 Bilder aus dem Web laden

Über den Menübefehl DATEI • ADRESSE ÖFFNEN laden Sie ein Bild direkt aus dem Internet in ein neues Bildfenster. Geben Sie hierzu die komplette URL zur Bilddatei in das Textfeld ein. Mit ⏎ oder der Schaltfläche ÖFFNEN versucht GIMP, eine Verbindung zum entsprechenden Webserver aufzubauen und das Bild zu laden.

◀ **Abbildung 2.6**
Bilder direkt aus dem Web laden

2.1.3 Zuletzt geöffnete Bilder

Wenn Sie Bilder geschlossen oder GIMP beendet haben und später mit einem bestimmten Bild weiterarbeiten wollen, können Sie diese Datei über das Menü DATEI • ZULETZT GEÖFFNET wieder aufrufen. Alternativ öffnen Sie diese Bilder mit den Tastenkombinationen Strg/Cmd+1 bis Strg/Cmd+9 (und Strg/Cmd+0 für das zehnte Bild) – allerdings werden Sie wohl kaum auswendig wissen, welches Bild Sie vor fünf oder sechs Bildern geschlossen haben. Aufgelistet werden über dieses Menü die zehn zuletzt geöffneten Bilder.

▲ **Abbildung 2.7**
Im Menü DATEI • ZULETZT GEÖFFNET können Sie komfortabel Bilder öffnen, die Sie kürzlich geschlossen haben.

Dialog »Dokumentenindex« | Reicht Ihnen das nicht aus, können Sie über DATEI • ZULETZT GEÖFFNET • DOKUMENTENINDEX oder FENSTER • ANDOCKBARE DIALOGE • DOKUMENTENINDEX die zuletzt geöffneten Dateien auflisten lassen. Auch bei diesem Dialog lässt sich die Ansicht (Vorschaugröße und Listen- oder Rasteransicht) über das Reitermenü ❶ ändern.

Doppelklicken Sie auf ein Bild in der Miniaturvorschau, wird dieses in einem neuen Bildfenster geladen oder, falls es schon geöffnet war, in den Vordergrund geholt. Verwenden Sie die erste Schaltfläche unten links ❷ auf einen markierten Bildeintrag, wird das Bild geladen. Ist das Bild bereits geöffnet, wird es erneut geladen. Wollen Sie dies vermeiden und nur das bereits geladene Bild in den Vordergrund holen, halten Sie beim Klick auf diese Schaltfläche die ⇧-Taste gedrückt. Mit gedrückter Strg/Cmd-Taste können Sie den Dialog BILD ÖFFNEN anzeigen lassen. Mit der zweiten Schaltfläche ❸ entfernen Sie einen Eintrag aus der Liste. Die dritte Schaltfläche ❹ löscht alle Einträge aus der Liste, und mit der letzten Schaltfläche ❺ erneuern Sie die Vorschau. Sinnvoll ist dies mit gehaltener Strg/Cmd-Taste, womit alle nicht mehr gefundenen Einträge entfernt werden.

▲ **Abbildung 2.8**
Der Dialog DOKUMENTENINDEX

GIMP ist keine Bildverwaltung

An der Stelle muss ich noch ein paar Zeilen zur Bildverwaltung verlieren. Da dieses Buch fast ausschließlich GIMP behandelt und GIMP auch auf Windows, macOS und Linux verwendet werden kann, macht es an dieser Stelle wenig Sinn, auf eine spezielle Bildverwaltungssoftware einzugehen, da GIMP selbst ein reines Grafik- und Bildbearbeitungsprogramm ist. Für die Verwaltung der Bilder stehen Ihnen abhängig vom verwendeten System sehr viele Möglichkeiten zur Verfügung. Ob Sie nun die Bilder über den entsprechenden Dateimanager des Systems oder eine Bildverwaltungssoftware organisieren, ist Ihre Entscheidung.

Ich verwende gerne eine Kombination aus RAW-Konvertern wie *Capture One* oder *Adobe Lightroom* für die RAW-Bearbeitung und Verwaltung der Bilder und anschließend GIMP für die Bearbeitung. Allerdings bezieht sich dies dann darauf, dass Sie GIMP vorwiegend in Verbindung mit der Fotografie verwenden. Auch der kostenlose RAW-Konverter *darktable*, den Sie in diesem Buch noch kennenlernen, lässt sich zur Bildverwaltung verwenden. Beim Mac ist die Kombination von *Fotos* mit GIMP recht praktisch, zumal *Fotos* auch einen echten RAW-Konverter mit vielen interessanten Funktionen aufweisen kann. Zwar verwende ich Linux zur Bildbearbeitung nicht mehr so häufig wie früher, aber dort bin ich mit der Kombination von *digiKam*, *darktable* und GIMP ganz gut gefahren.

2.2 RAW-Dateien mit GIMP öffnen

Das Thema RAW-Dateien kann ich an dieser Stelle natürlich nicht ignorieren. Wer gerne und viel fotografiert, der wird dies vielleicht auch im RAW-Format tun. Um in GIMP selbst eine RAW-Datei

Darktable oder RawTherapee
An dieser Stelle müssen Sie selbst entscheiden, welche der beiden Anwendungen Sie verwenden wollen. Im Buch habe ich mich für Darktable enschieden. Sie werden in Kapitel 8, »Bilder mit Darktable bearbeiten«, erfahren, wie Sie Darktable für die grundlegende Bearbeitung Ihrer RAW-Dateien verwenden können. An dieser Stelle werden zunächst nur die Installation und das Öffnen einer RAW-Datei in GIMP (mit Hilfe von Darktable) beschrieben.

öffnen zu können, benötigen Sie einen RAW-Konverter (auch: RAW-Lader). Wenn Sie es trotzdem ohne versuchen, meldet sich GIMP mit einer Meldung (Abbildung 2.9) und empfiehlt, einen RAW-Lader wie *Darktable* oder *RawTherapee* zu installieren.

◄ Abbildung 2.9
Es wurde versucht, eine RAW-Datei in GIMP zu laden.

Schritt für Schritt
RAW-Dateien mit GIMP öffnen

In der folgenden Schritt-für-Schritt-Anleitung erfahren Sie, wie Sie Darktable installieren und damit RAW-Dateien in GIMP öffnen und anschließend bearbeiten können.

1 Darktable herunterladen und installieren
Gehen Sie zunächst auf die offizielle Website *https://www.darktable.org/install/*, und wählen Sie dort das Betriebssystem, auf dem Sie Darktable installieren wollen.

Abbildung 2.10 ►
Auf der offiziellen Website von Darktable finden Sie alles Nötige, um Darktable auf Ihrem System zu installieren.

Bei Linux reicht es hierbei in der Regel aus, über den Paketemanager einen entsprechenden Befehl in der Kommandozeile abzusetzen. Für Ubuntu geben Sie beispielsweise `sudo apt-get install darktable` in der Kommandozeile ein. Für andere Linux-Distributionen finden Sie auf der Website die entsprechenden Hinweise. Windows-Anwender finden den klassischen Windows-Installer auf der Website, der mit ein paar Klicks installiert ist. Für Mac-Anwender gibt es ein Disk Image im DMG-Format, welches Sie mounten und dann in das Programme-Verzeichnis kopieren müssen.

2 RAW-Datei über GIMP öffnen

Wenn Sie jetzt mit GIMP über das Menü Datei • Öffnen eine RAW-Datei öffnen, wird diese zunächst in Darktable geöffnet, wo Sie die RAW-Bearbeitung daran vornehmen könnten. Darauf wird an dieser Stelle aber noch nicht eingegangen. Um jetzt mit dem Bild in GIMP fortzufahren, müssen Sie nur das Darktable-Fenster rechts oben über ❶ schließen.

▼ **Abbildung 2.11**
Die RAW-Datei im RAW-Konverter Darktable

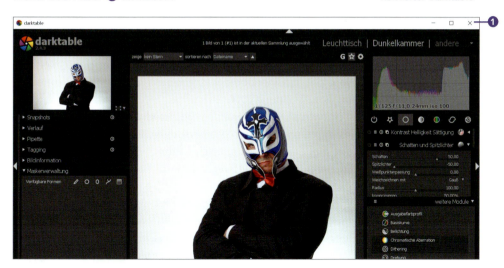

3 Bild in GIMP bearbeiten

Jetzt haben Sie das Bild in GIMP geöffnet. An der Stelle angekommen, dürften Sie vielleicht schon den Vorteil der neuen Grafikbibliothek GEGL, die mit GIMP 2.10 implementiert wurde, erahnen. Ein Blick in die Titelleiste des Bildes zeigt, dass Ihnen jetzt 16 bzw. (hier) 32 Bit Farbtiefe pro Farbkanal zur Verfügung stehen haben. Sie haben quasi genauso viele Informationen zur Verfügung wie mit einem RAW-Konverter, und das Beste daran ist, dass alle Werkzeuge von GIMP ebenfalls mit dieser Farbtiefe arbeiten können.

Mehr Informationen

GIMP 2.8 arbeitete noch mit 8 Bit Farbtiefe pro Kanal. Dank der neuen Grafikbibliothek GEGL können jetzt alle Korrekturen an Belichtung, Farbe, Helligkeit, Kontrast oder Sättigung mit 16 Bit bzw. 32 Bit Farbtiefe pro Kanal durchgeführt werden. Mehr Farbtiefe pro Kanal bedeutet schlicht und einfach, dass mehr Informationen zur Verfügung stehen und Sie hiermit noch Details im Bild retten können, die bei 8 Bit Farbtiefe pro Kanal schon verloren waren.

▲ **Abbildung 2.12**
Eine Kopie der RAW-Datei mit 32 Bit Farbtiefe pro Kanal wurde in GIMP geöffnet.

2.3 Neue Dateien anlegen

Eine neue leere Bilddatei legen Sie über den Menübefehl DATEI • NEU oder das Tastenkürzel [Strg]/[Cmd]+[N] an. Als Einsteiger darf man sich solch eine leere Bilddatei wie ein Blatt Papier vorstellen, auf das Sie malen, schreiben oder weitere Bilder kleben können. Wenn Sie den Menübefehl aufgerufen haben, öffnet sich der Dialog aus Abbildung 2.14.

Über VORLAGEN ❶ wählen Sie aus einer Liste von vorgegebenen Werten wie Bildtyp, Abmessungen, DIN-Normen, Auflösung usw. aus. Das ist sehr nützlich, wenn Sie zum Beispiel die Maße für DIN A3, A4 oder A5 nicht im Kopf haben. Reichen die vorgegebenen Vorlagen nicht aus, können Sie jederzeit über das Menü FENSTER • ANDOCKBARE DIALOGE • VORLAGEN im gleichnamigen Dock eigene Vorlagen erstellen (siehe Abbildung 2.13). Die im Dock erstellten Vorlagen werden anschließend auch im Dialog EIN NEUES BILD ERSTELLEN unter VORLAGEN ❶ aufgelistet.

Maße ❷ für das neue Bild geben Sie über BREITE und HÖHE ein. Standardmäßig ist als Maßeinheit Pixel (PX) eingestellt. Aber über die Dropdown-Liste ⓮ hinter HÖHE können Sie die Maßeinheit verändern (beispielsweise Zoll, Millimeter, Zentimeter). Darunter stellen Sie ein, ob das Bild im Hoch- oder Querformat ❸ erstellt werden soll. Im Grunde werden hierbei nur die Werte von Höhe und Breite getauscht. Die ERWEITERTEN EINSTELLUNGEN öffnen Sie über das kleine Plussymbol ❹. Hier legen Sie die Auflösung ❺ für das Bild und auch deren Maßeinheit fest.

Darunter wählen Sie den FARBRAUM ❻ (RGB oder Graustufen) aus. Mit GENAUIGKEIT ❼ stellen Sie die Farbtiefe pro Kanal ein.

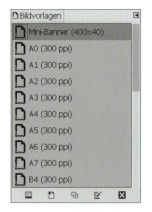

▲ **Abbildung 2.13**
Auch eigene Vorlagen können Sie beim Erstellen beliebig benennen und mit einem eigenen Icon versehen, in der Abbildung beispielsweise Mini-Banner (400 × 40).

2.3 Neue Dateien anlegen

Hierbei können Sie von 8-Bit Ganzzahl bis zu 32-Bit Fliesskommazahl wählen. Über Gamma ❽ können Sie zwischen Wahrgenommenes Gamma oder Lineares Licht wählen. Auch die Farben des Bildes können Sie selbst verwalten ❾ wie auch ein Farbprofil ❿ wählen.

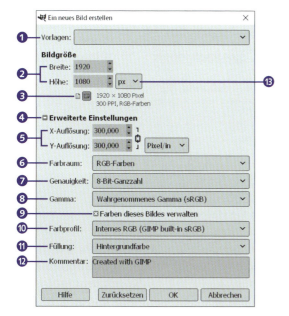

◀ Abbildung 2.14
Der Dialog zum Erstellen einer neuen leeren Datei

Zum Weiterlesen

Mehr zur Auflösung und zum Thema Farbraum können Sie in Abschnitt 4.2, »Bildgröße und Auflösung«, und Abschnitt 4.3, »Grundlagen zu Farben«, nachlesen. Wie Sie in GIMP Farben für Vorder- und Hintergrund auswählen, erfahren Sie in Abschnitt 9.1, »Farben einstellen«.

Womit der Hintergrund des neu erstellten Bildes gefüllt werden soll, bestimmen Sie unter Füllung ⓫. Neben der aktuell eingestellten Vorder- und Hintergrundfarbe können Sie auch direkt Weiss und Transparenz (durchsichtig) auswählen.

Ob der Kommentar, den Sie im gleichnamigen Textfeld ⓬ eingeben können, auch im Bild gespeichert wird, hängt immer vom verwendeten Dateiformat ab.

2.3.1 Ein Bildschirmfoto erstellen

Sehr nützlich ist auch die Funktion, den Bildschirm zu fotografieren. Zwar ist dies mit den hauseigenen Mitteln des Betriebssystems gewöhnlich auch möglich, aber häufig nicht so komfortabel und vielen Benutzern auch nicht so geläufig. Die entsprechende Funktion in GIMP rufen Sie über den Menübefehl Datei • Erstellen • Bildschirmfoto auf.

Im nun erscheinenden Dialogfenster haben Sie die Option, ein Bildschirmfoto eines einzelnen Fensters aufzunehmen. Abhängig vom System öffnet sich für diese Option ein weiterer Dialog, in dem Sie mit gedrückt gehaltener Maustaste ein Fadenkreuz auf das Fenster ziehen und fallen lassen, das Sie aufnehmen wollen.

Tastenkombination

Zwar ist dies nicht Bestandteil von GIMP, aber jedes Betriebssystem enthält spezielle Tastenkombinationen, um den Bildschirm aufzunehmen. Unter Linux und Windows beispielsweise kopieren Sie mit der/n Taste(n) [Druck] bzw. [Strg]+[Druck] den kompletten Bildschirm in die Zwischenablage. Bei macOS erreichen Sie dies mit [Cmd]+[⇧]+[3]. Das Bild aus der Zwischenablage öffnen Sie in GIMP mit Datei • Erstellen • Aus Zwischenablage.

Bei macOS und Linux hingegen wird der Zeiger sofort zu einem Fadenkreuz, mit dem Sie anschließend das gewünschte Fenster anklicken. Des Weiteren können Sie entscheiden, ob Sie den FENSTERRAHMEN EINBEZIEHEN wollen.

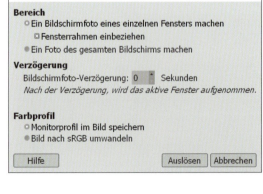

Abbildung 2.15
Dialog zum Erstellen eines Bildschirmfotos

▲ **Abbildung 2.16**
Dieser Dialog wird angezeigt, wenn ein einzelnes Fenster aufgenommen werden soll.

Mit der zweiten Funktion erstellen Sie ein Foto des kompletten Bildschirms. Unter macOS und Linux können Sie hierbei auch noch auswählen, ob Sie den MAUSZEIGER EINBEZIEHEN wollen. Ebenfalls nur unter macOS und Linux finden Sie zusätzlich die Option EINEN BEREICH AUSWÄHLEN, mit der Sie mit dem Fadenkreuz des Mauszeigers einen rechteckigen Bereich festlegen, von dem das Bildschirmfoto erstellt werden soll.

Auf allen drei Betriebssystemen können Sie eine bestimmte Zeit angeben, die gewartet werden soll, bis der von Ihnen ausgewählte Bereich aufgenommen wird. Dies ist beispielsweise sinnvoll, wenn Sie vorher noch ein Menü öffnen wollen, das ebenfalls mit aufgenommen werden soll.

▲ **Abbildung 2.17**
Dialog zum Erstellen eines Bildschirmfotos von einer Webseite in der kompletten Länge

Ein Bild von einer Webseite erstellen | Wollen Sie ein Bild einer Webseite in der kompletten Länge erstellen, finden Sie hierfür den Menübefehl DATEI • ERSTELLEN • VON WEBSEITE ERSTELLEN vor. Hierfür müssen Sie die Adresse der Webseite in das Textfeld ❶ eingeben und bei Bedarf entsprechende Angaben für die BREITE und SCHRIFTGRÖSSE ändern. Klicken Sie auf ERSTELLEN, wird ein Bildschirmfoto von der kompletten Webseite von oben bis unten erstellt.

2.4 Dateien schließen

Ein Bild schließen können Sie jederzeit über das Menü DATEI • ANSICHT SCHLIESSEN (oder das Tastenkürzel [Strg]/[Cmd]+[W]).

Haben Sie mehrere Bilder auf einmal geöffnet, können Sie alle auf einmal mit DATEI • ALLE SCHLIESSEN (oder dem Tastenkürzel [Strg]/[Cmd]+[⇧]+[W]) schließen. Sollten Sie ein oder mehrere Bilder schließen, die noch ungespeicherte Änderungen enthalten, erscheint ein entsprechender Hinweisdialog, der Sie darüber informiert und auch gleich anbietet, das Bild zu speichern (siehe Abbildung 2.19).

Schließung über die Navigationsleiste
Natürlich können Sie das Bild im Einzelfenster-Modus auch oberhalb des Bildes in der Navigationsleiste über das kleine X-Symbol schließen. Gleiches funktioniert auch beim Nicht-Einzelfenster-Modus über das X-Symbol rechts oben – oder links oben beim Mac.

▲ Abbildung 2.18
Einzelne Bild-Dateien können im Einzelfenster-Modus über das kleine X oberhalb des Bildes in der Navigationsleiste geschlossen werden.

▲ Abbildung 2.19
Dieser Dialog erscheint, wenn Sie versuchen, eine Datei zu schließen, die noch ungespeicherte Änderungen enthält.

Allerdings geht GIMP beim Speichern von geänderten Bildern einen etwas anderen Weg, worauf in Abschnitt 2.6, »Dateien speichern bzw. exportieren«, etwas ausführlicher eingegangen wird. Wenn Sie hier auf die Schaltfläche SPEICHERN UNTER ❷ klicken, erhalten Sie zunächst nur die Möglichkeit, das Bild ins GIMP-eigene Format XCF zu speichern. Aber, wie gesagt, dazu gleich mehr.

2.5 Geöffnete Bilder verwalten

In einem laufenden Workflow mit GIMP kommt es oft vor, dass man relativ viele Bilder gleichzeitig geöffnet hat. Falls Sie GIMP dann nicht im Einzelfenster-Modus verwenden (wollen), wird es schnell unübersichtlich. Um sich einen Überblick über die Bilder zu verschaffen oder ein gewünschtes Bild in den Vordergrund zu bringen, eignet sich der Dialog BILDER (aufzurufen über FENSTER • ANDOCKBARE DIALOGE • BILDER) sehr gut.

Über das Reitermenü ❶ passen Sie die Vorschaugröße der Bilder an. Auch die Ansicht können Sie hier mit der Listen- oder Rasterdarstellung einstellen. Klicken Sie eines der Bilder im Dialog an, können Sie es mit der ersten Schaltfläche ❷ links unten als aktives Bild in den Vordergrund holen. Schneller geht dies, wenn Sie auf das Bild in der Miniaturvorschau des Dialogs doppelklicken.

▲ Abbildung 2.20
Mögliche Darstellungsgrößen der Vorschau im BILDER-Dialog

Neue Ansicht

Eine neue Ansicht für ein Bild (keine Kopie) können Sie auch über den Menübefehl ANSICHT • NEUE ANSICHT erstellen und so GIMP mit mehreren Bildfenstern verwenden. An dieser Stelle ist es auch einmal von Vorteil, dass GIMP nicht nur den Einzelfenster-Modus anbietet. Im Einzelfenster-Modus fehlt nämlich eine direkte Vergleichsansicht (oder zweite Ansicht) zweier (gleicher oder unterschiedlicher) Bilder.

Menü »Fenster«

Alternativ holen Sie über das Menü FENSTER die geöffneten Bilder in den Vordergrund. Leider ist hier die Vorschau recht klein. Allerdings hat dieses Menü den Vorteil, dass hier auch die Bilder in der neuen Ansicht mit aufgelistet werden. Bilder in der ersten Ansicht haben dort die Endung »Bildname.jpg-1.**0**«. Bei jeder weiteren Ansicht wird dieser Wert um 1 erhöht (beispielsweise »Bildname.jpg-1.**1**«, »Bildname.jpg-1.**2**« usw.).

▲ **Abbildung 2.21**
Der Dialog BILDER; links ist die Vorschaugröße auf MITTEL und rechts auf SEHR GROSS eingestellt.

Mit der zweiten Schaltfläche ❸ daneben erstellen Sie vom aktuell gewählten Bildfenster eine zweite Ansicht. Es wird allerdings keine Kopie davon erzeugt. Das bedeutet: Alles, was Sie im Fenster der ersten oder zweiten Ansicht ändern, wirkt sich auch auf das andere Fenster aus. Die zweite Ansicht ist sehr nützlich, wenn Sie während der Bearbeitung eines Bildes mehrere Ansichtsgrößen haben wollen. Die letzte Schaltfläche im BILDER-Dialog ❹ hat keine Wirkung.

Im Einzelfenster-Modus hingegen lassen sich die geöffneten Bilder auch sehr komfortabel mit der Navigationsleiste ❺, die ebenfalls mit einer Miniaturvorschau daherkommt, oberhalb des Bildes verwalten und durch Anklicken der einzelnen Reiter wechseln.

▲ **Abbildung 2.22**
Dank der Navigationsleiste im Einzelfenster-Modus lässt es sich recht komfortabel zwischen den Bildern wechseln.

Kapitel-002/Tokyo-fashion.jpg

Abbildung 2.23 ▶
Für das Bild wurde eine zweite Ansicht erstellt. Zur Demonstration wurde hier im Bild eine weiche Auswahl um das Gesicht erstellt und wurden die Lichter und Tiefen verändert. Sie können die Auswahllinien und Änderungen am Bild sowohl in der rechten ❻ als auch der linken ❼ Ansicht desselben Bildes sehen.

2.6 Dateien speichern bzw. exportieren

Während Sie das Bild bearbeiten, sollten Sie den Fortschritt auch des Öfteren abspeichern. Am schnellsten sichern Sie ein Bild über Datei • Speichern (oder das Tastenkürzel [Strg]/[Cmd]+[S]). An dieser Stelle wird gewöhnlich empfohlen, das Bild zuvor unter einem anderen Namen zu speichern, um das Originalbild nicht zu überschreiben. Allerdings haben sich auch hier die GIMP-Entwickler Gedanken gemacht und das Speichern von Dateien in GIMP etwas anders implementiert.

Wird das Bild zum ersten Mal gespeichert oder haben Sie den Menübefehl Datei • Speichern unter (Tastenkürzel [Strg]/[Cmd]+[⇧]+[S]) verwendet, erscheint der Dialog Bild speichern (siehe Abbildung 2.24).

▼ **Abbildung 2.24**
Der Dialog für das Speichern eines Bildes

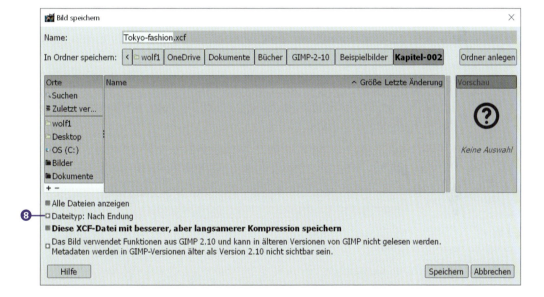

Beim Anklicken des Plussymbols vor Dateityp: Nach Endung ❽ werden Sie feststellen, dass es nur noch möglich ist, die Bilder im **GIMP-eigenen XCF-Format** zu sichern. Dieser Vorgang hat zunächst den Vorteil, dass Sie so nie mehr das Originalbild überschreiben. Des Weiteren bleiben hiermit alle anderen Informationen zum Bild, wie zum Beispiel Ebenen, Farbtiefe usw., erhalten. Genau genommen entspricht dies einem typischen Workflow: Sie öffnen ein Bild, bearbeiten es und sichern den Zwischenstand als GIMP-eigene XCF-Datei ab. Erst ganz am Ende der Bearbeitung exportieren Sie die fertige Arbeit in ein typisches Grafikformat zur Weitergabe oder zum Druck wie beispielsweise JPEG, PNG, TIFF usw.

Bedienung des Dialogs
Abgesehen vom verwendbaren Dateiformat und der Schaltfläche Speichern entspricht die Bedienung dieses Dialogs genau der des Dialogs zum Exportieren von Dateien.

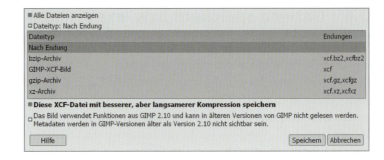

Abbildung 2.25 ▶
Speichern bzw. Speichern unter erlaubt nur das Sichern im GIMP-eigenen Format XCF.

Datei als JPEG, PNG oder TIFF speichern | Um jetzt Ihre Bilder in ein übliches Grafikformat wie JPEG, PNG, TIFF usw. zu sichern, müssen Sie die Export-Funktionen verwenden. Hier gibt es zunächst den Befehl Datei • Exportieren nach (Tastenkürzel Strg/Cmd+E), was dem ursprünglichen Speichern-Befehl entspricht. Wurde ein Bild praktisch schon einmal in ein bestimmtes Grafikformat exportiert, wird es mit diesem Befehl erneut ohne weiteren Dialog in dasselbe Grafikformat exportiert.

Wird das Bild zum ersten Mal exportiert oder haben Sie den Befehl Datei • Exportieren als (Tastenkürzel Strg/Cmd+⇧+E) verwendet, erscheint der Dialog Bild exportieren (siehe Abbildung 2.26).

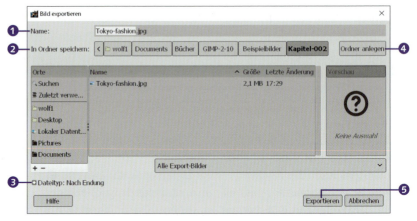

Abbildung 2.26 ▶
Der Dialog zum Exportieren eines Bildes entspricht exakt dem Dialog zum Speichern, nur dass hierbei unter Dateityp: Nach Endung ❹ jetzt alle Grafikformate aufgelistet und verwendet werden können.

Den Namen und die Dateiendung geben Sie unter Name ❶ ein. Darunter finden Sie mit In Ordner speichern ❷ den Ordner-Browser, den ich bereits zuvor in Abschnitt 2.1, »Dateien öffnen«, beschrieben habe, als es um das Öffnen eines Bildes ging. Zusätzlich finden Sie hier allerdings eine Schaltfläche zum Anlegen eines Ordners ❹.

Da nicht jeder die Erweiterung aller Dateitypen kennt, können Sie in diesem Fall das Plussymbol ❸ vor Dateityp: Nach

2.6 Dateien speichern bzw. exportieren

Endung anklicken. Daraufhin öffnet sich eine Liste mit allen Dateiformaten, die GIMP zur Speicherung unterstützt. Als Standardeinstellung ist Nach Endung aktiviert, was bedeutet, dass Sie als Anwender die Endung selbst an den Namen anhängen sollen. Wenn Sie in der Liste ein Dateiformat auswählen, wird die Endung im Feld Name ❶ automatisch angepasst.

Wenn Sie alles nach Ihren Wünschen eingestellt haben, klicken Sie auf die Schaltfläche Exportieren ❺. Abhängig vom Dateityp, den Sie für das Exportieren ausgewählt haben, erscheint jetzt ein weiterer Dialog, in dem Sie weitere Einstellungen des Dateiformats vornehmen können.

◂ **Abbildung 2.27**
Beim Exportieren stehen Ihnen alle gängigen Dateiformate zur Verfügung.

Als Kopie speichern | Über Datei • Kopie speichern finden Sie einen ähnlichen Befehl wie eben mit Speichern unter, mit dem Unterschied, dass Sie hiermit das in GIMP geöffnete Bild nach dem Speichervorgang nach wie vor mit dem ursprünglichen Namen und dem Änderungsstatus verwenden. Sie speichern mit diesem Befehl quasi nur den aktuellen Zustand des Bildes unter einem anderen Namen ab (aber auch hier wieder im GIMP-eigenen Format).

Als Vorlage speichern | Mit dem Kommando Datei • Vorlage erstellen erstellen Sie aus der aktuellen Bildgröße und dem verwendeten Farbmodus eine neue Vorlage. Über den sich öffnenden Dialog vergeben Sie den Namen der Vorlage. Die so gespeicherte Vorlage können Sie dann über den Dialog Ein neues Bild erstellen (aufzurufen über Datei • Neu) in der Dropdown-Liste Vorlagen auswählen.

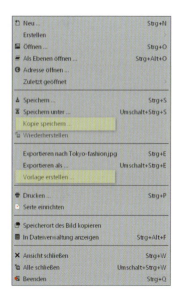

▴ **Abbildung 2.28**
Weitere Befehle zum Speichern von Bildern

Dialog »Vorlagen«
Zum Verwalten von Vorlagen gibt es den entsprechenden Dialog über Fenster • Andockbare Dialoge • Vorlagen. Mehr zu diesem Dialog erfahren Sie in Abschnitt 2.3, »Neue Dateien anlegen«.

◂ **Abbildung 2.29**
Vom geladenen Bild werden die Eigenschaften Bildbreite, Bildhöhe und Farbmodus verwendet, um eine Vorlage daraus zu erstellen.

2.7 Dateiformate und Kompression

Ein Dateiformat beschreibt die Art, in der Informationen abgespeichert werden. Zur Unterscheidung der Formate werden unterschiedliche Dateinamenserweiterungen verwendet.

Wenn Sie eine Datei in einem bestimmten Format speichern, erscheint häufig, abhängig vom ausgewählten Format, ein weiterer Dialog, in dem Sie Einstellungen zum Speichern des Bildes vorgeben können.

Welche gängigen Formate es gibt, wozu Sie diese verwenden können und was sie bewirken, beschreiben die folgenden Abschnitte.

Zum Nachlesen
Wie Sie eine Datei speichern, wird in Abschnitt 2.6, »Dateien speichern bzw. exportieren«, beschrieben.

2.7.1 Datenkompression

Im Zusammenhang mit bestimmten Bildformaten ist häufig von der Datenkompression die Rede. Diese Datenkompression ist nicht mit dem Dateiformat zu verwechseln. Vielmehr handelt es sich um ein Verfahren zur Reduzierung des Speicherbedarfs von Daten.

Drei mögliche Arten der Speicherung werden bei der Datenkompression unterschieden:

- **Unkomprimierte Speicherung**: Bei der unkomprimierten Speicherung werden Bilder Pixel für Pixel auf die Festplatte geschrieben. Im RGB-Modus bei 300 ppi ergibt dies bis zu 3 Byte pro Pixel. Hochgerechnet auf ein Bild mit 3 543 × 3 150 Pixeln, haben Sie so schnell einen Speicherumfang von 33 Megabyte.

Datenmenge reduzieren
Die Reduzierung der Datenmenge wird erreicht, indem eine günstigere Repräsentation ermittelt wird, die die gleichen Informationen in kürzerer Form darstellt. Diese Arbeit übernimmt ein Kodierer. Der komplette Vorgang wird als Kompression oder Kodierung bezeichnet.

- **Verlustfreie Kompression**: Wenn die Daten nach der Kodierung exakt denen des Originals entsprechen, spricht man von einer verlustfreien Kompression. Dieses Verfahren eignet sich besonders für flächige Bilder mit geringen Farbabstufungen. Fotos hingegen können kaum oder nicht so stark reduziert werden, da sie aus einer Vielzahl von Farben bestehen. Häufige Anwendungen zur verlustfreien Kompression sind die Kompressionsverfahren **RLE**, **ZIP** und **LZW**. Bei diesen handelt es sich um mathematische Verfahren, sogenannte Algorithmen. So verwenden die Formate GIF und TIFF eine LZW-Kompression von Bilddaten, obwohl es sich hierbei um unterschiedliche Formate handelt. Bei TIFF haben Sie neben den ZIP- und JPEG-Kompressionsverfahren zusätzlich die Möglichkeit, ohne Bildkomprimierung zu speichern.

Kompression in der Theorie
Die Kompression lässt sich anhand der Zeichenfolge »aaabbb« erklären. Im RLE-Verfahren wird aus dieser Zeichenfolge »a3b3«. Das erste Zeichen steht für den Buchstaben, gefolgt von der Anzahl seiner Wiederholungen. Ähnlich funktionieren einige Algorithmen, die nach sich wiederholenden Bildinhalten suchen und diese Ähnlichkeiten im Bild speichern.

- **Verlustbehaftete Kompression**: Von einer verlustbehafteten Kompression spricht man, wenn Daten nicht mehr fehlerfrei rekonstruiert werden können. Das beste Beispiel hierfür ist das JPEG-Verfahren. Hierbei werden Bilder in 8 × 8 Pixel große

Farbblöcke zerlegt. Die Farben der Pixel werden dabei so verändert, dass möglichst viele gleiche 8 × 8 Pixel große Blöcke im Bild entstehen. Hierbei können Sie auch die Kompressionsrate erhöhen, um die Datei zu verkleinern – dabei verschlechtert sich allerdings die Bildqualität.

Das **JPEG-Verfahren** ist eher für Fotos geeignet und weniger für Grafiken mit scharfen Kanten. Die Kompression von Fotos erkaufen Sie allerdings mit einigen Nachteilen: Je stärker die Kompression, desto eher kommt es zu Kompressionsartefakten im Bild. Kompressionsartefakte sind Signalstörungen wie unscharfe Kanten, Unschärfe, Kästchenmusterbilder (Verblockung) oder Farbverfälschung.

◀ **Abbildung 2.30**
Bei Bildern mit weichen Farbübergängen fallen die Artefakte bei zu starker Kompression auf, wie hier im Verlauf der vielen Blautöne eines Aquariums.

2.7.2 Wichtige Dateiformate für Bilder

GIMP bietet Ihnen eine Menge verschiedener Dateiformate an. In der Regel werden Sie aber mit ein paar gängigen Formaten auskommen. In den folgenden Abschnitten finden Sie einen Überblick über die üblichsten Formate und eine kurze Beschreibung der wichtigsten Einstellungen.

Bild im JPEG-Format speichern | Die JPEG-Kompression wurde für Pixelbilder der Fotografie und computergenerierte Bilder (CGI) entwickelt. JPEG ist das beste Dateiformat für Fotos mit einer möglichst kleinen Dateigröße. Dieses Format wird zudem vorwiegend im Web verwendet. Auch die Kompressionsverfahren für bewegte Bilder, MPEG-1 und MPEG-2, bauen auf dem JPEG-Standard auf.

Das Format JPEG (**J**oint **P**hotographic **E**xperts Group; manchmal auch JPG) ist ideal, um Bilder ins Web zu stellen, da es von allen Webbrowsern wiedergegeben werden kann. Bilder mit gleichmäßigen großen Farbflächen und scharfen Kanten werden

JPEG als Arbeitsformat
Als Arbeitsformat ist das JPEG-Format weniger geeignet. Bei jedem Speichern wird mit Verlusten komprimiert (auch wenn Sie die Option 100 % VERLUSTFREI VERWENDEN). Wenn Sie JPEG-Bilder des Öfteren überarbeiten und abspeichern, bemerken Sie irgendwann sichtbare Qualitätsverluste im Bild.

Kapitel-002/ohneKompression.tiff, Kapitel-002/mitKompression.jpg

wegen des Kompressionsverfahrens jedoch eher unsauber dargestellt. Mit 16,7 Millionen Farben deckt JPEG dafür aber die gesamte Farbpalette des menschlichen Auges ab.

Vorteile:
- Bis 16,7 Millionen Farben sind darstellbar.
- Ist sehr weit verbreitet und kann fast immer problemlos auf verschiedenen Plattformen, in Webbrowsern, Grafikprogrammen usw. angezeigt werden.
- Qualität und Bildgröße lassen sich sehr flexibel einstellen (gutes Speicherplatz-Qualitäts-Verhältnis). EXIF-Informationen (Metadaten) lassen sich in diesem Format sichern.

Nachteile:
- JPEG komprimiert immer mit Verlusten. Jedes weitere Abspeichern führt dabei zu Qualitätsverlusten.
- Das Format ist nicht für den professionellen Druck geeignet.

Beachten Sie, dass JPEG eigentlich den Algorithmus bezeichnet, mit dem die Grafik verlustbehaftet komprimiert wird. Die entsprechenden Dateiendungen lauten meistens »*.jpeg«, »*.jpg« oder auch »*.jpe«. Beim Speichern von Bildern im JPEG-Format gehen viele erweiterte Funktionen (zum Beispiel Ebenen) verloren. Die Kompression können Sie bei diesem Format unterschiedlich einstellen. Je stärker die Kompression, desto geringer ist der Speicherverbrauch, aber desto schlechter ist auch die Bildqualität. Bei zu starker Kompression entstehen Kompressionsartefakte.

Zum Nachlesen

Wenn Sie bei der Bilddatei weitere Ebenen hinzugefügt haben, folgt eine Warnung, dass JPEG keine Ebenen speichern kann, mit weiteren Optionen. Was Sie bei Bildern mit mehreren Ebenen machen können, beschreibt Seite 479, »Bilder mit Ebenen speichern«.

Abbildung 2.31 ▶
Das Muster links wurde ohne besondere Komprimierung gespeichert. Im rechten Bild wurde zur Demonstration eine sehr starke Kompression verwendet, um Ihnen den Begriff »Kompressionsartefakte« bildlich zu zeigen.

Datei als JPEG speichern | Wenn Sie ein Bild im JPEG-Format speichern wollen, erscheint ein Dialogfenster für die JPEG-Kompression.

Mit dem Schieberegler QUALITÄT ❶ bestimmen Sie die Stärke der Kompression. Beachten Sie stets, dass es beim Speichern im JPEG-Format auch bei 100%iger Qualität zu Verlusten kommt. Um die Verluste, die durch die Komprimierung entstanden sind, nachvollziehen zu können, sollten Sie ein Häkchen vor VORSCHAU IM BILDFENSTER ANZEIGEN ❸ setzen. Dies bewirkt zudem die Berechnung der Dateigröße ❷.

2.7 Dateiformate und Kompression

ERWEITERTE OPTIONEN ❹ werden erst angezeigt, wenn Sie auf das Plussymbol davor klicken. Zwar reicht es im Grunde meistens aus, die Qualität des JPEG-Bildes über den gleichnamigen Regler ❶ einzustellen, aber trotzdem sollen ERWEITERTE OPTIONEN kurz beschrieben werden.

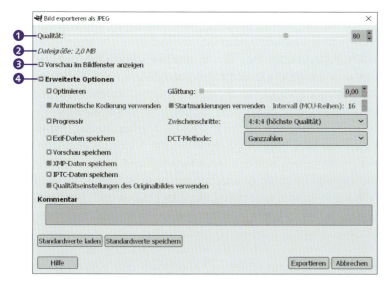

▲ **Abbildung 2.32**
Der Dialog BILD EXPORTIEREN ALS JPEG mit ERWEITERTE OPTIONEN

100 %-Ansicht

Um die Verschlechterung der Qualität bei einer Bildkomprimierung wirklich beurteilen zu können, sollte die Ansicht des Bildes immer auf 100 % (bzw. 1:1) stehen; am schnellsten stellen Sie diese Ansicht mit der Taste [1] ein. Dies gilt nicht nur für das Speichern im JPEG-Format.

Bei den erweiterten Optionen ist das Häkchen vor OPTIMIEREN unverzichtbar. Damit wird die Dateigröße kleiner bei gleicher Qualität. Um die Kompressionsartefakte abzuschwächen, können Sie den Regler GLÄTTUNG etwas nach rechts schieben. Das Bild wird allerdings dann leicht weichgezeichnet.

Gewöhnlich wird für das JPEG die Huffman-Kodierung verwendet, aber der JPEG-Standard erlaubt auch eine arithmetische Kodierung, womit 5 bis 15 % kleinere Dateien generiert werden. Wie dem auch sei, diese Kodierung können Sie mit ARITHMETISCHE KODIERUNG VERWENDEN jetzt in GIMP auch verwenden. Entsprechende Einstellungen dazu können Sie mit STARTMARKIERUNG VERWENDEN und dem INTERVALL (MCU-REIHEN) setzen.

Mit PROGRESSIV können Sie dafür sorgen, dass sich das Bild bei der Darstellung auf einer Internetseite schrittweise aufbaut. Wenn Sie EXIF-DATEN SPEICHERN aktivieren, werden auch die Metadaten abgespeichert, die jede moderne Digitalkamera für die Aufnahme sichert (unter anderem Verschlusszeit, Blende, Uhrzeit, Datum, Brennweite, ISO-Einstellungen, Blitz). Zusätzlich können Sie über Zwischenschritte eine Kompressionsmethode auswählen. Der voreingestellte Wert 4:4:4 (höchste Qualität) ist eine gute Wahl.

Ideale Qualität

Mit einem Wert von 85–90 % bei der QUALITÄT ❶ erreichen Sie meistens ein recht gutes Ergebnis. Es empfiehlt sich dennoch, etwas mit den Optionen und der Kompression zu spielen und die Ergebnisse miteinander zu vergleichen. Natürlich hängt das Resultat immer auch vom jeweiligen Einsatzbereich ab. Bei einem Urlaubsbildchen im Anhang einer E-Mail ist die Qualität nicht so wichtig wie bei einem Bild für den Internetauftritt oder einem Bewerbungsfoto.

Über VORSCHAU SPEICHERN wird eine Vorschau im Bild mitgespeichert. Bei DCT-METHODE können Sie die Berechnungsart der Kompression angeben. Die höchste Qualität erhalten Sie mit FLIESSKOMMAZAHLEN.

Falls beim Bild XMP-Daten vorhanden sind, können Sie diese Metadaten über die entsprechende Checkbox mitspeichern. Wenn das Originalbild der JPEG-Datei von keiner standardisierten Qualitätseinstellung stammt, können Sie die Option QUALITÄTSEINSTELLUNGEN DES ORIGINALBILDES VERWENDEN wählen, um etwa die gleiche Qualität und Dateigröße zu erhalten. Einen KOMMENTAR können Sie im gleichnamigen Textfeld dem Bild hinzufügen und speichern. Die Option STARTMARKIERUNGEN VERWENDEN fügt in das Bild eine spezielle Markierung ein, die im Falle einer Unterbrechung beim Laden des Bildes aus dem Internet an der unterbrochenen Stelle fortsetzt wird, so dass das Bild nicht erneut komplett geladen werden muss.

Mit den Schaltflächen STANDARDWERTE LADEN und STANDARDWERTE SPEICHERN können Sie die vorgenommenen Einstellungen als Standardwerte sichern und wieder laden.

> **XMP-Daten**
> XMP (*Extensible Metadata Platform*) ist ein Standard, um Metadaten in einem Foto zu speichern. Damit ist es beispielsweise möglich, Informationen über den Autor, Kopierrechte, Aufnahmeort, Datum usw. in das Bild einzubetten.

Bild im TIFF-Format speichern | Ebenfalls bereits ein »Oldie« ist das weitverbreitete TIFF-Format. TIFF (**T**agged **I**mage **F**ile **F**ormat, manchmal auch TIF) ist eigentlich das Dateiformat schlechthin, wenn es um den Austausch von hochwertigen Bildern (ohne Ebenen) geht. Auch mit Transparenz bei voller Farbtiefe kann TIFF sehr gut umgehen. Dieses Format speichert die Dateien verlustfrei. Diese sind allerdings recht groß, da TIFF keine hohe Kompressionsrate besitzt.

Sie sollten vorsichtig mit JPEG-Kompressionen bei TIFF-Bildern umgehen, da sich sonst recht schnell Verluste bemerkbar machen. Ein weiterer Nachteil ist – wenn man diese Funktion benötigt –, dass TIFF keine Ebenen kennt.

In der Praxis ist TIFF neben PDF und EPS das wichtigste Format zum Austausch von Daten in der Druckvorstufe, weil TIFF das für den Druck benötigte CMYK-Farbprofil unterstützt. TIFF ist somit quasi ein **Standardformat für Bilder mit hoher Qualität**.

Vorteile:
- Erreicht die beste Bildqualität für den professionellen Druck.
- Beherrscht sowohl verlustfreie als auch verlustbehaftete Kompression.
- Beherrscht Transparenz (16-Bit-Alphakanal).

Nachteil:
- Die Dateien sind sehr groß.

> **TIFF und Ebenen**
> Wenn Sie beispielsweise Erfahrung mit Bildbearbeitungsprogrammen von Adobe haben, sind Sie es vielleicht gewohnt, dass Sie hier mit dem TIFF-Format mehrere Ebenen speichern können. Mit GIMP ist dies nicht möglich. Auf Seite 479, im Abschnitt »Bilder mit Ebenen speichern«, finden Sie eine Beschreibung, wie Sie dennoch Bilder mit mehreren Ebenen speichern können.

2.7 Dateiformate und Kompression

Datei als TIFF speichern | Wenn Sie ein Bild im TIFF-Format speichern wollen, erscheint ein Dialogfenster für verschiedene TIFF-Kompressionen.

◄ **Abbildung 2.33**
Mögliche Kompressionsarten für TIFF

Die beste Qualität erzielen Sie mit der Option KEINE ❶. Hiermit wird das Bild unkomprimiert gespeichert, weshalb dies zu sehr großen Dateien führt. Ebenfalls sehr beliebt ist der klassische LZW-Algorithmus ❷, weil hierbei die Komprimierung verlustfrei erfolgt. Auch die anderen beiden Algorithmen, PACKBITS und DEFLATE, führen eine verlustfreie Komprimierung durch, wenn sie auch nicht so häufig verwendet werden. Einzig der JPEG-Algorithmus ❸ führt bei der Komprimierung zu Verlusten bei den Bildinformationen. Die letzten beiden Algorithmen, CCITT-GRUPPE-3-FAX und CCITT-GRUPPE-4-FAX, werden zur Komprimierung von Binärbildern verwendet und eignen sich somit für die Übertragung von Bildern mit Telefaxgeräten.

Setzen Sie ein Häkchen vor FARBWERTE AUS TRANSPARENTEN PIXELN SPEICHERN ❹, werden die Farbwerte auch dann gespeichert, wenn die Pixel transparent sind. Im Feld KOMMENTAR ❺ können Sie einen solchen eingeben und mit dem Bild speichern.

Wenn Sie ERWEITERT ❻ ausklappen, können Sie (de-)aktivieren, ob Sie die Exif-Daten, XMP-Daten, IPTC-Dateien und/oder eine Vorschau mit in der TIFF-Datei speichern wollen.

CCITT-Gruppe-3/4-Fax
Die beiden Optionen können Sie nur dann auswählen, wenn Sie das Bild zum Speichern auf 1 Bit (SCHWARZ/WEISS-PALETTE (1-BIT) VERWENDEN) mit indizierten Farben reduzieren (BILD • MODUS • INDIZIERT).

Bild im GIF-Format speichern | GIF ist ein richtiger Klassiker unter den Dateiformaten. GIF bietet eine relativ gute verlustfreie Komprimierung mit 256 Farben an. GIF wird bei Grafiken mit wenigen Farbabstufungen, wie beispielsweise Buttons, Logos und Grafiken, im Web verwendet. Beliebt ist GIF auch, weil sich damit Animationen erstellen lassen. Zudem unterstützt GIF Trans-

GIF und Drucken
Für das Drucken eignen sich GIF-Dateien überhaupt nicht, weil das Format grundlegende Eigenschaften von Bildern, darunter auch die Druckauflösung, nicht speichert.

parenz. Für das Speichern von Fotos ist dieses Format allerdings ungeeignet. Als Alternative zu GIF gilt das PNG-Format, das GIF mittlerweile in technischen Belangen überlegen ist – abgesehen davon, dass PNG keine Animationen unterstützt.

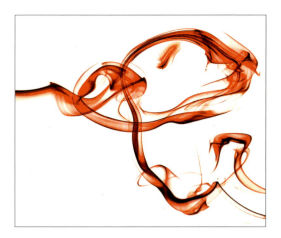 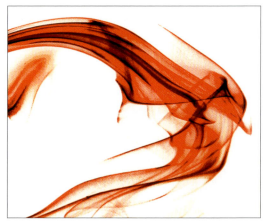

▲ **Abbildung 2.34**
Das Bild links wurde als GIF-Datei gespeichert. Auf den ersten Blick fällt nicht auf, dass das Bild von 16 Millionen Farben auf 256 Farben reduziert wird. Erst mit der 1:1-Ansicht – wie im rechten Bild zu sehen – lässt sich die Reduzierung der Farben erkennen, und sie zeigt, warum dieses Format für Fotos ungeeignet ist.

Vorteile:
▶ Bietet eine sehr gute Komprimierung, daher sehr kleine Dateien.
▶ Beherrscht Transparenz (aber ohne Alphakanal).
▶ Es lassen sich Animationen erstellen.

Nachteile:
▶ Kennt keinen Alphakanal und daher nur vollständige oder keine Transparenz – sprich, es sind keine Abstufungen (teilweise durchsichtig) möglich.
▶ Für den Druck überhaupt nicht geeignet, weil diese Informationen verworfen werden.
▶ Beherrscht nur 256 Farben.

Zum Weiterlesen

Was es mit der indizierten Palette für Bilder auf sich hat und wie Sie eine manuelle Indizierung durchführen, wird auf Seite 125, »Farbmodelle«, beschrieben.

Datei als GIF speichern | Wenn Sie ein Bild in das GIF-Format speichern, wird dieses automatisch auf 256 Farben reduziert, falls Sie diese Reduktion nicht zuvor selbst anhand einer indizierten Palette durchgeführt haben.

Wenn Sie die Option INTERLACE ❶ aktivieren, wird das Bild beim Laden einer Webseite zeilenweise aufgebaut. Die Einstellung ist heutzutage bei den schnellen Internetverbindungen überflüssig geworden und kaum noch sinnvoll. Auch beim GIF-Format können Sie zusätzlich einen GIF-KOMMENTAR ❷ in der Datei speichern. Beachten Sie allerdings, dass Sie hierbei nur ASCII-Code-Zeichen (also keine deutschen Umlaute) verwenden können. Die OPTIONEN FÜR ANIMIERTE GIFs ❸ sind nur dann aktiviert, wenn das Bild mehrere Ebenen enthält. Jede Ebene ist dabei dann ein Einzelbild einer Animation.

Indizierte Palette
Bei indizierten Farben bekommt jedes Pixel im Bild nicht einen direkten Farbwert, sondern einen Index (genauer eine Nummer) auf einen Eintrag einer Farbtabelle (oder auch Farbpalette), die die im Bild verwendeten Farben auflistet.

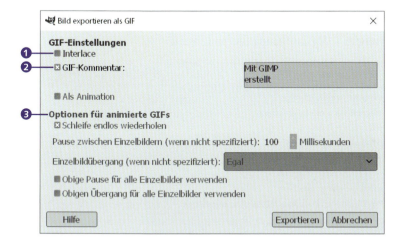

GIF-Animationen
Wie Sie eigene GIF-Animationen erstellen, wird auf Seite 819, »Eine eigene Animation erstellen«, näher beschrieben.

◀ **Abbildung 2.35**
Der Dialog zum Abspeichern von GIF-Dateien

Bild im PNG-Format speichern | Da es mit GIF bis Oktober 2006 noch Probleme bezüglich der Lizenzierung gab, haben fleißige Entwickler das PNG-Format als freie Alternative entworfen. PNG hat dieselben Eigenschaften wie GIF, es ist damit jedoch nicht möglich, Animationen zu erstellen. Im Gegensatz zum JPEG-Format hat PNG den Vorteil, dass die Daten bis zu 100 % verlustfrei komprimiert abgespeichert werden. Zudem ist PNG weniger komplex als TIFF. Neben unterschiedlichen Farbtiefen (256 oder 16,78 Millionen Farben) unterstützt PNG auch Transparenz per Alphakanal. Auch hier können Sie beim Speichern die Kompression einstellen. PNG ist somit ein ideales Grafikformat für das Web.

Animiertes PNG
Mit dem MNG- und APNG-Format sind PNG-Animationen möglich. Doch diese Formate wurden bisher kaum beachtet.

Vorteile:
▶ Bietet hochwertiges Speicherplatz-/Qualitätsverhalten, da eine verlustfreie Kompression verwendet wird.
▶ Beherrscht Transparenz mit Alphakanal.
▶ EXIF-Daten (Metadaten) sind speicherbar.
▶ Bis zu 16,7 Millionen Farben sind darstellbar.

Nachteil:
▶ Es sind keine direkten Animationen möglich (nur als MNG und APNG).

Wozu Hintergrundfarbe sichern?

Diese Option wird für ältere Webbrowser (beispielsweise Internet Explorer 6) benötigt, die ein PNG nur vollkommen durchsichtig oder voll sichtbar darstellen konnten. Allerdings dürfte ein solcher Browser heutzutage kaum noch im Einsatz sein.

Datei als PNG speichern | Wenn Sie ein Bild im PNG-Format speichern, erscheint das Dialogfenster aus Abbildung 2.36. Wie schon beim GIF-Format bietet auch das PNG-Format INTERLACING (ADAM7) ❶ an, um das Bild beim Laden zeilenweise aufzubauen. Diese Option ist bei den heutigen schnellen Internetverbindungen nicht mehr sinnvoll. HINTERGRUNDFARBE SPEICHERN ❷ speichert die aktuell eingestellte Hintergrundfarbe von GIMP mit im PNG-Bild ab. Wenn Sie diese Option nicht aktivieren und ein Webbrowser nicht richtig mit Transparenz umgehen kann, verwendet GIMP als Standardfarbe Grau.

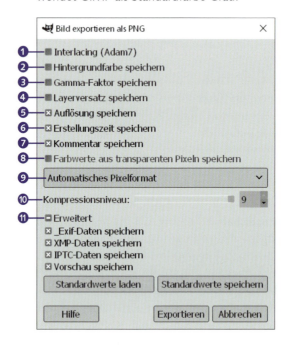

Abbildung 2.36 ▶
Der Dialog zum Abspeichern von PNG-Dateien

Kompressionsgrad = Qualität?

Da eine Kompression beim PNG-Format verlustfrei ist, wirkt sich die Einstellung hier nicht (wie irrtümlicherweise angenommen) auf die Bildqualität aus. Daher können Sie jederzeit den höchsten Kompressionsgrad (= 9) verwenden. Ein niedrigerer Kompressionsgrad hat nur Einfluss auf den Zeit- und Speicherbedarf beim Speichern selbst.

Der Gamma-Faktor bestimmt die Helligkeit eines Bildes auf dem Bildschirm. Dieser Wert wird benötigt, um die Darstellung der Farbwerte auf den verschiedensten Computern zu korrigieren und etwa gleich hell bzw. gleich dunkel darzustellen. Mit dieser Option ❸ werden diese Informationen in der PNG-Datei gespeichert, um so eine farbgetreuere Darstellung auf anderen Computern zu ermöglichen.

Die Option LAYERVERSATZ SPEICHERN ❹ speichert den Versatzwert (Offset) von links oben im Bild. In der Praxis wird empfohlen, diesen Wert nicht mitzuspeichern, weil der Wert in GIMP fehlerhaft und inkompatibel mit anderen Programmen ist. Bei mehreren Ebenen sollten Sie GIMP die Ebenen vor dem Speichern zusammenfügen lassen.

Im Gegensatz zur GIF-Datei können Sie bei der PNG-Datei die Druckauflösung mitspeichern, wenn Sie die Option AUFLÖSUNG SPEICHERN ❺ aktivieren. Mit ERSTELLUNGSZEIT SPEICHERN ❻ sichern Sie das Datum der letzten Speicherung im Bild. Wenn das Bild bereits einen Kommentar hatte, können Sie diesen über die Option KOMMENTAR SPEICHERN ❼ sichern. FARBWERTE AUS TRANSPARENTEN PIXELN SPEICHERN ❽ speichert die Werte der Pixel, auch wenn diese im Bild komplett transparent sind. Diese Option ist beispielsweise sinnvoll bei einem Schlagschatten.

Über die Dropdown-Liste ❾ können Sie die Farbtiefe von 8 Bit RGB(A) bis hoch zu 16 Bit RGB(A) auswählen. Standardmäßig steht der Wert auf AUTOMATISCHES PIXELFORMAT, womit eben das Format verwendet wird, in dem das Bild im Augenblick auch vorliegt.

Die letzte Option ist das KOMPRESSIONSNIVEAU ❿. Hier legen Sie fest, wie stark die Kompression sein soll. Wenn Sie ERWEITERT ⓫ ausklappen, können Sie (de-)aktivieren, ob Sie die Exif-Daten, XMP-Daten, IPTC-Dateien und/oder eine Vorschau mit in der PNG-Datei speichern wollen. Mit den Schaltflächen STANDARDWERTE LADEN und STANDARDWERTE SPEICHERN können Sie die vorgenommenen Einstellungen als Standardwert sichern und wieder laden.

Bild im XCF-Format speichern | Was für Photoshop das PSD-Format ist, ist für GIMP das XCF-Format. Das XCF-Format bietet Ihnen die Möglichkeit, GIMP-eigene Informationen wie Pixeldaten für die Ebenen, zusätzliche Kanäle, Pfade und noch einiges mehr mitzuspeichern. XCF ist somit das Arbeitsformat für GIMP. Ich sichere meinen Fortschritt zum Beispiel immer im XCF-Format, und erst am Ende, wenn ich das Bild weitergebe, verwende ich ein passendes Format dafür – was in der Regel bei mir dann entweder JPEG für die Weitergabe oder TIFF für den Druck ist.

Die Daten im XCF-Format werden ebenfalls verlustfrei mit einem RLE-Algorithmus komprimiert gespeichert. Dadurch gehen beim Laden und Speichern im Gegensatz zum JPEG-Format keinerlei Informationen verloren. Allerdings sind auch XCF-Dateien relativ groß: Ein 1 000 × 1 000 Pixel großes Bild im RGB-Modus mit drei Kanälen kann durchaus 100 Megabyte groß sein.

2.7.3 Bilder komprimieren

Statt mit Hilfe von Komprimierungsprogrammen können Sie die Dateien direkt beim Speichern in GIMP packen. Hierzu müssen Sie lediglich hinter dem Dateiformat die Endung ».gz« oder ».bz2« anfügen. Speichern Sie beispielsweise »EinBild.xcf« als »EinBild.

PSD-Format

PSD ist das Format von Photoshop und Photoshop Elements und speichert alles, was diese beiden Anwendungen können. PSD ist so etwas wie ein Standardformat und kann von anderen Bildbearbeitungsprogrammen – auch GIMP – ebenfalls verwendet werden. Allerdings kann GIMP nicht alle Eigenschaften dieses Dokuments wiedergeben. PSD verwendet keinerlei Kompressionen und speichert sämtliche Ebenen. Daher ist eine PSD-Datei ziemlich groß.

Bilder packen
Das Packen der Bilder durch Hinzufügen der Endungen ».gz« bzw. ».bz2« ist natürlich nicht nur auf das Dateiformat XCF beschränkt, sondern lässt sich auch auf alle anderen Dateiformate umsetzen.

xcf.gz«, so wird die Datei automatisch von GIMP mit »gzip« komprimiert. Damit lassen sich mehr als 50 % Speicherplatz einsparen. Das Gleiche gilt natürlich ebenfalls für die Endung ».bz2«, mit der Sie die gewünschte Datei mit »bzip2« komprimieren.

Wenn Sie diese Dateien wieder mit GIMP öffnen, werden sie automatisch entpackt. Wollen Sie die Dateien auf einem Rechner ohne GIMP verwenden, müssen die Programme auf diesem Rechner vorhanden sein, oder Sie müssen die Daten erst entpacken, bevor Sie die Bilder ansehen können.

2.7.4 Das richtige Format verwenden

In Tabelle 2.1 biete ich Ihnen noch eine Übersicht an, wofür welches Datenformat sich am besten eignet.

Format	Fotos	Web	Ebenen	Transparenz
GIF		X		X
JPEG	X	X		
PNG		X		X
TIFF	X			X
XCF			X	X

Tabelle 2.1 ▶
Ratgeber: das ideale Format für welchen Zweck

Kapitel 3
Genaues Arbeiten auf der Arbeitsoberfläche

In diesem Kapitel erfahren Sie, wie Sie sich mit vielen kleinen Helferlein das Bildbearbeitungsleben erleichtern können. Wenn Sie zuvor noch nicht mit GIMP gearbeitet haben, ist dieses Kapitel ideal, um sich mit der Bedienung der Arbeitsoberfläche vertraut zu machen.

3.1 Hilfsmittel zum Zoomen und Navigieren

Für ein bequemes Arbeiten mit Ihrer Software müssen Sie wissen, wie Sie Ihre Bildansicht vergrößern, den Bildausschnitt verändern und überhaupt im Bild navigieren.

3.1.1 Abbildungsgröße und Bildausschnitt

Die Abbildungsgröße (auch *Zoomstufe*) des Bildes können Sie dem Dropdown-Menü unter dem Bild ❶ entnehmen. Eine Zoomstufe von 18,2 % (wie in Abbildung 3.1 zu sehen) bedeutet hierbei nicht, dass das Bild verkleinert wurde, sondern bezieht sich lediglich auf die Darstellung des Bildes auf dem Bildschirm. Die tatsächliche Bildgröße (Breite × Höhe) zeigt GIMP rechts oben ❷ in der Titelleiste an.

Dass bei der 100 %-Ansicht des Bildes in der Regel nur noch ein Teil angezeigt wird, sollte logisch sein. Haben Sie zum Beispiel bei Ihrem Monitor eine Auflösung von 1920 × 1080 Pixeln eingestellt, können darauf 1920 Pixel in der Breite und 1080 Pixel in der Höhe dargestellt werden. Bilder, die zum Beispiel mit einer 24-Megapixel-Kamera gemacht wurden, haben eine Abmessung von 6000 × 4000 Pixeln. Folglich kann ein solches Bild auf einem Monitor mit 1920 × 1080 Pixeln nicht komplett in der Originalgröße angezeigt werden.

Zum Weiterlesen

Mehr zum Thema Pixel- und Monitordarstellung finden Sie in Abschnitt 4.2, »Bildgröße und Auflösung«.

Pixeldarstellung

Bei einem Abbildungsmaßstab von 100 % wird genau 1 Pixel auf einem Monitorpixel angezeigt. Ist der Abbildungsmaßstab größer oder kleiner als 100 %, so müssen die Originalpixel für die Darstellung auf dem Monitor umgerechnet werden. Auf einem Monitorpixel werden dann zum Beispiel 0,8 oder 1,3 Pixel dargestellt.

Kapitel 3 Genaues Arbeiten auf der Arbeitsoberfläche

▲ Abbildung 3.1
18,2 %-Ansicht

▲ Abbildung 3.2
Bei der 100 %-Ansicht ist nur noch ein Teil des Bildes darstellbar.

3.1.2 Die Bildansicht ändern

Eine der häufigsten Operationen auf dem Bildschirm dürfte das Anpassen der Bildansicht sein. Oft müssen Sie einen Bildbereich zum Bearbeiten stark vergrößern, oder Sie benötigen eine 100 %-Vollansicht.

▲ Abbildung 3.3
Die Werkzeugoptionen des VERGRÖSSERUNG-Werkzeugs

Zoomen mit dem Vergrößerung-Werkzeug | Das Standardwerkzeug für das Vergrößern und Verkleinern der Bildansicht ist wohl das VERGRÖSSERUNG-Werkzeug (Tastenkürzel Z für *Zoom*). Wenn Sie mit dem VERGRÖSSERUNG-Werkzeug über das Bild fahren, erscheint der Mauszeiger als Lupe mit einem Plus- oder Minussymbol, je nachdem, welche Option Sie gewählt haben. Das Werkzeug hat im Grunde nur zwei Optionen: zum einen die Eigenschaft FENSTERGRÖSSE AUTOMATISCH ANPASSEN ❸, die, wenn aktiviert, das Fenster (sofern möglich und sinnvoll) an die Größe des Bildes anpasst. Unter RICHTUNG ❹ stellen Sie den Modus des Werkzeugs entweder auf VERGRÖSSERN (Standardeinstellung) oder VERKLEINERN. Entsprechend dem Modus arbeitet das Werkzeug dann, wenn Sie damit ins Bild klicken. Sie können allerdings den jeweils gegenteiligen Modus auch mit der Strg/Cmd-Taste verwenden. Ist beispielsweise der Modus VERGRÖSSERN eingestellt und halten Sie die Strg/Cmd-Taste gedrückt und klicken in das Bild, wird die Bildansicht verkleinert. Alternativ stellen Sie die Vergrößerungsstufe mit gehaltener Strg/Cmd-Taste und dem Mausrad ein.

3.1 Hilfsmittel zum Zoomen und Navigieren

Die Verwendung des Werkzeugs ist einfach: Um die Ansicht des Bildes zu verändern, klicken Sie einfach in das Bild, und dieses wird, entsprechend dem eingestellten Werkzeugmodus unter RICHTUNG ❹, vergrößert oder verkleinert. Um beim Hineinzoomen in das Bild nicht den Überblick zu verlieren, hierzu zwei Tipps:

Kapitel-003/
Kapselhotel.jpg

1. Klicken Sie immer direkt auf den Bildbereich, den Sie vergrößern wollen. Wenn Sie nämlich direkt auf ein bestimmtes Objekt klicken, erscheint das Objekt bei der vergrößerten Ansicht auch mittig, und Sie sparen sich unnötiges Scrollen.
2. Mit gedrückt gehaltener Maustaste können Sie mit dem VERGRÖSSERUNG-Werkzeug einen Rahmen um den Bereich ziehen, den Sie vergrößern wollen. Lassen Sie die Maustaste los, erscheint dieser Bereich anschließend vergrößert auf dem Bildschirm.

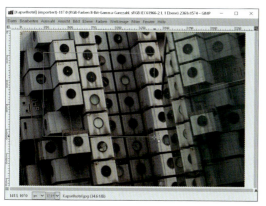

▲ Abbildung 3.4
Mit gedrückt gehaltener Maustaste wird hier mit dem VERGRÖSSERUNG-Werkzeug ein Rahmen aufgezogen. Sobald Sie die Maustaste loslassen, wird dieser Rahmen …

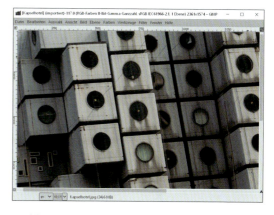

▲ Abbildung 3.5
… vergrößert im Bildfenster dargestellt.

Zoomen über das Menü »Ansicht« | Weitere Befehle zum Vergrößern oder Verkleinern der Bildansicht finden Sie über das Menü ANSICHT und speziell das Untermenü ANSICHT • VERGRÖSSERUNG. Zugegeben, Sie werden wohl kaum hergehen und die Bildansicht über das Untermenü VERGRÖSSERUNG anpassen, aber hier finden Sie sehr nützliche Tastenkürzel, deren Kenntnis sich lohnt. Mit ihnen lässt sich die Bildansicht sehr komfortabel mit der Tastatur anpassen, ohne das VERGRÖSSERUNG-Werkzeug oder das Untermenü VERGRÖSSERUNG zu verwenden. Hier die wichtigsten Befehle dazu:

Maximale Vergrößerung
Maximal können Sie ein Bild bis auf 25 600 % vergrößern. In der allgemeinen Praxis dürften Sie allerdings selten eine solche Zoomstufe benötigen. Die minimale Verkleinerung geht bis 0,391 %. Auch diese Verkleinerung wird in der Praxis wohl kaum benötigt.

▶ VERGRÖSSERUNG (N%) ZURÜCKSETZEN: Mit diesem Kommando machen Sie eine Vergrößerung oder Verkleinerung rückgängig. Damit wird der Vergrößerungsfaktor auf den vorigen Wert

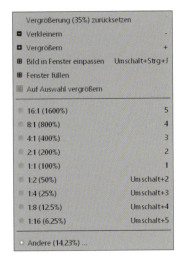

▲ Abbildung 3.6
Befehle des Untermenüs
ANSICHT • VERGRÖSSERUNG

zurückgesetzt. Das Tastenkürzel ⌐`¬ funktioniert auf einer deutschen Tastatur nicht, daher würde ich Ihnen empfehlen, dieses Tastenkürzel über BEARBEITEN • TASTENKOMBINATIONEN anzupassen. Ich habe stattdessen das Zeichen ⌐^¬ verwendet.

▶ VERKLEINERN: Das Kommando spricht für sich – es reduziert die Größe der Bildansicht, und zwar um jeweils ca. 30 %. Dasselbe gilt übrigens auch für das VERGRÖSSERUNG-Werkzeug 🔍. Schneller erledigen Sie dieses Kommando mit dem Tastenkürzel ⌐-¬.

▶ VERGRÖSSERN: Das Gegenstück zu VERKLEINERN; es vergrößert die Größe der Bildansicht jeweils um ca. 30 %. Schneller erreichen Sie dies mit einem Tastendruck auf ⌐+¬.

▶ BILD IN FENSTER EINPASSEN: Mit diesem Kommando wird das Bild so weit vergrößert oder verkleinert, dass es komplett in das Bildfenster passt. Naturgemäß wird mit diesem Befehl selten das komplette Bildfenster gefüllt. Das Tastenkürzel dafür lautet ⌐⇧¬+⌐Strg¬/⌐Cmd¬+⌐J¬.

▶ FENSTER FÜLLEN: Wollen Sie hingegen das Bild so weit vergrößern, dass das Bildfenster komplett ausgefüllt wird, wobei das Bild die Fenstergröße entweder in der Höhe oder der Breite eventuell überschreitet, sollten Sie den Befehl FENSTER FÜLLEN verwenden.

▶ FENSTER ANPASSEN: Der Befehl ist nicht Bestandteil vom Untermenü VERGRÖSSERUNG, sondern ist über ANSICHT • FENSTER ANPASSEN oder das Tastenkürzel ⌐Strg¬/⌐Cmd¬+⌐J¬ zu erreichen. Dieser Befehl ergänzt die beiden Befehle zuvor. Rufen Sie diesen Befehl auf, wird das Bildfenster an die Bildgröße angepasst. Dies funktioniert natürlich nur, wenn die Bildansicht kleiner als das Bildfenster ist.

▶ AUF AUSWAHL ANPASSEN: Wenn Sie eine Auswahl im Bild aufgezogen haben, können Sie mit diesem Befehl die Ansicht auf diese Auswahl anpassen.

▶ 16:1 (1600 %), 1:1 (100 %); 1:16 (6,25 %) etc.: Über diese Werte wählen und verwenden Sie eine der vorgegebenen Vergrößerungsstufen. Sehr nützlich ist das Tastenkürzel ⌐1¬, mit dem Sie die Bildansicht auf 1:1 (100 %) setzen.

▶ ANDERE: Mit dem letzten Befehl im Untermenü VERGRÖSSERUNG öffnet sich ein Dialog, in dem Sie die Vergrößerung beliebig einstellen können. Hierbei stellen Sie entweder das Verhältnis bei SKALIERUNG ❶ ein oder die Prozentangabe bei MASSSTAB ❷.

▲ Abbildung 3.7
Auch eine benutzerdefinierte Vergrößerung per Dialog ist möglich.

Die folgenden Abbildungen demonstrieren Ihnen den Unterschied zwischen den Befehlen BILD IN FENSTER EINPASSEN, FENSTER FÜLLEN und FENSTER ANPASSEN.

3.1 Hilfsmittel zum Zoomen und Navigieren

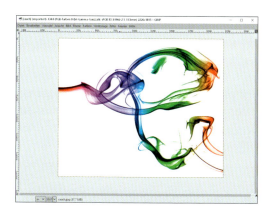

▲ **Abbildung 3.8**
Die ursprüngliche Bildansicht

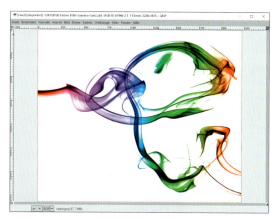

▲ **Abbildung 3.9**
Nach dem Befehl BILD IN FENSTER EINPASSEN

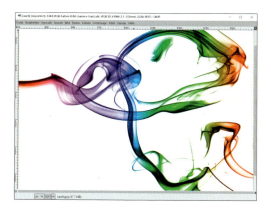

▲ **Abbildung 3.10**
Nach dem Befehl FENSTER FÜLLEN

▲ **Abbildung 3.11**
Nach dem Befehl FENSTER ANPASSEN

Zoomen über die Statusleiste | Eine weitere Möglichkeit, die Bildansicht anzupassen, finden Sie über die Statusleiste (falls diese angezeigt wird). Die Anzeige des Zoomfaktors in dieser Zeile hat nämlich nicht nur eine informative Funktion. Über die Dropdown-Liste ❸ am unteren Rand können Sie aus vordefinierten Faktoren auswählen und die Bildansicht einstellen. Oder Sie verwenden das Texteingabefeld ❹, um den Zoomfaktor manuell einzugeben. Als Werte werden hierbei sowohl Prozentangaben (»20%«, »88%« usw.) als auch das Verhältnis (»1:9«, »3:1« usw.) akzeptiert.

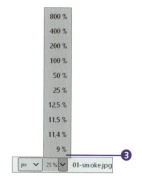

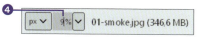

▲ **Abbildung 3.12**
Auch eine manuelle Eingabe des Zoomfaktors über die Tastatur ist in der Statusleiste möglich.

▲ **Abbildung 3.13**
Den Zoomfaktor in der Statusleiste auswählen

3.1.3 Der Dialog »Navigation«

Den Dialog NAVIGATION rufen Sie über FENSTER • ANDOCKBARE DIALOGE • NAVIGATION auf. Er eignet sich hervorragend als Ergänzung zum VERGRÖSSERUNG-Werkzeug.

Abbildung 3.14 ▼
Der NAVIGATION-Dialog informiert Sie darüber, welchen Bildausschnitt Sie im Bildfenster sehen. Hier wurde der Dialog unterhalb des Werkzeugkastens neben den Werkzeugeinstellungen gruppiert.

Innerhalb des NAVIGATION-Dialogs erkennen Sie am weißen Rahmen, welcher Bildausschnitt gerade im Bildfenster angezeigt wird. Außerdem ist der nicht angezeigte Bereich abgedunkelt. Dies ist bei besonders großen Bildern oder stark vergrößerten Bildansichten sehr hilfreich.

Der Dialog NAVIGATION bietet mehrere Möglichkeiten an, die Zoomstufe und den Bildausschnitt festzulegen:

▶ Die Zoomstufe für das Bild im Bildfenster können Sie über den Schieberegler ❶ stufenlos verstellen. Alternativ verwenden Sie mit aktiviertem Schieberegler die Pfeiltasten zum Verändern der Zoomstufe. Wenn Sie immer weiter aus dem Bild herauszoomen, wird irgendwann auch der Rahmen verschwinden.

▶ Mit den ersten beiden Schaltflächen ❷ zoomen Sie aus dem Bild heraus bzw. in das Bild hinein.

▶ Mit der dritten Schaltfläche ❸ stellen Sie den Bildausschnitt auf 1:1 (100 %).

▶ Die Funktionen der letzten drei Schaltflächen ❹ haben Sie bereits mit den Befehlen BILD IN FENSTER EINPASSEN, FENSTER FÜLLEN und FENSTER ANPASSEN kennengelernt.

Den weißen Navigationsrahmen ❺ verschieben Sie mit gedrückt gehaltener Maustaste innerhalb des Bereichs. Gleichzeitig verschieben Sie natürlich auch den Bildausschnitt im Bildfenster.

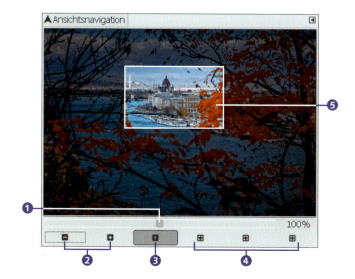

◀ **Abbildung 3.15**
Mit diesem Dialog lässt sich der Bildausschnitt schnell und flexibel verändern.

3.1.4 Das Bildfenster steuern

Das Bildfenster selbst hält auch ein paar nützliche Funktionen in den (im wahrsten Sinne des Wortes) Ecken parat.

Navigieren über das Bildschirmfenster | Rechts unten ❻ im Bildfenster finden Sie eine kleine Navigationsschaltfläche. Klicken Sie diese Schaltfläche an und halten die Maustaste gedrückt, können Sie innerhalb eines stark vergrößerten Bildausschnitts den sichtbaren Bereich verschieben. Der gewählte Bildausschnitt wird hierbei, wie schon beim Dialog NAVIGATION, in einem weißen Rahmen ❼ dargestellt. Natürlich ist dieser Rahmen nur dann sichtbar, wenn das Bild größer ist als das Bildfenster.

▲ **Abbildung 3.16**
Es muss nicht unbedingt der Dialog NAVIGATION sein. Im Grunde genügt auch die Navigationsschaltfläche ❻ in der rechten unteren Ecke des Bildfensters, um die Ansicht anzupassen.

Sie können den Bildausschnitt auch zur passenden Stelle navigieren, indem Sie einfach die Leertaste mit dem Mauscursor über dem Bild gedrückt halten, wodurch dieser zu einem Verschieben-Symbol ❾ wird. Wenn Sie jetzt den Mauscursor bewegen, können Sie im Bildfenster zum gewünschten Ausschnitt navigieren.

Abbildung 3.17 ▶
Mit gedrückter Leertaste können Sie unabhängig vom aktiven Werkzeug den Bildausschnitt verschieben.

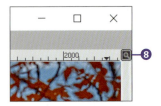

▲ **Abbildung 3.18**
Die Lupe ist aktiviert. Eine Größenänderung des Bildfensters wirkt sich auch auf die Größe der Bildanzeige aus.

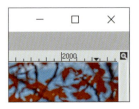

▲ **Abbildung 3.19**
Die Lupe ist deaktiviert. Eine Größenänderung des Bildfensters hat keinen Einfluss auf die Größe der Bilddarstellung im Bildfenster, diese bleibt in derselben Zoomstufe.

Bild automatisch an Fenstergröße anpassen | In der rechten oberen Ecke des Bildschirms finden Sie eine Lupen-Schaltfläche ❽. Wenn Sie diese aktivieren, wird bei einer Größenänderung des Bildfensters auch die Darstellung des Bildes darin mit vergrößert bzw. -verkleinert. Das ist beispielsweise nützlich, wenn Sie immer das komplette Bild im Bildfenster sehen wollen.

Größe des Bildfensters ändern | Die Größe des Bildfensters können Sie beispielsweise manuell über den Rahmen anpassen. Gehen Sie mit dem Mauszeiger an den Rand, bis der Mauszeiger zu einem Pfeil ❹ wird. Der Pfeil zeigt an, in welche Richtung Sie das Bildfenster vergrößern oder verkleinern können. Mit gedrückt gehaltener Maustaste ändern Sie so jetzt die Größe des Bildfensters. Dies funktioniert an jeder Stelle des Bildfensterrahmens.

Abbildung 3.20 ▶
Die Größe des Bildfensters können Sie über den Bildfensterrahmen ❹ verändern.

3.1 Hilfsmittel zum Zoomen und Navigieren

Natürlich können Sie hierbei auch über das Bildfenster die üblichen Schaltflächen zum Minimieren ❶ oder Maximieren ❷ verwenden. Wollen Sie das Bild in eine Vollansicht schalten, verwenden Sie alternativ den Menübefehl ANSICHT • VOLLBILD oder das Tastenkürzel F11.

Bildfenster schließen | Ein Bildfenster mit geladenem Bild können Sie jederzeit über die typische SCHLIESSEN-Schaltfläche ❸ rechts oben im Fenster schließen. Das Gleiche erreichen Sie auch über das Menü DATEI • ANSICHT SCHLIESSEN (oder das Tastenkürzel Strg/Cmd+W). Sollten sich im Bild noch ungespeicherte Informationen befinden, erscheint eine Nachrichtenbox, die Sie darauf hinweist und auch gleich anbietet, das Bild zu speichern.

Systemspezifisches
Bei der macOS- und Linux-Version von GIMP haben die Schaltflächen zum Minimieren, Maximieren und Schließen natürlich ein anderes Aussehen (Look & Feel) und im Fall von macOS auch eine andere Position (links oben). Aber die Funktion bleibt immer dieselbe.

▲ **Abbildung 3.21**
Es wurde versucht, ein Bildfenster mit nicht gespeicherten Änderungen zu schließen.

Beachten Sie außerdem, dass Sie GIMP automatisch beenden, wenn Sie das leere Bildfenster schließen, in dem sich kein Bild mehr befindet.

Bilder vergleichen (»Neue Ansicht«) | Es wurde bereits kurz beschrieben (Abschnitt 2.5, »Geöffnete Bilder verwalten«), wie Sie verschiedene Ansichten von ein und demselben Bild erzeugen. Wenn Sie über ANSICHT • NEUE ANSICHT eine zweite Ansicht von einem Bild erzeugen, handelt es sich um ein und dasselbe Bild. Jede Operation auf dem einen Bild wird auch in der anderen Ansicht zu sehen sein. Dass es sich nur um eine zweite Ansicht und nicht um eine Kopie des Bildes handelt, können Sie in der Titelleiste hinter dem Bildnamen ablesen. Hier steht beispielsweise »1.0« ❺. Das bedeutet, die Bild-Identifikationsnummer lautet hier 1, und die Nummer der Ansicht ist 0. In der Titelleiste des zweiten Bildfensters ❻ haben Sie dieselbe Bild-Identifikationsnummer, aber eine andere Nummer der Ansicht (hier »1«).

Bild duplizieren
Benötigen Sie statt einer zweiten Ansicht eine Kopie des Bildes, können Sie dieses schnell mit BILD • DUPLIZIEREN oder der Tastenkombination Strg/Cmd+D kopieren. Das neue Bild wird sofort in einem neuen Bildfenster angezeigt.

Abbildung 3.22 ▶
Hier wurde eine zweite Ansicht für das Bild geöffnet. Dass es sich hierbei nur um eine weitere Ansicht desselben Bildes handelt, erkennen Sie im Bildtitel an der Nummer der Ansicht.

Einzelfenster-Modus
Natürlich können Sie auch den Einzelfenster-Modus für die neue Ansicht verwenden, allerdings können Sie hiermit dann niemals zwei Ansichten vergleichen, sondern müssen immer in der Navigationsleiste zwischen den Bildern hin- und herwechseln.

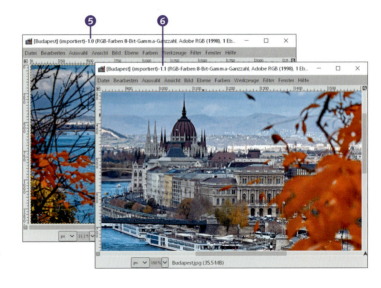

Wenn Ihnen der Stil mit der Bild-ID und Nummer der Ansicht nicht gefällt, können Sie auch einen eigenen Text basteln. Im Beispiel habe ich über BEARBEITEN • EINSTELLUNGEN • BILDFENSTER • TITEL UND STATUS in der Textzeile FORMAT DES BILDTITELS Folgendes eingegeben:

```
%D*%f-(Bild-ID:%p/Ansicht-Nr.:%i) (%t, %L) %wx%h (%z%%)
```

Als Ergebnis erhalten Sie eine etwas aussagekräftigere Titelleiste, wie in Abbildung 3.23 zu sehen ist.

▲ **Abbildung 3.23**
Eine benutzerdefinierte Titelleiste

 Die Möglichkeit, nur die Bildansicht zu drehen, ist in GIMP 2.10 neu hinzugekommen.

3.1.5 Die Bildansicht drehen

Im Untermenü von ANSICHT • UMKEHREN & DREHEN finden Sie Befehle, um die Bildansicht zu drehen oder zu spiegeln. Wohlgemerkt, damit können Sie nur die Ansicht des Bildes drehen, es wird dabei nicht das Bild selbst verändert bzw. gedreht. Dies kann bei bestimmten Retuschearbeiten sehr hilfreich sein.

Die Ansicht spiegeln können Sie mit HORIZONTAL SPIEGELN und/oder VERTIKAL SPIEGELN. Darunter finden Sie mehrere Möglichkeiten, die Ansicht um n° im oder um n° entgegen dem Uhrzeigersinn zu drehen. Wollen Sie den Rotationswinkel der Ansicht selbst bestimmen, können Sie dies mit ANGEPASSTER DREHWINKEL machen. Hierbei öffnet sich ein Dialog, in dem Sie den Rotationswinkel per Zahleneingabe, Pfeil-Schaltflächen oder 360°-Kreisregler anpassen können.

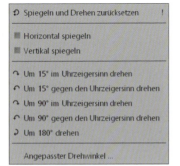

▲ **Abbildung 3.24**
Das Untermenü ANSICHT • UMKEHREN & DREHEN enthält Befehle zum Drehen der Ansicht.

3.2 Informationen zum Bild

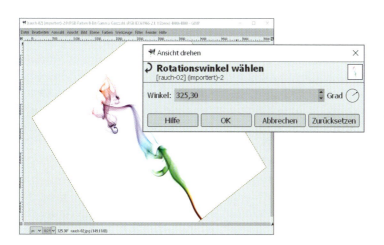

◄ **Abbildung 3.25**
Die Bildansicht über einen Dialog anpassen

Ansicht zurücksetzen
Wollen Sie die Bildansicht wieder gerade rücken, können Sie diese mit ANSICHT • UMKEHREN UND DREHEN • SPIEGELN UND DREHEN ZURÜCKSETZEN machen. Schneller noch geht es mit dem Tastendruck ! (auf dtsch. Tastatur mit ⇧+1).

3.2 Informationen zum Bild

Es gibt zweierlei Informationen: zum einen diejenigen, die während der Bearbeitung eines Bildes angezeigt werden, und zum anderen Details zum Bild selbst. Wie und wo Sie diese Informationen erhalten, beschreibe ich hier kurz.

Kapitel-003/Samurai.jpg

3.2.1 Statusleiste

Gängige Informationen während der laufenden Arbeit über die Koordinaten oder die Größe von Auswahlen erhalten Sie über die Statusleiste. Bei vielen Werkzeugen werden die Informationen auch in den Werkzeugeinstellungen angezeigt.

Statusleiste ein-/ausblenden
Die Statusleiste können Sie jederzeit über das Menü ANSICHT • STATUSLEISTE ANZEIGEN ein- und ausblenden.

◄ **Abbildung 3.26**
Die Statusleiste

In der Statusleiste finden Sie links unten ❶ die Informationen zu den aktuellen Koordinaten des Mauszeigers. Abhängig vom Werkzeug wird außerdem der Werkzeugname bei der Verwendung aufgelistet, und es werden, wie hier mit einem Auswahlwerkzeug, auch der Auswahlbereich ❸ und das Verhältnis ❹ angezeigt. Standardmäßig werden diese Werte in Pixel angegeben. Ändern können Sie die Maßeinheit allerdings jederzeit mit der Dropdown-Liste ❷ in der Statusleiste.

3.2.2 Werkzeugeinstellungen

Die Werkzeugeinstellungen enthalten häufig auch noch nützliche Informationen. Hier finden Sie beispielsweise zusätzlich unter POSITION ❺ die Koordinaten, wo die linke obere Ecke der Auswahl anfängt, und unter GRÖSSE ❻, wie groß die Auswahl tatsächlich ist. Auch hier werden die Werte in Pixel angezeigt, Sie können sie aber über die entsprechende Dropdown-Liste ändern.

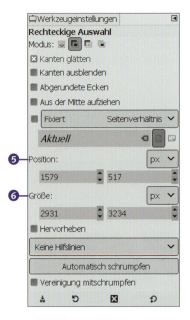

Abbildung 3.27 ▶
Die Werkzeugeinstellungen

Informationen der Farbpipette
Im Grunde können Sie auf den Dialog ZEIGER verzichten, weil GIMP die Koordinaten-informationen ohnehin in der Statusleiste anzeigt. Und Farbinformationen können Sie mit dem Werkzeug FARBPIPETTE ermitteln. Mehr zu diesem Werkzeug erfahren Sie auf Seite 259, »Farben mit der Farbpipette auswählen«.

3.2.3 Der Dialog »Zeiger«

Der andockbare Dialog ZEIGER, den Sie über FENSTER • ANDOCKBARE DIALOGE • ZEIGER aufrufen, zeigt Ihnen ebenfalls Informationen zur aktuellen Mausposition an und zusätzlich die Werte der Farbkanäle des entsprechenden Pixels dieser Position.

Die Position der x- und y-Koordinaten finden Sie hier unter PIXEL ❼. Diese Position geht immer von der linken oberen Ecke des Bildes aus. Das Gleiche gilt daneben für die EINHEITEN ❽ in Zoll (*inches*). Leider lassen sich diese Maßeinheiten nicht ändern.

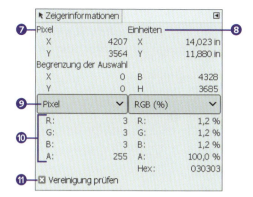

◀ **Abbildung 3.28**
Der Dialog ZEIGER

Über die beiden Dropdown-Listen ❾ können Sie aus den Farbmodellen PIXEL, RGB, HSV und CMYK auswählen und darunter ❿ die Farbwerte der Kanäle anzeigen lassen und miteinander vergleichen. Die Angabe HEX ist die HTML-Notation der Pixelfarbe. Wenn Sie die Checkbox VEREINIGUNG PRÜFEN ⓫ aktivieren, werden alle Ebenen beim Ermitteln des Farbwertes beachtet, als wäre es eine Ebene. Ohne diese Option wird nur die aktive Ebene beim Messen berücksichtigt.

Zum Weiterlesen
Mehr zu den verschiedenen Farbmodellen erfahren Sie auf Seite 125, »Farbmodelle«.

3.2.4 Bildeigenschaften

Einfache Informationen zu den Eigenschaften des Bildes rufen Sie über BILD • BILDEIGENSCHAFTEN oder die Tastenkombination Alt+↵ auf. Im sich öffnenden Dialog finden Sie drei Reiter. Der erste Reiter EIGENSCHAFTEN informiert Sie über allgemeine Bildeigenschaften wie Größe, Druckgröße, Auflösung, Farbmodell, Dateigröße usw. Im Reiter FARBPROFIL wird der Name des verwendeten Farbprofils angezeigt, mit dem das Bild gerade bearbeitet wird, und im Reiter KOMMENTAR können Sie den Kommentar des Bildes, falls vorhanden, lesen oder auch bearbeiten.

3.2.5 Die Metadaten eines Bildes

Wollen Sie hingegen Metadaten wie EXIF, XMP oder IPTC betrachten, finden Sie einen Metadaten-Betrachter über das Menü BILD • METADATEN • METADATEN ANZEIGEN.

Bei den EXIF-Daten ❶ handelt es sich um Informationen, die die Digitalkamera im aufgenommenen Bild speichert. Meistens sind dort Angaben wie Datum und Uhrzeit der Aufnahme, Brennweite, Belichtungszeit, Blendeneinstellung, ISO-Wert, Kameramarke und noch vieles mehr gespeichert. Exif-Daten sind direkt in der Datei von Bildern der Formate JPEG und TIFF geschrieben – genauer, im sogenannten Header.

▲ **Abbildung 3.29**
Einfache Eigenschaften des Bildes lassen sich über die BILDEIGENSCHAFTEN anzeigen.

EXIF, IPTC und XMP

Wenn Sie zum ersten Mal mit den Metadaten zu tun haben, dürfte es zunächst ein wenig verwirrend sein, weil es hier gleich Exif, IPTC und XMP gibt. Ist aber eigenlich nicht kompliziert. Die Exif-Daten sind praktisch die Kameradaten, IPTC die bildbeschreibenden Informationen, die manuell mit einem Programm hinzugefügt werden müssen. XMP soll künftig IPTC als Standard ablösen.

Bei den IPTC-Daten ❸ handelt es sich weitere nützliche Informationen, die hinzugefügt werden können. Typische IPTC-Felder sind beispielsweise die Bildbeschreibung, der Ersteller oder ein Urheberrechtsvermerk.

Abbildung 3.30 ▶
Der METADATEN-BETRACHTER von GIMP

Bezogen auf Bilder sind die XMP-Daten ❷ quasi eine Zusammenfassung der Exif- und IPTC-Daten. Der Vorteil von XMP ist, dass die Daten, die für einen bestimmen Arbeitsvorgang notwendig sind, hiermit jederzeit erweitert werden können. Allerdings kann diese Flexibilität auch zum Nachteil werden, wenn diese erweiterten Informationen nur von bestimmen Programmen oder Geräten gelesen werden. Wenn Sie zum Beispiel ein RAW-Bild mit Darktable zur Bearbeitung öffnen, werden die Bearbeitungsschritte bzw. Anpassungen damit in der XMP-Datei gespeichert. Damit stellen Sie sicher, dass Sie beim nächsten Öffnen denselben Zustand des bearbeiteten RAW-Bildes vor sich haben und damit weiter arbeiten können. Auch können Sie das RAW-Bild zusammen mit der XMP-Datei weitergeben und auf einem anderen Computer mit Darktable in demselben Zustand weiterverarbeiten. Allerdings sollte hierbei klar sein, dass diese Informationen in der XMP-Datei auch nur von Darktable verstanden werden.

Die Funktion zum Bearbeiten von Metadaten ist in GIMP 2.10 neu hinzugekommen.

Metadaten bearbeiten | Seit der Version 2.10 bietet GIMP auch einen Metadaten-Editor an, mit dem Sie eigene Bildinformationen hinzufügen und im Bild mit abspeichern können. Den Metadaten-Editor rufen Sie über das Menü BILD • METADATEN • METADATEN BEARBEITEN auf. Ob und wie viele Metadaten Sie zum Bild hinzufügen wollen, müssen Sie selbst entscheiden. Ich würde

3.2 Informationen zum Bild

Ihnen allerdings raten, wenn Sie die Bilder weitergeben, zumindest den Urheber und vielleicht auch Kontaktdaten anzugeben.

Schritt für Schritt
Metadaten zum Bild hinzufügen bzw. ändern

In der folgenden Schritt-für-Schritt-Anleitung zeige ich Ihnen, wie Sie Metadaten mit dem METADATEN-EDITOR zu einem Bild hinzufügen und beim Export des Bildes speichern können.

1 Metadaten-Editor aufrufen

Laden Sie ein Bild in GIMP, bei dem Sie Metadaten hinzufügen wollen, und rufen Sie dann den METDATEN-EDITOR über BILD • METADATEN • METADATEN BEARBEITEN auf. In der Praxis werden Sie eventuell nicht extra ein Bild laden, nur um die Metadaten mit dem METADATEN-EDITOR zu bearbeiten, sondern vielmehr dürfte dies wohl der vorletzte Schritt bei der Bearbeitung eine Bildes sein, bevor Sie es in ein übliches Format zur Weitergabe wie JPEG, TIFF oder PNG exportieren.

2 Metadaten hinzufügen/ändern

Im Metadaten-Editor können Sie jetzt entweder vorhandene Daten ändern oder, wenn noch keine Daten vorhanden sind, welche hinzufügen. Hierzu finden Sie verschiedene Reiter vor. Im Beispiel habe ich bei der BESCHREIBUNG ❹ einen Titel, mich als Autor und bei URHEBERRECHTS-ADRESSE ❺ meine E-Mailadresse angegeben. Des Weiteren habe ich im Reiter IPTC ebenfalls noch einige Angaben wie meine Kontaktadresse hinzugefügt. Sind Sie mit den Anpassungen fertig, klicken Sie auf METADATEN SCHREIBEN ❻.

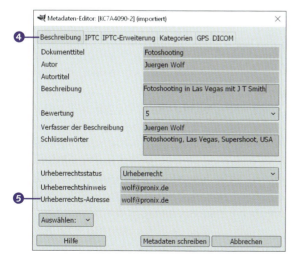

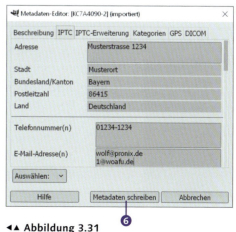

◀▲ **Abbildung 3.31**
Hier wurden Metadaten zum aktiven Bild hinzugefügt.

Metadaten beim Export entfernen

Ergo können Sie über denselben Weg die Häkchen vor EXIF-DATEN SPEICHERN, XMP-DATEN SPEICHERN und IPTC-DATEN SPEICHERN entfernen, wenn Sie nicht wollen, dass die Metadaten zum Bild hinzugefügt werden.

3 Metadaten exportieren

Wenn Sie jetzt das Bild in einem der Formate wie JPEG, TIFF oder PNG über DATEI • EXPORTIEREN ALS exportieren wollen, finden Sie bei den ERWEITERTEN OPTIONEN die entsprechenden Metadaten mit EXIF-DATEN SPEICHERN, XMP-DATEN SPEICHERN und IPTC-DATEN SPEICHERN vor. Wenn Sie ein Häkchen vor den entsprechenden Optionen setzen, werden die im Arbeitsschritt 2 hinzugefügten Metadaten im Header der Datenformate beim Export mitgespeichert.

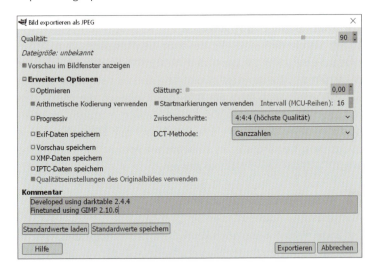

◂ **Abbildung 3.32**
Beim Exportieren in ein Datenformat, wie hier JPEG, können Sie die Metadaten bei ERWEITERTE OPTIONEN weitergeben.

3.3 Hilfsmittel zum Ausrichten und Messen

Beim Ausrichten von Bildern, Ebenen und Text sollten Sie sich nicht nur auf das Augenmaß verlassen, sondern die nützlichen Hilfsmittel zum Ausrichten und Messen kennen und verwenden. Daher geht dieser Abschnitt kurz darauf ein.

3.3.1 Lineal am Bildrand

Das Lineal ist ein sinnvolles Hilfsmittel beim Platzieren von Elementen oder um auf dem Bild bei den verschiedenen Zoomstufen den Überblick zu behalten. Das Lineal können Sie jederzeit über das Menü ANSICHT • LINEALE ANZEIGEN oder mit der Tastenkombination ⇧+Strg/Cmd+R (englisch *ruler* = Lineal) ein- und ausblenden. Der Ursprungspunkt (oder auch *Nullpunkt*) beginnt immer an der linken oberen Ecke des Bildes.

Wenn Sie mit dem Mauszeiger über das Bildfenster fahren, wird die aktuelle Mausposition mit den zwei kleinen schwarzen

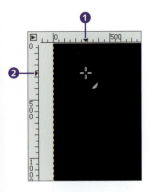

▴ **Abbildung 3.33**
Die Dreiecke im Lineal zeigen die Mausposition an.

3.3 Hilfsmittel zum Ausrichten und Messen

Dreiecken ❶ und ❷ angezeigt. Die voreingestellte Maßeinheit für das Lineal ist Pixel. Diese Einheit können Sie aber jederzeit und schnell über die Dropdown-Liste ❸ in der Statusleiste ändern.

▼ **Abbildung 3.34**
Maßeinheit des horizontalen und vertikalen Lineals einstellen

Nullpunkt | Es wurde bereits kurz erwähnt, dass der Nullpunkt (oder auch *Ursprungspunkt*) des horizontalen und vertikalen Lineals immer an der linken oberen Ecke des Bildes liegt. Ist die Bildansicht kleiner als das Bildfenster oder verschieben Sie die Bildfläche über den unteren oder rechten Scrollbalken, bleibt der Nullpunkt des Bildes trotzdem erhalten, nur werden dann die Werte des Lineals nach links und nach oben ins Negative überlaufen.

Welche Maßeinheit wofür?
Für die Bearbeitung von Bildern am Monitor (für das Internet, Präsentationen usw.) verwendet man gewöhnlich Pixel als Maßeinheit. Zentimeter und Millimeter (und gegebenenfalls Zoll) sind die Maßeinheiten für die Druckvorstufe. Die Maßeinheiten Punkt und Pica werden bevorzugt für die Schriftgröße in der Typografie verwendet.

◀ **Abbildung 3.35**
Ist der Bildausschnitt kleiner als das Bildfenster, werden nach links und nach oben negative Werte im Lineal angezeigt, immer ausgehend von der linken oberen Ecke des angezeigten Bildes.

3.3.2 Winkel und Strecken mit dem Maßband bestimmen

Sehr nützlich, um die Maße eines Bildobjekts zu messen, ist das Werkzeug MASSBAND (Tastenkürzel ⇧+M). Mit ihm können Sie eine Streckenlänge und Winkel messen. Das Ergebnis der Messung können Sie in einem Informationsfenster anzeigen lassen.

Abbildung 3.36
Die Werkzeugeinstellungen des Maßbands bieten eine einzige Option.

Werkzeugeinstellungen | Das Werkzeug selbst hat nur eine Einstellung, und zwar eine Checkbox INFO-FENSTER VERWENDEN, womit – wenn aktiviert – die aktuellen Messdaten in einem Informationsfenster angezeigt werden. Das Fenster ist nicht unbedingt nötig, weil Sie die Messdaten auch in der Statuszeile finden.

Werkzeug verwenden | Eine bestimmte Strecke oder einen Winkel messen Sie, indem Sie am Anfang des Messbereichs die Maustaste gedrückt halten und die Maus zum Zielmessbereich ziehen. Dadurch entsteht eine Messlinie mit einem Startpunkt ❷ und einem Endpunkt ❸. Diese Messlinie bleibt auch dann erhalten, wenn Sie die Maustaste loslassen. Wenn Sie jetzt auf einen der beiden Messpunkte gehen, finden Sie am Mauszeiger ein Verschieben-Symbol, mit dem Sie die einzelnen Messpunkte jederzeit nachträglich verschieben können.

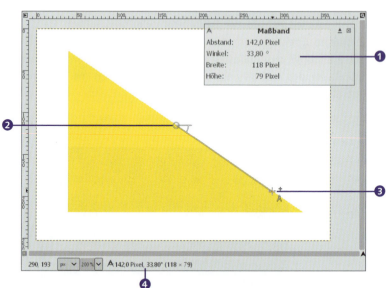

Abbildung 3.37
Das MASSBAND im Einsatz mit dem Info-Fenster

Die Werte der Messung können Sie jetzt entweder im Info-Fenster ❶ oder aus der Statusleiste ❹ ablesen. Der erste Wert ist immer der ABSTAND zwischen dem ersten ❷ und dem zweiten ❸

Messpunkt. Der WINKEL wird immer im angezeigten Quadranten im Wertebereich von 0° bis 90° angegeben. Der dritte Wert im Bunde ist die Größe unter Höhe und Breite, die den Koordinaten des Mauszeigers relativ zum ersten Messpunkt entspricht, im Grunde die gleichen Werte, als wenn Sie einen Rahmen aufziehen würden. Noch mehr können Sie aus diesem Werkzeug mit Tastenkombinationen herausholen.

Winkel zur Messlinie messen | Wenn Sie beispielsweise bereits eine Strecke zum Messen gezogen haben, können Sie die ⇧-Taste gedrückt halten. Am Mauszeiger erkennen Sie jetzt ein kleines Plussymbol. Mit diesem Plussymbol können Sie jetzt aus einem Messpunkt heraus mit gedrückt gehaltener Maustaste einen dritten Messpunkt herausziehen. Auf diese Weise messen Sie den Winkel zur vorherigen Linie. Die Position der drei Messpunkte können Sie auch hier jederzeit nachträglich ändern.

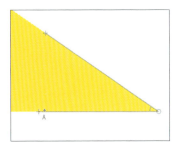

▲ Abbildung 3.38
Winkel messen mit gedrückt gehaltener ⇧-Taste

Waagerechten oder senkrechten Bereich messen | Wenn Sie das Messwerkzeug mit gehaltener Strg/Cmd-Taste verwenden, wird es auf ein Vielfaches von 15° beschränkt. Die Linien rasten dann immer in 15°-Schritten (beispielsweise 0°, 15°, 30°, 45° usw.) ein. Dies ist sehr nützlich, wenn Sie exakt waagerechte oder senkrechte Objekte messen wollen.

Hilfslinien am Messpunkt setzen | Sie können auch eine horizontale Hilfslinie exakt an einen Messpunkt setzen. Halten Sie hierzu einen Messpunkt Strg/Cmd gedrückt, bis sich der Mauszeiger in ein entsprechendes Symbol ❶ verwandelt. Klicken Sie jetzt mit der linken Maustaste, wird eine Hilfslinie ❷ an der Stelle hinzugefügt. Dasselbe funktioniert auch mit einer vertikalen Hilfslinie, nur müssen Sie hierbei die Alt-Taste an einem Messpunkt gedrückt halten. Halten Sie Strg/Cmd+Alt genau über einen Messpunkt gedrückt, können Sie an dieser Stelle mit einem Mausklick eine horizontale und eine vertikale Hilfslinie hinzufügen.

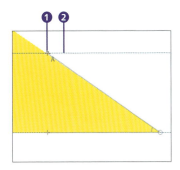

▲ Abbildung 3.39
Eine horizontale Hilfslinie wurde am Messpunkt hinzugefügt.

Messlinie verschieben | Wollen Sie die komplette Messlinie verschieben, halten Sie Strg/Cmd+Alt über der Messlinie gedrückt, wodurch am Mauszeiger ein Verschieben-Symbol erscheint. Jetzt können Sie die Messlinie mit gedrückter Maustaste verschieben. Achten Sie dabei darauf, dass Sie nicht Strg/Cmd+Alt über einem Messpunkt gedrückt halten, weil sich hiermit sonst eine vertikale und horizontale Hilfslinie am Messpunkt erstellen lässt.

3.3.3 Raster einstellen und verwenden

Wenn Sie Bildobjekte exakt positionieren wollen, ist das allein mit der Maus recht schwierig. Verwenden Sie hierfür beispielsweise ein Raster (ein Gitter). Solche Raster werden natürlich nicht auf einem Drucker wiedergegeben und lassen sich auch magnetisch einstellen. Ein- und Ausblenden können Sie ein Raster über den Menübefehl ANSICHT • RASTER ANZEIGEN.

Raster einstellen | Standardmäßig ist das Raster in 10 × 10 Pixel große Zellen aus schwarzen Linien eingestellt. In der Praxis sind diese Einstellungen nicht immer sinnvoll. Bei sehr großen Bildern oder dunklem Hintergrund erkennen Sie damit kaum etwas.

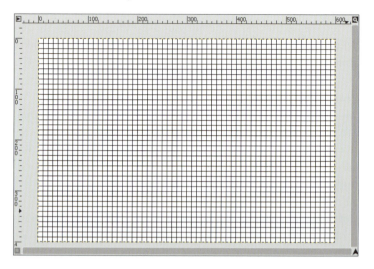

Abbildung 3.40 ▸
Die Standardeinstellung des Rasters ist nicht immer sinnvoll.

Die Größe des Rasters hängt somit immer von der Bildgröße und dem Anwendungsfall ab und lässt sich glücklicherweise über BILD • RASTER KONFIGURIEREN anpassen. Über LINIENSTIL ❶ (Abbildung 3.41) bestimmen Sie die Darstellung des Rasters. Standardmäßig wird hier DURCHGÄNGIG verwendet, was durchgehende Linien in der ausgewählten VORDERGRUNDFARBE ❷ erzeugt. Testen Sie einfach andere Linienstile. Für alle Linienstile wird die eingestellte Vordergrundfarbe verwendet, die Sie auch durch Anklicken über einen Farbwähler ändern können. Nur für den Linienstil DOPPELT GESTRICHELT werden VORDERGRUNDFARBE und HINTERGRUNDFARBE ❸ benutzt.

Über den ABSTAND ❹ ändern Sie die Größe (BREITE × HÖHE) der Rasterzellen. Der Standardwert ist PIXEL. Sie können aber auch in der Zeile darunter eine andere Maßeinheit einstellen. Solange die Kette ❺ unterhalb der beiden Werte geschlossen ist, werden die beiden Werte im selben Verhältnis verändert. Wollen

Sie das ändern, klicken Sie auf das Kettensymbol, und Sie können die Werte anschließend unabhängig voneinander eingeben.

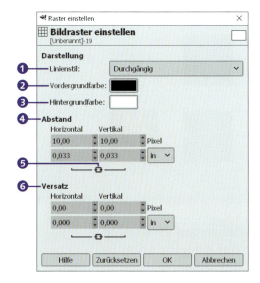

◄ **Abbildung 3.41**
Raster konfigurieren

Mit den Angaben in VERSATZ ❻ verschieben Sie den Abstand der ersten Rasterzelle vom Nullpunkt, der gewöhnlich die linke obere Ecke des Bildes ist.

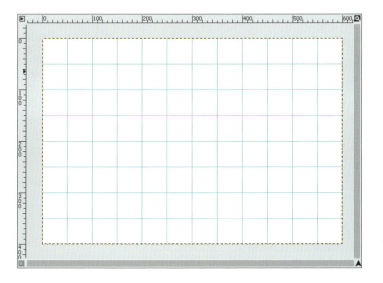

◄ **Abbildung 3.42**
Für die Rasterlinien wurde eine türkise VORDERGRUNDFARBE und für die BREITE und HÖHE wurden jeweils 50 Pixel verwendet. Der Linienstil ist DURCHGÄNGIG, und es wurde kein VERSATZ eingestellt.

Raster magnetisch machen | Um Objekte noch genauer an einem Raster auszurichten, können Sie die Rasterlinien magnetisch machen. Diese Funktion schalten Sie über ANSICHT • MAGNETISCHES RASTER ein oder aus. Damit bleiben Bild- oder Textelemente, Auswahlen und Ebenenkanten am Rastergitter »kleben«.

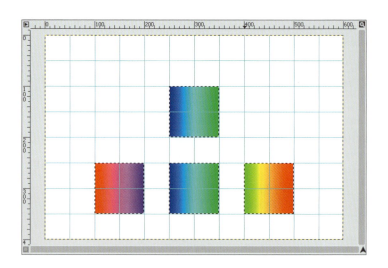

Abbildung 3.43 ▸
Dank magnetischen Rasters ist es relativ einfach, solch genaue Auswahlen zu erstellen.

3.3.4 Hilfslinien einstellen und verwenden

Sind Ihnen Raster nicht flexibel genug und wollen Sie die Objekte auf das Pixel genau ausrichten, sollten Sie Hilfslinien verwenden. Dabei können Sie mehrere horizontale und/oder vertikale Linien auf das Bild ziehen. Diese Linien werden natürlich ebenfalls weder mit gedruckt noch im Bild abgespeichert.

Hilfslinien ein-/ausblenden

Standardmäßig werden die Hilfslinien nach ihrer Erzeugung angezeigt. Sollten Sie allerdings diese Option deaktiviert haben, können Sie die Hilfslinien jederzeit über ANSICHT • HILFSLINIEN ANZEIGEN oder die Tastenkombination  ein- und ausblenden. Beachten Sie, dass sich bei nicht angezeigten Hilfslinien trotzdem neue Hilfslinien anlegen lassen, auch wenn diese im Augenblick nicht sichtbar sind.

Kapitel-003/
Hilfslinien.xcf

Abbildung 3.44 ▸
Die Textebene wurde mit Hilfe von Hilfslinien im Bild positioniert.

Hilfslinien manuell erstellen | Eine vertikale oder horizontale Hilfslinie erzeugen Sie, indem Sie sie mit gedrückter Maustaste aus dem Lineal herausziehen. Während des Ziehens sehen Sie eine durchgehende Linie ❶. Erst wenn Sie die Maustaste loslassen, wird daraus eine blau-schwarz gestrichelte Hilfslinie ❷, der

Mauszeiger wird zum Verschieben-Symbol ❸, und das Werkzeug VERSCHIEBEN ist aktiviert. Gehen Sie jetzt nachträglich mit dem Verschieben-Werkzeug auf die Hilfslinie, und die Linie ändert sich in eine rot-schwarz gestrichelte Hilfslinie ❹, was bedeutet, dass Sie diese Linie weiter verschieben können.

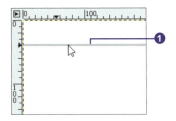

▲ Abbildung 3.45
Eine horizontale Hilfslinie wird aus dem Lineal herausgezogen.

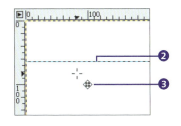

▲ Abbildung 3.46
Die Hilfslinie ist bereit.

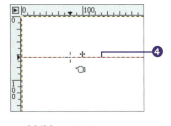

▲ Abbildung 3.47
Mit dem VERSCHIEBEN-Werkzeug können Sie die Hilfslinie weiter verschieben.

Sie können hiermit so viele horizontale und vertikale Linien erzeugen, wie Sie wollen. Für das nachträgliche Positionieren müssen Sie allerdings immer das Verschieben-Werkzeug (Tastenkürzel M) verwenden. Damit es mit dem VERSCHIEBEN-Werkzeug auch klappt, müssen in den Werkzeugeinstellungen unter VERSCHIEBEN das erste Icon ❺ und bei WERKZEUGMODUS die Option EBENE ODER HILFSLINIE AUSWÄHLEN ❻ aktiviert sein.

Zum Nachlesen

Mehr zum Verschieben-Werkzeug lesen Sie auf Seite 402, »Auswahllinien verschieben«.

Hilfslinie exakt positionieren | Um die Hilfslinie exakt zu positionieren, können Sie die Koordinaten links unten ❼ in der Statusleiste verwenden. Damit Sie sich nicht damit befassen müssen, was X ist und was Y, zeigt das VERSCHIEBEN-Werkzeug ebenfalls einen Eintrag wie HILFSLINIE HINZUFÜGEN: [POS] mit der Position an ❽. Auch hier erfolgen die Angaben standardmäßig in Pixel.

▲ Abbildung 3.48
Die nötigen Werkzeugeinstellungen, um die Hilfslinien zu verschieben

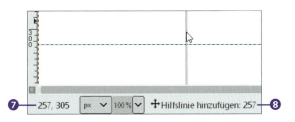

▲ Abbildung 3.49
Die Statusleiste gibt Ihnen Auskunft über die aktuelle Position der Hilfslinie.

Eine weitere Möglichkeit, eine neue Hilfslinie exakt an einer horizontalen oder vertikalen Position anzulegen, führt über ein Skript-Fu-Programm, das Sie über BILD • HILFSLINIEN • NEUE HILFSLINIE

Hilfslinien in Prozent
Über das MENÜ BILD • HILFSLI-NIEN • NEUE HILFSLINIE (IN PROZENT) können Sie wie mit dem Befehl NEUE HILFSLINIE eine vertikale oder horizontale Hilfslinie anlegen. Nur haben Sie hier die Möglichkeit, Hilfslinien prozentual anzulegen. Das ist sehr nützlich und erspart Ihnen die eine oder andere Rechnerei.

aufrufen. Im sich öffnenden Fenster geben Sie über RICHTUNG an, ob Sie eine horizontale oder eine vertikale Hilfslinie erzeugen wollen, und mit POSITION, wo die Hilfslinie, ausgehend vom Nullpunkt des Lineals, platziert werden soll. Die Maßeinheit lautet hier immer Pixel und kann nicht geändert werden.

Hilfslinie aus einer Auswahl erstellen | Ebenfalls enorm hilfreich ist das Kommando BILD • HILFSLINIEN • NEUE HILFSLINIEN AUS AUSWAHL, mit dem Sie rund um die Auswahl im Bild mehrere Hilfslinien legen.

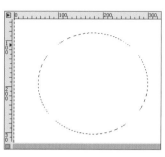
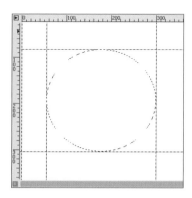

▲ **Abbildung 3.50**
Hier wurde eine einfache kreisrunde Auswahl erstellt …

▲ **Abbildung 3.51**
… während hier nach dem Befehl NEUE HILFSLINIEN AUS AUSWAHL rund um die Auswahl Hilfslinien angelegt wurden.

Objekt an Hilfslinien ausrichten (de-)aktivieren | Wie auch beim Raster können Sie die Hilfslinien magnetisch machen, damit Objekte von den Kanten der Hilfslinien angezogen werden. Standardmäßig sind die Hilfslinien magnetisch. Den Befehl zum (De-)Aktivieren dieser Option finden Sie im Menü unter ANSICHT • MAGNETISCHE HILFSLINIEN.

Hilfslinien entfernen | Einzelne Hilfslinien entfernen Sie ganz einfach, indem Sie sie mit dem Verschieben-Werkzeug ✥ M zurück zum Rand des entsprechenden Lineals schieben. Alle Hilfslinien auf einmal löschen Sie über den Menüpunkt BILD • HILFSLINIEN • ALLE HILFSLINIEN ENTFERNEN.

Kapitel 4
Grundlagen der Bildbearbeitung

Nachdem Sie bisher vorwiegend theoretische Seiten zur Benutzeroberfläche hinter sich haben, und der nächste Teil des Buches etwas mehr Praxis enthält, ist hier der ideale Zeitpunkt, um vorher noch auf einige wichtige Grundlagen der Bildbearbeitung einzugehen.

4.1 Pixel- und Vektorgrafiken

In der Darstellung von digitalen Bildinformationen unterscheidet man generell zwischen Pixelgrafik (auch Rastergrafik genannt) und Vektorgrafik.

4.1.1 Die Pixelgrafik – Punkt für Punkt

Das Prinzip, auf dem gewöhnlich die digitalen Bildbearbeitungsprogramme wie GIMP aufbauen, sind Pixelgrafiken. Bei einer Pixelgrafik werden die einzelnen Bildinformationen Punkt für Punkt mit einer Farbfläche aufgeteilt. Jedes einzelne Pixel (wird häufig mit *px* abgekürzt) enthält weitere Informationen wie Farbe, Helligkeit, Sättigung oder Transparenz.

Digitalkamera und Scanner
Natürlich sind auch alle Bilder, die Sie mit einer Digitalkamera aufgenommen oder einem Scanner eingescannt haben, automatisch Pixelbilder.

◄ **Abbildung 4.1**
Der Bildausschnitt rechts ist eine starke Vergrößerung der linken Seite. Hierbei werden die einzelnen Pixel des Bildes sichtbar.

Solche (meistens quadratischen) Bildpunkte fallen natürlich auf den ersten Blick auf dem Bildschirm nicht auf. Erst wenn Sie weit über die 1:1-Ansicht ins Bild hineinzoomen, erkennen Sie die einzelnen Pixel (bzw. Raster).

4.1.2 Die Vektorgrafik – das mathematische Bild

Vektorgrafiken werden nicht in einzelnen Bildpunkten, sondern mit mathematischen Funktionen beschrieben. Um beispielsweise einen Kreis zu zeichnen, benötigen Sie nur einen Radius, die Linienstärke und eventuell eine Farbe. Der Vorteil dabei ist, dass sich die Grafik beliebig skalieren lässt, ohne dass ein Qualitätsverlust entsteht. Und der Speicherverbrauch von Vektorgrafiken ist auch sehr bescheiden.

Auf fotorealistische Darstellungen müssen Sie bei Vektorgrafiken allerdings verzichten. Die Stärke von Vektorgrafiken liegt in der Erstellung von grafischen Primitiven (Linien, Kreise, Polygone, Kurven usw.), womit sich diese Grafiken bestens für die Erstellung von Diagrammen, Logos und natürlich kreativen Arbeiten eignen.

Programme für Vektorgrafiken
Bei den kommerziellen und professionellen Programmen sind hier InDesign, Illustrator, Affinity Designer, CorelDraw, Quark, PageMaker und FreeHand zu nennen. Auf der kostenlosen Seite sollte hier unbedingt Inkscape erwähnt werden, allein schon weil Sie damit gespeicherte SVG-Grafiken mit Pfaden auch in GIMP öffnen und mit diesen Pfaden weiterarbeiten können.

Abbildung 4.2 ▶
Die linke Banane wurde als Vektorgrafik erstellt und größer skaliert. Beim Vergrößern entstehen hiermit keine Verluste. Das Gleiche wurde rechts mit der Banane als exportierte Pixelgrafik gemacht. Hierbei erkennen Sie, dass, je größer Sie skalieren, die Kanten auch umso pixeliger werden.

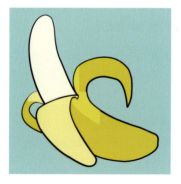 

Zum Nachlesen
Alles zum Thema Pfade und zur SVG-Datei erfahren Sie in Teil IX des Buches.

Ohne Probleme können Sie übrigens in GIMP SVG-Dateien (**S**calable **V**ector **G**raphics) öffnen, ein Format für Vektorgrafiken, das immer beliebter wird. Zwar kann GIMP keine Vektorgrafik im Vektorformat bearbeiten, aber die Pfade im SVG-Format werden genauso dargestellt wie in GIMP. Somit können Sie mit GIMP auch Bilder mit Pfaden als SVG-Datei speichern und in einem anderen Vektorprogramm öffnen.

4.2 Bildgröße und Auflösung

Jetzt wissen Sie, dass Bilder aus der Kamera oder dem Scanner aus vielen kleinen farbigen Bildpixeln bestehen. Die Menge dieser

Pixel in einem Bild bestimmt die Auflösung. Allerdings gibt es hierbei zwei Begriffe, die häufig durcheinandergebracht werden:
- die **absolute Auflösung (Pixelmaße, Bildgröße)**
- die **relative Auflösung**

4.2.1 Absolute Auflösung

Die absolute Auflösung wird entweder mit der Gesamtzahl der Pixel oder der Anzahl von Pixeln pro Spalte (vertikal) und Zeile (horizontal) angegeben. In der Werbung heben die Hersteller von Digitalkameras meistens die Gesamtzahl der Pixel (beispielsweise 12 Megapixel) hervor. Die Angabe der absoluten Auflösung (oder auch Bildgröße) über die Anzahl der vertikalen und horizontalen Pixel (beispielsweise 4 048 × 3 040 Pixel) ist eher bei Grafikkarten oder Bildschirmen gängig.

Wenn es wichtig ist, dass Sie die Bilder für den Bildschirmbereich optimieren, z. B. für eine Darstellung im Web, dann sind die Angaben der vertikalen und horizontalen Pixel von Bedeutung. Betrachten Sie hierzu Abbildung 4.3, wo jeweils dasselbe Bild mit 500 × 333 Pixeln im Webbrowser geladen wurde. Allerdings mit dem Unterschied, dass im linken Bild die Bildschirmauflösung des Monitors auf 1 920 × 1 080 Pixel und im rechten auf 1 024 × 768 Pixel gestellt wurde.

Zum Nachlesen

Das Thema wird hier nur rein theoretisch behandelt. Wie Sie tatsächlich die absolute und relative Auflösung von Bildern in der Praxis verändern und welche Aus- und Nebenwirkungen dabei auftreten, beschreibt Kapitel 22, »Bildgröße und Auflösung ändern«.

Kapitel-004/500x333.jpg

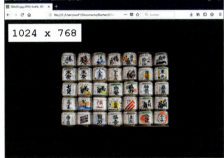

▲ **Abbildung 4.3**
Das Bild mit 500 × 333 Pixeln auf der linken Seite bei einer Bildschirmauflösung von 1 920 × 1 080 Pixeln und das gleiche Bild mit 500 × 333 Pixeln auf der rechten Seite bei einer Bildschirmauflösung von 1 024 × 768 Pixeln

An diesem Beispiel erkennen Sie sehr schön, dass das Bild umso kleiner dargestellt wird, je größer die Bildschirmauflösung ist. Daher müssen Sie sich beim Optimieren von Bildern auf dem Bildschirm von vornherein überlegen, in welcher Auflösung Sie das Bild skalieren.

Das Seitenverhältnis | An der Stelle kommt neben der absoluten Auflösung und der Pixelzahl noch das Seitenverhältnis ins Spiel, was häufig auch als Bildformat bezeichnet wird. Das Seitenverhältnis beschreibt, in welchen Verhältnis Breite und Höhe zueinander stehen. Bei dem Beispielbild von 500 × 333 Pixeln ist das Seitenverhältnis 500 zu 333. Aus diesen Werten erhält man durch Kürzen das Seitenverhältnis 3 zu 2, was dann 3:2 geschrieben wird.

4.2.2 Relative Auflösung

Die relative Auflösung beschreibt die tatsächliche Pixeldichte eines Bildes (für den Druck). Damit ist die Anzahl der Pixel für eine bestimmte Längeneinheit (hier Inch/Zoll) gemeint. Bezeichnet wird diese Auflösung mit dpi (dots per inch). Ein Inch entspricht jeweils 25,4 mm × 25,4 mm. In Abbildung 4.4 sind auf einem Zoll 8 dots dargestellt, daher beträgt die relative Auflösung hier 8 dpi.

Das Wort »relativ« vor »Auflösung« müsste eigentlich in Klammern gesetzt werden, da der Begriff so nicht richtig ist, weil die Punktdichte eine absolute physikalische Größe ist, die gemessen werden kann. Allerdings ist der Begriff *relative Auflösung* weit verbreitet, und daher habe ich es so belassen.

Beim Druck ist die Auflösung besonders wichtig. Je mehr Pixel pro Inch/Zoll vorhanden sind, desto feiner und höher aufgelöst sind die einzelnen Bildpunkte beim Druck. Wichtig sind hierbei auch die Werte für die Pixelmaße (Höhe und Breite). Um ein Bild mit einer hohen Auflösung zu drucken, muss auch die Pixelanzahl des Bildes groß genug sein. Zwar können Sie auch ein Bild mit 200 × 200 Pixeln in sehr hoher Auflösung drucken, dann aber nur in Daumengröße. Ein Bild muss also für den Druck nicht nur über eine hohe Auflösung verfügen, sondern auch über eine entsprechend hohe Anzahl von Pixeln in Höhe und Breite.

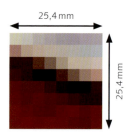

▲ **Abbildung 4.4**
Um ein visuelles Bild von der Einheit dpi zu erhalten, sehen Sie hier ein Bild mit 8 dpi. Jeder Bildpunkt entspricht einem Quadrat mit 3,2 mm Kantenlänge.

◀ **Abbildung 4.5**
Diese Abbildung hat 150 dpi und die Kantenlänge der einzelnen Pixel liegt bei 0,17 mm, weshalb das Bild im Druck schon sehr scharf wirkt.

dpi im Web
Eigentlich spielt es keine Rolle, welche Auflösung Sie im Web verwenden. Egal, ob Sie 72, 150 oder 300 dpi verwenden, die Anzeige von Bildern auf den Computerbildschirmen erfolgt ohnehin immer in Relation zu anderen auf dem Bildschirm angezeigten Elementen. Für das Web bleiben somit die Pixelangaben der absoluten Auflösung das Maß aller Dinge.

Gängig empfohlene Auflösungen für den professionellen Druck sind etwa 300 dpi. Für das Drucken mit gebräuchlichen Laser- oder Tintenstrahldruckern reichen in der Regel häufig auch 150 dpi bis 200 dpi aus. Für Bilder im Web sind 72 dpi bis 100 dpi mehr als ausreichend. Mehr dpi im Web machen nur die Datei größer und verlängern die Ladezeit.

4.3 Grundlagen zu Farben

Farben sind keine Naturgesetze, sondern lediglich subjektive Sinnesreize, die durch die Reflexion von Licht auf einer Oberfläche hervorgerufen werden. Wie genau allerdings der gelb schimmernde Sand oder das blau reflektierende Meer in unserem Gehirn als Farbwahrnehmung verarbeitet wird, ist wissenschaftlich noch nicht ganz geklärt. Wie dem auch sei, Farben zählen in der Bearbeitung von Grafiken oder digitaler Fotografien zu den wichtigsten Ausdrucksmitteln.

4.3.1 Farbmodelle

Bilder werden immer in irgendeinem Farbmodell gespeichert. Jedes Farbmodell bestimmt dabei, wie die Farben von einem Ein- oder Ausgabegerät (Monitor, Digitalkamera, Scanner, Drucker, TV usw.) erkannt und dargestellt werden. Mittlerweile gibt es über 40 (!) verschiedene Farbmodelle. Jedes Farbmodell hat dabei seine Anwendungsgebiete. Beschränkt man die Farbmodelle auf die digitale Bildbearbeitung, bleiben höchstens drei bis vier Modelle übrig, die sich hierfür sehr gut eignen. Schränkt man dann auch noch digitale Bildbearbeitung auf die Praxis ein, bleiben eigentlich nur noch das RGB-Farbmodell und das CMYK-Farbmodell übrig, die von wichtiger Bedeutung sind.

RGB-Farbmodell | Das RGB-Modell ist wohl das gängigste Modell und wird vorwiegend bei Digitalkameras, Monitoren, TV-Geräten und Scannern verwendet, also Geräten, die mit Licht arbeiten. Beim RGB-Modell handelt es sich um eine additive Farbsynthese, also eine Mischung von Lichtfarben. Die Primärfarben dieser Farbmischung sind Rot, Grün und Blau. Wenn alle drei Farben auf einen Punkt strahlen, ergibt dies die Farbe Weiß. Schwarz entsteht, wenn – logischerweise – kein Licht strahlt. Leuchten jeweils nur zwei der drei Farben, entstehen die Sekundärfarben Gelb, Magenta und Cyan.

Jedes Pixel in einem RGB-Farbmodell besteht aus den drei Kanälen **R**ot, **G**rün und **B**lau. Wenn alle drei Kanäle den Wert 0 haben, wird somit kein Licht verwendet, und das Pixel bleibt schwarz. Bei voller Leuchtstärke von 255 der Kanäle Rot, Grün und Blau (jeder Kanal besitzt den Wert 255) leuchtet das Pixel weiß. Je höher der Wert ist, desto größer ist also die Intensität.

Buchtipp
Falls Sie sich mehr mit dem Thema Farben und wie diese auf uns wirken beschäftigen wollen, empfehle ich Ihnen das Buch »Grundkurs – Grafik und Gestaltung« von Claudia Korthaus (ISBN 978-3-8362-6000-8). Wie Sie aus dem Buchtitel unschwer herauslesen können, behandelt das Buch natürlich noch viele andere Themen rund um Grafik und Gestaltung.

Primär- Sekundär- und Tertiärfarben
Als Primärfarben werden die Grundfarben des RGB- und des CMYK-Modells bezeichnet. Werden zwei Primärfarben gemischt, spricht man von Sekundärfarben. Werden alle Primärfarben miteinander vermischt, entsteht eine Tertiärfarbe.

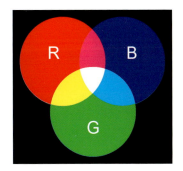

▲ Abbildung 4.6
Das RGB-Farbmodell

Über diese drei Kanäle lassen sich somit 16,7 Millionen Farben (256 × 256 × 256) darstellen – mehr, als unser menschliches Auge unterscheiden kann. Tabelle 4.1 listet die grundlegenden Farbmischungen der Primär- und Sekundärfarben auf.

Tabelle 4.1 ▶
Grundlegende Farbmischung im RGB-Farbmodell

Farbe	Rot-Wert	Grün-Wert	Blau-Wert
Rot	255	0	0
Grün	0	255	0
Blau	0	0	255
Gelb	255	255	0
Magenta	255	0	255
Cyan	0	255	255
Weiß	255	255	255
Schwarz	0	0	0
Grau	127	127	127

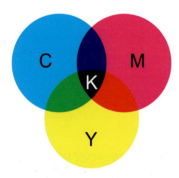

▲ Abbildung 4.7
Das CMYK-Farbmodell

Kein CMYK mit GIMP
GIMP kann das CMYK-Farbmodell derzeit noch nicht direkt verwenden. Zwar können Sie CMYK-Bilder mit GIMP öffnen, aber diese werden gleich nach dem Öffnen in das RGB-Modell konvertiert. Es gab hierfür ein Plugin namens *Separate+*, welches allerdings mit der neuen GIMP-Version 2.10 zur Drucklegung (noch) nicht kompatibel war.

CMYK-Farbmodell | Das CMYK-Farbmodell wird bevorzugt bei Druckverfahren eingesetzt, und daher dürfte es auch logisch sein, dass dieses Modell im Gegensatz zum RGB-Modell keine Mischung mit Licht ist – das würde beim Drucken auch nicht viel nutzen. Das CMYK-Farbmodell ist eine subtraktive Farbmischung und beschreibt eine Farbmischung von nicht selbst leuchtenden Farben. Die Abkürzung CMYK steht für **C**yan (Türkis), **M**agenta (Fuchsinrot), **Y**ellow (Gelb) und Blac**k** (Schwarz).

Eigentlich würden Cyan, Magenta und Yellow rein theoretisch ausreichen, um Schwarz zu erstellen. Hierfür müssten lediglich alle drei Werte auf 100 % gestellt werden (CMYK-Farben werden mit Prozentwerten definiert). Allerdings eben nur rein theoretisch und nicht praktisch. Daher wird außerdem die Farbe Schwarz verwendet, damit auch Kontrast und Tiefe zufriedenstellend dargestellt werden können. Genau genommen, dient Schwarz nur dazu, die Helligkeit der CMY-Farben einzustellen. Beim Drucken wird hierbei vom Vierfarbdruck gesprochen.

HSV-Farbmodell | Das HSV-Farbmodell soll hier nicht unerwähnt bleiben, weil es der Art, wie wir Farben wahrnehmen, am nächsten kommt. HSV steht für **H**ue (Farbton), **S**aturation (Sättigung) und **V**alue (Helligkeitswert). Und so fällt es uns auch leichter, Farben zu erkennen. Die Farbe erkennen wir am Farbton, und erst dann nehmen wir die Helligkeit (zu hell oder zu dunkel) und Sättigung der Farbe wahr. Mit GIMP können Sie beispielsweise mit diesem Farbmodell mit dem Farbwähler die Vordergrund- und/oder Hintergrundfarbe auswählen (siehe Seite 250, »Der Farbwähler von GIMP«). Auch der EINFÄRBEN-Dialog, den Sie über FARBEN • EINFÄRBEN aufrufen, arbeitet nach dem HSV-Farbmodell. Des Weiteren funktionieren auch einige Filter aus dem gleichnamigen Menü nach dem HSV-Modell. Auch einige Ebenenmodi sind mit dem HSV-Farbmodell implementiert.

LCH-Farbmodell | Neben dem HSV-Farbmodell kommt auch das LCH-Farbmodell in GIMP häufiger zum Einsatz. So finden Sie es auch beim Farbwähler der Vordergrund- und/oder Hintergrundfarbe vor. Auch spezielle Ebenenmodi sind mit diesem Farbmodell realisiert worden. Das LCH-Farbmodel entspricht dem Lab-Farbraum und ist dem HSV-Farbmodell recht ähnlich, es ist jedoch zylindrisch aufgebaut. Die farbmetrischen Größen lauten hier Helligkeit (**L**ightness), Buntheit (**C**hrominanz) und Farbton (**H**ue).

4.3.2 Farbraum (Bildmodus) ermitteln und ändern

In welchem Farbraum Sie ein Bild in GIMP gerade bearbeiten, erkennen Sie in der Titelleiste ❶.

◀ Abbildung 4.8
Das Bild ist im RGB-Farbraum geöffnet.

Das Gleiche können Sie auch über das Untermenü BILD • MODUS ermitteln. Der Eintrag, vor dem sich ein Punkt ❷ befindet, zeigt, in welchem Farbraum Sie das Bild gerade bearbeiten.

◀ Abbildung 4.9
Das Bild wird im Graustufen-Modus bearbeitet.

Farbraum (Bildmodus) festlegen | Über das Untermenü BILD • MODUS konvertieren Sie den eingestellten Bildmodus in einen anderen. Beachten Sie allerdings, dass Sie beim Wechseln des Farbraums auch die Farbwerte ändern, die bei einer Rückkonvertierung nicht mehr wiederhergestellt werden können. Zur Konvertierung von einem in den anderen Modus wählen Sie im Untermenü BILD • MODUS den Modus RGB, GRAUSTUFEN oder

Bild neu anlegen

Wenn Sie über DATEI • NEU ein neues Bild erstellen, können Sie in der Dropdown-Liste FARBRAUM zwischen den Farbmodi RGB und GRAUSTUFEN auswählen.

INDIZIERT aus. Den BITMAP-Modus gibt es auch, aber dieser ist nur über INDIZIERT zu erreichen.

Kapitel-004/
Super-Robin.jpg

RGB-Modus | Im RGB-Modus arbeitet GIMP standardmäßig, und damit dürfte es am wenigsten Probleme geben. Auch beim Importieren von der Kamera oder vom Scanner werden Bilder gewöhnlich im RGB-Modus übertragen. Außerdem können Sie sich nur im RGB-Modus sicher sein, dass Sie alle Funktionen von GIMP verwenden können. Auch die meisten Webbrowser verwenden bevorzugt den RGB-Modus und können teilweise gar keine Bilder in einem anderen Modus wiedergeben.

Abbildung 4.10 ▶
Im RGB-Modus gespeichertes Bild

Graustufen-Modus | Konvertieren Sie ein Bild in den Graustufen-Modus, wird das Bild nur noch in einem Kanal mit 8 Bit gespeichert; im RGB-Modus waren es drei Kanäle mit je 8 Bit. Das Bild wird hier praktisch auf 256 Graustufen reduziert. Mit 0 (hellstes Weiß) bis 255 (tiefstes Schwarz) wird die Darstellung des Bildes erzielt.

Abbildung 4.11 ▶
Das Bild wurde im Graustufen-Modus gespeichert.

4.3 Grundlagen zu Farben

Modus »Indiziert« | Wenn Sie Bilder in den Modus INDIZIERT konvertieren, wird jedem Pixel im Bild anstelle eines RGB-Wertes ein Index auf den Wert einer Farbpalette zugewiesen. Jedes Pixel erhält bei diesem Modus vor der Konvertierung eine Indexnummer. Zu dieser Nummer wird dann aus einer Farbtabelle eine möglichst ähnliche Farbe gesucht und mit der entsprechenden Farbe im Bild getauscht. Auch hier ist die Anzahl der Farben auf 8 Bit, also 256 Farben, beschränkt.

Da weniger Informationen zum Speichern nötig sind, wird natürlich auch die Bildgröße geringer. Eine geringere Speichergröße ist eher im Webbereich für Grafikformate wie GIF oder PNG interessant. Zur Bildbearbeitung ist diese Farbreduzierung eher nicht geeignet.

Ausgegraute Funktionen
Wenn Sie Bilder im Graustufen-Modus oder im Modus INDIZIERT bearbeiten, sind viele Funktionen (beispielsweise im Menü FARBEN) ausgegraut. Dies liegt daran, dass viele Funktionen nur im RGB-Modus auf alle drei Kanäle wirken und verwendet werden können.

◄ **Abbildung 4.12**
Das Bild auf indizierte 16 Farben reduziert

Wenn Sie ein Bild in den Modus INDIZIERT konvertieren wollen, öffnet sich ein Dialog dazu. Hier müssen Sie zunächst unter FARBTABELLE eine Tabelle auswählen, mit der die Farben im Bild ausgetauscht werden sollen. Hier stehen Ihnen zur Verfügung:

- OPTIMALE PALETTE ERZEUGEN: Damit erzielen Sie das beste Ergebnis. Hierbei können Sie zusätzlich über MAXIMALE ANZAHL DER FARBEN die Farben reduzieren. Maximal sind 256 Farben möglich (Standardeinstellung).
- INTERNET-OPTIMIERTE PALETTE VERWENDEN: Erstellt eine Palette mit websicheren Farben. Diese Option ist eigentlich heutzutage überflüssig und veraltet.
- SCHWARZ/WEISS-PALETTE (1-BIT) VERWENDEN: Damit reduzieren Sie die Farben des Bildes auf Schwarz und Weiß und erzeugen praktisch ein Bitmap. Um allerdings zu erkennen, dass es sich tatsächlich um reines Schwarz und Weiß und nicht um ein Graustufenbild handelt, sollten Sie zur Überprüfung nach der Konvertierung etwas mehr in das Bild hineinzoomen.

▶ Eigene Palette verwenden: Hier können Sie aus einer Reihe von vorinstallierten oder selbst erstellten Paletten auswählen. Mit dem Befehl Nicht verwendete Farben aus der Palette entfernen löschen Sie Farben, die Sie gar nicht im Bild benötigen, endgültig aus der Palette.

Abbildung 4.13 ▶
Bild in indizierte Farben umwandeln

Unterhalb von Dithering können Sie den Verlusten gegensteuern, die bei Farbverläufen auftreten. Hiermit werden die Farben so vermischt, dass wieder ein Farbverlauf entsteht.

▲ Abbildung 4.14
Solch unschöne Effekte beim Reduzieren der Farben eines Farbverlaufs können Sie mit einer …

▲ Abbildung 4.15
… Farbrasterung mittels Floyd-Steinberg (normal) vermeiden.

▲ Abbildung 4.16
Hier wurde eine spezielle Farbtabelle unter Eigene Palette verwenden zum Indizieren verwendet, und zwar *Gold* (eine Standardpalette von GIMP).

4.3.3 Zerlegen der Farbmodelle

Über den Befehl Farben • Komponenten • Zerlegen öffnet sich ein Dialog, mit dem Sie ein Bild in die einzelnen Farbkanäle verschiedener Farbmodelle zerlegen können. Beachten Sie allerdings, dass die einzelnen Kanäle als Graustufenbilder abgebildet werden. Wenn Sie die zerlegten Farbkanäle später mit FARBEN • KOMPONENTEN • WIEDER ZUSAMMENFÜGEN, ist das Bild wieder komplett in Farbe zu sehen.

Der Vorteil, wenn Sie Bilder in ihre einzelnen Kanäle auflösen, liegt darin, dass Sie hiermit, richtig angewendet, Bilder verbessern oder bessere Schwarzweißbilder erstellen können.

Über FARBMODUS ❶ legen Sie fest, in welche einzelnen Komponenten Sie das Bild zerlegen wollen. In welche Modelle Sie die Farbkanäle trennen können, erläutere ich gleich.

Wenn Sie die Option IN EBENEN ZERLEGEN ❷ verwenden, wird ein neues Bild erzeugt, in dem jede Ebene einen separaten Farbkanal präsentiert. Verwenden Sie diese Option nicht, wird für jeden Farbkanal ein neues Bild in einem eigenen Bildfenster erzeugt. Mit der zweiten Option VORDERGRUND ALS REGISTERFARBE ❸ lassen Sie jedes Pixel der aktuell eingestellten Vordergrundfarbe in den zerlegten Bildern bzw. Ebenen in Schwarz anzeigen. Diese Option ist allerdings nur für den CMYK-Druck interessant.

Schärfen im Lab-Modus

Ein solches Beispiel, wie Sie ein Bild in die einzelnen Teile des Lab-Farbmodells zerlegen und schärfen können, finden Sie auf Seite 680, »Schärfen im LAB-Modus«.

▲ Abbildung 4.17
Der Dialog zum Zerlegen eines Bildes in die einzelnen Farbkanäle

▲ Abbildung 4.18
Das Ausgangsbild soll in die einzelnen RGB-Kanäle zerlegt werden.

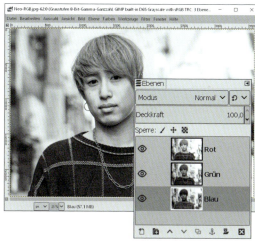

▲ Abbildung 4.19
Nach dem Zerlegen wird ein neues Bild mit den drei Farbkanälen Rot, Grün und Blau in den Ebenen erzeugt. Ohne die Option IN EBENEN ZERLEGEN wären diese drei Ebenen in jeweils drei einzelne Bildfenster aufgeteilt worden.

Die folgenden Werte können Sie für den FARBMODUS auswählen, um die Bilder in dementsprechende Kanäle zu extrahieren:

▶ **RGB**: Damit erzeugen Sie ein Graustufenbild, das die Kanäle Rot, Grün und Blau in je einer Ebene bzw. in drei Bildfenstern

Zum Nachlesen

Wenn Sie Einsteiger sind, werden Sie im Augenblick mit Begriffen wie *Ebenen* und *Alphakanal* bombardiert. Diese wichtigen Themen werden noch gesondert in Teil V des Buches ausführlich behandelt. Machen Sie sich an dieser Stelle noch keine Gedanken darüber. Hier geht es ohnehin eher um ein theoretischeres Thema.

(abhängig von der Option IN EBENEN ZERLEGEN) und die Kanäle Grau und Transparenz (Deckkraft) enthält.

- **RGBA**: Wie RGB, nur wird hier eine zusätzliche Ebene bzw. ein zusätzliches Bildfenster erzeugt, in der bzw. in dem die Transparenzwerte (Alphakanal) des Bildes enthalten sind. Transparente Pixel werden in Schwarz und deckende Pixel in Weiß angezeigt.
- **Alpha**: Hiermit extrahieren Sie nur den Alphakanal (Transparenz) eines Bildes. Die transparenten (durchsichtigen) Pixel werden in Schwarz und die deckenden Pixel in Weiß angezeigt.
- **HSV**, **HSL**: HSV erzeugt ein Graustufenbild mit den Ebenen »Farbton« (*Hue*), »Sättigung« (*Saturation*) und »Helligkeit« (*Value*). Auch hier gilt: Es wird zwar alles in Graustufen angezeigt, aber die Ebene »Farbton« präsentiert trotzdem Farbwerte. HSL ist recht ähnlich, nur dass hier der dritte Wert anstelle der Helligkeit (*Value*) in die relative Helligkeit (L = *Lightness*) extrahiert wird.
- **CMY**, **CMYK**: Damit wird das Originalbild in drei bzw. vier Ebenen mit Graustufen für Cyan, Magenta, Yellow (und Schwarz) zerlegt. Sollten Sie diese CMY(K)-Zerlegung allerdings für den Druck verwenden wollen, rate ich davon ab, weil die Zuverlässigkeit des CMY(K)-Farbmodells von GIMP nicht gegeben ist.
- **LAB**: Damit zerlegen Sie das Bild in die drei Ebenen bzw. Bildfenster für *Luminance* (Leuchtkraft, Helligkeit), a (Farbtöne zwischen Grün und Rot) und b (Farbtöne zwischen Blau und Gelb). Bei diesem Modell wird ein Kanal für die Leuchtkraft verwendet, die anderen beiden Kanäle bilden die Farbtöne ab.
- **LCH**: Hiermit zerlegen Sie das Bild in ein Graustufenbild mit den drei Ebenen Helligkeit (*Lightness*), Buntheit (*Chrominanz*) und Farbton (*Hue*).
- **YCbCr**: Früher wurde dieses Modell für analoge Videos im PAL-Standard verwendet. In GIMP gibt es mehrere solcher YCbCr-Versionen, bei denen immer jeweils drei Ebenen bzw. Bilder erzeugt werden, eine Ebene/ein Bild für die Leuchtkraft und je eine Ebene/ein Bild für bläuliche und für rötliche Farben.

Wieder zusammenfügen | Um die zerlegten Bilder wieder zu einem Bild zusammenzufügen, verwenden Sie das Kommando FARBEN • KOMPONENTEN • WIEDER ZUSAMMENFÜGEN. Die einzelnen Kanäle werden dabei zu dem Bild zusammengefügt, das Sie zum Zerlegen verwendet hatten. Dies setzt natürlich voraus, dass Sie dieses Bild noch in GIMP geöffnet haben. Ein erneutes Öffnen funktioniert hier auch nicht mehr, weil GIMP für jedes neue Bildfenster eine andere Identifikationsnummer (Bild-ID) vergibt.

Zusammensetzen | Mit dem Befehl WIEDER ZUSAMMENFÜGEN fügen Sie ein Bild vom extrahierten Farbmodell wieder zum selben Farbmodell zusammen. Wenn Sie beispielsweise ein RGB-Bild in die einzelnen RGB-Kanäle zerlegt haben, wird das Bild mit WIEDER ZUSAMMENFÜGEN wieder in ein RGB-Bild zusammengesetzt. Wesentlich flexibler ist hierbei der Befehl FARBEN • KOMPONENTEN • ZUSAMMENSETZEN, bei dem Sie zum einen das Farbmodell (Farbmodus), wie das Bild zusammengesetzt werden soll, wählen und die einzelnen Kanäle zuweisen (tauschen) können. Damit lassen sich durchaus interessante Effekte erzielen.

Über KANÄLE ZUSAMMENSETZEN wählen Sie mit dem FARBMODUS ❶ aus, in welche Komponenten das Bild zusammengesetzt werden soll. Die einzelnen Farbmodi wurden bereits bei der Funktion ZERLEGEN beschrieben.

Über KANAL-ZUWEISUNGEN ❷ wählen Sie aus, welche Ebene bzw. welches Bild in welchem Farbkanal des gewählten FARBMODUS ❶ verwendet werden soll. Natürlich können Sie hierbei auch Farbkanäle tauschen. Über die Dropdown-Liste der einzelnen Kanäle können Sie auch einen Wert MASKENWERT auswählen. Danach können Sie für diesen Kanal einen MASKENWERT von 0 bis 255 auf der rechten Seite einstellen.

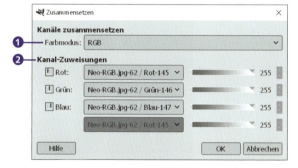

◀ **Abbildung 4.20**
Der Dialog zum Zusammensetzen extrahierter Kanäle in einem beliebigen FARBMODUS

◀ **Abbildung 4.21**
Das Bild wurde zunächst in die einzelnen RGB-Kanäle zerlegt und dann mit dem Dialog ZUSAMMENSETZEN wieder im RGB-Modus zusammengesetzt. Für den blauen Kanal wurde hierbei ein auf 190 reduzierter MASKENWERT verwendet.

Die Möglichkeit, Bilder mit bis 32 Bit Farbtiefe zu bearbeiten, wurde neu mit GIMP 2.10 eingeführt.

4.3.4 Farbtiefe

Der Begriff Farbtiefe ist fast jedem geläufig, der schon einmal einen Monitor eingestellt hat. Neben der Auflösung lässt sich hier immer die Farbtiefe bestimmen. Die Farbtiefe beschreibt die Farbeigenschaft eines einzelnen Pixels – genauer gesagt, wie viele unterschiedliche Farben ein einzelnes Pixel aufnehmen kann.

Und wie viel, das hängt natürlich auch wieder vom verwendeten Bildmodus ab. Bei einem reinen Schwarzweißbild, einem Bitmap, wo es eben nur die beiden Farben Schwarz und Weiß gibt, spricht man von 1 Bit Farbtiefe. Ein Bit ist auch die kleinste Datenmenge in der Informatik und kann entweder den Wert 0 oder 1 haben. Um Schwarz oder Weiß darzustellen, ist lediglich 1 Bit nötig: Hat das Bit den Wert 0, ist unser Bild schwarz. Hat das Bit den Wert 1, dann haben wir die Farbe Weiß.

Hat ein Bild hingegen 8 Bit pro Kanal, wie es häufig bei klassischen JPEG-Fotos aus der Kamera der Fall ist, ergeben sich daraus 256 Farben pro Kanal. Im Falle eines RGB-Bildes mit drei Kanälen (Rot, Grün und Blau) erhalten Sie insgesamt 24 Bit Farbtiefe. Somit steht für ein einzelnes Pixel 16,7 Millionen Farbmöglichkeiten zur Verfügung.

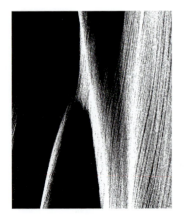

▲ **Abbildung 4.22**
Ein Bild mit 1 Bit Farbtiefe

▲ **Abbildung 4.23**
Ein Bild reduziert auf den Graustufenmodus mit 256 Graustufen in einem Kanal

▲ **Abbildung 4.24**
Ein RGB-Bild mit 8 Bit pro Kanal

Wie viel sehen wir?
Unser Auge vermag etwa 50–100 Helligkeitswerte zu unterscheiden. Ein Bild mit 8 Bit ist daher für unsere Auge völlig ausreichend.

Dabei bleibt es aber nicht. Seit der Einführung der GEGL-Grafikbibliothek in GIMP 2.10 kann mit 16 Bit bzw. 32 Bit Farbtiefe pro Kanal (!) gearbeitet werden. Das heißt, dass alle Bearbeitungen von Farbe, Belichtung, Helligkeit, Kontrast und Sättigung auch mit 16 bzw. 32 Bit Farbtiefe pro Kanal durchgeführt werden können.

Zwar kann unser menschliches Auge ohnehin nichts mit den hohen Farbtiefen von 16 bzw. 32 Bit anfangen, aber mehr Farbinformationen in einem Bild bedeuten mehr Informationen zum Nachbearbeiten von Farben, Belichtung, Kontrast, Helligkeit oder der Sättigung. Bei einem Bild mit 8 Bit ist schnell das Ende erreicht und ganz helle oder dunkle Informationen im Bild lassen sich nicht retten, weil diese gar nicht mehr vorhanden sind.

Abbildung 4.25 wurde im JPEG-Format mit 8 Bit pro Farbkanal aufgenommen. Hierbei wurde versucht, den überstrahlten Himmel zu retten und noch Details aus den dunklen Schatten im Vordergrund hervorzuholen. Mehr, als in Abbildung 4.25 zu sehen ist, war hier nicht mehr möglich, weil sonst der Himmel komplett weiß geworden und in den Tiefen im Vordergrund unschönes Bilderrauschen entstanden wäre.

Dasselbe Bild sehen Sie nochmals in Abbildung 4.26, nur wurde hier im RAW-Format fotografiert und das Bild über Darktable in GIMP geöffnet und nachbearbeitet. In der Grundeinstellung erzeugen Kameras im RAW-Format häufig Bilder mit 12 Bit pro Farbkanal, was somit schon mal 4096 Abstufungen pro Farben bedeuten (im Gegensatz zu den 256 Abstufungen bei 8 Bit). Daher konnte aus dem Bild, wie Sie im Vergleich zur Abbildung 4.25 daneben auch deutlich sehen können, noch viel mehr aus den hellen und dunklen Bereichen gerettet werden.

Zum Nachlesen

Wie Sie RAW-Dateien mit Darktable in GIMP zum Bearbeiten öffnen können, wurde in Kapitel 8, »Bilder mit Darktable bearbeiten«, beschrieben.

◄◄ **Abbildung 4.25**
Aus dem JPEG mit 8 Bit konnte nicht mehr viel herausgeholt werden.

◄ **Abbildung 4.26**
Da mehr Informationen in den 12 Bit eines RAW-Bildes vorliegen, ließ sich hier noch viel mehr aus den Tiefen und Lichtern herausholen.

An der Stelle sollte noch hinzugefügt werden, dass viele Kameras auch noch anbieten, ein RAW-Bild mit 14 Bit aufzunehmen, womit Sie dann schon satte 16 384 Helligkeitswerte pro Farbe zur Verfügung hätten. Hier geht es jetzt allerdings nicht darum, den Vorteil von RAW gegenüber JPEG zu behandeln, sondern lediglich darum, was höhere Farbtiefen für Vorteile haben können. Mehr Informationen bedeuten schlicht und einfach mehr Möglichkeiten in der Nachbearbeitung von Bildern.

Genauigkeit ändern | Bilder, die Sie in GIMP öffnen, werden in der Regel entsprechend der Farbtiefe geöffnet. Ein JPEG aus der Kamera wird gewöhnlich auch mit 8 Bit pro Kanal geladen. Haben Sie eine TIFF-Datei mit 16 Bit pro Kanal vorliegen, wird auch diese Datei mit dieser Farbtiefe in GIMP geöffnet. Öffnen Sie hingegen ein RAW-Bild über Darktable oder RawTherapee in GIMP, werden hier gleich die maximalen 32 Bit pro Farbkanal verwendet. Legen Sie hingegen ein neues Bild an, haben Sie selbst die Wahl, in welcher Farbtiefe Sie arbeiten wollen.

GIMP bietet hier auch an, die verschiedenen Farbtiefen (8/16/32 Bit) zu konvertieren. So können Sie aus einem Bild mit 32 Bit pro Kanal jederzeit ein Bild mit 16 Bit pro Farbkanal machen. Ebenso funktioniert dies in die andere Richtung, und Sie können aus einem Bild mit 8 Bit pro Kanal jederzeit ein Bild mit 16 Bit oder gar 32 Bit pro Kanal machen. Natürlich sollte hierbei auch klar sein, dass ein »Upgrade« von 8 Bit pro Kanal auf beispielsweise 16 Bit pro Kanal nicht bedeutet, dass hier neue Informationen zum Bild hinzugefügt werden. Informationen, die vorher nicht im Bild waren, sind auch nach der Konvertierung nicht vorhanden.

Die Befehle (siehe Abbildung 4.27) zum Konvertieren der Farbtiefen finden Sie im Untermenü BILD • GENAUIGKEIT vor. Hierbei finden Sie bei 16 und 32 Bit eine Version für GANZZAHL und eine für FLIESSKOMMAZAHL vor. Um es nicht zu kompliziert zu machen, drücke ich es an dieser Stelle sehr vereinfacht aus: Mit FLIESSKOMMAZAHL können Sie noch feiner arbeiten als mit GANZZAHL, weil die Farbtöne nicht mehr in gleichverteilten einheitlichen Abständen vorliegen. Dank einer reellen Zahl bleiben in jedem Farbkanal mehr Helligkeitsstufen erhalten. Werte, die bei einer ganzzahligen Verarbeitung außerhalb des verfügbaren Farbbereiches (Gamut) verschoben werden, stehen bei einer Fließkommagenauigkeit auch noch bei der nächsten Bearbeitung zur Verfügung. Allerdings bedeutet eine Erhöhung der Genauigkeit auch eine Erhöhung des Speicherumfangs, und auch der Rechner hat deutlich mehr zu tun, die Daten mit der Fließkommagenauigkeit zu verarbeiten. Zur Drucklegung war häufig kein flüssiges Arbeiten damit möglich. Ich bin mir aber sicher, dass dies mit den kommenden Updates besser wird.

Ebenso können Sie hier noch zwischen WAHRGENOMMENES GAMMA (sRGB) und LINEARES LICHT wählen. Wenn Sie Bilder mit 8 Bit pro Farbkanal öffnen, werden diese gewöhnlich als 8-Bit-Gamma geöffnet. Enthält das Bild mehr als 8 Bit pro Kanal, öffnet GIMP diese »Linear«. GIMP bietet die Wahl zwischen WAHRGENOMMENES GAMMA und LINEARES LICHT nun bei vielen Funktionen an.

▲ **Abbildung 4.27**
Genauigkeit der Farbtiefe ändern

Wozu überhaupt 32 Bit?
Wenn Sie aufmerksam gelesen haben, wissen Sie, dass unser Auge mit 8 Bit mehr als gut bedient ist. Für die Nachbearbeitung mit RAW- oder TIFF-Bildern sind 16 Bit gewöhnlich völlig ausreichend. 32 Bit Farbtiefe erscheinen daher etwas übertrieben. Trotzdem gibt es auch hierfür einen speziellen Anwendungsfall, nämlich HDR-Bilder, bei denen mit mehreren Belichtungen eine Datei mit einem gewaltigen Farbumfang erstellt wird. Dafür unterstützt GIMP auch das freie HDR-Format OpenEXR, in dem übrigens auch RAW-Bilder in GIMP geöffnet werden können.

TEIL II
Bildkorrektur

Kapitel 5
Grundlegendes zur Bildkorrektur

Bevor Sie Bilder mit GIMP bearbeiten, sollten Sie noch ein paar hilfreiche Kniffe kennenlernen, die Ihnen das Leben (mit GIMP) vereinfachen können.

5.1 Grundlegende Tipps für eine Bildkorrektur

Oft sieht man auf den ersten Blick, was an einem Bild verbessert oder korrigiert werden könnte. Hier ist die Rede von klar sichtbaren Dingen wie zu hell, zu dunkel, zu viel oder zu wenig Farbe, wie einem Farbstich oder einem zu schwachen Kontrast. In der Praxis werden Sie meistens auch nur ein oder zwei kleinere Korrekturen durchführen müssen. Natürlich geht es dabei lediglich um die üblichen Bildkorrekturen und nicht um eine Bildmanipulation oder eine Fotomontage.

Analysieren Sie das Bild | Stellen Sie erst einmal sachlich fest, was an dem Bild korrigiert werden muss. Bildfehler haben im Grunde klar sichtbare Mängel. Sie müssen kein Experte sein, um zu erkennen, dass ein Bild zu hell, zu dunkel, zu kontrastarm ist oder zu wenig Farbe enthält. Als Hilfsmittel dafür eignet sich das Histogramm (siehe Abschnitt 6.1, »Histogramm lesen und analysieren«) zur Kontrolle sehr gut, oder führen Sie eine Graubalance-Messung (siehe Seite 191, »Graubalance messen«) durch.

▲ **Abbildung 5.1**
Die Fähigkeit, das Histogramm lesen zu können, ist von enormem Vorteil bei der Bildkorrektur.

Zuerst die großen Korrekturen | Beheben Sie immer zuerst die eindeutig sichtbaren Bildfehler. In der Praxis sollten allerdings kaum mehr als ein, zwei echte Korrekturen anfallen.

100 %-Ansicht | Wenn Sie dunkle Bereiche aufhellen oder das Bild nachschärfen wollen, dann ist es ratsam, die Bildansicht auf 100 %, beispielsweise mit dem Tastenkürzel 1, zu stellen. So stellen Sie sicher, dass sich beim Aufhellen nicht unschönes Bildrauschen hervortut oder beim Nachschärfen ein hässlicher Farbsaum auftritt.

Neutraler Arbeitsbereich | Verwenden Sie eine neutrale Rahmenfarbe für das Bildfenster. So können Sie die Qualität des Bildes besser beurteilen. In der Praxis hat sich ein neutrales Grau bewährt, weil diese Farbe das Urteilsvermögen (genauer den Simultankontrast) nicht so stark beeinträchtigt. Natürlich hängt die Rahmenfarbe auch von der Farbe des Bildmotivs ab. Auch bewährt haben sich hier die (Unbunt-)Farben Schwarz (= Bild wirkt wärmer) und Weiß (= Bild wirkt zurückhaltender). Die Rahmenfarbe stellen Sie ein über BEARBEITEN • EINSTELLUNGEN • BILDFENSTER • DARSTELLUNG mit der Option BENUTZERDEFINIERTE RAHMENFARBE. Zuvor müssen Sie den Wert der Dropdown-Liste MODUS DES LEINWANDRAHMENS auf BENUTZERDEFINIERTE FARBEN setzen, wenn Sie diesen Wert ändern wollen.

▲ **Abbildung 5.2**
Eine neutrale Rahmenfarbe, wie hier auf der linken Seite, ist ebenfalls hilfreich dabei, ein Bild besser zu beurteilen. Die knallige rote Farbe als Rahmen auf der rechten Seite lenkt vom eigentlichen Bild ab und beeinträchtigt auch die subjektive Erscheinung des Bildes im Auge des Betrachters.

RAW-Format verwenden | Sofern es möglich ist, würde ich Ihnen auch empfehlen, die Bilder (neben dem JPEG-Format) auch im RAW-Format aufzunehmen. Im Abschnitt »Farbtiefe« auf Seite 134 haben Sie erfahren, welche Vorteile die höhere Farbtiefe eines RAW-Formates haben kann. Sie können ein RAW-Bild häufig ohne größere Verluste korrigieren. Und da GIMP seit der Version 2.10 Bilder mit bis zu 32 Bit laden und bearbeiten kann, ist es auch möglich, die RAW-Bilder in GIMP zu bearbeiten. Wie Sie RAW-Bilder mit Hilfe von Darktable in GIMP laden können, habe ich Ihnen in Kapitel 8, »Bilder mit Darktable bearbeiten«, beschrieben.

RAW- und JPEG-Format?!
Die Empfehlung, Ihre Bilder im RAW- und JPEG-Format aufzunehmen, gebe ich Ihnen, weil es gerade bei neueren Kameras dauern kann, bis das jeweilige RAW-Format auch von Darktable oder RAWTheraphee unterstützt wird. Beim RAW-Format kocht nämlich jeder Kamerahersteller sein eigenes Süppchen.

5.2 Was kann man noch retten?

Es gibt sicherlich Dinge, die sich nicht mehr beheben lassen. Sind beispielsweise Details in einem Bild komplett ins Schwarz abgesunken oder von Weiß zerfressen, ist nichts mehr zu machen. Wo keine Struktur (Informationen) im Bild vorhanden ist, wo eigentlich etwas sein sollte, lässt sich auch nichts mehr herbeizaubern.

In Abbildung 5.3 sehen Sie einen extremen Fall, wo der Hintergrund komplett schwarz und Teile des Vordergrundes komplett weiß geworden sind. Hier können Sie weder die Details aus dem Hintergrund noch die überstrahlten Bereiche aus dem Vordergrund retten, weil diese Informationen einfach nicht mehr vorhanden sind. Ein Aufhellen würde nur noch mehr Bereiche überstrahlen und unschönes Bildrauschen im Hintergrund hervorbringen. Beim Abdunkeln würden weitere Bereich ins Schwarz absaufen und trotzdem nichts an den überstrahlten Bereichen im Vordergrund ändern.

Kapitel-005/hell-und-dunkel.jpg

◄ **Abbildung 5.3**
Das Bild vereint zwei Extreme. Der Hintergrund ist komplett schwarz und Teile des Vordergrundes sind überbelichtet.

 Kapitel-005/Takeshite-Street.jpg

Ebenfalls nicht mehr retten können Sie Bilder, die unscharf oder verwackelt sind. Auf den ersten Blick erscheint in Abbildung 5.4 alles in Ordnung. Erst beim genaueren Blick in einer 100 %-Ansicht wird deutlich, dass der Fokus komplett danebenlag. Ein Nachschärfen kann zwar die Kanten und Kontraste der Details etwas verbessern, aber das Bild wird trotzdem unscharf bleiben.

▲ **Abbildung 5.4**
Auf den ersten Blick erscheint alles in Ordnung mit dem Bild …

▲ **Abbildung 5.5**
… und erst in der 100 %-Ansicht wird deutlich, dass der Fokus danebenlag und das Bild unscharf ist.

5.3 Rückgängig machen von Arbeitsschritten

Ein Arbeitsschritt

Jeder Befehl, den Sie verwenden, jeder Mausklick mit einem Werkzeug auf dem Bild oder jeder Dialog oder Filter, den Sie mit OK bestätigt haben, gilt als ein Arbeitsschritt. Beachten Sie beispielsweise beim Malen mit dem Pinsel-Werkzeug, dass jedes Absetzen den Arbeitsschritt beendet und jedes erneute Ansetzen wieder als weiterer Arbeitsschritt gezählt wird.

Der wohl häufigste Befehl dürfte sein, ein oder mehrere Arbeitsschritte rückgängig zu machen. Wenn Sie eine Korrektur durchführen, werden Sie oft mehrere Anläufe brauchen, bis Sie mit dem Ergebnis zufrieden sind.

5.3.1 Rückgängig machen per Tastatur und Menü

Der schnellste Weg, immer den zuletzt gemachten Arbeitsschritt rückgängig zu machen, führt über die Tastenkombination [Strg]/[Cmd]+[Z] oder den Menübefehl BEARBEITEN • RÜCKGÄNGIG: *[Arbeitsschritt]*.

Natürlich sollte Ihnen hierbei klar sein, dass es, sobald Sie das Bild geschlossen haben, keine Möglichkeit mehr gibt, zuvor gemachte Arbeitsschritte rückgängig zu machen. Haben Sie hingegen ein Bild gespeichert und es immer noch mit GIMP geöffnet, können Sie die Arbeitsschritte nach wie vor rückgängig machen.

Schritte wiederholen | Das Gegenstück zum Rückgängigmachen finden Sie mit dem Menübefehl BEARBEITEN • WIEDERHOLEN:

[*Arbeitsschritt*] bzw. der Tastenkombination ⌘/Strg+Y. Damit stellen Sie eine zuvor rückgängig gemachte Aktion wieder her. Natürlich setzt dies voraus, dass der zuletzt gemachte Vorgang das Rückgängig-Kommando war. Führen Sie nach einem Rückgängig-Kommando eine andere Aktion aus, ist das Wiederholen-Kommando ausgegraut, und Sie haben keinen Zugriff mehr darauf.

Verblassen | Der Befehl Bearbeiten • Verblassen hat eigentlich nicht direkt etwas mit dem Rückgängigmachen zu tun. Dieser Befehl ist nur aktiv, wenn der letzte Arbeitsschritt mit dem Werkzeug Füllen (⇧+B) oder dem Farbverlauf (G) durchgeführt wurde. Auch bei der Verwendung diverser Filter auf das Bild ist der Menübefehl aktiviert.

Mit diesem sich öffnenden Dialog haben Sie die Möglichkeit, den zuletzt angewandten Effekt (Füllen, Farbverlauf oder Filter) abzuschwächen (oder eben zu verblassen) – sprich die Deckkraft ❷ zu reduzieren. Des Weiteren können Sie auch den Modus ❶ einstellen.

Wenn Sie das an Ebenen erinnert, dann liegen Sie richtig. Intern wird beim Funktionsaufruf von Verblassen der letzte Arbeitsschritt (Füllen, Farbverlauf oder Filter) rückgängig gemacht und auf einer neuen transparenten Ebene wiederholt. Auf dieser Ebene können Sie jetzt die Deckkraft und den Modus, wie von den Ebenen her gewohnt, setzen. Wenn Sie die Schaltfläche Verblassen ❸ betätigen, wird die so erstellte Ebene wieder mit dem Bild vereint. Als Anwender bekommen Sie diese Ebenenaktionen allerdings nicht zu sehen.

▲ **Abbildung 5.6**
Der Verblassen-Dialog

Bild wiederherstellen | Die zuletzt gespeicherte Version des Bildes können Sie über den Menübefehl Datei • Wiederherstellen laden. Ein Dialog fragt zur Sicherheit nochmals nach, ob Sie das Bild wiederherstellen wollen, weil hiermit auch alle Einträge im Journal mit den Änderungen am Bild zurückgesetzt werden.

◄ **Abbildung 5.7**
Den Dialog bekommen Sie zu sehen, wenn Sie das Bild wiederherstellen.

5.3.2 Der Dialog »Journal« (Historie)

Um einzelne Schritte rückgängig zu machen, reichen die Menü- und Tastenbefehle aus. Wenn Sie aber eine umfangreichere Bildbearbeitung mit Korrektur und Manipulation in mehreren Dutzend Arbeitsschritten durchführen, dann verlieren Sie schnell den Überblick. Oder wissen Sie, wie das Bild vor zehn Arbeitsschritten aussah? Hier bietet das JOURNAL von GIMP erheblich mehr Komfort.

Zum Nachlesen
Mehr zum An- und Abdocken von Dialogen finden Sie in Abschnitt 1.5, »Die andockbaren Dialoge«.

Dialog aufrufen | Sie rufen das Journal über BEARBEITEN • JOURNAL oder FENSTER • ANDOCKBARE DIALOGE • JOURNAL auf. Der Dialog ist auch dockbar. Darin finden Sie eine Liste der zuletzt ausgeführten Befehle. Praktisch ist auch die Miniaturvorschau ❶ (siehe Abbildung 5.8), die den Zustand des Bildes nach der Ausführung des Kommandos zeigt. Der zuletzt ausgeführte Schritt ist immer ganz unten ❷ und der früheste Arbeitsschritt an erster Stelle aufgelistet.

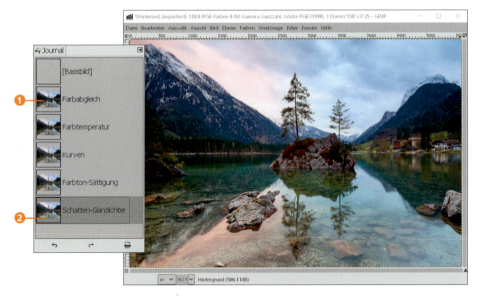

▲ **Abbildung 5.8**
Der JOURNAL-Dialog

Mit dem Journal arbeiten | Wenn Sie zu einem beliebigen Arbeitsschritt im Journal zurück- oder vorspringen wollen, brauchen Sie nur auf den entsprechenden Eintrag im Dialog zu klicken. So können Sie jederzeit zwischen den verschiedenen Zuständen des Bildes springen. Das Basisbild stellen Sie wieder her, indem Sie ganz oben im Dialog auf den entsprechenden Eintrag ❸ klicken.

5.3 Rückgängig machen von Arbeitsschritten

▲ **Abbildung 5.9**
Durch Anklicken der einzelnen Schritte können Sie jederzeit einen bestimmten Zustand des Bildes wiederherstellen. Hier wurde das Basisbild mit dem Urzustand des Bildes angeklickt ❸, wodurch auch das Bild im Bildfenster in diesen Zustand versetzt wird.

Wenn Sie einen bestimmten Zustand im JOURNAL auswählen und anschließend einen neuen Arbeitsschritt durchführen, werden die noch folgenden Arbeitsschritte aus dem Journal gelöscht.

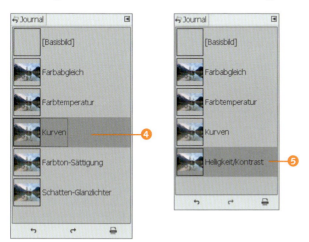

◀ **Abbildung 5.10**
Hier wurde im linken Dialog der Zustand nach KURVEN ❹ angesprungen. Anschließend wurde eine HELLIGKEIT/KONTRAST-Korrektur durchgeführt. Auf der rechten Seite sehen Sie, dass dieser Arbeitsschritt ❺ mit in das JOURNAL aufgenommen wurde und alle dahinterliegenden Arbeitsschritte von zuvor gelöscht wurden.

Die Schaltflächen des Journals | Unten im JOURNAL-Dialog finden Sie außerdem drei kleine Schaltflächen. Mit der ersten Schaltfläche ❻ führen Sie das RÜCKGÄNGIG-Kommando wie im Menü BEARBEITEN bzw. mit `Strg`/`Cmd`+`Z` aus, machen also den zu-

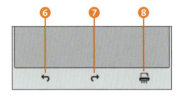

▲ Abbildung 5.11
Die Schaltfläche des Journal-Dialogs

▲ Abbildung 5.12
Die Löschung des Journals ist unwiderruflich, und es kann nicht mehr wiederhergestellt werden, wenn Sie die Schaltfläche Leeren betätigt haben.

letzt erfolgten Arbeitsschritt rückgängig. Im Journal wird hierbei eine Zeile nach oben gesprungen.

Die mittlere Schaltfläche ❼ ist das Gegenstück, nämlich das Wiederholen-Kommando, das Sie auch über das Menü Bearbeiten oder die Tastenkombination ⌃Strg/⌘Cmd+Y ausführen können. Damit gehen Sie, sofern vorhanden, einen Arbeitsschritt nach vorn. Im Journal springen Sie hierbei eine Zeile tiefer.

Mit der letzten Schaltfläche ❽ löschen Sie die Liste aller Operationen im Journal, um so von GIMP belegten Speicherplatz wieder freizugeben. Dies ist beispielsweise sinnvoll, wenn sich die einzelnen Arbeitsschritte immer zäher anfühlen (wenn zum Beispiel ein Filter ungewöhnlich lange dauert). Da Sie das Löschen nicht mehr rückgängig machen können, fragt GIMP zur Sicherheit nochmals nach und informiert Sie auch gleich dabei, wie viel Speicherplatz durch diesen Vorgang denn tatsächlich freigegeben würde.

Gelöscht wird alles im Journal bis auf den aktuell aktiven Zustand des Bildes bzw. die aktuelle Position im Journal. Das Bild, das Sie im Bildfenster gerade sehen, bleibt allerdings im aktuellen Zustand erhalten.

Anzahl der Journal-Schritte | Die maximale Anzahl von Arbeitsschritten, die Sie mit GIMP rückgängig machen können, passen Sie über das Menü Bearbeiten • Einstellungen über Systemressourcen ❾ mit Minimale Anzahl an Journalschritten ❿ an. Hier können Sie auch gleich über Maximaler Speicher für das Journal ⓫ die Größe des Arbeitsspeichers festlegen, den Sie dafür reservieren wollen.

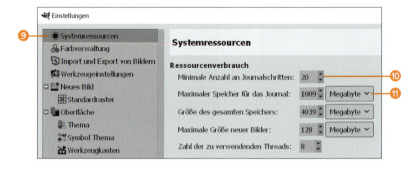

Abbildung 5.13 ▶
Zum Ressourcenverbrauch der Umgebung gehört auch das Journal.

5.3.3 Dialog zurücksetzen

Wenn Sie die Standardeinstellungen in einer Dialogbox wiederherstellen möchten, reicht in fast allen Dialogboxen ganz einfach ein Klick auf die Schaltfläche Zurücksetzen ⓬.

5.4 Vorher-Nachher-Ansicht verwenden

◀ **Abbildung 5.14**
Fast jeder Dialog besitzt die Schaltfläche ZURÜCKSETZEN, mit der Sie die Standardwerte des Dialogs wiederherstellen.

5.4 Vorher-Nachher-Ansicht verwenden

Essenziell für fast alle Dialoge bei GIMP sind die Funktionen VOR-SCHAU ❷ und ANSICHT TEILEN ❶. Mit VORSCHAU ❷ werden die eingestellten Dialoge sofort im Bild angezeigt. Die Darstellung entspricht hierbei derselben, als wenn Sie den Dialog mit der Schaltfläche OK bestätigen und die Einstellungen auf das Bild anwenden würden. Die zweite sehr hilfreiche Funktion ist ANSICHT TEILEN ❶, womit eine vertikale gestrichelte Linie ❸ zum Bild hinzugefügt wird, wo Sie auf der linken Seite die Nachher- und auf der rechten Seite die Vorher-Ansicht sehen. Gehen Sie mit dem Mauscursor auf diese vertikale Linie, können Sie den geteilten Vorher-Nachher-Bereich nach links und rechts verschieben.

 Die Vorschau-Funktion und das Teilen der Ansicht für eine Vorher-Nachher-Ansicht wurden neu mit GIMP 2.10 eingeführt.

 Kapitel-005/
Super-Robin.jpg

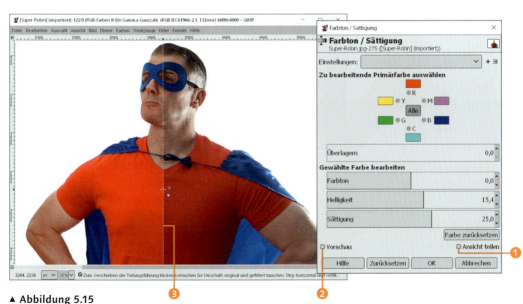

▲ **Abbildung 5.15**
Sehr nützlich bei den Dialogen von GIMP ist die VORSCHAU- und ANSICHT TEILEN-Funktion.

147

Kapitel 5   Grundlegendes zur Bildkorrektur

Vorher-Nachher-Ansicht tauschen
Wollen Sie einfach nur die Seite der Vorher-Nachher-Ansicht wechseln, reicht es aus, wenn Sie die gestrichelte Linie, welche die Ansicht teilt, mit gehaltener ⇧-Taste anklicken.

Ausrichtung von Ansicht teilen | Die Ausrichtung der gestrichelten Linie von ANSICHT TEILEN können Sie ändern, indem Sie mit dem Mauscursor über der gestrichelten Linie stehen und diese mit gehaltener Strg/Cmd-Taste anklicken. Jetzt haben Sie eine horizontale gestrichelte Linie, welche die Vorher-Nachher-Ansicht teilt. Die Vorher-Ansicht finden Sie hier jetzt oben und die Nachher-Ansicht unten. Klicken Sie die gestrichelte Linie erneut mit gehaltener Strg/Cmd an, haben Sie wieder eine vertikale gestrichelte Linie, aber jetzt ist die Nachher-Ansicht rechts und die Vorher-Ansicht links. Ein erneutes Anklicken der Linie mit Strg/Cmd richtet die Linie wieder horizontal aus, nur jetzt in der umgekehrten Reihenfolge, wo die Nachher-Ansicht oben und die Vorher-Ansicht unten ist. Jedes Anklicken der gestrichelten Linie von ANSICHT TEILEN dreht somit die Vorher-Nachher-Ansicht um 90° im Uhrzeigersinn.

Abbildung 5.16 ▼
Klicken Sie die gestrichelte Linie von ANSICHT TEILEN mit gehaltener Strg/Cmd-Taste an, wird diese im Uhrzeigersinn in 90°-Schritten gedreht.

5.5   Klassischer Workflow

Wie Sie GIMP verwenden, um Ihre Bilder zu bearbeiten, bleibt Ihnen überlassen. Wenn Sie bereits Erfahrung im Umgang mit einer Grafik- und Bildbearbeitungssoftware haben, dann haben Sie vermutlich auch schon einen persönlichen Workflow entwickelt, den Sie vermutlich so ähnlich auch in GIMP einsetzen werden.

Schritt für Schritt
Vom unbearbeiteten zum fertigen Bild

An dieser Stelle will ich Ihnen einen grundlegenden Workflow für die Bildbearbeitung mit GIMP mit auf den Weg geben.

1 Bild öffnen

Der erste Schritt mag vielleicht trivial sein, aber hier ist entscheidend, welches Dateiformat Sie verwenden. Verwenden Sie das JPEG-Format oder ein Bild im RAW-Format? Der eine oder andere Leser wird vielleicht seine RAW-Bilder bereits in einem kommerziellen RAW-Konverter wie Capture One Pro, Lightroom oder DxO Photo Lab verwaltet und bearbeitet haben und GIMP lediglich für die Arbeiten verwenden, die mit den RAW-Konvertern nicht möglich sind. Hierfür würde es sich empfehlen, diese Bilder nach der RAW-Bearbeitung in das verlustfreie TIFF-Format (am besten gleich mit 16 Bit Farbtiefe) zu exportieren und in GIMP zur Bearbeitung zu öffnen. Ebenso besteht die Möglichkeit, das RAW-Bild direkt in GIMP über Darktable oder RAWTherapee zur Bearbeitung zu laden. Es ist auch denkbar, die Vorarbeiten erst direkt mit dem kostenlosen RAW-Konverter Darktable (oder RAWTherapee) zu machen und die übrigen Arbeiten, die damit nicht mehr möglich sind, mit GIMP vorzunehmen.

Zum Nachlesen

Wie Sie Bilder im RAW-Format in GIMP zum Bearbeiten öffnen können, wurde in Abschnitt 2.2, »RAW-Dateien in GIMP öffnen«, beschrieben.

2 Korrekturen vornehmen

Inwieweit Sie Korrekturen am Bild vornehmen, hängt wiederum davon ab, ob Sie nicht schon die meiste Arbeit bereits in einem RAW-Konverter durchgeführt haben. Sind keine Korrekturen mehr zu machen, können Sie auch gleich mit dem Arbeitsschritt 4 fortfahren. Ansonsten führen Sie jetzt die üblichen Bildkorrekturen in GIMP durch. Auf die grundlegenden Bildkorrekturen geht dieser Teil des Buches (Teil II) noch ausführlich ein.

3 Bild sichern

Haben Sie die Bildkorrekturen abgeschlossen, ist es an der Zeit, die Arbeit über Datei • Speichern oder Datei • speichern unter zu sichern. Wenn Sie das Bild noch weiterbearbeiten wollen, dann würde sich hierfür das GIMP-eigene XCF-Format eignen. Wollen Sie ein universelleres Format verwenden, dann würde sich auch TIFF mit 16 Bit Farbtiefe anbieten.

4 Bild bearbeiten

Sind die grundlegenden Korrekturen am Bild durchgeführt, können Sie weitere Arbeiten wie Farbverfremdungen, Retuschearbeiten, Fotomontagen, Text hinzufügen usw. durchführen. Wie

Sie dies mit GIMP tun, werden Sie noch im Verlaufe des Buches erfahren. Auch hier empfiehlt es sich, häufiger den Zwischenstand der Bearbeitung im GIMP-eigenen Format als XCF-Datei zu sichern.

5 Bilder exportieren

Wenn Sie das Bild nicht schon nach der Bildkorrektur im Arbeitsschritt 3 in ein typisches Dateiformat zur Weitergabe exportiert haben (meistens als JPEG-Format), dann können Sie dies jetzt mit DATEI • EXPORTIEREN ALS tun.

Kapitel 6
Tonwerte anpassen

Der erste Schritt bei der Bildkorrektur sollte immer die Anpassung der Lichter und Tiefen sein – also die hellsten und dunkelsten Bereiche im Bild. Das Ziel einer solchen Korrektur liegt darin, dass weiße Bildbereiche im Bild tatsächlich auch weiß und schwarze Bereiche auch wirklich schwarz sind. Die Tonwertkorrektur ist meist die einzige nötige Korrektur, weil sich hiermit neben zu dunklen und zu hellen Bereichen auch die Kontraste oder ein Farbstich beheben lassen.

6.1 Histogramm lesen und analysieren

Bevor ich die einzelnen Werkzeuge der Tonwertkorrektur vorstelle, ist es notwendig, etwas ausführlicher auf das Histogramm einzugehen. Das Histogramm ist bei digitalen Bildern allgegenwärtig, und Sie finden es bei fast jeder Digitalkamera und in jedem Bildbearbeitungsprogramm. Ein Histogramm zeigt den Anteil der Bildpunkte unterschiedlicher Helligkeit bzw. Farbe vom tiefsten Schwarz bis zum hellsten Weiß an.

Viele Fotografen nutzen das Histogramm häufig gleich nach der Aufnahme der Kamera mit der Funktion Bildwiedergabe, um das Bild auf eine korrekte Belichtung zu überprüfen. Dasselbe Histogramm finden Sie aber auch in vielen anderen Bereichen in GIMP und generell in fast jeder beliebigen Bildbearbeitungssoftware wieder. Daher ist es durchaus hilfreich oder gar essenziell, sich damit auseinanderzusetzen – ganz besonders dann, wenn Sie eine Korrektur oder Anpassung an den Tonwerten vornehmen wollen.

6.1.1 Das Histogramm von GIMP

Um die Tonwertverteilung eines Bildes zu prüfen, bietet GIMP ein reines Informationshistogramm über den Menübefehl FARBEN • INFORMATIONEN • HISTOGRAMM oder auch FENSTER • ANDOCKBARE DIALOGE • HISTOGRAMM an.

Das perfekte Bild?!
An dieser Stelle muss hinzugefügt werden, dass nicht das Histogramm ein perfektes Bild ausmacht. Nur weil sich die Balken gleichmäßig oder symmetrisch über das Histogramm verteilen, heißt dies noch lange nicht, dass das Bild gelungen ist. Bilder, die in der Nacht gemacht wurden oder in der hellsten Sonne zur Mittagszeit, weisen meist kein ausbalanciertes Histogramm auf und können trotzdem schön aussehen. Bei all den Technikdetails vergessen viele (Hobby-)Fotografen gerne mal, dass es auf das Motiv und die Bildgestaltung ankommt. Details wie die Kamera, das Objektiv oder eben die Tonwerte eines Bildes kommen häufig erst an zweiter Stelle.

Die Balken ❷ bzw. die schwarze Fläche im Histogramm bilden die Tonwerte aller im Bild vorhandenen Pixel ab. Ganz links ❸ finden Sie die schwarzen Pixel mit dem Tonwert 0 (bzw. 0,000 bei 16/32 Bit Farbtiefe). Dazwischen liegen die Mitteltöne, die von links nach rechts von den dunklen zu den hellen Tönen hin verlaufen. Auf der rechten Seite ❹ des Histogramms sehen Sie die hellsten Töne, die weißen Pixel mit dem Tonwert 255 (bzw. 1,000 bei 16/32 Bit Farbtiefe).

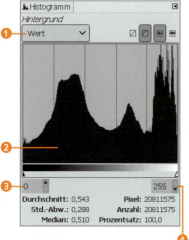

▲ **Abbildung 6.1**
Das Histogramm bei einem Bild mit 8 Bit Farbtiefe

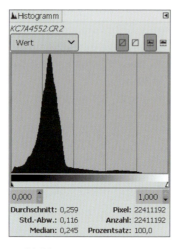

▲ **Abbildung 6.2**
Das Histogramm bei einem Bild mit 32 Bit Farbtiefe

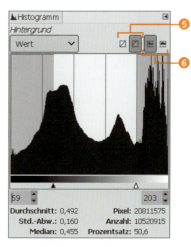

▲ **Abbildung 6.3**
Histogramm mit ausgewähltem Bereich

Tonwerte bei 16/32 Bit
Bei 8 Bit Farbtiefe ist es einfach, die Tonwerte auf 256 Helligkeitsstufen von 0 bis 255 anzuzeigen. Bei 16 bzw. 32 Bit Farbtiefe ist dies schon schwieriger. Bei 16 Bit wären es 65 536 Helligkeitsstufen und bei 32 Bit schon 4,2 Milliarde Abstufungen. Daher finden Sie für Bilder mit 16 und 32 Bit Farbtiefe die Angaben der Tonwerte von 0,000 bis 1,000 vor.

Die Höhe der Balken zeigt an, wie häufig der Tonwert im Bild vorhanden ist. Je häufiger ein Tonwert im Bild vorkommt, desto höher ist der Balken. Umgekehrt gilt: Je niedriger der Balken ist, desto weniger kommt der Tonwert im Bild vor. Die Tonwertverteilung gilt normalerweise für das gesamte Bild. Einzelne Farbkanäle können Sie sich über die Dropdown-Liste ❶ anzeigen lassen. Sie können auch nur einen bestimmten Bereich für die Statistik unterhalb des Histogramms verwenden. Wählen Sie hierfür mit gedrückter linker Maustaste den Bereich des Histogramms aus, oder verwenden Sie die Zahleneingabefelder unterhalb des Histogramms. Rechts oben können Sie an den beiden äußeren Schaltflächen ❻ auswählen, ob das Histogramm mit einer linearen (Standard und in Abbildung 6.3 zu sehen) oder einer logarithmischen Y-Achse angezeigt wird. Für Bilder ist die lineare Y-Achse besser geeignet. Mit den anderen beiden inneren Schaltflächen daneben ❺ wählen Sie, ob die Werte im linearen Farbraum (Standard bei 16/32 Bit Farbtiefe) oder im wahrnehmungsbezogenen Farbraum (Standard bei 8 Bit Farbtiefe) angezeigt werden sollen.

6.1 Histogramm lesen und analysieren

Welche Ebene gerade analysiert wird, können Sie unter dem Schriftzug HISTOGRAMM 1 (Abbildung 6.4) nachlesen (hier »Hintergrund«). Unterhalb des Histogramms finden Sie einige Statistiken 4. Der DURCHSCHNITT gibt die durchschnittliche Helligkeit des Bildes an. Der Wert in STD.-ABW. informiert darüber, wie stark die Helligkeitswerte variieren. Wie hell oder wie dunkel der mittlere Farbwert eines Bildes ist, stellt der MEDIAN dar. Unter PIXEL sehen Sie die Gesamtzahl der Pixel, die das Histogramm bilden. ANZAHL gibt die Anzahl der Pixel in einer Spitze zurück, wenn Sie das Histogramm anklicken oder einen Bereich markiert haben. Der PROZENTSATZ ist daher das Verhältnis zwischen der Anzahl der markierten Pixel und allen Pixeln der aktiven Ebene oder Auswahl.

Live-Histogramm | Wenn Sie die Tonwerte anschließend beispielsweise mit dem WERTE-Dialog (in Abschnitt 6.6) oder dem KURVEN-Dialog (in Abschnitt 6.7) ändern, können Sie im Informationshistogramm die Änderung live verfolgen. Die hellgrauen Balken 2 zeigen den aktuellen Wert an und die schwarzen Balken 3 die tatsächliche Auswirkung der durchgeführten Tonwertänderung.

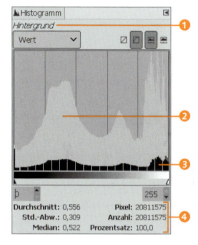

▲ **Abbildung 6.4**
Die Änderung der Tonwerte können Sie im Informationshistogramm live mitverfolgen.

6.1.2 Histogramme beurteilen

Sie wissen nun, dass ein Tonwert der Helligkeitswert eines Pixels in einem Farbkanal ist. Im Normalfall, bei einem RGB-Bild mit 8 Bit Farbtiefe, liegt dieser Wert zwischen 0 (keine Helligkeit vorhanden; Schwarz) und 255 (maximale Helligkeit; Weiß).

Zur Demonstration betrachten wir eine einfache Grafik – mit schwarzen 5, weißen 7 und grauen 6 Tonwerten – und das zugehörige Histogramm. Das Histogramm zeigt drei Balken an. Der erste Balken 8 links mit dem Helligkeitswert 0 repräsentiert die schwarzen und dunkelsten Pixel im Bild, die Tiefen. Der zweite Balken 9 in der Mitte mit dem Helligkeitswert 127 steht für die grauen Pixel (Mitteltöne), und der dritte Balken rechts 10 mit dem Helligkeitswert 255 zeigt die hellsten und weißen Pixel an (die Lichter).

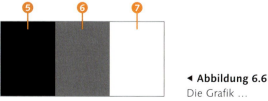

◄ **Abbildung 6.6**
Die Grafik …

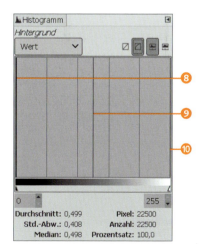

▲ **Abbildung 6.5**
… und das Histogramm mit den drei Tonwerten

Histogramm dunkler Bilder | Die Balken in Abbildung 6.7 türmen sich vorwiegend am linken Rand des Histogramms. Der hohe

Kapitel 6 Tonwerte anpassen

Kapitel-006/Liberty-Bridge.jpg

Berg auf der linken Seite stammt von den vielen dunklen Tonwerten und den dunklen Farben im Bild. Würde man hier versuchen, die Tiefen aufzuhellen, riskierte man, das Bild zu verrauschen.

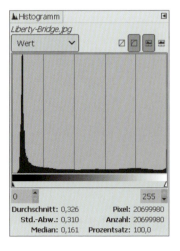

▲ **Abbildung 6.7**
Bei dunkleren Bildern türmen sich die Balken im Histogramm auf der linken Seite auf.

Kapitel-006/Berchtesgaden.jpg

Histogramm heller Bilder | Ein Bild mit sehr hellen Tonwerten zeigt Abbildung 6.8. Auch hier türmen sich die hellen Tonwerte im Histogramm am rechten Rand auf. Die hohen Balken im rechten Bereich ergeben sich aus den weißen Wolken und den schneebedeckten Bergen. Würden Sie hier noch etwas mehr aufhellen, bestünde Gefahr von Zeichnungsverlusten in den hellen Bereichen.

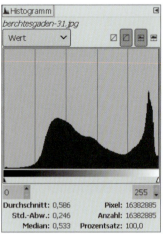

▲ **Abbildung 6.8** ▶
Bei hellen Bildern türmen sich die Balken vorwiegend auf der rechten Seite im Histogramm auf.

6.1 Histogramm lesen und analysieren

Histogramm kontrastarmer Bilder | Ist das Histogramm eher zu schmal, befinden sich also die hellsten Lichter und dunkelsten Tiefen vorwiegend in der Mitte des Histogramms, so hat das Bild häufig nur wenige Kontraste. Meistens entsteht hierbei der Eindruck eines Grauschleiers, der über dem Bild liegt. Kontrastarme Bilder lassen sich oft mit ein oder zwei Arbeitsschritten korrigieren.

Kapitel-006/Suedmaehren.jpg

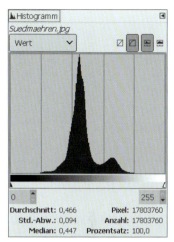

◂▴ **Abbildung 6.9**
Wenn sich die Balken vorwiegend in der Mitte befinden, wirkt das Bild kontrastarm und flau, wie hinter einem Nebelschleier.

Ein ausbalanciertes Histogramm | Das Histogramm zu Abbildung 6.10 weist eine gleichmäßige Helligkeitsverteilung und keine auffälligen Spitzen in den Tiefen oder Lichtern auf. Vielmehr sind viele Helligkeiten mit ähnlichem Anteil vorhanden. Histogramme von Bildern mit gleichmäßiger Helligkeitsverteilung haben in der Regel keine auffälligen Berge. Der abfallende Berg auf der linken Seite bei den Lichtern deutet darauf hin, dass relativ wenig Schwarz im Bild vorhanden ist.

Kapitel-006/InsideGUM.jpg

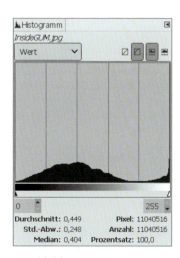

◂▴ **Abbildung 6.10**
Das weder zu helle noch zu dunkle Bild wirkt ausbalanciert und stimmig.

155

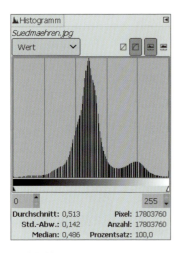

▲ Abbildung 6.11
Das Histogramm ist aus dem Bild »Suedmaehren.jpg« entstanden, nachdem eine Tonwertkorrektur durchgeführt wurde.

▲ Abbildung 6.12
Die wichtigsten Funktionen, wenn es um die Anpassung der Tonwerte und Farben geht, finden Sie im Menü FARBEN.

Zum Weiterlesen

Nicht jeder möchte vielleicht die komplette Bildbearbeitung nur noch in GIMP durchführen und lieber einen Teil der Vorarbeiten mit einem RAW-Konverter machen. Für den Fall finden Sie in Kapitel 8, »Bilder mit Darktable bearbeiten«, eine Einführung in den kostenlosen RAW-Konverter Darktable.

Durchlöchertes Histogramm | Sicherlich fallen Ihnen nach der Überarbeitung der Tonwertkorrektur im Histogramm-Bedienfeld die Lücken (auch Tonwertspreizung genannt) auf. Bei einer Tonwertkorrektur werden keine neuen Tonwerte hinzugefügt, sondern die bestehenden Tonwerte nur verschoben bzw. gestreckt. Solange die Lücken nicht sehr groß sind oder die Anzahl der Pixel gering ist, ist das kein Problem. Sollten Sie also ein Bild mit einem durchlöcherten Histogramm vor sich haben, hat sich jemand schon an den Tonwerten zu schaffen gemacht. Dies gilt allerdings nur für Bilder in 8 Bit Farbtiefe. Bei 16/32 Bit Farbtiefe werden keine Löcher im Histogramm angezeigt.

6.2 Werkzeuge zur Tonwertkorrektur

Sie werden im Buch des Öfteren schon darauf gestoßen sein, dass GIMP auch mit 16 bzw. 32 Bit Farbtiefe arbeitet und dass man damit auch RAW-Bilder bearbeiten kann. GIMP liefert tatsächlich alles Wichtige mit, um den RAW-Konverter mal außer Acht zu lassen. Genau genommen wird immer noch ein RAW-Konverter zum Laden von RAW-Dateien in GIMP benötigt. Die Arbeiten an RAW-Bildern selbst können Sie jetzt jedoch komplett mit GIMP durchführen. Alle in diesem Buch beschriebenen Funktionen können natürlich genauso gut mit allen anderen klassischen Bildformaten wie JPEG oder TIFF angewendet werden.

Alle wichtigen Funktionen sind bei GIMP im Menü FARBEN im oberen Bereich versammelt. In diesem Kapitel möchte ich ein besonderes Augenmerk auf die Funktionen BELICHTUNG, SCHATTEN-GLANZLICHTER, HELLIGKEIT-KONTRAST, WERTE und KURVEN legen. Mit all diesen Funktionen beeinflussen Sie hauptsächlich die Helligkeit der einzelnen Pixel im Bild. Genau genommen verändern Sie auch mit den anderen Funktionen FARBABGLEICH, FARBTEMPERATUR, FARBTON-BUNTHEIT und SÄTTIGUNG die Helligkeit und damit auch die Tonwerte des Histogramms, aber diese Funktionen sollen erst im nächsten Kapitel des Buches behandelt werden, wenn es um die Farbkorrektur mit GIMP geht.

6.3 Der Belichtung-Dialog

Den BELICHTUNG-Dialog rufen Sie über das Menü FARBEN • BELICHTUNG auf. Dieser Dialog enthält zwei Einstellungen. Mit dem Regler BELICHTUNG ❷ passen Sie die relative Gesamthelligkeit im Bild an. Hier legen Sie praktisch fest, wie hell oder dunkel Ihr Bild sein soll.

6.3 Der Belichtung-Dialog

Ziehen Sie den Regler nach links oder geben einen negativen Wert ein, wird das Bild dunkler. Ziehen Sie hingegen den Regler nach rechts oder geben positive Werte ein, wird das Bild heller. Durch das Anheben der Gesamthelligkeit mit dem Regler BELICHTUNG kann es passieren, dass die allerdunkelsten Tonwerte im Bild etwas flau aussehen. Dem können Sie mit dem SCHWARZWERT-Regler ❶ entgegenwirken, um die sehr dunklen Stellen im Bild zu erhalten. Seien Sie aber vorsichtig bei diesem Regler, weil sich hier schon minimale Änderungen drastisch auswirken können. Ziehen Sie den Regler nach rechts, werden die dunklen Tonwerte noch dunkler. Sie können diesen Regler aber auch mit Absicht nach links auf einen negativen Wert ziehen, um dem Bild einen matten Look zu verpassen. Mit der Schaltfläche OK wenden Sie die Einstellungen auf das Bild an. Mit ZURÜCKSETZEN können Sie die Werte des Dialogs wieder auf den Standard zurücksetzen.

Ohne hier überhaupt einen Blick in das Histogramm werfen zu müssen, ist deutlich zu erkennen, dass das Bild »Erina.CR2« bzw. »Erina.jpg« (siehe Abbildung 6.13) viel zu dunkel ist. Deshalb wurde es mit dem Regler BELICHTUNG ❷ aufgehellt. Um den flauen dunklen Tonwerten beim Aufhellen entgegenzuwirken, wurde der SCHWARZWERT ❶ daraufhin leicht angehoben. Bei solchen Korrekturen ist es oft hilfreich, das Histogramm einzublenden, um sicherzustellen, dass die Balken bei den Tonwerten nicht über den rechten oder linken Rand hinaus verschoben werden. Damit würden Sie Informationen im Bild verlieren.

Der BELICHTUNG-Dialog ist in GIMP 2.10 neu hinzugekommen.

Belichtung im RAW-Format
Wer bereits Erfahrung in der RAW-Entwicklung hat, der dürfte den BELICHTUNG-Regler von dort kennen.

Kapitel-006/Erina.CR2 oder Erina.jpg

▲ **Abbildung 6.13**
Anpassung von BELICHTUNG und SCHWARZWERT mit dem BELICHTUNG-Dialog.

6.3.1 Die Einstellungen speichern und wiederverwenden

Wenn Sie eine Serie von Bildern gemacht haben, werden Sie vermutlich ein und dieselben Einstellungen auch für andere Bilder anwenden wollen. Für diesen Zweck bieten fast alle Dialoge im Menü FARBEN eine Funktion an, diese Einstellungen wiederzuverwenden.

Schritt für Schritt
Einstellungen von Dialogen wiederverwenden

Ich zeige Ihnen im Folgenden, wie Sie gemachte Einstellungen eines Dialogs auf andere Bilder anwenden können. Zwar wird dies hier mit dem BELICHTUNG-Dialog beschrieben, aber dasselbe funktioniert auch bei allen anderen Dialogen.

▲ **Abbildung 6.14**
Einstellungen vornehmen

1 Einstellungen auf Bild anwenden

Laden Sie das Bild in GIMP, und rufen Sie den BELICHTUNG-Dialog über das Menü FARBEN • BELICHTUNG auf. Machen Sie die entsprechenden Einstellungen für das Bild, und klicken Sie auf die Schaltfläche OK, um die Einstellungen auf das Bild anzuwenden.

2 Einstellungen auf weiteres Bild anwenden

Laden Sie ein weiteres Bild, für das Sie dieselben Einstellungen wie im Arbeitsschritt 1 anwenden wollen, und rufen Sie erneut FARBEN • BELICHTUNG auf. Jetzt finden Sie die in Schritt 1 gemachten Einstellungen in der gleichnamigen Dropdown-Liste ❶ zur Auswahl vor. Wählen Sie diese Einstellung aus, und schon werden die Werte für den SCHWARZWERT und die BELICHTUNG auf dieselben Werte wie in Schritt 1 gestellt.

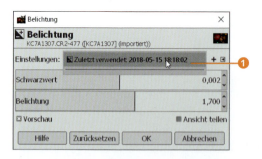

Abbildung 6.15 ▶
Zuletzt verwendete Einstellungen wiederverwenden

Einstellungen verwalten | Da mit jeder neuen Anpassung bei einem Dialog auch automatisch neue Einstellungen mit dem Titel ZULETZT VERWENDET und einem Zeitstempel hinzugefügt werden, kann es mit der Zeit recht unübersichtlich werden. In dem Fall können Sie sich über das Plussymbol ❷ eine benannte Einstellung anlegen. Es öffnet sich ein Dialog, in dem Sie den Namen der Einstellung eingeben können. Diesen finden Sie dann unter der Dropdown-Liste ❸ von EINSTELLUNGEN vor.

▲ Abbildung 6.16
Einstellung benennen

◀ Abbildung 6.17
Ein Verlauf der zuletzt gemachten Einstellungen in chronologischer Reihenfolge

Um zuletzt verwendete oder gespeicherte Einstellungen zu löschen, müssen Sie auf das kleine Icon ❹ rechts neben dem Plussymbol klicken und GESPEICHERTE EINSTELLUNGEN VERWALTEN auswählen. Im sich öffnenden Dialog können Sie die entsprechende Einstellung auswählen und mit dem x-Symbol ❺ aus der Liste dauerhaft entfernen.

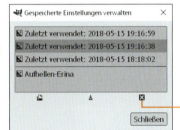

◀◀ Abbildung 6.18
Gespeicherte Einstellungen verwalten

◀ Abbildung 6.19
Einstellungen auswählen und löschen

6.4 Der Schatten-Glanzlichter-Dialog

Häufig, aber nicht zwangsläufig ist ein nächster Schritt nach dem Anpassen der Belichtung die Korrektur der Schatten und Glanzlichter, ohne dabei die Mitteltöne zu verschieben. Um gezielt die helleren und dunkleren Bereiche im Bild anzupassen, finden Sie den Schatten-Glanzlichter-Dialog, den Sie über das Menü FARBEN • SCHATTEN-GLANZLICHTER aufrufen können.

Im Bereich SCHATTEN können Sie mit dem Regler SCHATTEN ❶ noch Details aus den dunklen Bereichen eines Bildes hervorholen, indem Sie diesen Regler nach rechts ziehen bzw. einen positiven Wert eingeben. Das funktioniert nur, wenn diese Bereiche nicht komplett schwarz sind. Ziehen Sie den Regler nach links oder

Der SCHATTEN-GLANZLICHTER-Dialog ist in GIMP 2.10 neu hinzugekommen.

Kapitel-006/Erina-2-RAW.xcf oder Erina-2-JPEG.xcf

RAW vs. JPEG

Wenn Sie dieselben Werte, die hier in Abbildung 6.20 zu sehen sind, auch auf das Beispielbild »Erina-2-JPEG.xcf« anwenden, werden Sie nicht mehr so viele Details hervorholen können wie beim Beispielbild »Erina-2-RAW.xcf«. Der Grund ist einfach: Das Bild »Erina-2-RAW.xcf« wurde aus einem RAW-Bild mit 32 Bit Farbtiefe gespeichert. Das Bild »Erina-2-JPEG.xcf« hingegen wurde aus einem JPEG mit 8 Bit Farbtiefe gespeichert und enthält daher weniger Informationen in den Tiefen und Lichtern.

geben einen negativen Wert ein, werden die dunklen Bereiche im Bild noch mehr abgedunkelt. Passend dazu finden Sie noch den Regler FARBKORREKTUR DER SCHATTEN 2, womit die Farbsättigung der Schatten angepasst werden kann. Bezogen auf das Beispielbild »Erina-2-RAW.xcf« in Abbildung 6.20 wurden die Schatten auf +50 erhöht, wodurch die Treppe im Hintergrund und der Rollkragenpullover deutlich heller geworden sind. Beim Aufhellen von dunklen Bildbereichen mit dem Regler SCHATTEN ist es hilfreich, wenn Sie das Bild in einer 100%-Ansicht betrachten, da es schnell zum unerwünschten Bildrauschen kommen kann.

Das Gegenstück zu den SCHATTEN finden Sie im Bereich GLANZLICHTER, wo Sie mit dem Regler GLANZLICHTER 3 die hellsten Bildbereiche anpassen können. Ziehen Sie den Regler nach links bzw. geben einen negativen Wert ein, reduzieren Sie die Helligkeit der hellen Bildbereiche und könnten so zum Beispiel noch Details aus den Lichtern zurückholen. Ziehen Sie den Regler hingegen nach rechts, werden die hellen Bildbereiche noch mehr aufgehellt. Im Beispielbild »Erina-2-RAW.xcf« habe ich diesen Wert etwas reduziert, da der Bereich um die Nase zu hell gewesen ist. Auch hier finden Sie dann noch mit dem Regler FARBKORREKTUR DER GLANZLICHTER 4 eine Einstellung, um die Farbsättigung der hellen Bildbereiche anzupassen.

Abbildung 6.20 ▲▶
Der SCHATTEN-GLANZLICHTER-Dialog

Gerade wenn Sie beim Anpassen von hellen Bildbereichen die Glanzlichter senken, kann das Bild recht matt wirken. Um hier die Brillanz wieder zurückzuholen, können Sie den Regler WEISSABGLEICH 5 verwenden. Natürlich können Sie hier auch wieder Gegenteiliges bewirken, indem Sie gerade durch die Reduzierung des Wertes einen überstrahlten Bereich matter wirken lassen, wie es hier im Bild mit der Nase des Models gemacht wurde. Mit den

6.4 Der Schatten-Glanzlichter-Dialog

beiden Reglern Radius und Komprimieren ❻ können Sie den Weißpunkt noch in der Ausdehnung feinsteuern.

6.4.1 Der Clip-Warnung-Filter

Gerade wer bereits Erfahrung mit RAW-Konvertern hat, dürfte sich spätestens beim Schatten-Glanzlichter-Dialog (und/oder beim Belichtung-Dialog) eine Funktion wünschen, die eine Warnung für über- und unterbelichtete Bereiche anzeigt. GIMP bietet dafür einen Filter an, den Sie über das Menü Ansicht • Ansichtsfilter aufrufen können. Im sich öffnenden Dialog müssen Sie bei Verfügbare Filter auf der linken Seite Clip-Warnung auswählen ❼ und diesen mit der Pfeil-nach-rechts-Schaltfläche ❽ auf die rechte Seite zu Aktive Filter hinzufügen ❾. Schon haben Sie die Clip-Warnung aktiviert. Bereiche im Bild, bei denen die Gefahr der Überbelichtung besteht, sind rot ⓭ und bei Gefahr der Unterbelichtung blau ⓮ markiert. Wollen Sie die Farben ändern, können Sie dies tun, indem Sie Clip-Warnung ❿ bei Aktive Filter auswählen, woraufhin die Einstellungen ⓬ für die Clip-Warnung darunter angezeigt werden. Hier können Sie einzelne Einstellungen (de)aktivieren und die Farben ändern, indem Sie auf eine Farbschaltfläche klicken. Fehlerhafte Farben werden, wenn vorhanden, ebenfalls mit einer Farbe (hier: Gelb) angezeigt.

Der Clip-Warnung-Filter ist in GIMP 2.10 neu hinzugekommen.

16/32 Bit Fließkomma-Genauigkeit

Der Clip-Warnung-Anzeigefilter ist derzeit nur auf Bilder mit einer Fließkomma-Genauigkeit ausgerichtet, weshalb Sie nur davon profitieren, wenn Sie Bilder mit 16/32 Bit Farbtiefe pro Kanal bearbeiten.

▼ **Abbildung 6.21**
Der Clip-Warnung-Filter ist aktiv.

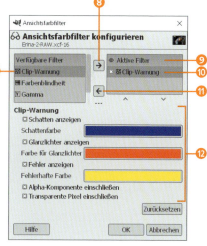

Vorübergehend (de)aktivieren können Sie den Filter, indem Sie auf das kleine Kreuz ❿ vor Clip-Warnung bei Aktive Filter klicken. Ganz entfernen können Sie den Filter, indem Sie Clip-Warnung bei Aktive Filter auswählen und dann auf die Pfeil-nach-links-Schaltfläche ⓫ klicken. Sie müssen den Dialog Ansichtsfarbfilter übrigens nicht geöffnet lassen, um die Clip-Warnung zu verwenden, sondern können diesen auch mit Ok schließen.

Gilt nur für aktuelles Bild

Der Ansichtsfilter ist nur für das geladene Bild aktiv und auch nur so lange, bis Sie das Bild wieder schließen. Sollten Sie also das Bild schließen und wieder öffnen, müssen Sie die Clip-Warnung über Ansichtsfilter erneut aktivieren.

6.5 Der Helligkeit/Kontrast-Dialog

Mit dem BELICHTUNG-Dialog haben Sie ein Werkzeug für die Gesamthelligkeit und den Schwarzwert des Bildes. Der SCHATTEN-GLANZLICHTER-Dialog wirkt sich auf die dunklen bzw. hellen Bildbereiche aus und enthält auch einen Regler für den Weißpunkt. Jetzt fehlt eigentlich nur noch ein Werkzeug für die Mitteltöne. Und genau das finden Sie mit dem HELLIGKEIT/KONTRAST-Dialog vor. Diesen Dialog können Sie über FARBEN • HELLIGKEIT/KONTRAST aufrufen.

Mit dem Regler HELLIGKEIT ❶ können Sie ein Bild aufhellen, indem Sie diesen nach rechts ziehen bzw. einen positiven Wert eingeben, oder abdunkeln, wenn Sie den Regler nach links ziehen oder einen negativen Wert eingeben. Im Gegensatz zum BELICHTUNG-Dialog und dem Regler BELICHTUNG ist es hiermit allerdings nicht möglich, die Tonwerte über den Rand des Histogramms hinaus zu verschieben und diese Informationen dann in komplettes Weiß oder Schwarz zu verlieren. Mit HELLIGKEIT werden die Tonwerte beim Aufhellen oder Abdunkeln soweit wie möglich nach rechts oder links geschoben. Die vorhandenen Tonwerte werden dabei zusammengeschoben. Im schlimmsten Fall erhalten Sie bei falscher Anwendung des Reglers HELLIGKEIT lediglich ein helleres Bild ohne Tiefen oder ein dunkleres Bild ohne Lichter.

Ausgehend von der Abbildung 6.23 können Sie in Abbildung 6.24 und Abbildung 6.25 die Auswirkungen des Reglers HELLIGKEIT auf die Tonwerte im Histogramm sehen.

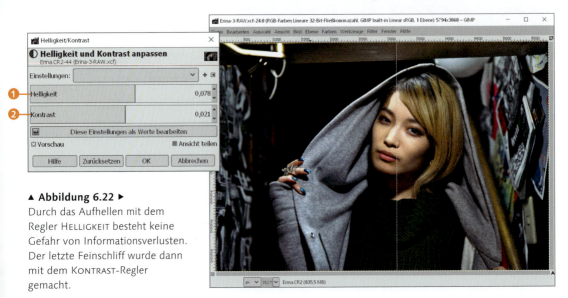

▲ **Abbildung 6.22** ▶
Durch das Aufhellen mit dem Regler HELLIGKEIT besteht keine Gefahr von Informationsverlusten. Der letzte Feinschliff wurde dann mit dem KONTRAST-Regler gemacht.

6.5 Der Helligkeit/Kontrast-Dialog

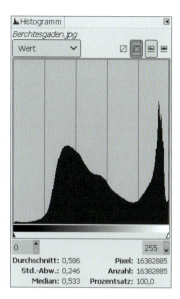

▲ **Abbildung 6.23**
Histogramm eines Bildes (unbearbeitet)

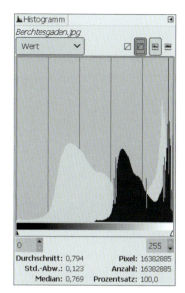

▲ **Abbildung 6.24**
Auswirkung einer Aufhellung, der Regler HELLIGKEIT wurde ganz nach rechts gezogen. Die Informationen der Tiefen wurden dadurch in den Lichterbereich verschoben und aufgestaut.

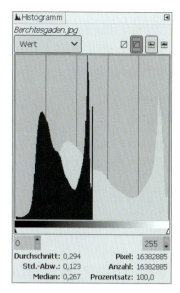

▲ **Abbildung 6.25**
Auswirkung einer Abdunklung, der Regler HELLIGKEIT wurde ganz nach links gezogen. Dadurch wurden alle Lichter in den Bereich der Tiefen verschoben.

Anders hingegen arbeitet der Regler KONTRAST ❷. Ziehen Sie den Regler nach links oder geben einen negativen Wert ein, werden die Tonwerte zur Mitte hin zusammengeschoben. Der Regler KONTRASTE operiert mit den Mitteltönen. Beim Reduzieren des Kontrastes können zwar keine Informationen verloren gehen, aber das Bild kann damit recht flau wirken, weil hiermit auch die Lichter und Tiefen zur Mitte gezogen werden und im Bild dann eben keine Lichter und Tiefen mehr vorhanden sind. Das Gegenteil erreichen Sie hingegen, wenn Sie den Regler KONTRAST nach rechts ziehen. Hierbei spreizen Sie praktisch die Mitteltöne und ziehen diese nach außen in die Lichter und Tiefen. Durch diese neuen Informationen in den Lichtern und Tiefen wirkt das Bild wesentlich kontrastreicher. Allerdings besteht dann auch die Gefahr, dass Sie Informationen verlieren, wenn diese Tonwerte über den maximalen Tonwertbereich rechts oder links hinauslaufen.

Ausgehend von Abbildung 6.23 können Sie in Abbildung 6.26 und Abbildung 6.27 die Auswirkungen des KONTRAST-Reglers auf das Histogramm sehen.

Abbildung 6.26 ▶
Wenn Sie den Kontrast erhöhen, werden die Tonwerte der Mitteltöne zum rechten und linken Rand hin auseinandergezogen.

Abbildung 6.27 ▶▶
Beim Reduzieren des Kontrast-Reglers werden die Tonwerte der Lichter und Tiefen zu den Mitteltönen zusammengezogen.

▲ **Abbildung 6.28**
Das Ausgangsbild vor der Bearbeitung mit dem Belichtung-, Schatten-Glanzlichter- und dem Helligkeit/Kontrast-Dialog

▲ **Abbildung 6.29**
Das fertige Ergebnis nach der Bearbeitung mit dem Belichtung-, Schatten-Glanzlichter- und Helligkeit/Kontrast-Dialog.

Schritt für Schritt
Belichtung, Schatten und Lichter anpassen

 QuarryBay.CR2 oder QuarryBay.jpg

Passend zu den ersten drei Dialogen Belichtung, Schatten-Glanzlichter und Helligkeit/Kontrast zur Tonwertkorrektur, soll hier nochmals anhand eines Beispielbildes demonstriert werden, wie Sie aus einem Bild mit zu tiefen Schatten und zu hellen Lichtern ein ordentliches Ergebnis erzielen können. Wie immer finden Sie hierfür das Beispiel im RAW- oder JPEG-Format zum Ausprobieren vor. Dass bei einem solchen Extremfall das JPEG mit 8 Bit Farbtiefe recht schnell an die Grenzen stößt, sollte

6.5 Der Helligkeit/Kontrast-Dialog

allerdings einleuchten. Die Abbildungen im folgenden Workshop wurden daher am RAW-Bild durchgeführt.

1 Belichtung anpassen
Häufig passe ich als ersten Schritt die Belichtung über FARBEN • BELICHTUNG an. In diesem Beispiel verzichte ich allerdings darauf, weil ohnehin schon einige Bereiche auf der linken Seite des Gebäudes im Bild überbelichtet sind und der Himmel durch eine Erhöhung der Belichtung auch zu hell würde.

2 Schatten und Glanzlichter anpassen
Für die dunkleren und helleren Bereiche im Bild rufen Sie den Dialog FARBEN • SCHATTEN-GLANZLICHTER auf. Um die dunklen Bereiche der Gebäude aufzuhellen, ziehen Sie den Regler SCHATTEN ❶ nach rechts auf den Wert +80,00. Da einige Bereiche im Himmel etwas zu hell sind, ziehen Sie dafür den Regler GLANZLICHTER ❷ nach links auf –35,00. Dann bestätigen Sie den Dialog mit OK.

▼ **Abbildung 6.30**
Aufhellen der Tiefen und Abdunkeln der Lichter mit dem SCHATTEN-GLANZLICHTER-Dialog

3 Helligkeit und Kontrast anpassen
Da die Wände der Häuser noch etwas zu dunkel sind, können Sie diese noch etwas aufhellen. Hierfür rufen Sie FARBEN • HELLIGKEIT/KONTRAST auf und erhöhen den Wert von HELLIGKEIT ❸, bis Sie mit dem Ergebnis zufrieden sind. Damit das Bild nicht zu matt wird, erhöhen Sie noch leicht den Wert des KONTRAST-Reglers ❹. Der Vorteil, die Aufhellung hier mit HELLIGKEIT durchzuführen, liegt ganz klar darin, dass, im Gegensatz zum BELICHTUNG-Dialog, die hellen Tonwerte beim Aufhellen nicht verloren gehen.

Gerade im Himmel bestünde bei einer Korrektur mit dem BELICHTUNG-Dialog die Gefahr, dass dieser in einigen Bereichen überstrahlt würde.

◄ **Abbildung 6.31**
Dunkle Bereiche mit HELLIGKEIT aufhellen und den KONTRAST anpassen

▲ **Abbildung 6.32**
Das Bild vor der Korrektur…

▲ **Abbildung 6.33**
… und hier das Ergebnis nach der Korrektur

6.6 Tonwertkorrektur-Werkzeug

Nachdem Sie die einfacheren Werkzeuge zur Anpassung der Tonwertkorrektur nun kennen, folgen in diesem und im nächsten Abschnitt zwei Spezialisten: der WERTE- und der KURVEN-Dialog.

In diesem Abschnitt soll zunächst der WERTE-Dialog behandelt werden, den Sie über FARBEN • WERTE aufrufen können. Mit dem WERTE-Dialog können Sie den Tonwertumfang von den Schatten über die Mitteltöne bis zu den Lichtern anpassen. Damit können Sie auch die hellsten (Weißpunkt) und dunkelsten Bereiche (Schwarzpunkt) festlegen.

Mit der Dropdown-Liste KANAL ❶ geben Sie an, ob Sie die Tonwertkorrektur für alle drei (RGB-)Kanäle (= WERT) oder für jeden Kanal einzeln durchführen wollen. Am einfachsten ist es zwar, mit RGB (= WERT) alle Tonwerte im gesamten Bild auf einmal zu korrigieren, aber exakter geht dies mit den einzelnen Kanälen ROT, GRÜN oder BLAU (bzw. auch dem ALPHA-Kanal, falls vorhanden). Gerade wenn das Bild einen Farbstich hat, kommen

Informationen, die nicht da sind
Natürlich gilt hier, dass verlorene oder nicht vorhandene Tonwerte nicht mehr hervorgezaubert werden können. Komplett ins Weiß oder Schwarz versunkene Bildbereiche sind nicht mehr zu retten.

6.6 Tonwertkorrektur-Werkzeug

Sie nicht darum herum, den Tonwert eines einzelnen Farbkanals zu korrigieren.

Wenn Sie eine Tonwertkorrektur durchführen, sollten Sie mit den beiden inneren Schaltflächen ❼ außerdem auswählen, ob Sie die Korrektur nach Wahrnehmung (STUFEN NACH WAHRNEHMUNG ANPASSEN) oder linearem Licht (STUFEN IN LINEAREM LICHT ANPASSEN) durchführen wollen.

Live-Histogramm
Wollen Sie sehen, wie das Histogramm nach dem Drücken von OK aussehen würde, wählen Sie das Live-Histogramm über den Menübefehl FARBEN • INFORMATION • HISTOGRAMM aus.

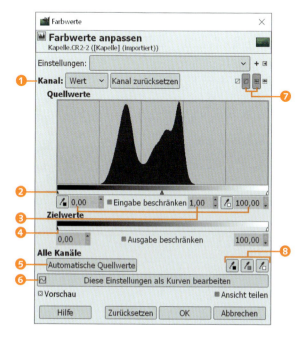

◀ **Abbildung 6.34**
Der WERTE-Dialog für die Tonwertkorrektur

Unterhalb des Histogramms finden Sie drei kleine Pfeile ❷, mit deren Hilfe Sie hauptsächlich die Tonwertkorrektur vornehmen. Jeder dieser Regler lässt sich mit gedrückter linker Maustaste verschieben.

▶ Der schwarze Regler auf der linken Seite verändert die Tiefen (den Schwarzpunkt).
▶ Der weiße Regler rechts beeinflusst die Lichter (den Weißpunkt).
▶ Mit dem grauen Regler in der Mitte passen Sie die Helligkeit des Bildes an.

Unterhalb der Tonwertspreizungsregler in den Zahlenfeldern ❸ wird dann der entsprechende Tonwert angezeigt, den Sie mit dem Regler eingestellt haben. Alternativ können Sie die Werte auch direkt in den Zahlenfeldern per Tastatur eingeben.

Mit den Reglern bei ZIELWERTE ❹ reduzieren Sie – der Name sagt es bereits – den Umfang der Tonwerte. Mit der Schaltfläche

Tipp: Werte-Dialog skalieren
In der Standardgröße ist das Histogramm vom WERTE-Dialog vielleicht nicht gut sichtbar. Aber der WERTE-Dialog lässt sich glücklicherweise über die Ecken auch größer skalieren, wodurch auch das Histogramm mit vergrößert wird. Das ist sehr hilfreich für eine genauere Tonwertkorrektur.

167

AUTOMATISCHE QUELLWERTE ❺ führen Sie eine automatische Tonwertkorrektur durch. GIMP versucht hierbei, die dunkelsten Pixel auf Schwarz und die hellsten Pixel auf Weiß zu setzen.

Mit den Pipetten ❽ im Dialog können Sie den Schwarz-, Grau- und Weißpunkt selbst bestimmen, indem Sie diesen Punkt im Bild direkt anklicken. Es ist allerdings relativ schwierig, diese Punkte bei Bildern mit vielen Megapixeln zu finden und exakt anzuklicken.

Der Clou an diesem Dialog ist, dass Sie, wenn Sie mit dem Werkzeug eine Tonwertkorrektur durchführen, mit den aktuellen Einstellungen auch gleich die Gradationskurve über die entsprechende Schaltfläche ❻ aufrufen und die Korrektur dort fortsetzen können. Hier erkennen Sie auch gleich den engen Zusammenhang zwischen den Dialogen WERTE und KURVEN.

Abbildung 6.35 ▼
Hier wurde die Korrektur für ein flaues Bild durchgeführt, indem die Regler für die hellen und dunklen Bereiche jeweils nach innen zum Anfang der Histogramm-Balken gezogen wurden.

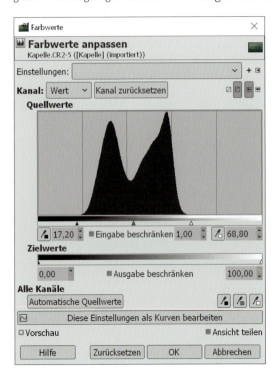

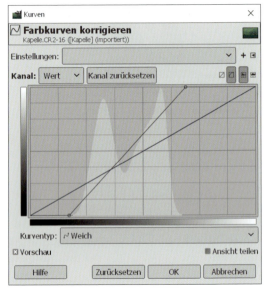

▲ Abbildung 6.36
So sieht der Vorgang dann in der Gradationskurve aus, wo Sie die Korrektur nach Belieben weiterführen können. Hätten wir den mittleren Regler beim WERTE-Werkzeug verschoben, würde dies zu einer Kurve beim Gradationswerkzeug führen

Kapitel-006/Kapelle.CR2 oder Kapitel-006/Kapelle.jpg

Schritt für Schritt
Flaue Bilder korrigieren

Bilder wirken flau und kontrastärmer, wenn sie entweder nur wenige verschiedene Tonwerte enthalten oder reines Schwarz und Weiß fehlen. Solche Bilder erkennen Sie im Histogramm daran, dass die Tonwerte rechts und links wenig oder kaum belegt sind.

Den Kontrast solcher Bilder können Sie verstärken, indem Sie jeweils den Weißpunktregler nach links und den Schwarzpunktregler nach rechts jeweils zum Anfang des Histogrammberges ziehen. Für das Beispiel habe ich hier die RAW-Version »Kapelle.CR2« verwendet, aber Sie finden auch hier wieder ergänzend die JPEG-Version dazu. Wie immer gilt, dass, abgesehen vom Arbeitsschritt 3, die Anpassungen der anderen Schritte eher subjektiv sind und meinem persönlichen Geschmack entsprechen.

◄ **Abbildung 6.37**
Das Bild ist flau und kontrastarm.

1 Farbtemperatur anpassen

Das Anpassen der Farbtemperatur ist häufig ein essenzieller erster oder zweiter Schritt bei der Nachbearbeitung von Bildern. Im Beispiel finde ich die Bildstimmung viel zu kühl und wähle daher zunächst die Funktion FARBEN • FARBTEMPERATUR und ziehe den Regler von BEABSICHTIGTE TEMPERATUR 1 auf 8 500 hoch. Bestätigen Sie den Dialog mit OK.

Zum Weiterlesen
Der Dialog FARBTEMPERATUR und die Farbkorrektur im Allgemeinen sind das Thema des gesamten Kapitels 7, »Farbkorrekturen«.

◄ **Abbildung 6.38**
Dem Bild eine wärmere Farbtemperatur verpassen

2 Hellste und dunkelste Bereiche anpassen

Rufen Sie jetzt den WERTE-Dialog über FARBEN • WERTE auf. Hier erkennen Sie deutlich am Histogramm, dass dem Bild sowohl schwarze als auch weiße Tonwerte fehlen. Ich verwende für die Anpassung des Histogramms STUFEN NACH WAHRNEHMUNG

Kapitel 6 Tonwerte anpassen

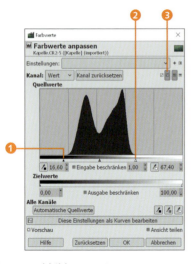

▲ **Abbildung 6.39**
Um den Mangel an weißen und schwarzen Tonwerten zu beheben, soll der Schwarz- und Weißpunkt des Bildes angepasst werden.

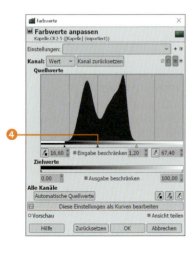

Zu dunkle und zu helle Bilder korrigieren

Für das Aufhellen oder Abdunkeln von Bildern, deren Histogramm weder in den Lichtern noch in den Tiefen leere Flächen aufweist, können Sie bei der Tonwertkorrektur den mittleren Regler verwenden. Ziehen Sie den Regler nach links, wird das Bild aufgehellt, und ziehen Sie ihn nach rechts, wird es abgedunkelt.

anpassen ❸. Ziehen Sie dann den Schwarzpunktregler ❶ nach rechts bis an den Anfang des Histogrammberges; im Beispiel ist dies der Wert 16,60. Führen Sie dasselbe auch mit dem Weißpunktregler ❷ durch, indem Sie diesen Regler nach links an den Anfang des Histogrammberges ziehen; im Beispiel ist das der Wert 67,40. Beachten Sie, dass die Werte von 0,00 bis 100,00 typisch für ein Bild mit 16/32 Bit Farbtiefe sind. Bei einem Bild mit 8 Bit Farbtiefe finden Sie hier die Tonwerte von 0 bis 255 vor.

3   Mitteltöne anpassen

Da durch das Setzen des Schwarz- und Weißpunktes einige Teile des Vordergrundes und die Bäume etwas zu dunkel geworden sind, ziehe ich nun den mittleren Regler ❹ (auch Gammaregler genannt) zum Aufhellen nach links; im Beispiel auf den Wert 1,20. Wenden Sie die Korrektur mit einem Klick auf die Schaltfläche OK auf das Bild an.

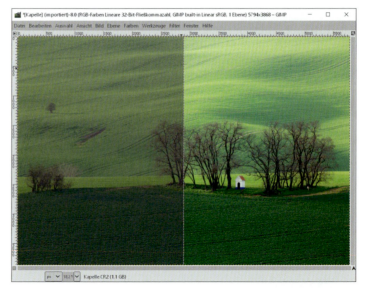

▲ **Abbildung 6.40**
Die dunklen Bereiche sollen mit dem mittleren Regler vom Werte-Dialog aufgehellt werden.

4   Glanzlichter anpassen

Der hintere Teil der Hügellandschaft erscheint nun immer noch etwas flau und zu hell und will noch nicht so recht zum Vordergrund passen. Hierfür rufen Sie Farben • Schatten-Glanzlichter auf und reduzieren den Regler von Glanzlichter ❺, indem Sie diesen nach links bis auf den Wert –35,09 ziehen. Bestätigen Sie den Dialog wieder mit Ok.

6.6 Tonwertkorrektur-Werkzeug

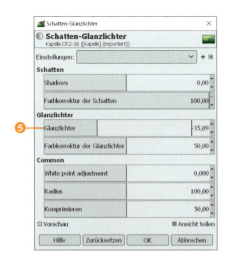

◀ **Abbildung 6.41**
Ein letzter Feinschliff der Glanzlichter

◀ **Abbildung 6.42**
Das Bild vor der Bearbeitung (oben) und nach der Bearbeitung (unten)

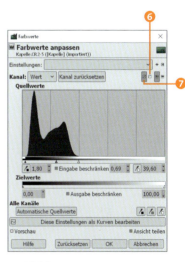

Im eben gezeigten Beispiel wurde die Korrektur mit dem Histogramm in der Einstellung STUFE NACH WAHRNEHMUNG ANPASSEN ❻ durchgeführt. Wenn Sie hier stattdessen die Werte des Histogramms nach linearem Licht (STUFEN IN LINEAREM LICHT ANPASSEN) ❼ anzeigen lassen, können Sie zwar ähnlich wie im Schritt 2 und 3 vorgehen, aber die Werte sind dabei natürlich ganz andere, wie Sie in Abbildung 6.43 sehen können.

▲ **Abbildung 6.43**
Hier wird dasselbe Bild wie im eben gezeigten Workshop verwendet (siehe Abbildung 6.40), nur wurden hier die Einstellungen mit linearem Licht ❼ am Histogramm durchgeführt.

171

Tonwerte kanalweise anpassen | Neben der Möglichkeit, die Tonwerte auf allen drei Kanälen anzupassen (= WERT), können Sie diese Korrektur über KANAL ❶ auch einzeln in den RGB-Kanälen (ROT, GRÜN und BLAU) durchführen. Bei manchen Bildern führt dies sogar zu besseren Ergebnissen.

▲ **Abbildung 6.44**
Bei diesem Beispielbild »blessing.jpg« wurde auf der linken Seite eine Tonwertkorrektur auf allen drei Kanälen (= WERT) durchgeführt. Auf der rechten Seite wurde die Korrektur auf den einzelnen Kanälen (ROT, GRÜN und BLAU) ausgeführt, was hier zu einem deutlich besseren Ergebnis führt.

Aber es gibt auch Bilder, bei denen das nicht funktioniert, besonders dann, wenn kein echtes Schwarz oder Weiß enthalten ist. In solchen Fällen sollten Sie die kanalweise Lösung nicht verwenden und stattdessen eine Korrektur mit dem allgemeinen Kanal (WERT) durchführen. So findet man beispielsweise bei Sonnenaufgängen oder Sonnenuntergängen in den Lichtern des grünen und blauen Kanals kaum noch Informationen. Ein kanalweises Anpassen wäre hier daher nicht sinnvoll.

Abbildung 6.45 ▼
Es gibt Fälle, bei denen die Anpassung der Tonwerte für jeden KANAL ❶ einzeln zu einem besseren Ergebnis führt.

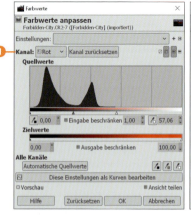
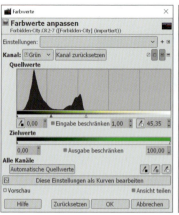
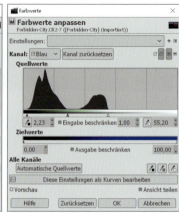

▲ **Abbildung 6.46**
Bei Bildern mit einem Sonnenuntergang, wie hier auf der rechten Seite zu sehen ist, dominiert meistens die rote Farbe. Grüne und blaue Farben füllen die Histogrammbreite des Bildes selten aus. Auf der linken Seite sehen Sie das Ergebnis, wenn Sie die Tonwertkorrektur kanalweise durchführen – die Natürlichkeit des Bildes geht verloren.

6.7 Gradationskurve – der Kurven-Dialog

Die Anwendungsmöglichkeiten der Gradationskurve sind vielfältig: Sie können mit ihr den Kontrast verbessern, ein Bild aufhellen, abdunkeln, den Tonwertumfang begrenzen oder den Weiß- und Schwarzpunkt verschieben. Und auch vor den Farbkanälen macht die Kurve nicht halt. Jeden der drei Kanäle Rot, Grün und Blau können Sie einzeln bearbeiten, um spezielle Effekte zu simulieren oder etwa einen Farbstich zu entfernen. Rein theoretisch können Sie mit der Kurve alles machen, was Sie mit den Werkzeugen zur Tonwertkorrektur in den Abschnitten zuvor gemacht haben. Sie erreichen das Werkzeug über FARBEN • KURVEN.

Die verschiedenen Werkzeugeinstellungen der Gradationskurve sind dem WERTE-Werkzeug recht ähnlich. Für die Verwendung wählen Sie zunächst den KANAL ❶ aus, den Sie verändern wollen (siehe Abbildung 6.47). Der Kanal WERT steht auch hier für alle drei RGB-Kanäle. Ansonsten können Sie hier die einzelnen Kanäle ROT, GRÜN, BLAU (was gerade bei einem Farbstich sinnvoll ist) und, falls vorhanden, den ALPHA-Kanal auswählen und ändern.

Ebenfalls essenziell sind die beiden Schaltflächen ❽, wo Sie auswählen, ob Sie die Korrektur nach Wahrnehmung oder linearem Licht durchführen wollen.

Das Objekt der Begierde ist der Bearbeitungsbereich, also die Kurve ❺. Die Kurve wird auf einer weißen Fläche mit einem Raster angezeigt und verläuft in einer geraden Linie von links unten nach rechts oben. Die aktuelle x- und y-Position der Maus werden links oben ❸ angezeigt. Zu Beginn ist diese Gradationskurve immer eine gerade Linie, damit jeder Eingabewert demselben Ausgabewert entspricht. Der horizontale Farbverlauf ❻ repräsentiert hierbei die Eingabewerte (x-Achse; Wertebereich von 0 [8 Bit] bzw. 0,00 [16/32 Bit] [schwarz] bis 255 [8 Bit] bzw.

Werte vs. Kurve

Dass Sie mit dem Dialog KURVEN ein besseres Ergebnis als mit dem WERTE-Dialog erreichen können, liegt daran, dass Sie die Tonwerte mit den Kurven punktuell verändern können. Sie können hierbei mehrere Punkte im Bild setzen und verändern.

Höhen und Tiefen

Damit Sie die Orientierung nicht verlieren: Im linken unteren Bereich befinden sich die Tiefen und im rechten oberen Bereich die Höhen eines Bildes.

100,00 [16/32 Bit[[weiß]) und der vertikale Farbverlauf ❹ die Ausgabewerte (Y-Achse; Wertebereich von 0 bzw. 0,00 [schwarz] bis 255 bzw. 100,00 [weiß bzw. farbig]).

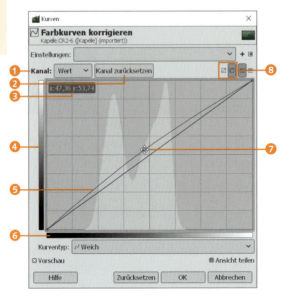

Abbildung 6.47 ▶
Der KURVEN-Dialog

Wenn Sie auf die Linie klicken, wird ein neuer Kontrollpunkt erstellt. Bewegen Sie den Mauszeiger über diesen Kontrollpunkt, nimmt dieser die Form von einem Pfeil mit vier Richtungen ❼ an. Mit gedrückter linker Maustaste können Sie diesen Kontrollpunkt nun beliebig ziehen. Insgesamt können Sie 15 weitere Kontrollpunkte (ohne den Start- und Endpunkt) anlegen und verwenden.

Einen Kontrollpunkt entfernen Sie, indem Sie ihn seitlich über einen anderen Kontrollpunkt ziehen. Alle Kontrollpunkte löschen Sie mit der Schaltfläche KANAL ZURÜCKSETZEN ❷.

Hierzu ein paar beliebte Beispiele mit dem Ausgangsbild »Hochzeit.jpg«.

Kapitel-006/Hochzeit.jpg

Abbildung 6.48 ▶
Ausgangsbild

6.7 Gradationskurve – der Kurven-Dialog

◄▲ **Abbildung 6.49**
Hier wurden die Höhen mehr auf Weiß gezogen, was die Helligkeit verbesserte.

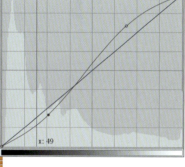

◄▲ **Abbildung 6.50**
Die klassische S-Kurve, mit der Sie die Kontraste erhöhen, indem Sie Tiefen und Höhen verbessern.

◄▲ **Abbildung 6.51**
Extremes Aufhellen des Bildes. Zögen Sie die Kurve nach unten, würde das Bild verdunkelt.

▲ Abbildung 6.52
Hier wurde eine Tonwertbeschneidung von Schwarz und Weiß vorgenommen, womit das Bild quasi keine schwarzen und weißen Tonwerte mehr enthält und einen matten Look erhält.

▲ Abbildung 6.53
Natürlich geht es auch kreativer. Hier wurde eine Crossprozess-Entwicklung simuliert. Hierfür wurde für den roten Kanal eine verstärkte und für den grünen Kanal eine schwächere S-Kurve verwendet. Beim blauen Kanal hingegen wurde eine umgekehrte S-Kurve benutzt.

Wem die Gradationskurve noch nicht flexibel genug ist, der kann unter KURVENTYP ❶ FREIHAND auswählen und die Kurve mit einem Stift mit der linken Maustaste auf das Diagramm zeichnen – zum Experimentieren eine großartige Sache.

6.7 Gradationskurve – der Kurven-Dialog

Wenn Sie mit dem Kurventyp FREIHAND im Diagramm gezeichnet haben und anschließend wieder den KURVENTYP WEICH auswählen, wird die Kurve geglättet.

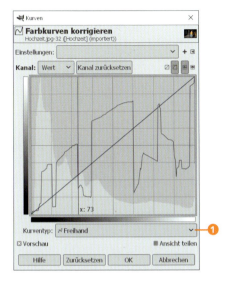

◀ **Abbildung 6.54**
Die totale Freiheit erhalten Sie mit dem KURVENTYP ❶ FREIHAND. Allerdings ist dieser Typ schwer zu kontrollieren und daher eher für kreative Zwecke geeignet.

Schritt für Schritt
Die Gradationskurve – der Tausendsassa

Zur Demonstration will ich nochmals das Beispiel »Kapelle.CR2« bzw. »Kapelle.jpg« aufgreifen, das Sie mit dem Werte-Dialog bereits bearbeitet haben. Nur soll diesmal die komplette Tonwertkorrektur mit dem Kuven-Dialog durchgeführt werden. In der Praxis verwende ich zwar den Kurven-Dialog eher für das Feintuning, aber gerade für Lernzwecke ist die folgende Schritt-für-Schritt-Anleitung sehr gut geeignet, um die Flexibilität der Gradationskurve kennenzulernen.

Kapitel-006/Kapelle.CR2 oder Kapitel-006/Kapelle.jpg

◀ **Abbildung 6.55**
Das Bild soll nochmals für die Gradationskurve verwendet werden.

Kapitel 6 Tonwerte anpassen

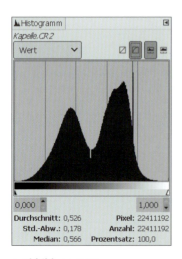

▲ Abbildung 6.56
Um die Tonwertkorrektur unter Kontrolle zu haben, blende ich das Histogramm über FARBEN • INFORMATION • HISTOGRAMM ein.

1 Schwarz- bzw. Weißpunkt festlegen

Rufen Sie den Kurven-Dialog über FARBEN • KURVEN auf. Ich verwende für die Anpassung des Histogramms STUFEN NACH WAHRNEHMUNG ANPASSEN ❸. Klicken Sie links unten auf den Anfang der Linie, wodurch ein neuer Punkt angelegt wird. Ziehen Sie dann den Punkt unten entlang nach rechts bis an den Anfang des Histogrammberges ❶. Wiederholen Sie dasselbe rechts oben, indem Sie auch hier einen neuen Punkt anlegen und diesen oben an den Anfang des Histogrammberges ziehen ❷.

2 Lichter abdunkeln

Um dem noch etwas flauen Hintergrund hinter der Kapelle etwas mehr Dynamik zu verleihen, legen Sie etwa in der Mitte der Linie einen Punkt ❺ an, den Sie aber nicht bewegen. Dieser Punkt dient nur zum Schutz für die Tiefen, damit bei der anschließenden Korrektur nicht auch die dunklen Bereiche im Bild mit angepasst werden. Als Nächstes legen Sie in der zweiten Hälfte oberhalb der Linie einen neuen Punkt an ❹ und ziehen diesen leicht nach unten, wodurch nur die Lichter im Bild abgedunkelt werden. Ohne den Punkt in der Mitte ❺ hätten Sie auch einige Teile der Tiefen noch dunkler gemacht.

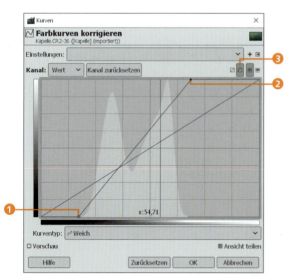 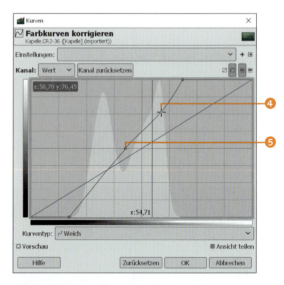

▲ Abbildung 6.57
Links: Anpassen der hellsten und dunkelsten Bereiche im Bild.
Rechts: Nur die Lichter abdunkeln

3 Dunkle Grüntöne aufhellen

Um die dunkelgrünen Bereiche im Vordergrund etwas aufzuhellen, wählen Sie bei KANAL ❻ GRÜN aus und setzen dort zunächst in der Mitte der Linie einen Punkt ❼. Um die dunklen Grüntöne etwas aufzuhellen, legen Sie etwa im unteren Drittel der Linie einen weiteren Punkt an ❽ und ziehen diesen leicht nach oben.

6.7 Gradationskurve – der Kurven-Dialog

Hierbei müssen Sie allerdings aufpassen, den Wert nicht zu stark nach oben zu ziehen, weil sonst schnell auch andere Bereiche einen grünen Stich erhalten. Auch hier schützt der Punkt in der Mitte ❼ davor, dass nicht auch helle Grüntöne im oberen Teil der Linie mit angepasst werden.

❹ Dem Bild einen wärmeren Look verpassen

Zum Schluss wählen Sie den Kanal ❾ Blau aus und legen in der Mitte einen Punkt an ❿, den Sie auch gleich leicht nach unten ziehen. Das Bild erhält dadurch eine wärmere Farbe, weil die Gegenfarbe von Blau Gelb ist. Damit reduzieren Sie praktisch den Blauanteil im Bild und erhöhen den Gelbanteil. Anschließend bestätigen Sie den Dialog mit der Schaltfläche OK und sind fertig mit der Anpassung der Tonwertkorrektur im Kurven-Dialog.

▼ **Abbildung 6.58**
Links: Dunkle Grüntöne aufhellen. Rechts: Durch eine Reduzierung des Blauanteils und Erhöhung des Gelbanteils wird das Bild wärmer.

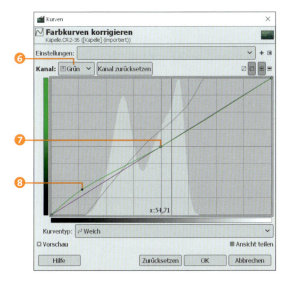
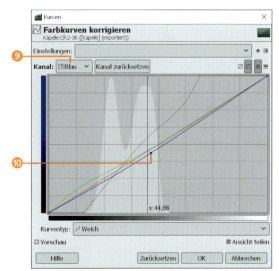

▲ **Abbildung 6.59**
Das Endergebnis auf der rechten Seite mit Hilfe der Gradationskurve kann sich im Vergleich zum Vorher-Bild auf der linken Seite sehen lassen.

6.7.1 Kontrast verbessern mit der S-Kurve

Um Bildern den letzten Schliff zu geben, wird am Ende gerne noch der Kontrast mit einer S-Kurve erhöht. Die S-Kurve ist eine klassische Technik, um ein knackig und scharf wirkendes Bild zu erzeugen, bei dem der Kontrast von den Mitteltönen lebt. Mit dieser Technik werden die Mitteltöne gespreizt und die Schatten und Lichter zusammengedrängt.

Kapitel-006/Sintra.cr2 oder Kapitel-006/Sintra.jpg

Sie erstellen eine solche Kurve mit dem Gradationswerkzeug über FARBEN • KURVEN. Je stärker Sie dabei die S-Kurve erstellen, desto stärker wird der Kontrast.

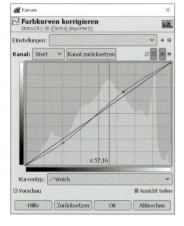

▲ **Abbildung 6.60**
Hier wurde eine leichte S-Kurve für eine Kontrastanhebung verwendet. Im Histogramm erkennen Sie die Spreizung der Mitteltöne und die Erhöhung der Tiefen und Lichter.

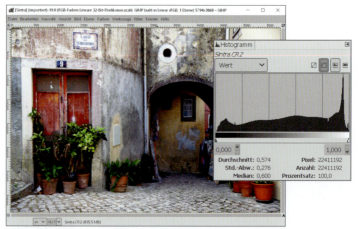

▲ **Abbildung 6.61**
Eine etwas stärkere S-Kurve, mit der eine mittelstarke Kontrastanhebung des Bildes realisiert wird. In diesem Bild ist die Kontrastanhebung gerade noch an der Grenze.

6.7 Gradationskurve – der Kurven-Dialog

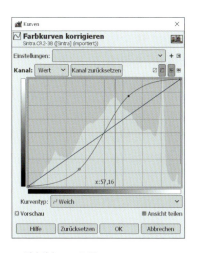 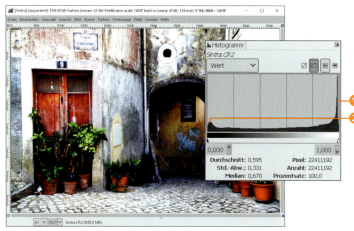

▲ **Abbildung 6.62**
Eine extrem starke S-Kurve für eine starke Kontrastanhebung. Für das Bild ist die S-Kurve jedoch zu stark, wie Sie am Histogramm erkennen. Die Lichter ❶ und Tiefen ❷ werden über den Rand hinausgeschoben, und somit gehen Informationen verloren.

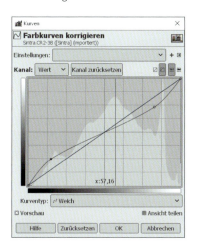 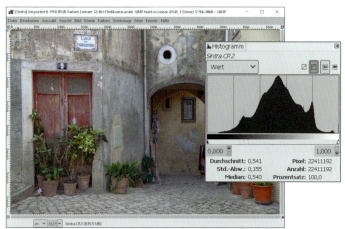

▲ **Abbildung 6.63**
Zur Reduzierung des Kontrasts können Sie eine umgekehrte S-Kurve (auch Z-Kurve genannt) verwenden. Hier sehen Sie den umgekehrten Effekt im Histogramm. Die Mitteltöne werden erhöht und die Tiefen und Lichter gespreizt.

Z-Kurve

Neben der S-Kurve gibt es auch die sogenannte Z-Kurve, die im Grunde nur eine umgedrehte S-Kurve ist. Die Z-Kurve wird relativ selten verwendet. Damit werden die Mitteltöne abgeflacht und die Schatten und Lichter auseinandergezogen.

Kurveneinstellungen wiederverwenden | Kurveneinstellungen, wie beispielsweise die S-Kurve, werden Sie immer wieder verwenden. Hier lohnt es sich, einige Einstellungen zu den Favoriten hinzuzufügen, so dass Sie jederzeit darauf Zugriff haben. Eigene Favoriten anzulegen ist einfach: Erstellen Sie die gewünschte Kurve, und klicken Sie dann im KURVEN-Dialog auf das Plus-

Kapitel 6 Tonwerte anpassen

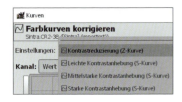

▲ **Abbildung 6.64**
Häufig verwendete Einstellungen immer griffbereit

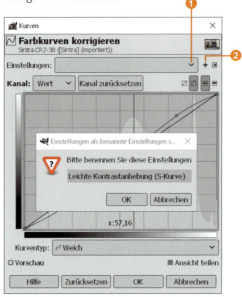

symbol ❷. Im sich öffnenden Dialogfenster benennen Sie die Einstellung. Über die Dropdown-Liste ❶ links neben dem Plussymbol können Sie diese Einstellung dann jederzeit bei einem beliebigen Bild aufrufen.

Abbildung 6.65 ▶
Kurveneinstellungen den Favoriten hinzufügen

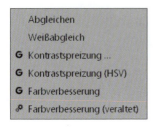

▲ **Abbildung 6.66**
Für schnelle Korrekturen finden Sie über FARBEN • AUTOMATISCH verschiedene automatische Funktionen.

6.8 Die automatischen Funktionen

Wenn es schnell gehen muss oder Sie keine Lust haben, sich mit dem Histogramm auseinanderzusetzen, bietet GIMP über das Menü FARBEN • AUTOMATISCH mehrere automatische Befehle an, die das für Sie übernehmen.

Die automatischen Funktionen machen intern natürlich nichts anderes, als die Farbkanäle des Histogramms zu strecken. Helle Pixel werden dabei nach rechts geschoben und dunkle Pixel nach links, um so den Kontrast zu verstärken.

Der Unterschied zwischen den verschiedenen Befehlen im Untermenü FARBEN • AUTOMATISCH liegt darin, dass einige Befehle alle drei Farbkanäle (Rot, Grün und Blau) gleichzeitig und andere diese getrennt voneinander ändern. Daher führen alle Befehle zu unterschiedlichen Ergebnissen.

Folgende Automatik-Funktionen stehen Ihnen zur Verfügung, und folgendes Ergebnis wird damit versucht zu erzielen:

▶ ABGLEICHEN: Mit diesem Kommando wird versucht, die Luminanz (Helligkeit) der aktiven Ebene so einzustellen, dass die Helligkeitswerte im Histogramm möglichst gleichmäßig verteilt sind. Das Ergebnis sollte ein höherer Kontrast sein.

- WEISSABGLEICH: Mit diesem Befehl werden die einzelnen Farbkanäle Rot, Grün und Blau gestreckt, um bei Bildern, die kein sauberes Weiß oder Schwarz enthalten, reine Farben zu erzeugen. Weil diese Funktion nur auf den Farbkanälen Rot, Grün und Blau arbeitet, können Sie sie nur auf Bilder anwenden, die im RGB-Modus vorliegen.
- KONTRASTSPREIZUNG: Damit wird versucht, die einzelnen Farbkanäle Rot, Grün und Blau zwischen dem kleinstmöglichen und größtmöglichen Wert zu strecken. Dadurch werden hellere Farben heller und dunklere Farben dunkler, was den Kontrast erhöht. Diese Automatik bietet noch die Option FARBEN ERHALTEN an und mit NICHTLINEARE KOMPONENTEN die Wahl zwischen wahrgenommenem Gamma oder linearem Licht für die Korrektur. Hierbei werden die sehr hellen oder dunklen Punkte nicht von der Berechnung ausgenommen, wodurch Weiß eventuell nicht mehr ganz rein ist. Diese automatische Funktion könnte daher unter Umständen zu einem unerwünschten Ergebnis führen.

Manuell oder Automatik

Als echte Puristen verwenden wir natürlich keine Automatik. Da bei der Automatik nicht genau vorhersehbar ist, wie das Ergebnis aussieht, würde ich von den Automatiken abraten. Man kann sicherlich mal probieren, wie das Resultat bei der Automatik aussieht, und es mit dem manuellen Ergebnis vergleichen. Aber wenn Sie wissen, was Sie tun (dafür haben Sie ja dieses Buch gekauft), dann erzielen Sie meistens mit den Werkzeugen WERTE oder KURVEN die besseren Ergebnisse.

◂ Abbildung 6.67
Dialog zur Kontrastspreizung

- KONTRASTSPREIZUNG (HSV): Diese Funktion entspricht exakt der Funktion KONTRASTSPREIZUNG, mit dem Unterschied, dass hierbei mit dem HSV-Farbmodell gearbeitet wird und somit der Farbton möglichst unangetastet bleibt.
- FARBVERBESSERUNG: Mit dieser Funktion wird die aktive Ebene zunächst in das HSV-Modell umgewandelt. In diesem Modell wird das Histogramm des Farbsättigungskanals verbessert. Anschließend wird die Ebene wieder in das RGB-Farbmodell zurückkonvertiert. Als Ergebnis sollte die Sättigung der Farben verbessert sein.

6.9 Tonwertumfang reduzieren

Es gibt Fälle, in denen Sie vielleicht den Tonwertumfang reduzieren wollen. Dies kann der Fall sein, wenn Sie ein Bild drucken oder dem Bild einfach nur einen matten Look verpassen wollen.

Kapitel-006/Monks.jpg

Kapitel 6 Tonwerte anpassen

Das Beispielbild »Monks.jpg« sieht auf dem Bildschirm ganz toll aus, aber für den Druck (im Buch) ist es zu dunkel, wie Sie in Abbildung 6.68 selbst erkennen können.

Abbildung 6.68 ▶
Auf dem Bildschirm schön, aber für den Druck zu dunkel.

Für eine Tonwertreduzierung bietet sich der WERTE-Dialog (FARBEN • WERTE) und der KURVEN-Dialog (FARBEN • KURVEN) an. Beim WERTE-Dialog finden Sie hier unterhalb von ZIELWERTE einen schwarzen ❶ und einen weißen ❷ Schieberegler vor. Beim KURVEN-Dialog hingegen müssen Sie die Linie am linken Rand ❸ zum Reduzieren der dunklen Tonwerte hochziehen und am rechten Rand ❹ zur Reduzierung der hellen Tonwerte herunterziehen.

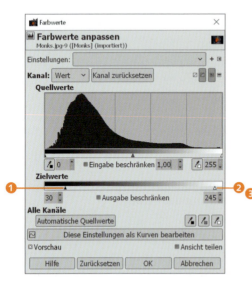

▲ **Abbildung 6.69**
Mit den Reglern von ZIELWERTE begrenzen Sie den Tonwertumfang.

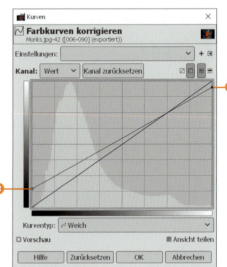

▲ **Abbildung 6.70**
Beim KURVEN-Dialog müssen Sie die Tonwerte über die Linie am linken unteren und rechten oberen Rand reduzieren.

Um welchen Wert bzw. wie stark Sie den Tonwertumfang reduzieren sollten, hängt vom verwendeten Druckverfahren und dem verwendeten Papier ab. Je schlechter die Qualität ist, desto mehr müssen Sie den Tonwertumfang nachbearbeiten. Leider mit dem Nebeneffekt, dass das Bild immer mehr an Kontrast verliert. Und wenn es Ihnen ohnehin nur um den matten Look geht, dann ist erlaubt, was eben gefällt.

Der Sinn und Zweck der ZIELWERTE lässt sich schnell erklären: Mit ihnen reduzieren Sie den Tonwertumfang für den Druck. Hierbei müssen Sie bedenken, dass das Ergebnis, das Sie auf Ihrem Bildschirm sehen, so nicht immer im Druck wiedergegeben werden kann. Dies gilt natürlich vor allem für die Lichter und Tiefen eines Bildes.

Wenn Sie beispielsweise auf dem Bildschirm bei hellen oder dunklen Pixeln noch eine Struktur erkennen, wird beim Druck hier unter Umständen nur noch ein komplettes Weiß oder Schwarz gedruckt, und es ist keine Struktur mehr zu erkennen.

◄ **Abbildung 6.71**
Nach der Tonwertreduzierung ist das Bild zwar nicht mehr so kontrastreich, aber beim Druck werden so mehr Details sichtbar, weil diese nicht mehr ins Schwarz absaufen können.

6.10 Werkzeuge zum Nachbelichten und Abwedeln

Wenn Sie einzelne Bildteile aufhellen oder abdunkeln wollen, können Sie das Werkzeug ABWEDELN/NACHBELICHTEN (Tastenkombination ⇧+D) verwenden. Die Begriffe *Abwedeln* und *Nachbelichten* werden häufig in ihrer Funktion verwechselt. Dies kommt wohl eher vom Begriff Nachbelichten, der nicht, wie man vielleicht annehmen würde, die Pixel aufhellt, sondern abdunkelt. Zum Aufhellen wird der Abwedler verwendet.

Das Werkzeug ist weniger für die Verbesserung von Bildern geeignet. Beachten Sie, dass Sie hierbei eine Pixelveränderung

Pinseleinstellungen
Die allgemeinen Eigenschaften der Pinseleinstellungen sind bei fast allen Malwerkzeugen von GIMP gleich. Daher werden diese gesondert im Abschnitt »Gemeinsame Werkzeugeinstellungen« ab Seite 263 behandelt.

auf der Bildebene (destruktiv) durchführen. In der Praxis eignet sich das Werkzeug höchstens für kleine Nachbesserungen und Detailanpassungen von Retuschearbeiten. Als bessere Alternative würde ich Ihnen zu Ebenenmasken raten.

Werkzeugoptionen für Abwedeln/Nachbelichten | Mit dem TYP ❶ stellen Sie den Modus des Werkzeugs ein. Wählen Sie hier zwischen ABWEDELN und NACHBELICHTEN. Sie können auch jederzeit den anderen Modus während des Arbeitens verwenden, indem Sie ⌃Strg/⌘Cmd gedrückt halten. Im Modus NACHBELICHTEN werden die Farben der überstrichenen Bereiche abgedunkelt und im Modus ABWEDELN aufgehellt.

Mit dem UMFANG ❷ legen Sie fest, auf welche Tonwerte das ABWEDELN bzw. NACHBELICHTEN wirken soll. Hierbei stehen Ihnen mit SCHATTEN (= Tiefen), MITTEN (= Mitteltöne) und GLANZLICHTER (= Lichter) drei Modi zur Verfügung. Mit SCHATTEN werden nur die dunklen Bildbereiche, mit MITTEN die mittlere Helligkeit und mit GLANZLICHTER die hellen Bildbereiche beachtet.

Mit dem Schieberegler BELICHTUNG ❸ stellen Sie die Wirkungsstärke des ausgewählten Typs ein. Je höher dieser Wert, desto stärker ist die Wirkung. Der Standardwert von 50 wirkt allerdings in der Praxis oft viel zu hart. Ein guter Wert für fast alle Zwecke dürfte hier zwischen 10 und 20 liegen.

▲ **Abbildung 6.72**
Die Werkzeugeinstellungen von
ABWEDELN/NACHBELICHTEN

Kapitel-006/Black-Parade.jpg

Schritt für Schritt
Einzelne Bildpartien aufhellen

Im folgenden sehr dunklen Bild sind die Tiefen bei den Augen fast schon ins Schwarz abgerutscht. Ein komplettes Aufhellen des Bildes würde allerdings auch Teile der weißen Hautpartien überstrahlen lassen. In dem Fall bietet sich daher eine partielle Korrektur an, bei der nur das Augenweiß aufgehellt werden soll.

Abbildung 6.73 ▶
Die Augen (besonders das rechte) sind ein wenig zu dunkel geraten, und es fehlt an Strahlkraft.

6.10 Werkzeuge zum Nachbelichten und Abwedeln

1 Abwedeln einstellen

Wählen Sie das Werkzeug ABWEDELN/NACHBELICHTEN aus. Verwenden Sie eine weiche Pinselspitze (hier HARDNESS 025), und skalieren Sie sie auf die gewünschte Größe (hier 20,00). Wählen Sie als Typ das ABWEDELN ❹ aus, falls dies nicht schon standardmäßig angewählt ist. Für den UMFANG verwenden Sie GLANZLICHTER ❺ (für die hellen Bildbereiche; hier: Augenweiß). Die BELICHTUNG ❻ stellen Sie auf den Wert 12,00.

2 Bereiche aufhellen

Zoomen Sie mit ﹢ etwas näher in den Bildbereich, den Sie aufhellen wollen. Umfahren Sie mit gedrückter linker Maustaste diese Bereiche mit dem Werkzeug ❼. Das Augenweiß sollte jetzt allmählich heller und deutlich sichtbarer werden.

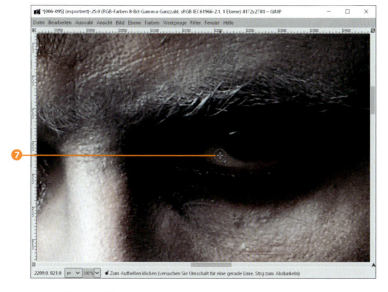

▲ Abbildung 6.74
Die Werkzeugeinstellungen für das Aufhellen festlegen

▲ Abbildung 6.75
Das Augenweiß wird leicht aufgehellt.

Wollen Sie einige Bereiche noch mehr aufhellen, sollten Sie gegebenenfalls die Pinselgröße nochmals etwas anpassen und die Belichtung verringern. Je öfter Sie aufhellen (bzw. abdunkeln), desto präziser sollten Sie arbeiten. Reicht Ihnen das Aufhellen der GLANZLICHTER nicht aus, können Sie auch noch die MITTEN aufhellen.

Gute Ergebnisse beim Aufhellen erzielen Sie, wenn Sie den Pinsel beim Aufhellen nicht absetzen (also die Maustaste nicht gleich loslassen), weil sonst erneut aufgehellt wird und im Ergebnis dann auffallen würde, dass eine Stelle doppelt aufgehellt wurde.

Kapitel 6 Tonwerte anpassen

▲ **Abbildung 6.76**
Das Ausgangsbild …

▲ **Abbildung 6.77**
… und hier das Bild mit aufgehelltem Augenweiß

Kapitel 7
Farbkorrekturen

Eine weitere grundlegende Korrektur neben der Tonwertkorrektur ist die Farbkorrektur. Eine häufige Fehlerquelle sind unerwünschte Farbstiche, die schnell entstehen, wenn eine Aufnahme bei Kunstlicht gemacht wird. Nicht immer ist allerdings deutlich, welche Farbe der Stich eigentlich hat. Für solche Fälle gib es mit der Messung der Graubalance eine spezielle Technik, die ich Ihnen in diesem Kapitel zeigen werde.

7.1 Übersicht über die Werkzeuge für Farbkorrekturen

Sie finden die Werkzeuge für die Farbkorrekturen vorwiegend im Menü FARBEN wieder. Speziell die Dialoge FARBABGLEICH, FARBTEMPERATUR, FARBTON-BUNTHEIT und SÄTTIGUNG sind dafür geeignet. Aber auch mit den Dialogen WERTE und KURVEN können Sie die Farbe anpassen, wenn Sie auf den einzelnen Kanälen Rot, Grün oder Blau arbeiten.

Genau genommen spricht man von der *Farbkorrektur* eigentlich nur dann, wenn man einen Farbstich im Bild behebt bzw. die Farbe abgleicht, und nicht, wenn man die Farbsättigung verändert.

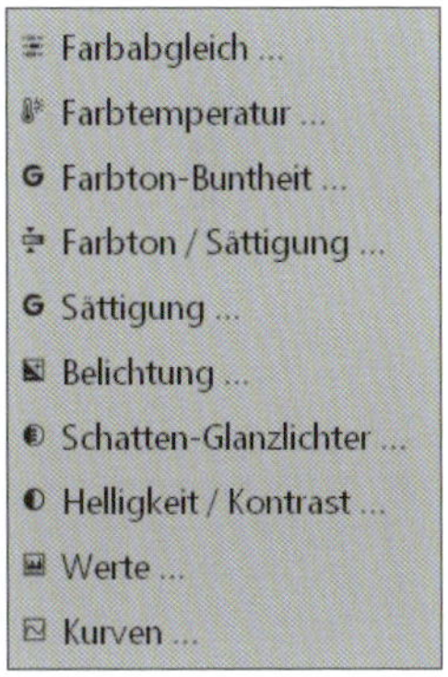

▲ **Abbildung 7.1**
Im Menü FARBEN finden Sie die Werkzeuge für Farbanpassungen und -korrekturen.

7.2 Farbanalyse durchführen

Einen Farbstich in einem vielfarbigen Bild zu erkennen, fällt selbst geübten Betrachtern oft schwer. Ein zusätzliches Problem ist, dass ein Bild auf jedem Monitor und auf jedem Rechner anders aussieht – je nachdem, ob der Monitor kalibriert wurde oder nicht.

Woher kommt der Farbstich? | Es gibt viele Situationen, in denen die Farben eines Bildes nicht korrekt dargestellt werden. Da es viele verschiedene Lichtquellen gibt, muss die Kamera auf diese reagieren. Deshalb kann die Farbtemperatur des entsprechenden Lichtes in Ihrer Kamera eingestellt werden. Dies erreichen Sie über die Einstellung des richtigen Weißabgleichs. Viele Fotografen stellen diesen Wert gerne auf AWB (*Automatischer Weißabgleich*). Hierbei kann es jedoch zu falschen Farbwerten kommen, weil die Automatik nicht immer eine perfekte Farbanpassung durchführt – obgleich die modernen Kameras hier schon sehr naturgetreue Farben wiedergeben können.

In der Praxis treten daher Farbstiche häufiger bei schwierigeren Lichtbedingungen wie dem Morgenrot oder Abendhimmel (Orange-/Magenta-/Gelb- und/oder Rotstich) oder künstlichen Lichtquellen wie Leuchtstofflampen (Grünstich) auf. Besonders schwierig sind auch Innenaufnahmen, Nachtaufnahmen oder Aufnahmen mit Schnee im Winter.

7.2.1 Farbwerte messen

Ein guter Indikator für die richtige Farbmischung eines Bildes sind die Grautöne. Gerade im RGB-Modus eines Bildes entsteht ein neutrales Grau, wenn die drei Farbkanäle Rot, Grün und Blau ungefähr gleich sind. Wenn in einem Bild die Graubalance stimmt, sollten auch die anderen Farben keinen Farbstich aufweisen.

Vielleicht fragen Sie sich nun, ob Sie diese Graubalance nicht auch auf andere Farben anwenden können. Betrachten Sie in diesem Fall einmal Abbildung 7.3 mit den grünen Farben, und versuchen Sie zu entscheiden, welcher Grünton zu viel Blau und welcher zu viel Rot enthält. Die Beurteilung wird noch schwieriger, wenn weitere Farben hinzukommen, und ist zuletzt nur noch Geschmackssache.

▲ **Abbildung 7.2**
Bei Grautönen lässt sich schnell erkennen, welchen Farbstich ein Bild hat. Der erste Grauton hat einen rötlichen Stich, der zweite ist neutral und damit perfekt, der dritte Grauton hat einen Grünstich und der letzte Grauton einen Blaustich. Die entsprechenden RGB-Werte sprechen für sich.

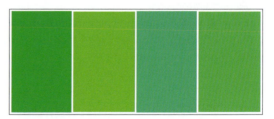

▲ **Abbildung 7.3**
Im Gegensatz zu den Grautönen ist es bei anderen Farben, wie hier zum Beispiel bei grünen Flächen, nicht mehr so einfach, zu beurteilen, wo zu viel rote oder blaue Anteile enthalten sind.

Schritt für Schritt
Graubalance messen

1 Farbpipette einstellen

Wählen Sie das FARBPIPETTE-Werkzeug aus dem Werkzeugkasten aus. Setzen Sie bei den Werkzeugeinstellungen ein Häkchen vor ABTASTGRÖSSE ❶, und stellen Sie einen passenden RADIUS über den Schieberegler ❷ ein, womit Sie festlegen, wie groß der Bereich ist, aus dem die Farbe aufgenommen wird. Im Beispiel habe ich 10 Pixel eingestellt. Gegebenenfalls probieren Sie es auch mit einem kleineren Wert; dies hängt natürlich vom Bild und dessen Größe ab. Im AUSWAHLMODUS entscheiden Sie sich für NUR AUSWÄHLEN ❸. Setzen Sie außerdem ein Häkchen vor INFO-FENSTER VERWENDEN ❹.

Kapitel-007/Farbstich.CR2 oder Kapitel-007/Farbstich.jpg

2 Grauton messen

Im Bild in Abbildung 7.5 ist ein Farbstich vorhanden. Da das Bild viele Grautöne enthält, haben Sie den Farbstich vielleicht schon mit bloßem Auge entdeckt.

▲ **Abbildung 7.4**
Werkzeugeinstellungen für die FARBPIPETTE

◀ **Abbildung 7.5**
Bei diesem Bild wollen wir den Farbstich ermitteln.

Klicken Sie mit dem FARBPIPETTE-Werkzeug auf einen Bereich im Bild, an dem Sie einen Grauton messen wollen. Im Informationsdialog der Farbpipette erhalten Sie jetzt das Ergebnis.

Vermutlich werden Sie mehrere Bereiche messen müssen, aber das Ergebnis ist immer eindeutig und zeigt, dass der Grauwert nicht ausgeglichen ist. Der gemessene Wert weist darauf hin, dass fast immer der Blauanteil ❶ (siehe Abbildung 7.6) im Bild der niedrigste ist. Dies können Sie sowohl an der Pixelangabe als auch an der Prozentangabe ablesen. Folglich hat unser Bild einen Gelbstich, da Gelb die Komplementärfarbe von Blau ist.

Kapitel 7 Farbkorrekturen

Abbildung 7.6 ▶
Grautonwerte können Sie im Informationsfenster der Farbpipette auslesen.

Graubalance messen ohne Grau | Leider ist es nicht immer ganz einfach, in einem Bild einen neutralen Grauton für die Graubalance zu finden. Wenn es diesen nicht gibt, sind viel Fingerspitzengefühl und auch Erfahrung gefordert, um den richtigen Messpunkt im Bild zu finden. Häufig können Sie aber schon mit dem bloßen Auge den Farbstich erkennen, doch nicht immer gelingt dies direkt auf Anhieb. Auf jeden Fall sollten Sie die Graubalance in einem Bild überprüfen.

7.2.2 Gegenfarben

Dass ich im Beispiel zuvor das Bild mit einem Gelbstich dotiert habe, liegt daran, dass Gelb die Gegenfarbe von Blau ist. Einen Farbstich können Sie immer beheben, indem Sie die Gegenfarbe erhöhen oder die Farbe des Farbstichs reduzieren. Gegenfarben werden auch als Komplementärfarben bezeichnet.

Die Komplementärfarbe von Rot ❷ ist Cyan ❸, die von Grün ❹ ist Magenta ❺, und jene von Blau ❻ ist Gelb ❼. Bezogen auf das Beispielbild »Gelbstich.jpg« ist der Blauanteil zu niedrig, und somit bedeutet dies automatisch, dass die Gegenfarbe Gelb zu hoch ist. Daher leuchtet es ein, dass, wenn Sie den Blauanteil des blauen Kanals erhöhen, sich der Gelbanteil reduziert. Es ist manchmal ganz nützlich, sich mit den Komplementärfarben auszukennen, weil Sie damit die einzelnen Kanäle beim WERTE- oder KURVEN-Dialog steuern können. Ebenso finden Sie diese Farbanpassungen beim FARBABGLEICH-Dialog vor.

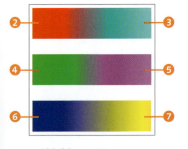

▲ **Abbildung 7.7**
Die Kanäle Rot, Grün und Blau mit den Gegenfarben Cyan, Magenta und Gelb

7.3 Farbstich beheben

Nachdem Sie wissen, wie Sie Farbwerte messen können, und auch, welche die Gegenfarben von Rot, Grün und Blau sind, finden Sie hier einige Möglichkeiten, wie Sie einen Farbstich im Bild entfernen. Hierzu soll wieder das Bild »Gelbstich.CR2« bzw. »Gelbstich.jpg« verwendet werden, wo Sie bereits einen Gelbstich ermittelt haben.

Schritt für Schritt
Farbstich beheben

1 Möglichkeit 1: Gradationskurve

Mit der Gradationskurve über FARBEN • KURVEN können Sie den Farbstich beheben, indem Sie den entsprechenden Kanal auswählen und eine Kurve in die Richtung der Gegenfarbe hinzufügen. Im vorliegenden Beispiel habe ich den KANAL **8** BLAU ausgewählt, in der Mitte einen Punkt hinzugefügt **9** und eine leichte Kurve nach oben erstellt, um den Blauanteil zu erhöhen und die Gegenfarbe Gelb zu reduzieren. Dasselbe habe ich auch noch mit dem KANAL GRÜN gemacht, weil der Anteil gemäß der Graubalancemessung auch etwas geringer war. Daher habe ich den Grünanteil mit einer leichten Kurve nach oben erhöht und den Magentaanteil reduziert. Bestätigen Sie den Dialog mit OK.

Lichter und Tiefen

Der Vorteil bei der Verwendung der Gradationskurve gegenüber dem WERTE-Dialog liegt darin, dass Sie theoretisch nur den Farbstich in den Tiefen oder/und Lichtern beheben können, indem Sie die Kurve nur oberhalb oder unterhalb der Linie nach oben oder unten ziehen (je nach Farbstich).

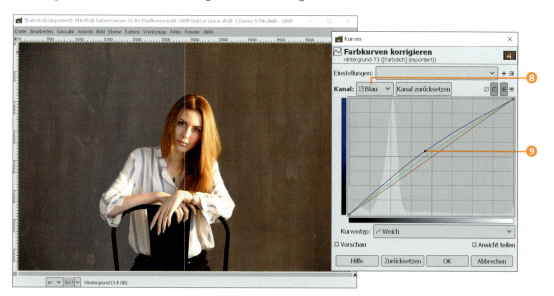

▲ **Abbildung 7.8**
Farbstich mit dem KURVEN-Werkzeug beheben

Kapitel 7 Farbkorrekturen

> **Die Ein-Klick-Lösung**
>
> Die hier im Beispiel am besten funktionierende Lösung finden Sie mit den Pipetten ❸ bei Alle Kanäle vor. Haben Sie im Bild einen Weiß-, Grau- oder Schwarzpunkt, brauchen Sie nur eine entsprechende Pipette auszuwählen und im Bild auf den entsprechenden Bereich ❹ zu klicken.

2   Möglichkeit 2: Werte-Dialog

Wie eben schon mit dem Kurven-Dialog können Sie einen Farbstich mit dem Werte-Dialog über die einzelnen Kanäle beheben. Rufen Sie hierzu Farben • Werte auf, und wählen Sie auch hier den Kanal ❶ Blau. Ziehen Sie nun den mittleren Regler ❷ nach links, um den Blauanteil zu erhöhen und den Gelbanteil zu reduzieren. Dasselbe habe ich dann auch mit den Kanal ❶ Grün gemacht und den mittleren Regler nach links gezogen, um den Mangel des Grünanteils auszugleichen. Bestätigen Sie den Dialog mit Ok.

▲ Abbildung 7.9
Ein Farbstich kann mit dem Werte-Dialog auf zwei verschiedene Arten behoben werden: über die Kanäle oder über die Pipetten.

3   Möglichkeit 3: Farbabgleich-Dialog

Die dritte Möglichkeit finden Sie mit dem Farbabgleich-Dialog vor, den Sie mit Farben • Farbabgleich aufrufen können. Es öffnet sich ein Dialog, mit dem Sie ebenfalls die Farbbalance der RGB-Werte (wozu auch die Graubalance gehört) beeinflussen können. Der Dialog macht es Ihnen sehr leicht. Sie müssen zunächst wählen, ob Sie die Farbbalance in Schatten, Mitten oder Glanzlichter anpassen wollen. Im Beispiel belasse ich es zunächst bei Mitten ❺. Um den Gelbstich zu behandeln, erhöhe ich Blau ❼, und um auch den Mangel an Grüntönen zu beheben, erhöhe ich auch Grün ❻ ein wenig. Dasselbe können Sie bei Bedarf auch bei Schatten und Glanzlichter eingestellen bzw. anpassen. Bestätigen Sie den Dialog mit Ok.

7.3 Farbstich beheben

▲ Abbildung 7.10
Beim FARBABGLEICH-Dialog finden Sie gleich die Gegenfarben zu den Kanälen ROT, GRÜN und BLAU vor.

4 Grautöne nachmessen

Jetzt müssen Sie erneut die Graubalance mit der Farbpipette, wie auf Seite 191 in der Schritt-für-Schritt-Anleitung »Graubalance messen« gezeigt wurde, prüfen.

In diesem Fall haben wir schon im ersten Schritt den Gelbstich fast komplett beseitigt. Falls der Gelbanteil noch zu hoch ist, müssen Sie Schritt 1 (je nachdem, für welche Methode Sie sich entschieden haben) wiederholen und dann nochmals nachmessen. Haben Sie es übertrieben, dann können Sie natürlich jederzeit alles mit [Strg]/[Cmd]+[Z] rückgängig machen.

▲ Abbildung 7.11
Nach einer Korrektur des Farbstichs sollten Sie immer nochmals nachmessen.

▲ Abbildung 7.12
Links das Ausgangsbild und rechts das Bild nach der Korrektur des Farbstichs

195

7.4 Farbabgleich durchführen

Den FARBABGLEICH-Dialog haben Sie bereits im vorigen Abschnitt kurz kennengelernt, als es darum ging, einen Farbstich zu beseitigen, was auch eine der Hauptanwendungen des Dialogs ist. Selbstverständlich können Sie einen Farbabgleich auch beschränkt auf nur eine Ebene oder Auswahl durchführen.

Über den Dialog FARBABGLEICH stellen Sie die Intensität der RGB-Farben ein. Sie erreichen ihn über FARBEN • FARBABGLEICH. Allerdings findet hier keine Reduzierung der Farbe statt, sondern die Farben werden am Farbkreis gegeneinander verschoben.

Komplementärfarbe
Das Wort *komplementär* steht für »ergänzend«, weshalb hierbei auch oft die Rede von Ergänzungsfarbe ist. Dabei handelt es sich um Farben, die einander ergänzen, sich aber auch gegenseitig ausschließen. Jede Farbe hat eine Komplementärfarbe, die ihr im Farbkreis gegenüberliegt. Beide Farben unterstützen sich gegenseitig und sind in einem Gleichgewicht miteinander verbunden.

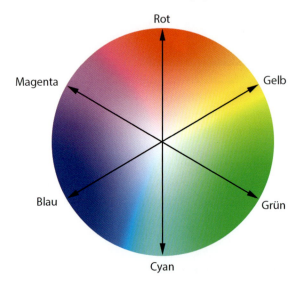

Abbildung 7.13 ▶
Die zwei jeweils durch den Schieberegler veränderbaren Farben liegen sich gegenüber (Komplementärfarben). Reduzieren Sie den Blauwert, wird der Gelbwert erhöht. Erhöhen Sie den Grünwert, reduziert sich der Magentawert. Reduzieren Sie Rot, dann erhöhen Sie den Cyanwert usw.

Über das Plussymbol ❺ (Abbildung 7.14) können Sie die Einstellung zu den Favoriten hinzufügen und später bei Bedarf über die Dropdown-Liste daneben ❻ wieder laden. Dies ist beispielsweise sinnvoll, wenn Sie eine Serie mit denselben Bedingungen aufgenommen haben.

Über DEN ZU BEARBEITENDEN BEREICH WÄHLEN ❶ bestimmen Sie, welche Tonwerte durch den Farbabgleich im Bild verändert werden sollen. Zur Auswahl stehen hier die SCHATTEN (= Tiefen), die MITTEN (= Mitteltöne) und die GLANZLICHTER (= Lichter).

Mit den drei Farbreglern unter FARBWERTE ANPASSEN ❷ regeln Sie den gewünschten Farbwert. Die Farbe auf der linken Seite ist immer jeweils die Ergänzungsfarbe (Komplementärfarbe) der rechten Seite. Ist vor der Eigenschaft HELLIGKEIT ERHALTEN ❸ kein Häkchen gesetzt und bewegen Sie die Schieberegler nach links, wird das aktuelle Bild abgedunkelt. Verschieben Sie den Regler nach rechts, werden die Farben aufgehellt.

7.4 Farbabgleich durchführen

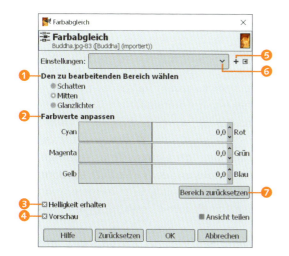

Tiefen, Mitten und Lichter
Das Schöne am FARBABGLEICH-Dialog ist, dass Sie alle drei Bereiche unabhängig voneinander anpassen können, ohne dass Sie den Dialog verlassen müssen.

◀ Abbildung 7.14
Der FARBABGLEICH-Dialog

Ansonsten – wenn ein Häkchen vor HELLIGKEIT ERHALTEN ❸ gesetzt ist – verschieben Sie nur den jeweiligen Farbbereich, und der Dialog ändert die Helligkeit nicht. Erhöhen Sie beispielsweise den Grünwert, reduziert sich automatisch der Magentawert usw.

Mit der Schaltfläche BEREICH ZURÜCKSETZEN ❼ können Sie außerdem den Farbwert des aktuell zu bearbeitenden Bereichs (SCHATTEN, MITTEN oder LICHTER) zurücksetzen. Mit VORSCHAU ❹ können Sie sich auch anzeigen lassen, wie sich die Änderungen im Bild auswirken.

Kapitel-007/Magentastich.jpg

▲ Abbildung 7.15 ▶
Das Bild hat einen leichten Magentastich (links) daher wurde der Regler ❾ der Ergänzungsfarben MAGENTA und GRÜN nach rechts gezogen, um den Magentastich zu entfernen (rechts). Vorwiegend erfolgten diese Korrekturen im Bereich MITTEN ❽. Geringfügig wurde hier auch bei SCHATTEN geregelt.

197

7.5 Farbtemperatur anpassen

Der FARBTEMPERATUR-Dialog bietet Ihnen eine Möglichkeit, nachträglich die Farbtemperatur der Lichtquelle eines Bildes in Kelvin anzupassen bzw. neu berechnen zu lassen. Sie können diesen Dialog über FARBEN • FARBTEMPERATUR aufrufen.

Um die Farbtemperatur des Bildes neu berechnen zu lassen, geben Sie bei URSPRÜNGLICHER TEMPERATUR ❶ den (geschätzten) Wert der Original-Farbtemperatur der Lichtquelle in Kelvin an, sofern Sie den Wert wissen. Ansonsten können Sie auch aus einer Liste mit Voreinstellungen wählen, die aufgelistet werden, wenn Sie auf das kleine dreieckige Icon ❷ neben URSPRÜNGLICHER TEMPERATUR klicken.

In welcher Farbtemperatur Sie dann das Bild in Kelvin neu berechnen lassen wollen, geben Sie mit BEABSICHTIGTE TEMPERATUR ❹ an. Auch hier finden Sie über das kleine dreieckige Icon daneben ❸ eine Liste mit voreingestellten Farbtemperaturen. Wenn Sie auf OK klicken, wird die Farbtemperatur des Bildes entsprechend den gemachten Vorgaben neu berechnet.

▲ **Abbildung 7.16**
Die Liste mit voreingestellten Farbtemperaturen wird aufgelistet, wenn Sie auf das dreieckige Icon neben URSPRÜNGLICHER TEMPERATUR oder BEABSICHTIGTER TEMPERATUR klicken.

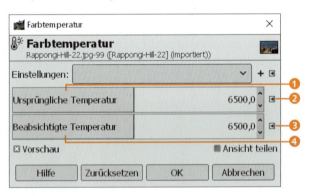

▲ **Abbildung 7.17**
Der FARBTEMPERATUR-Dialog

Diese Funktion ersetzt nicht das Einstellen des Weißabgleichs beim Fotografieren. Dennoch ist diese Funktion recht nützlich, um dem Bild einen kälteren oder wärmeren Gesamteindruck zu verleihen oder unter Umständen auch einen falsch gesetzten Weißabgleich zu reparieren.

Im folgenden Bild »Weinfeld.jpg« hatte ich einen falschen Weißabgleich in der Kamera eingestellt, und das Bild entspricht so nicht den zur Aufnahmezeit vorhandenen Bedingungen. Allerdings muss ich hinzufügen, dass dieser Eindruck auch eine Frage des persönlichen Geschmacks ist.

Kapitel-007/Weinfeld.jpg

7.6 Farbton/Sättigung regulieren

▲ **Abbildung 7.18** ▶
Dem einen gefällt es und dem anderen wiederum nicht. Mir persönlich ist das Bild eine Spur zu warm geworden (links). Die URSPRÜNGLICHE TEMPERATUR ❺ im Bild war ein warmes Tageslicht bei 6 500 bis 7 000 Kelvin. Ich habe hier 6 500 Kelvin verwendet. Meine BEABSICHTIGTE TEMPERATUR ❻ soll ein gewöhnliches Tageslicht um die 5 000 bis 5 500 Kelvin werden. Ich habe hierfür 5 200 Kelvin verwendet. Mit Hilfe der VORSCHAU ❼ können Sie selbst verschiedene Werte probieren, bis Ihnen die Farbtemperatur im Bild zusagt (rechts).

7.6 Farbton/Sättigung regulieren

Wenn Sie einen Blick in das Menü FARBEN werfen, werden Sie gleich mit drei Dialogen wie FARBTON-BUNTHEIT, FARBTON/SÄTTIGUNG und SÄTTIGUNG überhäuft, mit denen Sie die Farben im Bild anpassen bzw. manipulieren können. In den folgenden Abschnitten will ich Ihnen alle drei Dialoge vorstellen.

7.6.1 Farbton-Buntheit im CIE LCH-Farbraum

Die erste Funktion zur Anpassung der Farben im Menü FARBEN • FARBTON-BUNTHEIT operiert im LCH-Farbraum und ist wegen seiner linearen Eigenschaften besonders gut für Bilder mit 16/32 Bit Farbraum (mit der Einstellung BILD • GENAUIGKEIT • LINEARES LICHT) geeignet. Auch die Regler sind dem LCH-Farbraum entsprechend vorhanden, siehe Abbildung 7.19. So steht die HELLIGKEIT ❸ für **L** (engl. *Lightness*), die Buntheit bzw. relative Farbsättigung mit FARBSÄTTIGUNG ❷ für **C** (engl. *Chroma*) und der Winkel des Farbtons mit FARBTON ❶ für **H** (engl. *Hue*) zur Verfügung. Folgendes können Sie mit den einzelnen Reglern steuern:

▶ FARBTON ❶: Mit diesem Regler verschieben Sie den Farbton im LCH-Farbraum von seinem Anfangswert 0 im Bereich von −180° bis 180° (insgesamt also um 360°). Der Farbton (*Hue*) ist der Farbwert, der die Art der Farbe bestimmt (zum Beispiel Rot, Grün, Lila oder Gelb).

 Der FARBTON-BUNTHEIT-Dialog wurde neu in GIMP 2.10 hinzugefügt.

Das H von HSV und LCH
Das H (für *Hue*) des HSV-Modells der FARBTON/SÄTTIGUNG-Funktion steht zwar auch beim LCH-Farbmodell des FARBTON-BUNTHEIT-Dialogs für den FARBTON, aber der LCH-Farbraum verwendet als Grundfarben Rot, Blau, Grün und Gelb; der HSV-Farbraum wiederum nur Rot, Blau, Grün.

Kapitel-007/Blume.CR2 und Kapitel-007/Blume.jpg

▶ FARBSÄTTIGUNG ❷: Der zweite Regler betrifft die Buntheit (relative Farbsättigung, Entfernung vom Weißpunkt), mit der Sie bestimmen, wie intensiv die Farben wirken sollen. Hier können Sie den Regler von seinem Anfangswert 0 im Bereich von –100 bis 100 regulieren. Ziehen Sie den Regler nach links (negativer Wert), reduzieren Sie die Sättigung. Nach rechts gezogen, wird die Sättigung erhöht (positiver Wert).

▶ HELLIGKEIT ❸: Mit diesem Schieberegler regulieren Sie die Helligkeit von –100 bis 100 mit dem Anfangswert 0 in der Mitte. Schieben Sie den Regler nach links, wird die Helligkeit reduziert (negativer Wert), ziehen Sie ihn nach rechts, wird die Helligkeit erhöht (positiver Wert). Mit dem Helligkeitswert (*Lightness*) legen Sie fest, wie stark die Farben leuchten.

◀ Abbildung 7.19
Der FARBTON-BUNTHEIT-Dialog arbeitet im LCH-Farbraum.

Abbildung 7.20 ▼
Das Ergebnis des Dialogs FARBTON-BUNTHEIT im LCH-Farbraum ist geradezu beeindruckend (im Beispiel das RAW-Bild »Blume.CR2«) verglichen mit denselben Einstellungen und demselben Bild mit dem FARBTON/SÄTTIGUNG-Dialog im HSV-Farbraum (rechts).

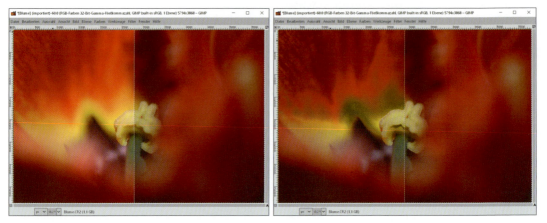

Der Vergleich der farblichen Anpassung im LCH-Farbraum (linke Abbildung 7.20) im Gegensatz zum HSV-Farbraum (rechte Abbildung 7.20) soll hier nicht bedeuten, dass Sie nun ausschließlich die Farbanpassungen in diesem Farbraum vornehmen sollen, sondern soll viel eher demonstrieren, warum die GIMP-Entwickler sich die Mühen gemacht haben, diesen CIE LCH-Farbraum an vielen Stellen zu implementieren.

7.6.2 Farbton und Sättigung im HSV-Farbraum regulieren

Über den Menübefehl FARBEN • FARBTON/SÄTTIGUNG ändern Sie den Farbton, die Sättigung und die Helligkeit der aktuellen Ebene oder Auswahl. Als Modell wird hierbei der HSV-Farbraum verwendet, bei dem die Farbe anhand des Farbkreises mit Hilfe des Farbtons (*Hue*), der Farbsättigung (*Saturation*) und der Helligkeit bzw. des Hellwerts (*Value*) definiert wird – daher auch HSV (= **H**ue, **S**aturation und **V**alue).

In der Praxis eignet sich dieser Dialog vor allem dazu, bei Bildern die Farbsättigung anzupassen. Allerdings steht Ihnen hierfür auch ein zweiter Dialog mit FARBTON-BUNTHEIT zur Verfügung, der im LCH-Farbraum operiert und gerade bei höheren Farbtiefen und linearen Licht zu einem besseren Ergebnis führt. Sie können ihn aber auch verwenden, um die Farbe des kompletten Objekts oder auch nur einzelne Farben zu ändern.

Zum Nachlesen
Mehr zum Thema, Farben und deren Modelle können Sie auf Seite 125 im Abschnitt »Farbmodelle« nachlesen.

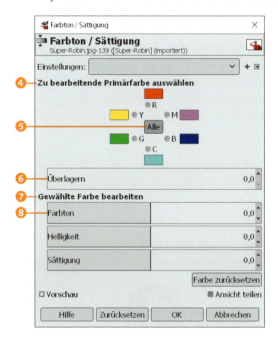

◄ Abbildung 7.21
Der Dialog FARBTON/SÄTTIGUNG

Unter ZU BEARBEITENDE PRIMÄRFARBE AUSWÄHLEN ❹ können Sie über die Radioschaltflächen eine gesonderte Primärfarbe nach dem HSV-Kreis (siehe Abbildung 7.22) auswählen, die Sie behandeln wollen. Mit Hilfe der Schieberegler lässt sich diese Farbe dann separat verändern. Standardmäßig ist hierbei die Schalfläche ALLE ❺ ausgewählt, was bedeutet, dass alle Farben des HSV-Farbkreises bei einer Bearbeitung des Dialogs behandelt werden. Wenn Sie den FARBTON ❽ verändern, wird dies auch gleich angezeigt.

Kapitel 7　Farbkorrekturen

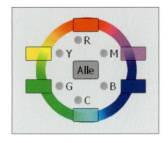

▲ **Abbildung 7.22**
Zum besseren Verständnis wurde hier der HSV-Farbkreis über den Bereich zum Auswählen der Primärfarben gelegt.

 Kapitel-007/Super-Robin.jpg

Abbildung 7.23 ▼
Das folgende Beispiel soll den Regler Überlagern ❷ etwas näher erläutern. Hier wurde Blau ❶ als Primärfarbe gewählt und der Farbton ❸ nach links auf den Wert –100 gezogen, womit der blaue Umhang und Maske in Grün umgefärbt wurden. Leider wurden hier nicht alle Bildbereiche erfasst ❺.

Mit dem Schieberegler Überlagern ❻ legen Sie fest, wie weit sich die Farbbereiche im HSV-Farbkreis überschneiden dürfen. Der Regler ist nur bei sehr ähnlichen Farben sinnvoll (siehe auch Abbildung 7.23 und Abbildung 7.24).

Im Bereich Gewählte Farbe bearbeiten ❼ finden Sie drei Regler, um alle Primärfärben oder nur die ausgewählte nach dem HSV-Farbmodell zu regulieren:

▶ Farbton: Mit diesem Regler verschieben Sie den Farbton im HSV-Farbkreis von seinem Anfangswert 0 im Bereich von –180° bis 180° (insgesamt also um 360°). Der Farbton (**H**ue) ist der Farbwert, der die Art der Farbe bestimmt (zum Beispiel Rot, Grün, Lila oder Gelb).

▶ Helligkeit: Mit diesem Schieberegler regulieren Sie die Helligkeit von –100 bis 100 mit dem Anfangswert 0 dazwischen. Schieben Sie den Regler nach links, wird die Helligkeit reduziert (negativer Wert), ziehen Sie ihn nach rechts, dann wird die Helligkeit erhöht (positiver Wert). Mit dem Helligkeitswert (**V**alue) legen Sie fest, wie stark die Farben leuchten.

▶ Sättigung: Der dritte Regler im HSV-Modell ist die Sättigung (**S**aturation), mit der Sie bestimmen, wie farbig und intensiv die Farben wirken sollen. Auch hier können Sie den Regler von seinem Anfangswert 0 im Bereich von –100 bis 100 regulieren. Ziehen Sie den Regler nach links (negativer Wert), reduzieren Sie die Sättigung. Nach rechts gezogen, wird die Sättigung erhöht (positiver Wert).

Nützlich ist auch die Schaltfläche Farbe zurücksetzen ❹, mit der Sie die Primärfarben wieder auf den Standardwert zurückstellen können.

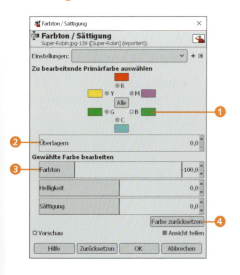

7.6 Farbton/Sättigung regulieren

▲ Abbildung 7.24
Mit dem Regler Überlagern ❻ erweitern wir den Farbbereich, und jetzt werden auch die zuvor nicht berücksichtigten Bereiche umgefärbt.

7.6.3 Nur die Farbsättigung regulieren (LCH-Farbraum)

Über den Menübefehl Farben • Sättigung finden Sie noch einen weiteren Dialog, um die Sättigung (im LCH-Farbraum) zu regulieren. Allerdings hat diese Funktion mit Skalierung ❼ nur einen Regler zur Anpassung parat. Der Standardwert dabei ist 1,000. Wenn Sie den Wert erhöhen, wird die Farbsättigung erhöht. Reduzieren Sie den Wert, dann reduzieren Sie auch die Farbsättigung.

◀ Abbildung 7.25
Der Sättigung-Dialog

Im Gegensatz zum Farbton-Buntheit-Dialog (im LCH-Farbraum) und dem Farbsättigung-Schieberegler versucht der Sättigung-Dialog mit dem Skalierung-Regler, die Beziehung zwischen den einzelnen Farben zu erhalten. Warme Farben bleiben warm, kalte Farben kalt und dunklere Farben dunkel. Einfach ausgedrückt: Mit dem Sättigung-Dialog bleibt die Harmonie der Farben im Bild eher erhalten als mit dem Farbsättigung-Regler des Farbton-Buntheit-Dialogs. Allerdings lässt sich dies nicht immer verallgemeinern und ist auch abhängig von den Farben im

Bild. Und natürlich hängt es auch davon ab, wie stark man hierbei die Sättigung erhöht.

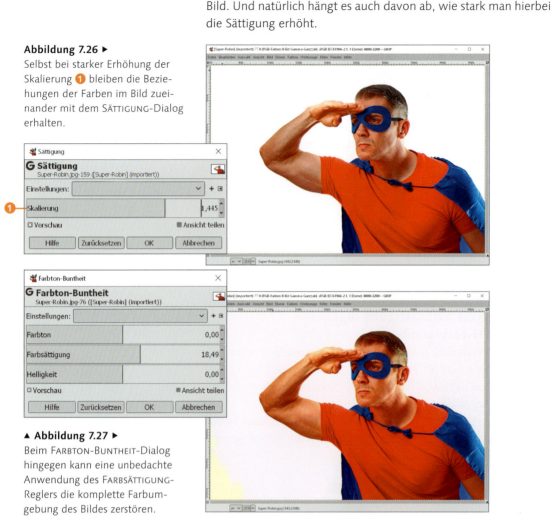

Abbildung 7.26 ▶
Selbst bei starker Erhöhung der Skalierung ❶ bleiben die Beziehungen der Farben im Bild zueinander mit dem Sättigung-Dialog erhalten.

◀ **Abbildung 7.27** ▶
Beim Farbton-Buntheit-Dialog hingegen kann eine unbedachte Anwendung des Farbsättigung-Reglers die komplette Farbumgebung des Bildes zerstören.

7.6.4 Was ist besser?

Es gibt viele Wege, die Sättigung mit GIMP anzupassen. Gerade seit GIMP 2.10, wo auch Farbtiefen von 16/32 Bit unterstützt werden, sind gerade die Funktionen mit dem LCH-Farbraum perfekt dafür geeignet. Aber welche der beiden neueren Funktionen ist die bessere für digitale Fotos? Ich persönlich finde, dass der neue Sättigung-Dialog mit dem Regler Skalierung hier eine bessere Arbeit verrichtet als der neue Farbton-Buntheit-Dialog, weil damit die relative Farbsättigung proportional erhöht wird. Beim Farbton-Buntheit-Dialog hingegen wird mit dem Farbsättigung-Regler die Sättigung ohne Rücksicht auf die ursprüngliche relative Farbsättigung erhöht. Aber hierzu empfehle ich Ihnen, unbedingt selbst Erfahrungen zu sammeln.

7.6 Farbton/Sättigung regulieren

**Schritt für Schritt
Farbsättigung von über- oder unterbelichteten Bildern wiederherstellen**

Nicht immer gelingt es auf die Schnelle, die richtige Helligkeit und Bildstimmung, die tatsächlich vorhanden war, einzustellen. In Abbildung 7.28 kommt die morgendliche Stimmung durch die leichte Überbelichtung des Himmels nicht zur Geltung und wirkt gar flau. Allerdings musste leicht überbelichtet werden, weil sonst der Vordergrund im Dunkeln gewesen wäre. Solche Über- und Unterbelichtungen werden gewöhnlich mit den Werkzeugen SCHATTEN-GLANZLICHTER, KURVEN oder WERTE ausgeglichen, die bereits ausführlich behandelt wurden. Was Sie allerdings fast immer bei über- oder unterbelichteten Bildern nachträglich verbessern müssen, ist die Sättigung der Farbe.

Kapitel-007/Venedig.
CR2 oder Kapitel-007/
Venedig.jpg

▲ **Abbildung 7.28**
So richtig wurde die warme morgendliche Stimmung in diesem Bild nicht eingefangen. Der Himmel ist leicht überbelichtet.

1 Lichter abdunkeln

Zunächst sollen die Lichter im Bild etwas heruntergeregelt werden. Hierzu würde sich der KURVEN-Dialog oder der SCHATTEN-GLANZLICHTER-Dialog anbieten. Ich verwende Letzteren mit FARBEN • SCHATTEN-GLANZLICHTER. Hierbei reduziere ich die GLANZLICHTER ❷ auf –35,00. Damit der Himmel jetzt nicht zu flau wird, habe ich außerdem den WEISSABGLEICH-Regler ❸ leicht auf 0,25 erhöht. Da mir die Schatten im Vordergrund außerdem etwas zu dunkel gewesen sind, habe ich diese ❶ um +40,00 erhöht. Wie immer sind viele dieser Werte auch Geschmackssache.

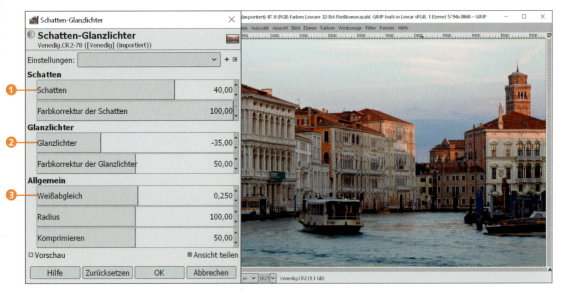

▲ Abbildung 7.29
Hier wurden die Lichter etwas abgedunkelt und die Schatten leicht erhöht.

2 Farbtemperatur anpassen

Mir ist das Bild teilweise auch noch etwas zu kühl, weshalb ich über FARBEN • FARBTEMPERATUR eine etwas wärmere Stimmung erzeugen will. Hierzu setze ich den Wert von URSPRÜNGLICHE TEMPERATUR ❹ auf 6 000 Kelvin und den von BEABSICHTIGTE TEMPERATUR ❺ auf 6 500 Kelvin.

Abbildung 7.30 ▶
Das Bild soll noch eine leicht wärmere Gesamtstimmung erhalten.

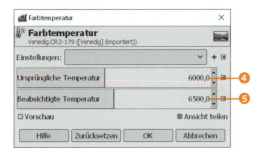

3 Sättigung verbessern

Durch die Begrenzung der Lichter (oder auch Tiefen) wirkt das Bild möglicherweise etwas farblos (bei Überbelichtung häufiger der Fall). Jetzt haben Sie die Wahl, mit welcher Funktion Sie die Sättigung erhöhen wollen. Mein persönlicher Favorit ist hier FARBEN • SÄTTIGUNG, aber ich will Ihnen auch die anderen beiden Dialoge mitsamt den Ergebnissen nicht vorenthalten.

7.6 Farbton/Sättigung regulieren

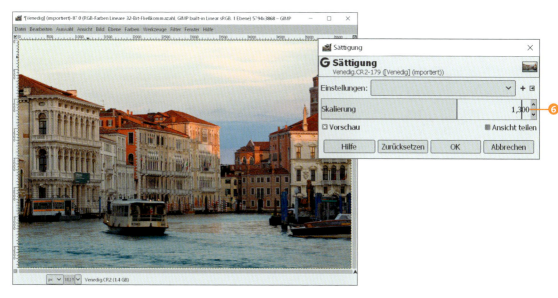

▲ **Abbildung 7.31**
Beim SÄTTIGUNG-Dialog ziehe ich den Wert von SKALIERUNG ❻ auf 1,300, um die Sättigung nach meinem Geschmack zu erhöhen.

▲ **Abbildung 7.32**
Bei FARBEN • FARBTON-BUNTHEIT (im LCH-Farbraum) müssen Sie die Werte mit Gefühl ändern, weil sich hiermit das Bild schnell übersättigen lässt. Im Beispiel habe ich den Regler FARBSÄTTIGUNG ❽ auf 4,00 erhöht und den Wert von FARBTON ❼ auf −3,00 gezogen, um etwas mehr in Richtung orangenem Farbton zu kommen und dem Bild noch etwas mehr Wärme zu spendieren.

Kapitel 7 Farbkorrekturen

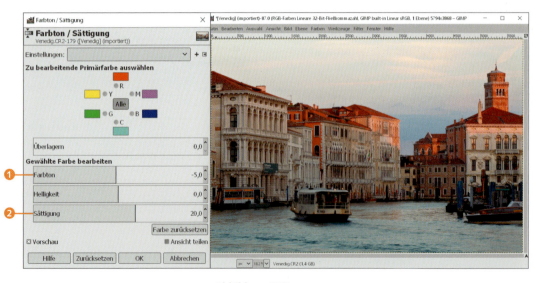

▲ Abbildung 7.33
Bei FARBEN • FARBTON/SÄTTIGUNG (im HSV-Farbraum) habe ich den Regler SÄTTIGUNG ❷ auf 20,0 erhöht und den Wert von FARBTON ❶ auf –5,0 gezogen.

4 Nach der Korrektur
Nach der Korrektur hat unser Bild die richtige morgendliche Stimmung. Vermutlich sogar etwas intensiver, als sie tatsächlich war.

▲ Abbildung 7.34
Links: der Originalzustand. Rechts: Nach der Korrektur ist das Bild wesentlich lebhafter und stimmiger geworden.

Schritt für Schritt
Einzelne Primärfarben verschieben

Kapitel-007/
Doorknockers.jpg

Natürlich können Sie so auch jederzeit einzelne oder mehrere ausgewählte Primärfarben verschieben, um zum Beispiel einen Farbton zu ändern oder seine Farbe komplett zu entziehen.

208

7.6 Farbton/Sättigung regulieren

◀ **Abbildung 7.35**
Das Ausgangsbild

1 Rot umfärben

Rufen Sie FARBEN • FARBTON/SÄTTIGUNG auf. Im Beispiel soll die rote Tür umgefärbt werden. Wählen Sie daher Rot ❸ als Primärfarbe aus. Ziehen Sie den Regler für FARBTON ❺ nach links (hier bis auf den Wert –125,0), um den Farbton in Blau umzufärben. Das rote Feld erscheint dann blau. Sollte sich der Effekt mit anderen Farben überschneiden, können Sie den Regler ÜBERLAGERN ❹ erhöhen. In diesem Fall war dies nicht nötig. Damit die Manipulation der Farbe nicht zu künstlich wirkt, habe ich die HELLIGKEIT etwas reduziert und dafür die SÄTTIGUNG leicht erhöht.

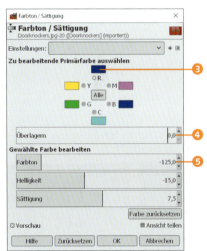

▲ **Abbildung 7.36**
Die rote Tür mit blauer Farbe umfärben

2 Nur Gelb erhalten

Natürlich können Sie hier auch den gegenteiligen Effekt erzielen, indem Sie nur eine Farbe erhalten und alle anderen Farben reduzieren. Machen Sie dazu gegebenenfalls den zuvor gemachten Arbeitsschritt rückgängig. Im Beispiel wollen wir die Farbe

Gelb erhalten. Wählen Sie hierfür zunächst die Primärfarbe Rot ❶ aus, und ziehen Sie den Regler von Sättigung ❷ ganz nach links auf den Wert –100,0. Verfahren jetzt genauso bei den Farben Magenta (M), Blau (B), Cyan (C) und Grün (G). Jetzt sollte nur noch der gelbe Farbton das Bild dominieren.

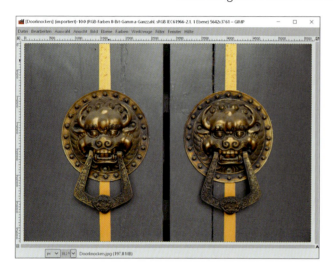 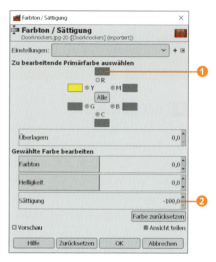

▲ **Abbildung 7.37**
Ebenso können Sie auch einzelnen Farben die Sättigung entziehen.

3 Nach der Manipulation

Der Dialog Farbton/Sättigung lädt geradezu zum Experimentieren mit den Reglern ein. Allerdings ist die Farbabstufung nicht immer so klar und einfach strukturiert wie in diesem Bild. Bei schwierigeren Fällen müssen Sie meistens zuvor eine Auswahl um das zu schützende oder umfärbende Objekt legen, um anschließend einzelne oder alle Farben zu manipulieren.

▲ **Abbildung 7.38**
Zwei Beispiele, die aus dem Ausgangsbild mit Hilfe des Dialogs Farbton/Sättigung entstanden sind

Kapitel 8
Bilder mit Darktable bearbeiten

Bisher haben Sie Darktable nur als Werkzeug kennengelernt, um RAW-Bilder in GIMP zur Bearbeitung zu laden. Allerdings ist Darktable fast schon zu schade, um »nur« als Ladefunktion für RAW-Bilder in GIMP verwendet zu werden. Das Potenzial von Darktable können Sie hervorragend für Vorarbeiten nutzen und anschließend das Bild in GIMP weiter bearbeiten.

8.1 Der kostenlose Open-Source-RAW-Konverter

Sie haben bereits in Abschnitt 2.2, »RAW-Dateien mit GIMP öffnen«, erfahren, wie Sie mit Hilfe von Darktable Ihre RAW-Bilder in GIMP zur Bearbeitung öffnen können. RAW-Bilder direkt mit GIMP bearbeiten zu können, ist eine großartige Sache, weil Sie hierbei die Bildbearbeitung in einer hohen Farbtiefe mit maximaler Bildqualität durchführen können.

Nichtdestotrotz ersetzt diese Möglichkeit für mich noch lange nicht die Bearbeitung von RAW-Bildern in einem RAW-Konverter. Sie haben hier zwar ein Buch zu GIMP in den Händen, aber trotzdem wollen Sie vermutlich auch das maximal beste Ergebnis aus Ihren Bildern herausholen. Daher will ich Ihnen hier eine kleine Einführung in Darktable geben.

Darktable ist nicht nur ein RAW-Konverter, sondern lässt sich auch zur Verwaltung Ihrer Bilder nutzen. Sind Sie bereits mit Lightroom vertraut, werden Sie feststellen, dass sich die Oberfläche von Darktable stark daran orientiert. In der Bedienung und den Funktionen unterscheiden sich die beiden Programme aber dann wieder erheblich.

Andere RAW-Konverter

Sie sind natürlich nicht an Darktable als RAW-Konverter gebunden und können in Verbindung mit GIMP auch RAWTherapee verwenden. Ebenso spricht nichts gegen andere RAW-Konverter wie Lightroom oder Capture One, aber damit haben Sie dann keine Möglichkeiten, das RAW-Bild direkt in GIMP zu laden. Trotzdem ist es auch bei diesen RAW-Konvertern möglich, das Bild zum Beispiel als TIFF mit 16 Bit Farbtiefe an GIMP weiterzugeben bzw. in GIMP zu laden.

8.2 Was ist das RAW-Format?

Zielgruppe des Kapitels
Dieses gesamte Kapitel 8 dürfte nur dann für Sie interessant sein, wenn Sie Ihre Bilder im RAW-Format fotografieren. Sollte dies nicht der Fall sein, können Sie das Kapitel auch überspringen oder überfliegen.

Sie werden es vermutlich bereits wissen: Darktable ist ein RAW-Konverter, der in erster Linie zur Konvertierung von Bildern im Rohformat (RAW) in ein gängiges Format (wie beispielsweise JPEG oder TIFF) dient. Sie haben zwar Darktable bisher nur als RAW-Ladefunktion für GIMP kennengelernt, aber es handelt sich dabei um ein eigenständiges Programm. Neben einer RAW-Konvertierung bietet Darktable weitere Möglichkeiten zur Bildbearbeitung und leistet Großartiges bei der Bildverwaltung. Für komplexere Retuschen, Montagen, Text im Bild, Verformungen und einige weitere Dinge mehr benötigen Sie jedoch nach wie vor ein pixelorientiertes Bildbearbeitungsprogramm wie GIMP, Photoshop CC oder Affinity Photo.

8.2.1 Das Camera-RAW-Format

Im Gegensatz zu einem gewöhnlichen Fotoformat wie JPEG wird eine kamerainterne Camera-RAW-Datei im wahrsten Sinne des Wortes »roh« und unbehandelt auf die Speicherkarte geschrieben. Die Kamera verzichtet hierbei auf eine Vorentwicklung des Bildes wie den Weißabgleich, eine Farbkorrektur, die Schärfung oder die Kontrastanpassung. Auch eine Kompression der Datei wie beim JPEG findet bei einer Camera-RAW-Datei nicht statt.

Somit liegt ein Camera-RAW-Bild im rohen Zustand mit der größtmöglichen Anzahl von Bildinformationen vor, womit Ihnen mehr Möglichkeiten zur Verfügung stehen, nachträgliche Anpassungen und Bildkorrekturen am Computer durchzuführen. Das bedeutet allerdings auch, dass Sie mehr als üblich die Kontrolle übernehmen und dass Sie das Bild am Computer nachbearbeiten müssen.

Ein weiterer Vorteil von Camera RAW ist es, dass Sie mit diesem Format viel mehr Bildinformationen speichern können als beim gewöhnlichen JPEG-Format. Viele Kamerasensoren bieten an, 10, 12 oder 14 Bit pro Farbkanal an Helligkeitsinformationen zu speichern. Mit JPEG hingegen sind lediglich 8 Bit pro Farbkanal möglich. In Zahlen bedeutet dies, dass ein JPEG-Bild maximal 256 Helligkeitsstufen pro Farbkanal darstellen kann, während es bei Camera RAW 1 024 bis 16 384 Helligkeitsstufen pro Farbkanal sein können. Was das konkret bedeutet, sehen Sie bei dem Vergleich der Abbildung 8.2 und Abbildung 8.3.

Neben den RAW-Formaten verschiedener Hersteller können Sie in Darktable auch Dateien in den Formaten JPEG und TIFF anzeigen und verarbeiten. Allerdings haben Sie bei diesen Formaten weniger Einfluss auf das Endergebnis, weil ganz einfach

▲ **Abbildung 8.1**
Das Ausgangsbild wurde im JPEG- und RAW-Format gleichzeitig aufgenommen (JPEG+RAW).

weniger Informationen pro Farbkanal für die Bilder zur Verfügung stehen. Im Gegensatz zu einer RAW-Datei wurden Bilder im JPEG- oder TIFF-Format bereits verarbeitet.

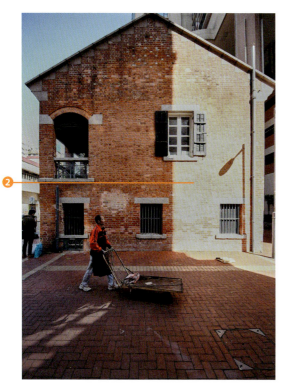

▲ Abbildung 8.2
Hier sehen Sie das JPEG-Bild, bei dem ich versucht habe, die überstrahlten Stellen ❷ wiederherzustellen. Viel konnte ich hier allerdings nicht mehr retten. Insgesamt ist das Bild dabei eher noch schlechter und trüber geworden.

▲ Abbildung 8.3
Dieselben Einstellungen wie im JPEG-Bild links habe ich auch mit der RAW-Version in Darktable gemacht, und dank der größeren Anzahl von Helligkeitsstufen im RAW-Format konnten aus dem überstrahlten Bereich ❸ alle Details wiederhergestellt werden.

Gerade bei dunklen und schattigen sowie sehr hellen Bereichen können Sie dank der vielen Helligkeitsstufen von RAW-Formaten noch Informationen aus dem Bild herausholen, die bei einem JPEG nicht mehr vorhanden sind. Damit können Sie theoretisch eine unbedachte Über- oder Unterbelichtung nachträglich noch retten. Dies ist nicht nur für Profis von Vorteil, sondern auch für Anfänger, weil sie damit aus einem überstrahlten Himmel oder zu dunklen Schatten noch einige Details herausarbeiten können.

In Abbildung 8.1 wurde ein Teil des Bildes vom hellen Sonnenlicht überstrahlt ❶. In Abbildung 8.2 des Bildes im JPEG-Format habe ich dieselben Entwicklungseinstellungen zur Korrektur wie in Abbildung 8.3 des Bildes im RAW-Format verwendet. Die

Fotografie mit RAW-Daten ist direkt verknüpft mit dem Prinzip der nichtdestruktiven Bildentwicklung.

8.2.2 Zerstörungsfreie Bildbearbeitung

An dieser Stelle möchte ich ein paar Worte über die destruktive und nichtdestruktive Bildbearbeitung verlieren, da Darktable komplett nach dem nichtdestruktiven Prinzip funktioniert.

Bei der nichtdestruktiven Bildbearbeitung werden die Änderungen an einem Bild nicht auf die Pixel des Bildes selbst angewendet, sondern nur in einer Datei gesichert. Somit werden bei einer nichtdestruktiven Bildbearbeitung die ursprünglichen Bilddaten niemals wirklich geändert und bleiben immer unangetastet.

Sie müssen gar nichts Spezielles tun, um in Darktable eine nichtdestruktive Bearbeitung durchzuführen. Sie tun dies immer, wenn Sie ein Bild mit Darktable bearbeiten. Und dies ist unabhängig davon, ob Sie eine RAW-, JPEG- oder TIFF-Datei bearbeiten. Darktable macht hier keinen Unterschied zwischen den Dateiformaten, und Sie können alle vorhandenen Werkzeuge für jedes Format nichtdestruktiv verwenden. Von einer destruktiven Bildbearbeitung hingegen ist die Rede, wenn Sie die Pixel der Originaldatei verändern, was mit Darktable gar nicht möglich ist. Destruktive Bildbearbeitung können Sie beispielsweise mit einem Bildbearbeitungsprogramm wie GIMP durchführen. Aber auch hierbei gibt es Wege, nichtdestruktiv zu arbeiten, beispielsweise Ebenen und Ebenenmasken.

Hierzu nochmals ein Überblick, welche Vorteile eine nichtdestruktive Bildbearbeitung haben kann:

- ▶ Änderungen werden nur virtuell gemacht und können jederzeit wieder rückgängig gemacht werden. Das Originalbild bleibt unangetastet, so können Sie jederzeit wieder von vorn anfangen.
- ▶ Es wird kein Speicherplatz für eine neue Version des Bildes benötigt, wie dies bei der destruktiven Bildbearbeitung der Fall ist, wenn Sie das Original sichern wollen.
- ▶ Die Änderungen werden alle gleichzeitig übernommen, wodurch Sie nicht streng eine bestimmte Reihenfolge der Bearbeitung einhalten müssen.

> **Einstellungsebenen in GIMP**
> GIMP unterstützt noch keine nichtdestruktiven Einstellungsebenen, wie diese beispielsweise in Photoshop vorhanden sind. Aber spätestens nach der Implementierung von GEGL mit der Version 2.10 von GIMP dürfte es eine Frage der Zeit sein, bis auch diese Funktion in GIMP implementiert wird.

8.3 Bildverwaltung mit Darktable

Ob Sie jetzt Darktable nur als RAW-Ladefunktion in GIMP, für Vorarbeiten in Bildern oder auch gleich zur Bildverwaltung verwenden wollen, müssen Sie selbst entscheiden. Für den Fall, dass

8.3 Bildverwaltung mit Darktable

Sie die Bildverwaltung auch gleich mit Darktable machen wollen, finden Sie hier eine kleine Einführung dazu. Um Bilder mit Darktable zu verwalten, empfehle ich Ihnen, diese Anwendung »von Hand«, wie ein gewöhnliches Programm, zu starten, und nicht über GIMP als RAW-Ladefunktion. Wollen Sie Ihre Bilder nicht mit Darktable verwalten, sondern nur die RAW-Bearbeitung damit durchführen, dann können Sie diesen Abschnitt überspringen und gleich mit Abschnitt 8.4, »Die Dunkelkammer von Darktable«, fortfahren.

8.3.1 Bilder importieren

Der Import von Bildern und Verzeichnissen in Darktable geschieht in sogenannten Filmrollen. Die Filmrollen selbst enthalten immer den Namen des Verzeichnisses, aus dem die Bilder importiert wurden. Dieser Name kann nicht geändert werden. Die Bilder selbst werden dabei nicht bewegt und bleiben an Ihrem ursprünglichen Ort. Darktable verwendet lediglich Vorschaubilder.

Eigenwillige Bedienung
Wie bereits zu Beginn des Kapitels erwähnt, erinnert der Aufbau der Oberfläche von Darktable ein wenig an Lightroom. Aber spätestens bei der Bedienung und den Funktionen hören die Ähnlichkeiten schon wieder auf. Ganz besonders die Bedienung unterscheidet sich erheblich von anderen Programmen. Sie finden kein Menü, und einen rechten Mausklick, der ein Kontextmenü öffnet, suchen Sie auch vergeblich. Wer sich allerdings auf die eigenwillige Bedienung einlässt, bekommt einen kostenlosen und leistungsstarken RAW-Konverter, dessen Ergebnisse sich wirklich sehen lassen können.

Schritt für Schritt
Bilder in Darktable importieren

In der folgenden Anleitung erfahren Sie, wie Sie Bilder in Darktable importieren können.

Kapitel-008/Beispielordner

1 Bilder importieren

Um Bilder in Darktable zu importieren, müssen Sie sich im Modus LEUCHTTISCH ❸ befinden. Bei IMPORTIEREN ❷ können Sie jetzt wählen, ob Sie ein BILD oder ein ganzes VERZEICHNIS importieren wollen. Ich wähle hier Letzteres.

Bild laden
Wenn Sie bei IMPORTIEREN ❷ nur BILD ❶ auswählen, wird das Bild gleich in der DUNKELKAMMER zur Bearbeitung geöffnet.

▲ Abbildung 8.4
Im Bereich IMPORTIEREN ❷ wählen Sie aus, ob Sie ein BILD oder ein ganzes VERZEICHNIS importieren wollen.

Kapitel 8 Bilder mit Darktable bearbeiten

Nachträglich ändern
Die Vorgaben zu den Bildrechten, die Stichwörter oder den Urheber können Sie jederzeit nachträglich in Darktable vergeben bzw. ändern.

2   Importeinstellungen vornehmen
Im sich öffnenden Dialogfenster wählen Sie jetzt die Bilder bzw. das Verzeichnis aus, welche(s) Sie importieren wollen. Bei den Importoptionen im VERZEICHNIS können Sie zudem noch VERZEICHNIS REKURSIV IMPORTIEREN wählen, um Bilder aus weiteren Unterverzeichnissen zu importieren. JPEG-DATEIEN IGNORIEREN können Sie setzen, wenn Sie Ihre Bilder im RAW+JPEG-Modus fotografiert haben und die JPEG-Dateien nicht mitimportieren wollen. Unter VOREINSTELLUNG können Sie die Rechte für die Bilder festlegen und dahinter noch den Namen als Urheber und Herausgeber. Unter TAGS können Sie Stichwörter vergeben. Mehrere Stichwörter können Sie mit einem Komma trennen.

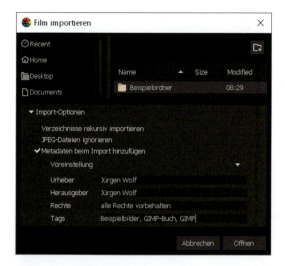

Abbildung 8.5 ▶
Der Importdialog

3   Nach dem Import
Wenn die Bilder importiert wurden, finden Sie diese in der Mitte ❶ von Darktable als Miniaturvorschau vor. Es werden immer zunächst nur die Bilder angezeigt, die zuletzt importiert wurden.

Abbildung 8.6 ▶
Die Bilder wurden importiert.

4 Bilder aus der Filmrolle entfernen

Wollen Sie Bilder aus der Filmrolle entfernen, müssen Sie diese nur markieren. Mehrere Bilder können Sie mit gehaltener [Strg]/[Cmd]-Taste markieren. Weitere Befehle zum Auswählen finden Sie auf der rechten Seite des LEUCHTTISCH-Moduls unter AUSWAHL ❷. Darunter finden Sie dann unter AUSGEWÄHLTE BILDER ❸ entsprechende Befehle, um zum Beispiel die ausgewählten Bilder von der Filmrolle zu entfernen. Ebenso finden Sie Befehle zum kompletten Löschen (mit PAPIERKORB) und KOPIEREN, DUPLIZIEREN oder VERSCHIEBEN von ausgewählten Bildern vor.

8.3.2 Bilder im Leuchttisch-Modus betrachten

Die Anzahl der Bilder, die im Leuchttisch-Modus pro Zeile angezeigt werden, können Sie unterhalb mit dem Schieberegler ❻ bzw. der Eingabe eines Zahlenwertes daneben setzen. Hierbei ist ein Wert von 1 bis 21 möglich. Wenn Sie den Wert 1 eingeben, dann nimmt das Bild die maximale Größe auf dem Leuchttisch ein. Über die Dreiecke ❹ an den vier Seiten des Leuchttisches können Sie die verschiedenen Bereiche ein- bzw. ausklappen. Sie können auch über die Dropdown-Liste ❺ neben dem Schiebregler anstelle der Option DATEIVERWALTUNG die Option ZOOMBARER LEUCHTTISCH auswählen und so mit dem Mausrad die Ansicht der Bilder pro Zeile regeln.

▲ Abbildung 8.7
Verschiedene Befehle zum Steuern von ausgewählten Bildern

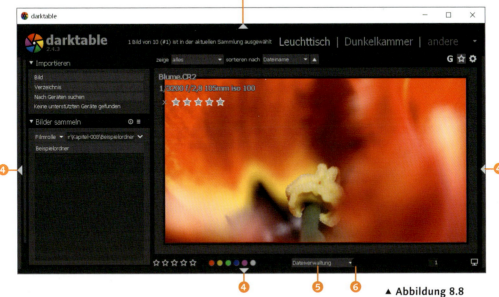

▲ Abbildung 8.8
Bilder vergrößert im Leuchttisch-Modus betrachten

Eine 1:1-Ansicht bietet der LEUCHTTISCH-Modus nicht an, weshalb Sie hierfür in den DUNKELKAMMER-Modus wechseln müssen. Dies geht allerdings ganz komfortabel, indem Sie das Bild im LEUCHT-

TISCH, welches Sie vergrößert betrachten wollen, doppelt anklicken. Schon wird es im DUNKELKAMMER-Modus angezeigt. Hier können Sie beispielsweise mit dem Mausrad in das Bild herein- bzw. herauszoomen. Mit gedrückt gehaltener Maustaste können Sie bei Bedarf den Bildausschnitt im DUNKELKAMMER-Modus verschieben. Klicken Sie das Bild im DUNKELKAMMER-Modus doppelt an, wechseln Sie damit wieder zurück zum LEUCHTTISCH-Modus.

▲ **Abbildung 8.9**
Wollen Sie tiefer in das Bild hereinzoomen, müssen Sie in den DUNKELKAMMER-Modus wechseln.

In Tabelle 8.1 finden Sie eine Übersicht über hilfreiche Tastenkürzel für den LEUCHTTISCH-Modus.

Tastenkürzel	Beschreibung
⇆	Alle Bedienelemente bei den vier Seiten aus- bzw. einblenden
L	Zum Leuchttisch wechseln
D	Zur Dunkelkammer wechseln
Alt + 1	Einzelbild-Ansicht
Alt + 2, Alt + 3	Bildansicht vergrößern, verkleinern
Alt + 4	Kleinste Bildansicht
Z	Ausgewähltes Bild bildschirmfüllend anzeigen

Tabelle 8.1 ▶
Tastenkürzel für den Leuchttisch

8.3.3 Bilder verwalten

Die Verwaltungsfunktionen von Darktable sind überschaubar, beinhalten aber im Grunde alles, was dafür nötig ist.

Schritt für Schritt
Bilder bewerten und verschlagworten

Haben Sie die Bilder erst einmal importiert, finden Sie in Darktable noch verschiedene Verwaltungsmöglichkeiten wie eine Bewertung, Farbmarkierung, Stichworte oder das Gruppieren ähnlicher Bilder. Hierauf soll die folgende Anleitung kurz eingehen.

1 Bilder bewerten

Eine typische Sternebewertung (1–5 Sterne) können Sie den ausgewählten Bildern am schnellsten auch mit den Tasten [1] (für 1 Stern) bis [5] (für 5 Sterne) zuweisen. Mit [0] entfernen Sie die Sternebewertung. Einzelne Bilder können Sie auch direkt bewerten, indem Sie auf die Sternchen der Miniaturvorschau ❸ klicken. Ein Bild ablehnen können Sie, indem Sie auf das x-Symbol ❶ neben den Sternchen klicken. Abgelehnte Bilder erkennen Sie am roten x-Symbol ❷.

2 Mit Farbe markieren

Eine weitere Möglichkeit, die Übersicht zu behalten, ist es, die Bilder mit einer Farbe zu markieren. Hierzu müssen Sie nur entsprechende Bilder auswählen und mit den Tasten [F1] bis [F5] oder den farbigen Plättchen ❹ unterhalb der Miniaturvorschauen eine entsprechende Farbe zuweisen. Welche Farben Sie für welche Bedeutung verwenden, bleibt Ihnen überlassen. Ich verwende beispielsweise Rot [F1] für »unbearbeitet«, Gelb [F2] für »in Arbeit« und Grün [F3] für »fertig«. Eine Markierung entfernen können Sie wieder, wenn Sie auf das weiße Plättchen bei den Farbplättchen ❺ klicken.

▲ **Abbildung 8.10**
Bilder ablehnen

Mehrere Farbmarkierungen

Darktable erlaubt Ihnen, auch mehrere Farbmarkierungen (oder auch alle) für ein Bild zu verwenden. Wie bereits erwähnt, die Bedeutung einer Farbmarkierung bleibt Ihnen selbst überlassen.

◀ **Abbildung 8.11**
Bilder bewerten und mit einer Farbe markieren

3 **Stichwort-Tags hinzufügen**

Den Urheber, Herausgeber, die Rechte und zudem einen Titel und eine Beschreibung können Sie beim METADATEN-EDITOR für das ausgewählte Bild hinzufügen bzw. ändern. Mit der Schaltfläche ANWENDEN bestätigen Sie die Änderung, und mit LÖSCHEN können Sie alle Angaben entfernen. Unter TAGGING ❶ können Sie neue Stichwörter in der Eingabezeile ❸ hinzufügen. Vorhandene Stichwörter für ein Bild werden darüber ❷ aufgelistet. Ein Stichwort können Sie per Doppelklick wieder aus dieser Liste entfernen. Eine Liste mit bereits eingegebenen Stichwort-Tags finden Sie darunter ❹, wo Sie ebenfalls per Doppelklick auf ein Stichwort-Tag dieses zum ausgewählten Bild hinzufügen können.

▲ Abbildung 8.12
Bearbeiten und Hinzufügen von Stichwörtern

Abbildung 8.13 ▶
Der Metadaten-Editor

8.3.4 Bilder ausfiltern

Wenn Sie auf der Suche nach speziellen Bildern sind, finden Sie verschiedene Möglichkeiten, diese auszufiltern. Die wohl mächtigste Funktion, Ihre Bilder nach den verschiedensten Kriterien wie nach Filmrolle, Kamera, Tags, Datum, Farbmarkierung usw. auszufiltern, finden Sie bei BILDER SAMMELN ❺ vor. Weitere Kriterien können Sie jederzeit über das Pfeil-nach-unten-Symbol ❼ mit dem Befehl SUCHE VERFEINERN hinzufügen oder mit DIESE REGEL LÖSCHEN wieder entfernen.

Standardmäßig werden neue Regeln als UND-Verknüpfung hinzugefügt, womit für die gesuchten Bilder alle Regeln zutreffen müssen. Diese Einstellung können Sie aber jederzeit ändern, indem Sie auf das Symbol ❽ am Ende der Regel klicken und neben einer UND-Verknüpfung auch eine ODER- bzw. AUSSER-Verknüpfung hinzufügen können. Komplett zurücksetzen können Sie eine Filterung von Bildern mit der kleinen runden Schaltfläche ❻ rechts neben BILDER SAMMELN.

▲ Abbildung 8.14
Mit BILDER SAMMELN können Sie Bilder ausfiltern.

8.4 Die Dunkelkammer von Darktable

▲ Abbildung 8.15
Es können jederzeit weitere Filterregeln hinzugefügt und kombiniert werden.

▲ Abbildung 8.16
Die Verknüpfung der einzelnen Regeln kann auch geändert werden.

Ebenfalls hilfreich zum Ausfiltern ist die Dropdown-Liste ZEIGE ❾, wo Sie nach Sternebewertung oder (nicht) abgelehnten Bildern aussortieren können. Die Reihenfolge der Sortierung können Sie dann bei SORTIEREN NACH ❿ vornehmen.

◀ Abbildung 8.17
Weitere Filterungen und Sortiermöglichkeiten

8.4 Die Dunkelkammer von Darktable

Unabhängig davon, ob Sie nun Darktable zur Verwaltung von Bildern verwenden wollen oder nicht, lernen Sie jetzt die Dunkelkammer, also die eigentliche Oberfläche zum Bearbeiten der Bilder, kennen. Zunächst finden Sie in Abbildung 8.18 einen ersten Überblick über die essenziellen Bestandteile der Dunkelkammer von Darktable, ehe Sie eine einfache Arbeit damit durchführen werden.

❶ SNAPSHOTS: Mit einem Klick auf die Schaltfläche SNAPSHOT ERSTELLEN können Sie jederzeit eine Momentaufnahme des Bearbeitungszustands erstellen.

❷ VERLAUF: Hier können Sie jederzeit wieder die einzelnen Arbeitsschritte rückgängig machen bzw. zu einem bestimmten Bearbeitungszustand zurückspringen. Über die Schaltfläche rechts unten können Sie außerdem auch gleich den kompletten Bearbeitungszustand als Stil speichern und diesen auf andere Bilder anwenden.

❸ MASKENVERWALTUNG: Mit Masken können Sie mit einem beliebigen Werkzeug nur in einem bestimmten Bereich eine Bildkorrektur durchführen. Über MASKENVERWALTUNG verwalten Sie diese Masken.

Mehr Platz schaffen

Wie schon beim Leuchttisch-Modus können Sie auch im Dunkelkammer-Modus an allen vier Seiten mit Hilfe der Dreiecke diese Bereiche ein- bzw. ausklappen. Alle vier Seiten auf einmal können Sie jederzeit mit der ⇆-Taste ein- bzw. wieder ausklappen.

④ **Histogramm:** Neben der klassischen Informationsübersicht über die Tonwerte im Bild bietet das Histogramm auch die Möglichkeit, durch Ziehen auf der linken Seite den Schwarzpunkt und Ziehen auf der rechten Seite die Belichtung anzupassen.

⑤ **Werkzeuge (Module):** Unter den sechs Schaltflächen verbergen sich die Werkzeuge, mit denen Sie das Bild korrigieren können.

⑥ **Weitere Module:** Darktable bietet Ihnen noch eine enorme Menge an weiteren (deaktivierten) Werkzeugen bzw. Modulen, die Sie hier aktivieren und für die Bearbeitung hinzufügen können.

⑦ **Filmstreifen:** Alle Bilder der ausgewählten Filmrolle werden Ihnen im Filmstreifen angezeigt und können dort auch per Doppelklick für die Bearbeitung in der Dunkelkammer verwendet werden. Bei Bedarf können Sie hier auch die Sternebewertung mit den Tasten [1] bis [5] oder Farbmarkierungen [F1] bis [F5] zuweisen.

⑧ **Hilfreiche Anzeigeoptionen:** Sehr hilfreich sind außerdem die vier Symbole unterhalb des Bildes über dem Filmstreifen, womit Sie eine Über- bzw. Unterbelichtungswarnung, einen Softproof und eine Gamutprüfung durchführen können.

Abbildung 8.18 ▼
Der Dunkelkammer-Modus von Darktable

In folgender Tabelle 8.2 finden Sie eine kurze Übersicht über hilfreiche Tastenkürzel für den DUNKELKAMMER-Modus.

Tastenkürzel	Beschreibung
⇆	Alle Bedienelemente an den vier Seiten ausblenden
L	Zum Leuchttisch wechseln
D	Zur Dunkelkammer wechseln
Alt + 1	100 %-Ansicht
Alt + 2	Bild in Ansicht einpassen
Strg / Cmd + Z	Rückgängig machen
O	Über-/Unterbelichtungsanzeige (de-)aktivieren

◂ **Tabelle 8.2**
Hilfreiche Tastenkürzel für die Dunkelkammer

8.5 Ein einfacher Workflow

Um (RAW-)Bilder nun mit Darktable zu bearbeiten, stehen Ihnen hier zwei Möglichkeiten zur Verfügung:
1. Sie laden die RAW-Datei wie gehabt über GIMP, wodurch das Bild im DUNKELKAMMER-Modus in Darktable geöffnet wird. Dann machen Sie die Bildkorrekturen in Darktable und beenden Darktable, wenn Sie fertig sind. Das bearbeitete Bild wird mit den vorgenommenen Korrekturen in GIMP geöffnet.
2. Sie verwenden Darktable für die Verwaltung Ihrer Bilder und wählen im LEUCHTTISCH-Modus das entsprechende Bild per Doppelklick oder Tastendruck D zur Bearbeitung im DUNKELKAMMER-Modus aus. Es geht allerdings (noch) nicht, das Bild direkt aus Darktable an GIMP weiterzugeben. Hierfür müssen Sie die Datei vorher exportieren (beispielsweise in OpenEXR) und dann diese Datei in GIMP öffnen.

Schritt für Schritt
Grundlegende Korrekturen mit Darktable

In diesem Workshop lernen Sie die Bedienung von Darktable mit den grundlegenden Korrekturen kennen. Die hier beschriebenen Werkzeuge wende ich auf fast jedes Bild an. Auf alle Funktionen von Darktable einzugehen würde an dieser Stelle zu weit gehen. Hier wird davon ausgegangen, dass Sie das Bild bereits in Darktable in den DUNKELKAMMER-Modus geladen haben.

Wie in anderen RAW-Konvertern auch werden bei einem RAW-Bild, das Sie mit Darktable öffnen, automatisch einige

Kapitel-008/Black-Parade.CR2

Abbildung 8.19 ▼
Das Bild »Black-Parade.CR2« ist bereit zum Bearbeiten.

Grundkorrekturen durchgeführt. Welche Korrekturen dies sind, finden Sie auf der rechten Seite unter EINGESCHALTENE MODULE ❷ vor. Ein Blick in den VERLAUF ❶ zeigt diese Einstellungen ebenfalls aufgelistet.

▲ **Abbildung 8.20**
Auf der rechten Seite ❸ des Histogramms können Sie die Belichtung mit gedrückt gehaltener Maustaste ändern …

▲ **Abbildung 8.21**
… und auf der linken Seite ❹ den Schwarzwert.

1 Belichtung anpassen

Auf den ersten Blick fällt ganz klar auf, dass das Gesamtbild zu dunkel geworden ist. Auch wenn das Bild eine düstere Gesamtstimmung erzeugen sollte, sollte die Belichtung etwas angepasst werden. Dies können Sie tun, indem Sie auf die Basisgruppe klicken. Dort finden Sie das Werkzeug BELICHTUNG ❺ vor. Entscheidend sind hier die Regler BELICHTUNG und SCHWARZ (für den Schwarzwert). Ziehen Sie den Regler BELICHTUNG nach rechts, erhöhen Sie die Belichtung, und nach links reduzieren Sie diese. Im Beispiel habe ich die Belichtung auf +1,2 erhöht. Mit ⓪ können Sie die Über- und Unterbelichtungswarnung ein- bzw. wieder ausschalten. Bereiche, in denen die Gefahr einer Überbelichtung besteht, werden in Rot und bei einer Unterbelichtung in Blau angezeigt.

Alternativ zu den Schiebereglern BELICHTUNG und SCHWARZ können Sie diese beiden Werte auch direkt im Histogramm ändern. Für die Belichtung können Sie auf der rechten Seite des Histogramms ❸ mit gedrückt gehaltener Maustaste die Belichtung anpassen, indem Sie diesen Bereich nach links oder rechts verschieben. Gleiches können Sie auch mit dem Schwarzwert auf der linken Seite ❹ des Histogramms durchführen.

8.5 Ein einfacher Workflow

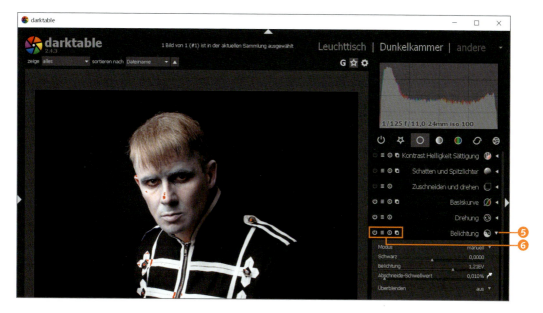

▲ Abbildung 8.22
Belichtungskorrektur

2 Einstellungen zurücksetzen

Fast alle Werkzeuge haben links oben kleine Schaltflächen ❻ mit weiteren nützlichen Funktionen. Mit der ersten Schaltfläche ❼ können Sie die gemachten Einstellungen des Werkzeugs jederzeit (de-)aktivieren, um zu sehen, wie sich die Einstellung(en) des Werkzeugs auf das Bild auswirken. Mit der Schaltfläche daneben ❽ können Sie die gemachten Einstellungen des Werkzeugs speichern oder gespeicherte Einstellungen auf das Bild anwenden. Die dritte Schaltfläche ❾ setzt alle gemachten Änderungen des Werkzeugs auf den Standardwert zurück. Einzelne Werte innerhalb des Werkzeugs können Sie zurücksetzen, indem Sie mit der Maus auf den Bezeichner (beispielsweise SCHWARZ) ❿ der Einstellung doppelt klicken. Die einzelnen Schritte einer gemachten Einstellung können Sie hingegen mit [Strg]/[Cmd]+[Z] rückgängig machen.

◀ Abbildung 8.23
Die Icons links oben bei den Werkzeugen bieten hilfreiche Funktionen an.

3 Weißabgleich anpassen

Im nächsten Schritt passe ich den Weißabgleich an. Häufig passe ich den Weißabgleich auch als ersten Schritt an. Allerdings hängt

Tipp: Werte ändern

Wenn sie die Werte etwas genauer eingeben wollen, können Sie dies mit den Pfeil-Tasten oder dem Mausrad in 10er-Schritten machen. Noch feiner (in 1er-Schritten) steuern können Sie, wenn Sie dabei die [Strg]/[Cmd]-Taste gedrückt halten. Etwas gröber hingegen steuern Sie (in 100er-Schritten) mit gehaltener [⇧]-Taste. Dies gilt natürlich für alle Schieberegler in Darktable.

dies immer vom Bild ab. Dieses Bild wurde im Studio aufgenommen, wo man den Weißabgleich gewöhnlich schon vorab einstellt. Im Beispiel war das nicht der Fall, weshalb ich beim Werkzeug WEISSABGLEICH den Wert von FARBTEMPERATUR auf 5 300 Kelvin stelle. Das Werkzeug finden Sie wie schon die BELICHTUNG in den Modulen der BASISGRUPPE wieder. Mit FARBTON können Sie Grün oder Magenta steuern. Ebenfalls vorhanden sind Regler für ROT, GRÜN und BLAU.

Abbildung 8.24 ▶
Die Anpassung des Weißabgleichs ist essenziell für die Gesamtfarbstimmung im Bild.

4 Kontrast, Helligkeit und Sättigung

Als Nächstes stelle ich gewöhnlich den Kontrast, die Helligkeit und die Sättigung ein. Alle drei Einstellungen finden Sie ebenfalls in der Basisgruppe mit KONTRAST HELLIGKEIT SÄTTIGUNG ❶ vor. Ich erhöhe in dem Beispiel den KONTRAST auf +0,15 und die HELLIGKEIT auf +0,10. Die SÄTTIGUNG hingegen reduziere ich auf –0,40. Auch hier ist es hilfreich, wenn Sie die Über- und Unterbelichtungswarnung mit [O] einschalten. Ebenfalls häufiger verwende ich das Werkzeug SCHATTEN UND SPITZLICHTER ❷, um eben gezielt die hellsten und dunkelsten Bereiche zu steuern.

Abbildung 8.25 ▼
Kontrast, Helligkeit und Sättigung regeln

5 Bild mit Hochpass-Filter schärfen

Zum Schluss schärfe ich bei Bedarf etwas nach. Zwar führt Darktable beim Laden bereits automatisch eine leichte Schärfung durch, aber abhängig vom Bild regle ich hier etwas nach. Im Beispiel schärfe ich mit dem Hochpass-Filter. Gehen Sie hierzu zunächst auf WEITERE MODULE ❸, und klicken Sie dort HOCHPASS ❹ an. Damit wird das Modul passend zur Gruppe hinzugefügt. Im Beispiel ist es die EFFEKTGRUPPE. Alternativ können Sie, wenn Sie HOCHPASS erneut anklicken, das Modul zu FAVORITEN hinzufügen.

Zum Schärfen stellen Sie die Bildansicht mit Alt+1 auf 100 %, um das Ergebnis besser beurteilen zu können. Die SCHÄRFE ❺ stellen Sie auf 10 %. Stellen Sie ÜBERBLENDEN ❻ auf EINHEITLICH, und als ÜBERBLENDMODUS ❼ stellen Sie WEICHE KANTEN ein. Jetzt können Sie die Schärfung nochmals mit dem SCHÄRFE-Regler oder der DECKKRAFT feinsteuern.

▲ Abbildung 8.26
Modul HOCHPASS hinzufügen.

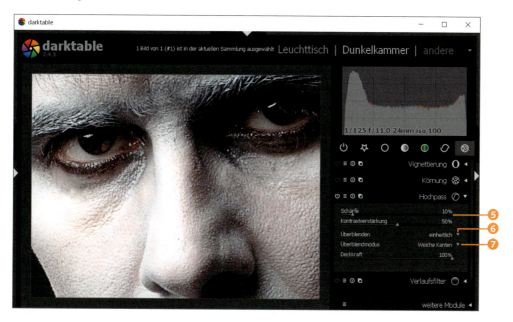

▲ Abbildung 8.27
Hier wurde der Hochpass-Filter zur Nachschärfung verwendet.

6 Zuschneiden und Drehen

Am Ende schneide ich das Bild gegebenenfalls noch passend zu. Wählen Sie hierzu in der BASISGRUPPE das Werkzeug ZUSCHNEIDEN UND DREHEN ❶. Jetzt können Sie über die Ecken und Seiten die Größe des Zuschnitts anpassen. Das Werkzeug bietet weitere Einstellungsmöglichkeiten wie zum Beispiel das FORMAT oder HILFSLINIEN. Mit gedrückter Maustaste können Sie die Position des Zuschnitts verschieben. Mit einem Doppelklick führen Sie den Zuschnitt durch, den Sie wie bei jedem Werkzeug über die entsprechende Schaltfläche ❷ rückgängig machen können.

Kapitel 8 Bilder mit Darktable bearbeiten

Abbildung 8.28 ▲
Bild nach Wunsch zuschneiden

7 Verlauf betrachten

Wenn Sie einzelne Arbeitsschritte betrachten oder zu einem vorher gemachten Arbeitsschritt zurückspringen wollen, können Sie im VERLAUF ❸ einen entsprechenden Eintrag anklicken. Solange Sie keine Änderungen in einem Arbeitsschritt davor machen, bleiben alle anderen Einträge im Verlauf darüber erhalten und können jederzeit wieder angeklickt werden. Wollen Sie einen eigenen Stil aus den Einstellungen erstellen, müssen Sie auf die Schaltfläche ❹ klicken. Im sich öffnenden Dialog können Sie bestimmen, welche Werkzeuge Sie für den Stil aktiviert lassen wollen. Einmal gespeicherte Stile können Sie dann über den Schnellzugriff ❺ auf andere Bilder anwenden.

Abbildung 8.29 ▶
Über den Verlauf können Sie auch eigene Stile speichern.

228

8.5 Ein einfacher Workflow

8 Bild an GIMP weitergeben

Wenn Sie das Bild über GIMP geöffnet haben, müssen Sie nun lediglich Darktable beenden, und das Bild wird mit 32 Bit Farbtiefe in GIMP geöffnet. Verwenden Sie hingegen Darktable auch für die Bildverwaltung und als alleinige Software, so besteht derzeit noch keine Möglichkeit, das Bild direkt an GIMP weiterzugeben. In dem Fall müssen Sie mit L zum LEUCHTTISCH-Modus wechseln, das Bild auswählen und über AUSGEWÄHLTE EXPORTIEREN entsprechende Einstellungen vornehmen. Über das kleine Datei-Icon ❻ können Sie das Speicherziel auf der Festplatte auswählen. Bei FORMAT-OPTIONEN wählen Sie bei DATEIFORMAT ❼ das Format aus, welches Sie exportieren wollen. Wollen Sie zum Beispiel das Bild in der höchsten Qualität in GIMP öffnen, wählen Sie OpenEXR. Dies ist dasselbe Format, mit dem ein RAW-Bild geöffnet wird, wenn Sie es über GIMP öffnen. Natürlich können Sie hier auch andere Formate wie TIFF (mit 16 Bit) oder das JPEG-Format verwenden. Klicken Sie nun auf EXPORTIEREN ❽.

▲ **Abbildung 8.30**
Bilder exportieren

▲ **Abbildung 8.31**
Bild für die Weiterarbeit in GIMP geöffnet

Einstellungen auf andere Bilder anwenden | Wollen Sie die gemachten Einstellungen von einem bearbeiteten Bild auch auf andere Bilder anwenden, müssen Sie in den LEUCHTTISCH-Modus wechseln. Dort klicken Sie im VERLAUFSSTAPEL auf KOPIEREN ❶. Im sich öffnenden Dialog können Sie daraufhin auswählen, welche Einstellungen Sie für andere Bilder übernehmen wollen. Bestätigen Sie den Dialog mit OK. Wählen Sie dann das oder die Bilder im LEUCHTTISCH aus, und wenden Sie jetzt die zuvor kopierten Einstellungen mit EINFÜGEN ❷ an. Gleiches können Sie auch im Bereich STILE ❸ machen, wo Sie die im LEUCHTTISCH ausgewählten Bilder mit einem Stil versehen können. Wie Sie eigene Stile speichern können, haben Sie im vorigen Workshop im Schritt 7 gesehen.

▲ **Abbildung 8.32**
Über den Verlaufsstapel können Sie Bildkorrekturen auf andere Bilder anwenden.

▲ **Abbildung 8.33**
Hier wählen Sie aus, welche Einstellungen Sie für andere Bilder übernehmen wollen.

8.6 Masken von Darktable verwenden

Einfache Erklärung

Die Masken von Darktable sind eine tolle Sache, und dieses Kapitel beschreibt im Grunde nur, wie diese grundlegend funktionieren. Eine umfassende und detailliertere Beschreibung dazu würde den Rahmen des Kapitels sprengen. Wenn Sie allerdings das Prinzip dahinter verstanden haben, dann werden Sie diese Funktion nicht mehr missen wollen.

Eines der Features, das Darktable gegenüber anderen RAW-Konvertern hervorhebt, sind die Masken. Hiermit selektieren Sie im Bild einen bestimmten Bereich, auf den sich die Bildkorrekturen auswirken sollen. Zum Erstellen von Masken bietet Darktable verschiedene Maskenwerkzeuge wie Pinsel, Kreis, Ellipse, Pfad und Verlauf. Aufgeteilt werden die Masken in gezeichnete und parametrische Masken. Mit Letzteren können Sie gezielt Helligkeits- und Farbbereiche auswählen und bearbeiten.

8.6.1 Gezeichnete Masken

Wie Sie am Namen schon herauslesen können, lassen sich mit diesen Masken direkt Bereiche im Bild auswählen, die Sie dann lokal und unabhängig vom restlichen Bild korrigieren können. Die gezeichneten lokalen Masken können Sie im Prinzip mit jedem Werkzeug verwenden. Hierzu müssen Sie lediglich in dem Werkzeug, mit dem Sie eine lokale Anpassung vornehmen wollen, bei der Dropdown-Liste ÜBERBLENDEN ❹ den Wert auf GEZEICHNETE MASKE setzen. Schon werden weitere Funktionen mit den fünf vorhandenen Formen eingeblendet, die Sie zum Zeichnen der Maske verwenden können.

8.6 Masken von Darktable verwenden

◀ **Abbildung 8.34**
Bei fast allen Werkzeugen können Sie über die Option ÜBERBLENDEN ❹ die Maskenfunktionen aktivieren.

Folgende Werkzeuge stehen zum Zeichnen einer Maske zur Verfügung:

▲ **Abbildung 8.35**
Werkzeuge zum Erstellen einer Maske

❺ **Pinsel:** Damit können Sie mit gedrückt gehaltener Maustaste direkt eine Maske auf das Bild aufmalen. Die Größe, Härte und Transparenz der Pinselspitze können Sie mit dem Mausrad, ⇧ + Mausrad und Strg/Cmd + Mausrad anpassen. Wenn Sie ein Grafiktablet verwenden, wird auch die Druckstärke berücksichtigt.

▲ **Abbildung 8.36**
Eine mit einem Pinsel aufgezeichnete Maske

▲ **Abbildung 8.37**
Die Pinselspitze zum Maskieren

❻ **Kreis:** Klicken Sie damit auf das Bild, wird eine kreisförmige Maske hinzugefügt. Mit gedrückter linker Maustaste können Sie die Position des Kreises verschieben. Die Größe des Kreises können Sie mit dem Mausrad ändern, wenn Sie sich mit dem Mauscursor innerhalb des Kreises befinden. Mit gehaltener ⇧-Taste + Mausrad können Sie einen weichen Rand

▲ **Abbildung 8.38**
Eine mit dem Kreis erstellte Maske

hinzufügen und die Größe davon regulieren. Mit gehaltener Strg/Cmd-Taste + Mausrad können Sie die Transparenz des Kreises anpassen.

❼ **Ellipse:** Dieses Werkzeug funktioniert genauso wie der Kreis, nur dass Sie hier noch vier Anfasser vorfinden, mit denen Sie die Ellipse in der Form ändern und mit gehaltener Strg/Cmd-Taste drehen können.

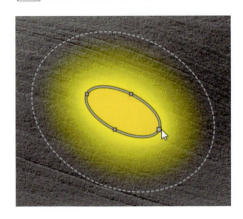

Abbildung 8.39 ▶
Eine mit der Ellipse erstellte Maske

❽ **Pfad:** Auch die Erstellung eines Pfades ist in Darktable möglich. Gerade wenn Sie unförmige Bereiche oder eckige Bereiche auswählen wollen, dann eignet sich dieses Werkzeug prima dazu. Einzelne Knoten fügen Sie durch Klicken der linken Maustaste hinzu. Einen Pfad schließen Sie, wenn Sie mit der rechten Maustaste klicken. Standardmäßig werden abgerundete Knotenpunkte hinzugefügt, deren Kurve Sie jederzeit über die Anfasser anpassen können. Wollen Sie scharfe eckige Knoten hinzufügen, müssen Sie beim Anlegen die Strg/Cmd-Taste gedrückt halten. Einzelne Knoten (und Linien) können jederzeit nachbearbeitet und verschoben werden. Auch die Größe, Härte und Transparenz können Sie mit dem Mausrad, ⇧ + Mausrad und Strg/Cmd + Mausrad anpassen.

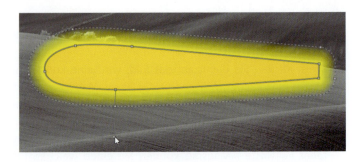

Abbildung 8.40 ▶
Die Maske wurde mit einem Pfad erstellt.

❾ Verlauf: Hiermit können Sie einen weichen linearen Verlauf einem Bild hinzufügen. Die Position des Verlaufs können Sie verschieben und drehen. Auch die Transparenz und Weichheit des Verlaufs können Sie anpassen.

Schritt für Schritt
Gezeichnete Masken verwenden

Um das Kapitel nicht zu theoretisch werden zu lassen, will ich im folgenden Beispiel einen Verlauf als Maske hinzufügen und Ihnen zeigen, wie Sie mit Masken im Allgemeinen arbeiten können. So ähnlich können Sie dann auch mit den anderen Maskenwerkzeugen wie Pinsel, Kreis, Ellipse oder Pfad arbeiten. Ich verwende die Masken gewöhnlich erst dann, wenn ich die Grundkorrekturen am Bild durchgeführt habe. Im folgenden Beispiel »Landschaft.CR2« habe ich daher schon Weißabgleich, Belichtung und Kontrast sowie Helligkeit und Sättigung angepasst.

Kapitel-008/
Landschaft.CR2

▼ **Abbildung 8.41**
Das Beispielbild nach den ersten grundlegenden Korrekturen

An diesem Bild gefällt mir nicht, dass der hügelige Acker im Hintergrund immer noch recht flau wirkt. Eine Anhebung des Kontrastes oder Anpassung des Schwarzwerts würde allerdings in diesem Fall den Großteil des Vordergrundes zu kontrastreich machen. Daher will ich hier eine Maske mit einem Verlauf demonstrieren.

Kapitel 8 Bilder mit Darktable bearbeiten

▲ **Abbildung 8.42**
Um bereits gemachte Einstellung nicht nur auf eine Maske anzuwenden, legen Sie eine neue Instanz des Werkzeugs an.

1 Maskenfunktion aktivieren

Zunächst müssen Sie entscheiden, für welches Werkzeug Sie eine Maske verwenden wollen. Ich will zunächst den Schwarzwert etwas anheben und benötige daher eine Maske für das BELICHTUNG-Werkzeug in der Basisgruppe. Da ich bei diesem Beispiel allerdings bereits Einstellungen am Gesamtbild mit diesem Werkzeug vorgenommen habe, lege ich eine neue Instanz von diesem Werkzeug über das entsprechende Icon ❶ an. Würde ich keine neue Instanz verwenden, dann würden die bereits gemachten Einstellungen nur auf die Maske angewendet, die ich anschließend erstellen will. Im Beispiel heißt die neue Instanz dann »BELICHTUNG 1« ❷.

Ob Sie nun eine neue Instanz eines Werkzeugs anlegen oder nicht, die Maskenfunktion aktiveren Sie immer im Werkzeug über die Option ÜBERBLENDEN ❸, indem Sie hier GEZEICHNETE MASKE auswählen.

Abbildung 8.43 ▶
Maskenfunktion aktivieren

2 Maske zeichnen

Im nächsten Schritt wählen Sie das Werkzeug aus, mit dem Sie eine Maske zeichnen möchten. Im Beispiel wähle ich das VERLAUF-Werkzeug ❹ aus und klicke damit im Bild an die Stelle, an der ich einen Verlauf hinzufügen will. Über die Linie oder den Mittelpunkt können Sie den Verlauf verschieben, und über die beiden horizontal verbundenen Punkte können Sie den Verlauf drehen. Im Beispiel habe ich diese Linie so platziert, dass diese die grüne und braune Hügellandschaft trennt.

8.6 Masken von Darktable verwenden

◀ **Abbildung 8.44**
Eine Verlaufsmaske wurde hinzugefügt.

3 Maske anzeigen und anpassen

Wenn Sie die Maske anzeigen (bzw. wieder ausblenden) wollen, müssen Sie die kleine Schaltfläche mit dem Loch unten rechts ❻ anklicken. Hierdurch wird dann der maskierte Bereich im Bild in gelber Farbe ❼ und der Rest in Grauwerten angezeigt. Damit lässt sich der Bereich der Maske sehr gut einschätzen. Wollen Sie die Weichheit des Verlaufs ändern, gehen Sie mit dem Mauscursor auf die Mittellinie und scrollen das Mausrad. Die gestrichelte Linie ober- und unterhalb der Mittellinien zeigt diesen Bereich dann an. Die Deckkraft hingegen ändern Sie mit [Strg]/[Cmd] + Mausrad. Hierbei können Sie dann sehen, wie der Bereich dahinter immer mehr zum Vorschein kommt, wenn Sie die Deckkraft reduzieren. Bevor Sie mit der Korrektur anfangen, blenden Sie die Maske mit ❻ wieder aus.

Weitere Anpassungen

Sie können die Maske über die Option MASKE INVERTIEREN ❺ auch umkehren, indem Sie bei der Dropdown-Liste EIN wählen. Ebenso können Sie mit dem Regler MASKE WEICHZEICHNEN eben genau dies tun, wenn Ihnen die Kante oder der Bereich der Maske zu hart erscheinen.

▼ **Abbildung 8.45**
Die Maske anzeigen lassen

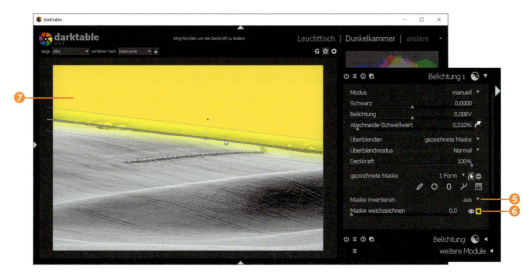

235

Kapitel 8 Bilder mit Darktable bearbeiten

Weitere Einstellungen

Mit Hilfe des Reglers DECKKRAFT können Sie bei Bedarf die Stärke der Bildkorrektur reduzieren. Wollen Sie die Korrektur komplett auf das ganze Bild und nicht nur auf die Maske angewendet betrachten, können Sie die Maske über das Augensymbol ❸ deaktivieren.

4 Lokale Bildkorrektur vornehmen

Nun können Sie den Bereich mit der im Schritt 3 erstellten Maske anpassen. Ich erhöhe im Beispiel den Wert von SCHWARZ auf 0,0250 und die BELICHTUNG leicht auf 0,10EV. Jetzt sollte der hügelige Bereich mit dem Acker im Hintergrund schon nicht mehr so trüb sein. Wollen Sie die Korrektur mit und ohne Maske betrachten, müssen Sie nur links oben über die kleine Schaltfläche ❶ die »BELICHTUNG 1« (de-)aktivieren.

Wenn Sie das Werkzeug verlassen und zwischenzeitlich in ein anderes Werkzeug wechseln, wird auch die Maske im Bild (im Beispiel die Verlaufslinie) ausgeblendet. Um diese Maske wieder einzublenden und gegebenenfalls nochmals anzupassen, finden Sie das kleine Cursor-Symbol ❷ rechts neben der gezeichneten Maske vor. Damit aktivieren Sie praktisch den Editier-Modus für die Maske(n) im aktiven Werkzeug. Ebenso können Sie über ❷ natürlich auch einfach nur den Editier-Modus der Maske beenden.

▲ Abbildung 8.46
Eine lokale Bildkorrektur

5 Vorhandene Maske wiederverwenden

Nun soll die im Schritt 3 erstellte Maske erneut mit dem Werkzeug KONTRAST HELLIGKEIT SÄTTIGUNG verwendet werden. Hierzu legen Sie zunächst eine neue Instanz an, wie im Schritt 1 beschrieben, falls Sie mit diesem Werkzeug bereits grundlegende Korrekturen gemacht haben. Im Anschluss wählen Sie wieder bei ÜBERBLENDEN ❹ GEZEICHNETE MASKE aus und können dann über die Dropdown-Liste GEZEICHNETE MASKE ❺ die in Schritt 3 erstellte Maske (hier VERLAUF #1) auswählen. Das war es schon, jetzt können Sie mit derselben Maske wie im Schritt 3 auch mit dem Werkzeug KONTRAST HELLIGKEIT SÄTTIGUNG arbeiten und

8.6 Masken von Darktable verwenden

in diesem Beispiel nur den hügeligen Ackerbereich mit diesem Werkzeug bearbeiten.

◀ **Abbildung 8.47**
Die bereits erstellte Maske in einem anderen Werkzeug wiederverwenden

6 Weitere Masken verwenden

Sie haben jetzt erfahren, wie Sie Masken in Darktable verwenden können. Zwar habe ich Ihnen in diesem Workshop nur ein Beispiel mit dem Verlauf gezeigt, aber das Prinzip funktioniert mit den anderen Werkzeugen genauso. Im Beispielbild habe ich noch einen Pfad für den mittleren grünen Bereich 6 der Hügellandschaft erstellt und den Schwarzwert im BELICHTUNG-Werkzeug erhöht.

▼ **Abbildung 8.48**
Sie können jederzeit weitere Masken hinzufügen.

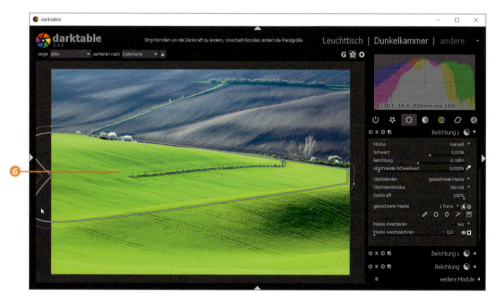

237

▲ Abbildung 8.49
Vor der partiellen Korrektur mit Masken …

▲ Abbildung 8.50
… und das Ergebnis nach der partiellen Korrektur

Maskenverwaltung | Einzelne Masken aktivieren, neue anlegen und verwalten können Sie außerdem auch auf der linken Seite der Dunkelkammer mit der MASKENVERWALTUNG. Hilfreich ist die Möglichkeit, die Maskengruppen zu benennen, um den Überblick zu behalten. Mit einem rechten Mausklick auf eine Maskengruppe oder den einzelnen Masken darin finden Sie viele weitere Befehle, welche die Verwaltung von Masken abrunden.

Abbildung 8.51 ▶
Die Maskenverwaltung

8.6.2 Parametrische Masken

Eine zweite sehr interessante Funktion bei der Auswahl von ÜBERBLENDEN bei den einzelnen Werkzeugen dürfte die Option PARAMETRISCHE MASKE sein, womit Sie bestimmte Helligkeitsbereiche oder Farbbereiche eines Bildes maskieren und so gezielt bearbeiten können.

Schritt für Schritt
Parametrische Masken erstellen

Kapitel-008/
Wildblume.CR2

Im Folgenden will ich Ihnen zeigen, wie Sie parametrische Masken in Darktable erstellen können. Im folgenden Bild »Wildblume.CR2« soll für die Helligkeit und Farbe eine Maske für die Bildkorrektur erstellt werden. Hierbei will ich nur die Blume in der Mitte

8.6 Masken von Darktable verwenden

aufhellen und den Rest drumherum lediglich knackiger, aber nicht heller machen. Das Bild wurde noch nicht vorbehandelt.

◄ **Abbildung 8.52**
An diesem Bild soll die parametrische Maske demonstriert werden.

1 Parametrische Maske aktivieren

Die PARAMETRISCHE MASKE aktivieren Sie über das Dropdown-Menü ÜBERBLENDEN ❶ im Werkzeug, für das Sie diese Maske verwenden wollen. Im Beispiel habe ich das BELICHTUNG-Werkzeug dafür ausgewählt. Als Nächstes wählen Sie einen Kanal aus, den Sie verwenden wollen. Ich wähle H ❷ (= Hue) für den Farbtonbereich aus. Wenn Sie die Helligkeit verwenden möchten, müssen Sie L (= Luminance) auswählen. Neben Graustufen (g) können Sie hier auch (R)ot, (G)rün oder (B)lau wählen. Je nachdem, was Sie ausgewählt haben, werden entsprechende Regler darunter ❸ eingeblendet. Für H ❷ sind es die Farbton-Regler.

◄ **Abbildung 8.53**
Die parametrische Maske wurde aktiviert.

2 Bereich auswählen

Wählen Sie jetzt mit Hilfe der Pipette ❷ einen bestimmten Farbbereich im Bild ❶ aus, den Sie maskieren und bearbeiten wollen. Bei den Reglern Ausgabe und Eingabe erscheint eine weiße Markierung von dem im Bild gewählten Bereich. Um den maskierten Farbbereich zu begrenzen, ziehen Sie die oberen weißen Dreiecke über den Regler Eingabe ❸ um diese weiße Markierung zusammen. Für einen (sanften) Übergang zu den anderen Farbtönen dienen die beiden unteren Dreiecke vom Eingabe-Regler ❹. Um den gewählten Bereich auch visuell zu erfassen, sollten Sie die Maske über das entsprechende Symbol ❺ rechts unten einblenden. Damit einige Übergänge bei der anschließenden Bildkorrektur nicht so hart wirken, ziehe ich hier außerdem noch den Regler Maske weichzeichnen ❻ etwas nach rechts.

▲ **Abbildung 8.54**
Den zu maskierenden Bereich auswählen und dann begrenzen

Abbildung 8.55 ▶
Das Einschalten der Maske über ❺ ist unverzichtbar bei den parametrischen Masken.

8.6 Masken von Darktable verwenden

3 Maskierten Bereich bearbeiten

Sind Sie mit der parametrischen Maske zufrieden, können Sie die Korrekturen lokal auf diesem Bereich ausführen. Im Beispiel erhöhe ich den Wert von Schwarz auf +0,0230 und die Belichtung auf +1,25EV. Damit habe ich praktisch nur die Belichtung der Blume angepasst.

▼ **Abbildung 8.56**
Mit Hilfe einer parametrischen Maske wurde nur die Blume bearbeitet.

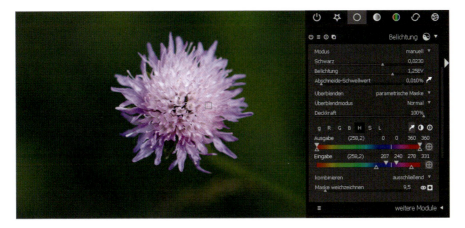

4 Weitere Masken verwenden

Sie können jetzt jederzeit weitere (parametrische oder gezeichnete) Masken zur Bearbeitung hinzufügen und verwenden. Bei Werkzeugen mit bereits vorhandener Maske erstellen Sie einfach wie gehabt eine neue Instanz. Im Beispiel habe ich noch eine parametrische Maske für das Werkzeug Kontrast Helligkeit Sättigung erstellt und mit dem (L)uminanzkanal den dunkleren Hintergrund ausgewählt. Diesen Bereich habe ich dann über den Regler Eingabe begrenzt. Anschließend habe ich den Kontrast, die Helligkeit und die Sättigung erhöht und so einen knackigeren Hintergrund hinzugefügt, damit die Blume noch mehr hervortritt.

▼ **Abbildung 8.57**
Eine weitere parametrische Maske für den Hintergrund

▲ Abbildung 8.58
Das Bild vor der Bearbeitung …

▲ Abbildung 8.59
… und hier nach der Bearbeitung mit parametrischen Masken

8.6.3 Masken kombinieren

Nicht immer funktioniert es mit parametrischen Masken so, wie man das gerne hätte. In Abbildung 8.60 wurde zum Beispiel versucht, den roten Farbbereich einer Rose zu maskieren. Leider wurden hierbei auch viele weitere rote Bildbereiche erfasst, die nicht erwünscht sind. Für solch einen Fall bietet sich eine Mischung aus parametrischen und gezeichneten Masken an. Dabei grenzen Sie zunächst den Bereich, den Sie maskieren wollen, mit einer gezeichneten Maske ein, und für diese gezeichnete Maske erstellen Sie dann eine parametrische Maske.

Abbildung 8.60 ▶
Hier wurden Bereiche mit der parametrischen Maske erfasst, die nicht gewollt sind.

Kapitel-008/Rose.CR2

Schritt für Schritt
Gezeichnete und parametrische Maske kombinieren

Im folgenden Beispiel will ich Ihnen zeigen, wie Sie gezeichnete und parametrische Masken kombinieren können. Hierzu soll zunächst im Beispielbild »Rose.CR2« eine gezeichnete Maske um die Rose herum erstellt und dann sollen die entsprechenden Farbbereiche mit einer parametrischen Maske eingegrenzt werden.

1 Kombinierte Maske aktivieren

Wie immer müssen Sie im entsprechenden Werkzeug die Maske über die Option ÜBERBLENDEN ❶ aktivieren. Hier wählen Sie allerdings jetzt GEZEICHNET&PARAMETRISCH aus. Dabei dürften Sie gleich feststellen, dass nun sowohl die Werkzeuge für die gezeichnete Maske als auch für die parametrische Maske zur Verfügung stehen.

2 Gezeichnete Maske erstellen

Wählen Sie jetzt das gewünschte Werkzeug aus, mit dem Sie eine gezeichnete Maske erstellen wollen. Im Beispiel wähle ich das Pfad-Werkzeug ❷ aus und zeichne damit einen groben Pfad um die Rose herum.

▲ **Abbildung 8.61**
Jetzt können Sie eine gezeichnete und parametrische Maske erstellen.

▲ **Abbildung 8.62**
Mit dem Pfad-Werkzeug wurde eine gezeichnete Maske erstellt.

3 Parametrische Maske erstellen

Nun wählen Sie den entsprechenden Kanal der parametrischen Maske. Ich will hier den Farbton der Rose erfassen, weshalb ich H(ue) ❶ auswähle. Dann klicke ich mit der Pipette ❷ auf den Farbbereich im Bild ❹, den ich maskieren will, und begrenze über die weißen Dreiecke im Regler EINGABE den Farbbereich. Den Übergang regeln Sie mit den dunklen Dreiecken unterhalb von EINGABE. Zur Kontrolle ist es hier wieder essenziell, die Maske über das entsprechende Icon ❸ anzuzeigen.

Kapitel 8 Bilder mit Darktable bearbeiten

▲ **Abbildung 8.63**
Hier wurde mit einer parametrischen Maske der Bereich innerhalb der gezeichneten Maske ausgewählt.

4 Bildkorrektur durchführen

Sind Sie mit der Maskierung zufrieden, können Sie wieder wie gehabt die lokale Korrektur im Bild vornehmen. Im Beispiel habe ich die rote Rose aufgehellt und den Schwarzwert erhöht, wodurch das Bild schon wesentlich brillanter wirkt.

▲ **Abbildung 8.64**
Bildkorrektur des maskierten Bereichs

In diesem Kapitel zu Darktable hätte der eine oder andere Leser sicherlich gerne noch etwas mehr erfahren. Allerdings muss ich Sie nochmals vertrösten, dass es sich hier um ein GIMP-Buch handelt. Andere Leser wiederum dürften eher zurückhaltend und mit etwas Argwohn auf Darktable reagieren, weil die Bedienung der Software doch zunächst erheblich anders ist, als man es gewohnt ist, und eine gewisse Einarbeitungszeit benötigt wird.

So oder so kennen Sie jetzt zumindest die grundlegende Bedienung mit Darktable und können anfangen, die vielen weiteren Werkzeuge und Funktionen zu ergründen, die hier nicht beschrieben wurden. Meiner Meinung nach ist Darktable eine wirklich tolle Alternative zu den kommerziellen Produkten auf dem Markt, wenn man die Einarbeitungs- und Umgewöhnungszeit in Kauf nimmt.

TEIL III
Rund um Farbe und Schwarzweiß

Kapitel 9
Mit Farben malen

In diesem Kapitel des Buches dreht sich alles um die Verwendung von Farben in GIMP. Es werden sämtliche Funktionen und Werkzeuge behandelt, mit denen Sie die Farbe der einzelnen Pixel ändern können. Hierzu gehören neben den Standardwerkzeugen wie Pinsel, Stift oder Radierer auch die Werkzeuge Füllen und Farbverlauf.

9.1 Farben einstellen

Wenn Sie eine bestimmte Farbe für weitere Arbeiten wie beispielsweise Malen oder Füllen, benötigen, bietet Ihnen GIMP mehrere Möglichkeiten an, diese einzustellen.

9.1.1 Farbwahlbereich: Vordergrund- und Hintergrundfarbe

▲ **Abbildung 9.1**
Der Farbwahlbereich befindet sich im Werkzeugkasten.

Den besten Überblick und den schnellsten Zugriff, um die Farben für ein bestimmtes Werkzeug einzustellen, haben Sie über den Farbwahlbereich im Werkzeugkasten. Standardmäßig ist für die Vordergrundfarbe ❷ Schwarz und für die Hintergrundfarbe ❹ Weiß eingestellt. Wenn Sie hier andere Farben vorfinden, können Sie den Standard jederzeit mit der kleinen Schaltfläche ❶ links unten oder mit dem Tastenkürzel [D] (für *d*efault colors) wiederherstellen. Wollen Sie die Vordergrund- mit der Hintergrundfarbe tauschen, klicken Sie auf die kleine Schaltfläche ❸ rechts oben. Schneller geht dies mit dem Tastenkürzel [X] (für *ex*change colors).

Vordergrund- oder Hintergrundfarbe verwenden | Ob die Vordergrund- oder die Hintergrundfarbe verwendet wird, hängt vom Werkzeug ab. Die Malwerkzeuge Pinsel, Stift, Sprühpistole, Tinte und MyPaint-Pinselwerkzeug benutzen die eingestellte Vordergrundfarbe.

Kapitel 9 Mit Farben malen

> **Farbwahlbereich ein-/ ausblenden**
>
> Sollte der Farbwahlbereich bei Ihnen nicht angezeigt werden oder wollen Sie ihn ein- oder ausblenden, erreichen Sie dies über BEARBEITEN • EINSTELLUNGEN • OBERFLÄCHE • WERKZEUGKASTEN, indem Sie die Checkbox vor VORDERGRUND- UND HINTERGRUNDFARBE ANZEIGEN (de-)aktivieren.

Das FÜLLEN-Werkzeug verwendet zwar in der Voreinstellung auch die Vordergrundfarbe, aber dies können Sie in den Werkzeugeinstellungen ändern. Der FARBVERLAUF hingegen berücksichtigt Vorder- und Hintergrundfarbe. Der RADIERER jedoch operiert verstärkt mit der Hintergrundfarbe, wenn die zu bearbeitende Ebene keinen Alphakanal besitzt.

9.1.2 Der Farbwähler von GIMP

Der wohl gängigste Weg, die Vorder- und/oder Hintergrundfarbe einzustellen, dürfte der Farbwähler sein. Sie erreichen ihn, indem Sie im gewünschten Farbwahlbereich in der Werkzeugleiste klicken. Daraufhin öffnet sich ein Farbwähler, der auch über andere Filter aufgerufen wird.

Je nachdem, ob Sie mit der linken Maustaste auf die Vorder- oder auf die Hintergrundfarbe klicken, erscheint ein Dialog mit dem Titel VORDERGRUNDFARBE ÄNDERN oder HINTERGRUNDFARBE ÄNDERN.

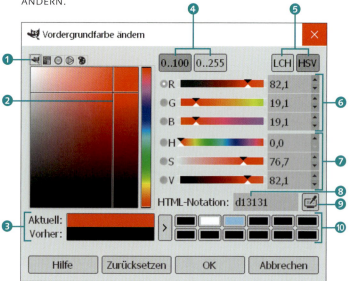

Abbildung 9.2 ►
Der GIMP-Farbwähler

> **Zum Nachlesen**
>
> Mehr zu den verschiedenen Farbmodellen können Sie auf Seite 125 im Abschnitt »Farbmodelle« nachlesen.

Standardmäßig ist der GIMP-Farbwähler ❶ zum Einstellen der Farbe aktiv. Damit wählen Sie die Farbe aus, indem Sie die RGB- ❻ oder die HSV-Werte ❼ eingeben. Alternativ können Sie über die beiden Schaltflächen darüber ❺ auch zwischen LCH und HSV als Farbmodell wechseln. Die Angaben der Farbwerte können Sie hierbei über die beiden Schaltflächen daneben ❹ entweder von 0 bis 100 oder 0 bis 255 angeben.

Wenn Sie sich mit der HTML-Notation (auch *Hextriplet* genannt) von Farben auskennen (oder den Wert benötigen), können Sie diesen in das Textfeld HTML-NOTATION ❽ eingeben (bzw. ermitteln).

250

Neben HTML-Notationen sind übrigens auch CSS-Schlüsselwörter (wie beispielsweise red, blue, white, whitesmoke) erlaubt.

Neben diesem Feld finden Sie auch eine FARBPIPETTE ❾, mit der Sie zum Beispiel die Farbe aus einem Bild ermitteln können. Die Farben können Sie auch mit der Maus auswählen, indem Sie die vertikalen Farbbalken von R, G, B, H, S oder V bzw. R, G, B, L, C oder H mit gedrückter linker Maustaste in die entsprechende Position verschieben.

Eine Feinabstimmung können Sie auch im großen rechteckigen Bereich mit einem Fadenkreuz ❷ durchführen. Unterhalb ❸ des rechteckigen Bereichs werden die ursprüngliche Farbe (VORHER) und die neu ausgewählte Farbe (AKTUELL) angezeigt.

Neben dem GIMP-Farbwähler ❶ bietet GIMP vier weitere Methoden an, die Sie über die Registerkarten des Dialogs erreichen. Sie unterscheiden sich nur durch den rechteckigen Bereich. Vorhanden bleiben jeweils die Schieberegler R, G, B, H, S und V bzw. R, G, B, L, C oder H und die zwölf Farbschalter ❿, in denen die zuletzt ausgewählten Farben gespeichert sind, die Sie mit einem Klick auf den jeweiligen Schalter wieder auswählen können. Klicken Sie auf die Schaltfläche OK, wird die ausgewählte Farbe als neue Vorder- bzw. Hintergrundfarbe im Werkzeugkasten angezeigt.

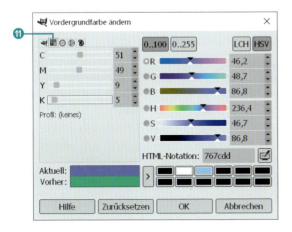

▲ Abbildung 9.3
Der Farbwähler CMYK

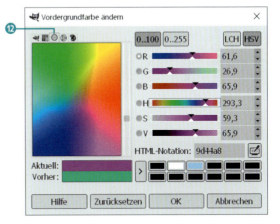

▲ Abbildung 9.4
Der Farbwähler WASSERFARBEN

Mit dem Farbwähler CMYK ⓫ wählen Sie die Farben basierend auf den Komponenten C (Cyan = Türkis), M (Magenta = Fuchsinrot), Y (Yellow = Gelb) und K (Key = Schlüsselfarbe) des Farbmodells CMYK aus.

Der Farbwähler WASSERFARBEN ⓬ wirkt ein wenig anders als die anderen Farbwähler. Haben Sie beispielsweise als Vordergrundfarbe Gelb gewählt und klicken jetzt im rechteckigen Farbbereich auf einen blauen Farbbereich, wird die Vordergrundfarbe bläulich getönt. Je öfter Sie dabei klicken, desto mehr wird der Effekt verstärkt.

Unter ❶ können Sie die Farbe mit dem HSV-Farbkreis wählen. Der Farbton (H) ist hierbei auf einem Kreis angeordnet, den Sie durch das Drehen des Dreiecks auswählen können. Im Dreieck bestimmen Sie durch Verschieben des Punktes in horizontaler Richtung die Helligkeit (V) und in vertikaler Richtung die Sättigung (S). Mit dem Farbwähler Palette ❷ wählen Sie Farben aus der aktuell eingestellten Palette (Fenster • Andockbare Dialoge • Paletten) aus.

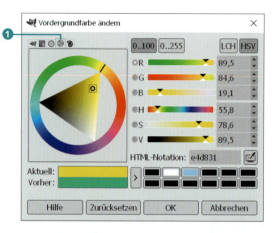

▲ Abbildung 9.5
Der Farbwähler HSV

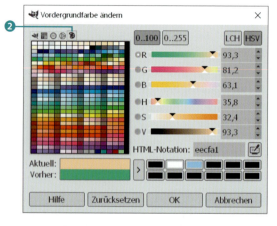

▲ Abbildung 9.6
Der Farbwähler Palette

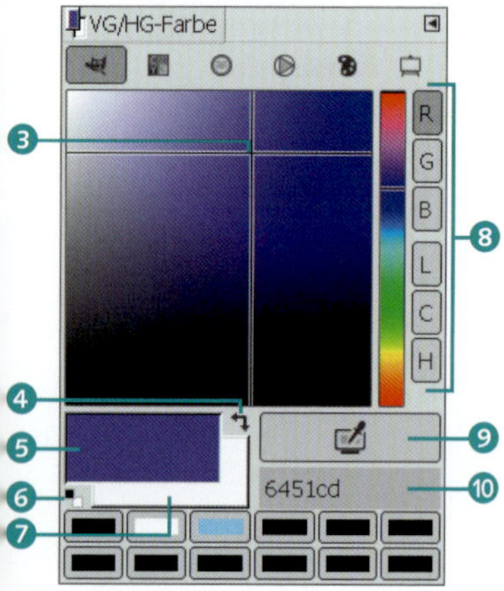

9.1.3 Der andockbare Dialog »Farben«

Neben dem üblichen Farbwähler, der über den Werkzeugkasten und auch einige andere Filter gewählt wird, gibt es den andockbaren Dialog Farben zur Einstellung der Vordergrund- und Hintergrundfarbe. Auch hierbei stehen Ihnen die Methoden GIMP, CMYK, Wasserfarben, HSV-Rad, Palette und die R-, G-, B-, H-, S- und V- bzw. R-, G-, B-, L-, C- und H-Schieberegler zur Verfügung.

Diesen dockbaren Dialog rufen Sie über Fenster • Andockbare Dialoge • Farben auf. Im Gegensatz zum Farbwähler aus dem Werkzeugkasten sind hier die R-, G-, B-, L-, C- und H-Schieberegler nicht permanent sichtbar. Sie erreichen sie hier über eigene Schaltflächen ❽.

Die Bedienung ist ähnlich, wie Sie sie vom Farbwähler aus dem Werkzeugkasten her kennen. Links unten sehen Sie die aktuelle Vordergrundfarbe ❺ und die aktuelle Hintergrundfarbe ❼. Mit der kleinen Schaltfläche links unten ❻ stellen Sie die Standardein-

▲ Abbildung 9.7
Standardmäßig ist auch hier der GIMP-Farbwähler aktiv.

stellung (Schwarz/Weiß) der Farben wieder her (Tastenkombination D), und mit dem kleinen Icon rechts oben ❹ tauschen Sie die Farben miteinander aus (Tastenkombination X). Je nachdem, ob Sie die Vordergrund- oder die Hintergrundfarbe wählen wollen, müssen Sie diesen Bereich zuvor über ❺ oder ❼ aktivieren.

Die Farbe wählen Sie hier im rechteckigen Bereich mit dem Fadenkreuz ❸ aus. Rechts daneben ❽ finden Sie ein Farbband mit den Schaltflächen R, G, B, L, C und H, mit denen Sie die RGB- bzw. LCH-Komponente für den rechteckigen Bereich einstellen. Außerdem sehen Sie hier auch eine Farbpipette ❾ zum Auswählen einer Farbe aus einem Bild und die HTML-Notation ❿, über die Sie auch wieder CSS-Schlüsselwörter verwenden können. Ansonsten unterscheiden sich die Methoden nicht von den zuvor beschriebenen aus dem Farbwähler des Werkzeugkastens.

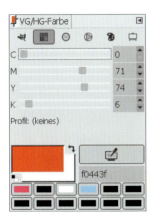

▲ **Abbildung 9.8**
Der CMYK-Farbwähler

▲ **Abbildung 9.9**
Der Wasserfarben-Farbwähler

▲ **Abbildung 9.10**
Das HSV-Rad

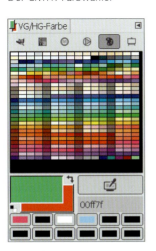

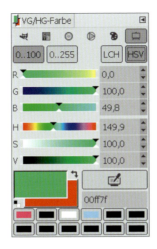

◂◂ **Abbildung 9.11**
Die Palette zur Farbauswahl

◂ **Abbildung 9.12**
Der RGB- und HSV- bzw. LCH-Schieberegler zur Farbauswahl

9.1.4 Der »Paletten«-Dialog

Viele Anwender werden in der Praxis so gut wie nie mit einer (Farb-)Palette arbeiten. Sie können diesen Abschnitt gerne überspringen und bei Bedarf hierhin zurückkehren. Trotzdem, wie es sich für ein Handbuch gehört, soll das Thema hier ausreichend beschrieben werden. Denn auch als »normaler« Anwender können Sie mit Paletten in Berührung kommen, wenn Sie vorhaben, ein Bild im GIF-Format zu speichern.

Hauptsächlich werden (Farb-)Paletten für folgende zwei Anwendungen benötigt:

- Die vorhandenen Paletten werden bei indizierten Bildern mit 256 Farben (beispielsweise GIFs) verwendet.
- Die Farben dienen der Auswahl, um nur mit festen und bestimmten Farben zu malen.

> **Farbtabelle vs. Farbpalette**
>
> Den Dialog FARBTABELLE dürfen Sie bitte nicht mit dem Dialog PALETTEN verwechseln. Während der Dialog PALETTEN Ihnen eine Liste mit allen verfügbaren Farbpaletten auflistet, zeigt der Dialog FARBTABELLE nur die aktuell im Bild verfügbaren Farben. Und das auch nur, wenn das Bild im Modus INDIZIERT vorliegt (siehe Seite 127, Abschnitt »Farbraum (Bildmodus) ermitteln und ändern«).

Standardmäßig steht Ihnen eine ganze Menge Paletten zur Verfügung. Reicht Ihnen dies nicht aus, können Sie natürlich weitere Paletten erstellen und hinzufügen.

Den dockbaren Dialog erreichen Sie über den Menüeintrag FENSTER • ANDOCKBARE DIALOGE • PALETTEN.

Abbildung 9.13 ▶
Der Dialog PALETTEN in der Listenansicht

Abbildung 9.14 ▶▶
Der Dialog PALETTEN in der Rasterdarstellung

Die Listenansicht können Sie über die kleine Schaltfläche DIESEN REITER KONFIGURIEREN ❶ anpassen. Neben der Listen- und Rasterdarstellung können Sie hier auch die Vorschaugröße ändern. Eine Palette aktivieren Sie, indem Sie sie im Dialog anklicken oder mit den Pfeiltasten auswählen. Mit einem rechten Mausklick im PALETTEN-Dialog erreichen Sie außerdem ein weiteres Kontextmenü ❷. Viele dieser Befehle finden Sie auch bei den Schaltflächen unterhalb des PALETTEN-Dialogs aufgelistet.

9.1 Farben einstellen

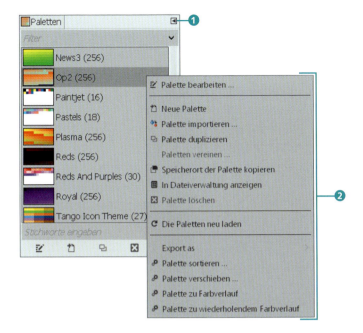

◄ **Abbildung 9.15**
Über einen rechten Mausklick erreichen Sie das Kontextmenü mit vielen Befehlen der Schaltflächen unterhalb des Dialogs und noch einigen mehr.

Farbe als Vorder- oder Hintergrund auswählen | Wenn Sie eine Farbe aus der aktiven Palette als Vordergrund- oder Hintergrundfarbe auswählen wollen, können Sie den Farbwähler verwenden, indem Sie im Werkzeugkasten die Vorder- oder Hintergrundfarbe anklicken und über den entsprechenden Dialog den Reiter Palette ❸ verwenden. Das Gleiche gilt auch bei dem dockbaren Farben-Dialog mit der Schaltfläche Palette ❹.

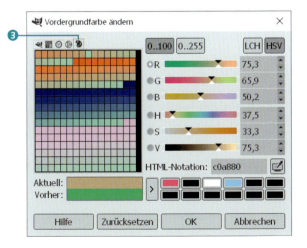

▲ **Abbildung 9.16**
Über die Dialoge Vordergrundfarbe ändern oder Hintergrundfarbe ändern können Sie auch einzelne Farben der aktiven Palette auswählen.

▲ **Abbildung 9.17**
Auch der andockbare Dialog Farben eignet sich sehr gut, um die Vordergrund- oder Hintergrundfarbe aus der aktiven Palette auszuwählen.

255

Das sind die üblichen Wege, eine Farbe aus der Palette für die Vordergrund- bzw. Hintergrundfarbe auszuwählen. Aber natürlich können Sie auch direkt über den PALETTEN-Dialog gehen. Doppelklicken Sie hierzu einfach auf ein Symbol ❶ in der Palette, und es wird der PALETTENEDITOR ❷ geöffnet.

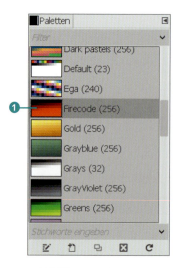 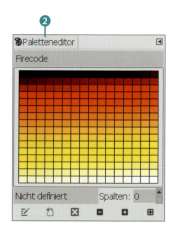

▲ **Abbildung 9.18**
Durch das Doppelklicken auf eine Palette im PALETTEN-Dialog wird der PALETTENEDITOR geöffnet.

Durch das Anklicken einer Farbe im Paletteneditor wählen Sie diese als Vordergrundfarbe aus. Wollen Sie stattdessen die Hintergrundfarbe bestimmen, halten Sie die [Strg]/[Cmd]-Taste beim Auswählen der Farbe gedrückt.

Schreibgeschützte Paletten
Die Paletten, die mit GIMP ausgeliefert wurden, lassen sich weder ändern noch löschen. Dies gilt auch für die Änderung eines Namens. Wollen Sie eine solche Palette dennoch Ihren eigenen Bedürfnissen anpassen, müssen Sie sie zuvor über die Schaltfläche PALETTE DUPLIZIEREN ❻ kopieren. Anschließend können Sie diese kopierte Palette über einen Doppelklick oder die Schaltfläche PALETTE BEARBEITEN ❹ mit dem Paletteneditor ändern.

Paletteneditor: Palette erstellen | Eine neue Palette legen Sie an, indem Sie auf das kleine Schaltflächensymbol EINE NEUE PALETTE ERSTELLEN ❺ unterhalb des PALETTEN-Dialogs klicken. Daraufhin öffnet sich der PALETTENEDITOR. Darin können Sie im Textfeld auch den Namen ❼ für die Palette vergeben. Die Angaben werden sofort im PALETTEN-Dialog ❸ aktualisiert.

Am Anfang ist die neue Palette natürlich noch leer. Die Anzahl der Farben sehen Sie jederzeit im PALETTEN-Dialog in der Listenansicht hinter dem Palettennamen.

Im Paletteneditor selbst finden Sie ganz unten eine Leiste mit den Funktionen des Dialogs. Fast genau dieselben Funktionen sehen Sie auch im Kontextmenü des Paletteneditors. Allerdings gibt es dort zusätzlich die Funktionen NEUE FARBE AUS VORDERGRUND ❽ und NEUE FARBE AUS HINTERGRUND ❾, um eine aktive Vorder- bzw. Hintergrundfarbe in die Palette aufzunehmen.

9.1 Farben einstellen

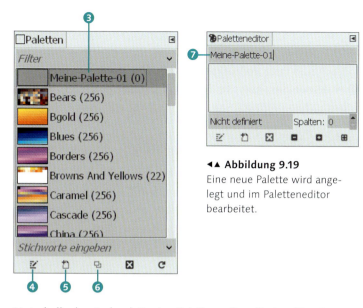

◀▲ **Abbildung 9.19**
Eine neue Palette wird angelegt und im Paletteneditor bearbeitet.

Funktionen ausgegraut
Sollte eine Funktion ausgegraut sein, bedeutet dies entweder, dass Sie eine schreibgeschützte Palette von GIMP bearbeiten wollen, oder, dass Sie eine Palette erstellt haben, in der es noch keine Farben gibt.

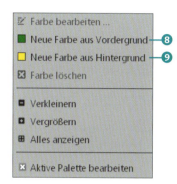

▲ **Abbildung 9.20**
Die Funktionen des Paletteneditors lassen sich auch mit einem rechten Mausklick über das Kontextmenü aufrufen.

Unterhalb der Farbpalette im Paletteneditor finden Sie ein weiteres Textfeld ❿, wo Sie nach dem Anklicken einer Farbe in der Palette einen Namen oder eine Bezeichnung vergeben können. Daneben wählen Sie in Spalten ⓯ aus, in wie vielen Spalten die Farben im Paletteneditor angezeigt werden sollen. Diese Einstellung der Spalten wirkt sich auch auf die Miniaturvorschau im Paletteneditor aus.

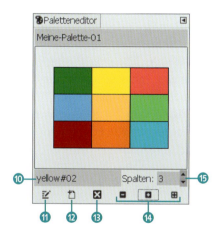

◀ **Abbildung 9.21**
Hier haben wir unsere Palette um einige Farben erweitert. Außerdem haben wir die einzelnen Farben betitelt und die Auflistung in drei Spalten eingeteilt.

Die Schaltfläche Diesen Eintrag bearbeiten ⓫ ist erst aktiv, wenn Sie eine Farbe im aktiven Farbfeld ausgewählt haben. Wenn Sie auf diese Schaltfläche klicken, können Sie die Farbe des aktiven Farbfeldes mit einem Farbwähler wie beim Aussuchen der Vordergrund- oder Hintergrundfarbe ändern.

Mit der Schaltfläche Einen neuen Eintrag aus Vordergrundfarbe erstellen ⓬ fügen Sie die aktive Vordergrundfarbe

> **Farbe mit Farbpipette hinzufügen**
>
> Sie können auch Farben mit der FARBPIPETTE [Symbol] [O] auswählen, wenn Sie in den Werkzeugeinstellungen die Option ZUR PALETTE HINZUFÜGEN aktivieren.

aus dem Werkzeugkasten zur Palette hinzu. Wollen Sie die Hintergrundfarbe zur Palette hinzufügen, halten Sie zusätzlich die [Strg]/[Cmd]-Taste gedrückt. Mit dem Löschen-Symbol daneben ⓭ entfernen Sie die aktive Farbe aus der Palette. Die letzten drei Schaltflächen, VERKLEINERN, VERGRÖSSERN und ALLES ANZEIGEN ⓮, sprechen für sich und dienen der Darstellung der Farbfelder im Paletteneditor.

Palette löschen | Selbst erstellte Paletten können Sie jederzeit über das Löschen-Symbol ❶ im PALETTEN-Dialog löschen. Es folgt daraufhin noch eine Sicherheitsabfrage, ob Sie die Palette wirklich unwiderruflich von der Festplatte entfernen wollen. Beachten Sie hierbei, dass Sie diesen Vorgang nicht mehr rückgängig machen können.

▲ **Abbildung 9.22**
Über das Löschen-Symbol entfernen Sie die Palette aus dem persönlichen GIMP-Profil …

▲ **Abbildung 9.23**
… zuvor folgt noch eine Sicherheitsabfrage.

Palette importieren | Wenn Sie im PALETTEN-Dialog mit der rechten Maustaste klicken, finden Sie im Kontextmenü einen Befehl namens PALETTE IMPORTIEREN ❷.

Mit Hilfe dieses Befehls erzeugen Sie eine Farbpalette aus einem Farbverlauf, einem geöffneten Bild oder einer gespeicherten Palettendatei. Im sich öffnenden Dialog müssen Sie zunächst die QUELLE AUSWÄHLEN ❸, aus der Sie eine Farbpalette erstellen wollen. Hier haben Sie die folgenden drei Quellen zur Verfügung:

▶ FARBVERLAUF: Damit wählen Sie aus allen in GIMP vorhandenen Farbverläufen (siehe Seite 314, Abschnitt »Das Farbverlauf-Werkzeug«) aus.

▶ BILD: Hier erstellen Sie eine Farbpalette aus einem geöffneten Bild. Dabei können Sie noch die Optionen VEREINIGUNG PRÜFEN und NUR AUSGEWÄHLTE PIXEL aktivieren. Mit VEREINIGUNG PRÜFEN werden Farben von allen sichtbaren Ebenen verwendet. Ansonsten werden nur die Pixel der aktuellen Ebene verwendet, auch wenn diese nicht (!) sichtbar sind. Mit der Option NUR AUSGEWÄHLTE PIXEL können Sie einen Auswahlbereich im Bild erstellen, aus dem dann die Pixel verwendet werden.

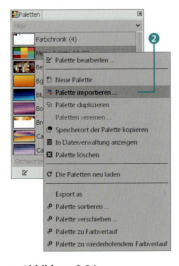

▲ **Abbildung 9.24**
Über einen rechten Mausklick im PALETTEN-Dialog ist der Befehl PALETTE IMPORTIEREN aufrufbar.

▶ Palettendatei: Mit dieser Option importieren Sie eine Palettendatei in GIMP. Dabei ist es auch möglich, Palettendateien von Adobe Photoshop (Elements) mit der Endung »*.aco« zu importieren. Allerdings lassen sich beim Importieren von Adobe-Paletten die Importeinstellungen nicht verändern und sind daher ausgegraut.

256 Farben
Dass hier 256 Farben eingestellt sind, ist kein Zufall. Das GIF-Format speichert Bilder mit maximal 256 Farben, Bilder im Farbmodus Indiziert verwenden maximal 256 Farben, und auch ein Farbverlauf besteht aus 256 verschiedenen Farben.

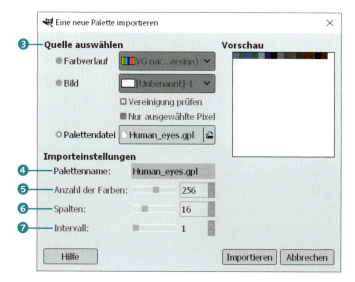

◀ **Abbildung 9.25**
Der Dialog zum Importieren von Paletten

Weitere Angaben für den Import machen Sie bei den Importeinstellungen. Den Namen vergeben Sie unter Palettenname ❹. Existiert der Name bereits, wird eine Erweiterung in der Form »#1«, »#2« usw. hinzugefügt.

Über den Schieberegler Anzahl der Farben ❺ legen Sie fest, wie viele Farben die neue Farbpalette haben soll. Standardmäßig sind 256 Farben eingestellt (maximal sind 10000 Farben möglich). Verwenden Sie mehr Farben, als überhaupt vorhanden sind, werden die zusätzlichen Farben als Zwischenwerte der zu importierenden Farbe eingefügt. Der Regler Spalten ❻ hat lediglich wieder einen Einfluss auf die Darstellung der Farbpalette. Damit geben Sie die Anzahl der Spalten an, in denen die zu importierende Farbpalette angezeigt werden soll. Der letzte Regler, Intervall ❼, ermöglicht es Ihnen, bei sehr vielen ausgewählten Farben ähnliche Farben in einem Durchschnittswert zu gruppieren.

Ordner »palettes«
Wo sich der Ordner palettes auf Ihrem System befindet, können Sie über Bearbeiten • Einstellungen • Ordner • Paletten ermitteln. Den Pfad von bereits erstellten Paletten ersehen Sie im Paletten-Dialog, indem Sie mit der rechten Maustaste darauf klicken und im Kontextmenü In Dateiverwaltung anzeigen auswählen. Dabei wird der Pfad zur Palette in die Zwischenablage kopiert. Fügen Sie diesen Text in ein Textverarbeitungsprogramm ein, und Sie sehen die Pfadangabe.

9.1.5 Farben mit der Farbpipette auswählen

Mit der Farbpipette (Tastenkürzel 0) aus dem Werkzeugkasten setzen Sie sehr bequem eine Farbe aus einem Bild als Vorder- oder Hintergrundfarbe. Gerade beim Retuschieren ist dieses

Kapitel 9 Mit Farben malen

Bildansicht beim Messen
Um eine möglichst genaue Messung mit der FARBPIPETTE durchzuführen, sollten Sie möglichst tief in das Bild zoomen, damit Sie auch wirklich die gewünschten Pixel erfassen. Eine 100%-Ansicht (Tastenkürzel [1]) ist hierbei Pflicht.

Werkzeug unverzichtbar, um beispielsweise einen gleichmäßigen Farbton für eine Haut zu finden. Aber auch für Messungen – zum Beispiel ob das Bild einen Farbstich hat – eignet sich dieses Werkzeug bestens (siehe Abschnitt »Graubalance messen« auf Seite 191).

Bedienung der Farbpipette | Die Bedienung der FARBPIPETTE ist ziemlich einfach: Klicken Sie mit der Pipette in einem Bild eine Stelle an, und schon wird die Farbe als neue Vordergrundfarbe im Farbwahlbereich des Werkzeugkastens verwendet. Wollen Sie stattdessen die Hintergrundfarbe festlegen, halten Sie beim Anklicken der Farbe zusätzlich die [Strg]/[Cmd]-Taste gedrückt.

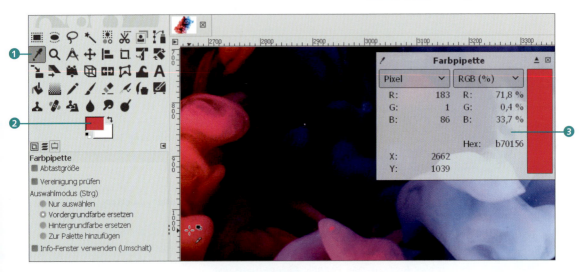

▲ **Abbildung 9.26**
Hier wurde mit der FARBPIPETTE ❶ mit gedrückter [⇧]-Taste ins Bild geklickt, wodurch auch ein Informationsfenster ❸ für diese Farbe geöffnet wurde. Unabhängig davon, ob Sie die [⇧]-Taste gedrückt haben, wird auch die Vordergrundfarbe ❷ (bzw. bei gehaltener [Strg]/[Cmd]-Taste die Hintergrundfarbe) neu gesetzt.

Drücken Sie während des Anklickens die [⇧]-Taste, wird ein Informationsfenster zur ausgewählten Farbe angezeigt. Die Vordergrund- bzw. Hintergrundfarbe im Farbwahlbereich wird trotzdem neu gesetzt. Für die Hintergrundfarbe mit Informationsfenster müssen Sie natürlich die Tasten [⇧] und [Strg]/[Cmd] gleichzeitig drücken, während Sie mit der Pipette ins Bild klicken.

Werkzeugeinstellungen | Sofern Sie die Werkzeugeinstellungen nicht abgedockt haben, werden sie unterhalb des Werkzeugfensters angezeigt. Ansonsten können Sie die Werkzeugeinstellungen jederzeit über FENSTER • ANDOCKBARE DIALOGE • WERKZEUGEINSTELLUNGEN wieder anzeigen und dann andocken.

Wenn Sie die Checkbox ABTASTGRÖSSE 4 aktivieren, wird auch der Schieberegler RADIUS aktiviert. Damit stellen Sie eine quadratische Fläche in Pixel ein, aus der der durchschnittliche Farbwert ermittelt werden soll. Hierbei können Sie aus einer Abtastgröße von 1 bis 300 Pixeln wählen.

Mit der Checkbox VEREINIGUNG PRÜFEN 5 wird das Mischungsverhältnis der selektierten Farbe aus der Sichtbarkeit der einzelnen Ebenen verwendet.

Über die Optionen bei AUSWAHLMODUS 6 bestimmen Sie, was mit dem aufgenommenen Farbwert der Pipette gemacht werden soll. Folgende Möglichkeiten stehen Ihnen hierbei zur Verfügung:

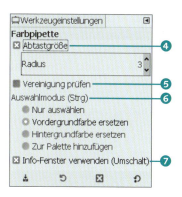

▲ **Abbildung 9.27**
Die Werkzeugeinstellungen der FARBPIPETTE

- NUR AUSWÄHLEN: Der aufgenommene Farbwert wird nur im Informationsfenster angezeigt. Es wird keine Vorder- oder Hintergrundfarbe gesetzt oder geändert.
- VORDERGRUNDFARBE ERSETZEN: Der aufgenommene Farbwert der Pipette ersetzt den Farbwert der Vordergrundfarbe.
- HINTERGRUNDFARBE ERSETZEN: Der aufgenommene Farbwert der Pipette ersetzt den Farbwert der Hintergrundfarbe.
- ZUR PALETTE HINZUFÜGEN: Hiermit fügen Sie die von der Pipette aufgenommene Farbe zur aktuellen Farbpalette hinzu. Dies funktioniert allerdings nur bei Farbpaletten, die im persönlichen GIMP-Verzeichnis gespeichert sind. Farbpaletten von GIMP sind schreibgeschützt und können hierfür nicht verwendet werden. In beiden Fällen öffnet sich hierbei der Paletteneditor.

Mit der letzten Checkbox, INFO-FENSTER VERWENDEN 7, wird das Informationsfenster sofort angezeigt. Wenn genügend Platz zur Verfügung steht, wird das Info-Fenster als schwebendes Fenster rechts oben von der Leinwand angezeigt (siehe Abbildung 9.28). Wollen Sie die Position hingegen selbst bestimmen, müssen Sie das Info-Fenster über die Schaltfläche DIALOG VON LEINWAND ABDOCKEN 9 anklicken. Dann steht Ihnen der Dialog wie in Abbildung 9.29 zur Verfügung.

Im Informationsfenster können Sie über zwei Dropdown-Listen 8 (Abbildung 9.28) die Werte von zwei verschiedenen Kanälen eines bestimmten Farbmodells anzeigen lassen. PIXEL und RGB sind die Voreinstellungen des Dialogs. Folgende vier Kanalwerte des gewählten Farbmodells können angezeigt werden:

- PIXEL: Hierbei werden die Werte der RGB-Kanäle (Rot, Grün, Blau und, falls vorhanden, Alpha) als Zahlen von 0 bis 255 ausgegeben.

- RGB(%), RGB(0…255): Zeigt ebenfalls die Werte der RGB-Kanäle (Rot, Grün, Blau und, falls vorhanden, Alpha) an. Zur Auswahl steht eine Version mit Prozentwerten und eine mit den Werten von 0 bis 255. Zusätzlich wird der Farbwert in hexadezimaler Schreibweise für die HTML-Notation ausgegeben.
- HSV: Die Ausgabe der Werte erfolgt als HSV-Komponente. Der Farbton wird hier in Grad angezeigt, und die Werte für Sättigung, Wert (Helligkeit) und (falls vorhanden) Alpha werden in Prozent ausgegeben.
- CIE LCH: Die Ausgabe erfolgt im LCH-Farbraum, womit die Helligkeit mit L, die Chrominanz (Buntheit, relative Farbsättigung) mit C und der Farbton mit h (Hue) angegeben wird.
- CIE LAB: Hierbei handelt es sich um die Ausgabe im Lab-Farbraum. Bei diesem Farbmodell wird die Helligkeit mit L, der Rot-/Grünwert mit a und der Gelb-/Blauwert mit b ausgegeben.
- CMYK: Hierbei erfolgt die Ausgabe der Werte von Cyan, Magenta, Gelb, Schwarz und (falls vorhanden) Alpha in Prozent.

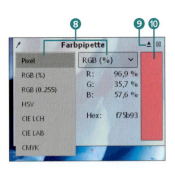

Abbildung 9.28 ▶
Das Informationsfenster der FARBPIPETTE

Abbildung 9.29 ▶▶
Hier wurde das Informationsfenster von der Leinwand abgedockt.

Auf der rechten Seite im Informationsfenster ❿ wird außerdem die gewählte Farbe dargestellt.

9.2 Die Malwerkzeuge

Nicht nur zum Malen

Auch wenn vermutlich die wenigsten Leser GIMP als reines Malprogramm verwenden werden, so werden Sie die Malwerkzeuge, insbesondere den PINSEL, später auch bei den Ebenenmasken benötigen. Daher kann es doch recht hilfreich sein, sich durch dieses Kapitel durchzuarbeiten.

In diesem Abschnitt beschreibe ich die Malwerkzeuge. Allerdings gehe ich an dieser Stelle nur auf die klassischen Malwerkzeuge ein, also die Werkzeuge, mit denen Sie Farbe auf ein Bild auftragen. Das sind der PINSEL, der STIFT, die SPRÜHPISTOLE, das MYPAINT-PINSELWERKZEUG und der RADIERER.

Zu den Malwerkzeugen von GIMP gehören auch die Werkzeuge TINTE (Seite 295), KLONEN (Seite 645), HEILEN (Seite 653), PERSPEKTIVISCHES KLONEN (Seite 660), WEICHZEICHNEN/SCHÄRFEN (Seite 683), VERSCHMIEREN (Seite 699) und ABWEDELN/NACHBELICHTEN (Seite 185).

9.2 Die Malwerkzeuge

9.2.1 Gemeinsame Werkzeugeinstellungen

Alle diese Werkzeuge lassen sich ähnlich bedienen und haben eines gemeinsam: Bewegen Sie mit gedrückter linker Maustaste den Mauszeiger im Bildfenster auf einem Bild, verändern die Pinselstriche die darunterliegenden Pixel. Wie die Pixel verändert werden, beschreibe ich in den Abschnitten zu den einzelnen Werkzeugen. Hier erläutere ich zunächst nur die allgemeinen Werkzeugeinstellungen, die für alle Malwerkzeuge gleichermaßen gelten.

Das in diesem Abschnitt zu Pinsel, Stift, Sprühpistole und Radierer Gesagte gilt also auch für die Werkzeuge Klonen, Heilen, Perspektivisches Klonen, Weichzeichnen/Schärfen, Verschmieren und Abwedeln/Nachbelichten. Die erweiterten Optionen lernen Sie in den entsprechenden Abschnitten zu den Werkzeugen kennen.

Werkzeugeigenschaften | Mit dem Modus ❶ stellen Sie ein, wie das Werkzeug auf den zu behandelnden Bildbereich wirken soll. Die Liste der verfügbaren Modi und deren Bedeutung werden in Kapitel 20, »Ebenenmodus«, noch genauer beschrieben. Für die Malwerkzeuge gibt es zusätzlich ein paar besondere Modi (genauer: Vernichten, Hinter und Farbe entfernen), die ich im nächsten Abschnitt »Modi für Malwerkzeuge« beschreibe.

> **Grafiktablett**
> Sollten Sie ein Grafiktablett besitzen oder vorhaben, eines zu erwerben, kann ich nur empfehlen, dieses auch zu verwenden. Mit einem solchen Tablett fühlen sich die Malwerkzeuge noch viel realistischer an. Auch die Ergebnisse sind wesentlich besser als mit der Maus. Einstellen können Sie das Grafiktablett über Bearbeiten • Einstellungen • Eingabegerät. Wählen Sie die Schaltfläche Erweiterte Eingabegeräte konfigurieren.

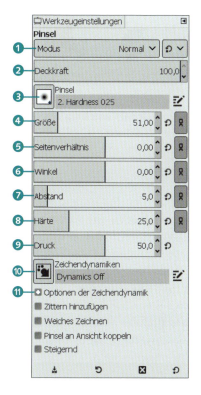

◄ Abbildung 9.30
Allgemeine Werkzeugeinstellungen von Malwerkzeugen (hier beispielsweise vom Pinsel-Werkzeug)

Über den Schieberegler DECKKRAFT ❷ legen Sie fest, wie stark das Werkzeug auf das Bild wirken soll. Um das Thema Deckkraft besser zu verstehen, empfehle ich Ihnen, den Abschnitt »Deckkraft von Ebenen« auf Seite 447 anzusehen.

Den Regler können Sie von 0 (keine Deckkraft = keine Wirkung) bis 100 (volle Deckkraft; das ist der Standardwert) einstellen. Wie die Deckkraft auf das Bild wirkt, hängt natürlich auch vom verwendeten MODUS ❶ ab.

Mit PINSEL ❸ legen Sie die Werkzeugspitze für das Malwerkzeug fest, die auf das Bild angewendet wird. Hierbei können Sie aus vielen verschiedenen Pinseltypen wählen. Mehr hierzu lesen Sie im übernächsten Abschnitt »Pinselspitzen«.

Über den Schieberegler GRÖSSE ❹ stellen Sie die Größe der ausgewählten Pinselspitze ein. Mit dem Schieberegler SEITENVERHÄLTNIS ❺ wird der Pinsel anhand der horizontalen/vertikalen Achse verschoben (gequetscht) (siehe Abbildung 9.31), und mit WINKEL ❻ kann die Pinselspitze rotiert werden (von –180° bis +180°) (siehe Abbildung 9.32).

▲ Abbildung 9.31
Hier wurde die Pinselspitze jeweils mit der Einstellung SEITENVERHÄLTNIS ❺ geändert. Mit positiven Werten wird die Spitze in der horizontalen Achse und bei negativen Werten in der vertikalen Achse verschoben.

▲ Abbildung 9.32
Hier wurde die Pinselspitze mit der Einstellung WINKEL ❻ verändert, womit eine Drehung der Spitze um die eigene Achse von 360° möglich ist.

Mit der Einstellung ABSTAND ❼ legen Sie den Malabstand fest. Der Malabstand legt fest, in welchen Abständen ein Werkzeug Pixelpunkte setzt. Je niedriger dieser Wert, desto eher entsteht beim Malen eine durchgezogene Linie. Erhöhen Sie den Wert, wird die Line gepunktet, wie Sie in Abbildung 9.33 anhand der zweiten Line erkennen können. Mit HÄRTE ❽ reduzieren Sie die Kantenschärfe einer Pinselspitze, wie Sie in Abbildung 9.33 anhand der dritten Linie sehen können. Und der Wert DRUCK ❾ kann den Maldruck der Pinselspitze abschwächen, wie es anhand der vierten Linie in Abbildung 9.33 zu erkennen ist.

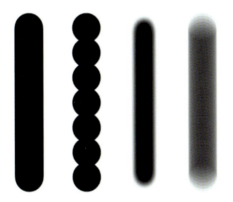

◀ **Abbildung 9.33**
Die erste Linie wurde ohne Anpassungen gezogen. Bei der zweiten Linie wurde der Wert ABSTAND erhöht. Mit der dritten Linie wurde der Wert von HÄRTE reduziert, und die vierte Linie zeigt einen reduzierten DRUCK-Wert bei der Ausführung.

Ebenso im Pinsel-Einstellungsfenster finden Sie eine Dropdown-Liste ZEICHENDYNAMIKEN ❿ mit vordefinierten Pinseldynamiken zum einfachen Auswählen (siehe Abbildung 9.34). Diese vordefinierten Dynamiken können Sie jederzeit als andockbaren Dialog dauerhaft über FENSTER • ANDOCKBARE DIALOGE • ZEICHENDYNAMIK einblenden lassen.

Anschließend finden Sie bei den Malwerkzeugen weitere fortgeschrittene und komplexere Einstellungen vor, und zwar OPTIONEN DER ZEICHENDYNAMIK ⓫, ZITTERN HINZUFÜGEN, WEICHES ZEICHNEN, PINSEL AN ANSICHT KOPPELN und STEIGERND.

Klicken Sie auf OPTIONEN DER ZEICHENDYNAMIK ❶ (Abbildung 9.35), öffnen sich weitere nützliche Optionen zur Einstellung der Dynamik des aktuellen Pinsels. Diese Optionen haben aber nur dann eine Auswirkung auf die Dynamik der Pinselspitze, wenn eine entsprechende Zeichendynamik (hier zum Beispiel unter anderem VERBLASSEN und DECKKRAFT) in der Abbildungsmatrix auch **aktiv** ist (siehe Abbildung 9.37). Mehr dazu erfahren Sie noch im Abschnitt »Pinselspitzen« auf Seite 269.

▲ **Abbildung 9.34**
Vorgefertigte Pinseldynamiken zum Auswählen

- Mit der Eigenschaft LÄNGE DES VERBLASSENS blenden Sie einen Pinselstrich entlang einer vorgegebenen Länge aus. Den Effekt erkennen Sie in der Linie ganz links ❻ (siehe Abbildung 9.36). Auch wenn das Werkzeug hier anhand eines klassischen Malwerkzeugs demonstriert wird, funktioniert dies auch bei allen anderen Malwerkzeugen.
- Mit UMKEHREN können Sie den Effekt umkehren, so dass der Effekt entweder am Anfang oder am Ende des Pinselstrichs sichtbar wird. Ob und wie die Wiederholung des Verblassens erfolgen soll, können Sie mit WIEDERHOLUNG einstellen. Hier gilt dasselbe wie schon bei den gleich folgenden Farboptionen.
- Die Option FARBOPTIONEN ist nur bei den klassischen Malwerkzeugen wie Stift, Pinsel und Sprühpistole enthalten. Mit dieser Option wird statt der aktiven Vordergrundfarbe

ein ausgewählter Farbverlauf zum Zeichnen verwendet. Mit dem Schieberegler LÄNGE DES VERBLASSENS stellen Sie dann ein, nach welcher Länge sich der Farbverlauf beim Pinselstrich wiederholt (falls eingestellt). Auch die Maßeinheit (Standard = Pixel) können Sie hierbei verändern. Wie und ob die Wiederholung erfolgt, wenn die LÄNGE DES VERBLASSENS erreicht ist, geben Sie mit WIEDERHOLUNG an. Mehr hierzu entnehmen Sie bitte dem Abschnitt »Das Farbverlauf-Werkzeug« auf Seite 314. Die Linie ganz rechts ❾ demonstriert einen solchen gemalten Farbverlauf. Mit UMKEHREN können Sie die Farben im Farbverlauf umkehren.

Soll eine Linie nicht mehr kerzengerade gezeichnet werden, verwenden Sie die Option ZITTERN HINZUFÜGEN ❷. Über den Schieberegler MENGE bestimmen Sie die Stärke des Zitterns. Je höher dieser Wert ist, desto mehr werden die Abdrücke verstreut. Den Effekt sehen Sie in der zweiten Linie ❼.

Sind die Striche in der Voreinstellung immer noch zu hart, brauchen Sie nur die Checkbox WEICHES ZEICHNEN ❸ zu aktivieren und können über QUALITÄT die Tiefe der Glättung und mit GEWICHT die Schwerkraft des Stiftes einstellen. Je höher der Wert hier ist, desto »schwerfälliger« reagiert der Pinselstrich.

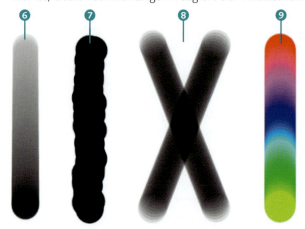

▲ **Abbildung 9.35**
Weitere Einstellungen bei den Malwerkzeugen

Abbildung 9.36 ▶
Auswirkungen der Einstellungen

Die Option PINSEL AN ANSICHT KOPPELN ❹ arbeitet relativ zur eingestellten Zoomansicht des Bildes. Das bedeutet, dass eine Pinselspitze mit einer Größe von 50 Pixeln in einer vergrößerten Darstellung der Bildansicht kleiner und in einer verkleinerten Darstellung größer ist. Nur in der 100%-Ansicht entspricht dann der Pinsel auch tatsächlich der eingestellten Größe.

Mit der Option STEIGERND ❺ wird bei jedem weiteren Pinselstrich über dieselbe Stelle die Deckkraft gesteigert. Der Modus

wird auch als *inkrementeller Malmodus* bezeichnet. Die dritte Linie
❽ demonstriert diesen Modus an den sich kreuzenden Linien.

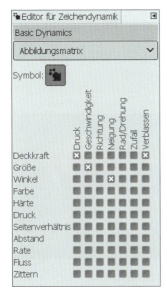

◀ **Abbildung 9.37**
Damit die Optionen der Zeichendynamik auch einen Effekt haben, müssen in der Abbildungsmatrix auch entsprechende Dynamiken aktiviert sein.

Modi für Malwerkzeuge | Neben den allgemeinen Modi, die in Kapitel 20, »Ebenenmodus«, beschrieben werden, bieten die Malwerkzeuge drei weitere Modi an. Zwar werden die Modi Vernichten und Farbe entfernen auch bei gewöhnlichen Ebenen angeboten, aber trotzdem seien diese hier erwähnt, weil sie sich gerade in Verbindung mit Malwerkzeugen häufig recht gut einsetzen lassen:

▶ Vernichten: Der Modus ist sehr gut geeignet, um mit einem groben und unscharfen Pinsel zu malen. Er ersetzt die verwendete Vordergrundfarbe zum Teil durch eine Transparenz (Abbildung 9.39).

▲ **Abbildung 9.38**
Die Modi Vernichten, Hinter und Farbe entfernen sind spezielle Modi, die sich in Verbindung mit den Malwerkzeugen als recht hilfreich erweisen.

Zum Nachlesen
Hier ist häufiger die Rede von der Transparenz. Was das genau ist und wozu sie gut ist, davon wird noch die Rede sein. Mehr zu diesem Thema können Sie in Teil V des Buches bei den Ebenen nachlesen.

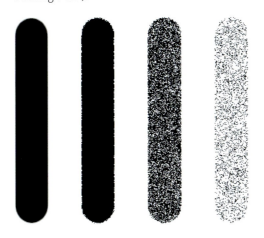

◀ **Abbildung 9.39**
Die erste Linie wurde im Modus Normal erstellt, die Linien daneben im Modus Vernichten mit 100 %, dann 70 % und die rechte Linie mit 20 %.

▶ HINTER: Mit diesem Modus wird nur in den transparenten Bereichen des Bildes eine Farbe aufgetragen. Natürlich funktioniert dies auch mit den Werkzeugen FARBVERLAUF und FÜLLEN . Wenn Sie mit Ebenen vertraut sind (siehe Teil V des Buches), wird Sie dieser Modus an den Effekt erinnern, den Sie erreichen, wenn Sie unterhalb einer transparenten Ebene eine weitere transparente Ebene anlegen und darauf malen (Abbildung 9.40 bis Abbildung 9.42).

▲ **Abbildung 9.40**
Malen mit dem Pinsel an den Kanten der freigestellten Rose im Modus NORMAL …

▲ **Abbildung 9.41**
… dasselbe nochmals, nur jetzt im Modus HINTER. Die Rose wurde nicht übermalt, obwohl der Pinsel darüberging. Es wird nur der transparente Hintergrund berücksichtigt.

▲ **Abbildung 9.42**
Der Modus HINTER funktioniert natürlich auch mit anderen Malwerkzeugen (hier beispielsweise mit dem Verlaufswerkzeug).

▶ FARBE ENTFERNEN: Mit diesem Modus löschen Sie im Bild immer den Bereich mit der eingestellten Vordergrundfarbe. Das heißt, die Farbe, die Sie als Vordergrundfarbe eingestellt haben, wird transparent gemacht. Natürlich sollte hierbei die Ebene einen Alphakanal haben, damit der Effekt sichtbar wird.

▲ **Abbildung 9.43**
Das Ausgangsbild

▲ **Abbildung 9.44**
Hier wurde zur Demonstration ein Hintergrund mit einem schwarz-weißen Farbverlauf mit dem Modus FARBE ENTFERNEN verwendet.

▲ **Abbildung 9.45**
Hier wurde der Hintergrund im Modus FARBE ENTFERNEN mit einer weißen Vordergrundfarbe übermalt, wodurch allerdings auch die Person leicht transparent wurde, wenn sie übermalt wurde.

Pinselspitzen | Standardmäßig stellt Ihnen GIMP eine Reihe von vorinstallierten Pinseln zur Verfügung, die Sie für verschiedene Arbeiten auswählen und verwenden können.

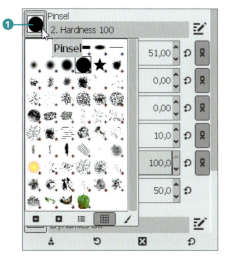

◀ **Abbildung 9.46**
Nach Anklicken der Schaltfläche ❶ neben PINSEL können Sie aus einer Reihe von Pinselspitzen auswählen.

Mehr Pinselspitzen
Wem die mitgelieferten Pinselspitzen nicht ausreichen, der kann selbstverständlich eigene Pinselspitzen erstellen oder neue Spitzen aus dem Internet herunterladen. Wie Sie weitere Pinselspitzen hinzufügen, erfahren Sie ab Seite 279 unter »Eigene Pinselformen erstellen und verwalten«.

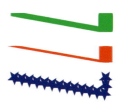

▲ **Abbildung 9.47**
Einige Beispiele mit normalen Pinselspitzen

GIMP unterscheidet zwischen verschiedenen Typen von Pinselspitzen. Zwar werden Sie sich in den meisten Fällen keine Gedanken um die gerade verwendete Spitze machen müssen, aber einige kleine Unterschiede zwischen den Spitzen sollten Sie kennen:

▸ **Normale Pinselspitzen**: Diese Pinselspitzen werden Sie wohl am meisten verwenden. Sie werden zwar als Graustufen angezeigt, aber sobald Sie sie zum Malen verwenden, werden die Farbtöne in die aktuell ausgewählte Vordergrundfarbe übersetzt. Das Symbol der Pinselspitze entspricht auch der Form, wie sie im Bild aufgetragen wird.

▸ **Farbige Pinselspitzen**: Diese Pinselspitzen erkennen Sie an einem farbigen Symbol in der Pinselauswahl. Mit diesen Pinselspitzen werden die Pinselformen mit der Farbe angewendet, wie sie auch im Symbol angezeigt wird. Die eingestellte Vordergrundfarbe spielt bei diesen Pinseln keine Rolle. Bei Werkzeugen, die nicht zum Malen verwendet werden, wirkt diese Pinselspitze wie eine gewöhnliche Pinselspitze.

▸ **Animierte Pinselspitzen**: Diese Pinselspitzen erkennen Sie am roten Dreieck rechts unten im Symbol der Pinselspitze. Wenn Sie mit dieser Pinselspitze malen, wird nicht immer exakt die Form aufgemalt, sondern die Position dieser Pixelflächen wird variiert. Einige dieser Pinselspitzen sind wieder Mischungen aus animierten und normalen oder animierten und farbigen Pinselspitzen. Das heißt, bei einigen der Pinsel ist die Vorder-

▲ **Abbildung 9.48**
Farbige Pinsel wirken beim Malen so, wie sie aussehen.

▲ **Abbildung 9.49**
Einige animierte Pinselspitzen

grundfarbe entscheidend für die Pinselfarbe, bei anderen wiederum hat diese Einstellung keinen Einfluss.

▶ **Parametrisierte Pinselspitzen**: Diese Pinselspitzen erstellen Sie mit Hilfe des Pinseleditors (siehe Abschnitt »Pinselspitzen mit dem Pinseleditor« ab Seite 291). Sie lassen sich einfach durch ein Dialogfenster anlegen und jederzeit nachträglich ändern.

Pinseldynamik und Abbildungsmatrix | Die Pinseldynamik wurde bereits kurz bei OPTIONEN DER ZEICHENDYNAMIK beschrieben. Hiermit passen Sie die DRUCK(-empfindlichkeit) von Grafiktabletts, die GESCHWINDIGKEIT und den ZUFALL an. Die letzten beiden Einstellungen sind aber auch für Anwender interessant, die nur die Maus benutzen. Ebenso finden Sie hier noch Dynamiken für die RICHTUNG, die NEIGUNG (vom Stift für Grafiktabletts), das (Maus-)RAD und VERBLASSEN.

 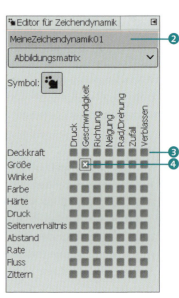

Abbildung 9.50 ▶
Die Pinseldynamiken in GIMP

Farbe und Verblassen
Wenn Sie ein Häkchen bei FARBE und/oder VERBLASSEN setzen, hängt das Ergebnis natürlich vom eingestellten Wert unter OPTIONEN DER ZEICHENDYNAMIK in der entsprechenden Werkzeugeinstellung ab. Die Farbe etnspricht dem FARBVERLAUF und das VERBLASSEN dem Wert LÄNGE DES VERBLASSENS.

Die vordefinierten Dynamiken sind natürlich schreibgeschützt und lassen sich nicht ändern. Aber Sie können diese duplizieren und unter einem neuen Namen nachträglich bearbeiten. Natürlich lassen sich eigene Dynamiken erstellen. Rufen Sie hierzu den Dialog ZEICHENDYNAMIK über das Menü FENSTER • ANDOCKBARE DIALOGE auf. Um eine neue Dynamik zu erstellen, klicken Sie hier auf die Schaltfläche ❶. Daraufhin öffnet sich der EDITOR FÜR ZEICHENDYNAMIK, wo Sie in das Textfeld ❷ einen Namen für die Dynamik eingeben sollten. In den Checkboxen ❸ darunter finden Sie ein wahres Eldorado von Einstellungen für die Pinseldynamik.

Im Beispiel wurde die Checkbox ❹ bei GESCHWINDIGKEIT und GRÖSSE abgehakt. Das bedeutet, je schneller der Pinselstrich erfolgt, desto schmaler ❺ wird er gezeichnet. Die Größe des Pinselstrichs hängt dann quasi von der Geschwindigkeit ab, mit der Sie malen. Natürlich lassen sich auch mehrere Checkboxen miteinander kombinieren.

So komplex diese Abbildungsmatrix auf den ersten Blick erscheint, so ist sie dennoch überschaubar geblieben. Sie können sie recht einfach lesen. Zunächst müssen Sie für ihre Dynamik entscheiden, auf welche Aktion Sie reagieren wollen, also auf Dinge in den Spalten wie GESCHWINDIGKEIT oder RICHTUNG. Anschließend entscheiden Sie, wie Sie darauf reagieren wollen, also mit welchen Optionen in den einzelnen Reihen, wie DECKKRAFT, GRÖSSE oder FARBE. Genau an dieser Stelle machen Sie dann Ihr Häkchen oder auch mehrere (sofern dies sinnvoll erscheint).

Wem diese Einstellungen immer noch nicht genug sind, der kann einzelne Einstellungen auch separat bearbeiten und mittels KURVE steuern. Hier müssen Sie nur in der Dropdown-Liste ❻ eine entsprechende Einstellung wählen.

▲ **Abbildung 9.51**
Dieser Strich wurde sehr schnell mit der Kombination aus GRÖSSE und GESCHWINDIGKEIT ❹ gezeichnet. Sie sehen das Ergebnis der Pinseldynamik.

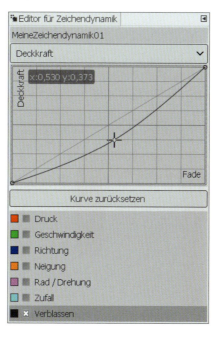

◂◂ **Abbildung 9.52**
Feintuning können Sie dann auch noch ...

◂ **Abbildung 9.53**
... mit Hilfe von Kurven betreiben.

Gerade Linien zeichnen | Eine häufig gestellte Frage ist, wie man gerade Linien mit den Malwerkzeugen erzeugen kann. Hierzu setzen Sie lediglich einen Startpunkt mit einem der Malwerkzeuge (einmal klicken) und halten dann die ⇧-Taste gedrückt. Jetzt erkennen Sie eine dünne Hilfslinie ❷ (Abbildung 9.54) zwischen

Schnelle Farbauswahl

Wollen Sie, während Sie ein Malwerkzeug verwenden, eine Vordergrundfarbe auswählen, brauchen Sie nur schnell die ⌈Strg⌉/⌈Cmd⌉-Taste zu drücken. Dann verwandelt sich die Werkzeugspitze kurz in das FARBPIPETTE-Werkzeug (siehe Abschnitt »Farben mit der Farbpipette auswählen« ab Seite 259). Beim RADIERER wird dadurch hingegen die Hintergrundfarbe ausgewählt. Das KLONEN-Werkzeug wählt mit ⌈Strg⌉/⌈Cmd⌉ einen Referenzpunkt aus, und bei den Werkzeugen WEICHZEICHNEN/SCHÄRFEN und ABWEDELN/NACHBELICHTEN schalten Sie mit ⌈Strg⌉/⌈Cmd⌉ zwischen den Werkzeugen um.

dem Startpunkt ❶ und der Position des Mauszeigers ❸. Wenn Sie nun erneut mit der linken Maustaste klicken, wird eine gerade Linie zur aktuellen Position des Mauszeigers gezogen. Dieses erneute Klicken dient als erneuter Startpunkt, von dem aus die nächste Linie gezeichnet würde, wenn Sie immer noch – oder wieder – die ⌈⇧⌉-Taste gedrückt halten. So zeichnen Sie ohne großen Aufwand eine verbundene Linie.

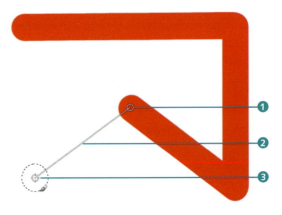

▲ Abbildung 9.54
Zeichnen von geraden Linien mit gehaltener ⌈⇧⌉-Taste

Senkrechte und waagerechte Linien zeichnen | Hierbei gehen Sie exakt so vor wie bei den geraden Linien, nur dass Sie in dem Fall ⌈Strg⌉/⌈Cmd⌉ und zusätzlich die ⌈⇧⌉-Taste gedrückt halten. Jetzt können Sie Linien in 15°-Schritten zeichnen, also auch senkrechte und waagerechte Linien.

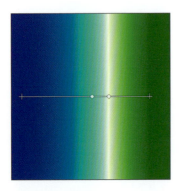

▲ Abbildung 9.55
Auch sehr nützlich ist das Zeichnen von senkrechten und waagerechten Linien in Verbindung mit dem FARBVERLAUF-Werkzeug, um einen exakten Verlauf zu zeichnen.

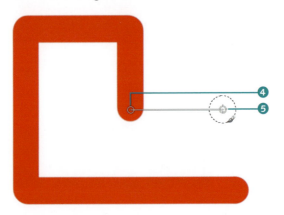

▲ Abbildung 9.56
Für winkelgenauere (15°-genaue) Linien müssen Sie nach einem Startpunkt ❹ und gehaltener ⌈Strg⌉/⌈Cmd⌉-Taste zusätzlich die ⌈⇧⌉-Taste gedrückt halten. Durch Bewegen des Mauszeigers ❺ zeichnen Sie jetzt Linien in 15°-Schritten.

9.2.2 Das Pinsel-Werkzeug

Mit dem klassischen Pinsel-Werkzeug (Tastenkürzel P) aus dem Werkzeugkasten 6 zeichnen Sie Striche auf ein Bild oder ein leeres Dokument. Abhängig vom verwendeten Pinsel haben diese Striche entweder weiche oder harte Kanten. Als Malfarbe wird immer die eingestellte Vordergrundfarbe verwendet.

Die Verwendung des Pinsels ist denkbar einfach: Wenn Sie eine Freihandzeichnung erstellen wollen, stellen Sie die Pinselspitze über das Bild oder leere Dokument und bewegen die Maus mit gedrückter linker Maustaste darüber. Wenn Sie die Maustaste loslassen, wird der Zeichenvorgang (gilt als ein Arbeitsschritt) beendet. Das Zeichnen von geraden, senkrechten oder waagerechten Linien wurde in den beiden vorigen Abschnitten »Gerade Linien zeichnen« und »Senkrechte und waagerechte Linien zeichnen« beschrieben.

Die Werkzeugeinstellungen 7 befinden sich normalerweise unterhalb des Werkzeugfensters. Falls dies nicht der Fall ist, können Sie dieses Fenster jederzeit über Fenster • Andockbare Dialoge • Werkzeugeinstellungen aufrufen und unterhalb des Werkzeugfensters andocken. Die Eigenschaften des Werkzeugs sind dieselben wie bei fast allen Malwerkzeugen. In diesem Fall wurden alle Eigenschaften bereits im Abschnitt »Gemeinsame Werkzeugeinstellungen« ab Seite 263 näher beschrieben.

9.2.3 Das Stift-Werkzeug

Das Stift-Werkzeug (Tastenkürzel N) aus dem Werkzeugkasten wird bevorzugt zum Freihandzeichnen verwendet. Im Grunde ist dieses Werkzeug dem Pinsel sehr ähnlich. Auch die Verwendung und die Werkzeugeinstellungen sind, bis auf die Option Härte bei der Pinseldynamik, identisch. Der Unterschied zwischen dem Pinsel und dem Stift liegt darin, dass der Stift niemals weiche Kanten erzeugt, selbst dann nicht, wenn Sie eine Pinselspitze mit weichen Kanten verwenden. Diese harten Kanten sind besonders wichtig, wenn Sie Detailarbeiten oder kleine Bilder, Icons oder Symbole verwenden, bei denen Sie mit extremer Vergrößerung und pixelgenau arbeiten müssen.

Außerdem ist der Stift das einzige Malwerkzeug, das nicht auf Subpixelebenen arbeitet. Subpixelebenen sind vergleichbar mit dem Antialiasing für Text. Diese Technik verhindert, dass die Linien, die Sie mit den Malwerkzeugen zeichnen, zu zackig wirken. Der Stift ist somit das einzige Malwerkzeug, bei dem diese zackigen Kanten gemalt werden und dieses Subpixel-Antialiasing abgeschaltet ist.

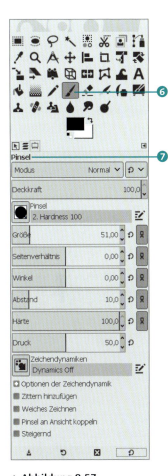

▲ **Abbildung 9.57**
Das Pinsel-Werkzeug und die Werkzeugeinstellungen

Die Eigenschaften des Werkzeugs wurden bereits im Abschnitt »Gemeinsame Werkzeugeinstellungen« ab Seite 263 näher beschrieben.

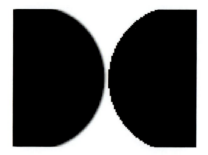

Abbildung 9.58 ▶
Hier finden Sie identische Pinselabdrücke mit identischen Größen. Allerdings wurde beim linken Abdruck das PINSEL-Werkzeug und beim rechten Abdruck das STIFT-Werkzeug verwendet. Hierbei erkennen Sie links eindeutig den Effekt des Subpixel-Antialiasings, das rechts nicht mehr vorhanden ist.

9.2.4 Die Sprühpistole

Im Vergleich zu PINSEL [/] und STIFT [/] können Sie mit der SPRÜHPISTOLE [/] (Tastenkürzel [A]) noch weicher malen, und tatsächlich wird dieses Werkzeug in der Praxis auch meistens verwendet, um weiche und farbige Flächen zu erstellen.

Das Werkzeug arbeitet auch wie eine Sprühpistole (*Airbrush*). Im Gegensatz zum PINSEL- oder STIFT-Werkzeug, wo nur Farbe aus der Werkzeugspitze kommt, wenn Sie den Mauszeiger mit gedrückter linker Maustaste bewegen, versprüht die SPRÜHPISTOLE ihre Farbe auch beim Ruhighalten der Maus. Verweilen Sie so länger auf derselben Stelle, bildet sich ein immer kräftigerer »Fleck« an dieser Stelle. Das Gleiche gilt auch bei Linien, die sich kreuzen; auch hier wird diese Überkreuzung dunkler sein als der Rest der Linie.

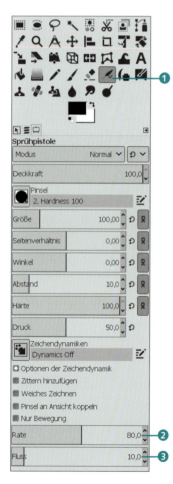

▲ **Abbildung 9.59**
Das SPRÜHPISTOLE-Werkzeug ❶ und die Werkzeugeinstellungen

Werkzeugeinstellungen | Neben den allgemeinen Eigenschaften des Werkzeugs, die bereits unter »Gemeinsame Werkzeugeinstellungen« ab Seite 263 näher beschrieben wurden, finden Sie hier mit RATE ❷ und FLUSS ❸ zwei weitere Optionen, die folgende Bedeutung haben:

▶ RATE ❷: Hiermit stellen Sie ein, wie schnell die Farbe aus der Sprühpistole auf das Bild bzw. leere Dokument gebracht wird, wenn Sie die linke Maustaste gedrückt halten. Vereinfacht heißt dies, dass der »Fleck«, je höher dieser Wert ist, umso schneller dunkler wird, wenn Sie die Maustaste an derselben Position gedrückt halten. Das Gegenteil ist natürlich der Fall, wenn Sie den Wert verringern.

▶ FLUSS ❸: Damit stellen Sie ein, mit welchem Druck die Farbe aus der SPRÜHPISTOLE gedrückt wird. Je höher dieser Wert ist, desto mehr Farbe wird auf einmal gesprüht. Ein höherer Wert bedeutet sofort eine dunklere Farbe.

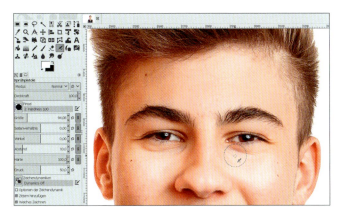

▲ Abbildung 9.60
Auch für die leichte digitale Schminke eignet sich die Sprühpistole bestens, wenn Sie die Deckkraft etwas reduzieren und mit einer entsprechenden Hautfarbe sprühen. Idealerweise verwenden Sie eine weitere transparente Ebene und einen anderen Ebenenmodus.

▲ Abbildung 9.61
Ein einfaches Grafitti, welches mit der Sprühpistole erstellt wurde

9.2.5 Der Radierer

Das Gegenstück zu den Werkzeugen PINSEL, STIFT und SPRÜHPISTOLE ist der RADIERER (Tastenkürzel ⇧+E) ❹, mit dem Sie Pixel oder zuvor aufgetragene Pixel wieder entfernen.

Verwendung des Radierers | Die Verwendung des RADIERERS ist denkbar einfach: Gehen Sie mit dem Mauszeiger auf die gewünschte Position im Bild oder im leeren Dokument, die Sie löschen möchten. Jetzt können Sie mit gedrückter linker Maustaste radieren. Natürlich können Sie auch hier gerade Linien und/oder senkrechte/waagerechte Linien radieren, wie dies in den Abschnitten »Gerade Linien zeichnen« und »Senkrechte und waagerechte Linien zeichnen« ab Seite 271 beschrieben wurde.
Eine der zwei Möglichkeiten trifft jetzt auf die radierte Fläche zu:
▶ Die radierte Fläche ❽ (siehe Abbildung 9.63) wird mit der eingestellten Hintergrundfarbe ❺ eingefärbt. Dies ist der Fall, wenn Sie den Radierer auf einer Fläche verwenden, die keinen Alphakanal besitzt – siehe Abschnitt 15.1, »Transparenz (Alphakanal)«.
▶ Die radierte Fläche erscheint als transparenter (durchsichtiger) Bereich ❾ (siehe Abbildung 9.64) Dies ist der Fall, wenn die radierte Fläche einen Alphakanal besitzt.

Und weil der RADIERER, im Gegensatz zu den anderen Malwerkzeugen, die eingestellte Hintergrundfarbe (statt der Vordergrundfarbe) bevorzugt, stellen Sie beim RADIERER, wenn Sie die Strg/

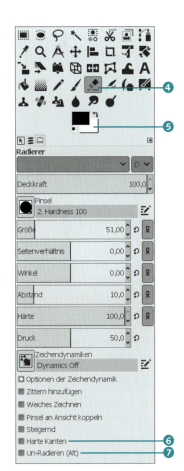

▲ Abbildung 9.62
Das RADIERER-Werkzeug ❹ und die Werkzeugeinstellungen

[Cmd]-Taste für die Pipette gedrückt halten, die Hintergrundfarbe ein, wenn Sie dabei eine Farbe im Bild anklicken.

 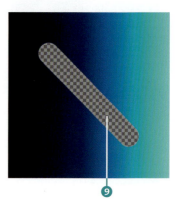

Abbildung 9.63 ▶
Die Fläche hat keinen Alphakanal, weshalb der radierte Bereich in der eingestellten Hintergrundfarbe gefärbt wird.

Abbildung 9.64 ▶▶
Jetzt hat die Fläche einen Alphakanal, wodurch der radierte Bereich transparent ist.

Werkzeugeinstellungen | Neben den allgemeinen Werkzeugeinstellungen, die bereits im Abschnitt »Gemeinsame Werkzeugeinstellungen« ab Seite 263 näher beschrieben wurden, finden Sie beim Radierer folgende zwei Einstellungen:

▶ HARTE KANTEN ❻ (siehe Abbildung 9.62): Hiermit stellen Sie den Radierer quasi auf den Stift-Modus. Sie schalten damit praktisch das Subpixel-Antialiasing (siehe Abschnitt »Das Stift-Werkzeug« ab Seite 273) des Radierers ab, so dass alle Pixel an der Kante des Radierers vollständig gelöscht werden. Dieser Modus eignet sich besonders für pixelgenaues Arbeiten an kleinen Details oder kleinen Bildern (wie Icons oder Symbolen).

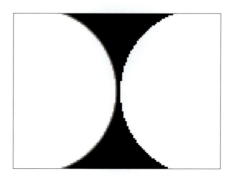

Abbildung 9.65 ▶
Links wurde der Radierer ganz normal verwendet. Rechts wurde die Option HARTE KANTEN aktiviert. Der Bildausschnitt wurde natürlich extrem vergrößert, damit der Effekt auch im Buch deutlich zu erkennen ist.

▶ UN-RADIEREN ❼: Mit dieser Option stellen Sie einen bereits wegradierten Bereich wieder her. Das ist praktisch, wenn Sie zu viel wegradiert haben und einen Teil wieder sichtbar machen wollen. Allerdings muss hierbei die Ebene einen Alphakanal (siehe Abschnitt 15.1, »Transparenz (Alphakanal)«) haben, damit dies auch funktioniert. Schneller können Sie diesen UN-RADIEREN-Modus verwenden, wenn Sie bei aktivem RADIERER-Werkzeug die [Alt]-Taste gedrückt halten.

Nicht ganz unerwähnt bleiben sollte hier auch die DECKKRAFT bei den Werkzeugeinstellungen. Beim Radierer bestimmen Sie damit, wie stark gelöscht wird, um so mehr Durchsichtigkeit zu erzielen.

Schritt für Schritt
Radierer verwenden

Im Gegensatz zu den anderen Malwerkzeugen wie beispielsweise PINSEL oder STIFT ist der RADIERER doch ein wenig spezieller. Deshalb habe ich hierzu eine Schritt-für-Schritt-Anleitung erstellt, um Ihnen ein besseres Gefühl für das Werkzeug zu vermitteln.

Kapitel-009/Super-Robin.jpg

1 Alphakanal hinzufügen

Laden Sie das Bild in GIMP, und entscheiden Sie, wie radiert werden soll. Soll zum Beispiel anschließend die eingestellte Hintergrundfarbe an der radierten Fläche erscheinen, oder soll diese Fläche transparent sein? In unserem Fall wollen wir eine transparente Fläche haben. Fügen Sie daher einen Alphakanal über das Menü EBENE • TRANSPARENZ • ALPHAKANAL HINZUFÜGEN ❶ hinzu.

Ebenen, Transparenz, Alphakanal?

Bei diesem Workshop greife ich auf Themen wie Ebenen und Transparenz vor. Das sind sehr wichtige Themen in der digitalen Bildbearbeitung. Der komplette Teil V des Buches befasst sich daher mit diesem Thema.

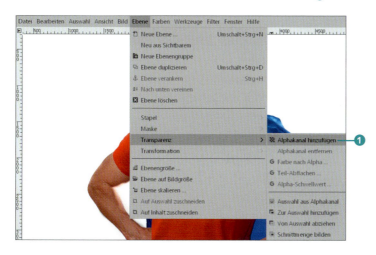

◀ **Abbildung 9.66**
Damit die radierten Flächen anschließend transparent sind, benötigt das Bild einen Alphakanal.

2 Hintergrund grob löschen

Als Erstes könnten Sie den weißen Hintergrund um der Person mit dem RADIERER mit einer großen Pinselspitze löschen. Allerdings wenn, wie hier der Fall, der Hintergrund schön einfarbig ist, können Sie es sich auch einfacher machen und hier zunächst den ZAUBERSTAB (auch mit U) verwenden. Der ZAUBERSTAB wird noch gesondert im Buch behandelt. Ich reduziere hier den SCHWELLWERT ❷ auf 1,0 und wähle AUSWAHL NACH HELLIGKEIT (LCH) ❸ aus. Klicken Sie damit auf den weißen Hintergrund im Bild, wird eine große Menge vom weißen Hintergrund ausgewählt. Drücken Sie Entf oder ←, erscheint der transparente Bereich ❹ dahinter (zu erkennen am Schachbrettmuster). Dasselbe können Sie auch mit dem Bereich unter dem Arm ❺ machen. Heben Sie am Ende die Auswahl über das Menü Auswahl • Nichts auf, weil Sie sonst nicht radieren können, wo Sie wollen.

Abbildung 9.67 ▼
Grobes Löschen mit dem Zauberstab

3 Detailierter radieren

Der nächste Schritt ist das detaillierte Radieren mit dem Radierer aus dem Werkzeugkasten (auch mit ⇧+E). Hierbei müssen Sie näher in das Bild zoomen (midestens auf 100 %). Ebenso werden Sie häufiger die Größe der Pinselspitze anpassen müssen.

Tastentipps zum Radieren

Da Sie hierbei die Bildansicht und die Größe des Radierers ständig anpassen müssen, ist es hilfreich, sich ein paar Tastenkürzel zu verinnerlichen. Mit gehaltener Leertaste können Sie die Bildansicht verschieben. Mit + und - zoomen Sie ein und aus. Noch komfortabler zoomen können Sie mit gehaltener Strg-Taste und dem Mausrad. Mit Strg+Alt und dem Scrollen es Mausrades passen Sie die Pinselgröße an.

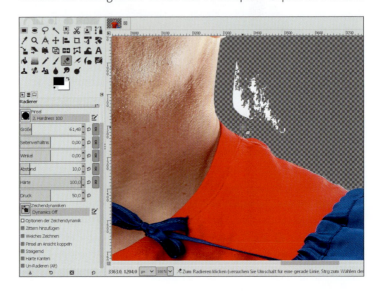

Abbildung 9.68 ▶
Für detailliertes Arbeiten sind ein größerer Bildausschnitt und ein kleinerer Radierer nötig.

Hilfreich ist es hier auch, ganze Linien mit gehaltener ⇧-Taste zu radieren. Haben Sie einmal zu viel radiert, können Sie diesen Bereich jederzeit wieder mit gehaltener Alt-Taste (oder mit der Werkzeugeinstellung UN-RADIEREN) wiederherstellen.

4 Übersicht
Im Grunde haben Sie hier nichts anderes gemacht, als die Person im Bild freizustellen. Das Thema wird in Teil IV des Buches noch genauer behandelt. Das so freigestellte Bild können Sie jetzt woanders einfügen oder einem anderen Hintergrund hinzufügen. Hierzu sind allerdings wieder Kenntnisse über die Ebenen notwendig, die in Teil V des Buches beschrieben werden.

▼ **Abbildung 9.69**
Links: Die Ausgangsdatei. Rechts: Hier wurde ein einfacher Starburst-Effekt zum transparenten Hintergrund hinzugefügt.

9.2.6 Eigene Pinselformen erstellen und verwalten
GIMP bietet von Haus aus viele vordefinierte Pinselspitzen an. Eine Übersicht verschaffen Sie sich beispielsweise über den Dialog FENSTER • ANDOCKBARE DIALOGE • PINSEL oder die Tastenkombination ⇧+Strg+B/Cmd+B.

Reichen diese Pinselformen nicht aus oder benötigen Sie eine besondere Pinselspitze, können Sie jederzeit weitere Spitzen aus dem Internet herunterladen und installieren oder selbst welche erstellen. Wie dies geht, erfahren Sie in den folgenden Abschnitten.

Für den privaten Gebrauch sind die meisten Pinsel übrigens kostenlos. Bei kommerzieller Anwendung sollten Sie nochmals bei dem Urheber nachfragen.

Fertige Pinsel installieren | Der wohl bequemste Weg dürfte es sein, sich vorgefertigte Pinselspitzen aus dem Internet herunterzuladen und zu installieren. Wirkliche Topquellen für Pinsel (engl. *brushes*) sind die Webseiten *http://browse.deviantart.com/* (nach dem Suchbegriff »gimp brushes« suchen) und *http://www.obsidiandawn.com/*.

▲ **Abbildung 9.70**
Der PINSEL-Dialog mit der Übersicht über die vorhandenen Pinselspitzen.

Schritt für Schritt
Fertige Pinsel installieren

1 Pinselspitzen herunterladen
Zunächst müssen Sie sich die Pinselspitzen besorgen. Ich habe mir beispielsweise von der Website *http://redheadstock.deviantart.com/* ein Paket mit mehreren Pinseln aus urbanen Symbolen heruntergeladen.

2 Pinselspitzen installieren
Im nächsten Schritt können Sie die Pinselspitzen bereits installieren. Meistens werden mehrere Pinselspitzen in einem ZIP-Paket zusammengepackt sein. Daher müssen Sie diese Pinsel erst noch mit einem Entpacker auspacken. Die Pinselspitzen haben Dateiendungen wie »*.gbr«, »*.gih« und »*.vbr«.

Die so entpackten Pinselspitzen brauchen Sie jetzt nur noch in das persönliche Pinselverzeichnis von GIMP zu kopieren. Wo dieses Verzeichnis auf Ihrem System liegt, ermitteln Sie über BEARBEITEN • EINSTELLUNGEN • ORDNER • PINSEL. Hierbei empfehle ich immer, das Verzeichnis des eingeloggten Benutzers und nicht das Programmverzeichnis zu verwenden.

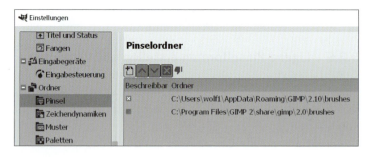

▲ Abbildung 9.71
Ermitteln Sie das persönliche Verzeichnis, in das die Pinsel kopiert werden sollen.

3 Pinsel neu laden
Zum Schluss öffnen Sie den Dialog FENSTER • ANDOCKBARE DIALOGE • PINSEL (Tastenkombination ⇧+Strg+B/Cmd+B) und klicken dort auf die Schaltfläche PINSEL NEU LADEN ❷ rechts unten. Jetzt werden auch die geheimnisvollen Kreise im PINSEL-Dialog ❶ mit aufgelistet.

▲ Abbildung 9.72
Im PINSEL-Dialog müssen die Pinsel neu geladen werden.

4 Pinsel verwenden
Die Pinselspitze können Sie jetzt wie gewohnt bei den Werkzeugeinstellungen auswählen ❸ und verwenden.

9.2 Die Malwerkzeuge

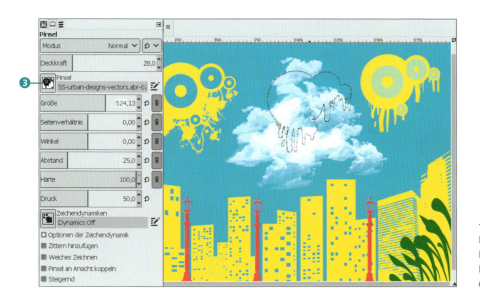

◂ **Abbildung 9.73**
Die installierten Pinselspitzen im Einsatz. Pinsel: *ObsidianDawn.com*

Photoshop-Pinsel (»*.abr«) installieren | Eine häufig gestellte Frage ist, ob und wie man Pinsel mit der Dateiendung »*.abr«, die beispielsweise mit und für Adobe Photoshop erstellt wurden, in GIMP verwenden kann. Die Antwort ist absolut einfach: Genauso, wie Sie es eben in der Schritt-für-Schritt-Anleitung mit fertigen GIMP-Pinseln gesehen haben. Kopieren Sie einfach die Pinselspitzen in das persönliche Pinselverzeichnis von GIMP, und laden Sie die Pinsel über den PINSEL-Dialog neu.

Allerdings gibt es auch hier einige Spezialitäten (speziell bei Pinseln, die mit den Photoshop-Versionen CS3 und CS4 erstellt wurden), die nicht mit GIMP kompatibel sind. Aber die Chancen stehen sehr gut.

Gewöhnliche Pinselspitzen erstellen | Eine gewöhnliche Pinselspitze können Sie im Grunde aus allem erstellen. Dazu müssen Sie lediglich ein Bild im Graustufen-Modus erstellen oder konvertieren und dann dieses Bild mit der Endung »*.gbr« (kurz für **G**IMP **Br**ush) im persönlichen Pinselverzeichnis speichern oder hineinkopieren.

Wasserzeichen erstellen
So wie in der Schritt-für-Schritt-Anleitung »Eigene Pinselspitze erstellen und verwenden« können Sie auch vorgehen, wenn Sie ein originelles Wasserzeichen zum Schutz Ihrer Bilder erstellen wollen.

Schritt für Schritt
Eigene Pinselspitze erstellen und verwenden

1 Grafik erstellen
Der erste Schritt ist das Erstellen einer Grafik (oder eines Symbols). Wie Sie dabei vorgehen und was Sie erstellen, bleibt Ihrem persönlichen Geschmack überlassen. Auf diesen Punkt gehe ich

Kapitel-009/Banana.tiff

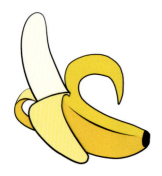

▲ Abbildung 9.74
Eine einfache Grafik, aus der eine Pinselspitze erstellt werden soll

nicht im Detail ein, um den Umfang des Kapitels nicht allzu sehr zu überstrapazieren und vom eigentlichen Thema abzulenken. Im Beispiel habe ich eine Banane mit 500 × 500 Pixeln erstellt. Alternativ würde auch ein einfacher Strich oder ein einfacher Text zum Testen ausreichen.

2   Bild in Graustufen umwandeln

Als Nächstes konvertieren Sie das Bild in Graustufen. Dies machen Sie über BILD • MODUS • GRAUSTUFEN. Der Schritt ist wichtig, damit GIMP anschließend aus dem Stempel wirklich nur die vorhandenen Umrisse verwendet und nicht das komplette Bild (mitsamt dem weißen Hintergrund). Probieren Sie es am besten einmal mit und einmal ohne den Graustufen-Modus aus, dann wissen Sie, was gemeint ist.

3   Pinsel speichern

Jetzt exportieren Sie das Bild in das persönliche Pinselverzeichnis mit der Dateiendung »*.gbr« über DATEI • EXPORTIEREN. Wenn Sie nicht wissen, wo auf Ihrem System das persönliche Verzeichnis für die Pinsel (Brushes) ist, ermitteln Sie dies mit BEARBEITEN • EINSTELLUNGEN • ORDNER • PINSEL. Da Sie das Bild zuvor in Graustufen umgewandelt haben, kümmert sich GIMP jetzt selbst darum, dass nur die nicht weißen Pixel für den Pinsel verwendet werden. Anschließend folgt noch ein Dialogfenster, in dem Sie den ABSTAND ❷ des Pinsels angeben können, mit dem dieser bei Verwendung aufgetragen wird, und bei BESCHREIBUNG ❶, unter welchem Namen der Pinsel erscheinen soll.

▲ Abbildung 9.76
Abstand und Name der Pinselspitze vorgeben

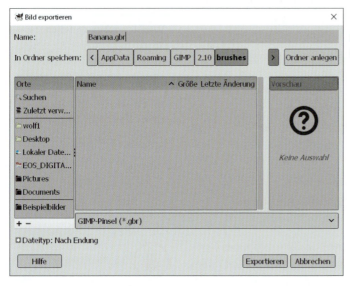

◀ Abbildung 9.77
Pinselspitze exportieren

4 Pinselspitze neu laden und verwenden

Öffnen Sie den Dialog FENSTER • ANDOCKBARE DIALOGE • PINSEL (Tastenkombination ⇧+Strg+B/Cmd+B), und klicken Sie dort auf die Schaltfläche PINSEL NEU LADEN ❼ rechts unten. Jetzt wird auch die neue Pinselspitze im PINSEL-Dialog ❻ mit aufgelistet. Die Pinselspitze können Sie wie üblich mit allen Malwerkzeugen bei den Werkzeugeinstellungen auswählen ❺ und, wie gewohnt, verwenden, natürlich auch mit jeder beliebigen Vordergrundfarbe ❸.

Wenn Sie ein Wasserzeichen erstellt haben, sollten Sie bei der Verwendung des Pinsels zum Aufstempeln des Wasserzeichens zuvor die DECKKRAFT ❹ etwas reduzieren.

▲ **Abbildung 9.78**
Der neue Pinsel im Einsatz

Pinselspitzen mit Tags versehen | Mit der Zeit sammelt man eine Menge Pinselspitzen an und verliert schnell mal den Überblick. Hierfür gibt es die Möglichkeit, die Pinselspitzen mit Tags zu versehen. Hierbei können Sie einer markierten Pinselspitze ❷ (siehe Abbildung 9.79) entweder über die Dropdown-Liste ❶ ein vorhandenes Tag zuweisen oder eben ein neues Tag in das Textfeld ❸ eingeben. Auflisten nach entsprechenden Tags können Sie dann die einzelnen Pinselspitzen über das obere Textfeld ❹, indem Sie entweder das gesuchte Tag eingeben oder mit Hilfe der Dropdown-Liste auswählen. Auch mehrere Tags lassen sich so – durch ein Komma getrennt – vergeben und verwenden.

Abbildung 9.79 ▶
Der markierten Pinselspitze ❷ wird unter anderem das Tag »Banane« ❸ zugewiesen.

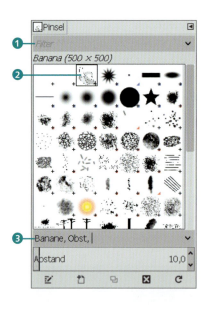

▲ **Abbildung 9.80**
Damit lassen sich die Pinselspitzen einfacher nach Kategorien auflisten und wiederfinden.

Tipp: Radierer verwenden

Wenn Sie aus einem Bildausschnitt eine Pinselspitze machen wollen und der Hintergrund eher dunkel ist, können Sie auch den Radierer verwenden. Das Bild sollte hierbei keinen Alphakanal haben (gegebenenfalls mit Ebene • Transparenz • Alphakanal entfernen löschen), und als Hintergrundfarbe (zum Radieren) sollte Weiß eingestellt sein.

Eigene Pinselspitzen erstellen | Das, was Sie eben mit einer selbst erstellten Grafik gemacht haben, können Sie natürlich auch mit einem Bild oder Bildausschnitt machen. Voraussetzung ist auch hier wieder, dass Sie das Bild in Graustufen umwandeln. Damit allerdings auch aus Bildbereichen brauchbare Pinselspitzen entstehen, müssen Sie zwei Dinge beachten:

▶ **Weißer Hintergrund**: Um gut sichtbare Konturen rund um den Pinsel zu erkennen, sollten Sie möglichst Bilder mit einem hellen, besser noch weißen Hintergrund verwenden. Bei schwierigen Fällen können Sie das Bild in eine Bitmap umwandeln: Bild • Modus • Indiziert und dort Schwarz/Weiss-Palette (1-Bit) verwenden auswählen. Alternativ verwenden Sie hierfür auch Farben • Schwellwert.

▶ **Kontrast und Helligkeit**: Häufig werden Sie den Kontrast stark erhöhen müssen, damit die Pinselspitze beim Auftragen nicht zu schwach sichtbar ist. Hierbei empfiehlt es sich, den Kurven-Dialog mit einer S-Kurve (siehe den Abschnitt »Kontrast verbessern mit der S-Kurve« ab Seite 180) zu verwenden.

▶ **Bildgröße**: Zwar ist die Bildgröße nicht unbedingt begrenzt, aber in der Praxis sollten Sie bedenken, dass eine übergroße Pinselspitze nur unnötig den Arbeitsspeicher füllt.

Schritt für Schritt
Bild als Pinselspitze

Kapitel-009/Gotokuji.xcf

Das Bild aus Abbildung 9.80 mit weißem Hintergrund eignet sich ideal für eine Pinselspitze.

9.2 Die Malwerkzeuge

1 Bild in Bitmap umwandeln

Wandeln Sie das Bild über BILD • MODUS • INDIZIERT in eine Bitmap um, indem Sie die Option SCHWARZ/WEISS-PALETTE (1-BIT) VERWENDEN 5 auswählen und die Schaltfläche UMWANDELN 6 betätigen.

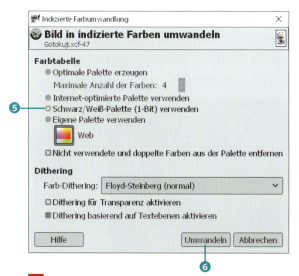

◄ **Abbildung 9.81**
Die Katze wurde freigestellt, und dank des weißen Hintergrunds ist dies ein idealer Kandidat für eine Pinselspitze.

◄ **Abbildung 9.82**
Bild in eine Bitmap konvertieren

2 Feinarbeiten durchführen

Sollten Sie jetzt noch außerhalb der Katze schwarze Punkte oder störende Flecken vorfinden, verwenden Sie den RADIERER 7, und entfernen Sie diese Bereiche im Bild 9 damit. Damit diese Bereiche auch durch eine weiße Farbe ersetzt werden, muss Weiß als Hintergrundfarbe 8 gesetzt sein, und es darf kein Alphakanal vorhanden sein. Gegebenenfalls löschen Sie den Alphakanal mit EBENE • TRANSPARENZ • ALPHAKANAL ENTFERNEN. Ist dieser Befehl ausgegraut, besitzt die Ebene keinen Alphakanal.

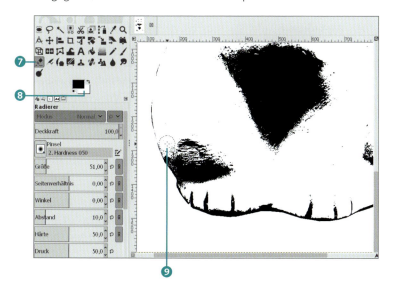

◄ **Abbildung 9.83**
Punkte und Flecken wegradieren

Kapitel 9 Mit Farben malen

3 In Graustufen umwandeln und Pinselspitze speichern

Jetzt können Sie die Pinselspitze wieder in ein Graustufenbild umwandeln und mit der Endung »*.gbr« speichern. Gehen Sie ab hier einfach so vor, wie Sie dies bereits zuvor in der Schritt-für-Schritt-Anleitung »Eigene Pinselspitze erstellen und verwenden« auf Seite 281 ab Arbeitsschritt 2 bis zum Schluss gemacht haben. Anschließend können Sie die Pinselspitze wieder, wie gewohnt, in den verschiedensten Farben und Größen verwenden.

Abbildung 9.84 ▼
Die selbst erstellten Pinselspitzen aus einem Bild im Einsatz. Hier wurde noch eine benutzerdefinierte Pinseldynamik dafür verwendet.

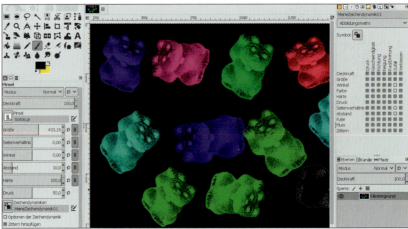

Zum Nachlesen
Auch hier wird wieder auf Themen wie Alphakanal und Transparenz vorgegriffen, die, wenn Sie das Buch von vorn nach hinten durchlesen, erst in Abschnitt 15.1, »Transparenz (Alphakanal)«, näher beschrieben werden.

Farbige Pinselspitzen erstellen | Farbige Pinselspitzen lassen sich im Grunde genauso erstellen wie normale Pinselspitzen. Allerdings müssen Sie ein RGB-Bild mit Alphakanal verwenden. Den Inhalt, der als Stempel verwendet werden soll, müssen Sie freistellen, sonst wird das komplette Bild mitsamt Hintergrund verwendet, was nicht sonderlich interessant aussehen würde.

Damit es mit farbigen Pinseln auch klappt, braucht Ihr Bild einen **Alphakanal**, und Sie müssen den **Hintergrund**, den Sie nicht als Pinsel verwenden wollen, **transparent** machen. Dafür haben Sie viele Möglichkeiten. Zum Beispiel können Sie die Bildbereiche mit dem Radierer entfernen oder eines der Auswahlwerkzeuge wie den ZAUBERSTAB verwenden. Wir verwenden allerdings für diesen Workshop ein etwas einfacheres Beispiel.

Schritt für Schritt
Farbigen Pinsel aus Bild erstellen

Kapitel-009/forint-50.jpg

In diesem Workshop will ich Ihnen zeigen, wie Sie einen farbigen Pinsel aus einem Bildmotiv erstellen. Einfacher geht dies mit einer selbst erstellten Grafik. Hierzu zeichnen Sie etwas auf einen transparenten Hintergrund und speichern den Pinsel dann.

9.2 Die Malwerkzeuge

1 Bildmotiv auswählen

Da die Münze schön rund ist, können wir hierfür das Werkzeug ELLIPTISCHE AUSWAHL ⬭ E verwenden. Ziehen Sie mit dem aktiven Werkzeug zunächst mit gedrückt gehaltener linker Maustaste eine grobe Auswahl um die Münze. Über die vier einzelnen Seiten ❶ oder Ecken ❷ können Sie jetzt jederzeit die Auswahl anpassen, so dass diese am Ende genau über der Münze liegt.

▲ **Abbildung 9.85**
Aus dieser Münze soll eine farbige Pinselspitze werden.

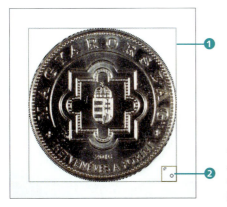

◄ **Abbildung 9.86**
Je genauer die Auswahl, desto besser ist das Ergebnis.

Zum Weiterlesen
Die Auswahlwerkzeuge werden umfassend ab Abschnitt 12.1, »Die Auswahlwerkzeuge im Überblick«, beschrieben.

2 Neues transparentes Bild aus Auswahl

Kopieren Sie jetzt mittels BEARBEITEN • KOPIEREN (bzw. Strg/Cmd+C) die Auswahl in die Zwischenablage, und fügen Sie diese mit BEARBEITEN • EINFÜGEN ALS • NEUES BILD (bzw. mit ⇧+Cmd/Strg+V) ein. Praktischerweise wird unser Bild gleich mitsamt Transparenz eingefügt.

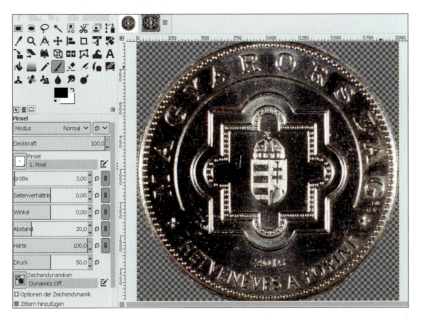

◄ **Abbildung 9.87**
Mitsamt Transparenz müssen Sie die Münze nur noch als Pinselspitze speichern.

3 Pinsel speichern und verwenden

Jetzt können Sie die Pinselspitze speichern und verwenden, wie Sie dies bereits in der Schritt-für-Schritt-Anleitung »Eigene Pinselspitze erstellen und verwenden« ab Seite 281 ab Arbeitsschritt 2 bis zum Schluss gemacht haben – mit dem Unterschied, dass Sie das Bild nicht in Graustufen umwandeln und nicht den Alphakanal entfernen. Anschließend können Sie die Pinselspitze wieder, wie gewohnt, in den verschiedensten Größen verwenden, nur hat die Vordergrundfarbe auf diese Pinselspitze keinen Einfluss.

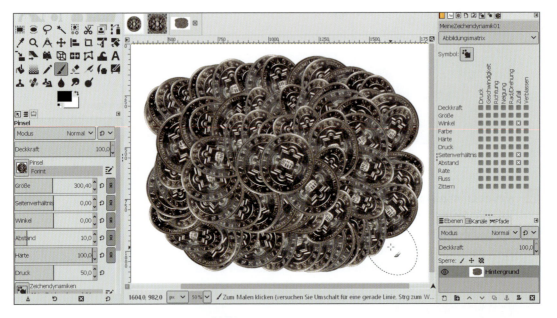

▲ **Abbildung 9.88**
Der Pinsel mit dem virtuellen Geldregen im Einsatz. Auch hier wurde wieder eine benutzerdefinierte Zeichendynamik für die Pinselspitze verwendet.

Animierte Pinselspitzen erstellen | Das Erstellen von animierten Pinselspitzen ist etwas komplexer, aber trotzdem durchschaubar. Um hierbei verschiedene Einzelbilder zu erhalten, müssen Sie mehrere Ebenen verwenden und das Bild dann mit der Dateiendung »*.gih« (**G**IMP **I**mage **H**ose = Bilderschlauch) speichern. Daraufhin erscheint ein Dialog, in dem Sie das Format beschreiben können.

Zwar können Sie ja im Grunde dank dynamischer Pinselspitzen auch eine gewisse Art von animierten Pinselspitzen erstellen, aber mit einer echten animierten Pinselspitze können Sie zusätzlich auch noch verschiedene Bilder verwenden. Bezogen auf die Münze im Beispiel zuvor, können Sie somit auch jederzeit Kopf und Zahl abwechselnd zeichnen.

Schritt für Schritt
Animierte Pinselspitze erstellen

Kapitel-009/Kopf.xcf und
Kapitel-009/Zahl.xcf

Da das Erstellen von animierten Pinselspitzen etwas komplexer ist, soll an dieser Stelle ein einfaches Beispiel demonstriert werden. Öffnen Sie hierfür die beiden Dateien »Zahl.xcf« und »Kopf.xcf«. Beide Dateien verfügen bereits über die **nötige Transparenz**. Alternativ benutzen Sie auch einfach Zahlen, Buchstaben oder Wörter, die Sie mit dem Text-Werkzeug A angelegt haben.

1 Ebenen übereinanderlegen
Für das Beispiel habe ich den Einzelfenster-Modus verwendet. Gehen Sie mit dem Mauszeiger auf die Miniaturvorschau von »Zahl.xcf« 2, und ziehen Sie die Miniaturvorschau mit gedrückt gehaltener linker Maustaste auf die Miniaturvorschau von »Kopf.xcf« 1, womit das Bild »Kopf.xcf« aktiviert wird. Mit immer noch gedrückter Maustaste lassen Sie dann »Zahl.xcf« auf das Bild (im Bildfenster) »Kopf.xcf« 3 fallen.

▲ **Abbildung 9.89**
Unsere Vorlage, aus der ein animierter Pinsel erstellt werden soll

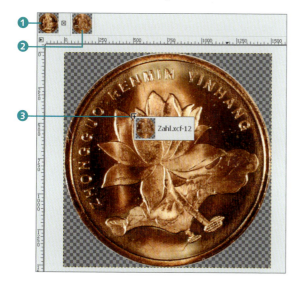

◀ **Abbildung 9.90**
Eine Ebene über eine andere Ebene per Drag & Drop kopieren

2 Ebenen gegebenenfalls duplizieren oder drehen
Öffnen Sie jetzt den Ebenen-Dialog vom Bild »Kopf.xcf« mit Strg/Cmd+L, in dem Sie jetzt beide Ebenen (Kopf 5 und Zahl 4) vorfinden sollten. Hier könnten Sie jetzt mit tiefer gehenden Kenntnissen einzelne Ebenen duplizieren und/oder gegebenenfalls drehen (oder farblich verändern) usw. Natürlich können Sie auch noch weitere Bilder (hier verschiedene Münzen) hinzufügen. Im Beispiel belassen wir es der Einfachheit halber bei diesen beiden Ebenen.

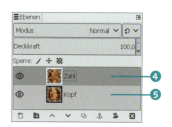
▲ **Abbildung 9.91**
Wir machen einen animierten Pinsel aus zwei Ebenen.

Kapitel 9   Mit Farben malen

3   Als animierte Pinselspitze speichern

Speichern Sie jetzt die Pinselanimation mit DATEI • EXPORTIEREN im persönlichen Pinselverzeichnis von GIMP. Das Verzeichnis auf Ihrem System ermitteln Sie über BEARBEITEN • EINSTELLUNGEN • ORDNER • PINSEL. Fügen Sie beim Speichern die Dateiendung »*.gih« beim Namen ❶ hinzu. Wenn Sie jetzt die Datei speichern, erscheint der Dialog BILD EXPORTIEREN ALS PINSELANIMATION, wo Sie die Einstellungen für die Animation vorgeben.

Dimensionen und Reihen

Die Schritt-für-Schritt-Anleitung demonstriert das Erstellen von animierten Pinselspitzen nur stark vereinfacht. In der Praxis lässt sich damit natürlich einiges mehr machen als hier gezeigt, besonders wenn Sie hierbei mit den DIMENSIONEN und REIHEN experimentieren. Außerdem können Sie die Ebenen auch in mehrere Zellen einteilen.

Mit ABSTAND (PROZENT) ❸ legen Sie den Abstand der aufeinanderfolgenden Pinselabdrücke fest. Die Prozentangabe bezieht sich hierbei auf den 100%igen Pinseldurchmesser. BESCHREIBUNG ❷ entspricht dem Namen der Pinselspitze. Mit ZELLGRÖSSE ❹ geben Sie an, wie viel von der Größe der Zellen der Ebenen abgeschnitten werden soll. Voreinstellung ist immer die Größe der Ebene(n), die Sie meistens so stehen lassen können. Bei ZELLANZAHL ❺ geben Sie am besten die Anzahl der Ebenen an, damit alles klappt. Unter ANZEIGEN ALS ❻ sehen Sie, wie die Zellen in der Ebene angeordnet wurden (in unserem Beispiel wurde lediglich ein eindimensionaler Bilderschlauch erstellt). Mit DIMENSIONEN ❼ bestimmen Sie die Anzahl der Dimensionen für die Pinselspitze. Maximal können Sie vier Dimensionen verwenden. Da wir hier nur eine Dimension benutzen, brauchen Sie bei REIHEN ❽ auch nur eine Reihe zu bearbeiten. Geben Sie auch hier die Anzahl der Ebenen an, und wählen Sie den MODUS ❾ aus, der beim Malen angewendet werden soll. Mit RANDOM wurde hier ein zufälliger Auswahlmodus verwendet.

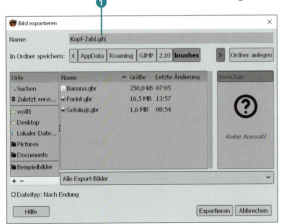

▲ Abbildung 9.92
Die Datei muss mit der Endung »*.gih« gespeichert werden.

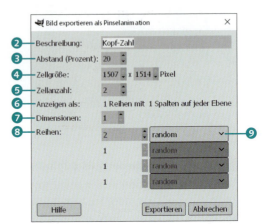

▲ Abbildung 9.93
Der Dialog, um die animierte Pinselspitze einzurichten

4 Pinselspitze verwenden

Jetzt müssen Sie nur noch die Pinsel neu laden, und dann können Sie die Pinselspitze wie gewöhnlich verwenden. Bei der Pinselspitze finden Sie hierbei natürlich auch das dazugehörende rote Dreieck rechts unten.

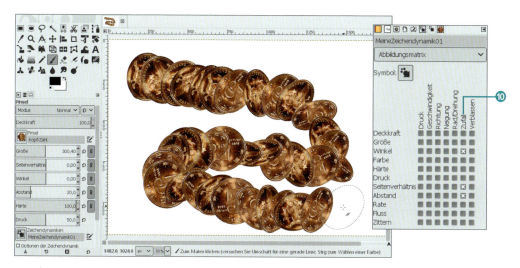

▲ Abbildung 9.94
Die neu erstellte animierte Pinselspitze im Einsatz. Auch hier wurde der Effekt der »Animation« noch weiter mit Hilfe einer benutzerdefinierten Pinseldynamik ❿ verstärkt, indem bei der Aktion Zufall die Optionen Winkel, Seitenverhältnis und Abstand aktiviert wurden.

Pinselspitzen mit dem Pinseleditor | Sie brauchen gar keine so komplexen Pinselspitzen wie in den Abschnitten zuvor beschrieben? Dann ist der Pinseleditor Ihr Freund. Er ist ein einfacher, aber sehr nützlicher Dialog, mit dem Sie eigene Pinsel erstellen, die so aussehen wie die von GIMP mitgelieferten Standardpinselspitzen. Den Pinseleditor rufen Sie über den Pinsel-Dialog (Fenster • Andockbare Dialoge • Pinsel oder [Strg]/[Cmd]+[⇧]+[B]) auf, indem Sie auf die Schaltfläche Einen neuen Pinsel erstellen ❶ klicken.

Der Pinseleditor ist sehr vielseitig, weshalb hier die einzelnen Parameter etwas genauer erläutert werden sollen. Im oberen Rand des Editors finden Sie ein Textfeld ❷, in dem Sie den Namen des Pinsels angeben. Darunter sehen Sie den Vorschaubereich ❸ der aktuellen Pinselspitze. Jetzt folgen die Schieberegler, über die Sie die Pinselspitze einstellen:

▶ Form ❹: Hiermit legen Sie die geometrische Form für die Pinselspitze fest. Zur Auswahl stehen ein Kreis, ein Quadrat und ein Karo.

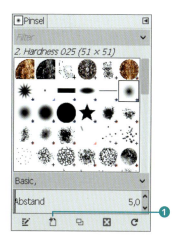

▲ Abbildung 9.95
Über die entsprechende Schaltfläche ❶ rufen Sie den Pinseleditor auf.

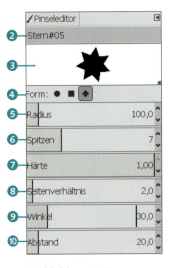

▲ **Abbildung 9.96**
Mit dem Pinseleditor erstellen Sie ganz einfach neue Pinselspitzen.

▶ RADIUS ❺: Mit dem Radius geben Sie den Abstand zwischen der Mitte und dem Rand der Form an. Verwenden Sie beispielsweise einen Kreis mit einem Radius von 20 Pixeln, beträgt der Gesamtdurchmesser der Werkzeugspitze 40 Pixel.

▶ SPITZEN ❻: Hiermit bestimmen Sie die Anzahl der Ecken und Kanten der Pinselspitzen. Beim Kreis erzeugen Sie damit eine Blumenform, beim Quadrat ein Polygon, und das Karo verwandelt sich in einen Stern.

▶ HÄRTE ❼: Legen Sie hier die Härte der Kante der Pinselspitze fest. Die Einstellungen reichen von 0,00 (ganz weich) bis 1,00 (maximal harte Kante).

▶ SEITENVERHÄLTNIS ❽: Verwenden Sie nur zwei Spitzen ❻, bezieht sich dieser Wert auf das Verhältnis von Höhe und Breite zu den Pinselspitzen. Sobald Sie allerdings mehr als zwei Spitzen verwenden, bezieht sich das Ganze auf die Höhe der Spitzen. Probieren Sie es am besten selbst aus.

▶ WINKEL ❾: Hiermit lässt sich die Pinselspitze vom Zentrum aus im Bereich von 0° bis 180° drehen.

▶ ABSTAND ❿: Geben Sie mit diesem Regler den Abstand an, der zwischen zwei Pinselabdrücken entsteht, wenn Sie die Pinselspitze mit gedrückter linker Maustaste verwenden.

Sobald Sie eine neue Pinselspitze anlegen, wird diese automatisch im persönlichen Pinselverzeichnis von GIMP (siehe BEARBEITEN • EINSTELLUNGEN • ORDNER • PINSEL) mit der Dateiendung »*.vbr« (**v**ariable **Br**ush) und dem Namen »Unbekannt« gesichert. Die Pinselspitze steht somit auch sofort ohne ein direktes Speichern zur Verfügung.

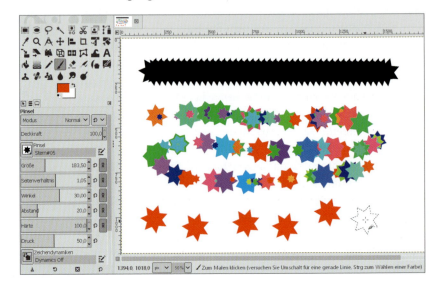

Abbildung 9.97 ▶
Die neue parametrisierte Pinselspitze im Einsatz

Zwischenablage-Pinsel | Wenn Sie eine Ebene oder eine Auswahl mit den Kommandos Bearbeiten • Kopieren bzw. Bearbeiten • Ausschneiden in die Zwischenablage kopieren, wird dieser Bereich als neue Pinselspitze mit dem Namen Zwischenablage hinzugefügt. Diese neue temporäre Pinselspitze finden Sie in der linken oberen Ecke ⓫ des Pinsel-Dialogs. Der Pinsel kann wie ein gewöhnlicher Pinsel verwendet werden und bleibt so lange erhalten, bis Sie GIMP beenden oder etwas anderes in die Zwischenablage kopieren.

Wollen Sie die Pinselspitze in der Zwischenablage als dauerhaften Pinsel verwenden, erreichen Sie dies mit Bearbeiten • Einfügen als • Neuer Pinsel. Im sich öffnenden Dialogfenster geben Sie Pinselname, Dateiname und Abstand an, mit dem die einzelnen Abdrücke gezeichnet werden sollen. Der Pinsel wird dann im persönlichen Pinselverzeichnis von GIMP mit dem Dateinamen und der Endung »*.gbr« dauerhaft gespeichert.

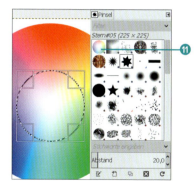

▲ **Abbildung 9.98**
Alles, was Sie aktuell in die Zwischenablage kopiert haben, können Sie ebenfalls als Pinselspitze verwenden.

Pinsel verwalten im »Pinsel«-Dialog | Jetzt haben Sie viele Möglichkeiten kennengelernt, wie Sie weitere Pinselspitzen erstellen und hinzufügen. Was jetzt noch fehlt, ist ein kurzer Überblick darüber, wie Sie die Pinsel verwalten.

Den Dialog dazu, den Pinsel-Dialog, haben Sie bereits des Öfteren auf den vorangehenden Seiten gesehen, aber es wurde niemals so richtig darauf eingegangen. Der Pinsel-Dialog ist ebenfalls dockbar und lässt sich über Fenster • Andockbare Dialoge • Pinsel aufrufen. Alternativ erreichen Sie eine vereinfachte Fassung dieses Dialogs aber auch über die Werkzeugeinstellungen eines jeden Malwerkzeugs, das eine Pinselspitze verwendet. Hierzu klicken Sie einfach auf das Pinsel-Symbol ⓬ in den Werkzeugeinstellungen und dann rechts unten auf die Schaltfläche mit dem Pinsel ⓭. Zusätzlich können Sie über diesen vereinfachten Pinsel-Dialog aus der Werkzeugleiste mit den anderen Schaltflächen die Größe der Vorschaubilder ⓰ ändern und zwischen einer Listenansicht ⓯ und einer Rasteransicht ⓮ (Standardeinstellung) wählen.

Der eigentliche Pinsel-Dialog ist etwas umfangreicher gestaltet als der vereinfachte Pinsel-Dialog aus der Werkzeugleiste. Über den Pinsel-Dialog können Sie ebenfalls jederzeit eine Pinselspitze für ein Malwerkzeug auswählen, indem Sie darauf klicken. Wenn Sie auf eine Pinselspitze doppelklicken, wird der Pinseleditor für diese Spitze geöffnet. Sofern die Pinselspitze nicht schreibgeschützt ist, können Sie diesen Pinsel dann nachträglich damit ändern. In der Praxis funktioniert dies allerdings nur mit Pinseln, die Sie mit dem Pinseleditor selbst erstellt haben bzw. die mit einer blauen Ecke in der Miniaturvorschau versehen sind.

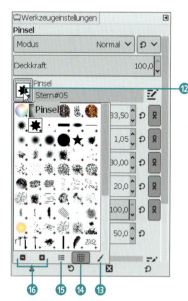

▲ **Abbildung 9.99**
Den vereinfachten Pinsel-Dialog können Sie über die Werkzeugeinstellungen aufrufen.

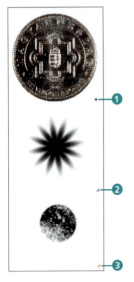

▲ **Abbildung 9.100**
Drei verschiedene Symbole treffen Sie in der Miniaturvorschau an.

Womit wir gleich bei den Symbolen in der linken Ecke der Miniaturvorschau wären. Diese haben folgende Bedeutung:

▶ Kleines Kreuz ❶: Das Symbol zeigt an, dass die Pinselspitze mit reduzierter Größe dargestellt wird. Wenn Sie die linke Maustaste auf dieser Pinselspitze gedrückt halten, wird die normale Größe der Spitze angezeigt.

▶ Blaue Ecke ❷: Hierbei handelt es sich um einen normalen Pinsel, den Sie mit dem Pinseleditor bearbeiten können. Ist die Pinselspitze schreibgeschützt, können Sie diese duplizieren und dann die Kopie im Pinseleditor bearbeiten.

▶ Rote Ecke ❸: Hierbei handelt es sich um einen animierten Pinsel. Halten Sie hier die linke Maustaste über der Pinselspitze gedrückt, können Sie sich die Animation ansehen. Häufig finden Sie die rote Ecke kombiniert mit dem kleinen Kreuz ❶.

Jetzt noch zu den verschiedenen Schaltflächen, die Sie unterhalb des PINSEL-Dialogs vorfinden und mit denen Sie die einzelnen Pinsel verwalten:

▶ ABSTAND ❼: Der Schieberegler ist sehr nützlich und gehört eigentlich zu den Werkzeugeinstellungen. Mit ihm können Sie jederzeit nachträglich den Abstand zwischen zwei Pinselspitzen beim Malen mit gedrückter linker Maustaste einstellen. Mögliche Werte sind 1 bis 200.

▶ PINSEL BEARBEITEN ❽: Hiermit bearbeiten Sie einen ausgewählten Pinsel mit dem Pinseleditor. Das Gleiche erreichen Sie auch mit einem Doppelklick auf dem Pinsel. Bearbeiten können Sie allerdings nur Pinsel mit einer blauen Ecke rechts unten. Schreibgeschützte Pinselspitzen müssen Sie zuvor duplizieren ❿, um sie mit dem Pinseleditor zu bearbeiten.

▶ NEUER PINSEL ❾: Damit erstellen Sie eine neue Pinselspitze mit dem Pinseleditor. Die Pinselspitze wird automatisch im persönlichen Pinselverzeichnis von GIMP gespeichert.

▶ PINSEL DUPLIZIEREN ❿: Hiermit können Sie eine Pinselspitze mit einer blauen Ecke rechts unten duplizieren. Die Pinselspitze wird daraufhin im Pinseleditor zur Bearbeitung geöffnet. Die Kopie der Pinselspitze wird automatisch im persönlichen Pinselverzeichnis von GIMP gespeichert.

▶ PINSEL LÖSCHEN ⓫: Mit dem Löschen-Symbol löschen Sie die aktive Pinselspitze. Löschen können Sie allerdings nur Pinselspitzen, die sich im persönlichen Pinselverzeichnis von GIMP befinden. Beachten Sie, dass Sie diesen Vorgang nicht mehr rückgängig machen können.

▶ PINSEL NEU LADEN ⓬: Wenn Sie einen neuen Pinsel ohne den Pinseleditor erstellt und im persönlichen Pinselverzeichnis von

▲ **Abbildung 9.101**
Der PINSEL-Dialog

GIMP gespeichert haben, müssen Sie diesen Pinsel über diese Schaltfläche erst neu laden, damit er im Dialog angezeigt wird.
- Ebenfalls hilfreich ist im unteren Teil das Textfeld ❻ bzw. eine Dropdown-Liste, wo Sie einen markierten Pinsel mit Tags (Stichwörtern) versehen können, um diese dann bei Bedarf über die Filter ❹ (ebenfalls eine Mischung aus Textfeld und Dropdown-Liste) einfacher wieder aufzufinden. Wenn die Sammlung der Pinselspitzen immer umfangreicher wird, ist es besonders sinnvoll, diese mit Schlagwörtern zu versehen.

Größe der Miniaturvorschau ändern

Die Größe der Miniaturvorschau ändern Sie über die kleine Dockschaltfläche ❺ rechts oben. Im sich öffnenden Menü finden Sie VORSCHAUGRÖSSE, wo Sie die Größe einstellen können.

Mit einem rechten Mausklick im PINSEL-Dialog erscheint ein Kontextmenü mit vielen Befehlen, die Sie bereits von den Schaltflächen unterhalb des Dialogs her kennen. Zusätzlich bietet das Menü hingegen:
- PINSEL ALS BILD ÖFFNEN: Hiermit öffnen Sie animierte und farbige Pinsel mit GIMP als Bild (inklusive aller Ebenen). Mit parametrisierten Pinseln, die mit dem Pinseleditor erstellt wurden, und mit Photoshop-Pinseln (mit der Endung »*.abr«) funktioniert dies allerdings nicht.
- SPEICHERORT DES PINSELS KOPIEREN: Damit wird der Pfad zum Speicherort des Pinsels als Text in die Zwischenablage kopiert.
- ELLIPTISCH, RECHTECKIG …: Unten finden Sie noch vier Befehle (genauer Skript-Fu-Programme), mit denen Sie über einen Dialog harte oder weiche elliptische oder rechteckige Pinselspitzen erstellen können. Die Pinsel werden automatisch im persönlichen Pinselverzeichnis von GIMP gespeichert.

▲ **Abbildung 9.102**
Das Kontextmenü öffnet sich über einen rechten Mausklick im PINSEL-Dialog.

9.2.7 Die Tinte

Das Werkzeug TINTE (Tastenkürzel K) ist zwar ebenfalls ein Malwerkzeug ähnlich wie der PINSEL oder der STIFT, doch verwendet es im Gegensatz zu diesen Werkzeugen spezielle Werkzeugeinstellungen anstelle der Pinselspitzen zum Malen. Mit dem TINTE-Werkzeug sind Sie praktisch in der Lage, Aussehen und Form der Zeichenspitze unabhängig von den GIMP-Pinselspitzen anzupassen. Der Effekt beim Malen entspricht eher dem eines Füllfederhalters.

◄◄ **Abbildung 9.103**
Diese Zeichnung wurde mit dem PINSEL-Werkzeug erstellt. Die Linien wirken recht langweilig und ohne Dynamik.

◄ **Abbildung 9.104**
Das Gleiche noch einmal, nur wurde hier mit der TINTE gezeichnet. Durch das TINTE-Werkzeug erhält das Gezeichnete wesentlich mehr Schwung und wirkt daher recht dynamisch.

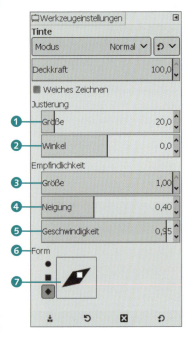

▲ Abbildung 9.105
Werkzeugeinstellungen des
Tinte-Werkzeugs

Werkzeug für Grafiktabletts

Mit der Maus werden Sie es schwierig haben, sauber mit der Tinte zu arbeiten. Der Hauptgrund, dass in GIMP ein Tinte-Werkzeug eingeführt wurde, liegt an einer besseren Unterstützung für Grafiktabletts mit GIMP. Hier gibt es bei den Werkzeugeinstellungen auch die Optionen Grösse, Neigung und Geschwindigkeit.

Abbildung 9.106 ▶
Einige Anregungen, was sich mit dem Tinte-Werkzeug machen lässt. Solche dynamischen und schwungvollen Linien erreichen Sie mit einem normalen Pinsel nicht. Pinsel: *http://www.obsidiandawn.com*

Werkzeugeinstellungen | Abgesehen von Modus und Deckkraft sind die Werkzeugeigenschaften von Tinte etwas anders als bei den anderen Malwerkzeugen. Die beiden Eigenschaften Modus und Deckkraft wurden bereits im Abschnitt »Gemeinsame Werkzeugeinstellungen« ab Seite 263 beschrieben. Die weiteren Werkzeugeinstellungen teilen sich in Justierung, Empfindlichkeit und Form auf. Zunächst zu den Werten von Justierung:

▶ Grösse ❶: Dies ist der Durchmesser, mit dem Sie die Tinte auftragen. Der Wert reicht von 0 bis 200.

▶ Winkel ❷: Dies entspricht dem Neigungswinkel der Füllfeder, mit der die Tinte aufgetragen wird. Hierbei können Sie Werte von –90° bis +90° einstellen.

Die Einstellungen bei Empfindlichkeit sind von Bedeutung, wenn Sie ein Grafiktablett zum Schreiben oder Malen benutzen. Die Werte haben folgende Auswirkung:

▶ Grösse ❸: Je höher der Wert hierbei ist, desto mehr Tinte wird ausgegeben.

▶ Neigung ❹: Bestimmt den Neigungswinkel für die Tintenspitze.

▶ Geschwindigkeit ❺: Je höher dieser Wert ist und je schneller Sie auf dem Grafiktablett zeichnen, desto dünner werden die Striche. Je niedriger dieser Wert ist, desto mehr Tinte wird aufgetragen.

Ganz am Ende können Sie noch die Form ❻ wählen, aus der die Feder bestehen soll. Hierbei stehen Ihnen ein Kreis, ein Quadrat und ein Karo zur Verfügung. Über die Schaltfläche rechts neben den Grundformen ❼ können Sie die Tintenfeder noch weiter durch Verschieben des Mittelpunkts verändern.

Sehr hilfreich ist das TINTE-Werkzeug in Verbindung mit dem Pfade-Werkzeug . Ziehen Sie hierbei die erstellten Pfade mit der Werkzeugeinstellung PFAD NACHZIEHEN mit einer zuvor eingestellten Tintenspitze nach, können Sie sehr schöne Ornamente oder verschiedene stilvolle Schriften, wie beispielsweise Kanji erzeugen.

9.2.8 Das MyPaint-Pinselwerkzeug

Für den professionelleren Einsatz als Mal- und Zeichenprogramm reichen die TINTE und das PINSEL-Werkzeug nicht aus. Hierfür werden viele weitere Pinsel und Stifte benötigt. Für solche speziellen Zwecke bietet GIMP das MYPAINT-PINSELWERKZEUG (Tastenkürzel Y) an. Das Werkzeug enthält verschiedene Pinsel und Stifte von *MyPaint*, einer Grafiksoftware mit dem Schwerpunkt auf digitalem Malen und Zeichnen. Neben den vielen verschiedenen mitgelieferten Pinseln und Stiften ist es auch möglich, diese durch Pinselvorlagen anderer Hersteller zu ergänzen. Mit Hilfe eines Grafiktabletts und den Pinseln und Stiften vom MYPAINT-PINSELWERKZEUG können Sie jetzt auch GIMP ernsthaft zum Malen und Zeichnen verwenden.

Das MYPAINT-PINSELWERKZEUG ist neu in GIMP 2.10 hinzugekommen.

Werkzeugeinstellungen | Auch hier sind die Werkzeugeinstellungen anders als bei den üblichen Pinselwerkzeugen. Die DECKKRAFT ❶ (siehe Abbildung 9.108) spricht hierbei wieder für sich, womit Sie eben einen Wert von 0 bis 100,0 für die Deckkraft des ausgewählten PINSEL ❸ einstellen können. Irritierend hierbei ist zunächst, dass unten erneut eine DECKKRAFT ❼ vorhanden ist Aber dazu gleich mehr. Setzen Sie ein Häkchen vor WEICHES ZEICHEN ❷, werden zwei weitere Regler QUALITÄT und GEWICHT eingeblendet, womit Sie die Pinselstriche weicher machen können.

Den eigentlichen Pinsel bzw. Stift für das Zeichen wählen Sie über ❸ aus. Die Auswahl hierbei ist enorm, und Sie finden hier Bleistift, Acryl, Sprühpistole, Tinte, Messer, verschiedene Malpinsel, Wasserfarben und noch viel mehr vor. Auch einzelne Strukturpinsel wie Wolken oder Blätter sind vorhanden.

Um die aufgemalten Pinsel- und Stiftstriche zu radieren, finden Sie die Option MIT DIESEM PINSEL RADIEREN ❹. Hierbei handelt es sich aber nicht um den typischen RADIERER aus dem Werkzeugkasten, sondern es entsteht ein Radiereffekt, der abhängig von dem ausgewählten Pinsel ❸ ist. Diesen Effekt können Sie über KEIN RADIEREFFEKT ❺ (de-)aktivieren.

Die Größe der Pinselspitze stellen Sie mit RADIUS ❻ ein. Der zweite DECKKRAFT-Wert ❼ ist besonders dann hilfreich, wenn Sie zum Beispiel einen Pinsel ausgewählt haben, der trotz 100 %

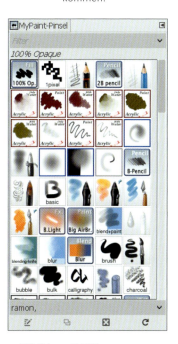

▲ **Abbildung 9.107**
Das MYPAINT-PINSELWERKZEUG bietet ein sehr umfangreiches Basispaket mit Pinseln und Stiften zum Malen und Zeichnen mit GIMP.

Experimentieren empfohlen
An dieser Stelle kann nicht auf die einzelnen Pinsel in ❸ eingegangen werden. Der Umfang ist enorm, und Grafik- und Zeichenkünstler dürften am besten wissen, wofür sie welchen Pinsel in der Praxis verwenden.

DECKKRAFT von ❶ noch recht schwach ist. In dem Fall können Sie dann die Deckkraft des Pinsels verstärken. Dies hängt allerdings wiederum vom ausgewählten Pinsel aus ❸ ab. Mit der HÄRTE ❽ können Sie die Kanten des Pinsels schärfer machen.

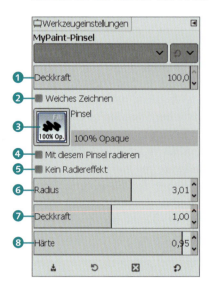

Abbildung 9.108 ▶
Die Werkzeugeinstellungen für das MYPAINT-PINSELWERKZEUG

Ebenen verwenden

Für das Beispiel wird empfohlen, die einzelnen Bildbereiche auf Ebenen aufzuteilen. So stellen Sie sicher, dass Sie im Falle eines weniger gelungenen Bildbereichs nur diesen Bereich nacharbeiten oder neu zeichnen müssen und nicht das komplette Bild ruiniert ist. Die Ebenen sind essenziell in der digitalen Bildbearbeitung und werden in diesem Buch noch gesondert in Teil V behandelt.

Malvorlage

Als Malvorlage können Sie natürlich auch ein Skizze einscannen oder ein Ausmalbild verwenden. Auch das Abpausen von Bildern mit einem Grafiktablett wäre hier noch eine von vielen weiteren Optionen, um sich zunächst eine Vorlage zu erstellen.

Schritt für Schritt
Das MyPaint-Pinselwerkzeug in der Praxis

An der Stelle will ich Ihnen ein Beispiel zeigen, wie Sie vorgehen können, wenn Sie digitale Kunstwerke malen oder zeichnen wollen. Berücksichtigen Sie allerdings bitte, dass ich dazu wenig Muße habe. Meine Disziplin bleibt das Fotografieren. Trotzdem denke ich, dass das MYPAINT-PINSELWERKZEUG für begabte Zeichenkünstler sehr hilfreich sein kann. Außerdem ist es wohl unnötig zu erwähnen, dass sich das MYPAINT-PINSELWERKZEUG eigentlich nur mit einem Grafiktablett sinnvoll verwenden lässt. Sicherlich funktioniert es mit der Maus auch, aber das wäre dann doch viel umständlicher.

1 **Vorlage erstellen**

Als Erstes erstelle ich ein leeres neues Bild mit einer weißen Zeichenfläche für mein Bild. Danach erfolgt eine grobe Auswahl mit einem Pinsel meiner Wahl von einem Bild, das ich malen will. Im Beispiel habe ich eine grobe Skizze von einer Landschaftsaufnahme erstellt. Hierbei ist es schon recht hilfreich, wenn Sie diese Skizze bereits auf einer leeren transparenten Ebene zeichnen, um diese Umrisse bei Bedarf ein- und ausblenden zu können.

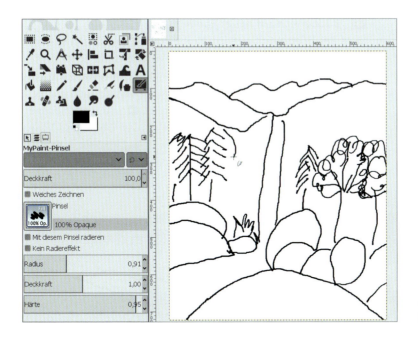

◄ **Abbildung 9.109**
Erste Skizze der Malvorlage

2   Dialoge zum Zeichnen vorbereiten

Bevor ich anfange zu zeichnen, bereite ich meine Arbeitsfläche in GIMP vor, damit ich alles immer gleich griffbereit habe. Hierzu verwende ich über FENSTER • ANDOCKBARE DIALOGE den MYPAINT-PINSEL-Dialog, den EBENEN-Dialog, die WERKZEUGEINSTELLUNGEN und den PALETTEN-Dialog. Im PALETTEN-Dialog lege ich mir außerdem gleich eine neue Palette mit den Farben an, die ich für das Bild zu verwenden plane.

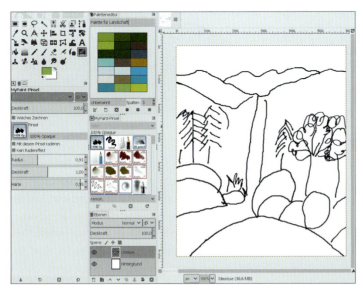

◄ **Abbildung 9.110**
Meine Arbeitsfläche für das Zeichnen vorbereiten

Kapitel 9 Mit Farben malen

3 Bildbereich auf neuer Ebene malen

Zum Zeichnen empfehle ich Ihnen, über ❹ neue transparente Ebenen anzulegen. Für verschiedene Bildbereiche sollte immer eine neue Ebene verwendet werden. Im Beispiel habe ich eine neue transparente Ebene für die Hügel im Vordergrund angelegt und mit einem Malmesser als Pinselspitze ❶ und verschiedenen Farben aus meiner Farbpalette gemalt. Zu viel Gemaltes können Sie jederzeit mit der Option MIT DEM PINSEL RADIEREN ❷ oder auch dem RADIERER wieder entfernen.

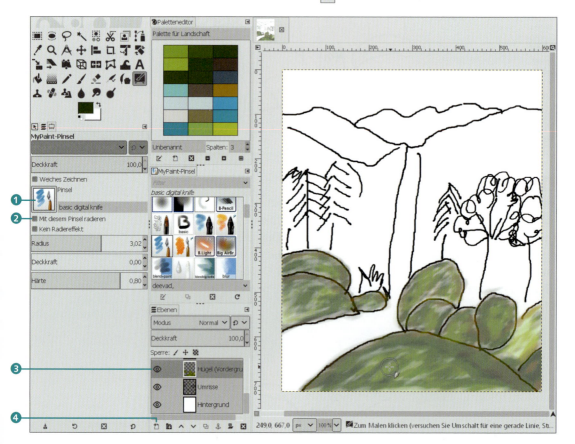

Abbildung 9.111 ▼
Einen ersten Bildbereich »ausmalen«

Speichern im XCF-Format
Wenn Sie an dieser Stelle mit Ebenen und der Technik dahinter noch nicht sicher sind, sollten Sie auf jeden Fall den Fortschritt regelmäßig im GIMP-eigenen XCF-Format speichern.

Kapitel-009/
landscape.xcf

4 Schritt 3 wiederholen

Wiederholen Sie jetzt den Schritt 3 mit weiteren Bildbereichen. Im Beispiel habe ich unter anderem noch jeweils für den Himmel, den Wasserfall, die Bäume und den Hintergrund der Bäume eine neue transparente Ebene angelegt. Einzelne Ebenen können Sie über das Augensymbol ❸ jederzeit ein- und ausblenden. Der Vorteil, mehrere Ebenen zu verwenden, liegt auch darin, dass Sie die einzelnen Ebenen in der Anordnung nach oben oder unten verschieben können.

9.2 Die Malwerkzeuge

▲ Abbildung 9.112
Das Bild nach ein paar Pinselstrichen später mit dem MyPaint-Pinselwerkzeug kann sich langsam »sehen« lassen.

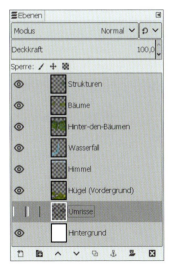

▲ Abbildung 9.113
Mehrere Ebenen für unterschiedliche Bildbereiche

Weitere MyPaint-Pinselspitzen nachinstallieren | Das Nachinstallieren von weiteren MyPaint-Pinseln funktioniert genauso wie mit den gewöhnlichen Pinselspitzen. Wenn Sie Pinsel heruntergeladen haben (zum Beispiel von *https://senlinos.gitlab.io/post/mypaint-brushes-for-gimp-2.10-by_senlinos/*), müssen Sie diese in das persönliche Verzeichnis für MyPaint-Pinsel kopieren. Wo sich dieses Verzeichnis auf Ihrem Rechner befindet, können Sie mit Bearbeiten • Einstellungen • Ordner • MyPaint-Pinsel ermitteln. Ist das Verzeichnis bei Ihnen nicht vorhanden (war bei mir der Fall), müssen Sie es zuvor anlegen. Im Beispiel habe ich in meinem persönlichen Heimverzeichnis den Ordner .mypaint und dann den Ordner brushes angelegt.

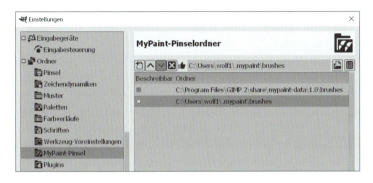

▲ Abbildung 9.114
Verzeichnis zu den MyPaint-Pinseln ermitteln

▲ Abbildung 9.115
Neue MyPaint-Pinsel hinzugefügt

301

Wenn Sie die neuen Pinsel in das entsprechende Verzeichnis kopiert haben, brauchen Sie nur über den MyPaint-Pinsel-Dialog über Fenster • Andockbare Dialoge auf die Schaltfläche Neu laden 5 (Abbildung 9.115) zu klicken, und schon stehen Ihnen die neuen MyPaint-Pinsel zur Verfügung.

9.2.9 Symmetrisches Malen

Symmetrisches Malen ist neu in GIMP 2.10 hinzugekommen.

Etwas versteckt in GIMP finden Sie auch eine Funktion zum symmetrischen Malen. Das Werkzeug ist bestens für das Zeichnen von Mustern, Kacheln, Mandalas und anderen kreativen Sachen geeignet. Zum symmetrischen Malen können Sie fast alle Malwerkzeuge wie Stift, Pinsel, Radierer, Sprühpistole, Tinte oder MyPaint-Pinsel verwenden. Sofern es sinnvoll erscheint, können Sie dafür auch noch die anderen Malwerkzeuge Klonen, Heilen, Perspektivisches Klonen, Weichzeichnen/Schärfen, Verschmieren oder Abwedeln/Nachbelichten einsetzen.

Das Werkzeug finden Sie über Fenster • Andockbare Dialoge • Symmetrisches Malen als Dialog vor und ist standardmäßig zunächst deaktiviert, der Wert von Symmetrie ist Keine. Zur Auswahl stehen Ihnen die Optionen Spiegeln, Kacheln und Mandala.

▲ **Abbildung 9.116**
Der Dialog Symmetrisches Malen mit den Funktionen Spiegeln, Kacheln und Mandala

Symmetrisches Malen – Spiegeln | Wenn Sie bei Symmetrie den Wert Spiegeln auswählen, stehen Ihnen folgende Optionen zur Verfügung:

1 Horizontale Symmetrie: Hier wird das Gezeichnete horizontal gespiegelt. Eine grüne Linie teilt die Bereiche auf, die gespiegelt werden.

2 Vertikale Symmetrie: Hier wird das Gezeichnete vertikal gespiegelt. Hier finden Sie eine grüne vertikale Mittellinie, welche den gespiegelten Bereich aufteilt.

3 Zentralsymmetrie: Hiermit fügen Sie eine horizontale und vertikale Achse hinzu, womit immer die diagonale Seite gespiegelt gezeichnet wird.

4 Pinseltransformation deaktivieren: Wollen Sie nicht, dass der Pinsel auf der gegenüberliegenden Seite gespiegelt gezeichnet wird, müssen Sie diese Option aktivieren.

5 Achsenposition: Standardmäßig werden die Achsen in der Mitte des Bildes platziert. Über die beiden Regler Vertikale Achsenposition und Horizontale Achsenposition können Sie diese Achsen verschieben. Gemalt wird hierbei allerdings trotzdem symmetrisch.

9.2 Die Malwerkzeuge

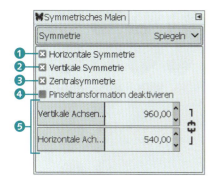

◀ **Abbildung 9.117**
Die Optionen beim symmetrischen Malen mit der Einstellung SYMMETRIE • SPIEGELN

 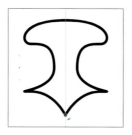 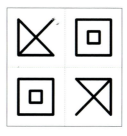 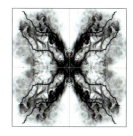

▲ **Abbildung 9.118**
Spiegeln: HORIZONTALE SYMMETRIE

▲ **Abbildung 9.119**
Spiegeln: VERTIKALE SYMMETRIE

▲ **Abbildung 9.120**
Spiegeln: ZENTRALSYMMETRIE

▲ **Abbildung 9.121**
Hier wurden alle Optionen miteinander kombiniert.

Symmetrisches Malen – Kacheln | Mit Kacheln können Sie quasi Muster durch Malen erzeugen. Die Pinselstriche werden dabei automatisch verteilt. Mit den Reglern X-INTERVALL und Y-INTERVALL können Sie den Abstand verkleinern oder vergrößern. Weitere Optionen, die Sie hierbei vorfinden, sind VERSCHIEBEN, womit Sie eine X-Verschiebung zwischen den Achsen durchführen können, und eine Begrenzung der maximalen Anzahl der Pinselstriche auf der X- und Y-Achse.

Muster erstellen

Um ein Muster aus der Kachel zu erstellen, brauchen Sie nur das Bild mit ⟨Strg⟩/⟨Cmd⟩+⟨C⟩ in die Zwischenablage zu kopieren und via BEARBEITEN • EINFÜGEN ALS • NEUES MUSTER als Muster zu speichern. Idealerweise verwenden Sie hierzu ein quadratisches Bildformat. Jetzt können Sie das Muster mit dem FÜLLEN-Werkzeug verwenden. Auf das FÜLLEN-Werkzeug wird noch gesondert in Abschnitt 9.3, »Flächen füllen«, eingegangen.

▲ **Abbildung 9.122**
Die Optionen beim symmetrischen Malen mit der Einstellung SYMMETRIE • KACHELN

▲ **Abbildung 9.123**
Ein einfaches Beispiel mit Kacheln als Symmetrie

Abbildung 9.124 ▶
Hier wurde die gezeichnete Kachel als Muster gespeichert und als neuer Hintergrund mit dem FÜLLEN-Werkzeug eingefügt.

Symmetrisches Malen – Mandala | Zum Schluss finden Sie noch die Option MANDALA vor, womit Sie Bilder von außen nach innen oder eben umgekehrt malen können. Über die ersten beiden Regler können Sie das Zentrum des Mandalas festlegen, und mit ANZAHL DER PUNKTE bestimmen Sie, wie häufig ein Pinselstrich gemalt wird. Geben Sie hier beispielsweise den Wert 8 ein und zeichnen eine Linie, werden acht Linien gezeichnet. Und wie bereits beim Spiegeln können Sie auch hier die PINSELTRANSFORMATION DEAKTIVIEREN.

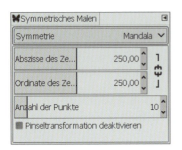

▲ **Abbildung 9.125**
Die Optionen beim symmetrischen Malen mit der Einstellung SYMMETRIE • MANDALA

▲ **Abbildung 9.126**
MANDALA bei der Ausführung

▲ **Abbildung 9.127**
Sie können gerne auch kreativer werden.

9.3 Flächen füllen

In diesem Abschnitt lernen Sie mit den Werkzeugen FÜLLEN und FARBVERLAUF zwei weitere Malwerkzeuge kennen. Zwar handelt es sich hierbei nicht um klassische Malwerkzeuge mit einer Pinselspitze, trotzdem gehören sie zu dieser Gruppe.

9.3.1 Füllen mit Farben und Muster

Das Werkzeug Füllen (Tastenkürzel ⇧+B) wird verwendet, um transparente oder gefärbte Flächen wie Ebenen oder Auswahlen mit einer Farbe oder einem Muster zu füllen.

Bedienung des Werkzeugs | Die grundlegende Bedienung des Werkzeugs ist relativ einfach: Klicken Sie mit dem Füllen-Werkzeug ❶ auf die Bildoberfläche oder eine ausgewählte Fläche ❹, wird der angeklickte Bereich mit der aktuell eingestellten Vordergrundfarbe ❷ gefüllt. Halten Sie hingegen beim Füllen die Strg/Cmd-Taste gedrückt, wird zum Füllen die aktuell eingestellte Hintergrundfarbe ❸ verwendet.

Zum Nachlesen

Das Thema Auswahlen spielt in der Bildbearbeitung neben den Ebenen eine zentrale Rolle, weshalb Sie auch hierzu einen gesonderten Teil – Teil IV – im Buch finden.

▲ Abbildung 9.128
Standardmäßig wird die eingestellte Vordergrundfarbe ❷ zum Füllen von Farbe verwendet.

Am einfachsten funktioniert das Füllen-Werkzeug auf gleichfarbigen Flächen. Bei Bildbereichen mit verschiedenfarbigen Konturen müssen Sie den Schwellwert bei den Werkzeugeinstellungen anpassen. Mit diesem Wert beeinflussen Sie, wie die gefüllte Farbe auf dem Bildbereich verteilt wird, wenn dieser nicht einfarbig ist.

Ganze Auswahl füllen

Wollen Sie unabhängig vom verwendeten Schwellwert schnell und ohne Kompromisse eine ganze Fläche mit verschiedenfarbigen Konturen mit einer Farbe oder einem Muster füllen, halten Sie einfach die ⇧-Taste gedrückt.

▲ Abbildung 9.129
Wenn Sie mit den Standardeinstellungen des Füllen-Werkzeugs diesen Farbverlauf mit einer Farbe füllen …

▲ Abbildung 9.130
… hängt das Ergebnis vorwiegend vom verwendeten Schwellwert der Werkzeugeinstellung ab.

▲ Abbildung 9.131
Noch ein Beispiel, diesmal mit einem höheren Schwellwert, wodurch noch mehr Pixel gefüllt werden

▲ Abbildung 9.132
Das Gleiche gilt natürlich auch für das Füllen mit Mustern.

Werkzeugeinstellungen | Die Einstellungen Modus und Deckkraft wurden bereits im Abschnitt »Gemeinsame Werkzeugeinstellungen« ab Seite 263 näher beschrieben.

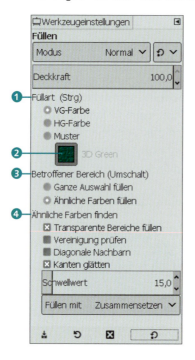

◂ Abbildung 9.133
Werkzeugeinstellungen des Füllen-Werkzeugs

Unter Füllart ❶ stehen Ihnen folgende drei Optionen zur Verfügung:

▸ VG-Farbe (Vordergrundfarbe): Damit erfolgt die Füllung mit der aktuellen Vordergrundfarbe. Wenn HG-Farbe aktiv ist, können Sie kurzfristig mit gedrückter ⌜Strg⌝/⌜Cmd⌝-Taste die VG-Farbe verwenden.

▸ HG-Farbe (Hintergrundfarbe): Füllung mit aktueller Hintergrundfarbe. Wenn VG-Farbe aktiv ist, können Sie mit gedrückter ⌜Strg⌝/⌜Cmd⌝-Taste die HG-Farbe verwenden.

▸ Muster: Wenn Sie diese Option wählen, wird beim nächsten Füllen das aktuelle Muster verwendet. Innerhalb der Werkzeugeinstellungen wählen Sie über die entsprechende Schaltfläche ❷ aus verschiedenen von GIMP vordefinierten Mustern.

Unterhalb von Betroffener Bereich ❸ können Sie von einer der beiden folgenden Optionen auswählen:

▸ Ganze Auswahl füllen: Mit dieser Einstellung füllen Sie die komplette Auswahl bzw. Ebene unabhängig von Schwellwert und verschiedenfarbigen Konturen. Wenn Ähnliche Farben

9.3 Flächen füllen

FÜLLEN aktiv ist, können Sie kurzfristig mit gedrückter ⇧-Taste zu GANZE AUSWAHL FÜLLEN wechseln.
- ÄHNLICHE FARBEN FÜLLEN: Das ist die Standardeinstellung und lässt sich mit den weiteren Werten unterhalb von ÄHNLICHE FARBEN FINDEN ❹ einstellen. Wenn GANZE AUSWAHL FÜLLEN aktiv ist, können Sie kurzfristig mit gedrückter ⇧-Taste zu ÄHNLICHE FARBE FÜLLEN wechseln.

Die Einstellungen von ÄHNLICHE FARBEN FINDEN ❹ sind nur dann aktiviert, wenn Sie die Option ÄHNLICHE FARBEN FÜLLEN aktiviert haben. Hier finden Sie alle Optionen, wie die Farben bei verschiedenfarbigen Konturen gefüllt werden sollen. Folgende Bedeutungen verbergen sich hinter diesen Einstellungen:
- TRANSPARENTE BEREICHE FÜLLEN: Mit Hilfe dieser Option werden auch transparente (durchsichtige) Bereiche mit geringer oder gar keiner Deckkraft gefüllt.
- VEREINIGUNG PRÜFEN: Aktivieren Sie diese Option, werden auch die darunterliegenden sichtbaren Ebenen mitberücksichtigt.
- DIAGONALE NACHBARN: Diese Option erklärt sich wörtlich ganz gut und berücksichtigt, wenn aktiviert, auch den diagonalen Nachbarn anstatt nur den unmittelbaren Nachbarn. In Abbildung 9.136 sehen Sie vier schwarze Rechtecke, von denen eines mit blauer Farbe gefüllt wurde. Wird die Option DIAGONALE NACHBARN aktiviert, werden auch die anderen schwarzen Rechtecke beim Füllen berücksichtigt, die diagonal zum zu befüllenden Bereich liegen, wie Sie es in Abbildung 9.137 auch sehen können.

▲ Abbildung 9.134
Ohne Aktivieren der Option TRANSPARENTE BEREICHE FÜLLEN wird die rechte obere Ecke, die hier komplett tranparent ist, nicht mit einer Farbe gefüllt.

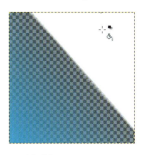

▲ Abbildung 9.135
Erst mit Aktivieren der Option TRANSPARENTE BEREICHE FÜLLEN klappt es auch mit dem Einfärben des transparenten Bereichs.

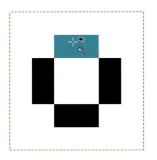 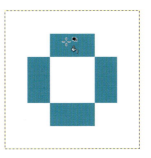

◂◂ Abbildung 9.136
Ohne die Option DIAGONALE NACHBARN

◂ Abbildung 9.137
Mit der Option DIAGONALE NACHBARN

- SCHWELLWERT: Mit diesem Regler stellen Sie ein, wie ähnlich die Farben sein sollen, die beim Füllen berücksichtigt werden. Je niedriger dieser Wert ist, desto weniger ähnliche Farben werden bei der Füllung erfasst. Je höher dieser Wert, desto mehr Farben werden berücksichtigt. Beim maximalen Wert von 255 werden alle Farben der Ebene oder Auswahl berücksichtigt und bei einem Wert von 0 keine Farben.

Zum Nachlesen

Das Thema Farbkanäle wird in Abschnitt 14.3, »Kanäle und Auswahlmasken«, behandelt.

▸ FÜLLEN MIT: Mit dieser Option wählen Sie aus, nach welchen Farbkriterien die Füllung erfolgen soll. Mit ROT, GRÜN oder BLAU erfolgt die Auswahl nach Farben im roten, grünen oder blauen Kanal (nicht Farbe!). Mit FARBTON werden ähnliche Farbtöne, mit SÄTTIGUNG ähnliche Sättigungen und mit WERT ähnliche Helligkeitswerte ausgewählt.

9.3.2 Eigene Muster erstellen und verwalten

Im Grunde sind Muster nichts anderes als kleine Bildstücke, die sich sauber und nahtlos aneinanderreihen, wenn Sie damit eine größere Fläche füllen.

▲ Abbildung 9.138
Ein 2 048 × 2 048 Pixel großes Grasmuster

Abbildung 9.139 ▸
Das Grasmuster reiht sich bei seiner Verwendung nahtlos aneinander. Muster: *texturemate.com*

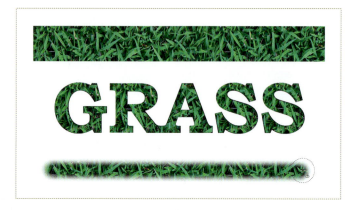

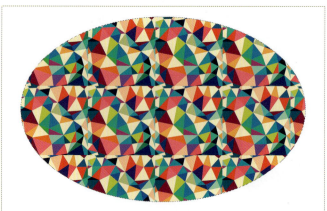

Abbildung 9.140 ▸
Zur Demonstration ein Muster, das nicht nahtlos ist. Hier sind eindeutig die einzelnen Kacheln des Musters zu erkennen.

Zum Nachlesen

Das Klonen-Werkzeug wird in Abschnitt 25.1, »Retusche mit dem Klonen-Werkzeug«, näher behandelt.

Werkzeuge für die Verwendung von Mustern | Neben dem hier behandelten Werkzeug FÜLLEN können Sie Muster auch mit dem Werkzeug KLONEN und dem Kommando BEARBEITEN • MIT MUSTER FÜLLEN verwenden.

Besonders häufig wird nachgefragt, wie man mit Mustern nahtlos malen kann. Die Lösung ist das KLONEN-Werkzeug. Solange Sie hier die Pinselspitze nicht absetzen (Maustaste loslassen), können Sie mit diesem Werkzeug mit allen Pinselspitzen nahtlos arbeiten. Alternativ ziehen Sie auch eine Auswahl oder einen Pfad über das Menü BEARBEITEN • AUSWAHL NACHZIEHEN oder BEARBEITEN • PFAD NACHZIEHEN mit einem Muster nach.

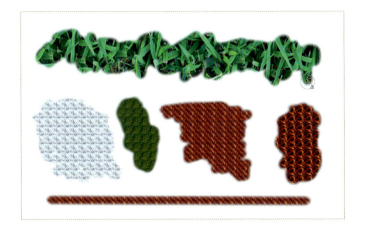

◄ **Abbildung 9.141**
Echtes Aufmalen eines nahtlosen Musters funktioniert nur mit dem KLONEN-Werkzeug.

Die Muster von GIMP | GIMP verfügt zwar von Haus aus über einige vordefinierte Muster, diese reichen aber in keinem Fall für die Praxis aus. Von vordefinierten Mustern, Pinseln und vielleicht auch Farbverläufen kann man nie genug haben, um für kreative Fälle gerüstet zu sein.

Eine gute Übersicht über die Auswahl an vorhandenen Mustern dürften Sie meistens über die Werkzeugeinstellungen vom FÜLLEN- oder KLONEN-Werkzeug erhalten, indem Sie MUSTER ❶ und dann die entsprechende Schaltfläche ❷ anklicken. Darauf öffnet sich ein vereinfachter MUSTER-Dialog, in dem Sie aus den vorhandenen Mustern durch Anklicken eins auswählen können.

Über die ersten beiden Schaltflächen links unten ❸ im vereinfachten MUSTER-Dialog verkleinern bzw. vergrößern Sie die Vorschaugröße der einzelnen Muster. Mit den nächsten beiden Schaltflächen ❹ wählen Sie zwischen einer Listen- und einer Rasterdarstellung der Vorschau. Mit der letzten Schaltfläche ❺ rufen Sie den MUSTER-Dialog auf.

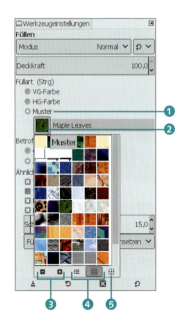

▲ **Abbildung 9.142**
Der vereinfachte MUSTER-Dialog

Der »Muster«-Dialog | Neben der Muster-Auswahl über die Werkzeugeinstellungen von FÜLLEN und KLONEN erreichen Sie den MUSTER-Dialog auch über das Menü FENSTER • ANDOCKBARE DIALOGE • MUSTER oder die Tastenkombination [Strg]/[Cmd]+[⇧]+[P]. Im Dialog können Sie über die kleine Schaltfläche rechts oben ❷ (Abbildung 9.144) die Ansicht der Miniaturvorschau auf Listen- oder Rasterdarstellung umschalten sowie die Vorschaugröße ändern. Das Muster, das Sie hierbei auswählen

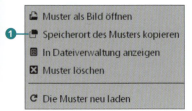

▲ **Abbildung 9.143**
Kontextmenü des MUSTER-Dialogs

Kontextmenü
Wenn Sie mit der rechten Maustaste im MUSTER-Dialog klicken, erscheint ein Kontextmenü mit denselben Befehlen wie im MUSTER-Dialog selbst. Zusätzlich finden Sie hier den Befehl SPEICHERORT DES MUSTERS KOPIEREN ❶, mit dem Sie den Pfad zur Datei des Musters als Text in der Zwischenablage sichern können.

◀ **Abbildung 9.144**
Der MUSTER-Dialog in der Listendarstellung. Hierbei finden Sie den Namen des Musters und dessen Größe in Pixel gleich neben der Miniaturvorschau vor.

(anklicken), wird auf alle Werkzeuge und Kommandos angewendet, die auf ein Muster zugreifen.

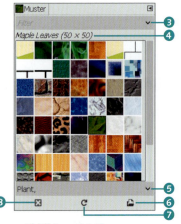

▲ **Abbildung 9.145**
Der MUSTER-Dialog in der Rasterdarstellung mit Name und Größe des Musters in der Titelleiste ❹.

Mit dem Löschen-Symbol ❽ löschen Sie Muster. Allerdings ist diese Schaltfläche nur aktiv, wenn sich die Muster im persönlichen Musterverzeichnis von GIMP befinden, also im Grunde nur bei den Mustern, die Sie selbst GIMP hinzugefügt haben. Die vorinstallierten Muster von GIMP können Sie hiermit nicht löschen.

Mit der mittleren Schaltfläche ❼ laden Sie die Muster neu. Dies wird beispielsweise nötig, wenn Sie ein neues Muster erstellt und gespeichert oder installiert haben. Mit der dritten und letzten Schaltfläche ❻ können Sie das aktive Muster im Bildfenster laden und gegebenenfalls bearbeiten (zum Beispiel umfärben und als neues Muster speichern). Wie auch schon bei den Pinselspitzen finden Sie hier die Stichwort-Tags. Im unteren Teil können Sie über ein Textfeld bzw. eine Dropdown-Liste ❺ ein markiertes Muster mit einem Stichwort-Tag versehen und bei Bedarf über den Filter ❸, der ebenfalls eine Mischung aus Textfeld und Dropdown-Liste ist, ein Muster einfacher wieder auffinden bzw. ausfiltern. Bei einer umfangreichen Sammlung von Mustern kann dies sehr hilfreich sein.

Das Zwischenablage-Muster | Wie schon bei den Pinselspitzen finden Sie einen Bildbereich, den Sie mit BEARBEITEN • KOPIEREN oder BEARBEITEN • AUSSCHNEIDEN in die Zwischenablage kopieren, als Muster in der linken oberen Ecke ❾ des MUSTER-Dialogs wieder. Dieses Muster, das in derselben Form auch im PINSEL-Dialog vorhanden ist und verwendet werden kann, können Sie so lange nutzen, bis Sie einen anderen Bildbereich in die Zwischenablage kopieren oder GIMP beenden.

9.3 Flächen füllen

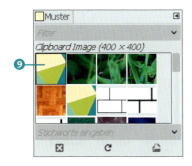

◀ Abbildung 9.146
Muster aus der Zwischenablage

Zwischenablage als Muster
Sie können auch jederzeit aus der Zwischenablage über das Kommando BEARBEITEN • EINFÜGEN ALS • NEUES MUSTER ein neues Muster erstellen. Im sich öffnenden Dialog (einem Skript-Fu-Programm) brauchen Sie nur noch MUSTERNAME und Dateiname anzugeben. Das Muster wird dann im persönlichen Musterverzeichnis mit der Endung »*.pat« (für *pattern*) gespeichert.

Muster aus dem Internet installieren | GIMP um fertige Muster aus dem Internet zu erweitern ist ein Kinderspiel und in nur vier Schritten erledigt.

Schritt für Schritt
Muster nachinstallieren

1 Muster herunterladen

Zunächst müssen Sie sich fertige Muster für GIMP herunterladen. Eine riesige Auswahl hochwertiger Muster finden Sie zum Beispiel unter *http://deviantart.com/*. Geben Sie hier in der Suche »gimp pattern« ein, und Sie erhalten eine eindrucksvolle Liste mit hochwertigen Mustern für GIMP. Entscheiden Sie sich für ein Muster (oder eine Sammlung), und laden Sie das Gewünschte herunter.

Speicherort der Muster
Wo das Musterverzeichnis von GIMP abgelegt ist, können Sie über BEARBEITEN • EINSTELLUNGEN • ORDNER • MUSTER ermitteln und dort gegebenenfalls weitere Verzeichnisse hinzufügen.

Lizenzierung beachten
Zwar sind die meisten Muster für den privaten (und teilweise auch kommerziellen) Gebrauch kostenlos. Trotzdem sollten Sie zur Sicherheit immer erst beim Urheber der Muster nachfragen, wenn Sie Größeres mit dem Muster vorhaben.

◀ Abbildung 9.147
Suchen Sie sich ein Muster aus. Hier wird eine ganze Sammlung mit Glitter als Muster heruntergeladen.

2 Muster installieren

Meistens werden die Muster in ein ZIP- oder TAR-Paket verpackt sein, so dass Sie sie zunächst mit einem Packprogramm extrahieren (entpacken) müssen. Danach brauchen Sie diese Datei(en) nur noch in ein persönliches Musterverzeichnis von GIMP zu kopieren. Die Muster haben die Dateiendung »*.pat« (kurz für englisch *pattern* = Muster). Das persönliche Musterverzeichnis ermitteln Sie über BEARBEITEN • EINSTELLUNGEN • ORDNER • MUSTER.

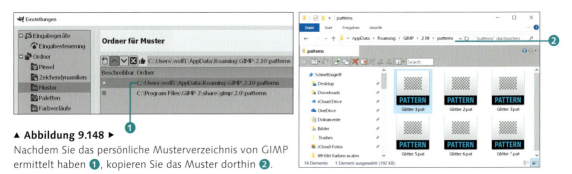

▲ **Abbildung 9.148** ▶
Nachdem Sie das persönliche Musterverzeichnis von GIMP ermittelt haben ❶, kopieren Sie das Muster dorthin ❷.

▲ **Abbildung 9.149**
Muster neu laden mit dem MUSTER-Dialog

Abbildung 9.150 ▶
Die neuen Muster im Einsatz, hier mit dem FÜLLEN-Werkzeug

3 Muster neu laden
Öffnen Sie jetzt den MUSTER-Dialog über FENSTER • ANDOCKBARE DIALOGE • MUSTER (oder ⬆+Strg/Cmd+P). Klicken Sie im Dialog auf die Schaltfläche MUSTER NEU LADEN ❸. Daraufhin sollten die neuen Muster angezeigt werden.

4 Muster verwenden
Nun können Sie die neuen Muster wie üblich mit dem FÜLLEN-Werkzeug oder dem KLONEN-Werkzeug verwenden.

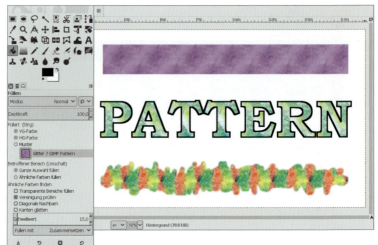

Eigene Muster erstellen und installieren | Es gibt viele Möglichkeiten, eigene Muster zu erstellen. Sie können Ihrer Kreativität freien Lauf lassen, aber auch auf vorhandene Hilfsmittel zurückgreifen. Ich möchte die Möglichkeiten hier nur stichpunktartig auflisten. Ein so erstelltes Muster speichern Sie mit der Dateiendung »*.pat« im persönlichen Musterverzeichnis von GIMP.

- Mit der Funktion Symmetrisches Malen, die Sie über Fenster • Andockbare Dialoge aufrufen können, lassen sich recht komfortabel eigene Muster erstellen Die Funktion wurde auf Seite 302, im Abschnitt »Symmetrisches Malen«, beschrieben.
- Eigene Muster können Sie beispielsweise über die Renderfilter bei Filter • Render erstellen. Viele dieser Filter bieten die Möglichkeit, das Resultat nahtlos (kachelbar) zu machen. Um die Ränder nahtloser zu machen, ist Ihnen auch der Filter Kachelbarer Weichzeichner (Filter • Weichzeichnen • Kachelbarer Weichzeichner) behilflich.
- Um Bilder oder Bildausschnitte nahtlos oder kachelbar zu machen, finden Sie in Filter • Abbilden einige nützliche Werkzeuge. Besonders der Filter Nahtlos kacheln lässt sich für Muster sehr schön verwenden.

◂ Abbildung 9.151
Das Ausgangsbild für unser Muster

◂ Abbildung 9.152
Hier wurde das Bild als quadratischer Bereich zugeschnitten und mit dem Filter Abbilden • Nahtlos kacheln präpariert und auf eine Größe von 512 × 512 Pixel klein skaliert.

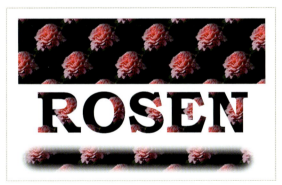

◂ Abbildung 9.153
Das Ergebnis des Musters mit den Rosen kann sich nach dem Speichern und Neuladen sehen lassen.

9.3.3 Menübefehle zum Füllen

Im Menü Bearbeiten finden Sie drei weitere Befehle – Mit Vordergrundfarbe füllen (oder [Strg]/[Cmd]+[.]), Mit Hintergrundfarbe füllen (oder [Strg]/[Cmd]+[.]) und Mit Muster füllen (oder [Strg]/[Cmd]+[;]) –, mit denen Sie eine Ebene oder einen (ausgewählten) Bildbereich mit der aktuell eingestellten Vordergrund- oder Hintergrundfarbe bzw. einem Muster füllen.

Konturen nachfahren

Auch zum Nachziehen einer Auswahl oder eines Pfades finden Sie im Menü BEARBEITEN entsprechende Befehle. Mehr dazu erfahren Sie auf Seite 396, »Auswahl nachziehen«, und in Schritt 6 »Pfad füllen/nachziehen« auf Seite 728.

Alle drei Befehle füllen allerdings die Fläche kompromisslos aus und achten nicht auf unterschiedliche Farbkonturen oder transparente Bildbereiche. Bezogen auf das FÜLLEN-Werkzeug verwenden diese Befehle alle einen Schwellwert von 255 (siehe Werkzeugeinstellung SCHWELLWERT auf Seite 307).

9.3.4 Das Farbverlauf-Werkzeug

Mit dem FARBVERLAUF-Werkzeug (Tastenkürzel G) füllen Sie einen Bildbereich mit einem Verlauf. Solche Verläufe werden in der Praxis für kreative Arbeiten oder fortgeschrittene Techniken verwendet.

Die Möglichkeit, einen Farbverlauf auf der Leinwand zu editieren, ist neu in GIMP 2.10 hinzugekommen.

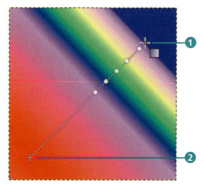

◀ Abbildung 9.154
Mit dem Start- und Endpunkt legen Sie die Richtung des Verlaufs fest. Anhand der Länge der Linie bestimmen Sie, wie weich der Verlauf werden soll.

Verlauf abbrechen

Solange die Farbverlauf-Linie noch aktiv ist, können Sie den kompletten Vorgang mit Esc abbrechen.

Bedienung des Werkzeugs | Zum Füllen eines bestimmten Bildbereichs mit dem FARBVERLAUF-Werkzeug klicken Sie auf den Startpunkt ❷ im Bildfenster und ziehen mit gedrückter linker Maustaste eine Linie in die Richtung des Verlaufs. Der Verlauf endet an der Position, an der Sie die Maustaste wieder loslassen ❶ (Endpunkt). Der Verlauf wird sofort während des Aufziehens angezeigt und ist nicht endgültig, wenn Sie die Maustaste loslassen.

Mit diesen beiden Punkten bestimmen Sie die Richtung des Verlaufs. Wie weich der Übergang wird, hängt von der Länge der Linie (vom verwendeten Verlauf) ab. Je länger diese ist, desto weicher wird der Verlauf.

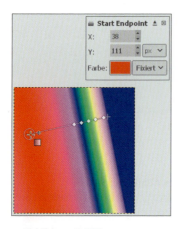

▲ Abbildung 9.155
Sofern das FARBVERLAUF-Werkzeug nicht gewechselt wurde und Sie nicht ⏎ gedrückt haben, können Sie den Start- und Endpunkt jederzeit in der Position verschieben.

Solange Sie das FARBVERLAUF-Werkzeug nicht wechseln oder ⏎ betätigen, können Sie den Start- und Endpunkt des Verlaufs jederzeit mit gedrückter Maustaste verschieben. Sie können den Start- und Endpunkt aber auch über den kleinen Dialog rechts oben bei den XY-Koordinaten angeben, je nachdem, welchen Punkt Sie mit der Maus aktiviert haben. Die Standardangaben sind zwar in Pixel, aber Sie können über die Dropdown-Liste auch andere Einheiten wie zum Beispiel Prozent verwenden. Die komplette Farbverlauf-Linie verschieben können Sie hingegen, wenn Sie die Alt-Taste gedrückt halten.

Wollen Sie einen Verlauf auf einen bestimmten Bereich beschränken, müssen Sie vorher noch eine Auswahl anlegen.

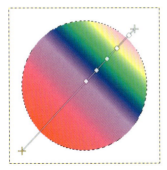

◄ Abbildung 9.156
Ein eingeschränkter Farbverlauf innerhalb einer Auswahl

Werkzeugeinstellungen | Zunächst finden Sie auch hier wieder, wie bei fast allen Malwerkzeugen, die beiden Einstellungen MODUS und DECKKRAFT, die bereits im Abschnitt »Gemeinsame Werkzeugeinstellungen« auf Seite 263 näher beschrieben wurden.

Unter FARBVERLAUF ❸ können Sie aus einer Liste von vordefinierten Farbverläufen auswählen. Standardmäßig ist hierbei ein linearer Farbverlauf eingestellt, der aus der eingestellten Vorder- und Hintergrundfarbe gebildet wird. Mit UMKEHREN ❹ können Sie die Richtung des eingestellten Farbverlaufs umdrehen. Über die Dropdown-Liste darunter ❺ können Sie das Farbmodell für den Farbverlauf auswählen.

Mit VERSATZ ❽ verschieben Sie den Anfangspunkt des Farbverlaufs von links nach rechts – sprich, Sie verändern die Größe des Farbübergangs (schieben diesen nach rechts). Bei der Standardeinstellung von 0 ergibt sich ein weicherer Übergang. Je höher dieser Wert wird, desto mehr wird der Farbübergang nach rechts beschränkt. Bei einem Wert von 100 besteht der Farbverlauf nur noch aus der Farbfüllung der ersten Farbe im Verlauf.

▲ Abbildung 9.157
Die Werkzeugeinstellungen von FARBVERLAUF

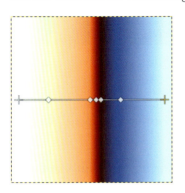

▲ Abbildung 9.158
Versatz von 0 %

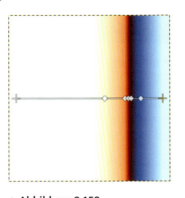

▲ Abbildung 9.159
Versatz von 50 %

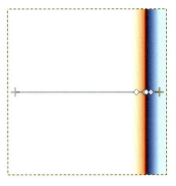

▲ Abbildung 9.160
Versatz von 80 %

> **Senkrechter oder waagerechter Verlauf**
>
> Benötigen Sie einen exakten senkrechten oder waagerechten Verlauf, halten Sie einfach die [Strg]/[Cmd]-Taste gedrückt, nachdem Sie den Startpunkt festgelegt haben. Neben waagerechten und senkrechten Linien können Sie auch Verläufe in 15°-Schritten erstellen.

Eine weitere wichtige Werkzeugeinstellung ist FORM ❻ (Abbildung 9.157), womit Sie vorgeben, mit welcher Form der Farbverlauf aufgetragen wird. Hierbei können Sie zwischen folgenden Farbverlaufsformen auswählen:

▶ LINEAR: Das ist die Standardeinstellung, mit der ein linearer und gerader Übergang zwischen den verwendeten Farben entsteht.

▶ BI-LINEAR: Wie LINEAR, nur generiert diese Option einen gespiegelten linearen und geraden Übergang zwischen den Farben.

▶ KREISFÖRMIG: Zeichnet einen kreisförmigen Farbübergang vom Startpunkt als Mittelpunkt bis zum Endpunkt als Radius.

▶ QUADRATISCH: Wie KREISFÖRMIG, nur wird hierbei ein quadratischer Farbübergang vom Startpunkt als Zentrum bis zum Endpunkt des Verlaufs erstellt. Zu dieser Version gehören auch FORMANGEPASST (WINKLIG), FORMANGEPASST (SPHÄRISCH) und FORMANGEPASST (DIMPLED).

▶ KONISCH: Hier gibt es mit SYMMETRISCH und ASYMMETRISCH zwei Varianten, mit denen Sie konische Farbverläufe erstellen.

▶ SPIRALE: Auch hiervon gibt es mit RECHTSDREHEND und LINKSDREHEND zwei verschiedene Varianten, die einen Farbverlauf als Spirale zeichnen.

▲ **Abbildung 9.161**
Übersicht über die verschiedenen Formen von Farbverläufen, von links nach rechts: LINEAR, BI-LINEAR, KREISFÖRMIG, QUADRATISCH, KONISCH (SYMMETRISCH), KONISCH (ASYMMETRISCH), FORMANGEPASST (WINKLIG), FORMANGEPASST (SPHÄRISCH), FORMANGEPASST (DIMPLED), SPIRALE (RECHTSDREHEND), SPIRALE (LINKSDREHEND)

Unterhalb der Form finden Sie die Option WIEDERHOLUNG ❼, mit der Sie für die Formen einstellen, ob und wie sich die Verläufe wiederholen sollen. Standardmäßig ist hier KEINE Wiederholung eingestellt. Zur Auswahl stehen die SÄGEZAHNWELLE, mit der der

Übergang nach dem Start- und Endpunkt des Farbverlaufs von Neuem beginnt. Die Übergänge dazwischen sind allerdings dann abrupt und hart. Mit DREIECKSWELLE hingegen wird die Wiederholung sanfter, und mit ABSCHNEIDEN wird der Verlauf vor und nach dem Start- und Endpunkt abrupt beendet bzw. angeschnitten.

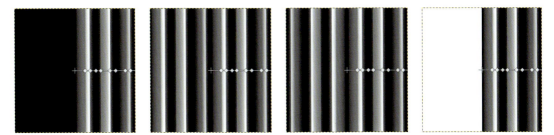

▲ **Abbildung 9.162**
Hier der Vergleich von Wiederholung bei einem linearen Farbverlauf, von links nach rechts: KEINE WIEDERHOLUNG, SÄGEZAHNWELLE, DREIECKSWELLE und ABSCHNEIDEN.

Mit der Werkzeugoption DITHERING ❾ (Abbildung 9.157) verwenden Sie eine Dithering-Methode für den Farbverlauf, und mit ANPASSENDE HOCHRECHNUNG ❿ wird, wenn aktiviert, an härteren Übergängen ein Antialiasing durchgeführt. Bei Aktivierung erscheinen zwei weitere Einstellungsmöglichkeiten: Mit den Werten MAX. TIEFE und SCHWELLWERT können Sie die Intensität des Antialiasings verstärken. Je höher der Wert ist, desto mehr Farbwerte werden einbezogen.

Am Ende finden Sie noch die Option DIREKTMODUS ⓫, womit Sie das FARBVERLAUF-Werkzeug wie in GIMP 2.8 verwenden können. Hierbei verschwindet die Verlaufslinie gleich, nachdem Sie die Maustaste nach dem Aufziehen des Verlaufs aufgezogen haben. Sie können diese Funktion auch mit gehaltener ⇧-Taste während des Aufziehens des Verlaufs verwenden. Und mit AKTIVEN FARBVERLAUF BEARBEITEN ⓬ können Sie den Farbverlauf gleich an Ort und Stelle bearbeiten. Dies geht allerdings nicht mit den vordefinierten Farbverläufen von GIMP. Diese sind schreibgeschützt.

Werkzeuge für die Verwendung von Farbverläufen | Neben dem Werkzeug FARBVERLAUF können Sie auch mit PINSEL, STIFT und SPRÜHPISTOLE einen Farbverlauf aufmalen. Hierfür müssen Sie bei den entsprechenden Werkzeugen bei FARBOPTIONEN ❷ einen entsprechenden Farbverlauf auswählen. Entscheidend, um dann auch einen FARBVERLAUF aufzumalen, ist die ausgewählte ZEICHENDYNAMIK ❶. Hier müssen Sie einen entsprechenden Pinsel auswählen, bei dem auch ein Häkchen bei FARBE ❸ in der Zeichendynamik gesetzt ist. Im Beispiel wurde die Dynamik RANDOM COLOR dafür verwendet. Allerdings können Sie hierfür jederzeit eine eigene Zeichendynamik erstellen.

Filter »Auf Farbverlauf«

Mit dem Filter FARBEN • ABBILDEN • AUF FARBVERLAUF füllen Sie ein Bild mit Farben eines Farbverlaufs.

Kapitel 9 Mit Farben malen

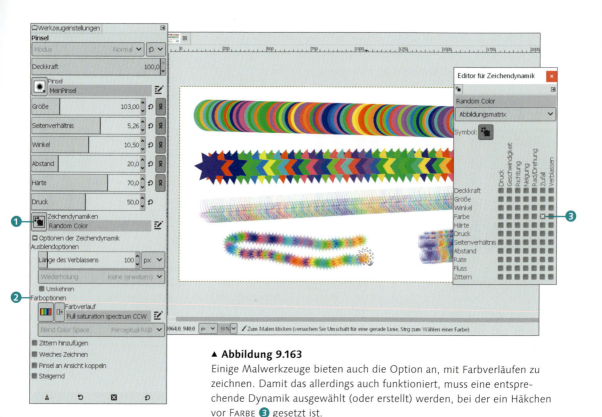

▲ **Abbildung 9.163**
Einige Malwerkzeuge bieten auch die Option an, mit Farbverläufen zu zeichnen. Damit das allerdings auch funktioniert, muss eine entsprechende Dynamik ausgewählt (oder erstellt) werden, bei der ein Häkchen vor FARBE ❸ gesetzt ist.

9.3.5 Eigene Farbverläufe erstellen und verwalten

GIMP liefert von Haus aus eine sinnvolle Menge an vorinstallierten Farbverläufen. In der Praxis kann man aber auch hier nicht genügend Auswahl haben. Es ist kein Problem, weitere Farbverläufe aus dem Internet nachzuinstallieren oder eigene Farbverläufe zu erstellen. Eine Übersicht über die Farbverläufe erhalten Sie vereinfacht über den Farbverlaufsbrowser, den Sie beispielsweise über die Werkzeugeinstellungen von FARBVERLAUF durch einen Klick auf das Icon ❹ öffnen.

Unterhalb des Farbverlaufsbrowsers können Sie über die beiden Lupensymbole ❺ die Miniaturvorschau der Farbverläufe verkleinern oder vergrößern. Mit den nächsten beiden Symbolen ❻ wechseln Sie zwischen der Listen- und Rasterdarstellung, und mit der letzten Schaltfläche ❼ öffnen Sie den FARBVERLÄUFE-Dialog, mit dem Sie die Verläufe verwalten (dazu gleich mehr).

Ein paar Worte noch zu den ersten fünf Farbverlaufseinträgen ❽, weil es sich hierbei um spezielle Fälle handelt:

▶ BENUTZERDEFINIERT: Sobald Sie einen Verlauf nach dem Aufziehen über den einzelnen Punkten der Verlaufslinie modifizieren, erscheint dieser Verlauf hier unter BENUTZERDEFINIERT.

▲ **Abbildung 9.164**
Der Farbverlaufsbrowser

9.3 Flächen füllen

▸ VG nach HG (harte Kante): Der Farbverlauf trennt die eingestellte Vorder- und Hintergrundfarbe hart und erzeugt daher keine Farbabstufung (ein harter Übergang).
▸ VG nach HG (HSV): Hier finden Sie je eine Version im und entgegen dem Uhrzeigersinn. Dabei werden alle Farbtöne im Farbkreis zwischen der eingestellten Vorder- und Hintergrundfarbe verwendet.
▸ VG nach HG (RGB): Hiermit wird ein Farbverlauf von der aktuellen Vordergrundfarbe zur Hintergrundfarbe im RGB-Modus gezeichnet.
▸ VG nach Transparent: Der Farbverlauf verwendet nur die eingestellte Vordergrundfarbe mit abnehmbarer Deckkraft. Standardmäßig wird hier ein Verlauf von vollständig deckend bis vollständig transparent gezeichnet.

Farbverlauf und Transparenz
Bei der Übersicht im Verlaufsbrowser werden Sie feststellen, dass hier viele Verläufe vorhanden sind, die nicht komplett deckend sind. Verwenden Sie solche transparenten Farbverläufe, scheint an der nicht völlig deckenden Stelle die ursprüngliche Farbe darunter durch.

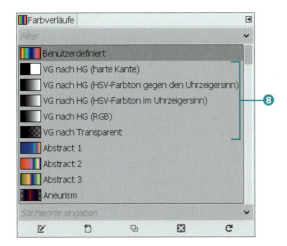

◂ **Abbildung 9.165**
Die ersten sechs Einträge bei den Farbverläufen sind spezielle Versionen.

Der »Farbverläufe«-Dialog | Sie rufen den dockbaren Farbverläufe-Dialog entweder über den Farbverlaufsbrowser bei den Werkzeugeinstellungen auf, über das Menü Fenster • Andockbare Dialoge • Farbverläufe oder mit der Tastenkombination ⌈Strg⌉/⌈Cmd⌉+⌈G⌉.

Klicken Sie im Dialog einen Farbverlauf an, wird dieser automatisch ausgewählt und bei allen Werkzeugen, die einen Farbverlauf verwenden, benutzt. Doppelklicken Sie auf einen Farbverlauf, wird dieser mit dem Farbverlaufseditor zum Bearbeiten geöffnet. Das Gleiche erreichen Sie auch, wenn Sie die kleine Schaltfläche links unten ❶ (Abbildung 9.166) im Dialog anklicken. Allerdings können Sie hierbei nur Farbverläufe nachträglich bearbeiten, die im persönlichen Farbverlaufsverzeichnis gespeichert sind. Die Farbverläufe von GIMP sind schreibgeschützt.

Vordefinierte Verläufe ändern
Wollen Sie trotzdem in GIMP vordefinierte Farbverläufe ändern, müssen Sie diese zuvor über die mittlere Schaltfläche ❸ des Farbverläufe-Dialogs duplizieren. Der duplizierte Verlauf wird auch gleich mit der Namenserweiterung »-Kopie« im Farbverlaufseditor zum Bearbeiten geöffnet.

Über die kleine Schaltfläche rechts oben ❽ ändern Sie die Größe der Miniaturvorschau oder schalten zwischen der Listen- und Rasterdarstellung um.

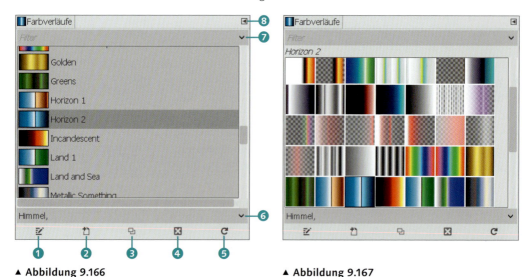

▲ **Abbildung 9.166**
Der FARBVERLÄUFE-Dialog in der Listendarstellung

▲ **Abbildung 9.167**
Der FARBVERLÄUFE-Dialog in der Rasterdarstellung

Klicken Sie auf die Schaltfläche NEUER FARBVERLAUF ❷, wird ein neuer Farbverlauf in Schwarzweiß im Verlaufseditor geöffnet, wo Sie diesen bearbeiten können. Der Farbverlauf wird auch gleich automatisch im persönlichen Farbverlaufsverzeichnis von GIMP gespeichert und steht künftig dauerhaft zur Verfügung.

Selbst erstellte oder nachträglich im persönlichen Farbverlaufsverzeichnis von GIMP gespeicherte Verläufe können Sie mit dem Löschen-Symbol ❹ jederzeit wieder löschen. Mit der letzten Schaltfläche ❺ im Dialog laden Sie die Farbverläufe im persönlichen GIMP-Verzeichnis neu. Dies ist dann nötig, wenn Sie einen neuen Verlauf in dem Verzeichnis abgelegt haben und diesen gleich verwenden wollen.

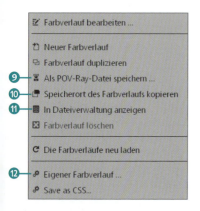

▲ **Abbildung 9.168**
Das Kontextmenü wird nach einem rechten Mausklick auf den FARBVERLÄUFE-Dialog angezeigt.

Auch hier stehen Ihnen die Stichwort-Tags zur Verfügung. Wie gehabt, können Sie im unteren Teil über das Textfeld bzw. die Dropdown-Liste ❻ einen markierten Verlauf mit einem Stichwort-Tag versehen. Zum schnellen Auffinden können Sie dann danach im Textfeld bzw. in der Dropdown-Liste FILTER ❼ danach suchen.

Sämtliche Befehle stehen Ihnen auch zur Verfügung, wenn Sie mit der rechten Maustaste auf den FARBVERLÄUFE-Dialog klicken. Im daraufhin erscheinenden Kontextmenü finden Sie vier zusätzliche Befehle:

- ▶ ALS POV-RAY-DATEI SPEICHERN ❾: Damit sichern Sie einen Farbverlauf im POV-Ray-Format, so dass er vom 3D-Grafikprogramm *POV-Ray* geöffnet und verwendet werden kann.
- ▶ SPEICHERORT DES FARBVERLAUFS KOPIEREN ❿: Damit legen Sie den vollständigen Pfadnamen zur Farbverlaufsdatei als Text in die Zwischenablage.
- ▶ IN DATEIVERWALTUNG ANZEIGEN ⓫: Damit öffnen Sie das Verzeichnis des gespeicherten Farbverlaufs gleich in der Dateiverwaltung des Betriebssystems.
- ▶ EIGENER FARBVERLAUF ⓬: Mit diesem Skript-Fu-Programm erzeugen Sie ein Bild, das mit dem ausgewählten Farbverlauf gefüllt ist. Hierbei öffnet sich ein Dialog, in dem Sie die Höhe und Breite des zu erstellenden Bildes einstellen können. Das Bild kann allerdings nur mit den Farbverläufen waagerecht von rechts nach links bzw. links nach rechts gefüllt werden.

Farbverläufe aus dem Internet nachinstallieren | Nicht immer hat man zum passenden Thema den passenden Farbverlauf. In diesem Fall müssen Sie eben einen eigenen Farbverlauf erstellen, oder Sie laden sich aus den vielen Quellen des Internets einen herunter. Eine tolle Quelle hierfür ist beispielsweise die Website *http://deviantart.com/*. Geben Sie in die Suche »gradients gimp« ein, und Sie sehen eine Liste mit vielen schönen Farbverlaufspaketen.

Lizenzierung beachten
Die meisten Farbverläufe sind zwar kostenlos zu haben, aber natürlich gilt auch hier, dass Sie bei Verwendungszwecken, die weit über den privaten Bereich hinausgehen, auf jeden Fall beim Urheber nachfragen sollten.

Schritt für Schritt
Farbverläufe nachinstallieren

1 Farbverlauf besorgen
Als Erstes müssen Sie sich einen Farbverlauf besorgen. Im Beispiel habe ich mir ein Paket mit mehreren Farbverläufen von der Website *http://deviantart.com/* heruntergeladen. Meistens werden mehrere Farbverläufe in einem ZIP-Paket gepackt sein, weshalb Sie mit einem Packprogramm die einzelnen Verläufe mit der Dateiendung »*.ggr« (kurz für **G**IMP **Gr**adient) erst noch entpacken müssen.

2 Farbverläufe installieren
Im nächsten Schritt kopieren Sie die Farbverläufe mit der Endung »*.ggr« in das persönliche Farbverläufeverzeichnis von GIMP. Den Pfad auf Ihrem System ermitteln Sie über BEARBEITEN • EINSTELLUNGEN • ORDNER • FARBVERLÄUFE (oder Sie fügen hier einen weiteren hinzu).

▲ Abbildung 9.169
Den Pfad zum Farbverläufeverzeichnis ermitteln …

▲ Abbildung 9.170
… und dorthin kopieren

3 Farbverläufe neu laden

Öffnen Sie den FARBVERLÄUFE-Dialog über FENSTER • ANDOCKBARE DIALOGE • FARBVERLÄUFE oder mit [Strg]/[Cmd]+[G], und klicken Sie dort auf die Schaltfläche FARBVERLÄUFE NEU LADEN ❶. Jetzt sollten die in das persönliche Farbverläufeverzeichnis kopierten Verläufe im Dialog aufgelistet werden.

4 Farbverläufe verwenden

Jetzt können Sie die neuen Farbverläufe wie gewöhnlich auswählen und einsetzen.

▲ Abbildung 9.171
Farbverläufe im entsprechenden Dialog neu laden. Farbverläufe: https://frostbo.deviantart.com/

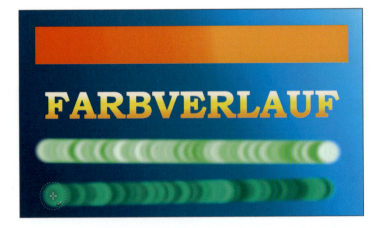

Abbildung 9.172 ▶
Die neuen Farbverläufe im Einsatz

Eigene Farbverläufe mit dem Farbverlaufseditor erstellen | Natürlich können Sie mit dem Farbverlaufseditor auch eigene Farbverläufe erstellen. Den Editor öffnen Sie am einfachsten über den FARBVERLÄUFE-Dialog. Hierzu reicht in der Regel ein Doppelklick auf den entsprechenden Farbverlauf (oder ein Klick auf die Schaltfläche FARBVERLAUF BEARBEITEN ❷) aus. Doppelklicken Sie hierbei allerdings auf einen Farbverlauf von GIMP, ist dieser schreibgeschützt und kann nicht direkt mit dem Farbverlaufseditor bearbeitet werden. Hierzu müssten Sie den Farbverlauf vorher über die entsprechende Schaltfläche ❹ duplizieren. Wollen Sie hingegen einen komplett neuen Farbverlauf von Anfang an erstellen, klicken Sie die Schaltfläche NEUER FARBVERLAUF ❸ an.

◄ Abbildung 9.173
Über den FARBVERLÄUFE-Dialog rufen Sie den Farbverlaufseditor auf.

Der Farbverlaufseditor kommt auf den ersten Blick recht nüchtern daher. Im oberen Bereich vergeben Sie den Namen ❺ für den Farbverlauf. Darunter finden Sie den Anzeigebereich ❻ des aktuellen Farbverlaufs. Hier können Sie auch durch das Anklicken innerhalb des Verlaufs die Vordergrundfarbe (oder mit gehaltener Strg/Cmd-Taste die Hintergrundfarbe) neu bestimmen. Die vorgenommenen Einstellungen werden sofort im Farbverlauf angezeigt.

Informationen zum Farbbereich
Wenn Sie mit dem Mauszeiger über den Farbbereich gehen, werden an der entsprechenden Stelle die Position, der RGB- und HSV-Wert, die BRILLANZ und die DECKKRAFT angezeigt.

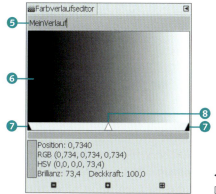

◄ Abbildung 9.174
Der Farbverlaufseditor

Mehrere Segmente aktivieren
Mehrere Segmente gleichzeitig aktivieren Sie, indem Sie diese anklicken und dabei die ⇧-Taste gedrückt halten.

Unterhalb des Farbverlaufs finden Sie eine Leiste mit dreieckigen weißen und schwarzen Reglern. Mit diesen Reglern passen Sie das Aussehen des Verlaufs an. Diese Aufteilung besitzt ein festes Schema: Zwei benachbarte schwarze Dreiecke ❼ beschreiben ein **Segment** und werden als **Begrenzungsregler** bezeichnet. Ein Segment besteht sinnvollerweise aus zwei verschiedenen Farben. Zwischen diesem Segment finden Sie noch einen weißen Regler ❽, den **Kontrollregler**, mit dem Sie den Farbübergang in dem Segment einstellen.

Das gerade aktive Segment wird grau ❾ hinterlegt, und die inaktiven sind weiß ❿. Ein Segment aktivieren Sie, wenn Sie zwischen den beiden Begrenzungsreglern klicken.

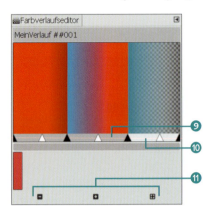

Abbildung 9.175 ▶
Ein Farbverlauf mit zwei Segmenten

Kein Rückgängigmachen

Ein größeres Manko des Farbverlaufseditors ist, dass er keine Funktion zum Rückgängigmachen besitzt. Bedenken Sie dies, wenn Sie einen Verlauf mit unzähligen Segmenten erstellt haben und damit herumexperimentieren.

Mit den drei Schaltflächen ⓫ unterhalb zoomen Sie in den Farbverlauf hinein bzw. aus ihm heraus und zeigen wieder alles 1:1 an. Das Vergrößern und Verkleinern der Anzeige des Farbverlaufs ist sehr nützlich, wenn Sie viele Begrenzungs- und Kontrollschieberegler verwenden und ändern wollen. Hierfür können Sie aber auch den Dialog in die Breite ziehen.

Die volle Vielfalt des Farbverlaufseditors eröffnet sich erst bei einem rechten Mausklick über den Farbverlauf oder über das Reitermenü.

Aufgeteilt sind diese Kommandos des Kontextmenüs in die folgenden fünf Bereiche:

▶ Farben der Endpunkte bearbeiten ❶ (Abbildung 9.176): Die Funktionen sind hierbei in jeweils vier linke und vier rechte Kommandos aufgeteilt:

▶ Über das Untermenü LINKE FARBE und RECHTE FARBE wählen Sie jeweils die aktuelle Vorder- oder Hintergrundfarbe. Sprich, sobald Sie die entsprechende Vordergrund- oder Hintergrundfarbe ändern, wird diese auch sofort im Verlauf verwendet. Die Standardeinstellung ist es, eine feste Farbe zu verwenden, die unabhängig von der eingestellten Vorder- bzw. Hintergrundfarbe ist.

▶ Mit FARBE DES LINKEN ENDPUNKTES und FARBE DES RECHTEN ENDPUNKTES können Sie die Farbe des linken bzw. rechten

Endpunktes des ausgewählten Segments über einen Farbwähler auswählen und ändern. Dieses Kommando ist allerdings nur dann aktiv, wenn die Einstellung von LINKE FARBE bzw. RECHTE FARBE auf FEST steht.

▶ Das Untermenü LINKE FARBE LADEN VON und RECHTE FARBE LADEN VON bietet viele Möglichkeiten an, eine Farbe für die entsprechende Seite auszuwählen. Für einen besonders fließenden Übergang bietet sich beispielsweise das Kommando RECHTER ENDPUNKT DES LINKEN NACHBARN oder das Gegenstück LINKER ENDPUNKT DES RECHTEN NACHBARN an.

▶ Sehr nützlich sind auch die Kommandos des Untermenüs LINKE FARBE SPEICHERN IN und RECHTE FARBE SPEICHERN IN, mit denen Sie eine Farbe für eine spätere Verwendung speichern und über das Untermenü LINKE FARBE LADEN VON und RECHTE FARBE LADEN VON wieder aufrufen können.

▶ Funktionen zum Überblenden ❷: Im Untermenü VERLAUFSFUNKTION FÜR SEGMENT legen Sie die Form des Farbübergangs innerhalb des Segments fest. Zur Verfügung stehen LINEAR, KURVEN, SINUSFÖRMIG, SPHÄRISCH (ZUNEHMEND) und SPHÄRISCH (ABNEHMEND).

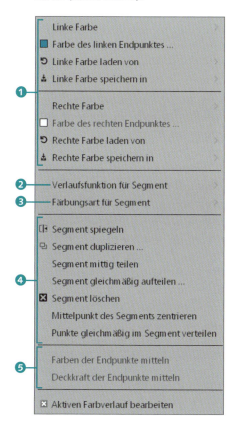

◀ **Abbildung 9.176**
Das Kontextmenü zeigt die eigentliche Vielfalt des Farbverlaufseditors.

- Einfärben von Segmenten ❸: Über das Untermenü Färbungsart für Segment stellen Sie das Farbmodell ein, das bestimmt, wie die beiden Segmentfarben ineinander übergehen. Standardmäßig ist RGB ausgewählt, womit immer der Farbverlauf von der eingestellten Vordergrund- zur Hintergrundfarbe verwendet wird. Verwenden Sie hingegen eines der HSV-Modelle, werden zusätzlich die Farben des HSV-Farbkreises dazwischen im oder entgegen dem Uhrzeigersinn verwendet.
- Segmente bearbeiten ❹: Jetzt folgt eine Reihe von Funktionen, um ein einzelnes Segment zu bearbeiten oder zu verwalten. Hierbei können Sie auch mehrere Segmente gleichzeitig bearbeiten, wenn Sie diese mit gehaltener ⇧-Taste auswählen.
    - Segment spiegeln: Damit kehren Sie das Segment um.
    - Segment duplizieren: Hiermit kopieren Sie das aktuelle Segment. Das Original-Segment und das Duplikat müssen sich hierbei den Platz des ursprünglichen Segments teilen.
    - Segment mittig teilen: Damit teilen Sie das aktive Segment in zwei Segmente auf, wodurch Sie einen weiteren weißen Kontrollregler erhalten.
    - Segment gleichmässig aufteilen: Wie die Funktion zuvor, nur wird das Segment hiermit in der Mitte aufgeteilt.
    - Segment löschen: Löscht die ausgewählten Segmente. Die schwarzen Begrenzungsregler außerhalb des Bereichs werden miteinander verschmolzen und die dazugehörenden Segmente vergrößert.
    - Mittelpunkt des Segments zentrieren: Damit richten Sie den weißen Kontrollregler zwischen den beiden schwarzen Bezugspunkten des Segments mittig aus.
    - Punkte gleichmässig im Segment verteilen: Bei einem Segment entspricht diese Funktion der zuvor erwähnten. Bei mehreren markierten Segmenten (mit gehaltener ⇧-Taste) werden alle ausgewählten Segmente gleichmäßig verteilt.
- Farben mitteln ❺: Die letzten beiden Funktionen stehen nur dann zur Verfügung, wenn Sie mit gehaltener ⇧-Taste mehrere Segmente aktiviert haben. Mit Farben der Endpunkte mitteln werden die Farben an den Endpunkten eines Segments (die schwarzen Regler) so geändert, dass dieser Verlauf möglichst weich erscheint. Das Gleiche erreichen Sie auch mit der Deckkraft über das Kommando Deckkraft der Endpunkte mitteln.

9.3 Flächen füllen

Schritt für Schritt
Eigenen Farbverlauf erstellen

Die Theorie zu den vielen Funktionen zum Erstellen eines Farbverlaufs ist nicht gerade einfach. Aber gerade weil es leider noch keine Funktion zum Rückgängigmachen gibt, sollten Sie sich vorher ein wenig mit den Funktionen befassen.

In dieser Schritt-für-Schritt-Anleitung wollen wir einfach eine Nationalflagge erstellen. GIMP liefert von Haus aus ja schon vordefinierte Flaggen mit einem harten und einem weichen Übergang. So etwas wollen wir hier auch anlegen. Als Beispiel habe ich mir die Flagge von Thailand ausgesucht, deren Farbenkombination Rot-Weiß-Blau-Rot-Weiß ist. Der blaue Streifen ist dabei in doppelter Höhe vorgegeben. Natürlich soll dieses Beispiel nur eine Anregung sein, wie Sie einen eigenen Farbverlauf erstellen. Die Möglichkeiten mit dem Farbverlaufseditor sind enorm vielseitig, was die Auswahl und Aufteilung der Segmente betrifft.

> **Tipp: Kopie erstellen**
> Gerade wenn Sie anfangs mit dem Farbverlaufseditor und den vielen Funktionen noch nicht so vertraut sind, sollten Sie des Öfteren den Verlauf sichern und dann über den FARBVERLÄUFE-Dialog duplizieren, bevor Sie einfach einmal eine Funktion testen, deren Wirkung Ihnen noch nicht ganz klar ist.

▲ **Abbildung 9.177**
Die Nationalflagge von Thailand soll zur Übung als Farbverlauf erstellt werden.

1 Neuen Farbverlauf anlegen

Öffnen Sie den FARBVERLÄUFE-Dialog (zum Beispiel mit ⌜Strg⌝/⌜Cmd⌝+⌜G⌝), und klicken Sie hier auf die zweite Schaltfläche NEUER FARBVERLAUF ❶. Jetzt öffnet sich der Farbverlaufseditor mit dem voreingestellten Schwarzweißverlauf. Hier können Sie auch gleich den Namen ❷ des Farbverlaufs eintippen.

◄ **Abbildung 9.178**
Neuen Farbverlauf anlegen

2 Anzahl der Segmente auswählen

Im nächsten Schritt soll die Anzahl der Segmente erstellt werden. Klicken Sie hierzu mit der rechten Maustaste in den Farbverlauf im Farbverlaufseditor, und wählen Sie im Kontextmenü SEGMENTE GLEICHMÄSSIG AUFTEILEN. Da unsere Flagge in fünf Farben aufgeteilt ist, ziehen Sie den Schieberegler ❸ auf fünf Segmente; bestätigen Sie den Dialog mit der Schaltfläche TEILEN ❹.

327

Anschließend sollte der Farbverlauf im Farbverlaufseditor in fünf Teile ❺ aufgeteilt sein.

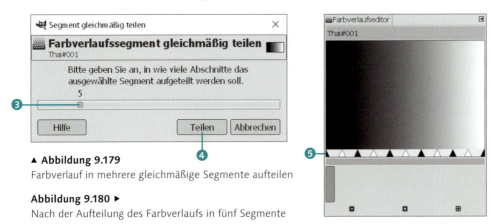

▲ **Abbildung 9.179**
Farbverlauf in mehrere gleichmäßige Segmente aufteilen

Abbildung 9.180 ▶
Nach der Aufteilung des Farbverlaufs in fünf Segmente

3 Segmente mit Farben füllen

Aktivieren Sie das erste Segment von links ❻ im Farbverlauf, und klicken Sie wieder mit der rechten Maustaste in den Farbverlauf. Wählen Sie im Kontextmenü FARBE DES LINKEN ENDPUNKTES, und wählen Sie im Farbwähler eine rote Farbe ❼ aus. Machen Sie das Gleiche mit derselben Farbe auch noch mit der linken Seite über den Befehl FARBE DES RECHTEN ENDPUNKTES. Das erste Segment sollte jetzt komplett in Rot eingefärbt sein.

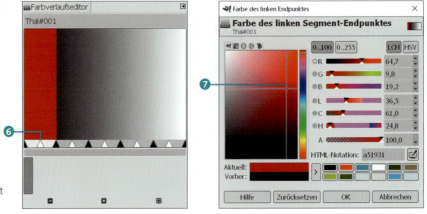

Abbildung 9.181 ▶
Das erste Segment wurde komplett in Rot eingefärbt.

4 Schritt 3 wiederholen

Wiederholen Sie Arbeitsschritt 3 mit dem zweiten, dritten, vierten und fünften Segment. Verwenden Sie hierbei die Farben entsprechend der Flagge. Der Reihe nach sind dies die Farben Weiß, Blau, Weiß und dann nochmals Rot.

9.3 Flächen füllen

5 Größe der Segmente anpassen

Da das mittlere, blaue Segment die doppelte Größe haben soll, ziehen Sie bei diesem Segment bei der linken ❽ und rechten ❾ Seite die Regler nach außen bis zum weißen Kontrollregler des benachbarten Segments. Aktivieren Sie die ersten beiden Segmente (Rot ❿ und Weiß ⓫) mit gehaltener ⇧-Taste. Rufen Sie mit der rechten Maustaste das Kontextmenü auf, und wählen Sie Punkte gleichmässig in Auswahl verteilen aus. Wiederholen Sie diesen Vorgang mit den letzten beiden Segmenten (Weiß und Rot).

▲ **Abbildung 9.182**
Der Farbverlauf nach der Verteilung der Farben an die einzelnen Segmente

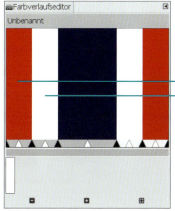

◄ **Abbildung 9.183**
Die äußeren Segmente gleichmäßig verteilt

◄◄ **Abbildung 9.184**
Das blaue Segment über die schwarzen Begrenzungsregler vergrößern

6 Verlauf duplizieren

Schließen Sie den Editor. Jetzt haben Sie einen harten Farbverlauf von der Flagge, den Sie nun verwenden können. Wir wollen hiervon allerdings zur Übung auch noch einen weichen Verlauf erstellen. Öffnen Sie daher nochmals den Farbverläufe-Dialog, wählen Sie den neuen Farbverlauf aus, und duplizieren Sie diesen über die entsprechende Schaltfläche ⓬. Benennen Sie den Farbverlauf im Farbverlaufseditor im Textfeld ⓭ aussagekräftig.

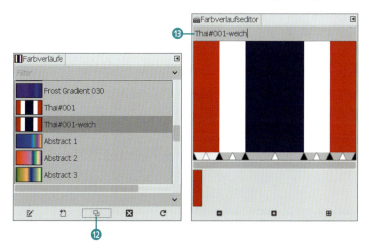

◄ **Abbildung 9.185**
Eine Kopie des Originals erstellen und weiter bearbeiten

▲ **Abbildung 9.186**
Der Farbverlauf mit weichen Übergängen

Abbildung 9.187 ▶
Die fertigen Farbverläufe können Sie jetzt wie gewöhnliche Verläufe verwenden.

Direktmodus deaktivieren
Damit die Verlaufslinie nach dem Aufziehen mit dem FARBVERLAUF-Werkzeug aktiv bleibt, darf die Option DIREKTMODUS ❹ nicht aktiviert sein. Auch ein Wechseln des Werkzeugs oder ein Betätigen von ↵ beendet die Editierbarkeit des aktuellen Verlaufs.

7 Weichen Verlauf erzeugen

Um einen weichen Verlauf zu erzeugen, brauchen Sie nur das entsprechende Segment auszuwählen und über die Kontextmenübefehle LINKE FARBEN LADEN VON • RECHTER ENDPUNKT DES LINKEN NACHBARN oder RECHTE FARBEN LADEN VON • LINKER ENDPUNKT DES RECHTEN NACHBARN zu wählen. Das Feintuning können Sie noch über die Schieberegler durchführen.

Farbverlauf über die Verlaufslinie bearbeiten | Solange nach dem Aufziehen des Verlaufs mit dem FARBVERLAUF-Werkzeug die Verlaufslinie aktiv ist, können Sie den aktiven Verlauf direkt ändern. So sind bei einer Verlaufslinie immer einzelne Segmente mit den Begrenzungsreglern als Trennung in Form einer Raute ❶ zu sehen. Gehen Sie mit dem Mauscursor zwischen diese Begrenzungsregler, erscheint der Kontrollregler in Form eines kleinen Punktes ❷. Sowohl die Begrenzungsregler als auch die Kontrollregler können Sie bei aktiven Verlaufslinien nachträglich anpassen und verschieben.

Abbildung 9.188 ▶
Über die Begrenzungsregler ❶ und den Kontrollregler ❷ kann ein aktiver Verlauf jederzeit nachträglich bearbeitet werden.

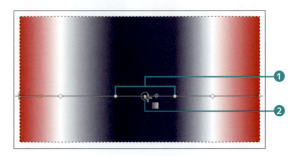

9.3 Flächen füllen

Sobald Sie einen Verlauf über die aktive Verlaufslinie geändert haben, erscheint dieser Verlauf bei den Farbverläufen unter Benutzerdefiniert ❸, wo Sie diesen mitsamt den gemachten Änderungen wiederverwenden können. Diese Anpassung ist allerdings nur temporär und bleibt nur zur Programmlaufzeit von GIMP bestehen. Es besteht aber auch die Option mit Aktiven Farbverlauf bearbeiten ❺, dies direkt mit der Verlaufslinie zu tun. Wenn diese Option aktiviert ist, dann werden die Änderungen direkt in dem Farbverlauf gespeichert und bleiben bestehen. Allerdings kann diese Option nicht für die vordefinierten Farbverläufe von GIMP verwendet werden. Wollen Sie von GIMP vordefinierte Farbverläufe ändern, müssen Sie den Farbverlauf vorher duplizieren.

▲ Abbildung 9.190
Die Werkzeugeinstellungen des Farbverlauf-Werkzeugs

◀ Abbildung 9.189
Änderungen eines Verlaufs über die Verlaufslinien werden nur temporär gespeichert.

Schritt für Schritt
Farbverlauf mit der Verlaufslinie erstellen bzw. anpassen

Da die Farbverlaufslinie wesentlich komfortabler zu bedienen ist als der Farbverlaufseditor und sich hiermit auch neue Verläufe erstellen lassen, will ich Ihnen in einer kleinen Anleitung die Funktionen vorstellen. Hierbei werden Sie feststellen, dass sich die Verlaufslinie zu weitaus mehr eignet, als »nur« die Segmente und deren Begrenzungen zu verschieben.

1 **Verlauf aufziehen**
Ziehen Sie den gewünschten Verlauf mit dem Farbverlauf-Werkzeug auf. Hierbei hängt es zunächst davon ab, ob Sie einen von GIMP zur Verfügung gestellten Verlauf oder einen selbst erstellten oder nachinstallierten Verlauf aus dem persönlichen Benutzerverzeichnis anpassen wollen. In den letzten beiden Fällen können Sie die Änderungen direkt mit der Option Aktiven Farbverlauf bearbeiten ❷ (Abbildung 9.192) durchführen. Ich persönlich ziehe es immer vor, über den Farbverläufe-Dialog (Fenster • Andock-

Rückgängig machen
Im Gegensatz zum Farbverlaufseditor können Sie beim Anpassen und Erstellen eines Farbverlaufs mit der Verlaufslinie die einzelnen Schritte mit Strg/Cmd+Z rückgängig machen.

▲ Abbildung 9.191
Ich dupliziere gewöhnlich einen von GIMP zur Verfügung gestellten Verlauf.

331

Abbildung 9.192 ▼
Ein Farbverlauf wurde mit der Verlaufslinie aufgezogen.

BARE DIALOGE • FARBVERLÄUFE) einen von GIMP zur Verfügung gestellten Verlauf zu duplizieren. Ich dupliziere hier zunächst den Verlauf VG NACH HG (HARTE KANTE) und benenne diesen gleich entsprechend ❶. Jetzt erst ziehe ich den Verlauf auf und setze mein Häkchen vor AKTIVEN FARBVERLAUF BEARBEITEN ❷.

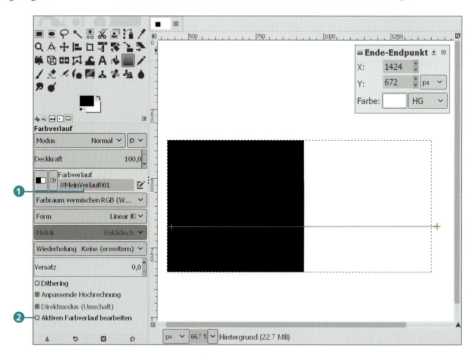

Neuen Stopp-Punkt aus Mittelpunkt erstellen

Noch interessanter sind die zwei Schaltflächen darunter. Mit der linken Schaltfläche ❼ können Sie aus dem Kontrollpunkt einen STOPP-Punkt machen und somit ein neues Segment anlegen. Mit der Schaltfläche daneben ❻ hingegen können Sie den Kontrollpunkt zwischen den beiden Begrenzungspunkten mittig ausrichten.

2 Mittelpunkt anpassen

Anhand des Beispiels mit dem sehr einfachen Farbverlauf aus der Vordergrund- und Hintergrundfarbe lässt sich sehr schön ein einzelnes Segment eines Farbverlaufs erklären. Jedes Segment besteht aus einem START-Punkt und einem ENDE-Punkt, und dazwischen befindet sich ein MITTELPUNKT ❽, der als Kreissymbol angezeigt wird. Wenn Sie einen solchen Mittelpunkt anklicken, wird rechts oben ein Dialog mit den Optionen für den Mittelpunkt eingeblendet. Sie können die POSITION ❸ als Zahlenwert anpassen, die Art der MITTELUNG ❹ vorgeben und die FÄRBUNG ❺ (RGB oder HSV) vorgeben. Die POSITION können Sie auch mit gedrückt gehaltener Maustaste selbst am Mittelpunkt regeln.

Mit der MITTELUNG hingegen geben Sie vor, wie der Übergang vom Start- und Endpunkt eines Segments erstellt werden soll. Mit dem Wert STEP (noch nicht übersetzt) wird ein harter Übergang erstellt. Mit den anderen Werten wie LINEAR, KURVE, SINUSFÖRMIG und zwei Versionen von SPHÄRISCH erstellen Sie einen weichen Übergang.

9.3 Flächen füllen

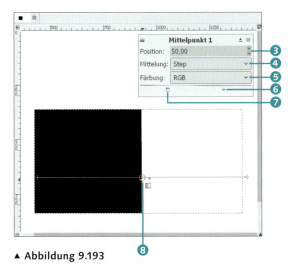

▲ Abbildung 9.193
Ein Farbverlauf wurde mit der Verlaufslinie aufgezogen. Hier wurde über MITTELUNG ein harter Übergang erstellt.

▲ Abbildung 9.194
Zur Demonstration wurde hier die MITTELUNG auf LINEAR gesetzt, um einen sanften Farbübergang zu erzielen.

3   Neue Stopp-Punkte hinzufügen

Einen neuen STOPP-Punkt können Sie entweder wie eben in Schritt 2 über die entsprechende Schaltfläche erstellen, wenn Sie einen MITTELPUNKT aktiviert haben, oder Sie klicken mit dem Mauscursor auf der Linie an einen gewünschten Bereich. Der Mauscursor wird hierbei zu einem Plussymbol 9. Einen neuen STOPP-Punkt erkennen Sie am Rautensymbol in der Linie. Die Position des STOPP-Punktes können Sie jederzeit mit gedrückter Maustaste verschieben oder auch, über den Dialog rechts oben, mit POSITION als Zahlenwert vorgeben. Auch löschen können Sie den STOPP-Punkt, indem Sie ihn auswählen und dann auf die entsprechende Schaltfläche 10 klicken oder die ←-Taste drücken.

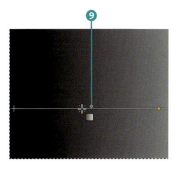

▲ Abbildung 9.195
Einen neuen STOPP-Punkt anlegen

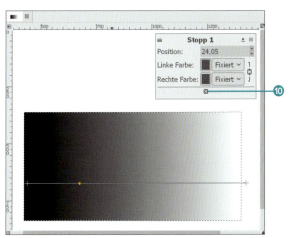

◀ Abbildung 9.196
Zum Löschen müssen Sie das Segment auswählen.

Mit jedem neuen STOPP-Punkt legen Sie auch einen neuen MITTELPUNKT mit an. So finden Sie in diesem Beispiel, ausgehend vom neuen STOPP-Punkt bis zum nächsten STOPP- bzw. START- oder ENDE-Punkt, jeweils zur linken und rechten Seite einen MITTELPUNKT vor. Genau genommen sind der START- und ENDE-Punkt auch nur STOPP-Punkte.

4 Farbe ändern

Um die Farbe zu ändern, müssen Sie auf einen STOPP-Punkt klicken. Es erscheint dann ein Dialog rechts oben, in dem Sie die POSITION ❶ und jeweils die linke und rechte Farbe ❸ des STOPP-Punktes auswählen können. Zum Ändern der Farben können Sie bei LINKE FARBE oder RECHTE FARBE auf das Farbplättchen klicken, worauf sich der FARBAUSWAHL-Dialog öffnet, oder eine eingestellte Vorder- oder Hintergrundfarbe über die Dropdown-Liste daneben auswählen. Wollen Sie für beide Seiten dieselbe Farbe verwenden, müssen Sie nur das Kettensymbol ❷ aktivieren (wie im Beispiel zu sehen). Ich habe hier eine hellblaue Farbe ausgewählt.

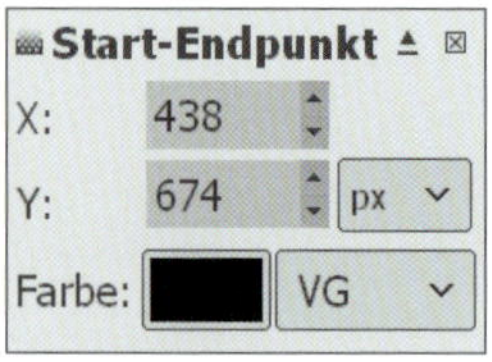

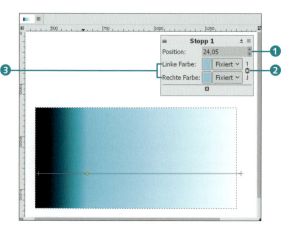

▲ Abbildung 9.197
Für den START- und ENDE-Punkt kann sinnesgemäß nur eine Farbe geändert werden.

Farbe vom Start- bzw. Ende-Punkt
Auch die Farbe für den START- und ENDE-Punkt können Sie entsprechend ändern, wenn Sie diese Punkte anklicken. Hierbei steht dann sinnesgemäß keine linke und rechte Farbe, sondern nur eine zur Verfügung.

Abbildung 9.198 ▶
Farben lassen sich über die STOPP-Punkte ändern.

5 Weitere Anpassungen

Jetzt kennen Sie alle nötigen Griffe, um weitere STOPP-Punkte anzulegen und die MITTELPUNKTE anzupassen, und können so relativ einfach und schnell schöne neue Farbverläufe erstellen.

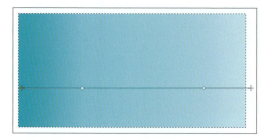

Abbildung 9.199 ▶
Ein einfacher blauer Farbverlauf, den ich zum Beispiel für einen trüben Himmel verwenden kann

Kapitel 10
Farbverfremdung

Gerne werden verschiedene Farbverfremdungen durchgeführt, um Bildern den letzten Schliff oder einen bestimmten Look zu verpassen. Bei manchen Motiven kann eine solche Farbverfremdung dem Bild das gewisse Ewas geben. Wenn man allerdings hier wild und gefühllos mit den Farben herumspielt, wirkt ein Effekt schnell kitschig. Damit Sie ein Gefühl für den Umgang mit Farbverfremdung (und Farben) bekommen, zeige ich Ihnen in diesem Kapitel, wie Sie diese Funktionen in GIMP einsetzen können.

10.1 Bilder tonen

Ein sehr beliebtes Stilmittel in der digitalen Bildbearbeitung ist das Tonen von Bildern. Durch das Tonen in einer Farbe erhält das Bild einen bestimmten Look. Mit einer Sepiatonung beispielsweise wirkt das Bild, als stamme es aus früheren Zeiten. Eine blaue Tonung hingegen lässt das Bild moderner und auch kälter wirken.

Die Art der Tonung hängt natürlich auch immer vom Motiv ab. Mit GIMP haben Sie mehrere direkte und indirekte Möglichkeiten, ein Bild nach Ihrem Geschmack zu tonen.

10.1.1 »Einfärben«-Dialog

Mit dem Dialog FARBEN • EINFÄRBEN wird die aktuelle Ebene zunächst in ein Graustufenbild konvertiert und dann mit einem variablen Farbton eingefärbt. Über den Schieberegler FARBTON ❸ wählen Sie den Farbton aus. Die einzustellenden Werte reichen von 0,0000 bis 1,0000. Standardmäßig ist der Wert 0,5000 eingestellt. Mit dem Regler SÄTTIGUNG ❹ darunter stellen Sie die Farbsättigung ein und mit dem letzten Schieberegler die HELLIGKEIT ❺. Ist das Häkchen vor VORSCHAU ❻ gesetzt, sehen Sie die Veränderungen sofort im Bild.

> **Tonungen zu Favoriten**
> Über EINSTELLUNGEN können Sie bestimmte Farbeinstellungen speichern. Haben Sie zum Beispiel eine Sepiatonung erstellt, klicken Sie auf das Plussymbol ❶ und benennen diese Einstellung entsprechend. Sie können jederzeit über die Dropdown-Liste ❷ neben EINSTELLUNGEN darauf zurückgreifen.

Kapitel 10 Farbverfremdung

Kapitel-010/Sensoji.jpg

Abbildung 10.1 ▶
Der EINFÄRBEN-Dialog

Das Bild über die drei Schieberegler einzustellen ist eine Möglichkeit. Eine weitere Möglichkeit steht Ihnen mit der Farbpipette ❼ im Dialog zur Verfügung, womit Sie einen Farbbereich im Bild auswählen, mit dem Sie das Bild einfärben. Mein persönlicher Favorit ist allerdings der Weg über das Farbplättchen ❽. Klicken Sie dieses an, öffnet sich ein Farbauswahl-Dialog, wo Sie die Farbe für die Tonung gezielter auswählen können. Der Clou dabei ist, dass auch gleich Sättigung und Helligkeit damit entsprechend der Auswahl angepasst werden und Sie die ausgewählte Tonung live in der Vorschau betrachten können.

▲ **Abbildung 10.2**
Das Ausgangsbild

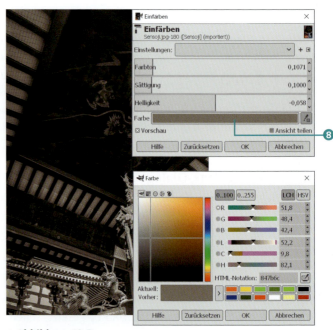

▲ **Abbildung 10.3**
Mit Hilfe des Dialogs EINFÄRBEN wurde hier eine Sepiatonung angewendet. Der Wert wurde hier mit Hilfe des Farbauswahl-Dialogs gesetzt, den Sie aufrufen können, wenn Sie auf das Farbplättchen ❽ im EINFÄRBEN-Dialog klicken.

10.1.2 »Kurven«-Dialog

Die Möglichkeit des Tonens über das Werkzeug FARBEN • KURVEN wird häufig vergessen. Wenn Sie beispielsweise ein Schwarzweißbild vor sich haben (zum Beispiel über FARBEN • ENTSÄTTIGEN), können Sie auch hiermit das Bild sehr flexibel tonen. Hierzu wählen Sie einfach zunächst den (Farb-)KANAL ❾ und manipulieren anschließend die Kurve ❿. Das Prinzip ist dem EINFÄRBEN-Dialog ähnlich, nur ist es mit der Gradationskurve möglich, das Bild mit mehreren Farben zu tonen.

Kapitel-010/Gotokuji.jpg

◀ Abbildung 10.4
Das Ausgangsbild

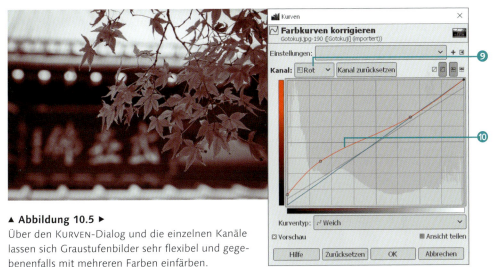

▲ Abbildung 10.5 ▶
Über den KURVEN-Dialog und die einzelnen Kanäle lassen sich Graustufenbilder sehr flexibel und gegebenenfalls mit mehreren Farben einfärben.

10.1.3 »Werte«-Dialog

Wie zuvor mit dem KURVEN-Dialog können Sie auch über FARBEN • WERTE den entsprechenden (Farb-)KANAL ❶ (Abbildung 10.6) auswählen und die Anfasser von ZIELWERTE ❸ zusammenschieben, bis Sie zufrieden sind. Die Helligkeit passen Sie dann mit dem grauen Anfasser ❷ unter QUELLWERTE an.

Kapitel 10 Farbverfremdung

▲ Abbildung 10.6
Auch mit dem WERTE-Dialog können Sie Graustufenbilder einfärben.

10.1.4 Bilder mit Verlauf tonen

Kapitel-010/Portrait.jpg

Zum Nachlesen
Mehr zu den Farbverläufen lesen Sie auf Seite 314, »Das Farbverlauf-Werkzeug«.

Wenn Sie Bilder mit einem Farbverlauf tonen wollen, können Sie die Funktion FARBEN • ABBILDEN • AUF FARBVERLAUF verwenden. Diese Funktion hat allerdings leider keine Optionen und wird unmittelbar auf die aktive Ebene angewendet. Die dunklen Pixel im Bild erhalten die linke Farbe des Farbverlaufs und die hellen Pixel die rechte Farbe. Die Töne dazwischen werden entsprechend mit den restlichen Farben im Verlauf abgebildet.

▲ Abbildung 10.7
Das Ausgangsbild

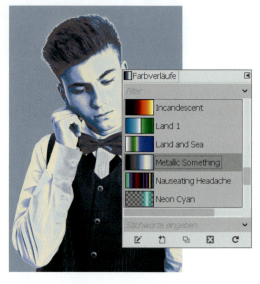

▲ Abbildung 10.8
Nach der Verlaufstonung mit einem metallischen Farbverlauf von GIMP

Als Farbverlauf wird immer der aktive Verlauf verwendet. Diesen wählen Sie beispielsweise über den Dialog FENSTER • ANDOCK-BARE DIALOGE • FARBVERLÄUFE (oder mit [Strg]/[Cmd]+[G]) aus.

Schritt für Schritt
Bilder mit Farbverlauf füllen

Da die Verlaufstonung mit der Funktion AUF FARBVERLAUF etwas zu hart und kaum steuerbar ist, folgt hier eine kurze Anleitung, wie Sie etwas mehr Kontrolle über die Wirkung dieser Funktion bekommen.

1 Transparente Ebene anlegen

Nachdem Sie das Bild geöffnet haben, rufen Sie den EBENEN-Dialog mit [Strg]/[Cmd]+[L] auf. Erzeugen Sie eine neue transparente Ebene, indem Sie auf die entsprechende Schaltfläche ❹ klicken. Wählen Sie im Dialog NEUE EBENE unter FÜLLUNG die TRANSPARENZ ❺ aus.

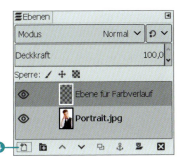

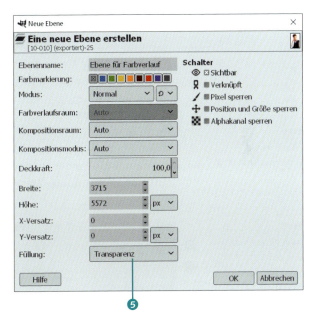

▲ Abbildung 10.9 ▶
Eine neue transparente Ebene anlegen

2 Farbverlauf erstellen

Stellen Sie den MODUS der Ebene auf FARBE (HSL) ❼ oder FARBE (LCH). Verwenden Sie jetzt das FARBVERLAUFSWERKZEUG ❻. Suchen Sie sich bei den Werkzeugeinstellungen einen Verlauf aus. Gehen Sie jetzt auf das Bild, und halten Sie die linke Maustaste auf der Stelle gedrückt, wo der Verlauf beginnen soll. Ziehen Sie eine Linie ❽ bis zu der Stelle, wo der Verlauf aufhören soll, und lassen Sie die Maustaste wieder los.

▲ **Abbildung 10.10**
Einen Verlauf auf der transparenten Ebene ziehen

3 **Bild vereinen**

Bevor Sie die Ebenen über einen rechten Mausklick auf eine der beiden Ebenen im EBENEN-Dialog mit BILD ZUSAMMENFÜGEN ⑪ zu einem Bild vereinen, können Sie auch noch mit den verschiedenen Modi ⑨ und der DECKKRAFT ⑩ der neu erstellten Ebene experimentieren.

Zum Nachlesen
Das Thema Ebenen wird in Teil V des Buches behandelt.

Zum Nachlesen
Mehr zum FARBVERLAUFSWERKZEUG finden Sie auf Seite 314, »Das Farbverlauf-Werkzeug«.

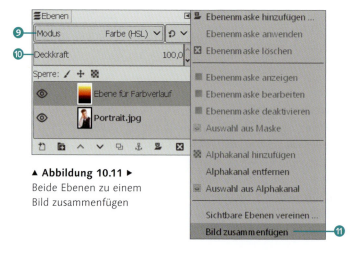

▲ **Abbildung 10.11** ▶
Beide Ebenen zu einem Bild zusammenfügen

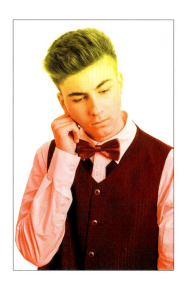
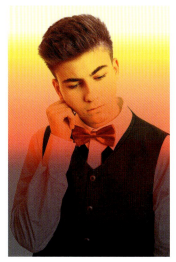

◂◂ **Abbildung 10.12**
Das Bild mit dem Farbverlauf und dem Modus Farbe (HSL)

◂ **Abbildung 10.13**
Der gleiche Farbverlauf noch einmal mit dem Modus Nur Abdunkeln

10.2 Funktionen zum Verändern von Farbwerten

In diesem Abschnitt lernen Sie verschiedene Funktionen kennen, mit denen Sie die Farbwerte von einem Bild ändern können. Hierbei sollte auch gleich vorab angemerkt werden, dass es oftmals ratsam ist, bestimmte Bildbereiche vorher auszuwählen, um dann noch gezielter die Farben dieser Bereiche anzupassen. In diesem Kapitel werden diese Funktionen nur vorgestellt und immer auf das komplette Bild angewendet. Behalten Sie also die Option, eine Auswahl zu erstellen, im Hinterkopf.

10.2.1 Posterisieren – Farbanzahl reduzieren

Mit der Funktion Farben • Posterisieren verringern Sie die Farbanzahl einer Ebene oder einer Auswahl. Mit dem Schieberegler Posterisierungsstufen ❶ reduzieren Sie in diesem Dialog die Farbe. Stellen Sie den Regler, wie Sie es in Abbildung 10.14 sehen, auf drei Farben, so bedeutet dies, dass die Farben für jeden RGB-Kanal auf drei reduziert werden. So sind im Bild je drei rote, drei blaue und drei grüne Farbtöne vorhanden. Dabei wird angestrebt, sofern möglich, dass die Farben noch eine Ähnlichkeit mit dem Ausgangsbild haben. Sie können das Bild mit diesem Dialog auf ein Minimum von acht Farben (Regler auf 2 setzen = 2³ = 2 × 2 × 2 = 8) reduzieren. Ist das Häkchen vor Vorschau ❷ gesetzt, sehen Sie die Änderungen sofort im Bild.

Kapitel-010/
Kabukicho.jpg

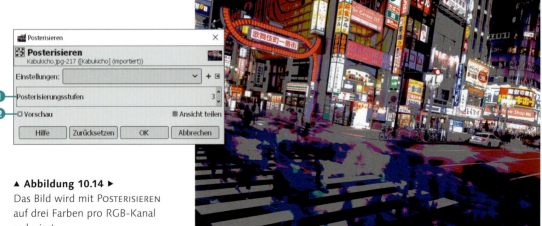

▲ **Abbildung 10.14** ▶
Das Bild wird mit Posterisieren auf drei Farben pro RGB-Kanal reduziert.

10.2.2 Invertieren – Farbwerte und Helligkeit umkehren

Mit den Kommandos Farben • Invertieren und Farben • Linear umkehren, die keine weiteren Einstellungen haben, kehren Sie die Farb- und Sättigungswerte der aktuellen Ebene oder Auswahl um. Das Kommando funktioniert allerdings nur mit RGB- und Graustufenbildern. Die Farben werden dabei durch ihre Komplementärfarben ersetzt.

Das heißt, eine Farbe, die zuvor den RGB-Wert 0 (für Schwarz) hatte, wird jetzt in die Farbe 255 (für Weiß) umgewandelt, die Farbe mit dem Wert 1 wird zu 254, 2 zu 253, 3 zu 252 usw. Als Ergebnis erhalten Sie ein Negativbild. Der Unterschied zwischen Invertieren und Linear umkehren liegt darin, dass Invertieren die Komponenten wahrnehmungsbasiert und Linear umkehren die Komponenten linear umwandelt.

Achtung
Verwechseln Sie diesen Befehl nicht mit dem gleichnamigen Gegenstück im Menü Auswahl, das auch noch dasselbe Icon verwendet.

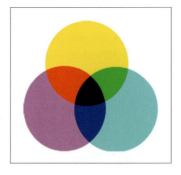

▲ **Abbildung 10.15**
Wenn Sie diese Farben invertieren …

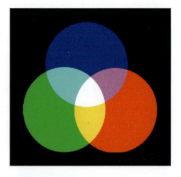

▲ **Abbildung 10.16**
… erhalten Sie die folgenden (Komplementär-)Farben zurück.

10.2 Funktionen zum Verändern von Farbwerten

Kapitel-010/Rauch.jpg

◂◂ **Abbildung 10.17**
Das Ausgangsbild mit »Rauch« …

◂ **Abbildung 10.18**
… und hier wurde das Bild invertiert und mit einem Farbverlauf versehen, wie dies bei der Schritt-für-Schritt-Anleitung »Bilder mit Farbverlauf füllen« auf Seite 339 beschrieben wurde.

10.2.3 Wert umkehren – Helligkeitswerte umkehren

Das ebenfalls dialoglose Kommando FARBEN • WERT INVERTIEREN ist dem Befehl INVERTIEREN recht ähnlich, nur dass Sie mit diesem Befehl statt der Farb- und Sättigungswerte die Helligkeitswerte der aktiven Ebene oder Auswahl umkehren. Während also INVERTIEREN die RGB-Pixel umkehrt, verwendet WERT INVERTIEREN das HSV-Farbmodell und ersetzt die Farben im Bild durch eine umgekehrte Helligkeit. Hierbei bleiben praktisch der Farbton und die Sättigung unverändert. Im Gegensatz zum INVERTIEREN, das Sie beliebig oft ohne Qualitätsverluste durchführen können, werden mit WERT INVERTIEREN häufig schon nach der zweiten Anwendung einzelne Bildbereiche deutlich geändert.

10.2.4 Alien Map – Farben mit trigonometrischen Funktionen ändern

Mit dem Filter FARBEN • ABBILDEN • ALIEN MAP verändern Sie die Farben auf Basis trigonometrischer Funktionen. Dieser Filter arbeitet sowohl mit dem RGB- als auch mit dem HSV-Farbmodell.

Im Bereich FARBRAUM ❶ wählen Sie aus, ob Sie den RGB- oder den HSL-Farbraum verwenden wollen. Abhängig vom verwendeten Farbmodell können Sie dann die Veränderungen mit Rot-, Grün- und Blau-Komponenten (bei RGB als Farbraum) oder mit Farbton-, Sättigungs- und Helligkeitskomponenten (bei HSL als Farbraum) verändern. Vom gewählten Farbraum hängt das Ergebnis natürlich maßgeblich ab. Für jede der drei Komponenten im

Kreativer Dialog
Der Dialog ALIEN-MAP ist eher für kreative Zwecke gedacht und es bedarf schon ein wenig an Erfahrung, um hiermit auch zielgerichtete Ergebnisse zu erhalten.

RGB- bzw. HSL-Farbraum stehen jeweils ein Frequenz-Regler ❷ und ein Phasenverschiebungs-Regler ❸ zur Verfügung. Die Frequenz können Sie jeweils im Wertebereich von 0,000 bis 20,000 ändern. Je höher diese Frequenz ist, desto größer wird die Variation von Pixelveränderungen – und desto mehr »Alien« wird das Bild (daher auch der Name des Filters). Mit den Phasenverschiebungen hingegen ändern Sie die Transformation der Farbwerte mit einer Sinus-Kosinus-Funktion im Bereich von 0° bis 360°. Am Ende finden Sie außerdem für jede der drei Komponenten jeweils eine Option ❹, um Veränderungen auf bestimmte Komponenten zu beschränken.

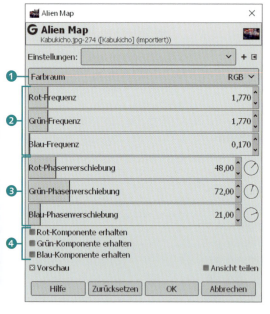

▲ **Abbildung 10.19**
Der Alien Map-Dialog im RGB-Farbraum

▲ **Abbildung 10.20**
Der Alien Map-Dialog im HSL-Farbraum

Abbildung 10.21 ▶
Hier wurde der Alien Map-Filter auf ein Bild angewendet.

10.2 Funktionen zum Verändern von Farbwerten

10.2.5 Bilder mit der Palette tonen

Über den Befehl FARBEN • ABBILDEN • AUF PALETTE ersetzen Sie den Inhalt einer Ebene oder Auswahl durch die Farben der aktiven Palette. Das Kommando können Sie nur auf RGB- und Graustufenbildern ausführen. Den PALETTEN-Dialog zum Auswählen öffnen Sie über FENSTER • ANDOCKBARE DIALOGE • PALETTEN.

Kapitel-010/Vertico.jpg

Ersetzt wird jedes Pixel anhand eines Pixels in der Palette, dessen Helligkeitswert recht ähnlich ist. Ein schwarzes Pixel mit dem Wert 0 wird durch den Eintrag in der Palette mit dem niedrigsten Farbwert ersetzt. Genauso ist es auch andersherum: Ein weißes Pixel mit dem Wert 255 wird durch den hellsten Wert in der Palette ersetzt.

◄ **Abbildung 10.22**
Das Ausgangsbild

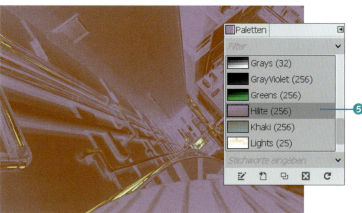

◄ **Abbildung 10.23**
Im Fenster PALETTEN wurde die Farbpalette HILITE ❺ ausgewählt und auf das Bild angewendet.

10.2.6 Farben drehen oder gegen andere Farben im Bild tauschen

Die Funktion FARBEN • ABBILDEN • FARBEN DREHEN ist sehr komfortabel und einfach zu verwenden, wenn Sie Farben im HSV-Farbkreis gegen andere Farben im HSV-Farbkreis austau-

Auswahl erstellen

Bei Werkzeugen, mit denen Sie die Farbe(n) manipulieren, empfiehlt es sich in der Praxis, eine Auswahl um den Bereich zu erstellen, in dem Sie die Farben manipulieren wollen. Dies stellt sicher, dass keine anderen Bereiche im Bild mit verändert werden, in denen Sie das vielleicht nicht haben wollen. Die Auswahlen werden noch gesondert im Buch in Teil IV beschrieben.

schen wollen. Das Prinzip des Dialogs ist einfach: Im QUELLBEREICH ❶ wählen Sie den Farbbereich aus, der dann durch den Farbbereich im ZIELBEREICH ❷ ersetzt werden soll. Und um auch Grauwerte behandeln zu können, finden Sie noch einen Bereich GRAUVERARBEITUNG ❸ vor. Damit können Sie weniger gesättigte Farben oder Graustufenbilder einfärben bzw. tonen.

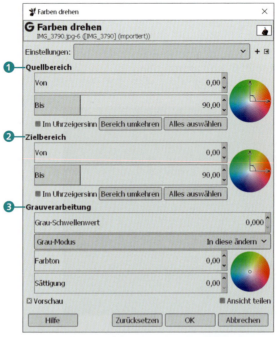

Abbildung 10.24 ▶
Der Dialog FARBEN DREHEN

Kapitel-010/
Lucha-Libre.jpg

Schritt für Schritt
Farben tauschen

Im folgenden Bild soll die blaue Maske in Lila verwandelt werden. Diese Farbveränderung soll natürlich mit dem Dialog FARBEN DREHEN durchgeführt werden.

1 Farbe(n) auswählen

Öffnen Sie das Bild, und rufen Sie den Dialog zum Farbendrehen über FARBEN • ABBILDEN • FARBEN DREHEN auf. Wählen Sie im Farbkreis QUELLBEREICH ❹ über die beiden Pfeile darin vorwiegend den blauen Farbbereich. Sie können jeden der beiden Pfeile unabhängig voneinander verschieben. Ich habe hier den Bereich von 185° bis 266° ausgewählt. Dieser Farbbereich, den Sie mit den beiden Pfeilen ausgewählt haben, soll anschließend ausgetauscht werden.

10.2 Funktionen zum Verändern von Farbwerten

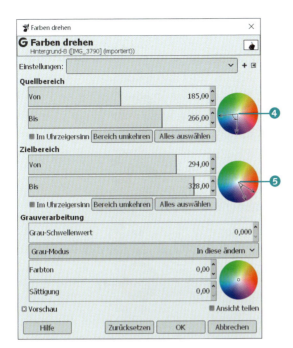

◄ **Abbildung 10.25**
Den Quell- und Zielbereich zum Tauschen von Farben auswählen

2 Farbbereich zum Tauschen wählen

Im Farbkreis ZIELBEREICH 5 wählen Sie jetzt ebenfalls über die beiden Pfeile den Farbbereich aus, mit dem Sie den eingestellten Farbbereich aus QUELLBEREICH 4 austauschen wollen. Im Beispiel habe ich die Pfeile auf den Bereich von 294° bis 328° eingestellt. Bestätigen Sie den Dialog mit OK.

▲ **Abbildung 10.26**
Das Ausgangsbild

▲ **Abbildung 10.27**
Das Bild mit neuer Maskenfarbe

▲ **Abbildung 10.28**
Hier wurde noch die Farbe der roten Fliege durch eine grüne Farbe ausgetauscht.

Grauwerte können Sie hingegen über GRAUVERARBEITUNG anpassen. Sie wählen hierbei einen GRAU-SCHWELLENWERT 1 aus und färben diesen Bereich dann über den Farbkreis 2 oder die Regler FARBTON und SÄTTIGUNG entsprechend ein. Damit können Sie ungesättigte Farben einfärben oder Graustufenbilder tonen.

Kapitel 10 Farbverfremdung

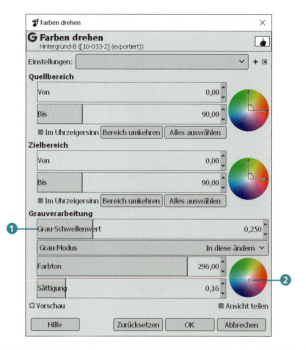

Abbildung 10.29 ▶
Grauwerte können Sie über GRAUVERARBEITUNG anpassen.

▲ **Abbildung 10.30**
Hier wurde die weiße Farbe mit GRAUVERARBEITUNG in Rosa gefärbt.

▲ **Abbildung 10.31**
Alternativ kann man mit GRAUVERARBEITUNG vom FARBEN DREHEN-Dialog auch Graustufenbilder tonen. Hier wurden vorher noch die Farben im Bild mit FARBEN • ENTSÄTTIGEN • ENTSÄTTIGEN entfernt.

Kapitel-010/Lambo.jpg

10.2.7 Farbvertauschung

Farben können Sie auch mit dem Dialog FARBEN • ABBILDEN • FARBVERTAUSCHUNG tauschen. In der Praxis ist diese Funktion allerdings weniger für komplexe Strukturen geeignet als der Filter FARBEN DREHEN. Dazu arbeitet er zu ungenau. Zwar gibt es für jeden RGB-Kanal einen Schwellwert-Regler, mit dem Sie, wenn Sie den Wert erhöhen, mehrere Farbpixel in den Filter einbeziehen können, aber auch damit lässt sich bei komplexen Bildern selten

10.2 Funktionen zum Verändern von Farbwerten

viel erreichen. Bei Bildern und Grafiken mit klaren Farben und wenig Struktur funktioniert der Dialog allerdings sehr gut.

Das Prinzip ist einfach: Sie wählen im Bereich VON FARBE ❸ die Farbe aus, die mit dem Filter bearbeitet werden soll. Hierbei können Sie entweder die Farbe über die Farbschaltfläche mit einem Farbwähler wählen oder mit der Pipette einen Bereich im Bild. Diese Farbe tauschen Sie gegen die ausgewählte Farbe von NACH FARBE ❹, wo Sie ebenfalls entweder die Farbe mit dem Farbwähler oder mit Hilfe der Pipette einen Bereich im Bild wählen können.

Nach der Auswahl der Quell- und Zielfarbe, die Sie tauschen wollen, hat sich noch nichts im Bild geändert. Hierzu müssen Sie die Schwellenwerte der drei Kanäle ROT, GRÜN und BLAU über die drei Schieberegler ❺ darunter einstellen. Damit steuern Sie praktisch, wie »genau« der Farbaustausch stattfinden soll. Dank der Option VORSCHAU können Sie diesen Tausch direkt im Bildfenster sehen.

Farben drehen oder Farben vertauschen

Zum Austauschen von Farben in Bildern kennen Sie jetzt neben dem FARBTON/SÄTTIGUNG-Dialog auch noch die Dialoge FARBEN DREHEN und FARBVERTAUSCHUNG. Jedes der Werkzeuge spielt irgendwo seine Stärken aus. Wo FARBTON/SÄTTIGUNG eher ein Allrounder ist, eignet sich FARBEN DREHEN für komplexe Bilder. Für Grafiken oder Bilder mit weniger Farben ist FARBVERTAUSCHUNG das ideale Werkzeug.

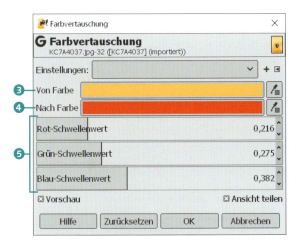

▲ **Abbildung 10.32**
Der FARBVERTAUSCHUNG-Dialog

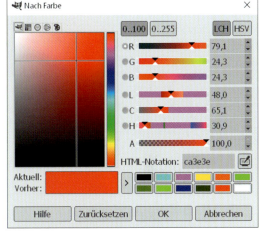

▲ **Abbildung 10.33**
Den Dialog bekommen Sie zu sehen, wenn Sie die Quell- bzw. Zielfarbe selber wählen wollen.

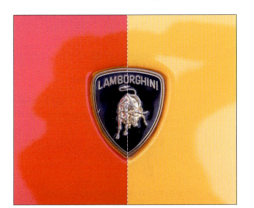

◀ **Abbildung 10.34**
Die Autofarbe wurde verändert. Da hier wenig Strukturen und Helligkeitsbereiche vorhanden sind, klappt es bei solch einem Beispiel ganz gut.

Auch für farbige Bilder

Auch wenn hier vom Kolorieren von Schwarzweißbildern gesprochen wird, können Sie den Filter selbstverständlich auch auf farbige Bilder anwenden und müssen nicht extra das Bild in ein Schwarzweißbild konvertieren. Wie Sie Bilder in Schwarzweiß umwandeln, erfahren Sie in Kapitel 11, »Schwarzweißbilder«.

»Musterfarbe auswählen« langsam

Wenn Sie die Schaltfläche Musterfarbe auswählen ❽ bei großen Bildern verwenden, dauert es eventuell ziemlich lange, bis unterhalb des Quellbildes ein Balken daraus generiert wird. Eventuell wäre es hierbei empfehlenswert, eine Auswahl des Bereichs im Beispielbild zu erstellen und hier dann mit Auswahl zeigen ❷ eben nur aus diesem ausgewählten Bereich einen Verlauf zu erzeugen.

10.2.8 Kolorieren – Schwarzweißbilder mit Farbverlauf oder anderen Bildern einfärben

Mit dem Filter Farben • Abbilden • Kolorieren färben Sie Schwarzweißbilder unter Verwendung eines Farbverlaufs oder eines anderen Bildes ein. Das Bild muss dabei im RGB-Modus vorliegen.

Auf der linken Seite ❹ finden Sie die Vorschau für das Zielbild und daneben die Quelle ⓬, die auf das Bild angewendet werden soll. In der Dropdown-Liste Ziel ❶ ist standardmäßig das Bild ausgewählt, mit dem Sie den Filter aufgerufen haben. Hier können Sie jederzeit, wenn Sie mehrere Bilder geöffnet haben, auch diese auswählen und kolorieren. Mit der Dropdown-Liste Beispielbild ⓫ wählen Sie einen Farbverlauf (auch einen invertierten) oder ein anderes in GIMP geöffnetes Bild als Quelle aus, mit der das Zielbild koloriert werden soll.

Beide Bilder, Ziel und Quelle, haben eine Checkbox Auswahl zeigen ❷, mit der Sie zwischen dem gesamten Bild oder (falls vorhanden) einer Auswahl umschalten. Mit der Checkbox Farbe zeigen ❸ wechseln Sie zwischen Farbe und Graustufen.

Mit der Checkbox Intensität erhalten ❻ bleibt die durchschnittliche Helligkeit des Bildes unverändert. Ähnlich ist es mit Ursprüngliche Intensität ❼, womit die Intensität des Quellbildes (bzw. Farbverlaufs) ignoriert und somit die Intensität des Zielbildes beibehalten wird. Mit den Reglern von Quellwerte ❺ stellen Sie ähnlich wie bei der Tonwertkorrektur mit dem Werte-Dialog die Tiefen, Mitteltöne und Lichter ein.

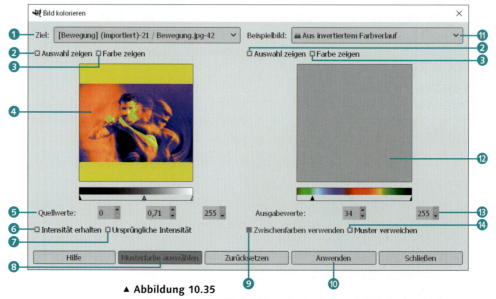

▲ Abbildung 10.35
Der Bild kolorieren-Dialog hier mit einem invertierten Farbverlauf als Quelle

10.2 Funktionen zum Verändern von Farbwerten

Die Schaltfläche MUSTERFARBE AUSWÄHLEN ❽ ist nur aktiv, wenn Sie als BEISPIELBILD ⓫ ein Bild ausgewählt haben. Klicken Sie dann diese Schaltfläche an, wird aus dem Bild ein Verlaufsbalken unterhalb des Quellbildes erzeugt. Aus diesem Verlaufsbalken können Sie dann das Zielbild einfärben. Enthält das Quellbild oder der Verlauf sehr wenige Farben oder ist die Quelle recht stufig, können Sie mit dem Setzen von MUSTER VERWEICHEN ⓮ einen etwas weicheren Übergang erzeugen. Mit ZWISCHENFARBEN VERWENDEN ❾ können Sie den Verlauf unter Umständen noch etwas verbessern bzw. verfeinern. Die beiden Regler von AUSGABEWERTE ⓭ dienen dazu, den Farbbereich zu beschränken, den Sie zum Einfärben verwenden.

Schaltfläche »Anwenden«

Wenn Sie das Kolorieren mit der Schaltfläche ANWENDEN ❿ starten, beachten Sie bitte, dass der Dialog BILD KOLORIEREN nicht geschlossen wird, obwohl die Arbeit schon längst ausgeführt wurde. Der Dialog wurde darauf konzipiert, weitere Bilder zu kolorieren, die in GIMP geöffnet sind.

◀ Abbildung 10.36
Der BILD KOLORIEREN-Dialog hier mit einem Bild als Quelle

10.2.9 Farbe transparent machen

Mit dem Befehl FARBEN • FARBE NACH ALPHA wandeln Sie eine bestimmte Farbe in Transparenz um. Hat das Bild noch keinen Alphakanal, müssen Sie einen über EBENEN • TRANSPARENZ • ALPHAKANAL HINZUFÜGEN erstellen.

Welche Farbe Sie durchsichtig machen wollen, wählen Sie entweder über die farbige Schaltfläche ❶ (Abbildung 10.37) und den sich darauf öffnenden Farbwähler aus, oder Sie klicken mit der Pipette ❹ daneben auf eine Stelle im Bild, die Sie transparent machen wollen. Um das Ganze noch etwas zu verfeinern, finden Sie hier zwei Schwellenwert-Regler für die Transparenz und Deckkraft vor. Mit TRANSPARENZ-SCHWELLENWERT ❷ legen Sie eine obere Grenze fest. Die Farben unterhalb dieser Grenze werden transparent. Der Standardwert ist 0,000 bis maximal 1,000 (alle Farben transparent). Mit DECKKRAFT-SCHWELLENWERT ❸ hingegen stellen Sie eine untere Grenze ein. Die Farben oberhalb dieser Grenze werden transparent. Idealerweise probieren Sie die beiden Regler an einem Beispielbild aus.

Kapitel-010/
Eisblumen.jpg

Freistellen

Wenn Sie nicht diesen weichen Übergang der Funktion FARBE NACH ALPHA haben wollen oder ein Bild freistellen müssen, sollten Sie das Werkzeug NACH FARBE AUSWÄHLEN (siehe Seite 412, »Nach Farbe auswählen«) verwenden, manuell einen Alphakanal zum Bild hinzufügen und den ausgewählten Bereich löschen.

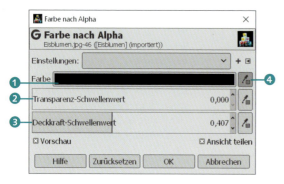

▲ **Abbildung 10.37** ▶
Der FARBE NACH ALPHA-Dialog: Rechts im Bild wird der schwarze Hintergrund transparent gemacht. Transparente Bereiche werden mit einem grauen Schachbrettmuster angezeigt.

10.2.10 Dithern

Müssen Sie Bilder aufgrund technischer Einschränkungen mit einer verringerten Farbtiefe wiedergeben, ist Ihnen FARBEN • DITHERN dabei behilflich. Reduzieren Sie die Farbtiefen bei einem Bild mit einem weichen Verlauf, erscheinen ohne das Dithering harte Übergänge zwischen den Farbbereichen. In Abbildung 10.38 sehen Sie einen Farbverlauf, bei dem die Farben reduziert wurden. Im linken Bereich ❺ wurde kein Dithering verwendet, wodurch harte Übergänge entstanden sind. Im rechten Bereich ❻ hingegen wurde Dithering verwendet, womit quasi eine Illusion einer größeren Farbtiefe erzeugt wurde und die Farbreduzierung nicht so auffällt.

Dithering
Beim Dithering werden nach einer Farbreduktion die fehlenden Farben durch eine bestimmte Anordnung aus nebenan liegenden Farben nachgebildet, wodurch der harte Übergang vermieden wird. Aus der Ferne betrachtet, sind die Unterschiede dann kaum noch wahrnehmbar.

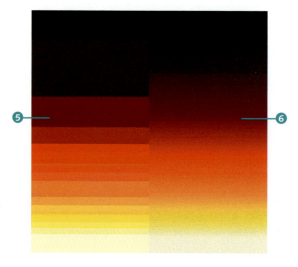

Abbildung 10.38 ▶
Die Farbreduktion wurde im linken Bereich ❺ ohne und im rechen Bereich ❻ mit Dithering durchgeführt.

10.2 Funktionen zum Verändern von Farbwerten

Mit dem DITHERN-Dialog können Sie die Anzahl der Farben im Bild pro Kanal verringern. Hierbei wird auch der Alphakanal berücksichtigt. Sie können die Farbreduktion mit der Anzahl der Stufen für Rot, Grün, Blau und Alpha ❼ einstellen. Das Dithering für die Fehlerdiffusion stellen Sie dann über die DITHERING-METHODE ❽ ein, wo GIMP insgesamt acht verschiedene Methoden mitliefert, deren Ergebnisse sich erheblich unterscheiden. Die wohl bekannteste und am häufigsten verwendete Methode dürfte FLOYD-STEINBERG sein. Der Wert für die Schaltfläche ANFANGSWERT FÜR ZUFALLSZAHLEN ❾ ist nur dann von Bedeutung, wenn Sie die Methode ZUFÄLLIG gewählt haben.

◀ **Abbildung 10.39**
Der DITHERN-Dialog

10.2.11 RGB beschneiden

Eine weitere Funktion finden Sie mit FARBEN • RGB BESCHNEIDEN vor. Deren Sinn ist es, die Werte in den Farbkanälen auf einen zuvor festgelegten Bereich zu begrenzen. Auf welche Bereiche diese Funktion wirkt, hängt vom Bild und den Helligkeitsverteilungen darin ab.

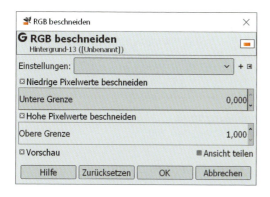

◀ **Abbildung 10.40**
Der RGB BESCHNEIDEN-Dialog

10.2.12 Heiß – der PAL- und NTSC-Konverter

Mit dem Filter HEISS optimieren Sie Bilder, die Sie im TV-Standard PAL oder NTSC aufgenommen haben. Im Bereich MODUS ❶ wählen Sie hierzu den verwendeten TV-Standard aus, und bei AKTION ❸ bestimmen Sie, was Sie optimieren lassen wollen. Standardmäßig wird die Optimierung auf einer neuen Ebene ausgeführt, sofern dies nicht deaktiviert ❷ wurde.

Abbildung 10.41 ▶
Der Dialog HEISS

10.2.13 Dynamikkompressionen

Im Untermenü FARBEN • DYNAMIKKOMPRESSION finden Sie verschiedene Varianten gängiger Tonemapping-Operatoren für HDR-Bilder mit FATTAL ET AL. 2002, MANTIUK 2006 und REINHARD 2005. Alle drei Varianten lassen sich auf Ebenen und Auswahlen anwenden und bieten unterschiedliche Optionen an. Weitere Tonemapping-Dialoge finden Sie außerdem noch mit STRESS und dem Klassiker RETINEX vor. Da alle Dialoge unterschiedlich arbeiten und die Ergebnisse hierbei ganz besonders vom Bildmaterial abhängen, dürften Sie am besten damit klarkommen, wenn Sie ein wenig damit experimentieren. In den folgenden Abbildungen sehen Sie mögliche Ergebnisse der einzelnen Operatoren im Untermenü FARBEN • DYNAMIKKOMPRESSION.

▲ **Abbildung 10.42**
Die einzelnen Funktionen im Untermenü FARBEN • DYNAMIKKOMPRESSION

▲ **Abbildung 10.43**
Das Ausgangsbild

▲ **Abbildung 10.44**
Bild mit FATTAL ET AL. 2002

10.2 Funktionen zum Verändern von Farbwerten

▲ **Abbildung 10.45**
Das Bild mit Mantiuk 2006

▲ **Abbildung 10.46**
Das Bild mit Reinhard 2005

▲ **Abbildung 10.47**
Das Bild mit Stress

▲ **Abbildung 10.48**
Das Bild mit Retinex

Kapitel 11
Schwarzweißbilder

Das Thema Schwarzweiß darf in keinem Buch zur digitalen Bildbearbeitung fehlen. Immer mehr Fotografen verwenden Schwarzweißbilder als Stilmittel. Gerade bei Akt- und Porträtfotos oder der Doku- und Straßenfotografie werden Schwarzweißbilder immer gerne verwendet, weil hier die Kontraste – genauer Spitzlichter – stärker betont werden können, was interessante künstlerische Möglichkeiten bietet.

11.1 Was bedeutet Schwarzweiß genau?

Schwarzweißbilder werden in der Fotografie häufig falsch verstanden. Wenn die Rede von der Schwarzweißfotografie ist, bedeutet dies, dass es sich um eine visuelle Darstellung von Bildern ohne Verwendung von Farben handelt. Stattdessen umfasst sie die Grauwerte. Genau genommen müsste man von Graustufenbildern sprechen.

Schwarzweiß aus der Kamera
Auch die meisten Digitalkameras bieten an, Bilder im Schwarzweißmodus zu fotografieren, um sich so eine nachträgliche Konvertierung am Rechner zu sparen. Ich möchte Ihnen davon eher abraten, weil die Möglichkeiten der digitalen Kamera doch noch beschränkt sind. Mit dem Rechner können Sie mehr herausholen. Nehmen Sie daher Ihre Bilder nach wie vor in Farbe auf, und erledigen Sie die Schwarzweißarbeiten nachträglich am Rechner.

◀ **Abbildung 11.1**
Ein solches Schwarzweißbild ist nicht nur schwarz und weiß, sondern besteht aus vielen verschiedenen Grautönen.

Exkurs: So kommen die Bilder in die Kamera

Wenn Sie bei Ihrer Kamera den Auslöser gedrückt haben, nimmt der Kamerasensor ein Graustufenfoto auf. Die Farben entstehen erst im Chip der Kamera, wo jedem Pixel, neben der Rohdatenspeicherung, drei Farbwerte in den Grundfarben Rot, Grün und Blau hinzugefügt werden. 50 % der Pixel sind grün, und die restlichen 50 % teilen sich auf Rot und Blau auf. Fehlende Informationen werden von der Kamera berechnet. So gesehen und einfach ausgedrückt, werden digitale Bilder in der Kamera aus drei unterschiedlichen Graustufenbildern erstellt.

Abbildung 11.2 ▶
Aus den drei Graustufenbildern links mit dem roten, grünen und blauen Kanal wird das Ergebnis rechts erstellt, so wie Sie es gewöhnlich als Benutzer der Kamera zu Gesicht bekommen.

11.2 Schwarzweißbilder erzeugen

Um Schwarzweißbilder mit GIMP zu erzeugen, stehen Ihnen mehrere Möglichkeiten zur Verfügung. Die wichtigsten Funktionen finden Sie dabei alle im Untermenü FARBEN • ENTSÄTTIGEN.

11.2.1 Grau einfärben

Kapitel-011/Shibuya.jpg

Der Dialog FARBEN • ENTSÄTTIGEN • GRAU EINFÄRBEN ist ein Tonemapping-Operator für HDR-Effekte und entspricht der Schwarzweiß-Version vom Dialog FARBEN • DYNAMIKKOMPRESSION • STRESS. Dieser Tonemapping-Effekt eignet sich am besten für Bilder mit sehr vielen Details, die Sie mit Hilfe von GRAU EINFÄRBEN noch mehr verstärken können. Mit dem RADIUS ❶ geben Sie vor, in welchem Bereich die Nachbarschaftspixel berücksichtigt werden und welche Farbe auf welchen Grauwert abgebildet wird. MUSTER ❷ stellt die Anzahl der Messpunkte bei jeder Iteration dar, und mit ITERATIONEN ❸ geben Sie die Anzahl der Durchläufe an. Je höher der Wert, umso mehr Rechenzeit wird logischerweise benötigt. Sind Ihnen die Schatten zu dunkel, können Sie diese mit der Option SCHATTEN VERBESSERN ❹ aufhellen, was allerdings dann zu Bildrauschen führen kann. Dem können Sie wiederum etwas entgegenwirken, indem Sie die ITERATIONEN ❸ wieder erhöhen.

▲ **Abbildung 11.3**
Das Ausgangsbild ist ein etwas dunkleres Bild.

11.2 Schwarzweißbilder erzeugen

◄ **Abbildung 11.4**
Der GRAU EINFÄRBEN-Dialog

▲ **Abbildung 11.5**
Hier das Bild beim gewöhnlichen ENTSÄTTIGEN ...

▲ **Abbildung 11.6**
... und hier mit GRAU EINFÄRBEN

11.2.2 Farbe entfernen mit »Entsättigen«

Der schnellste Weg, ein Bild, die aktive Ebene oder eine Auswahl in Graustufen umzuwandeln, führt über das Kommando FARBEN • ENTSÄTTIGEN • ENTSÄTTIGEN.

Zum Entsättigen des Bildes stehen fünf Modi ❺ zur Verfügung: LEUCHTKRAFT, LUMA, HELLIGKEIT (HSL), DURCHSCHNITT (HSI-INTENSITÄT) und WERT (HSV). Alle fünf Modi unterscheiden sich durch ihre mathematische Formel (und das Farbmodell), nach der die Farben entzogen werden. Auf die Formeln soll hier aber nicht näher eingegangen werden. Wenn Sie das Häkchen vor VORSCHAU ❻ gesetzt haben, können Sie die Wirkung des entsprechenden Modus auch gleich im Bild betrachten.

Entsättigen = Graustufenbild?
Nur weil Sie die Farben aus dem Bild entfernen, heißt dies nicht, dass Sie automatisch ein Bild im Graustufen-Modus erzeugen. Nach dem ENTSÄTTIGEN stehen nach wie vor die drei Kanäle Rot, Grün und Blau zur Verfügung, und das Bild kann somit jederzeit wieder nachträglich eingefärbt werden. Voraussetzung für das Kommando ENTSÄTTIGEN ist außerdem, dass das Bild im RGB-Farbmodell vorliegt.

◄ **Abbildung 11.7**
Der Dialog zum Kommando ENTSÄTTIGEN

Kapitel 11 Schwarzweißbilder

 Kapitel-011/
portrait-01.jpg

Außer den verschiedenen Modi bietet diese Methode keine weiteren Einstellungen, hat aber im Gegensatz zum echten Graustufen-Modus den Vorteil, dass die Bilder nach wie vor im RGB-Modus vorliegen und weiter eingefärbt werden können.

▲ Abbildung 11.8
Das Ausgangsbild

▲ Abbildung 11.9
Entsättigen mit dem Modus Leuchtkraft

▲ Abbildung 11.10
Entsättigen mit dem Modus Luma

▲ Abbildung 11.11
Entsättigen im Modus Helligkeit (HSL)

▲ Abbildung 11.12
Entsättigen im Modus Wert (HSV)

▲ Abbildung 11.13
Entsättigen im Modus Durchschnitt

11.2.3 Der Mono-Mixer

Beim Kommando ENTSÄTTIGEN stehen Ihnen zwar fünf Modi zur Verfügung, aber nicht immer überzeugen die Ergebnisse bei jedem Bild. Wenn Sie daher noch etwas gezielter an den Grautönen im RGB-Modus arbeiten wollen, dann dürfte das Kommando FARBEN • ENTSÄTTIGEN • MONO-MIXER besser dafür geeignet sein.

Der MONO-MIXER dient dazu, die Werte des RGB-Kanals zu kombinieren. Mit den drei Reglern ❷ ROT, GRÜN und BLAU steuern Sie, wie stark die einzelnen Farbkanäle beim Mixen berücksichtigt werden. Um zu helle Bilder zu vermeiden, die sich eventuell bei zu großen Werten ergeben, können Sie die Checkbox HELLIGKEIT ERHALTEN ❶ aktivieren.

◀ Abbildung 11.14
Schwarzweißbild mit dem MONO-MIXER

Kapitel-011/
portrait-02.jpg

Die Intensität des Schwarzweißbildes passen Sie jetzt mit den Schiebereglern ROT, GRÜN und BLAU an. Hiermit färben Sie nichts ein, sondern fügen mehr oder weniger Daten zum ursprünglichen Kanal hinzu. Bei Porträts beispielsweise wird gewöhnlich der ROT-Kanal mehr angehoben, da sich damit der Kontrast erhöhen lässt.

▲ Abbildung 11.15
Ein recht flaues Ausgangsbild

▲ Abbildung 11.16
Ein reines Entsättigen ist mir hier zu langweilig.

▲ Abbildung 11.17
Mit dem MONO-MIXER kann ich die Graustufen der Kanäle ROT, GRÜN und BLAU gezielter steuern.

Landschaftsaufnahmen hingegen vertragen etwas mehr vom GRÜN-Kanal. Mit dem GRÜN-Kanal können Sie generell zur Detailveränderung beitragen. Der BLAU-Kanal eignet sich für die Veränderung von Rauschen und Körnigkeit. Allerdings hängen diese Vorgaben auch vom vorhandenen Bildmaterial ab und können nicht immer pauschal übernommen werden.

Abbildung 11.18 ▶
Die Einstellungen des MONO-MIXER-Dialogs für das Beispiel

11.2.4 Eine Sepia-Tonung verwenden

Kapitel-011/
Eisblumen.jpg

Um dem Bild einen klassischen Sepia-Look zu geben, finden Sie mit dem Kommando FARBEN • ENTSÄTTIGEN • SEPIA eine tolle Möglichkeit, die Ihnen das zarte Einfärben von Bildern in einer Sepia-Tonung erlaubt. Die Stärke des Sepia-Effekts geben Sie dabei mit dem einzigen Schieberegler ❶ im Dialog vor. Standardmäßig steht der Wert auf dem maximalen Wert von 1,000. Wenn Sie den Wert reduzieren, werden Sie feststellen, dass immer mehr die eigentlichen Farben des Bildes zurückkommen. Sie färben hiermit die einzelnen farbigen Pixel im Bild in einer Sepia-Tonung ein. Standardmäßig findet die Tonung in sRGB statt. Wenn Sie allerdings das Häkchen bei sRGB ❷ entfernen, verwenden Sie lineares Gamma, was einen erheblichen Unterschied auf das Endergebnis hat.

▲ **Abbildung 11.19**
Das Ausgangsbild

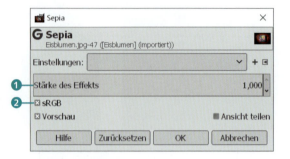

▲ **Abbildung 11.20**
Der SEPIA-Dialog

▲ **Abbildung 11.21**
Sepia-Dialog mit der Einstellung: Stärke des Effekts 1,000 mit Häkchen bei sRGB

▲ **Abbildung 11.22**
Sepia-Dialog mit der Einstellung: Stärke des Effekts 0,500 mit Häkchen bei sRGB

▲ **Abbildung 11.23**
Sepia-Dialog mit der Einstellung: Stärke des Effekts 1,000 ohne Häkchen bei sRGB (lineares Gamma)

▲ **Abbildung 11.24**
Sepia-Dialog mit der Einstellung: Stärke des Effekts 0,500 ohne Häkchen bei sRGB (lineares Gamma)

11.2.5 Graustufen-Modus

Eine weitere Möglichkeit, ein Bild in ein Schwarzweißbild umzuwandeln, ist die Konvertierung des Modus RGB in Graustufen (Menübefehl: Bild • Modus • Graustufen). Allerdings werden in diesem Modus alle nötigen Farbinformationen verworfen.

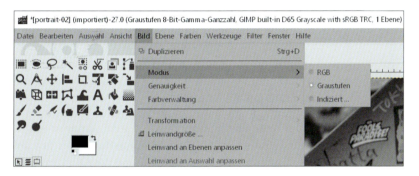

◄ **Abbildung 11.25**
Alle Farbinformationen werden verworfen, wenn Sie ein RGB-Bild in ein Graustufenbild konvertieren.

Statt der drei RGB-Kanäle gibt es nur noch einen Graustufenkanal mit insgesamt 8 Bit, also 256 Helligkeitsbereichen. Eine Helligkeit von 0 ist dabei schwarz, eine Helligkeit von 255 weiß. Wenn Sie ein Bild in Graustufen konvertieren, haben Sie keine Möglichkeit mehr, eine Farbe hinzuzufügen. Außerdem arbeiten viele Funktionen nicht mit dem Graustufen-Modus und sind daher ausgegraut.

11.2.6 Schwarzweiß mit Darktable

Eine weitere sehr gute Möglichkeit, ein Schwarzweißbild zu erstellen, ist natürlich über einen RAW-Konverter wie Darktable, wenn Sie Bilder im RAW-Format fotografieren. Darktable bietet hierfür zum Beispiel das Modul MONOCHROME ❶ an. Hierbei wählen Sie bei einer Farbtafel ❷ zunächst den virtuellen Farbfilter aus und erweitern oder verringern diesen Bereich dann mit dem Mausrad. Wie sehr die Spitzlichter davon ausgenommen werden sollen, stellen Sie mit dem entsprechenden Schieberegler ❸ darunter ein. Mehr zum Rohformat (RAW) und wie Sie damit arbeiten, erfahren Sie in Kapitel 8, »Bilder mit Darktable bearbeiten«.

Kapitel-011/
RAW-Bild.cr2

Abbildung 11.26 ▼
Auch ein RAW-Konverter, wie hier Darktable, bietet Optionen an, um Schwarzweißbilder aus dem Rohformat zu erstellen.

11.3 Bitmaps erzeugen

Bei den Bildern, die Sie bisher verwendet haben, handelte es sich um sogenannte Halbtonbilder. Bei Halbtönen handelt es sich um die Zwischenwerte zwischen den vollen Tönen Weiß und Schwarz.

Ein Halbtonbild weist somit verschiedene Helligkeitsabstufungen auf. Daher ist jedes Schwarzweißbild mit verschiedenen Graustufen oder farbiges Foto auch ein Halbtonbild.

Bitmaps (oder auch Strichbilder) hingegen sind Bilder, die nur reine schwarze und reine weiße Bildbereiche aufweisen, ohne weitere Tonabstufungen dazwischen. Jedes Pixel bei einem Strichbild kann in einem Bit gespeichert werden und daher auch nur die zwei Zustände Schwarz oder Weiß annehmen. Ein Strichbild wird häufig auch als Binärbild oder Bitmap bezeichnet. Im Gegensatz zu Halbtonbildern besitzen Strichbilder harte Kanten und keine fließenden Übergänge, daher benötigen diese beim Druck eine wesentlich höhere Auflösung, um Sägezahneffekte zu vermeiden.

Um also Bitmaps mit GIMP zu erstellen, müssen Sie bei INDIZIERTE FARBUMWANDLUNG über BILD • MODUS • INDIZIERT die Option SCHWARZ/WEISS-PALETTE (1-BIT) VERWENDEN ❹ aktivieren. Das Ergebnis der Konvertierung von einem Bild in eine Bitmap hängt zudem noch vom verwendeten Dithering bei FARB-DITHERING ❺ ab.

Dithering
Das Thema Dithering wurde bereits auf Seite 352 im Abschnitt »Dithern« beschrieben.

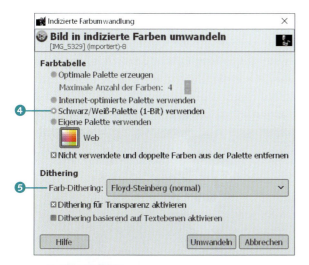

◀ **Abbildung 11.27**
Mit dem Dialog INDIZIERTE FARBUMWANDLUNG konvertieren Sie ein Bild in eine Bitmap.

◀ **Abbildung 11.28**
Aus diesem Bild soll eine Bitmap erstellt werden.

▲ **Abbildung 11.29**
Hier wurde eine Bitmap aus dem Bild erstellt. Dank dem Dithering fällt dies auf den ersten Blick gar nicht auf und wirkt wie ein Graustufenbild.

▲ **Abbildung 11.30**
Erst wenn Sie tiefer in das Bild zoomen, erkennen Sie, dass das Bild tatsächlich nur noch aus reinem Schwarz und Weiß und keinen weiteren Grautönen mehr dazwischen besteht.

▲ **Abbildung 11.31**
Hier wurde ebenfalls eine Bitmap erstellt, nur wurde hier auf Dithering verzichtet, indem der Wert von FARB-DITHERING auf KEIN gesetzt wurde.

Das Dithering ist nicht immer erwünscht, und manchmal will man eben eine etwas härtere Bitmap erstellen. Gerade bei eingescannten Strichbildern ist das Dithering nicht immer produktiv. Wollen Sie vor dem Umwandeln des Bildes in eine Bitmap selbst über den schwarzen ❶ und weißen ❷ Regler steuern, welche Pixel im Bild schwarz und welche weiß werden sollen, können Sie den SCHWELLWERT-Dialog über FARBEN • SCHWELLWERT dafür verwenden.

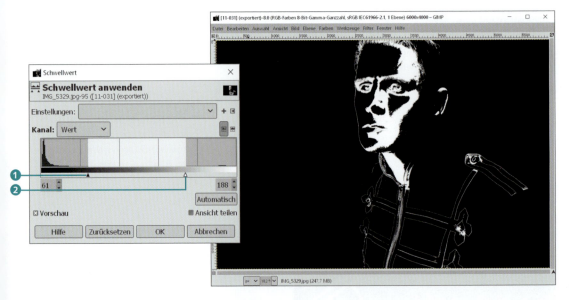

▲ **Abbildung 11.32**
Mit dem SCHWELLWERT-Dialog legen Sie noch vor der Umwandlung in eine Bitmap selbst fest, welche Pixel im Bild anschließend schwarz und welche weiß sind.

Schritt für Schritt
Bitmaps aus eingescannten Strichbildern erstellen

Wenn Sie eigene digitale Bilder, Baupläne oder alte Strichbilder digitalisieren wollen, dann ist der folgende Workshop für Sie. Im Beispiel wurde ein Bauplan eingescannt, welcher als Bitmap archiviert werden soll.

 Kapitel-011/Bauplan.tif

1 Schwarz verstärken, Weiß beschneiden

Wenn Sie das Bild geöffnet haben, rufen Sie FARBEN • WERTE auf. Ziehen Sie hier bei QUELLWERTE den schwarzen Regler ❹ nach rechts bis zum Wert 150, womit die schwarzen Striche auf dem Bild deutlicher hervortreten. Ziehen Sie auch den weißen Regler ❸ ein wenig nach links bis auf den Wert 235, wodurch das Weiß des Papiers deutlicher wird. Bestätigen Sie den Dialog mit OK.

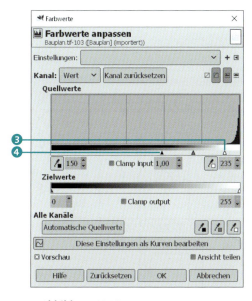
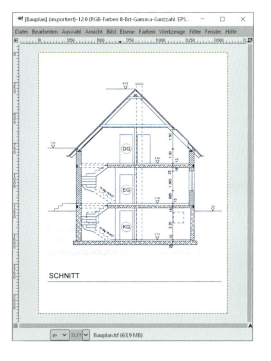

◄ **Abbildung 11.33** ►
Mit Hilfe einer Tonwertkorrektur wurden viele Graustufen im Bild entfernt.

2 Kanten schärfen

Um die Striche deutlicher hervorzuheben, sollten Sie jetzt die Kanten schärfen. Dies erledigen Sie am besten mit FILTER • VERBESSERN • SCHÄRFEN (UNSCHARF MASKIEREN). Im Beispiel wurde der Wert von RADIUS auf 4,000 und von MENGE auf 2,500 gesetzt. Der SCHWELLWERT hingegen wurde auf 0 belassen. Die Werte können allerdings variieren und sind auch teilweise abhängig von der Größe des Bildes. Bestätigen Sie den Dialog mit OK.

Zum Nachlesen

Das Thema Scharfzeichnen hat mit Kapitel 27, »Bilder schärfen«, ein eigenes Kapitel im Buch bekommen.

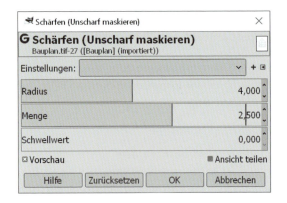

Abbildung 11.34 ▶
Mit dem Filter SCHÄRFEN
(UNSCHARF MASKIEREN) werden die Striche deutlicher.

3 **Schwellwert verwenden**

Mit FARBEN • SCHWELLWERT entfernen Sie die Graustufen endgültig, so dass es im Bild nur noch Schwarz und Weiß gibt. Ziehen Sie den schwarzen Regler ❶ nach rechts bis auf den Wert 245. Je weiter Sie diesen Regler nach rechts ziehen, desto mehr schwarze Pixel werden angezeigt. Bestätigen Sie den Dialog mit OK.

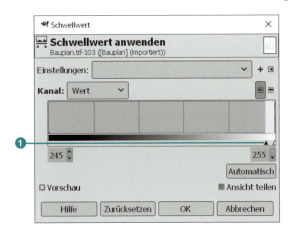

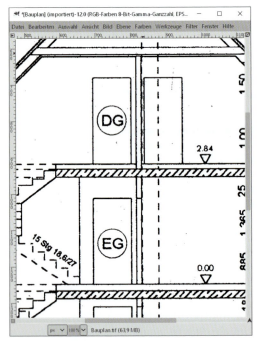

Abbildung 11.35 ▲▶
Mit SCHWELLWERT steuern Sie die weißen und schwarzen Pixel.

4 **In Bitmap konvertieren**

Um das Bild am Ende in eine Bitmap zu konvertieren, rufen Sie den Dialog BILD • MODUS • INDIZIERT auf, wählen dort die Option SCHWARZ/WEISS-PALETTE (1-BIT) VERWENDEN und bestätigen abschließend mit OK.

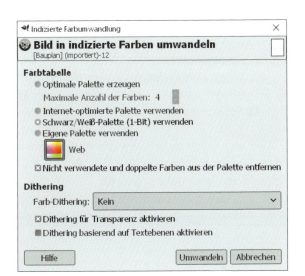

◀ **Abbildung 11.36**
Eine Bitmap erzeugen

▼ **Abbildung 11.37**
Links sehen Sie das eingescannte Ausgangsbild und rechts das Bild nach dem Workshop und der Bitmap-Konvertierung.

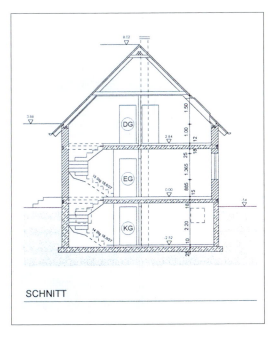
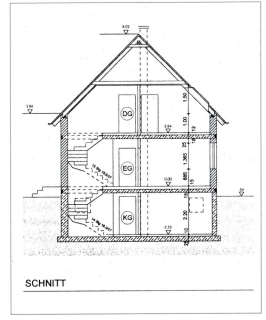

11.4 Der Schwellwert – schwarze und weiße Pixel trennen

Den Schwellwert haben Sie bereits im Abschnitt zuvor kurz kennengelernt. Mit diesem Werkzeug wandeln Sie die aktive Ebene oder Auswahl in reines Schwarz und Weiß um – also ohne Graustufen. Nützlich ist dies beispielsweise bei eingescannten Bildern mit Text, um die Lesbarkeit des Textes zu verbessern. Aber auch

Kapitel 11 Schwarzweißbilder

Antialiasing
Da Ihnen für dieses Werkzeug nur die Farben Schwarz und Weiß zur Verfügung stehen, sollte auch klar sein, dass hiermit auch eventuell vorhandenes Antialiasing verloren geht.

bei der Erstellung von Auswahlen, die abhängig von der Helligkeit sind, ist der SCHWELLWERT-Dialog hilfreich.

Den Dialog rufen Sie über FARBEN • SCHWELLWERT auf. Die Helligkeitswerte des Bildes werden hier in einem Histogramm dargestellt. Den Schwellwert passen Sie mit dem schwarzen ❸ und dem weißen ❹ Schieberegler (oder den entsprechenden Eingabefeldern) darunter an. Mit diesen Reglern legen Sie fest, welche Pixel zu Weiß und welche zu Schwarz konvertiert werden sollen. Der ausgewählte Bereich wird hell markiert ❶ im Histogramm angezeigt, und der Rest erscheint grau ❷.

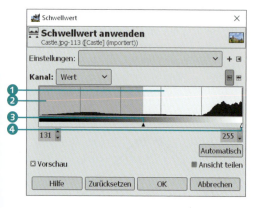

▲ Abbildung 11.38 ▶
Der Dialog SCHWELLWERT

Hellste und dunkelste Pixel anzeigen | Mit Hilfe des Dialogs SCHWELLWERT können Sie sehr gut die hellsten und dunkelsten Pixel in einem Bild ermitteln. Hierzu verschieben Sie den Regler einfach in die Richtung, in der Sie den Bereich ermitteln wollen.

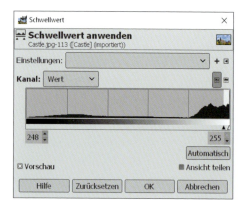

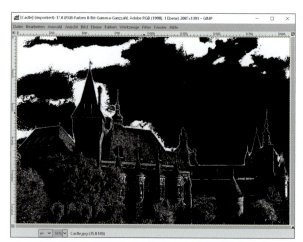

▲ Abbildung 11.39 ▶
Um die hellsten Pixel in einem Bild zu ermitteln, schieben Sie den schwarzen Regler nach rechts.

11.4 Der Schwellwert – schwarze und weiße Pixel trennen

 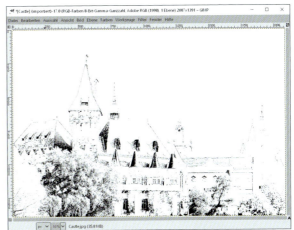

▲ **Abbildung 11.40** ▶
Für die dunkelsten Pixel brauchen Sie den schwarzen Regler nur nach links zu ziehen.

TEIL IV
Auswählen und Freistellen

Kapitel 12
Auswahlen im Detail

Auswahlen sind neben den Ebenen wichtige Arbeitstechniken in der digitalen Bild- und Fotobearbeitung. Sie werden vorwiegend eingesetzt, wenn Sie nicht das komplette Bild oder ganze Ebenen bearbeiten wollen und natürlich zum Freistellen von komplexeren Objekten.

12.1 Die Auswahlwerkzeuge im Überblick

GIMP bietet über den Werkzeugkasten und auch das Menü Werkzeuge • Auswahlwerkzeuge sieben unterschiedliche Auswahlwerkzeuge für verschiedene Anwendungsbereiche an. Jedes davon hat dabei ganz spezielle Eigenschaften:

- Rechteckige Auswahl : Wird für quadratische oder rechteckige Auswahlen verwendet.
- Elliptische Auswahl : Erstellt runde und ovale Auswahlbegrenzungen.
- Freie Auswahl : Legen Sie hiermit frei gezeichnete Auswahlen an.
- Vordergrundauswahl : Damit stellen Sie Objekte eines Bildes oder der aktiven Ebene frei.
- Zauberstab : Erstellt eine Auswahl mit ähnlichen Farbwerten bei den benachbarten Pixeln.
- Nach Farbe auswählen : Wählt ähnliche Farbwerte im kompletten Bild aus.
- Magnetische Schere (bzw. Intelligente Schere im Menü Werkzeuge) : Das Werkzeug wird gerne verwendet, um eine Auswahl aus einem Bildbereich zu erstellen, die farblich deutlich abgegrenzt ist.

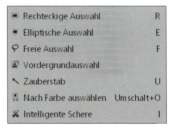

▲ **Abbildung 12.1**
Die Auswahlwerkzeuge

> **Auswahl nicht sichtbar**
> Wenn die schwarz-weißen Ameisenlinien der Auswahl nicht angezeigt werden oder Sie diese kurz abschalten wollen, (de-)aktivieren Sie sie über Ansicht • Auswahl anzeigen oder die Tastenkombination ⌃/⌘+T.

In gewisser Hinsicht könnte man auch das Pfade-Werkzeug zu den Auswahlwerkzeugen zählen, weil sich ein Pfad in eine Auswahl umwandeln lässt. Aber da das Pfade-Werkzeug noch mehr bietet, wird es in Teil IX des Buches extra behandelt.

Funktionsprinzip von Auswahlen | Auswahlen sind recht einfach aufgebaut. Sobald Sie eine Auswahl erzeugt haben, egal, mit welchem Werkzeug, können Sie sie jederzeit nachträglich weiterbearbeiten, in die Zwischenablage kopieren, als neues Bild verwenden oder für eine Montage auf eine eigene Ebene legen. Beachten Sie auch, dass Sie auf den restlichen Bereich außerhalb der Auswahl während dieser Zeit nicht zugreifen können.

Eine Auswahl erkennen Sie an der schwarz-weiß gestrichelten Linie ❶ rund um den ausgewählten Bereich. Diese Linie wird manchmal auch als *Ameisenlinie* bezeichnet, weil es den Anschein hat, als würden Ameisen hintereinander um die Auswahl laufen. Die gelb-schwarze Linie hingegen ist der Ebenenrahmen ❷.

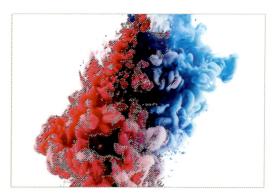

▲ **Abbildung 12.2**
Links wurde eine rechteckige Auswahl erstellt. Auswahlen können aber auch komplexer werden. Rechts wurde die rosa Acrylfarbe grob vom Rest des Bildes isoliert.

12.2 Allgemeine Werkzeugeinstellungen

Bevor auf die einzelnen Auswahlwerkzeuge und ihre Einstellungen eingegangen wird, werden hier noch Werkzeugeinstellungen beschrieben, die alle Auswahlwerkzeuge betreffen. Die speziellen und weiteren Werkzeugeinstellungen werden dann beim entsprechenden Werkzeug erläutert.

▲ **Abbildung 12.3**
Diese Werkzeugeinstellungen sind bei allen Auswahlwerkzeugen vorhanden.

12.2.1 Modus

Über die Schaltflächen hinter Modus ❸ legen Sie fest, wie eine neue Auswahl zu einer bereits erstellten Auswahl hinzugefügt wird. Folgende Bedeutung haben die vier Modi:
▶ Aktuelle Auswahl ersetzen: Mit diesem Modus wird eine vorhandene Auswahl durch die neue Auswahl ersetzt.

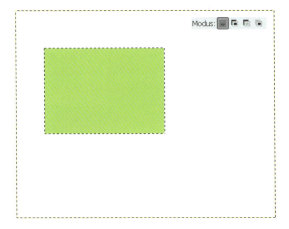

▲ **Abbildung 12.4**
Mit Aktuelle Auswahl ersetzen wird bei jeder Verwendung des Auswahlwerkzeugs eine neue Auswahl erzeugt. In der Abbildung wurde die Auswahl zur Verdeutlichung hellgrün eingefärbt.

▶ Zur aktuellen Auswahl hinzufügen: Damit wird die neue Auswahl zur aktuellen Auswahl hinzugefügt, ohne dass die vorhandene Auswahl verschwindet. Beim Mauszeiger ist hierbei ein Plussymbol ❹ zu sehen. Alternativ aktivieren Sie diesen Modus, indem Sie beim Aufziehen einer Auswahl die ⇧-Taste gedrückt halten.

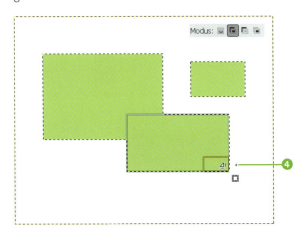

◀ **Abbildung 12.5**
Mit Zur aktuellen Auswahl hinzufügen bilden mehrere Auswahlen eine Einheit. Auch hier wurde die Auswahl zur Verdeutlichung grün eingefärbt.

▶ Von der aktuellen Auswahl abziehen: Hiermit entfernen Sie die überlappenden Bereiche zwischen der zu erzeugenden Auswahl und der vorhandenen Auswahl. Der Mauszeiger enthält hierbei ein Minussymbol ❺. Der Modus lässt sich auch verwenden, wenn Sie die Strg/Cmd-Taste gedrückt halten, während Sie eine neue Auswahl erstellen. Überlappen sich die Auswahlen nicht, bleibt die bestehende Auswahl erhalten.

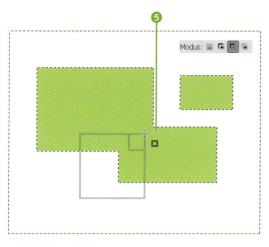 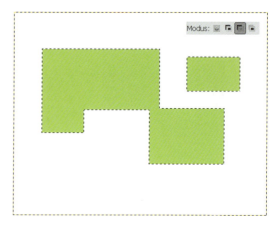

▲ **Abbildung 12.6**
Mit VON DER AKTUELLEN AUSWAHL ABZIEHEN wird die neue Auswahl von der vorhandenen Auswahl abgezogen.

▶ AUSWAHLSCHNITTMENGE BILDEN: Hiermit erstellen Sie aus dem überlappenden Bereich zwischen der bestehenden Auswahl und der neuen Auswahl eine Auswahlschnittmenge. Als Symbol wird ein auf dem Kopf stehendes »U« ❻ angezeigt. Diesen Modus können Sie auch mit dem Tastenkürzel ⇧+Strg/Cmd verwenden.

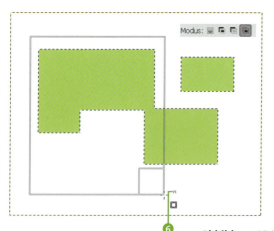 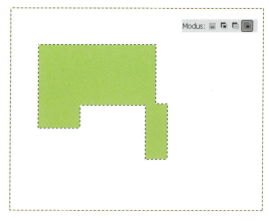

▲ **Abbildung 12.7**
Mit dem Modus AUSWAHLSCHNITTMENGE BILDEN bleiben nur die übereinanderliegenden Auswahlbereiche erhalten.

12.2.2 Kanten glätten

Wenn Sie die Option KANTEN GLÄTTEN in den Werkzeugeinstellungen aktivieren, werden die Auswahlkanten weichgezeichnet. Außer bei dem Werkzeug VORDERGRUNDAUSWAHL ist diese Option standardmäßig aktiviert. Bei dem Werkzeug RECHTECKIGE AUSWAHL lässt sich diese Einstellung nicht deaktivieren.

▲ **Abbildung 12.8**
Im linken Bild wurde eine ovale Auswahl mit der Option Kanten glätten erstellt, im rechten Bild ohne diese Option. Zur Verdeutlichung wurden diese Bereiche eingefärbt.

12.2.3 Kanten ausblenden

Wenn Sie die Einstellung Kanten ausblenden aktivieren, erscheint ein Schieberegler, über den Sie die Länge der ausgeblendeten Kanten festlegen. Möglich sind Werte von 0 (keine Überblendung) bis 100 (maximale Überblendung). Die Einstellung hat allerdings keine Auswirkung auf eine aktuelle Auswahl; der eingestellte Wert wird erst bei einer neuen Auswahl verwendet.

Mit dieser Option werden die Kanten um die Auswahl weich in den Hintergrund überblendet. Es kann auch sein, dass Sie auf den ersten Blick davon gar nichts erkennen. Gerade bei kreisförmigen Auswahlen ist dies nicht immer gleich auf den ersten Blick ersichtlich. Rechteckige Auswahlen hingegen haben abgerundete Ecken. Erst wenn Sie beispielsweise die Auswahl mit dem Füllen-Werkzeug mit einer anderen Farbe einfärben, können Sie den Effekt der Option Kanten ausblenden deutlicher sehen ❶.

Zum Nachlesen
Zusätzliche Informationen zum Ausblenden einer Auswahl finden Sie auf Seite 387, »Auswahl ausblenden«, wo das entsprechende Kommando behandelt wird.

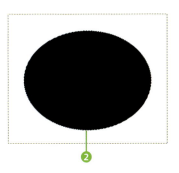

▲ **Abbildung 12.9**
Zur Demonstration sehen Sie hier jeweils zwei kreisförmige Auswahlen, die mit dem Füllen-Werkzeug schwarz eingefärbt wurden. Bei der linken Auswahl ❶ wurde die Option Kanten ausblenden mit einem Radius von 100 verwendet. Sie sehen dabei sehr schön, wie die Auswahl weich in den Hintergrund ausgeblendet wird. Bei der rechten kreisförmigen Auswahl ❷ wurde die Option Kanten ausblenden nicht aktiviert, weshalb hier die Auswahl vollkommen mit Schwarz gefüllt wurde.

12.3 Einfache Auswahlwerkzeuge

Zu den etwas einfacheren Auswahlwerkzeugen können die Werkzeuge RECHTECKIGE AUSWAHL ▣ (Tastenkürzel: R) und ELLIPTISCHE AUSWAHL ● (Tastenkürzel: E) gezählt werden. Diese werden häufig auch geometrische Auswahlwerkzeuge genannt. Sie sind sehr nützlich bei Anwendungszwecken wie beispielsweise:

- **Rahmen erstellen**: Für verschiedene kreative und gestalterische Zwecke erstellen Sie mit den zwei Werkzeugen runde, ovale und eckige Rahmen.
- **Auswahl füllen**: Sehr häufig werden die beiden Werkzeuge auch verwendet, um eine Auswahl mit einer Farbe oder einem Muster zu füllen oder einen Text darauf zu platzieren.
- **Auswahl zuschneiden**: Sie können jederzeit eine erstellte Auswahl zuschneiden über BILD • AUF AUSWAHL ZUSCHNEIDEN.

Abbildung 12.10 ▶
Solche Rahmen lassen sich ohne großen Aufwand mit dem Werkzeug RECHTECKIGE AUSWAHL erstellen.

12.3.1 Rechteckige Auswahl

Mit dem Werkzeug RECHTECKIGE AUSWAHL ▣ (Tastenkürzel R) erstellen Sie rechteckige Auswahlen eines Bildes oder der aktuellen Ebene.

Werkzeug verwenden | Die Bedienung des Werkzeugs ist schnell erklärt: Nachdem Sie das Werkzeug aktiviert haben, bewegen Sie den Mauszeiger in das Bildfenster und ziehen mit gedrückter linker Maustaste über den Bereich, den Sie auswählen wollen ❶. Wenn Sie die Maustaste loslassen, wird die Auswahllinie angezeigt ❷.

12.3 Einfache Auswahlwerkzeuge

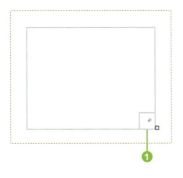 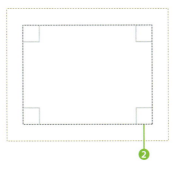

◀ **Abbildung 12.11**
Im linken Bild wird die Auswahl aufgezogen. Rechts sehen Sie die Auswahl, nachdem Sie die Maustaste losgelassen haben.

Halten Sie **während des Aufziehens** des Auswahlrahmens die [Strg]/[Cmd]-Taste gedrückt, wird der Startpunkt des Auswahlrahmens als Mittelpunkt für die neue Auswahl verwendet. Drücken Sie hingegen die [Strg]/[Cmd]-Taste **vor dem Aufziehen** und halten sie gedrückt, wird der Modus auf VON DER AUSWAHL ABZIEHEN umgestellt.

Drücken Sie **während des Aufziehens** die [⇧]-Taste, wird die Werkzeugeinstellung FEST verwendet. Standardmäßig wird hier bei der ersten Auswahl eine quadratische Auswahl (bei der Standardeinstellung SEITENVERHÄLTNIS) erstellt. Diese Einstellungen werden beim Werkzeug ZUSCHNEIDEN ⌷ umfassend in Abschnitt 21.1, »Das Zuschneiden-Werkzeug«, behandelt.

Drücken Sie hingegen die [⇧]-Taste **vor dem Aufziehen** und halten sie gedrückt, wird der Auswahlmodus auf ZUR AKTUELLEN AUSWAHL HINZUFÜGEN geschaltet.

Halten Sie **während des Aufziehens** die Tasten [Strg]/[Cmd]+[⇧] gedrückt, erstellen Sie eine quadratische Auswahl mit dem Startpunkt des Auswahlrahmens als Mittelpunkt der neuen Auswahl. Drücken Sie hingegen [Strg]/[Cmd]+[⇧] **vor dem Aufziehen** der Auswahl und halten die Tasten gedrückt, schalten Sie den Auswahlmodus auf AUSWAHLSCHNITTMENGE BILDEN.

Auswahl verändern im Bearbeitungsmodus | Wenn Sie eine Auswahl mit dem Werkzeug RECHTECKIGE AUSWAHL erstellt haben, können Sie sie mit dem Werkzeug jederzeit nachträglich verändern, solange Sie nicht mit [↵] oder einem Mausklick innerhalb der Auswahl bestätigen. Zum Ändern einer noch nicht bestätigten Auswahl stehen Ihnen drei Möglichkeiten zur Verfügung:

▶ **Auswahlen hinzufügen oder entfernen**: Über die verschiedenen Auswahlmodi (siehe Abschnitt 12.2, »Allgemeine Werkzeugeinstellungen«) können Sie jederzeit weitere Auswahlen hinzufügen, Auswahlen entfernen oder Schnittmengen bilden. Der Mauszeiger muss hier die Form eines Fadenkreuzes ❸ haben.

Zum Nachlesen
Die einzelnen Modi, die Sie bei den Auswahlen verwenden können, werden in Abschnitt 12.2, »Allgemeine Werkzeugeinstellungen«, beschrieben.

▲ **Abbildung 12.12**
Sieht der Mauszeiger im Bild so aus, können Sie weitere Auswahlen hinzufügen und Auswahlen entfernen.

381

▲ **Abbildung 12.13**
Auswahl in der rechten unteren Ecke. Klicken Sie innerhalb dieses Bereichs und ziehen Sie, können Sie die Auswahl nach links, rechts, oben und unten vergrößern und verkleinern.

▲ **Abbildung 12.14**
Auswahl an der unteren Seite der Auswahl. Klicken Sie innerhalb der Griffleiste und ziehen Sie, können Sie die Auswahl nach oben und unten verkleinern oder vergrößern.

> **Nichts auswählen**
>
> Jederzeit und bei jedem Auswahlwerkzeug können Sie eine Auswahl abbrechen oder verwerfen, indem Sie über AUSWAHL • NICHTS auswählen oder die Tastenkombination [Strg]/[Cmd]+[⇧]+[A] betätigen.

▶ **Auswahlgröße ändern**: Die Größe der Auswahl können Sie an den vier Ecken und Seiten verändern. Sobald Sie mit dem Mauszeiger über diese Flächen fahren, erscheinen Griffbereiche, mit denen Sie die Größe anpassen können. Entsprechend ändert sich auch der Mauszeiger. Wenn Sie mit dem Mauszeiger innerhalb eines dieser Griffbereiche sind, können Sie die Auswahlgröße auch pixelgenau ändern, indem Sie die Pfeiltasten verwenden. Drücken Sie dabei noch die [⇧]-Taste, vergrößern oder verkleinern Sie die Auswahl in 25-Pixel-Schritten.

▶ **Auswahl verschieben**: Befinden Sie sich mit dem Mauszeiger im inneren Bereich der Auswahl, können Sie die komplette Auswahl durch Klicken und Ziehen verschieben. Auch dabei dienen die Pfeiltasten dazu, die Auswahl pixelgenau zu verschieben. Und auch hier können Sie mit gedrückter [⇧]-Taste die Auswahl in 25-Pixel-Schritten verschieben.

Auswahl bestätigen oder verwerfen | Sind Sie mit dem Auswahlrahmen zufrieden und wollen mit der Auswahl weitere Arbeitsschritte durchführen, müssen Sie den Bearbeitungsmodus verlassen. Die erstellte Auswahl bestätigen Sie, indem Sie entweder [↵] drücken oder innerhalb der Auswahl mit der linken Maustaste klicken (oder das Werkzeug wechseln). Anschließend können Sie die Auswahl nicht mehr in der Größe ändern oder verschieben. Allerdings können Sie über die Auswahlmodi nach wie vor weitere Auswahlen hinzufügen oder bestehende Auswahlen entfernen. Wollen Sie hingegen den Bearbeitungsmodus abbrechen, ohne dass eine Auswahl erstellt wird, klicken Sie außerhalb der Auswahl, oder betätigen Sie die Taste [Esc].

Werkzeugeinstellungen | Die ersten drei allgemeinen Einstellungen – MODUS, KANTEN GLÄTTEN und KANTEN AUSBLENDEN – wurden bereits in Abschnitt 12.2, »Allgemeine Werkzeugeinstellungen«, beschrieben.

Setzen Sie vor ABGERUNDETE ECKEN ❶ ein Häkchen, erscheint ein Schieberegler, mit dem Sie den Radius (0,0 bis 100,0) einstellen können, der bestimmt, wie stark die Ecken der Auswahl abgerundet werden.

Mit AUS DER MITTE AUFZIEHEN ❷ ziehen Sie eine Auswahl auf, bei der die Position, an der Sie die Auswahl starten, als Mittelpunkt für den gewählten Bereich verwendet wird. Das Gleiche erreichen Sie auch während des Aufziehens des Auswahlrahmens mit gedrückter [Strg]/[Cmd]-Taste.

12.3 Einfache Auswahlwerkzeuge

Die restlichen Einstellungen werden beim Werkzeug ZUSCHNEI-DEN umfassend behandelt. Blättern Sie daher bei Informationsbedarf zum Abschnitt 21.1, »Das Zuschneiden-Werkzeug«.

12.3.2 Elliptische Auswahl

Für runde oder ovale Auswahlflächen steht Ihnen das Werkzeug ELLIPTISCHE AUSWAHL (Tastenkürzel E) zur Verfügung. Seine Anwendung und seine Werkzeugeinstellungen entsprechen exakt dem Werkzeug RECHTECKIGE AUSWAHL. Deshalb gilt alles, was beim Werkzeug RECHTECKIGE AUSWAHL im Abschnitt zuvor beschrieben wurde, auch für das Werkzeug ELLIPTISCHE AUSWAHL. Einzig die Werkzeugeinstellung ABGERUNDETE ECKEN steht (logischerweise) nicht zur Verfügung.

▲ **Abbildung 12.15**
Die Werkzeugeinstellungen des Werkzeugs RECHTECKIGE AUSWAHL

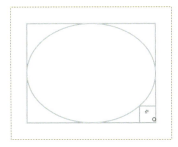 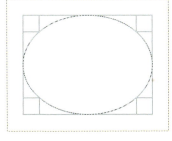

▲ **Abbildung 12.16**
Im linken Bild wird eine elliptische Auswahl aufgezogen. Rechts sehen Sie die Auswahl, nachdem Sie die Maustaste losgelassen haben.

Kapitel 13
Auswahlbefehle und -optionen

Von sehr großer Bedeutung für die Arbeit mit Auswahlwerkzeugen ist auch die Kenntnis der speziellen Auswahlbefehle und -optionen. Um die Beschreibung einfach und verständlich zu machen, werde ich hierfür auf die Werkzeuge »Rechteckige Auswahl« und »Elliptische Auswahl« zurückgreifen. In der Praxis lassen sich diese Befehle aber auch auf alle anderen Auswahlwerkzeuge anwenden.

Auswahlen und Ebenen sind zwar zwei verschiedene Themen, aber um die Auswahlen effektiv einsetzen zu können, kommen Sie nicht um die Kenntnisse der Ebenen herum. Wenn Sie beispielsweise ein Objekt auswählen, um es dann freizustellen, benötigen Sie Ebenen. Gerade Bildbearbeitungseinsteiger kommen bei der Einführung in die Auswahlen und die Auswahlwerkzeuge häufig ins Straucheln, weil noch die nötigen Kenntnisse zu den Ebenen fehlen. Als Autor stehe ich daher vor dem Dilemma, entweder das Kapitel mit den Auswahlen vor das Ebenen-Kapitel oder umgekehrt zu setzen. Sollten Sie also ein Einsteiger in der Bildbearbeitung sein, lesen Sie sich zunächst das Kapitel mit den Auswahlen durch, und behalten Sie dabei im Hinterkopf, dass die Ebenen gleich im nächsten Teil beschrieben werden.

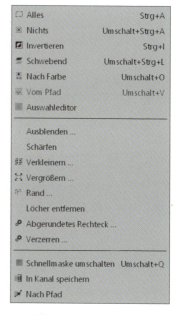

▲ **Abbildung 13.1**
Eine Sammlung von Auswahlbefehlen finden Sie im Menü Auswahl.

13.1 Auswahlbefehle

Neben der Arbeit mit den Auswahlwerkzeugen haben Sie auch die Möglichkeit, die Befehle aus dem Menü Auswahl zu nutzen.

Alles auswählen | Mit dem Befehl Alles auswählen (Tastenkombination Strg/Cmd + A) erstellen Sie eine Auswahl, die die komplette aktive Ebene umfasst. Vorhandene Auswahlen werden hierbei nicht berücksichtigt.

Nichts (auswählen) | Der Befehl NICHTS (auswählen) (Tastenkombination Strg/Cmd+⇧+A) ist sehr nützlich, um vorhandene Auswahlen schnell zu entfernen. Auf schwebende Auswahlen hat dieser Befehl allerdings keinen Einfluss.

Invertieren | Der Auswahlbefehl INVERTIEREN (Tastenkürzel Strg/Cmd+I) wird häufig verwendet; er kehrt eine Auswahl um (genauer: invertiert sie). Haben Sie ein Motiv ausgewählt und bearbeitet, können Sie die Auswahl mit diesem Befehl invertieren, um alles außerhalb des Motivs zu bearbeiten.

In Abbildung 13.2 wurde links ein einfacher Kreis zur Bearbeitung ausgewählt. Im rechten Bild wurde die Auswahl mit AUSWAHL • INVERTIEREN umgekehrt. Jetzt ist alles außerhalb des Kreises und innerhalb der beiden Ameisenlinien markiert.

Abbildung 13.2 ▶
Eine invertierte Auswahl. Zur Verdeutlichung wurde die betreffende Auswahl grau eingefärbt.

Zum Nachlesen
Mehr zu den schwebenden Auswahlen erfahren Sie auf Seite 395, »Schwebende Auswahl«.

Schwebend | Der Befehl SCHWEBEND (Tastenkombination Strg/Cmd+⇧+L) erstellt aus einer vorhandenen Auswahl eine schwebende Auswahl.

Nach Farbe | Mit dem Befehl NACH FARBE rufen Sie das Auswahlwerkzeug NACH FARBE AUSWÄHLEN (Tastenkürzel ⇧+O) auf. Eine Beschreibung dieses Werkzeugs finden Sie auf Seite 412, »Nach Farbe auswählen«.

Vom Pfad | Mit VOM PFAD (Tastenkombination ⇧+V) erstellen Sie aus einem Pfad eine Auswahl. Ist der Pfad nicht geschlossen, erfolgt dies über die beiden Endpunkte des Pfades. Der Pfad bleibt trotz dieses Kommandos erhalten. Auf die Pfade wird in Teil IX des Buches eingegangen.

Auswahleditor | Das Kommando AUSWAHLEDITOR öffnet das Dialogfenster des Auswahleditors, der die Auswahl des aktuellen Bildes anzeigt und Kommandos für den Zugriff darauf anbietet. Mehr zu diesem Editor finden Sie auf Seite 394, »Der ›Auswahleditor‹-Dialog«.

13.2 Auswahloptionen

Die meisten der weiteren Funktionen im Menü Auswahl sind Optionen, mit denen Sie eine einmal erstellte Auswahl nachbearbeiten können.

13.2.1 Auswahl ausblenden

Den Befehl Auswahl • Ausblenden kennen Sie eigentlich schon aus den allgemeinen Werkzeugeinstellungen der Auswahlwerkzeuge (siehe Abschnitt 12.2, »Allgemeine Werkzeugeinstellungen«). Über das Menü ist diese Funktion jederzeit zu erreichen und sorgt für einen weichen Übergang zwischen der Auswahl und der Umgebung.

Im sich öffnenden Dialogfenster stellen Sie im Zahlenfeld ❶ ein, wie breit der Übergang an der Auswahlkante werden soll. Daneben finden Sie eine Dropdown-Liste, über die Sie die Maßeinheit ❷ auswählen.

Hierzu ein einfaches Beispiel, das die Verwendung des Kommandos Ausblenden etwas sinnvoller demonstrieren soll. In Abbildung 13.4 wurde eine runde Auswahl mit dem Werkzeug Elliptische Auswahl um die Iris des Auges gezogen.

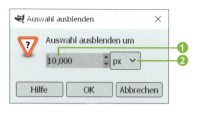

▲ **Abbildung 13.3**
Der Dialog Auswahl ausblenden

◄ **Abbildung 13.4**
Eine elliptische Auswahl um die Iris

Die Auswahl der Iris wurde in Abbildung 13.5 mit dem Werkzeug Farben • Einfärben umgefärbt. Links wurde die Auswahl so belassen, wie sie war, wodurch recht harte Kanten bei der Umfärbung zu erkennen sind und die Manipulation gleich auffällt. Rechts wurde die Auswahl zuvor um 20 Pixel ausgeblendet, und der Übergang kann sich sehen lassen.

▲ Abbildung 13.5
Links das Umfärben der Iris ohne einen weichen Übergang und rechts mit

13.2.2 Auswahl schärfen

Der Befehl AUSWAHL • SCHÄRFEN ist quasi das Gegenstück zu AUS-BLENDEN. Damit können Sie den Befehl AUSBLENDEN wieder rückgängig machen. Die Kantenglättung geht hiermit allerdings auch verloren, wodurch recht harte Übergänge entstehen können.

13.2.3 Auswahl verkleinern

Mit AUSWAHL • VERKLEINERN können Sie eine Auswahl im Bild verkleinern. Über das Zahleneingabefeld geben Sie den Wert ein, um den Sie die Auswahl verkleinern wollen. Daneben bestimmen Sie über die Dropdown-Liste die Maßeinheit.

▲ Abbildung 13.6
Der Dialog AUSWAHL VERKLEINERN

Schritt für Schritt
Einfachen Bilderrahmen erstellen

Kapitel-013/
Eiswuerfel.jpg

1 Alles auswählen
Öffnen Sie das Bild in GIMP. Erstellen Sie eine Auswahl um das komplette Bild mit AUSWAHL • ALLES (oder [Strg]/[Cmd]+[A]).

2 Auswahl verkleinern
Rufen Sie AUSWAHL • VERKLEINERN auf, und geben Sie als Zahlenwert ❶ 300 px ein, um den wir verkleinern wollen, und bestätigen Sie den Dialog mit OK.

Abbildung 13.7 ▶
Auswahl vom Bildrand verkleinern

13.2 Auswahloptionen

3 Auswahl nachziehen

Jetzt sollten Sie im Bild eine rechteckige Auswahl mit 300 Pixeln Entfernung vom Rand haben. Wählen Sie im Werkzeugkasten Weiß als Vordergrundfarbe aus. Zunächst wollen wir diese Auswahl mit BEARBEITEN • AUSWAHL NACHZIEHEN nachzeichnen. Verwenden Sie die Option STRICHLINIE ❷ mit einer LINIENBREITE ❹ von 15 Pixeln. Malen Sie mit VOLLFARBE ❸, und starten Sie den Vorgang mit der Schaltfläche NACHZIEHEN ❺.

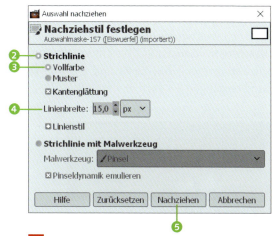

◀ **Abbildung 13.8**
Auswahlrahmen mit einer Farbe nachziehen

4 Schlagschatten hinzufügen

Um ein wenig für Räumlichkeit zu sorgen, fügen Sie mit FILTER • LICHT UND SCHATTEN • DROP SHADOW (LEGACY) einen Schatten hinzu. Wählen Sie für X und Y ❻ einen Versatz von 30, den WEICHZEICHNENRADIUS stellen Sie auf 40, die Farbe bleibt Schwarz, die Deckkraft auf 80 %, und das Häkchen vor GRÖSSENÄNDERUNG ZULASSEN ❼ entfernen Sie.

◀◀ **Abbildung 13.9**
Schlagschatten hinzufügen

389

5 Auswahl invertieren

Kehren Sie die Auswahl mit AUSWAHL • INVERTIEREN (oder ⌈Strg⌉/
⌈Cmd⌉+⌈I⌉) um. Jetzt haben Sie alles zwischen dem Bildrand und
der zuvor erstellten Auswahl markiert.

6 Rahmen abdunkeln und weichzeichnen

Zunächst wollen wir den ausgewählten Rahmen etwas abdunkeln.
Im Beispiel soll dies mit dem Befehl FARBEN • HELLIGKEIT/KON-
TRAST gemacht werden, indem Sie den Regler von HELLIGKEIT ❶
auf –40 ziehen und den Dialog dann mit OK bestätigen. Zusätzlich
soll der Rahmen auch noch weichgezeichnet werden. Rufen Sie
hierzu FILTER • WEICHZEICHNEN • GAUSSSCHER WEICHZEICHNER auf,
setzen Sie den Weichzeichnenradius für die X- und Y-Größe ❷
jeweils auf 50 Pixel, und bestätigen Sie auch hier mit OK.

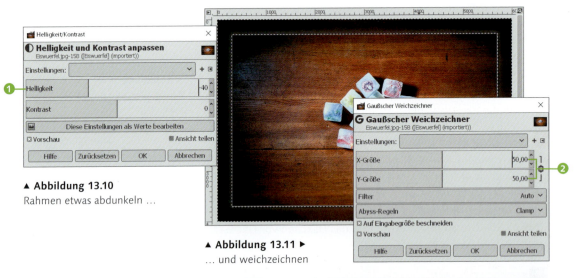

▲ **Abbildung 13.10**
Rahmen etwas abdunkeln …

▲ **Abbildung 13.11** ▶
… und weichzeichnen

▲ **Abbildung 13.12**
Links das Ausgangsbild und rechts das Bild nach dem Hinzufügen
eines Rahmens

13.2.4 Auswahl vergrößern

Das Gegenstück zum Verkleinern einer aktuellen Auswahl finden Sie über den Befehl Auswahl • Vergrössern. In das Zahlenfeld ❸ geben Sie an, um welchen Wert Sie die Auswahl vergrößern wollen. Daneben können Sie die Maßeinheit ❹ dazu einstellen.

Wenn Sie eine rechteckige Auswahl vergrößern, werden die Ecken abgerundet. Wollen Sie diese abgerundeten Ecken wieder eckig haben, rufen Sie einfach Auswahl • Abgerundetes Rechteck auf und setzen den Radius auf 0.

▲ **Abbildung 13.13**
Der Dialog Auswahl vergrössern

◀ **Abbildung 13.14**
Die Auswahl in der linken Abbildung wurde um 30 Pixel vergrößert, wie Sie in der rechten Abbildung sehen können. Als Nebeneffekt werden hierbei allerdings auch die Ecken abgerundet.

13.2.5 Auswahl mit Rand

Mit dem Befehl Auswahl • Rand erstellen Sie um die Auswahlkante eine neue Auswahl als Form. In das Zahleneingabefeld geben Sie die Breite des Auswahlrandes an. Daneben über die Dropdown-Liste wählen Sie eine entsprechende Maßeinheit dazu aus. Mit Randstil können Sie den Übergang des Randes einstellen. Zur Verfügung stehen hierbei Hart, Weich und Ausgeblendet.

◀ **Abbildung 13.15**
Der Dialog Auswahl umranden

▲ **Abbildung 13.16**
Links sehen Sie eine rechteckige Auswahl. In der Mitte wurde die Auswahl mit einem harten Randstil von 30 Pixeln erstellt. Dasselbe wurde auch im dritten Bild mit Weich und im letzten Bild mit Ausgeblendet gemacht. Zur Verdeutlichung wurde die Auswahl grau eingefärbt.

13.2.6 Auswahl füllen mit »Löcher entfernen«

Mit dem Befehl AUSWAHL • LÖCHER ENTFERNEN können Sie Bereiche innerhalb einer Auswahl, die nicht ausgewählt sind, füllen und zur Auswahl hinzufügen. Das hört sich komplizierter an, als es ist. In Abbildung 13.17 sehen Sie auf der linken Seite eine Auswahl mit Lücken. Nachdem der Befehl AUSWAHL • LÖCHER ENTFERNEN aufgerufen wurde, werden diese Lücken »gefüllt« und zur Auswahl hinzugefügt, wie Sie auf der rechten Seite erkennen können.

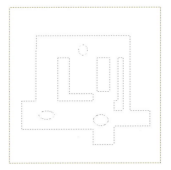

Abbildung 13.17 ▶
Die Auswahl auf der linken Seite weist Lücken auf, die mit dem Befehl LÖCHER ENTFERNEN aufgefüllt werden können. Das Ergebnis können Sie auf der rechten Seite sehen.

In solch einem Beispiel mag dies noch recht trivial sein. Aber bei komplexeren Auswahlen wie in Abbildung 13.18, wo im linken Bild bei der Auswahl der Person auch noch Teile des Gesichts nicht ausgewählt wurden, ist LÖCHER ENTFERNEN sehr hilfreich, wie Sie im rechten Bild sehen können, nachdem der Befehl aufgerufen wurde.

▲ **Abbildung 13.18**
Im linken Bild wurden Teile der Person im Gesicht nicht ausgewählt. Mit LÖCHER ENTFERNEN können Sie diese Bereiche zur Auswahl hinzufügen, wie es im rechten Bild geschehen ist.

13.2.7 Abgerundetes Rechteck

Mit dem Kommando AUSWAHL • ABGERUNDETES RECHTECK fügen Sie bei einer rechteckigen Auswahl abgerundete Ecken hinzu. Über den Regler oder das Zahleneingabefeld RADIUS ❶ stellen Sie ein, wie stark (0 bis 100 %) die Ecken abgerundet werden sollen. Aktivieren Sie KONKAV ❷, werden die Ecken nach innen statt nach außen gebogen.

13.2 Auswahloptionen

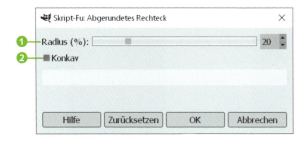

▲ **Abbildung 13.19**
Der Dialog ABGERUNDETES RECHTECK

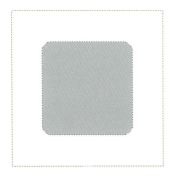

◂ **Abbildung 13.20**
Links sehen Sie eine abgerundete Auswahl, deren Ecken konvex (nach außen) gebogen sind, rechts sind sie konkav (nach innen). Auch hier wurde die Auswahl zur Verdeutlichung grau eingefärbt.

13.2.8 Auswahl verzerren

Das Kommando AUSWAHL • VERZERREN ist eher für kreative Arbeiten geeignet. Es verzerrt eine Auswahl. Allerdings lässt sich hierbei nie genau vorhersagen, wie das Ergebnis aussehen wird.

Mit dem SCHWELLWERT ❸ können Sie die verzerrte Auswahl vergrößern (kleinerer Wert) oder verkleinern (größerer Wert). Den Grad der Verzerrung stellen Sie mit VERTEILEN ❹ ein. Mit KÖRNIGKEIT ❺ erhöhen Sie die Verzerrung noch mehr, mit GLÄTTEN ❻ hingegen reduzieren Sie sie wieder. Deaktivieren Sie die Optionen HORIZONTAL GLÄTTEN und VERTIKAL GLÄTTEN, wird die Verzerrung noch mehr verstärkt.

◂ **Abbildung 13.21**
Der Dialog VERZERREN

Abbildung 13.22 ▶
Links die Auswahl vor und rechts nach der Verzerrung. Zur Verdeutlichung wurde die Auswahl grau eingefärbt.

Die restlichen Befehle | Die restlichen Kommandos, SCHNELLMASKE UMSCHALTEN (Abschnitt 14.2, »Schnellmaske verwenden«), IN KANAL SPEICHERN (Abschnitt 14.3, »Kanäle und Auswahlmasken«) und NACH PFAD (Abschnitt 30.1, »Pfad aus Auswahl erstellen«), werden noch gesondert behandelt.

13.3 Weitere Hilfsmittel für Auswahlen mit GIMP

In diesem Abschnitt sollen ein paar nützliche (und auch ein paar weniger nützliche) Hilfsmittel zu Auswahlen beschrieben werden.

13.3.1 Der »Auswahleditor« -Dialog

▲ **Abbildung 13.23**
Der AUSWAHLEDITOR

Diesen Editor starten Sie über AUSWAHL • AUSWAHLEDITOR. Er zeigt die aktuelle Auswahl und dient dem schnellen Zugriff auf einzelne Auswahlkommandos, die alle auch über das Menü AUSWAHL erreichbar sind.

Unterhalb des Dialogs stehen Ihnen sechs häufig verwendete Auswahlbefehle als Schaltflächen zur Verfügung. Von links nach rechts sind dies: ALLES AUSWÄHLEN, NICHTS AUSWÄHLEN, INVERTIEREN, IN KANAL SPEICHERN, NACH PFAD und AUSWAHL NACHZIEHEN ❸ – alles Befehle, die Sie bereits kennen oder gleich noch kennenlernen. Weitere Befehle können Sie über das kleine Symbol ❶ am Reiter aufrufen.

Die Auswahl selbst wird im Vorschaubereich ❷ in Weiß mit schwarzem Hintergrund gezeigt. Alternativ könnten Sie auch in den Vorschaubereich klicken, um Ihre Auswahl zu erstellen. Die Auswahl wird dann so erzeugt, als ob Sie mit dem Werkzeug NACH FARBE AUSWÄHLEN arbeiten würden. Allerdings ist diese Funktion so nicht unbedingt für den Praxiseinsatz geeignet, da Sie quasi »blind« arbeiten müssen.

13.3.2 Schwebende Auswahl

Wenn Sie etwas in die Zwischenablage kopieren und in GIMP beispielsweise mit [Strg]/[Cmd]+[V] einfügen, wird dieser Inhalt erst einmal als *schwebende Auswahl* eingefügt. Eine schwebende Auswahl ist so etwas wie eine temporäre Ebene. Solange sich im Bild eine schwebende Auswahl befindet, können Sie keine anderen Ebenen als die schwebende Auswahl bearbeiten.

Wenn Sie mit der Bearbeitung fertig sind, stehen Ihnen drei Möglichkeiten zur Verfügung, wie Sie mit der schwebenden Auswahl weiter vorgehen. Öffnen Sie hierfür am besten den EBENEN-Dialog (zum Beispiel mit [Strg]/[Cmd]+[L]):

- **Neue Ebene**: Klicken Sie auf die Schaltfläche links unten ❹ im EBENEN-Dialog (bzw. EBENE • NEUE EBENE oder [⇧]+[Strg]/[Cmd]+[N]), und aus der schwebenden Auswahl wird eine neue Ebene. Der Vorteil an dieser Möglichkeit ist, dass Ihnen das eingefügte Bild zur weiteren Bearbeitung zur Verfügung steht.
- **Ebene verankern**: Klicken Sie auf die Schaltfläche mit dem Anker ❺ im EBENEN-Dialog (bzw. EBENE • EBENE VERANKERN oder [Strg]/[Cmd]+[H]), um die schwebende Ebene mit der darunterliegenden Ebene zu einer Ebene zusammenzufassen.
- **Ebene löschen**: Sie wollen diese eingefügte Ebene weder als neue Ebene haben noch mit der darunterliegenden Ebene vereinen, dann klicken Sie auf die rechte Schaltfläche EBENE LÖSCHEN ❻, und die schwebende Auswahl wird wieder entfernt.

Auswahl zu einer schwebenden Auswahl machen | Um aus einer vorhandenen Auswahl eine schwebende Auswahl zu machen, verwenden Sie den Befehl AUSWAHL • SCHWEBEND (oder [Strg]/[Cmd]+[⇧]+[L]). Beachten Sie allerdings, dass Sie hiermit die Auswahl aus der aktuellen Ebene ausschneiden. In der aktuellen Ebene wird dieser Bereich entweder mit der eingestellten Hintergrundfarbe oder mit Transparenz (wenn ein Alphakanal vorhanden ist) gefüllt.

▲ **Abbildung 13.24**
Eine SCHWEBENDE AUSWAHL im EBENEN-Dialog

▼ **Abbildung 13.25**
Aus der Auswahl im rechten Bild, die zur Verdeutlichung mit grauer Farbe gefüllt wurde, wurde mit dem Befehl AUSWAHL • SCHWEBEND eine schwebende Auswahl erstellt. Links ist zu sehen, wie diese Auswahl verschoben wurde.

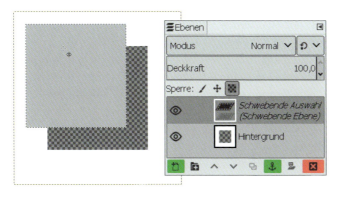

Zum Nachlesen

Mehr zu den Hilfslinien können Sie auf Seite 118, »Hilfslinien einstellen und verwenden«, nachlesen.

13.3.3 Neue Hilfslinien aus Auswahl

Wenn Sie eine Auswahl erstellt haben und diese Position sichern wollen, hilft Ihnen der Befehl BILD • HILFSLINIEN • NEUE HILFSLINIEN AUS AUSWAHL. Damit werden an den äußeren Rändern einer Auswahl (egal in welcher Form) vier Hilfslinien hinzugefügt.

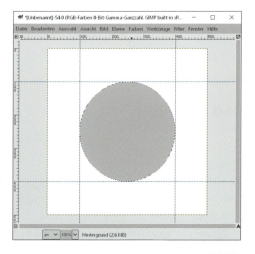

▲ **Abbildung 13.26**
Im linken Bild wurden Hilfslinien zu den Rändern der Auswahl hinzugefügt. Das funktioniert natürlich auch bei komplexeren Auswahlen, wie das rechte Bild demonstriert. Die Hilfslinien werden immer an den äußersten Rändern der Auswahllinie hinzugefügt.

13.3.4 Auswahl nachziehen

Über das Menü BEARBEITEN • AUSWAHL NACHZIEHEN finden Sie eine Funktion, um eine im Bild befindliche Auswahl nachzuziehen. Diese Funktion ist natürlich nur aktiviert, wenn Sie eine Auswahl im Bild erstellt haben. Ansonsten ist der Eintrag ausgegraut. Wenn Sie für die Nachzieheinstellung die Option NACHZIEHEN verwenden, können Sie folgende Stile dazu auswählen:

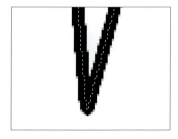

▲ **Abbildung 13.27**
GEHRUNGSLIMIT = 0

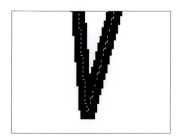

▲ **Abbildung 13.28**
GEHRUNGSLIMIT = 100

▶ VOLLFARBE oder MUSTER ❶: Hier legen Sie fest, ob Sie die eingestellte Vordergrundfarbe zum Nachzeichnen verwenden wollen oder das aktive Muster (siehe FENSTER • ANDOCKBARE DIALOGE • MUSTER bzw. Strg/Cmd+⇧+P).

▶ LINIENBREITE ❷: Über das Zahlenfeld stellen Sie ein, wie breit die Linie sein soll, die gezeichnet wird. Daneben können Sie über eine Dropdown-Liste die Maßeinheit dafür ändern.

▶ LINIENSTIL ❸: Hier finden Sie viele verschiedene Einstellungen. Mit AUFSATZSTIL bestimmen Sie den Anfang und das Ende einer Linie. Der VERBINDUNGSSTIL legt fest, wie Verbindungsstücke einer Linie (beispielsweise um die Ecke) nachgezeichnet werden sollen. Wurde beim Verbindungsstil GEHRUNG (stan-

dardmäßig der Fall) ausgewählt, können Sie mit Gehrungslimit ❹ einstellen, wie stark die Eckverbindungen zugespitzt
werden und die Linienstärke verbreitert wird. Mit Strichmuster können Sie Ihre eigenen Strichmuster erzeugen, indem Sie
auf die Linie klicken, oder Sie wählen darunter aus vordefinierten Strichen aus. Mit Kantenglättung werden runde Kanten
besser geglättet.

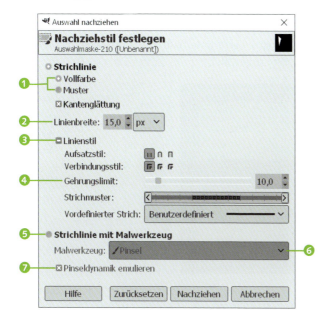

◀ Abbildung 13.29
Der Dialog Auswahl nachziehen

Wählen Sie hingegen die Option Strichlinie mit Malwerkzeug
❺ aus, bestimmen Sie in der entsprechenden Dropdown-Liste
❻ das zu benutzende Malwerkzeug. Hierbei werden immer die
zuletzt gemachten Werkzeugeinstellungen des entsprechenden
Malwerkzeugs verwendet. Mit Pinseldynamik emulieren ❼
können Sie auch die eingestellte Pinseldynamik der Werkzeuge
verwenden.

◀ Abbildung 13.30
Neben dem Nachziehen von üblichen Auswahlen, wie im linken
Bild zu sehen, lassen sich mit Auswahl nachziehen auch kreativere
Ergebnisse erstellen, wie im rechten Bild mit einer Textauswahl.

Kapitel 13   Auswahlbefehle und -optionen

13.4 Auswahl(en) aus Alphakanal erstellen

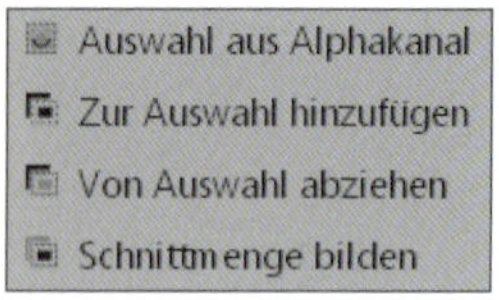

Mit dem Befehl EBENE • TRANSPARENZ • AUSWAHL AUS ALPHAKANAL wandeln Sie den Ebeneninhalt der aktiven Ebene in eine Auswahl um, wenn das Bild einen Alphakanal enthält. Andere bereits vorhandene Auswahlen im Bild werden verworfen.

Beachten Sie hierbei, dass bei der Auswahl nur Bildbereiche beachtet werden, deren Alphawert größer als ca. 127 (nach eigenen Messungen) ist. Werte unterhalb des transparenten Wertes werden nicht mit ausgewählt.

▲ **Abbildung 13.31**
Auswahlbefehle für transparente Bildbereiche aus dem Menü EBENE • TRANSPARENZ

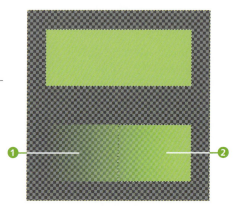

Abbildung 13.32 ▶
Hier wurden die nicht transparenten Pixel der aktiven Ebene mit AUSWAHL AUS ALPHAKANAL ausgewählt. Beim unteren grünen Farbverlauf ❷ wurde nicht der komplette Ebeneninhalt ausgewählt, weil die Deckkraft der Auswahl im linken Teil ❶ nicht mehr ausreichend war.

Die anderen drei Befehle im Menü EBENE • TRANSPARENZ – ZUR AUSWAHL HINZUFÜGEN, VON AUSWAHL ABZIEHEN und SCHNITTMENGE BILDEN – können Sie in ähnlicher Weise in Abhängigkeit von der Transparenz verwenden.

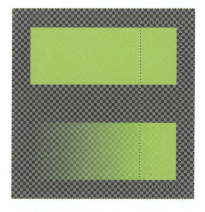

▲ **Abbildung 13.33**
Hier wurde eine rechteckige Auswahl erstellt …

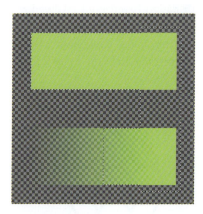

▲ **Abbildung 13.34**
… und mit dem Befehl ZUR AUSWAHL HINZUFÜGEN wurden die nicht transparenten Pixel zur Auswahl hinzugefügt …

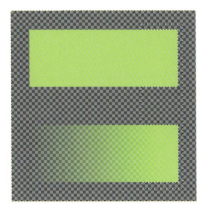

▲ Abbildung 13.35
… während hier mit dem Befehl VON AUSWAHL ABZIEHEN die nicht transparenten Pixel von der Auswahl entfernt wurden …

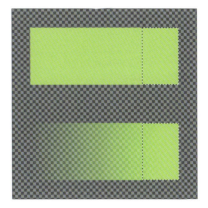

▲ Abbildung 13.36
… und in diesem Beispiel mit dem Befehl SCHNITTMENGE BILDEN die nicht transparenten Pixel mit der Auswahl geschnitten wurden.

13.5 Auswahlen in Ablagen verwalten

Wenn Sie mit Auswahlen arbeiten, wird es häufiger vorkommen, dass Sie den Inhalt einer Auswahl sichern und später wiederverwenden wollen. In der Praxis können Sie hierfür die klassische Zwischenablage oder den Dialog ABLAGEN verwenden.

Neben der gewöhnlichen Zwischenablage, die eigentlich vom Betriebssystem bereitgestellt wird, bietet GIMP auch eigene Ablagen, die Sie bequem verwalten und verwenden können. Eine eigene Ablage in GIMP hat im Gegensatz zur allgemeinen Zwischenablage den Vorteil, dass Sie mehrere Ablagen verwalten und verwenden können. Bei der einfachen Zwischenablage wird nach jedem erneuten Kopieren von Bildern der alte Inhalt überschrieben und kann somit nicht mehr verwendet werden.

Funktionen, um etwas zu dieser Ablage hinzuzufügen, finden Sie im Menü BEARBEITEN • ABLAGEN. Mit dem darin enthaltenen Befehl IN ABLAGE VERSCHIEBEN schneiden Sie ein Bild, eine Auswahl oder eine Maske in die Ablage aus (nicht mit der Zwischenablage verwechseln!). Ähnliches erreichen Sie mit IN ABLAGE KOPIEREN, nur dass Sie hiermit das Bild oder die Auswahl nur in die Ablage kopieren und nicht gleich vom Original entfernen.

Die Ablage ist nicht identisch mit der Zwischenablage
Es kann nicht oft genug betont werden, dass es sich bei der GIMP-Ablage nicht um die Zwischenablage des Betriebssystems handelt.

In die typische Zwischenablage können Sie jederzeit ein Bild oder eine Auswahl mit BEARBEITEN • KOPIEREN (oder [Strg]/[Cmd]+[C]) oder BEARBEITEN • AUSSCHNEIDEN (oder [Strg]/[Cmd]+[X]) einfügen und mit BEARBEITEN • EINFÜGEN (oder [Strg]/[Cmd]+[V]) oder mit einer der Funktionen unter BEARBEITEN • EINFÜGEN ALS in GIMP einfügen. Das Einfügen funktioniert natürlich auch, wenn Sie ein Bild im Webbrowser oder in den meisten anderen Programmen in die Zwischenablage kopieren und in GIMP wieder einfügen.

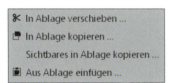

◀ Abbildung 13.37
Das Menü wird über BEARBEITEN • ABLAGEN aufgerufen.

Wenn Sie eines der Kommandos aufgerufen haben, öffnet sich ein Dialog, in dem Sie den Namen für die neue Ablage vergeben.

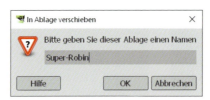

Abbildung 13.38 ▶
Einen Namen für die neue Ablage vergeben

13.5.1 Dialog »Ablagen«

Um auf die GIMP-eigene Ablage zuzugreifen, wird der dockbare Dialog ABLAGEN verwendet, den Sie über das Menü FENSTER • ANDOCKBARE DIALOGE • ABLAGEN aufrufen. Die Miniaturvorschaugröße und die Listen- oder Rasterdarstellung können Sie über das Reitermenü ❶ anpassen. Ganz oben ❷ in dem Dialog finden Sie außerdem auch (falls vorhanden) den Inhalt der klassischen Zwischenablage wieder, den Sie beispielsweise mit BEARBEITEN • EINFÜGEN (oder ⌃Strg/⌘Cmd+V) als schwebende Auswahl einfügen können. Über den Dialog können Sie die klassische Zwischenablage allerdings nicht verwalten.

Die Ablageneinträge werden mit einer Miniaturvorschau, dem Namen, den Sie der Ablage gegeben haben, und der Bildgröße (Breite × Höhe) in Pixel angezeigt. Wenn Sie auf einen Eintrag in der Ablagenliste doppelklicken, wird diese Ablage als schwebende Auswahl komplett in das zuletzt aktive Bild eingefügt. Das Gleiche hätten Sie auch über die erste Schaltfläche links unten ❹ im Dialog erreicht. Auch wenn im Bild eine aktive Auswahl vorhanden ist, die kleiner als das Ablagenobjekt ist, wird trotzdem das komplette Ablagenobjekt eingefügt und die vorhandene Auswahl entfernt.

Mit der zweiten Schaltfläche ❺ wird die Ablage in eine Auswahl eingefügt. Dies bedeutet: Besitzt das aktive Bild eine Auswahl, wird der Ablageninhalt in diese Auswahl eingefügt. Besitzt das aktive Bild hingegen keine Auswahl, verhält sich die zweite Schaltfläche wie die erste und fügt die komplette Ablage als schwebende Auswahl ein. Wie viel von der eingefügten Ablage angezeigt wird, hängt von der Größe der Auswahl ab. Ist zum Beispiel die Auswahl kleiner als das Ablagenbild, wird nur ein Teil im aktiven Bild angezeigt.

Mit der dritten Schaltfläche ❻ wird aus dem Inhalt der aktiven Ablage eine neue Ebene erzeugt und zum aktiven Bild hinzugefügt. Ein neues Bild aus der Ablage erstellen Sie hingegen mit der vierten Schaltfläche ❼, und mit der letzten Schaltfläche ❽ entfernen Sie einen Eintrag aus der Ablage und löschen ihn von der Liste.

> **GIMP beenden**
> Wenn Sie GIMP beenden, wird auch diese Ablage geleert und steht beim nächsten Start nicht mehr zur Verfügung. Die einzige Möglichkeit, diese Ablage zu sichern, ist, aus den Ablagen über die vierte Schaltfläche ❼ ein neues Bild zu erstellen und in einem gängigen Format abzuspeichern.

▲ **Abbildung 13.39**
Übersicht über die verschiedenen ABLAGEN im gleichnamigen Dialog. In diesem Beispiel finden Sie drei wiederverwendbare Ablagen ❸.

13.5 Auswahlen in Ablagen verwalten

◀ **Abbildung 13.40**
Hier wurde die Ablage durch einen Doppelklick oder einen Klick auf die erste Schaltfläche von links ❹ in das aktive Bild als schwebende Auswahl eingefügt ❾. Verankern können Sie die Auswahl mit dem Ankersymbol ❿ im EBENEN-Dialog.

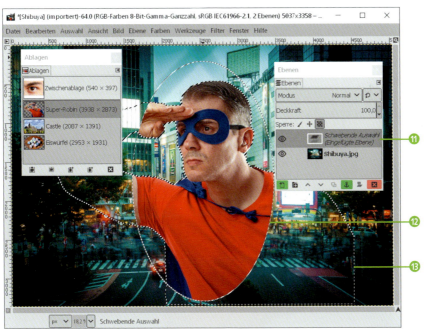

▲ **Abbildung 13.41**
Hier wurde das Bild nochmals in eine Auswahl ⓬ eingefügt, die kleiner als das Bild ist (zu erkennen an der inneren schwarz-weiß gestrichelten Linie). Um den Rest des Bildes wird ebenfalls eine schwarz-weiße Auswahllinie ⓭ eingeblendet. Auch diese Ablage wird als schwebende Auswahl ⓫ eingefügt.

13.6 Wichtige Auswahltechniken

Jetzt kennen Sie bereits alle Auswahlwerkzeuge und die Optionen und Befehle aus dem AUSWAHL-Menü. Darüber hinaus gibt es noch einige alltägliche, aber durchaus wichtige Auswahltechniken.

13.6.1 Auswahllinien verschieben

Alle Auswahllinien (oder Ameisenlinien), egal, mit welchem Auswahlwerkzeug sie erstellt wurden, lassen sich mit dem VERSCHIEBEN-Werkzeug ⊕ M verschieben. Hierzu müssen Sie lediglich in den Werkzeugeinstellungen den Modus für VERSCHIEBEN auf AUSWAHL ❶ stellen.

▲ **Abbildung 13.42**
Wenn Sie den Modus VERSCHIEBEN auf AUSWAHL ❶ stellen …

Abbildung 13.43 ▶
… dann lässt sich nur die Auswahllinie verschieben.

13.6.2 Auswahlinhalte verschieben

Der einzige Weg, den Inhalt einer Auswahl zu verschieben, ist, diese zuvor mit AUSWAHL • SCHWEBEND oder Strg/Cmd + ⇧ + L in eine schwebende Auswahl umzuwandeln.

Inhalt verschieben (2)

Mit den Werkzeugen RECHTECKIGE AUSWAHL und ELLIPTISCHE AUSWAHL können Sie mit Hilfe der Tastenkombination Alt + Strg/Cmd und gedrückter linker Maustaste den Auswahlinhalt verschieben, wenn die Auswahl noch nicht betätigt wurde (sprich, die Griffpunkte noch vorhanden sind). Wollen Sie hingegen den aktuellen Inhalt der Auswahl erhalten und trotzdem eine Kopie der Auswahl verschieben, verwenden Sie die Tastenkombination Alt + ⇧, allerdings auch nur bei den beiden anfangs erwähnten Werkzeugen.

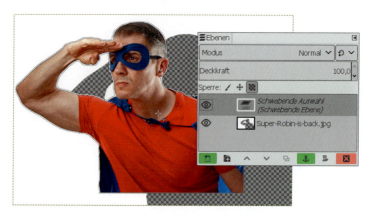

▲ **Abbildung 13.44**
Den Auswahlinhalt verschieben Sie mit einer schwebenden Auswahl.

13.6.3 Auswahlinhalte löschen

Den Auswahlinhalt entfernen Sie, indem Sie die [Entf]-Taste betätigen oder BEARBEITEN • LÖSCHEN wählen. Abhängig davon, ob das Bild oder die Ebene einen Alphakanal hat oder nicht, wird das entstandene Loch entweder mit der aktuell eingestellten Hintergrundfarbe oder mit Transparenz gefüllt. Einen Inhalt können Sie auch mit BEARBEITEN • AUSSCHNEIDEN entfernen.

▲ **Abbildung 13.45**
Der ausgewählte Hintergrund wurde gelöscht. Da diese Ebene keinen Alphakanal besitzt, wurde der freie Platz mit der eingestellten Hintergrundfarbe (hier Rot) gefüllt.

▲ **Abbildung 13.46**
Hier wurde ebenfalls der Hintergrund ausgewählt und gelöscht. Da diese Ebene einen Alphakanal hatte, wird der entfernte Bereich transparent, wie Sie am Schachbrettmuster-Hintergrund erkennen können.

Kapitel 14
Bildbereiche freistellen mit Auswahlen

Benötigen Sie etwas ungleichmäßigere oder speziellere Auswahlen oder wollen Sie ein Motiv freistellen, dann brauchen Sie speziellere Auswahlwerkzeuge dafür. GIMP bietet Ihnen auch hierfür einige interessante Spezialisten für unterschiedliche Anwendungsfälle an, auf die in den folgenden Abschnitten eingegangen wird.

14.1 Werkzeuge für komplexe Auswahlen

Nachdem Sie mit den Werkzeugen RECHTECKIGE AUSWAHL und ELLIPTISCHE AUSWAHL die Grundlagen der Auswahlen kennengelernt haben, ist es an der Zeit, die etwas komplexeren Werkzeuge unter die Lupe zu nehmen. Mit »komplex« ist hier natürlich nicht die Bedienung des Werkzeugs gemeint, sondern eher, dass sich mit diesen Werkzeugen komplexere Auswahlen erstellen lassen.

14.1.1 Freie Auswahl (Lasso-Werkzeug)

Mit dem Werkzeug FREIE AUSWAHL 🔎 (Tastenkürzel [F]) wählen Sie Bereiche eines Bildes oder einer Ebene frei aus. Das Werkzeug wird gerne für grobe Vorarbeiten verwendet. Wollen Sie beispielsweise ein Objekt freistellen, können Sie mit diesem Werkzeug eine grobe Auswahl erstellen und diese mit anderen Werkzeugen nach und nach verfeinern. Für präzise Auswahlen eignet sich das Werkzeug allerdings weniger.

Bedienung | Das Werkzeug lässt sich sehr komfortabel auf zwei Arten verwenden:

▸ **Freie Auswahl**: Eine freie Auswahl erstellen Sie, indem Sie mit gedrückter linker Maustaste auf dem Bild um den Bereich herumfahren, den Sie auswählen wollen. Das Werkzeug lässt sich

---

Werkzeugeinstellungen
Das Werkzeug hat neben den üblichen Auswahlmodi nur die beiden Einstellungen KANTEN GLÄTTEN und KANTEN AUSBLENDEN. Die Modi und Einstellungen wurden bereits in Abschnitt 12.2, »Allgemeine Werkzeugeinstellungen«, beschrieben.

Kapitel 14 Bildbereiche freistellen mit Auswahlen

Kontrollpunkt verschieben
Die Position eines Kontrollpunktes verschieben Sie, indem Sie mit dem Mauszeiger exakt über den Kontrollpunkt gehen. Am Mauszeiger erkennen Sie jetzt das Verschieben-Symbol 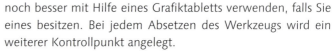, und Sie können mit gedrückter linker Maustaste die Position und sogar die Größe der bisher erstellten freien Auswahl ändern.

noch besser mit Hilfe eines Grafiktabletts verwenden, falls Sie eines besitzen. Bei jedem Absetzen des Werkzeugs wird ein weiterer Kontrollpunkt angelegt.

▶ **Polygonale Auswahl**: Die zweite Möglichkeit, das Werkzeug zu nutzen, ist durch Klicken und Ziehen. Durch jedes Klicken legen Sie hierbei einen Kontrollpunkt an, der, wenn Sie einen weiteren Kontrollpunkt durch Klicken erstellen, immer mit dem zuletzt erstellten Kontrollpunkt verbunden wird. Natürlich können Sie hier auch jederzeit wieder mit gedrückter linker Maustaste um die Auswahl herum weiterziehen. Mit gedrückter ⌃Strg⌄/⌃Cmd⌄-Taste erzeugen Sie eine weitere Auswahllinie in 15°-Schritten.

▲ **Abbildung 14.1**
Bei beiden Abbildungen wurde das Werkzeug FREIE AUSWAHL verwendet. In der linken Abbildung wurde die Auswahl mit gedrückter linker Maustaste (hier mit einem Grafiktablett) und im rechten Bild mit mehreren Kontrollpunkten erzeugt.

▲ **Abbildung 14.2**
Über den Kontrollpunkt können Sie mit gedrückter linker Maustaste die Position und Größe der (noch nicht) bestätigten Auswahl ändern.

Solange Sie aus der Auswahl keinen Auswahlrahmen mit den Ameisenlinien erstellt haben, können die einzelnen Kontrollpunkte noch nachträglich verschoben werden. Wenn Sie mit dem Werkzeug ohne abzusetzen auf den Startpunkt ❶ kommen oder den letzten Kontrollpunkt mit dem Start-Kontrollpunkt ❶ verbinden, wird die Auswahl zwar geschlossen, aber die Kontrollpunkte können nach wie vor verschoben werden. Ebenso ist es jederzeit möglich, den letzten Kontrollpunkt per Doppelklick mit dem Start-Kontrollpunkt zu verbinden und zu schließen, ohne auf den Start-Kontrollpunkt gehen zu müssen.

14.1 Werkzeuge für komplexe Auswahlen

▲ **Abbildung 14.3**
Lassen Sie die Maustaste am Startpunkt ❶ beim Aufziehen der Auswahl los oder verbinden Sie den zuletzt erstellten Kontrollpunkt mit dem Startpunkt …

▲ **Abbildung 14.4**
… wird die Auswahl geschlossen.

▲ **Abbildung 14.5**
Jetzt ist die Auswahl endgültig und kann nicht mehr mit den Freie Auswahl-Werkzeug bearbeitet werden.

Um aus der Auswahl mit dem Werkzeug Freie Auswahl eine endgültige Auswahl (mit Ameisenlinie) zu erstellen, können Sie entweder doppelt innerhalb der Auswahl klicken oder einfach ⏎ betätigen. Aber auch ohne einen Verbund vom Start-Kontrollpunkt und dem zuletzt gemachten Kontrollpunkt können Sie mit ⏎ sofort eine endgültige Auswahl (mit Ameisenlinie) erstellen.

14.1.2 Zauberstab

Mit dem Zauberstab (U) wählen Sie mit einem Klick ins Bild oder in die aktive Ebene ähnliche, benachbarte Bereiche aus. Entscheidend für die erfolgreiche Verwendung des Werkzeugs Zauberstab ist der optimale Startpunkt. Am besten funktioniert der Zauberstab natürlich mit Bildern, in denen sich einzelne Bildelemente stark voneinander abgrenzen.

Werkzeugeinstellungen | Ebenfalls ausschlaggebend für einen erfolgreichen Einsatz des Werkzeugs sind die Werkzeugeinstellungen. Die allgemeinen Einstellungen für die Auswahlwerkzeuge wurden bereits in Abschnitt 12.2, »Allgemeine Werkzeugeinstellungen«, ausführlich beschrieben.

▲ **Abbildung 14.6**
WERKZEUGEINSTELLUNGEN des Werkzeugs ZAUBERSTAB

Ist TRANSPARENTE BEREICHE AUSWÄHLEN ❶ aktiviert, lassen sich mit dem ZAUBERSTAB auch transparente Bereiche markieren, was standardmäßig der Fall, aber nicht immer wünschenswert ist.

Wenn Sie mehrere Ebenen haben, bei denen die aktive Ebene etwas durchsichtig ist und die darunterliegenden Ebenen sichtbar sind oder die oberste sichtbare Ebene einen anderen Ebenenmodus als NORMAL verwenden, können Sie die Option VEREINIGUNG ÜBERPRÜFEN ❷ aktivieren. Hiermit wird das aktuelle Gesamtbild – genauer das, was Sie gerade sehen können – beim Auswählen mit dem ZAUBERSTAB verwendet. Wenn die Option deaktiviert ist (Standardeinstellung), wird nur die aktive Ebene bei der Auswahl beachtet.

Die wichtigste Option ist SCHWELLWERT ❸, mit der Sie den Schwellwert eingeben und festlegen, wie sensibel das Werkzeug auf die Farbunterschiede reagieren soll. Je niedriger Sie diesen Wert einstellen, desto weniger unterschiedliche Farben werden berücksichtigt. Je höher dieser Wert ist, desto mehr unterschiedliche Farben werden bei der Auswahl berücksichtigt. Mit einem maximalen Wert von 255 würden Sie praktisch alle Pixel im Bild auswählen und mit dem Wert 0 nur exakt dieselbe Farbe, die Sie angeklickt haben.

Über die Dropdown-Liste AUSWAHL NACH ❹ bestimmen Sie, welche der Komponenten ROT, GRÜN, BLAU, ALPHA, FARBTON (HSV), SÄTTIGUNG (HSV), WERT (HSV), HELLIGKEIT (LCH), SÄTTIGUNG (LCH) und FARBTON (LCH) GIMP zur Berechnung der Ähnlichkeit beim Auswählen mit dem ZAUBERSTAB verwendet werden soll.

Kapitel-014/007.jpg und Rappongi-Hill.jpg

Schritt für Schritt
Zauberstab verwenden

1 Bereich auswählen

Laden Sie das Bild in GIMP, und wählen Sie den ZAUBERSTAB 🔨 (U). Stellen Sie den MODUS bei den Werkzeugoptionen auf ZUR AKTUELLEN AUSWAHL HINZUFÜGEN ❺ ein. Verwenden Sie bei SCHWELLWERT ❼ den Wert 15,0. Die Option KANTEN GLÄTTEN ❻ lassen Sie aktiviert.

Ziel ist es, den Hintergrund auszuwählen und anschließend zu entfernen, um die Person freizustellen. Legen Sie daher im Bild mit EBENE • TRANSPARENZ • ALPHAKANAL HINZUFÜGEN einen Alphakanal an. Gehen Sie jetzt mit dem ZAUBERSTAB in das Bild, und klicken Sie einmal im Bereich des weißen Hintergrunds.

14.1 Werkzeuge für komplexe Auswahlen

◄ **Abbildung 14.7**
Die Auswahl nach dem ersten Klick

2 Weitere Bereiche auswählen

Wiederholen Sie den Vorgang mehrmals in Bereichen, die beim ersten Mal nicht ausgewählt wurden. Da Sie gleich den Modus auf ZUR AKTUELLEN AUSWAHL HINZUFÜGEN ❺ eingestellt haben, wird die neue Auswahl zur vorhandenen hinzugefügt. Reduzieren Sie bei den Details gegebenenfalls den SCHWELLWERT, weil sonst meistens mehr ausgewählt wird, als Sie vielleicht wollen.

◄ **Abbildung 14.8**
Details auswählen

3 Schnellmaske verwenden

Um deutlicher zu sehen, was Sie ausgewählt haben und was nicht, sollten Sie die Schnellmaske über AUSWAHL • SCHNELLMASKE UMSCHALTEN (bzw. ⇧+Q) verwenden. Die Schnellmaske können Sie auch über die kleine Schaltfläche ❽ links unten im Bildfenster (de-)aktivieren.

Mit Schnellmaske auswählen
Die Schnellmaske dient nicht nur dazu, eine Auswahl zu beurteilen. Sie können mit der Schnellmaske und den Malwerkzeugen die Auswahl auch verbessern. Darauf wird in Abschnitt 14.2, »Schnellmaske verwenden«, eingegangen.

Abbildung 14.9 ►
In der Schnellmaske wird rot angezeigt, was sich nicht in der Auswahl befindet.

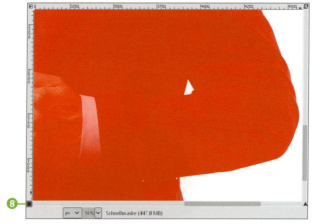

Bedienung

Die Bedienung des Werkzeugs ZAUBERSTAB ist zwar im Grunde sehr einfach, aber es kann ein wenig Übung und Geduld erfordern, bis man ein Fingerspitzengefühl für den SCHWELLWERT und den Auswahlbereich bekommt. Wenn das aber einmal sitzt, geht die Auswahl mit dem Werkzeug recht einfach von der Hand. In der täglichen Praxis werden Sie allerdings recht selten eine Auswahl mit nur einem Werkzeug durchführen. In diesem Beispiel ist es noch relativ einfach, weil die Person vor einem weißen Hintergrund steht.

4 Details von der Auswahl abziehen

Natürlich wird es häufig auch vorkommen, dass Sie mehr ausgewählt haben, als Sie benötigen. In dem Fall stellen Sie den MODUS des Werkzeugs auf VON DER AKTUELLEN AUSWAHL ABZIEHEN ❾ oder halten die Strg/Cmd-Taste beim Auswählen gedrückt. Den SCHWELLWERT ❿ sollten Sie hierbei auch etwas reduzieren, damit Sie nicht wieder Teile des weißen Hintergrundes abwählen. Eine noch bessere Ergänzung, um die Auswahl nachträglich zu verfeinern, wären die Schnellmaske und die Malwerkzeuge.

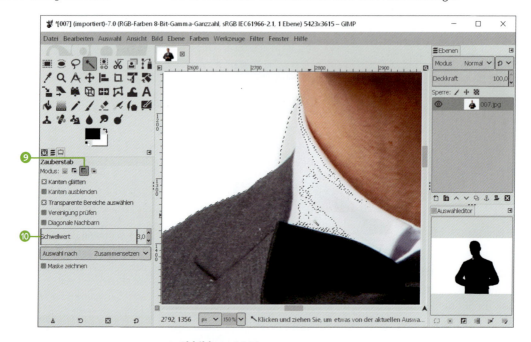

▲ **Abbildung 14.10**
Zu viel ausgewählte Bereiche wieder entfernen

5 Hintergrund entfernen

Mit einem Tastendruck auf `Entf` oder mit BEARBEITEN • LÖSCHEN entfernen Sie den ausgewählten Hintergrund. Im Beispiel habe ich dann einen anderen Hintergrund als neue Ebene hinter der transparenten Fläche des Bildes platziert und so den Hintergrund ausgetauscht.

▼ **Abbildung 14.11**
Der Hintergrund wurde entfernt, und die Person ist freigestellt.

▲ **Abbildung 14.12**
Das Ausgangsbild

◂▴ **Abbildung 14.13**
Mit neuem Hintergrund erscheint das Bild wesentlich interessanter.

14.1.3 Nach Farbe auswählen

Das Werkzeug NACH FARBE AUSWÄHLEN (Tastenkürzel ⇧+O) lässt sich genauso verwenden wie der ZAUBERSTAB und hat auch die gleichen Werkzeugeinstellungen. Daher gilt alles, was im Abschnitt zuvor bei dem ZAUBERSTAB beschrieben wurde, auch für das Werkzeug NACH FARBE AUSWÄHLEN.

Der Unterschied zwischen diesen beiden Werkzeugen liegt darin, dass mit dem Werkzeug NACH FARBE AUSWÄHLEN **alle Bereiche** im Bild ausgewählt werden, deren Farben ähnlich zum ausgewählten Punkt sind. Der ZAUBERSTAB hingegen markiert nur die **benachbarten Bereiche** ähnlicher Farben im Bild.

Kapitel-014/4-Peperoni.jpg

Abbildung 14.14 ▶
Das Ausgangsbild

▲ **Abbildung 14.15**
Hier wurde mit dem ZAUBERSTAB eine gelbe Peperoni ausgewählt und zur Verdeutlichung rot eingefärbt.

▲ **Abbildung 14.16**
Dasselbe wurde jetzt auch mit den gleichen Einstellungen mit dem Werkzeug NACH FARBE AUSWÄHLEN durchgeführt. Dass hier auch die gelbe Peperoni auf der linken Seite ausgewählt wurde, liegt daran, dass das Werkzeug auf alle Bereiche des Bildes wirkt.

14.1.4 Magnetische Schere

Das Werkzeug MAGNETISCHE SCHERE (Tastenkürzel I), auch als *Intelligente Schere* bekannt (und im Menü WERKZEUGE so benannt), ist eine Mischung aus dem Werkzeug FREIE AUSWAHL und dem PFADE-Werkzeug . Das Werkzeug wird auch manchmal als *Intelligente Schere* bezeichnet, weil es sehr gut beim Auswählen von farblich deutlich abgehobenen Bildbereichen wirkt und selbstständig die Kanten und Kurven um diese Region herum auszuwählen versucht.

Fein-Tuning mit Schnellmaske
Nicht immer arbeitet die MAGNETISCHE SCHERE so, wie Sie es vielleicht gerne hätten. Häufig bekommen Sie hiermit eher unsaubere Kanten bei den Auswahlen. Solche Kanten sollten Sie im Modus SCHNELLMASKE mit den Malwerkzeugen verbessern. Wie dies funktioniert, erfahren Sie in Abschnitt 14.2 »Schnellmaske verwenden«.

◄ **Abbildung 14.17**
Obwohl diese beiden Kontrollpunkte um die Kurve gehen, findet das Werkzeug die Farbkanten. Allerdings funktioniert das nicht immer so gut wie in dieser Abbildung.

Bedienung | Wenn Sie mit dem Werkzeug ins Bild klicken, wird ein neuer Kontrollpunkt erzeugt. Dieser Kontrollpunkt wird immer automatisch mit dem vorherigen Kontrollpunkt verbunden. Das Werkzeug versucht dabei, immer vom vorherigen Kontrollpunkt zum aktuellen Kontrollpunkt die optimalen Kanten zu finden (siehe Abbildung 14.17).

Wenn Sie mit einem Kontrollpunkt nicht zufrieden sind, können Sie diesen jederzeit durch Anklicken und Ziehen verschieben. Einzig der Startpunkt und der letzte Punkt lassen sich nicht verschieben. Wenn Sie einen Kontrollpunkt verschieben können, erkennen Sie dies am Mauszeiger, an dem das Verschieben-Symbol ❶ angezeigt wird.

Wenn das Werkzeug die Farbkante nicht richtig erkannt hat, können Sie jederzeit nachträglich neue Punkte einbringen. Klicken Sie hierzu mit der linken Maustaste auf die Kurve ❷, die Sie korrigieren wollen, und halten Sie die Maustaste gedrückt. Ziehen Sie jetzt mit gedrückter Maustaste diese Kurve mit dem neuen Kontrollpunkt an die Kante ❸. Lassen Sie die Maustaste los, sollte das Werkzeug schon ein besseres Ergebnis liefern ❹. Ist dies nicht der Fall, können Sie noch weitere Punkte hinzufügen.

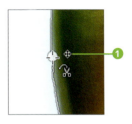

▲ **Abbildung 14.18**
Abgesehen vom ersten und letzten Kontrollpunkt können alle nachträglich verschoben werden.

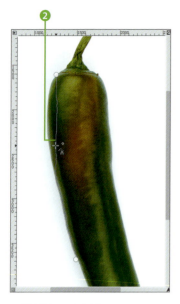

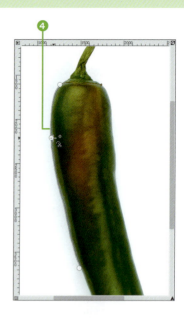

▲ **Abbildung 14.19**
War die Auswahlgrenze nicht gut genug, können Sie weitere Auswahlpunkte hinzufügen.

Zum Schließen einer Auswahl gehen Sie mit dem Mauszeiger über den Startpunkt, so dass neben dem Mauszeiger ein Ringsymbol **5** ist, und klicken Sie. Jetzt haben Sie die Auswahl geschlossen. Wie auch schon beim Werkzeug Freie Auswahl können Sie jetzt nach wie vor die Kontrollpunkte nachträglich verschieben. Trotzdem bleibt die magnetische Funktion erhalten. Im Gegensatz zum Werkzeug Freie Auswahl können Sie bei einer geschlossenen Auswahl jederzeit noch weitere neue Kontrollpunkte hinzufügen.

Wollen Sie die Auswahl endgültig bestätigen, klicken Sie innerhalb der Auswahl **6** (der Mauszeiger enthält einen Ring) oder betätigen ↵, und die Auswahlpunkte und Kurven verwandeln sich in eine echte Auswahllinie **7**.

Abbildung 14.20 ▼
Aus den Auswahlpunkten eine Auswahl erstellen

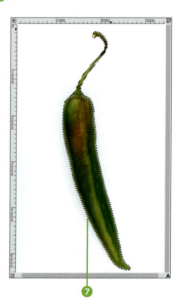

Wollen Sie hingegen nach dem Schließen der Auswahlpunkte den Vorgang abbrechen, betätigen Sie `Esc`. Solange Sie die Auswahlpunkte noch sehen, können Sie jederzeit weitere Punkte hinzufügen und/oder vorhandene Punkte verschieben, auch wenn Sie die Auswahl bereits geschlossen haben.

Werkzeugeinstellungen | Die allgemeinen Werkzeugeinstellungen kennen Sie bereits aus Abschnitt 12.2, »Allgemeine Werkzeugeinstellungen«.

Zusätzlich bietet das Werkzeug eine Option INTERAKTIVE UMRANDUNG 8. Wenn Sie diese Option aktivieren, beim Erstellen des nächsten Kontrollpunkts die linke Maustaste gedrückt halten und damit das gewünschte Motiv umfahren, wird nach der Erstellung eines Kontrollpunkts die Kurve sofort, ausgehend von diesem Kontrollpunkt, an der Farbkante entlanggeführt. Sonst wird die Verbindung zu den einzelnen Punkten mit einer geraden Linie angezeigt, und die Berechnung der Farbkanten erfolgt erst nach Loslassen der Maustaste, was auch einen deutlich höheren Rechenaufwand mit sich bringt.

Diese Option ist eine interessante Möglichkeit, weil Sie so die Kantenauswahl sofort beim Ziehen sehen können.

▲ **Abbildung 14.21**
Die Werkzeugeinstellungen des Werkzeugs MAGNETISCHE SCHERE

◄ **Abbildung 14.22**
Mit der Option INTERAKTIVE UMRANDUNG wird die Kurve sofort bei der Erstellung um die Farbkante angezeigt, wenn Sie die linke Maustaste gedrückt halten.

Kapitel-014/Rose.jpg

14.1.5 Vordergrundauswahl

Mit dem Werkzeug VORDERGRUNDAUSWAHL wählen Sie Objekte aus einem Bild oder einer Ebene aus. Zugegeben, das können Sie mit den anderen Werkzeugen auch, nur nicht so interaktiv.

Das VORDERGRUNDAUSWAHL-Werkzeug lässt sich nicht einfach mit ein paar Worten erklären, weshalb hierzu gleich eine Schritt-für-Schritt-Anleitung mit der grundlegenden Bedienung des Werkzeugs folgt.

Schritt für Schritt
Objekt mit Vordergrundauswahl extrahieren

1 Vordergrund grob auswählen

Wählen Sie zunächst mit dem Werkzeug VORDERGRUNDAUSWAHL grob den gewünschten Bereich aus. Das Werkzeug lässt sich zunächst wie das Werkzeug FREIE AUSWAHL verwenden. Sie können diese Auswahl mit gedrückter linker Maustaste ziehen oder mehrere Auswahlpunkte verwenden. Sobald Sie die Auswahl geschlossen haben und diese dann mit ⏎ oder einem Doppelklick innerhalb der Auswahl bestätigt haben, wird der ausgewählte Teil des Bildes mit einer transparenten blauen Farbe überdeckt. Die VORSCHAUFARBE (hier: Blau) können Sie allerdings über die entsprechende Option ❶ ändern.

Zum Nachlesen
Das Werkzeug FREIE AUSWAHL wird auf Seite 405, »Freie Auswahl (Lasso-Werkzeug)«, näher beschrieben.

Abbildung 14.23 ▼
Erste grobe Auswahl um das Objekt erstellt

14.1 Werkzeuge für komplexe Auswahlen

2 Objekt zum Auswählen markieren

Nun verändert sich das Verhalten des Werkzeugs: Es arbeitet wie ein Pinsel. Maskieren Sie daher nun mit dem Pinsel das Objekt, das Sie auswählen wollen. Vermeiden Sie es, über das Objekt hinauszumalen. Die Pinselgröße passen Sie vorher über den Schieberegler 4 in den Werkzeugeinstellungen an. Als Farbe wird die eingestellte Vordergrundfarbe im Werkzeugkasten verwendet. Welche Farbe Sie benutzen, ist egal.

Hintergrund zeichnen

Wenn Sie über das Objekt hinausgemalt haben, brauchen Sie nur die Option HINTERGRUND ZEICHNEN 3 zu aktivieren und können den Bereich wieder entfernen. Mit der Standardeinstellung VORDERGRUND ZEICHNEN 2 malen Sie das auszuwählende Objekt aus.

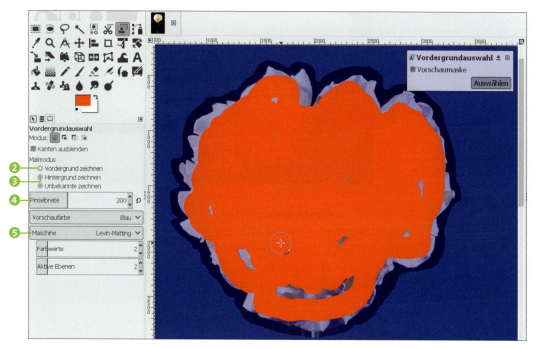

▲ Abbildung 14.24
Vordergrund ausmalen

Sobald Sie die Maustaste beim Malen absetzen, versucht das Werkzeug, das Objekt auszuwählen. Das ist aber nicht unbedingt schlimm, weil Sie den Vorgang auch in mehreren Durchgängen durchführen können, denn es wurde noch keine echte Auswahl erstellt.

3 Ausgewählten Bereich überprüfen

Wenn Sie die Maustaste nach dem Anmalen des Vordergrunds loslassen, ist es an der Zeit, die VORSCHAUMASKE 6 über die entsprechende Option im Schwebefenster zu aktivieren. Da ich mit Rot die Unterschiede zum schwarzen Hintergrund nicht so deutlich erkennen kann, habe ich die VORSCHAUFARBE auf GRÜN gestellt. Die erste grobe Auswahl ist gar nicht mal so schlecht gelungen.

Freistellungsmethode

Das Werkzeug VORDERGRUNDAUSWAHL bietet über MASCHINE 5 mit GLOBALES MATTING und LEVIN-MATTING zwei Freistellungsmethoden an. Während Sie mit GLOBALES MATTING lediglich die Anzahl der Durchläufe vorgeben, können Sie mit dem neueren LEVIN-MATTING mit FARBWERTE und AKTIVE EBENEN eine noch feinere Einstellung vornehmen. Allerdings benötigt LEVIN-MATTING auch erheblich mehr Rechenleistung. Gerade wenn Sie im nächsten Schritt die Auswahl nacharbeiten, macht sich dies doch enorm bemerkbar.

Abbildung 14.25 ▲
Mit der VORSCHAUMASKE ❻ erhalten Sie einen ersten Eindruck des (noch nicht) freigestellten Objekts.

Abbildung 14.26 ▼
Details der Auswahl ausarbeiten

4 Auswahl nacharbeiten

Zoomen Sie jetzt tiefer in das Bild hinein (100 %), und entfernen Sie die zu viel ausgewählten Bereiche mit der Option VORDERGRUND ZEICHNEN ❼ und einer passenden PINSELBREITE ❾. Gleiches gilt für zu wenig Ausgewähltes mit der Option HINTERGRUND ZEICHNEN ❽.

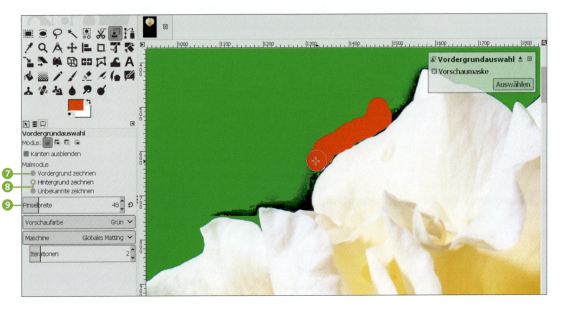

5 Auswahl bestätigen

Am Ende drücken Sie die ⏎-Taste oder die Schaltfläche Auswählen ❿, um die Auswahl zu bestätigen. Weitere Nacharbeiten können Sie jetzt jederzeit noch mit der Schnellmaske (siehe Abschnitt 14.2, »Schnellmaske verwenden«) durchführen. Um die Auswahl freizustellen, invertieren Sie sie einfach mit `Strg`/`Cmd`+`I` und löschen den Hintergrund mit `Entf`, vorausgesetzt, die Ebene besitzt einen Alphakanal.

▲ Abbildung 14.27
Sind Sie mit der Auswahl zufrieden ...

▲ Abbildung 14.28
... können Sie eine Auswahl erstellen ...

◀ Abbildung 14.29
... diese bei Bedarf dann invertieren und den Hintergrund entfernen. Freigestellt wäre die Rose.

14.2 Schnellmaske verwenden

Bei fast allen komplexeren Auswahlwerkzeugen wurden Sie auf diesen Abschnitt verwiesen. Irgendwie auch logisch, weil Sie nur mit Hilfe der Schnellmaske Pixel für Pixel auswählen können. Mit

Kapitel 14　Bildbereiche freistellen mit Auswahlen

Schnellmaske und Kanäle
Die Schnellmaske ist eine andere Form der Auswahlmaske (siehe Abschnitt 14.3, »Kanäle und Auswahlmasken«), weshalb Sie sie auch im Dialog KANÄLE wiederfinden.

Kapitel-014/
Ready2rumble.jpg

der Schnellmaske können Sie quasi eine Auswahl mit den Malwerkzeugen auf Ihr Bild aufpinseln oder entfernen. Ein häufiger Arbeitsvorgang ist es, eine Auswahl zunächst mit einem der typischen Auswahlwerkzeuge zu erstellen und die Feinarbeiten anschließend mit der Schnellmaske zu erledigen.

Die Schnellmaske selbst können Sie über den Menübefehl AUSWAHL • SCHNELLMASKE UMSCHALTEN bzw. ⇧+Q oder mit einem Mausklick auf die linke untere Schaltfläche im Bildfenster ❶ jederzeit (de-)aktivieren. Im Dialog KANÄLE (FENSTER • ANDOCKBARE DIALOGE • KANÄLE) finden Sie einen Eintrag SCHNELLMASKE ❷, über den Sie ebenfalls die Maske mit Hilfe des Augensymbols ❸ ausblenden können. Standardmäßig wird die Schnellmaske in transparenter (50 %) roter Farbe eingeblendet. Dies lässt sich allerdings jederzeit nachträglich ändern.

▲ Abbildung 14.30
Schnellmaske im KANÄLE-Dialog

▲ Abbildung 14.31
Eine Auswahl mit eingeschalteter Schnellmaske

14.2.1　Farbe und Deckkraft der Schnellmaske ändern

Zum Ändern der Farbe, der Deckkraft und des Namens der Schnellmaske können Sie im KANÄLE-Dialog auf die SCHNELLMASKE doppelklicken.

Im sich öffnenden Dialog KANALEIGENSCHAFTEN können Sie unter KANALNAME ❹ einen anderen Namen angeben. Interessanter ist aber die Option, die DECKKRAFT ❻ der Schnellmaske zu ändern. Die Farbe stellen Sie über einen einfachen Klick auf das Farbsymbol ❼ ein. Sie können die Schnellmaske im KANÄLE-Dialog auch mit einer FARBMARKIERUNG ❺ versehen, und auf der rechten Seite finden Sie noch Optionen ❽, um die Eigenschaften der Schnellmaske selbst anzupassen. Die Option SICHTBAR spricht für sich; mit VERKNÜPFT können Sie weitere Schnellmasken miteinander verbinden; PIXEL SPERREN bedeutet, dass Sie die Schnellmaske nicht mehr bearbeiten, und POSITION UND GRÖSSE SPERREN, dass sie diese mit den Transformationswerkzeugen nicht mehr ändern können.

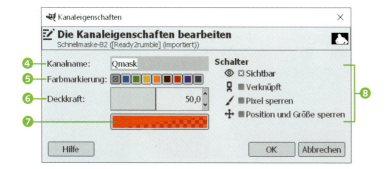

◀ Abbildung 14.32
Eigenschaften der Schnellmaske ändern

Alternativ können Sie auch nur die Farbe und Deckkraft ändern, indem Sie mit der rechten Maustaste auf die linke untere SCHNELLMASKE-Schaltfläche im Bildfenster ❾ klicken und dort den Befehl FARBE UND DECKKRAFT FESTLEGEN auswählen.

▲ Abbildung 14.33
Wenn Sie rechts auf die SCHNELLMASKE-Schaltfläche im Bildfenster klicken und FARBE UND DECKKRAFT FESTLEGEN auswählen ...

▲ Abbildung 14.34
... dann wird ein Dialog geöffnet, wo eben nur diese beiden Attribute der Schnellmaske geändert werden können.

14.2.2 Eine neue Auswahl mit der Schnellmaske anlegen

In der Regel wird eine Schnellmaske verwendet, um eine vorhandene Auswahl zu verfeinern. Es ist aber auch kein Problem, damit eine komplett neue Auswahl zu erstellen. Hierzu können Sie ein Pinselwerkzeug Ihrer Wahl verwenden. Öffnen oder erstellen Sie ein Bild, und schalten Sie auf die Schnellmaske um. Wenn Sie jetzt mit einer weißen Farbe ❶ in der Schnellmaske malen ❷, wird die transparente rötliche Farbe der Schnellmaske entfernt.

Kapitel 14   Bildbereiche freistellen mit Auswahlen

▲ **Abbildung 14.35**
Mit weißer Farbe auf der Schnellmaske malen

Auswahl aufpinseln
Wollen Sie bei aktiver Schnellmaske eine Auswahl aufpinseln, malen Sie einfach mit der Farbe Weiß und einem Pinselwerkzeug darauf. Entfernen können Sie eine eventuell vorhandene Auswahl mit dem Aufpinseln der Farbe Schwarz. Es stehen Ihnen aber nicht nur Schwarz oder Weiß zur Verfügung. Sie können auch alle anderen Graustufen dazwischen verwenden, um beispielsweise Auswahlen mit weichen Kanten zu erstellen.

Schalten Sie jetzt die Schnellmaske wieder aus, finden Sie an der Stelle, wo Sie mit einem weißen Pinselstrich ins Bild gemalt haben, eine neue Auswahl ❸.

Abbildung 14.36 ▶
Diese Auswahl wurde mit der Schnellmaske erstellt bzw. aufgepinselt.

Die Auswahl entfernen Sie, indem Sie zurück in die Schnellmaske schalten und die Auswahl mit schwarzer Farbe ❹ wegpinseln. Im Falle der Schnellmaske wird der rötliche Farbton wieder zur Schnellmaske aufgemalt ❺. Schalten Sie die Schnellmaske wieder ab, ist die Auswahl an den Stellen verschwunden 6, wo Sie mit einem schwarzen Pinselwerkzeug gemalt haben.

▲ **Abbildung 14.37**
Malen Sie mit schwarzer Farbe auf die Schnellmaske…

◀ **Abbildung 14.38**
…um vorhandene Auswahlen zu entfernen.

14.2.3 Eine vorhandene Auswahl mit der Schnellmaske bearbeiten

Häufig wird die Schnellmaske für das Fein-Tuning von komplexeren Auswahlen verwendet, die mit anderen Werkzeugen erstellt wurden. Nicht immer werden die Kanten sauber ausgewählt, oder es sind mitten im Objekt Bereiche ausgewählt, die nicht gewollt sind.

Kapitel 14 Bildbereiche freistellen mit Auswahlen

Abbildung 14.39 ▶
Hier wurde zu viel ausgewählt.

In Abbildung 14.39 wurde beispielsweise bei der Person zu viel ausgewählt. Hier können Sie entweder mit dem ZAUBERSTAB und einem anderen SCHWELLWERT darübergehen, oder Sie verwenden gleich eine Schnellmaske.

Schritt für Schritt
Auswahl verfeinern mit der Schnellmaske

Zugegeben, dieses Beispiel ist relativ einfach, soll aber auch nur die Verwendung der Schnellmaske in solchen Fällen demonstrieren.

1 Schnellmaske aktivieren

Nachdem Sie eine Auswahl erstellt haben, aktivieren Sie die Schnellmaske mit ⇧+Q oder über die kleine Schaltfläche links unten ❸ im Bildfenster.

Abbildung 14.40 ▶
Die Schnellmaske ist hier mit grüner Farbe deutlicher sichtbar.

Die rötliche Farbe eignet sich in diesem Beispiel nicht so gut. Rufen Sie daher Fenster • Andockbare Dialoge • Kanäle auf. Doppelklicken Sie auf den Kanal mit der Schnellmaske ❹, und wählen Sie im Dialog Kanaleigenschaften Grün ❷ als Farbe mit einer Deckkraft ❶ von 80,0 aus. Jetzt können Sie die Auswahl mit Hilfe der Schnellmaske wesentlich deutlicher erkennen.

2 Auswahl erweitern

Zoomen Sie jetzt in die Bildbereiche, wo Sie die Auswahl korrigieren wollen. Am besten verwenden Sie hierzu eine 100 %-Ansicht. Als Werkzeug habe ich den Pinsel (P) verwendet. Als Vordergrundfarbe ❺ müssen Sie hier Weiß benutzen. Damit die neue Auswahl nicht zu hart zum Rest erscheint, habe ich eine weiche Pinselspitze ❻ ausgewählt. Malen Sie jetzt alle grünen Flächen innerhalb der Maske der Person mit dem Pinsel weg ❼. Genau genommen fügen Sie diesen gemalten Bereich zur Auswahl hinzu. Haben Sie zu viel hinzugefügt und sind beispielsweise in den weißen Rand hinausgekommen, können Sie diesen Bereich mit einer schwarzen Farbe aufmalen und von der Auswahl entfernen.

▼ **Abbildung 14.41**
Auswahl mit weißer Farbe hinzumalen und mit schwarzer Farbe entfernen

3 Auswahl vergleichen

Schalten Sie immer wieder zwischen der Schnellauswahl und der normalen Auswahl hin und her, um die Qualität der Auswahl zu überprüfen.

▲ Abbildung 14.42
Wenn Sie zwischen der Schnellmaske und der normalen Auswahl umschalten, können Sie sich ein gutes Bild von der Auswahl machen und jederzeit in der Schnellmaske nacharbeiten.

4 Auswahl weiterverwenden

Schnellmaske in Kanal speichern
Sie können mit Hilfe der Schnellmaske auch eine Auswahl in einem Kanal speichern. Hierzu steht Ihnen das Kommando AUSWAHL • IN KANAL SPEICHERN zur Verfügung. Mehr zu den Kanälen erfahren Sie in Abschnitt 14.3, »Kanäle und Auswahlmasken«.

Am Ende können Sie die so freigestellte Auswahl kopieren und in ein neues Bild oder eine neue Ebene einfügen. Oder Sie invertieren einfach die Auswahl, fügen einen Alphakanal hinzu und löschen den Hintergrund.

Abbildung 14.43 ▶
Die Auswahl wurde freigestellt und ist für die weitere Bearbeitung bereit.

14.3 Kanäle und Auswahlmasken

Primär geht es in diesem Abschnitt um die Auswahlmasken. Da hierbei aber auch der KANÄLE-Dialog zum Einsatz kommt, der neben den Auswahlmasken auch die RGB-Kanäle enthält, soll an dieser Stelle kurz darauf eingegangen werden. Außerdem lassen sich die einzelnen RGB-Kanäle auch für Auswahlen verwenden, um nur einen bestimmten Farbanteil zu markieren und zu verändern.

14.3.1 Der »Kanäle«-Dialog

Den Dialog KANÄLE finden Sie über FENSTER • ANDOCKBARE DIALOGE • KANÄLE. Er dient der Verwaltung der Kanäle eines Bildes, ähnlich dem EBENEN-Dialog. Der Dialog ist in zwei Teile aufgeteilt: Im oberen Bereich werden die RGB-Farbkanäle ❶ des Bildes angezeigt und im unteren Bereich die Auswahlmasken ❷.

Farbkanäle | Die RGB-Kanäle ROT, GRÜN und BLAU werden in Graustufen dargestellt. Besitzt das Bild einen Alphakanal, finden Sie hier einen Eintrag DECKKRAFT und, wenn vorhanden, auch die Transparenz eines Bildes in Graustufen in der Miniaturvorschau. Indizierte Bilder haben hierbei nur einen Kanal. Sie können jederzeit über das Augensymbol die einzelnen Kanäle ein- und ausblenden. Wenn Sie einen Kanal abschalten, sehen Sie dies auch gleich auf dem Bildschirm. Die Farbkanäle können Sie nicht löschen oder verschieben, aber einen Kanal duplizieren, um eine Auswahlmaske daraus zu erzeugen.

Wollen Sie Operationen auf nur einem Kanal durchführen, müssen Sie darauf achten, dass nur dieser Kanal im Dialog in Blau markiert ist. Standardmäßig sind alle Kanäle aktiv. Achten Sie daher darauf, dass Sie nicht vergessen, alle Kanäle wieder zu aktivieren.

Kanäle einzeln bearbeiten | In Abbildung 14.45 wurde nur der Kanal ROT aktiviert. Malen Sie jetzt beispielsweise auf das Bild, wirkt sich dies nur auf diesen Kanal aus. Im Beispiel wurde der GAUSSSCHE WEICHZEICHNER auf diesen Kanal angewandt (wie sich in der Miniaturvorschau erkennen lässt). Die beiden anderen Ebenen wurden von diesem Filter nicht berücksichtigt.

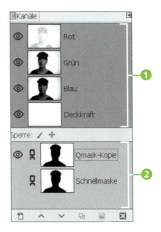

▲ **Abbildung 14.44**
Der Dialog KANÄLE

Kapitel-014/portrait.jpg

◀ **Abbildung 14.45**
Kanäle lassen sich auch einzeln bearbeiten. In der Abbildung wurde nur der rote Farbkanal weichgezeichnet, was der Aufnahme einen sphärischen Schein verleiht.

Auswahlmaske aus RGB-Kanal

Wenn Sie einen Rot-, Grün- oder Blau-Kanal duplizieren und eine Auswahlmaske davon erstellt haben, können Sie beispielsweise mit einem duplizierten roten Kanal den Kontrast verbessern, mit dem grünen Kanal lassen sich die Details in Bildern verbessern, und mit einem blauen Kanal können Sie zum Beispiel das Bildrauschen reduzieren. Wenn Sie einen Farbkanal in die Auswahlmaske kopieren, müssen Sie diese Auswahl natürlich auch noch mit dem Augensymbol sichtbar machen.

14.3.2 Auswahlmasken

Die Auswahlmasken sind den Schnellmasken recht ähnlich. Nur haben die Auswahlmasken den Vorteil, dass Sie die Auswahlen speichern, nachträglich verändern und auch in anderen Dateien wiederverwenden können. Diese Auswahlmasken werden über Kanäle im KANÄLE-Dialog realisiert und verwaltet.

Auswahlmasken erstellen | Zum Erstellen einer Auswahlmaske stehen Ihnen vier Möglichkeiten zur Verfügung:

▸ Wenn bereits eine Auswahl existiert, erzeugen Sie daraus eine Auswahlmaske über den Menübefehl AUSWAHL • IN KANAL SPEICHERN. Die Auswahlmaske erscheint dann gewöhnlich unter dem Namen »Auswahlmaske-Kopie« ❶ (Abbildung 14.46).

▸ Über den Dialog KANÄLE erstellen Sie einen neuen Kanal für die Auswahlmaske, indem Sie auf die entsprechende Schaltfläche klicken ❺. Der neue Kanal mit der Auswahlmaske hat den Namen »Kanal« ❷, falls Sie im sich öffnenden Dialog keinen neuen Namen angeben.

▸ Sie erzeugen im Dialog KANÄLE eine Auswahl aus einem Kanal. Wählen Sie beispielsweise den Kanal ROT, GRÜN oder BLAU mit der rechten Maustaste aus, und klicken Sie im Kontextmenü auf KANAL DUPLIZIEREN. Alternativ können Sie auch die Schaltfläche zum Duplizieren ❻ verwenden. Haben Sie zum Beispiel den Kanal ROT gewählt, erscheint der duplizierte Kanal mit dem Namen »Rot (Kopie)« ❸.

▸ Und natürlich nicht zu vergessen: Ebenfalls ein neuer Kanal mit einer Auswahlmaske wird erzeugt, wenn Sie eine Schnellmaske erstellen (siehe Abschnitt 14.2, »Schnellmaske verwenden«). Der Name der Maske lautet dann auch »Schnellmaske« ❹.

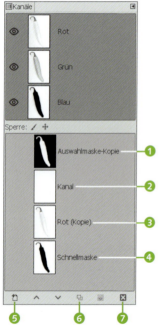

▲ **Abbildung 14.46**
Hier wurden verschiedene Typen von Auswahlmasken erzeugt.

Aktive Auswahlmaske

Beachten Sie: Solange die Auswahlmaske über das Augensymbol aktiviert ist, wirken alle Arbeiten nur auf die Auswahlmaske.

Auswahlmaske löschen | Benötigen Sie eine Maske nicht mehr, können Sie sie jederzeit löschen, indem Sie sie anwählen und auf das Löschen-Symbol ❼ klicken. Das Gleiche erreichen Sie auch über das Kontextmenü (rechter Mausklick auf die Auswahlmaske).

Auswahlmaske bearbeiten | Um eine erstellte Auswahlmaske nachträglich zu bearbeiten, müssen Sie sie im Dialog KANÄLE über das Augensymbol ❽ erst einmal sichtbar machen. Die Sichtbarkeit erkennen Sie im Bildfenster daran, dass der nicht ausgewählte Bereich in der eingestellten Maskenfarbe ❾ und der ausgewählte Teil ohne diese Farbe ❿ sind. Die Farbe und Transparenz lassen sich aber auch hier über einen Doppelklick auf die Auswahlmaske im KANÄLE-Dialog ändern.

Kapitel-014/
Peperoni-gelb.jpg

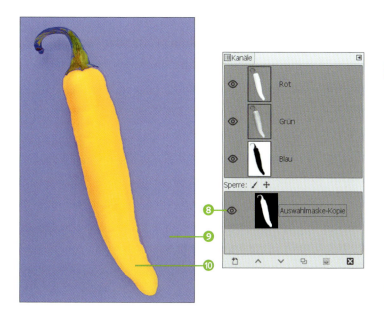

◄ **Abbildung 14.47**
Die Auswahlmaske sichtbar gemacht

Wenn Sie jetzt das Augensymbol ⓫ im EBENEN-Dialog entfernen, wird die Auswahlmaske mit einem Umriss in der eingestellten Farbe für die Auswahlmaske angezeigt.

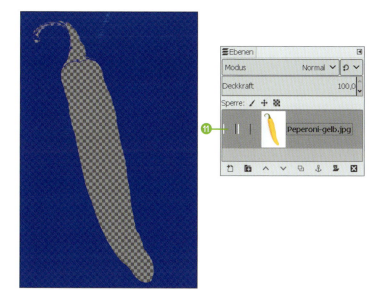

◄ **Abbildung 14.48**
Wird die Sichtbarkeit der Ebene im EBENEN-Dialog abgeschaltet, wird nur noch der Umriss der Auswahlmaske in der eingestellten Maskenfarbe angezeigt.

In dieser Ansicht ohne Bild können Sie die Auswahlmaske ebenfalls nachträglich erweitern oder reduzieren. Diese Ansicht kann gelegentlich bei der Nacharbeit von feinen Details hilfreich sein. Es stehen Ihnen damit auch alle aus den Schnellmasken bekannten Möglichkeiten zur Verfügung.

Kapitel 14   Bildbereiche freistellen mit Auswahlen

Schritt für Schritt
Bild mit Hilfe der Auswahlmaske freistellen

1 Auswahl erstellen

Kapitel-014/
Eisblumen.jpg

In diesem Beispiel wollen wir die Backform mit den gefrorenen Blumen aus Abbildung 14.49 freistellen. Verwenden Sie die Magnetische Schere ✂ (I), und ziehen Sie damit eine Auswahl um die Backform. Die Kanten werden hierbei etwas rau ausgewählt, aber an diesen Feinheiten wollen wir dann mit einer Auswahlmaske arbeiten. Speichern Sie die Auswahl über Auswahl • In Kanal speichern in einer Auswahlmaske ❶.

▲ **Abbildung 14.49**
Die Backform wurde ausgewählt und eine Auswahlmaske erstellt.

2 Auswahlmaske aktivieren

Da die Auswahl jetzt in der Auswahlmaske gespeichert ist, entfernen Sie sie mit Auswahl • Nichts. Aktivieren Sie das Augensymbol vor der Auswahlmaske im Kanäle-Dialog. Jetzt sollte der nicht ausgewählte Bereich in der eingestellten Maskenfarbe im Bildfenster angezeigt werden. Wollen Sie die Farbe und die Transparenz dieser Farbe ändern, doppelklicken Sie im Kanäle-Dialog auf die Auswahlmaske ❷.

◀ **Abbildung 14.50**
Auswahlmaske aktiviert

3 Auswahlmaske bearbeiten

Verwenden Sie jetzt ein beliebiges Malwerkzeug, und stellen Sie als Vordergrundfarbe Weiß ein. Übermalen Sie damit im Bild die Bereiche, die Sie noch zur Auswahlmaske hinzufügen wollen. Haben Sie zu viel angemalt oder wurde zuvor schon zu viel ausgewählt, malen Sie diesen Bereich mit einer schwarzen Vordergrundfarbe aus der Auswahlmaske weg. Im Beispiel geht es mir nur darum, eine weiche Kante um die Ränder der Backform zu erzielen. Daher ist hier auch eine weiche Pinselspitze hilfreich.

▼ **Abbildung 14.51**
Bereich mit weißer Farbe zur Auswahlmaske hinzufügen

4   Auswahl aus Auswahlmaske erstellen

Jetzt entfernen Sie das Augensymbol im Kanäle-Dialog wieder und klicken auf die Schaltfläche ❸, womit Sie aus der Auswahlmaske wieder eine Auswahl erstellen. Das Gleiche erreichen Sie auch über das Kontextmenü mit einem rechten Mausklick auf die Auswahlmaske im Kanäle-Dialog.

Abbildung 14.52 ▶
Aus der Auswahlmaske eine Auswahl erstellen

5   Auswahl weiterbearbeiten

Nachdem Sie die Auswahl erstellt haben, können Sie sie beliebig weiterverwenden, beispielsweise in ein anderes Bild einfügen, als neue Ebene benutzen oder als neues Bild öffnen.

Abbildung 14.53 ▶
Mit Hilfe der Auswahlmaske sauber freigestellt. Vorher wurde die Auswahl hier natürlich nochmals invertiert, damit auch wirklich die Backform und nicht der Hintergrund freigestellt wird.

TEIL V
Ebenen

Kapitel 15
Die Grundlagen von Ebenen

In vielen Workshops und Kapiteln im Buch werden sie verwendet, und häufig wird daher auf diesen Buchteil verwiesen. Ohne sie (zusammen mit den Auswahlen) wäre ein Grafik- und Bildbearbeitungsprogramm nur halb so vielseitig. Ganz klar – die Rede ist von den Ebenen.

Das Prinzip von Ebenen ist schnell erklärt: Jedes Bild, das Sie bearbeiten, besitzt mindestens eine Ebene, die sogenannte *Hintergrundebene*. Wenn Sie zum Beispiel ein Bild, das Sie mit Ihrer Digitalkamera aufgenommen haben, zum ersten Mal in GIMP öffnen, wird im EBENEN-Dialog nur diese eine Ebene ❶ angezeigt. Auf ihr liegt Ihr Bild. Für die Bearbeitung des Bildes haben Sie anschließend die Möglichkeit, weitere Ebenen hinzuzufügen.

Speichern mehrerer Ebenen
Um bei der Arbeit mit mehreren Ebenen die einzelnen Teilbilder beim Speichern zu erhalten, müssen Sie als Dateiformat das GIMP-eigene Format XCF verwenden. Mehr dazu lesen Sie auf Seite 479, »Bilder mit Ebenen speichern«.

◀ **Abbildung 15.1**
Jedes Bild hat mindestens eine Ebene – die Hintergrundebene ❶.

Stellen Sie sich eine Ebene als eine Folie oder Glasscheibe vor, auf der etwas gezeichnet wird. Auf diese Ebene können Sie jederzeit weitere Ebenen legen. Durch die Transparenz der Ebenen

Kapitel-015/
Drei-Ebenen.xcf

(abgesehen von der Hintergrundebene) können Sie die darunterliegenden Ebenen ebenfalls sichtbar machen. Dies ist allerdings abhängig von der Deckkraft und Füllmethode der Ebenen. Auch die Reihenfolge der einzelnen Ebenen lässt sich jederzeit verändern und ist ausschlaggebend für das Gesamtbild.

▲ Abbildung 15.2
Aus diesen drei Ebenen wurde …

▲ Abbildung 15.3
… dieses Bild zusammengesetzt.

Für die Bearbeitung von Bildern mit Ebenen wird der EBENEN-Dialog verwendet. Wenn dieser Dialog nicht eingeblendet ist, öffnen Sie ihn beispielsweise über FENSTER • ANDOCKBARE DIALOGE • EBENEN (oder schneller mit der Tastenkombination [Strg]/[Cmd]+[L]).

Das Prinzip von Ebenen ist in den verschiedenen Bildbearbeitungsprogrammen recht ähnlich: Sie verwenden zunächst ein Hintergrundbild ❸. Auf dieses Hintergrundbild, das im Grunde auch nur eine Ebene darstellt, legen Sie jetzt weitere Ebenen, wie zum Beispiel freigestellte und transparente Bildmotive ❶ und ❷.

▲ Abbildung 15.4 ▶
Das Bild mit seinen Ebenen im EBENEN-Dialog. Auf der Hintergrundebene ❸ wurde eine freigestellte Person als neue Ebene eingefügt. Über die Person ❷ wurde eine weitere freigestellte Person ❶ als dritte Ebene gelegt, womit der Eindruck entsteht, die Person befindet sich vor der anderen Person.

Auch die Reihenfolge, wie Sie die einzelnen Ebenen anordnen, ist von Bedeutung, wenn sich einzelne Ebenen mit Transparenz überlappen. Im folgenden Beispiel wurde die Ebene mit der »Person #2« ❹ über die Ebene von »Person #1« ❺ gelegt. Dadurch entsteht jetzt der Eindruck, dass sich die zweite Person vorn befände. In der Praxis macht es keinen Sinn, unbearbeitete Bilder mit voller Deckkraft übereinanderzulegen, weil in diesem Fall immer nur das oberste Bild sichtbar wäre. Daher werden Sie in der Regel ausschließlich freigestellte Motive oder Teile eines Bildes auf einer eigenen Ebene platzieren. Nur das unterste Bild dient gewöhnlich als Hintergrundbild.

◂◂ **Abbildung 15.5**
Die Anordnung der Reihenfolge der einzelnen Ebenen ist entscheidend für das Endergebnis.

Hier noch ein paar wichtige Argumente, warum Sie sich mit den Ebenen befassen sollten:
▸ Sie können jederzeit Bildbereiche von einzelnen Ebenen nachträglich und unabhängig voneinander bearbeiten.
▸ Es lassen sich jederzeit einzelne Bildteile einer Komposition nachträglich von mehreren Ebenen verschieben, umordnen, verändern oder löschen.
▸ Auch die Eigenschaften der einzelnen Ebenen wie die Durchsichtigkeit oder Füllmethode kann jederzeit nachträglich angepasst werden.
▸ Sie können Ebenen jederzeit ein- bzw. ausblenden, um so verschiedene Bildteile zusammenzustellen und auszuprobieren.

15.1 Transparenz (Alphakanal)

Wenn Sie Abbildung 15.6 betrachten, fällt sofort das hellgrau-dunkelgraue **Schachbrettmuster** im Hintergrund des Bildes auf. Dieses Muster symbolisiert die Ebenentransparenz – oder einfacher, den durchsichtigen Teil einer Ebene.

Schachbrettmuster ändern

Die Größe des Schachbrettmusters und seine Farbe können Sie über BEARBEITEN • EINSTELLUNGEN • OBERFLÄCHE • ANZEIGE bei TRANSPARENZ einstellen.

◀ **Abbildung 15.6**
Transparente (durchsichtige) Bereiche eines Bildes werden mit einem Schachbrettmuster angezeigt.

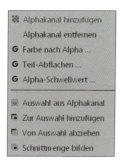

▲ **Abbildung 15.7**
Im Untermenü EBENE • TRANSPARENZ finden Sie verschiedene Befehle für den Alphakanal.

Farbtiefe des Alphakanals

In der Regel besitzt ein Alphakanal dieselbe Farbtiefe wie ein Farbkanal eines Bildes. Gewöhnlich wären dies bei einer Farbtiefe von 8 Bit für ein Bild 256 verschiedene Transparenzstufen. Das PNG-Dateiformat unterstützt aber auch 16 Bit Farbtiefe beim Alphakanal. In der Praxis spricht man hierbei auch von einer Grafik mit vier Kanälen, was auch mit RGBA abgekürzt wird (Rot, Grün, Blau, Alpha).

GIMP bietet für den Alphakanal einige spezielle Befehle im Untermenü EBENE • TRANSPARENZ an, die an dieser Stelle etwas näher erläutert werden sollen.

15.1.1 Alphakanal hinzufügen oder entfernen

Mit den Befehlen EBENE • TRANSPARENZ • ALPHAKANAL HINZUFÜGEN/ALPHAKANAL ENTFERNEN fügen Sie der aktiven Ebene einen Alphakanal hinzu bzw. löschen ihn. Beide Befehle erreichen Sie auch mit einem rechten Mausklick auf eine Ebene im EBENEN-Dialog über das Kontextmenü.

Ist der Befehl ALPHAKANAL HINZUFÜGEN ausgegraut, bedeutet dies, dass die aktive Ebene bereits einen solchen Kanal hat. Sind hingegen der Befehl ALPHAKANAL ENTFERNEN und weitere ausgegraut, so besitzt diese Ebene noch keine Transparenz.

◀ **Abbildung 15.8**
Eine Ebene mit und eine ohne Alphakanal im EBENEN-Dialog

Hat eine Ebene keinen Alphakanal, wird der Name der Ebene in fetter Schrift ❷ angezeigt. Bei Ebenen mit einem Alphakanal hingegen wird die Schrift der Namen normal ❶ angezeigt.

15.1 Transparenz (Alphakanal)

Alphakanal automatisch beim Laden hinzufügen | Wenn Sie häufig Motive oder Objekte freistellen oder fast immer einen Alphakanal bei den Ebenen verwenden, dann können Sie GIMP so einstellen, dass automatisch beim Laden eines Bildes in GIMP immer gleich ein Alphakanal beim Öffnen hinzugefügt wird. Hierfür müssen Sie lediglich die Option EINEN ALPHAKANAL ZU DEN IMPORTIERTEN BILDERN HINZUFÜGEN ❸ über BEARBEITEN • EINSTELLUNGEN • IMPORT UND EXPORT VON BILDERN aktivieren.

▼ **Abbildung 15.9**
Aktivieren Sie EINEN ALPHAKANAL ZU DEN IMPORTIERTEN BILDERN HINZUFÜGEN ❸, wird bei jedem geöffneten Bild automatisch ein Alphakanal hinzugefügt.

15.1.2 »Farbe nach Alpha«

Den Befehl FARBE NACH ALPHA rufen Sie über EBENE • TRANSPARENZ oder über den Menüpunkt FARBEN auf. Mit diesem Befehl wandeln Sie eine bestimmte Farbe in Transparenz um. Besitzt die entsprechende Ebene noch keinen Alphakanal, legt diese Funktion automatisch einen an.

»Nach Farbe auswählen«

Die Funktion FARBE NACH ALPHA ist nicht gleichzusetzen mit dem Freistellen von Motiven, wie Sie dies mit dem Werkzeug NACH FARBE AUSWÄHLEN ([⇧]+[O]) durchführen. Mehr zu diesem Werkzeug erfahren Sie auf Seite 412, »Nach Farbe auswählen«.

Schritt für Schritt
Transparenten Hintergrund mit Farbverlauf füllen

In diesem einfachen Workshop wollen wir eine bestimmte Farbe transparent machen und anschließend diesen Hintergrund mit einem Farbverlauf füllen.

Kapitel-014/
Acrylfarben.jpg

◄ **Abbildung 15.10**
In diesem Bild soll die weiße Farbe transparent werden.

1 Farbe für Transparenz auswählen

Öffnen Sie das Bild, und rufen Sie EBENE • TRANSPARENZ • FARBE NACH ALPHA auf. Im folgenden Dialog wählen Sie die Farbe aus, indem Sie auf die Schaltfläche neben FARBE ❶ klicken. Mit Hilfe des Farbwählers können Sie die Farbe bestimmen, die anschließend transparent sein soll. Alternativ können Sie auch mit der Farbpipette daneben ❹ den entsprechenden Bereich direkt im Bild auswählen. Im Beispiel wurde die Farbe Weiß verwendet. Da es leider noch einige unschöne Übergänge oder Reste gab, habe ich auch den Regler TRANSPARENZ-SCHWELLENWERT ❷ etwas angehoben, um bestimmte Farbwerte in der Nähe vom Farbwert Weiß auch transparent zu machen. Und um einigen transparent gewordenen Bereichen wieder etwas mehr Deckkraft zu verleihen, wurde außerdem der Wert DECKKRAFT-SCHWELLENWERT ❸ etwas reduziert.

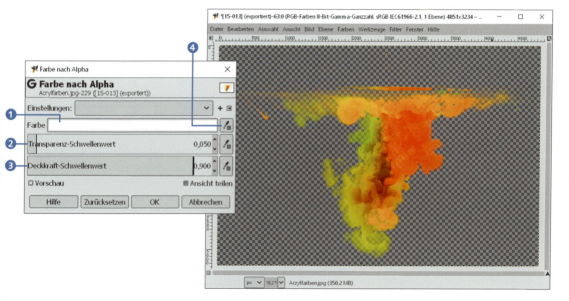

▲ Abbildung 15.11
Farbe auswählen, die anschließend transparent sein soll

2 Neue Ebene anlegen

Legen Sie jetzt eine neue transparente Ebene an, indem Sie beispielsweise auf das entsprechende Icon ❺ (Abbildung 15.12) im EBENEN-Dialog klicken. Die Einstellungen im Dialog NEUE EBENE können Sie belassen, wie sie sind. Nur die FÜLLUNG sollten Sie auf TRANSPARENZ ❼ stellen. Schieben Sie jetzt die neue Ebene im EBENEN-Dialog unter ❻ die Ebene mit den Acrylfarben.

15.1 Transparenz (Alphakanal)

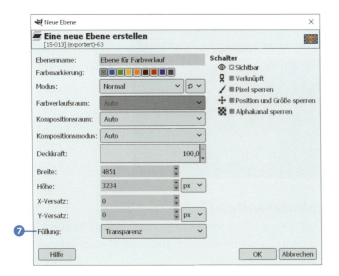

◀ **Abbildung 15.12**
Neue Ebene unterhalb der transparenten Bildebene anlegen

3 Leere Ebene mit Farbverlauf füllen

Aktivieren Sie die neue leere Ebene ❽ im EBENEN-Dialog, und verwenden Sie das FARBVERLAUF-Werkzeug ([G]). Die FORM des Farbverlaufs ist LINEAR ❿, und als FARBVERLAUF ❾ selbst wurde HORIZON 2 verwendet. Ziehen Sie jetzt mit gedrückter linker Maustaste einen Farbverlauf in die leere Ebene. Im Beispiel wurde ein Farbverlauf von oben nach unten mit gehaltener [Strg]/[Cmd]-Taste erstellt. An den einzelnen Kontrollpunkten des Farbverlaufs können Sie bei Bedarf noch den Verlauf etwas anpassen.

Zum Nachlesen

Das FARBVERLAUF-Werkzeug wird auf Seite 314, »Das Farbverlauf-Werkzeug«, näher behandelt.

▼ **Abbildung 15.13**
Ein Farbverlauf wird erstellt.

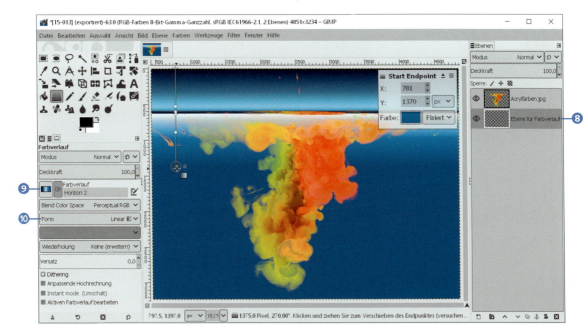

Abbildung 15.14 ▶
Das fertige Bild mit dem neuen Farbverlauf als Hintergrund

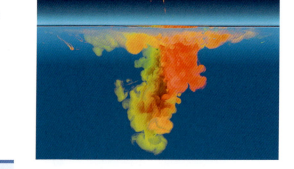

Halbtransparenz

Um hier keine Verwirrung zu stiften: Das Dateiformat GIF unterstützt nur eine komplette Transparenz und keine Halbtransparenz. Bei einer kompletten Transparenz beträgt der Alphawert 0 oder 255. Bei einer Halbtransparenz können zusätzlich die Alphawerte 1 bis 254 verwendet werden.

15.1.3 Alpha-Schwellwert

Mit dem Befehl EBENE • TRANSPARENZ • ALPHA-SCHWELLWERT wandeln Sie halb transparente Bereiche im Bild anhand eines Schwellwertes in binär transparente Bereiche um. Binäre (*bi* = lateinisch für zwei) Transparenz verwendet beispielsweise das GIF-Format, wo es eben nur Volltransparenz oder Nichttransparenz gibt.

Abbildung 15.15 ▶
Mit diesem Wert stellen Sie den Transparenzwert ein, der als Schwellwert verwendet wird.

 Kapitel-014/Portrait-2.jpg

Mit dem Schieberegler ❶ oder mit der Zahleneingabe ❷ stellen Sie einen Schwellwert im Bereich von 0,0000 (nichts transparent) bis 1,0000 (alles transparent) ein. Der Standardwert ist 0,5000. Ziehen Sie den Regler nach links, werden die transparenten Bereiche im Alphakanal komplett sichtbar (deckend), und ziehen Sie den Regler nach rechts, werden die Bereiche immer mehr unsichtbar angezeigt.

Abbildung 15.16 ▶
Auf dieses Bild wurde der Befehl FARBE NACH ALPHA angewendet.

15.1 Transparenz (Alphakanal)

◀ **Abbildung 15.17**
Durch Festlegen eines Schwellwerts von 0,3000 wurden sehr viele Pixel im Alphakanal deckend gemacht …

▲ **Abbildung 15.18**
… und mit einem blauen Hintergrund befüllt.

◀ **Abbildung 15.19**
In diesem Beispiel beträgt der Schwellwert bereits 0,6000, und die sichtbaren Details des Bildes verschwinden allmählich in die Transparenz.

15.1.4 Teil-Abflachen

Mit dem Befehl EBENE • TRANSPARENZ • TEIL-ABFLACHEN ersetzen Sie die teiltransparenten Bereiche mit einer Farbe Ihrer Wahl.

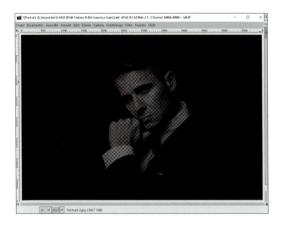

◀ **Abbildung 15.20**
Hier wurde FARBE NACH ALPHA auf die weiße Farbe angewendet.

▲ Abbildung 15.21 ▶
Hier wurden mit TEIL-ABFLACHEN die teiltransparenten Bereiche mit einer hellblauen Farbe ersetzt.

15.1.5 Transparenz schützen

Damit transparente Bildbereiche (der Alphakanal) einer Ebene nicht versehentlich mit einer Farbe gefüllt werden, können Sie diesen Bereich über ALPHAKANAL SPERREN ❶ im EBENEN-Dialog schützen. Wurde der Button aktiviert, kann nicht auf transparente Bereiche in der Ebene gemalt werden. Das ist beispielsweise hilfreich, wenn Sie mehrere freigestellte Motive im EBENEN-Dialog übereinanderliegen haben und nicht aus Versehen den transparenten Bereich der Ebene bei einer Bearbeitung ändern.

▲ Abbildung 15.22
In der aktiven Ebene ❷ mit der Person wurden aus Versehen die transparenten Bereiche mit einer roten Hintergrundfarbe befüllt, was für die darunterliegende Ebene ❸ gedacht war.

15.1 Transparenz (Alphakanal)

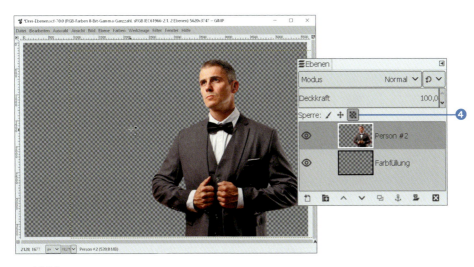

▲ **Abbildung 15.23**
Hier wurde dasselbe gemacht, nur wurde vorher der Alphakanal gesperrt ❹, weshalb der transparente Bereich im Bild jetzt unverändert bleibt und nicht mehr versehentlich geändert werden kann. Die nicht transparenten Bereiche der Ebene können Sie hingegen nach wie vor ändern. Der Schutz gilt nur für die transparenten Bereiche im Bild.

15.1.6 Auswahl und Alphakanal

Zur Transparenz mit dem Alphakanal bietet GIMP noch Befehle zum Auswählen an. Sie finden diese Befehle mit Befehl EBENE • TRANSPARENZ mit AUSWAHL AUS ALPHAKANAL, ZUR AUSWAHL HINZUFÜGEN, VON AUSWAHL ABZIEHEN und SCHNITTMENGE BILDEN.

Auswahl aus Alphakanal | In Abbildung 15.25 wurde die obere ❺ der beiden Ebenen mit den freigestellten Personen im EBENEN-Dialog ausgewählt und der Befehl EBENE • TRANSPARENZ • AUSWAHL AUS ALPHAKANAL aufgerufen.

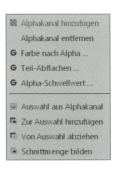

▲ **Abbildung 15.24**
Befehle, um Auswahlen aus Transparanz zu erstellen

◀ **Abbildung 15.25**
Hier wurde AUSWAHL AUS ALPHAKANAL aufgerufen.

445

Zur Auswahl hinzufügen | In Abbildung 15.26 wurde die untere Ebene ① mit der freigestellten Person ausgewählt und zur bereits vorhandenen Auswahl aus der oberen Ebene mit EBENE • TRANSPARENZ • ZUR AUSWAHL HINZUFÜGEN hinzugefügt.

Abbildung 15.26 ▶
Hier wurde ZUR AUSWAHL HINZUFÜGEN aufgerufen.

Von Auswahl abziehen | Hier wurde in Abbildung 15.27 zunächst die Person auf der unteren Ebene mit AUSWAHL AUS ALPHAKANAL ausgewählt und dann die obere Ebene ② im EBENEN-Dialog aktiviert und mit EBENE • TRANSPARENZ • VON AUSWAHL ABZIEHEN aufgerufen, wodurch nur die sichtbaren Bereiche der Personen dahinter ausgewählt wurden.

Abbildung 15.27 ▶
Hier wurde VON AUSWAHL ABZIEHEN aufgerufen.

Schnittmenge bilden | Mit EBENE • TRANSPARENZ • SCHNTTMENGE BILDEN werden nur die deckenden Bereiche einer vorhandenen Auswahl ausgewählt. Im Beispiel in Abbildung 15.28 wurde zuerst AUSWAHL AUS ALPHAKANAL auf die untere Ebene angewendet. Dann wurde die obere Ebene ❸ ausgewählt und SCHNITTMENGE BILDEN aufgerufen. Das Ergebnis macht in diesem Beispiel nicht viel Sinn, demonstriert aber die Wirkung des Befehls recht deutlich.

◀ **Abbildung 15.28**
Hier wurde SCHNTTMENGE BILDEN aufgerufen.

15.2 Deckkraft von Ebenen

Neben der Transparenz spielt auch die Deckkraft der Ebenen eine wichtige Rolle. Die DECKKRAFT einer Ebene lässt sich über den gleichnamigen Schieberegler ❹ im EBENEN-Dialog reduzieren. Damit können Sie praktisch eine Ebene teilweise durchsichtig machen – genauer, Sie lassen beispielsweise bei einer Ebene durchscheinen, was unter der Ebene liegt (sofern eine weitere Ebene darunter liegt). Mit dem Regler DECKKRAFT steuern Sie somit die Transparenz der Ebene.

◀ **Abbildung 15.29**
Durch die Reduzierung der DECKKRAFT ❹ der Ebene mit der oberen Person ist die zweite Person darunter und auch das Hintergrundbild sichtbar geworden.

15.3 Typen von Ebenen

Ebene ist nicht gleich Ebene. Es gibt verschiedene Ebenentypen, die sich in ihrer Verwendung und ihrer Bearbeitung teilweise voneinander unterscheiden.

15.3.1 Hintergrundebenen

Jedes normale Foto, das Sie mit GIMP öffnen, oder jede Datei, die Sie neu anlegen (abgesehen von einem transparenten Hintergrundinhalt), ist im Grunde eine Hintergrundebene. Im EBENEN-Dialog wird diese Ebene auch gleich mit dem Namen HINTERGRUND ❶ (Abbildung 15.30) (bei einer neuen Bilddatei) oder dem Namen der Bilddatei gekennzeichnet.

Dateiformate und Transparenz
Gängige Grafikformate, bei denen Sie Transparenzinformationen des Alphakanals mitspeichern können, sind beispielsweise TIFF, PNG und TGA. Natürlich bleiben auch beim GIMP-eigenen Format XCF diese Informationen voll erhalten. Das GIF-Format unterstützt zwar auch Transparenz, aber hierbei wird ein minimaler Alphakanal (binärer Alphakanal) mit nur einem Bit verwendet. Daher kann hier ein Bildpunkt nur vollständig transparent oder nicht transparent (auch »opak« genannt) sein.

Kapitel-015/farn.jpg

▲ **Abbildung 15.30** ▶
Am Fettdruck einer Ebene erkennen Sie, dass diese Ebene keinen Alphakanal enthält. Über einen rechten Mausklick auf die entsprechende Ebene können Sie im Kontextmenü mit dem Befehl ALPHAKANAL HINZUFÜGEN einen solchen für die Ebene erstellen.

15.3 Typen von Ebenen

Wenn der Name der Ebene (was gewöhnlich bei einer normalen Hintergrundebene der Fall ist) im EBENEN-Dialog in Fettdruck erscheint, besitzt diese Ebene keinen Alphakanal (= keine Transparenz). Einen solchen Kanal können Sie jederzeit nachträglich über den Kontextmenübefehl ALPHAKANAL HINZUFÜGEN ❷ (rechter Mausklick auf die Ebenenminiatur) anlegen. Dasselbe erreichen Sie auch über den Menübefehl EBENE • TRANSPARENZ • ALPHAKANAL HINZUFÜGEN; darauf wurde bereits in Abschnitt 15.1, »Transparenz (Alphakanal)«, näher eingegangen.

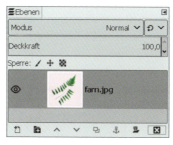

◂ **Abbildung 15.31**
Bei diesem Bild wurde der Hintergrund mit dem Werkzeug NACH FARBE AUSWÄHLEN ausgewählt …

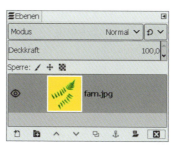

◂ **Abbildung 15.32**
…und mit [Entf] gelöscht. Der Hintergrund wurde hierbei mit der aktuell eingestellten Hintergrundfarbe des Werkzeugkastens (hier Gelb) gefüllt.

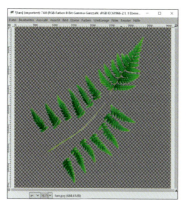
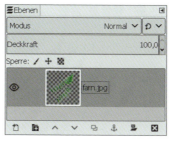

◂ **Abbildung 15.33**
Hier wurde dasselbe wiederholt, also der Hintergrund mit dem Werkzeug NACH FARBE AUSWÄHLEN ausgewählt. Nur wurde jetzt, bevor die Auswahl mit der Taste [Entf] gelöscht wurde, ein Alphakanal zum Bild hinzugefügt. Dank des Alphakanals wird der Hintergrund jetzt nach dem Löschen transparent (durchsichtig).

15.3.2 Bildebene

Ist die Rede von einer *Bildebene*, sind meist die normalen Ebenen gemeint, die nachträglich angelegt wurden. Gewöhnlich enthält diese Bildebene auch einen Alphakanal und somit auch eine Transparenz.

Beachten Sie hierbei allerdings, dass Sie, wenn Sie eine Ebene (gilt auch für die Hintergrundebene) duplizieren, auch die Eigenschaften der Farbtiefe mitkopieren. Das bedeutet bei einem Hintergrundbild ohne Alphakanal, dass die duplizierte Ebene ebenfalls keinen Alphakanal besitzt und Sie diesen gegebenenfalls manuell hinzufügen müssen. Darauf weise ich ausdrücklich hin, weil andere Bildbearbeitungsprogramme häufig einen anderen Weg gehen.

Bildebene in Hintergrundebene umwandeln | Wenn Sie einer Hintergrundebene einen Alphakanal hinzufügen, erstellen Sie hiermit praktisch eine Bildebene. Umgekehrt ist dies ähnlich: Um aus einer Bildebene eine Hintergrundebene ohne Alphakanal zu machen, klicken Sie einfach die Ebene mit einem rechten Mausklick auf der Ebenenminiaturvorschau an und führen den Befehl ALPHAKANAL ENTFERNEN im Kontextmenü aus.

15.3.3 Textebene

Wenn Sie das TEXT-Werkzeug A verwenden, legt GIMP automatisch eine neue Textebene an. Eine Textebene erkennen Sie am großen »A« ❶ im EBENEN-Dialog. Solange Sie in der Ebene das große »A« sehen können, lässt sich der Text noch nachträglich editieren. Eine Textebene besitzt automatisch einen Alphakanal, und die Ebene ist zwischen den Buchstaben transparent.

Alphakanal vorhanden?
Es wurde bereits erwähnt, aber da es wichtig ist, hier noch einmal zur Erinnerung: Ist im EBENEN-Dialog der Name einer Ebene in Fettschrift geschrieben, so hat diese Ebene keinen Alphakanal.

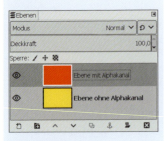

▲ Abbildung 15.34
Eine Ebene mit und eine ohne Alphakanal

Zum Weiterlesen
Das Thema Text und Textgestaltung wird an anderer Stelle ausführlich behandelt. Mehr dazu finden Sie in Teil X des Buches.

Abbildung 15.35 ▶
Eine Textebene erkennen Sie am großen »A« ❶ in der Ebenenminiatur.

15.3.4 Schwebende Auswahl (schwebende Ebene)

Die schwebende Auswahl (auch *schwebende Ebene*) haben Sie auf Seite 395, »Schwebende Auswahl«, kennengelernt. Schwebende Auswahlen unterscheiden sich zunächst kaum von normalen Ebenen. Schwebende Auswahlen sind zunächst nichts anderes als eine temporäre Ebene, die Sie verankern müssen. Verankern heißt hier, die schwebende Ebene mit der zuletzt aktiven Ebene zu verbinden. Dies erreichen Sie beispielsweise über das Ankersymbol ❸ im EBENEN-Dialog. Allerdings ist es auch möglich, mit der ersten Schaltfläche unten links ❷ im EBENEN-Dialog eine neue Ebene aus der schwebenden Auswahl zu erstellen.

Jedes Bild kann nur eine einzige schwebende Auswahl enthalten. Wenn ein Bild eine schwebende Auswahl enthält, können Sie keine Operationen auf den anderen Ebenen durchführen! Auf die schwebende Auswahl hingegen können Sie nach wie vor alle Funktionen anwenden. Erst wenn Sie die schwebende Auswahl verankert haben, können Sie mit dem restlichen Bild bzw. den Ebenen weiterarbeiten.

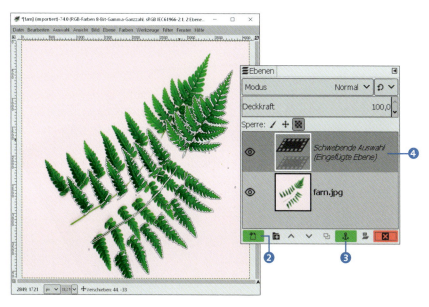

▲ **Abbildung 15.36**
Diese schwebende Auswahl ❹ im EBENEN-Dialog wurde durch Kopieren des Farns in die Zwischenablage und anschließendes normales Einfügen erzeugt.

Kapitel 16

Der »Ebenen«-Dialog – die Steuerzentrale

Das Werkzeug schlechthin, um mit Ebenen zu arbeiten, ist der »Ebenen«-Dialog, über den Sie alle Befehle und Steuerungen für Ebenen durchführen. Zwar stehen sämtliche Befehle (und noch einige mehr) auch über das Menü »Ebene« zur Verfügung, aber ohne Umwege und schneller geht es immer über den »Ebenen«-Dialog.

Wenn der EBENEN-Dialog nicht angezeigt wird, öffnen Sie ihn über FENSTER • ANDOCKBARE DIALOGE • EBENEN (oder schneller mit der Tastenkombination Strg/Cmd+L). Jede einzelne Ebene im EBENEN-Dialog wird in einer eigenen Zeile mit einer Miniaturvorschau und dem Namen dargestellt. Zu jeder Ebene werden zudem die DECKKRAFT und der Ebenenmodus angezeigt.

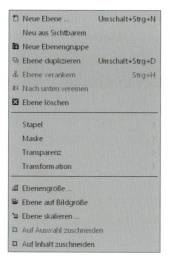

◀ **Abbildung 16.1**
Alle Befehle zu den Ebenen finden Sie auch im Menü EBENE.

Abbildung 16.2 ▶
Das Kontextmenü mit vielen wichtigen Ebenenbefehlen wird angezeigt, wenn Sie eine Ebene im EBENEN-Dialog mit der rechten Maustaste anklicken.

Die wichtigsten und häufig verwendeten Ebenenfunktionen finden Sie gleich am unteren Rand des EBENEN-Dialogs als kleine

Kapitel 16 Der »Ebenen«-Dialog – die Steuerzentrale

Kapitel-016/
Composing4fun.xcf

Schaltflächen vor. Klicken Sie mit der rechten Maustaste auf eine Ebene im EBENEN-Dialog, erscheint außerdem ein Kontextmenü mit vielen wichtigen Ebenenbefehlen (siehe Abbildung 16.2).

Der »Ebenen«-Dialog im Überblick

1. MODUS der aktiven Ebene
2. DECKKRAFT der Ebenenpixel
3. Pixel sperren
4. Position und Größe sperren
5. Ebenengruppe zugeklappt
6. Sichtbarkeit der Ebene
7. aktive Ebene
8. Ebenengruppe aufgeklappt
9. Ebenen der Ebenengruppe
10. verknüpfte Ebene
11. eine neue Ebene erstellen
12. eine neue Ebenengruppe erstellen
13. aktive Ebene im Stapel anheben
14. aktive Ebene im Stapel absenken
15. Ebene duplizieren
16. schwebende Auswahl verankern
17. Ebenenmaske hinzufügen
18. aktive Ebene löschen
19. Hintergrundebene
20. Ebenenname
21. Ebenenmaske
22. Ebenenminiatur mit transparentem Objekt
23. Alphakanal sperren
24. Reiter konfigurieren

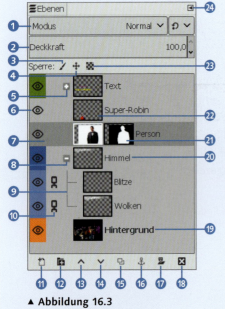

▲ Abbildung 16.3
Der EBENEN-Dialog …

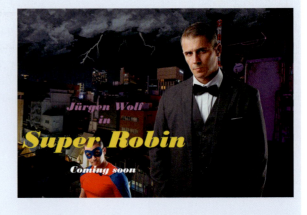

▲ Abbildung 16.4
… und das dazugehörende Bild

16.1 Ebenen auswählen

Eine Ebene auszuwählen klingt zwar zunächst trivial, aber Sie werden feststellen, dass es dabei einiges zu beachten gibt. Schon allein die Frage, welche Ebene gerade aktiv ist, hat große Bedeutung für die Bearbeitung von Ebenen.

16.1.1 Aktuell zu bearbeitende Ebene

Wenn Sie viele Ebenen verwenden, wird es schnell unübersichtlich. Es ist immer wichtig, zu wissen, mit welcher Ebene Sie gerade arbeiten, da sich jede Bearbeitung auf die aktive Ebene auswirkt. Im EBENEN-Dialog erkennen Sie die aktive Ebene an der grauen Markierung ❷. Im Bildfenster informiert Sie die Statusleiste ❶.

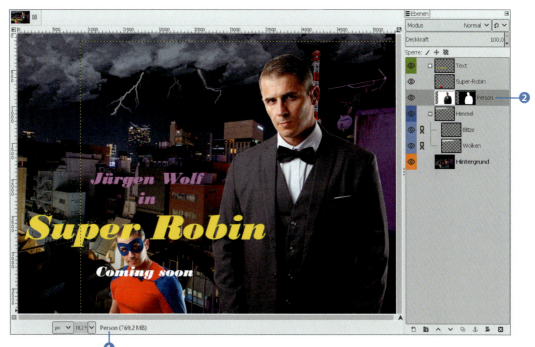

▲ **Abbildung 16.5**
Im EBENEN-Dialog und in der Statusleiste erhalten Sie Auskunft, welche Ebene gerade bearbeitet wird (hier ist es die Ebene »Person«).

16.1.2 Ebene auswählen

GIMP bietet mehrere Möglichkeiten an, eine Ebene auszuwählen:
- Die einfachste Möglichkeit dürfte es sein, die entsprechende Ebene im EBENEN-Dialog anzuklicken.
- Mit den Tasten ↑ und ↓ wechseln Sie im EBENEN-Dialog eine Ebene höher bzw. eine Ebene tiefer. Mit der Taste Ende springen Sie ganz schnell auf die unterste Ebene im Stapel und mit Pos1 auf die oberste Ebene.
- Alle Befehle finden Sie auch über das Menü EBENE • STAPEL.
- Auch mit dem VERSCHIEBEN-Werkzeug ✥ M können Sie eine Ebene direkt im Bild auswählen. Bei den Werkzeugeinstellungen muss hierbei das Icon EBENE ❶ (Abbildung 16.6) aktiviert und die Radioschaltfläche EBENE ODER HILFSLINIE AUSWÄHLEN ❷ ausgewählt sein. Befinden Sie sich mit dem Mauszeiger auf

Benutzerdefinierte Titelleiste
Mir persönlich ist es lieber, wenn die aktive Ebene in der Titelleiste angezeigt wird. Dies bewerkstelligen Sie nachträglich über BEARBEITEN • EINSTELLUNGEN • BILDFENSTER • TITEL UND STATUS unter FORMAT DES BILDTITELS durch Hinzufügen des Formatzeichens %n. Mehr dazu im Abschnitt »Titel und Status« auf Seite 902.

einem Element, das zur aktiven Ebene gehört, finden Sie ein zusätzliches Fadenkreuz ❸ am Mauszeiger. Eine Hand ❹ am Mauszeiger hingegen zeigt an, dass der Mauszeiger nicht über der aktiven Ebene steht. Verschieben Sie eine Ebene, die nicht die aktive ist, wird sie zum Zeitpunkt des Verschiebens kurz die aktive Ebene, bis Sie die Maustaste loslassen.

Sofern die ausgewählte Ebene nicht den kompletten Bildschirm ausfüllt, erkennen Sie im Bildfenster eine gestrichelte gelbe Linie ❺ um diese Ebene, den Ebenenrahmen. Natürlich wird auch um eine Ebene, die den kompletten Bildschirm ausfüllt, eine solche gestrichelte Linie gezogen, aber hier ist diese nicht so eindeutig auszumachen.

▲ **Abbildung 16.6**
Werkzeugoptionen für das VERSCHIEBEN-Werkzeug, die Ihnen beim Auswählen von Ebenen helfen

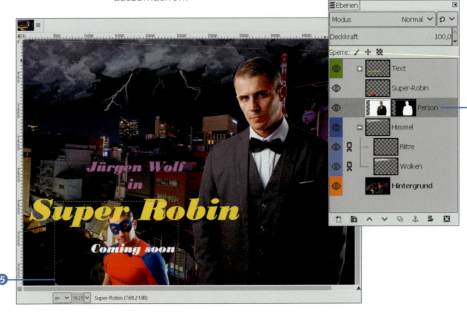

▲ **Abbildung 16.7**
Die gestrichelte gelbe Linie ❺ zeigt die im EBENEN-Dialog ausgewählte Ebene ❻.

16.1.3 Ebene vor Bearbeitungen sperren

Um eine Ebene vor ungewollten Bearbeitungen zu schützen, finden Sie im Bereich SPERRE drei Möglichkeiten:

1. PIXEL SPERREN: Damit schützen Sie eine komplette Ebene vor einer unbeabsichtigten Bearbeitung. Neben den Malwerkzeugen können Sie auch keine andere Funktion mehr auf dieser Ebene ausführen, welche die Pixel irgendwie ändern könnte. Sie erkennen eine solche Pixel-Sperre, wenn beim aktiven Werkzeugsymbol ein zusätzliches Stoppzeichen ❼ zu sehen

▲ **Abbildung 16.8**
Das Stoppsymbol ❼ wird angezeigt, wenn Sie versuchen, mit einem Malwerkzeug auf einer Ebene zu zeichnen, welche eine Pixel-Sperre enthält.

ist. Aufheben können Sie diese Sperre wieder, wenn Sie erneut auf ❽ klicken.
2. POSITION UND GRÖSSE SPERREN: Aktivieren Sie diese Option, verhindern Sie, dass diese Ebene aus Versehen verschoben oder in der Größe geändert wird. Auch hier wird ein Stoppzeichen beim VERSCHIEBEN-Werkzeug oder einem der Transformations-Werkzeuge angezeigt, wenn diese Sperre gesetzt ist. Deaktivieren können Sie die Sperre wieder mit ❾.
3. ALPHAKANAL SPERREN: Diese Sperre wurde bereits beschrieben. Hiermit sperren Sie die transparenten Pixel des Alphakanals vor einer Bearbeitung. Die deckenden Pixel hingegen können, im Gegensatz zu PIXEL SPERREN ❽, nach wie vor bearbeitet werden. Auch diese Sperre heben Sie wieder mit erneutem Anklicken von ❿ auf.

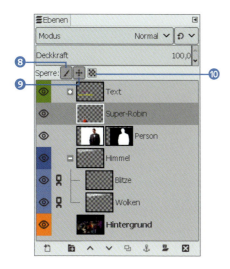

◀ **Abbildung 16.9**
Für einzelne Ebenen können Sie im EBENEN-Dialog verschiedene Sperren gegen eine unbeabsichtigte Bearbeitung setzen.

16.1.4 Sichtbarkeit von Ebenen

Die Sichtbarkeit einer Ebene wird durch das Augensymbol ⓫ ganz links im EBENEN-Dialog angezeigt. Ist das Symbol sichtbar, ist auch die Ebene im Bildfenster sichtbar. Das Augensymbol können Sie jederzeit durch Anklicken ein- und ausblenden und damit die entsprechende Ebene anzeigen bzw. verbergen.

Diese Sichtbarkeit einer Ebene ist auch wichtig, wenn Sie ein Bild ausdrucken oder in ein bestimmtes Dateiformat exportieren wollen. Auch hierbei werden nur die Ebenen verwendet, die sichtbar sind. Das Gleiche gilt auch für den einen oder anderen Befehl in GIMP, wie beispielsweise das Ändern der LEINWANDGRÖSSE, wo es ebenfalls eine Option wie ALLE SICHTBAREN EBENEN gibt – siehe Abschnitt »Leinwandgröße (Bildfläche) erweitern« in Abschnitt 22.3.

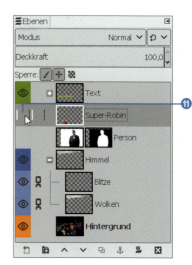

▲ **Abbildung 16.10**
Mit einem Klick auf das Augensymbol blenden Sie die Ebene aus und wieder ein.

Kapitel 16 Der »Ebenen«-Dialog – die Steuerzentrale

Abbildung 16.11 ▶
Hier wurde im EBENEN-Dialog die Ebene »Person« ❶ ausgeblendet.

Sichtbarkeit umkehren | Wenn Sie an einem Bild mit vielen Ebenen arbeiten, werden Sie häufiger nur eine davon sehen und bearbeiten wollen. Hier müssen Sie nicht extra bei allen anderen Ebenen im EBENEN-Dialog das Augensymbol deaktivieren. Klicken Sie einfach mit gedrückter ⇧-Taste im EBENEN-Dialog das Augensymbol an, das anschließend allein sichtbar sein soll. Ein erneutes Klicken mit gehaltener ⇧-Taste auf dasselbe Augensymbol macht alle Ebenen auf einmal wieder sichtbar.

Abbildung 16.12 ▶
Hier wurde mit gehaltener ⇧-Taste auf das Augensymbol ❷ geklickt, wodurch nur noch diese Ebene im Bildfenster sichtbar ist.

458

16.2 Ebenen anlegen

Um eine neue Ebene anzulegen, haben Sie wieder mehrere Möglichkeiten.

16.2.1 Ebenen über »Neue Ebene«

Die einfachste und gängigste Methode führt wohl über das kleine Icon links unten im EBENEN-Dialog. Wenn Sie diese Schaltfläche anklicken, erscheint ein umfangreiches Dialogfenster NEUE EBENE, wo Sie alle Vorgaben für die neue Ebene angeben können. Die wichtigsten Vorgaben dürften hier für Sie zunächst der EBENENNAME, die BREITE und HÖHE sowie die FÜLLUNG sein. Angaben wie die DECKKRAFT und ein Teil der SCHALTER wurden bereits in den Abschnitten 15.2 und 16.1.3 beschrieben, und die anderen Angaben werden noch im Verlaufe des Kapitels zu den Ebenen behandelt.

Ebeneneigenschaften

Den Dialog in Abbildung 16.13 können Sie auch aufrufen und die Eigenschaften einer Ebene nachträglich ändern, wenn Sie eine Ebene im EBENEN-Dialog doppelt anklicken oder mit der rechten Maustaste anklicken und im Kontextmenü EBENEIGENSCHAFTEN wählen. Bei der nachträglichen Bearbeitung der Ebeneneigenschaften müssen Sie dann (logischerweise) auf die Eigenschaften BREITE, HÖHE und FÜLLUNG verzichten.

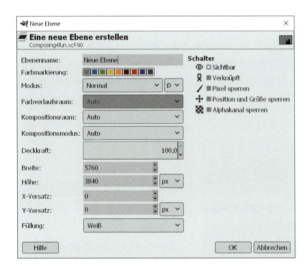

◄ **Abbildung 16.13**
Der Dialog zum Anlegen einer neuen Ebene

Wollen Sie eine Ebene ohne den Dialog anlegen, halten Sie während des Anklickens von die -Taste gedrückt. Dann wird sofort eine neue Ebene mit den zuletzt verwendeten Werten erstellt. Die neue Ebene wird immer über der aktiven Ebene im EBENEN-Dialog einsortiert.

Eine neue Ebene können Sie auch mit der Tastenkombination Strg/Cmd + ⇧ + N oder mit dem Menübefehl EBENE • NEUE EBENE anlegen. In beiden Fällen wird ein Dialogfenster angezeigt.

16.2.2 Neue Ebene durch Duplizieren

Ein ebenfalls oft genutzter Weg, eine neue Ebene anzulegen, ist das Kopieren einer existierenden Ebene. Das ist besonders dann

Wo ist das Duplikat?

Wenn Sie ein Bild duplizieren, hat dies zunächst keine sichtbaren Auswirkungen auf das Gesamtbild (wenn kein ausdrücklicher Ebenenmodus verwendet wurde), weil das Duplikat normalerweise immer an (oder genauer über) derselben Stelle eingefügt wird wie die Ausgangsebene.

sinnvoll, wenn Sie ein wenig experimentieren und dafür nicht gleich die Originalebene verwenden wollen. Häufig werden auch zwei gleiche Ebenen in Verbindung mit einem bestimmten Füllmodus benutzt. Folgende Methoden stehen Ihnen zur Verfügung, um eine Ebene zu duplizieren:

▸ Der schnellste und wohl üblichste Weg, eine Ebene zu duplizieren, dürfte auch hier wieder das kleine Icon 🗇 unterhalb des EBENEN-Dialogs sein. Klicken Sie dieses Icon an, wird ein Duplikat der aktiven Ebene erstellt und zum Ebenenstapel hinzugefügt. Als Ebenenname wird der Zusatz »Kopie« zum aktuellen Ebenennamen hinzugefügt.

▸ Ziehen Sie die Ebene, die Sie duplizieren möchten, mit gedrückter linker Maustaste auf das Icon 🗇 unterhalb des EBENEN-Dialogs, und lassen Sie sie dort fallen. Auch hierbei wird der Zusatz »-Kopie« an den aktuellen Ebenennamen angehängt.

▸ Klicken Sie mit der rechten Maustaste auf die Ebene, und wählen Sie im Kontextmenü EBENE DUPLIZIEREN aus.

▸ Eine Kopie legen Sie auch mit der Tastenkombination [Strg]/[Cmd]+[⇧]+[D] oder über den Menübefehl EBENE • EBENE DUPLIZIEREN an. Denselben Menübefehl erreichen Sie auch, wenn Sie im Bildfenster die Ebene mit der rechten Maustaste anklicken.

Kapitel-016/Rose-freigestellt.xcf

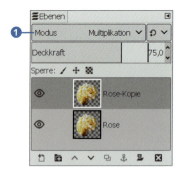

◂ **Abbildung 16.14**
Hier wurde ein Duplikat der Ebene »Rose« erstellt, um einen Bildeffekt mit dem Ebenenmodus MULTIPLIKATION ❶ zu nutzen.

16.2.3 Neue Ebene durch Einkopieren

Wenn Sie Bildinhalte oder komplette Ebenen von einem Bild ins andere kopieren, wird auch dann eine neue Ebene angelegt. Um das zu bewerkstelligen, haben Sie folgende Möglichkeiten:

▸ **Drag & Drop** – Um eine Ebene von einem Bildfenster in ein anderes zu kopieren, müssen Sie zunächst beide Bilder geöffnet haben. Am einfachsten ziehen Sie dann die gewünschte Quellebene aus dem EBENEN-Dialog ❷ mit gedrückter linker Maustaste auf das Bildfenster mit der Zielebene ❸ und lassen sie dort fallen (Maustaste loslassen).

16.2 Ebenen anlegen

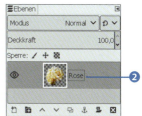

▲ **Abbildung 16.15**
Per Drag & Drop lässt sich am einfachsten eine Ebene in ein anderes Bild kopieren.

▶ **Drag & Drop (Einzelfenster-Modus)**: Im Einzelfenster-Modus können Sie das Drag & Drop auch mit Hilfe der Navigationsleiste der Fensternavigation durchführen. Hierfür müssen Sie nur in der Miniaturvorschau des Quellbildfensters ❹ die linke Maustaste gedrückt halten und zur Miniaturvorschau des Zielbildfensters ❺ ziehen. Dann gehen Sie im Zielbildfenster herunter ❻ auf das Bild und lassen dort das Quellbild fallen. Natürlich sollte klar sein, dass Sie hiermit keine einzelnen Ebenen einer ganzen Komposition verschieben können. Für diese müssen Sie wieder auf den EBENEN-Dialog zurückgreifen.

◀▲ **Abbildung 16.16**
Drag & Drop funktioniert auch ganz komfortabel im Einzelfenster-Modus mit Hilfe der Miniaturvorschau der Navigationsleiste.

Systemweite Zwischenablage
Der Vorteil beim klassischen Kopieren und Einfügen ist, dass Sie nicht von GIMP abhängig sind und aus der Zwischenablage jede beliebige Grafik, die Sie beispielsweise im Webbrowser kopiert haben, einfügen können.

▶ **Kopieren und Einfügen**: Zwar funktionieren hier auch das klassische Kopieren einer Ebene in die Zwischenablage mit BEARBEITEN • KOPIEREN (oder Strg/Cmd+C) und das Einfügen einer Ebene über BEARBEITEN • EINFÜGEN (oder Strg/Cmd+V). Allerdings wird hiermit zunächst nur eine temporäre Ebene (eine sogenannte schwebende Auswahl ❶) erzeugt. Um aus einer schwebenden Auswahl eine echte Ebene zu machen, klicken Sie auf die Schaltfläche NEUE EBENE ❷ links unten im EBENEN-Dialog.

▲ Abbildung 16.17
Beim klassischen Kopieren und Einfügen wird zunächst nur eine schwebende Auswahl eingefügt.

Tipp: Eigenes Tastenkürzel
Wenn Sie den Befehl EINFÜGEN ALS • NEUE EBENE oder auch einen anderen Befehl sehr oft verwenden, können Sie sich über BEARBEITEN • EINSTELLUNGEN bei OBERFLÄCHE über die Schaltfläche TASTENKOMBINATIONEN KONFIGURIEREN ein eigenes Tastenkürzel dafür einrichten.

Das Gleiche funktioniert natürlich auch über den gleichnamigen Befehl aus dem Menü EBENE, über das Kontextmenü des EBENEN-Dialogs und natürlich mit den Tasten ⇧+Strg/Cmd+N.

▶ **Kopieren und Einfügen als neue Ebene**: Natürlich hat GIMP einen speziellen Befehl, um nach dem Kopieren einer Ebene mit BEARBEITEN • KOPIEREN (oder Strg/Cmd+C) diese gleich als neue Ebene einzufügen. Diese spezielle Einfügen-Methode finden Sie über den Menübefehl BEARBEITEN • EINFÜGEN ALS • NEUE EBENE. Die Ebene wird dann über der aktiven Ebene im EBENEN-Dialog eingefügt.

16.2.4 Neue Ebenen aus Sichtbarem

Klicken Sie mit der rechten Maustaste auf eine Ebene im EBENEN-Dialog, finden Sie einen Befehl mit dem Namen NEU AUS SICHTBAREM. Denselben Befehl sehen Sie auch im Menü EBENE. Die Funktion ist dem Befehl SICHTBARE EBENEN VEREINEN recht ähnlich (siehe Seite 475, »Ebenen zusammenfügen«). Mit NEU AUS SICHTBAREM werden alle sichtbaren Ebenen im EBENEN-Dialog auf eine Ebene reduziert und als neue Ebene über der aktiven Ebene im Stapel eingefügt. Vorwiegend dient diese Funktion dazu, die Ebenen weiter zu bearbeiten, aber das bereits Erstellte zu sichern. Oder auch umgekehrt, um das bereits Erstellte zu bearbeiten (zum Beispiel mit Ebenenmasken) und die einzelnen Ebenen zu sichern.

▲ Abbildung 16.18
Die oberste Ebene, »Sichtbar«, wurde aus allen sichtbaren Ebenen im EBENEN-Dialog mit dem Befehl NEU AUS SICHTBAREM erstellt und wird ebenfalls als ganz normale Ebene behandelt.

16.3 Ebenen benennen

Wenn Sie eine neue Ebene über EBENE • NEUE EBENE, die Tastenkombination [Strg]/[Cmd]+[⇧]+[N] oder die kleine Schaltfläche links unten im EBENEN-Dialog erstellen, erscheint ein Dialog, wo Sie unter anderem auch gleich den Namen der neuen Ebene eingeben können. Ich empfehle Ihnen unbedingt, Ebenen mit einem aussagekräftigen Namen zu versehen, damit Sie nicht irgendwann die Übersicht verlieren.

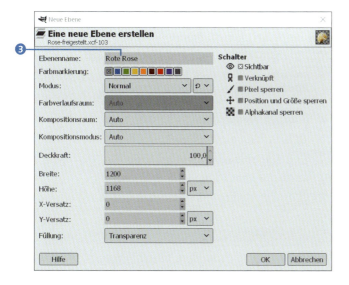

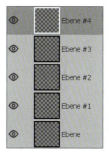

▲ Abbildung 16.19
Wenn die Ebenen wie in dieser Abbildung benannt sind, werden Sie schon bald die Übersicht verlieren.

◀ Abbildung 16.20
Der Dialog erscheint normalerweise, wenn Sie eine neue Ebene erzeugen.

16.3.1 Automatische Namensvergabe

Wenn Sie eine neue Ebene anlegen wollen, wird im Textfeld ❸ des Dialogs dazu der zuletzt eingegebene Ebenenname vorge-

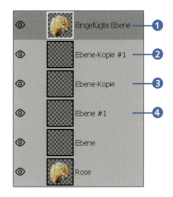

▲ Abbildung 16.21
Auch die automatische Namensvergabe folgt einem bestimmten Schema.

geben. Wenn Sie diesen Namen nicht ändern und hier auf die Schaltfläche OK klicken, obwohl eine Ebene mit diesem Namen bereits existiert, wird beim Namen der Zusatz »#1« ❹ hinzugefügt. Je öfter Sie dies machen, desto weiter wird diese Nummer hochgezählt (»#1«, »#2«, »#3«…).

Beim Duplizieren einer Ebene hingegen wird der Zusatz »-Kopie« ❸ am Ende des Namens hinzugefügt. Duplizieren Sie diese Ebene erneut, wird auch hier wieder der Zusatz »#1« ❷ (und »#2«, »#3«…) hinter den Zusatz »-Kopie« gesetzt.

Kopieren Sie ein Bild in die Zwischenablage und fügen es mit dem Befehl Bearbeiten • Einfügen als • Neue Ebene ein, wird als Ebenenname »Eingefügte Ebene« ❶ verwendet. Gleiches gilt auch beim klassischen Kopieren und Einfügen mittels [Strg]/[Cmd]+[V].

16.3.2 Nachträglich benennen

Wenn Sie einen Ebenennamen nachträglich verändern wollen, so ist das überhaupt kein Problem. Am einfachsten ist es, im Ebenen-Dialog auf den Text ❺ des Ebenennamens doppelzuklicken und diesen dann zu editieren.

▲ Abbildung 16.22
Den Ebenennamen über den Ebenen-Dialog editieren

Alternativ wählen Sie im Kontextmenü (rechter Mausklick auf die Ebene) den Befehl Ebeneneigenschaften aus. Daraufhin öffnet sich ein Dialog mit einem Editierfeld ❻, in dem Sie den Ebenennamen ändern können. Das Gleiche klappt auch mit einem Doppelklick auf die Ebenenminiatur.

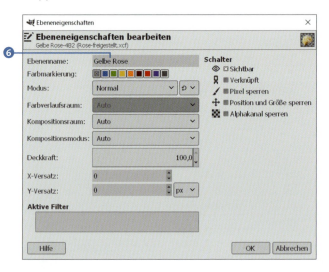

▲ Abbildung 16.23
Ein etwas umfangreicher Dialog lässt sich über den Kontextmenübefehl Ebeneneigenschaften oder einen Doppelklick auf die Ebenenminiatur aufrufen.

16.4 Ebenen löschen

Da sich bei einer Ebenenkomposition mit der Zeit jede Menge Ebenen im EBENEN-Dialog ansammeln können, sollten Sie zwischendurch nicht mehr benötigte Ebenen löschen. Bedenken Sie, dass auch die nicht sichtbaren Ebenen denselben Speicherplatz benötigen wie die sichtbaren. Außerdem lasten umfangreiche Ebenenkompositionen den Arbeitsspeicher eventuell ziemlich schnell aus. Folgende Möglichkeiten stehen Ihnen zur Verfügung, um nicht mehr benötigte Ebenen über den EBENEN-Dialog zu löschen:

- Markieren Sie die Ebene, und klicken Sie auf das Löschen-Icon ❼ im Bedienfeldmenü unterhalb des EBENEN-Dialogs.
- Ziehen Sie die Ebene mit gedrückter linker Maustaste auf das Löschen-Icon ❼ unterhalb des EBENEN-Dialogs.
- Markieren Sie die Ebene im EBENEN-Dialog, führen Sie einen Rechtsklick darauf aus, und rufen Sie im Kontextmenü EBENE LÖSCHEN ❽ auf.
- Markieren Sie die Ebene im EBENEN-Dialog, und wählen Sie den Menübefehl EBENE • EBENE LÖSCHEN aus.

Mehrere Ebenen löschen?
Leider ist es (noch) nicht möglich, mehrere Ebenen gleichzeitig zu löschen. Sie müssen nach wie vor Ebene für Ebene markieren und entfernen.

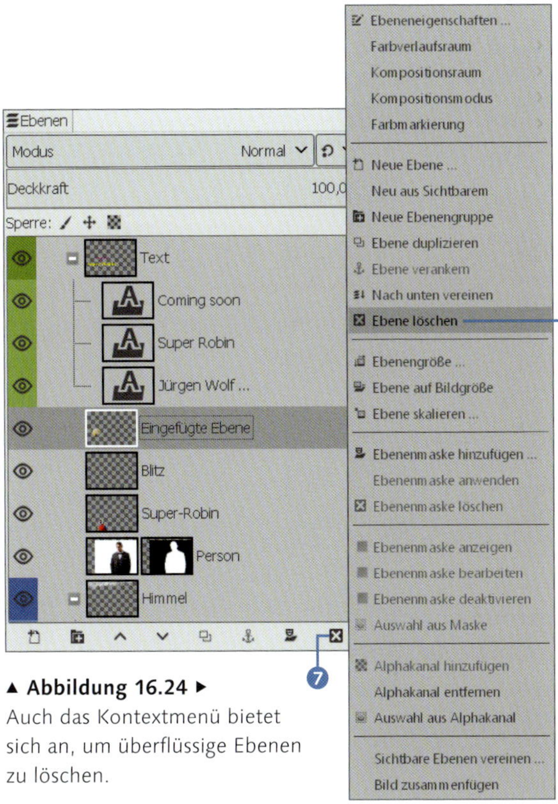

▲ **Abbildung 16.24** ▶
Auch das Kontextmenü bietet sich an, um überflüssige Ebenen zu löschen.

16.5 Ebenen verwalten

Um wirklich effektiv mit den Ebenen zu arbeiten, müssen Sie die einzelnen Ebenen sinnvoll verwalten. Dies gilt ganz besonders, wenn die Anzahl der Ebenen im EBENEN-Dialog immer umfangreicher und unübersichtlicher wird. GIMP bietet zur Verwaltung viele kleinere Funktionalitäten an, die Ihnen das Leben mit den Ebenen einfacher machen.

16.5.1 Ebenen verketten

Wollen Sie mehrere Ebenen gleichzeitig bearbeiten (beispielsweise verschieben, transformieren, skalieren, drehen), müssen Sie diese verketten. Dafür klicken Sie auf das Kettensymbol ❶ (Abbildung 16.25) rechts neben dem Augensymbol. Wiederholen Sie diesen Schritt mit jeder Ebene, die Sie verketten wollen. Klicken Sie erneut auf das Kettensymbol, wird diese Ebene wieder aus der Verkettung gelöst.

Natürlich ist eine solche Verknüpfung nur dann sinnvoll, wenn Sie mindestens zwei Ebenen miteinander verketten. Die Ebenen müssen allerdings nicht aneinandergrenzen.

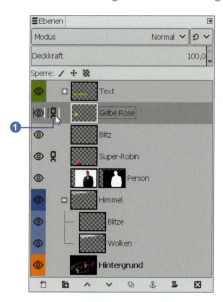

Abbildung 16.25 ▶
Hier wurden die Ebenen »Gelbe Rose« und »Super-Robin« miteinander verkettet. Wenn Sie eine der beiden Ebenen verschieben oder transformieren, wirkt sich dies simultan auf die andere Ebene aus.

16.5.2 Ebenen anordnen

Entscheidend für eine Ebenenkomposition ist natürlich auch die Anordnung der Ebenen in der richtigen Reihenfolge. Damit entscheiden Sie letztendlich, was angezeigt wird und welche Bildteile von anderen Bildteilen überdeckt werden. Zum Anordnen von Ebenen stehen Ihnen folgende Möglichkeiten zur Verfügung:

▶ **Drag & Drop**: Die gängigste und schnellste Möglichkeit, die Reihenfolge der Ebene zu ändern, dürfte das einfache Ziehen und Fallenlassen (Drag & Drop) bieten. Hierbei fassen Sie einfach die Ebene mit gedrückter linker Maustaste an und lassen sie in der gewünschten Zeile im EBENEN-Dialog fallen, indem Sie die Maustaste loslassen.

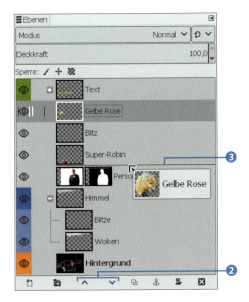

◀ Abbildung 16.26
Hier wird die Ebene »Gelbe Rose« per Drag & Drop zwischen die Ebenen »Person« und »Super-Robin« gezogen. Wo die Ebene nach dem Fallenlassen eingefügt wird, erkennen Sie an der Linie ❸ zwischen den Ebenen.

▶ **Schaltflächen im »Ebenen«-Dialog**: Ebenfalls sehr komfortabel können Sie eine aktive Ebene über die beiden Pfeil-Schaltflächen ❷ unterhalb des EBENEN-Dialogs im Stapel nach oben oder unten bewegen. Mit ⌃ schieben Sie die Ebenen eine Zeile höher und mit ⌄ eine Zeile tiefer im Stapel. Drücken Sie dabei gleichzeitig die ⇧-Taste, wird die Ebene ganz nach oben bzw. ganz nach unten im Stapel geschoben.
▶ **Menü**: Natürlich sind sämtliche Befehle auch über das Menü EBENE • STAPEL erreichbar. Dort finden Sie außerdem den Befehl REIHENFOLGE DER EBENEN UMKEHREN, mit dem Sie den kompletten Ebenenstapel umdrehen.

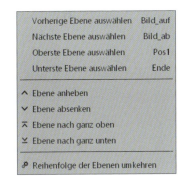

▲ Abbildung 16.27
Die Befehle im Menü EBENE • STAPEL

16.5.3 Ebenen gruppieren

Bei einem umfangreichen Projekt mit vielen Ebenen ist es hilfreich, einzelne Ebenen in einer Gruppe zusammenzufassen. Beim Bearbeiten der einzelnen Ebenen können Sie hiermit jeweils die zu bearbeitende Gruppe aufklappen und alle nicht zu bearbeitenden Gruppen zuklappen. Das hilft enorm, die Übersicht zu behalten. Praktischerweise fassen Sie hierfür die einzelnen Ebenen in eine sinnvolle Gruppe zusammen.

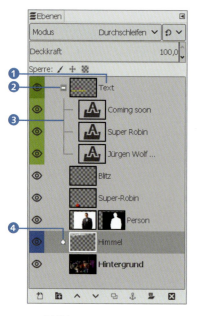

▲ **Abbildung 16.28**
Dank der Ebenengruppen ist es nun möglich, umfangreiche Ebenenkompositionen übersichtlicher in einzelnen Gruppen zu verwalten.

Das Prinzip von Ebenengruppen funktioniert recht ähnlich wie bei einer Ordnerstruktur des Rechners. Das oberste Element ist der Gruppenname ❶ (wie hier im Beispiel »Text«), und die dahinter gruppierten, mit einer dünnen Linie ❸ folgenden Elemente sind die eigentlichen Ebenen dieser Gruppe.

Ein Minuszeichen ❷ vor der Ebenengruppe zeigt an, dass diese Gruppe im EBENEN-Dialog aufgeklappt ist. Ein Plussymbol ❹ vor der Ebenengruppe bedeutet, dass diese zugeklappt ist. Auf- und zuklappen können Sie diese Ebenengruppen jederzeit, indem Sie auf das Minus- oder Plussymbol im EBENEN-Dialog klicken. Ist eine Ebenengruppe im EBENEN-Dialog markiert, können Sie das Auf- und Zuklappen auch mit den Tasten [+] und [-] durchführen.

Sichtbarkeit von Ebenengruppen | Wenn Sie eine Ebenengruppe ❼ im EBENEN-Dialog auswählen, wird diese Gruppe im Bildfenster mit einer blau gestrichelten Linie ❺ angezeigt.

Die Sichtbarkeit der Ebenengruppe wird durch das Augensymbol ❻ links in der Leiste neben dem Gruppennamen der Ebene angezeigt. Ist das Symbol sichtbar, sind alle (sichtbaren) Ebenen der Gruppe ebenfalls sichtbar. Durch Anklicken des Augensymbols werden automatisch alle Ebenen der Ebenengruppe aus- bzw. wieder eingeblendet.

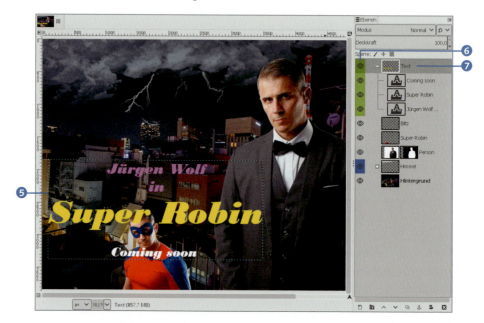

▲ **Abbildung 16.29**
Die ausgewählte Ebenengruppe ❼ im EBENEN-Dialog wird im Bildfenster mit einer gestrichelten blauen Linie ❺ angezeigt.

Sie können eine ausgeblendete Ebenengruppe an den durchgestrichenen Augensymbolen ❾ der einzelnen Ebenen im EBENEN-Dialog erkennen. Und natürlich können Sie auch hier die Sichtbarkeit umkehren, indem Sie mit gedrückt gehaltener [⇧]-Taste auf das Augensymbol ❽ der Ebenengruppe klicken (in der Abbildung bereits ausgeschaltet), wodurch nur die Ebenen der Ebenengruppe im Bildfenster angezeigt werden.

▼ **Abbildung 16.30**
Mit einem Klick auf das Augensymbol ❽ der Ebenengruppe können alle darin enthaltenen Ebenen auf einmal ein- bzw. ausgeblendet werden.

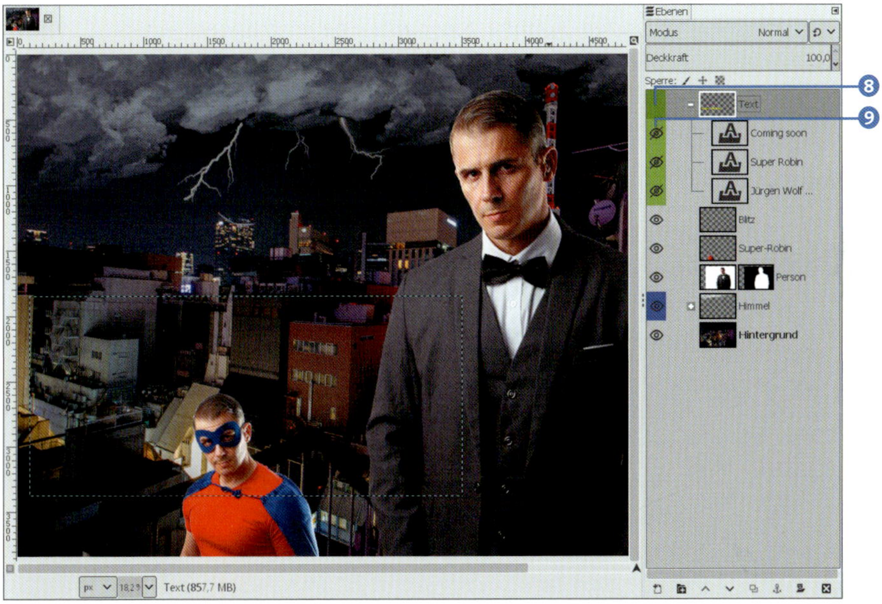

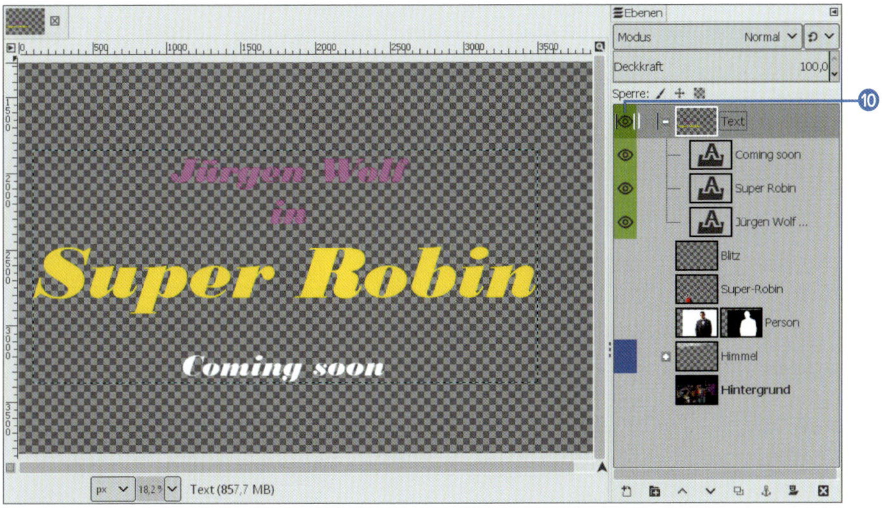

▲ **Abbildung 16.31**
Klicken Sie mit gehaltener [⇧]-Taste auf das Augensymbol ❿ der Ebenengruppe im EBENEN-Dialog, werden nur noch die Ebenen der Ebenengruppe im Bildfenster angezeigt.

Kapitel 16   Der »Ebenen«-Dialog – die Steuerzentrale

Kapitel-016/Composing-4fun-ungruppiert.xcf

Ebenengruppe anlegen und löschen | Eine neue Ebenengruppe legen Sie am einfachsten mit dem Icon [ ] im Ebenen-Dialog an. Alternativ können Sie auch im Menü Ebene • Neue Ebenengruppe auswählen oder den gleichen Befehl über einen rechten Mausklick im Ebenen-Dialog im Kontextmenü. Löschen können Sie eine im Ebenen-Dialog markierte Ebenengruppe genauso wie schon eine gewöhnliche Ebene, beispielsweise mit Hilfe des Löschen-Symbols.

Ebenengruppe benennen | Umbenennen können Sie eine Ebenengruppe, indem Sie im Ebenen-Dialog auf den Namen ❶ doppelklicken. Alternativ können Sie auch im Kontextmenü (rechter Mausklick auf die Ebenengruppe) den Befehl Ebeneneigenschaften auswählen oder auf das Miniatursymbol der Ebenengruppe doppelklicken. In beiden Fällen öffnet sich dann ein Dialog, über den Sie die Ebenengruppe umbenennen können.

Ebenengruppen anordnen | Die Anordnung der Ebenengruppe (und auch eines leeren Ordners einer Ebenengruppe) lässt sich natürlich auch hier, wie gewohnt, per Drag & Drop oder über die Icons [∧] bzw. [∨] im Ebenen-Dialog verändern.

Um eine Ebene in einer Ebenengruppe zu verwalten, muss diese ganz einfach im Ebenen-Dialog per Drag & Drop auf die entsprechende Gruppe ❷ gezogen werden. Jetzt lassen Sie die Ebene dort fallen. Umgekehrt ist es natürlich jederzeit möglich, eine Ebene per Drag & Drop wieder aus einer Ebenengruppe herauszuziehen und entweder in einer anderen Gruppe oder wieder als alleinige Ebene fallen zu lassen.

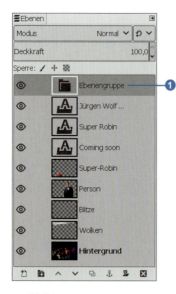

▲ **Abbildung 16.32**
Eine neue Ebenengruppe mit dem Namen »Ebenengruppe« wurde angelegt. Eine leere Ebenengruppe wird mit dem Ordnersymbol dargestellt.

Transformation von Ebenengruppen

Was für das Verschieben von ganzen Ebenengruppen gilt, gilt natürlich ebenso für Aktionen wie Skalieren, Rotieren oder das Ändern der Perspektive. Wenn Sie eine Ebenengruppe ausgewählt haben (gestrichelter blauer Rahmen ❹ im Bildfenster), wirken sich alle Transformationen auf alle einzelnen Ebenen dieser Ebenengruppe aus.

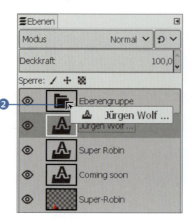

▲ **Abbildung 16.33**
Einfach eine Ebene auf eine Ebenengruppe ziehen und fallen lassen …

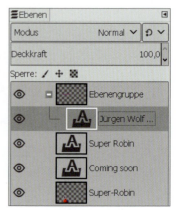

▲ **Abbildung 16.34**
… und schon wird die Ebene von der Ebenengruppe verwaltet.

470

Natürlich ist es auch möglich, eine Ebenengruppe innerhalb einer Ebenengruppe zu verschachteln, indem Sie beispielsweise eine ganze Ebenengruppe in eine Ebenengruppe ziehen und fallen lassen (Abbildung 16.35). Beachten Sie, dass Sie auch für eine Ebenengruppe die Einstellungen MODUS und DECKKRAFT zur Verfügung haben. Für eine gewöhnliche Gruppierung empfiehlt sich der MODUS DURCHSCHLEIFEN.

Ebenengruppe verschieben | Wenn Sie alle Ebenen einer Ebenengruppe verschieben wollen, so ist dies überhaupt kein Problem. Hierzu müssen Sie nur die Ebenengruppe im EBENEN-Dialog aktivieren, so dass Sie den gestrichelten blauen Rahmen ❹ um die Ebenengruppe im Bildfenster sehen können. Verwenden Sie jetzt das VERSCHIEBEN-Werkzeug, und wählen Sie in der Werkzeugoption AKTIVE EBENE VERSCHIEBEN ❸ aus. Jetzt können Sie wie bei einer gewöhnlichen Ebene die ganze Ebenengruppe mit gedrückt gehaltener linker Maustaste verschieben.

▲ **Abbildung 16.35**
Auch tieferes Verschachteln von Ebenengruppen ist kein Problem.

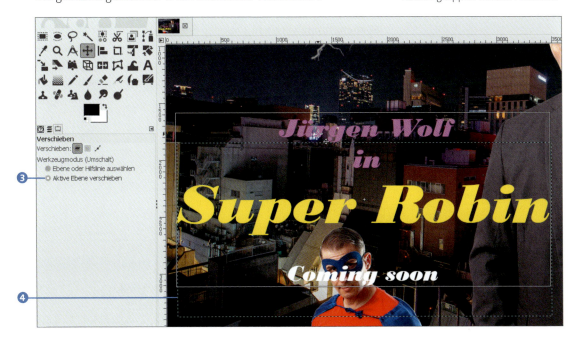

▲ **Abbildung 16.36**
Mit Hilfe von Ebenengruppen ist es kein Problem, alle Ebenen in dieser Gruppe auf einmal zu verschieben.

Ebenengruppen verketten | Für den Fall, dass Sie mehrere Ebenengruppen gleichzeitig bearbeiten, also verschieben, transformieren, skalieren oder drehen müssen, können Sie diese auch mit dem Kettensymbol ❺ neben dem Augensymbol verketten.

Kapitel 16 Der »Ebenen«-Dialog – die Steuerzentrale

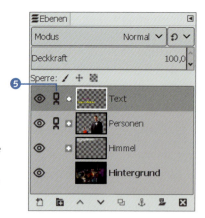

Abbildung 16.37 ▶
Wenn Sie zwei Ebenengruppen miteinander verketten (wie hier »Text« und »Personen«) und eine der beiden Ebenengruppen verschoben oder transformiert wird, wirkt sich dies simultan auf die andere Ebenengruppe aus.

Ebenengruppe duplizieren | Wenn Sie eine Ebenengruppe zum Beispiel über das Icon im EBENEN-Dialog duplizieren, wird die komplette Ebenengruppe mitsamt den darin enthaltenen Ebenen mit der Erweiterung »-Kopie« dupliziert.

Ebenengruppe vereinen | Wollen Sie aus den sichtbaren Ebenen einer Ebenengruppe eine einzelne Ebene machen, brauchen Sie nur den Befehl EBENE • EBENENGRUPPE VEREINEN oder über einen rechten Mausklick im Kontextmenü den gleichnamigen Befehl auszuführen.

Abbildung 16.38 ▼
Die Option EBENENGRUPPE VEREINEN macht genau das und vereint alle sichtbaren Ebenen in der Ebenengruppe …

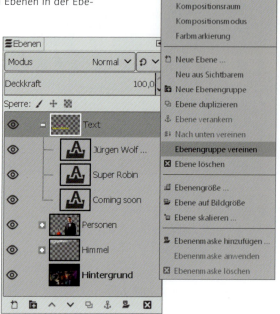

▲ **Abbildung 16.39**
… zu einer einzigen Ebene.

16.5.4 Farbmarkierungen für Ebenen

Ebenfalls hilfreich für eine bessere Übersicht bei einem Projekt mit vielen Ebenen ist die Möglichkeit, die einzelnen Ebenen farblich zu markieren. Hierfür müssen Sie nur eine Ebene mit der rechten Maustaste im EBENEN-Dialog anklicken und ihr über das Kontextmenü im Untermenü FARBMARKIERUNG eine entsprechende Farbe zuweisen. Ist eine Ebene in einer anders farblich markierten Gruppe enthalten, können Sie durchaus auch einzelne Ebenen in einer Gruppe mit einer anderen Farbe markieren. Entsprechend finden Sie hierbei auch einen Eintrag KEINE, womit Sie eine bereits zugewiesene Farbe für eine Ebene wieder entfernen können.

Die Funktion zur FARBMARKIERUNG ❶ einer Ebene finden Sie per Doppelklick auf die Ebene, per rechten Mausklick auf die Ebene und per Befehl EBENENEIGENSCHAFTEN, im Dialog zum Anlegen einer neuen Ebene über das NEUE EBENE-Icon im EBENEN-Dialog, ⇧+Strg/Cmd+N oder im Menü EBENE • NEUE EBENE vor.

▲ **Abbildung 16.40**
Mögliche Farben, welche Sie über einen rechten Mausklick auf eine Ebene im EBENEN-Dialog über das Untermenü FARBMARKIERUNG vergeben können

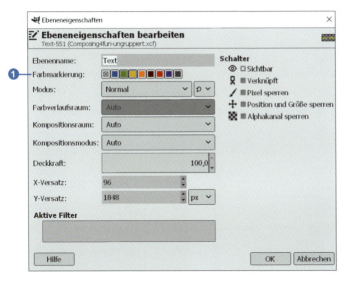

▲ **Abbildung 16.41**
Eine FARBMARKIERUNG können Sie auch gleich beim Anlegen einer neuen Ebene oder (wie hier) beim Bearbeiten der EBENENEIGENSCHAFTEN setzen.

Setzen Sie die Farbmarkierung von einer Ebenengruppe, werden hiermit automatisch alle darin enthaltenen Ebenen mit dieser Farbe versehen, welche noch keine Farbmarkierung hatten. Ebenen in einer Ebenengruppe mit einer bereits vorhandenen Farbmarkierung behalten allerdings ihre Farbe. Ebenso können Sie nachträglich einzelne Ebenen in einer Ebenengruppe separat mit einer anderen Farbe versehen.

Kapitel 16   Der »Ebenen«-Dialog – die Steuerzentrale

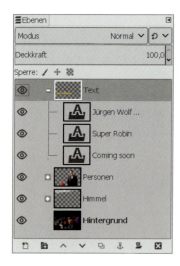

▲ **Abbildung 16.42**
Die Ebenengruppe »Text« soll farblich gekennzeichnet werden …

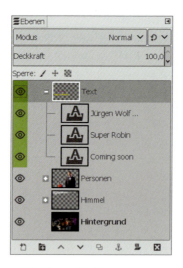

▲ **Abbildung 16.43**
… wodurch auch die darin enthaltenden Ebenen mit dieser Farbe versehen werden.

▲ **Abbildung 16.44**
Dennoch können Sie jederzeit einzelne Ebenen in der Gruppe mit einer gesonderten Farbe versehen.

Hilfsmittel | Richtig eingesetzt, ist die Möglichkeit, Ebenen zu gruppieren und/oder farblich zu markieren, ein schönes Hilfsmittel, was gerade bei aufwendigen Arbeiten mit sehr vielen Ebenen nützlich ist, weil man hiermit immer schön die Übersicht behält.

Abbildung 16.45 ▶
Hier nochmals das Beispiel sauber geordnet in einzelnen Ebenengruppen und mit Farbmarkierungen versehen. Es wirkt übersichtlich und aufgeräumt.

Abbildung 16.46 ▶▶
Und hier dasselbe nochmals zum Vergleich ohne eine Ebenengruppierung und ohne Farbmarkierung von Ebenen. Obwohl das Beispiel noch überschaubar ist, fällt es schon schwerer, hier die Übersicht zu behalten.

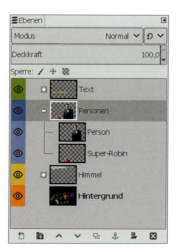

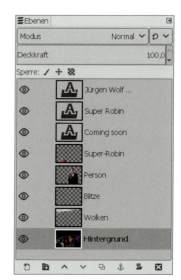

16.5.5   Ebenenminiaturansicht ändern

Die Ebenenminiaturansicht können Sie jederzeit über den Ebenen-Dialog ändern. Klicken Sie hierzu auf das kleine Dreieck ❶

474

rechts oben. Im Untermenü von VORSCHAUGRÖSSE wählen Sie dann von WINZIG bis GIGANTISCH verschiedene Ansichtsgrößen.

Alternativ passen Sie diese Miniaturansicht über BEARBEITEN • EINSTELLUNGEN über OBERFLÄCHE an.

◄ **Abbildung 16.47**
Anpassen der Ebenenminiaturgröße

▲ **Abbildung 16.48**
Halten Sie die linke Maustaste auf der Ebenenminiatur länger gedrückt, erhalten Sie eine vergrößerte Vorschau.

Eine vorübergehend größere Ansicht erhalten Sie, wenn Sie etwas länger die linke Maustaste auf der Ebenenminiatur gedrückt halten ❷. Lassen Sie die Maustaste wieder los, verschwindet die vergrößerte Ansicht.

16.5.6 Ebenen zusammenfügen

Wenn Ihr Bild viele Ebenen enthält, wird das unter Umständen sehr unübersichtlich. Den Speicherplatz der Datei und den Arbeitsspeicherverbrauch dürfen Sie dabei auch nicht ignorieren. Sind Sie mit dem Bild fertig, können Sie die Ebenen zusammenfügen; manchmal ist auch die Rede von *Ebenen reduzieren*. Hierzu bietet Ihnen GIMP mehrere Möglichkeiten.

Nach unten vereinen | Diesen Befehl erreichen Sie nur über das Menü EBENE • NACH UNTEN VEREINEN. Damit fügen Sie die aktuell markierte Ebene mit der nächsten sichtbaren (!) darunterliegenden Ebene zusammen. Sichtbare Ebenen erkennen Sie am Augensymbol im EBENEN-Dialog. Dieser Befehl berücksichtigt außerdem die Eigenschaften der aktiven Ebene wie beispielsweise die Transparenz und den Ebenenmodus.

Gerade wenn Sie hierbei unbedacht den Ebenenmodus (siehe Kapitel 20) verwenden, kann dies zu ungewollten Nebeneffekten führen, wie Abbildung 16.49 und Abbildung 16.50 demonstrieren.

Kapitel-016/Gruen-Rot-Gelb.xcf

Abbildung 16.49 ▶
Bei der Ebene »Grün« wurde als Ebenenmodus MULTIPLIKATION ❶ verwendet …

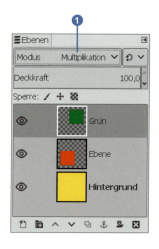

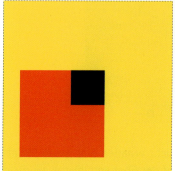

Abbildung 16.50 ▶
… wodurch nach dem Befehl NACH UNTEN VEREINEN die Ebene »Grün« mit der Ebene »Rot« zusammengefügt wurde und ein vielleicht nicht so gewollter Effekt auftrat.

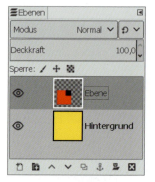

> **Nur noch eine Ebene!**
> Beachten Sie bei diesem Befehl, dass hiermit alle sichtbaren Ebenen nach dem Zusammenfügen verschwunden sind. Haben Sie die Ebenenkomposition nicht abgespeichert und liegt Ihnen nur das komplette Bild vor, haben Sie später keine Möglichkeit mehr, die einzelnen Ebenen zu bearbeiten.

Sichtbare Ebenen vereinen | Mit dem Kommando SICHTBARE EBENEN VEREINEN fügen Sie alle sichtbaren Ebenen (Ebenen mit dem Augensymbol) im EBENEN-Dialog zu einer einzigen Ebene zusammen. Sie führen den Befehl entweder über den Menübefehl BILD • SICHTBARE EBENEN VEREINEN aus, mit dem Tastenkürzel [Strg]/[Cmd]+[M] oder, nach einem rechten Mausklick auf irgendeine Ebene im EBENEN-Dialog, über den gleichnamigen Befehl im Kontextmenü.

Wie die sichtbaren Ebenen vereint werden sollen, wählen Sie im anschließend angezeigten Dialogfenster EBENEN VEREINEN aus:

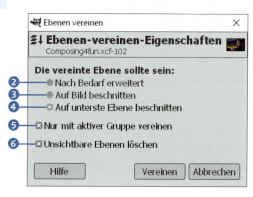

◀ **Abbildung 16.51**
Der Dialog EBENEN VEREINEN

- NACH BEDARF ERWEITERT ❷: Dies ist die Standardeinstellung (Abbildung 16.53), mit der die erzeugte Ebene so groß sein wird, dass alle Ebenen vollständig hineinpassen. Das heißt, dass, wenn Ebenen beispielsweise über den sichtbaren Rand hinausragen, dies bei der erzeugten Ebene berücksichtigt wird. Allerdings bedeutet das nicht, dass der Bereich, der über den sichtbaren Rand hinausragt, anschließend sichtbar wird, sondern nur, dass die Ebene größer sein kann als das Bild.
- AUF BILD BESCHNITTEN ❸: Wollen Sie das, was Sie in Abbildung 16.53 sehen, vermeiden, verwenden Sie diese Einstellung. Damit legen Sie fest, dass die erzeugte Ebene die Größe des Bildes haben muss. Sind die vereinten Ebenen größer als das Bild (in Pixel), werden sie automatisch auf die Bildgröße zugeschnitten.
- AUF UNTERSTE EBENE BESCHNITTEN ❹: Verwenden Sie diese Einstellung, werden alle Ebenen im EBENEN-Dialog auf die Größe der untersten Ebene im Stapel zugeschnitten. Ebeneninhalte, die sich nicht in diesem Bereich befinden, werden beschnitten.

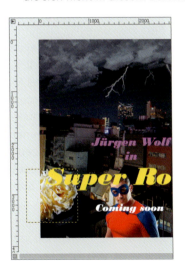

◂◂ **Abbildung 16.52**
Die Ebene »Gelbe Rose« wurde hier absichtlich über den Bildrand hinausgeschoben.

◂ **Abbildung 16.53**
Nach dem Befehl SICHTBARE EBENEN VEREINEN, bei dem die Option NACH BEDARF ERWEITERT ❷ verwendet wurde, wurde die fertige Ebene um diesen überstehenden Bereich erweitert.

Zusätzlich finden Sie im Dialog die Checkbox NUR MIT AKTIVER GRUPPE VEREINEN ❺, womit beim Zusammenfügen nur die sichtbaren Ebenen einer Ebenengruppe berücksichtigt werden. Die Checkbox ist ausgegraut, wenn keine Ebenengruppe vorhanden ist. Die zweite Checkbox im Dialog ist UNSICHTBARE EBENEN LÖSCHEN ❻. Setzen Sie hier ein Häkchen, werden alle im EBENEN-Dialog nicht sichtbaren Ebenen (ohne Augensymbol) – die ja sonst standardmäßig nach dem Befehl SICHTBARE EBENEN VEREINEN noch vorhanden wären – gelöscht.

Abbildung 16.54 ▶
Ebenen-Dialog mit Ebenen vor der Vereinigung

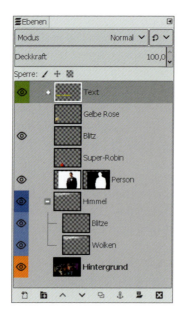

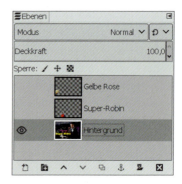

▲ **Abbildung 16.55**
Der Ebenen-Dialog nach einem Aufruf von Sichtbare Ebenen vereinen mit den Standardeinstellungen

Alternative für »Bild zusammenfügen«

Brauchen Sie lediglich ein Gesamtbild aller sichtbaren Ebenen, können Sie auch den Befehl Ebene • Neu aus Sichtbarem oder Bearbeiten • Sichtbares Kopieren ausführen und aus der Zwischenablage die eben kopierten sichtbaren Ebenen mit Bearbeiten • Einfügen als • Neues Bild in ein neues Bild einfügen.

Bild zusammenfügen | Wenn Sie mit der Ebenenkomposition fertig sind, können Sie den Befehl Bild zusammenfügen aufrufen. Mit diesem Kommando werden alle sichtbaren Ebenen eines Bildes ohne Nachfrage zu einer Ebene zusammengefügt. Beachten Sie allerdings, dass dieses Kommando auch vorhandene Alphakanäle (Transparenz) entfernt. Passen die Ebenen außerdem nicht auf die Bildgröße, werden sie automatisch darauf beschnitten. Des Weiteren werden die nicht sichtbaren Ebenen (Ebenen ohne Augensymbol) im Ebenen-Dialog gelöscht.

Diesen Befehl führen Sie über Bild • Bild zusammenfügen oder einen Rechtsklick auf eine Ebene im Ebenen-Dialog über den gleichnamigen Befehl im Kontextmenü aus.

Ebenen verankern | Zwar handelt es sich bei dem Befehl Ebenen verankern nicht direkt um eine Vereinigung von Ebenen, aber er passt trotzdem ganz gut hierher. Denn wenn Sie eine Ebene per Copy & Paste eingefügt haben, erscheint sie als Schwebende Auswahl im Ebenen-Dialog. Und wenn Sie die Schaltfläche mit dem Ankersymbol ⚓ ❷ unterhalb des Ebenen-Dialogs anklicken, verankern Sie die schwebende Ebene direkt mit der nächsten sichtbaren darunterliegenden Ebene. Den Befehl zum Verankern erreichen Sie auch per rechtem Mausklick auf die Ebenenminiatur der schwebenden Auswahl über das Kontextmenü, über das Menü Ebene • Ebene verankern oder das Tastenkürzel Strg/Cmd+H.

Das Verankern einer Ebene entspricht also im Grunde dem Befehl NACH UNTEN VEREINEN, nur dass Sie hierbei nicht mehr auf die anderen Ebenen zugreifen können. Wollen Sie die schwebende Auswahl nicht mit der darunterliegenden Ebene verankern, können Sie auch eine neue Ebene daraus machen, indem Sie beispielsweise auf das kleine Symbol 🗔 ❶ links unten im EBENEN-Dialog klicken.

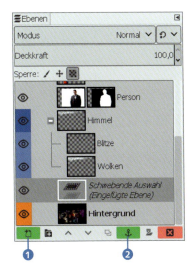

◂ **Abbildung 16.56**
Eine schwebende Auswahl im EBENEN-Dialog verankern

16.5.7 Bilder mit Ebenen speichern

Wenn Sie mit Ihrer Ebenenkomposition fertig sind und Ihre Arbeit (zwischen-)speichern wollen, haben Sie folgende zwei Möglichkeiten:

▸ **Bild mit Ebenen sichern**: Wenn Sie das Bild mit Ebenen sichern wollen, bleibt Ihnen nur das GIMP-eigene XCF-Format übrig, um Ihre Komposition mit allen Ebenen zu speichern. Alternativ könnten Sie hierfür auch das Photoshop-Format PSD verwenden; allerdings müssen Sie hierbei das Bild exportieren.

▸ **Bild ohne Ebenen sichern**: Wollen Sie das Bild an andere weitergeben, ist das XCF-Format nicht dafür geeignet. Dann müssen Sie die Ebenenkomposition über DATEI • EXPORTIEREN ALS in das gewünschte Format (beispielsweise JPEG, PNG oder TIFF) überführen. Beachten Sie hierbei, dass der Alphakanal nicht von allen Formaten unterstützt wird, transparente Bereiche also möglicherweise verloren gehen.

In der Praxis sollten Sie auf jeden Fall eine Ebenenkomposition immer vorher im XCF-Format (zwischen-)speichern, um nachträglich noch Änderungen vornehmen zu können.

Zum Weiterlesen

Mehr über verschiedene Datenformate und das Speichern von Dateien lesen Sie in Abschnitt 2.7, »Dateiformate und Kompression«.

Kapitel 17
Grundlegende Ebenentechniken

Selten passen neue Ebenen, die Sie einfügen oder erstellen, auf Anhieb mit den anderen Ebenen in Ihrem Bild zusammen. Häufig kommen Sie um ein Anpassen der Größe und Perspektive nicht herum.

17.1 Ebenengröße anpassen

Wenn Sie Ebenen erstellen, neue hinzufügen und andere Ebenen wieder entfernen, wird wohl im seltensten Fall alles von der Größe und Ausrichtung her passen. Daher erfahren Sie in diesem Kapitel, wie Sie die Ebenen auf das Bild anpassen und ausrichten. Im Grunde sind Ihnen diese Funktionen schon in Verbindung ohne Ebenen bekannt. Hier lernen Sie jetzt die Gegenstücke für Ebenen kennen.

17.1.1 Ebenengröße festlegen

Die Größe einer Ebene muss nicht zwangsläufig der sichtbaren und absoluten Pixelgröße des Bildes entsprechen. Den Befehl, mit dem Sie die Größe der im EBENEN-Dialog aktiven Ebenen ändern, erreichen Sie über das Menü EBENE • EBENENGRÖSSE oder mit einem rechten Mausklick auf die Ebene im EBENEN-Dialog über den gleichnamigen Befehl im Kontextmenü. Der sich daraufhin öffnende Dialog entspricht fast dem Dialog von LEINWANDGRÖSSE, den Sie über das Menü BILD aufrufen. Nur finden Sie hier, im Gegensatz zum Dialog LEINWANDGRÖSSE FESTLEGEN, keine zusätzlichen Optionen für Ebenen, weil sich ja der Dialog schon auf die aktuelle Ebene bezieht.

Über die Eigenschaften BREITE und HÖHE ❶ geben Sie die gewünschte neue EBENENGRÖSSE an. Im Dropdown-Menü ❻

Zum Weiterlesen

Der Dialog LEINWANDGRÖSSE FESTLEGEN wird in Abschnitt 22.3, »Leinwandgröße (Bildfläche) erweitern«, beschrieben.

Auflösung und Pixelgröße

Unabhängig davon, welche Maßeinheit ❻ Sie einstellen, ändert sich die Auflösung (PPI) des Bildes auch hier nach der Vergrößerung oder Verkleinerung der Ebenen nicht. Zur Kontrolle finden Sie daher unterhalb der Eingabefelder ❷ Höhe und Breite die künftige Größe in Pixel und die Auflösung in ppi.

neben Höhe können Sie eine andere Maßeinheit einstellen. Standardmäßig wird hier Pixel verwendet. Solange das Kettensymbol ❺ zwischen Höhe und Breite verknüpft (geschlossen) ist, bleibt das Seitenverhältnis beim Ändern der Größe erhalten. Durch ein Anklicken des Kettensymbols heben Sie diese Verknüpfung auf.

Mit dem Versatz in Richtung X und Y ❸ legen Sie die Position bzw. die Anordnung des Ebeneninhalts auf der Bildfläche fest. Der Nullpunkt liegt dabei in der linken oberen Ecke. Neben den Eingabefeldern können Sie den Versatz unter anderem auch durch Ziehen des Vorschaubildes positionieren. Sehr nützlich ist hierbei auch die Schaltfläche Zentrieren ❼, mit der der Ebeneninhalt horizontal und vertikal zur neuen Ebenengröße mittig angeordnet wird. Mit Füllen mit ❹ können Sie festlegen, wie der restliche Bereich der Ebene bei einer Vergrößerung der Ebene gefüllt werden soll. Neben Transparenz und Weiss können Sie hier noch die aktive Vordergrundfarbe, Hintergrundfarbe oder das aktive Muster dafür verwenden.

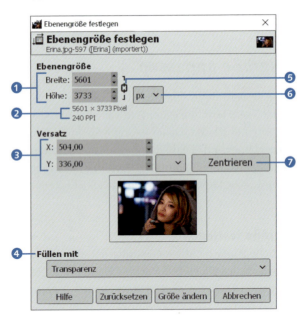

Abbildung 17.1 ▶
Der Dialog zum Festlegen der Ebenengröße

Ebene auf Inhalt zuschneiden

Wenn Sie eine erweiterte Ebene wieder auf die Bildbegrenzung zuschneiden wollen, verwenden Sie einfach den Menübefehl Ebene • auf Inhalt zuschneiden.

Folgende zwei Gründe kann es geben, die Größe einer einzelnen Ebene zu ändern:

▶ Sie wollen den bearbeitbaren Bereich im Bild erweitern, um beispielsweise etwas darauf einzufügen, zu zeichnen oder einen Text zu schreiben. Dann müssen Sie die Ebenenfläche erweitern.

▶ Sie haben eine neue Ebene in eine Bilddatei eingefügt oder angelegt und brauchen nur einen kleinen Teil vom Ebeneninhalt;

dann können Sie den Ebeneninhalt verkleinern. Der Vorteil dabei ist, dass die Ebene dann viel einfacher verschiebbar ist und sich auch einfacher mit anderen Ebenen ausrichten lässt. Beachten Sie allerdings, dass ein Teil der Ebene beim Verkleinern verloren geht.

Schritt für Schritt
Ein Foto in mehrere Fotos aufteilen

In dieser Schritt-für-Schritt-Anleitung soll ein vielleicht weniger attraktiver Bildausschnitt mit Hilfe des Dialogs EBENENGRÖSSE FESTLEGEN in mehrere Fotos aufgeteilt werden, wodurch das Bild ein wenig interessanter wirkt.

Kapitel-017/Erina.jpg

◄ **Abbildung 17.2**
Diesen Bildausschnitt von der Porträtaufnahme wollen wir in mehrere Bilder zerlegen.

1 Ebene mehrfach duplizieren
Öffnen Sie zunächst das Bild, und duplizieren Sie die Ebene mehrfach (je nachdem, in wie viele Einzelbilder Sie das Foto zerlegen wollen). Für alle Ebenen benötigen Sie einen Alphakanal, den Sie gegebenenfalls mit einem rechten Mausklick auf die Ebene über den Kontextmenübefehl ALPHAKANAL HINZUFÜGEN erstellen. Im Beispiel wurden über die kleine Schaltfläche 8 zum Duplizieren unterhalb des EBENEN-Dialogs insgesamt fünf Kopien erstellt. Somit finden Sie im EBENEN-Dialog insgesamt sechs gleiche Ebenen vor.

▲ **Abbildung 17.3**
Sechs gleiche Ebenen mit Alphakanal befinden sich im EBENEN-Dialog.

2 Ebenengröße anpassen
Wählen Sie jetzt die oberste Ebene 1 (Abbildung 17.4) im EBENEN-Dialog, und entfernen Sie bei allen anderen Ebenen das Augensymbol, womit nur noch die aktive Ebene sichtbar ist. Am schnellsten geht dies, wenn Sie das Augensymbol der Ebene mit der 👁-Taste anklicken. Rufen Sie EBENE • EBENENGRÖSSE auf, und reduzieren Sie die HÖHE und BREITE der Ebenengröße 2. Im Beispiel wurde das Bild auf 1592 Pixel in der Breite und 927

Pixel in der Höhe verkleinert. Der Versatz wurde hier manuell in der Miniaturvorschau ❸ mit gedrückter linker Maustaste auf dem Bild über die Augen der Person verschoben. Die Option FÜLLEN MIT ❹ stellen Sie auf TRANSPARANZ. Mit der Schaltfläche GRÖSSE ÄNDERN ❺ weisen Sie die neue Ebenengröße zu.

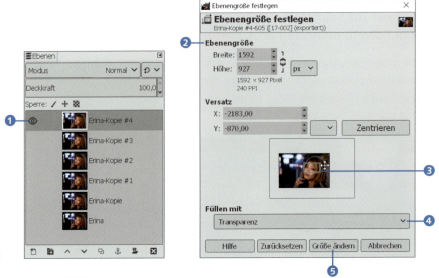

Abbildung 17.4 ▸
Ebenengröße verringern

3 Schritt 2 wiederholen

Wiederholen Sie jetzt Arbeitsschritt 2 bei allen anderen Ebenen, nur mit dem Unterschied, dass sich der Versatz jedes Mal woanders befinden sollte und natürlich die Höhe und Breite nicht immer gleich sein müssen. Hier können Sie gerne selbst kreativ werden.

Abbildung 17.5 ▸
So könnte das Beispiel aussehen, wenn alle Ebenen in unterschiedlicher Größe und mit unterschiedlichem Versatz verändert wurden.

17.1 Ebenengröße anpassen

4 Ebenen einrahmen

Um den Eindruck zu erwecken, unser Bild sei aus mehreren Fotos zusammengesetzt, soll jeweils ein Rahmen um die einzelnen Ausschnitte gezeichnet werden. Wählen Sie hierzu die unterste oder oberste Ebene im EBENEN-Dialog aus. Wählen Sie die gewünschte Rahmenfarbe als Vorder- oder Hintergrundfarbe aus, wenn Sie nicht Weiß verwenden wollen. Rufen Sie dann erneut den Menübefehl EBENE • EBENENGRÖSSE auf. Um einen Rahmen um die Ebene zu legen, müssen Sie zunächst die Ebenengröße erhöhen. Im Beispiel wurde einfach der Wert der BREITE und HÖHE um je 100 Pixel erhöht. Durch das Öffnen des Kettensymbols ❶ vermeiden Sie, dass der Rahmen automatisch an das Seitenverhältnis angepasst wird. Damit der Rahmen auch schön gleichmäßig um das Bild gezogen wird, sollten Sie ihn über die Schaltfläche ZENTRIEREN ❷ mittig setzen. Bei FÜLLEN MIT ❸ wählen Sie nun die gewünschte Rahmenfarbe aus. Im Beispiel habe ich die Vordergrundfarbe auf Schwarz gesetzt und daher VORDERGRUNDFARBE ausgewählt. Mit der Schaltfläche GRÖSSE ÄNDERN vergrößern Sie die Ebene. Wiederholen Sie diesen Vorgang mit allen anderen Ebenen – mit Ausnahme der untersten Ebene, wo ich den Kopf der Person nicht »zerschnitten« habe.

Tipp: Polaroid-Format
Wenn Sie mit Bedacht vorgehen, können Sie hierbei auch einen Polaroid-Rahmen erstellen.

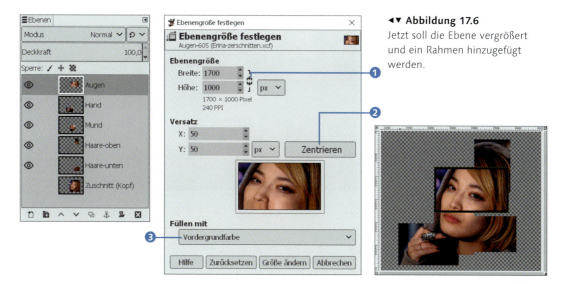

◀▼ **Abbildung 17.6**
Jetzt soll die Ebene vergrößert und ein Rahmen hinzugefügt werden.

5 Hintergrund anlegen

Jetzt soll noch ein Hintergrund angelegt werden. Klicken Sie daher im EBENEN-Dialog auf ⬚, und erstellen Sie eine schwarze Hintergrundebene, die Sie im EBENEN-Dialog ganz nach unten ❶ (Abbildung 17.7) verschieben. Natürlich können Sie auch eine andere Hintergrundfarbe wählen.

Abbildung 17.7 ▶
Schwarzen Hintergrund hinzugefügt

6 Ebenen verschieben

Verwenden Sie jetzt das VERSCHIEBEN-Werkzeug, und verteilen Sie die einzelnen Ebenen nach Geschmack auf dem schwarzen Hintergrund.

Schlagschatten hinzufügen
Wenn Sie wollen, können Sie zu den einzelnen Ebenen auch über FILTER • LICHT UND SCHATTEN • DROP SHADOW (LEGACY) einen Schlagschatten hinzufügen.

Abbildung 17.8 ▶
So könnte es aussehen, nachdem alle Ebenen ein wenig verteilt wurden.

7 Reihenfolge anpassen

Wenn Sie die Reihenfolge des Ebenenstapels ändern wollen, ist jetzt noch Gelegenheit dazu, dies per Drag & Drop im EBENEN-Dialog zu erledigen.

Tipp: Perspektive bei allen Ebenen ändern
Wollen Sie die Perspektive bei allen Ebenen gleichzeitig verändern, verknüpfen Sie diese Ebenen miteinander, indem Sie sie im EBENEN-Dialog mit dem Kettensymbol versehen.

8 Perspektive ändern

Wenn Sie wollen, können Sie die Perspektive der einzelnen Ebenen ändern, wodurch unser Bild mehr »Raum« bekommt. Verwenden Sie das PERSPEKTIVE-Werkzeug ([⇧]+[P]), und wählen Sie dann zunächst die vorderste bzw. oberste Ebene im EBENEN-Dialog.

▲ Abbildung 17.9
Die Perspektive der obersten Ebene wird geändert.

Klicken Sie jetzt mit dem PERSPEKTIVE-Werkzeug auf die Ebene, und es erscheinen vier Griffpunkte ❷, an denen Sie die Perspektive verändern können. Wenn Sie mit der neuen Perspektive zufrieden sind, klicken Sie auf die Schaltfläche TRANSFORMATION ❸ im Dialog PERSPEKTIVE. Wiederholen Sie diesen Vorgang bei den anderen Ebenen.

▲ Abbildung 17.10
Die fertige Komposition nach dem Ändern der Perspektive

▲ Abbildung 17.11
Ein weiteres Beispiel zur Anregung, in dem die Porträtaufnahme in 500 Pixel breite Scheibchen zerlegt wurde.

Kapitel-017/Schwarz-Rot-Gelb.xcf

17.1.2 Ebene an Bildgröße anpassen

Mit dem Befehl EBENE AUF BILDGRÖSSE, den Sie entweder über das Kontextmenü mit einem rechten Mausklick auf eine Ebene im EBENEN-Dialog oder über das Menü EBENE erreichen, passen Sie die Größe der Ebene an die tatsächliche Bildgröße an. Der Inhalt der Ebenen bleibt dabei unverändert. Sinn und Zweck dabei ist es in der Regel, die Ebene im selben Umfang wie die Bildgröße verwenden zu können. Die aktive Ebene lässt sich nur auf Basis der Ebenengröße bearbeiten. Und ist die Ebenengröße kleiner als die Bildgröße, ist auch die Bearbeitungsfläche kleiner. In folgenden Fällen ist diese Funktion beispielsweise recht nützlich:

▶ Die Leinwandgröße des Hintergrundbildes wurde verändert, und die Ebene(n) wurde(n) nicht mit angepasst.

▶ Eine Ebene wurde einkopiert und ist größer oder kleiner als die Hintergrundebene; dann können Sie auch hier die Ebene an die Bildgröße anpassen.

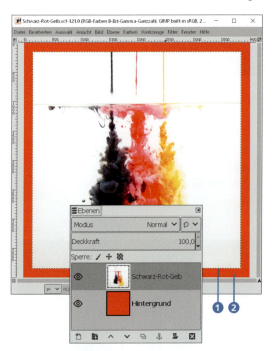

▲ **Abbildung 17.12**
Die gelb-schwarzen Hilfslinien ❶ zeigen den Ebenenrahmen an. Die Ebene »Schwarz-Rot-Gelb« ist kleiner als die Ebene »Hintergrund«. Wollen Sie beispielsweise den Bereich hinter dem Ebenenrahmen ❷ der aktiven Ebene »Schwarz-Rot-Gelb« über der Ebene »Hintergrund« bearbeiten (zum Beispiel etwas mit einem Pinsel aufmalen), ist dies nicht möglich, weil die Zeichenfläche nur so groß wie die Ebene ist.

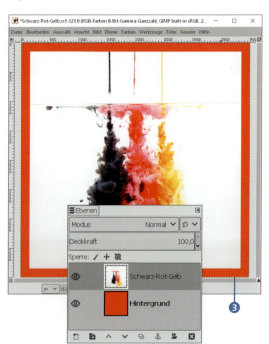

▲ **Abbildung 17.13**
Nach dem Aufruf von EBENE AUF BILDGRÖSSE wurde die Ebene »Schwarz-Rot-Gelb« an die Größe der Ebene »Hintergrund« angepasst, wie Sie am gelbschwarz gestrichelten Ebenenrahmen ❸ sehen. Jetzt könnten Sie auch die Ebene »Schwarz-Rot-Gelb« im vollen Umfang wie die Ebene »Hintergrund« verwenden und bearbeiten.

17.1.3 Ebene skalieren

Das Kommando EBENE SKALIEREN aus dem Menü EBENE oder dem Kontextmenü des EBENEN-Dialogs entspricht im Grunde dem SKALIEREN-Werkzeug ([⇧]+[S]) aus dem Werkzeugkasten, wo Sie ja ebenfalls über die Werkzeugoptionen (standardmäßig eingestellt) einzelne Ebenen skalieren können.

Über die BREITE und HÖHE ❹ bestimmen Sie die Größe des Bildes der markierten Ebene im EBENEN-Dialog. Wenn Sie eine andere Maßeinheit als Pixel benötigen (Prozentangaben sind hier auch häufig sinnvoll), stellen Sie dies in der Dropdown-Liste ❺ neben HÖHE ein. Über die Schaltfläche SKALIEREN ❻ wird die Ebene dann skaliert.

Zum Nachlesen

Die Bedeutung der Interpolation wird ab Seite 579, »Pixelmaße ändern über ›Bild skalieren‹«, näher beschrieben. Blättern Sie daher bei Bedarf dorthin. Sie finden alles, was es zum Dialog EBENE SKALIEREN zu sagen gibt, in diesem Abschnitt, weshalb ich Sie für das Thema Skalieren im Allgemeinen an diese Stelle verweisen will. Das SKALIEREN-Werkzeug hingegen wird auf Seite 583, »Pixelmaße ändern mit dem Werkzeug ›Skalieren‹«, behandelt.

◀ Abbildung 17.14
Der Dialog EBENE SKALIEREN

Einen Nachteil hat der Dialog EBENE SKALIEREN gegenüber dem SKALIEREN-Werkzeug: Beim Dialog werden keine Griffpunkte auf der Ebene im Bildfenster angezeigt, mit denen Sie die Ebene mit gedrückter linker Maustaste visuell vorskalieren können.

17.1.4 Auf Auswahl zuschneiden

Wenn Sie **die aktive Ebene** auf eine im Bild befindliche Auswahl zuschneiden wollen, hilft Ihnen der Befehl EBENE • AUF AUSWAHL ZUSCHNEIDEN. Damit entfernen Sie alle Bereiche außerhalb der Auswahl. Die Bereiche einer weichen Auswahlkante (Befehl: AUSWAHL • AUSBLENDEN) bleiben hingegen erhalten und werden nicht abgeschnitten. Beachten Sie außerdem, dass dieser Befehl keine Auswirkung auf die Bildgröße hat. Wenn es im Bild keine Auswahl gibt, ist dieser Befehl ausgegraut und nicht anwählbar.

Wollen Sie hingegen **alle Ebenen** auf eine Auswahl im Bild zuschneiden, verwenden Sie den Befehl BILD • AUF AUSWAHL ZUSCHNEIDEN. Dieser Befehl wirkt sich auf alle Ebenen im Bild aus.

Zum Nachlesen

Das Thema Auswahlen wird umfassend in Teil IV des Buches behandelt.

Kapitel-017/Heart.xcf

Kapitel 17   Grundlegende Ebenentechniken

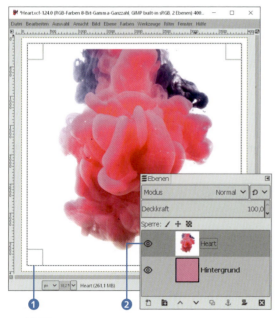

▲ **Abbildung 17.15**
Hier wurde auf der Ebene »Heart« ❷ eine rechteckige Auswahl ❶ erstellt.

▲ **Abbildung 17.16**
Nachdem der Befehl Auf Auswahl zuschneiden ausgeführt wurde, wird der rosa Hintergrund der darunterliegenden Ebene »Hintergrund« ❸ sichtbar.

Zum Nachlesen
Das Werkzeug zum Zuschneiden wird in Abschnitt 21.1, »Das Zuschneiden-Werkzeug«, genauer beschrieben.

Noch flexibler ist das Zuschneiden-Werkzeug ([⇧]+[C]), mit dem Sie beide Fliegen mit einer Klappe schlagen können, indem Sie über seine Werkzeugeinstellungen entweder nur die aktive Ebene oder alle Ebenen auf einmal zuschneiden.

17.1.5   Transformation von Ebenen

Im Untermenü Ebene • Transformation finden Sie verschiedene Befehle, um Ebenen zu drehen oder zu spiegeln.

Zum Nachlesen
Auch die Befehle zum Transformieren lassen sich alle – und das zum Teil wesentlich flexibler – über die Werkzeuge im Werkzeugkasten auf einzelne Ebenen anwenden. Mehr zu diesen Werkzeugen erfahren Sie in Kapitel 23, »Bilder ausrichten und transformieren«.

Abbildung 17.17 ▶
Was die einzelnen Befehle bewirken, soll mit dem Text »Eisblumen« demonstriert werden.

Horizontal und vertikal spiegeln | Mit den Kommandos EBENE • TRANSFORMATION • HORIZONTAL SPIEGELN und EBENE • TRANSFORMATION • VERTIKAL SPIEGELN spiegeln Sie die aktive Ebene horizontal entlang der senkrechten bzw. vertikal entlang der waagerechten Mittellinie. Beides können Sie auch über das SPIEGELN-Werkzeug ▨ (⇧+F) (siehe Seite 603) bewerkstelligen.

Kapitel-017/
Eisblumen.xcf

▲ Abbildung 17.18
Horizontales Spiegeln

▲ Abbildung 17.19
Vertikales Spiegeln

Drehen | Um die aktive Ebene zu drehen, stehen unter EBENE • TRANSFORMATION mit UM 90° IM UHRZEIGERSINN DREHEN, UM 90° GEGEN DEN UHRZEIGERSINN und UM 180° DREHEN drei automatische und mit BELIEBIG DREHEN eine manuelle Möglichkeit zur Verfügung. Alle vier Funktionen lassen sich natürlich auch mit dem DREHEN-Werkzeug ▨ (⇧+R) aus dem Werkzeugkasten auf einzelne Ebenen anwenden.

Dabei ist garantiert, dass der Ebeneninhalt bei der Drehung verlustfrei bleibt. Genauer: Die Form der Ebene wird hierbei nicht verändert oder beschnitten, wenn die Kanten bei der Drehung über den Rand der Bildgröße hinausragen. Auch wenn Sie diesen Rand nach der Drehung nicht sehen können, ist er noch vorhanden und kann durch Verschieben der gedrehten Ebene wieder hervorgeholt werden.

Bei dem Kommando BELIEBIG DREHEN verwendet GIMP ohnehin intern das Werkzeug DREHEN ▨ (⇧+R); siehe Abschnitt 23.2).

Mittelpunkt beim Drehen
Bei den automatischen Drehungen um 180° und 90° im und entgegen dem Uhrzeigersinn erfolgt die Drehung immer um den Mittelpunkt der Ebene. Wollen Sie den Mittelpunkt der Ebene ändern, müssen Sie die Funktion BELIEBIG DREHEN verwenden.

▲ **Abbildung 17.20**
Der Text wurde um 90° entgegen dem Uhrzeigersinn gedreht, wodurch ein Teil des Textes jetzt nicht mehr sichtbar ist …

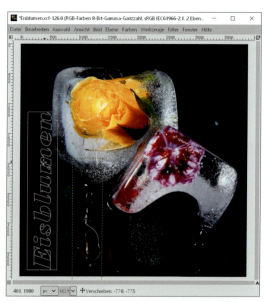

▲ **Abbildung 17.21**
… aber trotzdem noch vorhanden ist. Hier wurde der Text mit dem VERSCHIEBEN-Werkzeug wieder in die (sichtbare) Bildgröße gezogen.

Im Gegensatz zu den anderen automatischen Drehfunktionen können Sie hier den WINKEL über den Dialog DREHEN per Zahleneingabe ❶, mit dem Schieberegler ❷ oder mit gedrückter linker Maustaste im Bildfenster auf der Ebene drehen.

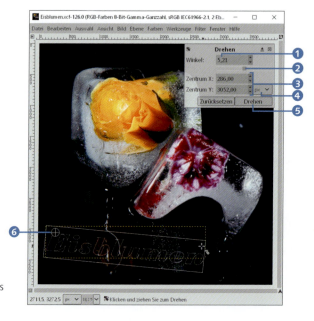

Abbildung 17.22 ▶
Freies Drehen der Ebene über das Kommando BELIEBIG DREHEN

17.1 Ebenengröße anpassen

Standardmäßig wird die vertikale und horizontale Mitte des Bildes als Drehmittelpunkt verwendet, aber per Drag & Drop können Sie diesen Mittelpunkt ❻ im Bildfenster versetzen. Das Gleiche können Sie auch beim Dialog über die Zahleneingaben von ZENTRUM X und ZENTRUM Y ❸ durchführen. Auch die Maßeinheit ❹ des zu versetzenden Mittelpunkts können Sie ändern. Hierbei wird häufig gerne eine Prozentangabe verwendet. Mit einem Klick auf die Schaltfläche DREHEN ❺ oder dem Betätigen von ⏎ wird die Ebene gedreht.

Versatz | Mit dem Befehl EBENE • TRANSFORMATION • VERSATZ (Tastenkürzel: ⇧+Strg/Cmd+O) verschieben Sie den Ebeneninhalt der aktiven Ebene. Wie weit Sie den Inhalt der Ebene in die entsprechende Richtung verschieben, geben Sie mit den Eigenschaften X ❼ (Abbildung 17.23) für die horizontale und Y ❽ für die vertikale Richtung an. Dahinter können Sie über das Dropdown-Menü auch noch die Maßeinheit einstellen.

Wie der durch den Versatz entstehende leere Bereich der Ebene gefüllt werden soll, bestimmen Sie über die Radioschaltflächen von KANTENVERHALTEN ❿. Folgende Möglichkeiten stehen hier zur Auswahl:

▶ Versatz um (x/2), (y/2): Wenn Sie diese Schaltfläche ❾ anklicken, werden die Werte für X ❼ und Y ❽ automatisch eingestellt, so dass der Ebeneninhalt um die halbe Breite und halbe Höhe der Ebene verschoben wird. Wollen Sie dies gleich nur mit der Breite oder nur mit der Höhe machen, finden Sie darunter entsprechende Schaltflächen dafür.

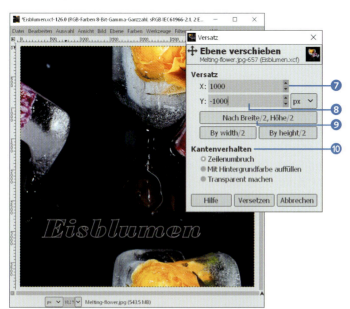

◀ **Abbildung 17.23**
Bei einem Versatz von 1 000 Pixeln nach rechts und 1 000 Pixeln nach oben erscheint der sonst verschwundene Ebeneninhalt mit dem KANTENVERHALTEN ZEILENUMBRUCH auf der jeweils gegenüberliegenden Seite wieder. Hier wurde jetzt die Ebene mit den eingefrorenen Blumen als Beispiel verwendet.

- ▶ Zeilenumbruch: Verwenden Sie diese Einstellung, werden Ebeneninhalte, die aus der Ebene herausgeschoben werden, auf der anderen Seite wieder eingefügt, wodurch kein Inhalt verloren geht.
- ▶ Mit Hintergrundfarbe auffüllen: Mit dieser Option wird der Bereich der Ebenen, dessen Inhalt herausgeschoben wird, mit der im Werkzeugkasten aktuell eingestellten Hintergrundfarbe gefüllt.
- ▶ Transparent machen: Wirkt ähnlich wie die Option Mit Hintergrundfarbe auffüllen, nur werden jetzt die Bereiche der aktiven Ebene, deren Inhalte herausgeschoben werden, transparent.

▲ **Abbildung 17.24**
Die Auswirkung der Option Mit Hintergrundfarbe auffüllen auf die Ebene mit dem Bildmotiv

▲ **Abbildung 17.25**
Durch die Option Transparent machen wird der Versatz um je 100 Pixel rechts und oben transparent gemacht.

17.2 Ebenen ausrichten

Kapitel-017/Erinazerschnitten.xcf

Wenn Sie mehrere Ebenen exakt ausrichten müssen, bietet Ihnen GIMP dafür einen Befehl per Menü und ein Werkzeug an.

17.2.1 Ebenen mit dem Menübefehl ausrichten

Mit dem Befehl Bild • Sichtbare Ebenen ausrichten können Sie die sichtbaren Ebenen im Bild sehr genau ausrichten. Wie die Ebenen genau ausgerichtet werden sollen, stellen Sie zunächst im sich öffnenden Dialogfenster ein.

17.2 Ebenen ausrichten

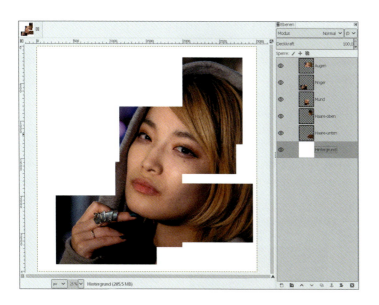

Experimentieren
Diese Funktion wird beispielsweise gerne verwendet, um eine Animation mit vielen Ebenen zu erstellen. Damit Sie ein Gefühl für den Dialog bekommen, empfehle ich Ihnen, damit zu experimentieren.

◀ **Abbildung 17.26**
Zur Demonstration verschiedener Einstellungen wird diese Collage verwendet.

Mit den Optionen HORIZONTALER STIL ❶ und VERTIKALER STIL ❸ legen Sie fest, wie Sie die Ebenen ausrichten wollen. Folgende Einstellungen stehen Ihnen hierfür zur Verfügung:

▶ KEINER: In dieser Orientierung erfolgt keine Ausrichtung. Stehen beide Optionen auf KEINER, passiert logischerweise auch gar nichts.
▶ ZUSAMMENFASSEN: Wählen Sie diese Einstellung, werden alle Ebenen an der Zeichenfläche ausgerichtet. Die Zeichenfläche stellen Sie mit HORIZONTALE BASIS ❷ und/oder VERTIKALE BASIS ❹ ein.

Bezugsobjekt für die Ausrichtung
Der Bezug für die Ausrichtung ist standardmäßig die Zeichenfläche. Um eine Ebene als Bezugsobjekt für die Ausrichtung zu verwenden (was Sie meistens wünschen werden), aktivieren Sie die Option DIE UNTERSTE (UNSICHTBARE) EBENE ALS BASIS VERWENDEN ❺.

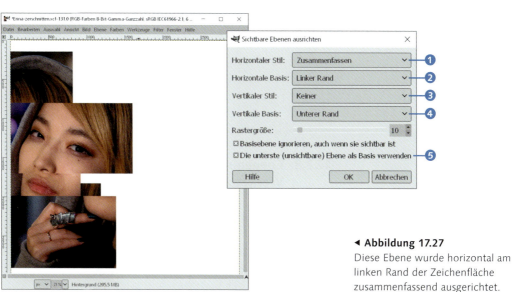

◀ **Abbildung 17.27**
Diese Ebene wurde horizontal am linken Rand der Zeichenfläche zusammenfassend ausgerichtet.

Ebenen für »Füllen«

Um die FÜLLEN-Einstellungen verwenden zu können, müssen mindestens drei Ebenen im Bild sichtbar sein.

- FÜLLEN (VON LINKS NACH RECHTS) und FÜLLEN (VON OBEN NACH UNTEN): Mit dieser Einstellung werden die Ebenen so aneinander ausgerichtet, dass sie möglichst nicht überlappen und auffüllend versetzt werden. Welche Kanten hier als Zeichenfläche verwendet werden sollen, geben Sie wieder mit HORIZONTALE BASIS und VERTIKALE BASIS vor.

- FÜLLEN (VON RECHTS NACH LINKS) und FÜLLEN (VON UNTEN NACH OBEN): Diese Einstellungen entsprechen FÜLLEN (VON LINKS NACH RECHTS) bzw. FÜLLEN (VON OBEN NACH UNTEN), nur dass es eben in die jeweils entgegengesetzte Richtung geht.

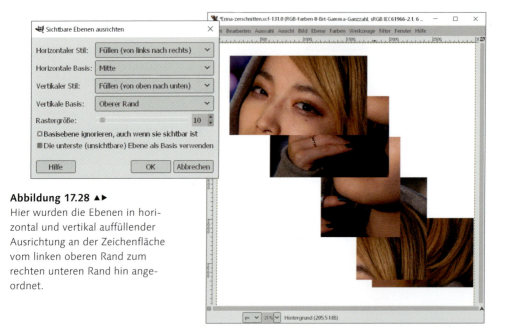

Abbildung 17.28 ▲▶
Hier wurden die Ebenen in horizontal und vertikal auffüllender Ausrichtung an der Zeichenfläche vom linken oberen Rand zum rechten unteren Rand hin angeordnet.

- AM GITTER AUSRICHTEN: Mit dieser Option können Sie die Ebenen auf einem Gitter ausrichten. Die Rastergröße des Gitters stellen Sie mit dem Schieberegler RASTERGRÖSSE ein. In der Praxis würde ich Ihnen hierzu eher magnetische Hilfslinien (ANSICHT • MAGNETISCHE HILFSLINIEN) empfehlen.

17.2.2 Ebenen mit dem Ausrichten-Werkzeug anordnen

Komfortabler und einfacher richten Sie einzelne Ebenen mit dem AUSRICHTEN-Werkzeug ([Q]) aus dem Werkzeugkasten aus. Wenn Sie das Werkzeug aktiviert haben, erkennen Sie das an der Hand des Mauszeigers (siehe Abbildung 17.29). Wählen Sie eine auszurichtende Ebene aus, wird diese mit kleinen Quadraten in den Ecken markiert.

▲ **Abbildung 17.29**
Das AUSRICHTEN-Werkzeug ist aktiv.

17.2 Ebenen ausrichten

Natürlich lassen sich so auch mit gedrückter ⇧-Taste mehrere Ebenen auf einmal markieren. Alternativ wählen Sie auch mehrere Ebenen gleichzeitig aus, indem Sie mit gedrückter linker Maustaste einen Rahmen um die gewünschten Ebenen ziehen. Lassen Sie die Maustaste los, werden alle sich in diesem Rahmen befindenden Ebenen selektiert. Über die verschiedenen Schaltflächen in den Werkzeugeinstellungen können Sie jetzt die Ebenen ausrichten und verteilen. Hier können Sie auch gleich das Zielobjekt (an andere Ebene, Auswahl, Pfad etc.) auswählen, an dem die Ebene(n) ausgerichtet werden soll(en).

Kapitel-017/Sprachtrainingkarte.xcf

▲ **Abbildung 17.30**
Diese Ebene wurde mit dem Ausrichten-Werkzeug ausgewählt.

▲ **Abbildung 17.32**
Anhand dieser Abbildung (die Sie auch wieder als Download finden) sollen die einzelnen Werkzeugoptionen vom Ausrichten-Werkzeug demonstriert werden.

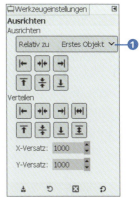

▲ **Abbildung 17.31**
Werkzeugoptionen des Ausrichten-Werkzeugs

Entscheidend für die Ausrichtung ist das Dropdown-Menü Relativ zu ❶. Hier bestimmen Sie, welches Zielobjekt für die Ausrichtung verwendet werden soll. Folgende Möglichkeiten stehen Ihnen dafür zur Verfügung:

▶ Erstes Objekt: Hiermit wählen Sie zuerst eine Ebene als Zielobjekt aus, die dann als die Ebene gilt, an der die weiteren Ebenen ausgerichtet werden, die Sie jetzt mit gedrückter ⇧-Taste hinzufügen können. Natürlich können Sie auch hier mehrere Ebenen auswählen. Allerdings gibt es nicht die Möglichkeit, mit gedrückter linker Maustaste einen Rahmen aufzuziehen, um mehrere Ebenen auszuwählen.
Diese Option ist ideal, wenn Sie einzelne Objekte verteilen oder aneinander ausrichten wollen. Außerdem ist diese Einstellung **erste Wahl**, wenn es um das **gleichmäßige Ausrichten einzelner Objekte** geht.

▲ **Abbildung 17.33**
Hier wurde erst »Buenos días« als ERSTES OBJEKT mit dem AUSRICHTEN-Werkzeug ausgewählt. Anschließend wurden »Buongiorno« und »Guten Morgen« mit gedrückter ⇧-Taste markiert. Durch Anklicken der Schaltfläche AM ZENTRUM DES ZIELS AUSRICHTEN ❶ wurden die beiden Schaltflächen zentriert an der Schaltfläche »Buenos días« ausgerichtet.

Abbildung 17.34 ▶
Um auch gleich noch die Schaltflächen in einem gleichmäßigen Abstand zu verteilen, wurde der vertikale Y-VERSATZ ❸ auf 1 000 Pixel eingestellt und die Schaltfläche VERTIKALE ZENTREN DER ZIELE VERTEILEN ❷ betätigt. Auch beim Verteilen gilt die Einstellung von RELATIV ZU mit ERSTES OBJEKT (in diesem Fall immer noch die Schaltfläche »Bueno días«).

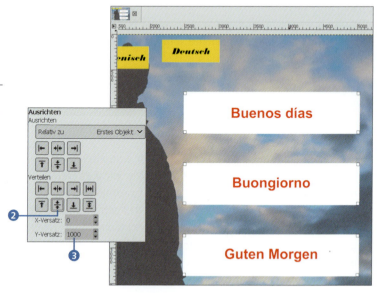

▶ BILD: Hiermit wird das Bild (die Bildgröße) als Ziel der Ausrichtung verwendet. Diese Einstellung ist sinnvoll, wenn Sie die Objekte relativ auf dem kompletten Bild verteilen wollen.

17.2 Ebenen ausrichten

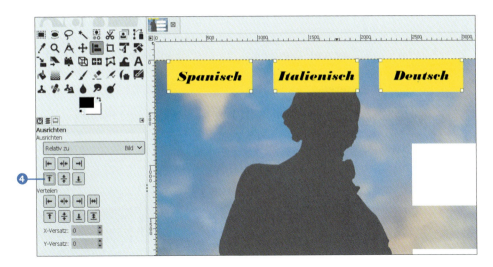

▲ **Abbildung 17.35**
Hier wurden drei Buttons mit gedrückter ⇧-Taste und dem AUSRICHTEN-Werkzeug markiert. Durch die Einstellung BILD bei RELATIV ZU wurden die Buttons nach dem Anklicken der Schaltfläche AN DER OBEREN KANTE DES ZIELS AUSRICHTEN ❹ am oberen Bildrand ausgerichtet.

▶ AUSWAHL: Damit wird eine gewöhnliche Auswahl als Zielobjekt zum Anordnen und Verteilen verwendet.

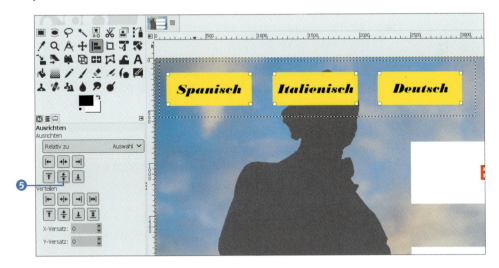

▲ **Abbildung 17.36**
Hier wurde mit dem Werkzeug RECHTECKIGE AUSWAHL eine Auswahl im Bild aufgezogen. Nachdem im AUSRICHTEN-Werkzeug die Option RELATIV ZU auf AUSWAHL eingestellt wurde und drei Buttons mit gehaltener ⇧-Taste ausgewählt wurden, wurden die drei Buttons durch Anklicken der Schaltfläche AN DER MITTE DES ZIELS AUSRICHTEN ❺ mittig in der Auswahl ausgerichtet.

▶ AKTIVE EBENE: Mit dieser Option wird die aktive Ebene ❹ im EBENEN-Dialog als Zielobjekt zum Anordnen und Verteilen verwendet. Diese Einstellung ist ebenfalls bestens geeignet, um einzelne Ebenenobjekte auszurichten und gleichmäßig zu verteilen.

▲ **Abbildung 17.37**
Hier wurde die aktive Ebene im EBENEN-Dialog ausgewählt ❹. An dem gelb-schwarz gestrichelten Ebenenrahmen ❺ (hier »Spanisch«) erkennen Sie die Ebene. Mit gehaltener ⇧-Taste können Sie jetzt die weiteren Ebenen auswählen, die an der aktiven Ebene ausgerichtet und verteilt werden sollen. Im Beispiel wurden die Ebenen zunächst mit der Schaltfläche AN DER MITTE DES ZIELS AUSRICHTEN ❶ angeordnet und dann mit der Schaltfläche HORIZONTALE ZENTREN DER ZIELE VERTEILEN ❷ mit einem horizontalen X-VERSATZ ❸ von 900 Pixeln gleichmäßig verteilt.

▶ AKTIVER KANAL: Die Ausrichtung und Verteilung der Ebenen erfolgt mit dieser Option an einer aktiven gespeicherten Auswahlmaske (siehe Abschnitt 14.3, »Kanäle und Auswahlmasken«).

▶ AKTIVER PFAD: Mit dieser Option erfolgt die Ausrichtung und Verteilung der Ebenen an dem aktiven Pfad (mehr zum Thema Pfade erfahren Sie in Teil IX des Buches).

17.2 Ebenen ausrichten

▲ **Abbildung 17.38**
Hier wurde zunächst eine Auswahlmaske erstellt und gespeichert. Im Dialog KANÄLE wurde diese Auswahlmaske ❾ aktiviert. Anschließend wurden drei Schaltflächen mit gedrückter ⇧-Taste und dem AUSRICHTEN-Werkzeug markiert. Zunächst wurden die Ebenen mit der Schaltfläche AM ZENTRUM DES ZIELS AUSRICHTEN ❻ mittig zur Auswahlmaske gesetzt, ehe sie dann mit der Schaltfläche OBERE KANTE DER ZIELE VERTEILEN ❼ und einem vertikalen Y-VERSATZ ❽ von 700 Pixeln gleichmäßig innerhalb der Auswahlmaske verteilt wurden.

17.2.3 Der Klassiker – mit Hilfslinien ausrichten

Der Klassiker zum Ausrichten von einzelnen Ebenen ist immer noch das Lineal (ANSICHT • LINEALE ANZEIGEN) in Verbindung mit magnetischen Hilfslinien. Hierzu ziehen Sie die gewünschten Hilfslinien aus dem linken oder oberen Lineal heraus und positionieren sie. Damit die Ebenen anschließend auch an den Hilfslinien einrasten, muss ANSICHT • MAGNETISCHE HILFSLINIEN aktiviert sein. Anschließend richten Sie mit dem VERSCHIEBEN-Werkzeug ✥ (M) die einzelnen Ebenen anhand der Hilfslinien aus.

Zum Nachlesen
Die Hilfslinien werden ab Seite 118, »Hilfslinien einstellen und verwenden«, beschrieben; Näheres zum Lineal finden Sie auf Seite 112, »Lineal am Bildrand«, und zum VERSCHIEBEN-Werkzeug in Abschnitt 17.3.

◀ **Abbildung 17.39**
Lange vor dem AUSRICHTEN-Werkzeug wurden magnetische Hilfslinien zum Ausrichten verwendet.

17.3 Verschieben von Ebeneninhalten

Winkel beschränken
Drücken Sie **während** des Verschiebens die ⌜Strg⌝/⌜Cmd⌝-Taste, beschränken Sie die Verschiebung der Maus auf 45°-Schritte. Achten Sie darauf, die ⌜Strg⌝/⌜Cmd⌝-Taste nicht gleichzeitig mit der Maustaste gedrückt zu halten, sondern erst, *nachdem* Sie den Verschieben-Vorgang begonnen haben, weil Sie hiermit sonst nur den Modus für das Verschieben auf PFADE stellen würden.

Um den Inhalt einer Ebene zu verschieben, wird das VERSCHIEBEN-Werkzeug (⌜M⌝) ✥ verwendet. Wenn hierbei bei den Werkzeugeinstellungen die Option EBENE ODER HILFSLINIE AUSWÄHLEN ❷ aktiviert ist, können Sie jede beliebige Ebene mit gedrückter linker Maustaste auswählen und verschieben. Ebenen, die Sie mit der Eigenschaft POSITION UND GRÖSSE SPERREN im EBENEN-Dialog versehen haben, lassen sich natürlich dann nicht verschieben. Wollen Sie sichergehen, dass Sie nicht versehentlich eine falsche Ebene verschieben, sondern immer nur ganz gezielt die aktive Ebene im EBENEN-Dialog, müssen Sie die Option AKTIVE EBENE VERSCHIEBEN ❸ stattdessen aktivieren. Wohl unnötig zu erwähnen, dass bei VERSCHIEBEN ❶ auch EBENE ausgewählt sein muss. Wenn Sie die Ebene verschieben, erhält der Bildbereich der zu verschiebenden Ebene einen durchgehenden hellen Rahmen ❹.

▲ **Abbildung 17.40**
Der durchgehende Rahmen wird angezeigt, wenn der Ebeneninhalt mit dem VERSCHIEBEN-Werkzeug verschoben wird.

▲ **Abbildung 17.41**
Werkzeugeinstellungen des VERSCHIEBEN-Werkzeugs

Alternativ können Sie eine ausgewählte Ebene auch mit den Pfeiltasten der Tastatur verschieben.

Kapitel 18
Ebenenmasken

Ebenenmasken sind neben den Auswahlen die beste Technik für alle Arten von Manipulationen und Bildmontagen. Auch für Fälle, in denen nur Teile eines Bildausschnitts angezeigt werden sollen, sind die Ebenenmasken bestens geeignet. Kurz gesagt, die Ebenenmasken sind sehr vielseitig und universell einsetzbar.

In diesem und im nächsten Kapitel wird das Funktionsprinzip der Ebenenmasken erläutert und deren Anwendung demonstriert. Wichtige Anwendungsgebiete von Masken sind unter anderem:
- Bei Auswahlen mit weichen Kanten sind Ebenenmasken flexibel und sehr genau steuerbar. Dadurch lassen sich beispielsweise sehr schöne sanfte Übergänge zwischen bearbeiteten und nicht bearbeiteten Bildbereichen erstellen.
- Mit Ebenenmasken können Sie Bildbereiche kurzzeitig ausblenden. Eine prima Alternative zum RADIERER oder zu einem Auswahlwerkzeug, mit dessen Hilfe Sie die Auswahl mit [Entf] oder BEARBEITEN • LÖSCHEN ausblenden müssen.
- Blenden Sie Bildbereiche mit Ebenenmasken aus, können Sie sie jederzeit wiederherstellen. Während zum Beispiel mit dem RADIERER das Löschen endgültig ist und die Bildpixel unwiderruflich verloren sind, werden die Pixel bei den Ebenenmasken nicht einmal angefasst und können jederzeit wieder eingeblendet werden.
- Bei der Bildmontage können Sie sehr genau und viel effektiver arbeiten. Jederzeit können Sie einzelne Pixel ein- und wieder ausblenden. Sie malen damit die Bildmontage quasi mit dem Pinsel auf und können dasselbe auch wieder zurücknehmen.

Kapitel 18 Ebenenmasken

18.1 Funktionsprinzip von Ebenenmasken

Eine Ebenenmaske können Sie zu jeder Ebene hinzufügen. Sie besitzt die gleiche Größe und Pixeldichte wie die dazugehörende Ebene. Mit solchen Ebenenmasken können Sie Ausschnitte der dazugehörenden Ebene (auch die komplette Ebene) ausblenden oder andere verdeckte Bereiche hinter der Ebene freigeben. Im Unterschied zu Werkzeugen, wie beispielsweise dem RADIERER (⇧+E), werden bei einer Ebenenmaske die Bereiche nur ausgeblendet und nicht gelöscht. Bildbereiche, die mit der Ebenenmaske entfernt wurden, lassen sich jederzeit wiederherstellen.

Kapitel-018/Lavendel-ausgeschnitten.xcf

Auf den ersten Blick scheinen beide Varianten identisch zu sein. Allerdings sollten Sie bedenken, dass Sie mit dem RADIERER direkt auf den einzelnen Pixeln der Ebene operieren. Mit der Version der Ebenenmaske bleiben die Pixel der Ebene unangetastet und können jederzeit wieder eingeblendet werden. Wie das geht, erfahren Sie in den folgenden Abschnitten.

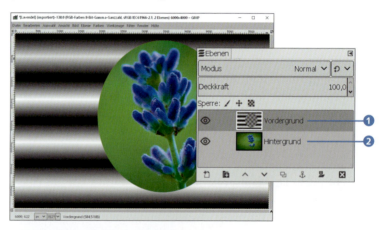

Abbildung 18.1 ▶
Hier wurde mit dem RADIERER auf der Ebene »Vordergrund« mit dem Farbverlauf ❶ ein Loch radiert, so dass die Ebene mit dem Lavendel darunter ❷ zum Vorschein kam.

Abbildung 18.2 ▶
Hier wurde dasselbe nochmals gemacht, nur wurde eine Ebenenmaske ❸ für die Ebene mit dem Farbverlauf verwendet, und das »Loch« wurde mit einem Pinsel mit schwarzer Farbe aufgepinselt.

18.1 Funktionsprinzip von Ebenenmasken

Ebenenmasken verständlicher erklärt | Ebenenmasken zu verstehen ist im Grunde nicht schwer. Sie können sich dies so vorstellen, als würden Sie mit der Schere eine bestimmte Form aus einem Papier herausschneiden, beispielsweise ein Herz. Nach dem Ausschneiden nehmen Sie diesen herzförmigen Rahmen und legen ihn über ein Foto, das vor Ihnen liegt. Das Foto wird jetzt von der Herzform eingerahmt. Alles im Herz bleibt sichtbar, und alles außen herum ist überdeckt. Nehmen Sie die Herzform wieder vom Foto weg, können Sie das Bild wieder komplett betrachten. Anstatt also das Foto komplett in Form eines Herzens auszuschneiden und somit kaputt zu machen, wurde hier nur eine Maske daraufgelegt. Andersherum können Sie natürlich die ausgeschnittene Herzform selbst ebenfalls auf das Foto legen, so dass nur noch alles außerhalb der Herzform zu erkennen ist. Solche Schablonen (Masken) auf ein Foto zu legen entspricht den Ebenenmasken. Das Foto selbst zu beschneiden entspricht der Verwendung des Radiergummis.

Kapitel-018/
Freigestellt.xcf

Betrachten Sie zum Beispiel Abbildung 18.3, wo die Person mit Hilfe der Ebenenmaske freigestellt wurde. Genau genommen haben Sie die Person nicht wirklich freigestellt, sondern nur mit Hilfe der Ebenenmaske den Bereich um die Person herum abgedeckt bzw. maskiert. Der Unterschied zum Löschen der Pixel um die Person herum liegt darin, dass Sie bei den Ebenenmasken jederzeit wieder die maskierten Bereiche aufdecken bzw. demaskieren können, weil die Pixel des eigentlichen Bildes unberührt bleiben.

◀ **Abbildung 18.3**
Die Bereiche um die Person wurden mit einer Ebenenmaske abgedeckt bzw. maskiert und können jederzeit wieder aufgedeckt bzw. demaskiert werden.

Graustufenmaske und Alphakanal | Ebenenmasken selbst werden als *Graustufenmasken*, die auf einem Alphakanal basieren,

(Un-)Maskieren

Wenn Sie einen bereits maskierten Bereich mit einer weißen Farbe einfärben, ist er wieder unmaskiert – sprich, der Bildbereich der aktuellen Ebene ist wieder sichtbar. Und hier haben Sie auch gleich den Vorteil von Ebenenmasken gegenüber beispielsweise dem Radierer: Sie können jederzeit den maskierten und unmaskierten Bildbereich nachbearbeiten und müssen nie direkt auf die Pixel der Ebene zugreifen.

realisiert, bei dem Sie jedem einzelnen Pixel der Maske einen Graustufenwert zuordnen können, und zwar von 0 für Schwarz bis 255 für Weiß. Ein schwarzes Pixel ist hierbei ein komplett transparentes Pixel, und ein weißes Pixel beeinflusst die Ebene überhaupt nicht.

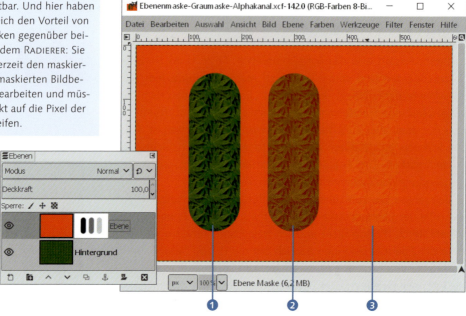

▲ **Abbildung 18.4**
Hier wurden auf der Ebenenmaske drei Striche mit dem Pinsel-Werkzeug aufgemalt. Beim ersten Pinselstrich links ❶ wurde schwarze Farbe mit dem Wert 0 (Rot, Grün und Blau sind 0) verwendet. Für den mittleren Pinsel ❷ betrug der Graustufenwert 127 (Rot, Grün und Blau sind 127) und für die letzte Linie ❸ 200 (Rot, Grün und Blau sind 200). Je heller die Graustufenfarbe ist, desto geringer scheint der grüne Hintergrund darunter durch.

Maskiert und unmaskiert | Das Prinzip ist also recht einfach: Bemalen Sie die Ebenenmaske mit schwarzer Farbe, wird dieser Bereich der Ebene komplett ausgeblendet, wodurch der darunterliegende Teil durchscheint. Man spricht dabei von einem **maskierten** Bereich. Alle anderen Stellen, an denen die Ebenenmaske weiß – und somit das Bild der aktuellen Ebene sichtbar – ist, werden als **unmaskierter** Bereich bezeichnet. Und weil Ebenenmasken mit Graustufen realisiert sind, können Sie auch andere Grautöne (1 bis 254) verwenden, so dass je nach Intensität des Grautons weniger oder mehr durchscheint. Dadurch lassen sich zum Beispiel Bilderkompositionen mit fließenden Übergängen erstellen.

18.2 Befehle und Funktionen

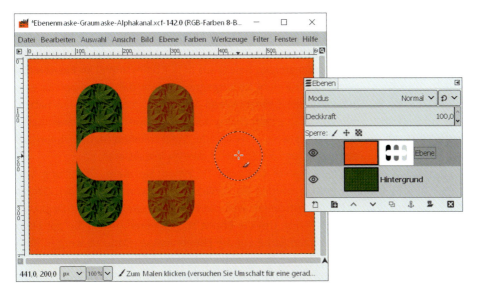

▲ **Abbildung 18.5**
Ausgehend von Abbildung 18.4 wurde hier mit einem Pinsel mit weißer Farbe über einen maskierten Bereich gemalt, wodurch in diesem Bildbereich die Ebene mit der Ebenenmaske wieder komplett sichtbar ist.

18.2 Befehle und Funktionen

Zum Verwenden von Ebenenmasken bietet GIMP einige Funktionen und Befehle an. Alle sind über das Menü EBENE • MASKE erreichbar. Die wichtigsten Kommandos lassen sich auch per rechten Mausklick auf eine Ebene im EBENEN-Dialog über das Kontextmenü aufrufen.

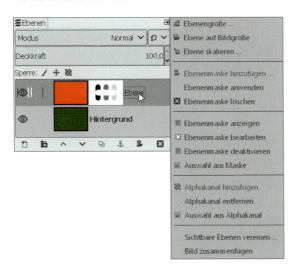

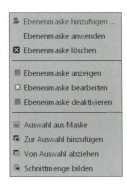

▲ **Abbildung 18.6**
Befehle für die Ebenenmaske über das Menü EBENE • MASKE

◂ **Abbildung 18.7**
Die gängigsten Befehle lassen sich auch über das Kontextmenü im EBENEN-Dialog aufrufen.

507

Kapitel 18   Ebenenmasken

18.2.1   Eine neue Ebenenmaske anlegen

Eine Ebenenmaske zu aktiven Ebenen hinzufügen können Sie mit dem Befehl EBENE • MASKE • EBENENMASKE HINZUFÜGEN oder mit dem gleichnamigen Befehl aus dem Kontextmenü im EBENEN-Dialog. Dieser Befehl ist ausgegraut, wenn die Ebene bereits eine Ebenenmaske besitzt. Wenn Sie den Befehl aufgerufen haben, müssen Sie in einem Dialog auswählen, wie Sie die Ebenenmaske initialisieren wollen. Folgende Möglichkeiten stehen Ihnen zur Verfügung, um die Ebenenmaske zu initialisieren:

▶ WEISS (VOLLE DECKKRAFT): Wenn Sie diese Einstellung verwenden, werden Sie zunächst keine Veränderung der aktiven Ebene feststellen, weil die Ebenenmaske mit voller Deckkraft gefüllt wird. Um die Ebene zu maskieren, malen Sie mit einer schwarzen Farbe auf die Ebenenmaske. Dadurch werden Bildbereiche hinter der aktiven Ebene sichtbar. Mit verschiedenen Grautonwerten (1 bis 254) stellen Sie die Stärke der Transparenz ein. Um diesen Bereich wieder komplett zu demaskieren, tragen Sie weiße Farbe auf die Ebenenmaske auf. Die Ebenenmaske wird in der Miniaturvorschau im EBENEN-Dialog neben der aktiven Ebene als weiße Fläche ❶ angezeigt.

▲ **Abbildung 18.8**
Mit dem Dialog EBENENMASKE HINZUFÜGEN muss die Ebenenmaske initialisiert werden.

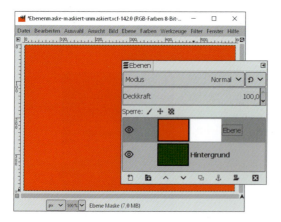

▲ **Abbildung 18.9**
Beim Hinzufügen einer Ebenenmaske mit WEISS (VOLLE DECKKRAFT) passiert zunächst mal gar nichts.

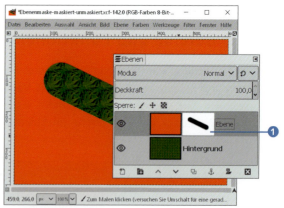

▲ **Abbildung 18.10**
Erst wenn Sie, wie hier, mit dem PINSEL-Werkzeug und schwarzer Farbe etwas auf die Ebenenmaske aufmalen, wird im Bild die grüne Fläche darunter angezeigt.

▶ SCHWARZ (VOLLE TRANSPARENZ): Diese Einstellung bewirkt das Gegenteil der Option WEISS (VOLLE DECKKRAFT). Die aktive Ebene verschwindet komplett, weil die Ebenenmaske sie komplett transparent macht. Somit ist nur die darunterliegende Ebene sichtbar. Um hierbei etwas von der aktiven Ebene (mit der Ebenenmaske) zu sehen, müssen Sie weiße Farbe auf die

Maske auftragen. Auch hier bestimmen Sie mit verschiedenen Grautonwerten (254 bis 1) die Stärke der Transparenz. Komplett maskieren können Sie diesen Bereich wieder, indem Sie mit schwarzer Farbe auf die Ebenenmaske zeichnen. Die Ebenenmaske wird in der Miniaturvorschau im EBENEN-Dialog neben der aktiven Ebene als schwarze Fläche ❷ angezeigt.

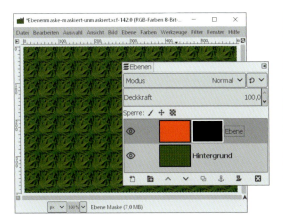

▲ **Abbildung 18.11**
Fügen Sie eine Ebenenmaske mit SCHWARZ (VOLLE TRANSPARENZ) hinzu, wird die komplette Ebene transparent.

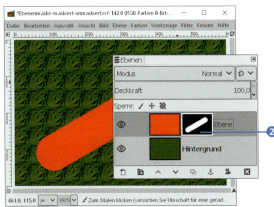

▲ **Abbildung 18.12**
Erst wenn Sie, wie hier, mit einer weißen Pinselfarbe etwas auf die Ebenenmaske aufmalen, werden diese Bereiche der roten Fläche im Bild wieder angezeigt.

▶ ALPHAKANAL DER EBENE: Mit dieser Einstellung wird der Alphakanal der aktiven Ebene nicht auf volle Deckkraft zurückgesetzt – sprich, die Maske wird mit den Werten des Alphakanals erstellt. Transparente Pixel bleiben dabei transparent und nicht transparente bleiben nicht transparent. Zugegeben, das verwirrt zunächst, ergibt aber durchaus Sinn, wenn Sie beispielsweise den Befehl EBENE • TRANSPARENZ • FARBE NACH ALPHA ausführen und darunter ein weiteres Bild legen. Dadurch wird die Transparenz in halb transparenten Bereichen der aktiven Ebene noch mehr erhöht. Die Ebenenmaske wird in der Miniaturvorschau im EBENEN-Dialog neben der aktiven Ebene als eine Art Negativ ❸ des Alphakanals angezeigt.
▶ ALPHAKANAL DER EBENE ÜBERNEHMEN: Die Einstellung entspricht im Grunde ALPHAKANAL DER EBENE, nur dass Sie hiermit den Alphakanal der aktiven Ebene auf die volle Deckkraft zurücksetzen und nicht wie bei ALPHAKANAL DER EBENE belassen. Das bedeutet auch, dass, wenn Sie die Ebenenmaske löschen, es auch keine Transparenz mehr in dieser Ebene gibt. Vergleichen Sie die Miniaturvorschaubilder der beiden Ebenen von Abbildung 18.13, und Sie wissen, was gemeint ist.

Kapitel 18   Ebenenmasken

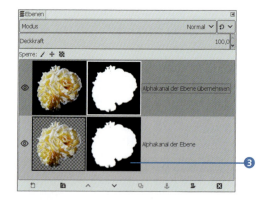

Abbildung 18.13 ▶
Mit der Einstellung Alphakanal der Ebene übernehmen wird der Alphakanal auf volle Deckkraft gesetzt, wie Sie hier an der Miniaturvorschau sehen.

▶ **Auswahl:** Mit dieser Einstellung wird eine aktuelle Auswahl der aktiven Ebene zum Inhalt einer neuen Ebenenmaske konvertiert. Der ausgewählte Bereich der aktiven Ebene ist dann deckend, und die Bereiche außerhalb der Auswahl werden transparent. Im Ebenen-Dialog wird die Miniaturvorschau der Ebenenmaske in Form der Auswahl angezeigt ❹.

 Kapitel-018/prag.xcf

Abbildung 18.14 ▶
Hier wurde zur Auswahl der Person eine Ebenenmaske mit der Einstellung Auswahl hinzugefügt. Alles, was sich in dieser Auswahl befindet, wird angezeigt, und alles außerhalb ist hier transparent, weshalb die Hintergrundebene hervortritt.

▶ **Graustufenkopie der Ebene:** Damit wird die neue Ebenenmaske mit einer Graustufenkopie der aktuellen Ebene gefüllt. Die aktive Ebene wird in ein Graustufenbild umgewandelt, als Ebenenmaske hinzugefügt und dient dann als Grundlage für die Transparenz. Diese Funktion ist recht nützlich für verschiedene Effekte oder wenn Sie einen neuen Inhalt in die Ebene einfügen wollen. In der Ebenenminiatur wird diese Ebenenmaske auch als Graustufenbild ❺ angezeigt.

▲ **Abbildung 18.15**
Hier wurde die Einstellung Graustufenkopie der Ebene als Ebenenmaske verwendet.

◄ **Abbildung 18.16**
Mit Hilfe der Maskierung Graustufenkopie der Ebene wurden in diesem Beispiel alle dunklen Bildbereiche maskiert, und es lassen sich damit helle Bildbereiche (hier die Lichter) gezielt bearbeiten.

▸ Kanal: Hiermit wird die Ebenenmaske mit einer Auswahlmaske (siehe Abschnitt 14.3, »Kanäle und Auswahlmasken«) erstellt – die Transparenz und Deckkraft werden also anhand der Auswahlmaske eingerichtet. Wenn mehrere Masken vorhanden sind, können Sie aus dem Dropdown-Menü eine auswählen. In der Miniaturansicht im Ebenen-Dialog wird die Auswahlmaske in Form der Auswahl ❻ (Abbildung 18.17) vom Dialog Kanäle angezeigt.

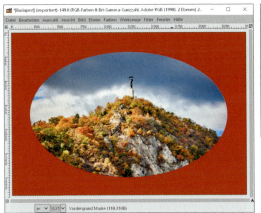

▲ **Abbildung 18.17**
Die Ebenenmaske wurde mit der Einstellung Kanal initialisiert. Aus dieser Auswahlmaske, die Sie im Dialog Kanäle finden, holt sich die Ebenenmaske die Informationen zur Transparenz und Deckkraft.

Am Ende des Dialogfensters EBENENMASKE HINZUFÜGEN finden Sie noch eine Checkbox MASKE INVERTIEREN. Wenn Sie diese Checkbox aktivieren, werden bei der erstellten Ebenenmaske alle Bereiche umgekehrt. Das bedeutet, alle transparenten Bereiche werden deckend, und alle deckenden Bereiche werden transparent.

18.2.2 Ebenenmaske anwenden

Wollen Sie die Ebenenmaske auf die aktive Ebene anwenden, rufen Sie den Befehl EBENE • MASKE • EBENENMASKE ANWENDEN (oder auch über das Kontextmenü des EBENEN-Dialogs) auf. Das Kommando wird selbstverständlich nur dann angezeigt, wenn die aktive Ebene auch eine Ebenenmaske besitzt. Ansonsten ist das Kommando ausgegraut.

Beim Aufruf des Befehls wird die Transparenz, die sich aus der Ebenenmaske ergibt, auf den Alphakanal der aktiven Ebene übertragen. Besitzt die aktive Ebene mit Ebenenmaske keinen Alphakanal, wird dieser gleich automatisch hinzugefügt.

Kapitel-018/ Freigestellt.xcf

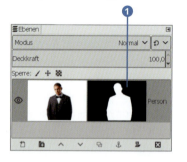 

Abbildung 18.18 ▶
In der linken Miniaturvorschau sehen Sie noch die Ebenenmaske ❶. In der rechten Vorschau ❷ wurde nach dem Aufruf EBENENMASKE ANWENDEN die Maske gelöscht und die Transparenz auf den Alphakanal der Ebene übertragen.

18.2.3 Ebenenmaske löschen

Mit dem Befehl EBENE • MASKE • EBENENMASKE LÖSCHEN (oder dem gleichnamigen Befehl im Kontextmenü des EBENEN-Dialogs) wird die Ebenenmaske der aktiven Ebene gelöscht und nicht auf die Ebene angewendet. Schneller können Sie eine Ebenenmaske löschen, indem Sie das Ebenen-Miniaturbild mit gehaltener Strg/Cmd-Taste anklicken. Besitzt die aktive Ebene keine Ebenenmaske, ist dieser Befehl ausgegraut.

Ebenenmaske schneller anzeigen

Die Ebenenmaske können Sie auch im Bildfenster anzeigen und wieder ausblenden, wenn Sie im EBENEN-Dialog mit gehaltener Alt-Taste auf das Ebenenmasken-Miniaturbild klicken.

18.2.4 Ebenenmaske im Bildfenster anzeigen

Mit dem Befehl EBENE • MASKE • EBENENMASKE ANZEIGEN (auch über das Kontextmenü im EBENEN-Dialog aufrufbar) blenden Sie das Bild im Bildfenster aus, so dass Sie nur die Ebenenmaske sehen. In der Menüoption und im Kontextmenü ist vor dem Befehl dann ein Häkchen gesetzt, und der Rahmen der Miniaturvorschau im EBENEN-Dialog ist grün ❸. Erneutes Aufrufen des Befehls macht die Ebene wieder sichtbar.

18.2 Befehle und Funktionen

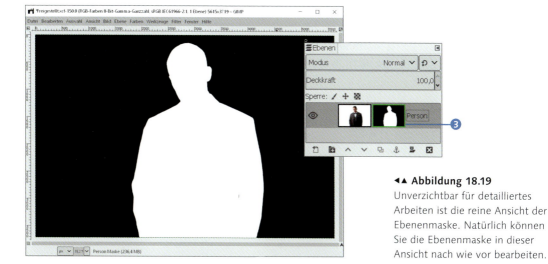

▸▴ **Abbildung 18.19**
Unverzichtbar für detailliertes Arbeiten ist die reine Ansicht der Ebenenmaske. Natürlich können Sie die Ebenenmaske in dieser Ansicht nach wie vor bearbeiten.

18.2.5 Ebenenmaske bearbeiten

Wenn Sie beim Bearbeiten der aktiven Ebene mit Ebenenmaske zwischen Ebenenmaske und Ebene umschalten wollen, rufen Sie den Befehl EBENE • MASKE • EBENENMASKE BEARBEITEN (auch zu erreichen mit einem rechten Mausklick über das Kontextmenü des EBENEN-Dialogs) auf. Befindet sich ein Häkchen vor dem Befehl, ist die Ebenenmaske als aktuelle Komponente zum Bearbeiten ausgewählt. Sie erkennen die aktive Komponente auch im EBENEN-Dialog, wenn der Rahmen der Miniaturvorschau weiß ❺ (Abbildung 18.20) ist. Die inaktive Komponente besitzt einen schwarzen Rahmen ❹. Schneller wechseln Sie zwischen den gewünschten Komponenten, indem Sie direkt im EBENEN-Dialog daraufklicken.

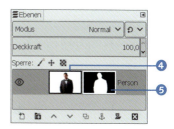

▴ **Abbildung 18.20**
Hier ist die Ebenenmaske die aktive Komponente ❺ in der Zeile, was Sie am weißen Rahmen erkennen können. Der schwarze Rahmen ❹ daneben markiert die inaktive Komponente.

Ebenenmaske beim Anlegen
Wenn Sie eine Ebenenmaske anlegen, ist diese standardmäßig zunächst immer die aktive Komponente der aktuellen Ebene.

◂ **Abbildung 18.21**
Hier ist die Ebenenmaske ❼ die aktive Komponente. Mit einem schwarzen Pinsel wurde ein Teil der Ebene transparent gemacht ❻.

Ob Sie die Ebenenmaske oder die Ebene bearbeiten, erkennen Sie auch am Rahmen der Ebene. Bei der Ebenenmaske ist die Umrandung grün-schwarz, wohingegen die Ebene eine gelb-schwarze Umrandung besitzt.

Abbildung 18.22 ▶
Jetzt ist die Ebene selbst die aktive Komponente ❷, weshalb der schwarze Pinsel auch wirklich mit dem Pixelwert ❶ auf die Bildebene malt.

Ebenenmaske schneller deaktivieren
Die Ebenenmaske können Sie auch schneller (de-)aktivieren, indem Sie im EBENEN-Dialog mit gehaltener Strg/Cmd-Taste auf das Ebenenmasken-Miniaturbild klicken.

18.2.6 Ebenenmaske ausblenden

Wollen Sie das Ergebnis der Ebenenmaske komplett ausblenden, rufen Sie den Befehl EBENE • MASKE • EBENENMASKE DEAKTIVIEREN (oder über das Kontextmenü im EBENEN-Dialog) auf. Mit Hilfe des Befehls wird die Ebenenmaske vorübergehend deaktiviert. Ein Kontrollhäkchen zeigt auch hier vor dem Befehl an, ob die Funktion aktiv ist oder nicht. Im EBENEN-Dialog erkennen Sie eine deaktivierte Ebenenmaske an einem roten Rahmen ❸ um die Miniaturansicht.

Abbildung 18.23 ▶
Am roten Rahmen ❸ der Ebenenmaske erkennen Sie, dass diese deaktiviert wurde, weshalb hier die eigentliche Ebene ohne die transparenten Bereiche angezeigt wird.

Wenn Sie die Ebenenmaske deaktivieren und nur die Ebene haben wollen, müssen Sie trotzdem noch die Ebene im EBENEN-Dialog auswählen (siehe Seite 513, »Ebenenmaske bearbeiten«).

Die Deaktivierung der Ebenenmaske bedeutet nämlich nicht automatisch, dass die Ebene zum Bearbeiten ausgewählt ist.

18.2.7 Auswahlen und Ebenenmasken

Wollen Sie aus den weißen Bereichen der Ebenenmaske der aktiven Ebene eine Auswahl erstellen, verwenden Sie den Befehl EBENE • MASKE • AUSWAHL AUS MASKE (oder den gleichnamigen Befehl aus dem Kontextmenü im EBENEN-Dialog). Schwarze Bereiche befinden sich außerhalb der Auswahl.

Enthält die Ebenenmaske halb transparente Bereiche, genauer: graue Bereiche, werden diese in eine weiche Auswahlkante konvertiert. Die Ebenenmaske bleibt nach dem Aufruf des Befehls unverändert.

Zum Nachlesen

Mehr über das Thema Auswahlen können Sie in Teil IV des Buches nachlesen.

Richtige Ebene auswählen

Achten Sie außerdem darauf, wenn Sie die Auswahl kopieren und/oder als neue Ebene verwenden wollen, dass Sie hierbei vorher noch die aktive Ebene zum Bearbeiten auswählen, weil Sie sonst nur eine weiße Fläche (hier mit Loch) benutzen würden. Mehr dazu erfahren Sie auf Seite 513 im Abschnitt »Ebenenmaske bearbeiten«.

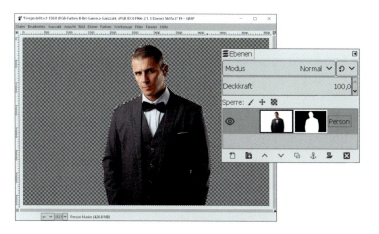

◀ **Abbildung 18.24**
Hier wurde aus der Ebenenmaske der aktiven Ebene eine Auswahl erstellt. Ausgewählt wurde die Person.

Zur Auswahl hinzufügen | Der Befehl EBENE • MASKE • ZUR AUSWAHL HINZUFÜGEN entspricht im Grunde dem Befehl AUSWAHL AUS MASKE, nur dass hierbei zusätzlich eine bereits vorhandene Auswahl hinzugefügt wird.

◀ **Abbildung 18.25**
Hier wurde auf der Ebene mit der Ebenenmaske eine Kreisauswahl ❹ angelegt, auf der anschließend die Befehle ZUR AUSWAHL HINZUFÜGEN, VON AUSWAHL ABZIEHEN und SCHNITTMENGE BILDEN ausgeführt werden.

Abbildung 18.26 ▶
Nach dem Aufruf von ZUR
AUSWAHL HINZUFÜGEN sieht
die Auswahl so aus.

Von Auswahl abziehen | Der Befehl EBENE • MASKE • VON AUSWAHL ABZIEHEN ist das Gegenstück von ZUR AUSWAHL HINZUFÜGEN. Zunächst wird auch hier die Ebenenmaske der aktiven Ebene in eine Auswahl umgewandelt, ehe diese Auswahl von der bereits im Bild befindlichen Auswahl abgezogen wird. Ansonsten gilt das, was schon beim Befehl AUSWAHL AUS MASKE beschrieben wurde.

Abbildung 18.27 ▶
Die Auswahl nach dem Aufruf
von VON AUSWAHL ABZIEHEN

Schnittmenge bilden | Mit dem Befehl EBENE • MASKE • SCHNITTMENGE BILDEN wandeln Sie ebenfalls die Ebenenmaske der aktiven Ebene in eine Auswahl um und bilden dann die Schnittmenge aus dieser Auswahl. Ansonsten gilt, was bereits bei AUSWAHL AUS MASKE beschrieben wurde.

18.3 Ebenenmaske zur Ebenengruppe hinzufügen

◀ **Abbildung 18.28**
Die Auswahl nach dem Aufruf von SCHNITTMENGE BILDEN

18.3 Ebenenmaske zur Ebenengruppe hinzufügen

GIMP erlaubt auch Ebenenmasken für Ebenengruppen. Eine solche Ebenengruppen-Maske funktioniert vom Prinzip her recht ähnlich wie gewöhnliche Ebenenmasken für Ebenen und lässt sich auch genauso über EBENE • MASKE • EBENENMASKE HINZUFÜGEN oder über einen rechten Mausklick im EBENEN-Dialog und entsprechenden Befehl erstellen, nur dass sich eine solche Ebenenmaske jetzt auf alle in der Gruppe befindlichen Ebenen auswirkt. In Abbildung 18.29 sehen Sie ein Beispiel, wo die Ebenen »Person«, »Architektur« und »Schwarz« in einer Ebenengruppe ❶ versammelt wurden. Zu dieser Ebenengruppe habe ich eine vollständig weiße Ebenenmaske ❷ hinzugefügt.

 Die Möglichkeit, Ebenenmasken für Ebenengruppen zu verwenden, ist in GIMP 2.10 neu hinzugekommen.

 Kapitel-018/Ebenenmaske-Ebenengruppe.xcf

◀ **Abbildung 18.29**
Zur Ebenengruppe ❶ wurde eine Ebenenmaske ❷ hinzugefügt.

Kapitel 18   Ebenenmasken

Abbildung 18.30 ▼
Die Sterne wurden mit einem schwarzen Pinsel auf die weiße Ebenenmaske ❶ der Ebenengruppe gemalt, wodurch die rote Ebene ❷ hinter der Ebenengruppe sichtbar wird.

Wenn Sie jetzt mit einem schwarzen Pinsel auf dieser Ebenenmaske ❶ in der Ebenengruppe malen oder aus einer Auswahl eine Ebenenmaske erstellen, wirkt sich diese Maske auf alle drei darin enthaltenen Ebenen »Person«, »Architektur« und »Schwarz« aus, so dass die darunterliegende rote Ebene ❷, die außerhalb der Gruppe liegt, zum Vorschein kommt.

Erstellen Sie hingegen weitere Ebenenmasken auf einer einzelnen Ebene innerhalb einer Ebenengruppe, dann funktioniert wieder alles wie gehabt, und die Ebenenmaske wirkt sich nur auf die aktuelle Ebene aus. In Abbildung 18.31 wurde eine weiße Ebenenmaske ❸ zur Ebene »Person« hinzugefügt und es wurden ebenfalls mit einem schwarzen Pinsel weitere Sterne aufgemalt. Hierbei scheint jetzt wie gewöhnlich die Ebene »Architektur« ❹ hindurch.

Abbildung 18.31 ▼
Ebenenmasken, die Sie auf einer Ebene innerhalb einer Ebenengruppe anlegen, wirken sich dann wie gehabt nur auf die aktuelle Ebene aus, wo die Maske hinzugefügt wurde.

Kapitel 19
Ebenenmasken in der Praxis

Nach der etwas trockeneren Einführung in die Ebenenmasken im Kapitel zuvor will ich Ihnen hier einige Beispiele aus der Praxis demonstrieren.

19.1 Partielle Bearbeitung von Bildern

Eine meiner Lieblingsfunktionen von Ebenenmasken ist die partielle Bearbeitung von bestimmten Bildbereichen. Das Prinzip dabei ist einfach: Sie duplizieren eine Ebene und erstellen eine Ebenenmaske von dem Bildbereich, den Sie im Bild korrigieren oder nachbearbeiten wollen. Auf diese Weise können Sie einzelne Bildbereiche nachschärfen, weichzeichnen, Rauschen entfernen oder beliebige Korrekturen bzw. Manipulationen vornehmen.

Kapitel-019/Takeshita-Street.jpg

Schritt für Schritt
Einzelne Bildbereiche bearbeiten

Im folgenden Beispiel soll lediglich der Hintergrund der Person nachbearbeitet werden. Im Beispiel wird die Person hierfür zunächst ausgewählt, bevor die Bearbeitung durchgeführt wird.

1 Ebene duplizieren
Nachdem Sie das Bild »Takeshita-Street.jpg« in GIMP geladen haben, duplizieren Sie die Ebene im EBENEN-Dialog über die entsprechende Schaltfläche ❶ oder mit der Tastenkombination ⇧+Strg/Cmd+D.

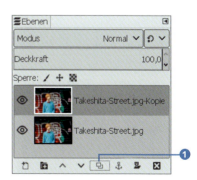

▲ **Abbildung 19.1**
Ebene duplizieren

2 Bereich auswählen

Zum Nachlesen
Die Auswahlwerkzeuge wurden im gesamten Teil IV behandelt. Speziell die MAGNETISCHE SCHERE wurde ab Seite 412 beschrieben.

Verwenden Sie jetzt ein Auswahlwerkzeug, um die Person im Bild auszuwählen. Im Beispiel bietet sich etwa das Werkzeug VORDERGRUNDAUSWAHL oder die MAGNETISCHE SCHERE an. Ich habe mich für die MAGNETISCHE SCHERE entschieden. Wählen Sie die Person damit jetzt möglichst genau aus. Die feineren Details können Sie allerdings jederzeit später mit der Ebenenmaske nacharbeiten.

Abbildung 19.2 ▶
Eine erste nicht zu detaillierte Auswahl wurde erstellt.

3 Ebenenmaske aus Auswahl

Wählen Sie die obere Ebene ❶ im EBENEN-Dialog aus. Fügen Sie dann eine Ebenenmaske mit einem rechten Mausklick auf die Ebene und dem Befehl EBENENMASKE HINZUFÜGEN im Kontextmenü oder über EBENE • MASKE • EBENENMASKE HINZUFÜGEN hinzu. Wählen Sie im Dialog die Option AUSWAHL ❷, und klicken Sie auf die Schaltfläche HINZUFÜGEN. Jetzt sind Sie mit der Auswahl fertig und können diese mit AUSWAHL • NICHTS bzw. ⇧+Strg/Cmd+A wieder aufheben.

Abbildung 19.3 ▲▶
Ebenenmaske aus der Auswahl erstellen

4 Korrektur durchführen

Wählen Sie jetzt die Ebene »Hintergrund« ❹ aus, und führen Sie die geplanten Korrekturen darauf aus. Im Beispiel habe ich die Belichtung mit Farben • Belichtung und die Farbsättigung über Farben • Sättigung erhöht. Die Person im Vordergrund bleibt dank der Ebenenmaske der Ebene darüber unangetastet. Natürlich können Sie so auch Korrekturen oder Anpassungen an der Person selbst durchführen. In dem Fall müssen Sie zuvor die Ebene »Person« ❺ auswählen. Im Beispiel habe ich hierbei keine Änderungen ausgeführt.

Tipp: Vorher-nachher-Ansicht
Sie können jederzeit zwischen einer Vorher-nachher-Ansicht umschalten, indem Sie die Ebenenmaske mit gehaltener Strg/Cmd-Taste anklicken und ausblenden. Eine ausgeblendete Ebenenmaske erkennen Sie am roten Rahmen ❸. Auf dieselbe Weise können Sie die Ebenenmaske wieder einblenden.

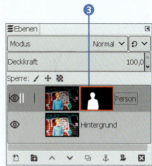

▲ **Abbildung 19.4**
Wenn Sie die Ebenenmaske ein-/ausblenden, erhalten Sie eine Vorher-nachher-Ansicht.

◀ **Abbildung 19.5**
Hier wurden gezielte Anpassungen nur am Hintergrund vorgenommen.

5 Ebenenmaske nacharbeiten

Nach der Korrektur werden die harten Kanten und feinen Details sichtbar, die bei der Erstellung der Ebenenmaske in Schritt 2 erfasst oder nicht erfasst wurden. Zoomen Sie hierzu tiefer in das Bild ein (mindestens auf 100 %). Diese unschönen Kanten zwischen der Person im Vordergrund und der Ebene im Hintergrund können Sie jetzt mit dem Pinsel-Werkzeug und weißer Farbe »hinzumalen« oder zu viel Entferntes mit schwarzer Farbe entfernen. Achten Sie bei der Nachbearbeitung der Ebenenmaske darauf, dass Sie auch die Ebenenmaske ❸ (Abbildung 19.6) akti-

Tipp zur Nacharbeit
Für die Nacharbeit der Kanten sollten Sie immer ein wenig mehr Zeit einplanen. Je genauer Sie arbeiten, umso weniger bis gar nicht fällt die Korrektur auf. Natürlich wird es immer kleinere Details geben, wo die Nachbearbeitung nicht so einfach ist. Sie sollten aber auch bedenken, dass wohl die wenigsten Personen Ihre Bilder mit 100 % ansehen werden.

viert haben. Bei feineren Details zoomen Sie einfach noch tiefer in das Bild und verwenden eine weichere Pinselspitze ❷ oder reduzieren die DECKKRAFT ❶.

▲ Abbildung 19.6
Feinere Details und harte Kanten nacharbeiten

▲ Abbildung 19.7
Links sehen Sie das Bild vor und rechts nach der partiellen Korrektur des Hintergrundes.

19.1.1 Weitere Beispiele

Auf ähnliche Weise können Sie natürlich noch viele weitere Arbeiten oder Manipulationen durchführen. In Abbildung 19.8 sehen Sie nochmals dasselbe Beispiel, wie es im Workshop eben verwendet wurde, nur dass hier, anstatt der Korrektur im Arbeitsschritt 4, die Farbe von der Hintergrundebene ❹ mit FARBEN • ENTSÄTTIGEN • ENTSÄTTIGEN entzogen wurde und Sie hiermit ein einfaches Colorkey erstellt haben.

19.1 Partielle Bearbeitung von Bildern

◀ **Abbildung 19.8**
Ein einfaches Colorkey mit Hilfe von Ebenenmasken ist auch kein Problem.

Es ist auch möglich, eine Schärfentiefe zum Bild hinzuzufügen, um so die Person etwas schärfer als den Hintergrund darzustellen. Damit entsteht der Eindruck, als ob mit einer höheren Blendenöffnung fotografiert wurde. In Abbildung 19.11 habe ich hierfür wieder die Hintergrundebene ❹ ausgewählt und dann FILTER • WEICHZEICHNEN • GAUSSSCHER WEICHZEICHNER darauf ausgeführt.

◀ **Abbildung 19.9**
Mit GAUSSSCHER WEICHZEICHNER können Sie Bildbereiche gleichmäßig weichzeichnen.

Da beim Weichzeichnen ja auch die Person auf der Hintergrundebene weichgezeichnet wird, die dort ja auch vorhanden ist, entsteht hier häufig ein leuchtender Effekt ❶ (Abbildung 19.10) um die Person herum, die von der Ebene darunter auftritt. Ich behelfe mir hierbei, indem ich die Hintergrundebene über EBENE • EBENE SKALIEREN auf 99 %, also um 1 % kleiner skaliere.

▲ **Abbildung 19.10**
Diese sphärische Aura ❶ um die Person lässt sich zum Beispiel entfernen, indem Sie die Ebene darunter klein skalieren.

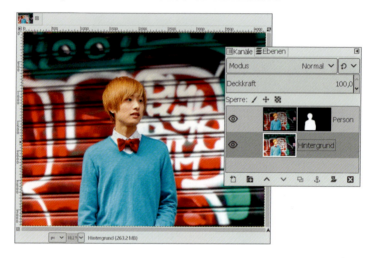

Abbildung 19.11 ▶
Ein Schärfentiefe-Effekt wurde hinzugefügt. Der Hintergrund wurde hierfür weichgezeichnet.

Schritt für Schritt
Bildkorrekturen aufmalen

 Kapitel-019/Kabukicho.jpg

Nicht immer ist es nötig, extra eine Person oder das Fotomotiv freizustellen. Häufig reicht es auch aus, die Korrektur im wahrsten Sinne des Wortes aufzupinseln. Hierbei hat sich in der Praxis eine weiche Pinselspitze und eventuell eine geringere Deckkraft der Pinselspitze beim Aufmalen bewährt. Im folgenden Beispiel ist wenig Licht auf das Gesicht der Person gefallen, wodurch diese etwas mehr in den Hintergrund des Bildes rückt. Um die Person wieder zum Hauptdarsteller des Bildes zu machen, sollen Bereiche des Gesichts mit Hilfe einer Ebenenmaske aufgehellt werden.

▲ **Abbildung 19.12**
Das Ausgangsbild

1 **Ebene duplizieren**
Wenn Sie das Bild »Kabukicho.jpg« in GIMP geladen haben, duplizieren Sie die Ebene im EBENEN-Dialog über die entsprechende Schaltfläche ❷ oder mit ⇧+Strg/Cmd+D.

19.1 Partielle Bearbeitung von Bildern

◀ **Abbildung 19.13**
Ebene duplizieren

2 Korrektur durchführen

Entfernen Sie im EBENEN-Dialog das Augensymbol ❸ der oberen Ebene, und wählen Sie die Ebenen darunter ❹ aus. Führen Sie hier die Korrektur aus. Im Beispiel habe ich hierbei lediglich die Belichtung über FARBEN • BELICHTUNG mit dem Fokus auf die Person erhöht.

▲ **Abbildung 19.14**
Belichtung der unteren Ebene erhöht

3 Ebenenmaske hinzufügen

Aktivieren Sie das Augensymbol ❺ der oberen Ebene wieder, und wählen Sie diese aus. Fügen Sie dann eine Ebenenmaske mit einem rechten Mausklick auf die Ebene und dem Befehl EBENENMASKE HINZUFÜGEN im Kontextmenü oder über EBENE • MASKE • EBENENMASKE HINZUFÜGEN hinzu. Wählen Sie im Dialog die Option WEISS (VOLLE DECKKRAFT).

4 Korrektur aufmalen

Um jetzt die gewünschten Bildteile der unteren Ebene auf der Ebene darüber sichtbar zu machen, müssen Sie die Ebenenmaske auswählen ❽ und mit dem PINSEL-Werkzeug und schwarzer Farbe malen. Im Beispiel habe ich hierfür die DECKKRAFT ❻ auf 35,0 heruntergesetzt und eine weiche Pinselspitze ❼ ausgewählt. Dann habe ich mit dem PINSEL auf dem Gesicht der Person ge-

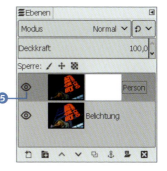

▲ **Abbildung 19.15**
Ebenenmaske hinzugefügt

525

Abbildung 19.16 ▼
Nur das Gesicht aufhellen

malt, wodurch dieser Bereich heller geworden ist. Je öfter Sie darübermalen, umso mehr scheint die in Schritt 2 aufgehellte Ebene darunter durch.

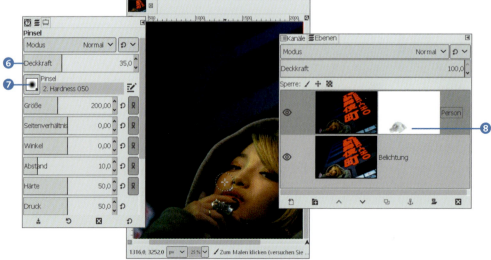

▲ **Abbildung 19.17**
Links sehen Sie das Ausgangsbild und rechts das Bild nach dem Workshop, wo gezielt das Gesicht der Person im Bild aufgehellt wurde.

Der hier gezeigte Workshop mit dem »Aufpinseln« der Korrektur lässt sich natürlich auch auf viele weitere Arten von Korrekturen anwenden. So könnten Sie beispielsweise auch ein Bildrauschen entfernen, indem Sie die duplizierte Ebene darunter weichzeichnen und einzelne weichgezeichnete Bereiche mit Hilfe einer Ebenenmaske der duplizierten Ebene darüber hervorbringen.

Kapitel-019/
Fisherman.jpg

Auch zum partiellen Nachschärfen von einzelnen Bildbereichen lässt sich diese Methode sehr gut verwenden, wie Sie in Abbildung 19.18 sehr schön sehen können. Nach dem Duplizieren der Ebene wurde die untere Ebene ❿ zunächst mit FILTER • VERBESsern • Schärfen (Unscharf maskieren) nachgeschärft, und dann wurden mit Hilfe der Ebene und einer Ebenenmaske darüber ❾ nur einzelne Bereiche des Fischermanns nachgeschärft.

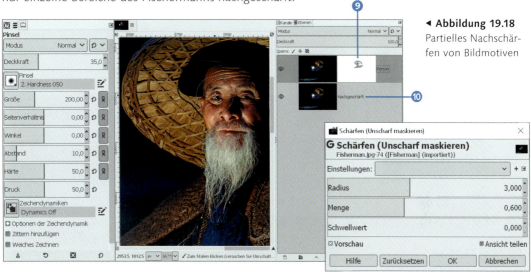

◂ **Abbildung 19.18**
Partielles Nachschärfen von Bildmotiven

19.2 Bildmontage mit Ebenenmasken

Ebenenmasken sind nicht nur für die Korrektur von Bildern geeignet, sondern können auch ganz bewusst schon beim Fotografieren mit entsprechender Vorausplanung eingesetzt werden. Wollen Sie zum Beispiel eine stark belebte Szene einer Straße bereinigen, müssen Sie nur möglichst viele Aufnahmen von derselben Position (mit einem Stativ) machen und können dann in aller Ruhe zu Hause am Computer mit Hilfe von Ebenenmasken die Szene bereinigen. Die einzelnen Bilder legen Sie hierfür im Ebenen-Dialog übereinander. Am einfachsten geht dies, wenn Sie die Bilder mit Datei • Als Ebene öffnen laden.

Kapitel-019/szene.xcf

◂ **Abbildung 19.19**
Mit Hilfe von Ebenenmasken kann man schon mal einen viel besuchten Ort wie hier den »Römer« in Frankfurt weniger besucht wirken lassen.

Kapitel 19 Ebenenmasken in der Praxis

 Kapitel-019/Franzi1.jpg, Franzis2.jpg, Franzi3.jpg

Gleiches funktioniert natürlich auch umgekehrt, und Sie können Bilder von einzelnen Personen an unterschiedlichen Stellen aufnehmen. Die Position der Kamera hingegen bleibt immer gleich. Malen Sie dann bei den Ebenenmasken die Stellen mit der(selben) Person »frei«, nur jeweils an einer anderen Stelle, haben Sie mehrere Doppelgänger derselben Person in einem Bild hinzugefügt.

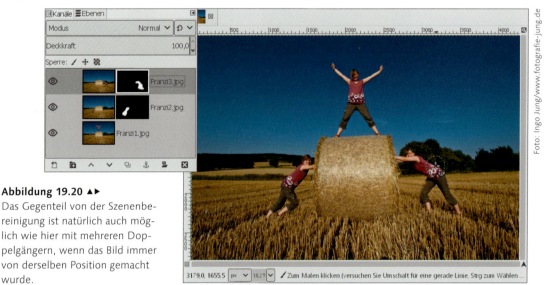

Abbildung 19.20 ▲▶
Das Gegenteil von der Szenenbereinigung ist natürlich auch möglich wie hier mit mehreren Doppelgängern, wenn das Bild immer von derselben Position gemacht wurde.

Schritt für Schritt
Eine einfache Bildmontage

Abbildung 19.21 ▼
Entweder ein Foto mit überstrahlten Reklametafeln oder eines mit zu dunklem Vordergrund? Mit Hilfe von Ebenenmasken wollen wir das Beste aus beiden Bildern kombinieren.

Ziel des Workshops soll es sein, die durch die Langzeitbelichtung überstrahlten Bereiche der Reklametafeln von »Shibuya-1.jpg« durch die im kürzer belichteten Bild von »Shibuya-2.jpg« zu ersetzen. Natürlich habe ich hierbei im Moment der Aufnahme berücksichtigt, dies zu Hause mit Ebenenmasken nachzubearbeiten.

19.2 Bildmontage mit Ebenenmasken

1 Dateien übereinanderlegen

Öffnen Sie das Bild »Shibuya-2.jpg« ganz normal in GIMP. Das zweite Bild, »Shibuya-1.jpg«, öffnen Sie jetzt als neue Ebene, zum Beispiel über DATEI • ALS EBENE ÖFFNEN (oder [Strg]/[Cmd]+[Alt]+[O]). Nun sollten Sie zwei Bilder im EBENEN-Dialog ❶ vorfinden, die im Bildfenster übereinanderliegen.

◀ Abbildung 19.22
Ebenen übereinanderlegen

2 Reklametafeln auswählen

Wählen Sie die obere Ebene ❷ im EBENEN-Dialog aus. Um die drei überstrahlten Reklametafeln auszuwählen, verwende ich hier die MAGNETISCHE SCHERE. Hierbei müssen Sie nicht übergenau arbeiten, weil Sie die Details später noch mit Hilfe der Ebenenmaske verfeinern können.

Zum Nachlesen
Die MAGNETISCHE SCHERE wird im Buch ab Seite 412 beschrieben.

◀ Abbildung 19.23
Überstrahlte Reklametafeln auswählen

3 **Ebenenmaske aus Auswahl**

Fügen Sie eine Ebenenmaske zur oberen Ebene mit einem rechten Mausklick und dem Befehl EBENENMASKE HINZUFÜGEN im Kontextmenü oder über EBENE • MASKE • EBENENMASKE HINZUFÜGEN hinzu. Wählen Sie im Dialog die Option AUSWAHL ❶ aus, und aktivieren Sie MASKE INVERTIEREN ❷. Klicken Sie auf die Schaltfläche HINZUFÜGEN. Sie sind nun mit der Auswahl fertig und können diese mit AUSWAHL • NICHTS bzw. ⇧+Strg/Cmd+A aufheben. Jetzt sollten Sie anstelle der überstrahlten Reklametafeln die nicht überstrahlten Reklametafeln der Ebene darunter sehen können.

▲ **Abbildung 19.24**
Ebenenmaske hinzufügen, um die überstrahlten Reklametafeln auszublenden.

4 **Anpassungen an Reklametafeln machen**

Der Kontrast der Reklametafeln unterhalb der Ebenenmaske ist etwas zu stark, weshalb das Ergebnis eher wie reingeklebt wirkt. Hier sollten Sie die Tonwerte ein wenig anpassen. In diesem Beispiel habe ich dazu die Ebene unterhalb der Ebenenmaske ausgewählt ❻ und die Tonwerte über FARBEN • WERTE bei ZIELWERTE etwas reduziert. Hierfür habe ich den schwarzen Regler ❹ auf 50 und den weißen ❺ auf 240 gezogen. Die Helligkeit können Sie bei Bedarf mit dem grauen QUELLWERTE-Regler ❸ anpassen. Im Beispiel habe ich diesen Regler nach links auf 1,25 gezogen, um die Reklametafeln noch ein wenig aufzuhellen.

19.2 Bildmontage mit Ebenenmasken

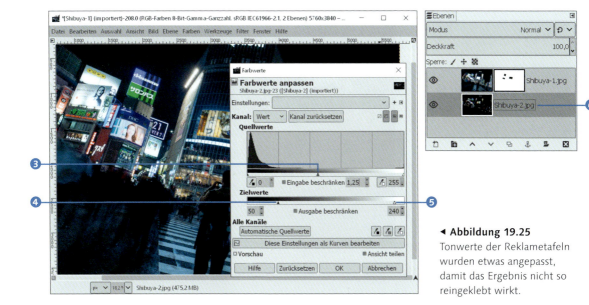

◀ **Abbildung 19.25**
Tonwerte der Reklametafeln wurden etwas angepasst, damit das Ergebnis nicht so reingeklebt wirkt.

5 Feinarbeiten an der Ebenenmaske

Um die feinen Details der Ebenenmaske an den Kanten zwischen den ausgeblendeten Reklametafeln darüber und den durchscheinenden Tafeln darunter anzupassen, müssen Sie tiefer in das Bild einzoomen. Ich empfehle wie immer (mindestens) eine 100%-Ansicht. Die unschönen harten Kanten zwischen den ausgeblendeten Reklametafeln und den durchscheinenden Reklametafeln darunter können Sie wieder mit dem PINSEL-Werkzeug und weißer Farbe entlang der Kanten »hinzumalen« oder zu viel Gemaltes mit schwarzer Farbe entfernen. Achten Sie bei der Nachbearbeitung der Ebenenmaske darauf, dass Sie diese auch ausgewählt ❼ haben. Bei feineren Details zoomen Sie einfach noch tiefer in das Bild und passen bei Bedarf die Größe der Pinselspitze entsprechend an oder verwenden eine weichere Pinselspitze.

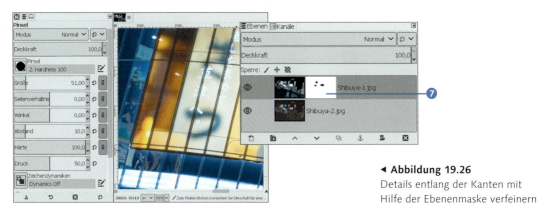

◀ **Abbildung 19.26**
Details entlang der Kanten mit Hilfe der Ebenenmaske verfeinern

▲ Abbildung 19.27
Das Ergebnis des Workshops jetzt ohne überstrahlte Reklametafeln

19.3 Freistellen und Einmontieren mit Ebenenmasken

Das Freistellen von Motiven können Sie natürlich auch mit den Auswahlwerkzeugen alleine machen. Wenn Sie allerdings hierbei zusätzlich eine Ebenenmaske verwenden, können Sie anschließend beim Einmontieren eines freigestellten Bildmotivs bei Bedarf weiterhin daran arbeiten.

Schritt für Schritt
Freistellen und Einmontieren

 Kapitel-019/Super-Robin.jpg, Tokyo-Rooftop.jpg

Im folgenden Workshop finden Sie einen einfachen Ansatz einer klassischen Bildmontage wieder, wo eine Person im Bild »Super-Robin.jpg« in das Bild »Tokyo-Rooftop.jpg« einmontiert werden soll.

Zum Nachlesen

Die Auswahlwerkzeuge werden ausführlich in Teil IV behandelt. Der Zauberstab wird auf Seite 407 beschrieben.

1 Freizustellendes Motiv auswählen

Im ersten Schritt soll das Bildmotiv für die Montage ausgewählt werden. In unserem Beispiel, mit »Super-Robin.jpg«, ist dies relativ einfach und schnell mit dem ZAUBERSTAB als Auswahlwerkzeug erledigt. Hierzu stelle ich den SCHWELLWERT ❶ auf 10,0 und wähle den weißen Hintergrund um die Person herum aus. Um jetzt die Person auszuwählen, invertiere ich die Auswahl mit AUSWAHL • INVERTIEREN bzw. [Strg]/[Cmd]+[I].

19.3 Freistellen und Einmontieren mit Ebenenmasken

◀ **Abbildung 19.28**
Bildmotiv auswählen

2 Freistellen durch Maskieren

Zum Freistellen des Bildmotivs fügen Sie eine Ebenenmaske mit einem rechten Mausklick auf die Ebene und dem Befehl EBENENMASKE HINZUFÜGEN hinzu. Wählen Sie im Dialog die Option AUSWAHL **2**, und klicken Sie auf die Schaltfläche HINZUFÜGEN. Jetzt haben Sie die Person freigestellt, wie Sie es am transparenten Hintergrund sehr schön sehen können. Heben Sie die Auswahl mit AUSWAHL • NICHTS bzw. ⇧+Strg/Cmd+A auf.

Anders freistellen

Natürlich können Sie auch einfach die Auswahl invertieren und den Hintergrund mit ⌫ löschen, um das Motiv freizustellen. Allerdings ist dann das Ergebnis endgültig, und Sie müssen bereits bei der Auswahl sauberer arbeiten.

◀◀ **Abbildung 19.29**
Das Bildmotiv mit einer Ebenenmaske freistellen

3 In anderes Bild einmontieren

Öffnen Sie nun das Zielbild »Tokyo-Rooftop.jpg«. Um das freigestellte Motiv mitsamt der Ebenenmaske in das Zielbild einzumontieren, gibt es mehrere Möglichkeiten. In diesem Beispiel

533

verwende ich den Einzelfenster-Modus und ziehe die Ebene ❷ mit der freigestellten Person mit gedrückter Maustaste aus dem EBENEN-Dialog heraus auf den Reiter des Zielbildes ❶ und lasse diese dann im Zielbild fallen ❸. Als Ergebnis finden Sie im Zielbild die freigestellte Person mitsamt der Ebenenmaske über dem Hintergrundbild vor.

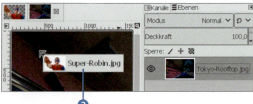

▲ **Abbildung 19.30**
Die Ebene der freigestellten Person aus dem EBENEN-Dialog mit gedrückter Maustaste ins Zielbild ziehen und dort fallen lassen …

Abbildung 19.31 ▶
… und schon haben Sie das Motiv einmontiert.

4   Ebenenmaske bei Bedarf nacharbeiten

Dank der Ebenenmaske haben Sie jetzt den Vorteil, dass Sie jederzeit am einmontierten Bildmotiv und der Maske nacharbeiten können. Wenn Sie tiefer in das Bild einzoomen, werden Sie die eine oder andere harte Kante oder unschöne Stelle beim einmontierten Bild vorfinden. Diese unschönen Kanten können Sie mit dem PINSEL-Werkzeug und schwarzer Farbe »wegmalen« oder zu viel vom Bildmotiv Entferntes mit weißer Farbe wieder »hinzumalen«. Achten Sie immer darauf, dass Sie auch die Ebenenmaske ❻ aktiviert haben, wenn Sie diese bearbeiten wollen. Bei feineren Details sollten Sie tiefer in das Bild zoomen und eine weichere Pinselspitze ❺ verwenden, und/oder Sie reduzieren die DECKKRAFT ❹ des Pinsels.

19.3 Freistellen und Einmontieren mit Ebenenmasken

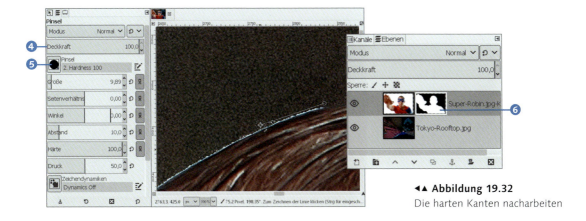

◀▲ **Abbildung 19.32**
Die harten Kanten nacharbeiten

5 Weitere Arbeiten an der Montage

Nach der Montage geht die eigentliche Arbeit ja häufig erst richtig los. Ich habe hier die einmontierte Ebene mit dem DREHEN-Werkzeug gedreht und dann mit dem VERSCHIEBEN-Werkzeug an den linken Rand geschoben.

◀ **Abbildung 19.33**
Einmontiertes Bild gedreht

Über einen rechten Mausklick im EBENEN-Dialog habe ich dann die Ebenen mit BILD • BILD ZUSAMMENFÜGEN zusammengefügt. Anschließend habe ich die Montage noch etwas weiter vertuscht, indem ich dem Bild einen einheitlicheren Look gegeben habe. Hierzu habe ich die Tonwerte mit FARBEN • WERTE über die Zielwerte reduziert, eine Vignette über FILTER • LICHT UND SCHATTEN • VIGNETTE hinzugefügt und die Sättigung über FARBEN • SÄTTIGUNG erhöht. Allerdings sind dies eher Anpassungen nach meinem persönlichen Geschmack.

Kapitel 19   Ebenenmasken in der Praxis

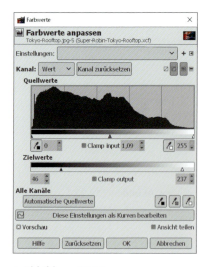

▲ Abbildung 19.34
Tonwerte etwas beschnitten

▲ Abbildung 19.35
Das Ergebnis einer einfachen Bildmontage

19.4 Weitere kreative Techniken mit Ebenenmasken

Schritt für Schritt
Eine Bildkomposition mit dem Verlaufswerkzeug

Kapitel-019/Prag-01.jpg, Prag-02.jpg

Die Ebenenmaske wird auch oft verwendet, um einen sanften Übergang zwischen zwei oder mehreren Bildern zu erzeugen. Dies lässt sich mit ein paar Schritten erledigen. Wie dies geht, erfahren Sie im folgenden Workshop.

▲ Abbildung 19.36
Diese beiden Bilder sollen mit einem weichen Übergang verschmelzen.

1 **Bilder öffnen und in Ebene kopieren**

Öffnen Sie das Bild »Prag-01.jpg« ganz normal in GIMP. Das zweite Bild, »Prag-02.jpg«, öffnen Sie jetzt als neue Ebene, zum Beispiel

19.4 Weitere kreative Techniken mit Ebenenmasken

über DATEI • ALS EBENE ÖFFNEN (oder [Strg]/[Cmd]+[Alt]+[O]). Nun sollten Sie zwei Bilder im EBENEN-Dialog ❶ (Abbildung 19.37) vorfinden, die im Bildfenster übereinanderliegen.

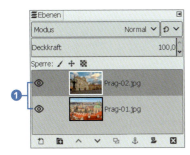

◀ **Abbildung 19.37**
Beide Ebenen liegen übereinander.

2 Ebenenmaske anlegen

Klicken Sie mit der rechten Maustaste auf die obere ❹ der beiden Ebenen im EBENEN-Dialog, und wählen Sie EBENENMASKE HINZUFÜGEN (oder über das Menü EBENE • MASKE • EBENENMASKE HINZUFÜGEN) aus. Initialisieren Sie die Ebenen nach WEISS (VOLLE DECKKRAFT) ❷, und klicken Sie dann auf die Schaltfläche HINZUFÜGEN ❸.

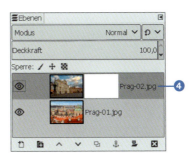

◀▲ **Abbildung 19.38**
Ebenenmaske hinzufügen

3 Ebenenmaske mit Verlauf füllen

Wählen Sie das FARBVERLAUF-Werkzeug ▨ ([G]). Als Vordergrund- und Hintergrundfarbe sollten Sie Schwarz und Weiß verwenden. Am schnellsten stellen Sie dies mit dem kleinen Icon ❺ zum Wiederherstellen der Farbe ein. Wählen Sie bei den Werkzeugeinstellungen unter FARBVERLAUF ❻ VG NACH HG (RGB) (kurz für »Vordergrund nach Hintergrund«) aus. Als FORM ❼ bietet sich LINEAR an. Gehen Sie jetzt mit dem Werkzeug auf das Bildfenster, ziehen Sie etwa in der Mitte des Bildes mit gedrückter linker Maustaste eine Linie ❽ auf die Ebenenmaske, und lassen Sie die Maustaste los. Je kürzer die Linie, desto kürzer wird der

Tipp
Interessante Effekte können Sie auch mit verschiedenen Formen ❼ bei den Werkzeugeinstellungen von FARBVERLAUF erzielen. Experimentieren Sie einfach ein wenig damit. Mehr über das FARBVERLAUF-Werkzeug lesen Sie auf Seite 314, »Das Farbverlauf-Werkzeug«.

Kapitel 19 Ebenenmasken in der Praxis

Übergang des Verlaufs, und je länger die Linie, desto länger wird er. Hier können Sie nach Belieben experimentieren.

▲ **Abbildung 19.39**
Das FARBVERLAUF-Werkzeug im Einsatz für einen sanften Übergang der beiden Bilder.

4 Bilder zusammenfügen

Wenn Sie mit dem Ergebnis des Übergangs zufrieden sind, reduzieren Sie die Ebenen auf ein Bild, und zwar nach einem rechten Mausklick auf eine Ebene im EBENEN-Dialog mit dem Befehl BILD ZUSAMMENFÜGEN ❾, und speichern die Datei.

Abbildung 19.40 ▶
Fertig ist der sanfte Übergang zweier Bilder.

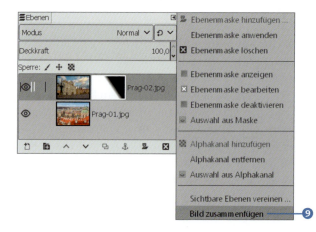

19.4 Weitere kreative Techniken mit Ebenenmasken

Hier einige fertige Beispiele, bei denen verschiedene Formen von Verläufen verwendet wurden.

▲ **Abbildung 19.41**
Und hier nochmals eine etwas ungewöhnlichere FORM mit SPIRALE (RECHTSDREHEND)

▲ **Abbildung 19.42**
In diesem Beispiel wurde für die FORM der Wert FORMANGEPASST (WINKLIG) benutzt.

▲ **Abbildung 19.43**
Hier wurde, wie im Workshop gezeigt, für FORM der Wert LINEAR verwendet.

Schritt für Schritt
Text aus Bild erstellen

Ebenfalls sehr beliebt und schnell erstellt sind sogenannte Bild-Schrift-Montagen aus Ebenenmasken. Auch solche Dinge lassen sich dank der Ebenenmasken mit ein paar Handgriffen erledigen.

Kapitel-019/Wellen.jpg

◀ **Abbildung 19.44**
Das Ausgangsbild für unseren nächsten Workshop, um eine Bild-Schrift-Montage zu erstellen

1 **Bild öffnen und mit Text versehen**

Laden Sie das Bild in GIMP, und aktivieren Sie das TEXT-Werkzeug [A] ([T]). Wählen Sie eine SCHRIFT ❶ (Abbildung 19.45) und die GRÖSSE ❷ aus. In diesem Beispiel wurde »Arial Heavy« mit 650 Pixeln Größe benutzt. Die sinnvolle Schriftgröße hängt natürlich auch von der Größe des Bildes ab, welches Sie verwenden. Verwenden Sie zusätzlich eine passende FARBE ❸, die im Bild auch zu erkennen ist. Hier fiel die Wahl einfach auf Weiß. Ziehen Sie jetzt mit gedrückter linker Maustaste Ihren Rahmen für den Text

Zum Nachlesen
Das TEXT-Werkzeug und seine Verwendung beschreibt Teil X des Buches.

Abbildung 19.45 ▼
Textebene zum Bild hinzugefügt

auf, und geben Sie diesen ein. Je nachdem, wie viel Text Sie geschrieben haben und wie groß Ihre Buchstaben sind, können Sie jetzt noch den Zeilenabstand ❹ und Zeichenabstand ❺ etwas reduzieren oder erweitern.

2 Auswahl aus Text

Wählen Sie die Textebene im EBENEN-Dialog aus. Verwenden Sie jetzt das Werkzeug NACH FARBE AUSWÄHLEN (⇧+O), und klicken Sie damit im Bildfenster auf den Text. Jetzt sollte der komplette Text ausgewählt sein. Die Textebene können Sie jetzt im EBENEN-Dialog über das Augensymbol ❻ ausblenden. Kehren Sie nun noch die Auswahl mit AUSWAHL • INVERTIEREN um.

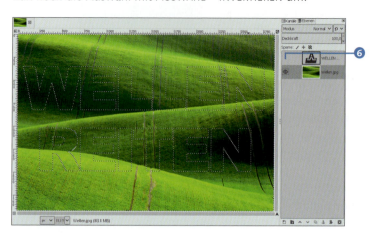

Abbildung 19.46 ▶
Hier wurde eine Auswahl aus dem Text erstellt.

3 Ebenenmaske erstellen

Wählen Sie die Ebene mit dem Bild ❾ im EBENEN-Dialog aus. Legen Sie für diese Ebene eine Ebenenmaske über einen rechten Mausklick mit EBENENMASKE HINZUFÜGEN (oder das Menü EBENE • MASKE • EBENENMASKE HINZUFÜGEN) an. Initialisieren Sie diese Ebenenmaske im Dialog mit AUSWAHL ❼, und klicken Sie dann auf die Schaltfläche HINZUFÜGEN ❽. Am Ende können Sie die Ebenen zusammenfügen.

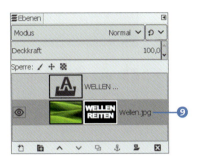

◂▴ **Abbildung 19.47**
Eine Ebenenmaske zur Auswahl hinzufügen

Als Ergebnis erhalten Sie das Bild aus Abbildung 19.48 (dort wurden noch eine weiße Hintergrundebene und ein Schlagschatten hinzugefügt).

▴ **Abbildung 19.48**
Experimentieren erlaubt! Mit nur wenig Aufwand lässt sich das obige Beispiel weiterentwickeln.

▴ **Abbildung 19.49**
Das Ergebnis

Schritt für Schritt
Bilder halb in Farbe und halb in Schwarzweiß

Ein toller Effekt ist ein Übergang von Farbe in Schwarzweiß. Auch das realisieren Sie mit Ebenenmasken in ein paar Schritten.

Zum Nachlesen

Mehr Informationen zum Thema Schwarzweißbilder erhalten Sie in Kapitel 11, »Schwarzweißbilder«.

Kapitel 19   Ebenenmasken in der Praxis

Kapitel-019/Sensoji.jpg

Abbildung 19.50 ►
Das Bild soll halb in Farbe und halb in Schwarzweiß dargestellt werden.

▲ **Abbildung 19.51**
Zwei gleiche Bilder liegen übereinander.

1 Bild öffnen und duplizieren

Laden Sie das Bild in GIMP, und duplizieren Sie die Ebene gleich über die entsprechende Schaltfläche ❶ im EBENEN-Dialog, so dass jetzt zweimal dasselbe Bild pixelgenau übereinanderliegt.

2 Bild in Schwarzweiß umwandeln

Wandeln Sie eine der beiden Ebenen in Schwarzweiß um. Im Beispiel habe ich die obere Ebene ❷ im EBENEN-Dialog gewählt. Verwenden Sie hierzu den Befehl FARBEN • ENTSÄTTIGEN • MONOMIXER. Stellen Sie dann den Schieberegler ROT auf 0,500, GRÜN auf 0,700 und BLAU auf 0,250 ❸. Diese Werte entsprechen hier meinem persönlichen Geschmack. Bestätigen Sie den Dialog mit OK, und die obere Ebene wird in ein Schwarzweißbild konvertiert.

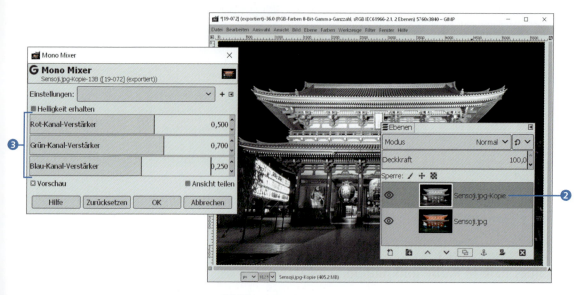

▲ **Abbildung 19.52**
Über den Monomixer wandeln Sie eines der Bilder in Schwarzweiß um.

19.4 Weitere kreative Techniken mit Ebenenmasken

3 Ebenenmaske hinzufügen

Klicken Sie die oberste Ebene im EBENEN-Dialog mit der rechten Maustaste an, und wählen Sie im Kontextmenü EBENENMASKE HINZUFÜGEN aus. Initialisieren Sie die Ebenenmaske mit WEISS (VOLLE DECKKRAFT) ❹, und klicken Sie auf die Schaltfläche HINZUFÜGEN ❺.

◂▴ **Abbildung 19.53**
Ebenenmaske hinzufügen

4 Ebenenmaske mit Verlauf füllen

Wählen Sie das FARBVERLAUF-Werkzeug ([G]). Als Vordergrund- und Hintergrundfarbe sollten Sie Schwarz und Weiß verwenden. Am schnellsten erreichen Sie dies mit Hilfe des kleinen Icons ❻ zum Wiederherstellen der Farbe. Stellen Sie bei den Werkzeugeinstellungen unter FARBVERLAUF ❼ VG NACH HG (RGB) (kurz für »Vordergrund nach Hintergrund«) ein. Als FORM ❽ schlage ich LINEAR vor.

Zum Nachlesen

Mehr über das FARBVERLAUF-Werkzeug erfahren Sie auf Seite 314, »Das Farbverlauf-Werkzeug«.

▾ **Abbildung 19.54**
Mit dem FARBVERLAUF-Werkzeug erzeugen Sie den Übergang zwischen Farbe und Schwarzweiß.

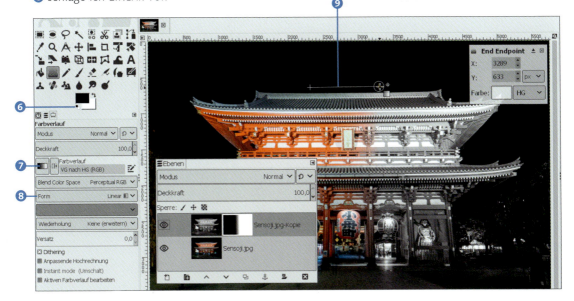

Gehen Sie jetzt mit dem Werkzeug auf das Bildfenster, ziehen Sie etwa in der Mitte des Bildes mit gedrückter linker Maustaste eine Linie ❾ auf die Ebenenmaske, und lassen Sie die Maustaste los. Je kürzer die Linie, desto kürzer ist der Übergang, und je länger die Linie, desto länger auch der Übergang.

Nachdem Sie die Ebenen über das Kontextmenü (rechte Maustaste + Klick) mit BILD ZUSAMMENFÜGEN zusammmengefügt haben, sieht das Ergebnis etwa aus wie in Abbildung 19.55.

Abbildung 19.55 ▶
Ein sanfter Übergang von Farbe nach Schwarzweiß dank Ebenenmasken

Kapitel 20
Ebenenmodus

Die Ebenen haben Sie bisher immer in der richtigen Reihenfolge oder mit Ebenenmasken verwendet. Alles, was über einer Ebene lag, überdeckte den unteren Teil der Ebene. Sie kennen die Möglichkeit, durch Reduzieren der Deckkraft den unteren Teil einer Ebene durchscheinen zu lassen, aber es gibt noch eine weitere Methode für das Überblenden zweier übereinanderliegender Ebenen: den Ebenenmodus (oder auch »Ebenenfüllmodus«). Diese Blendung (auch »Blendmodus« genannt) wird mit Pixelverrechnungen erzielt. GIMP stellt 38 verschiedene solcher Ebenenmodi zur Verfügung.

Der verwendete Modus der aktiven Ebene wirkt sich dabei immer auf die darunterliegende Ebene aus. Somit hat ein Ebenenmodus nur einen Effekt, wenn sich unterhalb der aktiven Ebene eine weitere Ebene befindet – genauer gesagt, legen Sie mit dem Ebenenmodus fest, wie jedes einzelne Pixel der aktiven Ebene (die Maske) mit dem Pixel der darunterliegenden Ebene verrechnet (kombiniert) wird. Den Ebenenmodus können Sie unter Modus ❶ im Ebenen-Dialog ändern.

 Mit GIMP 2.10 wurden viele neue Ebenenmodi hinzugefügt. Waren es in der Vorgängerversion noch 21 Ebenenmodi, so stehen Ihnen jetzt stolze 38 Ebenenmodi zur Verfügung.

Kapitel-020/
Farbexplosion.xcf

◄ **Abbildung 20.1**
Liegen zwei Ebenen mit dem Ebenenmodus Normal übereinander, überdeckt die obere Ebene immer die untere.

Kapitel 20 Ebenenmodus

Abbildung 20.2 ▶
Die 38 Ebenenmodi von GIMP

Abbildung 20.3 ▶
Nach einer Änderung des Ebenenmodus auf FARBTON (LCH) ❷ wird der Farbverlauf auf das darunterliegende Bild angewendet (genauer: damit verrechnet).

Das Vermischen von Pixeln ist auch bei vielen Mal- und Retuschewerkzeugen als Methode vorhanden. Neben den im Ebenen-Dialog vorhandenen Ebenenmodi bieten die Werkzeuge mit HINTER einen weiteren Modus an. Die Modi der Werkzeuge arbeiten nach demselben Prinzip und auch mit demselben Algorithmus wie die Ebenenmodi. Jedoch brauchen Sie für die Werkzeuge lediglich eine Ebene zur Anwendung. Die Modi des aktiven Malwerkzeugs wirken sich auf die aktive Ebene aus.

Zum Nachlesen
Mehr zu den Modi der Malwerkzeuge können Sie im Abschnitt »Modi für Malwerkzeuge« auf Seite 267 nachlesen.

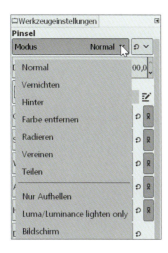

◄ **Abbildung 20.4**
Bei vielen Mal- und Retuschewerkzeugen finden Sie ebenfalls einen MODUS zum Auftragen von Farbpixeln.

20.1 Ebenenmodi im Überblick

Die Trennungsstriche (Abbildung 20.5) bei der Auflistung von Ebenenmodi wurden übrigens nicht willkürlich verwendet, sondern lassen sich in einzelne Gruppen aufteilen, die hier gleich vorgestellt werden sollen. Das Wissen, in welcher Gruppe welche Ebenenmodi was machen, ist enorm hilfreich beim Einsatz dieser Modi in der Praxis, weil man so nicht nur durch wildes Experimentieren ein zufälliges Ergebnis erzielt. Auf eine theoretische Auflistung der einzelnen Ebenenmodi wird hier verzichtet, weil man die Auswirkungen der einzelnen Modi am besten an konkreten Bildern nachvollziehen kann.

Die Gruppierung der Ebenenmodi beschreibe ich zunächst anhand eines Demonstrationsbildes. Für diesen Zweck finden Sie das linke Bild in Abbildung 20.5 im EBENEN-Dialog über das rechte Bild gelegt zum Testen mit »Testbild.xcf« vor.

 Kapitel-020/Testbild.xcf

▼ **Abbildung 20.5**
Dieses Beispiel wird verwendet, falls ein Demonstrationsbild nötig wird.

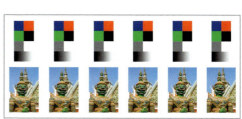

Kapitel 20 Ebenenmodus

Abbildung 20.6 ▶
Die Ebenenreihenfolge für das Demonstrationsbild

20.1.1 Normale Ebenenmodi

Bei den Ebenenmodi NORMAL, VERNICHTEN, RADIEREN, VEREINEN und TEILEN müssen Sie, abgesehen von FARBE ENTFERNEN, zunächst einen transparenten Bereich schaffen, indem beispielsweise die DECKKRAFT ❶ der Ebene reduziert wird, um einen (sinnvollen) Effekt zu erzielen.

▲ **Abbildung 20.7**
Normale Ebenenmodi

◀ **Abbildung 20.8**
Normale Ebenenmodi benötigen einen transparenten Bereich, um eine sinnvolle Funktion zu gewährleisten.

▲ **Abbildung 20.9**
Ausnahme hierbei ist der Modus FARBE ENTFERNEN, in dem zwei gleiche übereinanderliegende Farben entfernt werden.

20.1.2 Aufhellende Ebenenmodi

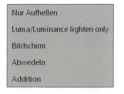

▲ **Abbildung 20.10**
Aufhellende Ebenenmodi

Bei den Ebenenmodi NUR AUFHELLEN, LUMA/LUMINANCE LIGHTEN ONLY, BILDSCHIRM, ABWEDELN und ADDITION wird das Endergebnis der Bilder gewöhnlich heller. In der Praxis werden diese Modi daher sehr gerne zum Aufhellen verwendet.

▲ **Abbildung 20.11**
Aufhellende Ebenenmodi liefern in der Regel immer ein helleres Endergebnis zurück, hier im Beispiel des Ebenenmodus ADDITION.

20.1.3 Abdunkelnde Ebenenmodi

Bei den Ebenenmodi NUR ABDUNKELN, LUMA/LUMINANCE DARKEN ONLY, MULTIPLIKATION, NACHBELICHTEN und LINEARE NACHBELICHTUNG wird das Endergebnis in der Regel deutlich dunkler. Daher eignen sich diese Modi auch sehr gut, um zu helle Bildbereiche abzudunkeln.

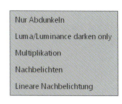

▲ **Abbildung 20.12**
Abdunkelnde Ebenenmodi

▲ **Abbildung 20.13**
Abdunkelnde Ebenenmodi liefern ein dunkleres Endergebnis zurück. Hier wurde zum Beispiel der Modus MULTIPLIKATION verwendet.

20.1.4 Komplexe Ebenenmodi

Die Ebenenmodi ÜBERLAGERN, WEICHE KANTEN, HARTE KANTEN, LEBHAFTES LICHT, PIN LIGHT, LINEARES LICHT und HARD MIX kombinieren verschiedene Modi, wodurch sich eine Vielzahl von

▲ **Abbildung 20.14**
Komplexe Ebenenmodi

Kapitel 20 Ebenenmodus

▲ **Abbildung 20.15**
Invertierte Ebenenmodi

Effekten erzielen lässt. Viele der Modi bilden einen Lichteffekt, der von der unteren auf die obere Ebene scheint.

20.1.5 Invertierte Ebenenmodi

Das Ergebnis von invertierten Ebenenmodi wie UNTERSCHIED, AUSSCHLUSS, ABZIEHEN, FASER EXTRAHIEREN, FASER MISCHEN und DIVISION sieht häufig aus wie bei einem Fotonegativ.

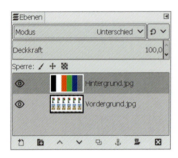

▲ **Abbildung 20.16**
Invertierte Ebenenmodi liefern häufig ein Ergebnis wie bei einem Fotonegativ. Im Beispiel sehen Sie den Modus UNTERSCHIED.

20.1.6 Farbton, Helligkeit und Sättigung

Die letzten beiden Gruppen enthalten Modi, die sich auf den FARBTON, die HELLIGKEIT oder die SÄTTIGUNG beziehen und dabei eine neue Ergebnisfarbe aus den Originalbildern erzeugen. Hierbei bietet GIMP Modi im HSV-Farbraum als auch LCH-Farbraum an.

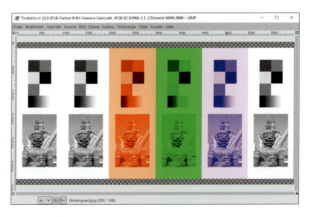

▲ **Abbildung 20.17**
Modi für FARBTON, HELLIGEIT und SÄTTIGUNG

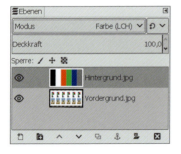

◂▴ **Abbildung 20.18**
Hier wurde der Ebenenmodus FARBE (LCH) verwendet, wodurch eine neue Farbe aus den beiden übereinanderliegenden Bildern erzeugt wird.

20.2 Ebenenmodi für Ebenengruppen

Im Abschnitt zuvor haben Sie erfahren, wie Sie mit Ebenenmodi die Pixel von Ebenen miteinander verrechnen bzw. kombinieren können. Wenn Sie jedoch eine Gruppe von Ebenen erstellen, steht Ihnen zusätzlich noch der Modus DURCHSCHLEIFEN ❶ zur Verfügung.

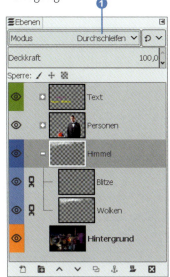

◄ **Abbildung 20.19**
Für Ebenengruppen gibt es noch einen speziellen Modus mit DURCHSCHLEIFEN ❶.

Die Bedeutung des Ebenenmodus DURCHSCHLEIFEN für Ebenengruppen ist schnell erklärt. Dieser Wert sorgt dafür, dass alle Ebenen, die in dieser Gruppe enthalten sind, und auch alle Ebenen außerhalb der Gruppe sich so verhalten, als würde es keine Gruppe geben – genauer: die Gruppe selbst enthält eigentlich gar keine Fülleigenschaft. Daher ändert sich mit dem Ebenenmodus DURCHSCHLEIFEN rein optisch überhaupt nichts.

Wenn Sie allerdings für eine Gruppe einen anderen Ebenenmodus als DURCHSCHLEIFEN verwenden, werden die verwendeten Ebenenmodi innerhalb der Gruppe nicht auf Ebenen außerhalb der Gruppe angewendet, sie sind so also nur auf die Ebenen innerhalb der Gruppe beschränkt.

20.3 Kompositionsmodus

Neben der Möglichkeit, die Farbwerte zweier übereinanderliegender Ebenen mit verschiedenen Ebenenmodi zu verrechnen bzw. zu kombinieren, finden Sie mit dem KOMPOSITIONSMODUS noch eine weitere Möglichkeit, womit Sie die Alphawerte zweier übereinan-

Der Kompositionsmodus wurde in GIMP 2.10 neu eingeführt.

Kapitel 20 Ebenenmodus

Kapitel-020/
Lichtschwerter.xcf

derliegender Ebenen miteinander kombinieren können. Entscheidend für den KOMPOSITIONSMODUS sind die deckenden Regionen der aktuellen Ebene und die deckenden Regionen der Ebene darunter. Mit dem KOMPOSITIONSMODUS legen Sie fest, welcher Bereich von diesen Regionen erhalten bleibt und welcher entfernt wird. Zusätzlich entscheiden Sie mit den Ebenenmodi anschließend, wie die »Schnittpunkte« der beiden Ebenen kombiniert werden.

Den KOMPOSITIONSMODUS können Sie beim Anlegen einer neuen Ebene oder beim Anpassen der Ebeneneigenschaften via Doppelklick auf die Ebene im EBENEN-Dialog über KOMPOSITIONSMODUS ❶ ändern. Der Standardwert ist AUTO.

Abbildung 20.20 ▶
Den KOMPOSITIONSMODUS ❶ finden Sie beim Anlegen einer neuen Ebene oder beim Anpassen der EBENENEIGENSCHAFTEN.

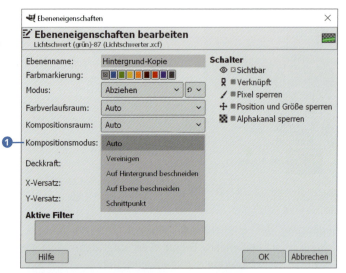

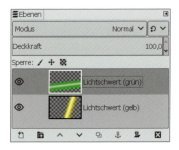

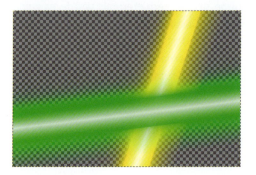

▲ **Abbildung 20.21**
Anhand dieser beiden sich kreuzenden Lichtschwerter sollen die Kompositionsmodi demonstriert werden.

In den folgenden Abschnitten werden die Kompositionsmodi VEREINIGEN, AUF HINTERGRUND BESCHNEIDEN, AUF EBENE BESCHNEIDEN und SCHNITTPUNKT etwas genauer demonstriert.

20.3 Kompositionsmodus

Vereinigen | Mit VEREINIGEN bleiben die deckenden Bereiche der aktuellen Ebene und der darunterliegenden Ebene bestehen. Die Farbwerte hingegen werden abhängig vom eingestellten Ebenenmodus verrechnet und kombiniert.

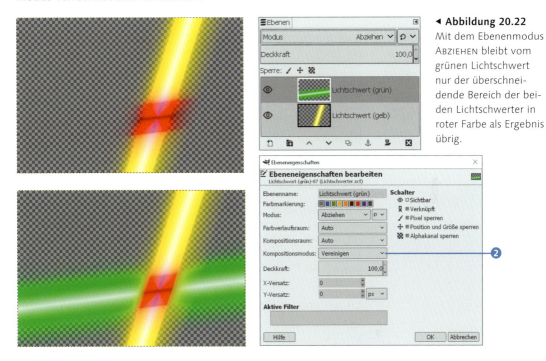

◀ **Abbildung 20.22**
Mit dem Ebenenmodus ABZIEHEN bleibt vom grünen Lichtschwert nur der überschneidende Bereich der beiden Lichtschwerter in roter Farbe als Ergebnis übrig.

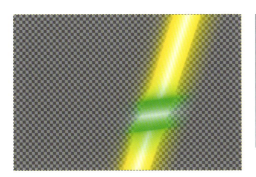

▲ **Abbildung 20.23**
Erst mit dem KOMPOSITIONSMODUS VEREINIGEN ❷ wird der restliche Bereich des grünen Lichtschwertes angezeigt. Die Farbwerte an den sich überschneidenden Bereichen sind natürlich trotzdem noch vom Ebenenmodus abhängig (hier: ABZIEHEN).

Auf Hintergrund beschneiden | Mit AUF HINTERGRUND BESCHNEIDEN bleiben von der aktuellen Ebene nur die sich deckenden Bereiche mit der Ebene darunter bestehen.

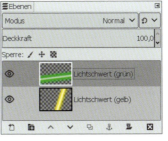

◀ **Abbildung 20.24**
Im Ebenenmodus NORMAL bleibt beim Kompositionsmodus AUF HINTERGRUND BESCHNEIDEN nur der sich mit der darunterliegenden Ebene kreuzende Bereich bestehen.

553

Auf Ebene beschneiden | Mit AUF EBENE BESCHNEIDEN haben Sie das Gegenstück zu AUF HINTERGRUND BESCHNEIDEN. Hier bleiben nur die deckenden Bereiche der aktuellen Ebene bestehen. Hätten Sie in Abbildung 20.25 den Ebenenmodus NORMAL verwendet, würden Sie nur noch das grüne Lichtschwert sehen.

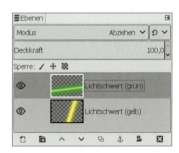
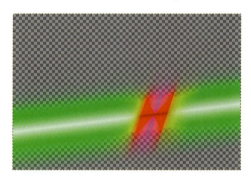

▲ Abbildung 20.25
Hier wurde der Kompositionsmodus AUF EBENE BESCHNEIDEN verwendet. Mit dem Ebenenmodus ABZIEHEN wird das gelbe Schwert unter der aktuellen Ebene mit dem sich kreuzenden grünen Schwert kombiniert, wodurch Sie als Ergebnis einen roten Teilbereich davon erhalten.

Schnittpunkt | Der Kompositionsmodus SCHNITTPUNKT spricht fast schon für sich selbst. Damit bleiben nur die sich deckenden Bereiche der aktuellen Ebene und der Ebene darunter bestehen.

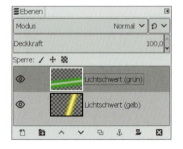
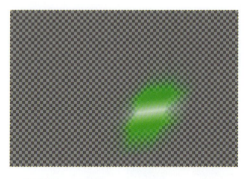

▲ Abbildung 20.26
Mit dem Kompositionsmodus SCHNITTPUNKT bleiben nur die sich kreuzenden Bereiche der beiden Lichtschwerter bestehen.

20.4 Praxisbeispiele

Die Ebenenmodi werden in der Bildbearbeitung nicht so häufig verwendet wie andere Werkzeuge. Hierbei wird allerdings eine große Menge an Potenzial verschenkt, weil diese Modi enorm

20.4 Praxisbeispiele

viele Möglichkeiten bieten, Bilder (kreativ) zu bearbeiten. Die Anwendungsmöglichkeiten der Ebenenmodi sind unglaublich vielfältig. Einige davon werde ich Ihnen hier erläutern.

20.4.1 Weiße oder schwarze Hintergründe beseitigen ohne Freistellen

Kapitel-020/Black-Parade.xcf, Rote-Fliege.xcf

Wenn Sie mehrere Bilder mit weißen oder schwarzen Hintergründen eng übereinanderlegen wollen, ohne gleich ein aufwendiges Freistellen der Bilder durchzuführen, können Sie den Ebenenmodus MULTIPLIKATION oder NUR ABDUNKELN für weiße Hintergründe und NUR AUFHELLEN oder ADDITION für schwarze Hintergründe verwenden.

◄▲ **Abbildung 20.27**
Hier wurden zwei Ebenen mit Rauch über die Person gelegt.

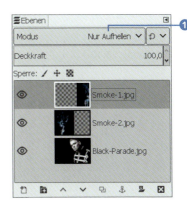

◄▲ **Abbildung 20.28**
Dasselbe nochmals, nur wurden jetzt die oberen beiden Ebenen mit dem Modus NUR AUFHELLEN ❶ versehen, und die schwarzen Bereiche sind verschwunden.

Kapitel 20 Ebenenmodus

▲ **Abbildung 20.29** ▶
Dasselbe funktioniert auch mit weißen Hintergründen, wie mit dem Ebenenmodus NUR ABUNKELN ❶, der bei den oberen beiden Ebenen angewendet wurde.

20.4.2 Bilder aufhellen mit den Ebenenmodi

So wie in der folgenden Schritt-für-Schritt-Anleitung können Sie immer vorgehen, wenn Sie Bilder mit Hilfe der Ebenenmodi verbessern oder auch nur verändern wollen.

Schritt für Schritt
Dunkle Bilder mit Ebenenmodus aufhellen

1 Allgemeine Korrekturen durchführen

Bevor Sie anfangen aufzuhellen, sollten Sie zunächst alle anderen Korrekturen, wie beispielsweise Farbkorrekturen oder Schärfen, abgeschlossen haben. Führen Sie solche Korrekturen erst nachträglich durch, werden Sie viele Bildfehler nur noch verstärken.

Kapitel-020/Guilin.jpg

Abbildung 20.30 ▶
Die Aufnahme ist leider zu dunkel geraten, weil auch das Wetter recht trübe gewesen ist.

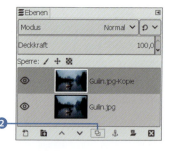

▲ **Abbildung 20.31**
Hintergrundebene duplizieren

2 Ebene duplizieren

Duplizieren Sie die Ebene mit ⇧+Strg/Cmd+D oder dem entsprechenden Icon ❷ im EBENEN-Dialog.

556

3 Ebenenmodus und Deckkraft einstellen

Stellen Sie jetzt den MODUS für die obere Ebene ein. Da das Bild zu dunkel ist, eignet sich in diesem Beispiel der MODUS ADDITION ❸. Alternativ böten sich hier auch die Modi BILDSCHIRM (hellt nicht so kräftig auf) oder ABWEDELN (erhöht zusätzlich den Kontrast) an. Sollte das Aufhellen mit dem Ebenenmodus ADDITION noch nicht ausreichen (wie es im Beispiel der Fall ist), duplizieren Sie einfach diese Ebene nochmals, und verwenden Sie erneut denselben Ebenenmodus. Wirkt sich der Effekt dann zu stark aus, reduzieren Sie einfach die DECKKRAFT der Ebene. Im Beispiel wurde die DECKKRAFT ❹ der obersten Ebene auf 20 % verringert. Mit Hilfe der Deckkraft können Sie quasi den Effekt feinjustieren.

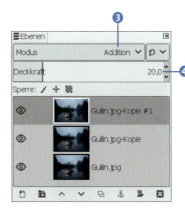

▲ **Abbildung 20.32**
Dank des Ebenenmodus ADDITION wird das Bild jetzt aufgehellt.

◀ **Abbildung 20.33**
Das Bild nach der Aufhellung mit dem richtigen Ebenenmodus

20.4.3 Bilder abdunkeln mit den Ebenenmodi

Ist ein Bild zu hell, eignet sich der Ebenenmodus MULTIPLIKATION sehr gut. Enthält das Bild nicht zu viele dunkle Stellen, liefert auch der Modus NACHBELICHTEN gute Ergebnisse.

 Kapitel-020/Victoria-Habor.jpg

▲ **Abbildung 20.34**
Das Bild ist leicht überbelichtet, und der Sonnenuntergang wirkt eine Spur zu hell.

Abbildung 20.35 ▶
Das Bild wurde mit dem Ebenenmodus MULTIPLIKATION ❺ mit einer DECKKRAFT ❻ von 55 % abgedunkelt.

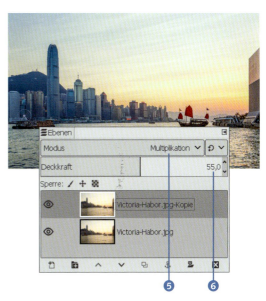

20.4.4 Kontrastarme Bilder

Kapitel-020-
Kontrastarm.jpg

Wollen Sie einem Bild mit einem Ebenenmodus mehr Kontrast verleihen, eignen sich die Modi ÜBERLAGERN und WEICHE KANTE sehr gut dafür. Hat ein Bild hingegen zu viel Kontrast (was wohl in der Praxis eher selten der Fall ist), können Sie diesen mit dem Modus DIVISION reduzieren.

▲ **Abbildung 20.36**
Das Originalbild ist sehr schön, könnte aber noch eine Prise mehr Kontrast vertragen.

▲ **Abbildung 20.37**
Mit einer duplizierten Ebene und dem Ebenenmodus WEICHE KANTEN bekommt das Bild noch mehr Kontrast.

Schritt für Schritt
Glänzende Stellen abdecken

Kapitel-020/
Glanzstellen.jpg

Wenn Objekte eine glatte und spiegelnde Oberfläche haben und viel Licht darauf scheint (oder ein Blitzlicht verwendet wurde), reflektiert dies häufig, so dass auf dem Bild glänzende Stellen zu sehen sind – ein Effekt, der auch bei Porträtfotos auftreten kann. Die folgende Schritt-für-Schritt-Anleitung zeigt Ihnen eine Möglichkeit, diese glänzenden Stellen mit dem Ebenenmodus NUR ABDUNKELN abzumildern.

Abbildung 20.38 ▶
Das Ausgangsbild mit einigen glänzenden Stellen, die durch Lichtreflexionen des Blitzlichtes entstanden sind

1 Leere Ebene erzeugen und Modus einstellen

Erstellen Sie eine leere transparente Ebene mit ⇧+Strg/ Cmd+N oder mit der entsprechenden Schaltfläche ❸ im EBENEN-Dialog. Stellen Sie den MODUS der leeren Ebene auf NUR ABDUNKELN ❶, und reduzieren Sie die DECKKRAFT ❷ auf 70%.

2 Farbe zum Abdecken auswählen

Aktivieren Sie die Farbpipette (O) ❹ aus dem Werkzeugkasten, und stellen Sie beim AUSWAHLMODUS den Wert VORDERGRUNDFARBE FESTLEGEN ❺ ein. Wählen Sie im Bild mit der Pipette ❻ die Farbe aus, die Sie zum Übermalen der glänzenden Stellen verwenden wollen. Sollten im Bild mehrere Farben vorhanden sein, müssen Sie natürlich immer die entsprechende Farbe auswählen, die dem zum übermalenden Bereich am ähnlichsten ist.

▲ Abbildung 20.39
Ebene duplizieren und MODUS einstellen

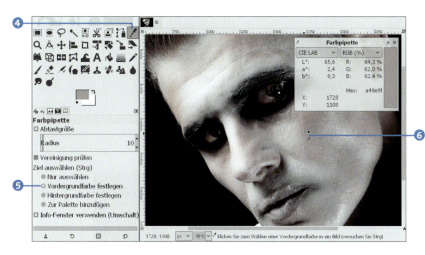

◀ Abbildung 20.40
Farben zum Abdunkeln auswählen

3 Glänzende Stellen übermalen

Verwenden Sie jetzt den PINSEL (P), und stellen Sie eine ausreichend große Pinselspitze über GRÖSSE ein. Wählen Sie bei ZEICHENDYNAMIK den Wert DYNAMIC OFF aus.

Übermalen ❾ Sie großzügig die glänzenden Bereiche auf der leeren transparenten Ebene ❽. Passen Sie gegebenenfalls die Pinselgröße an.

Dank des Ebenenmodus NUR ABDUNKELN werden die glänzenden Stellen abgesoftet. Sie sollten beim Übermalen darauf achten, dass Sie nicht über das Farbobjekt hinausmalen.

Gegebenenfalls zeichnen Sie am Ende noch die transparente Ebene, auf die Sie ja jetzt gemalt haben, weich (FILTER • WEICHZEICHNEN • GAUSSCHER WEICHZEICHNER), damit eventuell aufgetretene harte Kanten abgemildert werden. Bei Bedarf reduzieren Sie noch die DECKKRAFT ❼ der transparenten Ebene.

Kapitel 20 Ebenenmodus

▲ **Abbildung 20.41**
Glänzende Stellen wegmalen

Das Endergebnis, nachdem die Ebenen zusammengefügt wurden, sehen Sie in Abbildung 20.42.

Abbildung 20.42 ▶
Das Ergebnis, nachdem die glänzenden Stellen abgesoftet wurden

Schritt für Schritt
Bleach-Bypass-Effekt per Ebenenmodi

Kapitel-020/
Bauarbeiter.jpg

Der Bleach-Bypass-Effekt stammt aus analogen Zeiten, als beim Entwickeln des Farbfilms der Vorgang des Bleichens komplett oder zumindest teilweise ausgelassen wurde. Dadurch wirkt das Bild dunkler und nicht so satt, aber dafür erhöht sich der Kontrast.

20.4 Praxisbeispiele

1 **Bildebene duplizieren**

Duplizieren Sie die Ebene mit ⇧+Strg/Cmd+D oder dem entsprechenden Icon ❶ im EBENEN-Dialog.

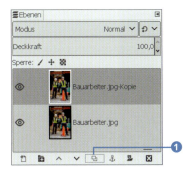

◀ Abbildung 20.43
Hintergrundebene duplizieren

2 **Bildebene in Schwarzweiß umwandeln**

Wandeln Sie die obere Bildebene ❷ mit FARBEN • ENTSÄTTIGEN • ENTSÄTTIGEN oder FARBEN • ENTSÄTTIGEN • MONO-MIXER in ein Schwarzweißbild um. Ich verwende den MONO-MIXER, weil ich hiermit mehr Anpassungsmöglichkeiten habe.

▲ Abbildung 20.44
Das Bild soll den Bleach-Bypass-Effekt erhalten.

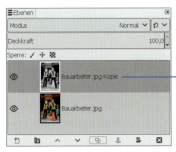

◀ Abbildung 20.45
Die duplizierte Ebene in ein Schwarzweißbild umwandeln

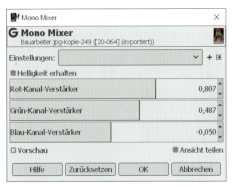

3 **Modus einstellen**

Ändern Sie jetzt den Ebenenmodus der Schwarzweiß-Ebene auf ÜBERLAGERN ❸, und fertig ist der Bleach-Bypass-Effekt. Sollte Ihnen die Sättigung noch zu stark sein, können Sie diese mit FAR-

561

Kapitel 20 Ebenenmodus

BEN • SÄTTIGUNG bei der farbigen Ebene darunter noch etwas reduzieren.

◀ **Abbildung 20.46** ▶
Das fertige Bild mit dem Bleach-Bypass-Effekt

Kapitel-020/Portrait.jpg

◀ **Abbildung 20.47**
Dem Bild soll eine verträumtere Atmosphäre verliehen werden.

Schritt für Schritt
Verträumte Atmosphäre erzeugen

Wollen Sie einem Bild eine verträumte Atmosphäre verleihen, wie dies manchmal bei Porträt- oder Glamourfotos zu sehen ist, dann können Sie auch dies mit den Ebenenmodi im Handumdrehen erstellen.

1 Bildebene duplizieren

Duplizieren Sie die Ebene mit ⇧+Strg/Cmd+D oder dem entsprechenden Icon ❹ im EBENEN-Dialog.

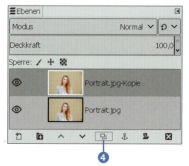

Abbildung 20.48 ▶
Ebene duplizieren

20.4 Praxisbeispiele

2 Ebene weichzeichnen

Wählen Sie die obere Ebene ❺ im EBENEN-Dialog, und zeichnen Sie diese mit FILTER • WEICHZEICHNEN • GAUSSSCHER WEICHZEICHNER weich.

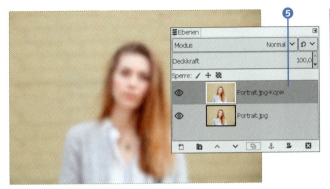
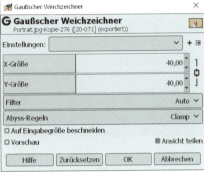

▲ **Abbildung 20.49**
Obere Ebene weichzeichnen

3 Modus einstellen

Stellen Sie jetzt den Modus der weichgezeichneten Ebene auf HARTE KANTEN ❻, und passen Sie die Stärke des verträumten Effekts mit dem Regler DECKKRAFT ❼ an. Hierfür lassen sich durchaus auch andere Ebenenmodi wie zum Beispiel ÜBERLAGERN, WEICHE KANTEN oder LEBHAFTES LICHT verwenden. Probieren Sie es einfach selbst aus. Das Ergebnis hängt wie immer auch vom verwendeten Ausgangsmaterial ab.

◂▴ **Abbildung 20.50**
Als Endergebnis haben Sie ein Bild mit einer verträumten Atmosphäre.

Schritt für Schritt
Texturen zum Bild hinzufügen

Wollen Sie Texturen auf ein Bild übertragen, dann sind auch die Ebenenmodi dafür sehr gut geeignet. Welchen Ebenenmodus Sie

Kapitel-020/Dancer.jpg, Struktur.jpg

hierfür verwenden können, hängt allerdings davon ab, wie hell oder dunkel die Textur und die Aufnahme darunter ist.

▲ **Abbildung 20.51**
Auf dem Bild mit dem Tänzer soll die Struktur der Wand angebracht werden.

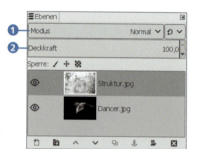

▲ **Abbildung 20.52**
Die Ebene mit der Struktur liegt über der Ebene mit dem Tänzer.

1 Ebenen übereinanderlegen

Öffnen Sie das Bild »Dancer.jpg« in GIMP und dann gleich darauf das Bild »Struktur.jpg« mit Datei • Als Ebene öffnen, wodurch die Ebene mit der Struktur jetzt über dem Tänzer liegt.

2 Ebenenmodus anpassen

Über den Modus ❶ der oberen Ebene mit der Struktur können Sie jetzt zusammen mit der Deckkraft ❷ einstellen, wie die Struktur in der Ebene darunter kombiniert werden soll. Hierbei empfehle ich Ihnen, verschiedene Ebenenmodi zu testen. Im Beispiel habe ich Weiche Kanten verwendet. Aber auch der Modus Division hätte hier ein interessantes Ergebnis zurückgeliefert.

▲ **Abbildung 20.53**
Hier wurde die Struktur der oberen Ebene mit dem Bild der unteren Ebene kombiniert.

20.4 Praxisbeispiele

Schritt für Schritt
Farblook mit Ebenenmodi

Kapitel-020/Dunja.jpg

Bilder mit einem bestimmten Farblook zu versehen ist eine weitere interessante Möglichkeit, die sich mit Hilfe von Ebenenmodi im Handumdrehen erledigen lässt. Auch hier sind Sie nicht von einem bestimmten Modus abhängig. Wie immer hängt das Endergebnis von der verwendeten Farbe und dem Bild darunter ab. Daher ist auch dieser Workshop nur als Anregung zu verstehen.

1 Neue Ebene hinzufügen

Laden Sie das Bild »Dunja.jpg« in GIMP. Stellen Sie dann eine blaue Vordergrundfarbe ❸ ein. Sie können natürlich auch eine andere Farbe verwenden. Erstellen Sie eine neue Ebene über das entsprechende Icon ❹ im EBENEN-Dialog mit der eingestellten VORDERGRUNDFARBE als FÜLLUNG ❺. Wenn Sie mit OK bestätigen, wird das Bild von einer blauen Ebene überdeckt.

▲ **Abbildung 20.54**
Das Bild soll einen Farblook erhalten.

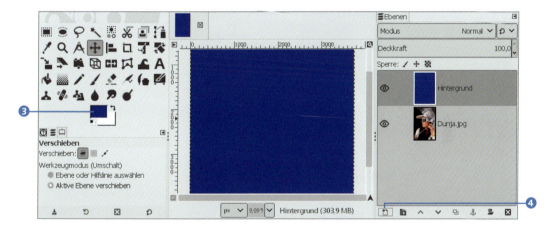

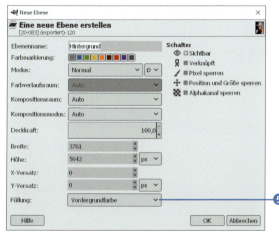

◂▴ **Abbildung 20.55**
Eine blaue Ebene wurde über das Bild gelegt.

2 Ebenenmodus einstellen

Auch hier können Sie die Kombination zwischen der blauen Ebene und dem Bild darunter über den Modus 1 und die Deckkraft 2 im Ebenen-Dialog steuern. Interessante Möglichkeiten wären hierbei die Modi Nur Aufhellen oder Bildschirm. Ich will aber lieber einen Vintage-Effekt haben und verwende dafür den Modus Ausschluss, womit die dunklen Bereiche im Bild blau und die hellen gelb eingefärbt werden.

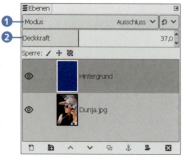

◤ **Abbildung 20.56** ▶
Hinzufügen eines Farblooks mit Hilfe einer farbigen Ebene und eines entsprechenden Ebenenmodus

An dieser Stelle angekommen, werden Sie vermutlich festgestellt haben, dass Sie mit Hilfe von Ebenenmodi sehr viele Möglichkeiten haben, Ihre Bilder zu bearbeiten und kreativ zu werden. Ich hoffe, ich konnte Ihnen die Ebenenmodi schmackhaft machen und Sie dazu motivieren, selbst damit zu experimentieren.

TEIL VI
Zuschneiden, Bildgröße und Ausrichten

Kapitel 21
Bilder zuschneiden

Das Zuschneiden (englisch »crop«) von Bildern wird relativ häufig verwendet, um den optimalen Ausschnitt zu erhalten, störende Hintergrundelemente zu entfernen oder einfach mehr Nähe zu erzeugen. Meistens ist nämlich der Bildausschnitt entscheidend dafür, wie das abgebildete Motiv wirkt. Mit Hilfe des Zuschneidens ändern und steuern Sie den Blick des Betrachters. Häufig können Sie ein Bild mit dem Beschneiden von störenden Nebenelementen noch retten. Ein weiterer Grund für das Zuschneiden von Bildern ist das Trimmen auf eine spezifische Bildgröße.

21.1 Das Zuschneiden-Werkzeug

Das ZUSCHNEIDEN-Werkzeug ▢ (⇧+C) im Werkzeugkasten wird verwendet, um einen rechteckigen Bildausschnitt auszuwählen und alles außerhalb des Rahmens zu entfernen.

Verwendung | Zur Erstellung eines Bildausschnitts klicken Sie mit der linken Maustaste innerhalb des Bildes, ziehen mit weiter gedrückter Maustaste einen rechteckigen Bereich auf und lassen die Maustaste los. Nun erscheint der abzuschneidende Bereich außerhalb des Rahmens in einem dunkleren transparenten Bereich.

◀ **Abbildung 21.1**
Die Auswahl eines Bildausschnitts mit dem ZUSCHNEIDEN-Werkzeug

▲ **Abbildung 21.2**
An den Seiten lässt sich der Zuschnittbereich nur horizontal oder vertikal ändern. Der Mauszeiger zeigt die Richtung an.

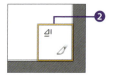

▲ **Abbildung 21.3**
Über die Ecken können Sie den Zuschnittbereich horizontal und vertikal ändern. Entsprechend stellt sich auch der Mauszeiger dar.

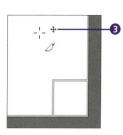

▲ **Abbildung 21.4**
Ein Zuschnittbereich wird verschoben. Entsprechend sieht auch wieder das Symbol des Mauszeigers aus.

Abbildung 21.5 ▶
Die Werkzeugeinstellungen des ZUSCHNEIDEN-Werkzeugs.

Die Größe des ausgewählten Bereichs können Sie jederzeit über die Griffbereiche an den Seiten ❶ und Ecken ❷ mit gedrückter linker Maustaste verändern. Alternativ können Sie den Wert und die Position auch in den Werkzeugeinstellungen nachträglich ändern.

Sobald Sie mit dem ausgewählten Bereich zufrieden sind und das Bild darauf zuschneiden wollen, klicken Sie entweder mit der linken Maustaste innerhalb des ausgewählten Bereichs, oder Sie betätigen die Taste ⏎. Haben Sie es sich anders überlegt, können Sie den ausgewählten Bereich durch das Anklicken eines Bereichs außerhalb der Auswahl (im dunklen transparenten Bereich) oder mit Esc entfernen.

Verschieben können Sie den ausgewählten Bereich mit gedrückter linker Maustaste. Dass Sie die Position des Zuschnittbereichs verändern können, erkennen Sie am Verschieben-Symbol ❸ des Mauszeigers.

Werkzeugeinstellungen | Das ZUSCHNEIDEN-Werkzeug bietet eine große Auswahl an Werkzeugeinstellungen.

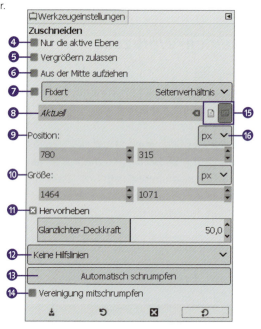

Setzen Sie ein Häkchen vor NUR DIE AKTIVE EBENE ❹, wird nur die aktive Ebene durch das Zuschneiden verändert. Ohne das Häkchen werden alle vorhandenen Ebenen gleichermaßen zugeschnitten.

Wenn Sie ein Häkchen vor VERGRÖSSERN ZULASSEN ❺ setzen, können Sie mit dem Werkzeug auch eine Größenänderung außerhalb der Bild- bzw. Ebenengrenze oder gar der Leinwandgröße durchführen.

▲ Abbildung 21.6
Ohne die Option Vergrössern zulassen ist am Rand eines Bildes, einer Ebene oder der Leinwandgröße Schluss.

▲ Abbildung 21.7
Mit der Option Vergrössern zulassen überspringen Sie diese Grenze …

▲ Abbildung 21.8
… und nehmen diesen Bereich sogar in das Endergebnis auf.

Aktivieren Sie die Option Aus der Mitte aufziehen ❻, wird die angeklickte Position zum Mittelpunkt des Rechtecks. Das Gleiche erzielen Sie auch, wenn Sie die Option nicht aktivieren und stattdessen die ⌃Strg⌄/⌃Cmd⌄-Taste gedrückt halten.

Aktivieren Sie die Eigenschaft Fixiert ❼, wird das Rechteck anhand einer festen Länge oder eines bestimmten Verhältnisses aufgezogen. In der Dropdown-Liste daneben wählen Sie diesen Wert aus. Die möglichen Einstellungen hierfür sind:

- Mit Seitenverhältnis – der Standardeinstellung – bleibt das Verhältnis der Breite und Höhe des Bildes bewahrt, solange in der Textzeile ❽ der Wert Aktuell steht. Sie können hierbei aber auch eigene Seitenverhältnisse vorgeben (beispielsweise 3:2, 16:9, 3:1, 1:1). Rechts neben dem Texteingabefeld ⓯ können Sie zwischen Hochformat und Querformat wählen.
- Breite: Die Breite wird mit einem fest ausgewählten Wert in der Textzeile ❽ fixiert. Die Voreinstellung ist 100 Pixel. Über die Dropdown-Liste daneben stellen Sie die Maßeinheit (darunter auch %) ein.
- Höhe: Wie Breite, gibt jedoch eine feste Höhe vor.
- Mit der Option Grösse und der Textzeile darunter stellen Sie sowohl Höhe als auch Breite als festen Wert ein (beispielsweise 600 × 400, 100 × 200).

Über die beiden Werte von Position ❾ wird der linke obere Startpunkt für das Zuschnittrechteck angezeigt. Der linke Wert dient der horizontalen und der rechte Wert der vertikalen Po-

> **Größe und Seitenverhältnis**
> Die aktuelle Größe und das Seitenverhältnis des Rechtecks, das vom ZUSCHNEIDEN-Werkzeug erstellt wird, werden während der Erstellung auch in der Statusleiste angezeigt.

Goldener Schnitt
Der Goldene Schnitt wird als harmonisches Gestaltungsmittel in der Mathematik verwendet und eignet sich auch bestens für die Bildaufteilung in der digitalen Fotografie. Ein Bild wirkt demnach besonders harmonisch, wenn Sie das Hauptmotiv nicht exakt in der Mitte platzieren.

sition. Natürlich können Sie diese Werte jederzeit nachträglich ändern und somit diese Position verschieben. Standardmäßig ist hierbei Pixel als Einheit eingestellt, was Sie aber über das Dropdown-Listenfeld ⓰ daneben ändern können.

Diese Maßeinheit der Dropdown-Liste gilt dann auch für die nächsten beiden Eingabefelder von GRÖSSE ⓾. Diese zeigen die aktuelle Größe des Zuschnittrechtecks an. Hier können Sie die Größe auch jederzeit nachträglich verändern.

Der dunkle transparente Hintergrund um das Rechteck wird bei aktiver Option von HERVORHEBEN ⓫ dunkler angezeigt. Wenn diese Option aktiviert ist, können Sie mit dem Regler GLANZLICHTER-DECKKRAFT darunter die Deckkraft von diesem transparenten Hintergrund einstellen.

In der Dropdown-Liste darunter können Sie Hilfslinien ⓬ auswählen, die beim Erstellen des rechteckigen Rahmens gezeigt werden. Aus folgenden Hilfslinien können Sie auswählen:

- KEINE HILFSLINIEN: Mit der Standardeinstellung wird keine Linie beim Aufziehen des Zuschnittrechtecks verwendet.
- MITTELLINIEN: Hiermit wird je eine horizontale und eine vertikale Mittellinie angezeigt, so dass der Zuschnittbereich in vier gleiche rechteckige Bereiche aufteilt wird und es einen Mittelpunkt gibt.
- DRITTELREGEL: Zeigt den aufgezogenen Zuschnittbereich mit Hilfslinien auf Basis der Drittelregel an. Die Hilfslinien werden also auf 3 × 3 (insgesamt 9) gleichmäßig große Rechtecke aufgeteilt.
- FÜNFTELREGEL: Zeigt den aufgezogenen Zuschnittbereich mit Hilfslinien auf Basis der Fünftelregel an. Die Hilfslinien werden also auf 5 × 5 (insgesamt 25) gleichmäßig große Rechtecke aufgeteilt.
- GOLDENER SCHNITT: Damit werden die Linien im Goldenen Schnitt angezeigt.
- DIAGONALE LINIEN: Die Methode wird auch Diagonalmethode genannt und ist eine weitere beliebte Kompositionsregel, um die Bilder passend zuzuschneiden. Hierbei finden Sie diagonale Linien eines Quadrats vor.

▲ **Abbildung 21.9**
Bild mit deutlich hervortretendem Objekt und einem Zuschnittrechteck

Auf den ersten Blick hat die Funktion AUTOMATISCH SCHRUMPFEN ⓭ keine Auswirkung, wenn Sie diese Schaltfläche anklicken. Diese Schaltfläche können Sie verwenden, wenn Sie einen Zuschnittbereich ausgewählt haben und ihn auf ein bestehendes Bildobjekt anwenden wollen. Der Effekt funktioniert allerdings nur bei klar farblich oder monochrom isolierten Objekten, die sich deutlich vom Hintergrund abheben.

Setzen Sie das Häkchen bei der letzten Option, VEREINIGUNG MITSCHRUMPFEN ⓮, werden die Informationen aller sichtbaren Ebenen verwendet, also nicht nur die der aktuellen Ebene.

Schritt für Schritt
Bild optimal zuschneiden

Im Bild aus Abbildung 21.11 soll die Person noch etwas näher herangeholt werden. Durch einen gezielten Bildausschnitt können Sie das Gefühl der Nähe verstärken. Außerdem soll der Zuschnitt nach der Regel des Goldenen Schnitts erfolgen.

1 Zuschneiden-Werkzeug verwenden

Laden Sie das Bild »Tokyo-Youth.jpg« in GIMP. Wählen Sie im Werkzeugkasten das ZUSCHNEIDEN-Werkzeug (⇧ + C). In diesem Bild wollen wir ein festes Seitenverhältnis verwenden. Setzen Sie daher ein Häkchen vor FIXIERT ❶, und wählen Sie in der Dropdown-Liste daneben SEITENVERHÄLTNIS aus. Tippen Sie jetzt in das Textfeld ❷ darunter das gewünschte Verhältnis ein. Ich wähle hier das 4:3-Verhältnis.

▲ Abbildung 21.10
Nach einem Klick auf die Schaltfläche AUTOMATISCH SCHRUMPFEN ⓭ hat sich der Zuschnittbereich auf das Hauptobjekt verkleinert.

Kapitel-021/Tokyo-Youth.jpg

▲ Abbildung 21.11
Einstellungen für den Zuschnitt

2 Zuschnittrahmen aufziehen

Ziehen Sie mit gedrückter linker Maustaste von der linken unteren Ecke ❶ (Abbildung 21.12) aus ein Rechteck um den Bereich, den Sie zuschneiden wollen, und lassen Sie die Maustaste an der rechten oberen Ecke ❷ wieder los. Durch die Einstellung FIXIERT haben Sie nur einen Einfluss auf die Größe des Rahmens, nicht aber auf das Seitenverhältnis. Stört Sie das, so entfernen Sie das Häkchen vor FIXIERT ❸, dann können Sie über die Griffleisten an den Seiten und Ecken nach Belieben einen Rahmen aufziehen.

▲ Abbildung 21.12
Einen Zuschnittrahmen aufziehen

3 Zuschnitt anpassen

Jetzt können Sie jederzeit nachträglich manuell die POSITION ❹ der linken oberen Ecke pixelgenau ausrichten. Das Gleiche gilt auch für die GRÖSSE ❺ bei den Werkzeugeinstellungen. Wenn Sie eine feste Größe verwenden wollen (beispielsweise 3 500 × 2 500), müssen Sie natürlich das Häkchen vor FIXIERT entfernen. In unserem Fall soll das Seitenverhältnis allerdings fixiert bleiben. Der üblichere Weg, die Position und Größe nachträglich zu ändern, führt allerdings meistens über den Zuschnittrahmen selbst. An den Ecken und Seiten des Zuschnittrahmens ändern Sie über die Griffleisten die Größe und in der Mitte des Zuschnittrahmens die Position.

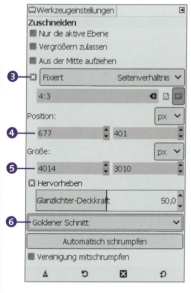

▲ Abbildung 21.13
Solange der Zuschnitt nicht durchgeführt wurde, können Sie die Werte jederzeit über das Bildfenster oder die Werkzeugeinstellungen ändern.

4 Goldenen Schnitt erstellen

Wir wollen das Bild anhand des Goldenen Schnitts zuschneiden. Wählen Sie daher in der entsprechenden Dropdown-Liste ❻ die gleichnamigen Hilfslinien aus. Positionieren Sie jetzt den Rahmen so, dass die vertikale Linie des vorderen Drittels ❼ über der Person im Bild liegt. Ich persönlich achte hier immer darauf, dass der Schnittpunkt der vertikalen hinteren Hilfslinie mit der horizontalen Hilfslinie des oberen Drittels auf dem Auge der abgebildeten Person liegt ❽.

◄ **Abbildung 21.14**
Der Rahmen wurde nach den Regeln des Goldenen Schnitts verschoben.

5 **Zuschnitt ausführen**

Sind Sie mit der Auswahl zufrieden, führen Sie den Zuschnitt durch, indem Sie mit der linken Maustaste innerhalb des Zuschnittrahmens klicken oder ⏎ betätigen.

Durch den Zuschnitt wirkt die Person auf dem Bild wesentlich näher, ohne dass die Harmonie des Bildes verloren ging.

▲ **Abbildung 21.15**
Das Ausgangsbild

▲ **Abbildung 21.16**
Das Bild nach dem Zuschnitt

21.2 Zuschneiden-Befehle

Im Menü BILD und im Menü EBENE finden Sie einige weitere Befehle, mit denen sich Bilder oder Ebenen zuschneiden lassen.

21.2.1 Auf Auswahl zuschneiden

Auch auf eine Auswahl können Sie ein Bild oder eine Ebene zuschneiden. Hierfür bietet GIMP zwei verschiedene Versionen an.

Es ist zwar egal, welche Form die Auswahl hat, aber zugeschnitten wird immer ein rechteckiger Bereich an der linken, rechten, oberen und unteren Kante der vorhandenen Auswahl.

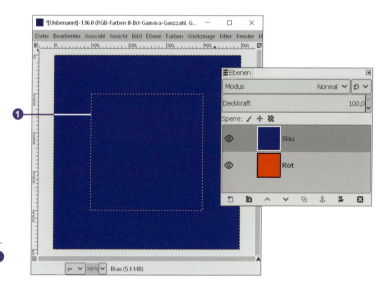

Abbildung 21.17 ▶
Das Ausgangsbild. Hier wurden eine blaue und eine rote Ebene sowie mit dem Werkzeug Rechteckige Auswahl eine Auswahl ❶ auf der blauen Ebene erstellt.

Bild auf Auswahl zuschneiden | Mit dem Befehl Bild • Auf Auswahl zuschneiden schneiden Sie alle vorhandenen Ebenen auf die Auswahl zu.

Ebene auf Auswahl zuschneiden | Wenn Sie nur die aktuelle Ebene auf eine Auswahl zuschneiden wollen, verwenden Sie stattdessen den Befehl Ebene • Auf Auswahl zuschneiden.

▲ **Abbildung 21.18**
Nach dem Befehl Bild • Auf Auswahl zuschneiden werden alle Ebenen auf diese Auswahl zugeschnitten. Im vorliegenden Fall wurde also auch die darunterliegende Ebene auf die Auswahl reduziert.

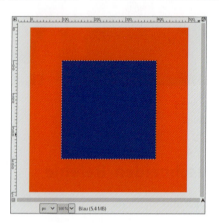

▲ **Abbildung 21.19**
Hier wurde der Befehl Auf Auswahl zuschneiden im Menü Ebene verwendet, wodurch nur die aktuelle Ebene zugeschnitten wurde und die darunterliegende Ebene unberührt blieb.

21.2.2 Auf Inhalt zuschneiden

Der Befehl BILD • AUF INHALT ZUSCHNEIDEN eignet sich beispielsweise sehr gut, wenn Sie einfarbige Randbereiche eines Bildes entfernen wollen. Die Funktion nimmt allerdings keine Rücksicht auf darunterliegende Ebenen – sprich, die unteren Ebenen werden ebenfalls so wie die aktuelle Ebene beschnitten.

▲ Abbildung 21.20
Das Ausgangsbild

▲ Abbildung 21.21
Mit dem Befehl AUF INHALT ZUSCHNEIDEN wurden die Ränder mit roter Farbe entfernt.

21.2.3 Fanatisch zuschneiden

Mit dem Kommando BILD • FANATISCH ZUSCHNEIDEN können Sie ähnlich wie mit dem Befehl AUF INHALT ZUSCHNEIDEN einfarbige Ränder aus dem Bild entfernen. Zusätzlich beschneidet FANATISCH ZUSCHNEIDEN allerdings auch Bereiche innerhalb des Bildes, die dieselbe Farbe wie die zu beschneidenden Randbereiche haben. Neben der aktiven werden auch alle anderen Ebenen (ohne Rücksicht auf deren Inhalt) beschnitten.

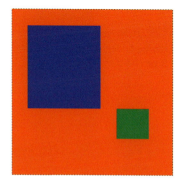

▲ Abbildung 21.22
Das Ausgangsbild

▲ Abbildung 21.23
Das Bild nach dem Befehl FANATISCH ZUSCHNEIDEN

21.2.4 Guillotine – nach Hilfslinien zuschneiden

Wollen Sie ein Bild anhand der verwendeten Hilfslinien zuschneiden, führen Sie den Befehl BILD • TRANSFORMATION • GUILLOTINE aus. Dabei wird das Bild entlang der Hilfslinien aufgeteilt und jeder Zuschnitt in einem neuen Bildfenster geöffnet. In folgenden Bereichen ist diese Funktion recht nützlich:

- wenn Sie Gruppenbilder zur Aufteilung in einzelne Porträts verwenden wollen
- für das Bearbeiten von Scans, die mehrere einzelne Fotos enthalten
- im Webbereich, um eine Grafik in mehrere Teile (Slices) zu zerschneiden

Die Hilfslinien werden auf Seite 118, »Hilfslinien einstellen und verwenden«, genauer beschrieben.

▲ **Abbildung 21.24**
Ein alter Scan mit vielen Fotos, die noch aufgeteilt werden müssen. Dank der Hilfslinien, die hier angelegt wurden …

▲ **Abbildung 21.25**
… und der Funktion GUILLOTINE wurden aus diesem Scan schnell sechs einzelne Bilder, die jetzt nur noch jeweils gedreht und zugeschnitten werden müssen.

Kapitel 22
Bildgröße und Auflösung ändern

Den theoretischen Teil zu diesem Thema finden Sie in Abschnitt 4.2, »Bildgröße und Auflösung«. In diesem Kapitel erfahren Sie, wie Sie die absolute und die relative Auflösung für den Bildschirm oder Druck einstellen oder die allgemeine Zeichenfläche vergrößern oder verkleinern.

22.1 Pixelmaße ändern

Bei der »absoluten« Auflösung handelt es sich, wie Sie im Abschnitt »Absolute Auflösung« auf Seite 123 nachlesen können, um die Anzahl der vertikalen und horizontalen Pixel (beispielsweise 3 000 × 2 000) von Bildern. Sie wird für Bilder, die der Anzeige am Bildschirm dienen sollen, bevorzugt.

Die absolute Auflösung eines Bildes (also die Pixelmaße) können Sie über den Menübefehl BILD • BILD SKALIEREN oder mit dem SKALIEREN-Werkzeug anpassen.

Abbildungsgröße auf dem Bildschirm

Mehr zur Darstellung von Bildern auf dem Bildschirm erfahren Sie auf Seite 97, »Abbildungsgröße und Bildausschnitt«.

22.1.1 Pixelmaße ändern über »Bild skalieren«

Den Dialog zum Ändern der Pixelmaße rufen Sie über BILD • BILD SKALIEREN auf. Bei BREITE und HÖHE ❶ (Abbildung 22.1) tragen Sie jetzt die neuen gewünschten Pixelmaße für das Bild ein. Das Kettensymbol ❹ dahinter bedeutet, dass Sie die Proportionen (das Seitenverhältnis) des Bildes nicht verändern können. Sollten Sie BREITE und HÖHE unabhängig voneinander ändern wollen – etwa um das Bild zu strecken –, klicken Sie auf dieses Symbol. Natürlich müssen Sie als Maßeinheit nicht zwangsläufig Pixel (PX) verwenden. Im Dropdown-Menü ❺ hinter HÖHE können Sie auch eine andere Einheit auswählen.

X-/Y-Auflösung

Analog dazu können Sie auch die X-AUFLÖSUNG und die Y-AUFLÖSUNG ❷ ändern. Allerdings haben diese Qualitätsmerkmale nichts mit den Pixelmaßen des Bildes zu tun und sind viel eher für den Druck wichtig. Mehr zur X-/Y-Auflösung erfahren Sie auf Seite 124, »Relative Auflösung«.

Abbildung 22.1 ▶
Der Dialog BILD SKALIEREN

Bild neu berechnen
Wenn Sie die Pixelmaße verändern (englisch *resampling*), wirkt sich die Neuberechnung nicht nur auf die Anzeigegröße aus, sondern auch auf die Druckausgabe und die Bildqualität. Reduzieren Sie die Anzahl der Pixel im Bild (*downscaling*), so werden zugleich Informationen aus dem Bild entfernt. Analog werden beim Vergrößern eines Bildes (*upscaling*) neue Pixel hinzugefügt. Diese neuen Pixel werden aus den Farbwerten der benachbarten Pixel errechnet. Hierbei verliert das Bild an Schärfe. Grundsätzlich gilt, dass eine Skalierung die Qualität eines Bildes immer verschlechtert.

Maßgeblich an der Qualität des skalierten Bildes beteiligt ist die Art der INTERPOLATION ❸, die Sie im Dialog auswählen können. Folgende Interpolationen stehen Ihnen hierfür zur Verfügung:

▶ KEINE: Hier wird keine Interpolation durchgeführt. Einzelne Pixel werden entweder durch Duplizieren oder Weglassen hinzugefügt bzw. entfernt. Diese Option liefert die schlechteste Qualität (skaliert aber am schnellsten).
▶ LINEAR: Diese Interpolation liefert eine mittlere Qualität und liegt zwischen keiner und kubischer Interpolation.
▶ KUBISCH: Die Standardeinstellung und eine gute Lösung mit gutem Ergebnis beim stärkeren Verkleinern. In der Praxis liefern LoHalo oder NoHalo häufig ein besseres Ergebnis zurück als KUBISCH. Allerdings hängt dies auch ein wenig vom Bildmaterial ab.
▶ NoHalo: Diese Skalierungsmethode liefert die besten Ergebnisse, wenn die Größe nicht stark verändert wird, und ist daher ein sehr guter Kandidat für das Drehen oder perspektivische Verzerren. Diese Methode liefert aber auch beim normalen Skalieren ein besseres Ergebnis zurück als KUBISCH.
▶ LoHalo: Reduzieren Sie die Größe auf weniger als die Hälfte der Ursprungsgröße, liefert diese Skalierungsmethode ein wesentlich besseres Ergebnis als KUBISCH.

Zur Demonstration, wie sich eine Interpolation auf ein Bild auswirkt, zeige ich Ihnen drei Abbildungen. In Abbildung 22.2 sehen Sie das Bild ohne eine Skalierung. In Abbildung 22.3 habe ich für die Skalierung eine kubische Interpolation verwendet, und in Abbildung 22.4 erfolgte eine Interpolation mit LoHalo. Zu Demonstration finden Sie in Abbildung 22.5 das Beispiel ohne eine Interpolation. Hierbei muss ich natürlich anmerken, dass ich es hier mit den Einstellungen extrem übertrieben habe, damit Sie den Effekt auch wirklich auf den Fotos erkennen können.

22.1 Pixelmaße ändern

▲ **Abbildung 22.2**
Einfache Wassertropfen auf einem Spinnennetz

▲ **Abbildung 22.3**
Dasselbe Bild wurde mit kubischer Interpolation verkleinert. Auffällig sind hier die zackigen und unruhigen Kanten.

▲ **Abbildung 22.4**
Dieser Ausschnitt wurde mit LoHalo verkleinert und liefert weniger zackige Kanten zurück. Dadurch wirkt das Endergebnis wesentlich ruhiger.

▲ **Abbildung 22.5**
Zur Demonstration noch einmal der Bildausschnitt, bei dem komplett auf eine Interpolation verzichtet wurde

Schritt für Schritt
Bilder strecken

Ein beliebter Effekt ist es, Bilder im unproportionalen Verhältnis von Breite und Höhe zu skalieren, um sie beispielsweise schmaler oder breiter wirken zu lassen. Damit lässt sich quasi eine Weitwinkelaufnahme simulieren.

Kapitel-022/
Hopfensee.jpg

Bild nur einmal skalieren

Anhand der kleinen Bildausschnitte zuvor haben Sie gesehen, dass ein Ändern der Pixelmaße, egal, welche Interpolation Sie verwenden, immer mit Informationsverlusten behaftet ist. Solche Informationen lassen sich nicht mehr nachträglich wiederherstellen. Skalieren Sie daher ein Bild höchstens einmal. Sind Sie mit dem Ergebnis nicht zufrieden, machen Sie den Vorgang rückgängig, und fangen Sie von vorn an.

1 Bild strecken

Öffnen Sie das Bild »Hopfensee.jpg« in GIMP. Rufen Sie BILD • BILD SKALIEREN auf. Wählen Sie als Maßeinheit PROZENTE ❸ aus, und öffnen Sie das Kettensymbol ❷ zwischen BREITE und HÖHE. Bei der Interpolation habe ich mich für NOHALO entschieden. Vergrößern Sie jetzt nur die BREITE ❶ auf 105 bis 110 %, und bestätigen Sie den Dialog mit SKALIEREN.

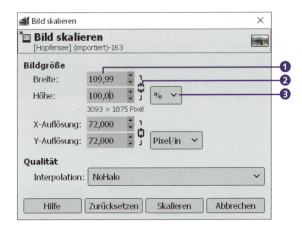

Abbildung 22.6 ▶
Das Kettensymbol müssen Sie deaktivieren, um das Bild unproportional zu skalieren.

2 Nachschärfen

Beim Skalieren verliert das Bild oft ein wenig an Schärfe, weil hier ja Pixel gestreckt oder zusammengestaucht werden. Ein häufiger Arbeitsschritt nach dem Skalieren ist daher ein moderates Schärfen. Im Beispiel wurde hierfür FILTER • VERBESSERN • SCHÄRFEN (UNSCHARF MASKIEREN) mit den Werten 3,000 für RADIUS ❹ und 0,300 für MENGE ❺ verwendet. Bestätigen Sie den Dialog mit OK.

Tipp: Andere Schärfemethode
Alternativ würde sich hierfür auch das Hochpass- oder Lab-Schärfen eignen. Mehr zum Thema Schärfen lesen Sie in Kapitel 27, »Bilder schärfen«.

Abbildung 22.7 ▶
Das skalierte Bild nachschärfen

3 Vorher-nachher-Vergleich
Wenn Sie die Bilder vergleichen, entsteht tatsächlich der Eindruck, als wäre das Resultat in einem anderen Winkel aufgenommen worden.

▲ **Abbildung 22.8**
Links sehen Sie das Ausgangsbild und rechts die gestreckte Version.

22.1.2 Pixelmaße ändern mit »Ebene skalieren«

Wenn Sie mit dem Dialog BILD SKALIEREN die Größe eines Bildes ändern, wirkt sich diese Größenänderung der aktiven Ebene auch auf alle anderen vorhandenen Ebenen aus. Wollen Sie nur die aktive Ebene skalieren, finden Sie über den Menübefehl EBENE • EBENE SKALIEREN das passende Gegenstück dazu. Die Werte der X- und Y-Auflösung für die Druckerauflösung gibt es logischerweise nicht für eine einzelne Ebene. Solche Werte lassen sich nur für das gesamte Bild einstellen.

22.1.3 Pixelmaße ändern mit dem Werkzeug »Skalieren«

Mit dem Werkzeug SKALIEREN (Tastenkürzel ⇧+S) können Sie die Größe von Ebenen, Auswahlen und Pfaden auch mit gedrückter linker Maustaste auf der Ebene, Auswahl oder dem Pfad verändern. Das Werkzeug hat gegenüber dem Menübefehl den Vorteil, dass es einige nützliche Werkzeugeinstellungen bietet.

Alle Ebenen skalieren
Das SKALIEREN-Werkzeug wirkt sich nur auf die aktive Ebene aus. Wollen Sie alle Ebenen bearbeiten, müssen Sie den Befehl BILD • BILD SKALIEREN verwenden.

Verwendung des Werkzeugs | Wenn Sie das Werkzeug ausgewählt haben und ins Bild klicken, erscheint der schwebende Dialog SKALIEREN rechts oben im Bildfenster, mit dem Sie die Einstellungen für HÖHE und BREITE vorgeben. Wollen Sie einen klassischen Dialog daraus machen, müssen Sie auf DIALOG VON LEINWAND ABDOCKEN ❶ klicken. Mit gedrückter linker Maustaste an den Ecken und Seiten können Sie das Bild auch per Maus skalieren. Der skalierte Bereich wird dann in einer Vorschau ange-

Kapitel 22 Bildgröße und Auflösung ändern

▲ **Abbildung 22.9**
Dieser schwebende Dialog öffnet sich, wenn Sie mit aktivem SKALIEREN-Werkzeug in das Bild klicken.

▲ **Abbildung 22.11**
Die Werkzeugeinstellungen des SKALIEREN-Werkzeugs

▲ **Abbildung 22.12**
Eine elliptische Auswahl

zeigt. Mit einem Klick auf die Schaltfläche SKALIEREN wird dann tatsächlich skaliert. Wollen Sie das Bild abhängig vom Seitenverhältnis von Breite und Höhe skalieren, müssen Sie das Kettensymbol ❷ schließen.

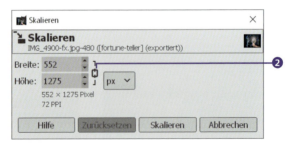

▲ **Abbildung 22.10**
Passt der schwebende Dialog nicht ins Bildfenster oder haben Sie diesen über ❶ abgedockt, erscheint ein klassisches Dialogfenster.

Werkzeugeinstellungen | Da die Werkzeugeinstellungen bei den Transformationswerkzeugen (VEREINHEITLICHTE TRANSFORMATION, DREHEN, SKALIEREN, SCHEREN, ANKERTRANSFORMATION und PERSPEKTIVE) fast identisch sind, werden diese Einstellungen auf Seite 593 im Abschnitt »Werkzeugeinstellungen der Transformationswerkzeuge« beschrieben.

VERHÄLTNIS BEIBEHALTEN ❸ ist eine spezielle Werkzeugeinstellung, die nur beim Werkzeug SKALIEREN vorhanden ist. Wenn Sie davor ein Häkchen setzen, bleibt das Seitenverhältnis von Höhe und Breite konstant, wenn Sie das Bild über die Griffleisten an den Ecken und Seiten mit gedrückter linker Maustaste skalieren. Das Gleiche erreichen Sie auch, wenn Sie während der Verwendung des Werkzeugs die [Strg]/[Cmd]-Taste gedrückt halten.

Schritt für Schritt
Eine Auswahl skalieren

Auch Auswahlen oder Pfade lassen sich skalieren. Ein solches Beispiel soll hier gezeigt werden.

1 Auswahl zum Skalieren auswählen

Öffnen Sie das Bild in GIMP, und wählen Sie mit dem Werkzeug ELLIPTISCHE AUSWAHL ([E]) mit gedrückter linker Maustaste den Rahmen um den Spiegel im Bild aus. Wenn die Auswahl nicht gleich passt, können Sie sie jederzeit über die Griffleisten an den Ecken und Seiten anpassen. Natürlich können Sie auch

22.1 Pixelmaße ändern

eine genauere Auswahl mit anderen Auswahlwerkzeugen und -techniken erstellen, aber für Demonstrationszwecke reicht eine einfache Auswahl aus.

2 Auswahl skalieren

Wählen Sie das Werkzeug SKALIEREN ([Umschalt]+[S]) aus. Achten Sie darauf, dass Sie bei den Werkzeugeinstellungen unter TRANSFORMATION die erste Schaltfläche EBENE ❹ ausgewählt haben. Bei der Einstellung BESCHNEIDUNG verwenden Sie den Wert ANPASSEN ❺. Optional setzen Sie das Häkchen vor VERHÄLTNIS BEIBEHALTEN ❻. Bestätigen Sie die Skalierung mit der Schaltfläche SKALIEREN ❼.

Kapitel-022/
fortune-teller.jpg

▲ **Abbildung 22.13**
Auswahl skalieren

3 Auswahl verankern

Durch das Skalieren wurde eine schwebende Auswahl erzeugt. Öffnen Sie daher den EBENEN-Dialog (beispielsweise mit [Strg]/[Cmd]+[L]), und klicken Sie auf das Ankersymbol ❽, um die schwebende Auswahl mit dem Bild darunter zusammenzufügen.

Diese Art, einzelne Elemente zu skalieren, ist recht nützlich, um einzelne Objekte etwas mehr hervorzuheben.

▲ **Abbildung 22.14**
Schwebende Auswahl verankern

585

▲ **Abbildung 22.15**
Links die Version mit dem Originalbild und rechts das Bild mit dem vergrößerten Bereich

Skalierten Bereich verschieben | Da ja aus einem skalierten Auswahlbereich eine schwebende Auswahl erzeugt wird, können Sie diesen Bereich über den kleinen Mittelpunkt ❶ (Abbildung 22.16) bei Bedarf auch mit gedrückter linker Maustaste verschieben.

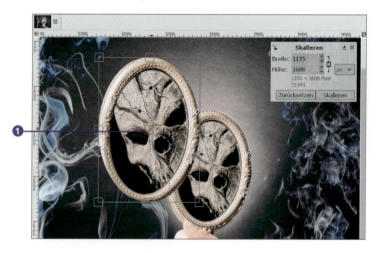

Abbildung 22.16 ▶
Eine Auswahl, die skaliert wird, kann auch verschoben werden.

22.2 Druckgröße bestimmen – relative Auflösung

Die Grundlagen zur relativen Auflösung für den Druckbereich können Sie ab Seite 124 unter »Relative Auflösung« nachlesen. In diesem Abschnitt geht es um den praktischen Teil: Sie erfahren, wie Sie die relative Auflösung ändern und wie Sie eine solche Auflösung auf dem Bildschirm zum Vergleich anzeigen.

22.2.1 Relative Auflösung für den Druck einstellen

Die relative Auflösung für den Druck können Sie theoretisch auch über den Menübefehl BILD • BILD SKALIEREN ändern, über den Sie auch die Pixelmaße bearbeiten können. Allerdings bietet GIMP hierfür einen eigenen und gerade für Einsteiger einfacheren Dialog, den Sie über das Menü BILD • DRUCKGRÖSSE aufrufen.

Über HÖHE und BREITE ❷ stellen Sie den zu druckenden Bereich ein. Standardmäßig ist hier als Maßeinheit Millimeter (MM) vorgegeben. Über die Dropdown-Liste können Sie aber auch andere Einheiten (Zoll, Zentimeter usw.) einstellen. Wollen Sie die Werte unabhängig voneinander ändern (also verzerren), müssen Sie das Kettensymbol ❹ hinter X-AUFLÖSUNG/Y-AUFLÖSUNG deaktivieren. Analog zu HÖHE und/oder BREITE ändert sich auch die X-AUFLÖSUNG und Y-AUFLÖSUNG ❸. Je höher Sie die HÖHE und/oder BREITE setzen, desto geringer wird die X-AUFLÖSUNG/Y-AUFLÖSUNG.

Druckgröße vs. Pixelgröße
Beachten Sie bitte bei allen drei Beispielen, dass hierbei nur die Druckgröße und Auflösung verändert wird. Die Pixelgröße der Bilder bleibt in allen drei Fällen dieselbe. Es ist wichtig, zu verstehen, und kann gar nicht oft genug erwähnt werden, dass die Druckgröße nicht mit der Pixelgröße gleichgesetzt werden darf. Für die Darstellung auf dem Bildschirm ist die Angabe der X-AUFLÖSUNG und Y-AUFLÖSUNG daher bedeutungslos.

◀ **Abbildung 22.17**
Der Dialog zum Ändern der Druckgröße und -auflösung

Andersherum verläuft dies recht ähnlich: Verändern Sie die X-AUFLÖSUNG oder Y-AUFLÖSUNG, verändert sich automatisch auch die HÖHE bzw. BREITE. Je höher Sie die Auflösung setzen, desto kleiner wird die Druckgröße.

◀▲ **Abbildung 22.18**
Das Ausgangsbild mit einer Druckgröße von 92 × 139 Zentimeter und einer Auflösung von 72 dpi. Bei der Ansicht wurde bei allen drei Beispielen die Option PUNKT FÜR PUNKT über das Menü ANSICHT deaktiviert, womit die tatsächliche Druckgröße auf dem Bildschirm angezeigt wird.

Kapitel 22 Bildgröße und Auflösung ändern

◂▴ **Abbildung 22.19**
Hier wurde die Druckgröße auf übertriebene 199 × 300 Zentimeter vergrößert. Allerdings wurde im Gegensatz dazu automatisch die Auflösung für den Drucker auf ca. 33 dpi verringert.

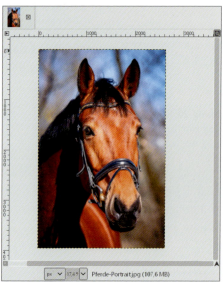

◂▴ **Abbildung 22.20**
Erhöhen Sie hingegen die Auflösung, wie hier beispielsweise auf 200 dpi, kann das Bild mit einer höheren Auflösung gedruckt werden, aber es verringert sich automatisch auch die Druckgröße (hier auf 33 × 50 Zentimeter).

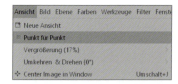

▴ **Abbildung 22.21**
Befindet sich ein Häkchen vor dem Menüeintrag PUNKT FÜR PUNKT, erfolgt die Bildschirmdarstellung nach Pixelmaßen. Ist diese Option deaktiviert, erfolgt die Darstellung in Druckgröße.

22.2.2 Druckgröße auf dem Bildschirm anzeigen (Punkt für Punkt)

Standardmäßig erfolgt bei GIMP die Ausgabe auf dem Bildschirm Pixel für Pixel (was bei GIMP »Punkt für Punkt« genannt wird). Wenn Sie hierbei ein Bild mit einer Zoomstufe von 100 % betrachten, entspricht jedes Pixel des Bildes einem Bildschirmpixel. Für die Bearbeitung von Fotos, Webgrafiken oder Icons ist diese Ansicht natürlich bestens geeignet. Wollen Sie aber wissen, wie es sich auf den Druck auswirkt, wenn Sie zum Beispiel die Auflösung verändert haben, dann müssen Sie diese Ansicht deaktivieren.

Die Ansicht PUNKT FÜR PUNKT schalten Sie über den Menübefehl ANSICHT • PUNKT FÜR PUNKT ein und wieder aus.

22.3 Leinwandgröße (Bildfläche) erweitern

Wollen Sie die Bildfläche (sichtbare Zeichenfläche) an einer oder allen vier Seiten eines Bildes vergrößern (oder auch verkleinern), ohne die Größe des Bildinhalts zu ändern, bietet Ihnen GIMP über den Menübefehl BILD • LEINWANDGRÖSSE einen entsprechenden Dialog an.

Leinwandgröße vs. Skalieren
Um Sie hier jetzt nicht zu verwirren, die Rede ist von der echten Bildfläche bzw. Leinwandgröße des Bildes in Pixel. Über den Dialog LEINWANDGRÖSSE ist es möglich, diese Fläche zu erweitern (oder auch zu verkleinern). Setzen Sie dies also bitte nicht mit BILD SKALIEREN gleich, wo Sie die Bildgröße verändern.

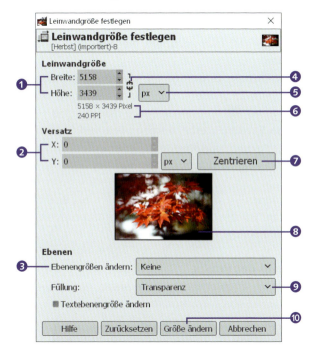

Logische Auflösung
Unabhängig davon, welche Maßeinheit ❺ Sie einstellen, ändert sich die absolute Auflösung des Bildes auch nach der Vergrößerung oder Verkleinerung der Leinwandgröße nicht. Zur Kontrolle finden Sie daher unterhalb der Eingabefelder ❻ HÖHE und BREITE die künftige Größe in PIXEL und die logische Auflösung in PPI.

◄ **Abbildung 22.22**
Der Dialog zum Ändern der Leinwandgröße

Über die Eigenschaften BREITE und HÖHE ❶ geben Sie die gewünschte Leinwandgröße (Bildschirmfläche) ein. Im Dropdown-Menü ❺ neben HÖHE können Sie eine andere Maßeinheit einstellen. Standardmäßig wird hier Pixel (PX) verwendet. Solange das Kettensymbol ❹ zwischen HÖHE und BREITE verknüpft (geschlossen) ist, bleibt das Seitenverhältnis beim Ändern der Größe erhalten. Durch ein Anklicken des Kettensymbols können Sie diese Verknüpfung aufheben.

Mit dem VERSATZ in Richtung X und Y ❷ geben Sie die Position bzw. die Anordnung des aktuellen Bildes auf der neuen Bildfläche an. Der Nullpunkt liegt dabei an der linken oberen Ecke. Außer

Zum Weiterlesen
Mehr Informationen zu den Ebenen erhalten Sie in Teil V des Buches.

mit den Eingabefeldern können Sie den Versatz unter anderem auch durch Anklicken und Ziehen des Vorschaubildes ❽ festlegen. Sehr nützlich ist hierbei auch die Schaltfläche ZENTRIEREN ❼, mit der das Bild horizontal und vertikal zur neuen Leinwandgröße mittig angeordnet wird.

Im Bereich EBENEN legen Sie über das Dropdown-Menü EBENENGRÖSSE ÄNDERN ❸ fest, welche Ebene angepasst wird (falls Sie mehrere Ebenen verwenden). Folgende Einstellungen können Sie hierbei auswählen:

- KEINE (Standardeinstellung): Hier wird keine besondere Ebene verändert, sondern nur die Leinwand.
- ALLE EBENEN: Diese Option erweitert oder reduziert alle Ebenen auf die Leinwandgröße.
- EBENEN IN BILDGRÖSSE: Hier werden nur die Ebenen auf die Leinwandgröße erweitert oder reduziert, die dieselbe Größe wie das Bild haben.
- ALLE SICHTBAREN EBENEN: Es werden nur die eingeblendeten Ebenen auf die Leinwandgröße erweitert oder reduziert, die mit dem Augensymbol 👁 im EBENEN-Dialog markiert sind.
- ALLE VERKNÜPFTEN EBENEN: Hierbei werden all die verknüpften Ebenen auf die Leinwandgröße erweitert oder reduziert, die im EBENEN-Dialog mit dem Kettensymbol ⛓ markiert sind.

Über FÜLLUNG ❾ können Sie den erweiterten Bereich bei Bedarf mit der eingestellten VORDERGRUNDFARBE, HINTERGRUNDFARBE, MUSTER, WEISS oder TRANSPARENZ füllen.

22.3.1 Beispiele in der Praxis

Im Folgenden werde ich Ihnen einige Beispiele zeigen, wie Sie die Bildfläche über die Funktion LEINWANDGRÖSSE ändern.

> **Bild zusammenfügen**
>
> Wenn Sie auf die Schaltfläche GRÖSSE ÄNDERN ❿ klicken und nicht auf den hinzugefügten Bereich zugreifen können, dann sollten Sie das Bild mit BILD • BILD ZUSAMMENFÜGEN bearbeiten. Damit wird der neue Bereich mit dem Bild zu einer Ebene zusammengefasst. Das Gleiche können Sie auch mit einer einzelnen Ebene über EBENE • EBENE AUF BILDGRÖSSE durchführen. Der hinzugefügte Bereich im Bild wird immer mit der eingestellten Hintergrundfarbe gefüllt.

Kapitel-022/Herbst.jpg

Abbildung 22.23 ▶
Das Originalbild mit den Maßen 5 158 × 3 439 Pixel

22.3 Leinwandgröße (Bildfläche) erweitern

▲ **Abbildung 22.24**
Hier wurde das Kettensymbol deaktiviert und nur die Höhe des Bildes erweitert, wodurch ein typischer Filmbalken entstand. Um die Balken sauber mittig zu setzen, wurde das Bild mit der Schaltfläche Zentrieren versetzt. Damit die schwarz eingestellte Hintergrundfarbe auch gleich angezeigt wird, wurde die Option von Ebenengrösse ändern auf Alle Ebenen gestellt. Die eingestellte schwarze Vordergrundfarbe wurde als Wert für Füllung verwendet.

▲ **Abbildung 22.25**
In diesem Beispiel wurde eine zusätzliche Arbeitsfläche in Höhe und Breite mit einer roten Farbe (über Füllung als voreingestellte Vordergrundfarbe) hinzugefügt. Der so entstandene Bilderrahmen wurde zudem zentriert.

Kapitel 22 Bildgröße und Auflösung ändern

▲ **Abbildung 22.26**
Diesmal wurde die Bildfläche links oben dreimal um jeweils 100 Pixel erweitert. Über das Vorschaubild wurde der VERSATZ durch Ziehen nach rechts unten gezogen.

▲ **Abbildung 22.27**
Hier erfolgte ein rechteckiger Zuschnitt. Den Bereich, der zugeschnitten werden soll, müssen Sie in der Bildervorschau anpassen. In der Praxis ist hierfür allerdings das ZUSCHNEIDEN-Werkzeug besser geeignet.

Kapitel 23
Bilder ausrichten und transformieren

Wie es sich für ein perfektes Bildbearbeitungsprogramm gehört, bietet auch GIMP verschiedene Funktionen und Werkzeuge an, um Bilder auf die verschiedensten Arten zu transformieren und auszurichten.

23.1 Die Transformationswerkzeuge

Insgesamt liefert Ihnen GIMP zwölf sogenannte Transformationswerkzeuge, von denen Sie bereits die Werkzeuge AUSRICHTEN, VERSCHIEBEN und ZUSCHNEIDEN näher kennengelernt haben.

Im Gegensatz zu den Malwerkzeugen, wo Eigenschaften wie Farbe und Transparenz eines Pixels bearbeitet werden, werden mit den Transformationswerkzeugen Pixel verschoben. Natürlich auch mit den Nebenwirkungen, dass hierbei Pixel gelöscht oder hinzugefügt werden.

23.1.1 Werkzeugeinstellungen der Transformationswerkzeuge

Die meisten Transformationswerkzeuge wie DREHEN, SKALIEREN, SCHEREN, PERSPEKTIVE, VEREINHEITLICHTE TRANSFORMATION und ANKERTRANSFORMATION haben dieselben Werkzeugeinstellungen, weshalb diese hier in einem Abschnitt zusammengefasst werden. Optionen, die nur für ein spezielles Werkzeug zur Verfügung stehen, werden dort beschrieben, wo das jeweilige Werkzeug vorgestellt wird.

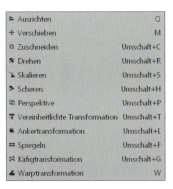

▲ **Abbildung 23.1**
Die Transformationswerkzeuge lassen sich neben dem Werkzeugkasten auch über das Menü WERKZEUGE • TRANSFORMATIONEN aufrufen.

Transformation | Im Bereich TRANSFORMATION stehen Ihnen drei Schaltflächen ❶ zur Verfügung, mit denen Sie einstellen, auf welchen Bereich die Transformation angewendet werden soll:

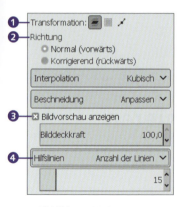

▲ **Abbildung 23.2**
Diese Werkzeugeinstellungen sind beim DREHEN-, SKALIEREN-, SCHEREN-, PERSPEKTIVE-, VEREINHEITLICHTE TRANSFORMATION- und ANKERTRANSFORMATION-Werkzeug vorhanden.

▶ ■: Klicken Sie diese Schaltfläche an, beziehen Sie alle Arbeiten auf die Auswahlen der aktuellen Ebene. Gibt es keine Auswahl, wird die gesamte Ebene transformiert.

▶ ▦: Verwenden Sie diese Schaltfläche, bezieht sich das aktive Werkzeug nur auf die Auswahl selbst – genauer, auf die schwarz-weiße Umrisslinie der Auswahl. Der Bildinhalt bleibt, im Gegensatz zu ■, unberührt. Gibt es im Bild keine Auswahl, wirkt das Werkzeug auf die ganze Ebene (aber nach wie vor, ohne den Inhalt zu verändern).

▶ ✎: Wenn Sie diese Schaltfläche aktivieren, können Sie nur Pfade transformieren.

Richtung | Im Bereich RICHTUNG ❷ stellen Sie mit den beiden Optionen NORMAL (VORWÄRTS) und KORRIGIEREND (RÜCKWÄRTS) ein, wie das Bild, einzelne Ebenen, Auswahlen oder Pfade transformiert werden sollen.

◀ **Abbildung 23.3**
Das Ausgangsbild, mit dem die beiden Optionen NORMAL (VORWÄRTS) und KORRIGIEREND (RÜCKWÄRTS) demonstriert werden

Die Option NORMAL (VORWÄRTS) arbeitet erwartungsgemäß: Wenn Sie damit ein Bild mit Hilfe der Griffpunkte transformieren und diese Transformation ausführen, wird das Bild transformiert. Ob Sie von der rmation eine Bildvorschau sehen oder nur die eingestellten HILFSLINIEN ❹ allein, hängt davon ab, ob Sie ein Häkchen vor BILDVORSCHAU ANZEIGEN ❸ gesetzt haben.

▲ **Abbildung 23.4**
Diese Ebene wird gerade mit dem DREHEN-Werkzeug und der Option NORMAL (VORWÄRTS) gedreht. Dass hier eine Vorschau zu sehen ist, ist dem Häkchen vor BILDVORSCHAU ANZEIGEN ❸ zu verdanken.

▲ **Abbildung 23.5**
Das Ergebnis nach der Drehung, wie man es erwartet hätte (und nach dem Befehl BILD • LEINWAND AN EBENEN ANPASSEN, um die komplette Ebene anzuzeigen)

23.1 Die Transformationswerkzeuge

Die zweite Option, KORRIGIEREND (RÜCKWÄRTS), ist zunächst etwas verwirrend und eignet sich eher, wenn Sie das Raster oder, genauer, die eingestellten HILFSLINIEN ❺ als Vorschau für die Transformierung verwenden, um Bilder zu korrigieren, die nicht korrekt ausgerichtet sind. Praktischerweise können Sie hierzu über den darunterliegenden Schieberegler ❻ die Anzahl oder auch den Abstand der Rasterlinien anpassen. Alternativ können Sie aber auch bei den HILFSLINIEN dieselben Optionen wie beim ZUSCHNEIDEN-Werkzeug ▫ verwenden (beispielsweise GOLDENER SCHNITT, DRITTELREGEL usw.).

Scans und Bilder ausrichten
Die Option KORRIGIEREND (RÜCKWÄRTS) ist nützlich, um Scans und Bilder zu korrigieren, die schief eingescannt bzw. aufgenommen wurden.

◄ **Abbildung 23.6**
Um die Option KORRIGIEREND (RÜCKWÄRTS) sinnvoll zu verwenden, müssen Sie ein paar Vorkehrungen bei den Werkzeugeinstellungen treffen.

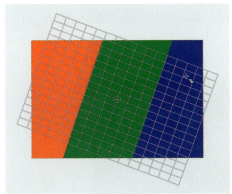

▲ **Abbildung 23.7**
Diese Ebene wird nochmals mit dem DREHEN-Werkzeug gedreht, aber diesmal mit der Option KORRIGIEREND (RÜCKWÄRTS). Zuvor wurden noch die entsprechenden Einstellungen beim DREHEN-Werkzeug vorgenommen. Hierbei wird das Raster an den schrägen Linien des Bildes ausgerichtet und damit vorgegeben, was später im Bild gerade sein soll …

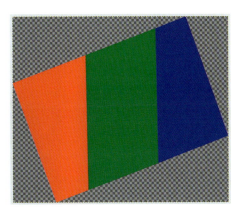

▲ **Abbildung 23.8**
… wodurch die senkrechten Linien nach der Drehung recht ordentlich ausgerichtet wurden.

Interpolation | Mit der INTERPOLATION legen Sie die Qualität der Transformierung, genauer, die Interpolationsmethode fest. Die einzelnen Methoden wie KEINE, LINEAR, KUBISCH, NOHALO und LOHALO wurden bereits auf Seite 579, »Pixelmaße ändern über ›Bild skalieren‹«, ausführlich beschrieben.

Beschneidung | Über die BESCHNEIDUNG geben Sie an, wie das Element nach der Transformierung zugeschnitten werden soll. Hierbei können Sie zwischen folgenden Methoden wählen:

▶ ANPASSEN: Damit wird die Ebenengröße auf den kompletten Inhalt angepasst, damit alles hineinpasst. Allerdings müssen Sie die Leinwandgröße anschließend noch selbst über BILD • LEINWAND AN EBENEN ANPASSEN ändern, wenn Sie das gesamte Bild sehen wollen.

Abbildung 23.9 ▶
Das Bild wurde mit der Option ANPASSEN mit dem Werkzeug DREHEN in eine Trapezform gebracht. Dass die Ebene größer als die Leinwand ist, erkennen Sie an den transparenten Rändern des gelb-schwarzen Umrisses.

Abbildung 23.10 ▶
Das Gleiche nochmals, nur wurde hier noch der Befehl LEINWAND AN EBENEN ANPASSEN verwendet, womit die komplette Ebene sichtbar wird.

▶ BESCHNEIDEN: Die Ebenengröße ändert sich hiermit nicht, sondern der transformierte Inhalt wird an den überstehenden Ecken beschnitten.

◂ **Abbildung 23.11**
Hier wurde die Ebene mit der Option BESCHNEIDEN mit dem DREHEN-Werkzeug gedreht, wodurch die Ecken des Bildes beschnitten wurden.

▸ AUF ERGEBNIS BESCHNEIDEN: Hierbei handelt es sich um das Gegenstück zu ANPASSEN. Eine Transformation mit dieser Option beschneidet die leeren Bereiche an den Kanten.

◂ **Abbildung 23.12**
Hier wurde die Option AUF ERGEBNIS BESCHNEIDEN mit dem DREHEN-Werkzeug angewendet. Im Gegensatz zur Option ANPASSEN wurde hier nicht das Bild um die überstehenden Ecken erweitert, sondern anhand der leeren Bereiche beschnitten.

▸ AUF SEITENVERHÄLTNIS BESCHNEIDEN: Dabei handelt es sich um eine weitere Form des Befehls AUF ERGEBNIS BESCHNEIDEN, nur dass hiermit das Seitenverhältnis von Höhe und Breite der Ebenen nicht verändert wird.

Vorschau | Wenn Sie ein Häkchen vor BILDVORSCHAU ANZEIGEN ❶ setzen, wird die Transformation auch direkt im Bildfenster angezeigt. Natürlich belastet diese Option den Rechner mehr. Wenn Sie ein Häkchen vor BILDVORSCHAU ANZEIGEN gesetzt haben, können Sie zusätzlich noch über den Schieberegler BILDDECKKRAFT ❷ festlegen, mit welcher Deckkraft die Transformation über dem Originalbild angezeigt werden soll. Standardmäßig wird hier mit dem Wert 100 die volle Deckkraft verwendet. Je niedriger dieser Wert ist, desto mehr scheint das Originalbild darunter hervor.

▴ **Abbildung 23.13**
Bildvorschau und Hilfslinien bei der Transformation einstellen

▲ **Abbildung 23.14**
Hier ist das PERSPEKTIVE-Werkzeug im Einsatz, und es wurde die Option BILDVORSCHAU ANZEIGEN ❶ aktiviert.

▲ **Abbildung 23.15**
Dasselbe nochmals, nur wurde hier die Option BILDVORSCHAU ANZEIGEN ❶ deaktiviert.

▲ **Abbildung 23.16**
Verschiedene HILFSLINIEN ❸ stehen Ihnen zur Auswahl.

Egal, ob Sie nun ein Häkchen vor BILDVORSCHAU ANZEIGEN gesetzt haben oder nicht, die ausgewählten HILFSLINIEN ❸ werden immer bei der Transformation angezeigt. Standardmäßig ist hier die Option ANZAHL DER LINIEN aktiviert. Die entsprechende Anzahl können Sie dann selbstverständlich im Schieberegler ❹ darunter noch anpassen.

Neben der Anzahl der Linien finden Sie hier noch viele weitere Optionen vor, die Sie zum Teil vom ZUSCHNEIDEN-Werkzeug her kennen.

▲ **Abbildung 23.17**
Hier wurde GOLDENER SCHNITT als HILFSLINIE mit aktiver Bildvorschau verwendet.

▲ **Abbildung 23.18**
Hier wurde für HILFSLINIEN ein LINIENABSTAND von gleichmäßigen 128 Pixel verwendet.

Da Sie jetzt die allgemeinen Werkzeugoptionen der Transformationswerkzeuge DREHEN, SKALIEREN, SCHEREN, PERSPEKTIVE, VEREINHEITLICHTE TRANSFORMATION und ANKERTRANSFORMATION kennen, möchte ich noch ein wenig auf die einzelnen Werkzeuge eingehen.

23.1.2 Drehen

Mit dem Werkzeug DREHEN ([⇧]+[R]) können Sie eine Ebene, eine Auswahl oder einen Pfad drehen. Das Werkzeug wird gerne zum Ausrichten von Bildern verwendet, um beispielsweise den Horizont zu begradigen. Wir werden das Werkzeug in Abschnitt 23.2, »Bilder gerade ausrichten mit dem Drehen-Werkzeug«, ausführlich kennenlernen.

23.1.3 Scheren

Mit dem Werkzeug SCHEREN ([⇧]+[H]) können Sie Ebenen, Auswahlen oder Pfade scheren. Beim Scheren wird das Bild in eine Richtung geneigt, wodurch ein Trapez entsteht. Wenn Sie mit dem Werkzeug in das Bildfenster klicken, erscheint auch hier wieder ein Dialogfenster, über das Sie die Scherneigung für X ❻ (horizontale Verschiebung) oder Y ❼ (vertikale Verschiebung) eingeben und mit der Schaltfläche SCHEREN ❽ die Transformation durchführen. Natürlich können Sie die Scherung auch mit gedrückter linker Maustaste im Bildfenster ausführen. Die restlichen Werkzeugeinstellungen entsprechen wieder exakt den Beschreibungen ab Seite 593 unter »Werkzeugeinstellungen der Transformationswerkzeuge«.

Scherung nur in eine Richtung
Es ist nicht möglich, eine Scherung in die Richtungen X und Y gleichzeitig durchzuführen. Hierfür müssen Sie das Werkzeug zweimal verwenden.

▲ **Abbildung 23.19**
Das Informationsfenster wird während des Scherens angezeigt. Hier können Sie auch manuell Werte eingeben. Ausgeführt wird die Scherung mit der Schaltfläche SCHEREN. Über die kleine Schaltfläche rechts oben ❺ können Sie …

▲ **Abbildung 23.20**
… den Dialog von der Leinwand abdocken und ein klassisches Dialogfenster verwenden.

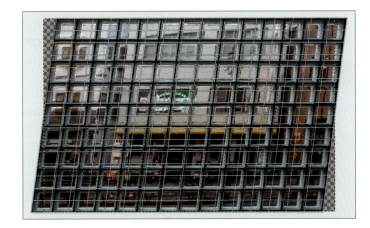

Abbildung 23.21 ▶
Das SCHEREN-Werkzeug bei der Ausführung

Transformationsmatrix

In den drei Zeilen des PERSPEKTIVE-Dialogs wird eine Matrix aus drei Zeilen und drei Spalten angezeigt. Ich denke mir aber, Sie werden Verständnis dafür haben, dass in einem solchen Buch jetzt keine mathematischen Vorträge zu einer 3 × 3-Faltungsmatrix folgen.

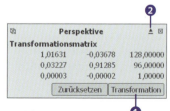

▲ **Abbildung 23.22**
Der Dialog zur Information der Perspektivenverzerrung (genannt TRANSFORMATIONSMATRIX), der sich ebenfalls über das kleine Icon ❷ rechts oben abdocken lässt

23.1.4 Perspektive

Mit dem Werkzeug PERSPEKTIVE 🔳 (⇧+P) verzerren Sie Ebenen, Auswahlen oder Pfade. Klicken Sie mit aktivem Werkzeug auf die Ebene, Auswahl oder den Pfad, erscheint, abhängig von der Werkzeugeinstellung VORSCHAU, ein Umriss oder Gitter mit vier Griffpunkten um die Auswahl oder die ganze Ebene herum. Anhand dieser Griffpunkte können Sie das Bild jetzt mit gedrückter linker Maustaste verzerren. Wie auch bei den anderen Werkzeugen erscheint hier ein Dialogfenster mit den Informationen zur Verzerrung (in diesem Fall eine Transformationsmatrix). Wenn Sie mit dem Verzerren der Perspektive fertig sind, klicken Sie die Schaltfläche TRANSFORMATION ❶ an, um die Manipulation durchzuführen. Wir werden das Werkzeug auf Seite 613, »Verzerren mit dem Perspektive-Werkzeug«, noch näher kennenlernen.

Die Werkzeugeinstellungen entsprechen wieder exakt den Beschreibungen auf Seite 593, »Werkzeugeinstellungen der Transformationswerkzeuge«.

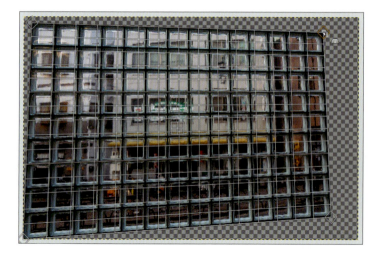

◀ **Abbildung 23.23**
Das PERSPEKTIVE-Werkzeug im Einsatz

Das ANKERTRANSFORMATION-Werkzeug wurde in GIMP 2.10 neu hinzugefügt.

23.1.5 Ankertransformation

Mit dem ANKERTRANSFORMATION-Werkzeug 🔳 (⇧+L) können Sie Ebenen, Auswahlen oder Pfade verschieben, drehen, scheren, skalieren oder die Perspektive ändern, indem Sie dafür Ankerpunkte anbringen. Hierfür können Sie 1 bis 4 Ankerpunkte anbringen. Entsprechend der Anzahl der Ankerpunkte erhält auch der Mauscursor ein passendes Symbol, wenn Sie über einen der Ankerpunkte damit stehen, womit angezeigt wird, welche Aktion Sie ausführen können, wenn Sie eine Transformation mit gedrückt gehaltener Maustaste durchführen.

23.1 Die Transformationswerkzeuge

▲ Abbildung 23.24
Auswahl oder Ebene verschieben (ein Ankerpunkt)

▲ Abbildung 23.25
Drehen oder Skalieren (zwei Ankerpunkte)

▲ Abbildung 23.26
Scheren oder Skalieren (drei Ankerpunkte)

▲ Abbildung 23.27
Perspektive anpassen oder Skalieren (vier Ankerpunkte)

▲ Abbildung 23.28
Das Plussymbol symbolisiert, dass Sie per Klick einen Ankerpunkt anlegen können.

▲ Abbildung 23.29
Mit gehaltener ⇧-Taste auf dem Ankerpunkt erscheint das Verschieben-Symbol.

▲ Abbildung 23.30
Und hier wird die Taste Strg/Cmd gehalten, womit Sie einen Ankerpunkt entfernen können.

▲ Abbildung 23.31
Werkzeugeinstellungen vom ANKERTRANSFORMATION-Werkzeug

Einen Ankerpunkt anlegen können Sie, indem Sie mit der linken Maustaste an der gewünschten Position klicken. Mit gehaltener ⇧-Taste und gedrückt gehaltener Maustaste können Sie den Ankerpunkt verschieben, und wenn Sie ihn mit gehaltener Strg/Cmd-Taste anklicken, wird der entsprechende Punkt entfernt. Den entsprechenden ANKER-MODUS ❸ finden Sie auch bei den Werkzeugeinstellungen vor. Alle anderen Werkzeugeinstellungen entsprechen denen, die schon auf Seite 593, »Werkzeugeinstellungen der Transformationswerkzeuge«, beschrieben wurden.

Auch hierbei erscheint ein Dialogfenster mit den Informationen zur Verzerrung (hier eine Transformationsmatrix). Wenn Sie mit der Transformation des Werkzeugs fertig sind, klicken Sie die Schaltfläche TRANSFORMATION ❹ an, um diese durchzuführen.

◀ Abbildung 23.32
Der Informationsdialog zur Transformation mit dem ANKERTRANSFORMATION-Werkzeug

Ein Ankerpunkt (Verschieben) | Wenn Sie einen Ankerpunkt anlegen, können Sie die komplette Ebene oder Auswahl verschieben. In Abbildung 23.33 wurde ein einzelner Ankerpunkt ❶ angelegt und mit gedrückter Maustaste, wie in Abbildung 23.34 zu sehen ist, verschoben. Der Hintergrund der frei gewordenen Fläche wird entweder transparent, wenn die Ebene einen Alphakanal hat, oder mit der eingestellten Hintergrundfarbe gefüllt.

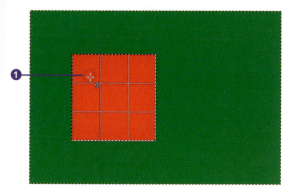

▲ Abbildung 23.33
Hier wurde ein Ankerpunkt ❶ hinzugefügt …

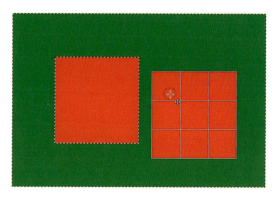

▲ Abbildung 23.34
… und mit gedrückt gehaltener Maustaste verschoben.

Zwei Ankerpunkte (Skalieren und Drehen) | Wenn Sie zwei Ankerpunkte angelegt haben, wie in Abbildung 23.35 mit ❷ und ❸ zu sehen ist, dann können Sie die Ebene oder (hier) Auswahl entsprechend des anderen Ankerpunkts drehen. Auch ein proportionales Skalieren der Ebene bzw. Auswahl ist hiermit möglich.

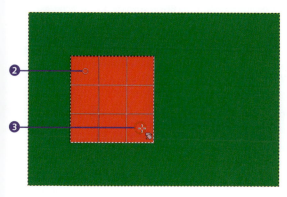

▲ Abbildung 23.35
Hier wurden mit ❷ und ❸ zwei Ankerpunkte angelegt …

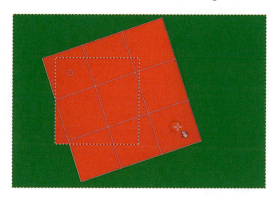

▲ Abbildung 23.36
… womit sich die Auswahl drehen und proportional skalieren lässt.

Drei Ankerpunkte (Scheren und Skalieren) | Mit drei Ankerpunkten, wie in Abbildung 23.37 zu sehen ist, können Sie die Ebene oder Auswahl scheren und skalieren. Hierbei bleiben beim Skalieren die Proportionen allerdings nicht mehr bestehen, wie dies bei zwei Ankerpunkten noch der Fall gewesen ist.

23.1 Die Transformationswerkzeuge

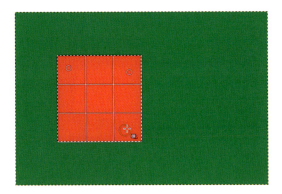

▲ Abbildung 23.37
Hier wurden drei Ankerpunkte angelegt …

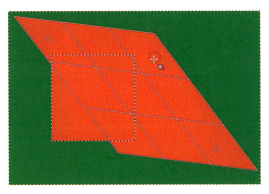

▲ Abbildung 23.38
… wodurch sich die Auswahl scheren und unproportional skalieren lässt.

Vier Ankerpunkte (Perspektive und Skalieren) | Mit vier Ankerpunkten können Sie diese Punkte dann zum Ändern der Perspektive und Skalieren verwenden. Die Proportionen werden auch hierbei beim Skalieren nicht mehr eingehalten.

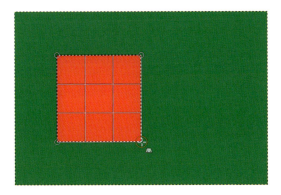

▲ Abbildung 23.39
Hier wurden alle vier möglichen Ankerpunkte an der Auswahl angebracht …

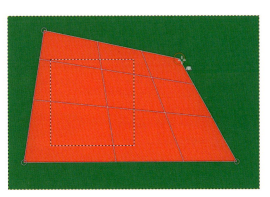

▲ Abbildung 23.40
… wodurch diese in der Perspektive geändert und beliebig skaliert werden kann.

23.1.6 Spiegeln

Das Werkzeug SPIEGELN ([icon]) ([⇧]+[F]; »f« für *flip*) dient dazu, eine Ebene, Auswahl oder einen Pfad horizontal zu spiegeln. Die Anwendung ist relativ einfach: Klicken Sie einfach mit dem aktiven Werkzeug in das Bild, und abhängig von der Werkzeugeinstellung RICHTUNG ❺ – die entweder HORIZONTAL oder VERTIKAL eingestellt ist – wenden Sie die Transformation auf Ebenen, Auswahlen und Pfade an (abhängig von WIRKT AUF ❹). Alternativ wechseln Sie zur jeweils anderen Richtung, indem Sie während der Verwendung des Werkzeugs die [Strg]/[Cmd]-Taste gedrückt halten.

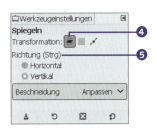

▲ Abbildung 23.41
Werkzeugeinstellungen für das SPIEGELN-Werkzeug

▲ Abbildung 23.42
Bild horizontal gespiegelt. Sie erkennen es am spiegelverkehrten Text.

▲ Abbildung 23.43
Hier wurde das Bild vertikal gespiegelt. Das kann recht nützlich sein, wenn man eine Wasserspiegelung oder einen Schatten auf einer neuen Ebene erzeugen will.

23.1.7 Skalieren

Mit dem Werkzeug SKALIEREN ([⇧]+[S]) verändern Sie die Größe einer Ebene, einer Auswahl oder eines Pfades. Im Buch wurde das Werkzeug bereits auf Seite 583, »Pixelmaße ändern mit dem Werkzeug ›Skalieren‹«, ausführlich beschrieben.

23.1.8 Vereinheitlichtes Transformationswerkzeug

VEREINHEITLICHTES TRANSFORMATIONSWERKZEUG wurde in GIMP 2.10 neu hinzugefügt.

VEREINHEITLICHTES TRANSFORMATIONSWERKZEUG ([⇧]+[T]) ist genau das, wonach es sich auch anhört: eine Kombination der Werkzeuge VERSCHIEBEN, SKALIEREN, DREHEN, SCHEREN und PERSPEKTIVE in einem Werkzeug verpackt. Im Gegensatz zu den Single-Gegenstücken können Sie hiermit eine oder mehrere (auch alle) dieser Optionen kombinieren und erhalten damit praktisch unendlich viele Möglichkeiten zur Transformation. Wenn Sie das Werkzeug auswählen und damit auf die Ebene oder Auswahl klicken, erscheinen verschiedene Griffpunkte an den Kanten, deren Bedeutung mit einem zusätzlichen Symbol angezeigt wird, wenn Sie mit dem Mauscursor über einen der Griffpunkte stehen. Wenn Sie sich nicht sicher sind, welche Transformation welcher Griffpunkt bewirkt, hilft ein Blick in die Statusleiste weiter.

▲ Abbildung 23.44
Mit dem Rautensymbol können Sie scheren.

▲ Abbildung 23.45
Mit dem Viereck an den Ecken hingegen können Sie skalieren.

▲ Abbildung 23.46
Mit der Raute im Viereck an den Ecken können Sie die Perspektive anpassen.

▲ Abbildung 23.47
Mit den Vierecksymbolen (ohne Raute) an den Seiten können Sie ebenfalls skalieren.

23.1 Die Transformationswerkzeuge

▲ **Abbildung 23.48**
Gehen Sie mit dem Mauscursor innerhalb des Transformationsrahmens, können Sie den Bereich verschieben.

▲ **Abbildung 23.49**
Außerhalb des Transformationsrahmens können Sie diesen drehen.

▲ **Abbildung 23.50**
Damit können Sie den Drehpunkt verschieben.

Werkzeugeinstellungen | Der obere Teil der Werkzeugeinstellungen entspricht demselben, der schon auf Seite 593, »Werkzeugeinstellungen der Transformationswerkzeuge«, beschrieben wurde. Im Bereich BESCHRÄNKUNG ❶ finden Sie sehr hilfreiche Funktionen, womit Sie die einzelnen Transformationen etwas eingeschränkter verwenden können. Halten Sie die ⇧-Taste gedrückt, während Sie eine beliebige Transformation mit dem Werkzeug durchführen, sind alle nicht aktivierten Beschränkungen aktiviert und die aktivierten deaktiviert. Damit machen Sie praktisch eine Umkehrung der Beschränkungen. Hierzu eine Übersicht darüber, was Sie mit den einzelnen Beschränkungen machen können, wenn sie aktiviert sind:

- VERSCHIEBEN: Damit beschränken Sie das Verschieben aus dem Mittelpunkt heraus im 45°-Winkel.
- SKALIEREN: Wenn Sie diese Option aktivieren, bleibt beim Skalieren das Seitenverhältnis erhalten.
- DREHEN: Damit ist nur noch ein Drehen in 15°-Schritten möglich.
- SCHEREN: Schränkt das Scheren entlang der Kantenrichtung ein.
- PERSPEKTIVE: Damit schränken Sie das Anpassen der Perspektive auf die Kanten und Diagonalen ein.

Mit den Optionen VON PIVOT ❷ können Sie Transformationen wie SKALIEREN, SCHEREN und PERSPEKTIVE anhand des Drehpunkts beschränken. Hier können Sie diese Beschränkung mit gehaltener ⌃/⌘-Taste umkehren. Die Bedeutung hier, wenn aktiviert:

- SKALIEREN: Vom Drehpunkt aus skalieren.
- SCHEREN: Gegenüberliegende Ecke um denselben Wert scheren.
- PERSPEKTIVE: Vom Drehpunkt aus skalieren. Die Position des Drehpunkts bleibt dabei fixiert.

Am Ende der Werkzeugeinstellungen finden Sie noch zwei Optionen ❸, welche den Drehpunkt (Pivot) betreffen. Mit EINRASTEN sorgen Sie dafür, dass der Drehpunkt in der Mitte oder an den

▲ **Abbildung 23.51**
Werkzeugeinstellungen für VEREINHEITLICHTE TRANSFORMATION

Ecken einrastet, wenn Sie ihn verschieben. Die SPERRE vom Drehpunkt spricht für sich selbst.

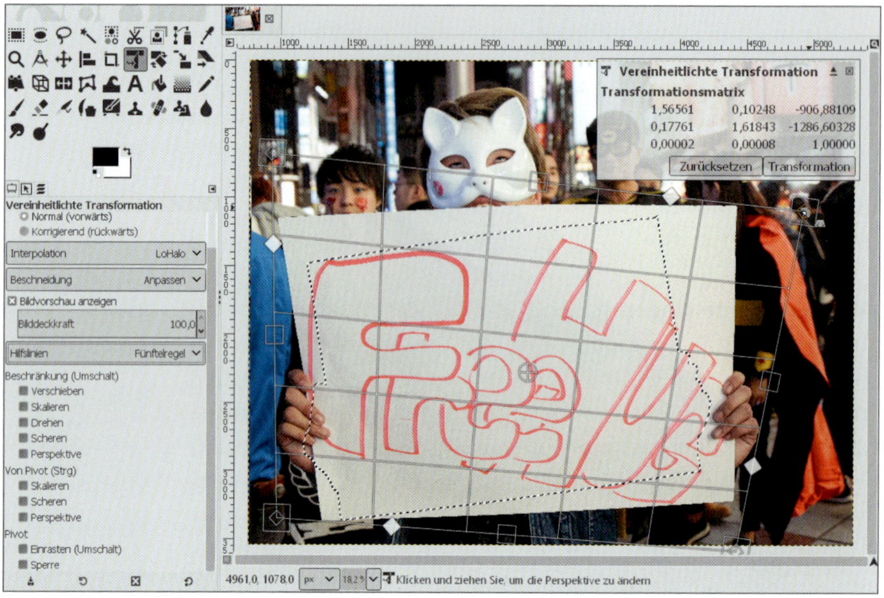

Abbildung 23.52 ▲
Das Werkzeug VEREINHEITLICHTE TRANSFORMATION ist extrem vielseitig und einfach zu bedienen.

23.1.9 Käfigtransformation und Warptransformation

Die beiden Werkzeuge KÄFIGTRANSFORMATION und WARPTRANSFORMATION verwenden, im Gegensatz zu den vorher erwähnten Transformationswerkzeugen, nicht die Werkzeugeinstellungen, die auf Seite 593, »Werkzeugeinstellungen der Transformationswerkzeuge«, beschrieben wurden. Trotzdem seien sie hier der Vollständigkeit halber schon mal aufgelistet. Die Werkzeuge werden noch gesondert behandelt und beschrieben, wenn es um das Verzerren von Bildern in Abschnitt 23.4, »Bild durch Verzerren korrigieren«, geht.

23.2 Bilder gerade ausrichten mit dem Drehen-Werkzeug

Weitere Werkzeuge
Natürlich können Sie auch die universelleren Transformationswerkzeuge ANKERTRANSFORMATION oder VEREINHEITLICHTE TRANSFORMATION verwenden, um Ihre Bilder gerade zu richten.

Ein Bild gerade auszurichten ist ein häufiger Arbeitsschritt in der digitalen Bildbearbeitung. Denn nicht immer gelingt es, die Kamera gerade zu halten. Für solche und weitere Zwecke bietet GIMP das DREHEN-Werkzeug (Tastenkürzel ⇧+R) an, mit dem Sie Bilder, Ebenen, Auswahlen und Pfade beliebig drehen.

Werkzeug anwenden | Wenn Sie das Werkzeug ausgewählt haben und in das Bild, die Ebene, die Auswahl oder den Pfad klicken, erscheint ein Dialog mit den Drehinformationen. Darin stellen Sie über ein Zahlenfeld ❷ oder den Schieberegler ❸ den WINKEL ein, um den Sie das Bild drehen wollen. Mit den beiden Zahlenwerten ❹ ZENTRUM X und ZENTRUM Y legen Sie den Mittelpunkt ❺ im Bild fest, um den gedreht werden soll. Über das kleine Symbol rechts oben ❶ können Sie den schwebenden Dialog von der Leinwand abdocken.

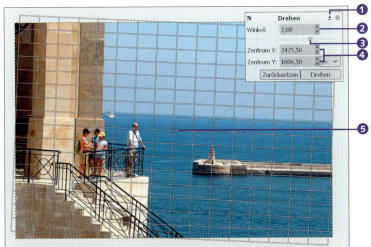

◀ **Abbildung 23.53**
Der Dialog mit den Drehinformationen

Natürlich können Sie ein Bild auch ohne den Dialog drehen, indem Sie im Bild mit gedrückter linker Maustaste ziehen. Auch den Rotationspunkt ❺ in der Mitte können Sie hier mit gedrückter Maustaste verschieben.

Werkzeugeinstellungen | Die mit den übrigen Transformationswerkzeugen identischen Werkzeugeinstellungen werden auf Seite 593, »Werkzeugeinstellungen der Transformationswerkzeuge«, beschrieben. Nur die Einstellung 15 GRAD (UMSCHALT) ❻ ist eine spezielle Option des DREHEN-Werkzeugs. Damit schränken Sie die Rotation auf 15°-Schritte ein. Dasselbe erreichen Sie auch, wenn Sie mit gedrückter linker Maustaste das Bild drehen und dabei die ⇧-Taste drücken.

▲ **Abbildung 23.54**
Die Werkzeugeinstellungen des DREHEN-Werkzeugs

Schritt für Schritt
Horizont gerade ausrichten

Häufig ist der Horizont im Bild nicht ganz gerade. Was unser Auge automatisch ausgleichen kann, schafft die Kamera leider nicht. Zum Glück bietet GIMP aber auch hier die geeigneten Werkzeuge.

Kapitel-023/Schiefer-Horizont.jpg

Kapitel 23 Bilder ausrichten und transformieren

Raster verwenden

Anstatt den Winkel mit dem MASS-BAND zu messen, können Sie auch die Werkzeugeinstellung VOR-SCHAU des DREHEN-Werkzeugs auf RASTER stellen und das Bild anhand des Rasters ausrichten.

1 Bild messen

Laden Sie das Bild in GIMP, wählen Sie das MASSBAND ([⇧]+[M]), und aktivieren Sie die Werkzeugeinstellung INFO-FENSTER VERWENDEN ❶. Suchen Sie jetzt im Bild auf der linken Seite am Ende des Horizonts zwischen Himmel und Meer einen Punkt ❸, ziehen Sie die Maus mit gedrückter linker Maustaste auf die rechte Seite, und wählen Sie dort auch einen Punkt ❹ am Ende des Horizonts zwischen Himmel und Meer. Die Angabe unter WINKEL ❷ im Info-Fenster (oder in der Statusleiste) ist der Wert, den wir benötigen (hier 2,53°).

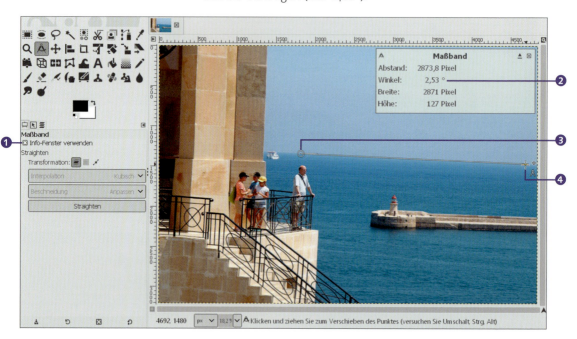

▲ **Abbildung 23.55**
Schieflage des Bildes messen

2 Bild gerade ausrichten

Verwenden Sie jetzt das DREHEN-Werkzeug ([⇧]+[R]), und stellen Sie bei den Werkzeugeinstellungen unter BESCHNEIDUNG ❺ (Abbildung 23.56) die Option AUF SEITENVERHÄLTNIS BESCHNEIDEN ein, damit das Bild auch gleich automatisch mit denselben Proportionen beschnitten wird. Alternativ können Sie natürlich das Bild auch nachträglich mit dem ZUSCHNEIDEN-Werkzeug beschneiden. Klicken Sie jetzt mit dem Werkzeug in das Bild, und geben Sie den in Schritt 1 ermittelten WINKEL im gleichnamigen Zahlenfeld ❻ ein (im Beispiel −2,53). Bestätigen Sie den Dialog mit DREHEN ❼.

23.2 Bilder gerade ausrichten mit dem Drehen-Werkzeug

◄ **Abbildung 23.56**
Bild gerade ausrichten

Jetzt rufen Sie noch BILD • AUF INHALT BESCHNEIDEN auf, und Sie haben das Bild exakt horizontal begradigt und automatisch in Form gebracht.

◄ **Abbildung 23.57**
Links die Originalversion und rechts das mit dem DREHEN-Werkzeug gerade ausgerichtete Bild

23.2.1 Bilder mit dem Maßband gerade ausrichten

Bezogen auf die Schritt-für-Schritt-Anleitung im Abschnitt zuvor, hätten Sie sich den Wechsel zum DREHEN-Werkzeug auch sparen und das Bild gleich mit dem MASSBAND-Werkzeug (⇧+M) und den entsprechenden Werkzeugeinstellungen ge-

Abbildung 23.58 ▼
Gerade ausrichten ist auch mit dem MASSBAND-Werkzeug möglich und erspart den Umweg zum DREHEN-Werkzeug.

rade ausrichten können. Wenn Sie hierbei nämlich den Winkel von der Schiefe des Horizonts mit Hilfe der zwei Punkte ausmessen, finden Sie bei den Werkzeugeinstellungen eine Schaltfläche AUSRICHTEN ❶, womit das Bild anhand der mit dem MASSBAND-Werkzeug erstellten Linien gerade ausgerichtet wird. Auch die Einstellung der INTERPOLATION und der BESCHNEIDUNG finden Sie hier gleich mit vor.

23.2.2 Befehle zum Drehen von Bildern

Neben den Transformationswerkzeugen bietet GIMP natürlich auch einfache Befehle zum Drehen von Bildern an. Sie erreichen diese Befehle über das Menü BILD • TRANSFORMATION.

Hier finden Sie mit HORIZONTAL SPIEGELN und VERTIKAL SPIEGELN auch zwei Möglichkeiten, das komplette Bild zu spiegeln. Beachten Sie allerdings, dass mit diesen Befehlen alle Ebenen entsprechend gespiegelt werden. Wollen Sie nur die aktive Ebene spiegeln, finden Sie dieselben Befehle auch im Menü EBENE • TRANSFORMATION wieder; allerdings berücksichtigen diese Befehle wiederum keine Auswahlen und Pfade. Wollen Sie nur die aktuelle Ebene, Auswahl oder einen Pfad spiegeln, sollten Sie daher auf das Werkzeug SPIEGELN 🔳 (⇧+F) zurückgreifen.

Mit den klassischen Befehlen UM 90° IM UHRZEIGERSINN DREHEN, UM 90° GEGEN DEN UHRZEIGERSINN DREHEN und UM 180° DREHEN rotieren Sie das Bild entsprechend. Diese Befehle werden häufig verwendet, wenn Sie beispielsweise mit einer Digitalkamera vertikal fotografiert haben und das Bild auf der Seite steht.

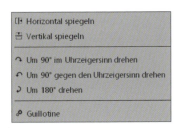

▲ **Abbildung 23.59**
Einfache Befehle zum Transformieren von Bildern

23.3 Objektivfehler korrigieren

Einen nützlichen Filter, der auch sehr gut zur Beschreibung von Transformationen passt, finden Sie über FILTER • VERZERREN • OBJEKTIVFEHLER. Mit Hilfe des Filters können Sie typische Verzerrungen korrigieren oder absichtlich ins Bild einfügen, die gewöhnlich durch Objektivfehler auftreten.

23.3.1 Kissen- und tonnenförmige Verzerrung

Wollen Sie kissen- oder tonnenförmige Verzerrungen in einem Bild korrigieren oder hinzufügen, verwenden Sie den Regler HAUPTTEIL ❶. Mit diesem Regler korrigieren Sie Verzerrungen des Bildes aus der Mitte heraus. Tonnenverzerrungen (siehe Abbildung 23.61) beheben Sie, indem Sie den Regler nach links zu den negativen Werten ziehen. Dadurch erhalten Sie ein konvexes Bild. Das Gegenteil von Tonnenverzerrung ist eine Kissenverzerrung (siehe Abbildung 23.60), die Sie berichtigen, indem Sie den Regler nach rechts in den positiven Bereich ziehen, wodurch ein konkaves Bild entsteht.

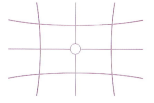

▲ **Abbildung 23.60**
Kissenverzerrung

23.3.2 Verzeichnung (Kanten)

Genauso wie der Regler HAUPTTEIL funktioniert auch der Regler KANTE ❷, nur dass Sie hiermit nicht die Verzeichnungen aus der Mitte heraus, sondern von den Kanten her ändern. So erzeugen Sie beispielsweise einen Fisheye-Effekt.

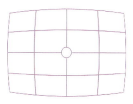

▲ **Abbildung 23.61**
Tonnenverzerrung

◀ **Abbildung 23.62**
Der Dialog OBJEKTIVFEHLER

23.3.3 Vergrößerung

Mit dem Regler Vergrössern ❸ erzielen Sie eine Bildvergrößerung oder -verkleinerung, als würde man durch eine hypothetische Linse schauen.

23.3.4 Vignettierung (Aufhellen)

Vignettierungen sind zu dunkle Ränder – Objektivfehler, die entstehen, wenn man die falsche Blendeneinstellung verwendet. Allerdings wird dies häufig absichtlich gemacht, um einen unscharfen Hintergrund zu erhalten, was gerade bei Porträtaufnahmen häufig gewünscht wird. Vignettierungen werden aber auch gerne als Stilmittel Bildern hinzugefügt. Verschieben Sie den Regler Aufhellen ❺ nach links (negative Werte; siehe Abbildung 23.63), erhöhen Sie die Abdunklung. Schieben Sie den Regler nach rechts (positive Werte; siehe Abbildung 23.64), vermindern Sie die Abdunklung. Den Effekt können Sie allerdings nur sehen, wenn der Regler Hauptteil ❶ oder Kante ❷ nicht auf null steht.

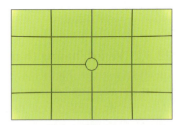

▲ **Abbildung 23.63**
Der nach links gezogene Regler Vignettierung verstärkt die Vignettierung.

▲ **Abbildung 23.64**
Der Regler Vignettierung wurde nach rechts gezogen und die Abdunklung vermindert, in dem Fall wurde das Bild sogar aufgehellt.

23.3.5 X-Verschiebung und Y-Verschiebung

Mit den beiden Eigenschaften X-Verschiebung und Y-Verschiebung ❹ können Sie das Bild entlang der x- und y-Achse verschieben. Solche Verschiebungen entstehen mit Objektiven, bei denen die Linsen nicht exakt zentriert sind. Wie auch bei Aufhellen ❺ sehen Sie hier erst einen Effekt, wenn die Werte von Hauptteil ❶ oder Kante ❷ ungleich null sind.

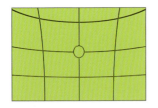

▲ **Abbildung 23.65**
Beispiel einer Y-Verschiebung um den Wert 100

23.3.6 Tonnenförmige Verzerrung

In Abbildung 23.66 wurde der Dialog Objektivfehler auf eine tonnenförmige Verzerrung angewendet, die gewöhnlich entsteht, wenn man mit weitwinkligen Objektiven hohe Gebäude von unten nach oben fotografiert.

23.4 Bild durch Verzerren korrigieren

Kapitel-023/Dragon.jpg

◄ **Abbildung 23.66**
Eine tonnenförmige Verzerrung soll mit dem Filter behoben werden.

▲ **Abbildung 23.67**
Links das Ausgangsbild, rechts das Bild nach der Korrektur mit dem Dialog OBJEKTIVFEHLER

23.4 Bild durch Verzerren korrigieren

Neben den klassischen Objektivfehlern gibt es auch andere Verzerrungen wie stürzende Linien, die zum Beispiel auftreten, wenn Sie hohe Gebäude von einem niedrigen Standpunkt (oder umgekehrt) aufnehmen. Für solche Zwecke bieten sich verschiedene Transformationswerkzeuge an, um die Perspektive anzupassen, welche in den folgenden Abschnitten etwas näher in der Praxis demonstriert werden sollen.

Kapitel-023/Tian-Tin-Buddha.jpg

23.4.1 Verzerren mit dem Perspektive-Werkzeug

Als einfache Lösung, um beispielsweise stärkere Verzerrungen zu korrigieren, würde sich das PERSPEKTIVE-Werkzeug 🔲 (⇧+P)

613

empfehlen. Allerdings können Sie hierfür auch die Werkzeuge VEREINHEITLICHTE TRANSFORMATION oder ANKERTRANSFORMATION verwenden.

Schritt für Schritt
Perspektive durch Verzerren anpassen

1 Raster einblenden

Öffnen Sie das Bild in GIMP, und blenden Sie das Raster über ANSICHT • RASTER ANZEIGEN ein. Wie Sie das Raster verändern können, wurde auf Seite 116, »Raster einstellen und verwenden«, beschrieben.

2 Bildansicht anpassen

Passen Sie als Nächstes die Bildansicht an. Bedenken Sie, dass Sie durch eine Transformation gegebenenfalls mehr Platz benötigen, um eine Verzerrung in die Höhe und Breite durchzuführen. In diesem Beispiel habe ich die Zoomstufe auf 12,5 % ❶ gestellt. Das hängt allerdings natürlich auch von der Bildschirmauflösung ab, die Sie verwenden. Sie können ja jedezeit die Ansicht mit den Tasten ➕ und ➖ vergrößern bzw. verkleinern.

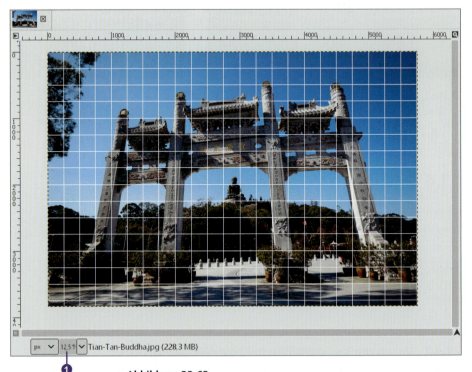

▲ **Abbildung 23.68**
Das Bild wird für die Verzerrung vorbereitet.

23.4 Bild durch Verzerren korrigieren

3 Perspektive verzerren

Wählen Sie das PERSPEKTIVE-Werkzeug 🔳 (⇧+P) aus dem Werkzeugkasten aus. Stellen Sie bei den Werkzeugeinstellungen die BESCHNEIDUNG auf den Wert BESCHNEIDEN ❷ (Abbildung 23.69). Als INTERPOLATION verwende ich hier NOHALO, was wohl die beste Option für das perspektivische Verzerren sein dürfte. Die restlichen Einstellungen belassen Sie, wie sie sind. Klicken Sie mit dem Werkzeug in das Bild, und ziehen Sie den linken oberen Anfasser nach links außen ❸, bis sich die Säulen des Durchgangs parallel zum Raster befinden. Passen Sie dann den rechten oberen Anfasser ❹ an, indem Sie die anderen Säulen parallel zum Raster setzen. Im Beispiel wurde dieser Anfasser nach rechts gezogen. Die unteren beiden Anfasser hingegen habe ich leicht nach innen ziehen müssen, damit es passt. Eventuell werden Sie den einen oder anderen Anfasser noch etwas öfter anpassen müssen. Sind Sie mit der Verzerrung zufrieden, klicken Sie auf die Schaltfläche TRANSFORMATION ❺.

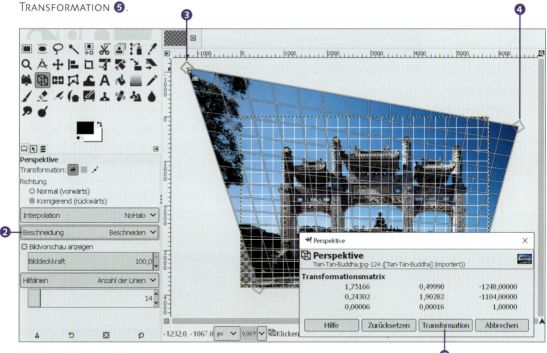

▲ **Abbildung 23.69**
Mit Hilfe des Rasters lässt sich das Bild beim Ändern der Perspektive ziemlich genau verzerren.

4 Bild zuschneiden

Im nächsten Schritt schneide ich mir das Bild passend zu. Eventuell transparente Ecken schneide ich dabei ab. Ich belasse es hier beim ZUSCHNEIDEN-Werkzeug 🔳 (⇧+C) beim Seitenverhältnis, weshalb ich die ensprechende Option ❶ setze (FIXIERT auf SEITENVERHÄLTNIS).

▲ **Abbildung 23.70**
Bild passend zuschneiden

Andere Schärfetechniken
Bessere Schärfetechniken werden in Abschnitt 27.5, »Spezielle Schärfetechniken«, beschrieben. Hier würde sich auch Lab- oder Hochpass-Schärfen empfehlen.

5 Nachschärfen

Durch das Verzerren verlieren Bilder meistens auch an Schärfe, besonders an den Kanten. Diese Schärfe können Sie über ein Nachschärfen wieder verbessern. Verwenden Sie hierzu FILTER • VERBESSERN • SCHÄRFEN (UNSCHARF MASKIEREN). Als RADIUS ❷ wurde hierfür ein Wert von 3,000 und für MENGE ❸ der Wert 0,500 eingesetzt. Bestätigen Sie den Dialog mit OK.

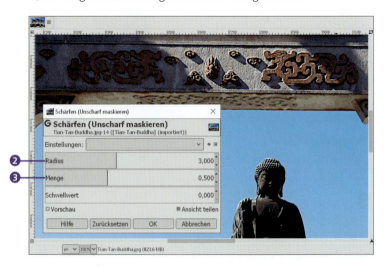

Abbildung 23.71 ▶
Verzerrte Bilder verlieren häufig an Schärfe. Ein Nachschärfen ist fast immer nötig.

23.4 Bild durch Verzerren korrigieren

▲ **Abbildung 23.72**
Links das Bild in der Originalfassung, rechts die Version, in der die Perspektive mit dem gleichnamigen Werkzeug verzerrt wurde.

23.4.2 Verzerren mit dem Ankertransformation-Werkzeug

Im Workshop zuvor wurde bereits erwähnt, dass Ihnen in GIMP auch andere Werkzeuge zur Verfügung stehen, um die Perspektive anzupassen. Besonders gelungen und intuitiv zu verwenden ist hierbei auch das ANKERTRANSFORMATION-Werkzeug, wie die folgende Anleitung zeigen soll.

Schritt für Schritt
Stürzende Linien beheben

1 Vier Ankerpunkte setzen
Wählen Sie das ANKERTRANSFORMATION-Werkzeug (⇧ + L), und setzen Sie vier Ankerpunkte. Im Beispiel habe ich jeweils zwei Ankerpunkte (❹ und ❺) oben an den Ecken und zwei etwas weiter unten (❻ und ❼) möglichst gegenüberliegend angelegt.

Kapitel-023/ Choi-Hung.jpg

◀ **Abbildung 23.73**
Ankerpunkte für die Anpassung der Perspektive angelegt

Kapitel 23 Bilder ausrichten und transformieren

2 Raster einblenden

Blenden Sie das Raster über ANSICHT • RASTER ANZEIGEN ein. Wie Sie das Raster verändern können, wurde auf Seite 116, »Raster einstellen und verwenden«, beschrieben.

3 Verzerrung anpassen

Passen Sie jetzt mit gedrückt gehaltener Maustaste die Perspektive über die vier Ankerpunkte an. Richten Sie dabei die Kanten der stürzenden Hausmauern möglichst genau am Raster aus. Sie werden feststellen, dass diese Art, eine Perspektive anzupassen, ziemlich einfach und erstaunlich gut funktioniert. Sind Sie mit dem ANKERTRANSFORMATION-Werkzeug fertig, können Sie zum ZUSCHNEIDEN-Werkzeug wechseln und das Bild passend zuschneiden.

Abbildung 23.74 ▼
Die stürzenden Linien werden über die vier Ankerpunkte anhand des eingeblendeten Rasters und der Hausmauer ausgerichtet.

▲ **Abbildung 23.75**
Links das Bild vorher und rechts nach der Anpassung der stürzenden Linien mit dem ANKERTRANSFORMATION-Werkzeug.

23.4.3 Verzerren mit dem Warptransformation-Werkzeug

Wenn Sie bei einem Bild einzelne Bereiche mit einem Pinsel verkrümmen, verzerren, verschieben, vergrößern oder verkleinern wollen, finden Sie das WARPTRANSFORMATION-Werkzeug ([W]) in GIMP dafür.

Das WARPTRANSFORMATION-Werkzeug ist in GIMP 2.10 neu hinzugekommen.

Dieses Werkzeug kann verwendet werden, um beispielsweise bei Porträtaufnahmen das Gesicht etwas anzupassen, wie die Lippen schmaler zu machen, ein Lächeln aufzusetzen, die Nase optisch etwas zu verbessern oder gar eine Person allgemein ein wenig schlanker zu machen. Ebenso können Sie diesen Filter für spaßige Effekte einsetzen.

Werkzeugeinstellungen | Als erste Werkzeugeinstellung müssen Sie in der Dropdown-Liste ❶ auswählen, welche Methode Sie zum Verzerren mit dem WARPTRANSFORMATION-Werkzeug verwenden wollen. Folgende Möglichkeiten stehen zur Auswahl:

▶ PIXEL BEWEGEN: verschiebt Pixel entsprechend der Malrichtung.

▲ **Abbildung 23.76**
Die verschiedenen Methoden zum Verzerren mit dem WARPTRANSFORMATION-Werkzeug

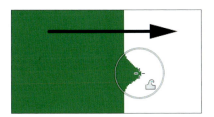

◀ **Abbildung 23.77**
Mit PIXEL BEWEGEN werden die Pixel entsprechend der Malrichtung (hier von links nach rechts) verschoben.

▶ BEREICH VERGRÖSSERN: vergrößert Motive unter dem Pinsel durch Anklicken.

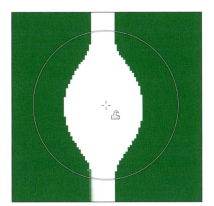

▲ **Abbildung 23.78**
Mit BEREICH VERGRÖSSERN werden die Motive unter dem Pinsel aufgeblasen.

▶ BEREICH VERKLEINERN: Alles, was Sie mit dem Pinsel anklicken, wird verkleinert.

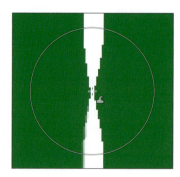

▲ Abbildung 23.79
Mit BEREICH VERKLEINERN werden alle Bereiche unter dem Pinsel zusammengeschrumpft.

▶ DREHEN IM UHRZEIGERSINN, DREHEN GEGEN DEN UHRZEIGERSINN: Dreht die Pixel unter dem Pinsel beim Klicken im/entgegen dem Uhrzeigersinn.

▲ Abbildung 23.80
Bereich nach DREHEN IM UHRZEIGERSINN

▲ Abbildung 23.81
Bereich nach DREHEN GEGEN DEN UHRZEIGERSINN

▶ EFFEKT ZURÜCKNEHMEN: Damit können Sie Änderungen durch Anklicken rückgängig machen.

Nach dem Modus für die Art der Verzerrung ❶ finden Sie typische Pinseleinstellungen ❷ wie GRÖSSE, HÄRTE, STÄRKE und ABSTAND. Bezogen auf die Verzerrung ist ganz besonders die STÄRKE entscheidend. Je höhere der Wert, umso stärker wirkt die Verzerrung pro Mausklick. Aber auch die HÄRTE hat einen erheblichen Einfluss auf den Effekt. Die INTERPOLATION ❸ wurde bereits ab Seite 579, »Pixelmaße ändern über ›Bild skalieren‹«, beschrieben. Für Verzerrungen dieser Art würde sich NOHALO empfehlen.

23.4 Bild durch Verzerren korrigieren

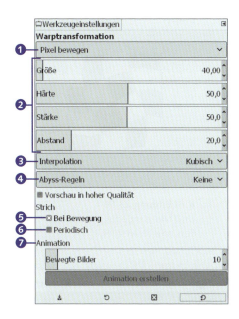

◀ **Abbildung 23.82**
Die Werkzeugeinstellungen für das WARPTRANSFORMATION-Werkzeug

Mit ABYSS-REGELN ❹ legen Sie fest, wie das Werkzeug reagieren soll, wenn keine Pixel mehr außerhalb des Pinselbereichs zum Verschieben vorhanden sind. Der Standardwert hierbei ist KEINE, womit leere Bereiche dann auch leer bleiben. Bezogen auf Abbildung 23.83, sehen Sie die Auswirkung von KEINE in Abbildung 23.84.

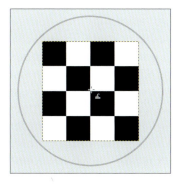 

▲ **Abbildung 23.83**
Das Ausgangsbild für die Demonstration der ABYSS-REGELN

▲ **Abbildung 23.84**
Hier wurde ABYSS-REGELN auf KEINE gestellt.

Mit der zweiten Option KLEMMEN hingegen werden die Pixel einfach unendlich ausgedehnt, wie Sie es in Abbildung 23.85 sehen können. Und mit SCHLEIFE wird dieser Bereich einfach wiederholt, wenn nichts mehr in den leeren Bereichen vorhanden ist. Das Ergebnis sehen Sie in Abbildung 23.86.

GIF-Animation
Wie Sie aus den einzelnen Ebenen der mit dem Werkzeug WARPTRANSFORMATION erstellten Animation eine GIF-Animation erzeugen, erfahren Sie in Abschnitt 36.1, »GIF-Animation«.

▲ Abbildung 23.85
Hier Abyss-Regeln auf Klemmen gestellt

▲ Abbildung 23.86
Und hier wurde für Abyss-Regeln Schleife verwendet.

Die Option Bei Bewegung ❺ (Abbildung 23.82) macht nur Sinn in Verbindung mit Periodisch ❻. Mit Periodisch können Sie während des Aufmalens des Effekts die Maustaste gedrückt halten, um so den Effekt immer stärker auszuführen. Ohne Periodisch wird der Effekt immer nur einmal per Klick ausgeführt.

Am Ende finden Sie noch einen Bereich Animation ❼, in dem Sie über den Schieberegler Bewegte Bilder die Anzahl der Einzelbilder festlegen können, die mit Hilfe der Schaltfläche Animation erstellen dann als einzelne Ebenen erzeugt werden.

Qualität der Vorschau | Sicherlich ist Ihnen auch die Option Vorschau in hoher Qualität aufgefallen. Hierbei gilt, dass, solange Sie mit dem Werkzeug Warptransformation arbeiten, die komplette Arbeit so lange eine Vorschau bleibt, bis Sie ⏎ betätigen oder das Werkzeug wechseln. Wenn Sie die Transformation erst mal bestätigt haben, können Sie die einzelnen Schritte nicht mehr mit der Option Effekt zurücknehmen rückgängig machen. Hier können Sie dann nur noch dem kompletten Arbeitsschritt vor der Warptransformation mit Strg/Cmd+Z rückgängig machen. Mit der Option Vorschau in hoher Qualität erhalten Sie eine Vorschau in einer besseren Auflösung, die allerdings dann auf Kosten der Performance geht.

Schritt für Schritt
Muskelaufbau mit Warptransformation

Für das mexikanische Wrestling ist der Herr in dem Bild doch noch etwas zu mickrig und auch außer Form. Mit dem Werkzeug Warptransformation wollen wir da ein wenig nachhelfen.

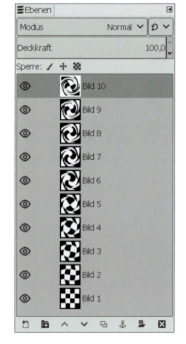

▲ Abbildung 23.87
Bei einer Animation mit dem Werkzeug Warptransformation werden mehrere Ebenen, bei einer Animation auch Frames genannt, erzeugt.

Kapitel-023/
Lucha-Libre.jpg

23.4 Bild durch Verzerren korrigieren

1 Bauchumfang reduzieren

Laden Sie das Bild, und wählen Sie dann das Werkzeug WARP-TRANSFORMATION (W). Für den Bauchumfang verwende ich die Option BEREICH VERKLEINERN ❽ und eine passende GRÖSSE des Pinsels (hier 100,0). Die INTERPOLATION ❾ setze ich auf NO-HALO, und bei STRICH verwende ich die Option PERIODISCH ⓫, damit ich den Bereich mit gedrückt gehaltener Maustaste bearbeiten kann. Für ABYSS-REGELN wähle ich KLEMMEN ❿, weil ich sonst beim Reduzieren des Bauchspecks unten rechts keine Pixel mehr habe und die Gefahr besteht, dass sich hier ein transparenter Bereich auftut. Zoomen Sie tiefer in das Bild, und malen Sie mit Gefühl den Backspeck ⓬ an den Seiten mit gedrückt gehaltener Maustaste weg, indem Sie auf dem Bereich nach oben und unten malen.

▲ **Abbildung 23.88**
Für die Sportart fehlen dem Herrn ein paar nötige Kilos Muskelmasse.

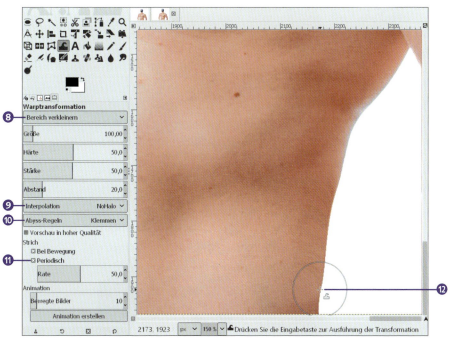

◄ **Abbildung 23.89**
Blitzdiät dank dem Werkzeug WARP-TRANSFORMATION

2 Muskeln aufpumpen

Für den Muskelaufbau wählen Sie die Option BEREICH VERGRÖSSERN ❶ (Abbildung 23.90) und passend zum entsprechenden Muskel eine größere Pinselspitze. Hierfür deaktiviere ich die Option PERIODISCH ❷ wieder, weil ich den Muskelaufbau gezielter mit einzelnen Klicks durchführen will. Ich fange mit den Schultern an und klicke hierbei jeweils leicht innerhalb der Schultern ❸, um diese mehr kugelförmig aufzupumpen. Ich wiederhole den Vorgang mit den Armen, Nacken und der oberen Brust.

Effekt zurücknehmen

Sie können jederzeit einzelne Bereiche wieder auf den Ursprungszustand »malen«, indem Sie bei ❶ die Option EFFEKT ZURÜCKNEHMEN auswählen und an den entsprechenden Bereichen, die Sie wiederherstellen wollen, darübermalen.

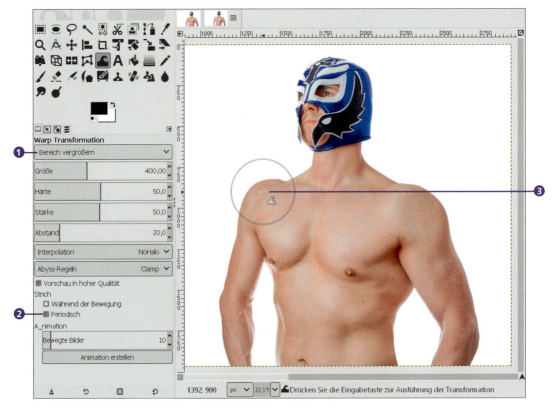

▲ Abbildung 23.90
Jetzt geht es um den virtuellen Muskelzuwachs.

3 Transformation bestätigen

Sobald Sie ⏎ betätigen, wird die Transformation mit dem Werkzeug WARPTRANSFORMATION auf das Bild angewendet.

▲ Abbildung 23.91
Links das Bild vor der Bearbeitung mit dem Werkzeug WARPTRANSFORMATION und rechts nachher

Natürlich können Sie das Werkzeug WARPTRANSFORMATION auch für die Bearbeitung von Porträts verwenden, wie Sie in Abbildung 23.92 sehen können, wo die Nase verkleinert, die Backen schmaler, der Mund voller und das Gesicht insgesamt länger gemacht wurden.

▲ **Abbildung 23.92**
Links das Porträt vor und rechts nach Bearbeitung mit WARPTRANSFORMATION

23.4.4 Das Käfigtransformation-Werkzeug

Mit dem Werkzeug KÄFIGTRANSFORMATION ⌘ (⇧+G) können Sie eine bestimmte Auswahl im Bild separat transformieren. Die Verwendung ist relativ einfach. Sie erstellen eine Auswahl um einen Bildteil, den Sie verändern wollen, und verschieben dann die einzelnen Käfig-Knoten, um den Bildteil zu transformieren. Ein kleiner Workshop soll Ihnen das Werkzeug näherbringen.

Schritt für Schritt
Einzelne Bildteile mit dem Käfigtransformation-Werkzeug transformieren

Kapitel-023/Liberty.jpg

◄ **Abbildung 23.93**
Mit diesem Bild soll das KÄFIGTRANSFORMATION-Werkzeug demonstriert werden.

1 Käfig erstellen
Wählen Sie das KÄFIGTRANSFORMATION-Werkzeug ⌘ (⇧+G) im Werkzeugkasten aus, und legen Sie jetzt eine Auswahl um die Statue. Einzelne Käfig-Knoten legen Sie mit einem Mausklick an den gewünschten Stellen an. Am Mauszeiger ist hierbei ein Plussymbol ❹ zu erkennen.

▲ **Abbildung 23.94**
Das Plussymbol ❹ zeigt an, dass das KÄFIGTRANSFORMATION-Werkzeug bereit ist für einen weiteren Käfig-Knoten, der per Mausklick angelegt wird.

Haben Sie einen Käfig-Knoten an einer falschen Stelle gesetzt, können Sie ihn jederzeit wieder mit der ⟵-Taste entfernen. Mit Esc löschen Sie alle Käfig-Knoten.

Sind Sie mit der Käfigauswahl zufrieden, müssen Sie nur noch den Anfang und das Ende der Auswahl miteinander verbinden. Dies geschieht entweder, indem Sie vom letzten Käfig-Punkt auf den Anfang klicken ❶, oder, indem Sie einfach ⏎ betätigen.

▲ Abbildung 23.95
Einen Käfig um den zu transformierenden Bildbereich legen

2 **Den Käfig deformieren**

Wenn der Käfig geschlossen wurde, springt automatisch die Radioschaltfläche von Käfig erstellen oder anpassen ❷ auf Käfig verformen, um das Bild zu verformen ❸. Ist die Radioschaltfläche ❸ aktiv, können Sie über die einzelnen Käfig-Knoten ❺ mit gedrückt gehaltener Maustaste den Inhalt des Käfigs transformieren. Im Beispiel wendet sich die Statue jetzt nach links.

Außerdem wurde hier ein Häkchen vor Die Originalposition des Käfigs mit einer Farbe füllen ❹ gesetzt, womit der ursprüngliche Inhalt des Käfigs mit einer Farbe (hier Schwarz) gefüllt wird. Deaktivieren Sie das Häkchen, wird der ursprüngliche Inhalt ❻ des Käfigs dahinter angezeigt. Mit einem Tastendruck auf ⏎ führen Sie die Transformation dann letztendlich aus.

Tipp: Mehrere Knoten-Punkte gleichzeitig verschieben
Wollen Sie mehrere Knotenpunkte gleichzeitig auswählen und somit auch gleichzeitig verändern, brauchen Sie nur die entsprechenden Käfig-Knoten mit gedrückt gehaltener ⇧-Taste anzuklicken.

23.4 Bild durch Verzerren korrigieren

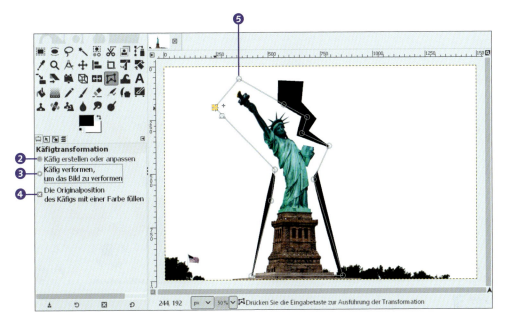

▲ **Abbildung 23.96**
Das KÄFIGTRANSFORMATION-Werkzeug bei der Arbeit

3 Nacharbeiten durchführen

Wie bereits zu Beginn erwähnt, hinterlässt die Transformierung mit dem KÄFIGTRANSFORMATION-Werkzeug seine Spuren. Der nächste Schritt nach der Transformierung dürfte daher fast immer das Nacharbeiten von unschönen Kanten sein.

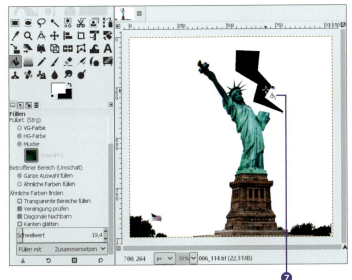

▲ **Abbildung 23.98**
Nachbearbeiten der Kanten, die durch die Transformation entstanden sind

▲ **Abbildung 23.97**
Hier ist die Option DIE ORIGINALPOSITION DES KÄFIGS MIT EINER FARBE FÜLLEN ❹ deaktiviert, weshalb hier der ursprüngliche Inhalt ❻ des Käfigs dahinter angezeigt wird.

Schwierigere Nacharbeiten

Nicht immer gestaltet sich die Nacharbeit so einfach wie hier. Häufig muss eine umfangreichere Retusche mit dem HEILEN-Werkzeug oder dem KLONEN-Werkzeug durchgeführt werden.

In unserem Fall war es einfach, weil der Hintergrund ohnehin weiß war. Hier wurden nur noch die schwarzen Bildbereiche mit dem FÜLLEN-Werkzeug weiß eingefärbt ❼. Alternativ können Sie auch mit dem PINSEL-Werkzeug weiße Farbe darübermalen.

▲ **Abbildung 23.99**
Das Ausgangsbild …

▲ **Abbildung 23.100**
… und das Bild nach der Käfig-Transformation! Es wurden noch ein blau-weißer Verlauf als Hintergrund, ein Text und ein paar Bälle in das Bild eingefügt.

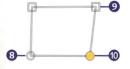

▲ **Abbildung 23.101**
Verschiedene Zustandsformen der Käfig-Knoten

Zum Schluss sollte hier noch ergänzt werden, dass es drei Zustände der einzelnen Käfig-Knoten gibt:

▶ Ein einfacher Käfig-Knoten wird als leerer Ring ❽ dargestellt.
▶ Ein oder (mit gehaltener ⇧-Taste) mehrere aktive Käfig-Knoten, die bereit für die Transformation sind oder gerade transformiert werden, erkennen Sie an einem Quadrat ❾.
▶ Gehen Sie nur mit dem Mauszeiger über den Käfig-Knoten, wird dieser als gefüllter Kreis ❿ angezeigt.

TEIL VII
Reparieren und Retuschieren

Kapitel 24
Bildstörungen beheben und hinzufügen

Weil man Bilder selten in der 1:1-Ansicht (Zoom 100 %) betrachtet, werden Bildstörungen häufig gar nicht erkannt. Erst bei näherer Betrachtung fallen Störungen wie Bildrauschen, Staub auf der Linse oder beim Einscannen und starke Kompressionsspuren auf, die beispielsweise beim Abspeichern im JPEG-Format entstehen. Solche Fehler lassen sich zwar nicht mehr komplett beseitigen, aber Sie können trotzdem den Gesamteindruck des Bildes nachträglich verbessern.

24.1 Bildrauschen reduzieren

Als Bildrauschen bezeichnet man unerwünschte und fehlerhafte Pixel in der Bilddatei, die nicht die korrekte Farbe oder Helligkeit haben. Hierbei unterscheidet man zwischen einem Farbrauschen und einem Helligkeitsrauschen (oder auch Luminanzrauschen). Das Farbrauschen entsteht meist in dunklen Bildbereichen, wo unerwünschte bunte Pixel in Rot, Grün und Blau zu sehen sind, wodurch diese Art des Rauschens besonders deutlich auf dem Bild auffällt. Das Helligkeitsrauschen hingegen fällt nicht ganz so markant in helleren Bildbereichen auf, weil hier nur helle und dunkle Pixel vorhanden sind, die an das Filmkorn aus analogen Zeiten erinnern. Bei einem blauen Himmel wirkt sich aber das Helligkeitsrauschen recht störend auf das Bild aus.

Wenn Sie ein Bildrauschen reduzieren, muss einschränkend hinzugefügt werden, dass ein nachträgliches Herausrechnen immer ein gewisser Kompromiss zwischen einer Reduzierung bzw. Unterdrückung des Rauschens und Entfernung bzw. Verschlechterung von Bilddetails ist. Bei einer starken Rauschunterdrückung entfernen Sie durch das Glätten fast immer Details aus den Bildern.

Das Rauschen aus der Kamera

Das Thema Bildrauschen trifft jeden Fotografen früher oder später. Spätestens wenn das Umgebungslicht schlechter wird und Sie die ISO-Zahl erhöhen müssen, um aus der Hand Bilder mit einer höheren Verschlusszeit zu schießen, werden Sie mit dem Bildrauschen konfrontiert. Abhängig von der Größe des Bildsensors der Kamera tritt dann ein mehr oder weniger starkes Bildrauschen auf. Je weniger Licht vorhanden ist, desto stärker fällt dieses Rauschen dann meistens auf.

Kapitel-024/Bildrauschen.jpg

Kapitel 24 Bildstörungen beheben und hinzufügen

Abbildung 24.1 ▶
Bei vielen Bildern fällt das Bildrauschen häufig erst bei genauerer Betrachtung auf.

24.1.1 Bildrauschen reduzieren mit GIMP

Es gibt sicherlich mehrere Möglichkeiten, das Bildrauschen mit GIMP zu reduzieren. In der Praxis würden sich hier zum Beispiel die Filter RAUSCHREDUKTION, SYMMETRISCH NÄCHSTER NACHBAR oder SELEKTIVER GAUSSSCHER WEICHZEICHNER anbieten.

Anisotropische Glättung
Der Filter verwendet zur Rauschreduzierung die *anisotropische Glättung* (engl. *Anisotropic Diffusion*). Mit dieser Technik wird versucht, das Bildrauschen zu reduzieren, ohne wichtige Teile im Bild wie Kanten, Linien oder andere Details zu glätten. Daher hängt das Ergebnis des Filters logischerweise auch vom Bildmaterial ab.

Der Rauschreduktion-Filter | Den Filter erreichen Sie über das Menü FILTER • VERBESSERN • RAUSCHREDUKTION. Hierbei gibt es mit STÄRKE nur einen Wert zum Anpassen. Je höher Sie diesen Regler setzen, umso mehr Durchläufe werden für die Rauschreduktion durchgeführt und umso mehr wird das Bildrauschen entfernt. Allerdings bedeutet ein höherer Wert dann auch, dass das Bild insgesamt stärker geglättet wird.

▲ **Abbildung 24.2**
Der RAUSCHREDUKTION-Filter

▲ **Abbildung 24.3**
Links der Bildausschnitt ohne eine Rauschreduzierung und rechts mit. Durch die Raschreduzierung wurden bei diesem Beispiel auch schärfere Details geglättet, wo man dies vielleicht nicht haben will.

632

Symmetrisch nächster Nachbar | Eine sehr interessante Möglichkeit, das Bildrauschen zu reduzieren, finden Sie mit FILTER • VERBESSERN • SYMMETRISCH NÄCHSTER NACHBAR. Auch hier handelt es sich um ein spezielles Verfahren (engl. *Symmetric Nearest Neighbour*; *SNN*) zur Entfernung von Rauschen. Hierbei wird eine Nachbarschaftsfläche mit RADIUS definiert, woraus für die Glättung aus benachbarten Farbwerten ein Mittelwert gebildet wird. Die Anzahl der Paare für den Mittelwert beim SNN-Verfahren legen Sie mit dem Regler PAARE fest. Ein höherer Wert bedeutet, dass mehr Details erhalten bleiben.

▲ **Abbildung 24.4**
Der SYMMETRISCH NÄCHSTER NACHBAR-Filter

◀ **Abbildung 24.5**
Links der Bildausschnitt ohne Rauschreduzierung und rechts mit. Diesmal wurde der SYMMETRISCH NÄCHSTER NACHBAR-Filter angewandt, womit sich dank der etwas feineren Steuerungen mit den Reglern RADIUS und PAARE, ein besseres Ergebnis erzielen lässt als mit dem RAUSCHREDUKTION-Filter.

Selektiver Gaußscher Weichzeichner | Den Filter rufen Sie über FILTER • WEICHZEICHNEN • SELEKTIVER GAUSSSCHER WEICHZEICHNER auf. Er eignet sich ebenfalls dazu, um Bildrauschen zu entfernen. Der Vorteil des Filters gegenüber anderen Weichzeichnern liegt darin, dass er nur auf die Pixel wirkt, deren Farbe höchstens um einen bestimmten Wert abweicht. So bleiben klare Kanten im Bild erhalten, und das Bild wird nicht zu stark weichgezeichnet.

Den Wert für diese Farbdifferenz geben Sie mit dem Schieberegler MAX. DELTA ❷ ein. Wie groß die Fläche – und somit Intensität – ist, auf die der Filter angewendet wird, legen Sie mit WEICHZEICHNENRADIUS ❶ fest.

◀ **Abbildung 24.6**
Auch der Filter SELEKTIVER GAUSSSCHER WEICHZEICHNER eignet sich gut, um Bildrauschen zu entfernen.

Abbildung 24.7 ▶
Links der Bildausschnitt ohne Rauschreduzierung und rechts mit dem Filter SELEKTIVER GAUSSSCHER WEICHZEICHNER

Ebenenmasken zum Nachlesen
Die Ebenenmasken werden in Kapitel 18 des Buches behandelt. Speziell auf die »Partielle Bearbeitung von Bildern« wird in Abschnitt 19.1 eingegangen.

Den Selektiven Gaussschen Weichzeichner verwende ich gerne auf einzelne Kanäle, weil Bildrauschen in den seltensten Fällen in allen drei RGB-Kanälen auftritt. Sie können den SELEKTIVEN GAUSSSCHEN WEICHZEICHNER auch auf nur einen Farbkanal anwenden. Meistens betrifft das Rauschen verstärkt den roten und blauen Kanal. Daher können Sie auch über den KANÄLE-Dialog nur diese beiden (oder einen dieser Kanäle) sichtbar machen bzw. die anderen Kanäle ausblenden und darauf den SELEKTIVEN GAUSSSCHEN WEICHZEICHNER anwenden. Ein ähnliches Ergebnis erzielen Sie, wenn Sie das Bild in den Lab-Modus zerlegen und nur die Kanäle A und B (oder einen davon) weichzeichnen, also ähnlich, wie Sie das im Workshop zum Schärfen im Lab-Modus auf Seite 680, »Schärfen im Lab-Modus«, sehen, nur dass Sie eben nicht den L-Kanal schärfen, sondern die anderen beiden Kanäle A und/oder B weichzeichnen.

▲ **Abbildung 24.8**
Mit Hilfe von Ebenenmasken können Sie das Bildrauschen auch partiell entfernen.

Bildrauschen partiell entfernen | Wenn Ihnen die Filter zum Entfernen von Bildrauschen zu viele Details glätten, können Sie das Bildrauschen auch partiell aus dem Bild entfernen. Hierzu müssen Sie zunächst die Ebene kopieren, auf der unteren Ebene einen Filter zum Reduzieren des Bildrauschens anwenden und dann der oberen (kopierten) Ebene eine schwarze Ebenenmaske ❶ hinzufügen. Jetzt können Sie die Bereiche mit den Details mit einer weißen Pinselfarbe von der geglätteten unteren Ebene ❷ herausnehmen.

Kantenglättung (Antialiasing) | Es hat zwar nicht unmittelbar etwas mit Bildrauschen zu tun, aber über FILTER • VERBESSERN • KANTENGLÄTTUNG steht auch ein dialogloser Filter für die Extrapolation von harten Kanten zur Verfügung. Dieses Verfahren wird häufig auch als *Antialiasing* bezeichnet.

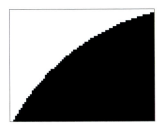 

◀ **Abbildung 24.9**
Links das Bild vor und rechts nach der Kantenglättung. Die Treppenbildung an den harten Kanten wurde mit dem Filter deutlich reduziert.

24.1.2 Rauschreduktion mit Darktable

Wenn Sie Bilder im RAW-Format fotografieren und mit Darktable bearbeiten, bevor Sie diese in GIMP öffnen, haben Sie dort die Qual der Wahl, was das Reduzieren von Bildrauschen betrifft. Die meisten dieser Module verstecken sich hinter WEITERE MODULE ❸. Speziell für die Reduzierung von Bildrauschen können Sie folgende Module verwenden:

- EQUALIZER
- ENTRAUSCHEN (NICHT-LOKALES MITTEL)
- ENTRAUSCHEN (BILATERALER FILTER)
- ENTRAUSCHEN (PROFIL)
- RAW-ENTRAUSCHEN

Darktable zum Nachlesen
Wie Sie Bilder in Darktable bearbeiten können, wird in Kapitel 8, »Bilder mit Darktable bearbeiten«, beschrieben.

▲ **Abbildung 24.10**
Darktable bietet eine Vielzahl von Funktionen zum Reduzieren von Bildrauschen an. Allerdings sind diese alle hinter WEITERE MODULE ❸ versteckt und müssen erst noch hinzugefügt werden.

Kapitel 24 Bildstörungen beheben und hinzufügen

24.2 Bildrauschen bzw. Körnigkeit hinzufügen

Kapitel-024/Portrait.jpg

In der Regel wird von Fotografen und Kameraherstellern versucht, das Bildrauschen so gut wie möglich bis komplett zu reduzieren. Gerade aber die größten Aufnahmen aus Filmzeiten von Fotografen wie Capa, Bresson oder McCullen zeigten sehr oft Bildrauschen – beziehungsweise *Bildkörnung*, wie man damals zu pflegen sagte.

Sicherlich mag es Geschmackssache sein, aber ich finde, manchen Bildern würde ein wenig mehr Körnung sogar guttun. Gerade in der Dokumentarfotografie wirken Bilder von der Straße mit mehr Körnigkeit authentischer. Auch gibt es dem einen oder anderen Bild eine gewisse Stimmung – ganz besonders bei Schwarzweißbildern. Ebenso kann eine Körnigkeit dem Bild zu mehr Details verhelfen. Viele Bilder wirken ja gerade zu glattgebügelt und cartoonartig. Gibt man solchen Bildern etwas mehr Körnigkeit, entsteht die Illusion von mehr Schärfe im Bild. Wenn Sie also Bildkörnung (bzw. Rauschen) den Bildern hinzufügen wollen, finden Sie in GIMP auch einige Filter dafür.

Farbmodelle
Die verschiedenen Farbmodelle werden im Buch auf Seite 125, »Farbmodelle«, behandelt.

CIE Ich Rauschen und HSV-Rauschen | Mit dem Filter CIE LCH RAUSCHEN fügen Sie ein Rauschen mit dem LCH-Farbmodell hinzu. Sie erzeugen das Rauschen über HELLIGKEIT (**L**ightness) ❷, FARBSÄTTIGUNG (**C**hrominanz) ❸ und FARBTON (**H**ue) ❹. Über den Regler DULLING ❶ stellen Sie ein, wie stark die Farbe eines veränderten Pixels von der ursprünglichen Farbe geändert werden darf (1 = starke Veränderung bis 8 = geringe Veränderung). Den Filter erreichen Sie über FILTER • RAUSCHEN • CIE LCH RAUSCHEN.

▲ Abbildung 24.11
Rauschen hinzufügen mit dem LCH-Farbmodell

▲ Abbildung 24.12
Rauschen hinzufügen mit dem HSV-Farbmodell

Mit ANFANGSWERT FÜR ZUFALLSZAHLEN ❺ können Sie einen Startwert für ein zufälliges Bildrauschen in das Zahlenfeld eingeben oder über die Schaltfläche NEUE ZUFALLSDATEN generieren lassen.

Der Filter HSV-RAUSCHEN ist dem von CIE LCH RAUSCHEN sehr ähnlich, nur fügen Sie hiermit ein Rauschen mit dem HSV-Modell hinzu. Sie erzeugen das Rauschen über FARBTON (**H**ue) ❻, SÄTTIGUNG (**S**aturation) ❼ und WERT (**V**alue) ❽. Der Rest entspricht dem Filter CIE LCH RAUSCHEN. Den Filter erreichen Sie über FILTER • RAUSCHEN • HSV-RAUSCHEN. Für Bilder im Graustufen-Modus steht dieser Filter nicht zur Verfügung.

◀ **Abbildung 24.13**
Durch das hinzugefügte Rauschen (hier: CIE LCH RAUSCHEN) in der Nachher-Ansicht auf der linken Seite bekommt das Bild eine andere Wirkung und wirkt nicht mehr so glatt wie in der Vorher-Ansicht auf der rechten Seite. Sicherlich, es ist auch eine Frage des persönlichen Geschmacks. Das Rauschen wirkt ein wenig wie ein Luminanzrauschen.

RGB-Rauschen | Der Filter RGB-RAUSCHEN fügt dem Bild ein Rauschen nach dem RGB-Farbmodell hinzu. Er liefert ein ziemlich natürliches Farbrauschen zurück. Dabei können Sie entweder unabhängig voneinander den Rauschanteil von ROT, GRÜN und BLAU ❸ eines jeden Pixels hinzufügen oder, indem Sie die Option UNABHÄNGIGE RGB-KANÄLE ❿ deaktivieren, allen drei Schiebereglern den gleichen Wert zuweisen. Der Regler ALPHA ⓮ ist nur aktiv, wenn die Ebene einen Alphakanal besitzt. Mit ihm können Sie quasi auch noch transparentes Rauschen hinzufügen. Mit der Option KORRELIERTES RAUSCHEN ❾ machen Sie jeden Kanal von der Höhe des Pixelwerts abhängig. Damit bleiben dunklere Bildbereiche auch dunkel. Des Weiteren steht mit der Option LINEARES RGB ⓫ die Option zur Verfügung, mit linearen RGB-Farbdaten zu arbeiten und mit GAUSSSCHE VERTEILUNG ⓬ verwenden Sie eben eine solche Verteilung anstelle einer linearen Verteilung. Sie erreichen den Filter über FILTER • RAUSCHEN • RGB-RAUSCHEN.

Abbildung 24.14 ▶
Rauschen hinzufügen mit RGB-Farbmodell

Abbildung 24.15 ▶
Auf der linken Seite sehen Sie die Nachher-Ansicht mit RGB-Rauschen und auf der rechten Seite ohne. Persönlich mag ich das RGB-Rauschen sehr gerne, weil damit ein natürliches Farbrauschen hinzugefügt wird und das Ergebnis sehr homogen wirkt.

Weitere Filter | Die restlichen Rauschfilter, ausgenommen VERSTREUEN, im Untermenü FILTER • RAUSCHEN haben alle jeweils einen Regler ZUFÄLLIGKEIT und WIEDERHOLUNG, womit Sie das Rauschen im Bild steuern können. Auch der Zufallswert kann vorgegeben oder via Schaltfläche zufällig gesetzt werden.

▶ **Verwirbeln**: Der Filter verwirbelt einen Ausschnitt von Pixel in eine Zufallsfarbe. Das Endergebnis wirkt wie ein starkes Farbrauschen.

▶ **Nachbar**: Dieser Filter tauscht einige Pixel zufällig mit den Nachbarpixeln aus. Das Rauschen wirkt wie von günstigen alten Bildsensoren aus dem vorherigen Jahrhundert oder billigen Smartphone-Kameras.

- **Verschleifen**: Einige Pixel werden zufällig nach unten geschoben. Hierbei entsteht ein wenig der Eindruck, als würden die Farben wie heißes Wachs nach unten verlaufen.
- **Verstreuen**: Damit wird ein Pixel mit einem anderen Pixel aus der Umgebung getauscht. Den Verteilungsumfang geben Sie im Dialog mit HORIZONTAL und/oder VERTIKAL vor. Der Filter fügt keine weitere Farbe zum Bild hinzu, sondern vertauscht nur die vorhandenen Pixel im Bild.

Zur besseren Übersicht finden Sie zum Schluss einige Abbildungen, die zeigen, wie diese Rauschfilter arbeiten.

▲ **Abbildung 24.16**
Der Rauschfilter VERWIRBELN

▲ **Abbildung 24.17**
Der Rauschfilter NACHBAR

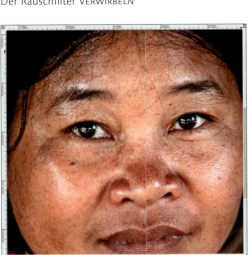

▲ **Abbildung 24.18**
Der Rauschfilter VERSCHLEIFEN

▲ **Abbildung 24.19**
Der Rauschfilter VERSTREUEN

24.3 Flecken und Störungen entfernen

Auch zum Entfernen von Flecken oder anderen Störungen bietet GIMP weitere Filter an, worauf hier kurz eingegangen werden soll.

Empfehlungen
Der Filter an sich wirkt schon recht stark weichzeichnend auf das Bild, und ich würde ihn nur empfehlen, wenn die (alten eingescannten) Bilder beispielsweise durchgehend Streifen oder einen Moiré-Effekt enthalten. Flecken und Kratzer können Sie auch viel besser mit dem HEILEN-Werkzeug korrigieren. Und gegen das Bildrauschen gibt es auch andere Lösungen, wie zum Beispiel den Filter SELEKTIVER GAUSSSCHER WEICHZEICHNER.

NL-Filter | Der Filter lässt sich recht gut verwenden, um beispielsweise Flecken (und Bildrauschen) aus dem Bild zu entfernen. Sie rufen ihn über FILTER • VERBESSERN • NL-FILTER auf.
Für das Entfernen von Flecken und Störungen bei alten Scans eignet sich die Option ALPHABASIERTER MITTELWERT ❶. Der ideale Wert für ALPHA und für RADIUS hängt natürlich auch vom Bildmaterial ab. Für einen stärkeren Effekt können Sie beide Regler bis auf das Maximum (1,0) erhöhen.

Bildrauschen lässt sich mit der Option OPTIMALE SCHÄTZUNG ❷ sehr gut minimieren. Ein guter Startwert für ALPHA ist 0,2 und für den RADIUS 1,0. Jetzt können Sie den Wert von ALPHA so lange erhöhen, bis Sie mit dem Ergebnis zufrieden sind. Die Option KANTENVERSTÄRKUNG ❸ ist zum Schärfen geeignet.

◀ Abbildung 24.20
Der NL-Filter ist recht vielseitig.

Kapitel-024/Flecken.jpg

Flecken entfernen | Den Filter FLECKEN ENTFERNEN können Sie verwenden, um Staub und Kratzer von eingescannten Bildern zu entfernen. Auch der Moiré-Effekt, der beim Scannen von Bildern mit periodischen Strukturen oder von Siebdrucken auftreten kann, lässt sich damit abschwächen. Den Filter erreichen Sie über FILTER • VERBESSERN • FLECKEN ENTFERNEN.

Ist die Option ANPASSEND ❺ aktiviert, wird der Radius der Filterwirkung automatisch unter Verwendung eines Histogramms an

24.3 Flecken und Störungen entfernen

den Inhalt des Bildes angepasst. Deaktivieren Sie diese Option, können Sie über den Schieberegler RADIUS ❼ diese Einstellung manuell vornehmen, was meist zu besseren Ergebnissen führt. Die Werte für den RADIUS haben hierbei allerdings nichts mit dem tatsächlichen Radius zu tun, sondern sind intern mit einem Wertebereich von 1 (3 × 3 Pixel) bis 20 (41 × 41 Pixel) vorgegeben. Wenn Sie die Option ANPASSEND ❺ aktiviert haben, hat der eingestellte RADIUS keine Wirkung.

Aktivieren Sie die Option REKURSIV ❻, wird der Filter mehrfach ausgeführt, was die Wirkung verstärkt. Da Sie stets die Vorschau ❹ vor sich haben, können Sie diese Optionen jederzeit testen, um so das beste Ergebnis zu ermitteln.

Der Filter ersetzt dann jeden Pixel mit dem Mittelwert der Pixel innerhalb des angegebenen Bereichs von SCHWELLWERT SCHWARZ ❽ und SCHWELLWERT WEISS ❾. Wobei beim SCHWELLWERT SCHWARZ nur die helleren Pixel und beim SCHWELLWERT WEISS eben nur die dunkleren Pixel als der eingegebene Wert berücksichtigt werden.

▲ **Abbildung 24.21**
Der Filter FLECKEN ENTFERNEN

◀ **Abbildung 24.22**
Ein eingescanntes Bild mit Staub, Kratzern und Streifen …

◀ **Abbildung 24.23**
… und das Ergebnis nach dem Filter FLECKEN ENTFERNEN

641

Kapitel 24 Bildstörungen beheben und hinzufügen

Anwendung des Filters
Oft bewirkt der Filter nur, dass noch weitere Streifen hinzugefügt werden oder die Qualität des Bildes eher verschlechtert wird. Voraussetzung dafür, dass dieser Filter funktioniert, ist auch, dass die Streifen wirklich vertikal sind. Anderenfalls – weil das Bild beim Scannen beispielsweise schief gelegen hat – nützt dieser Filter nichts. Es hilft außerdem auch, wenn Sie den Filter mehrmals anwenden.

Streifen entfernen | Über FILTER • VERBESSERN • STREIFEN ENTFERNEN finden Sie einen Filter, mit dem Sie vertikale Störstreifen, die beim Scannen entstehen können, beseitigen. Der Filter fügt dem Bild in einer Art Negativbild ein Streifenmuster hinzu, das genau diesen Fehler beheben kann. Über den Regler BREITE ❶ stellen Sie die Stärke des Filters ein. Ein Wert von über 60 wird nicht empfohlen, weil dann Artefakte in das Bild eingefügt werden. Wollen Sie das Negativbild mit den Streifen sehen, aktivieren Sie die Checkbox HISTOGRAMM ERSTELLEN ❷.

◀ **Abbildung 24.24**
Störende vertikale Streifen des Scanners lassen sich mit dem Filter STREIFEN ENTFERNEN abschwächen.

Wozu Halbbilder?
Wenn Videobilder in sogenannten Halbbildern (auch als *Zeilensprungverfahren* bekannt) erstellt wurden, bedeutet dies, dass nicht 25 Bilder pro Sekunde auf dem Bildschirm angezeigt werden, sondern 50 Halbbilder. Hierbei werden immer zwei Halbbilder (einmal mit den geraden und einmal mit den ungeraden Zeilen) zu einem Vollbild zusammengesetzt. Sind im Bild schnelle Bewegungen vorhanden, werden diese Stellen eigentlich falsch dargestellt. Da aber das menschliche Auge zu langsam ist, fällt dies nicht auf. Wenn Sie jedoch ein Bild aus einem Videomaterial mit dem Halbbildverfahren erstellen, ist dies ganz deutlich zu bemerken.

Deinterlace | Der Filter DEINTERLACE dient dazu, Bilder von Fernsehaufnahmen, die beispielsweise mit einer TV-Karte aufgenommen wurden, zu verbessern. Durch diese Technik des Zeilensprungverfahrens (Interlace) kommt es vor, dass die geraden oder ungeraden Zeilen nicht korrekt angezeigt werden. Dies wird auch als *Kammeffekt* bezeichnet. Mit FILTER • VERBESSERN • DEINTERLACE können Sie diese Anzeige verbessern, indem Sie die geraden oder ungeraden Zeilen des Bildes entfernen.

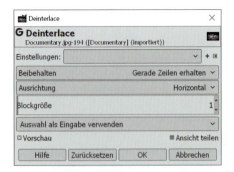

▲ **Abbildung 24.25**
Der Filter zum Beheben des Zeilensprungverfahrens bei aufgenommenen Halbbildern von Videos

Der Filter korrigiert das Bild und ersetzt die fehlende vertikale Auflösung durch eine Zeilenverdopplung. Sie können hierbei aus Ungerade Zeilen erhalten und Gerade Zeilen erhalten auswählen. Für die Feineinstellungen können Sie zudem noch die Blockgrösse vom Zeilensprung einstellen sowie die Ausrichtung auswählen, die üblicherweise Horizontal ist.

Rote Augen entfernen | Eine Funktion zum Entfernen von roten Augen finden Sie mit Filter • Verbessern • Rote Augen entfernen vor. Diese können entstehen, wenn der Direktblitz der Kamera von der Netzhaut einer Person reflektiert wird. Zwar können Sie den Filter direkt auf ein Bild anwenden, aber hierbei gehen Sie die Gefahr ein, dass auch andere rote Bildbereiche miteinbezogen werden. Daher empfiehlt es sich, vorher eine Auswahl um die roten Augen zu erstellen.

Kapitel-024/Rote_Augen.jpg

Schritt für Schritt
Rote Augen gezielt entfernen

Im Beispielbild »Rote_Augen.jpg« soll gezeigt werden, wie Sie die roten Augen bei einer Person mit ein paar wenigen Schritten wieder loswerden.

1 Rote Augen auswählen
Um nicht eventuell andere rote Bereiche im Schritt 2 einzubeziehen, empfiehlt es sich, eine Auswahl um die roten Augen zu machen. Wählen Sie hierzu das Werkzeug Elliptische Auswahl (E), und ziehen Sie eine großzügige Auswahl um eine Pupille mit den roten Augen. Halten Sie dann die ⇧-Taste gedrückt, und fügen Sie der Pupille des anderen Auges eine zweite Auswahl hinzu.

▲ **Abbildung 24.26**
Hier wurde der Blitz von der Netzhaut der Augen reflektiert.

▲ **Abbildung 24.27**
Eine grobe Auswahl um die roten Augen erstellen

Kapitel 24 Bildstörungen beheben und hinzufügen

2 Rote Augen entfernen

Rufen Sie jetzt FILTER • VERBESSERN • ROTE AUGEN ENTFERNEN auf, und stellen Sie die Stärke der Entfärbung mit dem Regler SCHWELLWERT ein. Der Standardwert beträgt hierbei 0,400. Ich habe den Regler nach rechts auf über 0,500 gezogen, weil mit dem Standardwert immer noch nicht alles Rot entsättigt wurde. Sind Sie mit der Entfernung der roten Augen fertig, klicken Sie auf OK, und heben Sie die Auswahl mit AUSWAHL • NICHTS auf.

Abbildung 24.28 ▶
Die roten Augen wurden entfärbt.

Kapitel 25
Retuschewerkzeuge

Viele kleinere, aber auch größere Retuschearbeiten wie das Entfernen von Flecken oder Kratzern sollten Sie nicht den Filtern überlassen, sondern selbst Hand anlegen. Neben dem Heilen von kleineren Stellen können Sie mit diesen Werkzeugen auch ganze Objekte (weg-)klonen und woanders platzieren.

25.1 Retusche mit dem Klonen-Werkzeug

Mit dem KLONEN-Werkzeug (Tastenkürzel [C]) malen Sie aufgenommene Bildbereiche an einer anderen Stelle im Bild oder auch in einem Bild in einem anderen Bildfenster wieder auf. Das Werkzeug wird vorwiegend dazu verwendet, Objekte zu duplizieren, Fehler aus dem Bild zu entfernen oder Objekte in einem Foto zu überdecken. Entscheidend für eine gute Retusche mit dem KLONEN-Werkzeug ist immer der aufgenommene Bildbereich.

▲ **Abbildung 25.1**
Mit Hilfe des KLONEN-Werkzeugs können Sie …

▲ **Abbildung 25.2**
… unerwünschte Objekte oder Personen aus dem Bild entfernen.

Hinweis für Anfänger

Das KLONEN-Werkzeug ist wirklich eine feine Sache, um Objekte zu manipulieren. Trotzdem werden Sie hierbei etwas mehr Zeit und Übung investieren müssen, um saubere Manipulationen zu erstellen. Und denken Sie daran, dass Sie zusätzlich andere Techniken wie Auswahlen, Auswahlmasken oder Ebenen verwenden können. Das ist auch ein Fehler, den viele Einsteiger machen: Häufig reicht es nicht allein aus, einfach das KLONEN-Werkzeug zu verwenden. Arbeiten mit dem KLONEN-Werkzeug sollten Sie besser vorher etwas planen, anstatt einfach draufloszuarbeiten.

Grundlegende Bedienung | Die grundlegende Bedienung des Werkzeugs ist relativ einfach: Wenn Sie mit aktivem Werkzeug ins Bildfenster gehen, dürften Sie zunächst ein Stoppsymbol ❶ am Mauszeiger sehen. Dies bedeutet, dass Sie zuerst noch eine Quelle auswählen müssen, um das Werkzeug zu verwenden.

◀ **Abbildung 25.3**
Es muss erst eine Quelle zum Klonen ausgewählt sein.

Um eine Quelle auszuwählen, klicken Sie die Stelle, die Sie klonen wollen, mit gehaltener [Strg]/[Cmd]-Taste an. Das Symbol ändert sich dann zu einem Fadenkreuz ❸. Die Stelle, die Sie jetzt als Quelle festgelegt haben, wird auch mit einem kleinen Kreuz markiert.

 Kapitel-025/Portrait.jpg

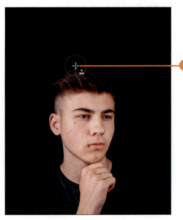

▲ **Abbildung 25.4**
Zum Klonen von Objekten wird eine leere transparente Ebene ❷ empfohlen.

▲ **Abbildung 25.5**
Einen Bildbereich zum Klonen auswählen

Es ist immer sinnvoll, das Klonen auf einer neuen transparenten Ebene ❷ durchzuführen. So sind nachträgliche Korrekturen und bessere Auswahlen in diesem Bereich wesentlich einfacher.

Ausgehend von der ausgewählten Quellposition, können Sie jetzt mit gedrückter linker Maustaste an einer anderen Stelle malen. Beim aktuell geklonten Bereich wird ebenfalls der Pinselstrich mit einem Kreuz angezeigt. In der Standardeinstellung wird nach jedem Loslassen der Maustaste die ausgewählte Startposition der Quelle verwendet. Dieses Verhalten lässt sich aber natürlich in den Werkzeugeinstellungen ändern.

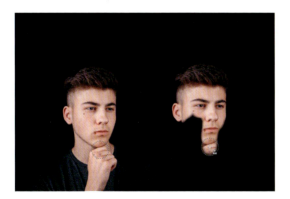

◀ **Abbildung 25.6**
Bildbereich klonen

◀ **Abbildung 25.7**
Hier wurde beispielsweise die Person auf eine leere transparente Ebene geklont, dann um 180° gedreht und das Bild zusammengefügt.

Werkzeugoptionen | Die allgemeinen Eigenschaften der Malwerkzeuge wurden bereits auf Seite 263, »Gemeinsame Werkzeugeinstellungen«, beschrieben.
Unter QUELLE bestimmen Sie, was genau geklont werden soll. Hier stehen Ihnen folgende Optionen zur Auswahl:

- BILD ❸: Diese Option ist die Voreinstellung. Damit klonen Sie Bildbereiche, die Sie bei gehaltener ⌃Strg/⌘Cmd-Taste mit der linken Maustaste angeklickt haben. Standardmäßig wird zum Klonen immer die aktive Ebene verwendet. Wollen Sie allerdings die aktuelle Ansicht klonen, in der zum Beispiel Objekte von darunterliegenden Ebenen durchscheinen, dann müssen Sie die Eigenschaft VEREINIGUNG PRÜFEN ❹ aktivieren.
- MUSTER ❸: Mit dieser Option müssen Sie nicht extra einen Quellbereich auswählen, sondern verwenden das Muster, das Sie direkt darunter auswählen können. Das Aufmalen von Mustern ist eher für kreative Arbeiten geeignet.

Mit der Werkzeugoption AUSRICHTUNG ❺ bestimmen Sie die Position der Quelle, wenn das Werkzeug nach der Verwendung neu ausgerichtet wird (oder einfacher, die Maustaste losgelassen wurde). Folgende Optionen stehen Ihnen dafür zur Verfügung:

▲ **Abbildung 25.8**
Die Werkzeugeinstellungen des KLONEN-Werkzeugs

▶ Kein: Das ist die Standardeinstellung des Werkzeugs. Hiermit wird nach jedem gemachten Strich (bzw. nach dem Loslassen der Maustaste) der zum Start gewählte Quellpunkt als Ausgangspunkt für das Weiterzeichnen verwendet.

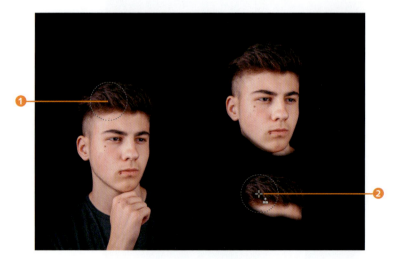

Abbildung 25.9 ▶
Nachdem die Maustaste beim Klonen kurz losgelassen wurde, wird als Quelle wieder der Anfangspunkt ❶ für den geklonten Inhalt ❷ verwendet.

▶ Ausgerichtet: Mit dieser Einstellung bleibt der Abstand zwischen dem Quellbereich ❸ und dem zu malenden Bereich ❹ immer konstant. Der Abstand wird durch den Anfangspunkt festgelegt und ändert sich auch nicht, wenn Sie die Maustaste loslassen.

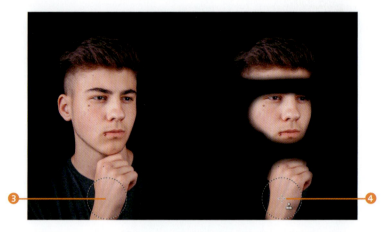

Abbildung 25.10 ▶
Ist einmal der Anfangspunkt festgelegt, bleibt der Abstand zwischen Quelle ❸ und dem geklonten Inhalt ❹ immer gleich, egal, ob Sie die Maustaste loslassen oder nicht.

▶ Registriert: Der Modus ist optimal dafür geeignet, den Quellbereich auf eine andere Ebene desselben Bildes zu klonen. Mit diesem Modus malen Sie quasi die Pixel der Quellebene auf dieselbe Position der Zielebene. Haben Sie keine Zielebene, wird beim Klonen auf dem Bild nichts passieren.

25.1 Retusche mit dem Klonen-Werkzeug

▲ **Abbildung 25.11**
Damit es mit dem Modus REGISTRIERT auch klappt, brauchen Sie eine weitere Ebene. Hier wurde eine transparente Ebene ❺ angelegt.

▲ **Abbildung 25.12**
Da Sie ja mit dem Modus REGISTRIERT auf der Stelle malen, sieht man nicht viel vom geklonten Inhalt. Erst wenn Sie die Sichtbarkeit der Quellebene über das Augensymbol ❻ deaktivieren, können Sie den geklonten Bereich in der neuen Ebene betrachten.

▶ FEST: Der Modus spricht eigentlich fast schon für sich: Er verwendet immer den ausgewählten Anfangspunkt zum Malen. Der Quellpunkt ❼ wird hierbei nicht bewegt.

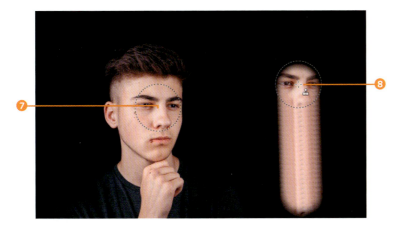

▲ **Abbildung 25.13**
Beim Modus FEST wird immer der anfangs ausgewählte Quellpunkt ❼ zum Malen ❽ verwendet.

Schritt für Schritt
Unerwünschte Objekte entfernen

Das KLONEN-Werkzeug eignet sich nicht nur zum Klonen, sondern auch für die Retusche, um etwa unerwünschte Bildteile zu entfernen. Allerdings kommen Sie bei dieser Aufgabe selten um den zusätzlichen Einsatz des HEILEN-Werkzeugs  herum, so auch in diesem Workshop nicht.

Kapitel-025/
3-Personen.jpg

Abbildung 25.14 ▶
Bei diesem Bild sollen die zwei Personen rechts und links entfernt werden.

▲ **Abbildung 25.15**
Optional malen Sie die Korrekturen auf der transparenten Ebene auf.

1 Transparente Ebene anlegen

Dieser Schritt ist optional. Die Idee dahinter, eine neue transparente Ebene anzulegen, ist, dass der zu korrigierende Bereich zunächst auf der darüberliegenden transparenten Ebene bearbeitet wird. So können Sie diesen Bereich jederzeit wieder nachkorrigieren. Erst am Ende des Workshops, wenn Sie mit der Korrektur zufrieden sind, fügen Sie die beiden Ebenen zusammen. Der Weg über die transparente Ebene ist allerdings nicht unproblematisch, weil man hier schnell einmal vergisst, die richtige Ebene auszuwählen. Wenn Sie beispielsweise einen Anfangspunkt von der Quellebene ausgewählt haben, müssen Sie zuvor immer wieder die darüberliegende transparente Ebene anwählen.

2 Klonen-Werkzeug auswählen

Aktivieren Sie das KLONEN-Werkzeug ([C]). Verwenden Sie einen etwas weicheren PINSEL ❶, und passen Sie die GRÖSSE ❷ entsprechend an. Als QUELLE sollte BILD ❸ und für AUSRICHTUNG der Wert AUSGERICHTET ❹ gewählt sein.

3 Pixel für die Person wählen

Zoomen Sie tiefer in das Bild, und wählen Sie mit gehaltener [Strg]/[Cmd]-Taste per Mausklick einen geeigneten Bildbereich ❺ aus, den Sie zum Ersetzen verwenden wollen. Ich empfehle Ihnen, immer einen Bereich auszuwählen, der auch zu den Farb- und Lichtverhältnissen und (hier ganz wichtig) der Struktur der Umgebung passt. Meistens liegen diese Bereiche in der näheren Umgebung. Achten Sie außerdem darauf, falls Sie eine transparente Ebene verwenden, dass Sie zum Auswählen die Hintergrundebene aktiviert haben.

25.1 Retusche mit dem Klonen-Werkzeug

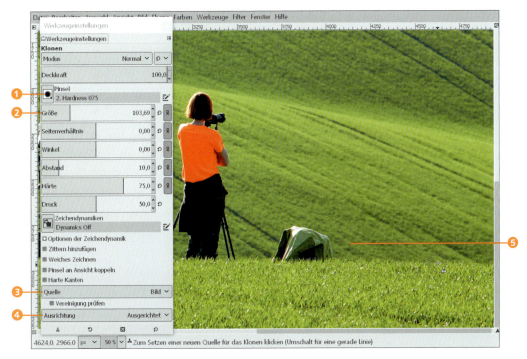

▲ Abbildung 25.16
Mit dem KLONEN-Werkzeug einen passenden Bildbereich aufnehmen

4 Person wegstempeln

Aktivieren Sie die transparente Ebene 6, und stempeln bzw. klonen Sie die Person mit gedrückter linker Maustaste und/oder einzelnen Mausklicks weg. Im Beispiel habe ich vor der Person noch den Rucksack weggestempelt und dann wie im Schritt 3 erneut den Bildbereich zum Entfernen der Person festgelegt.

◄ Abbildung 25.17
Person wegstempeln

5 Arbeitsschritte 3 und 4 wiederholen

Wiederholen Sie die Arbeitsschritte 3 und 4 mit anderen Bildbereichen wie der zweiten Person im Bild auf der linken Seite.

Zum Nachlesen

Das HEILEN-Werkzeug wird in Abschnitt 25.2, »Retusche mit dem Heilen-Werkzeug«, näher beschrieben.

Voraussetzung für ein gutes Ergebnis sind immer ein guter Quellbereich zum Klonen und die richtige Größe und Härte der Werkzeugspitze. Sie können bei schwierigeren Bereichen durchaus mehrere Stellen als Quellbereiche verwenden. Im Beispiel habe ich jeweils passende Quellbereiche zum Klonen verwendet, um Reifenspuren in den Hügeln an der Stelle, wo eine Person zuvor gewesen ist, fortzuführen.

An vielen Stellen kommen Sie kaum um das HEILEN-Werkzeug herum, um die unterschiedlichen Helligkeits- und Farbbereiche etwas zu vertuschen. Alles in allem erfordert das Wegstempeln von unerwünschten Bildmotiven sehr viel Geduld und Zeit.

Abbildung 25.18 ▼
Oben das Bild im Originalzustand und unten nach dem Wegstempeln von zwei Personen

25.1.1 Klonen über Bildgrenzen hinaus

Es wurde bereits erwähnt, dass das Klonen von Bildmotiven nicht nur auf die Ebenen beschränkt ist, sondern auch über die Dateigrenze hinaus durchgeführt werden kann. Sie können so Bildbereiche aus einem Bildfenster als Quelle wählen ❶ und den Inhalt in ein anderes Bildfenster malen ❷.

Abbildung 25.19 ▼
Klonen über die Dateigrenze hinaus

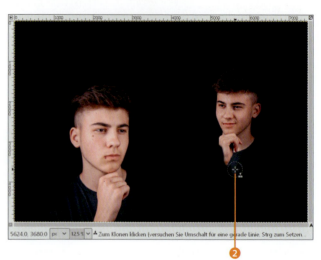

◀ **Abbildung 25.20**
Das Endergebnis. Im Beispiel wurde für den zu klonenden Doppelgänger eine neue leere transparente Ebene verwendet. Allerdings war das Beispiel auch einfach, weil der Hintergrund beider Bilder identisch (hier also schwarz) ist und somit keine Nacharbeiten an den Rändern nötig waren.

25.1.2 Transparenz beim Klonen

Volltransparente Bereiche als Quellpunkt können nicht geklont werden. Sie werden zwar geklont, aber das Ergebnis entspricht der darunterliegenden Farbe – und die wird dadurch nicht verändert. Halbtransparente Flächen hingegen lassen sich durchaus klonen.

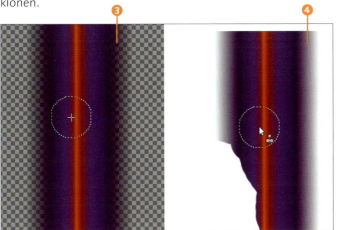

◀ **Abbildung 25.21**
Die halbtransparenten Bereiche der Quelle ❸ lassen sich mit in das weiße Zielbild ❹ übertragen. Volle Transparenz der Quelle hingegen hat im Zielbild keine Wirkung.

25.2 Retusche mit dem Heilen-Werkzeug

Das HEILEN-Werkzeug (Tastenkürzel H) ist dem KLONEN-Werkzeug recht ähnlich. Auch beim HEILEN-Werkzeug wählen Sie zuvor einen Quellbereich im Bild aus, mit dem Sie den Zielbereich dann füllen. Allerdings werden beim Füllen des Zielbereichs außerdem die Struktur und Umgebung beachtet. Die

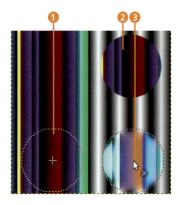

▲ **Abbildung 25.22**
Der Fleck rechts oben ❷ wurde durch die Quelle links unten ❶ mit dem KLONEN-Werkzeug eingefügt. Der Fleck rechts unten ❸ wurde mit derselben Quelle mit dem HEILEN-Werkzeug eingefügt.

Wirkung mit dem HEILEN-Werkzeug ist daher nicht so drastisch wie mit dem KLONEN-Werkzeug.

In der Praxis wird das HEILEN-Werkzeug bei eher komplexen Stellen mit vielen Details oder unterschiedlichen Lichtern und Tiefen verwendet. Bei Porträtaufnahmen wird das Werkzeug auch für die Retusche der Haut (Hautunreinheiten, Falten etc.) verwendet.

Um Ihnen die Unterschiede zwischen dem KLONEN- und dem HEILEN-Werkzeug noch einmal bildlich zu demonstrieren, finden Sie in Abbildung 25.23 ein Beispiel aus der Porträtretusche. Im linken Bild sehen Sie den Originalzustand. Im mittleren Bild wurde das KLONEN-Werkzeug verwendet, um die dunklen Augenränder zu entfernen. Dies wirkt recht »aufgeklebt«. Im rechten Bild wurde das HEILEN-Werkzeug benutzt, wodurch der Effekt viel natürlicher wirkt als mit dem KLONEN-Werkzeug.

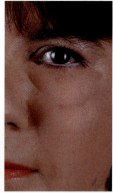

Abbildung 25.23 ▶
Links das Original; in der Mitte wurde das KLONEN-Werkzeug verwendet, rechts das HEILEN-Werkzeug.

In Abbildung 25.24 wird der Schmutz von der Straße mit dem HEILEN-Werkzeug entfernt. Wie schon beim KLONEN-Werkzeug wählen Sie auch hier mit gehaltener Strg/Cmd-Taste einen sauberen Bereich ❹ aus, mit dem Sie den schmutzigen übermalen wollen. Anschließend entfernen Sie mit leichten Tupfern ❺ oder kleinen »Ziehern« Stück für Stück den Schmutz mit einer weichen Pinselspitze.

Abbildung 25.24 ▼
Links das Ausgangsbild vor und rechts das Bild nach dem »Saubermachen« mit dem HEILEN-Werkzeug

25.2 Retusche mit dem Heilen-Werkzeug

Bedienung und Werkzeugeinstellungen | Die Bedienung und die Werkzeugeinstellungen können Sie beim KLONEN-Werkzeug (siehe Abschnitt 25.1, »Retusche mit dem Klonen-Werkzeug«) nachlesen. Das HEILEN-Werkzeug lässt sich genauso bedienen, nur eben mit einer anderen Wirkung. Die Werkzeugeinstellungen sind auch gleich, nur ist die Option QUELLE, bei der Sie aus BILD oder MUSTER wählen konnten, beim HEILEN-Werkzeug nicht vorhanden.

Schritt für Schritt
Hautunreinheiten korrigieren

Niemand ist perfekt, auch wenn uns das die Bilder vieler Magazine glauben machen. Ich habe noch keinen natürlichen Menschen ohne den kleinsten Makel gesehen. Zwar lässt sich häufig mit Make-up einiges verdecken, aber vieles muss trotzdem nachträglich am Computer gemacht werden. Daher soll natürlich auch hier auf das unverzichtbare Thema eingegangen werden, Porträts nachträglich zu korrigieren.

Kapitel-025/Hautunreinheiten.jpg

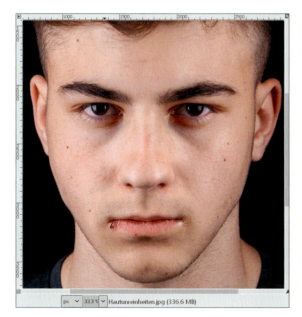

▲ Abbildung 25.25
Bei diesem Bild sollen ein paar Anpassungen an der Haut gemacht werden.

1 **Heilen-Werkzeug auswählen und einstellen**
Wählen Sie das HEILEN-Werkzeug  (H), und verwenden Sie eine weiche Pinselspitze ❻ (hier HARDNESS 050) mit einer GRÖSSE ❼ von 100,00. Als AUSRICHTUNG ❽ wurde hier KEIN verwendet.

▲ Abbildung 25.26
Die Einstellungen für das HEILEN-Werkzeug

2 Anfangspunkt auswählen

Zoomen Sie näher in das Bild hinein. Wählen Sie einen sauberen Hautbereich aus ❶, indem Sie diese Stelle mit gedrückter [Strg]/[Cmd]-Taste anklicken.

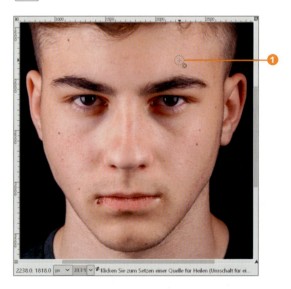

Abbildung 25.27 ▶
Einen sauberen Hautbereich auswählen

3 Hautunreinheiten entfernen

Gehen Sie mit dem Mauszeiger an die Stellen im Bild, wo Sie die Hautunreinheiten, Irritationen, Muttermale und Pickel entfernen wollen. Klicken (tupfen) Sie diese Stellen (beispielsweise ❷) mit der linken Maustaste weg. Bei Bedarf wählen Sie eine andere Position als Quellpunkt aus.

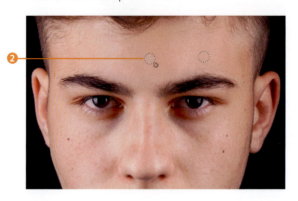

Abbildung 25.28 ▶
Unreine Stellen auf der Haut werden weggetupft.

4 Schritt 2 und 3 wiederholen

Wiederholen Sie jetzt die Schritte 2 und 3 mit anderen Bereichen, in denen Sie Makel oder Hautunreinheiten im Bild entfernen wollen. Im Beispiel habe ich noch mit dem Heilen-Werkzeug die Augenränder und den linken Mundwinkel verbessert.

25.2 Retusche mit dem Heilen-Werkzeug

▲ Abbildung 25.29
Dunkle Augenränder werden entfernt.

▲ Abbildung 25.30
Den verwundeten Mundwinkel bearbeiten

Sie sollten bei der Beseitigung von Hautunreinheiten immer die Natürlichkeit im Auge behalten. Wie weit Sie hierbei gehen, bleibt letztendlich Ihnen überlassen. Ob Sie jede Sommersprosse oder jedes Muttermal im Bild entfernen wollen, müssen Sie selbst entscheiden.

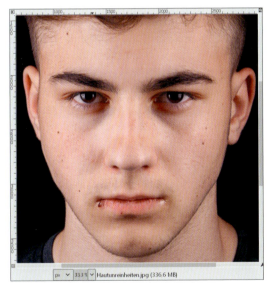

▲ Abbildung 25.31
Das Ausgangsbild vor der digitalen Kosmetik …

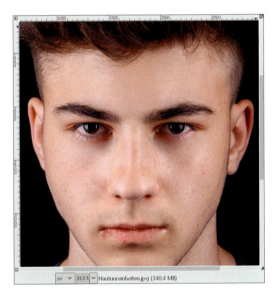

▲ Abbildung 25.32
… und hier das Bild nach der Korrektur mit dem HEILEN-Werkzeug

Schritt für Schritt
Fältchen entfernen

Natürlich lässt sich das HEILEN-Werkzeug auch bestens zum Entfernen von Fältchen verwenden. Sie sollten das Entfernen jedoch mit Stil einsetzen und nicht bei einer 85 Jahre alten Dame die Falten entfernen.

Kapitel-025/Dunja.jpg

Kapitel 25 Retuschewerkzeuge

Abbildung 25.33 ▶
Bei dieser Dame wollen wir die Lachfältchen an der Wange und dem Mund entfernen.

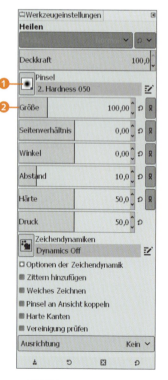

▲ **Abbildung 25.34 ▶**
Hautbereich auswählen

1 Hautbereich zum Fältchenentfernen auswählen

Wählen Sie das HEILEN-Werkzeug (H), und verwenden Sie eine weiche Pinselspitze ❶ – hier HARDNESS 050 – mit einer GRÖSSE ❷ von 100,00. Als AUSRICHTUNG wurde hier KEIN verwendet. Zoomen Sie näher in das Bild hinein. Wählen Sie einen sauberen Hautbereich aus ❸, indem Sie diese Stelle mit gedrückter Strg/Cmd-Taste anklicken.

658

2 Fältchen wegtupfen

Gehen Sie mit dem Mauszeiger an die Stellen im Bild, an denen Sie die Fältchen entfernen wollen. Klicken (tupfen) Sie diese Stellen (hier beispielsweise ❹) mit der linken Maustaste weg. Bei den Lachfältchen um die Mundwinkel sollten Sie, sofern Sie diese wirklich entfernen wollen, einen neuen Hautbereich direkt in der Nähe mit ähnlichen Lichtverhältnissen auswählen.

◀ **Abbildung 25.35**
Fältchen werden weggetupft.

▼ **Abbildung 25.36**
Links sehen Sie das Bild im Originalzustand und rechts nach dem Entfernen von Fältchen.

25.2.1 Anregung: Alte Bilder restaurieren

Auch zum Restaurieren (sehr) alter eingescannter Fotos eignen sich die Werkzeuge HEILEN und KLONEN bestens. Kratzer, Flecken und Staub entfernen Sie am besten mit dem HEILEN-Werkzeug. Fehlende oder kaputte Bildbereiche können Sie auch, wenn Sie ganz genau vorgehen, mit dem KLONEN-Werkzeug wiederherstellen (bzw. neu erstellen).

Abbildung 25.37 ▶
Links das Ausgangsbild nach dem Einscannen und rechts das Bild nach langer Retuschearbeit mit dem HEILEN- und KLONEN-Werkzeug. Die Ecken wurden Stück für Stück mit umliegenden Bildflächen und dem KLONEN-Werkzeug erstellt und mit dem HEILEN-Werkzeug wieder retuschiert, bis es nun kaum noch auffällt.

25.3 Retusche mit dem Perspektivisches-Klonen-Werkzeug

Das Werkzeug PERSPEKTIVISCHES KLONEN ermöglicht es Ihnen, Bildbereiche in einer beliebigen Perspektive zu klonen. Das Werkzeug führt wohl eher ein Nischendasein und wird kaum beachtet. Dies liegt vermutlich auch ein wenig daran, dass das Werkzeug nicht ganz so einfach zu verwenden ist.

Das Prinzip ist allerdings relativ einfach: Zunächst setzen Sie die gewünschte Perspektive (genauer: die Fluchtlinien). Dies funktioniert genauso wie mit dem PERSPEKTIVE-Werkzeug (siehe Seite 613, »Verzerren mit dem Perspektive-Werkzeug«). Danach können Sie einen Bereich exakt wie mit dem KLONEN-Werkzeug klonen.

Werkzeugeinstellungen | Die Werkzeugeinstellungen sind exakt dieselben wie schon beim KLONEN-Werkzeug (siehe Abschnitt 25.1, »Retusche mit dem Klonen-Werkzeug«), weshalb ich Sie bei Bedarf darauf verweisen möchte. Lediglich der MODUS bei diesem Werkzeug ist anders. Hier können Sie zwischen PERSPEKTIVE ÄNDERN und PERSPEKTIVISCHES KLONEN wählen. Beide Optionen benötigen Sie für das Werkzeug, weshalb deren Funktionen in einer Schritt-für-Schritt-Anleitung demonstriert werden sollen.

25.3 Retusche mit dem Perspektivisches-Klonen-Werkzeug

Schritt für Schritt
»Perspektivisches Klonen« verwenden

Im Bild in Abbildung 25.38 sollen durch perspektivisches Klonen weitere Spielfiguren etwas weiter hinten aufgemalt werden, so dass der Eindruck einer räumlichen Tiefe ensteht.

Kapitel-025/Figuren.jpg

1 Perspektive anpassen

Aktivieren Sie das Werkzeug PERSPEKTIVISCHES KLONEN, und wählen Sie PERSPEKTIVE ÄNDERN ❶, falls nicht schon vorgegeben. Klicken Sie in das Bild, und ziehen Sie die seitlichen Vierecke zur gewünschten Perspektive. Im Beispiel sollen die Spielfiguren perspektivisch geklont werden, damit der Eindruck entsteht, dass diese immer weiter entfernt sind. Ziehen Sie daher den linken oberen ❷ und rechten oberen ❸ Griff mit gedrückter linker Maustaste nach innen. Je enger Sie die Regler zusammenziehen, desto weiter entfernt wirken anschließend die geklonten Spielfiguren. Jetzt haben Sie die gewünschte Perspektive für das Klonen angegeben.

▲ Abbildung 25.38
Das Ausgangsbild

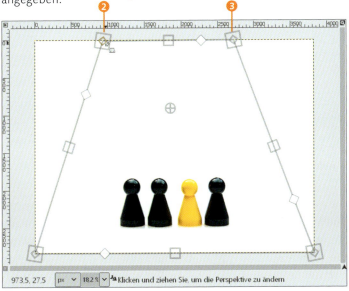

▲ Abbildung 25.39 ▶
Perspektive ändern

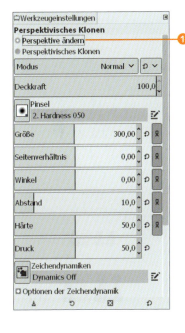

2 Perspektivisches Klonen

Wählen Sie in den WERKZEUGEINSTELLUNGEN nun PERSPEKTIVISCHES KLONEN ❹ aus. Stellen Sie einen passenden PINSEL ❺ (hier HARDNESS 050) und eine passende GRÖSSE ❻ (hier 300,00) ein. Wählen Sie im Bild das untere Ende einer Spielfigur als Quelle ❽

661

zum Klonen aus, indem Sie mit gedrückter [Strg]/[Cmd]-Taste darauf klicken. Bestimmen Sie einen Abstand zur nächsten Gruppe von Spielfiguren, und kopieren Sie die neue Figur mit gedrückter linker Maustaste auf ❼. Lassen Sie die Maustaste nach der ersten fertigen Spielfigurengruppe los, und wiederholen Sie diesen Vorgang gegebenenfalls mit weiteren Figuren im Bild. Sie brauchen hierfür übrigens keine neue Quelle mehr für die jeweils nächsten Spielfiguren auszuwählen, sondern verwenden immer das zu Beginn ausgewählte Objekt als Quelle. Sie werden feststellen, dass das Werkzeug durch die Einstellung der Perspektive auch den zunehmenden Abstand beachtet.

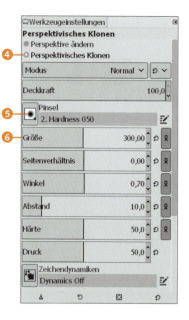

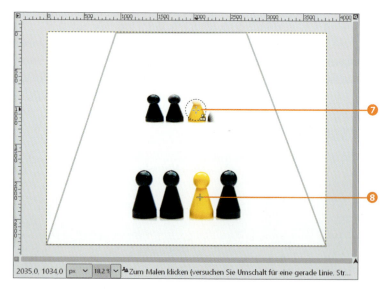

▲ **Abbildung 25.40**
Eine weitere Spielfigurengruppe wird perspektivisch geklont.

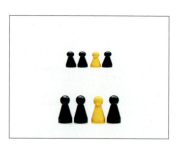

▲ **Abbildung 25.41**
Das Endergebnis nach dem Einfügen einer neuen Spielgruppe mit dem Werkzeug PERSPEKTIVISCHES KLONEN. Es sieht jetzt wirklich aus, als würde diese neue Gruppe weiter hinten stehen.

Sollte das Ergebnis nicht zu Ihrer Zufriedenheit ausfallen, können Sie es auch mit einer anderen Perspektive probieren, indem Sie die Werkzeugeinstellung wieder auf PERSPEKTIVE ÄNDERN stellen und die Perspektive über die vier Griffe anpassen. Die zuvor geklonten Bereiche bleiben hierbei allerdings in der Perspektive erhalten und können nicht nachträglich verändert werden. Das Werkzeug ist zwar zunächst etwas gewöhnungsbedürftig, aber wenn Sie ein wenig damit experimentieren, bekommen Sie den Dreh recht schnell raus.

Kapitel 26
Eingescannte Bilder nachbearbeiten

Nachdem Sie Ihre analogen Schätze digitalisiert haben, finden Sie nun einige Tipps und Hinweise, wie Sie die Scans verbessern bzw. nachbearbeiten können.

26.1 Dateien einscannen

Für das Einscannen von Bildern bietet GIMP keine eigene Funktion an. Zwar finden Sie hierzu unter Windows eine Funktion über DATEI • ERSTELLEN • SCANNER/KAMERA, aber was daraufhin gestartet wird, ist systemabhängig. Der Dialog, der hiermit zum Scannen geöffnet wird, ist der Dialog des Betriebssystems. Wenn zu Ihrem Scanner eine spezielle Software mitgeliefert wurde, dann empfiehlt es sich gewöhnlich, die Bilder zunächst mit dieser Software zu digitalisieren und sie danach manuell in GIMP zur Nacharbeit zu öffnen.

Bilder von der Kamera

Was für das Laden von Bildern vom Scanner gilt, gilt auch das Laden von Bildern von der Kamera. Auch hier greift GIMP letztendlich nur auf die Funktion des Betriebssystems zurück.

▲ **Abbildung 26.1**
Über diesen Dialog (Windows) können Sie eine Quelle auswählen, von der Sie etwas in GIMP laden wollen.

▲ **Abbildung 26.2**
Das Fenster zum Importieren von Bildern vom Scanner unter Windows

▲ **Abbildung 26.3**
Das eingescannte Bild unter Windows

663

Kapitel 26 Eingescannte Bilder nachbearbeiten

▲ **Abbildung 26.4**
Beim Mac gibt es zwar die Option zum direkten Laden über GIMP nicht, aber den Scanner können Sie hier über die SYSTEMEINSTELLUNGEN VON DRUCKER & SCANNER über die entsprechende Schaltfläche öffnen …

▲ **Abbildung 26.5**
… woraufhin dann der systemeigene Scandialog vom Mac gestartet wird.

26.1.1 Auflösung für das Scannen

Für die optimale Auflösung müssen Sie zunächst wissen, was Sie mit dem Bild machen wollen. Verwenden Sie die Bilder nur für den Bildschirm oder das Internet, genügt eine Auflösung von 72 bis 96 dpi.

Für den Druck brauchen Sie auf jeden Fall eine höhere Auflösung. Wie hoch Sie hierbei die Auflösung wählen, hängt von der Größe ab, in der Sie das Bild drucken wollen. In der Praxis reicht für die üblichen Bildformate 9 × 13 cm oder 10 × 15 cm eine Auflösung von **300 dpi**. Für einen Posterdruck dürfen es dann schon mal 600 dpi sein.

Abbildung 26.6 ▶
Die Auflösung für das einzuscannende Bild festlegen (hier unter Windows)

26.2 Bildqualität verbessern

Kapitel-026/Scan.xcf

Eingescannte Bilder sind nicht immer ein Musterbeispiel an Farbe und meistens auch etwas unscharf. In einer Schritt-für-Schritt-Anleitung sollen die typischen Arbeitsabläufe gezeigt werden, die üblicherweise verwendet werden, um Scannerschwächen auszugleichen.

Schritt für Schritt
Scannerschwächen ausgleichen

1 Bild drehen und Zuschneiden

Sollte die Ausrichtung des Bildes nicht passen, können Sie diese über BILD • TRANSFORMATION • UM 90° GEGEN DEN UHRZEIGERSINN DREHEN (im Beispielbild der Fall) bzw. UM 90° IM UHRZEIGERSINN DREHEN entsprechend anpassen. Ebenso kommt es beim Digitalisieren von Scans vor, dass ein Rand oder Rahmen mitgescannt wurde. Hierzu verwenden Sie bei Bedarf das ZUSCHNEIDEN-Werkzeug ⬜ (⇧+C) und schneiden diese Bereiche ab.

◀ **Abbildung 26.7**
Der Scan wurde gedreht und wird nun passend zugeschnitten.

2 Höhen und Tiefen korrigieren

Eingescannte Bilder wirken häufig flau, wie hinter einem Nebelschleier. Öffnen Sie hierzu den Dialog FARBEN • WERTE. Häufig fehlen bei Scans die Höhen und/oder Tiefen. Am Histogramm in diesem Beispiel erkennen Sie, dass es dem Bild ein wenig an Höhen fehlt. Korrigieren Sie diesen Fehler Kanal für Kanal. Wählen Sie hierbei zunächst den roten Kanal ❶, und ziehen Sie den schwarzen Anfasser nach rechts zum Anfang des Histogrammhügels ❷. Ziehen Sie den weißen Regler ❸ nach links zum Anfang der Hügellandschaft. Diese Korrektur hängt auch vom Scanner und vom Bild ab. Hier sind zum Beispiel in den Tiefen kaum Anpassungen nötig. Fahren Sie genauso beim grünen und blauen Kanal ❶ fort, und bestätigen Sie den Dialog mit OK.

Zum Nachlesen

Das Histogramm und die Tonwertkorrektur werden in Abschnitt 6.1, »Histogramm lesen und analysieren«, und Abschnitt 6.6, »Tonwertkorrektur-Werkzeug«, ausführlich beschrieben.

Kapitel 26   Eingescannte Bilder nachbearbeiten

▲ **Abbildung 26.8**
Das Ausgangsbild mit den Scannerschwächen

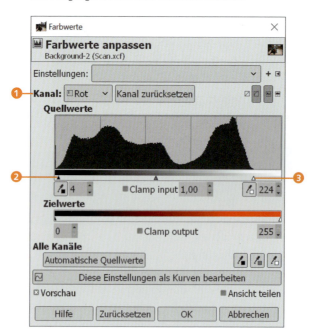

Abbildung 26.9 ▶
Nach der Tonwertkorrektur sollte das Bild nicht mehr so flau wirken.

3   Staub und Flecken entfernen

Gegebenenfalls müssen Sie vorhandenen Staub und Flecken entfernen. Hierzu verwenden Sie das Heilen-Werkzeug mit einer weichen Werkzeugspitze, um Staub und unerwünschte Flecken wegzutupfen. Der Filter Flecken entfernen ist weniger für solche Arbeiten geeignet, weil er das Bild zu weichzeichnet.

26.2 Bildqualität verbessern

▲ **Abbildung 26.10**
Flecken und Staub mit dem HEILEN-Werkzeug entfernen

4 Bildrauschen reduzieren

Eingescannte Bilder weisen abhängig vom Scanner häufig ein etwas verstärktes Bildrauschen auf. Hier müssen Sie selbst entscheiden, wie weit und ob Sie das beheben wollen. Wer das Rauschen oder die Körnigkeit nicht mag, der kann dies beispielsweise mit FILTER • VERBESSERN • SYMMETRISCH NÄCHSTER NACHBAR beheben. Allerdings geben Sie in der Regel dann immer etwas Bildschärfe auf.

◀ **Abbildung 26.11**
Bildrauschen reduzieren

5 Bild schärfen

Das nächste Problem bei eingescannten Bildern ist meistens etwas fehlende Schärfe. Hierzu greifen Sie entweder auf das klassische Schärfen mit FILTER • VERBESSERN • SCHÄRFEN (UNSCHARF MASKIEREN) zurück oder auf eine andere Schärfetechnik. Ich habe mich hier für SCHÄRFEN (UNSCHARF MASKIEREN) und einen RADIUS ❹ von 2,000 sowie eine MENGE ❺ von 0,250 entschieden.

Zum Nachlesen

Mehr zum Thema Schärfen, insbesondere zu den besseren Techniken wie Hochpass-Schärfen und Schärfen im Lab-Modus, erfahren Sie in Abschnitt 27.5 unter »Hochpass-Schärfen« und »Schärfen im Lab-Modus«.

Abbildung 26.12 ▶
Häufig müssen eingescannte Bilder nachgeschärft werden.

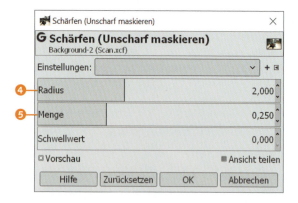

Zum Nachlesen
Das Thema Bildrauschen und Flecken entfernen wird in Kapitel 24, »Bildstörungen beheben und hinzufügen«, behandelt.

6 **Analyse**

Im direkten Vorher-nachher-Vergleich fällt der Unterschied deutlich auf. Solche Ergebnisse hängen allerdings auch wesentlich von der Qualität des Scanners ab.

▲ **Abbildung 26.13**
Links das Bild nach dem Einscannen und rechts nach der Überarbeitung

TEIL VIII
Schärfen und Weichzeichnen

Kapitel 27
Bilder schärfen

Der letzte Arbeitsschritt, um einem Bild den Feinschliff zu verpassen, ist häufig das Nachschärfen. Auch bei Bildern, in denen durch Skalieren oder Einscannen Unschärfe entstanden ist, kann das Nachschärfen noch einiges verbessern.

27.1 Schärfe im Detail

In vielen Büchern über digitale Fotografie oder Bildbearbeitung wird Schärfe kurz und bündig als das Hervorheben von Details und Konturen zusammengefasst. Dies ist natürlich richtig, aber eben nur eine kurze Zusammenfassung.

Genau genommen ist es so, dass der Schärfeeindruck ganz besonders stark vom Kontrast abhängt. Je höher die Helligkeitsunterschiede bei den Details eines Bildes sind, desto schärfer wirkt das Bild auf den Betrachter. Aber auch andere Faktoren, wie die Sättigung von Farben und das Zusammenpassen von verschiedenen Farbtönen, spielen eine wichtige Rolle in unserer Wahrnehmung von Schärfe.

▲ Abbildung 27.1
Je höher die Helligkeitsunterschiede bei den Details, desto kontrastreicher und schärfer erscheint das Bild.

▲ Abbildung 27.2
Hier das Gegenstück, das diesen Zusammenhang demonstrieren soll. Das Bild wurde nur heller gemacht.

▲ Abbildung 27.3
Hier wurde eine schwache Farbsättigung mit ähnlichen Farbtönen verwendet, wodurch das Bild nicht so kontrastreich und scharf wirkt.

▲ **Abbildung 27.4**
Das krasse Gegenteil: In diesem Beispiel wurde eine hohe Farbsättigung verwendet, und die rote Schrift lässt sich auf dem grünen Hintergrund sehr gut lesen, wodurch wieder ein kontrastreicherer und schärferer Eindruck entsteht.

▲ **Abbildung 27.5**
Und natürlich der Klassiker zum Thema Schärfen: Das Bild wirkt unscharf, weil die Kanten nicht klar und deutlich erkennbar sind. Je abrupter die Übergänge von Hell zu Dunkel sind, desto schärfer ist die Abbildung.

Zum Nachlesen
Auf die Bearbeitung von Bildern im RAW-Format mit Darktable wird in Kapitel 8, »Bilder mit Darktable bearbeiten«, eingegangen.

Schärfen in der Kamera | Wie scharf Sie ein Bild mit einer Kamera erstellen können, hängt im großen Maße vom verwendeten Objektiv, vom Bildsensor und vom eingebauten Prozessor ab. Je leistungsfähiger (und leider meistens auch teurer) diese einzelnen Komponenten sind, desto bessere Ergebnisse werden Sie erzielen. Der Prozessor der Kamera schärft das Bild vor dem Abspeichern durch eine Kontrastanhebung und Kantenkorrektur häufig noch nach. Bei vielen Kameras lässt sich diese Option manuell nachregulieren oder ganz abstellen. Denn das Nachschärfen in der Kamera ist nicht dasselbe wie das Nachschärfen am Computer. Dies gilt allerdings nur für das Speichern von JPEG-Bildern. Bei Bildern im RAW-Format können Sie die Regie beim Nachschärfen mit Hilfe eines RAW-Konverters wie beispielsweise Darktable übernehmen.

27.2 Häufige Fehler beim Schärfen

Zunächst sollten Sie nicht den Fehler machen, das nachträgliche Schärfen mit dem Scharfstellen eines Objektivs zu vergleichen. Das Scharfzeichnen ist eine reine Rechenoperation des Rechners, bei der er benachbarte Pixel miteinander vergleicht. Immer dort, wo die Pixel mit einer bestimmten unterschiedlichen Helligkeit nebeneinanderliegen, erhöht ein Schärfefilter den Kontrast zwischen den Pixeln.

Wie stark dieser Kontrast erhöht wird, hängt wiederum davon ab, wie Sie mit den Schiebereglern der Schärfen-Werkzeuge arbeiten. Übertreiben Sie es hier mit den Werten, wirkt das Bild schnell überschärft, und es treten unerwünschte Artefakte mit auffälligem Bildrauschen oder ein weißer Saum um die Kontrastgrenzen (auch *Halo-Effekt* genannt) auf.

27.2 Häufige Fehler beim Schärfen

Das Problem soll an den folgenden Abbildungen, einem Fenster und einer Hausmauer in der 100%-Ansicht, demonstriert werden. Das Bild links oben ❶ ist unser ungeschärftes Ausgangsbild. Das Bild daneben ❷ wurde normal geschärft. Das Bild unten links ❸ wurde bereits leicht überschärft, wodurch es bei den Farbübergängen schon zu unerwünschten Artefakten kommt. Das Bild rechts unten ❹ wurde extrem überschärft, weshalb hier auch der weiße Saum (Halo-Effekt) und eine Verfälschung der Farben die Folge waren.

Kapitel-27/
Hausmauer.jpg

◄ **Abbildung 27.6**
Verschiedene Schärfestufen im Vergleich

Schärfung beurteilen | Anhand der Darstellungen der Blüte dürften Sie festgestellt haben, dass das Nachschärfen doch eine anspruchsvollere Aufgabe ist. Wichtig ist auf jeden Fall, dass Sie, um das Schärfen überhaupt beurteilen zu können, die Ansicht des Bildes auf 100% (1:1) stellen, zum Beispiel mit dem Tastenkürzel 1. Nur in dieser Ansicht können Sie das nachträgliche Schärfen und mögliche Fehler, die damit passieren können, beurteilen.

◄ **Abbildung 27.7**
Zur Beurteilung der Schärfe am Bildschirm müssen Sie die Ansicht des Bildes auf mindestens 100% stellen. Hier wurde der Dialog NAVIGATION verwendet.

27.3 Der Klassiker – »Unscharf maskieren«

Immer noch das beliebteste und wohl bekannteste Werkzeug zum Nachschärfen von Bildern dürfte UNSCHARF MASKIEREN (kurz USM) sein. Diesen Filter rufen Sie über FILTER • VERBESSERN • SCHÄRFEN (UNSCHARF MASKIEREN) auf.

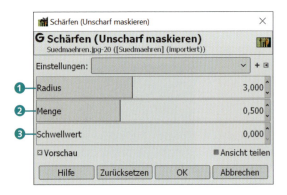

▲ **Abbildung 27.8**
Der Filter SCHÄRFEN (UNSCHARF MASKIEREN)

Mehrmals schärfen
Anstatt einmal einen großen Wert zum Schärfen zu verwenden, geht man mittlerweile in der Praxis dazu über, eher mehrmals mit einem kleinen Wert nachzuschärfen, was das Risiko der Überschärfung minimiert.

Mit dem Schieberegler RADIUS ❶ stellen Sie ein, wie viele Pixel auf jeder Seite der geschärften Kanten ebenfalls mit geschärft werden sollen. Der geeignete Wert hängt immer von der Pixelauflösung des Bildes ab. Je höher die Auflösung des Bildes ist, desto höher kann auch dieser Wert sein. Der Wert reicht von 0,000 bis 1 500,00.

Mit dem Schieberegler MENGE ❷ bestimmen Sie die eigentliche Stärke der Schärfung. Der Wert reicht hier von 0,000 bis 300,000. Natürlich hängt der zu verwendende Wert auch vom Bildmotiv ab, allerdings werden Sie wohl selten einen Wert höher als 3,0 verwenden.

»Schwellwert« verwenden
Der SCHWELLWERT ist ein zwiespältiger Wert. In der Praxis ist es selten sinnvoll, diesen Wert zu erhöhen, weil Sie hiermit letztendlich nur den zu hoch eingestellten Wert von MENGE wieder ausbügeln würden. Als Folge müssten Sie wiederum den Wert von MENGE erhöhen.

Mit dem SCHWELLWERT ❸ wählen Sie einen Farbbereich von 0,000 bis 1,000. Damit legen Sie fest, wie hoch der Wertunterschied zwischen zwei Pixeln sein muss, damit diese geschärft werden. Je niedriger dieser Wert ist, desto stärker wird geschärft. Dieser Wert ist beispielsweise bei weichen Farbübergängen nützlich oder um Bildfehler wie Bildrauschen und Körnungen bei zu starkem Schärfen zu verringern.

In der Praxis würde ich Ihnen empfehlen, das Bild vorher in den Lab-Modus zu zerlegen und anschließend nur auf dem Helligkeitskanal den Filter SCHÄRFEN (UNSCHARF MASKIEREN) anzuwenden (siehe Seite 680, »Schärfen im Lab-Modus«).

27.3 Der Klassiker – »Unscharf maskieren«

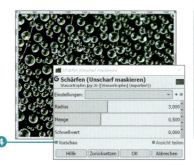  

▲ **Abbildung 27.9**
Im linken Bild habe ich das Häkchen vor der Vorschau ❹ entfernt, damit Sie bei der 1:1-Ansicht die Wassertropfen ohne Schärfung sehen können. Im mittleren Bild wurde die Vorschau aktiviert und mit dem Wert 10,000 bei Menge ❺ extrem überschärft. Im dritten Bild werden diese Nebenwirkungen mit dem Regler Schwellwert ❻ ausgebügelt, wodurch unterm Strich keine Verbesserung zum Ausgangsbild zu sehen ist. In der Praxis würde der Regler Schwellwert natürlich nicht so stark angewendet, aber hier sollte demonstriert werden, dass der Regler Schwellwert häufig nur ein zu starkes Schärfen mit dem Regler Menge rückgängig macht.

Welche Schärfe wofür? | Die jeweils beste Schärfeeinstellung hängt von verschiedenen Faktoren ab: von der Art des Motivs (Landschaftsaufnahme oder Porträt) ebenso wie vom Zustand des Bildes (sind Körnungen oder Bildrauschen vorhanden, Staub vom Scanner usw.?). Auch die Bildauflösung spielt eine entscheidende Rolle: Je niedriger das Bild aufgelöst ist, desto geringer sollten Sie auch den Radius einstellen.

Auch das Ausgabemedium ist ein weiteres wichtiges Kriterium für den richtigen Schärfegrad. So wird in der Praxis empfohlen, beim gedruckten Bild ruhig noch etwas stärker nachzuschärfen als bei einem Bild für den Bildschirm. Allerdings hängt auch hier wiederum der Schärfegrad vom vorhandenen Bild ab.

Die Tücken beim Schärfen | Wenn Sie alle Bilder im selben Maße und mit derselben Technik schärfen, kann dies zu einer wahrnehmbaren Verschlechterung der Bildqualität führen. Die üblichen Verschlechterungen, die bei einer unbedachten Nachschärfung im Allgemeinen auftreten können, sind:

▶ **Bildrauschen**: Vorhandenes Bildrauschen wird mit dem Nachschärfen gewöhnlich noch mehr verstärkt und deutlicher betont, weil die Kanten der verrauschten Pixel stärker hervorgehoben werden. Etwas unterdrücken können Sie dies, wenn Sie einen Schärfefilter mit einem Schwellwert verwenden.

- **Farbverschiebung**: An den Kanten kann es beim Schärfen zu deutlichen Farbverschiebungen kommen. Gewöhnlich werden beim USM-Schärfen die Farbkanäle Rot, Grün und Blau jeweils einzeln geschärft. Auch hier kann man mit dem SCHWELLWERT die Farbverschiebung an den Kanten ausbessern. Besser ist es aber, gar nicht erst einen so hohen Schärfewert zu verwenden.
- **Lichtsaum** (Halo): Das Problem tritt gerne auf, wenn man es mit der Schärfe übertreibt. Dabei entstehen deutliche Lichtsäume an den Bildkanten, die dem Betrachter gewöhnlich sofort auffallen. Das Problem lässt sich einfach umgehen, indem man es mit der Schärfe nicht übertreibt und das Bild beim Schärfen immer in der 100 %-Ansicht betrachtet.

Schritt für Schritt
Bilder schärfen mit »Unscharf maskieren«

Kapitel-027/
Maiskolben.jpg

Im Folgenden gebe ich Ihnen eine kurze Einführung, wie Sie gewöhnlich vorgehen können, um Bilder mit dem Filter SCHÄRFEN (UNSCHARF MASKIEREN) nachzuschärfen. Die verwendeten Werte sind natürlich nicht allgemeingültig und lassen sich nur in diesem Fall so anwenden.

1 »Unscharf maskieren« aufrufen
Laden Sie das Bild in GIMP, und rufen Sie FILTER • VERBESSERN • SCHÄRFEN (UNSCHARF MASKIEREN) auf. Suchen Sie sich im Bildfenster in einer 100 %- bzw. 1:1-Ansicht einen geeigneten Bildausschnitt aus, um ihn beim anschließenden Nachschärfen im Auge zu behalten.

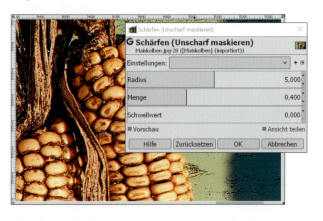

Abbildung 27.10 ▶
Der Filter SCHÄRFEN (UNSCHARF MASKIEREN) im Einsatz

2 Bild schärfen
Zum Einstellen der Schärfe sollten Sie zunächst den Schieberegler MENGE erhöhen. Achten Sie darauf, dass es nicht zu Farbverfäl-

schungen kommt oder weiße Säume entstehen. In diesem Beispiel wurde der Regler auf einen niedrigeren Wert 0,400 gestellt, weil das Bild schon über eine gewisse Grundschärfe verfügt. Um diesen geschärften Bereich auf die benachbarten Pixel der geschärften Kanten auszuweiten, können Sie den Wert für RADIUS erhöhen. Im Beispiel wurde dieser Wert auf 5,000 gesetzt. Bestätigen Sie den Dialog mit OK.

Schärfen für den Druck
Beim Endergebnis für das Buch habe ich diese Werte natürlich deutlich höher gesetzt, als sie im Schritt 2 angegeben wurden, weil man für den Druck gewöhnlich mehr schärfen kann als für den Bildschirm. Für das Buch habe ich 6,500 für RADIUS und 0,600 für MENGE verwendet.

3 Analyse
In diesem Beispiel hätte man durchaus noch mit einem erhöhten RADIUS-Wert experimentieren können. Ich empfehle Ihnen ohnehin, diesen Filter ausgiebig zu testen, um ein Gefühl dafür zu bekommen.

◀ **Abbildung 27.11**
Das Ausgangsbild

◀ **Abbildung 27.12**
Das Bild nach dem Nachschärfen. Jetzt ist die Struktur viel deutlicher geworden.

27.4 Schärfen mit dem NL-Filter

Den Dialog NL-FILTER (NL = nicht linear) würde man nicht auf den ersten Blick als Schärfemethode erkennen, aber der Filter, den Sie über FILTER • VERBESSERN • NL-FILTER aufrufen, ist ein gemischtes Werkzeug zum Entfernen von Flecken, zum Weichzeichnen und zur Kantenverstärkung (und somit auch Schärfenerhöhung).

Zum Nachlesen
Die restlichen Funktionen dieses Filters werden in Abschnitt 28.6, »Weichzeichnen mit dem NL-Filter«, auf Seite 640, »NL-Filter«, und in Abschnitt 24.3, »Flecken und Störungen entfernen«, beschrieben.

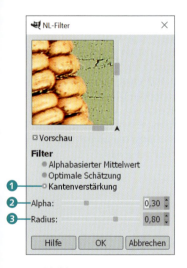

▲ Abbildung 27.13
Mit dem NL-Filter können Sie das Bild auch nachschärfen. Ein guter Einstiegswert liegt hier bei Alpha mit 0,30 und Radius mit 0,80.

Zum Nachlesen

Das Thema Ebenen wird im gleichnamigen Teil V des Buches ausführlich beschrieben.

Kapitel-027/Portrait.jpg

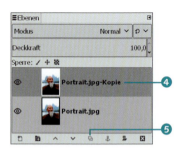

▲ Abbildung 27.14
Ebene duplizieren

Um den NL-Filter zum Schärfen zu verwenden, wählen Sie unter Filter die Option Kantenverstärkung ❶ aus. Wie Sie schon am Namen herauslesen, hebt diese Funktion die Kanten hervor, was, wie Sie mittlerweile wissen, die Schärfung verbessert. Wie stark die Kanten betont werden sollen, steuern Sie mit dem Regler Alpha ❷. Je höher Sie hierbei den Wert zwischen 0,00 und 1,00 ziehen, desto mehr verstärken Sie die Kanten. Mit dem zweiten Schieberegler, Radius ❸, regulieren Sie die Größe des Bereichs, der für diese Kantenverstärkung verwendet wird.

27.5 Spezielle Schärfetechniken

Die vorgestellten Techniken setzen Kenntnisse über Ebenen voraus und richten sich daher eher an fortgeschrittene Anwender. Trotzdem ist es natürlich auch möglich, die Schritt-für-Schritt-Anleitungen ohne besondere Vorkenntnisse umzusetzen.

27.5.1 Hochpass-Schärfen

Das Hochpass-Schärfen ist ideal bei plastischen Bildern mit vielen Kanten. Der Vorteil dieser Methode ist, dass sie nicht so viele unerwünschte Artefakte erzeugt.

**Schritt für Schritt
Schärfen im Hochpass**

1 Ebenen duplizieren

Laden Sie das Bild in GIMP, und öffnen Sie den Ebenen-Dialog (zum Beispiel mit [Strg]/[Cmd]+[L]). Duplizieren Sie jetzt das zu schärfende Bild über die entsprechende Schaltfläche ❺ (Abbildung 27.14) im Ebenen-Dialog (oder mit [Strg]/[Cmd]+[⇧]+[D]), so dass Sie insgesamt zwei gleiche Ebenen im Ebenen-Dialog vorfinden.

2 Hochpass-Filter aufrufen

Wählen Sie die oberste Ebene ❹ im Ebenen-Dialog aus, und rufen Sie Filter • Verbessern • Hochpass auf. Das Bild wird grau, und es werden nur noch die Kanten und Linien angezeigt. Hierbei können Sie deutlich erkennen, was Sie anschließend schärfen, weil der Hochpass-Filter die Kanten erkennt und findet. Und diesen Bereich können Sie jetzt mit dem Hochpass-Filter und den Reglern noch anpassen, ohne andere Bereiche im Bild zu beeinflussen. Zuerst ändern wir den Wert für die Standardabweichung (Std.abw.) ❻ von 4,0 auf 15,0. Den Kontrast ❼ lassen wir bei 1,000. Bestätigen Sie den Dialog mit OK.

27.5 Spezielle Schärfetechniken

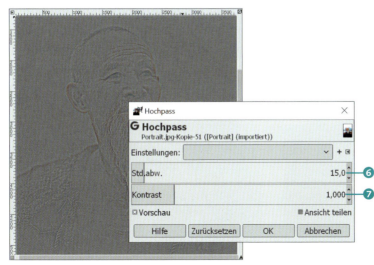

Werte für Hochpass-Filter
Wie für alle anderen Schärfeverfahren gilt auch hier, dass die einzustellenden Werte wie immer vom Bild selbst, der Größe, der Auflösung und natürlich dem persönlichen Geschmack abhängig sind.

◄ **Abbildung 27.15**
Der HOCHPASS-Filter im Einsatz

3 Ebenenmodus ändern

Wählen Sie die graue Ebene im EBENEN-Dialog aus, auf die Sie im Schritt 2 den Hochpass-Filter angewendet haben, und ändern Sie den Modus ❽ der Ebene auf ÜBERLAGERN. Jetzt wirkt sich die graue Ebene auf die darunterliegende Ebene aus, und das Ergebnis sollte nun ein wesentlich schärferes Gesamtbild sein. Hierbei können Sie neben dem Ebenenmodus ÜBERLAGERN auch mit den Modi WEICHE KANTEN, HARTE KANTEN, LEBHAFTES LICHT, PIN LIGHT und LINEARES LICHT experimentieren. Wenn Ihnen die Schärfung zu stark ist, können Sie auch die DECKKRAFT der oberen Ebene reduzieren.

◄ **Abbildung 27.16**
Mit dem entsprechenden Ebenenmodus wird das Hochpass-Schärfen auf das Gesamtbild angewendet.

4 Bild zusammenfügen

Klicken Sie jetzt noch mit der rechten Maustaste im EBENEN-Dialog auf eine der Ebenen, und wählen Sie im Kontextmenü BILD ZUSAMMENFÜGEN aus.

▲ Abbildung 27.17
Das Ausgangsbild

▲ Abbildung 27.18
Das Bild nach dem Schärfen mit der HOCHPASS-Technik

27.5.2 Schärfen im Lab-Modus

Kapitel-027/
Kapselhotel.jpg

Da wir in GIMP das Bild auch im Lab-Modus zerlegen können, sollten Sie diese Möglichkeit der Schärfung bevorzugen. Zwar verwenden Sie hier auch den Filter SCHÄRFEN (UNSCHARF MASKIEREN), aber in diesem Fall nur auf den Helligkeitswert bzw. Helligkeitskanal (oder kurz L für *Luminance*). Der Vorteil des Schärfens in diesem Modus liegt darin, dass hierbei weniger weiße Säume, weniger Farbrauschen und auch weniger (JPEG-)Artefakte auftreten.

Schritt für Schritt
Schärfen im Lab-Modus

1 Bild im Lab-Modus zerlegen

Zunächst zerlegen Sie das Bild in die einzelnen Kanäle des Lab-Modus, und zwar mit FARBEN • KOMPONENTEN • ZERLEGEN. Wählen Sie bei FARBMODUS ❶ LAB aus. Lassen Sie außerdem das Häkchen vor IN EBENEN ZERLEGEN ❷ gesetzt. Mit OK wird das Bild zerlegt und in einem neuen Bildfenster als Graustufenbild mit den drei Ebenen »L«, »A« und »B« geöffnet.

▲ Abbildung 27.19
Bild in die einzelnen Kanäle des Lab-Modus zerlegen

2 Helligkeitskanal schärfen

Öffnen Sie gegebenenfalls den EBENEN-Dialog (beispielsweise mit [Strg]/[Cmd]+[L]), und wählen Sie die oberste Ebene mit dem Buchstaben »L« (dem Helligkeitskanal) aus. Rufen Sie FILTER • VERBESSERN • SCHÄRFEN (UNSCHARF MASKIEREN) auf, und schärfen Sie die Ebene. Im Beispiel wurde für RADIUS ❸ der Wert 2,200 und für MENGE ❹ der Wert 2,000 verwendet. Bestätigen Sie den Dialog mit OK ❺.

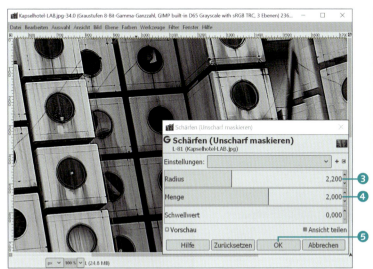

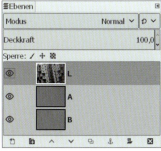

◀◀ **Abbildung 27.20**
Den Helligkeitskanal schärfen

3 Bild wieder zusammenfügen

Setzen Sie jetzt das Bild über FARBEN • KOMPONENTEN • WIEDER ZUSAMMENFÜGEN zusammen. Das Fenster mit dem Graustufenbild, in dem das Bild im Lab-Modus zerlegt wurde, können Sie wieder schließen. Das Bild, das Sie zuvor im Lab-Modus zerlegt haben, sollte jetzt eindeutig schärfer geworden sein.

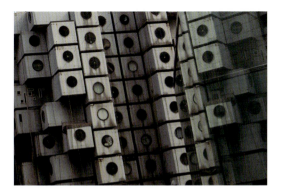

▲ **Abbildung 27.21**
Das Ausgangsbild

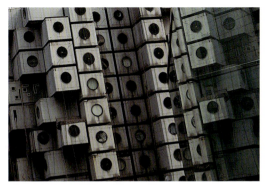

▲ **Abbildung 27.22**
Das Bild nach dem Schärfen des Helligkeitskanals

27.5.3 Schärfen mit Kontrastverbesserung

Die einfachste, aber selten bedachte Methode zur Schärfung von Bildern ist die Erhöhung des Kontrasts bzw. das Anpassen der Tonwerte im Histogramm. Durch die Verbesserung des Kontrasts erhöht sich immer der **subjektive Schärfeeindruck**. Der Vorteil dieser Methode ist natürlich, dass Sie sich nicht mit negativen Effekten wie Bildrauschen, Artefakten usw. auseinandersetzen müssen. Dazu zeige ich Ihnen ebenfalls ein kleines Beispiel.

In der Abbildung mit der Statue erfolgte zunächst eine einfache Tonwertkorrektur mit dem WERTE-Dialog. Hierbei wurden zunächst die Lichter und Tiefen der Kanäle ROT, GRÜN und BLAU an den Anfang der Histogrammberge verschoben. Der Kontrast wurde anschließend noch mit dem KURVEN-Dialog mit einer S-Kurve verstärkt.

Zum Nachlesen

Wie Sie eine Tonwertkorrektur mit den Dialogen KURVEN und WERTE erstellen, erfahren Sie in Abschnitt 6.2, »Werkzeuge zur Tonwertkorrektur«.

Kapitel-027/Bible.jpg

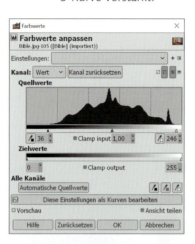

Abbildung 27.23 ▶
Eine Tonwertkorrektur hilft schon mal, die Lichter und Tiefen des Bildes an das Histogramm anzupassen …

Abbildung 27.24 ▶▶
… und der KURVEN-Dialog unterstützt Sie enorm beim Verbessern des Kontrasts.

▲ **Abbildung 27.25**
Als Ausgangsbild dient diese kontrastarme Marienfigur mit einer Bibel.

▲ **Abbildung 27.26**
Nach einer Tonwertkorrektur mit dem WERTE-Dialog und einer Verbesserung mit dem KURVEN-Dialog in Form einer S-Kurve wirkt das Bild deutlich schärfer, ohne dass hier wirklich geschärft wurde.

27.6 Partielles Schärfen

Natürlich können Sie auch nur einzelne Bildbereiche schärfen. Auch dafür bietet GIMP ein Werkzeug an. Wie Sie gleich sehen werden, ist dieses Werkzeug allerdings nicht unbedingt die erste Wahl, deshalb werde ich Ihnen anschließend eine spezielle Technik zeigen, die für das partielle Schärfen besser geeignet ist als das Werkzeug.

27.6.1 Werkzeug »Weichzeichnen/Schärfen«

Wenn Sie einzelne Bildbereiche schärfen (oder auch weichzeichnen) wollen, können Sie das Werkzeug WEICHZEICHNEN/SCHÄRFEN ◊ (Tastenkürzel ⇧+U) verwenden.

Ich möchte Ihnen aber von diesem Schärfen-Werkzeug abraten, denn seine Wirkung verstärkt sich mit jeder weiteren Anwendung, so dass meistens ein unerwünschtes Bildrauschen auftritt. Das Risiko der Überschärfung und der Überzeichnung ist bei Anwendung dieses Werkzeugs sehr groß.

Werkzeugoptionen | Der Großteil der Werkzeugoptionen zum Einstellen der Pinselspitze im Allgemeinen wird auf Seite 263, »Gemeinsame Werkzeugeinstellungen«, beschrieben, weil diese Einstellungen bei den Malwerkzeugen identisch sind.

Unter VERKNÜPFUNGSART ❷ wählen Sie aus, ob Sie das Werkzeug zum WEICHZEICHNEN oder zum SCHÄRFEN verwenden wollen. Sie können hier auch mit gehaltener Strg/Cmd-Taste im laufenden Betrieb zwischen beiden Werkzeugen wechseln.

Mit dem Regler RATE ❸ bestimmen Sie, wie stark das Werkzeug angewendet wird. Je höher der Wert ist, desto stärker wird scharf- bzw. weichgezeichnet. Allerdings ist der Standardwert 50 häufig schon zu stark.

Werkzeug anwenden | Das Werkzeug ist wie ein gewöhnlicher Pinsel anzuwenden. Mit gedrückter linker Maustaste überstreichen Sie den Bereich im Bild, den Sie schärfen oder weichzeichnen wollen. Beachten Sie allerdings, dass das Werkzeug leider verstärkend arbeitet. Das bedeutet, jedes Mal, wenn Sie einen bestimmten Bereich überstreichen, wird die Wirkung des Werkzeugs verwendet und meistens leider auch verstärkt. Mit dem Reduzieren der DECKKRAFT ❶ können Sie diesen Effekt abmildern.

▲ **Abbildung 27.27**
Die Werkzeugeinstellungen von WEICHZEICHNEN/SCHÄRFEN

Abbildung 27.28 ▶
Das SCHÄRFEN-Werkzeug im Einsatz beim Nachschärfen von Augenbrauen und Augen

Zum Nachlesen

In diesem Abschnitt werden neben Ebenen, die in Teil V des Buches beschrieben werden, auch Ebenenmasken verwendet, die in Kapitel 18, »Ebenenmasken«, behandelt werden.

27.6.2 Partielles Schärfen mit Ebenenmaske

Besser als mit dem SCHÄRFEN-Werkzeug geht das partielle Schärfen über eine Ebenenmaske. Die folgende Anleitung richtet sich ganz klar an fortgeschrittene Anwender, ist aber auch ohne Vorwissen leicht umzusetzen.

In dieser Schritt-für-Schritt-Anleitung werden Sie sehen, wie Sie einzelne Bereiche in einem Bild ganz einfach nachschärfen können.

Schritt für Schritt
Einzelne Bildbereiche schärfen

1 Ebene duplizieren

Kapitel-027/Tabea.jpg

Laden Sie das Bild in GIMP, und öffnen Sie den EBENEN-Dialog (beispielsweise mit [Strg]/[Cmd]+[L]). Duplizieren Sie die Ebene mit der entsprechenden Schaltfläche ❶ (Abbildung 27.29) im EBENEN-Dialog (oder mit [Strg]/[Cmd]+[⇧]+[D]). Jetzt sollten Sie zwei gleiche Ebenen im EBENEN-Dialog vorfinden.

2 Untere Ebene schärfen

Wählen Sie jetzt die untere Ebene ❸ (Abbildung 27.30) im EBENEN-Dialog, und schärfen Sie sie. Im Beispiel habe ich einfach FILTER • VERBESSERN • SCHÄRFEN (UNSCHARF MASKIEREN) verwendet. Der Wert für RADIUS ❹ beträgt 2,500 und für die MENGE ❺ 1,100. Um die Schärfung auf der unteren Ebene auch im Bildfenster erkennen zu können, habe ich das Augensymbol ❷ der oberen Ebene im EBENEN-Dialog für diesen Schritt deaktiviert. Bestätigen Sie den Dialog mit OK.

▲ **Abbildung 27.29**
Ebene duplizieren

27.6 Partielles Schärfen

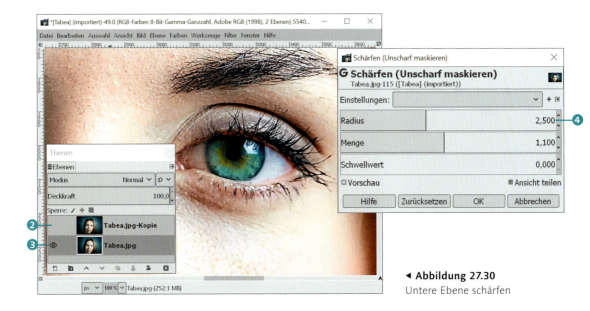

◀ Abbildung 27.30
Untere Ebene schärfen

3 Ebenenmaske hinzufügen

Wählen Sie die obere Ebene ❻ im EBENEN-Dialog, und rufen Sie jetzt EBENE • MASKE • EBENENMASKE HINZUFÜGEN auf. Wählen Sie im sich öffnenden Dialog unter EBENENMASKE INITIALISIEREN MIT die Option WEISS (VOLLE DECKKRAFT) ❼, und klicken Sie auf die Schaltfläche HINZUFÜGEN ❽.

Weitere Schärfetechniken

Ich kann Ihnen als Schärfetechnik auch noch das Schärfen im Lab-Modus empfehlen, wie es auf Seite 680, »Schärfen im Lab-Modus«, beschrieben wird.

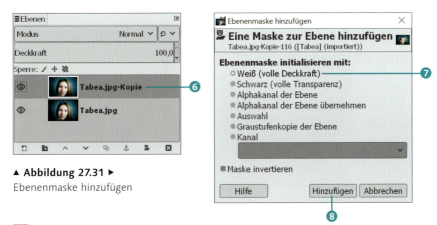

▲ Abbildung 27.31 ▶
Ebenenmaske hinzufügen

4 Pinsel einstellen

Jetzt sind noch die letzten Vorkehrungen zu treffen. Wählen Sie das PINSEL-Werkzeug ❿ aus, und verwenden Sie einen ausreichend großen Pinsel über GRÖSSE ⓬. Benutzen Sie die Standardfarben für Vordergrund- und Hintergrundfarbe, indem Sie auf ⓫ beim Farbauswahlbereich klicken. Aktivieren Sie jetzt im EBENEN-Dialog die Ebenenmaske ⓮. Dies ist wichtig, weil Sie sonst

685

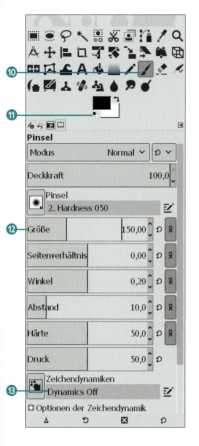

anschließend mit schwarzer Farbe ins Bild malen würden. Hier wollen wir keine Dynamik des Pinsels, weshalb DYNAMICS OFF ⓭ ausgewählt wurde.

◀ **Abbildung 27.32**
Letzte Vorkehrungen treffen

5 Schärfe freimalen

Vergrößern Sie den Bildausschnitt, und malen Sie mit dem schwarzen Pinsel auf die Augen ⓯; es kommt der geschärfte Bereich der unteren Ebene ⓱ zum Vorschein. In der Ebenenmaske erkennen Sie diesen Bereich an der schwarzen Farbe ⓰. Wenn Sie zu viel Schärfe vom unteren Bild freigemalt haben, verwenden Sie einfach einen weißen Pinsel und decken den Bereich wieder ab. Für die Details werden Sie öfter die Pinselgröße ändern müssen, und es kann auch nützlich sein, eine weiche Pinselspitze zu verwenden, damit die Übergänge zwischen der weichgezeichneten und der geschärften Ebene nicht zu hart werden. Im Beispiel habe ich außerdem noch Teile der Nase, den Mund und einen Teilbereich der Haare mit schwarzer Farbe »nachgeschärft«.

▲ **Abbildung 27.33**
Schärfe der unteren Ebene freimalen

6 Bild zusammenfügen

Wenn Sie fertig sind, klicken Sie eine der Ebenen im EBENEN-Dialog mit der rechten Maustaste an und wählen im Kontextmenü BILD ZUSAMMENFÜGEN.

▲ **Abbildung 27.34**
Das Ausgangsbild.

▲ **Abbildung 27.35**
Das Bild nach der partiellen Schärfung mit Hilfe von Ebenenmasken

Kapitel 28
Bilder weichzeichnen

Das Gegenstück zum Schärfen ist das Weichzeichnen (engl.»blur«), womit die Bildschärfe bzw. der Kontrast des Bildes reduziert wird. Neben den Scharfzeichnen-Filtern gehören die Weichzeichnen-Filter zu den am häufigsten verwendeten Filterarten.

28.1 Gaußscher Weichzeichner

Der wohl bekannteste Weichzeichner ist der *Gaußsche Weichzeichner*, den Sie in GIMP über FILTER • WEICHZEICHNEN • GAUSSSCHER WEICHZEICHNER aufrufen. Der Filter wird in der Praxis unter anderem gerne verwendet, um bei Bildern noch mehr Schärfentiefe zu erzeugen und so die Aufmerksamkeit noch mehr auf ein bestimmtes Bildobjekt zu lenken.

Den Gaußschen Weichzeichner können Sie auf jede Ebene oder Auswahl anwenden. Dabei stellen Sie den WEICHZEICHNENRADIUS über X-GRÖSSE ❶ (horizontal) (Abbildung 28.1) und Y-GRÖSSE ❷ (vertikal) ein. Je höher Sie den Wert einstellen, desto mehr umliegende Pixel werden auf einen mittleren Farbwert gesetzt – oder genauer, desto stärker wird weichgezeichnet.

Standardmäßig wird das Weichzeichnen in die horizontale und vertikale Richtung gleichmäßig angewandt. Wollen Sie allerdings einen Bereich unterschiedlich stark weichzeichnen, klicken Sie das Kettensymbol ❺ an, damit diese Verbindung getrennt wird.

Außerdem stehen Ihnen bei FILTER ❸ mit IIR und FIR zwei verschiedene Methoden zur Verfügung. IIR (kurz für *Infinite Impulse Response*) wird empfohlen für Bilder, die an einem Computer entstanden sind, und FIR (kurz für *Finite Impulse Response*) eignet sich hingegen besser für Fotos oder eingescannte Bilder. Mit ABYSS-REGELN ❹ stellen Sie ein, wie mit den Bildrändern beim

> **Tipp: Fotografieren mit Schärfentiefe**
> Wollen Sie echte Schärfentiefe beim Fotografieren erzielen, müssen Sie die Blende so weit wie möglich öffnen. Natürlich bedeutet dies meistens auch, dass Sie nicht mehr im Automatikmodus fotografieren können. Mehr Tipps zum Fotografieren finden Sie im Buch »Der große Fotokurs« von Jacqueline Esen, das ebenfalls bei Rheinwerk erschienen ist.

 Kapitel-028/Nakano.jpg

Weichzeichnen umgegangen werden soll, weil hier beim Weichzeichnen ja auch Pixel dorthin verschoben werden. Neben der Standardeinstellung KLEMMEN (ohne Rand) werden mit SCHWARZ oder WEISS entsprechende Bildränder erzeugt.

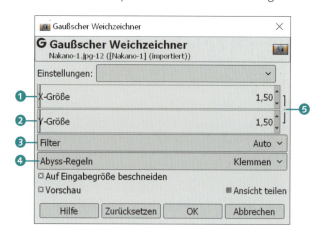

▲ **Abbildung 28.1**
Der Filter GAUSSSCHER WEICHZEICHNER

▲ **Abbildung 28.2**
GAUSSSCHER WEICHZEICHNER nur mit horizontalem WEICHZEICHNENRADIUS

▲ **Abbildung 28.3**
GAUSSSCHER WEICHZEICHNER nur mit vertikalem WEICHZEICHNENRADIUS

Partielles Weichzeichnen

Auf das partielle Arbeiten mit Ebenenmasken wurde schon des Öfteren im Buch eingegangen. So wurde das Thema unter anderem gesondert in Abschnitt 19.1, »Partielle Bearbeitung von Bildern«, behandelt. Daher wurde in diesem Kapitel auf einen weiteren Workshop dazu verzichtet.

28.1.1 Partielles weichzeichnen

In der Praxis werden Weichzeichner (nicht nur der Gaußsche Weichzeichner) häufig für lokale Bildbereiche mit Ebenenmasken verwendet, um damit bestimmte Bildinformationen zu differenzieren. So können zum Beispiel eine künstliche Schärfentiefe erzeugt oder die Haut bei Porträtaufnahmen weichgezeichnet werden, und andere Partien wie Augen bleiben davon unberührt.

28.1 Gaußscher Weichzeichner

▲ **Abbildung 28.4**
Ein klassisches Beispiel für ein partielles Weichzeichnen. Um die Person mehr hervorzuheben, wurde die Ebene dupliziert und weichgezeichnet. Über eine Ebenenmaske wird dann nur der Bereich darunter schwarz maskiert, der unscharf sein soll. Der scharfe Bereich darüber hingegen wird mit einer weißen Maske aufgemalt. Dadurch entsteht der Eindruck von mehr Schärfentiefe.

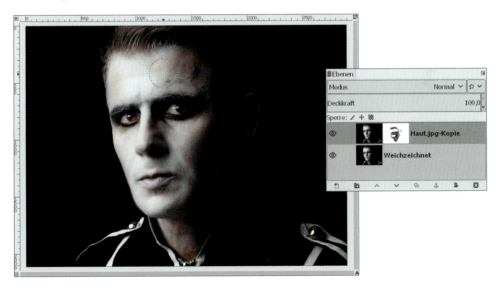

▲ **Abbildung 28.5**
Ein zweites häufig verwendetes Anwendungsbeispiel von partiellem Weichzeichnen mit Ebenenmasken ist es, eine Haut mit groben Poren zu glätten. Im Beispiel wurde die Ebene dupliziert und die untere Ebene weichgezeichnet. Auf der oberen Ebene wurde eine weiße Ebenenmaske angelegt und nur die Stellen mit schwarzem Pinsel auf der Maske »freigemalt«, wo die Haut weichgezeichnet werden soll.

28.2 Median-Weichzeichner

Einen weiteren interessanten Weichzeichner finden Sie über FILTER • WEICHZEICHNEN • MEDIAN-WEICHZEICHNER. Beim Median-Weichzeichner werden einzelne Pixel einer definierten Umgebung, die Sie mit NEIGHBORHOOD (KREIS, QUADRAT oder DIAMANT) und dem RADIUS festlegen können, aufgesammelt und der Größe nach sortiert. In der sortierten Liste wird dann anhand eines Mittelwerts der Wert des aktuellen Pixels ersetzt – dies ist sehr vereinfacht ausgedrückt.

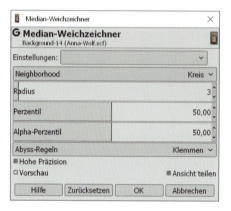

Abbildung 28.6 ▶
Werkzeugeinstellungen des MEDIAN-Weichzeichners

Der Vorteil von diesem Filter ist, dass hiermit die Kantenglättung nicht so stark angewendet wird wie bei anderen WEICHZEICHNEN-Filtern. Daher dürfte sich dieser Filter auch sehr gut zum Reduzieren von Bildrauschen oder der Behebung von Störpixeln im Bild (auch als *Salt-and-Pepper noise* bekannt) eignen. Des Weiteren können Sie noch den PERZENTIL-Wert für die Farbe und den Alpha-Kanal einstellen. Auch hier können Sie mit den ABYSS-REGELN wieder vorgeben, wie mit den verschobenen Pixeln an den Bildrändern umgegangen werden soll.

Abbildung 28.7 ▶
Der MEDIAN-Weichzeichner beim Beheben von einem Rastermuster eines eingescannten Bildes von einer Zeitung. Der Vergleich, links mit dem Weichzeichner und rechts ohne, ist beeindruckend.

28.3 Selektiver Gaußscher Weichzeichner

Den Filter SELEKTIVER GAUSSSCHER WEICHZEICHNER erreichen Sie über FILTER • WEICHZEICHNEN • SELEKTIVER GAUSSSCHER WEICHZEICHNER. In der Praxis eignet sich der Filter für kreative Zwecke. Er kann aber auch verwendet werden, um vorhandene JPEG-Artefakte zu entfernen. Ein weiteres Anwendungsgebiet ist das Entrauschen von Bildern. Besonders hilfreich ist es dabei, dass die Kanten erhalten bleiben.

Kapitel-028/Bildrauschen.jpg

◄ **Abbildung 28.8**
Der Dialog SELEKTIVER GAUSSSCHER WEICHZEICHNER

Er wirkt nicht auf alle Pixel des Bildes oder der Auswahl, sondern nur auf die Pixel, deren Farben höchstens um den Wert von MAX. DELTA ❷ von den Farben der Pixel daneben abweichen. Wie viele Nachbarpixel zum Berechnen des Filters verwendet werden, geben Sie mit WEICHZEICHNENRADIUS ❶ an. Der Vorteil des Filters ist, dass Sie mit Hilfe des Werts von MAX. DELTA, im Gegensatz zum GAUSSSCHER WEICHZEICHNER, Kanten gegen das Weichzeichnen schützen können.

◄ **Abbildung 28.9**
Der SELEKTIVE GAUSSSCHER WEICHZEICHNER wird gerne für das Reduzieren von Bildrauschen eingesetzt, weil mit Hilfe des Reglers MAX. DELTA die Kanten geschützt werden können.

28.4 Kachelbarer Weichzeichner

Der Filter KACHELBARER WEICHZEICHNER oder, genauer gesagt, das Skript-Fu-Programm erstellt weiche Übergänge an den Bildrändern. Vorwiegend wird dieser Filter zur Erstellung von Mustern (Texturen) verwendet, um für weiche Ränder zu sorgen, wo die Muster (bzw. hier Kacheln) aneinanderstoßen. Den Filter rufen Sie über FILTER • WEICHZEICHNEN • KACHELBARER WEICHZEICHNER auf.

Anhand der Parameter dürften Sie vielleicht schon erahnen, dass dieses Skript-Fu-Programm intern den GAUSSSCHEN WEICHZEICHNER verwendet, um weiche Ränder zu erzeugen. Mit dem Wert RADIUS ❶ (Abbildung 28.10) stellen Sie ein, wie stark weichgezeichnet werden soll, je größer der Wert, desto stärker die Wirkung. Mit VERTIKAL WEICHZEICHNEN ❷ und HORIZONTAL WEICHZEICHNEN ❸ bestimmen Sie, ob Sie die Ränder vertikal und/oder horizontal weichzeichnen wollen.

Zum Nachlesen
Wie Sie eigene Muster (Texturen) mit GIMP erstellen, wird auf Seite 308, »Eigene Muster erstellen und verwalten«, ausführlich behandelt.

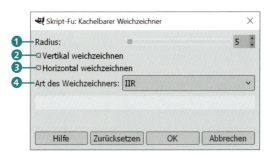

Abbildung 28.10 ▶
Der Dialog KACHELBARER WEICHZEICHNER

Über die ART DES WEICHZEICHNERS ❹ wählen Sie zwischen den Algorithmen IIR und FIR, die bereits in Abschnitt 28.1, »Gaußscher Weichzeichner«, beschrieben wurden.

Abbildung 28.11 ▶
Im linken Bild sehen Sie ein erstelltes Muster (Textur, Kachel), das mit dem FÜLLEN-Werkzeug auf eine Fläche gefüllt wurde. Hier erkennen Sie klar die Übergänge der Kacheln an den vier Seiten. Im rechten Bild wurde der KACHELBARE WEICHZEICHNER verwendet. Die Ränder, an denen die Kacheln zusammenstoßen, sind nicht mehr so deutlich zu sehen. Beide Bilder wurden natürlich sehr stark (300 %) vergrößert, um den Unterschied deutlicher zu zeigen.

28.5 Bewegungsunschärfe

Aktuell bietet GIMP über FILTER • WEICHZEICHNEN gleich drei BEWEGUNGSUNSCHÄRFE-Filter an. Dies wären BEWEGUNGSUNschärfe kreisförmig, Bewegungsunschärfe linear und Bewegungsunschärfe radial. Hierbei muss allerdings auch wieder hinzugefügt werden, dass diese Filter bei großen Bildern sehr rechenintensiv sind und die Anwendung, abhängig von der Leistung des Rechners, etwas länger dauern kann.

Hierzu eine kurze Beschreibung der drei Bewegungsunschärfe-Filter:

▶ Bewegungsunschärfe kreisförmig: Damit führen Sie eine kreisförmige Bewegung aus. Mit Mittelpunkt-X und Mittelpunkt-Y richten Sie den Mittelpunkt der Drehung ein. Gezielter können Sie diesen Punkt mit der Cursor-Schaltfläche ❺ daneben setzen, indem Sie die Schaltfläche aktivieren und dann im Bild selbst den Mittelpunkt festlegen. Mit dem Regler Winkel stellen Sie ein, wie stark die Drehung erfolgen soll.

◀ Abbildung 28.12
Der Filter Bewegungsunschärfe kreisförmig

▶ Bewegungsunschärfe Linear: Mit dieser Einstellung wird die Bewegung in einer Richtung ausgeführt. Mit dem Regler Länge stellen Sie ein, wie stark weichgezeichnet wird. Der Regler Winkel hingegen gibt vor, in welche Richtung (–180° bis +180°) die Bewegung ausgeführt wird.

◀ Abbildung 28.13
Der Filter Bewegungsunschärfe linear

Kapitel-028/Cantonese-Opera.jpg

▶ Bewegungsunschärfe Radial: Wenn Sie diese Option wählen, vermittelt das Bild den Eindruck, als hätte man bei einer etwas längeren Belichtungszeit die Brennweite verändert. Als Ergebnis erhalten Sie den Effekt eines Hereinzoomens ins Bild. Mit Mittelpunkt-X und Mittelpunkt-Y richten Sie den Mittelpunkt des radialen Effekts ein. Gezielter können Sie auch diesen Punkt mit der Cursor-Schaltfläche ❶ daneben setzen, indem Sie die Schaltfläche aktivieren und dann im Bild selbst den Mittelpunkt festlegen. Wie stark der Effekt ausgeführt wird, geben Sie mit dem Regler UNSCHÄRFEFAKTOR an.

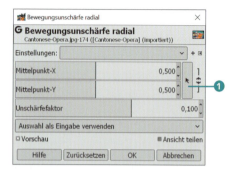

Abbildung 28.14 ▶
Der Filter BEWEGUNGS-
UNSCHÄRFE RADIAL

▲ **Abbildung 28.15**
Das Ausgangsbild

▲ **Abbildung 28.16**
Das Bild nach der Verwendung des Filters
BEWEGUNGSUNSCHÄRFE KREISFÖRMIG

▲ **Abbildung 28.17**
Hier wurde der Filter BEWEGUNGSUNSCHÄRFE LINEAR
mit einem WINKEL von –15,00° verwendet.

▲ **Abbildung 28.18**
Hier wurde der Filter BEWEGUNGSUNSCHÄRFE
RADIAL verwendet.

28.6 Weichzeichnen mit dem NL-Filter

Der NL-FILTER wurde bereits in Abschnitt 27.4, »Schärfen mit dem NL-Filter«, kurz behandelt. Der Filter ist sehr vielseitig und eignet sich auch zum Weichzeichnen. Sie erreichen ihn über FILTER • VERBESSERN • NL-FILTER. Dass der Filter in der Kategorie VERBESSERN liegt, hat damit zu tun, dass er vorwiegend zum Entfernen von Bildrauschen und Flecken im Bild verwendet wird und nicht als Weichzeichnen-Filter.

Die Optionen zum Weichzeichnen mit diesem Filter sind:

- ALPHABASIERTER MITTELWERT ❷: Mit dieser Option erhalten Sie eine Mischung aus **Weichzeichnen** und **Flecken entfernen**. Ein empfohlener Startwert ist hier für ALPHA ❺ 0,80 und für RADIUS ❻ 0,60.
- OPTIMALE SCHÄTZUNG ❸: Rein für die **Reduzierung von Bildrauschen** eignet sich diese Option bestens. In der Praxis können Sie hier mit einem Startwert von 0,20 für ALPHA und 1,00 für RADIUS beginnen. Jetzt erhöhen Sie, falls notwendig, ALPHA so lange, bis Sie das optimale Ergebnis erhalten.

Mit dem Regler KANTENVERSTÄRKUNG ❹ heben Sie bei Bedarf die Kanten hervor, was die Schärfung im Bild verbessert. Dieser Wert wird **nicht** für das Weichzeichnen benötigt.

▲ Abbildung 28.19
Der Dialog NL-FILTER und die zwei Optionen ALPHABASIERTER MITTELWERT ❷ und OPTIMALE SCHÄTZUNG ❸ sind sehr gut geeignet, um Bildrauschen und Flecken auf dem Bild zu entfernen.

28.7 Verpixeln

Mit dem Filter VERPIXELN reduzieren Sie ein Bild oder eine Auswahl auf große Blöcke. Dies entspricht in etwa dem Effekt, den die Medien verwenden, um ein Gesicht unkenntlich zu machen, damit Personen nicht identifizierbar sind. Der Effekt kann auch für künstlerische und kreative Zwecke verwendet werden. Sie rufen den Filter über FILTER • WEICHZEICHNEN • VERPIXELN auf.

Kapitel-028/
PixelWorld.jpg

◀ Abbildung 28.20
Das Ausgangsbild

Kapitel 28 Bilder weichzeichnen

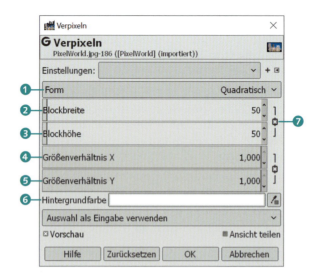

Abbildung 28.21 ▶
Der Filter VERPIXELN

Über BLOCKBREITE ❷ und BLOCKHÖHE ❸ stellen Sie die Breite bzw. Höhe der Blöcke ein. Anstelle von quadratischen Blöcken können Sie über FORM ❶ auch RUND oder DIAMANT wählen. Solange das Kettensymbol ❼ dahinter geschlossen ist, sind Höhe und Breite immer voneinander abhängig. Wenn Sie die Kette öffnen, können Sie diese beiden Werte unabhängig voneinander eingeben. Als Maßeinheit wird auch hier standardmäßig Pixel verwendet. Wollen Sie zu den einzelnen Blöcken auch noch einen Rahmen und somit ein Rastergitter hinzufügen, müssen Sie nur die Werte GRÖSSENVERHÄLTNIS X ❹ und GRÖSSENVERHÄLTNIS Y ❺ reduzieren. Auch hier können Sie über das Kettensymbol die Höhe und Breite unabhängig voneinander anpassen. Die Farbe des Rastergitters legen Sie über HINTERGRUNDFARBE ❻ fest.

▲ **Abbildung 28.22**
Nach der Verwendung von VERPIXELN. Hier wurde eine klassische 8-Bit-Pixel-Welt erschaffen.

▲ **Abbildung 28.23**
Hier wurde noch mit Hilfe von GRÖSSENVERHÄLTNIS X/Y ein schwarzes Gitter zu den einzelnen Blöcken hinzugefügt.

28.8 Partielles Weichzeichnen und Verschmieren

Um bestimmte Bildbereiche weichzuzeichnen, können Sie das Werkzeug WEICHZEICHNEN/SCHÄRFEN ([⇧]+[U]) verwenden. Im Grunde wurde dieses Werkzeug bereits auf Seite 683, »Werkzeug ›Weichzeichnen/Schärfen‹«, beschrieben. Zwar wurde dort vorwiegend das Thema Schärfen behandelt, aber für die Werkzeugeinstellungen und die Anwendung des Weichzeichners gilt analog dasselbe.

Für gerichtetes Weichzeichnen sollten Sie das Werkzeug VERSCHMIEREN ([S]) verwenden. Zum Verschmieren wird immer die Farbe unterhalb der Werkzeugspitze benutzt. Ansonsten entspricht auch dieses Werkzeug in Verwendung und Werkzeugeinstellungen exakt dem Werkzeug WEICHZEICHNEN/SCHÄRFEN.

Anwendungsgebiet
Nützlich sind beide Werkzeuge, wenn Sie bei einer Fotomontage ein Objekt in einen anderen Hintergrund eingefügt haben. Durch Weichzeichnen oder Verschmieren der Kanten des eingefügten Objekts können Sie dafür sorgen, dass der Übergang nicht so hart wirkt und die Montage nicht gleich auf den ersten Blick auffällt. Trotzdem sollten Sie beide Werkzeuge sparsam verwenden. Unbedachter und großflächiger Einsatz führt schnell zu einem Farbenbrei, der nicht mehr schön aussieht.

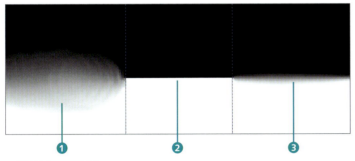

▲ **Abbildung 28.24**
Diese Abbildung zeigt den Unterschied zwischen Verschmieren und Weichzeichnen. Im linken Drittel ❶ wurde das Werkzeug VERSCHMIEREN verwendet. Der mittlere Teil ❷ ist unbearbeitet, und im rechten Drittel ❸ wurde das Werkzeug WEICHZEICHNEN eingesetzt.

TEIL IX
Pfade und Formen

Kapitel 29
Pfade erstellen und anpassen

Das »Pfade«-Werkzeug (Tastenkürzel B) und die Pfade im Allgemeinen hätten eigentlich auch bei den Auswahlwerkzeugen beschrieben werden können, aber sie sind doch etwas spezieller und zunächst auch komplexer. Der Vorteil des »Pfade«-Werkzeugs gegenüber den anderen Auswahlwerkzeugen ist, dass Sie damit wesentlich komplexere und genauere Konturen auswählen können.

In diesem Kapitel erfahren Sie, wie Sie Pfade anlegen und verändern. Es geht hier also zunächst einmal nur um die Verwendung des PFADE-Werkzeugs, da es gerade für Einsteiger zunächst nicht so einfach zu bedienen ist.

29.1 Was sind Pfade?

Pfade sind Vektorlinien bzw. -kurven und können damit als eine Schnittstelle zwischen der Pixel- und der Vektorwelt angesehen werden. Man spricht in diesem Zusammenhang mit diesen Linien und Kurven übrigens auch von *Bézierkurven* bzw. *Bézierpfaden*. GIMP selbst ist ja ein Bearbeitungsprogramm für Pixelgrafiken. Die Pfade hingegen sind Formen, die mathematisch beschrieben sind, so wie dies bei Vektorgrafiken der Fall ist.

Zum Nachlesen
Der Unterschied zwischen Pixel- und Vektorgrafiken wird in Abschnitt 4.1, »Pixel- und Vektorgrafiken«, beschrieben.

29.1.1 Einsatzgebiete für Pfade

Die Anwendungsgebiete von Pfaden sind sehr vielseitig. Hier einige Beispiele:
- Wandeln Sie einen Pfad in eine Auswahl um, um komplexere und genauere Auswahlen zu erstellen.
- Erzeugen Sie mit Pfaden neue Grundformen, Logos oder Grafiken. Zeichnen Sie beispielsweise mit dem PFADE-Werkzeug

Pixelbild bleibt Pixelbild
Sie sollten sich merken, dass eine mit Pfaden angereicherte Datei mit GIMP trotzdem ein Pixelbild bleibt. Ein Pixelbild mit mathematischen Informationen kann niemals mit einem echten Vektorbild verglichen werden.

Kapitel 29 Pfade erstellen und anpassen

Zum Nachlesen
Das Thema Text und Pfade wird erst in Abschnitt 33.3 näher behandelt, weil dort auch auf die Typografie eingegangen wird.

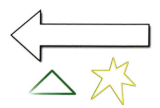

▲ **Abbildung 29.1**
Einige geometrische Formen, die mit Pfaden realisiert wurden

▲ **Abbildung 29.2**
Auch kreativere Formen, wie hier mit einem Ornament, lassen sich über Pfade erstellen.

Geometrische Formen
SVG ist ein allgemeingültiges Vektorgrafikformat und kein spezielles Format für oder von GIMP. Das bedeutet auch, dass Sie hiermit neben Pfaden auch geometrische Formen wie Rechtecke, Ellipsen, Kreise oder Polygone speichern können. Mit GIMP können Sie zwar die komplette SVG-Datei auch importieren und als Pixelgrafik öffnen, aber nur die Pfade als Vektorgrafik bearbeiten.

Buchstaben nach, können Sie diese anschließend komplett in der Form verändern.
▶ Verwenden Sie Pfade auch, um nur bestimmte Elemente nachzuzeichnen. Das ist zum Beispiel besonders bei kurvigen Linien hilfreich.
▶ Pfade dienen auch dazu, Bildelemente zu vektorisieren, um so die Grafik in einem Vektorprogramm (beispielsweise *Inkscape*) weiterzubearbeiten. Das Gleiche gilt auch andersherum: Vektorgrafiken mit gespeicherten Pixelgrafiken, die im SVG-Format gesichert wurden, können in GIMP geöffnet und weiterbearbeitet werden.
▶ Konvertieren Sie einen Text in einen Pfad, und versehen Sie so diesen Text zum Beispiel durch Transformieren und/oder Nachziehen des Pfades erheblich vielseitiger mit tollen und hochwertigeren Effekten, als dies auf Pixelebene möglich ist.
▶ Sie können auch einen Text auf die Linien eines Pfades stellen. Hiermit lässt sich praktisch ein Text auf eine bestimmte Form bringen (beispielsweise ein kreisförmig angeordneter Text).

Einschränkungen | Dass GIMP mit Hilfe von Pfaden Bézierkurven zeichnen kann und somit auch vektorfähig ist, soll aber nicht heißen, dass Sie deswegen kein Vektorprogramm für Vektorgrafiken benötigen. Mit dem PFADE-Werkzeug lassen sich sehr komfortabel Grafiken wie Logos, Icons, Cliparts und einfachere Zeichnungen erstellen und bearbeiten, aber für kompliziertere Arbeiten benötigen Sie nach wie vor einen Vektorspezialisten (wie zum Beispiel das kostenlose *Inkscape*).

Des Weiteren ist das Konstruieren von Pfaden mit GIMP nicht ganz so einfach zu bewerkstelligen, und Sie brauchen auf jeden Fall etwas Übung, um mit den etwas umständlichen Knotenpunkten umzugehen. Betrachten Sie also das Erstellen von Pfaden mit GIMP eher als Hilfsmittel und nicht als ein tägliches Arbeitsmittel.

29.1.2 SVG – das Datenformat für Pfade

Wie bereits erwähnt, können Sie in GIMP erstellte Pfade auch in anderen Programmen verwenden und umgekehrt. Voraussetzung dafür ist, dass Sie die Datei mit den Pfaden im SVG-Format (kurz für **S**calable **V**ector **G**raphics, ein Vektorgrafikformat) gespeichert haben. Das SVG-Format gewinnt bei den Vektorgrafiken immer mehr an Bedeutung.

GIMP geht mit Pfaden genauso um, wie es das SVG-Format beschreibt, und daher lassen sich auch Pfadinformationen genauso in einer SVG-Datei speichern. Ein gängiger Workflow ist es beispielsweise, eine SVG-Grafik mit Pfaden, die in einem

Vektorgrafikprogramm (beispielsweise Inkscape) erstellt wurde, in GIMP zu importieren und die Pfade dort weiterzubearbeiten. Anschließend können Sie den so bearbeiteten Pfad in GIMP erneut als SVG-Datei exportieren und zum Beispiel mit einem weiteren Programm (wie etwa dem kostenlosen *Blender*) mit Licht, Material und verschiedenen Kameraeinstellungen rendern.

Wie Sie eine SVG-Grafik mit Pfaden in GIMP importieren und weiterbearbeiten, erfahren Sie in der Schritt-für-Schritt-Anleitung »SVG-Dateien mit Pfaden in GIMP importieren« in Abschnitt 29.4.

29.2 Das Pfade-Werkzeug

Die Handhabung des PFADE-Werkzeugs (Tastenkürzel B) wird Sie sicherlich zunächst an das Werkzeug MAGNETISCHE SCHERE (siehe Seite 412, »Magnetische Schere«) erinnern, wo Sie mit jedem Mausklick einen neuen Kontrollpunkt anlegen. Dieser wird automatisch mit dem vorherigen Kontrollpunkt verbunden. Die Pfade unterscheiden sich davon insofern, als die Kontrollpunkte als *Knotenpunkte* bezeichnet werden. Auch die Art und Weise, wie diese Punkte miteinander verbunden werden, ist bei den Pfaden etwas anders.

> **Rückgängig machen**
> Eine weitere Stärke bei der Verwendung des PFADE-Werkzeugs ist es, dass Sie die einzelnen Aktionen jederzeit wieder (beispielsweise mit Strg/Cmd+Z) rückgängig machen können.

29.2.1 Grundlegende Bedienung des Pfade-Werkzeugs

Wenn Sie das PFADE-Werkzeug aktiviert haben und mit dem Erstellen eines Pfades beginnen wollen, klicken Sie mit der linken Maustaste an die Stelle im Bild(-fenster), wo Sie die Pfadauswahl beginnen wollen. In GIMP erkennen Sie diese Markierung anhand des kleinen Kreises ❶. Wenn Sie mit dem Mauszeiger direkt über diesen Knotenpunkt gehen, sehen Sie am Mauszeiger ein Verschieben-Symbol ❷, mit dem Sie diesen Knotenpunkt jederzeit mit gedrückter linker Maustaste verschieben können.

Nachdem Sie den ersten Knotenpunkt der Pfadauswahl gesetzt haben, fügen Sie durch Klicks der linken Maustaste beliebig viele Knotenpunkte hinzu. Die einzelnen Knotenpunkte werden immer mit einer Pfadlinie verbunden. Dass das Werkzeug bereit ist für einen weiteren Knotenpunkt, erkennen Sie am Plussymbol ❸ neben dem Mauszeiger. Der zuletzt bearbeitete Knotenpunkt wird immer mit einem Quadrat über einem durchsichtigen Kreis ❹ dargestellt.

▲ Abbildung 29.3
Der erste Knotenpunkt wurde festgelegt.

▲ Abbildung 29.4
Hier wurde ein Pfad aus drei Knotenpunkten zusammengesetzt.

Zum Nachlesen
Der PFADE-Dialog wird separat in Abschnitt 29.3, »Der ›Pfade‹-Dialog«, behandelt.

»Pfade«-Dialog | Um die Übersicht über den oder die Pfade zu behalten, bietet GIMP einen speziellen Dialog an. Den Dialog zeigen Sie über FENSTER • ANDOCKBARE DIALOGE • PFADE an.

Offene und geschlossene Pfade | Ein Pfad ist entweder geschlossen oder offen. Ein offener Pfad hat eindeutige Endpunkte, ein geschlossener Pfad hingegen (logischerweise) nicht.

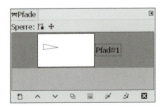

▲ **Abbildung 29.5**
Der Dialog PFADE

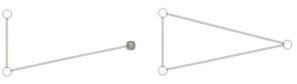

▲ **Abbildung 29.6**
Ein offener Pfad mit zwei eindeutigen Endpunkten

▲ **Abbildung 29.7**
Ein geschlossener Pfad

Um einen Pfad zu schließen, halten Sie die [Strg]-Taste gedrückt, und klicken Sie auf den Anfangsknoten des Pfades. Der Endknoten wird dann mit dem Anfangsknoten verbunden und der Pfad geschlossen. Ansonsten bleibt der Pfad, bei standardmäßiger Werkzeugeinstellung, offen. Auf die genauere Handhabung wird auf Seite 709, »Pfad schließen«, eingegangen.

29.2.2 Werkzeugeinstellungen

Um die weitere Bedienung des PFADE-Werkzeugs zu erläutern, muss ich zuerst die Werkzeugeinstellungen dafür beschreiben, weil sich nicht jede Aktion mit derselben Werkzeugeinstellung durchführen lässt.

Von besonders wichtiger Bedeutung ist der BEARBEITUNGSMODUS ❶. Folgende Optionen stehen Ihnen hier zur Auswahl:

▶ DESIGN: Der (Standard-)Modus DESIGN wird zum Setzen von zusätzlichen Knotenpunkten und zum Verschieben verwendet.
▶ BEARBEITEN: Mit diesem Modus können Sie nur einen existierenden Pfad bearbeiten. Hierzu gehören Dinge wie Knoten hinzufügen oder entfernen.
▶ VERSCHIEBEN: Damit verschieben Sie den gesamten Pfad.
▶ POLYGONAL ❷: Diese zusätzliche Option wird benötigt, wenn Sie nur gerade Linien erzeugen wollen.

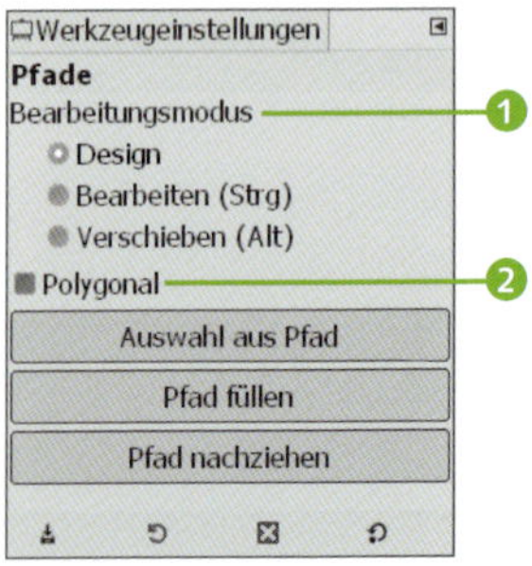

▲ **Abbildung 29.8**
Die Werkzeugeinstellungen des PFADE-Werkzeugs

29.2.3 Pfade mit geraden Linien

Um Pfade mit geraden Linien zu erstellen, sollten Sie die Option POLYGONAL ❹ im BEARBEITUNGSMODUS • DESIGN ❸ verwenden.

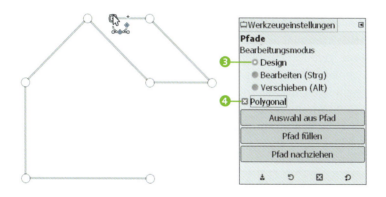

◄ **Abbildung 29.9**
Das Zeichnen von Geraden ist sehr einfach.

29.2.4 Pfade mit Kurven

Für Objekte mit einer Kurve müssen Sie nicht extra unzählige Punkte anlegen. Theoretisch reichen hierfür sogar zwei Punkte aus, die miteinander verbunden sind. Allerdings bedarf es durchaus ein wenig Übung, das PFADE-Werkzeug mit Kurven sicher zu verwenden.

Eine Kurve legen Sie an, indem Sie beim Setzen des Knotenpunkts die linke Maustaste gedrückt lassen und die Maus aus dem Knotenpunkt herausziehen. GIMP erstellt dann automatisch zwei quadratische Griffpunkte ❺, die jeweils über eine gestrichelte Linie mit dem Knotenpunkt verbunden sind. Je weiter Sie diese beiden Griffpunkte vom Knotenpunkt wegziehen, desto länger werden die Linien und desto stärker wird die Krümmung ❻ der Kurve. Über den Drehwinkel der beiden Griffpunkte beeinflussen Sie außerdem, in welche Richtung die Krümmung gedreht wird ❼.

»Polygonal« deaktivieren

Wenn Sie Kurven erstellen wollen, achten Sie darauf, dass Sie die Werkzeugeinstellung POLYGONAL deaktiviert haben. Solange diese Einstellung aktiviert ist, lassen sich keine Kurven erzeugen.

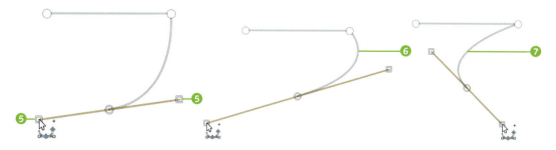

▲ **Abbildung 29.10**
Beim Erstellen einer Bézierkurve können Sie auch gleich die Stärke und Richtung der Krümmung bestimmen.

Griffpunkte bearbeiten | Wenn Sie eine Kurve angelegt und die Maustaste losgelassen haben, können Sie jeden der Griffpunkte separat anfassen ❶ (Abbildung 29.11) und **asymmetrisch verändern**, um so die Krümmung der Kurve weiter anzupassen.

Wollen Sie wieder den **symmetrischen Modus** ❷ verwenden, wo beide Griffpunkte eine gerade Linie bilden, halten Sie die ⇧-Taste gedrückt, während Sie die Griffpunkte verschieben. Den symmetrischen Modus benötigen Sie beispielsweise, wenn mehrere Kurven, die mit Knotenpunkten verbunden sind, wie »aus einem Strich gezogen« wirken sollen. Genaueres dazu entnehmen Sie bitte der Schritt-für-Schritt-Anleitung »Kreative Ornamente erstellen« auf Seite 714.

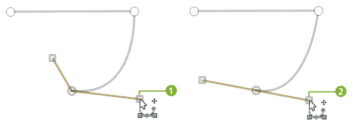

▲ **Abbildung 29.11**
Auf der linken Seite wird die Kurve mit den Griffpunkten asymmetrisch verändert. Rechts wurde mit gehaltener ⇧-Taste wieder der symmetrische Modus verwendet.

Griffpunkt nachträglich hinzufügen | Wollen Sie aus einer geraden Linie nachträglich eine Kurve machen, müssen Sie dem angrenzenden Knotenpunkt (oder auch beiden) Griffpunkte hinzufügen. Dazu stellen Sie die Werkzeugeinstellung des BEARBEITUNGSMODUS auf BEARBEITEN ❸. Jetzt gehen Sie mit dem Mauszeiger auf den gewünschten Knotenpunkt und ziehen die Griffpunkte mit gedrückter linker Maustaste heraus ❹. Hierbei müssen Sie jeden der beiden Griffpunkte separat herausziehen. Anschließend können Sie die Griffpunkte entweder asymmetrisch ❺ verändern, oder Sie nutzen den symmetrischen Modus ❻, indem Sie während des Verschiebens der Griffpunkte die ⇧-Taste gedrückt halten.

▲ **Abbildung 29.12**
Zum Hinzufügen neuer Griffpunkte ist der Modus BEARBEITEN nötig, der sich kurzfristig auch mit gehaltener Strg/Cmd-Taste aus dem DESIGN-Modus heraus einschalten lässt.

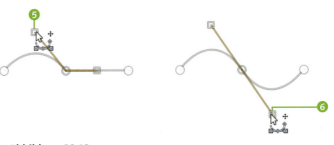

▲ **Abbildung 29.13**
Sie können jederzeit Griffpunkte zu den Knotenpunkten hinzufügen, um asymmetrische oder symmetrische Krümmungen hinzuzufügen.

Griffpunkte löschen | Wollen Sie einen oder beide Griffpunkte wieder entfernen, um aus einer Kurve wieder einen geraden Pfad zu machen, klicken Sie den Griffpunkt mit der ⇧-Taste an. Im Mauszeiger sehen Sie dann ein Minussymbol ❼. Voraussetzung hierfür ist, dass Sie beim Bearbeitungsmodus die Option Bearbeiten ausgewählt haben. Alternativ erreichen Sie selbiges auch aus dem Design-Modus heraus, indem Sie mit gehaltenen Strg/Cmd+⇧-Tasten auf die Griffpunkte klicken.

◀ Abbildung 29.14
Griffpunkte wieder entfernen

Pfadsegment weg
Wenn Sie beide Griffpunkte löschen, wird natürlich auch die Kurve (das Pfadsegment) entfernt und der Knotenpunkt wieder mit einer geraden Linie mit den angrenzenden Knotenpunkten verbunden. Hatten Sie das nicht beabsichtigt, können Sie glücklicherweise jeden Arbeitsschritt wieder rückgängig machen und die Segmente wiederherstellen.

29.2.5 Pfad schließen
Wollen Sie einen Pfad im Design-Modus schließen, klicken Sie einfach mit gedrückter Strg/Cmd-Taste auf den ersten Knotenpunkt. Der Mauszeiger enthält dann ein Ringesymbol ❽. Einen geschlossenen Pfad können Sie natürlich nach wie vor bearbeiten, wie beispielsweise neue Knotenpunkte hinzufügen, vorhandene Knotenpunkte verschieben oder Griffpunkte für Kurven erstellen ❾. Ist der Bearbeitungsmodus hingegen auf Bearbeiten eingestellt, müssen Sie zum Schließen eines Pfades gar keine zusätzliche Taste drücken, während Sie auf den ersten Knotenpunkt klicken.

Auswahl aus Pfad erstellen
Wer jetzt gerne eine Auswahl aus dem geschlossenen Pfad hätte, der klickt einfach beispielsweise bei den Werkzeugeinstellungen auf die Schaltfläche Auswahl aus Pfad.

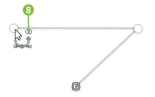

▲ Abbildung 29.15
Auch das Schließen von Pfaden ist schnell erledigt, und der Pfad lässt sich nach wie vor bearbeiten.

29.2.6 Pfade und Knotenpunkte verschieben
Einzelne Knotenpunkte, egal, ob mit oder ohne Griffpunkte, können Sie jederzeit mit gedrückter linker Maustaste auf den Knotensymbolen verschieben. Als Bearbeitungsmodus müssen Sie dafür allerdings Design verwenden, weil Sie im Modus Bearbeiten Griffpunkte für Krümmungen anlegen würden.

Sie können auch mehrere Knotenpunkte gleichzeitig verschieben, wenn Sie diese im Design-Modus mit gedrückter ⇧-Taste auswählen. Die markierten Knotenpunkte werden dann wie gewöhnlich mit durchsichtigen Kreispunkten angezeigt.

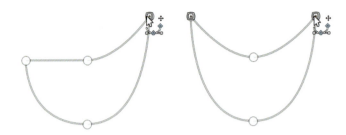

Abbildung 29.16 ▶
Es lassen sich auch mehrere Knotenpunkte mit gehaltener ⇧-Taste auswählen und verschieben.

Kompletten Pfad verschieben | Wollen Sie hingegen den kompletten Pfad verschieben, stellen Sie den BEARBEITUNGSMODUS auf VERSCHIEBEN. Alternativ können Sie diesen Modus auch kurzfristig aus anderen Modi mit gehaltener Alt-Taste verwenden.

29.2.7 Pfadsegmente bearbeiten

Die Pfadsegmente lassen sich auch noch bearbeiten. Voraussetzung hierfür ist, dass Sie den BEARBEITUNGSMODUS auf DESIGN stellen. Dann können Sie das Pfadsegment (die Pfadlinie) mit gedrückter linker Maustaste verbiegen ❷.

Diese asymmetrische Verbiegung wird dabei über neue Griffpunkte realisiert, die den Knotenpunkten an beiden Enden des Pfadsegments hinzugefügt werden (❶ und ❸). Wollen Sie die Biegung des Pfadsegments symmetrisch durchführen ❹, halten Sie während der Biegung die ⇧-Taste gedrückt.

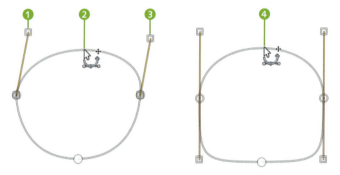

Abbildung 29.17 ▶
Die Pfadsegmente lassen sich asymmetrisch wie auch symmetrisch verbiegen.

Übrigens lässt sich auf diese Weise auch sehr einfach aus einem geraden Pfadsegment eine Kurve machen. Die benötigten Griffpunkte an den Knotenpunkten fügt GIMP automatisch hinzu.

Abbildung 29.18 ▶
Hier wird aus einem geraden Pfadsegment ganz einfach eine Kurve gemacht.

Pfade verbinden | Wollen Sie zwei offene Pfade verbinden, bietet GIMP auch hierfür eine einfache Lösung: Klicken Sie hierzu auf den Knotenpunkt am Ende des einen Pfades ❻, und gehen Sie dann mit dem Mauszeiger auf den Start- oder Anfangspunkt des anderen Pfades ❺, wodurch am Mauszeiger ein Ringesymbol zu sehen ist. Klicken Sie jetzt mit der linken Maustaste, werden die beiden Knotenpunkte mit einem Pfadsegment verbunden ❼. Der Modus muss dabei auf BEARBEITEN stehen.

Offene Pfade
Das Hinzufügen von neuen Pfadsegmenten funktioniert allerdings nur bei offenen Pfaden und nicht bei geschlossenen. Auch neue Pfadsegmente können Sie nur an den End- und Startknoten eines Pfades hinzufügen.

◀ **Abbildung 29.19**
Auch das Einfügen neuer Pfadsegmente zwischen zwei offenen Pfaden ist möglich.

29.2.8 Knotenpunkte hinzufügen oder entfernen

Zum Hinzufügen neuer Knotenpunkte müssen Sie den BEARBEITUNGSMODUS auf BEARBEITEN stellen (oder die [Strg]/[Cmd]-Taste gedrückt halten). Jetzt gehen Sie einfach mit dem Mauszeiger auf ein Pfadsegment, wodurch Sie ein Plussymbol am Mauszeiger sehen ❽. Klicken Sie jetzt mit der linken Maustaste, wird ein neuer Knotenpunkt angelegt ❾, den Sie wie jeden beliebigen Knotenpunkt ändern können ❿.

▲ **Abbildung 29.20**
Einen neuen Knotenpunkt hinzufügen

▲ **Abbildung 29.21**
Einen Knotenpunkt entfernen

Knotenpunkt entfernen | Zum Entfernen eines Knotenpunktes gehen Sie im BEARBEITEN-Modus mit gehaltener [⇧]-Taste mit dem Mauszeiger über den Knoten, wodurch am Mauszeiger ein Minussymbol ⓫ zu sehen ist, und klicken den Knoten mit der linken Maustaste an. Alternativ erreichen Sie selbiges auch aus dem DESIGN-Modus heraus mit den [Strg]/[Cmd]+[⇧]-Tasten.

29.2.9 Pfad füllen

Bei den Werkzeugeinstellungen vom PFADE-Werkzeug finden Sie eine Schaltfläche PFAD FÜLLEN ❶ vor, womit Sie eben genau dies tun können. Wenn Sie diese Schaltfläche anklicken, öffnet sich ein Dialog, mit dem Sie den gerade aktiven Pfad mit VOLLFARBE ❷, also mit der aktuell eingestellten Vordergrundfarbe, oder mit MUSTER ❸, mit dem ausgewählten Muster, füllen können. Auch eine KANTENGLÄTTUNG steht Ihnen für die Füllung zur Verfügung.

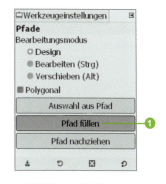

▲ **Abbildung 29.22**
PFAD FÜLLEN über die WERKZEUGEINSTELLUNGEN

Kapitel 29   Pfade erstellen und anpassen

▲ **Abbildung 29.23**
Den Füllungsstil für einen Pfad festlegen

Ist der Pfad nicht geschlossen, wird beim Füllen automatisch der erste und letzte Knotenpunkt des Pfades als unsichtbare Linie beim Füllen verwendet.

▲ **Abbildung 29.24**
Nicht geschlossenen Pfad füllen. Einmal mit der eingestellten Vordergrundfarbe (hier: Rot) und einmal mit dem aktiven Muster

▲ **Abbildung 29.25**
Hier wurde ein geschlossener Pfad mit eingestellter Vordergrundfarbe gefüllt (Mitte). Die Funktion Pfad füllen ❶ vom Pfade-Werkzeug geschieht allerdings auf der Pixelebene des Hintergrundes und ist unabhängig vom Pfad. Wenn Sie den Pfad nachträglich verändern, wird die Füllung nicht mitangepasst (rechts).

29.3 Der »Pfade«-Dialog

Miniaturgröße ändern
Die Größe der Miniaturvorschau ❻ des Pfades können Sie über die Reiterschaltfläche ❾ rechts oben ändern.

Zwar können Sie die meisten Befehle für die Pfade über die Werkzeugeinstellungen des Pfade-Werkzeugs oder das Menü aufrufen, aber wesentlich komfortabler und vor allem übersichtlicher ist der Pfade-Dialog. Diesen Dialog erreichen Sie über Fenster • Andockbare Dialoge • Pfade. Er bietet neben den üblichen Kommandos für Pfade auch Möglichkeiten zur Verwaltung von

Pfaden. Schließlich können Sie bei einem Bild durchaus mehrere Pfade erstellen, duplizieren und wieder löschen.

Wenn Sie bereits mit dem Ebenen-Dialog vertraut sind, dürften Sie mit dem Pfade-Dialog kein Problem mehr haben. Über das Augensymbol ❹ blenden Sie die Sichtbarkeit des Pfades im Bildfenster ein und aus. Mit dem Kettensymbol ❺ verknüpfen Sie mehrere Pfade miteinander, beispielsweise um diese alle gleichzeitig zu verschieben, oder heben diese Verknüpfung wieder auf. Daneben sehen Sie ein Miniaturbild ❻ und den Namen des Pfades ❼. Den Pfadnamen können Sie durch einen Doppelklick darauf umbenennen.

Der aktive Pfad, den Sie gerade im Bildfenster bearbeiten oder auf den Sie die verschiedenen Befehle ausführen können, wird mit einer Markierung ❽ im Pfade-Dialog angezeigt. Durch das Anklicken eines anderen Pfades im Dialog wählen Sie diesen als aktiven Pfad aus. Der im Pfade-Dialog aktive Pfad wird im Bildfenster mit roten Linien ⓲ angezeigt. Die inaktiven Pfade hingegen werden mit einer blauen Linie ⓱ dargestellt.

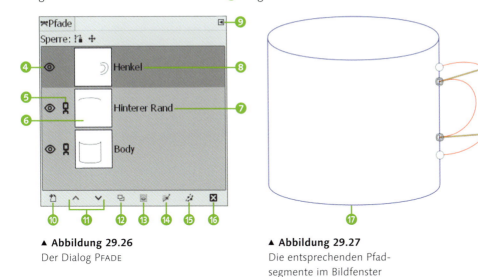

▲ **Abbildung 29.26**
Der Dialog Pfade

▲ **Abbildung 29.27**
Die entsprechenden Pfadsegmente im Bildfenster

29.3.1 Schaltflächen

Über die Schaltflächen unterhalb des Pfade-Dialogs können Sie viele Befehle für Pfade ausführen, die sonst ziemlich verstreut in den Menüs verteilt sind. Die genaueren Funktionalitäten der einzelnen Befehle werden Sie noch im Verlaufe des Kapitels näher kennenlernen. Trotzdem eine kurze Übersicht über die einzelnen Befehle:

▶ Neuer Pfad ⓾: Damit fügen Sie der Liste einen neuen Pfad hinzu.

Tipp: Genaueres Arbeiten

Das Erstellen von symmetrischen Kurven und Linien mit dem Pfade-Werkzeug ist kein Hexenwerk, wenn Sie ein entsprechendes Raster konfigurieren, über Ansicht • Raster anzeigen sichtbar machen und dieses dann gegebenenfalls noch über Ansicht • Magnetisches Raster magnetisch machen.

- **Pfad anheben** und **Pfad absenken** ⓫: Diese Befehle verschieben die Reihenfolge der Pfade in der Liste. Die Positionen der einzelnen Pfade in der Liste spielen allerdings in der Praxis keine Rolle, anders als beispielsweise bei den Ebenen.
- **Pfad duplizieren** ⓬: Damit erstellen Sie eine 1:1-Kopie eines Pfades mit allen vorhandenen Pfadelementen.
- **Auswahl aus Pfad** ⓭: Konvertiert einen Pfad in eine Auswahl. Halten Sie dabei ⇧ gedrückt, wird die erstellte Auswahl einer eventuell vorhandenen Auswahl hinzugefügt. Mit Strg/Cmd wird, nachdem der Pfad in eine Auswahl umgewandelt wurde, diese Auswahl von einer eventuell vorhandenen Auswahl abgezogen, und die Schnittmenge bilden Sie mit dem Halten der Tasten Strg/Cmd+⇧.
- **Pfad aus Auswahl** ⓮: Hiermit konvertieren Sie eine Auswahl in einen Pfad. Drücken Sie dabei die ⇧-Taste, erhalten Sie einen weiteren Dialog mit erschlagend vielen Parametern für die Konvertierung.
- **Am Pfad entlang zeichnen** ⓯: Mit diesem Kommando öffnet sich ein weiterer Dialog, in dem Sie einstellen können, wie Sie einen im Bild befindlichen Pfad nachziehen wollen.
- **Pfad löschen** ⓰: Hiermit löschen Sie den aktiven Pfad.

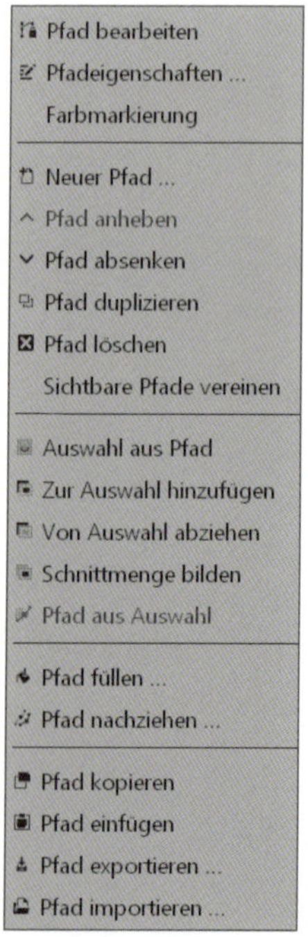

29.3.2 Kontextmenü

Die meisten dieser Befehle und noch einige mehr erreichen Sie auch mit einem rechten Mausklick im Pfade-Dialog über das Kontextmenü, insbesondere auch Befehle zum Importieren und Exportieren von Pfaden.

▲ **Abbildung 29.28**
Das Kontextmenü des Pfade-Dialogs

Schritt für Schritt
Kreative Ornamente erstellen

Ideal als Übung für gleichmäßige kurvige Pfade dürfte das Erstellen von Ornamenten (lateinisch *ornare* = schmücken) sein. Ornamente sind abstrakte Formen, die häufig zum Schmücken von Stoffen, Wänden eines Raumes oder Kirchen verwendet werden. In der digitalen Bildbearbeitung werden solche Ornamente gerne zur Verzierung und Gestaltung von Bildern oder Collagen eingesetzt (beispielsweise als Bilderrahmen).

Erstellen Sie dann noch einen Pinsel aus dem selbst gezeichneten Ornament, können Sie darauf immer wieder in unterschiedlichen Größen zurückgreifen, wenn Sie ein solches Stilmittel benötigen.

29.3 Der »Pfade«-Dialog

1 Knotenpunkte anlegen

Erstellen Sie ein neues leeres Bild mit weißem Hintergrund. Öffnen Sie außerdem den PFADE-Dialog über FENSTER • ANDOCKBARE DIALOGE • PFADE. Wählen Sie das PFADE-Werkzeug  ([B]), und belassen Sie den BEARBEITUNGSMODUS ❶ auf DESIGN. Im gesamten Workshop bleibt dieser Modus auch so eingestellt. Legen Sie jetzt zunächst nur die grundlegenden Knotenpunkte und Pfadsegmente für das Ornament an. Lassen Sie sich anfangs nicht davon stören, dass die einzelnen Knotenpunkte mit geraden Pfadsegmenten verbunden sind. Um die Kurven kümmern wir uns im nächsten Schritt.

Kapitel-029/ornamente_mit_pfade.xcf

Ornamente abmalen

Wenn Ihnen die Kreativität für so etwas fehlt, können Sie auch einfach Ornamente von Stoffen oder Kirchen abfotografieren und auf einer leeren transparenten Ebene mit Pfaden »nachziehen«.

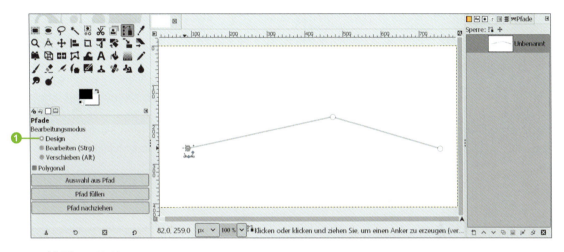

▲ **Abbildung 29.29**
Erste grobe Umrisse für das Ornament anlegen

2 Pfadsegmente verbiegen

Verbiegen Sie die einzelnen Pfadsegmente ❷, wodurch das Ornament die ersten Kurvenformen bekommt. Dadurch erhalten Sie zusätzlich gleich die Griffpunkte ❸ für das Fein-Tuning der Kurven.

◀ **Abbildung 29.30**
Durch das Verbiegen erhalten die Pfadsegmente ihre erste Form und als Nebeneffekt auch gleich die Griffpunkte.

3 Kurven sauber biegen

Richten Sie mit gedrückter [⇧]-Taste an allen Knotenpunkten die Griffpunkte ❹ symmetrisch aus, damit am Ende eine saubere

Kurve entsteht, die aussieht, als wäre sie mit einem Strich gezogen worden. Wem zuvor noch nicht ganz klar war, wozu dieser symmetrische Modus überhaupt gut sein soll, dem dürfte sich spätestens bei diesem Beispiel der Sinn erschließen. Ohne den symmetrischen Modus mit gehaltener ⇧-Taste bekommen Sie die Kurven, die mit einem Knotenpunkt verbunden sind, nie so sauber hin.

Abbildung 29.31 ▶
Über die Griffpunkte werden die Kurven mit gehaltener ⇧-Taste symmetrisch ausgerichtet.

4 Weitere Kurven

Erstellen Sie so, wie dies in den Schritten 1 bis 3 gezeigt wurde, weitere Pfade. Ich empfehle Ihnen, dabei mehrere neue Pfade über die entsprechende Schaltfläche im PFADE-Dialog ❺ anzulegen. Ich rate Ihnen auch, für jeden Strich, den Sie anschließend nachziehen wollen, einen gesonderten Pfad anzulegen.

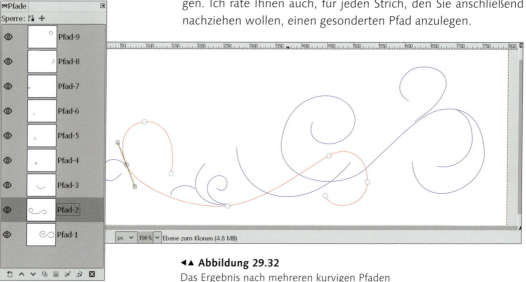

◀▲ **Abbildung 29.32**
Das Ergebnis nach mehreren kurvigen Pfaden

5 Farbe und Malwerkzeug einstellen

Bevor Sie die Pfade nachziehen, sollten Sie das Malwerkzeug einstellen, das Sie zum Nachziehen verwenden wollen. Recht dynamisch wirkt hierbei das Werkzeug TINTE (K). Hierbei können Sie entweder für alle Pfade dieselbe Werkzeugeinstellung, speziell GRÖSSE ❻, verwenden, oder Sie wechseln nach einem nachgezeichneten Pfad die Einstellungen. Was sich recht gut bewährt hat, ist, wie bei einem Baum mit seinen Ästen vorzugehen: Der

29.3 Der »Pfade«-Dialog

Hauptast ist dicker, und daran hängen etwas dünnere Äste. Natürlich können Sie hierfür auch andere Malwerkzeuge verwenden. Als Farbe für das Nachziehen der Pfade wird die eingestellte Vordergrundfarbe verwendet.

6 Pfade nachziehen

Wählen Sie im PFADE-Dialog den Pfad ❿ aus, den Sie nachziehen wollen, und klicken Sie auf die Schaltfläche AM PFAD ENTLANG ZEICHNEN ⓫. Im sich öffnenden Dialog verwenden Sie STRICHLINIE MIT MALWERKZEUG ❼ und wählen in der Dropdown-Liste ❽ das gewünschte Werkzeug aus.

Im Beispiel wollen wir das TINTE-Werkzeug dazu verwenden, für das Sie in Schritt 5 schon die Einstellungen vorgegeben haben. Setzen Sie außerdem ein Häkchen vor PINSELDYNAMIK EMULIEREN ❾. Klicken Sie dann auf die Schaltfläche NACHZIEHEN, und der erste Strich für das Ornament wurde gezeichnet bzw. nachgezogen. Wiederholen Sie diesen Schritt mit den anderen Pfaden. Hierbei können Sie jederzeit die Werkzeugeinstellungen oder Farbe für das Malwerkzeug ändern.

▲ Abbildung 29.33
Werkzeug zum Nachziehen der Pfade einstellen; hier die Werkzeugeinstellungen des TINTE-Werkzeugs

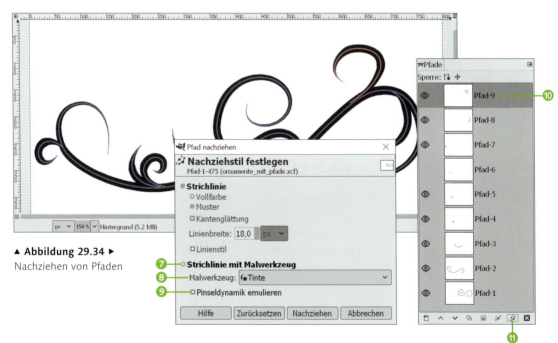

▲ Abbildung 29.34 ▶
Nachziehen von Pfaden

7 Weitere Tipps

Um die Ornamente immer wieder als Stilmittel verwenden zu können, sollten Sie daraus eine Pinselspitze machen. Auf das Thema wird ausführlich auf Seite 279, »Eigene Pinselformen erstellen und verwalten«, eingegangen.

717

Natürlich müssen es nicht immer so komplexe Dinge wie Ornamente sein. Sie können mit dieser Technik auch häufig benötigte geometrische Formen wie Pfeile, Kreuze oder andere Symbole erstellen. Die Hilfslinien können Sie dabei übrigens auch verwenden.

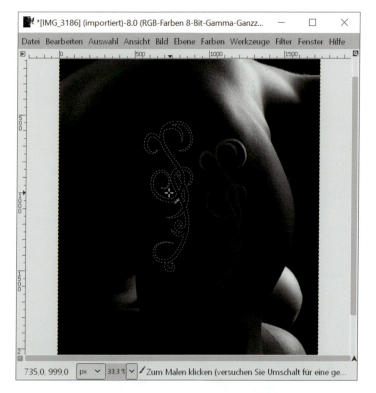

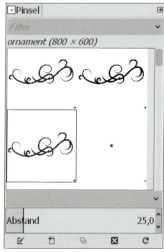

◂▴ **Abbildung 29.35**
Hier wurde aus dem erstellten Ornament eine Pinselspitze erstellt und als Tattoo in das Bild gemalt.

29.4 Pfade und SVG-Dateien

In diesem Abschnitt will ich Ihnen zeigen, wie Sie mit GIMP eine SVG-Datei mit Pfaden importieren und weiterbearbeiten. Das Thema setzt allerdings auch etwas tiefer greifende Kenntnisse über Vektorgrafiken und Pixelgrafiken voraus. Sie sollten also die vorangegangenen Abschnitte in diesem Buchteil bereits gelesen haben.

Schritt für Schritt
SVG-Dateien mit Pfaden in GIMP importieren

Kapitel-029/Roter-Stern.svg

Im Beispiel wurde eine SVG-Datei mit dem kostenlosen Vektorprogramm Inkscape erstellt und unter dem Namen »Roter-Stern.svg« gespeichert. Diese Datei wollen wir jetzt in GIMP mitsamt den Pfaden importieren.

29.4 Pfade und SVG-Dateien

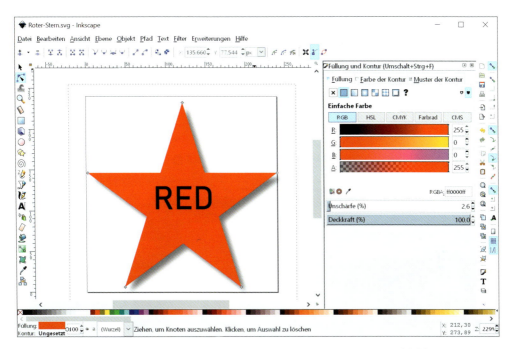

▲ Abbildung 29.36
Ein mit Inkscape erstellter Stern

1 SVG-Datei importieren

Zum Importieren einer SVG-Datei gehen Sie zunächst wie beim Öffnen einer gewöhnlichen Bilddatei über Datei • Öffnen vor. Wenn Sie die SVG-Datei ausgewählt haben, wird ein Dialog angezeigt, in dem Sie die SVG-Datei eigentlich nur als ganz normale Pixeldatei öffnen können. Die Vektorgrafik wird hierfür gerendert. Neben den Einstellungen der Bildgröße und Auflösung ist hier für das Importieren der Pfade ganz besonders die Option Pfade importieren 1 wichtig, die Sie auf jeden Fall aktivieren müssen, wenn Sie diese Pfade importieren wollen und nicht nur eine einfache Pixelgrafik. Sollte die SVG-Datei mehrere Pfade enthalten, können Sie außerdem die Option Importierte Pfade zusammenfügen 2 aktivieren, um alles in einem Pfad zusammenzufassen.

Nur Pfade sind vektorisiert

Beachten Sie, dass es nur die Pfade sind, die Sie bei einer SVG-Datei als echten mathematischen Vektorteil importieren können. Der farbige Teil, den Sie hier importieren, wird als Pixelgrafik gerendert und kann auf Vektorbasis nicht weiterverwendet werden!

◄ Abbildung 29.37
Pfade importieren

2 Nur Pfade verwenden

Wie bereits erwähnt, sind wir hier nur am mathematischen Vektorteil, den Pfaden, interessiert und nicht an der gerenderten Rastergrafik. Machen Sie daher im Pfade-Dialog den Pfad über das Augensymbol ❶ sichtbar, und entfernen Sie das Augensymbol im Ebenen-Dialog ❷, wo die Pixelgrafik angezeigt wird. Im Beispiel wurde zur besseren Ansicht noch eine leere weiße Ebene ❸ angelegt. Wenn Sie wollen, löschen Sie die Pixelgrafik im Ebenen-Dialog über das Löschen-Symbol ❹.

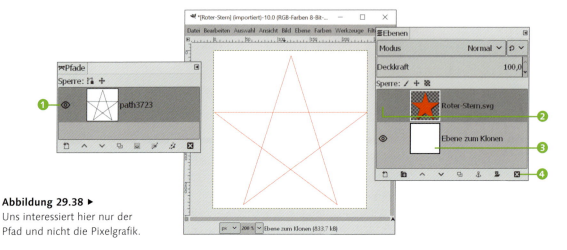

Abbildung 29.38 ▶
Uns interessiert hier nur der Pfad und nicht die Pixelgrafik.

3 Pfad nachbearbeiten

Jetzt können Sie den Pfad mit dem Pfade-Werkzeug (B), wie in Abschnitt 29.2, »Das Pfade-Werkzeug«, beschrieben, nachbearbeiten.

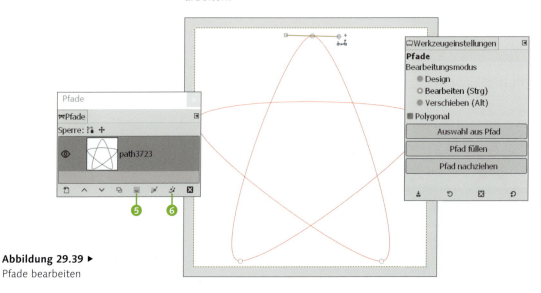

Abbildung 29.39 ▶
Pfade bearbeiten

29.4 Pfade und SVG-Dateien

4 Pfad für die weitere Arbeit mit GIMP verwenden

Sind Sie mit dem Nachbearbeiten des Pfades zufrieden, können Sie den Pfad für weitere Arbeiten verwenden. Im Beispiel wurde der Pfad mit der entsprechenden Schaltfläche ❻ im PFADE-Dialog nachgezeichnet und eine Auswahl ❺ daraus erstellt. Die Auswahl wurde dann mit dem Werkzeug FÜLLEN gefüllt.

Pfad speichern

Wollen Sie den Pfad des Bildes speichern, aber keine SVG-Datei verwenden, können Sie das Bild auch als XCF-Datei abspeichern. Dabei bleiben auch die Pfadinformationen erhalten.

◀ Abbildung 29.40
Aus dem Pfad wurde mit GIMP eine Grafik erstellt.

29.4.1 Pfade exportieren

Natürlich können Sie den in GIMP veränderten Pfad auch wiederum in eine SVG-Datei exportieren und in anderen Programmen wie beispielsweise Inkscape oder Blender zum Rendern öffnen.

Schritt für Schritt
Pfade als SVG-Datei exportieren

1 Export aufrufen

Zum Exportieren der Datei klicken Sie im PFADE-Dialog mit der rechten Maustaste und wählen im Kontextmenü den Befehle PFAD EXPORTIEREN ❼ aus.

◀ Abbildung 29.41
PFAD EXPORTIEREN aufrufen

Blender

Blender ist eine freie und sehr leistungsstarke 3D-Grafiksoftware zum Modellieren von 3D-Grafiken. Bei Rheinwerk Design ist ein umfassendes Handbuch zu Blender im Programm, falls Sie sich dafür interessieren sollten.

2 Export durchführen

Jetzt öffnet sich ein Dialog, mit dem Sie Pfade nach SVG exportieren. Neben dem üblichen Dateinamen und dem Verzeichnis können Sie hier auch über eine Dropdown-Liste ❶ auswählen, ob Sie nur den AKTIVEN PFAD EXPORTIEREN wollen oder ALLE PFADE DIESES BILDES. Mit einem Klick auf SPEICHERN (Abbildung 29.42) schließen Sie den Export ab.

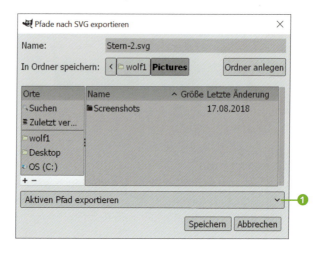

Abbildung 29.42 ▶
Pfade als SVG-Datei exportieren

3 Pfad(e) in anderes Programm importieren

Die Pfade, die Sie mit GIMP in der SVG-Datei gespeichert haben, können Sie jetzt in vielen anderen Programmen, die das Importieren von SVG-Dateien mit Pfaden unterstützen, verwenden.

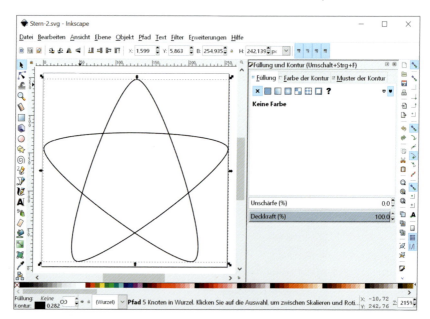

Abbildung 29.43 ▶
Hier wurde unser Pfad in Inkscape für die Weiterbearbeitung importiert.

Kapitel 30
Pfade und Auswahlen

Wie bereits erwähnt, können Sie in GIMP Pfade in Auswahlen konvertieren und umgekehrt. Dies hat den Vorteil, dass Sie, wenn Sie beispielsweise eine Auswahl in einen Pfad umwandeln, mit Hilfe des Pfade-Werkzeugs die Auswahl noch wesentlich genauer umranden können, als dies mit den Auswahlwerkzeugen möglich ist. In der Praxis ist das natürlich eher sinnvoll bei Objekten mit grafischen Primitiven wie Quadraten, Rechtecken, Kreisen, Ellipsen usw. als bei Arbeiten mit feinsten Strukturen.

30.1 Pfad aus Auswahl erstellen

Um aus einer beliebigen Auswahl (auch wenn das nicht immer sinnvoll ist) einen Pfad zu erstellen, stehen Ihnen zwei Möglichkeiten zur Verfügung: Entweder rufen Sie den Befehl über das Menü AUSWAHL • NACH PFAD auf, oder Sie verwenden den PFADE-Dialog und klicken auf die entsprechende Schaltfläche ❷. Der Pfadname für den so erstellten Pfad lautet hierbei »Auswahl« ❶.

◂ **Abbildung 30.1**
Aus einer Auswahl einen Pfad erstellen

Tipp: Auswahl zu Pfad
Da der Dialog, der angezeigt wird, wenn Sie die Schaltfläche ❷ mit gehaltener ⇧-Taste anklicken, ziemlich umfangreich ist und Sie so wenig Knotenpunkte wie möglich verwenden wollen, stellen Sie einfach die Werte mit ganzen Dezimalzahlen auf den maximalen Wert. Die reellen Werte (Gleitkommawerte) hingegen lassen Sie, wie sie sind.

Auswahl ausblenden
Wenn Sie aus einer Auswahl einen Pfad erstellt haben, bleibt die Auswahl nach wie vor bestehen, und auch der Pfad wird nicht angezeigt. Beides müssen Sie explizit (de-)aktivieren. Die Auswahl blenden Sie mit AUSWAHL • NICHTS aus und den Pfad über das Augensymbol im PFADE-Dialog ein.

In der Praxis ist allerdings die Erstellung eines Pfades aus einer Auswahl meistens nur bei klar geometrischen Figuren sinnvoll, weil häufig viel zu viele Knotenpunkte angelegt werden. Zwar können Sie mit Klick auf die Schaltfläche ❷ bei gehaltener ⇧-Taste einen Dialog aufrufen, in dem Sie dies einschränken können, aber der Dialog ist alles andere als anwenderfreundlich (auf mich macht er einen vergessenen Eindruck). Ich empfehle Ihnen daher, nur dann einen Pfad aus einer Auswahl zu erstellen, wenn das Bild nicht allzu komplex ist, sprich nicht zu viele Details enthält.

Abbildung 30.2 ▶
In der Standardeinstellung werden einfach zu viele Knotenpunkte erstellt, so dass der Pfad eigentlich unbrauchbar ist.

> **Dreieckige Auswahlen**
>
> Die Frage, wie Sie eine dreieckige Auswahl erstellen können, sollten Sie jetzt ganz klar beantworten können: Erstellen Sie einfach einen dreieckigen Pfad und daraus dann eine Auswahl.

30.2 Auswahl aus Pfad erstellen

Das Gegenstück zur eben vorgestellten Funktion und insgesamt wohl auch der häufigere Fall ist, aus einem Pfad eine Auswahl zu machen. Das lässt sich in GIMP an verschiedenen Stellen aufrufen:

▶ mit dem Tastenkürzel ⇧+V
▶ mit dem Menübefehl AUSWAHL • VOM PFAD
▶ über die Werkzeugeinstellungen des PFADE-Werkzeugs mit der Schaltfläche AUSWAHL AUS PFAD ❷
▶ Über die entsprechende Schaltfläche ❸ im PFADE-Dialog. Halten Sie hierbei ⇧ gedrückt, wird die erstellte Auswahl einer eventuell vorhandenen Auswahl hinzugefügt. Mit Strg/Cmd wird, nachdem der Pfad in eine Auswahl konvertiert wurde, diese Auswahl von einer eventuell vorhandenen Auswahl abgezogen, und die Schnittmenge bilden Sie über das Halten der Tasten Strg/Cmd+⇧.

Abbildung 30.3 ▶
Die Werkzeugeinstellungen des PFADE-Werkzeugs

▲ **Abbildung 30.4**
Der PFADE-Dialog

30.2 Auswahl aus Pfad erstellen

▲ **Abbildung 30.5**
Links wurden die Umrisse der Katze mit dem PFADE-Werkzeug nachgezogen, und rechts wurde aus dem Pfad eine Auswahl gemacht.

30.2.1 Bilder nachzeichnen

Pfade eignen sich prima, um verschiedene Formen für Logos, Grafiken, Icons oder Zeichnungen zu erstellen. Natürlich können Sie hierfür auch etwas freihändig zeichnen. Aber es geht auch einfacher: Wer nicht so begabt ist und eine Grafik nicht einfach so aus dem Handgelenk zaubern kann, verwendet einfach das PFADE-Werkzeug, paust das darunterliegende Bild ab und erstellt daraus eine Grafik. Das Schöne daran ist, dass es Ihnen egal sein kann, wie gut die Qualität des Bildes ist. Mit dieser Technik erstellen Sie kreative Grundformen oder Ornamente, die Sie für weitere Montagen und Collagen verwenden können.

Hierbei können Sie durchaus komplexere und aufwendigere Bilder verwenden. Allerdings sollten Sie dann auch unbedingt etwas mehr Zeit einplanen. Hier soll nur ein einfaches nachvollziehbares Beispiel erstellt werden, damit Sie ein wenig mehr Gefühl im Umgang mit dem PFADE-Werkzeug bekommen.

Vektorisieren
Mit dieser Schritt-für-Schritt-Anleitung haben Sie auch gleich einen Vorschlag, wie Sie aus einem Pixelbild eine Vektorgrafik machen können. Mit Hilfe der Pfade können Sie das Bild ja anschließend als SVG-Datei in einem Vektorgrafikprogramm wie dem freien *Inkscape* öffnen. Bedenken Sie allerdings auch, dass Sie das Erstellen von Pfaden auch gleich in einem Vektorprogramm durchführen können, meistens auch wesentlich komfortabler.

Schritt für Schritt
Aus Bildern Grafiken erstellen

1 Umrandung nachfahren
Verwenden Sie zunächst das PFADE-Werkzeug (B), und öffnen Sie auch den PFADE-Dialog. Als BEARBEITUNGSMODUS sollten Sie einstweilen DESIGN ❶ verwenden. Bei der Umrandung der

 Kapitel-030/Gotokuji.jpg, Gotokuji-Pfade.xcf, Gotokuji_danach.jpg

Katze benötigen wir außerdem vorerst keine Kurven und können noch relativ grob Knoten für Knoten anlegen. Schließen Sie die Auswahl, indem Sie mit gehaltener [Strg]/[Cmd]-Taste auf den ersten Knotenpunkt klicken ❶.

Abbildung 30.6 ▶
Aus einer der Katzen wollen wir eine Grafik erzeugen.

Abbildung 30.7 ▶
Umrandung der Katze nachfahren

Tipp
Beginnen Sie am Anfang der Pfadauswahl nicht gleich mit den Details wie Kurven; das ist meistens viel zu zeitaufwendig. Suchen Sie sich zunächst die wichtigen Eckpunkte der Grundform aus, und verkrümmen Sie nachträglich die Geraden entweder über die Pfadsegmente und/oder über neue Knotenpunkte zu einer Kurve. Verzagen Sie außerdem nicht gleich, wenn es nicht sofort so klappt, wie Sie wollen. Die Verwendung von Pfaden braucht einfach ein wenig Übung. Wichtig ist auf jeden Fall, dass Sie die Grundlagen darüber in Abschnitt 29.2, »Das Pfade-Werkzeug«, gelesen und verstanden haben.

❷ Feinarbeiten am Pfad
Etwas aufwendiger wird es schon, wenn Sie die Konturen etwas genauer mit dem PFADE-Werkzeug nachfahren. Hierzu gehe ich immer wie folgt vor: Zunächst verbiege ich ein Pfadsegment ❷, bis es in etwa zur Kontur darunter passt. Dann verwende ich die Griffpunkte ❸ der einzelnen Knoten und ziehe diese so, dass die Linie exakt auf die darunterliegende Kontur passt. Mit gehaltener ⬚-Taste können Sie bei Bedarf die Griffpunkte symmetrisch ausrichten. Die Bearbeitung von Kurven bei Pfadsegmenten, speziell mit

30.2 Auswahl aus Pfad erstellen

den Griffpunkten, bedarf etwas Übung und Erfahrung. Natürlich können Sie jederzeit weitere Knotenpunkte mit gehaltener [Strg]/[Cmd]-Taste hinzufügen, um die Pfadauswahl zu verfeinern.

▼ **Abbildung 30.8**
Die Umrisse der Katze verfeinern

3 Schritt 1 und 2 wiederholen

Wiederholen Sie jetzt die Schritte 1 und 2 für weitere Konturen wie Kopf, Halsband, Anhänger, Krallen, Augen, Augenbrauen, Schnurrhaare, Nase, Mund usw., indem Sie hierbei für jeden Bereich einen neuen Pfad über den PFADE-Dialog anlegen. Der Vorteil daran ist, dass Sie dann jeden Bereich einzeln nachzeichnen oder füllen können.

Auswahl aus Pfad

An der Stelle könnten Sie auch aus dem Pfad mit dem Umriss der Katze eine Auswahl erstellen, um die Katze beispielsweise freizustellen. Besser noch, Sie verwenden dann auch gleich noch eine Ebenenmaske. Aber das war in diesem Beispiel nicht unser Ziel.

◄ **Abbildung 30.9**
Alle Details der Katze wurden mit Pfaden erfasst.

4 Pfade speichern

Damit Sie jetzt die Pfade bei Bedarf in einer späteren Arbeit wiederverwenden können, sollten Sie die Datei im GIMP-eigenen XCF-Format sichern, wo auch die Pfade mitgespeichert werden. Möchten Sie die so erstellten Formen hingegen in einem anderen Programm öffnen, sollten Sie die Datei im SVG-Format speichern.

5 Neue Ebene anlegen

Da wir nun die Grundform unseres Bildes haben, können Sie den EBENEN-Dialog öffnen und eine neue leere weiße Ebene erzeugen. Die Ebene mit dem Bild, das Sie abgepaust haben, brauchen Sie nicht mehr, weshalb Sie sie über die entsprechende Schaltfläche ❶ löschen können. Am Ende sollten Sie nur noch eine leere weiße Ebene mit den Pfaden vor sich haben.

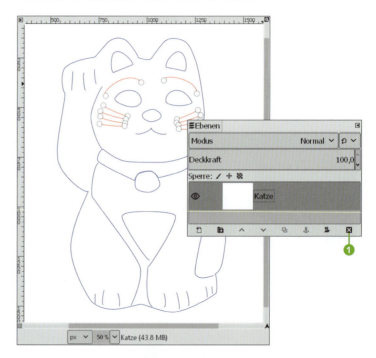

Abbildung 30.10 ▶
Ein leeres Bild mit den Pfaden

Nur eine Pixelgrafik
Beachten Sie allerdings, dass Sie mit den Funktionen zum Füllen oder Nachzeichnen eines Pfades nur eine Pixelgrafik erstellen. Wenn Sie eine Vektorgrafik erstellen wollen, dann müssen Sie die Pfade als SVG-Datei exportieren und in einem Vektorgrafikprogramm wie beispielsweise Inkscape nachziehen bzw. füllen.

6 Pfad füllen/nachziehen

Jetzt können Sie sich an den Pfaden nach Belieben austoben und beispielsweise die Pfade über die Werkzeugeinstellungen vom PFADE-Werkzeug mit der Schaltfläche PFAD NACHZIEHEN ❸ mit einer Kontur versehen oder mit PFAD FÜLLEN ❷ mit einer entsprechenden Farbe oder einem Muster füllen. Damit die Funktionen der Werkzeugeinstellungen auch zur Verfügung stehen, müssen Sie den entsprechenden Pfad im PFADE-Dialog aktivieren ❹ (eventuell per Doppelklick).

30.2 Auswahl aus Pfad erstellen

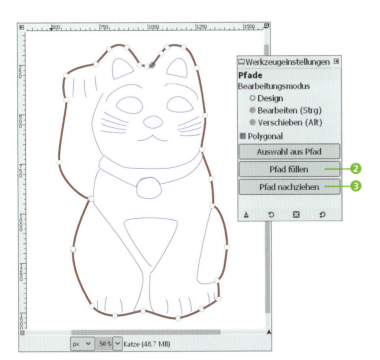

Pfade nachziehen/füllen

Die Funktionen zum Nachziehen und Füllen von Pfaden finden Sie auch über das Menü BEARBEITEN wieder.

◄ **Abbildung 30.11**
Der Umriss der Katze wurde mit PFAD NACHZIEHEN gezeichnet.

◄ **Abbildung 30.12**
Nach weiteren Vorgängen mit dem Nachzeichnen und Füllen von Pfaden haben Sie aus einem Bild eine Grafik erstellt.

729

TEIL X
Typografie

Kapitel 31
Das Text-Werkzeug

Zur Verwendung und Erstellung von Text bietet Ihnen GIMP das Text-Werkzeug A *(Tastenkürzel* T *) an. Jeder Text, den Sie hiermit eingeben, wird auf einer neuen Textebene platziert.*

31.1 Text eingeben und editieren

Das TEXT-Werkzeug von GIMP ist über die Jahre gereift, und es macht richtig Spaß, damit zu arbeiten. Ich möchte Sie aber dennoch darauf hinweisen, was bei GIMP nicht funktioniert, was der eine oder andere von Ihnen aber vielleicht von einer anderen Software her kennt. So kann die Textebene zum Beispiel nicht transformiert und danach wieder editiert werden. Wenn Sie eine Textebene transformieren (DREHEN, PERSPEKTIVE, SKALIEREN, SCHEREN usw.), wird sie sofort in eine gewöhnliche Ebene umgewandelt.

Alternativen
Sollten Sie beim TEXT-Werkzeug etwas vermissen, kann ich Ihnen einen Blick auf das Vektorgrafikprogramm *Inkscape* empfehlen. Oder Sie erstellen Ihr Textlogo mit dem PFADE-Werkzeug.

31.1.1 Grundlegende Bedienung

Klicken Sie mit aktivem TEXT-Werkzeug ins Bildfenster, öffnet sich oberhalb des Textblocks ein halbdurchsichtiges Eingabemenü ❶, über das Sie den Text jederzeit nachträglich gestalten können, der sogenannte *Editiermodus* (dazu mehr auf Seite 739, »Text editieren über den Editiermodus«).

Eine neue Textebene ❷ wird im EBENEN-Dialog angelegt, sobald Sie einen Buchstaben eingegeben haben. Als Name der Textebene werden die ersten 30 eingegebenen Zeichen der ersten Zeile verwendet. Natürlich können Sie den Namen der Textebenen im EBENEN-Dialog auch nachträglich umbenennen, ohne dass dies Einfluss auf den Text selbst hat.

Zum Nachlesen
Auf die Textebenen wurde bereits in Abschnitt 15.3 unter »Textebene« kurz eingegangen. Wie Sie (Text-)Ebenen umbenennen, wird in Abschnitt 16.3, »Ebenen benennen«, beschrieben.

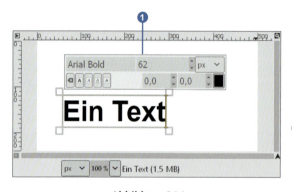

▲ **Abbildung 31.1**
Das Text-Werkzeug wird verwendet: Links sehen Sie das Texteingabefeld und das Eingabemenü des Editiermodus, rechts das Ebenen-Bedienfeld mit einer Textebene.

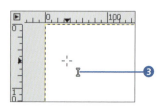

▲ **Abbildung 31.2**
Der Balken ❸ symbolisiert hier, dass Sie an dieser Stelle einen Text einfügen können.

31.1.2 Einzeiliger Text

Zum Erstellen eines (einzeiligen) Textes klicken Sie einfach mit aktivem Text-Werkzeug A im Bildfenster auf die Position, an der Sie den Text eingeben wollen. Der Mauszeiger hat die Form eines Balkens ❸, wie er bei Texteditoren oder Office-Anwendungen üblich ist.

◄▲ **Abbildung 31.3**
Der Text, den Sie tippen ❻, wird sofort im Textrahmen des Bildfensters ❺ angezeigt.

Wenn Sie auf die gewünschte Stelle mit der linken Maustaste geklickt haben, erscheint der Textblock (mit einem halbdurchsichtigen Eingabemenü ❹ darüber), in den Sie den Text eingeben können. Sobald Sie hier einen Text tippen, erscheint dieser sofort im Textrahmen ❺. Der gelbe Balken am Ende des Textes ist der Eingabecursor ❻. Eine neue Textebene (mit dem Icon »A«) wurde natürlich auch noch dafür angelegt (daher auch der gelb-schwarze Ebenenrahmen ❼ um den Text, wenn sich dieser nicht im Editiermodus befindet).

Sind Sie mit der Eingabe des Textes fertig, wechseln Sie einfach das Werkzeug oder beenden den Editiermodus mit [Esc].

Vertikaler Text | Standardmäßig schreiben Sie hierzulande mit GIMP von links nach rechts. Wollen Sie einen vertikalen Text eingeben, müssen Sie den Eingabemodus ändern. Klicken Sie hierzu mit dem TEXT-Werkzeug beim Eingabecursor des Textes mit der rechten Maustaste, finden Sie im Kontextmenü vier verschiedene Möglichkeiten ❽ zur Auswahl, einen vertikalen Text zu schreiben.

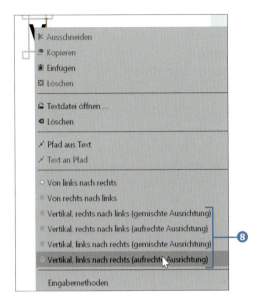

▲ **Abbildung 31.4**
Ein editierbarer vertikaler Text lässt sich über einen rechten Mausklick erstellen.

◀ **Abbildung 31.5**
Neben einem horizontalen Text können Sie mit GIMP auch vertikalen Text schreiben.

31.1.3 Mehrzeiliger Text

Einen mehrzeiligen Text können Sie auf zwei verschiedene Arten erstellen:
1. mit Hilfe eines manuellen Zeilenumbruchs
2. indem Sie einen Textrahmen aufziehen

Manueller Zeilenumbruch | Sie erzeugen im Textblock einen Zeilenumbruch mit der ⏎-Taste, wodurch auch der Platz im Textrahmen automatisch an die Größe für eine weitere Textzeile angepasst wird.

▼ **Abbildung 31.6**
In der linken Abbildung wurde mit ⏎ ein Zeilenumbruch eingefügt und der Eingabecursor zur Verdeutlichung um ein Zeichen nach rechts gerückt. Im rechten Bild wurde dann die zweite Zeile mit Text gefüllt.

Copy & Paste

Selbstverständlich können Sie, wie bei einem Texteditor, einen Text von einer anderen Anwendung in die Zwischenablage kopieren und im Textblock mit einem rechten Mausklick in den Editor über den Kontextmenübefehl EINFÜGEN als neuen Text einfügen und verwenden.

Abbildung 31.7 ▶
Bei einem einzeiligen Text kann die dynamische Erweiterung zu einem mehrzeiligen Text zu unerwünschten Nebeneffekten führen.

Zu viel Text im Textrahmen
Haben Sie zu viel Text eingegeben, können Sie entweder die Größe des Rahmens anpassen oder die Größe der Schrift reduzieren.

Allerdings hat diese Methode den Nebeneffekt, dass sich die Breite und Höhe der Textebene (zu erkennen am Textrahmen ❶) flexibel um den geschriebenen Text nach rechts und nach unten erweitert. Sie können damit quasi über die Leinwandgröße hinausschreiben. Wünschen Sie dies nicht, müssen Sie die zweite Methode verwenden und einen Rahmen aufziehen.

Rahmen aufziehen | Die bessere Methode, einen mehrzeiligen Text anzulegen, ist es, gleich mit dem TEXT-Werkzeug von GIMP bei gedrückter linker Maustaste einen Rahmen aufzuziehen ❷, in den Sie anschließend den Text eingeben.

Den Text geben Sie dann genauso wie zuvor den einzeiligen Text in den Textblock ein. Der Vorteil an dieser Methode ist außerdem, dass Sie hiermit den Rahmen für den Text fest vorgeben. Geben Sie hier mehr Zeichen ein, als in die Breite des Textrahmens passt, wird der Text bei einer passenden Gelegenheit (gewöhnlich einem Leerzeichen) automatisch umbrochen.

▲ **Abbildung 31.8**
Mit dem Aufziehen des Rahmens legen Sie eine fixe Größe für den Text fest.

▲ **Abbildung 31.9**
Bei der Eingabe in den Textblock wird kein Zeilenumbruch verwendet. An der Textrahmenbegrenzung wird der Text automatisch umbrochen.

Allerdings kann es auch hier zu unschönen Nebeneffekten kommen, wenn der Text zu lang ist, denn dann wird der restliche Text einfach verschluckt ❸.

◀ **Abbildung 31.10**
Während zu lange Wörter nach wie vor ordentlich umbrochen werden (auch wenn kein Leerzeichen vorhanden ist), wird zu viel Text nach unten im festen Rahmen nicht mehr angezeigt.

31.1.4 Textrahmen anpassen

Haben Sie einen zu kleinen Rahmen verwendet oder wollen Sie einem einzeiligen Text auch eine feste Rahmengröße verpassen, vergrößern oder verkleinern Sie den Rahmen über die Griffpunkte an den Ecken und Seiten, ähnlich wie bei den Werkzeugen RECHTECKIGE AUSWAHL oder ZUSCHNEIDEN. Hierzu aktivieren Sie die Textebene und klicken mit aktivem TEXT-Werkzeug ❹ auf den Text, so dass der Textrahmen zu sehen ist. Mit gedrückter linker Maustaste an den Griffpunkten der Ecken oder Seiten können Sie jetzt die Größe des Textrahmens verändern.

Zeilenumbruch

Beachten Sie, dass bei einer Größenänderung des Rahmens gegebenenfalls auch der Zeilenumbruch im Text erneuert wird.

▲ **Abbildung 31.11**
In der linken Abbildung wird mit dem aktiven TEXT-Werkzeug auf den Text geklickt ❹, wodurch der Textrahmen des Editiermodus erscheint. Mit dem rechten unteren Griff ❺ wird dieser Textrahmen vergrößert (mittlere Abbildung), so dass der komplette Text sichtbar wird (rechte Abbildung).

Textrahmen verschieben | Das Verschieben von Textebenen erledigen Sie, wie bei normalen Ebenen auch, mit dem VERSCHIEBEN-Werkzeug M ✥. Aktivieren Sie als Erstes die Textebene, klicken Sie dann innerhalb des Textrahmens bei aktiviertem VERSCHIEBEN-Werkzeug mit der linken Maustaste, und halten Sie diese gedrückt. Allerdings müssen Sie darauf achten, dass Sie exakt auf den Text klicken bzw. ihn gedrückt halten, weil sonst die darunterliegende Ebene verschoben wird. Oder Sie machen es sich

Hilfslinien verwenden

Zum exakten Positionieren eines Textrahmens empfehle ich Ihnen Hilfslinien. Mehr zu den Hilfslinien erfahren Sie auf Seite 118, »Hilfslinien einstellen und verwenden«.

Abbildung 31.12 ▼
Textrahmen mit gedrückter linker Maustaste und dem TEXT-Werkzeug verschieben und an den Hilfslinien ausrichten

einfacher und verwenden die Option AKTIVE EBENE VERSCHIEBEN ❶ bei den Werkzeugeinstellungen des VERSCHIEBEN-Werkzeugs. Dann verschieben Sie mit gedrückter linker Maustaste den Textrahmen an die gewünschte Position und lassen ihn fallen (Maustaste loslassen).

▲ **Abbildung 31.13**
Das Symbol ❷ zeigt an, dass Sie die aktive Textebene erfasst haben und diese somit mit gedrückt gehaltener linker Maustaste verschieben können.

▲ **Abbildung 31.14**
Das Symbol ❸ hingegen zeigt an, dass Sie die darunterliegende Ebene erfasst haben und somit bei gedrückt gehaltener linker Maustaste die Ebene darunter verschieben würden.

Textrahmen transformieren | Es ist zwar möglich, die Textebene zu transformieren (DREHEN, PERSPEKTIVE, VERZERREN, SKALIEREN usw.), aber anschließend kann der Text nicht mehr nachbearbeitet werden, weil GIMP die Textebene nach der Transformation in eine gewöhnliche Ebene umwandelt.

▲ **Abbildung 31.15** ▶
Transformieren Sie eine Textebene ❹ …

◀▲ **Abbildung 31.16**
... macht GIMP daraus eine normale Ebene, wie Sie am Ebenensymbol im EBENEN-Dialog 5 erkennen. Hier wurde die Textebene gedreht.

31.1.5 Text editieren über den Editiermodus

Einen Text können Sie jederzeit nachträglich editieren. Wie schon erwähnt, öffnet sich der Editiermodus, sobald Sie mit dem TEXT-Werkzeug ins Bildfenster oder auf eine vorhandene Textebene im Bildfenster klicken. Der Text, den Sie hier eingeben, wird sofort im Textrahmen des Bildfensters angezeigt. Echte Zeilenumbrüche können Sie mit der ⏎-Taste einfügen.

Copy & Paste | Natürlich können Sie auch das klassische Kopieren, Ausschneiden, Einfügen und Löschen verwenden. Rufen Sie hierfür mit der rechten Maustaste im Editiermodus ein Kontextmenü auf, oder benutzen Sie die üblichen Tastenkürzel Strg/Cmd+V für Einfügen, Strg/Cmd+C für Kopieren, Strg/Cmd+X für Ausschneiden und Entf für Löschen. Wobei sich die Befehle Kopieren, Ausschneiden und Löschen hier natürlich auf einen markierten Text im Textblock beziehen.

Text importieren | Sie haben außerdem die Möglichkeit, weiteren Text einzufügen und natürlich auch wieder zu entfernen. Über TEXTDATEI ÖFFNEN im Kontextmenü rufen Sie einen Dateidialog auf, mit dem Sie eine unformatierte Textdatei öffnen, die idealerweise mit einer UTF-8-Codierung vorliegt, und ihren Inhalt im Eingabefeld laden. Der Befehl LÖSCHEN spricht für sich: Damit löschen Sie den gesamten Text im Eingabefeld (unabhängig, ob markiert oder nicht).

Weitere Möglichkeiten des Kontextmenüs | Auch finden Sie hier die Befehle TEXT AN PFAD bzw. PFAD AUS TEXT. Hierauf gehen wir in Kapitel 33, »Praktische Typografietechniken«, weiter ein.

Dahinter können Sie die Textrichtung einstellen: Standardmäßig ist hier VON LINKS NACH RECHTS eingestellt, wie es in der westlichen

Das Eingabefeld
Oberhalb des Textrahmens (oder auch Textblock genannt) finden Sie im Editiermodus ein halbdurchsichtiges Eingabemenü, mit dem Sie den Text jederzeit gestalten können (dazu mehr auf Seite 744, »Text mit Styles gestalten«).

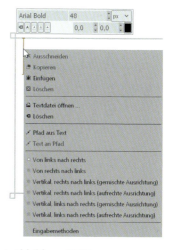

▲ **Abbildung 31.17**
Das Kontextmenü wird bei einem rechten Mausklick im Editiermodus geöffnet.

Welt gebräuchlich ist. Darunter finden Sie das Gegenstück, also VON RECHTS NACH LINKS, wie es beispielsweise in hebräischer Schrift verwendet wird. Am Ende unter EINGABEMETHODEN können Sie auf Kyrillisch oder andere spezielle Eingabemethoden umstellen.

Unicode-Zeichen eingeben | Wollen Sie Unicode-Zeichen im Editiermodus eingeben, drücken Sie die Tastenkombination [Strg]/[Cmd]+[⇧]+[U]. Jetzt erscheint ein eingerahmtes »u« ❶, in das Sie ohne ein weiteres Leerzeichen den hexadezimalen Wert für das Unicode-Zeichen eingeben ❷. Beachten Sie, dass Sie bei manchen Unicode-Zeichen danach noch ein Leerzeichen einfügen müssen. Eine Liste von Unicode-Blöcken und weitere Informationen zu diesem Thema finden Sie unter *http://de.wikipedia.org/wiki/Unicode*.

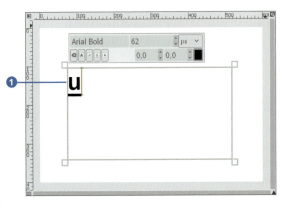

▲ **Abbildung 31.18**
[Strg]/[Cmd]+[⇧]+[U] bereitet auf die Eingabe eines Unicode-Zeichens vor.

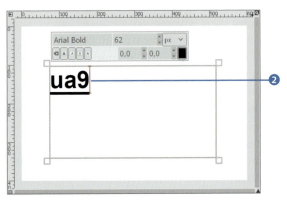

▲ **Abbildung 31.19**
Der hexadezimale Wert (a) und (9)...

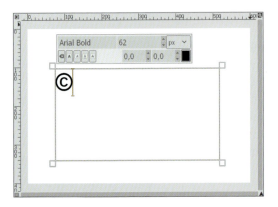

▲ **Abbildung 31.20**
... ergibt das Copyright-Zeichen.

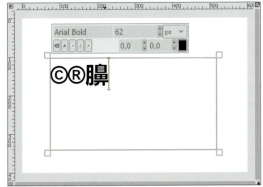

▲ **Abbildung 31.21**
Das Symbol für registrierte Warenzeichen ® hat den hexadezimalen Wert »AE«, und das chinesische Schriftzeichen wurde mit dem hexadezimalen Wert »4444« eingegeben.

31.2 Text gestalten

Da Sie jetzt wissen, wie Sie Text eingeben, editieren und den Rahmen anpassen, wird es Zeit, sich mit der Gestaltung des Textes zu befassen. Basiseinstellungen geben Sie über die Werkzeugeinstellungen des TEXT-Werkzeugs A ein, spezielle Einstellungen nehmen Sie mit dem halbdurchsichtigen Eingabemenü über dem Textblock vor.

31.2.1 Grundlegende Textgestaltung über die Werkzeugeinstellungen

Die Basiseinstellungen zum Text lassen sich über die Werkzeugeinstellungen des TEXT-Werkzeugs vornehmen. Damit die Textgestaltung Auswirkung auf einen bereits geschriebenen Text hat, muss sich die Textebene, wie im Abschnitt zuvor beschrieben, im Editiermodus befinden.

Natürlich können Sie auch lediglich die Gestaltung für einen Text erstellen, die Sie bei der nächsten Verwendung des TEXT-Werkzeugs anwenden wollen.

Weitere Gestaltungsmöglichkeiten (mit sogenannten *Styles*) finden Sie im halbdurchsichtigen Eingabemenü oberhalb des Textblocks vor, wenn Sie sich im Editiermodus befinden. Dank dieser Styles wird es erst möglich, einzelne Wörter oder gar einzelne Buchstaben nachträglich umzugestalten. Aber dazu erfahren Sie mehr auf Seite 744, »Text mit Styles gestalten«.

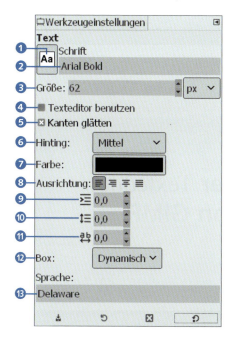

◄ Abbildung 31.22
Die WERKZEUGEINSTELLUNGEN des TEXT-Werkzeugs

Abbildung 31.23 ▶
Im Editiermodus finden Sie ebenfalls oberhalb des Textblocks verschiedene Einstellungen, um den Text zu »stylen«.

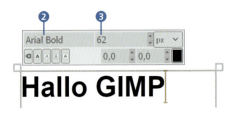

Schriftfamilie auswählen | Über SCHRIFT wählen Sie die Schriftfamilie aus, mit der der Text im Bildfenster angezeigt werden soll. Klicken Sie auf die Schaltfläche links neben SCHRIFT ❶, wird der Schriftenbrowser mit allen installierten Schriften zur Auswahl angezeigt. Mit einem einfachen Klick wählen Sie die Schrift aus. Alternativ verwenden Sie hierfür den Dialog FENSTER • ANDOCKBARE DIALOGE • SCHRIFTEN. Sie können auch den Namen der gewünschten Schrift in das Eingabefeld ❷ schreiben, GIMP vervollständigt Ihre Eingabe kontextsensitiv, das heißt, die zu den eingegebenen Buchstaben passenden Schriften werden aufgelistet.

▲ **Abbildung 31.24**
Der gleiche Text in drei verschiedenen Schriftfamilien

Schriftgröße auswählen | Darunter stellen Sie die GRÖSSE ❸ der Schriftart ein. Standardmäßig sind hier als Maßeinheit Pixel vorgegeben, was Sie aber über die Dropdown-Liste daneben ändern können.

Texteditor verwenden | Aktivieren Sie die Option TEXTEDITOR BENUTZEN ❹, und klicken Sie dann auf die Zeichenfläche, öffnet sich der GIMP-Texteditor. Dieser war in früheren Versionen von GIMP die einzige Eingabemöglichkeit für Text, heute ist seine Verwendung seltener geworden. Sie können Ihren Text direkt eingeben und/oder dort mit Styles versehen. Dies sind dieselben Styles wie beim halbdurchsichtigen Eingabemenü oberhalb des Textblocks. Daher verweise ich Sie für die einzelnen Styles auf Seite 744, »Text mit Styles gestalten«.

▲ **Abbildung 31.25**
Die gleiche Schriftfamilie in unterschiedlichen Größen

▲ **Abbildung 31.26**
Text, den Sie im GIMP-Texteditor bearbeiten …

▲ **Abbildung 31.27**
… wirkt sich direkt auf die Textebene aus.

Oberhalb des Texteditors finden Sie einige Schaltflächen: Über ÖFFNEN rufen Sie einen Dateidialog auf, über den Sie eine Textdatei in den Editor laden können. Mit der Schaltfläche LÖSCHEN daneben entfernen Sie den kompletten Text wieder. Daneben können Sie die Textrichtung ändern. Hierzulande und in vielen anderen Sprachen auch dürfte von LINKS NACH RECHTS der Standard sein. Von RECHTS NACH LINKS würden Sie beispielsweise für die hebräische Schrift benötigen. Des Weiteren finden Sie vier weitere Schaltflächen für einen vertikalen Text vor.

Kanten glätten | Mit der Option KANTEN GLÄTTEN ❺ werden die Kanten der Schrift geglättet (auch bekannt als *Antialiasing*). Die Kantenglättung sollten Sie bei großen Schriften verwenden. Bei besonders kleinen Schriften sollten Sie diese Option hingegen deaktivieren, weil die Darstellung sonst unscharf wird.

▲ **Abbildung 31.28**
Im linken G wurde die Option KANTEN GLÄTTEN verwendet, und im rechten G wurde diese deaktiviert.

Hinting | Diese Option ❻ hilft ebenfalls dabei, die Buchstaben deutlicher zu zeichnen. Besonders hilfreich ist das HINTING bei kleinerer Schrift, die hiermit besser lesbar wird. Hinting wird für gewöhnlich von den Schriftfamilien zur Verfügung gestellt.

Farbe auswählen | Über einen Klick auf die Schaltfläche FARBE ❼ stellen Sie über einen Farbauswahldialog die Farbe für die Schrift ein. Standardmäßig wird immer die aktuell eingestellte Vordergrundfarbe verwendet.

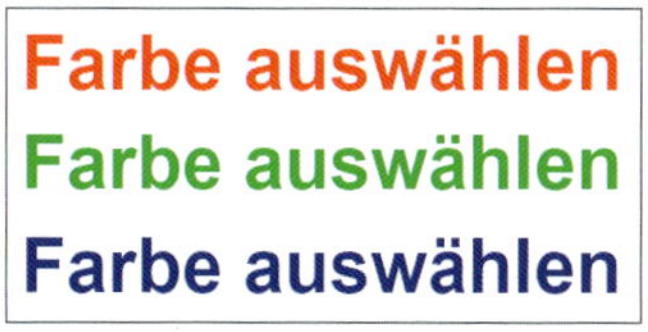

▲ **Abbildung 31.29**
Derselbe Schriftzug in verschiedenen Farben

Ausrichtung | Über die AUSRICHTUNG ❽ legen Sie mit den kleinen Schaltflächen die Ausrichtung des Textes im Textrahmen fest. Hierbei besteht die Möglichkeit, den Text links- oder rechtsbündig, zentriert oder als Blocksatz auszurichten.

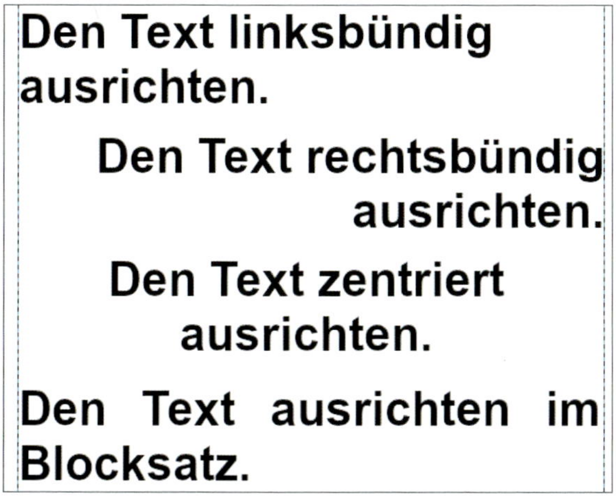

◀ **Abbildung 31.30**
Oben wurde der Text linksbündig am Textrahmen ausgerichtet. Darunter wurde er rechtsbündig und in der dritten Zeile zentriert ausgerichtet, in der letzten Zeile schließlich als Blocksatz. Zur Verdeutlichung wurden hier Hilfslinien am Anfang und Ende der Textebenen angebracht.

> Über Einzug geben Sie für die erste Zeile eines Absatzes vor, wie weit der Text nach rechts eingerückt werden soll.
> Mit einem negativen Wert können Sie die Zeile aber auch nach links aus dem Textrahmen herausziehen.

▲ **Abbildung 31.31**
Ein Einzug bei jeder ersten Zeile eines Absatzes lässt sich über EINZUG einstellen.

Einzug | Über EINZUG ❾ geben Sie für die erste Zeile eines Absatzes vor, wie weit der Text nach rechts eingerückt werden soll. Mit einem negativen Wert können Sie die Zeile aber auch nach links aus dem Textrahmen herausziehen.

Zeilenabstand und Zeichenabstand | Über ZEILENABSTAND ❿ stellen Sie den Leerraum zwischen den Zeilen und mit ZEICHENABSTAND ⓫ den zwischen den einzelnen Zeichen ein. Dabei sind auch negative Werte möglich, womit die Abstände enger werden.

Feste oder dynamische Textbox | Mit Hilfe der Option BOX ⓬ stellen Sie ein, ob der Textfluss im Textblock FEST (wie bei einem einzeiligen Text) oder DYNAMISCH ist und bei Betätigen von ⏎ in eine neue Zeile springt, wobei die Textbox auch dynamisch in die Breite erweitert wird. (wie dies bei einem mehrzeiligen Text typisch ist).

Sprache | Hier ⓭ geben Sie die entsprechende Textsprache an, die Sie verwenden. Diese Einstellung kann sich auf die Darstellung des Textes auswirken.

31.2.2 Text mit Styles gestalten

Vielleicht störte es Sie in den Vorversionen von GIMP, dass sich die Werkzeugeinstellungen des TEXT-Werkzeugs immer auf die komplette Textebene bezogen haben und Sie beispielsweise für jeden andersfarbigen Text eine neue Textebene anlegen mussten. Wollen Sie in der aktuellen Version nur einzelne Sätze, Wörter oder gar Buchstaben gestalten, müssen Sie lediglich den entsprechenden Text im Editiermodus mit der linken Maustaste markieren und über das halbdurchsichtige Eingabemenü oberhalb des Textblocks den Text mit sogenannten *Styles* versehen.

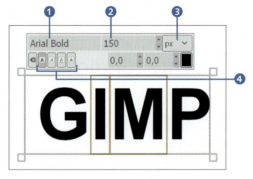

Abbildung 31.32 ▶
Hier wurden die Buchstaben »IM« im Editormodus des TEXT-Werkzeugs mit gedrückt gehaltener linker Maustaste markiert und können über das durchsichtige Eingabemenü darüber mit Styles versehen werden.

Schriftfamilie selektiv ändern | Wollen Sie einen markierten Text mit einer neuen Schriftfamilie versehen, können Sie da-

31.2 Text gestalten

für im halbdurchsichtigen Eingabemenü in das Textfeld ❶ die gewünschte Schrift eingeben. Passend zu den eingegebenen Buchstaben (als Suchmuster) werden dann die passenden Schriften aufgelistet.

Schriftgröße selektiv verändern | Auch die Schriftgröße für markierten Text können Sie im Eingabemenü ❷ einstellen. In der Dropdown-Liste daneben ❸ können Sie die Maßeinheit ändern.

Schriftauszeichnung selektiv ändern | Mit den kleinen Schaltflächen darunter ❹ können Sie die Schriftauszeichnung für markierten Text ändern. Zur Verfügung stehen Ihnen hierfür die klassischen Auszeichnungen wie FETT, KURSIV, UNTERSTRICHEN und DURCHGESTRICHEN.

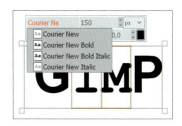

◂ **Abbildung 31.33**
Über das Eingabemenü können Sie im Textfeld ❶ nur den markierten Text mit einer Schriftfamilie versehen. Ist kein Text markiert, passiert hier gar nichts.

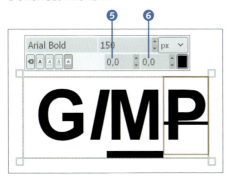

◂ **Abbildung 31.34**
Hier wurde jeder Buchstabe mit einer anderen Schriftauszeichnung versehen. Für »G« wurde FETT, für »I« KURSIV, für »M« UNTERSTRICHEN und für »P« DURCHGESTRICHEN verwendet.

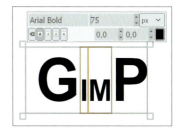

◂ **Abbildung 31.35**
Hier wurde die Schriftgröße des markierten Textes geändert.

Grundlinie ändern | Mit der nächsten Option GRUNDLINIE ❺ können Sie die Grundlinien des ausgewählten Textes ändern, das heißt, Sie können den markierten Text oberhalb oder unterhalb (negativer Wert) der Grundlinie verschieben.

Markierten Text unterschneiden | Mit der nächsten Option UNTERSCHNEIDUNG ❻ ist es möglich, ausgewählten Text zu unterschneiden. Vereinfacht bedeutet das: Sie können den Zeichenabstand einzelner Buchstaben oder Wörter anpassen.

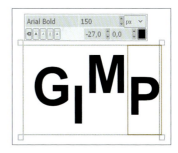

◂ **Abbildung 31.36**
Mit dieser Option ❺ können Sie den Text höher oder tiefer zur Grundlinie setzen.

◂ **Abbildung 31.37**
Wenn es enger werden soll, können Sie auch den Zeichenabstand einzelner Buchstaben ändern.

Farbe selektiv ändern | Zu guter Letzt ist auch die Farbe des ausgewählten Textes über die kleine farbige Schaltfläche ❶ einstellbar. Bei einem Klick auf diese Schaltfläche erscheint ein Dialog mit Einstellungsmöglichkeiten für die gewünschte Farbe.

▲ Abbildung 31.38
Damit es schön bunt wird, können Sie für den markierten Text …

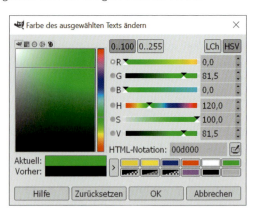

▲ Abbildung 31.39
… recht bequem eine Farbe über den entsprechenden Farbauswahldialog auswählen.

Styles löschen | Wollen Sie Styles für einen markierten Text löschen, finden Sie hierzu das kleine Löschen-Symbol in Form einer Backspace-Taste ❷. Der markierte Text wird dann auf die eingestellten Werte der Werkzeugeinstellungen des TEXT-Werkzeugs zurückgesetzt.

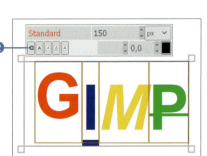

▲ Abbildung 31.40
Hier wurde der komplette Text markiert, um jetzt auf das Löschen-Symbol ❷ zu klicken …

▲ Abbildung 31.41
… wodurch der markierte Text auf die Werkzeugeinstellungen des TEXT-Werkzeugs …

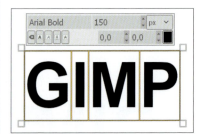

▲ Abbildung 31.42
… zurückgesetzt wird.

31.3 Textebene in eine Ebene umwandeln

Sind Sie mit dem Text fertig, werden Sie aus der Textebene eine normale Ebene machen wollen, weil auf einer Textebene viele Funktionen, Filter oder Werkzeuge nicht angewendet werden können. In folgenden Fällen wird aus einer Textebene ganz automatisch eine normale Ebene:

- Wenn Sie den Text transformieren (DREHEN, VERZERREN, SKALIEREN, SCHEREN usw.), werden die Textinformationen verworfen, und es wird eine normale Ebene daraus erstellt.
- Sie fügen mehrere Ebenen zu einem Bild zusammen oder vereinen die Textebene mit der darunterliegenden Ebene.
- Nach Verwendung der meisten Filter im gleichnamigen Menü oder Funktionen im Menü FARBEN wird die Textebene in eine normale Ebene umgewandelt.

Sie können aber auch selbst bestimmen, dass die Textebene umgewandelt wird: Klicken Sie dazu die Textebene im EBENEN-Dialog mit der rechten Maustaste an, und wählen Sie im sich öffnenden Kontextmenü den Befehl TEXTINFORMATIONEN VERWERFEN ❸ aus. Denselben Befehl erreichen Sie auch über das Menü EBENE • TEXTINFORMATIONEN VERWERFEN, wenn die Textebene aktiv ist.

Textebene speichern

Bevor Sie eine Textebene in eine normale Ebene umwandeln, sollten Sie gegebenenfalls den aktuellen Zustand mit der oder den Textebene(n) abspeichern. Hierzu können Sie allerdings nur das GIMP-eigene XCF-Format verwenden. Alle anderen Datenformate würden die Ebenen nur vereinen und die Textinformationen verwerfen.

◀ Abbildung 31.43
Der übliche Weg, eine Textebene in eine normale Ebene umzuwandeln, führt über das Kontextmenü des EBENEN-Dialogs und den Befehl TEXTINFORMATIONEN VERWERFEN ❸.

Wenn Sie eine Textebene in eine normale Ebene umwandeln, wird der Text gewöhnlich auf einem transparenten Hintergrund angezeigt und hat somit natürlich auch einen Alphakanal.

Rückgängig machen

Die Funktion, um aus einer ehemaligen Textebene wieder eine Textebene herzustellen, ist zwar ganz nett, aber im Grunde eher etwas wie eine erweiterte »Rückgängigmachen«-Funktion. Es wird zwar ein Text aus der Ebene wiederhergestellt, aber alle Veränderungen (also auch Transformationen), die Sie zuvor auf der Ebene vorgenommen haben, gehen hierbei wieder verloren.

Umwandlung rückgängig machen | Wenn Sie eine Textebene transformiert oder mit einem Malwerkzeug bearbeitet haben, wird daraus ja eine normale Ebene. Wenn Sie jetzt mit dem TEXT-Werkzeug auf den Ebenenrahmen im Bildfenster klicken (nicht im EBENEN-Dialog), erscheint ein Hinweis, der Sie darüber informiert, dass die ausgewählte Ebene eine ehemalige Textebene ist, die mit einem anderen Werkzeug bearbeitet wurde, wodurch die Textinformationen verworfen wurden. Der Dialog bietet Ihnen jetzt an, aus der Ebene wieder eine Textebene zu erstellen. Hierzu können Sie entweder eine NEUE EBENE mit dem Text erstellen oder die Textebene mit BEARBEITEN wiederherstellen.

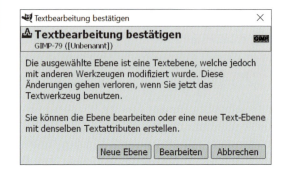

Abbildung 31.44 ▶
Aus einer ehemaligen Textebene kann wieder eine Textebene mit denselben Eigenschaften wie vor der Umwandlung in eine normale Ebene erstellt werden.

Kapitel 32
Texteffekte

Zum Erstellen von verschiedenen Texteffekten stehen Ihnen in GIMP sehr viele (kreative) Möglichkeiten zur Verfügung. Die meisten dieser Lösungen sind nur ein paar Mausklicks entfernt und lassen sich über das FILTER-Menü aufrufen. In diesem Kapitel finden Sie einige Anregungen, wie Sie Ihren Text mit GIMP gestalten können.

Die hier vorgestellten Anregungen sind häufig nur ein Weg ans Ziel, einen bestimmten Texteffekt zu erstellen, und nicht in Stein gemeißelt. Viele dieser Texteffekte lassen sich natürlich jederzeit miteinander kombinieren.

32.1 3D-Text erstellen

Ein 3D-Text kann auf verschiedene Arten erstellt werden. Im hier vorliegenden Beispiel soll der Filter REKURSIVE TRANSFORMATION dafür verwendet werden.

Schritt für Schritt
Einem Text einen 3D-Effekt hinzufügen

1 Text eintippen

Tippen Sie zunächst den Text Ihrer Wahl dort ein, wo Sie einen 3D-Text hinzufügen wollen. Da für die Verwendung eventuell mehr Platz nötig wird, als in ein einzeiliges Textfeld passt, empfiehlt es sich, entweder einen großzügigen Rahmen für mehrzeiligen Text aufzuziehen, oder Sie fügen am Anfang und am Ende des Textes eine Leerzeile hinzu. Alternativ können Sie die Text-Ebene gleich mit der rechten Maustaste im EBENEN-Dialog anklicken (bzw. über das Menü EBENE) und den Befehl EBENE AUF BILD-

Größe auswählen. Hierbei wird die Text-Ebene in eine gewöhnliche Ebene auf Bildgröße umgewandelt.

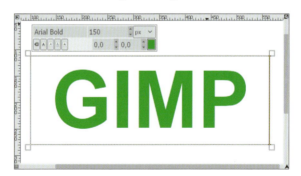

Abbildung 32.1 ▶
Der Text für den 3D-Effekt

2   Rekursive Transformation

Rufen Sie jetzt Filter • Abbilden • Rekursive Transformation auf. Stellen Sie hier über Fade color ❶ die Farbe für den 3D-Text ein. Ich habe ein dunkleres Grün dafür verwendet. Aktivieren Sie außerdem die Option Untereinander einfügen ❷, damit die neu erstellten »Kopien« vom Text dahinter eingefügt werden. Zoomen Sie tiefer in den Text ein, und gehen Sie mit dem Mauscursor über den Text. Der Mauszeiger enthält jetzt ein Verschieben-Symbol ❸. Ziehen Sie den Text in die Richtung, wo Sie die dritte Dimension haben wollen. Bei genauerem Hinsehen werden Sie feststellen, dass der Effekt noch eher treppenstufenartig ist. Dies liegt daran, dass hier auch nur drei »Kopien« darunter angelegt wurden.

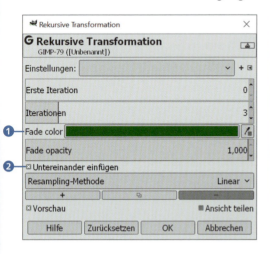

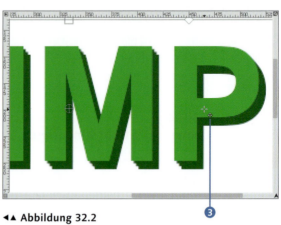

◂▴ **Abbildung 32.2**
Der 3D-Effekt ist noch etwas grob.

3   Effekt verfeinern

Um den 3D-Effekt zu verfeinern, müssen Sie nur die Anzahl der Iterationen ❹ erhöhen. Hierbei wird allerdings der 3D-Effekt zunächst immer noch treppenstufenartig und länger sein. Dies beheben Sie dann, indem Sie erneut mit dem Mauscursor auf die Textebene gehen und sämtliche »Kopien« darunter mit gedrückter Maustaste wieder etwas kompakter zusammenschieben. Klicken Sie auf die Schaltfläche OK, um den 3D-Text zu erstellen.

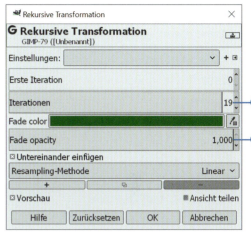

▲ **Abbildung 32.3** ▶
Der 3D-Text wurde verfeinert.

4 Schlussbemerkung

Die Möglichkeit, einen 3D-Text mit Hilfe des Filters REKURSIVE TRANSFORMATION zu erstellen, nimmt Ihnen eine Menge kleiner Handarbeit ab. Trotzdem sollten Sie auch wissen, dass nach der Verwendung des Filters aus der Text-Ebene eine normale Ebene gemacht wird, sofern Sie das nicht schon selbst in Schritt 1 gemacht haben.

Schlagschatten hinzufügen

Die Schlagschatten werden zwar gleich im nächsten Abschnitt behandelt, aber auch hier können Sie mit dem Regler FADE OPACITY 5 die Transparenz von FADE COLOR anpassen und somit auch einen Schlagschatten-Effekt erzielen.

▲ **Abbildung 32.4**
Das Ergebnis des 3D-Textes mit Hilfe des Filters REKURSIVE TRANSFORMATION

32.2 Dem Text Schatten hinzufügen

Ein gerne verwendeter Effekt ist es auch, dem Text einen Schlagschatten hinzuzufügen. Wie bereits erwähnt, können Sie dies un-

Planen Sie den Platz
Da für die Verwendung eines Schattens häufig mehr Platz nötig wird, als in ein einzeiliges Textfeld passt, empfiehlt es sich, einen großzügigen Rahmen für mehrzeiligen Text aufzuziehen. Alternativ können Sie die Text-Ebene gleich mit EBENE • EBENE AUF BILDGRÖSSE zu einer gewöhnlichen Ebene auf Größe des Bildes (der Hintergrundebene) erstellen.

ter Umständen auch mit dem Filter REKURSIVE TRANSFORMATION machen, der im Abschnitt zuvor beschrieben wurde. Allerdings liefert GIMP dafür auch im Menü FILTER • LICHT UND SCHATTEN mit SCHLAGSCHATTEN und LANGER SCHATTEN zwei Filter, die besser hierfür geeignet oder gedacht sind (allerdings nicht nur für Text-Ebenen).

32.2.1 Schlagschatten

Der SCHLAGSCHATTEN-Filter im Menü FILTER • LICHT UND SCHATTEN fügt den klassischen Schlagschatten hinzu. Im Gegensatz zum alten Filter haben Sie jetzt auch eine Vorschau und weitere Funktionen zur Verfügung.

Die Einstellungen sind schnell erklärt: Mit X und Y ❶ legen Sie die Position des Schlagschattens fest. Wie hart oder weich der Schlagschatten sein soll, stellen Sie mit WEICHZEICHNENRADIUS ❷ ein. Je höher der Wert, umso weicher werden die Schatten. FARBE und DECKKRAFT ❸ sprechen für sich.

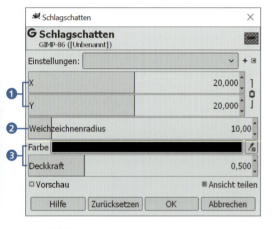

▲ **Abbildung 32.5**
Der SCHLAGSCHATTEN-Filter

▲ **Abbildung 32.6**
Ein klassischer Schlagschatten hinter dem Text

32.2.2 Langer Schatten

3D-Text
Abhängig vom verwendeten STIL ❹ können Sie den Filter LANGER SCHATTEN auch dazu verwenden, einen 3D-Text zu erzeugen.

Wollen Sie einen lang gezogenen Schatten hinzufügen, finden Sie hierzu im Menü FILTER • LICHT UND SCHATTEN • LANGER SCHATTEN vor. Hierbei stellen Sie zunächst über STIL ❹ die Art des lang gezogenen Schattens ein. Wohin der Schatten fällt, geben Sie mit WINKEL ❺ an. Die Schattenlänge geben Sie mit LÄNGE ❻ an. Die FARBE ❼ spricht hier für sich. Über ZUSAMMENSETZUNG ❽ legen Sie dann noch fest, wie Sie den Schatten mit dem Bild zusammensetzen wollen. Es gibt drei Möglichkeiten: Schatten mit Bild, nur Schatten oder Schatten ohne Bild.

32.2 Dem Text Schatten hinzufügen

▲ Abbildung 32.7
Der LANGER SCHATTEN-Filter

▲ Abbildung 32.8
Der lang gezogene Schatten wurde mit dem STIL ❹ FADING erstellt.

32.2.3 Drop Shadow – der Klassiker

Einen weiteren Filter zum Hinzufügen eines Schlagschattens finden Sie mit dem Filter DROP SHADOW (LEGACY) unter FILTER • LICHT UND SCHATTEN vor. Der Filter lässt sich denkbar einfach verwenden: Über VERSATZ X und VERSATZ Y ❾ geben Sie an, um wie viele Pixel der Schatten hinter dem Text (bzw. hinter den sichtbaren Pixeln der Ebene) versetzt werden soll. Wie hart der Versatz werden soll, bestimmen Sie mit dem WEICHZEICHNENRADIUS ❿, wofür intern der Gaußsche Weichzeichner verwendet wird. Mit der Schaltfläche FARBE ⓫ wählen Sie die Farbe für den Schlagschatten und über DECKKRAFT ⓬, mit welcher Deckkraft die neue Ebene mit dem Schlagschatten angezeigt werden soll. Die Deckkraft können Sie nachträglich noch im EBENEN-Dialog anpassen. Für den Fall, dass der Schatten nicht ins Bild passt, können Sie die Option GRÖSSENÄNDERUNG ZULASSEN ⓭ aktivieren.

▲ Abbildung 32.9
Der Text nach dem Erstellen des Schlagschattens. Der Schlagschatten wird als neue Ebene ⓮ unterhalb der Textebene angelegt. Die Textebene bleibt zwar nach der Verwendung des Filters erhalten, aber eine Änderung am Text wird nicht an die Ebene mit dem Schlagschatten weitergegeben.

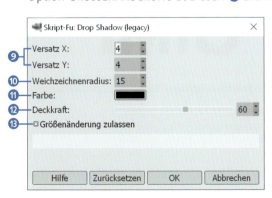

▲ Abbildung 32.10
Das Skript-Fu-Programm zum Erstellen eines Schlagschattens

753

32.3 Konturen erstellen

Auch das Erstellen von Konturen ist eine häufige Aktion, die man gerne mit einem Text realisiert. In dem folgenden Workshop soll ein einfacher Weg gezeigt werden, wie Sie dies in der Praxis machen können.

Schritt für Schritt
Konturen zum Text hinzufügen

1 Auswahl um Text erstellen

Nachdem Sie den Text eingegeben haben, stellen Sie sicher, dass Sie die Text-Ebene im EBENEN-Dialog aktiviert haben, und wählen dann die einzelnen Buchstaben mit dem ZAUBERSTAB und gehaltener ⇧-Taste aus. Jetzt sollten Sie um alle ausgewählten Buchstaben eine Auswahllinie erstellt haben.

Abbildung 32.11 ▶
Text für die Kontur auswählen

2 Auswahl nachziehen

Um eine Kontur um den Text zu erstellen, wählen Sie BEARBEITEN • AUSWAHL NACHZIEHEN.

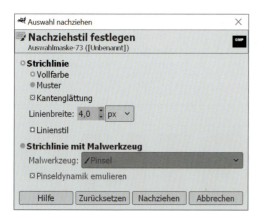

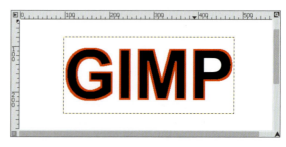

◀▲ Abbildung 32.12
Das Hinzufügen einer Kontur wird mit dem Dialog AUSWAHL NACHZIEHEN realisiert.

Der Dialog bietet Ihnen an, entweder über die Option STRICHLINIE eine Kontur zu erstellen, um die Auswahl nachzuziehen, oder aber Sie wählen STRICHLINIE MIT MALWERKZEUG, wo dann die

Werte des eingestellten Malwerkzeugs für das Nachziehen der Kontur verwendet werden. Im Beispiel wähle ich STRICHLINIE mit einer LINIENBREITE von 4 Pixel aus. Mit VOLLFARBE verwenden Sie die aktuell eingestellte Vordergrundfarbe.

Tipps
Wollen Sie, dass beim Nachziehen die Text-Ebene bestehen bleibt, müssen Sie nur eine neue transparente Ebene anlegen und auf dieser Ebene die Kontur nachziehen. Wollen Sie die Kontur außerdem mehr innen oder außen nachziehen, können Sie die Auswahl mit AUSWAHL • VERKLEINERN oder AUSWAHL • VERGRÖSSERN entsprechend anpassen.

32.4 Texteffekte selbst erstellen

Eine Anregung, wie Sie selbst Effekte für Ihren Text erstellen können, soll Ihnen die folgende Schritt-für-Schritt-Anleitung bieten.

Schritt für Schritt
Einen transparenten Glastext erstellen

Als Effekt wollen wir einen transparenten Glastext erstellen. In diesem Beispiel sehen Sie außerdem, wie Sie eine Art inneres und äußeres Glühen an den Buchstaben anbringen können, was in der Praxis sehr beliebt ist.

1 Neues Bild anlegen
Erstellen Sie zunächst über DATEI • NEU eine neue Bilddatei. Hierbei können Sie sich gleich überlegen, welche Größe und gegebenenfalls welche Hintergrundfarbe Sie verwenden wollen. Im Beispiel wurde eine 640 × 400 Pixel große Datei mit weißem Hintergrund erzeugt.

2 Text erstellen
Wählen Sie das TEXT-Werkzeug [A] ([T]) aus. Stellen Sie in den Werkzeugeinstellungen die gewünschte Schriftart, Größe und Farbe ein. Im Beispiel habe ich die Schriftfamilie BOOK ANTIQUA BOLD ❶ ausgewählt. Die GRÖSSE der Schrift beträgt 150 Pixel ❷. Als FARBE habe ich ein Rot ❸ (HTML: ff0000) verwendet.

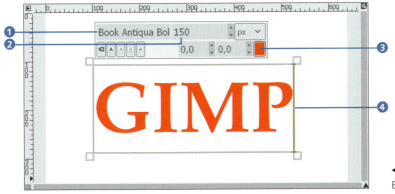

◀ **Abbildung 32.13**
Eingabe des Textes

Klicken Sie mit dem TEXT-Werkzeug ins Bildfenster, und geben Sie den gewünschten Text in den Textblock ❹ ein.

3 Weitere Einstellungen

Stellen Sie die DECKKRAFT ❺ der Textebene auf 50, und erstellen Sie anschließend noch einen neuen Pfad ❼ aus dieser Ebene, indem Sie mit der rechten Maustaste auf den Text (im Editiermodus (!)) klicken und im Kontextmenü den Befehl PFAD AUS TEXT ❻ auswählen.

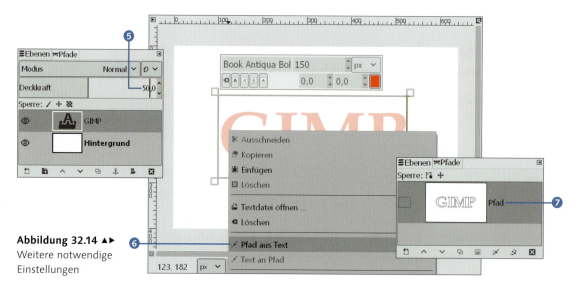

Abbildung 32.14 ▲▶
Weitere notwendige Einstellungen

4 Schlagschatten hinzufügen

Wählen Sie die Textebene aus, und fügen Sie mit FILTER • LICHT UND SCHATTEN • DROP SHADOW (LEGACY) einen solchen hinzu. Für VERSATZ X und VERSATZ Y schlage ich jeweils den Wert 2 vor. Als WEICHZEICHNENRADIUS verwenden Sie einen Wert von 20, und die FARBE bleibt Schwarz. Die DECKKRAFT stellen Sie auf 80, und die Option GRÖSSENÄNDERUNG ZULASSEN deaktivieren Sie.

Abbildung 32.15 ▶
Die Einstellungen für den Schlagschatten

5 Auswahl aus Pfad

Erstellen Sie eine neue leere transparente Ebene mit derselben Größe, und fügen Sie auf dieser Ebene den zuvor erstellten Pfad als neue Auswahl mit AUSWAHL • VOM PFAD (oder ⇧+V) ein. Blenden Sie diese Auswahl jetzt mit AUSWAHL • AUSBLENDEN um 10 Pixel ❽ aus.

◂▴ **Abbildung 32.16**
Auswahl ausblenden

6 Äußeres Glühen hinzufügen

Verwenden Sie das FÜLLEN-Werkzeug mit einer hellen gelben Farbe (HTML: f1f3b2), und füllen Sie die Auswahl damit. Verkleinern Sie die Auswahl mit AUSWAHL • VERKLEINERN um 3 Pixel, und entfernen Sie die Auswahl jetzt mit BEARBEITEN • LÖSCHEN (oder Entf). Stellen Sie jetzt noch den MODUS der Ebene auf BILDSCHIRM ❾, und reduzieren Sie die DECKKRAFT ❿ auf 50.

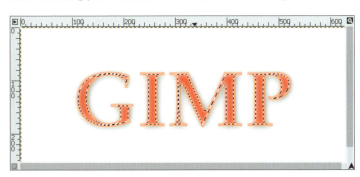

▴ **Abbildung 32.17**
Äußeres Leuchten wurde erstellt.

7 Schritt 5 wiederholen

Wiederholen Sie Arbeitsschritt 5, indem Sie eine weitere transparente Ebene mit einer Auswahl aus dem Pfad anlegen.

8 Inneres Glühen hinzufügen

Dieser Schritt ist dem Arbeitsschritt 6 recht ähnlich. Verkleinern Sie hier die Auswahl mit AUSWAHL • VERKLEINERN um 7 Pixel ❸, und füllen Sie die verkleinerte Auswahl der Buchstaben mit schwarzer Farbe. Stellen Sie jetzt noch den MODUS der Ebene auf ÜBERLAGERN ❶, und reduzieren Sie die DECKKRAFT ❷ auf 50.

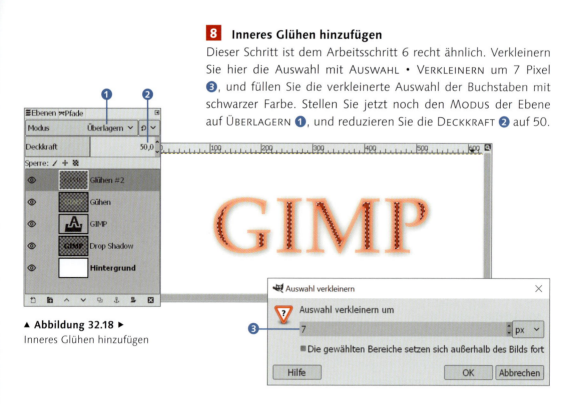

▲ **Abbildung 32.18** ▶
Inneres Glühen hinzufügen

Diese Schritt-für-Schritt-Anleitung stellt natürlich nur eine Basisanleitung dar, die Sie noch beliebig erweitern oder mit anderen Farben versehen können.

Abbildung 32.19 ▶
Der fertige durchsichtige Text mit äußerem und innerem Glühen

Kapitel 33
Praktische Typografietechniken

Nachdem Sie mit den Grundlagen des Text-Werkzeugs vertraut sind, können wir uns ein paar typische und beliebte Typografietechniken ansehen.

33.1 Text-Bild-Effekte

Eine beliebte Technik in der Werbung ist es, einen Text in ein Bild zu stellen. Werden Sie kreativ!

Schritt für Schritt
Bild mit Text versehen

Einfach einen Text ins Bild einzufügen, ist auf den ersten Blick mit dem TEXT-Werkzeug [A] ein Kinderspiel. Ein Gefühl für die richtige Schriftart und -größe zu bekommen, ist allerdings nicht mehr so einfach und hängt natürlich auch vom Bildmotiv selbst ab.

Kapitel-033/Rose.jpg und Rose.xcf

1 Initiale verwenden
Um dem Text eine besondere Note zu verleihen, soll ein extra großer Anfangsbuchstabe, eine sogenannte Initiale, verwendet werden. Passend zum Bildmotiv, der Rose, wollen wir hier ihren Namen mit einem großen »R« darstellen.

Eine wichtige Wahl ist die ideale Schriftart. Im Beispiel habe ich mich für die Schrift BOOK ANTIQUA ❶ (Abbildung 33.2) mit einer GRÖSSE von 1 200 Pixeln ❷ entschieden. Als FARBE habe ich Weiß ❸ gewählt. Schreiben Sie nun das Wort »Rosen« links oben in das Bild, wodurch Sie eine neue Textebene ❹ mit dem Namen »Rosen« erstellt haben.

▲ **Abbildung 33.1**
Dieses Bild soll mit einem Text versehen werden.

Kapitel 33 Praktische Typografietechniken

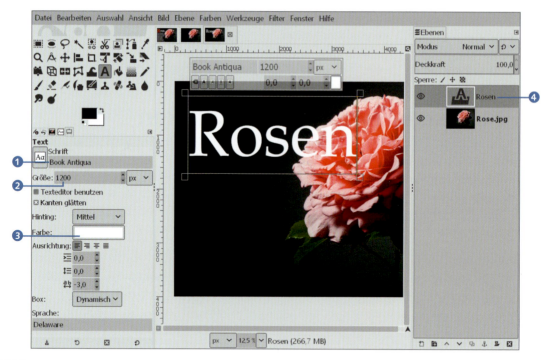

Abbildung 33.2 ▲
Das Wort einsetzen

2   Ausgewählte Buchstaben verkleinern

Markieren Sie jetzt im Editiermodus mit dem TEXT-Werkzeug die Buchstaben »osen«. Ändern Sie die Schriftgröße ❻ der markierten Buchstaben über das durchsichtige Eingabemenü über dem Textblock auf 700 Pixel. Zusätzlich wurde hier die Grundlinie des ausgewählten Textes auf 80 Pixel ❺ erhöht. Den Anfangsbuchstaben »R« habe ich außerdem rot gefärbt.

Abbildung 33.3 ▶
Die restlichen Buchstaben formatieren

3 Text in anderer Farbe

Immer nur Text in ein und derselben Farbe zu verwenden, wirkt schnell langweilig. Allerdings ist es auch schwer, eine passende Textfarbe zu finden, ohne dass die Farben unpassend wirken und vom Bild ablenken. Im Beispiel habe ich einen weiteren Text, »Königin der Blumen«, als neue Textebene ❼ hinzugefügt. Damit sich der Text nicht vom eigentlichen Haupttext »Rosen« hervorhebt, habe ich zwar wieder dieselbe Schriftart verwendet, aber die Grösse auf 150 Pixel gesetzt. Als Farbe habe ich »8db35c« (als HTML-Notation) gewählt. Um die neue Textebene sauber an der linken Kante des »R« auszurichten, habe ich mir außerdem Hilfslinien an dieser Stelle angelegt.

▼ **Abbildung 33.4**
Fügen Sie einen weiteren Text in einer anderen Farbe hinzu. Hilfslinien helfen Ihnen dabei, den Text auszurichten.

4 Begleitenden Text hinzufügen

Vielleicht sind Sie jetzt bereits mit dem Ergebnis zufrieden. Im Beispiel soll aber noch eine weitere Textebene, ein begleitender Text, hinzugefügt werden. Auch hierfür habe ich mir zuvor noch Hilfslinien angelegt und dann einen Textrahmen aufgezogen. Die Schriftart bleibt dieselbe, aber die Größe habe ich jetzt auf 150 Pixel gesetzt. Die Schwierigkeit, hier einen Begleittext zu verwenden, liegt darin, die Zeilenlänge in etwa an das Bildmotiv anzupassen, so dass es aussieht, als schöbe die Rose mit ihren Blättern den Text zur Seite. Hier müssen Sie sich vorher überlegen, was Sie schreiben, um einen entsprechenden Zeilenumbruch zu erzeugen. Klappt das nicht, tauschen Sie notfalls das eine oder andere Wort aus.

Abbildung 33.5 ▶
Hinzufügen von begleitendem Text

5 Analyse

Wenn Sie mit dem Ergebnis zufrieden sind, fügen Sie alle Ebenen zusammen. Das Ergebnis kann sich schon sehen lassen. Dass es wie ein Ausschnitt aus einem Dokumentationsartikel einer Zeitschrift aussieht, war natürlich beabsichtigt.

Abbildung 33.6 ▶
Das Bild nach dem Einsetzen von Text

Schritt für Schritt
Text in Foto montieren

Kapitel-033/Hero.jpg

Ein weiterer beliebter Effekt ist, einen Text in ein Foto zu montieren, als wäre dieser ein fester Teil des Bildes.

1 Text setzen

Verwenden Sie das TEXT-Werkzeug A, und legen Sie eine neue große Textebene auf das Bild. Im Beispiel wurde zuerst ein großer Rahmen mit dem TEXT-Werkzeug über das Bild gezogen und dann der Text eingegeben. Als SCHRIFT wurde hier ARIAL BOLD ❶ mit einer GRÖSSE von 1700 Pixeln ❷ und mit Grün als FARBE ❸ verwendet. Die AUSRICHTUNG wurde auf ZENTRIERT ❹ gesetzt.

▼ **Abbildung 33.7**
Text ins Bild setzen

2 Textebene in normale Ebene umwandeln

Wandeln Sie jetzt die Textebene in eine normale Ebene um, indem Sie sie im EBENEN-Dialog aktivieren und im Menü EBENE • TEXTINFORMATIONEN VERWERFEN auswählen.

3 Übereinanderliegende Textteile entfernen

Jetzt sollen die Textteile, unter denen sich etwas befindet, entfernt werden. Hierbei haben Sie die Qual der Wahl, wie Sie vorgehen: Entweder radieren Sie einfach die Teile mit dem RADIERER auf der Ebene weg, oder Sie verwenden eine Ebenen- oder Auswahlmaske. Aber es geht in diesem Beispiel sogar noch einfacher.

Aktivieren Sie die Ebene mit dem Text ❻. Stellen Sie den MODUS auf MULTIPLIKATION ❺, wodurch darunterliegende Bildbereiche durchscheinen. Wählen Sie das Werkzeug NACH FARBE AUSWÄHLEN. Aktivieren Sie die Werkzeugeinstellung VEREINIGUNG PRÜFEN ❼, damit beide Ebenen anschließend berücksichtigt werden, und stellen Sie den SCHWELLWERT auf 40 ❽.

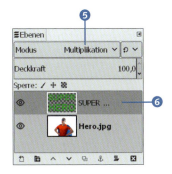

▲ **Abbildung 33.8**
Textebene in normale Ebene umwandeln

Kapitel 33 Praktische Typografietechniken

▲ **Abbildung 33.9**
Textbereiche auswählen, die entfernt werden sollen

Tipp
Wenn Sie die Auswahl verfeinern wollen oder wenn Sie zu viel ausgewählt haben, können Sie jederzeit die Auswahlmasken zur Korrektur verwenden. Die Auswahlmasken werden in Abschnitt 14.2, »Schnellmaske verwenden«, beschrieben. Die Ebenenmasken eignen sich ebenso dafür.

Klicken Sie mit dem Werkzeug auf einen Bereich ❾ des Textes. Jetzt sind die Pixel des Textes in der Ebene mit dem Text ausgewählt und der Text, der über dem Mann liegt, nicht. Wenn mehr Bereiche unterhalb des Bildes (nicht der Textebene) ausgewählt wurden, ist dies nicht schlimm. Sie sollten nur die Ebene ❻ (Abbildung 33.8) mit dem Text im Fokus haben.

Abbildung 33.10 ▶
Für eine bessere Übersicht empfehle ich, die Schnellmaske ❿ einzuschalten und gegebenenfalls mit schwarzem oder weißem Pinsel Auswahlbereiche hinzuzufügen oder zu entfernen. Die Verwendung der Schnellmaske wird in Abschnitt 14.2, »Schnellmaske verwenden«, umfassend beschrieben.

764

4 Auswahl ausblenden

Invertieren Sie die Auswahl mit [Strg]/[Cmd]+[I]. Blenden Sie gegebenenfalls die Auswahl über AUSWAHL • AUSBLENDEN um 20 Pixel aus, damit die Kanten anschließend nicht zu hart wirken. Löschen Sie diese Auswahl mit [Entf] oder BEARBEITEN • LÖSCHEN, woraufhin kein Buchstabe mehr die Person überdecken sollte.

◄ **Abbildung 33.11**
Jetzt wirkt der Text schon mehr ins Bild integriert. Hier wurde außerdem gleich auch dem Text ein Schlagschatten hinzugefügt.

33.2 Text mit Verlauf und Muster füllen

Um einen Text mit einem Verlauf oder Muster zu füllen, ist kein großer Aufwand nötig. Sie müssen lediglich aus einer Textebene eine Auswahl erstellen. Wie Sie hierbei vorgehen können, soll die folgende Schritt-für-Schritt-Anleitung demonstrieren.

Schritt für Schritt
Text mit Verlauf und Muster füllen

1 Text eingeben
Verwenden Sie das TEXT-Werkzeug [A] mit einer beliebigen Schriftart und Größe, und geben Sie Ihren Text ein.

◄ **Abbildung 33.12**
Zuerst geben Sie einen Text ein.

2 Auswahl aus Text

Klicken Sie die Textebene ❷ mit der rechten Maustaste an, und wählen Sie im Kontextmenü PFAD AUS TEXT. Diesen Befehl und noch einige mehr finden Sie auch über das Untermenü EBENE • PFAD AUS TEXT. Im nächsten Schritt erstellen Sie über das Menü AUSWAHL • VOM PFAD eine Auswahl.

Danach blenden Sie entweder die Textebene über das Augensymbol ❶ aus und arbeiten mit der Auswahl auf einer anderen Ebene weiter, oder Sie löschen den Text der Textebene, wenn Sie ihn nicht mehr benötigen, mit [Entf] oder BEARBEITEN • LÖSCHEN, wodurch automatisch eine leere transparente Ebene mit der Textauswahl daraus wird, wie dies in diesem Beispiel auch gemacht wurde.

Abbildung 33.13 ▶
Auswahl aus einem Text erstellen

Text aus Bild

Natürlich können Sie auf diese Art und Weise mit der Auswahl eines Textes auch einen Text aus einem Bild erzeugen. Sie stechen quasi den Text aus dem Bild aus. Gewöhnlich werden Sie hier noch die Auswahl invertieren müssen, um den Hintergrund der Auswahl zu entfernen. Alternativ verwenden Sie hierfür zum Beispiel Ebenenmasken, wie dies in der Schritt-für-Schritt-Anleitung »Text aus Bild erstellen« auf Seite 539 gezeigt wurde.

3 Textauswahl befüllen

Nachdem Sie jetzt eine Auswahl vom Text haben, können Sie diese mit allen Mitteln bearbeiten, die Sie für eine ganz gewöhnliche Auswahl auch verwenden können. Füllen Sie beispielsweise die Auswahl mit dem FÜLLEN-Werkzeug mit einem Muster oder mit dem Werkzeug FARBVERLAUF mit einem beliebigen Verlauf.

▲ **Abbildung 33.14**
Text mit einem Muster gefüllt …

▲ **Abbildung 33.15**
… oder hier mit einem Farbverlauf

Natürlich spricht auch nichts dagegen, die Auswahl mit BEARBEITEN • AUSWAHL NACHZIEHEN nachzufahren. Es gibt sicherlich noch eine Menge weiterer kreativer Dinge, die Sie jetzt damit machen können.

33.3 Text und Pfade

Jetzt fehlt Ihnen noch das Wissen, wie Sie einen Text in einen Pfad konvertieren und wie Sie einen Text auf einen Pfad bringen.

33.3.1 Text in Pfade konvertieren

Der Hauptvorteil, einen Text in Pfade zu konvertieren, dürfte an der beliebigen Transformation von Pfaden liegen. Wenn Sie gewöhnlichen Text auf Pixelebene transformieren, führt dies häufig zu unschönen Verzerrungen und zu nicht so sauberen Ergebnissen wie bei den Pfaden. Außerdem können Sie mit Pfaden einen Text beliebig gestalten und Zeichen verwenden, die es nicht als Schriftart gibt.

▲ **Abbildung 33.16**
Zur Demonstration: Der linke Text wurde als Pixelebene transformiert, wodurch die Kanten recht ausgefranst sind. Der Text auf der rechten Seite hingegen wurde als Pfad transformiert, nachträglich gefüllt und mit schwarzer Farbe an den Kanten nachgezogen, wodurch die Kanten schön glatt geblieben sind.

Schritt für Schritt
Text als Pfad transformieren

In dieser einfachen Schritt-für-Schritt-Anleitung zeige ich Ihnen, wie Sie einen Text in einen Pfad umwandeln und diesen dann transformieren.

1 **Text erstellen**
Verwenden Sie das TEXT-Werkzeug **A** (T), und erstellen Sie in einer neuen Datei einen Text Ihrer Wahl. Im Beispiel wurde eine 640 × 400 Pixel große Datei erzeugt und mit der Schriftart

ARIAL BOLD ❶ und einer GRÖSSE von 150 Pixeln ❷ die Textfolge »GIMP« geschrieben.

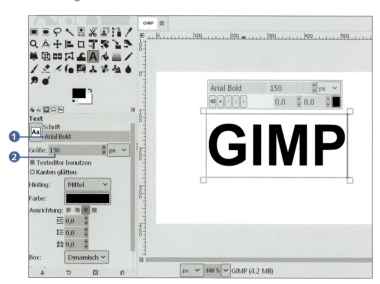

Abbildung 33.17 ▶
Text erstellen

2 Pfad aus dem Text erstellen

Erstellen Sie einen Pfad aus diesem Text, und zwar entweder über einen rechten Mausklick mit dem TEXT-Werkzeug im Editiermodus, wo Sie im sich öffnenden Kontextmenü den Befehl PFAD AUS TEXT finden, über das Menü EBENE • PFAD AUS TEXT oder mit einem rechten Mausklick auf die Textebene im EBENEN-Dialog. Voraussetzung ist natürlich immer, dass die Textebene aktiv ist.

Jetzt können Sie die Textebene wieder löschen und den PFADE-Dialog über FENSTER • ANDOCKBARE DIALOGE • PFADE öffnen. Klicken Sie auf das Augensymbol ❸ im PFADE-Dialog, und die Textumrisse des Pfades ❹ werden in der aktiven Ebene im Bildfenster angezeigt.

Abbildung 33.18 ▶
Text als Pfad einblenden

3 Pfad transformieren

Jetzt können Sie den Pfad und somit auch den Text beliebig mit den Transformationswerkzeugen (VEREINHEITLICHTES TRANSFORmationswerkzeug, Drehen, Scheren, Perspektive) von GIMP transformieren. Im Beispiel wurde der Pfad mit dem Perspektive-Werkzeug ![icon] verzerrt. Entscheidend dafür, dass die Transformation von Pfaden mit den Transformationswerkzeugen auch funktioniert, ist, dass Sie bei den Werkzeugeinstellungen unter Transformation die Option Pfad ❺ ausgewählt haben.

Zum Nachlesen
Die Transformationswerkzeuge werden unter anderem in Abschnitt 23.1, »Die Transformationswerkzeuge«, näher erläutert.

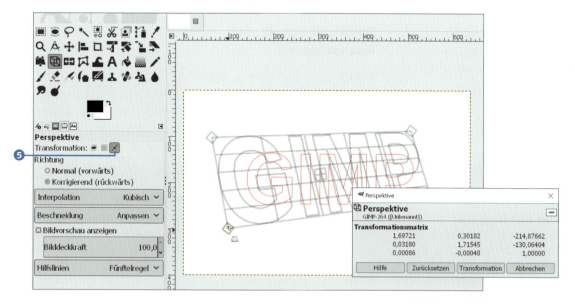

4 Text gestalten

Sind Sie mit der Transformation des Textes (bzw. Pfades) fertig, können Sie den Text gestalten. Versehen Sie beispielsweise den Pfad über Bearbeiten • Pfad nachziehen mit einer Kontur. Wollen Sie den Text mit dem Farbverlauf-Werkzeug ![icon] oder dem Füllen-Werkzeug ![icon] farblich gestalten oder füllen, konvertieren Sie den Pfad einfach mittels ⇧+V oder Auswahl • Vom Pfad in eine Auswahl.

▲ **Abbildung 33.19**
Den Pfad und somit auch den Text transformieren. Hier wurde das Perspektive-Werkzeug dafür verwendet.

◄ **Abbildung 33.20**
Hier wird das Farbverlauf-Werkzeug angewendet.

Natürlich können Sie auch einer Auswahl nachträglich über BEAR-
BEITEN • AUSWAHL NACHZIEHEN eine Kontur verpassen. Sie können aber auch den einen oder anderen Filter anwenden und noch
vieles mehr mit dem Text anstellen. Seien Sie an dieser Stelle
selbst kreativ. In dieser Anleitung ging es nur darum, Ihnen zu
zeigen, wie Sie einen Text möglichst schonend transformieren.

Schritt für Schritt
Text verformen

Ähnlich können Sie auch vorgehen, wenn Sie die einzelnen Buchstaben im Text verformen wollen. Die folgende Schritt-für-Schritt-
Anleitung setzt die ersten beiden Arbeitsschritte aus der Schritt-
für-Schritt-Anleitung »Text als Pfad transformieren« voraus, das
heißt, dass Sie bereits aus einer Textebene einen Pfad gemacht
und den Pfad eingeblendet haben.

1 Text mit dem Pfade-Werkzeug auswählen

Zum Nachlesen
Das PFADE-Werkzeug wird in Teil
IX des Buches umfangreich be-
schrieben. Die grundlegende Be-
dienung können Sie auf Seite 705,
»Grundlegende Bedienung des
Pfade-Werkzeugs«, nachlesen.

Wählen Sie das PFADE-Werkzeug aus, und klicken Sie damit auf den Pfad im Bild, wodurch die einzelnen Knotenpunkte
sichtbar werden, die durch das Kommando PFAD AUS TEXT erstellt
wurden.

▲ **Abbildung 33.21**
Knotenpunkte, mit dem PFADE-Werkzeug sichtbar gemacht

2 Text mit Pfade-Werkzeug gestalten

Jetzt können Sie den Text bzw. die Pfade mit dem PFADE-Werkzeug anhand der einzelnen Knotenpunkte nach Belieben gestalten, verformen, verbiegen, verschieben oder neue Knotenpunkte hinzufügen. Auch einzelne Buchstaben können Sie hiermit
verschieben und woanders platzieren. Die Transformationswerkzeuge stehen Ihnen hier natürlich ebenfalls zur Verfügung.

33.3 Text und Pfade

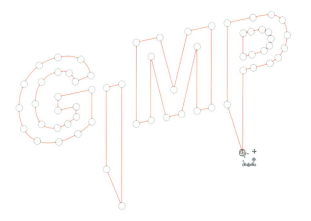

◄ **Abbildung 33.22**
Der Pfad nach vielen kleinen Detailarbeiten

3 Text gestalten

Sind Sie mit der Arbeit an dem Pfad fertig, können Sie den Text nach Belieben weiter gestalten. Wollen Sie beispielsweise den Text mit dem FARBVERLAUF-Werkzeug oder dem FÜLLEN-Werkzeug farblich gestalten oder füllen, konvertieren Sie den Pfad mit ⇧+V oder AUSWAHL • VOM PFAD in eine Auswahl. Hier können Sie sich kreativ austoben, wie es Ihnen gefällt.

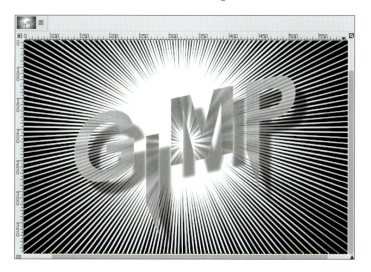

▲ **Abbildung 33.23**
Der Text nach der Gestaltung

33.3.2 Text auf den richtigen Pfad gebracht

Wie man Text auf eine bestimmte Linie oder Spur bringt, wird sehr oft nachgefragt. Wie bereits am Anfang des Kapitels erwähnt, ist GIMP zwar nicht unbedingt das Maß aller Dinge in puncto Text, aber dank der Möglichkeit, einen Text auf einen Pfad zu bringen, lässt sich doch wieder einiges herausholen.

Text nicht mehr editierbar
Wenn Sie einen Text erst einmal auf einen Pfad gebracht haben, können Sie ihn nicht mehr editieren, weil aus dem Text letztendlich auch wieder nur ein Pfad erstellt wird, der auf den vorgegebenen Pfad gebracht wird.

Schritt für Schritt
Text auf einen Pfad gebracht

1 Text erstellen

Erstellen Sie ein neues leeres Bild, und verwenden Sie zunächst das Text-Werkzeug **A** mit einer Schrift Ihrer Wahl. Im Beispiel wurde eine 640 × 400 Pixel große Datei angelegt. Als Schriftart wurde Arial Bold ❶ mit einer Grösse von 150 Pixeln ❷ verwendet. In das leere Bild wurde die Textfolge »GIMP« eingegeben.

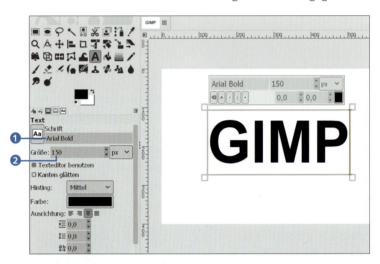

Abbildung 33.24 ▶
Text eingeben

2 Pfad erstellen

Wählen Sie jetzt das Pfade-Werkzeug, und erstellen Sie einen Pfad, auf dem der Text anschließend platziert werden soll.

Zum Nachlesen

Umfangreiche Informationen zum Pfade-Werkzeug finden Sie in Teil IX des Buches. Die grundlegende Bedienung erläutert Seite 705, »Grundlegende Bedienung des Pfade-Werkzeugs«.

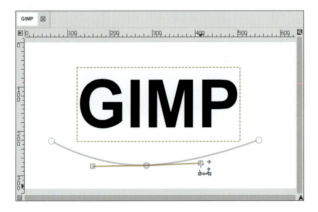

Abbildung 33.25 ▶
Pfad für den Text erstellen

3 Text an den Pfad bringen

Wenn Sie den Text noch inhaltlich ändern wollen, ist jetzt der richtige Zeitpunkt dafür. Ist der Text erst einmal an den Pfad gebracht, gibt es keine Möglichkeit mehr, den Inhalt des Textes zu ändern.

Öffnen Sie den Pfade-Dialog über Fenster • Andockbare Dialoge • Pfade, und machen Sie den eben erstellten Pfad über das Aktivieren des Augensymbols ❺ (Abbildung 33.26) sichtbar. Um jetzt Text auf diesen Pfad zu bringen, wählen Sie wieder das Text-Werkzeug A und aktivieren die Textebene, indem Sie auf das »A« ❻ doppelklicken. Klicken Sie jetzt mit dem Text-Werkzeug mit der rechten Maustaste und im Editiermodus über den Text, und wählen Sie im Kontextmenü den Befehl Text an Pfad ❹ aus, und der Text wird auf den Pfad gebracht – oder genauer, aus dem Text ist jetzt auch ein Pfad geworden ❸.

▼ **Abbildung 33.26**
Text auf den Pfad gebracht

4 Pfad bzw. Text weitergestalten

Jetzt können Sie den auf den Pfad gebrachten Text weitergestalten, wie Sie dies bereits in den Schritt-für-Schritt-Anleitungen ab Seite 767 gesehen haben.

◀ **Abbildung 33.27**
Hier wurde beispielsweise ein glühender Text hinzugefügt, wie Sie es in der Schritt-für-Schritt-Anleitung auf Seite 755, »Einen transparenten Glastext erstellen«, gesehen haben.

Schritt für Schritt
Einen kreisförmigen Text erstellen

Es wird immer wieder gefragt, wie man einen kreisförmigen Text erstellt. Diese Anleitung präsentiert einen Lösungsvorschlag. Analog funktioniert dies natürlich auch mit rechteckigen Bildbereichen, die Sie mit einem Text versehen wollen.

1 Auswahl erstellen

Bei einem Text, den Sie kreis- oder ellipsenförmig anordnen wollen, ist es einfacher, wenn Sie zunächst das Werkzeug ELLIPTISCHE AUSWAHL dafür verwenden. Bei den Werkzeugeinstellungen habe ich außerdem in diesem Beispiel die Option FIXIERT ❶ aktiviert und beim Seitenverhältnis 1:1 ❷ vorgegeben, um einen schönen runden Kreis zu erstellen.

Ziehen Sie jetzt mit gedrückter linker Maustaste eine runde Auswahl im Bild, so dass dieser etwa in der Mitte liegt. Haben Sie die Auswahl angelegt, erstellen Sie mit AUSWAHL • NACH PFAD einen Pfad, den Sie dann im PFADE-Dialog ❸ vorfinden.

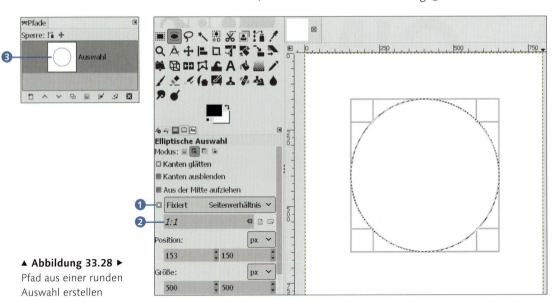

◄ Abbildung 33.28 ►
Pfad aus einer runden Auswahl erstellen

2 Text erstellen

Die Auswahl brauchen wir nicht mehr, weshalb Sie sie mit AUSWAHL • NICHTS oder [Strg]/[Cmd]+[⇧]+[A] entfernen sollten. Geben Sie jetzt mit dem TEXT-Werkzeug [A] einen Text Ihrer Wahl ein, der anschließend auf den Pfad gestellt werden soll. Im Beispiel wurde hier wieder die Schriftart ARIAL BOLD ❹ mit einer GRÖSSE von 25 Pixeln ❺ ausgesucht. Die GRÖSSE der Schrift müssen Sie natürlich passend zum Pfad wählen.

33.3 Text und Pfade

Im PFADE-Dialog, den Sie über FENSTER • ANDOCKBARE DIALOGE • PFADE aufrufen, blenden Sie den Pfad über das Augensymbol ⑥ ein.

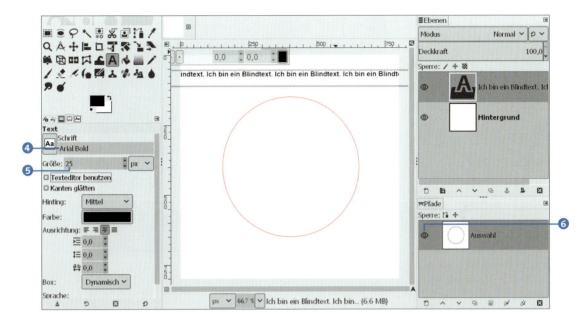

▼ Abbildung 33.29
Text für den Pfad erstellen

3 Text an den Pfad bringen

Klicken Sie mit aktivem TEXT-Werkzeug A auf den Text, und wählen Sie im Kontextmenü TEXT AN PFAD ⑦, womit der Text als neuer Pfad ⑧ angelegt wird. Die Textebene selbst löschen Sie jetzt gegebenenfalls.

▼ Abbildung 33.30
Text an den Pfad gebracht

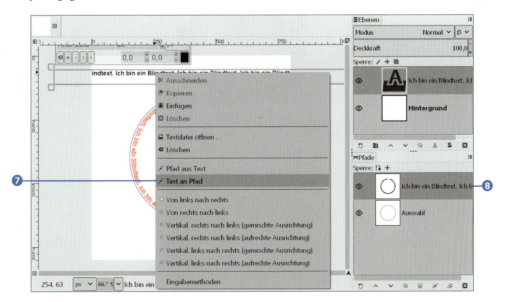

Kapitel 33   Praktische Typografietechniken

4   Text gestalten

Jetzt können Sie den auf den Pfad gebrachten Text beliebig weitergestalten.

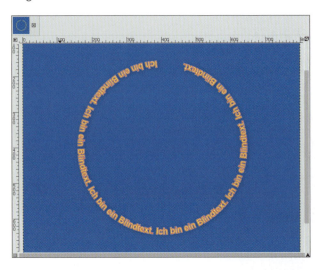

▲ **Abbildung 33.31**
Ein Tipp am Rande soll hier noch angebracht werden: Da wir in diesem Beispiel ziemlich weit über den Rand hinausschreiben und somit wohl jede Übersicht verlieren, was wir überhaupt schreiben, bietet sich hier der GIMP-Texteditor an, den Sie ja jederzeit über die Checkbox TEXTEDITOR BENUTZEN bei den Werkzeugeinstellungen des TEXT-Werkzeugs aktivieren können.

Abbildung 33.32 ▶
Kreativ sein ist nicht schwer.

TEIL XI
Filter, Effekte und Tricks

Kapitel 34
Die Filter von GIMP

GIMP liefert von Haus eine Menge an Filtern über das gleichnamige Menü »Filter« mit. Den einen oder anderen Filter haben Sie bereits in diesem Buch näher kennengelernt. In diesem Kapitel geht es nicht darum, Ihnen jeden einzelnen Filter mit seinen Einstellmöglichkeiten zu beschreiben. Das würde den Rahmen des Buches sprengen. Auf eine umfassende Erläuterung wurde also verzichtet. Alle Filter werden daher anhand von Bildbeispielen demonstriert.

34.1 Hinweise zu den Filtern

Bei der Verwendung der Filter müssen Sie einige Dinge beachten:

- Die Filter haben nur eine Auswirkung auf die aktiven Bildbereiche, wie etwa die aktive sichtbare Ebene oder eine Auswahl in der aktiven Ebene.
- Fast alle Filter lassen sich nur bei echten RGB-Bildern verwenden (BILD • MODUS • RGB). Einige Filter lassen sich auch mit Graustufenbildern einsetzen, nur wenige hingegen bei Bildern mit indizierten Farben.
- Den zuletzt verwendeten Filter können Sie mit der Tastenkombination [Strg]/[Cmd]+[F] mit denselben Einstellungen erneut ausführen, ohne den entsprechenden Dialog dazu aufzurufen. Mit der Tastenkombination [Strg]/[Cmd]+[⇧]+[F] hingegen lassen Sie den zuletzt verwendeten Filter erneut anzeigen. Dies ist sinnvoll, wenn Sie den Filter erneut, aber mit anderen Werten verwenden wollen. Beide Funktionen erreichen Sie auch über die ersten beiden Menüeinträge von FILTER. Über das Untermenü FILTER • ZULETZT BENUTZT können Sie aus einer Liste einen Filter auswählen, der zuletzt geöffnet war. Mit FILTER • ALLE FILTER ZURÜCKSETZEN setzen Sie die Filter auf ihre Standardeinstellung zurück.

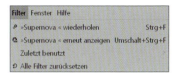

▲ **Abbildung 34.1**
Die ersten vier Einträge im Menü FILTER sind spezielle Befehle.

34.1.1 Filtervorschau

Alle Filter mit dem Symbol G für *Gegl* vor dem Filterbezeichner bieten in der Regel eine VORSCHAU ❶, die Sie jederzeit (de-)aktivieren können. Mit dieser Vorschaufunktion können Sie sehen, wie sich diese Einstellung auf das Bild auswirken würde, ohne diese Werte direkt auf das tatsächliche Bild anzuwenden. Ebenso können Sie die Vorher-nachher-Ansicht teilen, indem Sie ein Häkchen vor ANSICHT TEILEN ❷ setzen.

»Ansicht teilen« anpassen
Die Mittellinie der Funktion ANSICHT TEILEN können Sie mit gedrückter Maustaste verschieben. Klicken Sie diese Linien mit gehaltener ⌥-Taste an, werden die Seiten von Vorher und Nachher getauscht. Klicken Sie hingegen mit gehaltener Strg/Cmd-Taste auf die Mittellinie, wird die Vorher-nachher-Ansicht jeweils um 90° im Uhrzeigersinn gedreht.

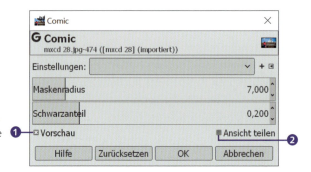

◀ **Abbildung 34.2**
GEGL-Filterfunktionen enthalten eine Vorschau-Funktion und eine Funktion um die Vorher-nachher-Ansicht zu teilen.

Nicht-GEGL-Filterfunktionen enthalten keine Livevorschau direkt im Dokumentenfenster. Stattdessen wird manchmal eine Miniaturvorschau ❸ innerhalb der Filterfunktion angezeigt, welche eine verkleinerte Vorschau der Einstellung(en) auf das Bild zeigt. Andere Filter oder Script-Fu-Programme im Menü FILTER wiederum enthalten gar keine Vorschau.

»Veraltet«
Bei einigen Filterfunktionen finden Sie zur Drucklegung zusätzlich den Beitext »(veraltet)« vor. Diese Filter werden nach und nach für GEGL umgeschrieben und dann mit der neuen Version ausgetauscht.

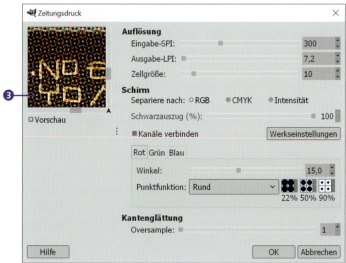

▲ **Abbildung 34.3**
Ältere Nicht-GEGL-basierte Funktionen enthalten häufig eine kleine Vorschau innerhalb des Filters, die auch dort (de-)aktiviert werden kann.

34.1.2 Gruppen von Filtern

An der Stelle finden Sie eine kurze Auflistung der einzelnen Gruppen im FILTER-Menü und was Sie darin finden können. Wie bereits eingangs erwähnt, wird nicht auf die einzelnen Filter selbst eingegangen. Einige Filter wurden zwar im Buch behandelt, trotzdem sind es immer noch unglaublich viele weitere Filter.

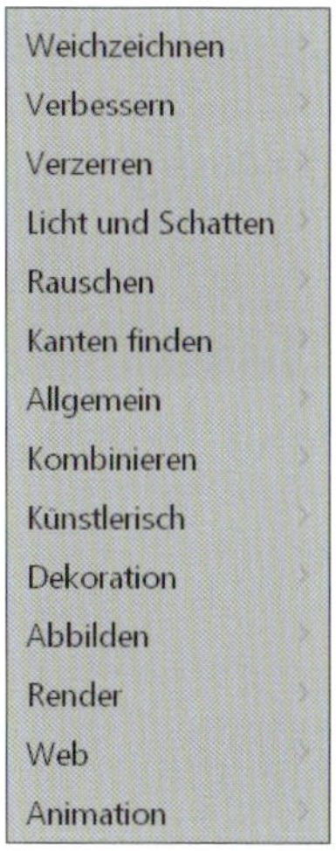

34.2 Weichzeichnen

Mit den Weichzeichnenfiltern aus dem Menü FILTER • WEICHZEICHNEN setzen Sie die Schärfe des Bildes anhand verschiedener mathematischer Berechnungen herab. Da das Weichzeichnen eine häufig verwendete Routine in der digitalen Bildbearbeitung ist, wurden diese Filter bereits ausführlich in Kapitel 28, »Bilder weichzeichnen«, beschrieben.

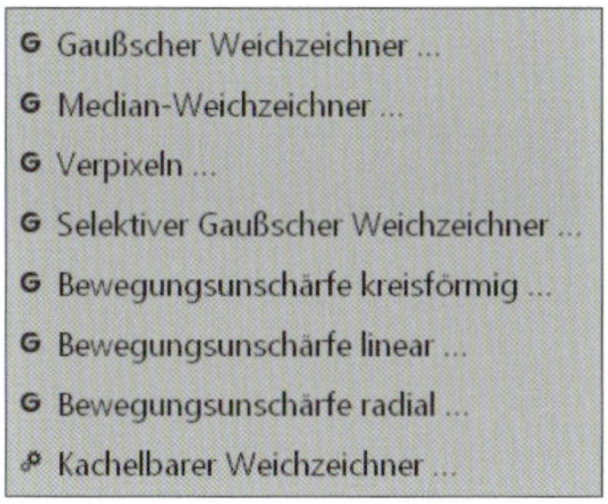

◀ **Abbildung 34.4**
Die Filter im FILTER-Menü werden in verschiedene Gruppen aufgeteilt.

◀ **Abbildung 34.5**
Verschiedene Filter zum Weichzeichnen

34.3 Verbessern

In Untermenü FILTER • VERBESSERN finden Sie alle Filter, die zur Verbesserung von Bildern beitragen. Dabei handelt es sich um Filter zur Behebung von kleineren Bildfehlern wie Staub, Bildrauschen, rote Augen oder Streifen. Diese Filter wurden bereits zum größten Teil in Kapitel 24, »Bildstörungen beheben und hinzufügen«, behandelt. Auch die Filter zum Schärfen wurden bereits in Kapitel 27, »Bilder schärfen«, beschrieben.

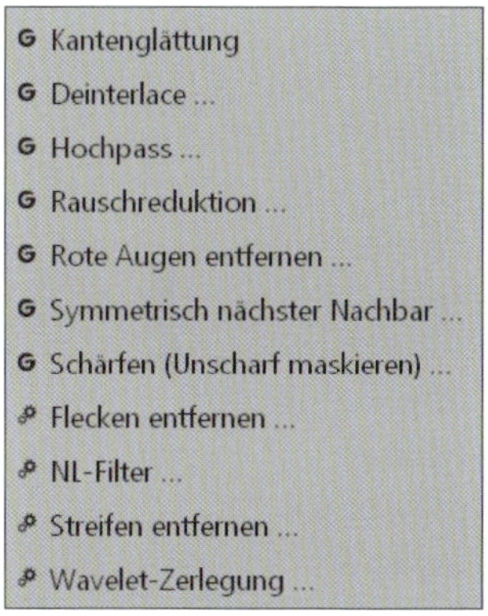

▲ **Abbildung 34.6**
Verschiedene Filter zum Beheben von Bildstörungen und zu geringer Schärfe finden Sie in der Kategorie VERBESSERN.

34.4 Verzerren

Mit diesen Filtern verzerren Sie ein Bild auf unterschiedliche Art und Weise.

Kapitel-034/Verzerren.tif

▲ Abbildung 34.7
Das Ausgangsbild für die VERZERREN-Filter

▲ Abbildung 34.8
Mit LUPENEFFEKT ANWENDEN lassen Sie eine Auswahl oder Ebene erscheinen, als würden Sie sie durch eine Lupe betrachten.

▲ Abbildung 34.9
RELIEF erstellt ein Relief mit unterschiedlichen Höhen und Tiefen. Es entsteht außerdem der Eindruck, als würde Licht auf das Relief fallen.

▲ Abbildung 34.10
Mit GRAVUR erstellen Sie ein Bild mit einem Gravureffekt mit horizontalen schwarzen Balken auf weißen Streifen. Der Effekt soll alte Buchillustrationen simulieren. Für die Verwendung des Filters müssen Sie zur aktiven Ebene einen Alphakanal hinzufügen.

▲ Abbildung 34.11
Der Filter OBJEKTIVFEHLER wird gewöhnlich verwendet, um typische Verzerrungen zu erstellen oder zu korrigieren, die durch Objektivfehler auftreten. Neben ernsthaften Korrekturen ist dieser Filter natürlich auch für kreative Zwecke nützlich.

▲ Abbildung 34.12
Verschiedene Filter zum Verzerren finden Sie im gleichnamigen Untermenü von FILTER.

▲ Abbildung 34.13
Mit dem Filter KALEIDOSKOP erzeugen Sie eben genau einen solchen Effekt.

▲ Abbildung 34.14
Mit MOSAIK wird die aktuelle Ebene oder Auswahl in Vielecke zerschnitten, leicht erhöht und beleuchtet, so dass der Eindruck entsteht, dass Bild wäre aus mehreren Mosaikteilchen zusammengeklebt worden.

34.4 Verzerren

▲ Abbildung 34.15
Mit dem Filter POLARKOORDINATEN erzeugen Sie rechteckige oder runde Ansichten des Bildes in verschiedenen Variationen. Auch Text können Sie hiermit verbiegen.

▲ Abbildung 34.16
Mit WELLEN wird das Bild in ein gekräuseltes Muster umgeordnet. Sollte nicht mit dem gleichnamigen (zur Drucklegung) Filter in derselben Kategorie verwechselt werden.

▲ Abbildung 34.17
Mit VERSCHIEBEN verrücken Sie alle Zeilen oder Spalten horizontal oder vertikal um einen bestimmten Betrag.

▲ Abbildung 34.18
Mit SPHÄRISIEREN wird das Bild um eine Kugelfläche gewickelt.

▲ Abbildung 34.19
Der Filter WERTE VERTEILEN verteilt die Pixel, abhängig vom Nachbarpixel, in eine bestimmte Richtung. Damit werden die Farbkanten verändert. In der Abbildung wurde dieser Effekt mehrmals hintereinander durchgeführt, wodurch das Bild einen gemalten Effekt erhalten hat.

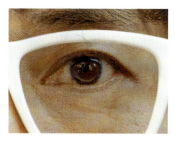

▲ Abbildung 34.20
Mit VIDEO-DARSTELLUNG wird das Bild gerastert, als wäre es von einem Bildschirm abfotografiert worden. Hierbei werden verschiedene rote, grüne und blaue Bereiche in auswählbaren Formen hinzugefügt. Damit der Effekt auch im Buch zu erkennen ist, wurde der Bildausschnitt vergrößert.

▲ Abbildung 34.21
Mit WELLEN erstellen Sie eine Wasseroberfläche über dem Bild, die aussieht, als würde etwas hineingeworfen.

▲ Abbildung 34.22
Mit dem Filter DREHEN UND DRÜCKEN können Sie das Bild auf konzentrische Weise unterschiedlich stark drehen und/oder drücken.

▲ Abbildung 34.23
WIND zeichnet eine Bewegungsunschärfe in eine Richtung in das Bild, indem weiße und schwarze Linien an den Kanten des Bildes gezeichnet werden.

▲ **Abbildung 34.24**
Mit EINROLLEN legen Sie an einer beliebigen Ecke ein Eselsohr auf einer neuen Ebene an. Neben der Orientierung können Sie hiermit auch die Deckkraft der Ecke und Farbe einstellen.

▲ **Abbildung 34.25**
Mit dem Filter VERBIEGEN verformen Sie die aktuelle Auswahl oder Ebene anhand einer Kurve.

▲ **Abbildung 34.26**
Mit ZEITUNGSDRUCK erzeugen Sie eine Rasterung des Bildes wie beim Zeitungsdruck. Dabei wird die Auflösung des Bildes für eine bessere Darstellung eines Zeitungsdrucks ersetzt, indem unter anderem einzelne Farbinformationen verworfen werden. Im Beispielbild wurde dieser Effekt etwas übertrieben verwendet, damit Sie die Rasterung im Buch auch erkennen können.

34.5 Licht und Schatten

Im Untermenü FILTER • LICHT UND SCHATTEN finden Sie verschiedene Filter, um einer Ebene oder Auswahl Beleuchtungseffekte, Schatten oder Glaseffekte hinzuzufügen.

Kapitel-034/Jonathan.tif

▲ **Abbildung 34.28**
Das Ausgangsbild für die Filter im Untermenü LICHT UND SCHATTEN

▲ **Abbildung 34.29**
Mit SUPERNOVA fügen Sie einen großen Stern, eine Supernova, in beliebiger Farbe in das Bild ein.

▲ **Abbildung 34.27**
Eine tolle Auswahl von Licht- und Schatteneffekten finden Sie im Untermenü LICHT UND SCHATTEN des FILTER-Menüs.

◄ **Abbildung 34.30**
Mit dem Filter GLITZERN bringen Sie an den hellsten Stellen im Bild kleine Sterne an. Wollen Sie gezielt ein Glitzern hinzufügen, malen Sie vor der Anwendung des Filters mit weißer Farbe kleine Punkte an den gewünschten Stellen in das Bild (auf einer transparenten Ebene).

34.5 Licht und Schatten

▲ **Abbildung 34.31**
LINSENREFLEX fügt einem Bild an einer ausgewählten Position einen Lichtreflex hinzu.

▲ **Abbildung 34.32**
Mit LICHTEFFEKTE erzeugen Sie einen Effekt, als würden Sie mit einem Scheinwerfer auf das Bild leuchten.

▲ **Abbildung 34.33**
Mit VERLAUFSAUFHELLUNG bringen Sie den sogenannten *Gradient Flare*-Effekt auf ein Bild auf. Der Filter bietet verschiedene Lichtflecken zur Auswahl an. Auch die Stärke und der Umfang lassen sich regeln.

▲ **Abbildung 34.34**
Mit SCHLAGSCHATTEN erzeugen Sie einen Schlagschatteneffekt.

▲ **Abbildung 34.35**
Mit LANGER SCHATTEN erzeugen Sie einen Langschatteneffekt.

▲ **Abbildung 34.36**
Mit dem Filter VIGNETTE können Sie eine Vignettierung auf ein Bild legen.

▲ **Abbildung 34.37**
Mit DROP SHADOW (LEGACY) können Sie wie mit dem Filter SCHLAGSCHATTEN eben einen solchen dem Bild hinzufügen. Zusätzlich bietet dieser Filter auch noch die Möglichkeit, eine Größenveränderung für den Schlagschatten zu erstellen.

▲ **Abbildung 34.38**
Mit dem Filter PERSPEKTIVE versehen Sie eine Ebene oder Auswahl mit einem perspektivischen Schatten. Sie können hierbei Länge, Farbe und Winkel des Schattens auswählen. Gegebenenfalls müssen Sie das Bild vergrößern, um den Schatten sichtbar zu machen. Der Filter übernimmt das leider nicht für Sie, wie dies beispielsweise beim Filter SCHLAGSCHATTEN der Fall ist.

▲ **Abbildung 34.39**
Mit XACH-EFFEKT wird eine Art 3D-Effekt einer Ebene oder Auswahl hinzugefügt. Das Ergebnis sieht so aus, als läge ein transparentes 3D-Objekt auf dem Bild. Im Grunde ist dieser Filter eine Erweiterung von SCHLAGSCHATTEN, der neben Glanzlichtern an den Seiten eine teilweise transparente Ebene hinzufügt. Im Beispiel wurde der Filter auf eine rechteckige Auswahl im Bild angewendet.

34.6 Rauschen

Über FILTER • RAUSCHEN können Sie einem Bild gezielt Rauscheffekte hinzufügen, womit ein Effekt simuliert wird, als sei das Bild mit einem hochempfindlichen Film aufgenommen worden. Auch für kreative Zwecke sind diese Rauschfilter natürlich geeignet. Diese Filter wurden bereits in Abschnitt 24.2, »Bildrauschen bzw. Körnigkeit hinzufügen«, behandelt.

▲ **Abbildung 34.40**
Im Untermenü RAUSCHEN finden Sie verschiedene Rauschfilter.

34.7 Kanten finden

Über das Untermenü FILTER • KANTEN FINDEN erreichen Sie sogenannte Kantenerkennungsfilter, mit denen Sie Umrisse von Objekten und Bildern ermitteln. Mit Hilfe von Ebenenüberlagerungen können Sie hiermit unter anderem interessante Effekte gestalten oder auch einfach nur die Farbumgebung oder Bildschärfe verbessern.

> **Tipp**
> Duplizieren Sie eine Ebene, und wenden Sie auf das Duplikat einen der Filter im Untermenü KANTEN FINDEN an. Wenn Sie dann den MODUS der Ebene verändern, lassen sich durchaus interessante Effekte erzielen. Mit einigen Kantenerkennungsfiltern lassen sich hiermit sogar die Schärfe oder der Kontrast im Bild verbessern.

Kapitel-034/Kanten-finden.tif

◄ **Abbildung 34.41**
Der Anwendungszweck der Filter im Untermenü KANTEN FINDEN ist sehr vielfältig.

> **Tipp**
> Duplizieren Sie die Ebene, und führen Sie den Filter auf der oberen der beiden Ebenen aus. Stellen Sie dann den Modus der oberen Ebene auf NACHBELICHTEN. Als Ergebnis erhalten Sie ein Bild mit schärferen Kanten.

▲ **Abbildung 34.42**
Das Ausgangsbild für die Filter im Untermenü von KANTEN FINDEN

34.7 Kanten finden

▲ Abbildung 34.43
Mit DIFFERENZ DER NORMALVERTEILUNG wird der Gaußsche Weichzeichner mit zwei verschiedenen Stärken (Radien) auf die Ebene oder Auswahl angewendet. Verwenden Sie für den Filter immer zwei unterschiedliche Radien. Als Ergebnis erhalten Sie die Differenz der beiden Ergebnisse.

▲ Abbildung 34.44
Der Filter KANTEN bietet viele bekannte mathematische Berechnungen zur Kantenerkennung an. Die Algorithmen wären hierbei SOBEL, PREWITT-KOMPASS, VERLAUF, ROBERTS, UNTERSCHIED und LAPLACE. Bei allen Algorithmen können Sie zudem die Stärke des Filters angeben. Den Filter LAPLACE gibt es auch noch in einer eigenen Version, aber ohne Anpassen der Stärke. Als Ergebnis erhalten Sie extrem dünne Linien, die als Kanten angezeigt werden.

▲ Abbildung 34.45
Mit dem Filter NEON leuchten die Kanten in einer kräftigen Neonfarbe.

▲ Abbildung 34.46
Der Filter SOBEL extrahiert ebenfalls sehr gut horizontale und/oder vertikale Kanten. Hat das Bild oder die Auswahl einen Alphakanal, ist das Ergebnis ein transparentes Bild mit schwarzen Linien und ganz wenig Farbe.

◂ Abbildung 34.47
FARBVERLAUF DES BILDES ist ein weiterer Filter, um die Kanten eines Bildes zu ermitteln.

34.8 Allgemein

▲ **Abbildung 34.48**
In ALLGEMEIN finden Sie Filter, die sich nicht so recht in einer der vorhandenen Kategorien stecken lassen.

Kapitel-034/Door-knocker.tif

Das Untermenü FILTER • ALLGEMEIN versammelt unterschiedliche Filter, die sich nicht so recht in einer anderen Gruppe versammeln lassen.

Mit FALTUNGSMATRIX erstellen Sie eigene Filtereffekte. Ein eigener Filter wird über eine Faltung einer 5 × 5-Matrix realisiert. In der Mitte ❶ der Matrix wird als Ausgangsbasis das Zentralpixel verwendet. Je höher dieser Wert ist, desto stärker wird die Helligkeit. Haben das Zentralpixel und DIVISOR ❷ jeweils den Wert 1 und alle anderen Felder den Wert 0, so ergibt dies das Bild im Originalzustand.

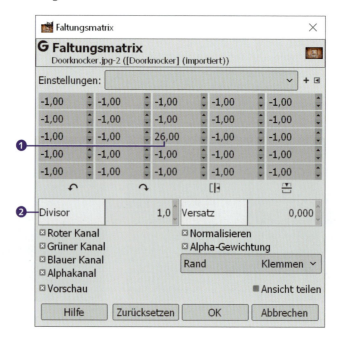

Abbildung 34.49 ▶
Dem Erstellen eigener Filtereffekte dient der Dialog FALTUNGSMATRIX.

Mit dem Filter ERODIEREN reduzieren Sie die hellen Bildbereiche im Bild, und mit ERWEITERN können Sie diese erweitern. Mit dem Filter ABSTANDSKARTE wird eine Distanztransformation berechnet, und mit GEGL-GRAPH können Sie eine Kette von Operationen manuell eingeben.

34.9 Kombinieren

Kapitel-034/Kombinieren

Das Menü FILTER • KOMBINIEREN bietet die Filter, die aus mehreren Bildern ein Bild erstellen.

◀ **Abbildung 34.50**
Mit dem Filter FILMSTREIFEN kombinieren Sie ein oder mehrere Bilder zu einem Filmstreifen. Dabei stehen Ihnen viele Einstellungen zur Verfügung.

◀ **Abbildung 34.51**
Mit TIEFENKOMBINATION können Sie Bilder oder Ebenen ineinanderblenden und einstellen, welche Teile davon sichtbar bleiben. Um den Filter verwenden zu können, müssen die Bilder dieselbe Größe haben. Alle Bilder müssen außerdem in einem einzelnen Bildfenster oder im Ebenenstapel geöffnet sein. Interessante Effekte lassen sich daher auch mit Farbverläufen und Bildern kombiniert erstellen.

34.10 Künstlerisch

Im Untermenü FILTER • KÜNSTLERISCH finden Sie viele kreative Filter, die üblicherweise verschiedene künstlerische Malstile und -techniken simulieren.

▲ **Abbildung 34.52**
Im Untermenü KOMBINIEREN finden Sie zwei Filter, um aus mehreren Bildern ein Bild zu erstellen.

Kapitel-034/Kuenstlerisch.tif

◀ **Abbildung 34.53**
Kreative und künstlerische Filter finden Sie im Untermenü KÜNSTLERISCH.

▲ **Abbildung 34.54**
Das lustige Bild soll unser Ausgangsbild für Filter im Untermenü KÜNSTLERISCH sein.

▲ Abbildung 34.55
Leinwand fügt einem Bild eine Struktur hinzu, das danach den Eindruck erweckt, als wäre es auf einer Leinwand gemalt.

▲ Abbildung 34.56
Mit dem Filter Comic werden die Kanten in schwarzer Farbe nachgezogen, so dass der Effekt wie bei einem Comic entsteht.

▲ Abbildung 34.57
Mit Kubismus hat es den Anschein, das Bild läge unter einer transparenten quadratischen Folie. Die Größe der Quadrate lässt sich ändern.

▲ Abbildung 34.58
Mit dem Filter Glasbaustein erwecken Sie den Eindruck, als würde jemand durch ein gekacheltes Glasfenster schauen. Die Kachelgröße können Sie regeln.

▲ Abbildung 34.59
Wie es der Name des Filters, Ölgemälde, schon vermuten lässt, erwecken Sie hiermit den Eindruck, das Bild sei in Öl gemalt.

▲ Abbildung 34.60
Mit Fotokopie sieht das Bild aus, als wäre es in einem Schwarzweißkopierer dupliziert worden. Die dunklen Pixel im Bild werden dabei schwarz und die hellen Pixel weiß.

34.10 Künstlerisch

▲ Abbildung 34.61
Mit EINFACHES LINEARES ITERATIVES CLUSTERING teilen Sie das Bild in einzelne einstellbare Cluster auf.

▲ Abbildung 34.62
Mit SANFTES LEUCHTEN versehen Sie ein Bild mit einem sanften Leuchten. Dabei werden die hellen Bildbereiche noch mehr aufgehellt und weichgezeichnet.

▲ Abbildung 34.63
Mit dem Filter WASSERPIXEL wird das Bild auf dem Verfahren *Wasserscheidentransformation* basierte Subpixel zerlegt.

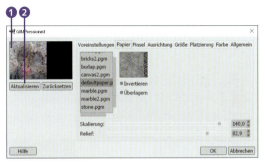

▲ Abbildung 34.64
Ein wahrer Fundus an künstlerischen Filtern, mit denen Ihre Bilder wie gemalt wirken, finden Sie mit GIMP-PRESSIONIST. Der Filter lädt geradezu zum Experimentieren ein. Die Vorschau ❶ müssen Sie hierbei manuell mit der Schaltfläche AKTUALISIEREN ❷ erneuern.

▲ Abbildung 34.65
Mit PREDATOR fügen Sie einem Bild eine Art thermografische Wärmebildansicht hinzu. Der Name und der Filter selbst sind natürlich dem gleichnamigen Film entlehnt und sollen dem Sehen des Predators entsprechen.

▲ Abbildung 34.66
Mit STOFFMALEREI erzielen Sie den Effekt, als wäre das Bild auf einen Stoff gemalt oder gedruckt.

791

▲ Abbildung 34.67
Van Gogh (LIC) ist ein sehr komplex und wissenschaftlich programmierter Filter. Er wird bevorzugt verwendet, um etwas richtungsabhängig weichzuzeichnen oder Texturen zu erstellen.

▲ Abbildung 34.68
Mit Weben fügen Sie dem Bild einen Gewebeeffekt als neue Ebene hinzu.

34.11 Dekoration

 Kapitel-034/ Dekoration.tif

Über das Untermenü Filter • Dekoration erreichen Sie bildunabhängige Skript-Fu-Programme, mit denen Sie einem Bild dekorative Rahmen und andere Effekte hinzufügen.

▲ Abbildung 34.69
Im Untermenü Dekoration finden Sie verschiedene Filter und Skript-Fu-Programme, um ein Bild mit verschiedenen Effekten zu dekorieren.

▲ Abbildung 34.70
Das Ausgangsbild für die Filter im Untermenü Dekoration

▲ Abbildung 34.71
Mit ALTES FOTO erzielen Sie den Effekt eines alten, unscharfen und sepiafarbenen Fotos.

▲ Abbildung 34.72
Mit CHROM AUFKLEBEN fügen Sie einem Bild einen Chromeffekt auf zwei Ebenen mit Ebenenmaske hinzu. Das Bild muss dabei im Graustufen-Modus vorliegen.

▲ Abbildung 34.73
DIA umrandet das Bild mit einem schwarzen Dia-Rahmen mit Zahnradlöchern und einer veränderbaren Beschriftung.

▲ Abbildung 34.74
Mit dem Filter FOG fügen Sie dem Bild eine Ebene mit Nebel hinzu.

▲ Abbildung 34.75
Mit KAFFEEFLECKEN fügen Sie einem Bild in der Tat solche Flecken hinzu. Jeder Fleck wird dabei auf einer neuen Ebene angelegt.

▲ Abbildung 34.76
RAND ABSCHRÄGEN fügt eine neue Ebene mit einer leichten Schräge hinzu. Voraussetzung für den Filter ist eine aktive Auswahl. Im Beispiel wurde hierbei zuvor ein Teil des Bildes mit dem Werkzeug RECHTECKIGE AUSWAHL ausgewählt.

▲ Abbildung 34.77
Mit Rand ausblenden blenden Sie den Rand des Bildes aus. Hierbei lassen sich unter anderem die Breite, der Schatten und die Farbe anpassen.

▲ Abbildung 34.78
Mit Rand hinzufügen erstellen Sie einen Rahmen mit einstellbarer Höhe, Breite und Farbe. Der Rahmen wird dabei so angelegt, dass der Eindruck entsteht, das Bild läge etwas erhöht auf einer Unterlage.

▲ Abbildung 34.79
Mit Runde Ecken fügen Sie dem Bild einstellbare runde Ecken mit einem Schlagschatten hinzu.

▲ Abbildung 34.80
Schablone einritzen erzeugt ein Bild wie graviert. Dabei werden zwei gleich große Bilder bearbeitet. Das Quellbild, mit dem Sie dieses Skript-Fu-Programm aufrufen, muss ein Graustufenbild ohne einen Alphakanal sein. Ansonsten ist der Befehl ausgegraut. Das herauszuarbeitende Bild hingegen darf ein farbiges RGB-Bild sein, so dass am Ende wieder ein farbiges Bild entsteht. Auch wenn Sie zwei Graustufenbilder hierfür verwenden, erhalten Sie als Ergebnis immer ein RGB-Bild in einem neuen Bildfenster.

34.12 Abbilden

Kapitel-034/Abbilden.tif

Die Filter im Untermenü Filter • Abbilden werden bevorzugt verwendet, um 3D-Effekte zu erzeugen, indem Bilder auf Formen oder andere Bilder abgebildet werden.

34.12 Abbilden

◄ **Abbildung 34.81**
Das Ausgangsbild zur Demonstration der Filter im Untermenü ABBILDEN

▲ **Abbildung 34.82**
Im Untermenü ABBILDEN finden Sie verschiedene Filter, um 3D-Effekte zu erzeugen oder Bilder auf Formen abzubilden.

▲ **Abbildung 34.83**
BUMP MAP erzeugt einen 3D-Effekt im Bild, indem die Kanten des Bildes höher abgebildet werden. Natürlich hängen diese Höhen der Bumps (deutsch = Beulen) auch von der Helligkeit der Pixel ab. Neben den Höhen und Tiefen lässt sich hiermit auch das Licht steuern. Im Beispielbild wurden die Beulen extrem verwendet, um Ihnen den Effekt deutlich zu demonstrieren.

▲ **Abbildung 34.84**
Der Filter VERSCHIEBEN ist ein etwas komplexerer Filter und verschiebt ein Bild anhand eines Verschiebungsbildes, das ein Graustufenbild mit der gleichen Größe wie das Ursprungsbild sein sollte.

▲ **Abbildung 34.85**
Mit FRAKTALSPUR generieren Sie ein Mandelbrot-Fraktal (auch *Apfelmännchen* genannt) aus Ihrem Bild.

795

▲ **Abbildung 34.86**
Mit Illusion wird eine Vielzahl von veränderten Kopien eines Bildes überlagert.

▲ **Abbildung 34.87**
Mit dem Filter Kleiner Planet können Sie einen solchen ganz einfach erstellen und müssen dies nicht mehr mühselig selber tun.

Mit dem Filter Panoramaabbildung können Sie zum Beispiel aus einem weiten 180° bzw. 360° zusammengesetzten Panorama einen Teil des Bildes als gewöhnliches Bild abbilden bzw. diesen Panorama-Look entfernen.

Abbildung 34.88 ▶
Mit Rekursive Transformation erstellen Sie aus einer Transformation rekursiv mehrere Abbildungen. Die Transformation und Anzahl der Bilder stellen Sie direkt mit dem Filter ein.

Abbildung 34.89 ▶
Mit Papierschnipsel können Sie eine Ebene oder Auswahl in viele quadratische Stücke aufteilen und voneinander verschieben.

34.13 Render

▲ Abbildung 34.90
Mit NAHTLOS KACHELN verändern Sie ein Bild so, dass es nahtlos zusammengesetzt werden kann. Das Bild können Sie dann entweder als Muster zum Füllen oder als Hintergrundbild für Webseiten verwenden. Das linke Bild wurde nahtlos gemacht und im rechten Bild als Muster zum Füllen verwendet.

▲ Abbildung 34.91
Mit AUF OBJEKT ABBILDEN bringen Sie ein oder mehrere Bilder auf geometrische Objekte wie einen Quader, einen Zylinder, eine Kugel oder eine Fläche auf. Dabei können Sie auch Faktoren wie Licht, Material und Ausrichtung einstellen. Es lassen sich auch unterschiedliche Bilder auf ein geometrisches Objekt abbilden.

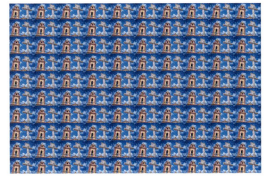

▲ Abbildung 34.92
KACHELN erstellt mehrere Kopien des Bildes und kachelt sie zu einem neuen Bild zusammen. Voraussetzung dafür ist, dass das neue Bild größer als das Ursprungsbild ist.

34.13 Render

Viele nützliche Filter, um bestimmte Muster zu erzeugen, finden Sie im Untermenü FILTER • RENDER. Die meisten dieser Filter arbeiten nicht auf Ebenenbasis; wenn Sie ein Bild mit diesen Filtern verwenden, wird meistens keine Rücksicht auf den Inhalt der Ebene oder Auswahl genommen und einfach darauf oder darüber gezeichnet.

 Kapitel-034/Render.tif

▲ **Abbildung 34.93**
Zum Erzeugen von Mustern finden Sie im Untermenü RENDER nützliche Filter.

▲ **Abbildung 34.94**
Das Ausgangsbild, welches die Filter im Untermenü RENDER demonstrieren soll

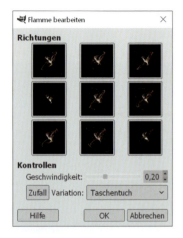

▲ **Abbildung 34.95**
Der Filter FRAKTALE • FLAMMEN erzeugt fraktale Flammenmuster nach dem Zufallsprinzip.

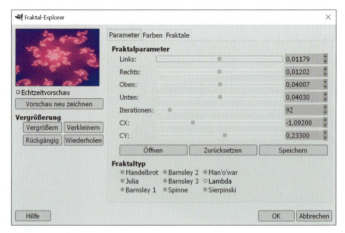

▲ **Abbildung 34.96**
Zum Erzeugen von vielen unterschiedlichen Fraktalen bietet Ihnen der Filter FRAKTALE • FRAKTAL-EXPLORER unzählige Möglichkeiten.

Abbildung 34.97 ▶
Ebenfalls ein sehr komplexer und mächtiger Filter ist FRAKTALE • IFS-FRAKTAL, der einzigartige und natürliche Formen wie Bäume, Zweige oder Blätter erzeugt. Der Filter hat allerdings den Nachteil, dass er sehr empfindlich ist. Haben Sie einmal ein gutes Bild erstellt, dann sollten Sie es dabei belassen, weil der Arbeitsraum auf der linken oberen Seite ❶ des Filters einfach zu klein ist.

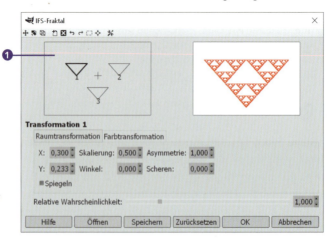

34.13 Render

▲ **Abbildung 34.98**
Mit RAUSCHEN • ZELLRAUSCHEN können Sie ein Zellrauschen mit variabler Zellengröße und Zellenstruktur erstellen.

▲ **Abbildung 34.99**
Mit RAUSCHEN • PERLIN-RAUSCHEN haben Sie einen vollwertigen Perlin-Rauschgenerator.

▲ **Abbildung 34.100**
Mit dem Filter RAUSCHEN • PLASMA generieren Sie farbige Wolken. Der Inhalt der Ebene oder Auswahl wird bei diesem Filter »übermalt«.

▲ **Abbildung 34.101**
Mit RAUSCHEN • SIMPLEX-RAUSCHEN erzeugen Sie eine gleichmäßige Rausch-Textur.

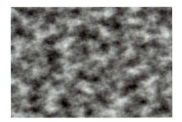

▲ **Abbildung 34.102**
Mit RAUSCHEN • PLASMA-RAUSCHEN erzeugen Sie eine wolkenähnliche Textur.

▲ **Abbildung 34.103**
RAUSCHEN • DIFFERENZ-WOLKEN erzeugt eine zufällige wolkenähnliche Textur und fügt diese im Ebenenmodus DIFFERENZ der aktuellen Ebene oder Auswahl hinzu.

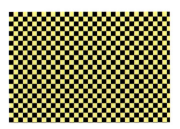

▲ **Abbildung 34.104**
MUSTER • SCHACHBRETT erstellt ein Schachbrettmuster aus der eingestellten Vorder- und Hintergrundfarbe.

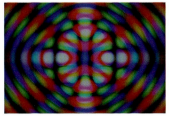

▲ **Abbildung 34.105**
Mit dem Filter MUSTER • BEUGUNGSMUSTER erstellen Sie Beugungs- oder Interferenzmuster, die sehr gut als Texturen geeignet sind. Da der Filter sehr viele Einstellungen bietet, lassen sich damit interessante und kreative Effekte erzielen.

▲ **Abbildung 34.106**
MUSTER • GITTER versieht das Bild mit einem Gitter in variabler Größe und Farbe.

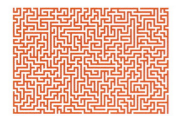
▲ **Abbildung 34.107**
MUSTER • LABYRINTH zeichnet ein schwarzweißes Labyrinth mit einem Zufallsmuster.

▲ **Abbildung 34.108**
Mit MUSTER • SINUS lassen sich wellenförmige Texturen mit der Verwendung der Sinusfunktion erzeugen.

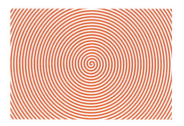
▲ **Abbildung 34.109**
Mit MUSTER • VERWIRBELN können Sie ein spiralförmiges Muster erstellen.

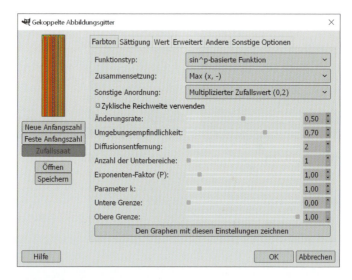
▲ **Abbildung 34.110**
Mit MUSTER • CML-EXPLORER öffnet sich das Dialogfenster GEKOPPELTE ABBILDUNGSGITTER. Mit diesem Filter erschaffen Sie ebenfalls interessante Texturen. Allerdings ist dieser Filter extrem komplex und umfangreich. Mit dem CML-Explorer ist es außerdem möglich, vorhandene Bildinhalte zu berücksichtigen.

▲ **Abbildung 34.111**
Der Filter MUSTER • PUZZLE zerlegt das Bild in mehrere Puzzleteile.

▲ **Abbildung 34.112**
Mit MUSTER • QBIST erzeugen Sie interessante zufallsgesteuerte Texturen.

34.13 Render

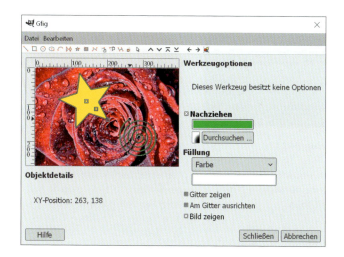

◀▲ **Abbildung 34.113**
Der Filter GFIG fügt dem Bild verschiedene geometrische Formen in unterschiedlicher Füllung und Farbe hinzu. Diese Elemente werden auf einer leeren transparenten Ebene eingefügt.

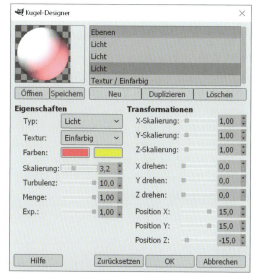

◀ **Abbildung 34.114**
Mit dem umfangreichen Filter KUGEL-DESIGNER erzeugen Sie eine 3D-Kugel.

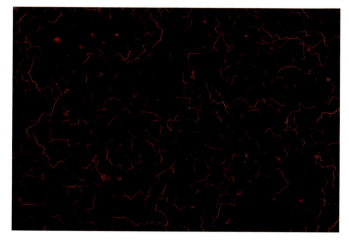

◀ **Abbildung 34.115**
LAVA erstellt eine lavaartige Textur. Dafür wird eine neue Ebene angelegt. Die aktive Ebene oder Auswahl wird nicht »übermalt«.

▲ **Abbildung 34.116**
Mit LINIENEXPLOSION fügen Sie einer Ebene ein Strahlen in der Vordergrundfarbe, ausgehend von der Mitte, hinzu. Bildinhalte in der Mitte bleiben teilweise erhalten.

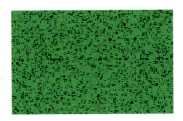
▲ **Abbildung 34.117**
Mit dem Filter SPYROGIMP können Sie unterschiedliche geometrische Linienfiguren mit vielen Einstellungen zeichnen.

▲ **Abbildung 34.118**
PLATINE erstellt eine Textur wie von einer Leiterplatte, einem Trägerelement für elektronische Bauteile. Die Farbe wurde in der Abbildung mit FARBEN • EINFÄRBEN geändert.

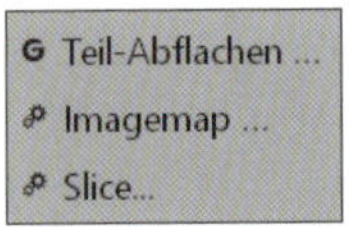

▲ **Abbildung 34.119**
Die Filter im Untermenü WEB

34.14 Web

Das Untermenü FILTER • WEB listet derzeit drei Filter auf: einmal IMAGEMAP, mit dem Sie klickbare Grafiken für das Internet erstellen. Damit wird auch gleich der nötige HTML-Code erzeugt.

Zweitens finden Sie hier TEIL-ABFLACHEN. Dieser Filter wird verwendet, wenn Sie bei einem Bild ohne Alphakanal eine Halbtransparenz simulieren wollen. TEIL-ABFLACHEN wird auf Seite 443, »Teil-Abflachen«, behandelt. Und drittens finden Sie mit SLICE eine Funktion, um ein Bild in einzelne Bereiche zuzuschneiden und daraus einen HTML-Code zu erzeugen.

34.15 Animation

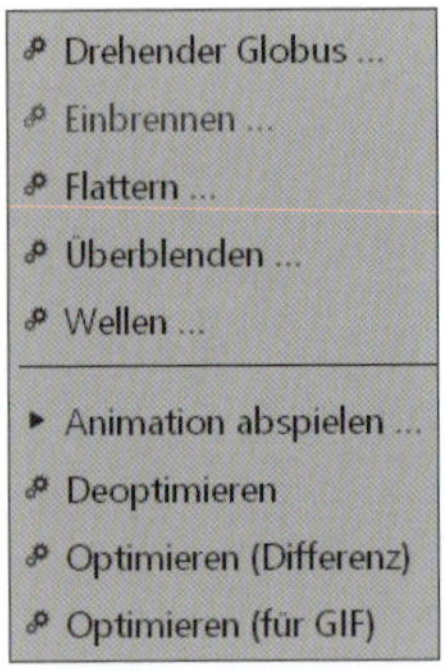

Dem Ansehen und Optimieren von Animationen dienen die Plug-ins im Untermenü FILTER • ANIMATION. Das Thema Animation und auch diese Filter werden in Abschnitt 36.1, »GIF-Animation«, näher beschrieben.

▲ **Abbildung 34.120**
Das Untermenü ANIMATION spricht im Grunde für sich selbst.

34.16 GEGL-Operationen

Weiterer Filter oder auch GEGL-Operationen finden Sie mit WERKZEUGE • GEGL-OPERATIONEN. Die GEGL-Operationen waren ursprünglich nur als experimentelles Werkzeug für GIMP-Entwickler gedacht. Hiermit können Sie wie schon mit den Filtern einzelne GEGL-Operationen auf ein Bild mit Vorschau und geteilter Ansicht anwenden. Die darin enthaltenen GEGL-Operatio-

34.16 GEGL-Operationen

nen können Sie über das Dropdown-Menü ❶ aufrufen. Abhängig von der ausgewählten Operation in ❶, finden Sie dann entsprechende Einstellungen vor.

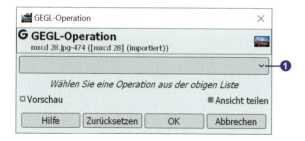

◄ **Abbildung 34.121**
Mit GEGL-Operationen finden Sie weitere hilfreiche Funktionen vor.

Kapitel 35
Effekte und Tricks mit Filtern

GIMP ist nicht nur das ideale Werkzeug zur Korrektur oder Manipulation von Bildern. Auch für Spielereien und tolle Effekte lässt sich das Programm einsetzen. In diesem Kapitel werden Ihnen einige solcher kreativen Beispiele als Anregung in Schritt-für-Schritt-Anleitungen gezeigt.

35.1 Andy-Warhol-Effekt

Andy Warhol war ein bekannter Künstler und einer der Erfinder der Pop-Art. Er veröffentlichte unzählige Kunstwerke, aber wenn bei der Bildbearbeitung die Rede vom Warhol-Effekt ist, dann ist meistens das Kunstwerk gemeint, in dem er als Ausgangsbild ein Foto von Marilyn Monroe aus dem Film »Niagara« verwendete und verfremdete. Im Grunde ein Porträtfoto mit vielen Farbvariationen in Pop-Art-Farben, genannt »Marilyn Diptych«. Mit GIMP ist es kein großer Aufwand, diesen Effekt nachzumachen.

Kapitel-035/fun.jpg

Schritt für Schritt
Warhol-Effekt erstellen

1 Bild quadratisch zuschneiden
Wählen Sie zunächst das ZUSCHNEIDEN-Werkzeug ([⇧]+[C]) aus, und setzen Sie ein Häkchen vor FIXIERT ❶. Verwenden Sie in der Dropdown-Liste daneben SEITENVERHÄLTNIS ❷, und tippen Sie in das Textfeld darunter ❸ den Wert »1:1« ein, womit Sie auf jeden Fall einen quadratischen Bereich zuschneiden können. Ziehen Sie jetzt mit gedrückter linker Maustaste den gewünschten quadratischen Rahmen ❹ im Bildfester auf, den Sie zuschneiden wollen. Klicken Sie innerhalb des Rahmens, um das Bild zuzuschneiden.

▲ **Abbildung 35.1**
Dieses Foto soll für den Warhol-Effekt verwendet werden.

Kapitel 35 Effekte und Tricks mit Filtern

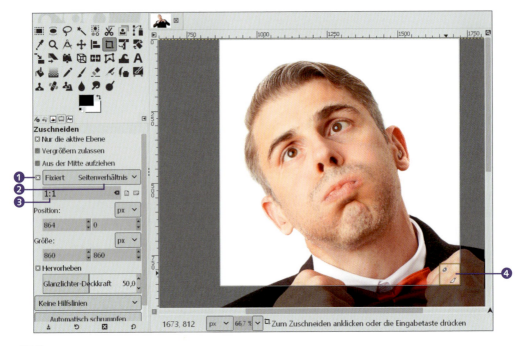

Abbildung 35.2 ▲
Bild auf eine quadratische Fläche zuschneiden

2 Bild auf zwei Farben reduzieren

Reduzieren Sie die Farben auf Schwarz und Weiß, indem Sie FARBEN • SCHWELLWERT verwenden und dort den schwarzen Schieberegler ❺ auf 209 schieben. Bestätigen Sie den Dialog mit OK.

▲ **Abbildung 35.3** ▶
Farben auf Schwarz und Weiß reduzieren

3 Bereich wegradieren

Verwenden Sie den RADIERER (⇧+E) oder einen weißen PINSEL (P), um die überflüssigen schwarzen Pixel um den Kopf herum zu entfernen ❻.

806

35.1 Andy-Warhol-Effekt

◀ **Abbildung 35.4**
Unerwünschte Bereiche entfernen

4 Hintergrundfarbe erstellen

Erstellen Sie eine neue leere Ebene über die entsprechende Schaltfläche ❾ im EBENEN-Dialog, und füllen Sie diese Fläche mit dem FÜLLEN-Werkzeug 🪣 (⇧+B) mit einer Farbe Ihrer Wahl aus. Im Beispiel wurde eine gelbe Farbe (HTML-Wert: `f1ff0e`) verwendet. Stellen Sie den MODUS auf MULTIPLIKATION ❼ und die DECKKRAFT ❽ auf 50.

▼ **Abbildung 35.5**
Jetzt kommt Farbe ins Spiel.

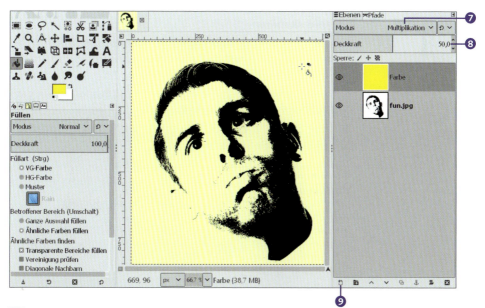

5 Noch mehr Farbe

Jetzt können Sie mit unterschiedlichen Farben und dem PINSEL-Werkzeug 🖌 (P) typische Pop-Art-Farben auf die einzel-

Kapitel 35 Effekte und Tricks mit Filtern

Abbildung 35.6 ▼
Hier wurde noch ein bisschen ausgemalt.

nen Bereiche im Bild malen. Im Beispiel wurde hierbei für jeden Bereich eine neue leere transparente Ebene angelegt, weil sich so jederzeit zu viel Ausgemaltes wieder wegradieren lässt. Durch unterschiedliche Ebenenmodi ❶ und DECKKRAFT-Einstellungen ❷ müssen Sie nicht so genau malen.

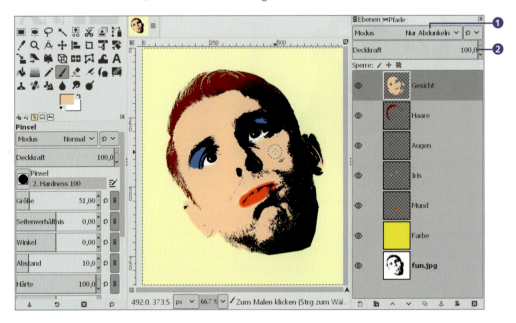

6 Bild skalieren

Sind Sie mit dem Ergebnis zufrieden, sollten Sie alle Ebenen im EBENEN-Dialog zu einem Bild zusammenfügen (rechter Mausklick und dann BILD ZUSAMMENFÜGEN wählen). Jetzt sollten Sie das Bild noch verkleinern, damit es am Ende nicht übertrieben groß wird. Wählen Sie BILD • BILD SKALIEREN, und verwenden Sie für die neue Bildgröße ❸ je 500 Pixel BREITE und HÖHE. Bestätigen Sie den Dialog mit SKALIEREN ❹.

Abbildung 35.7 ▶
Bild skalieren

808

7 Bild kacheln

Rufen Sie FILTER • ABBILDEN • KACHELN auf, und verwenden Sie für die HÖHE und BREITE exakt den doppelten Wert der aktuellen Bildgröße. Im Beispiel haben Sie das Bild im Arbeitsschritt zuvor auf 500 × 500 Pixel skaliert, weswegen Sie hier also 1 000 × 1 000 Pixel verwenden sollten. Damit schaffen Sie Platz für insgesamt vier Bilder. Bestätigen Sie den Dialog mit OK. Natürlich können Sie hier auch mehr als nur vier Bilder für den Warhol-Effekt verwenden. Mit dem dreifachen Wert der Bildgröße werden beispielsweise neun Bilder gekachelt.

▲ Abbildung 35.8
Bilder kacheln

8 Kachel auswählen

Wählen Sie das Werkzeug RECHTECKIGE AUSWAHL (R), und setzen Sie ein Häkchen vor FIXIERT ❻. Stellen Sie in der Dropdown-Liste daneben ❺ die GRÖSSE ein, und geben Sie in das Textfeld darunter die ursprüngliche Bildgröße ein, in der das Bild vor dem Kacheln vorlag. Im Beispiel waren dies 500 × 500 Pixel. Ziehen Sie jetzt eine rechteckige Auswahl um die erste Kachel rechts oben ❼ im Bildfenster. Damit es einfacher geht, sollten Sie das magnetische Raster über ANSICHT • MAGNETISCHES RASTER aktivieren.

▼ Abbildung 35.9
Eine Kachel auswählen

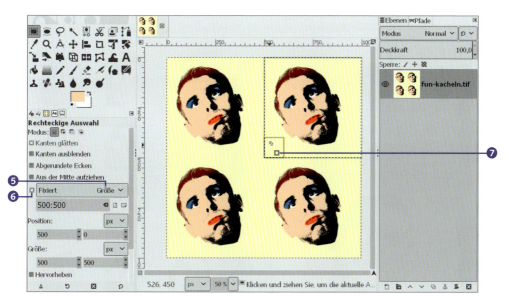

9 Farbton ändern

Öffnen Sie den Dialog FARBEN • FARBTON/SÄTTIGUNG (zweiter Menüeintrag), und verändern Sie den Regler FARBTON ❽, wie es Ihnen gefällt. Im Beispiel wurde der Regler ganz nach links auf –180 gezogen. Bestätigen Sie den Dialog mit OK.

Kapitel 35 Effekte und Tricks mit Filtern

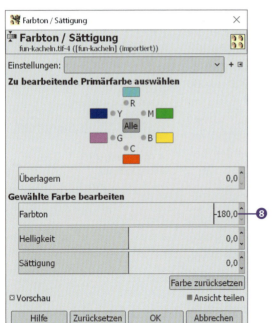

◄▲ **Abbildung 35.10**
Farbton verändern

10 **Schritt 8 und 9 wiederholen**
Wiederholen Sie die Arbeitsschritte 8 und 9 mit den unteren beiden Kacheln, und fertig ist ein einfacher Warhol-Effekt.

▲ **Abbildung 35.11**
Das Endergebnis

▲ **Abbildung 35.12**
Eine weitere Möglichkeit mit weiteren Kacheln

35.2 Sin-City-Effekt

Spätestens seit dem Kinofilm »Sin City«, einer Comic-Verfilmung, ist dieser Film-noir-ähnliche Stil sehr beliebt. Der Sin-City-Effekt ist eine Mischung aus düsteren Schwarzweißbildern, in denen sich immer wieder vereinzelte, aber kräftige Farben ins Bild mischen. Es gibt viele Wege, diesen Effekt zu erstellen. In diesem Buch soll einer davon beschrieben werden.

Kapitel-035/sin-city.jpg

Schritt für Schritt
Sin-City-Effekt erstellen

1 Schwarzweißbild erstellen

Sofern Ihr Bild noch nicht als Schwarzweißbild vorliegt, sollten Sie es zunächst noch in ein solches umwandeln. Hierfür würde sich auf die Schnelle die Funktion FARBEN • ENTSÄTTIGEN • ENTSÄTTIGEN anbieten. Wichtig ist, dass Sie das Bild weiterhin im RGB-Modus belassen; der Graustufen-Modus eignet sich nicht für diesen Effekt.

▲ **Abbildung 35.13**
Mit diesem Foto soll der Sin-City-Effekt demonstriert werden.

▲ **Abbildung 35.14**
Zunächst benötigen Sie ein Schwarzweißbild für den Effekt.

2 Hintergrundebene duplizieren

Öffnen Sie den EBENEN-Dialog (beispielsweise mit [Strg]/[Cmd]+[L]), und duplizieren Sie die Hintergrundebene über die entsprechende Schaltfläche ❸. Entfernen Sie vor der kopierten Ebene das Augensymbol ❶, damit diese zunächst nicht angezeigt wird. Aktivieren Sie anschließend wieder die untere Ebene ❷.

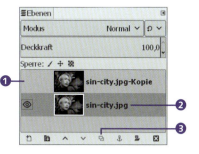

▲ **Abbildung 35.15**
Hintergrundebene duplizieren

3 Ebene posterisieren

Zunächst sollen die Farben der untersten Ebene reduziert werden. Verwenden Sie hierfür FARBEN • POSTERISIEREN, und wählen Sie beim Regler POSTERISIERUNGSSTUFEN ❶ (Abbildung 35.16) den Wert 2 aus. Bestätigen Sie den Dialog mit OK.

▲ Abbildung 35.16
Farbanzahl reduzieren

Modus der Ebenen

Entscheidend für das Beispiel sind die verschiedenen Ebenenmodi. Es empfiehlt sich hier, mit den verschiedenen Modi zu experimentieren. Wenn Sie zum Beispiel ein anderes Bild anstelle des Beispielbildes verwenden, kann es sein, dass Sie hier andere Werte verwenden müssen. Dazu kommt noch der persönliche Geschmack. Dies gilt für alle Schritte in diesem Workshop.

4 Ebene duplizieren und Cartoon erstellen

Duplizieren Sie die eben posterisierte Ebene mit der entsprechenden Schaltfläche ❻ im EBENEN-Dialog, und aktivieren Sie die Kopie ❺. Wenden Sie auf diese Ebene FILTER • KÜNSTLERISCH • COMIC an. Verwenden Sie für die beiden Optionen ❷ MASKENRADIUS und SCHWARZANTEIL den maximal möglichen Wert, und bestätigen Sie den Dialog mit OK. Stellen Sie den MODUS dieser Ebene auf NACHBELICHTEN ❸, und reduzieren Sie die DECKKRAFT ❹ auf 50. Dank dieser Ebene erhält das Gesamtbild wieder mehr Details, ohne allzu realistisch zu wirken, was wir ja in diesem Fall nicht wollen.

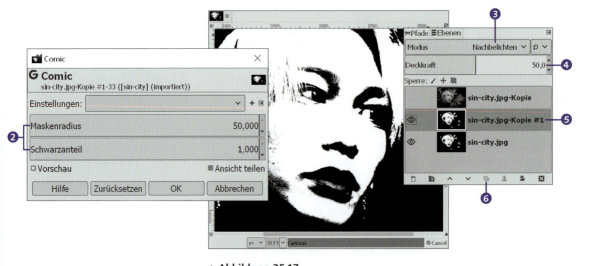

▲ Abbildung 35.17
Die zweite Ebene bekommt einen Comic-Effekt.

35.2 Sin-City-Effekt

5 Schwellwert verwenden

Setzen Sie in der obersten Ebene im EBENEN-Dialog wieder das Augensymbol ❽, um diese Ebene wieder anzuzeigen, und aktivieren Sie diese Ebene auch gleich. Ändern Sie den Modus der Ebene auf FASER MISCHEN ❼. Rufen Sie FARBEN • SCHWELLWERT auf, und stellen Sie den schwarzen Regler ❾ auf den Wert 155. Bestätigen Sie den Dialog mit OK. Jetzt hat unser Gesamtbild noch mehr dunkle Details erhalten, ohne »zu echt« zu wirken.

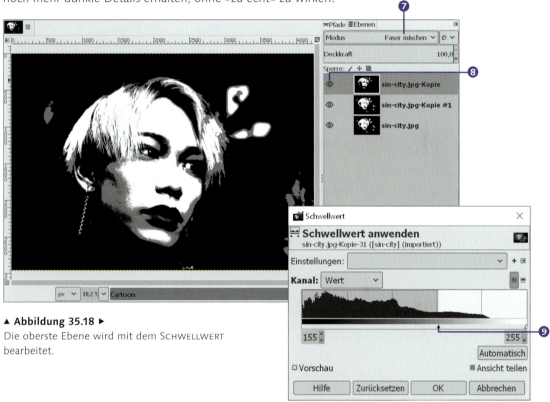

▲ **Abbildung 35.18** ▶
Die oberste Ebene wird mit dem SCHWELLWERT bearbeitet.

6 Vertikale Linien hinzufügen

Um den Sin-City-Effekt zu verstärken, soll nun noch »Regen« hinzugefügt werden. Erstellen Sie dazu zunächst über die entsprechende Schaltfläche ❹ (Abbildung 35.19) im EBENEN-Dialog eine neue leere transparente Ebene. Aktivieren Sie diese Ebene ❺, und rufen Sie FILTER • RENDER • MUSTER • GITTER auf. Lösen Sie das Kettensymbol von BREITE und HÖHE ❶ sowie von LINIENBREITE und LINIENHÖHE ❷, und stellen Sie BREITE auf 70 und HÖHE auf 1. Die LINIENBREITE stellen Sie zunächst jeweils auf 5 und die LINIENHÖHE auf 0. Der VERSATZ spielt hier keine große Rolle. Ändern Sie außerdem die Farbe der vertikalen Linie auf Weiß ❸, und bestätigen Sie den Dialog mit OK.

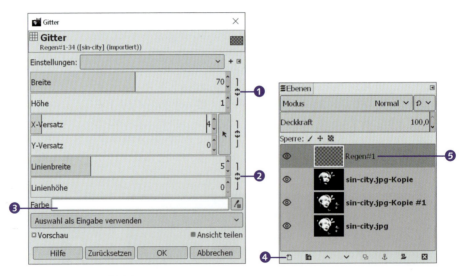

▲ **Abbildung 35.19**
Vertikale Linien für den Regen hinzufügen

7 Vertikale Linien verzerren
Damit der Regen nicht einfach senkrecht herunterfällt, sollten Sie ihn mit dem Werkzeug Perspektive verzerren. Im Beispiel wurde lediglich der Griffpunkt rechts unten ❻ weiter nach unten und rechts gezogen. Klicken Sie auf die Schaltfläche Transformation.

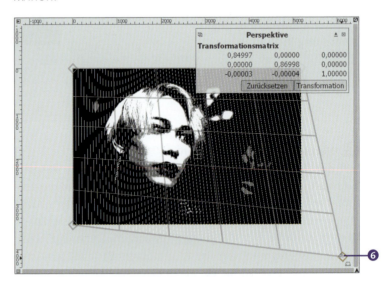

Abbildung 35.20 ▶
Vertikale Linien verzerren

8 Linien weichzeichnen
Stellen Sie jetzt zunächst den Modus der Ebene mit den vertikalen Linien auf Teilen ❼, und rufen Sie dann Filter • Weichzeich-

35.2 Sin-City-Effekt

nen • Gaussscher Weichzeichner mit einem Weichzeichnenradius von jeweils 8 Pixeln ❽ auf.

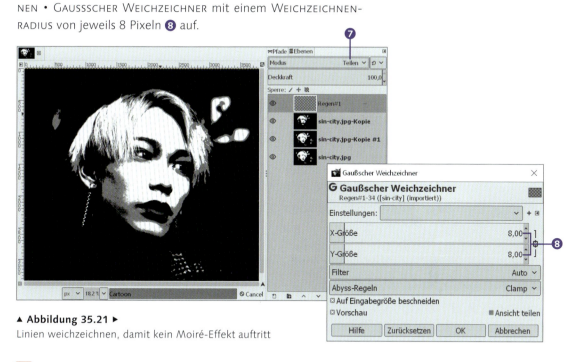

▲ **Abbildung 35.21** ▶
Linien weichzeichnen, damit kein Moiré-Effekt auftritt

❾ Schritt 6 bis 8 wiederholen

Wiederholen Sie die Schritte 6 bis 8 zweimal (oder auch öfter), verwenden Sie dabei aber für die vertikalen Linien andere Linienstärken und Abstände. Auch die Perspektive der Linien sollten Sie immer etwas anders verzerren. Um die Härte der einzelnen vertikalen Linien ein wenig abzuschwächen, reduzieren Sie bei Bedarf die Deckkraft ❾ bei den einzelnen Ebenen etwas. Im Beispiel wurde am Ende der Regen aus drei Ebenen ❿ erstellt.

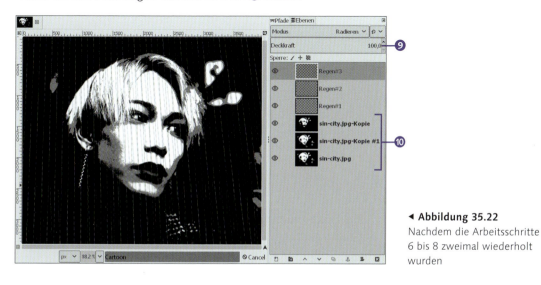

◀ **Abbildung 35.22**
Nachdem die Arbeitsschritte 6 bis 8 zweimal wiederholt wurden

815

10 Analyse

Im Grunde ist nun der Sin-City-Effekt fertig. Sie brauchen nur noch alle Ebenen zusammenzufügen. Wenn Sie wollen, versehen Sie das Bild auch noch mit einem Text. Oder fügen Sie zum Wasser auf einer leeren transparenten Ebene eine knallige Farbe hinzu.

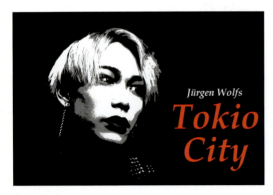

▲ **Abbildung 35.23**
Ein einfacher und schneller Sin-City-Effekt …

▲ **Abbildung 35.24**
… alternativ mit etwas mehr Farbe

TEIL XII
Präsentieren und Weitergeben

Kapitel 36
GIMP für das Internet

Viele Anwender verwenden GIMP auch zur Erstellung von Webgrafiken wie GIF-Animationen, Buttons, Bannern oder Hintergründen. GIMP kann aber noch mehr. So können Sie damit auch den HTML-Code für Image-Maps erzeugen.

36.1 GIF-Animation

Natürlich lässt sich auch unter GIMP mit einfachen Mitteln eine Animation im GIF-Format erstellen. Eine solche Reihenfolge von Bildern, die gerne für Banner, Logos oder kreative Zwecke verwendet wird, lässt sich über Ebenen realisieren. Jede Ebene wird bei einer Animation auch als **Frame** bezeichnet. Von besonderer Wichtigkeit ist natürlich die richtige Reihenfolge, in der Sie die einzelnen Bilder im EBENEN-Dialog stapeln. Im EBENEN-Dialog liegt immer unten das erste Bild, in der Reihenfolge nach oben bis zum letzten Bild. Eine Animation wird im GIF-Dateiformat gespeichert.

Wenn Sie eine GIF-Animation in GIMP über DATEI • ÖFFNEN oder [Strg]/[Cmd]+[O] öffnen, können Sie die einzelnen Frames im EBENEN-Dialog betrachten.

36.1.1 Eine eigene Animation erstellen

Um eine eigene Animation zu erstellen, müssen Sie sich zuerst überlegen, was die Animation tun soll. In diesem Beispiel begnügen wir uns mit einem einfachen Ball, der durch das Bild hüpft. Sie können genauso gut einen Text oder freigestellte Bilder hierfür verwenden. In diesem Kapitel geht es allerdings nur um die Grundlagen der Erstellung von GIF-Animationen und die Hilfsmittel, die Sie dazu verwenden können.

Schritt für Schritt
GIF-Animation erstellen

1 Hintergrund anlegen

Kapitel-036/Cityscape-klein.xcf, Flying-Robin-klein.xcf, animation.gif

Erstellen Sie zunächst ein Hintergrundbild, das Sie für die Animation verwenden wollen. Im Beispiel habe ich eine Stadtaufnahme auf 500 × 333 Pixel klein skaliert und mit BILD • MODUS • INDIZIERT auf 256 Farben reduziert.

Für Fotos ungeeignet
Beachten Sie, dass das GIF-Dateiformat nur 256 Farben unterstützt. Daher sind Animationen eher nicht für hochauflösende Fotos mit vielen Farben geeignet.

▲ Abbildung 36.1
Das Hintergrundbild für unsere Animation

2 Ebene mehrmals duplizieren

Duplizieren Sie jetzt die Ebene über die entsprechende Schaltfläche ❷ im EBENEN-Dialog mehrmals, um gleich mehrere Flächen zum Zeichnen zur Verfügung zu haben.

3 Bewegendes Objekt hinzufügen (1)

Jetzt sollten Sie bei allen Ebenen bis auf die aktive Ebene ❶, die Sie bearbeiten wollen, das Augensymbol deaktivieren, damit die gerade nicht bearbeiteten Ebenen über der aktiven Ebene nicht mehr sichtbar sind. Die Ebenen darunter im EBENEN-Dialog können Sie immer sichtbar lassen.

Jetzt müssen Sie entscheiden, was Sie als bewegendes Objekt im Bild verwenden wollen. Hierfür können Sie zum Beispiel das PINSEL-Werkzeug mit einer selbst erstellten Pinselspitze verwenden. Im Beispiel habe ich eine Person freigestellt und das Bild auf eine passende Größe klein skaliert (im Beispiel auf 300 × 200 Pixel) und auf 256 Farben reduziert. Wählen Sie das Bild mit [Strg]/[Cmd]+[A] aus, und kopieren Sie es mit [Strg]/[Cmd]+[C] in die Zwischenablage.

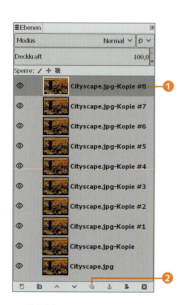

▲ Abbildung 36.2
Mehrere Kopien der Ebene erstellt

36.1 GIF-Animation

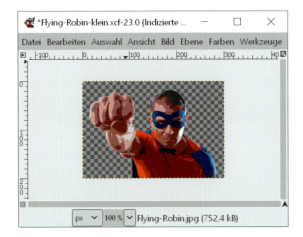

◀ **Abbildung 36.3**
Das sich bewegende Objekt in die Zwischenablage kopieren

Fügen Sie jetzt das Motiv in das Bild mit ⌈Strg⌉/⌈Cmd⌉+⌈V⌉ ein, und verschieben Sie diese Ebene mit dem VERSCHIEBEN-Werkzeug an die Stelle, von wo die Person in das Bild hereinfliegen soll. Sind Sie mit der Position zufrieden, klicken Sie auf das Ankersymbol ❸ im EBENEN-Dialog, und die Ebene wird auf der Ebene mit der Stadtaufnahme vereint. Die unterste Hintergrundebene sollten Sie allerdings unberührt lassen, um so gegebenenfalls weitere Kopien dieser Ebene erstellen zu können.

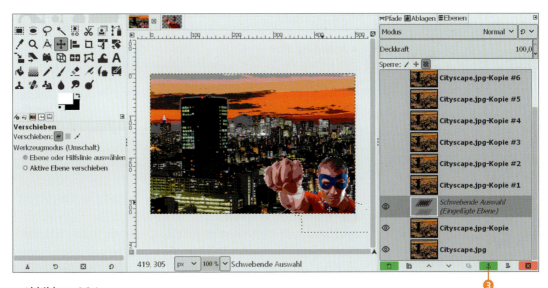

▲ **Abbildung 36.4**
Die Person kommt ins Bild.

4 Bewegendes Objekt hinzufügen (2)
Aktivieren Sie die darüberliegende Ebene ❹; lassen Sie das Augensymbol aber noch deaktivert. Fügen Sie hier jetzt erneut die

kopierte Ebene mit der Person mit ⌈Strg⌉/⌈Cmd⌉+⌈V⌉ ein, und verschieben Sie den Umriss an die Stelle, wo die Person im zweiten Frame erscheinen soll. Natürlich können Sie das auf dem Bild noch nicht erkennen. Aktivieren Sie das Augensymbol dieser Ebene, und Sie haben das zweite Bild der Animation erstellt. Jetzt können Sie auch diese (noch) schwebende Auswahl mit dem Anklicken des Ankersymbols mit der darunterliegenden Ebene vereinen.

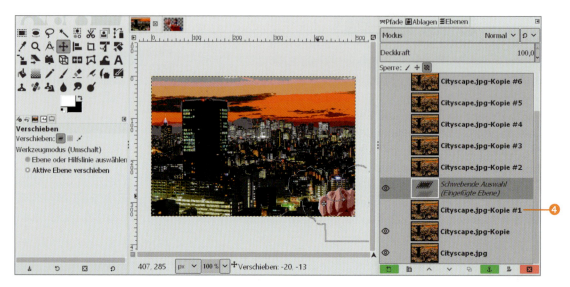

▲ Abbildung 36.5
Eine weitere Person an einer anderen Position für das nächste Frame hinzufügen

5 Schritt 4 wiederholen

Wiederholen Sie Arbeitsschritt 4 mehrmals, bis die Person durch das Bild geflogen ist. Reichen Ihnen die Hintergrundbilder nicht aus, können Sie jederzeit aus der untersten Ebene weitere Kopien hinzufügen.

6 Animation abspielen

Jetzt wird es Zeit für einen Probelauf, um die Animation zu testen. GIMP bietet hierfür ein Werkzeug an, das die einzelnen Frames im EBENEN-Dialog abspielt. Diesen Dialog rufen Sie über FILTER • ANIMATION • ANIMATION ABSPIELEN auf. Mit der Schaltfläche WIEDERGABE ❺ spielen Sie die Animation ab. Um das Fenster zu schließen, klicken Sie auf das kleine x rechts oben (oder beim Mac links oben) ❻ im Dialog.

▲ Abbildung 36.6
Nach 14 Ebenen ist die Person aus dem Bild »geflogen«.

◄ **Abbildung 36.7**
Animation abspielen

7 Als animiertes GIF abspeichern

Wenn Sie mit dem Ergebnis der Animation zufrieden sind, speichern Sie diese über DATEI • EXPORTIEREN als animiertes GIF ab. Wählen Sie im Dialog unter DATEITYP ❼ GIF-BILD aus. Klicken Sie auf EXPORTIEREN ❽.

Als Nächstes erscheint ein weiterer Dialog, in dem Sie angeben müssen, wie das GIF-Bild gespeichert werden soll. Diesen Dialog erkläre ich im nächsten Schritt.

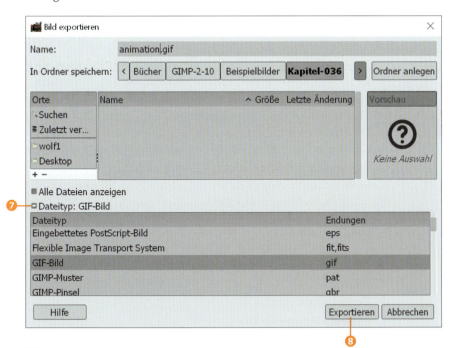

◄ **Abbildung 36.8**
Bild als GIF abspeichern

8 Animationseinstellungen anpassen

Es erscheint ein weiterer Dialog, in dem Sie Einstellungen für die Animation vornehmen können (siehe Abbildung 36.9). Aktivieren Sie INTERLACE ❶, wird das Bild zeilenweise beim Laden einer Webseite aufgebaut. Die Einstellung stammt noch aus Zeiten langsamer Internetverbindungen und ist nicht mehr sinnvoll. Mit GIF-Kommentar ❷ können Sie einen solchen als 7-Bit-ASCII-Code (ohne Umlaute) in das Bild einbetten. Verwenden Sie trotzdem Umlaute, wird der Kommentar nicht mitgespeichert. Setzen Sie auf jeden Fall ein Häkchen vor die Option Als Animation ❸. Aktivieren Sie Schleife endlos wiederholen ❹, wird die Animation ständig wiederholt. Über Pause zwischen Einzelbildern (wenn nicht spezifiziert) ❺ bestimmen Sie, wie lange ein Bild (Frame) angezeigt werden soll (im Beispiel 100 Millisekunden), bis die Animation zum nächsten springt. Die Zeit ist in Millisekunden (1 Sekunde = 1 000 Millisekunden) angegeben. Mit Einzelbildübergang (wenn nicht spezifiziert) ❻ stellen Sie ein, wie die Ebenen überblendet werden sollen. Hierfür gibt es drei Möglichkeiten:

▶ Egal: Jeder Frame überschreibt den vorherigen Frame. Die einzelnen Frames sollten dabei nicht transparent sein.

▶ Kumulative Ebenen (Kombinieren): Der vorherige Frame wird beim Abspielen der Animation nicht gelöscht, wenn der nächste Frame angezeigt wird.

▶ Ein Einzelbild pro Ebene (Ersetzen): Der Inhalt eines Frames wird gelöscht, bevor der nächste Frame angezeigt wird.

Mit der Option Obige Pause für alle Einzelbilder verwenden ❼ können Sie erzwingen, dass alle Einzelbilder den angegebenen Wert ❿ in Millisekunden verwenden, auch wenn Sie in der Ebene manuell eine andere Zeit vorgegeben haben (mehr dazu erfahren Sie nach diesem Workshop). Das Gleiche gilt für die Option Obigen Übergang für alle Einzelbilder verwenden ❽, womit Sie die Angaben von ❻ erzwingen können, auch wenn etwas anderes in den Ebenen eingestellt wurde. Klicken Sie am Ende auf die Schaltfläche Exportieren ❾.

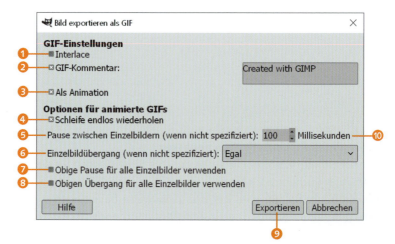

Abbildung 36.9 ▶
Einstellungen für die GIF-Animation

36.1 GIF-Animation

9 Animation im Webbrowser betrachten

Nachdem Sie eine GIF-Animation erstellt haben, können Sie sie auf einer Webseite veröffentlichen oder einfach nur im Webbrowser betrachten. Jeder Webbrowser kann GIF-Animationen anzeigen.

◀ **Abbildung 36.10**
Die fertige Animation im Webbrowser

Kapitel-036/animation.gif

Unterschiedliche Pausen zwischen den Frames | Wenn Sie das fertige Bild »animation.gif« öffnen und einen Blick in den EBENEN-Dialog werfen, werden Sie feststellen, dass sich die Ebenennamen beim Abspeichern geändert haben. Die Zeile hat jetzt immer folgenden Aufbau:

```
Ebenenname (100ms)
```

Diese Zeitangaben wurden bei der Schritt-für-Schritt-Anleitung in Arbeitsschritt 8 hinzugefügt. Mit (100ms) wird die Länge der Pause angegeben, nach welcher der nächste Frame (Ebene) angezeigt werden soll. Sie können diesen Wert jederzeit nachträglich ändern und das Bild wieder als Animation speichern.

◀ **Abbildung 36.11**
Ebenennamen mit Pausenangaben und dem Frame-Überblendungsmodus

825

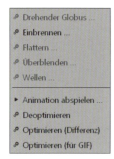

▲ **Abbildung 36.12**
Weitere Hilfsfunktionen zum Erstellen besonderer Animationen

Sie können aber diese Werte auch sofort im EBENEN-Dialog angeben, bevor Sie das Bild als GIF-Animation speichern. Dies empfiehlt sich in der Praxis bei einzelnen Bildern, die unregelmäßig länger oder kürzer als andere angezeigt werden sollen. Gerade beim Start oder Ende einer Animation, die unendlich wiederholt wird, ist eine solche zusätzliche Verzögerung durchaus sinnvoll.

36.1.2 Animation optimieren

Eine Animation, die aus vielen einzelnen Frames besteht, kann eine ziemliche Dateigröße erreichen. Gerade wenn Sie Animationen im Webbereich einsetzen, ist die Dateigröße von einiger Bedeutung. Über FILTER • ANIMATION finden Sie mit OPTIMIEREN (DIFFERENZ) und OPTIMIEREN (FÜR GIF) zwei Möglichkeiten, die Dateigröße Ihrer Animation zu optimieren (sprich zu verringern). Die Optimierung geschieht, indem aus den einzelnen Frames Elemente entfernt werden, die identisch sind.

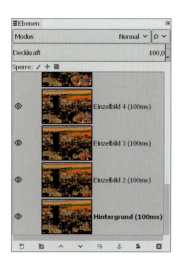

▲ **Abbildung 36.13**
Die herkömmlich gespeicherte Animation ohne eine Optimierung; die Dateigröße beträgt 471 Kilobyte.

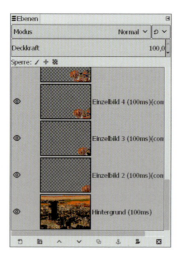

▲ **Abbildung 36.14**
Nach dem Aufruf von OPTIMIEREN (DIFFERENZ) sind nur noch an den Stellen Teile des Hintergrundes erhalten, die zuvor vom hereinfliegenden Superhelden verdeckt waren. Die Größe der Animation beträgt jetzt nur noch 109 Kilobyte.

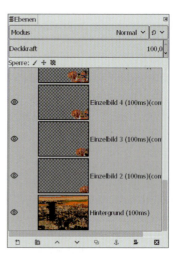

▲ **Abbildung 36.15**
Hier wurde OPTIMIEREN (FÜR GIF) verwendet. Damit wurden die einzelnen Ebenen noch stärker reduziert, womit die tatsächliche Dateigröße nur noch 104 Kilobyte beträgt.

36.1.3 »Animation«-Filter

Neben den Filtern, die bei der Erstellung von GIF-Animationen helfen, finden Sie über FILTER • ANIMATION auch einige weitere Helferlein, um aus einem Bild eine bestimmte Animation zu erzeugen.

36.1 GIF-Animation

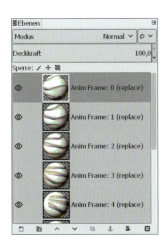

◀ **Abbildung 36.16**
Mit DREHENDER GLOBUS erzeugen Sie eine Animation durch das Abbilden des aktiven Bildes auf einer rotierenden Kugel.

Optimieren
Wenn Sie sich nicht sicher sind, was hier passiert, deaktivieren Sie einfach über das Augensymbol im EBENEN-Dialog alle Ebenen bis auf eine, und Sie werden verstehen, was beim Optimieren passiert ist. Achten Sie auch auf die Größe des Ebenenrahmens.

▲ **Abbildung 36.17**
Mit EINBRENNEN erstellen Sie einen animierten Zwischeneffekt, eine Überblendung, zwischen zwei Ebenen.

▲ **Abbildung 36.18**
FLATTERN fügt dem Bild einen animierten Effekt hinzu, als würde das Bild als Fahne im Wind wehen.

▲ **Abbildung 36.19**
Mit ÜBERBLENDEN erzeugen Sie aus mindestens drei verschiedenen Ebenen eine weiche und animierte Überblendung der einzelnen Ebenen.

▲ **Abbildung 36.20**
Mit WELLEN entsteht ein animierter Effekt, als hätte jemand einen Stein in das Bild geworfen.

Antialias-Effekt

Mit dem Antialiasing wird versucht, den unerwünschten Treppeneffekt, auch Alias-Effekt genannt, zu vermindern und so ein kantiges Erscheinungsbild abzumildern. Hierbei spricht man auch von Kantenglättung.

36.1.4 »Teil-Abflachen«

Den Befehl EBENE • TRANSPARENZ • TEIL-ABFLACHEN finden Sie auch als Filter über FILTER • WEB • TEIL-ABFLACHEN. Das TEIL-ABFLACHEN wird gewöhnlich beim GIF-Format verwendet. Da das GIF-Format keine Halbtransparenz (Alphawert: 1 bis 254) kennt, kann ein Pixel nur entweder komplett deckend oder eben komplett transparent sein. Für den Antialias-Effekt ist dies eher störend. Mit TEIL-ABFLACHEN lassen sich halbtransparente Pixel erzeugen.

Wenn Sie diesen Filter verwenden wollen, müssen Sie die Hintergrundfarbe an der Stelle kennen, wo Sie das Bild verwenden wollen. Am einfachsten ermitteln Sie diese Hintergrundfarbe mit der Farbpipette und stellen diese als aktive Hintergrundfarbe im Werkzeugkasten ein.

Ohne »Teil-Abflachen« | Der Buchstabe in Abbildung 36.21 wurde mit dem TEXT-Werkzeug und der dort vorhandenen Werkzeugeinstellung KANTEN GLÄTTEN erstellt.

Weil das GIF-Format nur die Alphawerte 0 und 255 kennt, sind die Glättungen, die durch Alphawerte von 1 bis 254 entstehen, in Abbildung 36.22 verschwunden. Die Darstellung wirkt recht kantig und grob.

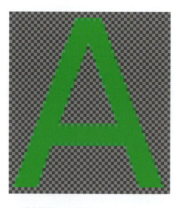

▲ **Abbildung 36.21**
Das Bild ist hier zur Verdeutlichung achtfach (800 %) vergrößert.

▲ **Abbildung 36.22**
Hier wurde der Buchstabe im GIF-Format gespeichert und auf einem weißen Hintergrund eingefügt.

Mit »Teil-Abflachen« | Bevor Sie diese Funktion benutzen, müssen Sie natürlich wissen, welche Hintergrundfarbe beispielsweise die Webseite hat, auf der Sie das Bild verwenden wollen. Stellen Sie die aktive Hintergrundfarbe in GIMP dementsprechend ein. Im Beispiel wurde Weiß verwendet.

Die Funktion TEIL-ABFLACHEN müssen Sie aufrufen, bevor Sie das Bild im GIF-Format abspeichern.

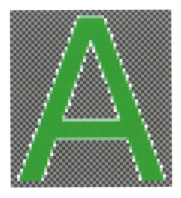

▲ **Abbildung 36.23**
Hier wurde TEIL-ABFLACHEN angewendet. Die aktive Hintergrundfarbe und die grüne Farbe des Bildes wurden entsprechend gemischt, und somit wurde das Antialiasing mit einer kompletten Transparenz (Alphawert von 0 oder 255) erstellt.

▲ **Abbildung 36.24**
Dank TEIL-ABFLACHEN blieb jetzt auch hier bei einem weißen Hintergrund das Antialiasing beim GIF-Format erhalten, was sich im Vergleich zur Version ohne TEIL-ABFLACHEN in der 8:1-Ansicht deutlich bemerkbar macht.

36.2 Eine Image-Map erstellen

GIMP hat auch ein integriertes Plugin, mit dem Sie eine verweissensitive Grafik (engl. *Image-Map*) erstellen können. Hiermit haben Sie die Möglichkeit, mehrere Weblinks (in der Fachsprache: Hyperlinks) in einer Grafik zu verwenden. Häufig anzutreffende und nützliche Beispiele hierfür sind Landkarten auf der Webseite, die auf bestimmte Regionen verweisen.

GIMP hält über FILTER • WEB • IMAGEMAP ein sehr umfangreiches Werkzeug bereit, das den nötigen HTML-Code für verweissensitive Grafiken erstellt. Oben in IMAGEMAP sehen Sie die Menüleiste ❶, wo Sie alle Befehle für das Werkzeug erreichen. Die wichtigsten und gängigsten Befehle finden Sie aber auch als Schaltflächen unterhalb ❷ der Menüleiste im Fenster wieder, weshalb hier nicht näher auf das Menü eingegangen wird.

In der senkrechten Schaltflächenleiste auf der linken Seite ❸ finden Sie die verschiedenen Werkzeuge, mit denen Sie die klickbaren Bereiche definieren. Als Formen stehen Ihnen Rechteck, Ellipse bzw. Kreis und Polygon zur Verfügung. Die aufgezogenen Bereiche können Sie jederzeit nachträglich editieren.

HTML-Grundkenntnisse nötig

Mit dem Plugin IMAGEMAP wird nur der HTML-Code für das Bild erstellt und nicht das komplette Grundgerüst für eine Webseite. Sie müssen daher den Quellcode aus einer MAP-Datei mit den map-Tags in die HTML-Datei einfügen. Sie können nicht einfach die mit IMAGEMAP erstellte Datei als HTML-Datei abspeichern.

Kapitel 36 GIMP für das Internet

Die Mitte, der größte Teil des Fensters, stellt den Arbeitsbereich ❹ dar, wo Sie die Formen mit den Werkzeugen ❸ einfügen. Ganz rechts im Bildfenster finden Sie den AUSWAHL-Bereich ❻, in dem die ausgewählten und künftig klickbaren Bereiche aufgelistet werden. Auch diese Bereiche können Sie nachträglich bearbeiten. Links daneben finden Sie ebenfalls eine senkrechte Leiste ❺ mit Schaltflächen, mit denen Sie diese Bereiche bearbeiten und löschen.

Abbildung 36.25 ▼
Das Fenster des Filters IMAGEMAP

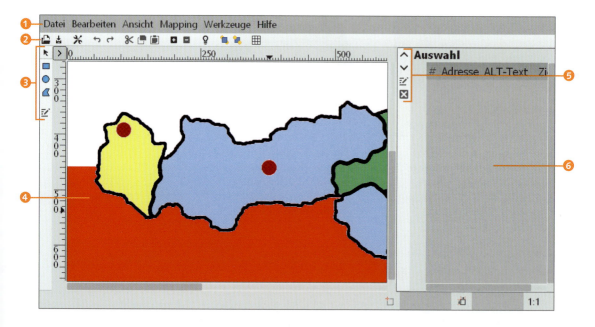

Schritt für Schritt
Verweissensitive Bereiche erstellen

Kapitel-036/Austria.png und Austria.html

Um Sie nicht mit unzähligen Funktionen und Beschreibungen zum Filter IMAGEMAP zu langweilen, zeige ich Ihnen in einem Workshop, wie Sie einer Grafik einen verweissensitiven Bereich hinzufügen und wie Sie ihn im Internet verwenden können.

Abbildung 36.26 ▶
Bei dieser Landkarte von Österreich sollen die neun Bundesländer ausgewählt und mit ihren offiziellen Webseiten verlinkt werden.

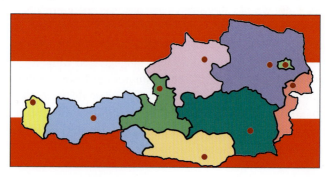

36.2 Eine Image-Map erstellen

1 Bild öffnen

Öffnen Sie das Bild »Austria.png« über DATEI • ÖFFNEN wie gewöhnlich mit GIMP. Rufen Sie FILTER • WEB • IMAGEMAP auf, und die Landkarte ist mit dem Werkzeug IMAGEMAP geöffnet.

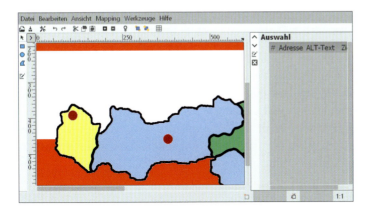

◀ **Abbildung 36.27**
Die Landkarte wurde mit IMAGEMAP geöffnet.

2 Verweissensitiven Bereich festlegen

Aktivieren Sie das Werkzeug, um einen polygonalen Bereich ❼ auszuwählen, und erstellen Sie hiermit Klick für Klick eine Umrandung um ein Bundesland ❽. Lassen Sie sich nicht davon irritieren, dass die Auswahl immer geschlossen ist und eine Linie quer durch das Bundesland geht. Am Ende, wenn Sie alles umrahmt haben, haben Sie eine saubere Auswahl.

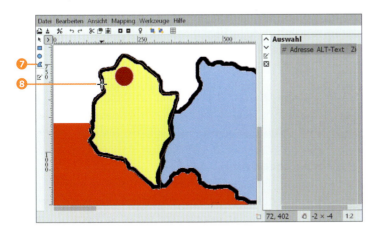

◀ **Abbildung 36.28**
Eine polygonale Auswahl wird erstellt.

3 Einstellungen für Bereich anpassen

Wenn Sie die Auswahl erstellt haben, doppelklicken Sie auf das Polygon. Der Doppelklick ist übrigens nur beim Polygon nötig. Jetzt öffnet sich ein Dialogfenster, in dem Sie die Einstellungen für den verweissensitiven Bereich anpassen können. Um was für eine Art von Verknüpfung es sich handelt, wählen Sie unter VER-

Weitere Register

Im Register daneben (hier POLYGON) können Sie die Abmessungen nachträglich anpassen und erweitern. Unter JAVASCRIPT können Sie erweiterte JavaScript-Befehle für die einzelnen Mausereignisse (onMouseover, onMouseout, onFocus und onBlur) angeben.

KNÜPFUNGSTYP ❶ aus. Im Beispiel ist es ein Link auf eine INTERNET-SEITE.

In der Textzeile darunter ❷ geben Sie ein, welche Datei oder Adresse geöffnet werden soll, wenn dieser Bereich angeklickt wird. Im Beispiel wird dieser Bereich mit der offiziellen Webseite des Bundeslands Vorarlberg verknüpft. Soll die Adresse in einem Frame geöffnet werden, müssen Sie in der nächsten Textzeile ❸ den Frame-Namen angeben. In diesem Beispiel ist dies nicht nötig, weil keine Frames verwendet werden. In der letzten Textzeile ALT-TEXT ❹ geben Sie einen Alternativtext an, der eingeblendet wird, wenn die Webseite mit einem Textbrowser oder mit abgeschalteter Bildunterstützung aufgerufen wird. Nach W3C-Spezifikation sind diese Angaben vorgeschrieben. Bestätigen Sie den Dialog mit OK.

▲ **Abbildung 36.29**
Einstellungen für den verweissensitiven Bereich

4 Bereich nachbearbeiten

Im rechten Teil des Fensters unterhalb von AUSWAHL sehen Sie jetzt den Bereich in der Liste ❽. Wollen Sie diesen Bereich editieren, doppelklicken Sie ihn an oder klicken auf die entsprechende Schaltfläche ❼ daneben. Sind Sie mit der Auswahl nicht zufrieden, können Sie sie auch über das Löschen-Symbol ❾ löschen. Im AUSWAHL-Bereich können Sie die polygonale Auswahl auch nachträglich ändern, indem Sie das Werkzeug mit dem Pfeil ❺ auswählen und die einzelnen Punkte ❻ mit gedrückter linker Maustaste verschieben.

36.2 Eine Image-Map erstellen

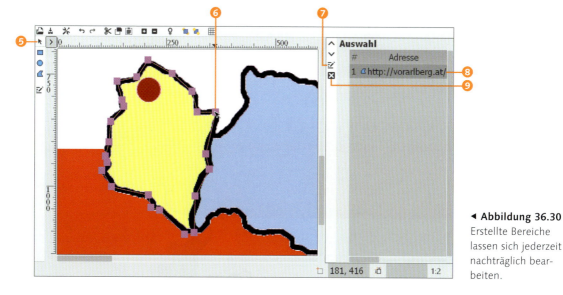

◀ **Abbildung 36.30**
Erstellte Bereiche lassen sich jederzeit nachträglich bearbeiten.

5 **Bereiche innerhalb von Bereichen verwenden**

Wollen Sie einen verweissensitiven Bereich innerhalb eines ausgewählten Bereichs anlegen, kann dies sehr knifflig werden, und Sie sollten das in der Praxis besser vermeiden. Es ist dennoch möglich. So wurde beispielsweise in der Abbildung die Hauptstadt des Bundeslandes Vorarlberg, Bregenz ❿, über einen runden Auswahl-Bereich mit der offiziellen Homepage verlinkt. Um jetzt allerdings diese Hauptstadt auch später anklicken und öffnen zu können (genauer: zu verhindern, dass der kleinere Bereich vom größeren verdeckt wird), markieren Sie den entsprechenden Eintrag mit gehaltener ⎡Strg⎤/⎡Cmd⎤-Taste im Auswahl-Bereich ⓬, und klicken Sie auf die Schaltfläche Nach hinten setzen ⓫. Jetzt sollte die Reihenfolge in der Liste umgekehrt sein ⓭ – zuerst wird also die Hauptstadt, dann das Bundesland aufgelistet. Wesentlich einfacher können Sie es sich hierbei machen, indem Sie immer gleich den inneren Bereich vor dem äußeren Bereich erstellen.

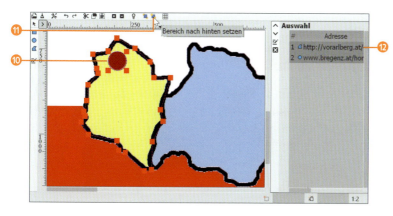

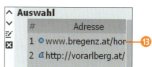

◀ **Abbildung 36.31**
Verweissensitive Bereiche innerhalb vorhandener Bereiche können recht komplex werden, da ein Bereich den anderen überdecken kann.

Abbildung 36.32 ▼
Die Landkarte viele hinzugefügte Bereiche später …

6 Schritte 2 bis 5 wiederholen

Jetzt wiederholen Sie die Arbeitsschritte 2 bis 5 mit den anderen Bundesländern und, wenn Sie wollen, deren Hauptstädten. Wenn Sie die Hauptstädte verwenden, sollten Sie diese immer vor den Bundesländern wählen.

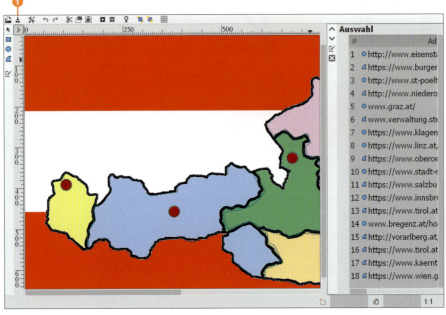

HTML-Quellcode

Wenn Sie nur den HTML-Quellcode der Image-Map benötigen und diesen über Copy & Paste in einen HTML-Editor einfügen wollen, rufen Sie im IMAGEMAP-Editor das Menü ANSICHT • QUELLE auf. Dann wird der Quellcode angezeigt. Ob Sie jetzt den Code per Copy & Paste kopieren oder nicht, speichern sollten Sie ihn unbedingt. So können Sie jederzeit die Datei über IMAGEMAP mit DATEI • ÖFFNEN laden und damit weiterarbeiten.

7 Datei speichern

Speichern Sie jetzt die MAP-Datei über das Speichern-Symbol ❶ in der Werkzeugleiste oder mit DATEI • SPEICHERN UNTER. Zwar speichern Sie hier HTML-Code, aber um diesen Code fehlt noch ein HTML-Grundgerüst. Sie können aber trotzdem die Datei mit der Endung »*.html« speichern und mit einem Webbrowser Ihrer Wahl testen. Wichtig dabei ist auf jeden Fall, dass die HTML-Datei und das Bild im selben Verzeichnis liegen.

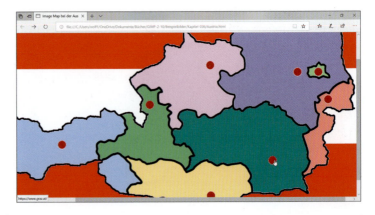

Abbildung 36.33 ▶
Die verweissensitive Grafik bei der Ausführung

8 | Noch ein paar Tipps

Zum Schluss muss natürlich hinzugefügt werden, dass der IMAGE-MAP-Editor von GIMP ein sehr tolles Werkzeug für Webentwickler ist. Leser, die allerdings mit HTML und Co. nicht viel zu tun haben, werden dem Tool wohl nicht viel abgewinnen können. Möchten Sie trotzdem eine solche Grafik mit dem entsprechenden Code im Web veröffentlichen und wissen nicht, wo Sie dabei anfangen sollen, können Sie sich gerne bei mir melden. Ein Tipp noch am Rande, wie Sie eine eigene Landkarte am besten erstellen: Verwenden Sie einen Atlas, zeichnen Sie die gewünschte Karte auf ein Stück Papier, scannen Sie das Bild ein, und verwenden Sie dann das PFADE-Werkzeug, um die Umrisse nachzuziehen. Am Ende brauchen Sie nur noch die einzelnen Bereiche mit einer Farbe zu füllen.

36.3 Bilder für das Internet

Wenn Sie Bilder für das Internet verwenden wollen, sollten Sie sie dafür extra anpassen. Vor allem die Datenmenge müssen Sie stets im Auge behalten. Wenn Sie Fotos im Internet veröffentlichen, sollten Sie aber dennoch auch auf die Qualität achten.

36.3.1 Bildgröße (Pixelgröße)

Für Fotos auf einer Webseite ist es wenig sinnvoll, die Bilder in voller Pixelauflösung mit beispielsweise 4 000 × 3 000 Pixeln und unkomprimiert mit 3 bis 5 Megabyte zu verwenden. Die hohe Pixelanzahl bringt bei der Darstellung im Webbrowser recht wenig. Ganz im Gegenteil, die meisten Webbrowser skalieren die Ansicht des Bildes noch entsprechend herunter, damit dieses im Webbrowser-Fenster komplett angezeigt werden kann. Dabei wirkt allerdings das Bild, je nach Größe, schnell recht zusammengestaucht. Durchschnittliche Standardwerte von Monitoren sind in der Regel 1 024 × 768 oder auch 1 280 × 800 Pixel. Alles über diesen Werten wird vom Webbrowser (herunter-)skaliert dargestellt.

Kapitel-036/
doorknocker.jpg

Auch die Datenmenge des Bildes ist mit mehreren Megabytes nicht unbedingt gering. Zwar sind solche Datenmengen mit den heutigen Internetverbindungen binnen Sekunden geladen, aber es soll auch noch Leute geben, die in Gebieten leben, wo solch hohe Geschwindigkeiten noch nicht erhältlich sind. Außerdem gibt es ja auch noch das Datenlimit für mobile Surfer.

▲ **Abbildung 36.34**
In der Titelleiste des Webbrowsers erkennen Sie sehr schön, dass dieses 4 115 × 2 743 Pixel große Bild auf 18 % skaliert wurde, damit es komplett auf dem Bildschirm angezeigt werden kann. Durch das Herunterskalieren verliert das Bild deutlich an Schärfe.

▲ **Abbildung 36.35**
Wenn Sie das Bild im Webbrowser mit einer 100 %-Ansicht ansähen, so bekämen Sie nur diesen Bildausschnitt zu sehen.

Das zweite Übel bei solch großen Datenmengen ist der Traffic (der Datenverkehr), den Sie verursachen. Wenn Sie sich Platz bei einem Webhoster besorgt haben, wo Sie Ihre Bilder künftig präsentieren wollen, summieren sich diese Datenmengen, wenn Ihre Webseite häufig besucht wird. Bei 100 Besuchern kommen schnell 180 bis 200 Megabyte pro Bild zusammen. Wenn Sie ein Limit einhalten müssen, werden Sie diese Grenze schnell überschreiten.

36.3.2 Für das Web speichern

Um also ein Bild für das Web zu speichern, sind in der Regel zwei bis drei Schritte nötig. Die einzelnen Funktionen wurden zwar im Buch schon behandelt, aber nicht im direkten Kontext mit dem Web.

Zum Nachlesen
Wie Sie möglichst schonend ein Bild skalieren, erfahren Sie auf Seite 579, »Pixelmaße ändern über ›Bild skalieren‹«. Die Grundlagen zum Thema Bildgröße und Auflösung werden außerdem in Abschnitt 4.2 beschrieben.

Bildgröße (Pixelgröße) anpassen | Als Erstes sollten Sie die Bildgröße (Pixelgröße) des Bildes anpassen. In der Praxis werden Sie die Pixelmaße mit BILD • BILD SKALIEREN verringern.

Auf welche BILDGRÖSSE ❶ Sie ein Bild verkleinern, bleibt zunächst Ihnen überlassen. Als Fixpunkt für die maximale Auflösung können Sie beispielsweise 1024 × 683 verwenden. Foto-Hoster bieten die Bilder in mehreren verschiedenen Größen an. Allerdings müssen Sie sich in solch einem Fall selten selbst um das Skalieren kümmern.

36.3 Bilder für das Internet

◄ **Abbildung 36.36**
Pixelmaße für das Web anpassen

Sie müssen sich außerdem überlegen, ob Sie das Bild anschließend flächenfüllend in einem Browserfenster anzeigen möchten oder ob Sie die Grafik in einen laufenden Text einfügen wollen. Hier würde es sich dann empfehlen, das Bild etwas kleiner zu skalieren (640 × 427 oder kleiner) und dem Leser anzubieten, das Bild durch Anklicken vergrößert in einem neuen Fenster anzusehen. Die genauen Angaben von BREITE und HÖHE hängen natürlich vom Bild ab, in welchem Seitenverhältnis es vorliegt oder ob es in einem anderen Seitenverhältnis zugeschnitten wurde. Beim Kleinskalieren lasse ich auf jeden Fall immer die Kette hinter BREITE und HÖHE geschlossen.

Die Auflösung ❷ ist für das Web nicht von großer Bedeutung. Daher können Sie einen relativ niedrigen Wert wie 72 oder 96 dpi für die Bildschirmdarstellung verwenden.

Als netter Nebeneffekt wird durch das Verkleinern des Bildes auch die Datenmenge reduziert. Im Beispiel wurde das Bild von 4 115 × 2 743 Pixel (Dateigröße 5,85 Megabyte) auf 640 × 427 skaliert und hat nur noch 136 Kilobyte. Natürlich hängt es auch davon ab, für welche Zwecke Sie das Bild klein skalieren wollen. Dient es nur zur Dekoration, als Banner oder wollen Sie das Bild selbst präsentieren? Hier kann nicht pauschal gesagt werden, welche Größe Sie für welchen Zweck im Internet verwenden sollen.

Zum Nachlesen

Das Thema Datei speichern wird in Abschnitt 2.6, »Dateien speichern bzw. exportieren«, behandelt. Mehr über Dateiformate lesen Sie in Abschnitt 2.7, »Dateiformate und Kompression«.

Dateiformat | Zum Speichern von Bildern für das Web kommen eigentlich nur die Dateiformate JPEG, PNG oder GIF infrage. Für Fotos wird vorwiegend das JPEG-Format verwendet. Wichtig ist, dass Sie, wenn Sie ein Foto im JPEG-Format über DATEI • EXPORTIEREN ALS (bzw. [Strg]/[Cmd]+[⇧]+[E]) sichern, das Bild mindestens in der 1:1-Ansicht (100 %-Ansicht) (beispielsweise mit dem Tastenkürzel [1]) betrachten.

Bei den Einstellungen im Fenster BILD EXPORTIEREN ALS JPEG sollten Sie außerdem auf jeden Fall die Option VORSCHAU IM BILDFENSTER ANZEIGEN ❸ aktiviert lassen. Hierbei wird auch gleich eine geschätzte DATEIGRÖSSE ❷ berechnet. Die QUALITÄT stellen Sie über den gleichnamigen Schieberegler ❶ ein. Je höher der Wert, desto höher bleibt die Qualität. Zu stark sollten Sie den Regler allerdings nicht herunterziehen, weil sonst unschöne Artefakte im Bild auftreten. Der Standardwert 90 ist immer eine gute Wahl.

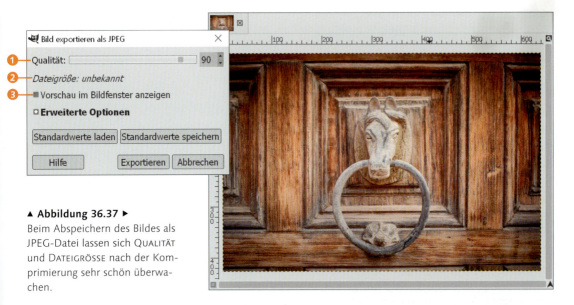

◄ **Abbildung 36.37** ►
Beim Abspeichern des Bildes als JPEG-Datei lassen sich QUALITÄT und DATEIGRÖSSE nach der Komprimierung sehr schön überwachen.

Bild schärfen | Wenn Sie ein Bild skaliert haben, verliert es in der Regel etwas an Schärfe. Daher ist ein letzter Schritt vor der Veröffentlichung des Bildes im Web häufig noch ein leichtes Nachschärfen. Hierfür würde ich Ihnen die »sanften« Schärfemethoden wie das Schärfen im Lab-Modus (siehe Seite 680, »Schärfen im Lab-Modus«) oder das Hochpass-Schärfen (Seite 678) empfehlen.

Wasserzeichen | Zum Schluss würde ich Ihnen noch empfehlen, das Bild mit einem Wasserzeichen zu versehen, um es so vor Bilderdiebstahl zu schützen. Wie Sie einen eigenen Pinsel für solche Zwecke erstellen, zeigt die Schritt-für-Schritt-Anleitung »Eigene Pinselspitze erstellen und verwenden« ab Seite 281.

Kapitel 37
Drucken mit GIMP

Wenn Sie vorhaben, Bilder mit GIMP auszudrucken, sollten Sie, wenn möglich, schon beim Erstellen bedenken, in welchem Format Sie das Bild später drucken wollen. In diesem Kapitel erfahren Sie aber auch, wie Sie Ihre Ausdrucke mit individuellen Rahmen verschönern können.

37.1 Auflösung und Bildgröße ändern

Für den Druck in einem bestimmten Format bietet GIMP eine Reihe von Vorlagen an, die Sie beispielsweise schon bei DATEI • NEU auswählen können (Abbildung 37.1). Natürlich spricht auch nichts dagegen, sich eigene Vorlagen wie die fototypischen 10 × 15 cm oder 9 × 13 cm zu erstellen. Mit Drag & Drop können Sie sich dann jederzeit ein Bild in diese leere Vorlage ziehen. GIMP macht daraus dann eine eigene Ebene.

Ebenso sollten Sie auch gleich die Auflösung für den Druck festlegen. Übliche Auflösungen wie 72 dpi oder 96 dpi sind für den Druck eher ungeeignet. Für gute Ergebnisse bei einem Tintenstrahldrucker sollten Sie mindestens **150 dpi** bis **220 dpi** verwenden. Bei günstigeren Standarddruckern erzielen Sie allerdings mit der häufig empfohlenen Auflösung von **300 dpi** auch keine besseren Ergebnisse. Solche Auflösungen sind eher für den professionellen Druck sinnvoll oder wenn Sie das Bild vielleicht von einem Fotoservice oder einer Druckerei drucken lassen.

Wie Sie die Auflösung und Bildgröße für den Druck ändern, wird auf Seite 587, »Relative Auflösung für den Druck einstellen«, beschrieben. Den entsprechenden Dialog rufen Sie über BILD • DRUCKGRÖSSE auf (Abbildung 37.2).

Kapitel 37 Drucken mit GIMP

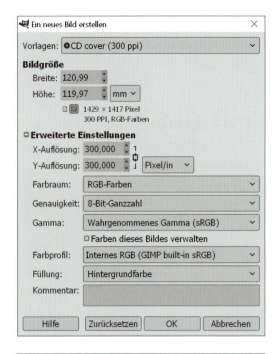

Abbildung 37.1 ▶
Neue Datei aus den Vorlagen wählen

Abbildung 37.2 ▶
Der Dialog zum Einstellen der Größe und Auflösung für den Druck

Zum Nachlesen

Wie bereits erwähnt, haben hier die Bildgröße mit Höhe und Breite und die Auflösung dieselbe Bedeutung wie beim Dialog DRUCKGRÖSSE, weshalb ich Sie hier für mehr Informationen auf Seite 587, »Relative Auflösung für den Druck einstellen«, verweise, wo ich die Bedeutung dieser Werte für den Druck beschreibe.

37.2 Bildeigenschaften für das Drucken einrichten

Den Druckbefehl von GIMP rufen Sie über DATEI • DRUCKEN auf. Neben dem Standarddialog, der von System zu System (Windows, macOS, Linux) unterschiedlich aussieht, aber die gleichen grundlegenden Funktionen bietet, finden Sie einen zusätzlichen Reiter BILDEIGENSCHAFTEN, unter dem Sie die Bildmaße ❶ (BREITE und HÖHE) und die Auflösung ❷ (X, Y) wie im Dialog BILD • DRUCKGRÖSSE einstellen können.

Unten im Dialog legen Sie bei POSITION ❸ fest, wie das Bild auf dem Papier gedruckt werden soll. Sie können über die Werte LINKS, RECHTS, OBEN und UNTEN die Position des Bildes bestimmen oder mit gedrückter linker Maustaste auf der Vorschau ❹ das Bild verschieben. Mit der Schaltfläche DRUCKEN ❺ starten Sie dann den Druckvorgang.

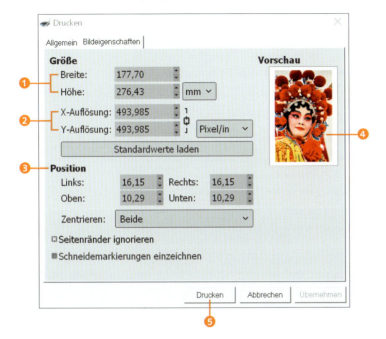

◀ **Abbildung 37.3**
Über den Reiter BILDEIGENSCHAFTEN des Druckdialogs können Sie ein Bild in der gewünschten Auflösung ❷ und Größe ❶ drucken.

37.3 Visitenkarten erstellen

Irgendwie gehört der Abschnitt über das Erstellen einer Visitenkarte einfach hierher zum Drucken. Dieses Vorhaben ist mit GIMP relativ einfach und schnell realisiert. Dieser Workshop geht zwar nur auf die Grundlagen dazu ein, aber lassen Sie sich nicht davon abhalten, selbst kreativ zu werden.

Kapitel-037/ visitenkarte.xcf

Schritt für Schritt
Visitenkarte erstellen

1 Datei anlegen
Als Erstes sollten Sie über DATEI • NEU (bzw. `Strg`/`Cmd`+`N`) eine neue Datei für Ihre Visitenkarte erstellen. Wählen Sie als Maßeinheit ❶ (Abbildung 37.4) entweder Millimeter oder Zentimeter, und geben Sie anschließend in HÖHE und BREITE ❷ die gewünschte Größe für Ihre Visitenkarte an. Im Beispiel soll eine Standardvisitenkarte mit 85 × 55 mm (bzw. 8,5 × 5,5 cm) erstellt werden. Klicken Sie außerdem auf ERWEITERTE EINSTELLUNGEN ❸, und verwenden Sie eine Auflösung ❹ von jeweils 300 dpi. Als FÜLLUNG ❺ bietet sich hier WEISS an.

Tipp
Sie können auch ein passendes Hintergrundbild auf die Größe der Visitenkarte skalieren oder zuschneiden.

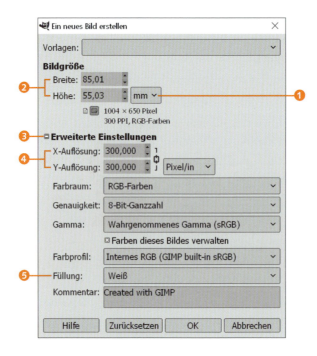

Abbildung 37.4 ▶
Neue Datei mit den Maßen
für die Visitenkarte erstellen

2 **Raster aktivieren**

Zur besseren Orientierung und Ausrichtung sollten Sie das Raster über ANSICHT • RASTER ANZEIGEN aktivieren und über ANSICHT • MAGNETISCHES RASTER magnetisch machen. Einstellen können Sie das Raster über BILD • RASTER KONFIGURIEREN. Im Beispiel wurde der ABSTAND ❻ für BREITE und HÖHE jeweils auf 50 Pixel gesetzt.

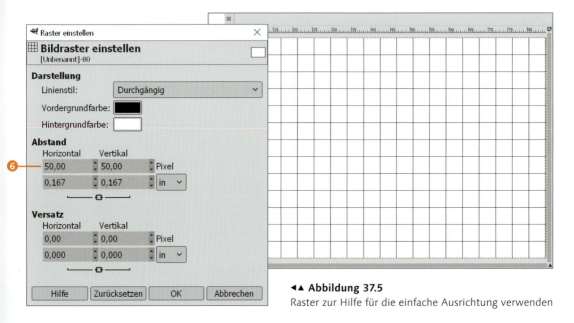

◀▲ **Abbildung 37.5**
Raster zur Hilfe für die einfache Ausrichtung verwenden

3   Namen eingeben

Verwenden Sie das TEXT-Werkzeug [A], und wählen Sie eine passende SCHRIFT ❼ und GRÖSSE ❽ aus. Im Beispiel wurde die Schriftart SANS-SERIF BOLD ITALIC mit einer GRÖSSE von 50 Pixeln verwendet. Als FARBE ❾ wurde Schwarz benutzt. Ziehen Sie mit dem Mauszeiger einen kleinen Rahmen an der Stelle im Bildfenster auf, wo Sie den Text positionieren wollen, und geben Sie Ihren Namen ein ❿.

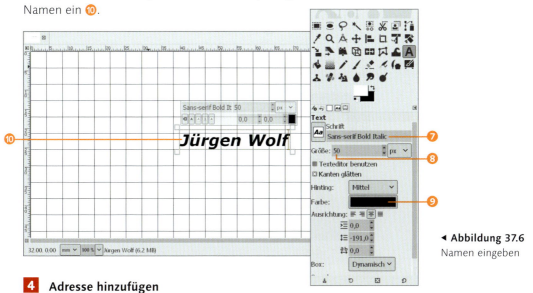

◂ **Abbildung 37.6**
Namen eingeben

4   Adresse hinzufügen

Ändern Sie die SCHRIFT ⓫ in SANS-SERIF ITALIC, und reduzieren Sie die GRÖSSE ⓬ auf 35 Pixel. Ziehen Sie unterhalb des Namens einen weiteren Textrahmen auf ⓭, in den Sie die restlichen Daten eingeben. Dank des magnetischen Rasters sollte es kein Problem sein, den Text sauber unter dem Namen anzuordnen.

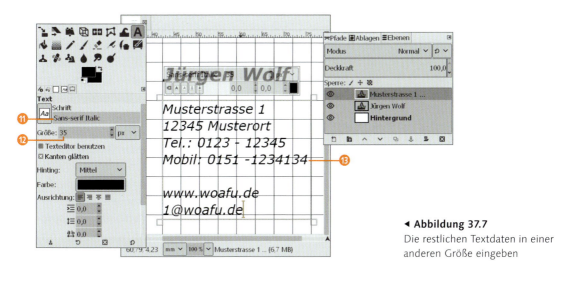

◂ **Abbildung 37.7**
Die restlichen Textdaten in einer anderen Größe eingeben

Rahmen hinzufügen
Verschiedene Möglichkeiten, wie Sie einen Rahmen einem Bild oder hier einer Visitenkarte hinzufügen können, finden Sie in Abschnitt 37.4, »Bilderrahmen erstellen«.

5   Layout erzeugen

Jetzt erstellen Sie das Layout für Ihre Visitenkarte. Lassen Sie dabei Ihrer Fantasie freien Lauf. Neben verschiedenen Mustern, Füllungen oder Verläufen können Sie auch eine Grafik einfügen. In der Regel werden Sie solche Grafiken nachträglich skalieren müssen. Im Beispiel habe ich mit dem Werkzeug RECHTECKIGE AUSWAHL einen Rahmen hinzugefügt. Auch die kleinen Quadrate habe ich mit dem RECHTECKIGE AUSWAHL-Werkzeug mit Hilfe des magnetischen Rasters gleichmäßig erstellt und mit dem FARBVERLAUF-Werkzeug gefüllt. Ein kleines Bild habe ich ebenfalls im Bild platziert.

Abbildung 37.8 ▶
So könnte ein einfaches Layout für eine Visitenkarte aussehen.

6   Ebenen vereinen und Bild speichern

Zum Schluss brauchen Sie nur noch alle Ebenen auf eine zu reduzieren und das Bild zu speichern.

7   Visitenkarten drucken

Das Drucken der Visitenkarten ist leider nicht direkt über GIMP möglich, weil GIMP kein eigenes Druckermodul mitliefert. Sie könnten zwar hergehen und auf einer DIN-A4-Vorlage mehrere Visitenkarten neben- und übereinanderlegen und so drucken, aber das ist doch etwas umständlich. Verwenden Sie dann noch ein spezielles vorangeschnittenes Papier für Visitenkarten und die einzelnen Visitenkarten liegen ein paar Millimeter daneben, klappt das hiermit nicht mehr. An dieser Stelle muss ich Ihnen daher empfehlen, die gespeicherten Visitenkarten (beispielsweise im JPEG-Format) mit einem Office-Programm wie Word oder OpenOffice zu öffnen und dort die Druckerfunktion für Etiketten bzw. Visitenkarten zu verwenden. Alternativ können Sie auch ein echtes Layoutprogramm verwenden. Als kostenloses Layoutprogramm kann ich Ihnen beispielsweise Scribus (*www.scribus.net*) empfehlen.

37.4 Bilderrahmen erstellen

Auch Bilderrahmen werden gerne verwendet, um ein Bild zu präsentieren oder weiterzugeben. Verteilt im Buch haben Sie sicherlich schon den einen oder anderen Filter dazu gesehen. Der Übersichtlichkeit halber finden Sie hier nochmals einige solcher Hausmittel und weitere Anregungen in einem Abschnitt zusammengefasst.

Kapitel-035/Bangkok.jpg

37.4.1 Rahmen von GIMP verwenden

Die einfachste Möglichkeit, Rahmen zu verwenden, sind die GIMP-eigenen Hausmittel. Bei den folgenden Abbildungen wird jeweils in der Bildunterschrift beschrieben, wie dieser Rahmen zustande gekommen ist.

▲ **Abbildung 37.9**
Der beliebteste Klassiker dürfte immer noch der Schatten sein, den Sie über FILTER • LICHT UND SCHATTEN • DROP SHADOW (LEGACY) hinzufügen.

▲ **Abbildung 37.10**
Ebenfalls recht einfach ist der XACH-EFFEKT, den Sie mit FILTER • LICHT UND SCHATTEN • XACH-EFFEKT aufrufen. In der Abbildung wurde zuvor eine rechteckige Auswahl erstellt und dann invertiert, bevor der Xach-Filter darauf angewendet wurde.

◄ **Abbildung 37.11**
Ebenfalls einen interessanten Rahmeneffekt erreichen Sie mit FILTER • DEKORATION • DIA. Mehrere Bilder auf einmal können Sie über FILTER • KOMBINIEREN • FILMSTREIFEN mit einem ähnlichen Effekt versehen.

▲ **Abbildung 37.12**
Für sanftere Ränder bietet sich Filter • Dekoration • Rand ausblenden an.

▲ **Abbildung 37.13**
Einen etwas härteren Rand fügen Sie mit Filter • Dekoration • Rand hinzufügen ein.

Abbildung 37.14 ▶
Runde Ecken mit Schlagschatten erhalten Sie mit Filter • Dekoration • Runde Ecken.

37.4.2 Eigene Rahmen erstellen

Wenn Ihnen die Bordmittel von GIMP nicht ausreichen, können Sie selbstverständlich selbst kreativ werden. Einen eigenen Rahmen zu erstellen, ist nicht schwer und basiert immer auf denselben Grundlagen. Daher natürlich auch hierzu wieder ein paar grundlegende Anregungen.

Schritt für Schritt
Eigenen Rahmen über Auswahlen erstellen

1 Auswahl erstellen

Um einen gleichmäßigen Rahmen um ein Bild zu erstellen, sollten Sie zunächst das komplette Bild über Auswahl • Alles Auswählen (oder [Strg]/[Cmd]+[A]) markieren. Anschließend verkleinern Sie die Auswahl über Auswahl • verkleinern um den Wert, den Sie als Rahmenstärke verwenden wollen. Ganz wichtig ist jetzt, dass Sie die Auswahl über Auswahl • Invertieren (oder [Strg]/

Kapitel-037/
old-beetle.jpg

37.4 Bilderrahmen erstellen

Cmd+I) umkehren, damit nicht das Bildmotiv innen, sondern der Rahmen außen ❶ ausgewählt ist.

Tipp
Wollen Sie den Rahmen nicht direkt innerhalb des Bildes erstellen, müssen Sie zuvor über BILD • LEINWANDGRÖSSE die Zeichenfläche des Bildes erweitern.

▲ **Abbildung 37.15**
Eine Auswahl für einen Rahmen erstellen

2 Neue Ebene für den Rahmen

Um nicht direkt auf dem Bild zu arbeiten, sollten Sie mit Strg/Cmd+⇧+N eine neue leere und transparente Ebene anlegen und diese Ebene im EBENEN-Dialog auch gleich aktivieren ❷.

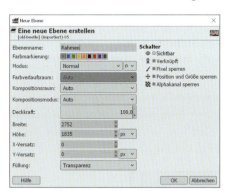 

▲ **Abbildung 37.16**
Neue transparente Ebene für den Rahmen anlegen

3 Rahmen gestalten

Jetzt können Sie den Rahmen nach Ihren eigenen Vorstellungen mit den Werkzeugen FÜLLEN oder FARBVERLAUF füllen oder verschiedene andere Filter dafür verwenden.

847

▲ **Abbildung 37.17**
Ein Bilderrahmen wurde mit dem FARBVERLAUF-Werkzeug hinzugefügt.

▲ **Abbildung 37.18**
Über AUSWAHL • ABGERUNDETES RECHTECK können Sie natürlich auch Bilderrahmen mit runden Ecken erzeugen.

▲ **Abbildung 37.19**
Für einen unregelmäßigen Rahmen ist AUSWAHL • VERZERREN eine gute Möglichkeit.

▲ **Abbildung 37.20**
Es spricht auch nichts dagegen, die Auswahl als Rahmen über BEARBEITEN • AUSWAHL NACHZIEHEN einfach mit einem Werkzeug Ihrer Wahl nachzuziehen.

Bilderrahmen über Leinwandgröße | Sie können auch einfach und schnell einen einfarbigen Bilderrahmen über die Funktion BILD • LEINWANDGRÖSSE erstellen. Wie dies funktioniert, lesen Sie ab Seite 590, »Beispiele in der Praxis«.

Abbildung 37.21 ▶
Der einfarbige Rahmen wurde über die Funktion BILD • LEINWANDGRÖSSE erstellt. Einmal wurde der Farbton der Hausmauer und einmal der des Autos als Hintergrundfarbe ausgewählt.

37.4 Bilderrahmen erstellen

G'MIC | Neben enorm vielen Filtern bietet das Plugin *G'MIC* (offizielle Webseite: *https://gmic.eu/*) eine Reihe von Filtern, um einen Rahmen zu erstellen. Das Plugin starten Sie nach der Installation über FILTER • G'MIC - QT.

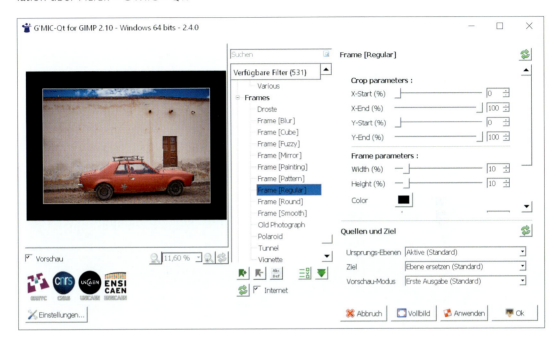

▲ **Abbildung 37.22**
Das Plugin G'MIC bietet neben einigen Rahmen auch viele weitere Filter an und sollte daher in keiner Sammlung fehlen.

TEIL XIII
GIMP erweitern

Kapitel 38

GIMP erweitern über Plugins und Skript-Fu

In diesem Teil werden Sie erfahren, wie Sie GIMP erweitern können. Sie installieren Plugins und Skript-Fu-Programme und ergänzen GIMP so um spannende Funktionen.

Sie können GIMP auf zwei verschiedene Arten erweitern: entweder über **Plugins** oder mit **Skript-Fu**. Zwischen diesen beiden Möglichkeiten besteht ein gravierender Unterschied: Mit Plugins erweitern Sie GIMP um echte neue Funktionen, mit Skript-Fu hingegen schreiben Sie eigene Skripte (oder auch Makros), die Funktionen enthalten, die der Benutzer auch über die grafische Oberfläche verwenden kann. Skript-Fu-Programme sind also eher zur Automatisierung geeignet.

Während Plugins über eine Programmiersprache in eine Maschinensprache übersetzt werden, werden Skript-Fus von einem Interpreter ausgeführt. Fertig übersetzte Plugins sind abhängig von dem System, auf dem sie ausgeführt werden. So kann ein für macOS übersetztes Plugin nicht auf Windows- oder Linux-Systemen verwendet werden. Hierfür müsste aus dem Quellcode des Plugins das Programm auf dem entsprechenden System kompiliert werden.

Die Skript-Fu-Programme hingegen sind systemunabhängig. Hierbei muss nur der entsprechende Interpreter auf dem System installiert sein, der das Skript ausführt. GIMP unterstützt mittlerweile die folgenden Programmiersprachen:

▶ **Skript-Fu mit Scheme**: Scheme ist ein LISP-Dialekt und standardmäßig bei GIMP seit der ersten Version mit installiert. Daher sind auch die meisten erhältlichen Skript-Fu-Programme in Scheme geschrieben.

Nicht alles geht mit GIMP 2.10
Da GIMP mit der Version 2.10 auf Basis von GEGL geschrieben wurde und auch sonst drastische Änderungen erfahren hat, gibt es derzeit noch viele Plugins oder Skript-Fu-Programme, die nicht aktualisiert wurden (und auch vermutlich nicht mehr aktualisert werden) und daher nicht mit GIMP 2.10 funktionieren. Trotzdem gibt es immer noch einige Plugins oder Skript-Fu-Programme, die mit GIMP 2.10 funktionieren, auch wenn diese nicht speziell dafür ausgezeichnet sind. Hier kommen Sie nicht um das Testen herum.

> **Interpreter vs. Compiler**
> Ein **Interpreter** ist ein Programm, das den geschriebenen Quelltext Zeile für Zeile ausführt. Der Quelltext ist bei einem Interpreter somit unabhängig von der Maschine, auf der er ausgeführt wird. Nachteilig an einer interpretierten Sprache ist, dass die Laufzeit langsamer ist und Fehler erst bei der Laufzeit des Programms gefunden werden.
> Ein **Compiler** ist ebenfalls ein Programm, das den Quelltext in einen Maschinencode übersetzt; dieser ist dann allerdings systemabhängig. Ein unter Windows erstellter Maschinencode läuft beispielsweise nicht unter Linux oder macOS. Der Vorteil ist, dass der Maschinencode schneller ausgeführt wird und Fehler zur Übersetzungszeit gefunden werden. Eine Compilersprache ist wesentlich schwieriger zu erlernen, weil man sich hierbei auch mit Dingen wie zum Beispiel der Speicherverwaltung auseinandersetzen muss.

- **GIMP-Python** (oder auch **Python-Fu**): Um GIMP-Python zu verwenden, muss natürlich der Python-Interpreter (und noch ein paar Dinge mehr) nachinstalliert werden. GIMP-Python ist Skript-Fu mit Scheme recht ähnlich, mit der Ausnahme, dass Sie hiermit umfangreicher auf die GIMP-Bibliothek zugreifen können, als dies mit Scheme möglich ist. GIMP-Python wird in letzter Zeit immer häufiger verwendet.

38.1 GIMP um Plugins erweitern

GIMP um Plugins zu erweitern ist eine feine Sache. Solche Plugins sind auf dem System (meistens) binäre Programme, die relativ eng mit dem GIMP-Hauptprogramm zusammenarbeiten. Trotzdem ist es möglich, mit diesen Plugins die Fähigkeiten von GIMP zu erweitern. Über das Menü BEARBEITEN • EINSTELLUNGEN • ORDNER • PLUGINS können Sie das Verzeichnis zu den Plugins ermitteln. Werfen Sie einen Blick in das Verzeichnis, und Sie werden überrascht sein, wie viele GIMP-Funktionen als Plugins realisiert sind. Eine Übersicht über aktuell geladene Erweiterungen erhalten Sie auch mit dem Dialogfenster HILFE • PLUGIN-BROWSER.

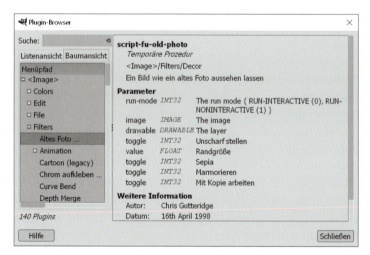

Abbildung 38.1 ▶
Das Dialogfenster PLUGIN-BROWSER in der Listenansicht. Die Auflistung der Plugins mit den Parametern dient hier allerdings eher der Verwendung für Skript-Fu als der Übersicht über die Plugins. Sie können diese Plugins also auch zur Skript-Fu-Programmierung verwenden.

Plugins installieren | An dieser Stelle muss nochmals erwähnt werden: Jeder kann Plugins entwickeln. Anders als bei den Plugins, die von GIMP mitgeliefert werden, können Sie daher nicht davon ausgehen, dass nachinstallierte Plugins von zuverlässigen Entwicklern getestet und weitergepflegt werden.

Leider treffen Sie im Web auf sehr viele tolle Plugins, die allerdings nicht an die verschiedenen Systeme angepasst wurden. Meistens finden Sie dann nur das Plugin in binärer Form für Windows, Linux oder (leider eher seltener) für macOS vor. Zwar liefern die Entwickler auch meistens den Quellcode mit, aber gerade unter Windows-Systemen ist es nicht ganz so einfach, diesen Quellcode zu übersetzen.

Häufig kommen auch verschiedene GIMP-Versionen zum Einsatz. Einige Plugins funktionieren beim Versionswechsel nicht mehr, so dass Sie sie portieren müssten, was leider auch nicht immer so einfach ist, wie es häufig geschrieben wird. Gehen Sie daher zunächst auf Nummer sicher, und überprüfen Sie, ob das Plugin auch mit Ihrer GIMP-Version ausführbar ist.

Zusammengefasst sollten Sie sich über folgende Punkte im Klaren sein, wenn Sie externe Plugins nachinstallieren wollen:

- Es gibt keine Garantie, dass ein Plugin ordentlich getestet und gepflegt wurde. Eine häufige Folge ist, dass sich das Plugin mit einer Fehlermeldung beendet.
- Plugins sind binäre Programme und somit systemabhängig. Wenn Sie ein Plugin herunterladen und es sich um ein Windows-Binary (»*.exe«) handelt, dann lässt es sich auch nur unter Windows installieren. Gibt es keine Version für macOS oder Linux, bleibt Ihnen nur noch der Versuch, das Plugin mit Hilfe des Quellcodes selbst zu übersetzen.
- Da Plugins auf die Bibliotheken von GIMP zurückgreifen, kann es sein, dass dieses Plugin nicht funktioniert, wenn Sie eine neuere GIMP-Version verwenden, die die entsprechende Bibliothek nicht enthält. Plugins sind also auch von der GIMP-Version abhängig.
- Viele Plugins sind nicht übersetzt und liegen meistens in englischer Sprache vor. Wenn Sie kein Wort davon verstehen, kommen Sie nicht ums Ausprobieren herum.

Plugins contra GIMP-Kern
Der Grund, dass in GIMP sehr vieles mit Plugins realisiert wird, ist, dass es einfacher ist, einzelne Plugins zu verwalten und zu verändern, als den kompletten GIMP-Kern zu ändern. Auf der anderen Seite müssen Sie, wenn Sie externe Plugins nachinstallieren, daran denken, dass dies echte binäre Programme sind, die alles machen können, was auch andere Programme machen können – also auch schädlichen Code ausführen. Achten Sie daher darauf, dass Sie sich weitere Plugins nur aus vertrauenswürdigen Quellen besorgen und gegebenenfalls auch auf Viren prüfen.

Schritt für Schritt
Plugins installieren

1 Plugin besorgen
Zunächst müssen Sie sich ein GIMP-Plugin besorgen. Hierbei ist es wichtig, dass Sie auch die entsprechende Version des Plugins für das Betriebssystem Ihrer Wahl laden.

2 Plugin-Verzeichnis ermitteln
Als Nächstes sollten Sie das Plugin-Verzeichnis auf Ihrem System ermitteln. Am einfachsten geht dies über BEARBEITEN • EINSTELLUNGEN • ORDNER • PLUGINS. Hier finden Sie gewöhnlich zwei Einträge, einen im Heimatverzeichnis und den anderen im Pro-

Plugins mit Installer
Gängige Plugins wie zum Beispiel G'Mic liefern häufig bereits einen Installer mit, der Ihnen diese Arbeitsschritte hier erspart und entsprechende Dateien automatisch in das Plugin-Verzeichnis kopiert.

grammverzeichnis von GIMP. In der Praxis empfehle ich Ihnen, immer das Heimatverzeichnis ❶ zu verwenden, das in diesem Fall C:\Users\wolf1\AppData\Roaming\GIMP\2.10\plug-ins ist.

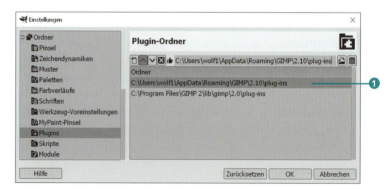

Abbildung 38.2 ▶
Die vorgegebenen Plugin-Verzeichnisse von GIMP

3 Plugin entpacken

Wechseln Sie in das Verzeichnis, in dem Sie das Plugin heruntergeladen haben. Meistens ist das Plugin gepackt. Entpacken Sie es jetzt in das in Arbeitsschritt 2 ermittelte Plugin-Verzeichnis von GIMP. Im Beispiel bleiben wir bei C:\Users\wolf1\AppData\Roaming\GIMP\2.10\plug-ins. Wichtig ist auch, dass die binäre Datei (beispielsweise die EXE-Datei unter Windows) **direkt** im Verzeichnis plug-ins liegt. Bei einem weiteren Unterverzeichnis klappt es meistens mit dem Plugin nicht.

4 Plugin ausführen

Starten Sie GIMP neu. Wo Sie das Plugin jetzt vorfinden, hängt natürlich davon ab, wo der Programmierer des Plugins dies gewollt hat. Viele Plugins finden Sie im Menü Filter.

Plugins, die beispielsweise für die GIMP-Versionen 2.4, 2,6 oder 2.8 ausgeschrieben sind, funktionieren gelegentlich auch mit der Version 2.10. Wenn Sie wirklich sichergehen wollen, kommen Sie allerdings nicht um das Ausprobieren herum. Notfalls entfernen Sie das entpackte Plugin manuell wieder, indem Sie es ganz einfach manuell von der Platte löschen, beispielsweise indem Sie einen rechten Mausklick auf die Datei ausführen und dann Löschen auswählen.

38.2 GIMP mit Skript-Fu-Programmen erweitern

Skript-Fu ist vergleichbar mit einer Makro-Sprache. Die meisten Skript-Fu-Programme von GIMP sind mit der Programmierspra-

38.2 GIMP mit Skript-Fu-Programmen erweitern

che Scheme realisiert. Allerdings gibt es auch für die Sprachen Perl, Tcl und Python sogenannte Skripterweiterungen. Solche Skript-Fu-Programme (häufig auch nur kurz als Skript-Fus bezeichnet) werden gewöhnlich verwendet, um bestimmte Vorgänge zu automatisieren oder komplizierte Workflows mit einem Klick durchzuführen. Sie können damit praktisch auf alle Funktionen zugreifen, die Sie mit GIMP auch verwenden können.

Der Vorteil von Skript-Fus ist, dass Sie sich nicht darum kümmern müssen, auf welcher Plattform sie ausgeführt werden. Skript-Fus, die mit Scheme entwickelt wurden, laufen auf jedem System, auf dem auch GIMP verwendet wird.

Bonuskapitel
Wie Sie eigene Skript-Fu-Programme mit Scheme schreiben können, erfahren Sie im Bonuskapitel »Eigene Skript-Fu-Programme schreiben«, das Sie unter *https://www.rheinwerk-verlag.de/gimp-210_4736/* herunterladen können.

Schritt für Schritt
Skript-Fu installieren

1 Skript besorgen
Zunächst müssen Sie sich das Skript zum Installieren besorgen. Solche Scheme-Skripte haben die Dateiendung »*.scm«. In diesem Beispiel soll eine ganze Sammlung von Skripten von der Webseite *http://gimpfx-foundry.sourceforge.net/* heruntergeladen und installiert werden.

◄ **Abbildung 38.3**
Die Sammlung FX Foundry ist zwar schon etwas älter, enthält aber trotzdem immer noch hilfreiche Skript-Fu-Programme.

2 Skriptverzeichnis ermitteln
Sollte das geladene Skript im ZIP- oder einem anderen Format gepackt sein, müssen Sie es erst entpacken. Jetzt müssen Sie die Skript-Datei mit der Endung »*.scm« nur noch in das Skriptverzeichnis von GIMP installieren. Wo dieses Verzeichnis auf Ihrem System ist, können Sie mit BEARBEITEN • EINSTELLUNGEN • ORDNER _$punkt_ SKRIPTE ermitteln. In der Regel finden Sie hier einen Pfad im Heimatverzeichnis und einen im Programmverzeichnis

von GIMP. In der Praxis empfehle ich Ihnen, das Skriptverzeichnis im Heimatverzeichnis zu verwenden (in der Abbildung wäre dies C:\Users\wolf1\AppData\Roaming\GIMP\2.10\scripts ❶).

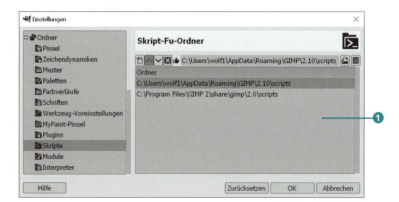

Abbildung 38.4 ▶
Das Skriptverzeichnis ermitteln

3 Skript installieren

Kopieren Sie das oder die Skript-Fu-Programme mit der Dateiendung »*.scm« in das eben ermittelte Skriptverzeichnis.

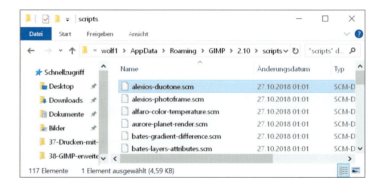

Abbildung 38.5 ▶
Skript in das Skriptverzeichnis kopieren

4 Sammlung aktualisieren

Das neue Skript-Fu-Programm steht Ihnen jetzt nach einem Neustart von GIMP oder über den Befehl Filter • Skript-Fu • Skripte auffrischen zur Verfügung.

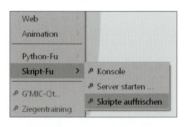

Abbildung 38.6 ▶
Skripte auffrischen

38.2 GIMP mit Skript-Fu-Programmen erweitern

5 **Skript ausführen**

Nun können Sie das oder die Skript-Fu-Programme ausführen. Meistens finden Sie neue Skripte im FILTER-Menü wieder. Aber es sind auch ganz andere Pfade möglich. Hier müssen Sie gegebenenfalls etwas suchen oder im Quelltext des Skripts selbst nachsehen. In diesem Beispiel rufen Sie die Skripte über ein Extramenü FX-FOUNDRY auf.

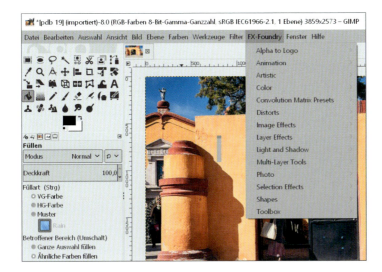

◄ **Abbildung 38.7**
Die neu installierten Skript-Fu-Programme

Kapitel 39

Essenzielle GIMP-Erweiterungen für Fotografen

Ja, GIMP kann nicht alles, und GIMP lässt das eine oder andere Feature vermissen. Trotzdem gibt es auch hier nützliche Erweiterungen oder Alternativen, die Sie (stattdessen) verwenden können. In diesem Kapitel stelle ich Ihnen das beliebte G'MIC-Plugin und Hugin für das Zusammensetzen von Panoramabildern vor.

39.1 Must have: G'MIC-Plugin für GIMP

Das wohl beliebteste Plugin für GIMP dürfte G'MIC (kurz für: **G**REC's **M**agic for **I**mage **C**omputing) sein. Das Plugin können Sie von der Website *http://www.gmic.eu/* herunterladen und installieren, wie es im Abschnitt 38.1 »GIMP um Plugins erweitern« beschrieben wurde. Für die Windows-Version wird sogar ein Installer mitgeliefert, der Ihnen die Arbeit abnimmt.

◀ **Abbildung 39.1**
Die offizielle Website des G'MIC-Plugins

Nach der Installation von G'MIC und einem Neustart von GIMP finden Sie das Plugin im Menü FILTER • G'MIC-QT wieder. Die

Verwendung ist denkbar einfach. Sie laden ein Bild in GIMP und rufen dann G'MIC über das Menü FILTER auf. Jetzt finden Sie das Bild in der Oberfläche von G'MIC vor und können über 500 (!) Filter und Effekte darauf anwenden, die nach Gruppen vorsortiert sind.

Auf der linken Seite sehen Sie die in der Größe anpassbare Vorschau ❶ des Bildes. In der Mitte können Sie den gewünschten Filter ❷ sortiert nach Gruppen auswählen, und auf der rechten Seite ❸ finden Sie die Einstellungen für den ausgewählten Filter. Rechts unten ❹ können Sie außerdem noch über ZIEL einstellen, ob sich die Einstellungen, wenn Sie ANWENDEN oder OK bestätigen, auf die aktuelle Ebene auswirken sollen oder ob eine neue Ebene dafür angelegt werden soll. Alternativ können Sie auch gleich ein neues Bild in GIMP anlegen lassen.

Abbildung 39.2 ▼
Mit über 500 Filtern ist das G'MIC-Plugin reichlich ausgestattet und lädt munter zum Experimentieren ein.

39.2 Panorama mit Hugin

Um mehrere Einzelbilder zu einem Panorama zusammenzusetzen, gibt es mehrere Möglichkeiten. Sie können die einzelnen Bilder entweder manuell in GIMP zusammenfügen, oder Sie verwenden ein Werkzeug, welches dies für Sie übernimmt. Meine persönliche Empfehlung hierzu ist Hugin von der Website *http:// hugin.sourceforge.net/*. Das Werkzeug ist kostenlos und die Bedienung sehr einfach. Neben der Möglichkeit, ein Panorama in drei Schritten zu erstellen, bietet das Werkzeug auch noch weitere Optionen. Hugin ist kein Plugin für GIMP, sondern eine eigenständige Anwendung.

◀ **Abbildung 39.3**
Die offizielle Website von Hugin

Schritt für Schritt
Ein Panorama mit Hugin zusammensetzen

Hier wird davon ausgegangen, dass Sie Hugin auf dem Rechner installiert haben. Zur Demonstration wird gezeigt, wie Sie ein Panorama mit drei Bildern zusammensetzen und in GIMP weiter bearbeiten können.

Kapitel-039/Panorama

Noch mehr Optionen
Im Beispiel wird nur der Assistent mit Hugin demonstriert. Hiermit besteht jedoch auch noch die Möglichkeit, das Layout, die Projektion, die Position und den Beschnitt über die einzelnen Reiter nachträglich anzupassen bzw. zu ändern.

1 Bilder laden

Starten Sie den HUGIN PANORAMA EDITOR. Ein Assistent hilft Ihnen bei den einzelnen Schritten, ein Panorama zu erstellen. Klicken Sie auf die Schaltfläche BILDER LADEN ❶, und wählen Sie die einzelnen Bilder für das Panorama aus.

▲ **Abbildung 39.4** ▶
Bilder für das Panorama auswählen und laden

2 Bilder ausrichten

Zunächst werden die einzelnen Bilder lediglich nebeneinander platziert, und Sie könnten hier durchaus manuell am Layout arbeiten. Wir lassen hier aber die Automatik zum Ausrichten der einzelnen Bilder über die Schaltfläche AUSRICHTEN ❷ für uns arbeiten.

Abbildung 39.5 ▼
Die Bilder sind bereit zum Ausrichten.

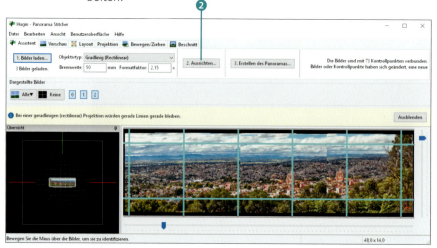

3 Panorama erstellen

Wenn die Bilder des Panoramas ordentlich ausgerichtet sind, können Sie das Panorama über die Schaltfläche ERSTELLEN DES PANORAMAS ❸ erstellen lassen. Hierbei erscheint noch ein Dialog, in dem Sie die Größe und das Datenformat festlegen können. Daraufhin müssen Sie das Panorama noch als Projektdatei sichern. Zum Schluss erfolgt noch ein Dialog, in dem Sie das Verzeichnis und den Namen für das Panorama festlegen können, bevor die einzelnen Bilder zu einem Panorama zusammengefügt werden.

Abbildung 39.6 ▼
Die Vorschau des zusammengefügten Panoramas.

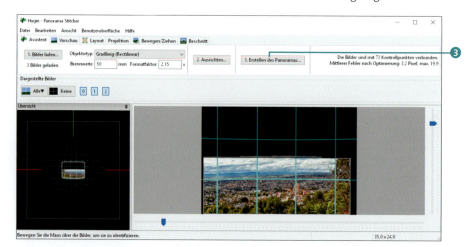

39.2 Panorama mit Hugin

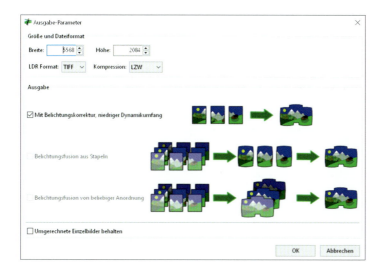

◀ **Abbildung 39.7**
Größe und Dateiformat festlegen

4 Panorama in GIMP öffnen

Nach Erstellung des Panoramas finden Sie es im von Ihnen im Schritt 3 vorgegebenen Verzeichnis wieder und können es in GIMP zum Nacharbeiten öffnen. Ich habe hier das Panorama gerade ausgerichtet und passend zugeschnitten.

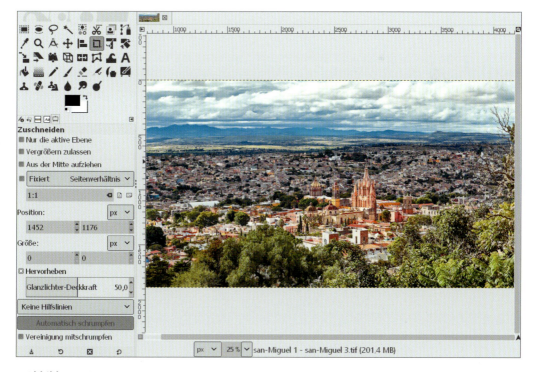

▲ **Abbildung 39.8**
Das erstellte Panorama wurde in GIMP zur Nachbearbeitung geöffnet.

Anhang

Anhang A
Tastenkürzel von GIMP

Die Arbeit mit Tastenkürzeln erscheint vielen Einsteigern anfangs etwas umständlich. Wenn Sie sie jedoch konsequent nutzen, prägen sich die nützlichen Tastenkombinationen schnell ein und werden Ihre Arbeit beschleunigen. In diesem Anhang finden Sie einen Überblick über die verschiedenen Tastenkombinationen von GIMP.

A.1 Werkzeuge und ihre Tastenkürzel

A.1.1 Die Auswahlwerkzeuge

Werkzeug	Symbol	Tastenkürzel
RECHTECKIGE AUSWAHL		R
ELLIPTISCHE AUSWAHL		E
FREIE AUSWAHL		F
ZAUBERSTAB		U
NACH FARBE AUSWÄHLEN		⇧ + O
MAGNETISCHE SCHERE		I
VORDERGRUNDAUSWAHL		keines

A.1.2 Die Malwerkzeuge

Werkzeug	Symbol	Tastenkürzel
FÜLLEN		⇧+B
FARBVERLAUF		G
STIFT		N
PINSEL		P
RADIERER		⇧+E
SPRÜHPISTOLE		A
TINTE		K
MYPAINT-PINSEL		Y
KLONEN		C
HEILEN		H
PERSPEKTIVISCHES KLONEN		keines
WEICHZEICHNEN/SCHÄRFEN		⇧+U
VERSCHMIEREN		S
ABWEDELN/NACHBELICHTEN		⇧+D

A.1.3 Die Transformationswerkzeuge

Werkzeug	Symbol	Tastenkürzel
VERSCHIEBEN		M
AUSRICHTEN		Q
ZUSCHNEIDEN		⇧+C
VEREINHEITLICHTES TRANSFORMATIONSWERKZEUG		⇧+T
DREHEN		⇧+R
SKALIEREN		⇧+S
SCHEREN		⇧+H
ANKERTRANSFORMATION-WERKZEUG		⇧+L

Werkzeug	Symbol	Tastenkürzel
PERSPEKTIVE		⇧ + P
SPIEGELN		⇧ + F
KÄFIGTRANSFORMATION		⇧ + G
WARPTRANSFORMATION		W

A.1.4 Die restlichen Werkzeuge

Werkzeug	Symbol	Tastenkürzel
FARBPIPETTE		O
VERGRÖSSERUNG		Z
MASSBAND		⇧ + M
TEXT		T
PFADE		B

A.2 Die wichtigsten Tastenkürzel

Rein funktionell unterscheiden sich die einzelnen Versionen auf den verschiedensten Betriebssystemen nicht. Klar, dass das Look & Feel vom Fenstermanager des Betriebssystems abhängt. Ansonsten unterscheiden sich nur die Tastenbelegungen beim Mac gegenüber anderen Versionen.

Beim Mac wird statt der Strg-Taste die Cmd-Taste verwendet. Lesen Sie im Buch daher die Tastenkombination Strg/Cmd+O, müssen Sie unter Windows und Linux die Tasten Strg+O und auf dem Mac Cmd+O gleichzeitig drücken.

Ansicht	Tastenkürzel
1:1 (100%-Ansicht)	1
Auswahl anzeigen	Strg/Cmd+T
Bild in Fenster einpassen	⇧+Strg/Cmd+J

Anhang A Tastenkürzel von GIMP

Ansicht	Tastenkürzel
Fenster anpassen	`Strg`/`Cmd`+`J`
Hilfslinien anzeigen	`⇧`+`Strg`/`Cmd`+`T`
Lineale anzeigen	`⇧`+`Strg`/`Cmd`+`R`
Vergrößern	`+`
Verkleinern	`-`
Vollbild	`F11`

Auswahl	Tastenkürzel
Alles auswählen	`Strg`/`Cmd`+`A`
Invertieren	`Strg`/`Cmd`+`I`
Nach Farbe	`⇧`+`O`
Nichts auswählen	`⇧`+`Strg`/`Cmd`+`A`
Schnellmaske umschalten	`⇧`+`Q`
Schwebend	`⇧`+`Strg`/`Cmd`+`L`
Vom Pfad	`⇧`+`V`

Bearbeiten	Tastenkürzel
Aus Ablage einfügen	`⇧`+`Strg`/`Cmd`+`V`
Ausschneiden	`Strg`/`Cmd`+`X`
Einfügen	`Strg`/`Cmd`+`V`
Sichtbares kopieren	`⇧`+`Strg`/`Cmd`+`C`
Einfügen als • Neues Bild	`⇧`+`Strg`/`Cmd`+`V`
Kopieren	`Strg`/`Cmd`+`C`
Löschen	`Entf`
Mit Hintergrundfarbe füllen	`Strg`/`Cmd`+`.`
Mit Muster füllen	`Strg`/`Cmd`+`⇧`+`.`
Mit Vordergrundfarbe füllen	`Strg`/`Cmd`+`,`
Rückgängig	`Strg`/`Cmd`+`Z`
Wiederherstellen	`Strg`/`Cmd`+`Y`

A.2 Die wichtigsten Tastenkürzel

Bild	Tastenkürzel
Bildeigenschaften	Alt + ⏎
Duplizieren	Strg/Cmd + D
Sichtbare Ebenen vereinen	Strg/Cmd + M

Datei	Tastenkürzel
Alle schließen	⇧ + Strg/Cmd + W
Als Ebene öffnen	Strg/Cmd + Alt + O
Beenden	Strg/Cmd + Q
Drucken	Strg + P
Erstellen • Aus Zwischenablage	⇧ + Strg/Cmd + V
Exportieren	Strg/Cmd + E
Exportieren als	⇧ + Strg/Cmd + E
Neu	Strg/Cmd + N
Öffnen	Strg/Cmd + O
Schließen	Strg/Cmd + W
Speichern	Strg/Cmd + S
Speichern unter	⇧ + Strg/Cmd + S
Zuletzt geöffnet	Strg/Cmd + O, Strg/Cmd + 1 bis Strg/Cmd + 9

Dialoge	Tastenkürzel
Ebenen	Strg/Cmd + L
Farbverläufe	Strg/Cmd + G
Muster	⇧ + Strg/Cmd + P
Pinsel	⇧ + Strg/Cmd + B

Ebene	Tastenkürzel
Ebene drehen	⇧ + R
Ebene duplizieren	⇧ + Strg/Cmd + D
Ebene verankern	Strg/Cmd + H

873

Ebene	Tastenkürzel
Nächste Ebene auswählen	`Bild↓`
Neue Ebene	`⇧`+`Strg`/`Cmd`+`N`
Oberste Ebene auswählen	`Pos1`
Unterste Ebene auswählen	`Ende`
Versatz (Ebene verschieben)	`⇧`+`Strg`/`Cmd`+`O`
Vorherige Ebene auswählen	`Bild↑`

Filter	Tastenkürzel
Letzten Filter erneut anzeigen	`⇧`+`Strg`/`Cmd`+`F`
Letzten Filter wiederholen	`Strg`/`Cmd`+`F`

Fenster	Tastenkürzel
Werkzeugkasten	`Strg`/`Cmd`+`B`
Bildfenster-/Tab wechseln	`Alt`+`1`, `Alt`+`2` usw.
Docks ein-/ausblenden	`Tab`

Hilfe	Tastenkürzel
Hilfe	`F1`
Kontexthilfe	`⇧`+`F1`

A.3 Werkzeuge und Maus

Die hier folgenden Tastenkürzel sind eine Mischung aus Tastatur- und Mauskombinationen, die gewöhnlich verwendet werden können, wenn ein bestimmtes Werkzeug aktiviert wurde. Bei diesen Kürzeln gilt, dass Sie immer zuerst die Taste der Tastatur und dann die entsprechende Maustaste drücken müssen. »MR« steht hierbei für das Mausrad und »LMT« für die linke Maustaste.

Befehl	Tastenkürzel
Pinselgröße ändern	`Alt`+`Strg`/`Cmd`+MR
Seitenverhältnis des Pinsels ändern	`Strg`/`Cmd`+`⇧`+MR

Befehl	Tastenkürzel
Winkel des Pinsels ändern	`Alt`+`⇧`+MR
Abstand des Pinsels ändern	`Alt`+`Strg`/`Cmd`+`⇧`+MR
Aktives Muster/Verlauf/Schrift ändern	MR (Mauscursor über dem aktiven Muster/Verlauf/Pinsel)
Auswahl abziehen	`Strg`/`Cmd`+LMT
Auswahl hinzufügen	`⇧`+LMT
Auswahl zerschneiden	`⇧`+`Strg`/`Cmd`+LMT
Bildausschnitt nach oben/unten	MR
Hinein-/herauszoomen	`Strg`/`Cmd`+MR

Pfade-Werkzeug	Tastenkürzel
Neue Komponente erstellen	`⇧`+LMT
Pfad bearbeiten	`Strg`/`Cmd`+LMT
Pfad verschieben	`Alt`+LMT

Pipetten	Tastenkürzel
Hintergrundfarbe setzen	`Strg`/`Cmd`+LMT
Infofenster anzeigen	`⇧`+LMT
Vordergrundfarbe setzen	`Alt`+LMT

Vergrößerung/Verkleinerung	Tastenkürzel
Herauszoomen	`Strg`/`Cmd`+LMT
Hereinzoomen	LMT

Verschieben-Werkzeug	Tastenkürzel
Aktive Ebene verschieben	`⇧`+LMT
Aktive Auswahl verschieben	`Alt`+LMT
Aktiven Pfad verschieben	`⇧`+`Strg`/`Cmd`+LMT
Pfad auswählen	`Strg`/`Cmd`+LMT

Anhang A Tastenkürzel von GIMP

Drehen, Skalieren, Scheren, Perspektive	Tastenkürzel
Drehen ausführen	[Strg]/[Cmd]+[⇧]+LMT
DREHEN-Dialog anzeigen	[Strg]/[Cmd]+LMT

Spiegeln-Werkzeug	Tastenkürzel
Horizontal/vertikal spiegeln	[Strg]/[Cmd]+LMT

Füllen-Werkzeug	Tastenkürzel
Füllart VG-FARBE/HG-FARBE	[Strg]/[Cmd]+LMT
Ganze Auswahl füllen/ Ähnliche Farben füllen	[⇧]+LMT

Stift, Pinsel, Tinte, Sprühdose	Tastenkürzel
Gerade Linie zeichnen	[⇧]+LMT
Linie mit eingeschränktem Winkel zeichnen	[⇧]+[Strg]/[Cmd]+LMT
Vordergrundfarbe mit Pipette ändern	[Strg]/[Cmd]+LMT

Radierer	Tastenkürzel
Gerade Linien radieren	[⇧]+LMT
Hintergrundfarbe mit Pipette ändern	[Strg]/[Cmd]+LMT
Linie mit eingeschränktem Winkel radieren	[⇧]+[Strg]/[Cmd]+LMT
Un-Radieren	[Alt]+LMT

Klonen, Heilen	Tastenkürzel
Gerade Linie zeichnen	[⇧]+LMT
Quelle für Klonen oder Heilen setzen	[Strg]/[Cmd]+LMT

Weichzeichnen/Schärfen	Tastenkürzel
Gerade Linie weichzeichnen/schärfen	⇧+LMT
Weichzeichnen/Schärfen umschalten	Strg/Cmd+LMT

Abwedeln/Nachbelichten	Tastenkürzel
Abwedeln/Nachbelichten umschalten	Strg/Cmd+LMT
Gerade Linie abwedeln/nachbelichten	⇧+LMT

A.4 Tastenkombinationen konfigurieren

GIMP bietet Ihnen auch die Freiheit, einer Funktion eigene Tastenkürzel zuzuordnen oder vorhandene Tastenkürzel nachträglich zu ändern oder zu deaktivieren. Hierbei gibt es
- einen dynamischen Weg oder
- einen speziellen Editor für Tastenkürzel.

Beide Möglichkeiten stelle ich hier kurz vor.

Schritt für Schritt
Tastenkürzel dynamisch anlegen

1 Einstellung aktivieren
Öffnen Sie zunächst BEARBEITEN • EINSTELLUNGEN, und wählen Sie das Einstellungsmenü OBERFLÄCHE ❶. Aktivieren Sie hier die Option DYNAMISCHE TASTENKOMBINATIONEN BENUTZEN ❷. Lassen Sie außerdem auch gleich die Option TASTENKOMBINATION BEIM BEENDEN SPEICHERN ❸ aktiviert, wenn Sie die erstellten Tastenkürzel beim nächsten Start von GIMP ebenfalls wieder verwenden wollen. In der Praxis empfehle ich Ihnen, die Option DYNAMISCHE TASTENKOMBINATION BENUTZEN ❷ nur so lange aktiviert zu lassen, wie Sie weiter Tastenkürzel zuordnen wollen, um nicht aus Versehen ein nicht gewolltes Tastenkürzel zu erzeugen.

Tastenkürzel wiederherstellen
Sollten Sie den Ursprungszustand von GIMP wiederherstellen wollen, erreichen Sie dies mit der Schaltfläche TASTENKOMBINATIONEN AUF STANDARDWERTE ZURÜCKSETZEN ❹.

Anhang A Tastenkürzel von GIMP

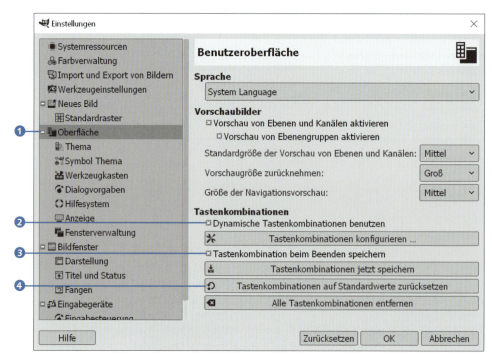

▲ **Abbildung A.1**
Um dynamische Tastenkürzel zu erzeugen, müssen Sie zuerst eine Checkbox aktivieren ❷.

2 Menübefehl auswählen

Jetzt können Sie jedem Menübefehl ein Tastenkürzel zuordnen. Das schließt übrigens auch die Werkzeuge nicht aus. Wollen Sie beispielsweise für das Werkzeug VORDERGRUNDAUSWAHL ein Tastenkürzel anlegen, gehen Sie ebenso vor. Zeigen Sie hierfür mit der Maus auf einen Menübefehl, so dass dieser hervorgehoben wird ❺. Bewegen Sie den Mauszeiger jetzt nicht mehr.

Abbildung A.2 ▼
Mit dem Mauszeiger auf einem beliebigen Menübefehl verweilen (im Beispiel: WERKZEUGE • AUSWAHLWERKZEUGE • VORDERGRUNDAUSWAHL)

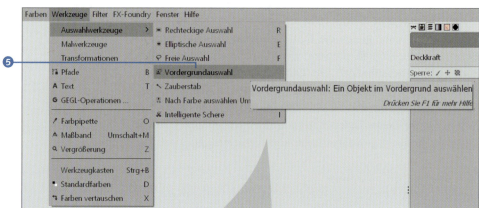

3 Tastenkürzel zuweisen

Weisen Sie nun dem Menübefehl eine beliebige Sequenz von Tasten zu, indem Sie die gewünschte Tastenkombination betätigen. Im Beispiel wurde die Sequenz [Strg]+[Alt]+[V] gedrückt, wodurch diese Sequenz auch rechts ❻ neben dem Befehl angezeigt wird. Jetzt können Sie künftig den Befehl oder das Werkzeug mit dieser Tastenkombination aufrufen. Wollen Sie ein Tastenkürzel wieder entfernen, wählen Sie erneut diesen Menübefehl wie in Arbeitsschritt 2 aus, und drücken Sie die [←]-Taste.

Vorhandene Tastenkürzel überschreiben

Beachten Sie hierbei allerdings, dass Sie auch vorhandene Tastenkürzel ohne Warnung verwenden und zuweisen können. In der Praxis bedeutet dies, dass ein ursprüngliches Tastenkürzel für den zuvor verwendeten Befehl gelöscht und künftig für den neuen Befehl verwendet wird.

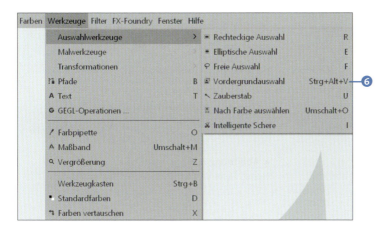

◄ **Abbildung A.3**
Neues Tastenkürzel nach der Zuweisung

Schritt für Schritt
Tastenkürzel mit dem Editor anlegen und bearbeiten

1 Tastenkürzel-Editor aufrufen
Den Tastenkürzel-Editor rufen Sie über BEARBEITEN • TASTENKOMBINATIONEN oder BEARBEITEN • EINSTELLUNGEN • OBERFLÄCHE mit der Schaltfläche TASTENKOMBINATIONEN KONFIGURIEREN auf.

2 Aktion auswählen
Im Tastenkürzel-Editor wählen Sie unter AKTION ❷ (Abbildung A.4) einen entsprechenden Befehl aus, dem Sie ein neues Tastenkürzel zuweisen wollen. Da hier enorm viele Befehle (noch mehr als über das Menü) aufgelistet sind, können Sie auch über die Textzeile SUCHE ❶ gezielt danach suchen. Haben Sie den gewünschten Befehl gefunden, wählen Sie diese Aktion aus ❸, so dass unter der Spalte TASTENKOMBINATION jetzt NEUE TASTENKOMBINATION ❹ und nicht mehr DEAKTIVIERT steht.

Aktionen

Dass beim Tastenkürzel-Editor die Rede von »Aktionen« und nicht mehr von »Menübefehlen« ist, liegt daran, dass Sie hiermit in der Tat fast alle Aktionen von GIMP mit einem Tastenkürzel belegen können. Sie können damit auch die Optionen der verschiedenen Werkzeugeinstellungen mit einem Tastenkürzel belegen. Daher stoßen Sie bei vielen Einträgen auf kleine Symbole, damit Sie besser erkennen, zu welchem Werkzeug dieser Eintrag gehört.

3 Tastenkürzel zuweisen
Geben Sie für die ausgewählte Aktion eine neue Sequenz über die Tastatur ein. Im Beispiel wurde [Strg]+[Alt]+[G] eingetippt,

Anhang A Tastenkürzel von GIMP

so dass künftig die Gradationskurve über diese Sequenz aufgerufen werden kann. Wenn Sie den Tastenkürzel-Editor schließen, wird diese Sequenz automatisch abgespeichert. Wollen Sie eine Sequenz wieder löschen, brauchen Sie nur diese Aktion wieder auszuwählen und die ⌫ -Taste zu drücken.

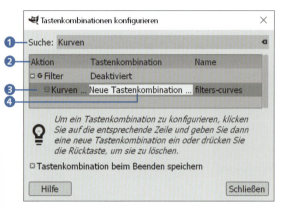

▲ **Abbildung A.4**
Eine Aktion für ein neues Tastenkürzel auswählen (hier der Dialog KURVEN)

▲ **Abbildung A.5**
Neues Tastenkürzel über den Editor zuweisen

Anhang B
GIMP installieren

In diesem Anhang soll kurz auf die Installation von GIMP auf den verschiedenen Systemen eingegangen werden. Auch eine kurze Beschreibung zur GIMP-Versionsnummer finden Sie hier.

B.1 Betriebssysteme für GIMP

Dass der Quellcode von GIMP offen vorliegt, hat den Vorteil, dass GIMP auf viele Plattformen portiert wurde und auch portiert werden kann. Aktuell ist GIMP für alle gängigen Systeme erhältlich, wie Microsoft Windows, macOS, Linux, verschiedene BSD-Systeme, Solaris, HP-UX, SunOS, BeOS und noch einige mehr.

Für das Buch wurde GIMP unter Windows 10, macOS Mojave und Linux (hier: Ubuntu 18.10) verwendet und getestet. Die Bildschirmfotos wurden hingegen mit Windows 10 erstellt.

B.2 GIMP installieren

Die Installation von GIMP ist im Grunde keine große Sache. Sie finden die aktuellste Version auf der offiziellen Website unter *https://www.gimp.org/downloads/* zum Download für alle gängigen Systeme wieder. Auf die Installation der einzelnen Systeme soll hier kurz eingegangen werden.

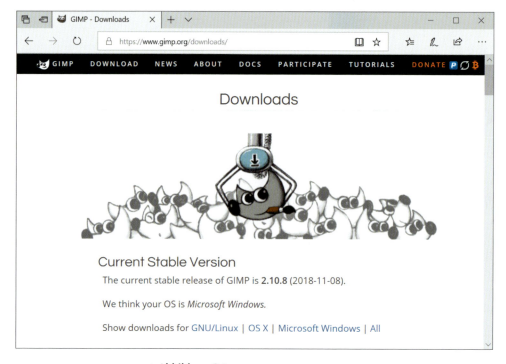

▲ Abbildung B.1
Die offizielle Website von GIMP bietet auch die neueste Version zum Download für verschiedene Systeme an.

B.2.1 Microsoft Windows

Die Installation von GIMP unter Windows ist recht trivial. Führen Sie einfach die heruntergeladene Installationsdatei von der offiziellen GIMP-Website aus, und folgen Sie anschließend den üblichen Installationsanweisungen auf dem Bildschirm. GIMP lässt sich ab Windows mit der Version 7 installieren. Der Installer enthält sowohl die 32-Bit- als auch die 64-Bit-Version von GIMP, und es wird automatisch die passende Version installiert.

B.2.2 macOS

Auch die macOS-Version können Sie von der offiziellen GIMP-Website herunterladen. Voraussetzung hierbei ist mindestens macOS 10.9 Mavericks. Bei der heruntergeladenen Datei handelt es sich um ein DMG-Paket, welches Sie mit einem Doppelklick entpacken können. Leider ist hierbei kein Installer vorhanden, weshalb Sie das App-Icon mit Maskottchen Wilber selbst in den PROGRAMME-Ordner kopieren müssen.

Des Weiteren müssen Sie beim ersten Start den Schutz des Macs »überlisten«, weil ein normaler Start per Doppelklick erst mal verweigert wird. Das liegt daran, dass die App nicht von

Apple verifizierten Entwicklern stammt. Klicken Sie daher das App-Icon mit der rechten Maustaste oder mit gehaltener [Cmd]-Taste an, und wählen Sie im Kontextmenü den Befehl ÖFFNEN. Jetzt können Sie selbst entscheiden, ob Sie die App öffnen wollen oder nicht. Dieser Vorgang gilt nur beim ersten Start von GIMP.

B.2.3 Linux
Natürlich gibt es GIMP auch für die verschiedenen Linux-Distributionen. Hierbei wird empfohlen, dass offizielle Paket der entsprechenden Linux-Distribution für die Installation zu verwenden.

B.2.4 Hilfesystem von GIMP verwenden
GIMP bietet auch ein Benutzerhandbuch an, ein sogenanntes Hilfesystem, das Sie bei der Arbeit mit GIMP unterstützen soll. Zwar handelt es sich hierbei um eine HTML-Version des GIMP-Benutzerhandbuches, aber Sie können aus GIMP heraus einzelne Themen mit [F1] aufrufen. Viele Dialoge in GIMP bieten außerdem eine Hilfe-Schaltfläche. Wenn Sie diese anklicken, wird auch die entsprechende HTML-Hilfeseite aufgerufen.

Wenn das Hilfesystem nicht auf dem lokalen Rechner installiert ist, versucht GIMP, eine Internetverbindung zur entsprechenden Hilfeseite im Internet aufzubauen, und zeigt diese im GIMP-Hilfe-Browser an.

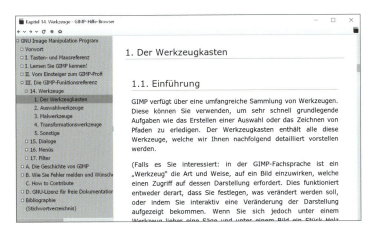

◄ **Abbildung B.2**
Der GIMP-Hilfe-Browser bei der Ausführung

Sie können das Hilfesystem aber auch auf dem lokalen Rechner installieren. Noch mehr Informationen zum Hilfesystem finden Sie in Anhang C.6.5, »Hilfesystem«, auf Seite 897. Zur Drucklegung war das Hilfesystem für die Version 2.10 noch nicht zur Installation als Paket verfügbar. Wenn Sie allerdings dieses Buch in den Händen halten, können Sie vermutlich schon die aktuellste Version von der offiziellen GIMP-Website herunterladen.

B.3 GIMP-Versionsnummer

Nach der Vorgängerversion 2.8 ist die aktuellste stabile Version von GIMP 2.10. »Wo ist hier die Version 2.9?«, werden Sie sich fragen. Die geraden Versionsnummern (2.6, 2.8, 2.10 usw.) sind die stabilen Versionen, die für den Endbenutzer gedacht sind. Die Versionen mit den ungeraden Zahlen (2.7, 2.9 usw.) sind Entwicklungsversionen und in der Regel nicht offiziell als installierbares Paket vorhanden. Diese Pakete sind gewöhnlich nur für die Entwickler, Beta-Tester und Buchautoren gedacht.

Es ist übrigens keine Version 2.12 mehr geplant, sondern die Version GIMP 3.0. Ob man dann auch noch das Schema mit den ungeraden und geraden Nummern beibehält, kann noch nicht gesagt werden. Auch steht ein größerer Umbruch bevor, da geplant ist, die grafische Benutzeroberfläche komplett auf GTK+3 umzustellen. Allerdings steht es noch in den Sternen, wann ein GIMP 3.0 ans Tageslicht kommt.

Das Buch wurde auf Basis von GIMP 2.10.8 geschrieben. In Kürze wird die Version 2.10.10 erscheinen, und wenn Sie dieses Buch lesen, wird die Revisionsnummer von 2.10.X schon eine wesentlich höhere sein. Das Erfreuliche daran ist, dass hierbei nicht nur Fehler behoben werden, sondern immer wieder neue Features und Filter dazukommen. Es lohnt sich daher, immer mal wieder bei *www.gimp.org* vorbeizuschauen und sich die neueste Version herunterzuladen.

Anhang C
Einstellungen von GIMP ändern

Über das Menü »Bearbeiten • Einstellungen« bietet GIMP viele verschiedene Optionen an, um GIMP den persönlichen Bedürfnissen anzupassen.

C.1 Systemressourcen

Im Bereich SYSTEMRESSOURCEN ❶ (Abbildung C.2) passen Sie Einstellungen für den Ressourcenverbrauch, Vorschaubilder, das Verhalten beim Speichern und den Dokumentenindex an.

Unterhalb von RESSOURCENVERBRAUCH ❷ finden Sie folgende Einstellungen:

- MINIMALE ANZAHL AN JOURNALSCHRITTEN: Hier legen Sie fest, wie viele Arbeitsschritte Sie – ausgehend von dem Laden des Bildes – rückgängig machen können. Die einzelnen Schritte finden Sie auch über BEARBEITEN • JOURNAL in der Reihenfolge wieder. Der Standardwert von fünf Schritten ist von GIMP ein wenig niedrig eingestellt. Wenn Ihr Rechner kein älteres Modell ist und etwas mehr Arbeitsspeicher hat, können Sie diesen Wert durchaus erhöhen. Persönlich verwende ich hier den Wert »20«. Die Einstellung gilt natürlich für jedes Bildfenster.
- MAXIMALER SPEICHER FÜR DAS JOURNAL: Wenn Sie in der Einstellung zuvor mehrere Schritte gewählt haben, sollten Sie auch etwas mehr Arbeitsspeicher für die Rücknahme von Arbeitsschritten reservieren. Speicher über diesem angegebenen Wert wird wieder freigegeben. Dieser Wert hat allerdings nur die zweite Priorität gegenüber MINIMALE ANZAHL AN JOURNALSCHRITTEN.

Anhang C Einstellungen von GIMP ändern

▲ **Abbildung C.1**
Fehlermeldung, wenn die Maximale Grösse neuer Bilder überschritten wird

▶ Grösse des gesamten Speichers: Hier geben Sie an, wie viel Speicher GIMP für die Bilder insgesamt verwenden darf. Benötigt GIMP mehr Arbeitsspeicher als hier vorgegeben, wird die Festplatte zum Auslagern verwendet, was unerträglich langsam werden könnte. Ich empfehle Ihnen, mindestens die Hälfte des vorhandenen Arbeitsspeichers für GIMP zu reservieren.

▶ Maximale Grösse neuer Bilder: Damit stellen Sie ein, wie viel Arbeitsspeicher GIMP für die Erstellung eines neuen Bildes verwenden darf. Wird mehr als der angegebene Wert benötigt, fragt GIMP nochmals nach, ob das beabsichtigt ist. Den voreingestellten Wert von 128 Megabyte überschreiten Sie beispielsweise, wenn Sie ein neues 4 000 × 4 000 Pixel grosses Bild anlegen. Sinn und Zweck ist es natürlich, nicht versehentlich ein Bild zu erstellen, das den Rechner total ausbremst.

▶ Zahl der zu verwendenden Threads: Viele Prozessoren haben mittlerweile mehr als nur einen Kern, und hier können Sie mehrere aktivieren oder gegebenenfalls bei Bedarf auch weniger verwenden.

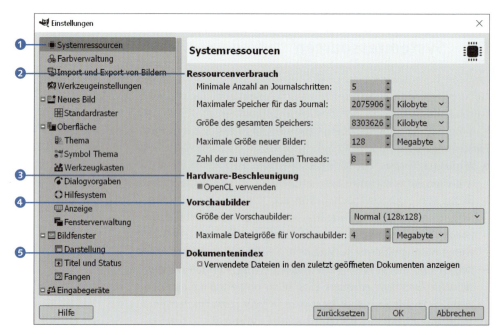

Abbildung C.2 ▲
Diverse Einstellungen der allgemeinen GIMP-Umgebung

Unter Hardwarebeschleunigung ❸ finden Sie mit OpenCL verwenden eine Option, mit der Sie die Grafikkarte auf Wunsch zur Beschleunigung der Berechnung von Bildbearbeitungen eingreifen lassen können. Sofern das Zusammenspiel mit der jeweiligen Grafikkarte funktioniert, lässt sich die Leistung von GIMP so deutlich verbessern.

Unter Vorschaubilder ❹ finden Sie zwei Optionen:
- Grösse der Vorschaubilder: Bestimmt, wie groß die Miniaturbilder beim Öffnen-Dialog (Datei • Öffnen) angezeigt werden sollen. Hier gibt es nur die Möglichkeiten keine Vorschau, 128 × 128 Pixel (Standardeinstellung) oder 256 × 256 Pixel.
- Maximale Dateigrösse für Vorschaubilder: Bei Bildern, die diese Datengröße überschreiten, wird keine automatische Miniaturvorschau angelegt. Gewöhnlich steht hier dann in der Vorschau Anklicken um Vorschau zu erstellen, womit Sie die Miniaturvorschau manuell erstellen. Der Standardwert von 4 Megabyte ist bei vielen Vollformatkameras heutzutage schon recht gering bemessen.

Unterhalb von Dokumentenindex ❺ können Sie mit aktivierter Option Verwendete Dateien in den zuletzt geöffneten Dokumenten anzeigen bewirken, dass alle geöffneten und gespeicherten Bilder im Dokumentenindex aufgelistet werden. Auf diesen Index greifen Sie über Datei • Zuletzt geöffnet zu.

C.2 Farbverwaltung

GIMP bietet nun seit der Version 2.10 auch ein internes Farbmanagement an, das in den Vorgängerversionen nur als Plugin zur Verfügung stand. Für das Einrichten benötigen Sie die passenden Farbprofile, die Sie dann an entsprechender Stelle der Farbverwaltung hinzufügen können.

Über Anzeigemodus des Bildes ❶ (Abbildung C.3) bestimmen Sie, wie das Farbmanagement auf GIMP wirken soll. Folgende Eigenschaften stehen hierfür zur Verfügung:
- Keine Farbverwaltung: Das Farbmanagement ist in GIMP komplett abgestellt.
- Anzeige mit Farbverwaltung: Das ist die Standardeinstellung von GIMP. Das Farbmanagement von GIMP wird verwendet, und die Anzeige auf dem Bildschirm erfolgt farbkorrigiert entsprechend dem Profil des Bildschirms.
- Probedruck: Die Ausgabe auf dem Drucker wird auf dem Bildschirm simuliert. Hierbei wird auch das eingestellte ICC-Profil für die Druckersimulation verwendet. Mehr als eine Simulation ist allerdings mit GIMP beim Drucken von Bildern nicht möglich. GIMP bietet kein eigenes Druckmodul an, um echte ICC-Profile für Drucker zu verwenden.

Anhang C Einstellungen von GIMP ändern

Entsprechend der Einstellung des ANZEIGEMODUS DES BILDES können Sie jetzt im Bereich ANZEIGE MIT FARBVERWALTUNG ❷, genauer mit BILDSCHIRMPROFIL, ein Monitorprofil auswählen, wenn Sie den Bildschirm kalibriert haben. Auch alle anderen Angaben innerhalb von ANZEIGE MIT FARBVERWALTUNG beziehen sich auf den Bildschirm.

Der Bereich SOFT-PROOFING ❸ hingegen bezieht sich auf den Druck bzw. auf die Simulation eines Drucks. Damit ist es möglich, dass Sie auf dem Bildschirm sehen, wie es später auf dem Papier aussieht. Hierfür müssen Sie allerdings bei SOFTPROOFING-PROFIL auch das entsprechende ICC-Profil des Druckers auswählen.

Im Bereich BEVORZUGTE PROFILE ❹ wählen Sie den RGB-Arbeitsfarbraum. Für den Webstandard wird hierfür zum Beispiel sRGB verwendet. Sie können aber auch den größeren Farbraum ProPhotoRGB wählen. Entsprechende Profile (wenn vorhanden) können Sie auch für den Graustufen- oder CMYK-Farbraum wählen.

Abbildung C.3 ▼
Die Farbverwaltung von GIMP

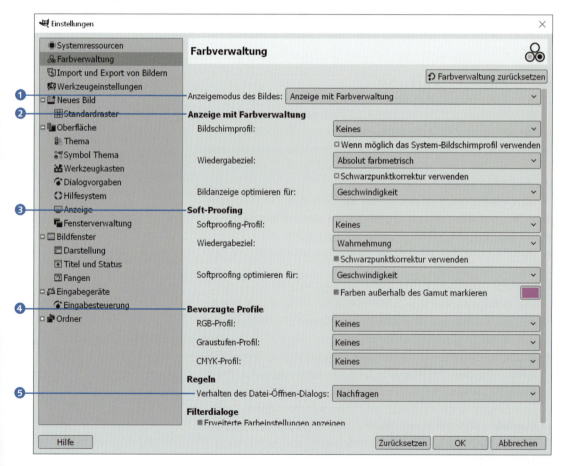

Eine Option, die Sie vielleicht noch anpassen wollen, finden Sie unter REGELN mit VERHALTEN DES DATEI-ÖFFNEN-DIALOGS 5, der standardmäßig auf NACHFRAGEN eingestellt ist und für den Dialog in Abbildung C.4 sorgt. Statt bei jedem Öffnen nachzufragen, können Sie hier vorgeben, dass das Bild entweder im eingebetteten Profil verwendet oder in das bevorzugte RGB-Farbprofil umgewandelt werden soll.

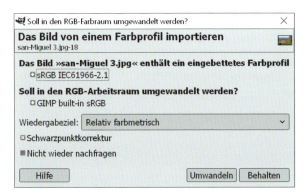

▲ **Abbildung C.4**
Der Dialog wird standardmäßig beim Öffnen von einem Bild angezeigt.

C.3 Import und Export von Bildern

Im Bereich IMPORT UND EXPORT VON BILDERN finden Sie bei IMPORTREGELN 1 (Abbildung C.5) diverse Einstellungen, die sich auf das Laden von Bildern in GIMP beziehen. Wollen Sie zum Beispiel, dass Bilder in eine Fließkomma-Präzision umgewandelt werden oder ein Alphakanal zum importierten Bild hinzugefügt wird, dann finden Sie hier die Optionen dazu. Die Einstellung RICHTLINIE DES FARBPROFILS ist dieselbe wie schon bei der FARBVERWALTUNG mit der Option VERHALTEN DES DATEI-ÖFFNEN-DIALOGS.

Einstellungen zum Exportieren von Bildern finden Sie hingegen im Bereich EXPORTRICHTLINIEN 2, wo Sie vorgeben können, was beim Exportieren mitgespeichert werden soll. Zur Auswahl stehen hier das FARBPROFIL DES BILDES sowie die EXIF-, XMP- und IPTC-METADATEN.

Wennn Sie unterhalb von ROHBILD-IMPORTEUR 3 einen Eintrag wie *${gimp_pug_in_dir}\plug-ins\file-darktable\file-darktable.exe* vorfinden, wird, wenn Sie eine RAW-Datei öffnen, diese zunächst automatisch im entsprechenden RAW-Konverter (hier: Darktable) geöffnet und erst nach der Bearbeitung im RAW-Konverter in GIMP.

Anhang C Einstellungen von GIMP ändern

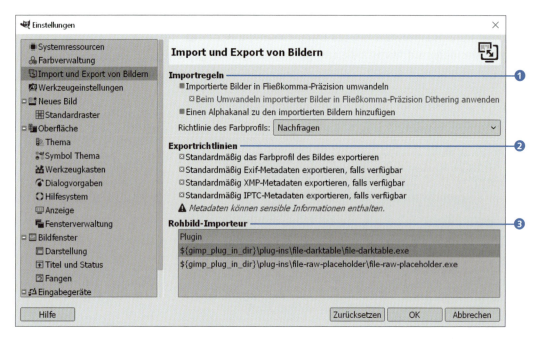

▲ Abbildung C.5
Die Einstellungen von IMPORT UND EXPORT VON BILDERN

C.4 Werkzeugeinstellungen

Mit WERKZEUGEINSTELLUNGEN ❹ lassen sich das Verhalten und die Einstellungen von Werkzeugen ändern.

Unterhalb von ALLGEMEIN ❺ finden Sie folgende Einstellungen:

▶ WERKZEUGEINSTELLUNGEN BEIM BEENDEN SPEICHERN: Wenn Sie diese Option aktivieren, speichert GIMP beim Beenden immer die Werkzeugeinstellungen ab, so dass diese beim nächsten Programmstart wieder zur Verfügung stehen.

▶ WERKZEUGEINSTELLUNGEN JETZT SPEICHERN: Damit speichern Sie die aktuellen Einstellungen, damit diese künftig beim Programmstart immer mit denselben Werten zur Verfügung stehen. Das ist beispielsweise sinnvoll, wenn Ihnen die Standardeinstellungen nicht zusagen.

▶ WERKZEUGEINSTELLUNGEN JETZT AUF VORGABEWERTE SETZEN: Damit stellen Sie den Ursprungszustand der Werkzeugeinstellungen von GIMP wieder her, wie diese nach der Installation zur Verfügung standen.

Über VOREINGESTELLTE INTERPOLATIONSART ❻ bestimmen Sie, welche Interpolation bei den Transformationswerkzeugen standardmäßig eingestellt ist. Die einzelnen Methoden dazu wie LINEAR, KUBISCH, NOHALO und LOHALO wurden im Abschnitt »Pixelmaße ändern über ›Bild skalieren‹« auf Seite 579 ausführlich beschrieben.

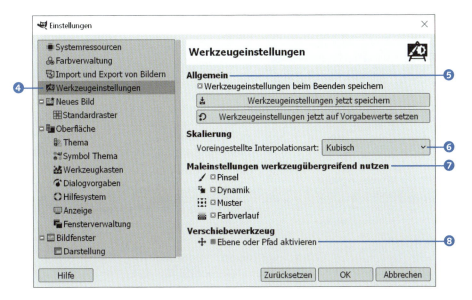

▲ **Abbildung C.6**
Verhalten und Einstellungen von Werkzeugen ändern

Unterhalb von MALEINSTELLUNGEN WERKZEUGÜBERGREIFEND NUTZEN ❼ können Sie aktivieren, dass die gewählte Pinselspitze, das Muster und/oder der Farbverlauf für alle Werkzeuge ebenso verwendet werden, wenn Sie das Werkzeug wechseln. Wenn Sie also eine bestimmte Pinselspitze beim PINSEL-Werkzeug verwenden, wird dieselbe Pinselspitze auch beim Wechseln zum Werkzeug RADIERER beibehalten. Das Gleiche gilt für DYNAMIK, MUSTER und FARBVERLAUF.

Mit EBENE ODER PFAD AKTIVIEREN ❽ können Sie beim VERSCHIEBEN-Werkzeug veranlassen, dass die aktive Ebene oder der aktive Pfad verschoben wird.

C.5 Neue Bilder erstellen (Voreinstellung)

Mit NEUES BILD ❶ können Sie die Vorgabeeinstellungen des Dialogs ❸ zum Erstellen eines neuen Bildes ändern, den Sie über DATEI • NEU aufrufen. Die einzelnen Einstellungen dazu erläutert

Anhang C Einstellungen von GIMP ändern

Abschnitt 2.3, »Eine neue Datei anlegen«. Ebenfalls einstellen können Sie hier die Standardfarbe für die SCHNELLMASKE ❷.

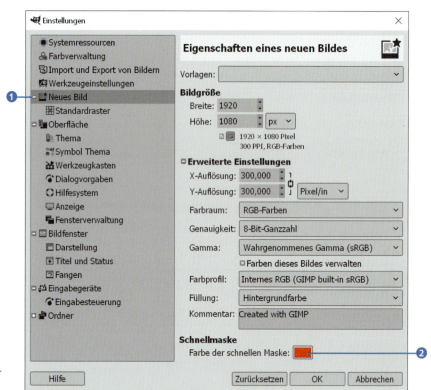

Abbildung C.7 ▶
Hier können Sie die Einstellungen für neue Bilder ändern …

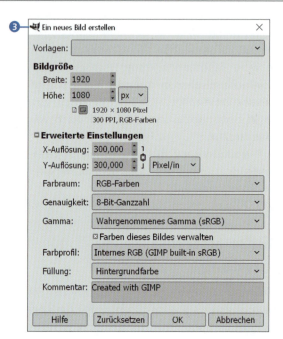

Abbildung C.8 ▶
… die dann standardmäßig für den entsprechenden Dialog über DATEI • NEU verwendet werden.

C.5.1 Standardraster

Unter STANDARDRASTER ❹ können Sie die Standardeinstellung für das Bildraster ändern, das Sie über den Menübefehl ANSICHT • RASTER ANZEIGEN (de-)aktivieren. Nachträglich können Sie diese Standardeinstellungen für das Raster auch mit BILD • RASTER KONFIGURIEREN ändern. Mehr zu den einzelnen Werten und deren Bedeutung erfahren Sie im Abschnitt »Raster einstellen und verwenden« auf Seite 116.

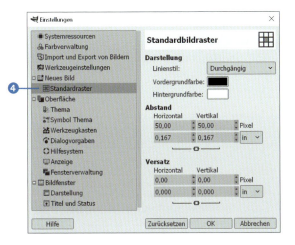

▲ Abbildung C.9
Die Einstellungen für das Raster …

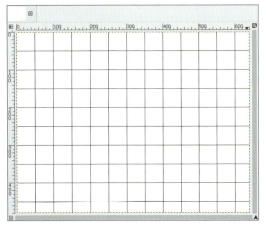

▲ Abbildung C.10
…das Sie über ANSICHT • RASTER ANZEIGEN aktivieren

C.6 (Benutzer-)Oberfläche

Über die Einstellung OBERFLÄCHE ❶ (Abbildung C.12) konfigurieren Sie die Vorschaubilder von Ebenen, Kanälen, den Navigationsdialog und die Tastenkombinationen.

Über SPRACHE ❷ können Sie die verwendete Sprache von GIMP ändern. Die Standardeinstellung ist hierbei die Sprache, mit der das Betriebssystem läuft (bei den meisten dürfte dies Deutsch sein). Über das Dropdown-Menü können Sie eine andere Sprache (beispielsweise Englisch) auswählen.

Unterhalb von VORSCHAUBILDER ❸ bestimmen Sie mit VORSCHAU VON EBENEN UND KANÄLEN AKTIVIEREN, ob im EBENEN- und KANÄLE-Dialog automatisch Miniaturbilder erstellt werden sollen. Ebenso die Vorschau von Ebenengruppen können Sie hier (de-)aktivieren. Die Größe der Bilder können Sie über STANDARDGRÖSSE DER VORSCHAU VON EBENEN UND KANÄLEN festlegen. Der Wert von VORSCHAUGRÖSSE ZURÜCKNEHMEN bezieht sich auf die Vorschau im Journal. Über GRÖSSE DER NAVIGATIONSVORSCHAU

Anhang C Einstellungen von GIMP ändern

skalieren Sie die Vorschau für die Navigation, die Sie über das Bildfenster rechts unten (siehe Abbildung C.11) verwenden können.

Abbildung C.11 ▶
Die Größe der Navigationsvorschau im Bildfenster rechts unten

Die Optionen unterhalb von TASTENKOMBINATIONEN ❹ werden in Anhang A ab Seite 877 näher erläutert.

Abbildung C.12 ▶
Anpassen der Benutzeroberfläche

C.6.1 Thema

Über THEMA ❺ können Sie aus den Themen DARK, GRAY, LIGHT und SYSTEM wählen. Das Thema steht sofort nach der Auswahl zur Verfügung.

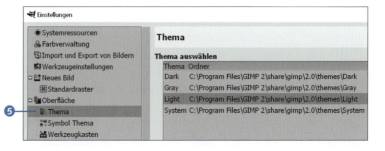

Abbildung C.13 ▶
Andere Themen für GIMP auswählen

▲ Abbildung C.14
Das Thema »Dark«

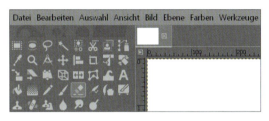
▲ Abbildung C.15
Das Thema »Gray«

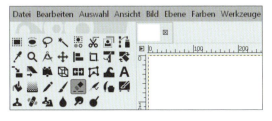
▲ Abbildung C.16
Das Thema »Light«

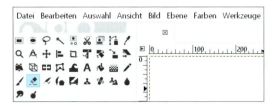
▲ Abbildung C.17
Das Thema »System«

C.6.2 Symbol-Thema

Neben der Möglichkeit, das Thema der Oberfläche anzupassen, finden Sie mit SYMBOL-THEMA ❻ eine Möglichkeit, die Symbole der Oberfläche anzupassen. Dies ist recht hilfreich, weil nicht alle Symbole zu einem bestimmten Thema passen. Zur Auswahl stehen COLOR, LEGACY, SYMBOLIC und SYMBOLIC-INVERTED. Hierbei können Sie über die Dropdown-Liste ❼ auswählen, ob Sie die SYMBOLGRÖSSE DES THEMAS wählen, diese anhand der Bildschirmauflösung schätzen lassen oder über den Schieberegler darunter selbst anpassen wollen.

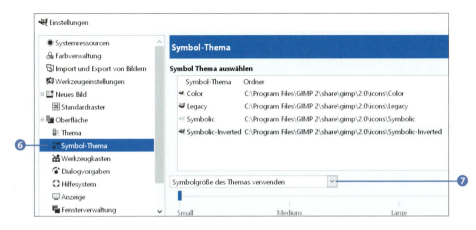
▲ Abbildung C.18
Andere Symbole verwenden

Anhang C Einstellungen von GIMP ändern

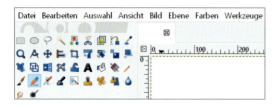

▲ **Abbildung C.19**
Symbol-Thema »Color«

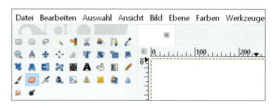

▲ **Abbildung C.20**
Symbol-Thema »Legacy« (die alten GIMP-Symbole von GIMP 2.8)

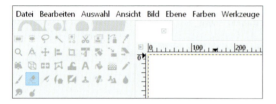

▲ **Abbildung C.21**
Symbol-Thema »Symbolic«

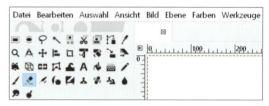

▲ **Abbildung C.22**
Symbol-Thema »Symbolic-Inverted«

C.6.3 Werkzeugkasten

Im Bereich WERKZEUGKASTEN ❶ können Sie zusätzliche Bereiche im Werkzeugkasten (de-)aktivieren:

▶ VORDERGRUND- UND HINTERGRUNDFARBE ANZEIGEN: Diese Option ist standardmäßig aktiviert und zeigt die aktuelle Vorder- und Hintergrundfarbe ❹ im Werkzeugkasten an. Durch Anklicken eines dieser beiden Bereiche lässt sich die Farbe ändern.

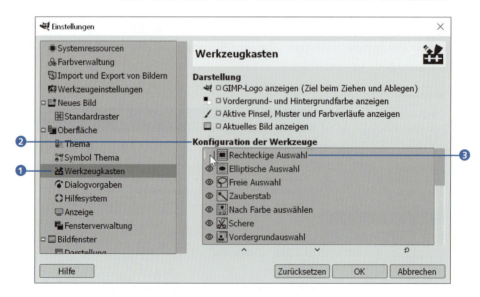

▲ **Abbildung C.23**
Verschiedene Bereiche und Werkzeuge lassen sich über WERKZEUGKASTEN (de-)aktivieren.

- AKTIVE PINSEL, MUSTER UND FARBVERLÄUFE ANZEIGEN: Hiermit werden der gerade aktive Pinsel, das gewählte Muster und der eingestellte Farbverlauf im Werkzeugkasten angezeigt ❺. Klicken Sie hierbei auf das Entsprechende, können Sie auch gleich über einen Dialog einen anderen Pinsel, ein anderes Muster und einen anderen Farbverlauf auswählen.
- AKTUELLES BILD ANZEIGEN: Das gerade aktive Bild wird angezeigt ❻. Klicken Sie diesen Bereich an, wird auch gleich der BILDER-Dialog (FENSTER • ANDOCKBARE DIALOGE • BILDER) aufgerufen.

▲ Abbildung C.24
Der Werkzeugkasten mit weiteren aktivierten Bereichen

Unter KONFIGURATION DER WERKZEUGE ❷ können Sie die Werkzeuge aus dem Werkzeugkasten über das Augensymbol ❸ ein-/ausblenden oder per Drag & Drop die Reihenfolge ändern.

C.6.4 Dialogvorgaben

Bei DIALOGVORGABEN ❼ können Sie Werte von verschiedenen Dialogen vorgeben. Das ist recht hilfreich, wenn Sie bei bestimmten Dialogen den Standardwert ohnehin immer ändern. Hierbei sollten Sie allerdings nur Werte ändern, wenn Sie bereits etwas Erfahrung haben und wissen, was Sie tun.

▼ Abbildung C.25
Mit den Dialogvorgaben können Sie Zeit sparen.

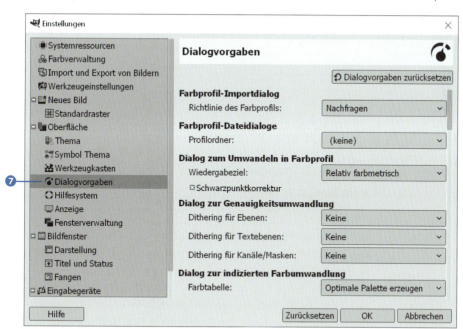

C.6.5 Hilfesystem

Über HILFESYSTEM ❶ (Abbildung C.26) konfigurieren Sie das GIMP-Hilfesystem. Unter ALLGEMEIN ❷ können Sie mit dem Kontrollkästchen MINIHILFEN ANZEIGEN veranlassen, dass die Mi-

Benutzerhandbuch
Die Startseite der GIMP-Dokumentation, von wo Sie auch das Benutzerhandbuch herunterladen können, lautet *http://docs.gimp.org*. Zur Drucklegung war das Hilfesystem für die Version 2.10 noch nicht zur Installation als Paket verfügbar. Wenn Sie allerdings dieses Buch in den Händen halten, können Sie vermutlich schon die aktuellste Version von der offiziellen GIMP-Website herunterladen.

nihilfen (auch *Tooltips* genannt) angezeigt werden, wenn Sie mit dem Mauszeiger kurz auf einem Bedienelement verweilen. Ist die Option Hilfeknöpfe anzeigen aktiviert, wird in den Dialogen (wie beispielsweise Werte, Kurven) eine Hilfe-Schaltfläche angezeigt, mit der Sie auf die zum Dialog gehörende Hilfeseite geleitet werden. Aber auch ohne diese Schaltfläche erreichen Sie diese Hilfeseite über F1.

Über die Dropdown-Liste Benutzerhandbuch wählen Sie, ob Sie das lokal installierte Handbuch oder die Online-Version verwenden wollen. Die lokale Version muss für eine Auswahl natürlich auf dem Rechner installiert sein.

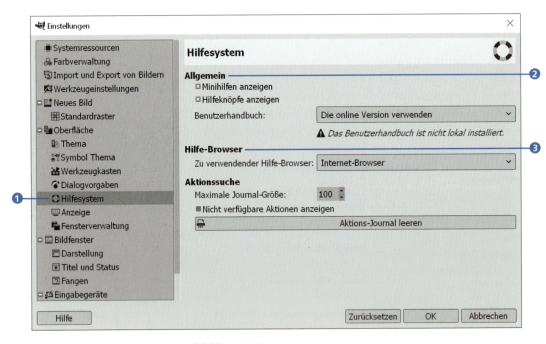

▲ **Abbildung C.26**
Das Hilfesystem für GIMP einrichten

Unterhalb von Hilfe-Browser ❸ richten Sie ein, ob zum Lesen des Benutzerhandbuches der Internetbrowser oder der GIMP-Hilfe-Browser (ein Plugin) verwendet werden soll.

Bei Aktionssuche können Sie Einstellungen zum Suchsystem von GIMP machen, womit Sie nach Befehlen suchen oder diese ausführen können. Sie finden diese Funktion über das Hilfe-Menü mit Einen Befehl suchen und ausführen.

C.6.6 Anzeige
Im Bereich Anzeige ❹ ändern Sie die Transparenzansicht und Bildschirmauflösung.

Unterhalb von TRANSPARENZ ❺ stellen Sie den SCHACHBRETT-STIL und die SCHACHBRETTGRÖSSE für die Anzeige der transparenten Bereiche ein. Bei BILDSCHIRMAUFLÖSUNG ❻ können Sie die Monitorauflösung manuell eingeben oder mit Hilfe eines Lineals kalibrieren. Standardmäßig ist hier die automatische Erkennung aktiv.

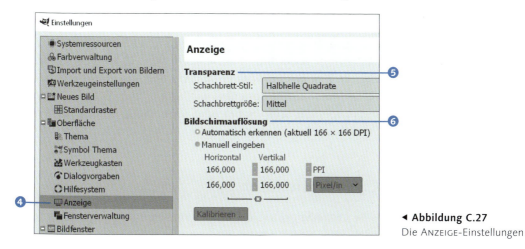

◀ **Abbildung C.27**
Die ANZEIGE-Einstellungen

C.6.7 Fensterverwaltung

Über FENSTERVERWALTUNG ❼ konfigurieren Sie Einstellungen zwischen GIMP und dem verwendeten Fenster-Manager (auch als Window-Manager bekannt). Das Verhalten der einzelnen Funktionen hängt allerdings vom verwendeten Fenster-Manager und vor allem auch vom System ab.

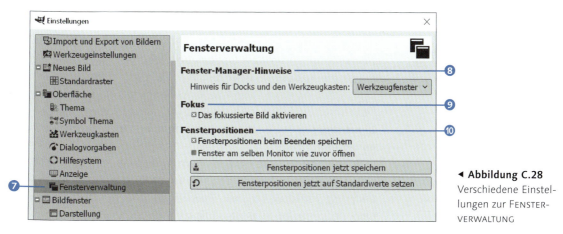

◀ **Abbildung C.28**
Verschiedene Einstellungen zur FENSTERVERWALTUNG

Unter FENSTER-MANAGER-HINWEISE ❽ passen Sie die Fenster für den Werkzeugkasten an. Mit NORMALES FENSTER wird jedes Fenster wie auf dem System typisch behandelt und angezeigt. Bei WERKZEUGFENSTER sind keine Minimieren- und Maximie-

▲ Abbildung C.29
Den Werkzeugkasten als NORMALES FENSTER mit den Minimieren- und Maximieren-Schaltflächen anzeigen lassen

ren-Schaltflächen vorhanden. Mit ZUOBERST BEHALTEN weisen Sie den Fenster-Manager an, das Fenster immer im Vordergrund zu halten, so dass es nie von anderen Fenstern überdeckt werden kann.

Mit DAS FOKUSSIERTE BILD AKTIVIEREN ❾ wird ein Bild zum aktiven Bild, wenn das Fenster den Fokus erhält. Diese Funktion sollten Sie aktiviert lassen, wenn der Fenster-Manager das allgemein übliche »Fokus durch Anklicken« verwendet.

Ganz am Ende unter FENSTERPOSITIONEN ❿ können Sie die aktuelle Position der Fenster (mitsamt Monitor, wenn mehrere verwendet werden) speichern (entweder beim Beenden oder sofort über die Schaltfläche) oder diese Werte wieder auf den Standard zurückstellen, der nach der Installation vorhanden war.

C.7 Bildfenster

Viele Einstellungen ermöglicht der Bereich BILDFENSTER ❶. Weil nicht alles in den Dialog passte, wurden hierfür gleich mit DARSTELLUNG, TITEL UND STATUS und FANGEN drei weitere Unterpunkte hinzugefügt.

C.7.1 Allgemeine Einstellungen

Unter ALLGEMEIN ❷ können Sie mit »PUNKT FÜR PUNKT« ALS STANDARD VERWENDEN (de-)aktivieren, dass jedes Pixel des Bildes auch ein Pixel auf dem Bildschirm darstellt. Für Grafiken im Web sollten Sie diese Option unbedingt eingeschaltet lassen. Deaktivieren Sie diese Option, hängt die Darstellungsgröße von der Auflösung des Bildes ab, was für den Druck recht sinnvoll sein kann. Manuell können Sie diese Option auch über ANSICHT • PUNKT FÜR PUNKT (de-)aktivieren. Über den Wert für GESCHWINDIGKEIT DER LAUFENDEN AMEISEN stellen Sie ein, wie schnell die schwarzweißen Hilfslinien bei einer Auswahl abwechselnd angezeigt werden. Je **niedriger** dieser Wert ist, desto **schneller** findet diese »Bewegung« statt.

Unterhalb von VERHALTEN BEI GRÖSSENÄNDERUNGEN ❸ bestimmen Sie, wie sich das Bild bzw. Bildfenster bei einer Größenveränderung verhalten soll. Mit FENSTERGRÖSSE BEIM VERGRÖSSERN UND VERKLEINERN ANPASSEN (de-)aktivieren Sie, dass die Bildfenstergröße automatisch an die Bildgröße angepasst wird, wenn die Ansicht vergrößert oder verkleinert wird. (De-)aktivieren Sie FENSTERGRÖSSE ANPASSEN, WENN SICH DIE BILDGRÖSSE ÄNDERT, wird die Größe des Bildfensters automatisch an die Leinwand angepasst, wenn sich die Fenstergröße ändert. Über ANFÄNGLIcher Vergrösserungsfaktor bestimmen Sie, ob das Bild nach dem Öffnen an das Fenster angepasst oder in der Originalgröße angezeigt werden soll. Bei der 1:1-Ansicht kann dies natürlich bedeuten, dass das Bild nicht komplett zu sehen ist und Sie scrollen müssen.

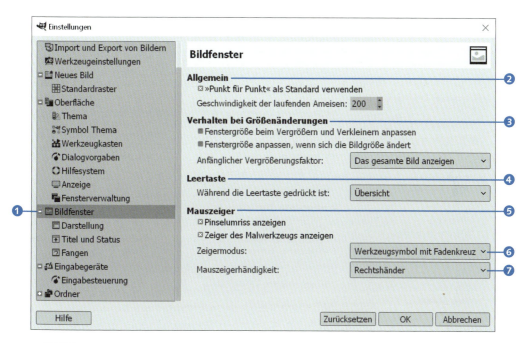

▲ **Abbildung C.30**
Verschiedene Einstellungen für das Bildfenster

Unterhalb von Leertaste ❹ wählen Sie über die Dropdown-Liste mit Während Leertaste gedrückt ist aus, was passieren soll, wenn Sie die Leertaste im Bildfenster drücken.

Darunter finden Sie verschiedene Einstellungen zur Darstellung vom Mauszeiger ❺ im Bildfenster. Mit Pinselumriss anzeigen (de-)aktivieren Sie, dass der Umriss der aktuellen Pinselspitze angezeigt wird, und mit Zeiger des Malwerkzeugs anzeigen, dass neben dem Mauszeiger das Symbol des Werkzeugs angezeigt wird, das im Augenblick verwendet wird.

Mit der Dropdown-Liste Zeigermodus ❻ bestimmen Sie, ob nur das Werkzeugsymbol, das Werkzeugsymbol mit Fadenkreuz oder nur ein Fadenkreuz angezeigt wird. Voraussetzung für diese Option ist natürlich, dass Zeiger des Malwerkzeugs anzeigen aktiviert ist. Mit der letzten Einstellung Mauszeigerhändigkeit ❼ stellen Sie ein, auf welcher Seite das Werkzeugsymbol angezeigt werden soll. Zur Auswahl stehen – für sich sprechend – Linkshänder und Rechtshänder.

▲ **Abbildung C.31**
Für das genauere Malen ist ein Fadenkreuz hilfreich.

▲ **Abbildung C.32**
Auch den Zeiger des Malwerkzeugs können Sie ändern.

▲ **Abbildung C.33**
Hier wurde Mauszeigerhändigkeit auf Linkshänder geändert, wie Sie am Pinselsymbol schön erkennen können.

C.7.2 Darstellung

Unter DARSTELLUNG ❶ können Sie verschiedene Vorgabeeinstellungen des Bildfensters (de-)aktivieren. Viele dieser Einstellungen lassen sich auch nachträglich über das Menü ANSICHT ändern. Aufgeteilt sind die Einstellungen in die Darstellung des normalen Fenstermodus ❷ und des Vollbildmodus ❸ (ANSICHT • VOLLBILD oder [F11]). Die einzelnen Einstellungen sprechen für sich.

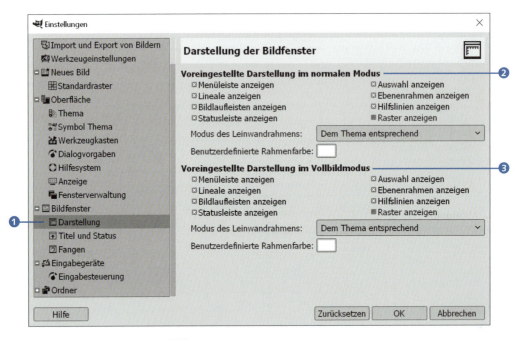

▲ Abbildung C.34
Über DARSTELLUNG lassen sich vorwiegend einzelne Elemente im Bildfenster (de-)aktivieren.

C.7.3 Titel und Status

Die Einstellungen in TITEL UND STATUS ❹ dürften auf den ersten Blick recht kryptisch anmuten. Hier können Sie ein vordefiniertes Format für den BILDTITEL ❺ und die STATUSLEISTE ❻ auswählen und verwenden.

Alternativ können Sie auch ein eigenes Format, genannt *Formatzeichenkette*, erstellen. Wer Erfahrung in der C-Programmierung hat, dem dürften diese Zeilen mit den Formatvariablen nicht so kryptisch erscheinen. Alles, was Sie in den Eingabezeilen eingeben, wird in der Titel- oder Statusleiste wieder so ausgegeben. In Abbildung C.36 wurde beispielsweise in die Eingabezeile ❽ des Bildtitels »Mein Titel« eingegeben, weshalb dies auch im Titel des Bildfensters ❼ wiedergegeben wird.

C.7 Bildfenster

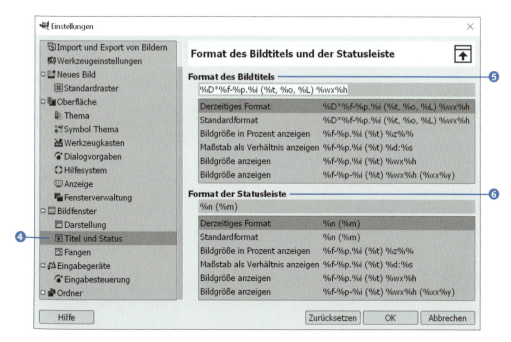

▲ Abbildung C.35
Die Titel- und Statusleiste lassen sich den persönlichen Bedürfnissen anpassen.

▲ Abbildung C.36
Ein eigener Text in der Statusleiste

Einfache Texte bringen allerdings recht wenig in der Titel- oder Statusleiste, weshalb GIMP verschiedene Formatvariablen anbietet, die eine feste Bedeutung haben und von GIMP interpretiert werden. Alle Formatvariablen von GIMP beginnen mit dem Prozentzeichen (%), gefolgt von einem oder weiteren Buchstaben ohne Leerzeichen (siehe Tabelle C.1). Beispielsweise steht %f für den Dateinamen und %m für die Speichernutzung. Geben Sie zum Beispiel »Bildname: %f (Speichernutzung: %m)« ❿ ein, ersetzt GIMP die beiden Formatvariablen %f und %m entsprechend, wie die Titelleiste ❾ in Abbildung C.37 zeigt.

Anhang C Einstellungen von GIMP ändern

Abbildung C.37 ▶
Die Formatvariablen werden in der Titel- oder Statusleiste entsprechend ersetzt.

Die in Tabelle C.1 genannten Formatvariablen stehen Ihnen für eine benutzerdefinierte Ausgabe in der Titel- oder Statusleiste zur Verfügung (alphabetisch sortiert).

Formatvariable	Beschreibung
%Cx	Wenn das Bild nach dem letzten Speichern **nicht** verändert wurde, wird aus diesem Zeichen ein x. Ansonsten wird hiermit gar nichts ausgegeben.
%d	Damit wird der Zielskalierungsfaktor angegeben (100 % = 1, 200 % = 2 usw.). Wird gewöhnlich in Kombination mit dem Quellskalierungsfaktor %s verwendet.
%Dx	Das Gegenstück zu %Cx. Wenn das Bild nach dem letzten Speichern verändert wurde, wird aus diesem Zeichen ein x. Ansonsten wird hiermit gar nichts ausgegeben.
%f	Dateiname ohne Pfad. Wurde die Datei noch nicht gespeichert, wird »Unbenannt« angezeigt.
%F	Dateiname mit absolutem Pfad oder »Unbenannt«, falls die Datei noch nicht gespeichert wurde
%h	Bildhöhe in Pixel
%H	Bildhöhe mit der eingestellten Maßeinheit. Standardmäßig ist dies auch Pixel.
%i	Nummer der Ansicht des Bildes. Über ANSICHT • NEUE ANSICHT erstellen Sie beispielsweise eine weitere Ansicht desselben Bildes (siehe Abschnitt 2.5, »Geöffnete Bilder verwalten«, Abschnitt »Bilder vergleichen [Neue Ansicht]« ab Seite 105).
%l	Anzahl der vorhandenen Ebenen
%L	Anzahl der vorhandenen Ebenen mit dem Zusatz »Ebene« oder »Ebenen«
%m	Arbeitsspeicherausnutzung des Bildes

Tabelle C.1 ▶
Formatzeichen für eine benutzerdefinierte Titel- oder Statusleiste

Formatvariable	Beschreibung
%n	Name der aktiven Ebene
%p	Eindeutige Bild-Identifikationsnummer (siehe Abschnitt 2.5, »Geöffnete Bilder verwalten«, und Abschnitt »Bilder vergleichen [Neue Ansicht]« ab Seite 105)
%P	Gibt die eindeutige Identifikationsnummer der aktiven Ebene oder des aktiven Kanals aus.
%s	Der Quellskalierungsfaktor. Wird meistens in Kombination mit dem Zielskalierungsfaktor %d verwendet.
%t	Typ des Bildes (RGB, Graustufen, indiziert)
%u	Zeigt das Symbol für die verwendete Maßeinheit an, beispielsweise px für Pixel oder " für Zoll.
%U	Zeigt statt eines Symbols für die verwendete Maßeinheit die Abkürzung an, falls vorhanden, beispielsweise in für Zoll.
%w	Bildbreite in Pixel
%W	Bildbreite mit der eingestellten Maßeinheit. Standardmäßig ist dies auch Pixel.
%z	Zoomfaktor in Prozent (zum Beispiel 50%, 100%)
%%	Gibt das Prozentzeichen (%) aus.

◄ **Tabelle C.1**
Formatzeichen für eine benutzerdefinierte Titel- oder Statusleiste (Forts.)

C.7.4 Fangen

Mit FANGEN ❶ stellen Sie jeweils das voreingestellte Verhalten im normalen und Vollbildmodus für das Werkzeugverhalten ein. Dies sind die gleichnamigen Einstellungen, die Sie vom Menü ANSICHT her kennen. Des Weiteren können Sie hier über EINRASTABSTAND einstellen, wie fein das Einrasten von Hilfslinien und Raster reagiert.

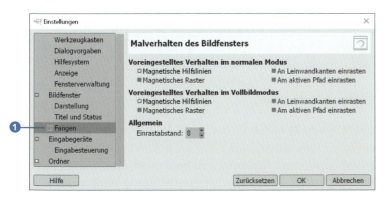

◄ **Abbildung C.38**
Hier können Sie das Einrasten von Hilfslinien und Rasterlinien (standardmäßig) (de-)aktivieren.

C.8 Eingabegeräte

Mit EINGABEGERÄTE ❶ richten Sie erweiterte Geräte wie Grafiktabletts oder MDI-Tastaturen über die Schaltfläche ERWEITERTE EINGABEGERÄTE KONFIGURIEREN ein. Gewöhnlich findet die Konfiguration in einem erweiterten Dialog statt.

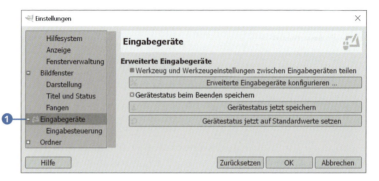

Abbildung C.39 ▶
Erweiterte Eingabegeräte wie Grafiktabletts richten Sie hier ein.

Eingabesteuerung | Mit EINGABESTEUERUNG ❷ können Sie weitere verfügbare Steuerungen zur aktiven Steuerung hinzufügen und natürlich auch konfigurieren, indem Sie auf das entsprechende Gerät doppelklicken. Hiermit passen Sie beispielsweise die Funktionen für das Mausrad (MAIN MOUSE WHEEL) an. Das Gleiche gilt natürlich auch für andere Geräte, wie zum Beispiel die Tastatur.

Abbildung C.40 ▶
Übersicht über verfügbare und aktive Steuerungen. Mit einem Doppelklick auf den Eintrag eines der aktiven Geräte können Sie auch hier Änderungen durchführen.

C.9 Ordner

Über ORDNER ❸ finden Sie das Verzeichnis TEMPORÄRER ORDNER, wo die Sitzungsdateien von GIMP gespeichert werden. Der AUSLAGERUNGSORDNER hingegen wird verwendet, wenn GIMP nicht mehr genügend Arbeitsspeicher zur Verfügung steht; dann wird der Speicher in diesen Ordner ausgelagert. Die Pfade zu beiden Verzeichnissen lassen sich natürlich auch ändern.

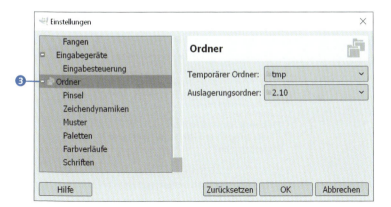

▲ **Abbildung C.41**
Die Ordnerverwaltung von GIMP

Unterhalb von ORDNER können Sie viele weitere Datenordner ermitteln und hinzufügen, in denen GIMP seine Ressourcen wie Pinsel, Muster, Paletten usw. speichert.

Gewöhnlich sehen Sie immer zwei Verzeichnisse:
- ein System-Verzeichnis, in dem gewöhnlich nur die Ressourcen gespeichert werden, die von GIMP bei der Installation ausgeliefert wurden,
- sowie als zweites meistens das persönliche GIMP-Verzeichnis, wo Sie weitere Ressourcen hinzufügen und speichern können.

Wenn Sie also einmal nicht wissen, wohin mit den heruntergeladenen Pinseln, Mustern, Schriften, Plugins oder Skript-Fu-Programmen, dann können Sie hier nachsehen. Des Weiteren können Sie hier natürlich auch weitere Pfade zu den passenden Ressourcen hinzufügen.

C.10 Einstellungen wiederherstellen

Wenn Sie GIMP wieder komplett auf die Werkseinstellung zurücksetzen wollen, wie diese nach der Installation vorlag, klicken Sie einfach im EINSTELLUNGEN-Dialog auf die Schaltfläche ZURÜCKSETZEN ❷ (Abbildung C.42). Daraufhin öffnet sich ein Dialog ❶, in dem Sie zur Sicherheit nochmals gefragt werden, ob Sie wirklich alles zurücksetzen wollen.

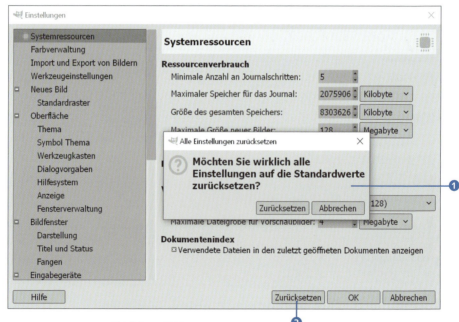

▲ **Abbildung C.42**
Alle Einstellungen wieder zurücksetzen

C.11 Neue Maßeinheiten definieren

Reichen Ihnen die Maßeinheiten in GIMP nicht aus oder wollen Sie eine Maßeinheit ändern (beispielsweise das Symbol oder die Abkürzung), verwenden Sie hierfür BEARBEITEN • EINHEITEN.

Über die Schaltfläche EINE NEUE EINHEIT ERSTELLEN ❸ legen Sie eine neue Einheit an. Da die vorhandenen Einheiten schreibgeschützt sind, müssen Sie sie zuvor über DUPLIZIEREN ❹ kopieren und können dann eine vorhandene Maßeinheit ändern bzw. als »neue« Maßeinheit speichern.

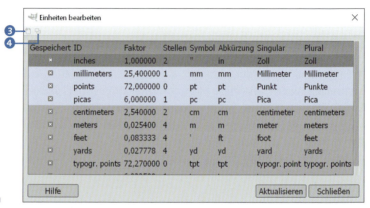

Abbildung C.43 ▶
Maßeinheiten ändern und anlegen

C.12 Eigene Werkzeug-Voreinstellungen erstellen

Sie können auch häufig verwendete Werkzeug-Voreinstellungen erstellen und sichern, um bei Bedarf wieder darauf zugreifen zu können. Sie finden diesen Dialog unter FENSTER • ANDOCKBARE DIALOGE • WERKZEUG-VOREINSTELLUNGEN.

◀ **Abbildung C.44**
Vordefinierte Werkzeugeinstellungen. Hier wurde VIGNETTE ❺ ausgewählt …

▲ **Abbildung C.45**
… womit das FARBVERLAUF-Werkzeug mit entsprechenden Werkzeugeinstellungen ❻ aktiviert und gleich verwendet werden kann. Hier wurde beispielsweise mit den Werkzeugeinstellungen eine Vignette in das Bild gezeichnet.

Anhang C Einstellungen von GIMP ändern

Selbstverständlich können Sie auch eigene Werkzeug-Voreinstellungen erstellen, speichern und bei Bedarf wiederverwenden. Hierzu ein einfaches Beispiel zur Demonstration, wie Sie einen Pinsel erstellen, mit dem roter Lippenstift aufgemalt werden kann.

Schritt für Schritt
Eigene Werkzeug-Voreinstellung erstellen

1 Werkzeugeinstellungen vornehmen

Zunächst müssen Sie die gewöhnlichen Werkzeugeinstellungen vornehmen. Im Beispiel verwenden wir das PINSEL-Werkzeug (P). Als VORDERGRUNDFARBE ❶ wurde hier ROT gewählt (für den Lippenstift) und der MODUS ❷ auf LCH-FARBE gestellt. Zusätzlich wurde noch eine weichere Pinselspitze ❸ ausgewählt mit einer Größe ❹ von 75,00. Sie können noch die DECKKRAFT reduzieren oder die DYNAMIK ändern, aber in diesem Fall wurde hier nichts mehr eingestellt.

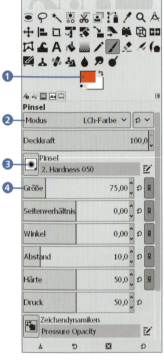

▲ Abbildung C.46
Werkzeugeinstellung anpassen

2 Neue Werkzeug-Voreinstellung erzeugen

Öffnen Sie jetzt den Dialog WERKZEUG-VOREINSTELLUNGEN über FENSTER • ANDOCKBARE DIALOGE, und klicken Sie auf die Schaltfläche ❺, um eine neue Werkzeug-Voreinstellung zu erstellen.

◄ Abbildung C.47
Eine neue Werkzeug-Voreinstellung erstellen

Daraufhin öffnet sich ein Editor, in den Sie den Namen und das Symbol der neuen Voreinstellung eingeben und in dem Sie weitere Einstellungen vornehmen können. Im Beispiel wurden nur der Name ❻ und das SYMBOL ❼ geändert. Außerdem müssen Sie hier noch ein Häkchen vor GESPEICHERTE VG/HG-FARBE ANWEN-

910

den ❽ setzen. Klicken Sie dann auf das Diskettensymbol ❾, und die neue Werkzeug-Voreinstellung wird dauerhaft gespeichert.

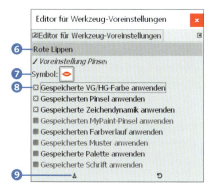

◀ **Abbildung C.48**
Editor für die Werkzeug-Voreinstellung

Nicht universell einsetzbar

Solche Werkzeug-Voreinstellungen lassen sich natürlich nicht allgemeingültig einsetzen. Das Aufmalen von roten Lippen zum Beispiel funktioniert mit diesen Einstellungen nicht bei jedem Mund und Bild. Das Beispiel soll nur zeigen, wie Sie etwas häufiger verwendete Arbeiten mit dem Werkzeug als Voreinstellungen wiederverwenden können. Nachjustieren können Sie jederzeit, auch ohne dass die gespeicherten Einstellungen dabei verloren gehen.

3 **Werkzeug-Voreinstellung verwenden**

Jetzt müssen Sie nur bei Bedarf den Dialog Werkzeug-Voreinstellungen über Fenster • Andockbare Dialoge öffnen und die neu erstellte Werkzeug-Voreinstellung Rote Lippen anklicken ❿. Daraufhin wird das Pinsel-Werkzeug mit sämtlichen gespeicherten Werkzeugeinstellungen aktiviert. Jetzt können Sie die roten Lippen auf den Mund in einem Bild aufmalen ⓫.

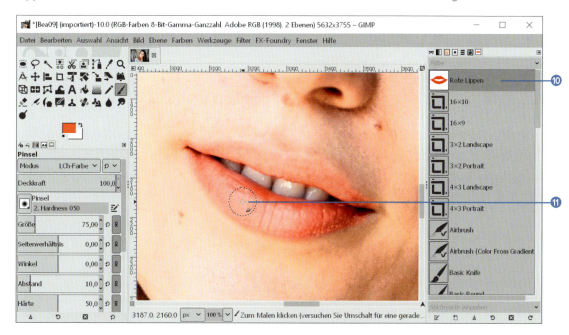

▲ **Abbildung C.49**
Unsere selbst erstellte Werkzeug-Voreinstellung im Einsatz

Index

3D-Effekt 794
3D-Text 749
100%-Ansicht 89, 100

A

Abbilden (Filter) 794
Abbildungsgröße 97
Abbrechen 69
Abgerundetes Rechteck
  (Auswahl) 392
Abgleichen (Automatisch) 182
Ablage 399
Ablagen-Dialog 56, 400
Absolute Auflösung 123, 579
Abwedeln-Werkzeug 185
Alien-Map-Dialog 343
Allgemein (Filter) 788
Alphakanal 351, 437, 449
  Auswahl 445
  Auswahl erstellen 398
  Ebenenmaske 505
  entfernen 438
  Farbtiefe 438
  hinzufügen 438
  sperren 444, 457
Alpha-Schwellwert 442
Als Liste anzeigen 62
Als Raster anzeigen 62
Altes Bild restaurieren 659
Altes Foto (Filter) 793
Ameisenlinie 376
Andockbare Dialoge 51
  Ablagen 56, 400
  Andockbereiche 59
  Ansichtsnavigation 54
  an- und abdocken 58
  ausblenden 51
  Auswahleditor 54
  Bilder 56, 81
  Bildvorlagen 57
  Dokumentenindex 57, 74
  Ebenen 53, 453

Farben 252
Farbtabelle 53
Farbverläufe 56, 319
Fehlerausgabe 57
Gerätestatus 53
gruppieren 59
Histogramm 54, 151
Journal 54, 144
Kanäle 53, 427
Menü 52
Muster 55, 309
MyPaint-Pinsel 55, 299
Navigation 102, 673
Paletten 56, 254
Pfade 53, 712
Pinsel 55, 279, 293
Prüfpunkte 54
Reitermenü 61
Schriften 56
skalieren 60
Symmetrisches Malen 55
Übersicht 57
VG/HG-Farbe 55
Vorlagen 78
Werkzeugeinstellungen 53
Werkzeug-Voreinstellungen 56
Zeichendynamik 55, 270
Zeiger 108
Zeigerinformationen 54
Andy-Warhol-Effekt 805
Animation 819
  abspielen 822
  Drehender Globus 827
  Einbrennen 827
  erstellen 819
  Filter 826
  Flattern 827
  im Webbrowser betrachten 825
  optimieren 826
  Optimieren (Differenz) 826
  Optimieren (für GIF) 826
  Überblenden 827
  Wellen 827
Animationseinstellungen 823

Ankertransformation-
  Werkzeug 600
  verzerren 617
Anordnen (Ebenen) 466
Ansicht
  Punkt für Punkt 589
  teilen 147
  Vorher-Nachher 147
Ansicht-Menü 39, 99
Ansichtsfilter 161
Ansichtsnavigation-Dialog 54
Antialiasing 634, 828
  Text 743
Arbeitsoberfläche 35
  Thema 37
Arbeitsschritt 142
Arithmetische Kodierung 89
Auf Auswahl anpassen 100
Auf Auswahl zuschneiden
  Ebene 489
Auf Bildschirm verschieben 62
Auflösung 122
  absolute 123, 579
  Bild skalieren 579
  Druck 586
  relative 124, 586
  Scannen 664
Auf Objekt abbilden (Filter) 797
Ausblenden (Auswahl) 387
Ausrichten (Ebene) 494
Ausrichten-Werkzeug 496
  Werkzeugoptionen 497
Auswahl 375
  Abgerundetes Rechteck 392
  Alles auswählen 385
  Alphakanal 445
  aufpinseln 422
  aus Alphakanal 398
  ausblenden 387
  aus Pfad 724
  aus Text 540, 766
  Befehle 385
  Bildbereiche freistellen 405
  Bilderrahmen 388
  Ebenenmaske 515

Index

Elliptische Auswahl 383
Hilfslinien 396
in Ablagen verwalten 399
Inhalt löschen 403
Invertieren 386
Kanten ausblenden 379
Kanten glätten 378
Löcher entfernen 392
Magnetische Schere 412
Masken 428
Modus 376
nach Farbe 386, 412
nach Pfad 723
nachziehen 396
Nichts (auswählen) 386
Optionen 387
Pfad 723
polygonale 406
Rand 391
schärfen 388
Schnellmaske 420
schwebende 386, 395
skalieren 584
verfeinern 424
vergrößern 391
verkleinern 388
verschieben 402
verzerren 393
Vom Pfad 386, 724
Vordergrundauswahl 416
Zauberstab 407
zuschneiden 575
Auswahleditor 54, 394
Auswahl-Menü 39
Auswahlwerkzeuge 45, 375, 380
 Freie Auswahl 405
 Magnetische Schere 412
 Nach Farbe auswählen 412
 Rechteckige Auswahl 380
 Vordergrundauswahl 416
 Werkzeugeinstellungen 376
 Zauberstab 407
Auszeichnung 745
Automatisch
 Abgleichen 182
 Farbverbesserung 183
 Kontrastspreizung 183
 Weißabgleich 183
Automatisch dem aktiven
 Bild folgen 62
Automatische Funktionen 182

B

Bearbeiten
 Einzelne Bildbereiche 519
Bearbeiten-Menü 39
Belichtung anpassen
 (Darktable) 224
Belichtung-Dialog 156
Beugungsmuster (Filter) 799
Bewegungsunschärfe 694
Bewertung (Darktable) 219
Bézierkurve 703
Bild
 abdunkeln 557
 an Fenstergröße anpassen 104
 Auf Auswahl zuschneiden 576
 aufhellen 556
 Auf Inhalt zuschneiden 577
 aus dem Web laden 74
 ausrichten 593
 drehen 610
 Fanatisch zuschneiden 577
 gerade ausrichten 606
 in Fenster einpassen 100
 komprimieren 95
 kontrastarmes 558
 mit Text versehen 759
 neu berechnen 580
 Neue Ansicht 82
 packen 96
 partiell bearbeiten 519
 schärfen 671
 Sichtbare Ebenen
  ausrichten 494
 skalieren 579, 836
 strecken 581
 Textur hinzufügen 563
 tonen 335
 vergleichen 105
 verzerren 600
 zusammenfügen 478, 590
 zuschneiden 569, 573
Bildansicht
 ändern 98
 drehen 106
 spiegeln 106
Bildausschnitt verändern 573
Bildauswahl anzeigen 62
Bildbearbeitung
 nichtdestruktiv 214

Bildbereiche freistellen 405
Bildeigenschaften 109
Bilder
 für Internet 835
Bilder-Dialog 56, 81
Bilderrahmen 485, 845
Bildfenster 35, 62
 Bildansicht anpassen 65
 Bildanzeige 65
 Bildrahmen 65
 Bild vergrößern 65
 Größe ändern 104
 Lineal 65
 Maßeinheit 65
 Menüleiste 64
 Navigationsschaltfläche 65
 schließen 105
 Schnellmaske umschalten 65
 Statusleiste 65
 steuern 103
 Titelleiste 64
 Zeigerposition 65
Bildgröße
 anpassen 836
 für Internet 835
 Leinwandgröße 589
Bildinformationen 107
Bildkorrektur
 Arbeitsbereich 140
 aufmalen 524
 Glanzstellen abdecken 558
 Grundlagen 139
Bild-Menü 40
Bildmodus festlegen 127
Bildrauschen 631
 hinzufügen 636
 partiell entfernen 634
 reduzieren 631
 reduzieren (Darktable) 635
Bildschirmfoto
 erstellen 79
 von Webseite erstellen 80
Bildverwaltung 75, 81
 Darktable 214
Bildvorlagen-Dialog 57
Bitmap 129
 erstellen 364
Bleach-Bypass-Effekt 560
Blur → Weichzeichnen
Bump Map (Filter) 795
Button 67

913

Index

C

Camera-RAW-Format 212
Checkbox 69
Chrom aufkleben (Filter) 793
CIE Ich Rauschen (Filter) 636
Clip-Warnung (Filter) 161
CML-Explorer (Filter) 800
CMYK-Farbmodell 126
Colorkey 522
Comic-Effekt 812
Comic (Filter) 790
Compiler 854
Copy & Paste 739
  Ebene 462
Crop → Zuschneiden

D

Darktable 211
  Belichtung anpassen 224
  Bilder ausfiltern 220
  Bilder betrachten 217
  Bilder bewerten 219
  Bilder importieren 215
  Bilder exportieren 229
  Bildrauschen reduzieren 635
  Bildverwaltung 214
  Drehen 227
  Dunkelkammer-Modus 221
  Einstellungen wiederverwenden 229
  Einstellungen zurücksetzen 225
  Farbmarkierung 219
  Filmrollen 215
  Hochpass-Filter 227
  installieren 76
  Leuchttisch-Modus 217
  Makenverwaltung 238
  Masken 230
  Masken kombinieren 242
  Parametrische Masken 238
  Rückgängig machen 225
  Schwarzweiß 364
  Stichwort-Tags hinzufügen 220
  Verlauf 228
  Weißabgleich anpassen 225
  Workflow 223
  Zuschneiden 227

Datei
  Adresse öffnen 74
  exportieren 81, 83
  Kopie speichern 85
  neue Datei 78, 85
  öffnen 71
  scannen 663
  schließen 80
  speichern 81, 83
  Vorlage erstellen 85
  zuletzt geöffnet 74
Dateiformat 86
  Camera-RAW-Format 212
  für das Web 837
  GIF-Format 91
  JPEG-Format 87
  PNG-Format 93
  PSD-Format 95
  RAW-Format 212
  SVG-Format 122
  TIFF-Format 90
  Transparenz 448
  XCF-Format 83, 95
Datei-Menü 38
Datenkompression 86
  unkomprimierte 86
  verlustbehaftete 86
  verlustfreie 86
Deckkraft (Ebene) 447
Deinterlace (Filter) 642
Dekoration (Filter) 792
Dia (Filter) 793
Dialog
  Alien-Map 343
  Dithern 352
  Ebenen 436
  Einfärben 335
  Einstellungen speichern 158
  Einstellungen wiederverwenden 158
  Entsättigen 359
  Farbabgleich 194, 196
  Farbe nach Alpha 351
  Farben drehen 345
  Farbtemperatur 198
  Farbton-Buntheit 199
  Farbton/Sättigung 201
  Farbvertauschung 348
  Grau einfärben 358
  Helligkeit-Kontrast 162
  Kanaleigenschaften 420

Kurven 173
Mono-Mixer 361
RGB beschneiden 353
Sättigung 203
Schatten-Glanzlichter 159
Schwellwert 366, 369
Sepia 362
Werte 167
Differenz der Normalverteilung (Filter) 787
Differenz-Wolken (Filter) 799
Dithering 352
Dock 35, 51
  Reiterstil 57
Dokumentenindex-Dialog 57, 74
Downscaling 580
Drag & Drop
  Ebene 460
  Ebenen anordnen 467
Drehen 610
  Ebene 491
Drehen (Darktable) 227
Drehen und Drücken (Filter) 783
Drehen-Werkzeug 599, 606
Dropdown-Liste 67
Drop Shadow (Filter) 753, 785
Drucken 839
  Auflösung 586
Druckgröße 587, 839
  auf Bildschirm anzeigen 588
Dunkelkammer (Darktable) 221
Duplizieren 105
  Ebene 459
Durchgestrichen 745
Durchschleifen (Ebenenmodus) 551
Dynamikkompression 354

E

Ebene 435
  aktive 455
  Alphakanal entfernen 438
  Alphakanal hinzufügen 438
  Alphakanal sperren 444, 457
  an Bildgröße anpassen 488
  an Hilfslinien ausrichten 501
  anlegen 459
  anordnen 466

Index

Auf Auswahl zu-
  schneiden 489, 576
ausrichten 494
aus Sichtbarem erstellen 463
auswählen 455
automatische Namens-
  vergabe 463
benennen 463
Bildebene 450
Bild zusammenfügen 478
Copy & Paste 462
Deckkraft 447
Drag & Drop 460
drehen 491
duplizieren 459
Ebenengröße 481
Ebenenmaske 503
entfernen 465
Farbe nach Alpha 439
Größe anpassen 481
gruppieren 467
Hintergrundebene 448
Horizontal spiegeln 491
Inhalt verschieben 502
kopieren 460
löschen 465
Miniaturansicht ändern 474
Modus 545
Nach unten vereinen 475
Name vergeben 463
normale 450
Pixel sperren 456
Position und Größe sperren 457
Reihenfolge ändern 466
schwebende Auswahl 451,
  462, 586
Sichtbare vereinen 476
Sichtbarkeit 457
Sichtbarkeit umkehren 458
skalieren 489, 583
speichern 479
Teil-Abflachen 828
Textebene 450, 747
transformieren 490
Transparenz 437
Typen 448
umbenennen 464
verankern 478
verketten 466
Versatz 493

Vertikal spiegeln 491
zusammenfügen 475
Ebene-Menü 40
Ebenen-Dialog 453
  aktive Ebene 455
  Alphakanal sperren 444
  Ebene auf Bildgröße 488
  Farbmarkierung 473
  Miniaturansicht ändern 474
  Neu aus Sichtbarem 463
  Neue Ebene 459
  Sichtbare Ebenen vereinen 476
  Sichtbarkeit umkehren 458
Ebeneneigenschaften 459
Ebeneneigenschaften-Dialog 552
Ebenengröße 481
Ebenengruppe 467
  anlegen 470
  anordnen 470
  benennen 470
  duplizieren 472
  Ebenenmaske 517
  Ebenenmodus 551
  vereinen 472
  verketten 471
  verschieben 471
Ebenenmaske 503
  Alphakanal 505
  anwenden 512
  anzeigen 512
  ausblenden 514
  Auswahl 515
  bearbeiten 513
  Bildkorrektur aufmalen 524
  Bildmontage 527
  deaktivieren 514
  einmontieren 532
  freistellen 532
  für Ebenengruppe 517
  Graustufenmaske 505
  hinzufügen 508
  löschen 512
  maskieren 506
  mit Verlauf füllen 537
  partiell nachschärfen 526
  Schnittmenge bilden 516
  unmaskieren 506
  Von Auswahl abziehen 516
  Vorher-nachher-Ansicht 521
  Zur Auswahl hinzufügen 515

Ebenenmodus 545
  für Ebenengruppe 551
Ebenenrahmen 456, 488
Editiermodus 733, 739
Effekt
  Andy Warhol 805
  Comic 812
  Sin City 811
  Text 755
Einfaches lineares iteratives
  Clustering (Filter) 791
Einfärben-Dialog 335
Eingabemethoden 740
Einheiten 908
Einmontieren 532
Einrollen (Filter) 784
Einstellungen
  Anzeige 898
  Benutzeroberfläche 893
  Bildfenster 900
  Darstellung 902
  Dialogvorgaben 897
  Eingabegeräte 906
  Eingabesteuerung 906
  Fangen 905
  Farbverwaltung 887
  Fensterverwaltung 899
  Hilfesystem 897
  Neues Bild 891
  Ordner 906
  speichern 158
  Standardraster 893
  Symbol-Thema 895
  Systemressourcen 885
  Thema 894
  Titel und Status 902
  verwalten 158
  Werkzeugeinstellungen 890
  Werkzeugkasten 896
  wiederherstellen 907
  wiederverwenden 158
Einzelfenster-Modus 36, 52
Elliptische-Auswahl-Werk-
  zeug 383
Entsättigen 358
EXIF-Daten 109
Exportieren 81, 83
  Darktable 229

Index

F

Falten
  entfernen 657
Faltungsmatrix 788
Farbabgleich-Dialog 194, 196
Farbe
  Auf Palette 345
  dithern 352
  drehen 345
  Dynamikkompression 354
  entsättigen 359
  Farbe nach Alpha 351, 439
  Farblook erzeugen 565
  Grau einfärben 358
  invertieren 342
  kolorieren 350
  mit Schwarzweiß mischen 541
  posterisieren 341
  RGB beschneiden 353
  Standardfarben 50
  Text 746
  vertauschen 50, 348
  Wert umkehren 343
  Zerlegen 130
  zusammenfügen 132
  zusammensetzen 133
Farbe entfernen (Modus) 268
Farbe-nach Alpha-Dialog 351
Farben-Dialog 252
Farben-drehen-Dialog 345
Farben-Menü 40, 156
Farbkanäle 427
Farbkorrektur 189
Farbmarkierung (Darktable) 219
Farbmarkierung (Ebene) 473
Farbmodell 125
  CMYK 126
  HSV 126
  LCH 127
  RGB 125
Farbpipette-Werkzeug 191, 259
  Werkzeugeinstellungen 260
Farbraum festlegen 127
Farbstich 189
  beheben 193
Farbtabelle
  Modus »Indiziert« 129
Farbtabelle-Dialog 53
Farbtemperatur-Dialog 198

Farbtiefe 134
  Alphakanal 438
  Genauigkeit ändern 136
Farbton regulieren 199
Farbton-Buntheit-Dialog 199
Farbton/Sättigung-Dialog 201
Farbverbesserung (Automatisch) 183
Farbverlauf
  bearbeiten 330
  erstellen 318, 322
  nachinstallieren 321
  Verlaufslinie 330
  verwalten 318
Farbverlauf des Bildes (Filter) 787
Farbverläufe-Dialog 56, 319
Farbverlaufseditor 322
Farbverlauf-Werkzeug 314
Farbvertauschung-Dialog 348
Farbverwaltung 887
Farbwahlbereich 249
Farbwähler 250
Farbwerte messen 190
Fehlerausgabe-Dialog 57
Fenster
  anpassen 100
  füllen 100
Fenster-Menü 41, 51
Fenstermodus 36
Fett 745
Filmstreifen (Darktable) 222
Filter
  Abbilden 794
  Allgemein 788
  Animation 826
  Bewegungsunschärfe 694
  CIE lch Rauschen 636
  Clip-Warnung 161
  Deinterlace 642
  Dekoration 792
  Drop Shadow 753
  Flecken entfernen 640
  GEGL-Operationen 802
  Heiß 354
  HSV-Rauschen 636
  Kachelbarer Weichzeichner 313
  Kanten finden 786
  Kantenglättung 634
  Kombinieren 788
  Künstlerisch 789
  Langer Schatten 752

Licht und Schatten 784
Nachbar 638
Nahtlos kacheln 313
NL-Filter 640
Rauschreduktion 632
Rekursive Transformation 750
Render 313, 797
RGB-Rauschen 637
Rote Augen entfernen 643
Schlagschatten 752
Selektiver Gaußscher Weichzeichner 633
Streifen entfernen 642
Symmetrisch nächster Nachbar 633
Verschleifen 639
Verstreuen 639
Verwirbeln 638
Verzerren 781
Voraussetzungen 779
Vorschau 780
Web 802
Filter-Menü 41
Fisheye-Effekt 611
Flammen (Filter) 798
Flecken entfernen (Filter) 640
Fließkommazahl 136
Fog (Filter) 793
Fotokopie (Filter) 790
Fraktal-Explorer (Filter) 798
Fraktalspur (Filter) 795
Freie-Auswahl-Werkzeug 405
Freistellen 532
  mit Auswahlmaske 430
Füllen-Werkzeug 305
  Menübefehle 313
  Muster 308

G

Ganzzahl 136
Gaußscher Weichzeichner 689
Gegenfarbe 192
GEGL-Grafikbibliothek 134
GEGL-Operationen 802
Genauigkeit ändern 136
Gerade ausrichten 606
Gerätestatus-Dialog 53
Gfig (Filter) 801

Index

GIF-Animation 819
  erstellen 820
GIF-Format 91, 442
  Teil-Abflachen 828
GIMP-Einstellungen ändern 885
GIMP-Hilfe-Browser 883
GIMP installieren 881
GIMPPressionist (Filter) 791
GIMP-Python 854
GIMP-Versionsnummer 884
Gitter (Filter) 799
Glanzlichter 160
Glasbaustein (Filter) 790
Glitzern (Filter) 784
Glühen 757
GĐMIC (Plugin) 849, 861
Goldener Schnitt 572, 573, 574
Gradationskurve 173
Grafik
  aus Bild erstellen 725
Grafiktablett 263
Graubalance messen 191
Grau-einfärben-Dialog 358
Graustufenmaske 505
Graustufen-Modus 128, 363
Gravur (Filter) 782
Guillotine 578

H

Halbbilder 642
Halbtonbild 364
Halbtransparenz 442
Halo-Effekt 672
Hautunreinheiten
  korrigieren 655
Heilen-Werkzeug 653
Heiß (Filter) 354
Helligkeit (Darktable) 226
Helligkeit-Kontrast-Dialog 162
Helligkeit-Regler 162
Hilfe 69
Hilfe-Menü 41
Hilfesystem 883
Hilfslinie
  aus Auswahl 120, 396
  Ebene ausrichten 501
  ein-/ausblenden 118
  entfernen 120

  erstellen 118
  in Prozent 120
  positionieren 119
Hintergrund
  entfernen 555
Hintergrundebene 448
Hintergrundfarbe 50, 249
Hinter (Modus) 268
Hinting 743
Histogramm 151
  beurteilen 153
  Darktable 222
Histogramm-Dialog 54, 151
Hochpass-Filter (Darktable) 227
Hochpass-Schärfen 678
Horizont
  gerade ausrichten 607
Horizontal spiegeln (Ebene) 491
HSV-Farbmodell 126
HSV-Rauschen-Filter 636
Hugin 862

I

IFS-Fraktal (Filter) 798
Illusion (Filter) 796
Image-Map
  erstellen 829
Indiziert (Modus) 129
Inkscape 705
Intelligente Schere
  → Magnetische Schere
Internet 835
Interpolation 580
Interpreter 854
Invertieren
  Auswahl 386
  Farbe 342
IPTC-Daten 110

J

Journal-Dialog 54, 144
JPEG-Format 87, 837

K

Kachelbarer Weichzeichner 313, 694
Kacheln (Filter) 797
Kaffeeflecken (Filter) 793
Käfigtransformation-Werkzeug 625
Kaleidoskop (Filter) 782
Kanäle-Dialog 53, 427
Kanaleigenschaften-Dialog 420
Kanten ausblenden 379
Kanten (Filter) 787
Kanten finden (Filter) 786
Kanten glätten 378, 743, 828
Kantenglättung (Filter) 634
Kleiner Planet (Filter) 796
Klonen-Werkzeug 645
  Muster verwenden 308
  Transparenz 653
Kolorieren 350
Kombinieren (Filter) 788
Komplementärfarbe 196
Kompositionsmodus 551
  Auf Ebene beschneiden 554
  Auf Hintergrund beschneiden 553
  Schnittpunkt 554
  Vereinigen 553
Kompression 86, 95
Kontrast
  Darktable 226
  erhöhen 558
  verbessern 180
Kontrast-Regler 163
Kontrastspreizung (Automatisch) 183
Kontrastverbesserung
  schärfen 682
Kontur (Text) 754
Kopieren (Ebene) 460
Kopie speichern 85
Körnigkeit
  hinzufügen 636
Kratzer entfernen 640
Kreisförmiger Text 774
Kubismus (Filter) 790
Kugel-Designer (Filter) 801
Künstlerisch (Filter) 789
Kursiv 745

Index

Kurven-Dialog 173
  Bilder tonen 337
  Einstellungen wieder-
    verwenden 181

L

Lab-Farbraum 127
Lab-Modus
  schärfen 680
Labyrinth (Filter) 800
Langer Schatten (Filter) 752, 785
Lava (Filter) 801
LCH-Farbmodell 127
Leinwand (Filter) 790
Leinwandgröße 589, 848
Leuchttisch-Modus
  (Darktable) 217
Lichteffekte (Filter) 785
Licht und Schatten (Filter) 784
Lineal 112
Linienexplosion (Filter) 802
Linkshänder 901
Live-Histogramm 153
Löcher entfernen (Auswahl) 392
Löschen (Ebene) 465
Lupeneffekt anwenden
  (Filter) 782

M

Magnetische Schere 412
Magnetisches Raster 117
Malwerkzeuge 46, 262
  Gerade Linien zeichnen 271
  Modi 267
  Senkrechte Linien zeichnen 272
  Waagereche Linien zeichnen 272
  Werkzeugeinstellungen 263
Maske 507
  Darktable 230
Maskenverwaltung
  (Darktable) 221, 238
Maßband 114
Maßband-Werkzeug
  Gerade ausrichten 609
Maßeinheiten → Einheiten

Mauszeigerhändigkeit 901
Median-Weichzeichner 692
Menü
  Andockbare Dialoge 52
  Ansicht 39, 99
  Auswahl 39
  Bearbeiten 39
  Bild 40
  Datei 38
  Ebene 40
  Farben 40, 156
  Fenster 41, 51
  Filter 41
  Hilfe 41
  Werkzeuge 40
Menüleiste 38
Mess- und Navigations-
  werkzeuge 49
Messwerkzeug 114
Metadaten
  anzeigen 109
  bearbeiten 110
  entfernen 112
  exportieren 112
Metadaten-Editor 110
Miniaturansicht (Ebene) 474
Minihilfen 42
Module (Darktable) 222
Modus
  abdunkelnd 549
  aufhellend 548
  Auswahl 376
  Durchschleifen 551
  Ebene 545
  Farbe entfernen 268
  Farbton 550
  Helligkeit 550
  Hinter 268
  invertiert 550
  komplex 549
  Kompositionsmodus 551
  Normal 548
  Sättigung 550
  Vernichten 267
Moiré-Effekt 640
Mono-Mixer-Dialog 361
Montage
  Bildercollage 536
  Bild in mehrere Rahmen
    aufteilen 485
  Freistellen und Einmontieren 532

  mit Ebenenmasken 527
  Schrift-Montage 539
Mosaik (Filter) 782
Muster 309
  erstellen 308, 312
  Mit Muster füllen 308
  nachinstallieren 311
  Text 765
  Zwischenablage 310
Muster-Dialog 55, 309
MyPaint-Pinsel-Dialog 55, 299
MyPaint-Pinselwerkzeug 297
  Pinselspitzen nachinstallieren 301

N

Nachbar (Filter) 638
Nachbelichten-Werkzeug 185
Nach-Farbe-auswählen-
  Werkzeug 412
Nachzeichnen 725
Nahtlos kacheln (Filter) 313, 797
Navigation
  Bildfenster 97
Navigation-Dialog 102
  Schärfung beurteilen 673
Neon (Filter) 787
Neue Ansicht 82, 105
Neue Datei anlegen 78, 85
Neue Ebene 459
Nichtdestruktive Bild-
  bearbeitung 214
NL-Filter 640
  schärfen 677
  weichzeichnen 697
Nullpunkt 113

O

Objekt
  duplizieren 645
  entfernen 645, 649
Objektivfehler
  korrigieren 611
Objektivfehler (Filter) 782
Ölgemälde (Filter) 790
Ornament 714

Index

P

Paletten-Dialog 56, 254
  Palette importieren 258
  Palette löschen 258
Paletteneditor 256
  Palette erstellen 256
Panorama 862
Panoramaabbildung (Filter) 796
Papierschnipsel (Filter) 796
Parametrische Masken
  (Darktable) 238
Perlin-Rauschen (Filter) 799
Perspektive
  korrigieren 593, 614
Perspektive (Filter) 785
Perspektive-Werkzeug 600
  verzerren 613
Perspektivisches-Klonen-
  Werkzeug 660
Pfad 703
  aus Auswahl 723
  aus Text 766, 768
  Auswahl 723
  Definition 703
  erstellen 703
  exportieren 721
  füllen 711, 728
  gerade Linie 706
  geschlossener 706
  Griffpunkte bearbeiten 707
  importieren 718, 719
  Knotenpunkt entfernen 711
  Knotenpunkt hinzufügen 711
  Kurve 707
  nachziehen 717, 728, 769
  offener 706
  schließen 706, 709
  Segment bearbeiten 710
  SVG-Datei 718
  transformieren 768
  verbinden 711
  verschieben 709
Pfade-Dialog 53, 712
Pfade-Werkzeug 50, 705
  Bedienung 705
  Werkzeugeinstellungen 706
Pinsel-Dialog 55, 279
  Pinsel verwalten 293
Pinseleditor 291
Pinselspitze 269
  animierte 269, 288
  aus Bild erstellen 284
  aus Grafik erstellen 281
  farbige 269, 286
  installieren 279
  normale 269
  parametrisierte 270
  Photoshop-Pinsel 281
  Tags 283
  Zwischenablage 293
Pinsel-Werkzeug 273
  Farbverlauf 317
Pixelgrafik 121, 703
Pixelmaße ändern 579
  Skalieren-Werkzeug 583
Pixel sperren 456
Plasma (Filter) 799
Plasma-Rauschen (Filter) 799
Platine (Filter) 802
Plugin 853, 854
  GƉMIC 849, 861
  installieren 854
Plugin-Browser 854
PNG-Format 93
Polarkoordinaten (Filter) 783
Polygonale Auswahl 406
Porträtretusche 654, 657
Position und Größe sperren 457
Posterisieren 341
Predator (Filter) 791
Prüfpunkte-Dialog 54
PSD-Format 95
Punkt für Punkt 588
Puzzle (Filter) 800
Python-Fu 854

Q

Qbist (Filter) 800

R

Radierer-Werkzeug 275
Radioschaltfläche 68
Rahmen 792
  erstellen 846
Rand abschrägen (Filter) 793
Rand ausblenden (Filter) 794
Rand (Auswahl) 391
Rand hinzufügen (Filter) 794
Raster
  einstellen 116
Rauschen → Bildrauschen
Rauschreduktion (Filter) 632
RAW-Datei
  öffnen 75
RAW-Format 212
RAW-Konverter 211
Rechteckige-Auswahl-
  Werkzeug 380
Rechtshänder 901
Reiter
  hinzufügen 61
  lösen 61
  schließen 61
  sperren 61
Reitermenü 61
Reiterstil 57, 62
Rekursive Transformation
  (Filter) 750, 796
Relative Auflösung 124, 586
Relief (Filter) 782
Render (Filter) 313, 797
Retten, Bildinformationen 141
Retusche
  altes Bild restaurieren 659
  Falten entfernen 657
  Haut 654, 655
  Heilen-Werkzeug 653
  Klonen-Werkzeug 645
  Objekt duplizieren 645
  Objekt entfernen 649
  Perspektivisches-Klonen-
    Werkzeug 660
  Werkzeugoptionen 647
RGB-beschneiden-Dialog 353
RGB-Farbmodell 125
RGB-Kanäle 427
RGB-Modus 128
RGB Rauschen (Filter) 637
Rote Augen entfernen
  (Filter) 643
Rückgängigmachen
  Arbeitsschritt 142
  Darktable 225
Runde Ecken (Filter) 794

Index

S

Sanftes Leuchten (Filter) 791
Sättigung
  Darktable 226
  regulieren 199
Sättigung-Dialog 203
Scannen 663
  Auflösung 664
  Bildqualität verbessern 664
  Streifen entfernen 642
Scannerschwächen
  ausgleichen 665
Schablone einritzen (Filter) 794
Schachbrett (Filter) 799
Schaltflächen zeigen 62
Schärfen 671
  Auswahl 388
  einzelnen Bildbereich 683
  Fehler 672
  Hochpass 678
  Kontrastverbesserung 682
  Lab-Modus 680
  NL-Filter 677
  partiell nachschärfen 526
  Tücken 675
  Unscharf maskieren 582, 674
  Werkzeug 683
Schärfentiefe-Effekt 523
Schatten 159
Schatten-Glanzlichter-Dialog 159
Scheme 857
Scheren-Werkzeug 599
Schieberegler 67
Schlagschatten (Filter) 752, 785
Schließen, Datei 80
Schnellmaske 419
  Auswahl verfeinern 424
  Deckkraft ändern 420
  Farbe ändern 420
  neue Auswahl anlegen 421
Schriftauszeichnung 745
Schriften-Dialog 56
Schriftfamilie 742, 744
Schriftgröße 745
Schwarzweiß
  Darktable 364
  kolorieren 350
  mit Farbe mischen 541

Schwarzweißbild 357
  entsättigen 359
  Grau einfärben 358
  Graustufen-Modus 363
  Mono-Mixer 361
  Sepia 362
Schwarzwert-Regler 157
Schwebende Auswahl 395, 451, 462, 586
  verankern 478
Schwellwert-Dialog 366, 369
Screenshot
  erstellen 79
Seitenverhältnis 124, 572
Selektiver Gaußscher Weichzeichner 693
  Filter 633
Sepia-Dialog 362
Sichtbarkeit (Ebene) 457
Simplex-Rauschen (Filter) 799
Sin-City-Effekt 811
Sinus (Filter) 800
Skalieren
  Auswahl 584
  Ebene 489
  schwebende Auswahl 585
Skalieren-Werkzeug 583, 604
Skript-Fu-Programm 853, 856
  installieren 857
S-Kurve 180, 682
Snaphshots (Darktable) 221
Sobel (Filter) 787
Sortieren (Ebenen) 466
Speichern 83
  mit Ebenen 479
Sphärisieren (Filter) 783
Spiegeln 610
  Werkzeug 603
Sprache ändern 893
Sprühpistole-Werkzeug 274
  Farbverlauf 317
Spyrogimp (Filter) 802
Statusleiste 107
Steuerelement
  Button 67
  Checkbox 69
  Dropdown-Liste 67
  Radioschaltfläche 68
  Schieberegler 67
  Suchfeld 68
  Texteingabefeld 68

Stichwort-Tags (Darktable) 220
Stift-Werkzeug 273
  Farbverlauf 317
Stoffmalerei (Filter) 791
Strecke messen 114
Streifen entfernen (Filter) 642
Strichbild → Bitmap
Stürzende Linien
  korrigieren 617
Styles 744
  löschen 746
Suchfeld 68
Supernova (Filter) 784
SVG-Datei
  exportieren 721
  importieren 718
  Pfad 718
SVG-Format 122, 704
Symetrisches-Malen-Dialog 55
Symmetrisches Malen 302
  Kacheln 303
  Mandala 304
  Spiegeln 302
Symmetrisch nächster Nachbar (Filter) 633
Systemressourcen 885

T

Tastenkürzel 869
  Ansicht-Menü 871, 872
  Auswahl-Menü 872
  Bearbeiten-Menü 872
  benutzerdefiniert 877
  Bild-Menü 873
  Datei-Menü 873
  Dialoge 873
  dynamisch anlegen 877
  Ebene-Menü 873, 874
  Editor 879
  Filter-Menü 874
  Hilfe-Menü 874
  Werkzeuge 869
  Werkzeuge und Maus 874
  wiederherstellen 877
Teil-Abflachen 443, 828

Index

Text
 Absatztext 735
 an Pfad 773, 775
 Antialiasing 743
 auf Pfad 772
 aus Bild erstellen 539
 Ausrichtung 743
 Drop Shadow 753
 editieren 739
 Effekt 755
 eingeben 733
 einzeiliger 734
 Einzug 744
 Farbe 746
 Farbe auswählen 743
 formatieren 741
 gestalten 741
 Größe 742
 Grundlinie ändern 745
 Hinting 743
 importieren 739
 in Foto 762
 in Pfade konvertieren 767
 Kanten glätten 743
 Kontur 754
 kreisförmiger 774
 Langer Schatten 752
 mehrzeiliger 735
 mit Muster füllen 765
 mit Verlauf füllen 765
 Schlagschatten 752
 Schriftfamilie 742
 Schriftgröße 745
 Sprache 744
 Styles 744
 transformieren 767
 Unicode-Zeichen 740
 unterschneiden 745
 verformen 770
 vertikaler 735
 Zeilenabstand 744
 Zeilenumbruch 735
Text-Bild-Effekt 759
Textbox
 dynamische 744
Textebene
 in Ebene umwandeln 747
Texteditor 733, 742, 776
Texteingabefeld 68
Textmontage 762
Textrahmen 736

 anpassen 737
 transformieren 738
 verschieben 737
Textrichtung 739
Textur
 zum Bild hinzufügen 563
Text-Werkzeug 49, 733
 Textebene 450
 Werkzeugeinstellungen 741
Thema 37
Tiefenkombination (Filter) 789
TIFF-Format 90
Tinte-Werkzeug 295
Tonen 335
 Einstellungen speichern 335
 mit dem Kurven-Dialog 337
 mit dem Werte-Dialog 337
 mit Verlauf 338
Tonnenförmige Verzerrung
 korrigieren 612
Tonwert
 kanalweise anpassen 172
Tonwertkorrektur-Werkzeug 156, 166
Tonwertumfang reduzieren 183
Transformation 593
 Ankertransformation 600
 Bild drehen 610
 drehen 599
 Käfigtransformation 625
 Objektivfehler korrigieren 611
 Perspektive 600
 scheren 599
 skalieren 604
 spiegeln 603
 Vereinheitlichte Transformation 604
 Warptransformation 619
 Werkzeuge 593, 598
 Werkzeugeinstellungen 593
Transformationsmatrix 600
Transformationswerkzeuge 48
Transformieren
 Ebene 490
 Textrahmen 738
Transparenz 437
 Auswahl aus Alphakanal 445
 Dateiformat 448
 Halbtransparenz 442
 hinzufügen 351
 klonen 653

 Schnittmenge bilden 446
 schützen 444
 Von Auswahl abziehen 446
 Zur Auswahl hinzufügen 446
Typografie 733

U

Übersicht-Dialog 57
Umbenennen (Ebene) 464
Unicode-Zeichen 740
Unscharf maskieren 674
Unterschneiden 745
Unterstrichen 745
Upscaling 580

V

Van Gogh (Filter) 792
Vektorgrafik 122, 703
Vektorisieren 725
Verankern
 schwebende Auswahl 478
Verbiegen (Filter) 784
Verblassen-Dialog 143
Vereinheitlichtes Transformationswerkzeug 604
Vergrößern
 Ansicht 100
 korrigieren (Objektivfehler) 612
 zurücksetzen 99
Vergrößern (Auswahl) 391
Vergrößerung-Werkzeug 98
Verketten (Ebene) 466
Verkleinern (Ansicht) 100
Verkleinern (Auswahl) 388
Verlauf (Text) 765
Verlauf (Darktable) 221, 228
Verlaufsaufhellung (Filter) 785
Vernichten (Modus) 267
Verpixeln 697
Versatz (Ebene) 493
Verschieben
 Ebeneninhalt 502
 Textrahmen 737
Verschieben (Filter) 783, 795
Verschieben-Werkzeug 402

Index

Verschlagwortung
  (Darktable) 219
Verschleifen (Filter) 639
Verschmieren-Werkzeug 699
Versionsnummer 884
Verstreuen (Filter) 639
Vertikal spiegeln (Ebene) 491
Verweissensitive Grafik
  → Image-Map
Verwirbeln (Filter) 638, 800
Verzeichnung
  korrigieren 611
Verzerren
  Auswahl 393
  Filter 781
  Objektivfehler 611
  Perspektive korri-
    gieren 606, 613
  Perspektive-Werkzeug 600
VG/HG-Farbe-Dialog 55
Video-Darstellung (Filter) 783
Vignette (Filter) 785
Vignettierung
  korrigieren 612
Visitenkarte 841
Vollbildmodus 66
Vordergrundauswahl-Werk-
  zeug 416
Vordergrundfarbe 50, 249
  für Text 743
Vorher-Nachher-Ansicht 147
Vorher-nachher-Ansicht
  (Ebenenmaske) 521
Vorlage erstellen 85
Vorlagen-Dialog 78
Vorschau 147
Vorschaugröße 61

W

Warptransformation-Werkzeug
  verzerren 619
Wasserpixel (Filter) 791
Wasserzeichen 838
Weben (Filter) 792
Web (Filter) 802
Weichzeichnen 689
  Bewegungsunschärfe 694
  einzelnen Bildbereich 690, 699

Gaußscher Weichzeichner 689
Kachelbarer Weichzeichner 694
Median-Weichzeichner 692
NL-Filter 697
Selektiver Gaußscher Weich-
  zeichner 693
Verpixeln 697
Werkzeug 683, 699
Weichzeichnen/Schärfen 683
Weißabgleich
  Automatisch 183
  Darktable 225
Wellen (Filter) 783
Werkzeuge
  Abwedeln 185
  Ankertransformation 600
  Ausrichten 496
  Drehen 599, 606
  Farbpipette 191
  Farbverlauf 314
  Freie Auswahl 405
  Füllen 305
  Heilen 653
  Käfigtransformation 625
  Klonen 645
  Magnetische Schere 412
  Maßband 114
  MyPaint-Pinselwerkzeug 297
  Nachbelichten 185
  Nach Farbe auswählen 412
  Perspektive 600
  Perspektivisches Klonen 660
  Pfade 705
  Pinsel 273
  Radierer 275
  Schärfen 683
  Scheren 599
  Skalieren 583, 604
  Spiegeln 603
  Sprühpistole 274
  Stift 273
  Text 733
  Tinte 295
  Tonwertkorrektur 156, 166
  Vereinheitlichtes Transfor-
    mationswerkzeug 604
  Vergrößern 98
  Verschieben 402
  Verschmieren 699
  Vordergrundauswahl 416
  Warptransformation 619

Weichzeichnen 683, 699
Zauberstab 407
Zuschneiden 569
Werkzeugeinstellungen 42, 108
Werkzeugeinstellungen-
  Dialog 53
Werkzeuge-Menü 40
Werkzeugkasten 35, 41
  Minihilfen 42
  Reihenfolge ändern 43
  Werkzeug ausblenden 43
  Werte zurücksetzen 42
Werkzeug-Voreinstellungen
  erstellen 909
Werkzeug-Voreinstellungen-
  Dialog 56
Wert
  eingeben und verändern 67
  umkehren 343
Werte-Dialog 166
  Bilder tonen 337
Werte verteilen (Filter) 783
Wiederherstellen, Datei 143
Wiederholen, Arbeitsschritt 142
Wind (Filter) 783
Winkel messen 115
Workflow 148

X

Xach-Effekt (Filter) 785
XCF-Dateiformat 435
XCF-Format 83, 95
XMP 90
XMP-Daten 110
X/Y-Verschiebung
  korrigieren 612

Z

Zauberstab-Werkzeug
  Schwellwert 408
Zeichenabstand
  anpassen 745
Zeichendynamik-Dialog 55, 270
  Editor 271
Zeiger-Dialog 108

Index

Zeigerinformationen-Dialog 54
Zeilenabstand 744
Zeilensprungverfahren 642
Zeitungsdruck (Filter) 784
Zellrauschen (Filter) 799
Zerlegen
  Alpha 132
  CMY, CMYK 132
  Farben 130
  HSV, HSL 132
  LAB 132
  LCH 132

RGB 131
RGBA 132
YCbCr 132
Zerstörungsfreie Bildbearbeitung 214
Z-Kurve 181
Zoomen 99
Zoomstufe 97
Zurücksetzen 69
Zurücksetzen-Dialog 146
Zuschneiden 569
  Auswahl 575

  automatisch 577
  Darktable 227
  fanatisch 577
  Goldener Schnitt 572, 573
  Guillotine 578
Zuschneiden-Werkzeug 569
  Werkzeugeinstellungen 570
Zwischenablage 399
Zwischenablage-Muster 310
Zwischenablage-Pinsel 293

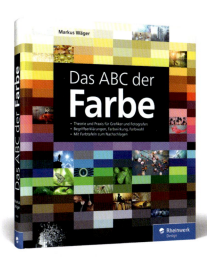

BÜCHER FÜR KREATIVE KÖPFE

www.rheinwerk-verlag.de/grafik-design

André Giogoli, Katharina Hausel
Bildgestaltung
Die große Fotoschule

Wie gelingen ausdrucksstarke Fotos? Fotos, die nicht nur Ihren Blick fürs Motiv und Ihre Technikkompetenz zeigen, sondern auch bewusst und konsequent gestaltet sind? André Giogoli und Katharina Hausel bilden am Lette-Verein Fotografen aus und zeigen Ihnen in diesem Buch alles, was Sie über die fotografischen Gestaltungselemente wissen müssen.

427 Seiten, gebunden, 44,90 Euro, ISBN 978-3-8362-3940-0
www.rheinwerk-verlag.de/4001

Bastian Werner
Fotografieren mit Wind und Wetter
Wetter verstehen und spektakulär fotografieren!

Nutzen Sie das Wetter gezielt für die eigene Fotografie! Bastian Werner zeigt Ihnen, wie Sie allgemein zugängliche Wetterdaten lesen und interpretieren. Ob Regen, Nebel, Raureif, Polarlichter oder Gewitter: Treffen Sie für Ihre Wunschgegend Vorhersagen und fotografieren Sie, wenn das Wetter zu Ihrem Motiv passt!

356 Seiten, gebunden, 39,90 Euro
ISBN 978-3-8362-4222-6
www.rheinwerk-verlag.de/4176

Christian Westphalen
Das große Buch der Objektive
Technik, Ausrüstung und fotografische Gestaltung

Der Autor zeigt Ihnen herstellerunabhängig alles, was Sie über Objektive wissen müssen: von der grundlegenden Technik über Schärfe, Abbildungsfehler und Bokeh bis hin zur Bildgestaltung mit den verschiedenen Objektivtypen. Erfahren Sie, wie Sie Ihren »Fuhrpark« sinnvoll erweitern, Ihre Objektive pflegen und lassen Sie sich von kreativen Bastellösungen inspirieren.

388 Seiten, gebunden, 49,90 Euro
ISBN 978-3-8362-5851-7
www.rheinwerk-verlag.de/4464

»Ideal für Einsteiger und Blender-Neulinge!«

424 Seiten, gebunden, 39,90 Euro
ISBN 978-3-8362-4508-1
www.rheinwerk-verlag.de/4360